U0839883

天津港工会六十年

(1950—2010)

王庆林 主编

中国工人出版社

让工人阶级更有力量，
让工会组织更有作为！

贺天津港工会成立六十周年

邢明军

2010.8

天津市人大常委会副主任、市总工会主席邢明军题词

持续发展 和谐共济
体面劳动 尊严生活

祝贺天津港工会成立六十周年

李铁桥

二〇一〇年八月

中国海员建设工会主席李铁桥题词

天津港简介

TIANJINGANG JIANJIE

天津港的历史最早可以上溯到汉代，自唐代以来形成海港，1860年对外开埠。建国后经过三年恢复性建设，天津新港于1952年10月17日重新开港通航。

天津港是世界等级最高的人工深水港，位于海河入海口，处于京津城市带和环渤海经济圈的交汇点上，是首都北京和天津市的海上门户、我国北方重要的对外贸易口岸，是连接东北亚与中西亚的纽带。天津港现有水陆域面积近260平方公里，陆域面积72平方公里，规划到2010年港口陆域总面积达100平方公里。目前，天津港主航道长35公里，水深19.5米，25万吨级船舶可自由进出港，30万吨级船舶可乘潮进出港。天津港共拥有各类泊位134个，岸线总长2.8万米，其中万吨级以上泊位81个。

天津港经济腹地广阔，包括天津、北京、河北、山西、内蒙古、陕西、甘肃、青海、新疆、宁夏及辽宁、河南、山东、四川的一部分地区，面积近500万平方公里，占全国面积的52%。天津港对区域经济的辐射力强，目前全港70%左右的货物吞吐量和50%以上的口岸进出口货值来自天津以外的各省区。

天津港对外联系广泛，与日本、韩国、美国、荷兰等国家的12个港口建立了友好港关系，同世界上180多个国家和地区的500多个港口有贸易往来，每月航班400余班，直达世界各地港口。

天津港主要分为北疆、南疆、东疆、海河四大港区。北疆以集装箱和件杂货作业为主，南疆以液体散货和干散货作业为主，海河港区以小型船舶作业为主，正在建设中的东疆港区规划面积30平方公里，其中10平方公里将建成中国规模最大、开放度最高的保税港区。规划建设中的临港产业区将成为以发展重装备制造为主的天津港的另一个功能区。

天津港是我国沿海港口功能最齐全的港口之一，拥有集装箱码头、铁矿石码头、煤炭码头、石油化工品码头、杂货码头、滚装码头、散粮码头、散化肥码头、国际客运码头等各类专业化码头。已经建成的天津国际贸易与航运服务中心是集通关、通验，港口服务，结算，信息服务，咨询服务等多项综合服务项目为一体的目前全国最大的“一站式”航运服务中心和电子口岸。正在建设的天津国际贸易与航运服务区，将集贸易服务、市场运营、信息集散、人才交流、商务休闲于一体，形成航运聚集区。

新世纪以来，天津港货物吞吐量快速增长，2001年突破1亿吨，2004年突破2亿吨，2007年突破3亿吨；2009年，天津港完成货物吞吐量3.8亿吨，位居世界港口第五位；完成集装箱吞吐量870万标准箱，排名世界港口第十一位。

2010年，天津港货物吞吐量将突破4亿吨，集装箱吞吐量力争达到1000万标准箱，港口等级达到30万吨级，成为设施先进、功能完善、管理科学、运行高效、人文和谐、生态宜居的现代化国际深水港；成为面向东北亚、辐射中西亚的集装箱枢纽港，中国北方最大的散货主干港，规模最大开放度最高的保税港区，环渤海地区最大的综合性港口，为天津建成北方国际航运中心和国际物流中心发挥核心载体作用。

天津港（集团）有限公司是天津港的主体，目前总资产超过660亿元，拥有各类性质的员工近4万人，旗下60多家公司，包括境内外两家上市公司。在2009年全国500强企业评选中，位居第366位。天津港（集团）有限公司将坚持“以人为本”，秉承“发展港口，成就个人”的企业文化核心理念和“承载社会期盼，集散中外文明”的企业使命，努力建设成为具有较强国际竞争力的港口企业集团，并逐步发展成为跨国经营的国际港口运营商和开发商，为广大中外客户提供经济、高效、便捷、满意的服务。

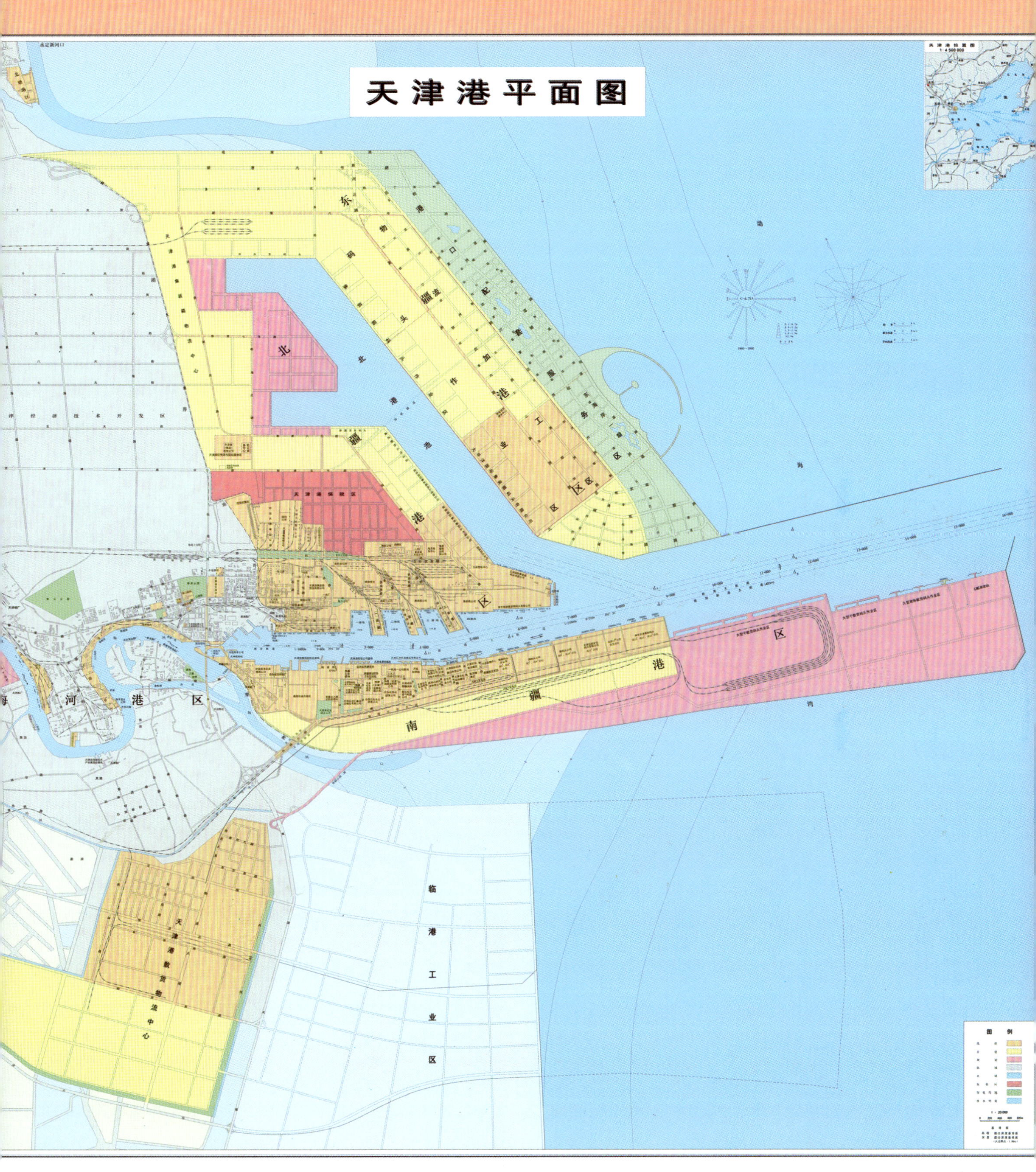
天津港平面图
东疆港区
北疆港区
南疆港区
海河港区
天津港保税区
天津港散货物流中心
临港工业区
天津经济技术开发区
渤海湾

解放前万国桥（今解放桥）海河两岸天津港码头鸟瞰

今日天津港

1. 1952年10月25日，毛泽东主席视察天津港。

2. 1986年8月21日，邓小平同志视察天津港。

3. 1991年7月27日，江泽民总书记视察天津港。

4. 2005年10月1日，胡锦涛总书记视察天津港并接见劳动模范代表。

5. 2005年6月25日，中共中央政治局常委、国务院总理温家宝视察天津港并接见劳动模范代表。

6. 2010年5月21日，中共中央政治局委员、全国人大常委会副委员长、中华全国总工会主席王兆国（前排左二）视察天津港。

7. 2009年1月25日，中共中央政治局委员、天津市委书记张高丽（右三）慰问春节期间坚守岗位的天津港职工。

8. 1998年11月28日，中共中央政治局常委、中央纪委书记、中华全国总工会主席尉健行（中）视察天津港。

9. 1986年4月23日，全国人大常委会副委员长、中华全国总工会主席、天津市委书记倪志福（左二）视察天津港。

1. 2007年5月14日，中华全国总工会副主席、书记处第一书记孙春兰（右四）为孔祥瑞操作队“工人先锋号”集体授牌。

2. 2008年4月11日，全国妇联副主席、书记处第一书记黄晴宜（右二）视察天津港。

3. 2000年5月30日，天津市委常委、市总工会主席孙宝树（中）来港慰问工会干部。

4. 2006年7月28日，天津市委常委、市总工会主席散襄军（右二）来港慰问农民劳务工。

5. 1998年1月14日，中华全国总工会副主席方嘉德（左）在天津市人大常委会副主任、市总工会主席潘义清（右）陪同下慰问天津市劳动模范、天津港通信公司职工胡振杰。

6. 2010年2月2日，天津市人大常委会副主任、市总工会主席邢明军（右二）慰问全国劳动模范孔祥瑞。

7. 2008年6月12日，中国海员建设工会主席李铁桥（中）、副主席朱临庆（右）到天津港调研。

8. 1980年3月5日，中国海员工会主席丘金（左五）到天津港调研并慰问工会干部。

1. 1973年6月，天津港工会召开第六次代表大会。

2. 1981年5月，天津港工会召开第七次代表大会。

3. 1986年11月，天津港工会召开第八次代表大会。

4. 1991年3月，天津港工会召开第九次代表大会。

5. 1994年11月，天津港工会召开第十次代表大会。

6. 2001年2月，天津港工会召开第十一次代表大会。

1. 天津港工会成立后，发动职工开展爱国主义劳动竞赛，照片为引水科工会小组在研究劳动竞赛方案。

2. 天津港恢复建设时期，工会组织发动广大职工开展增产节约运动，提出为国家节约350亿（旧币）的目标。

中央人民政府交通部制作的“塘沽新港开港纪念章”。

③

④

⑤

⑥

4. 1952年10月17日，天津新港经过三年的恢复建设重新开港，照片为庆祝开港大会会场。

5. 天津港职工庆祝重新开港，照片为国轮“长春号”停靠天津港。

6. 1953年8月，在天津区港务管理局召开第一次职工代表会议期间，局工会筹委会举办了港湾作业展览会。

7. 1956年，全国掀起了“先进生产者”运动，照片为天津港轮驳大队职工在围绕生产关键环节开展技术革新活动。

8. 1956年，天津港代表队参加华北区海员运动会。

9. 1969年，天津港职工自行设计制造了百吨浮式起重机，照片为设计人员在进行模型水上模拟试验。

⑦

⑧

⑨

10. 1973年，工会组织整健后组织职工开展群众性技术练兵活动，照片为职工练兵比武现场。

11. 1977年8月，天津港和天津远洋运输分公司开展以“六赛六比”为内容的社会主义劳动竞赛，照片为两单位举行签字仪式。

12. 20世纪80年代，天津港第一作业区职工开展“厦门”轮“一条龙”作业劳动竞赛。

13. 天津港职工响应毛泽东主席“工业学大庆”的号召，努力把天津港办成“大庆式”企业。照片为1979年1月天津港被天津市和交通部命名为“大庆式”局。

14. 20世纪80年代，天津港各级工会组织青年职工开展文化技术补课，照片为职工自学小组在集中学习。

15. 1982年5月，天津港举办了青年职工集体婚礼。

16. 1994年4月，天津港工会与韩国仁川港运劳动组合建立友好工会关系，照片为签字仪式。

17. 1996年3月，天津港工会围绕加快发展集装箱运输，与天津市口岸系统“一关三检”开展了共保80万标准箱劳动竞赛，照片为签字仪式。

18. 1996年8月，天津港召开全心全意依靠工人阶级座谈会。

19. 1998年12月，天津港举行了首次集体合同签字仪式。

20. 天津港工会积极引导职工参与技术创新活动，2000年以来开展了万名职工技术创新活动。

21. 2001年11月16日，天津港召开吞吐量超亿吨庆祝大会。

22. 2002年4月，中央电视台“心连心”艺术团来港慰问天津港职工并举行“劳动欢歌”大型文艺演出。

23. 天津港不断增强港口的核心竞争力。为提高职工队伍的综合素质，2002年以来实施了职工素质工程。

24. 2004年12月20日，天津港举办庆祝吞吐量突破两亿吨联欢会。

25. 2006年7月，天津港工会举办“创建和谐港口，争当文明职工”万名职工主题签名活动。

26. 2006年10月，天津港举行命名“孔祥瑞操作队”仪式。

27. 天津港职工围绕重点工程开展“五比一创”劳动竞赛，照片为2007年3月天津市职工建功“十一五”重点工程劳动竞赛总结表彰大会在天津东疆港区举行。

28. 2007年12月11日，天津东疆保税港区开港。

29. 2007年12月18日，天津港举办吞吐量突破三亿吨答谢社会各界支持交响音乐会。

30. 2008年8月1日，奥运火炬传递仪式在天津港举行。

31. 天津港积极实施爱心工程，为特困职工送温暖。照片为集团公司董事长、党委书记于汝民(右)慰问特困职工。

32. 天津港关心退休劳模生活，定期入户慰问形成制度。照片为集团公司总裁田长松（左二）、工会主席王庆林（右二）慰问老劳模。

33. 天津港不断改善职工的生产条件，照片为集团公司党委副书记王存杰慰问暑期一线生产职工。

34. 2010年4月，天津港举行首届先进典型“十百千”命名仪式。

35. 天津港深入开展全民健身活动，定期举办职工运动会。

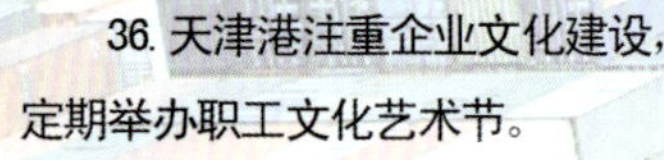
36. 天津港注重企业文化建设，定期举办职工文化艺术节。

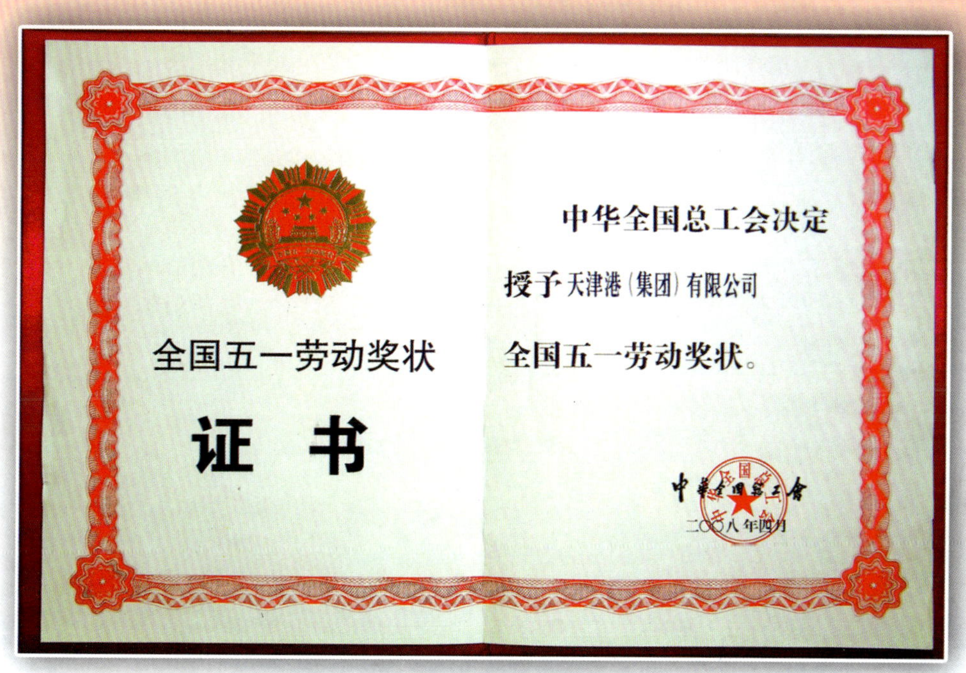

2008年4月，天津港（集团）有限公司荣获“全国五一劳动奖状”。

2005年3月，天津港（集团）有限公司被评为“全国交通系统先进集体”。

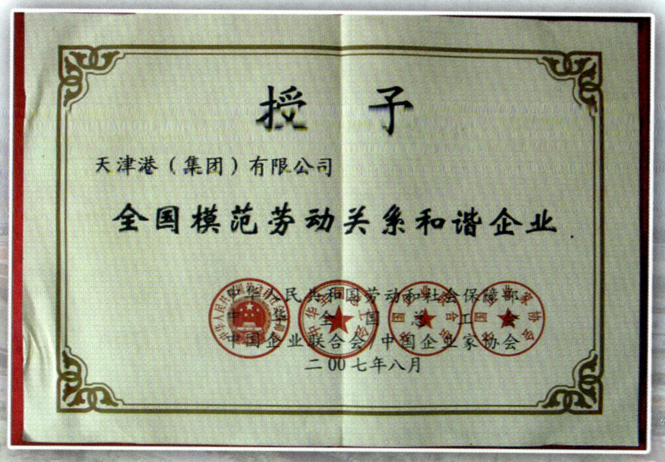

2007年8月，天津港（集团）有限公司被评为“全国模范劳动关系和谐企业”。

全国厂务公开民主管理

先进单位

全国厂务公开协调小组
二〇〇七年

2007年5月，天津港（集团）有限公司被评为“全国厂务公开民主管理先进单位”。

2008年1月，天津港（集团）有限公司荣获“全国‘安康杯’竞赛”连胜杯。

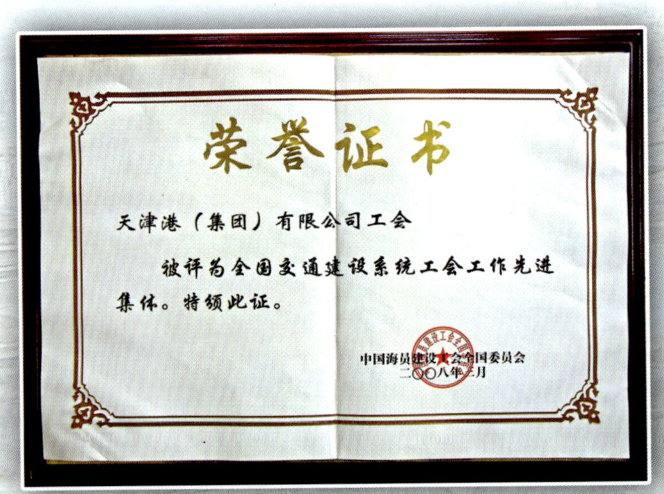

荣誉证书

天津港（集团）有限公司工会

被评为全国交通建设系统工会工作先进集体。特颁此证。

中国海员建设工会全国委员会
二〇〇八年三月

2008年3月，天津港（集团）有限公司工会被评为“全国交通建设系统工会工作先进集体”。

2008年12月，天津港（集团）有限公司被评为“全国职工体育示范单位”。

2009年10月，天津港（集团）有限公司被评为“2005—2008年度全国群众体育先进单位”。

2008年12月，天津港（集团）有限公司工会被评为“全国职工技协先进集体”。

2009年4月，天津港（集团）有限公司荣获“天津市五一劳动奖状”。

2008年6月，天津港（集团）有限公司工会被评为“2007年度市级工会财务工作先进单位”。

2007年12月，天津港（集团）有限公司工会被评为“全国工会经审工作先进集体”。

编辑说明

1. 本书编撰过程，坚持以马克思列宁主义、毛泽东思想、邓小平理论和“三个代表”重要思想为指导，深入贯彻落实科学发展观，以反映党领导下的天津港工会工作的历史为主线，力求做到思想性、真实性与史料性相统一。坚持实事求是的原则，凸显时代特点，突出港口特色。在反映各部门联合开展的活动中，以突出工会工作为主。

2. 本书记述地域，主要为天津港的市区地段、塘沽地段和新港地段。记述时限以1950年至2009年为主，根据需要，前后有所延伸，搬运工人运动史追溯到解放前。

3. 本书文体以志为主，其中包括志、记、录、图、表、照片，横写不缺要项，竖写不断主线。本书以篇章节为标题结构。编撰每项按先概述后分述的模式。

4. 本书首次出现的单位名称用全称，以后用简称。如不写全称，“市”指天津市；“市委”指中共天津市委员会；“市政府”指天津市人民政府；“部”指交通部、交通运输部；天津港（集团）有限公司名称变更十几次，历经军事管理、交通部管理、天津市管理、河北省管理，交通部和天津市同时管理等，为记述方便，描述地域、企业名称、事件统称“天津港”；工会组织统称“天津港工会”。

5. 本书参阅资料主要为各相关单位的档案、报刊、书籍等，同时参考了当事人的意见。

6. 历史文献除有明显错误的酌情修改外，均依原件。

序

天津因港而兴，港口的发展就是城市的缩影，研究港口的历史，力求客观深入，既要从全局着眼，又要从局部入手，才能全面客观地揭示港口发展的本质和港口发展的历史。编撰《天津港工会六十年（1950—2010）》的目的就是通过梳理天津港工会历史的脉络，重温天津港工运事业的历史，丰富天津港的企业文化，使大家从中汲取经验，达到以史鉴今、资政育人的目的。

天津港的历史最早可以上溯到汉代，是一个对外开埠有着悠久历史的港口。它随着国家的政治文明程度、经济贸易和科学技术的发展状况而发展。解放后，在党的正确领导下，天津港历经不同发展时期，积极克服自然条件的限制，特别是党的十一届三中全会以来，天津港发生了历史性的巨变，经过几代人的艰苦奋斗和不懈努力，以辉煌的成就跻身于世界大港之列，为天津市建成北方国际航运中心和国际物流中心发挥了核心载体作用，带动了区域经济和腹地经济的发展，为天津市的科学发展、和谐发展、率先发展作出了重要贡献。

《天津港工会六十年（1950—2010）》全面地展示了在天津港党委和上级工会正确领导下天津港工会事业和工人运动的光辉历史。1950 年 9 月 15 日，中央人民政府交通部天津区港务局筹建完成，次日，天津区港务局工会召开选举大会并正式成立，从此揭开天津港工会事业和工人运动的崭新一页。六十年来，天津港工会事业和工人运动始终伴随着党的波澜壮阔的历史进程和天津港经济发展、深化改革的步伐，在民主革命的洪流中孕育成长，在探索社会主义道路上曲折发展，在改革开放和社会主义现代化建设的大潮中开拓前进。

在港口恢复建设和社会主义全面建设时期，天津港工会组织动员广大职工发愤图强，艰苦创业，开展“职工技术协作”、“先进生产者运动”和劳动竞赛活动，为天津港的发展和建设不懈努力，作出了历史性贡献，涌现出钱春等一批全国著名劳动模范，他们以崇高思想和模范行动，激励着天津港一代又一代人。

改革开放以来，天津港工会紧紧围绕上级工会和天津港的中心工作，认真贯彻“组织起来、切实维权”的工作方针，着力开展群众性经济技术创新工程、提高职工队伍素质、推进企业改革、协调劳动关系、完善维权机制、解决职工群众生产生活中的突出问题，锐意改革，开拓创新，充分发挥了天津港工人阶级在改革、发展、稳定中的主力军作用，涌现出刘庆祥等一批全国劳动模范。

近年来，天津港工会组织开展的劳动竞赛活动、职工素质工程活动、厂务公开民主管理活动、创建劳动关系和谐企业活动等，充分展示了天津港工会工作的蓬勃生机和旺盛活力，涌现出以新时期知识型产业工人孔祥瑞为代表的一批全国著名劳动模范。天津港工会团结全港职工，解放思想，实事求是，投身改革，开拓进取，在天津港的建设和发展进程中，大力弘扬劳模精神和工人阶级伟大品格，团结动员全港职工为推动港口两个文明建设，建立了卓越的功绩。天津港先后荣获全国五一劳动奖状、全国厂务公开民主管理先进单位、全国劳动关系和谐企业、全国“安康杯”竞赛优胜企业、全国群众体育工作先进单位称号，许多工作走在全国先进行列。

六十年风雨兼程，六十年岁月如歌，成绩来之不易，奋斗充满艰辛。从《天津港工会六十年（1950—2010）》中，我们可以清晰地看到天津港工会事业和工人运动的历史足迹，深切体会到天津港工会的六十年就是坚持以马克思列宁主义、毛泽东思想、邓小平理论和“三个代表”重要思想为指导，深入贯彻落实科学发展观，团结和依靠广大职工，为实现党的历史使命而努力奋斗的六十年；是全面维护广大职工群众合法权益，积极保护和充分调动职工群众的积极性和创造性，为职工群众服务的六十年；是充分发挥党联系群众桥梁纽带作用的六十年；是不断加强工会组织自身改革和自身建设，使工会事业不断与时俱进、开拓创新、努力奋斗的六十年。

征尘未洗去，又闻号角声。辉煌的历史鼓舞人心，宏伟的目标催人奋进。新时期新阶段，天津港各级工会一定要更加自觉地围绕中心，服务大局，把实现天津港的发展目标作为工会组织的最大追求和责任，把全心全意为职工服务作为工会工作的出发点和落脚点，在各级党组织和上级工会的领导下，团结带领广大职工，为实现创建世界一流大港的目标再创佳绩，再立新功。

《天津港工会六十年（1950—2010）》的编撰出版，充分体现了天津港对企业文化建设的远见卓识，凝结着天津港各级工会组织和编撰人员的辛勤劳动，这本书以其丰富翔实的史料，反映了天津港工会事业和工人运动发展的史迹。这本书的出版，对于促进天津港两个文明建设，教育职工传承天津港人的光荣传统和优良作风，弘扬天津港精神，激发职工爱港敬业和乐于奉献的精神，必定起到积极作用。

天津港（集团）有限公司董事长、党委书记 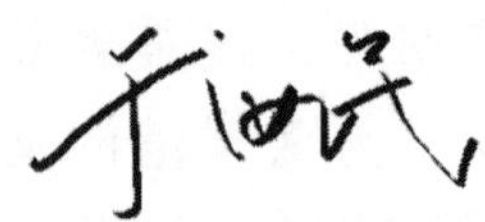

目　　录

第一篇　大事记

第二篇　工会工作

第三篇　荣誉录

第四篇 附 录

综 述

一

解放前,天津港的装卸搬运业务一直为脚行把头所垄断。脚行头绝大多数是地痞流氓,一些大脚行头世袭相传,血债累累,独霸一方,是地主、资本家、汉奸、特务、封建会道门的结合体。脚行头子与帝国主义、反动统治阶级勾结,残酷剥削压迫搬运工人,工人生活苦不堪言。这种脚行把持制度,在天津至少有200多年的历史。至解放前夕,天津共有脚行227家,大小脚行头子3032人(见附表),主要码头脚行有北班、三庙、义聚、兴隆街、南口、中口、北口、唐口子以及双义局、同立、通合成等,把持着码头的装卸业务,控制的装卸工人达4229名,其中招商局、怡和、太古、三北、大华、政记、直东轮船码头,有装卸工1000多名。脚行头子剥削工人劳动收入的比例高达70%～80%,有的超过95%以上。解放后,他们虽然不敢像过去那样为所欲为,但依然利用一部分工人群众解放前被迫加入帮口、宗教、道门等错综复杂的关系,窃据合法职位,隐蔽或公开地继续作恶。

1949年1月15日,天津市区解放,17日,塘沽及新港解放。同时,中国人民解放军平津前线司令部、政治部发布电令,为保证全体人民的生命财产安全、维护社会安宁、确立革命秩序,着令在天津市并部分近郊,实行军事管制,成立天津军事管制委员会(以下简称市军管会),统一全市军事、政治、经济、文化等管制事宜,天津市人民政府也同时宣告成立。至此,天津港的天津、塘沽、新港三大区域均属于军事管辖区。从此天津港结束了帝国主义、封建主义和官僚资本主义三座大山的压迫和统治,回到了人民手中。天津港在人民政府的领导下,开始了新的发展阶段。

人民政府接管港口以后,在肃清帝国主义控制的同时,积极组织码头工人开展反封反把的民主改革运动。1949年年初,市军管会开始接管国民党天津市政府公用局运输事务所,改称天津市人民政府公用局运输事务所。接管后即在各区发动工人推翻封建脚行把持制度。1月,按照塘大(塘沽、大沽)公安局统一部署开展了清匪反霸斗争,开始清除把持搬运行业中的残余势力。3月,天津市政府公用局运输事务所成立全市第一个搬运工人服务站,取代了“脚行”,开始承担起市内运输和装卸任务。很快全市搬运服务站就发展到18个。这些国营搬运机构的设立,标志着在搬运业务中统治码头工人多年的脚行把持制度从管理体制上已彻底瓦解。同月,天津市职工总会筹委会派员到塘大区组建工会组织,为了便于工作,建立了海员和搬运两个工作组,积极开展筹建工会组织和发展会员工作。

1949年4月28日,刘少奇同志出席天津市职工代表大会并作报告,提出当前工人运动的主要任务是发展会员,建立工会,按产业把工人组织起来。6月初,天津市职工总会筹委会海员工作委员会、码头运输工人工作委员会相继成立。6月17日,天津市码头运输工人工作委员会召开扩大干部会议,提出当前的主要任务是:消灭封建剥削制度,准备组织运输公司,克服行会主义倾向,建立健全工会组织。

6月25日至28日,天津码头运输工人工作委员会所属码头、运输、三轮车、铁路装卸、挑担5个行业的工人召开代表大会,选举产生了5个行业的工会筹委会委员78人,分别成立了5个行业的工会筹委会,其中码头行业的工会筹委会委员11人。这次大会主要完成了两项任务:一是吸收会员,建立工会组织;二是消灭搬运事业中的封建压迫、封建剥削、封建割据,帮派行会组织。会议还学习贯彻了政府关于民主改革的方针、政策。通过召开这次代表大会使广大搬运工人认识到团结就是力量。代表大会之后,全市各区即开展了吸收会员,建立工会组织,消灭脚行头封建制度,打破封建割据,反对行会主义的工作。7月2日,天津市人民政府废除码头脚行对工人的封建剥削,统一全市运输业务,改组天津市人民政府公用局运输事务所,成立了天津市运输公司,下设各区运输公司办事处,统管全市的运输工人编队、统一运输价格及市内一切货物搬运业务。7月10日,开始吸收会员,经过20天,就吸收会员达20222人,占职工总数的31.4%。随着行政体制的变化,8月3日,天津搬运工人工作委员会召开各行业工会筹委会和工作组长联系会,决定积极组建工会组织,加强对工人的教育工作。8月19日,塘大码头运输工会成立,时有会员1500余人,占职工总数92%。在组建工会的过程中,工人们表现出极大的热情,入会者十分踊跃。截止到10月28日,发展会员34491人,占职工总数的75.5%,其中市区码头工人2547人中已有2307人加入工会组织,占90.6%。塘大区工人2004人(含码头装卸工人)中,已有1939人加入工会组织,占96.8%。

天津码头运输工人代表大会以后,全市搬运工人纷纷行动起来,普遍成立了工会组织,广泛开展了宣传教育,使民主改革的各项方针政策深入人心。随后还建立了运输公司、工人管理委员会,由工人参加搬运业务的管理。但是,由于搬运行业的封建把持制度根深蒂固,脚行把头势力盘根错节,民主改革工作进展十分艰难。民主改革刚刚开始,一些脚行头便采取各种手段进行抗拒和破坏。他们有的威胁恫吓、私藏匕首,阴谋杀害工人干部;有的大要流氓,拉干部跳河拼命;有的躺到车底,阻挠工人出车装运;有的煽动数百工人“请愿”闹事;有的则伪装积极,混入运输公司或工会组织。更为嚣张的是,大脚行头巴延庆、马文元唆使二十多名脚行头,秘密集会十余次,结盟反抗,进京向华北人民政府诬告工会,要求保留脚行。他们还拿出金条,收揽散车,企图挤垮运输公司,破坏民主改革运动。

为了打击少数顽固分子的气焰,天津市总工会、搬运工会联合会分别向全市人民和广大搬运工人发出号召,要求工人群众紧密团结起来,提高警惕,为彻底肃清搬运事业中的封建把持制度而努力。随后,市公安局局长许建国等同志,带领市军管会和市公安局的同志,同工会干部一起组成工作团,荷枪实弹,亲临运输公司,召集全市42名大脚行头,进行训话,向他们交代政策、提出要求。同时,用民主评议的方法在搬运工人中进行民主编队,清除了混入工人队伍和工会组织中的不纯分子338人,纯洁了工人队伍,孤立了脚行把头,为全面发动工人群众,深入开展反封建、反把持斗争扫清了障碍。

1949年9月初,天津市海员工会筹备委员会成立,其会员主要为来往沿海海船的海员,海河驳船、内河船舶上的职工。9月1日,塘大区召开海员工人代表会议,选举产生天津海员工会塘大分会筹委会,分会接受天津市职工总会筹委会塘大区办事处和天津市职工总会筹委会海员工作委员会双重领导,在塘大区的港航企业工会组织均属于天津海员工会塘大分会筹委会领导。9月18日,天津市海员工会塘大分会召开成立大会,全区时有海员1542名,95%的海员入会。

1949年9月,为废除搬运事业中的封建把持制度,全市搬运工人开始进行民主编队。10月,根据天津市总工会筹委会指示,天津市搬运工人工作委员会改称天津市搬运工会联合会,下设运输、三轮、码头、铁路装卸、塘大等5个行业(地区)工会。负责领导组织天津港区码头装卸的叫“码头装卸分会”。码头装卸分会依据当时天津市的行政区划分为10个分会。天津市一、二、三、六、七区,各有1个分会;五区有2个分会;十区有3个分会(其中招商局码头1个分会)。除此之外,分布在海河上游及支流的内河码头、仓库上,专门从事民船装卸的码头工人也归属码头分会领导。塘沽、大沽地区的码头工人则直属搬运工会领导。工人加入码头分会,采取自愿原则。当时码头工人按照工作的长短,分为长工和散工,长工分别与工会的10个分会订有契约。码头装卸业务优先使用长工,另招散工也必须由长工推荐,长工也可在其他地方兼做散工。此外,码头工会还组织了多系散工组成的调配大队,作为正式码头工人的补充,也从事码头装卸作业。12月30日,塘大搬运工人劳动合作社召开成立大会,大会通过劳动合作社章程,塘大1000余名搬运工人参加大会,这是天津市建立的一个搬运工人劳动合作社。劳动合作社成立后统一包揽码头业务,组织工人劳动力的调配和劳动力的互助合作,解决工人内部业务不均衡和收入悬殊的问题,消灭了过去码头装卸中的行会、帮派和割据现象。1950年1月,塘大搬运工会筹委会成立,全区共有搬运工人2137人,会员2107人,占搬运工人的98.6%,其中码头工人为1559人,占全部搬运工人的73.9%,有分会10个,小组119个。

1950年3月24日,政务院第二十五次政务会议通过了《关于废除各地搬运事业中封建把持制度暂行处理办法》,明确规定由政府设立搬运公司。《办法》的出台为天津码头搬运工人的反封建、反把持斗争提供了重要的法律依据。搬运工会先后召开座谈会、报告会,启发工人群众的阶级觉悟,并深入工人家庭,访贫问苦,进一步增强了搬运工人与脚行把头斗争的勇气。许多工人纷纷向人民政府和工会投诉,揭发控告脚行把头的罪恶。6月22日,市公安局通令所属严格执行三项任务:取缔聚众殴斗、强装强卸、高价勒索;限令脚行把头登记,全力支持运输公司、搬运工会,维护治安。同时,全市11个公安分局(塘大区除外)进行脚行头登记。6月至7月,市公安机关逮捕了一贯作恶的脚行头子70余名,其中一批罪大恶极分子被处以死刑。全市各区搬运工人开展控诉脚行头子罪行活动,一致要求将脚行首恶分子依法严厉制裁。1950年6月,天津市总工会、搬运工会联合会与运输公司分别发出号召,号召广大工人兄弟与搬运工人兄弟,热烈拥护政府逮捕大脚行头刘德山等7名首恶分子的措施,并号召工人紧密团结起来,提高警惕,彻底肃清搬运事业中的封建把持制度。8月,天津市运输公司塘大分公司成立,下设塘沽、新河两个工作组,业务范围以塘沽、大沽、新河、新港等19个码头为主。11月,天津市运输公司成立码头办事处,负责领导第一至第三工作组办理码头装卸业务,各分散的装卸工集中统一起来,变成了16个分队,集中工作、集体分配,初步解决了封建割据码头的局面。

在港口收归人民政府所有后,统一港航管理就提上议事日程。只有统一管理才能做到对运力、运价、运输任务的更好协调,以支援解放战争,巩固人民政权,保证群众供给。在天津港完成接管之后,实际上仍存在着四种经济形式:一是接管官僚、汉奸资本而建立的国营港、航企业,如天津航政局、招商局、新港工程局、渤政公司等;二是自1860年被迫开埠后,把持天津港多年的外商航业,至解放前夕仍有英商太古、怡和、和记、亚西亚、颐中及美国人经办的美孚公司等;三是以经营小型轮船、帆船和代理业务为主的民营港、航企业;四是广布于海河两岸的工厂的自有码头。多种形式港、航企业并存,实行多头领导、多种管理,很难实现军管会规定的统一运力、统一运价、统一完成内外贸运输任务的目的。因此,立即统制对外贸易,改革海关制度,建立统一的港口管理机构,成为人民政府完成接管后又一项迫在眉睫的和必须首先采取的步骤。因当时全国许多地区还未解放,中央人民政府还没有成立,所以组织新的港、航统一管理机构,是由华北人民政府组织实施的。1949年4月1日,华北人民政府成立了华北航务局(局址在天津解放路积余大楼,今天津第一饭店),负责统一领导天津航政局、天津招商局、塘沽新港工程局、渤政公司等国营港航单位,并对外商和民营航业以及华北的水上交通实行控制和领导。

华北航务局是港航合一机构,解放前由海关负责的许多航务、港务管理也归入航务局管辖之下。各项经营和进口业务实行统一的方针政策。华北航务局及下属国营港、航单位的建立,标志着天津港口完整地从国民党政权统治之下回到人民手中。当时的华北航务局及下属国营单位,实行港、航合一体制,是在特殊条件下的一种过渡性管理体制。

1949年11月1日,中央人民政府交通部正式对外办公,华北人民政府交通部即宣告结束,各项业务转交中央交通部。至此,在新中国成立前夕,以军管和地方人民政府管理天津港口的形式即告结束。1950年5月,原华北区航务局及天津区航政局合并组成天津区

天津日報　一九五〇年六月二十一日　(星期三)

首惡大脚行頭劉德山等就捕
工人商民熱烈擁護
搬運工人昨開大會并遊行
一致要求將首惡依法嚴厲制裁

千餘搬運工人開大會
控訴脚行頭子罪行

苑長希等罪行深重

二、四區千餘搬運工人
痛訴脚行頭滔天罪行

工會法意見

1950年6月、7月间《天津日报》刊登的天津搬运工人开展反封反把运动的报道

航务局。6月1日,天津市政府派公用局局长靖任秋改组天津航政局等单位,筹组天津区港务局。7月26日,中央人民政府政务院财经委员会发布《关于统一航务港务管理的指示》,决定建立统一航务及港务管理机构——中央人民政府交通部航务总局,天津、广州、上海、青岛、大连等设立区港务局,负责统一港务的管理工作。在合并原华北区航务局秘书处及天津航政局基础上,9月15日,中央人民政府交通部天津区港务局正式成立。

1950年9月16日,中国海员工会华北区天津区港务局委员会成立并召开选举大会,大会选举产生了局工会委员会。会议明确工会的主要任务是组织团结、教育海员,保船卫国,恢复与发展航运事业。根据委员分工,由刘兴贤兼任主席,裴振兰兼任副主席,周省民为组织委员,张希明(女)为劳保委员,胡兆瑛为文教委员,局工会隶属于中国海员工会华北区筹备委员会领导,时有会员227人。局工会组织建立后即着手进行发展会员和筹建工会小组工作。

1950年9月,天津区港务局塘大办事处成立。同年10月,天津区港务局秦皇岛办事处成立。1951年4

華北海員

海員通訊

港務局工會正式成立！

石熙

九月十六日上午，天津區港務局舉行了「華北區海員工會天津區港務局委員會選舉大會」。在這會上已產生出一批新的工會委員，我們自己的工會正式成立了。

在會議上，首先由籌備委員會，報告了在前一階段中的工作總結。繼由行政首長靖局長講話，他期望：「職工們加強學習，提高覺悟，眞正地參加到工人隊伍中來；期望工會盡量照顧大家的生活，爭取多做一些有關職工同志福利的事情。」航政處馬處長也說：「希望即將產生的工會委員們，要接受過去籌備階段的經驗敎訓，多傾聽羣衆的意見，多與上級工會及其他兄弟工會取得密切聯繫。爲了達成我們建設新中國人民航業的具體任務，更要多向海員同志聯繫、團結，努力學習和吸收他們寶貴的經驗。」

然後進行選擧。這次的選擧事前是經過充分的準備的，各科室小組都會分頭展開對「委員人選問題」的討論，認眞而負責的提出了候選人。最初每小組各提十名，再根據各小組所提，擇票數最多的前十名爲正式候選人，用「大字報」明顯刊載。當天選擧則從十名候選人中，票選五名爲工會委員。選擧結果：裴振閣、劉興賢、周省民、胡兆瑛、張希明光榮當選。揭曉的時候，全場立刻湧起一片熱烈掌聲，幾乎沒有一個人不浮起滿意的笑容，因爲正是我們自己最欽佩，最敬愛，最理想的同志，被選中了。

一九五〇．九．十七．

我們有了樂園

怡和俱樂部成立了！

。通訊員 劉恩照。

怡和公司在天津成立已經有百年的歷史了，我們在職的職工同志們有的工作也有幾十年了，每日辛辛苦苦的工作着，從來也得不到提高文化和享受正當娛樂的機會。自從我們工會經過一個長期的和極其艱難的爭取後，方於上月領到了文敎費，我們全體職工熱望的文化俱樂部，在短時間的醞釀和籌備以後，終於誕生了。從此我們有了自己的樂園，這是很值得慶祝的一個創擧。這個文化俱樂部的管理委員們，將以無比的辛勤帶頭開展各種文化娛樂，使大家的生活活潑起來。我們熱情的希望各位職工同志，熱烈地參加各種娛樂，珍愛這個文化俱樂部，使他能一天天地壯大起來。尤其希望有些職員同志們，不要以超階級的姿態出現，放不下架子，不願與工人玩在一起。應通過俱樂部和工人同志們打在一伙，互相學習，使職員和工人們不分中外，不分老幼，不分男女，不分會員與非會員，都興奮的行動起來！搞好我們的工會和我們的樂園——文化俱樂部，共同提高文化、政治。陶冶性情，鍛鍊身體，以備更好的爲祖國的服務。

塘沽太古海員

努力學習文化

塘沽太古海員工會委員會，爲了響應人民政府的號召，提高工人文化水平，三月底已開辦業餘學校，海員們都踴躍參加，現上學的學員佔全體會員百分之七十，由於敎師熱心和學員努力學習，原是一字不識的學員，在這四個月內，已經認識一百二十多個生字，而且還些

1950 年 10 月第五期《华北海员》刊登的关于天津港工会成立的报道

月，天津区港务局接收海军大沽修船所并改称第一修船厂。8 月，天津区港务局河西作业区、河东作业区先后成立。9 月，接收海河工程处新河造船分厂改称第三修船厂。1952 年 1 月，接收招商局大沽修船厂并改称第二修船厂。但是，由于港务局所属单位分散在津、塘两地，除在津有河西、河东码头作业区，在塘有塘大办事处、驳运科和第一、第二、第三修船厂等单位，在秦皇岛还有办事处(今秦皇岛港前身)，这些单位都有工会组织，但港务局津、塘两地的局工会和基层工会分属中国海员工会华北区委员会和中国海员工会华北区塘大委员会领导。秦皇岛办事处的工会组织则由中国海员工会华北区秦皇岛办事处领导。码头装卸工人则由搬运工会领导。

1951 年 4 月，塘大区搬运工人首届会员代表大会召开，102 名代表出席会议，大会选举产生了首届工会委员会，正式成立了中国搬运工会天津市塘大区委员会，在塘的码头装卸工人有了自己的工会组织。5 月 25 日至 27 日，天津市搬运工人首届会员代表大会召开，出席会议代表 254 人，会议选举产生首届工会委员会和经费审查委员会，耿益盈当选为主席，李振华当选为副主席，正式成立了中国搬运工会天津市委员会。在大力进行工会组织建设的同时，各级搬运工会组织普遍对职工进行了“劳动创造世界”、“谁养活谁”、“中国革命和中国共产党”等唯物史观的启蒙教育，广泛开展了社会主义、国际主义、共产主义的教育，提高了广大职工的政治觉悟，激发了他们热爱共产党、热爱新中国的热情，使他们积极投入到恢复和发展港口生产建设之中。搬运工会组织广大职工大力开展创生产纪录运动、合理化建议活动和爱国主义劳动竞赛，这些活动的开展有力地推动了港口生产的迅速恢复和发展。随着天津搬运工会组织的进一步发展壮大，天津市搬运工人在党的领导下开展了声势浩大的反封反把斗争，这场斗争从根本上摧毁了在天津延续 200 多年的封建脚行制度，码头工人从此不再受封建把头的剥削，真正当家做了主人。与此同时，通过民主改革，充分发动了群众，依靠群众开展反封建斗争，整顿了码头工人队伍，成立了装卸服务队。机关职工也实行定岗定编，一部分人员参加了搬运工人学习班。这些整顿职工队伍的措施，既清理了少数坏人，又利于港口业务与搬运工人队伍的迅速发展。

随着港口恢复生产任务的完成，码头搬运工人的物质文化生活以及劳动条件都有了明显改善。1951 年 2 月 26 日，《中华人民共和国劳动保险条例》公布实施以后，使广大职工在旧社会深感忧虑的生、老、病、死、伤、残问题得到初步解决。工人疗养院、职工医院、文化宫、俱乐部也都从无到有，兴办起来。各级工会广泛开展扫盲识字教育，协助行政办起大批工人业余文化补习学校和技术学习班。

1951 年 5 月 5 日至 10 日，中国海员工会华北区委员会筹委会在津召开第一届代表大会，结束了筹备工作，正式成立了中国海员工会华北区委员会。大会选举产生执行委员 33 名，候补委员 8 名，常委 15 名。选举曾寿隆为主席，肖鲁、宋科、左中侠为副主席。选举产生由 13 名委员组成的首届工会经费审查委员会，井恩弟当选为主任委员。天津区港务局所属在天津市区的基层单位工会组织均由中国海员工会华北区委员会直接领导。

为了加强天津区港务局的工会工作，1951 年 10 月，中国海员工会华北区委员会决定建立中国海员工会华北区委员会天津区港务局筹备委员会，办公地点在天津市赤峰道 5 号港务管理局内。10 月 20 日召开了代表会议，选举产生委员 17 名，推选常委 7 名。由中国海员工会华北区委员会组织部部长杜远兼任主任，中国海员工会华北区塘大委员会副主任刘玉亭兼任副主任，韩维正为秘书长，张希明(女)为组织委员，

张维贤为劳保委员，韩维正兼任生产委员，张玉林为副生产委员，金永庆为代文教委员。

1951年9月，中央决定由天津市人民政府代管水利部海河工程处，后经市府会议决定暂由天津区港务局代管，并更名为疏浚队。1952年，经天津市政府决定，天津区港务管理局接收了天津市公用局搬运公司管理的津塘两地码头装卸工人。1月5日，接收了天津码头装卸工人3106人，接收后装卸工人划分为两部分：一部分为轮驳装卸工1036人，划分为21个工作队，实行三班倒作业制；另一部分为车库装卸工2070人，专做沿河地带的仓库、火车、汽车装卸工作。8月23日，又接收了塘沽装卸工人2018人，从事塘沽区和港区的装卸工作，组织形式未变。其中1600人为港区的轮驳装卸工，其余为边远地区的零散作业的固定装卸工。接收以上两单位共有职工5000余人，其行政关系虽由天津市政系统和天津市公用局搬运公司划归港务局领导，但是工会组织则仍属于市政及搬运工会领导，这样就造成了天津区港务局所属基层工会由海员、搬运、市政三个工会领导的局面。1952年4月，中国海员工会华北区委员会就天津区港务局所属码头装卸工人及海河工程处会员关系与统一工会领导问题专门向上级工会请示。4月23日、5月26日，天津市总工会和全总华北区工作委员会组织部先后批示，考虑到码头装卸工人数量较大，同时天津区港务局的编制尚未确定，划转会员关系和统一工会领导工作待以后统一解决。同年8月，市政工会所属海河工程处工人和搬运工会所属码头工会全部工人组织合并到天津区港务局工会筹委会。（见图1）

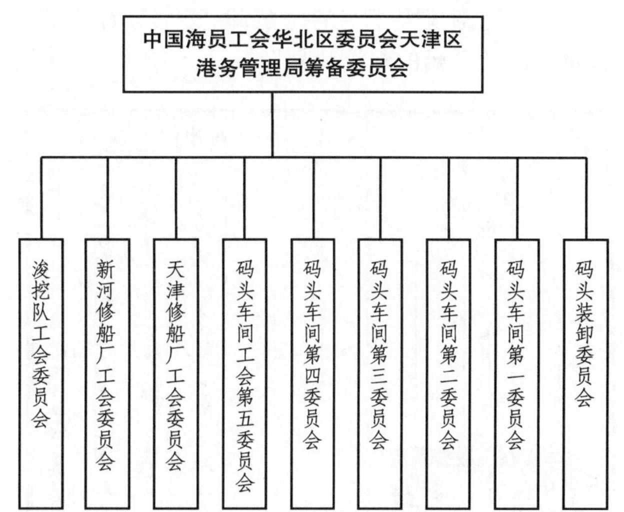

图1　1952年12月天津港工会筹委会组织系统

1952年2月，刘玉亭调动职务，不再兼任天津区港务局工会筹委会副主任职务。5月14日，中国海员工会华北区委员会第五次常委会议决定，由中国海员工会华北区委员会副主席肖鲁兼任天津区港务局工会筹委会主任职务，同时决定，天津区港务局在塘的基层工会归中国海员工会华北区塘大委员会领导，在津的基层工会由港务局工会筹委会领导。

1952年7月，肖鲁调动职务，不再兼任天津区港务局工会筹委会主任职务。8月，中国海员工会华北区委员会决定韩维正任港务局工会筹委会主任，高国栋、王文元、沈玉泉任副主任。9月，沈玉泉调动职务，不再担任局工会筹委会副主任。1953年年初，疏浚公司（今天津航道局有限公司前身）划归交通部领导，其所属会员关系随之由天津区港务局划出。2月和3月，高国栋、王文元分别调动职务，不再担任局工会筹委会副主任。

1953年1月1日，中央人民政府交通部天津区港务局更名为中央人民政府交通部天津区港务管理局。同年6月3日，港务局工会筹委会名称由中国海员工会华北区委员会天津区港务局筹备委员会变更为中国海员工会华北区委员会天津区港务管理局筹备委员会。

1953年11月，天津区港务管理局办公地点由天津赤峰道5号迁往塘沽新港，局工会筹委会随之迁往塘沽新港办公。同月，天津市委决定，逐渐把装卸工人固定起来，附属于某一主要部门，不能固定者，建立装卸工人供应社；工会也固定起来，分属于各企业工会。1954年2月，天津区港务管理局开展生产改革，所属装卸工由码头工会会员制改为局属固定工人，实行装卸工人计件工资制，制定并实施《劳动保护规程》。

1954年3月31日，中国海员工会筹委会组织部制定下发了《关于组织工作中若干问题的规定》，其中对于组织范围，指出“凡属于各地港务管理局的职工（包括接收过来的码头工人），可组织在海员工会系统之内；不属于各地港务管理局的职工及固定的码头工人，则不应组织在海员工会系统之内，亦不予以代管”。对组织机构问题，规定“港航方面的基层组织，仍以船只及固定的拖驳船队单位为基层组织，较大的港口，以作业区为基层组织，一般的小港口，本身应作为一个基层组织”。对领导问题，规定“轮船基层组织到达各港口时，应接受各港口委员会指导,但指导范围仅限于与港口装卸、安全等有关的问题,而不涉及本船的整个计划”。

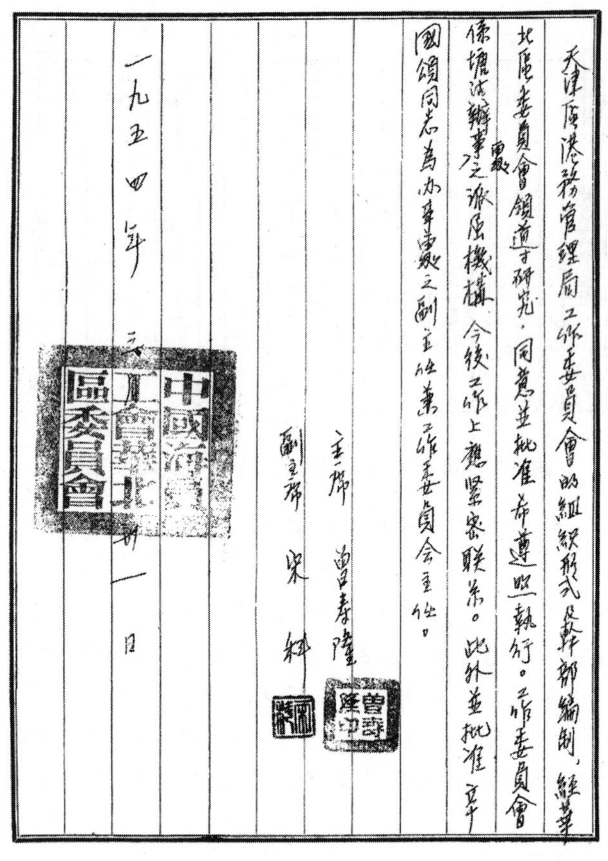

天津區港務管理局工作委員會的組織形式及幹部編制，經華北區委員會領導研究，同意並批准希遵照執行。工作委員會係塘沽辦事處之派出機構，今後工作上應緊密聯系。此外並批准辛國頌同志為辦事處之副主任兼工作委員會主任。

主席 曾春隆

副主席 宋[illegible]

一九五四年三月卅一日

中國海員工會華北區委員會

1954 年 3 月中国海员工会华北区委员会对天津港工会组织形式和干部编制的批复

1954 年 3 月,局工会筹委会主任韩维正调动职务,不再担任局工会筹委会主任。1954 年年初,塘沽搬运工会合并到华北区海员工会,其所属会员划归中国海员工会华北区委员会。为进一步统一管理天津区港务局的基层工会,中国海员工会华北区委员会决定成立天津区港务管理局工作委员会。3 月 31 日,中国海员工会华北区委员会批准了中国海员工会华北区委员会天津区港务管理局工作委员会的组织形式和干部编制,工作委员会为中国海员工会华北区委员会塘沽办事处派出机构。同时批准原塘沽搬运工会主席辛国颂为中国海员工会华北区委员会塘沽办事处副主任兼天津区港务管理局工作委员会主任。(见图 2)

截止到 1954 年 12 月,全局共有河西作业区、新港作业区、塘沽作业区、轮驳队、局机关、港口医院 6 个基层工会,有职工 5450 人,会员 5439 人。

1955 年 3 月 17 日至 19 日,天津区港务管理局工会召开第一次代表大会,大会审议通过了辛国颂代表中国海员工会天津区港务管理局工作委员会所作的《关于一年来工会工作的报告》。在一届一次全委会上,辛国颂当选为局工会主席,刘淑文(女)当选为局工会副主席。辛国颂、刘淑文(女)、郭克镛、魏国彬、周僩、韩云亭、韩宝玉、杨景周、寇介田当选为局工会常务委员,庄伯廉、陆广桐被确定为委员会候补委员。正式成立了中国海员工会天津区港务管理局企业委员会。这次大会,明确了天津港工会组织在港口恢复建设初期的地位和作用,标志着天津港的工人运动和工会工作进入了一个新的阶段。5 月 9 日,中国海员工会华北区委员会组织部批复同意当选的常务委员名单,但要求再增加沈玉泉和钱春为常务委员。6 月 1 日,局工会名称由中国海员工会天津区港务管理局工作委员会正式更名为中国海员工会天津区港务管理局企业委员会。

1955 年 6 月,为了进一步深入基层,转变作风,中国海员工会华北区委员会机关由天津迁往塘沽新港办公,同时决定撤销中国海员工会华北区委员会塘沽办事处。局工会改由中国海员工会华北区委员会直接领导。

1956 年,天津港各级工会动员和组织广大职工广泛深入地开展了以提高技术、改进技术、学习和掌握新技术为主要内容的社会主义劳动竞赛,并且在全港开展了规模空前的先进生产者运动,这期间天津港涌现出了钱春、李连城、耿立生、李长发、赵德如等一批先进模范人物。

1956 年 1 月 31 日,中国海员工会根据全国总工会《关于加强产业工会系统领导的决议》,作出了《关于加强海员工会的产业系统领导问题的决议》,要求加强全国范围的系统领导工作。在进一步加强系统领导以后,凡是生产、组织、工资、财务、劳动保护等工作均为本会直接领导,地方负责进行指导、检查、监督与帮助,属地方性的工作仍由地方工会领导。

根据中央紧缩编制、精简机构的要求,同时鉴于华北区委员会与天津区港务管理局在一起,为减少组织层次,华北区委员会决定撤销中国海员工会天津区港务管理局企业委员会,改由华北区委员会直接领导天津区港务管理局的工会工作。1956 年 10 月、11 月,中国海员工会全国委员会和天津市工会联合会分别同意撤销局工会这级组织。11 月 27 日,经中国海员工会华北区第二次会员代表大会讨论决定,于 12 月 1 日通过了关于撤销中国海员工会天津区港务管理局企业委员

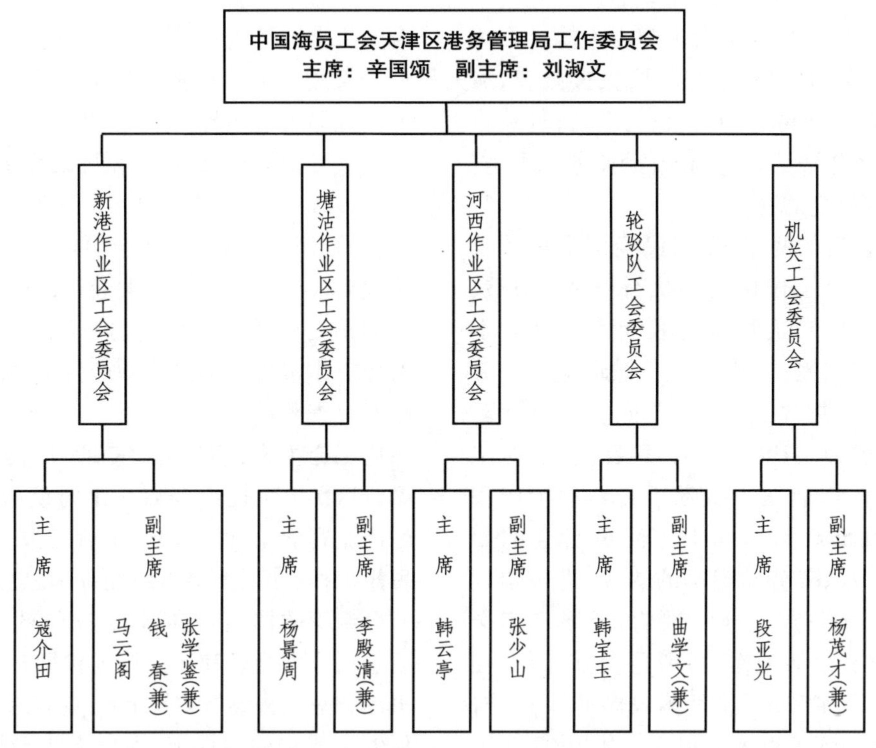

图2　1954年4月天津港工会组织系统

会的决议。局工会正式撤销，其所属工会干部划归中国海员工会华北区委员会。但是经过一段时间后，考虑到这样不便工会与行政的配合，天津区港务管理局党委也多次提出恢复企业委员会的要求，经天津市工会联合会、中国海员工会天津区委员会、中共塘沽区委研究，决定恢复天津区港务管理局企业委员会并向上级工会请示。1957年6月27日，中国海员工会全国委员会批复同意成立天津区港务管理局的局级工会组织，并提出由中国海员工会天津区委员会第二届二次会员代表大会讨论决定。根据天津区委员会第二届二次会员代表大会关于建立天津区港务管理局工会委员会的决议，10月23日，经出席天津区港务管理局第一届一次职工代表大会的全体会员代表选举产生了天津区港务管理局工会委员会，辛国颂当选为局工会主席，林寿清、辛国颂、马云阁、赵秀岭、郭克镛、寇介田、张希明(女)当选为临时常务委员，并正式成立了中国海员工会天津区港务管理局委员会，隶属中国海员工会天津区委员会领导。

1958年2月，全国人大一届五次会议决定将天津由直辖市改为河北省省辖市。6月21日，国务院第70次会议决定将天津区港务管理局下放河北省领导。1959年5月，天津区港务管理局更名天津市港务管理局。由于局变更名称，同年6月，局工会名称由中国海员工会天津区港务管理局委员会变更为中国海员工会天津市港务管理局委员会。

1958年5月，天津疏浚公司划归天津区港务管理局领导，改称天津航道局，其所属会员关系划入天津区港务管理局工会领导。1959年4月，天津航道局划归天津市领导，其所属会员关系随之划出天津区港务管理局工会。

1958年9月，根据中华全国总工会八届二次执委会议“关于组织实行产业与地方相结合，以地方为主”的要求，经天津市总工会研究决定，将中国海员工会天津区委员会合并到天津市总工会塘沽办事处。9月底，中国海员工会天津区委员会完成合并工作，局工会改由天津市总工会塘沽办事处领导。

1960年4月8日至11日，天津市港务管理局工会召开第三次代表大会，本次大会与局二届一次职工代表大会同时举行，大会审议通过了中国海员工会天津市港务局委员会《1959年度工作总结和1960年度工作计划》。会议选举产生了第三届工会委员会和经费审查委员会。在三届一次全委会上，辛国颂当选为局工会主席，胡瑞祥、王文元当选为副主席。辛国颂、胡瑞祥、马云阁、郭克镛、王文元、宫延熹、祝克训当选为常务委员。大会要求全局各级工会组织必须在党的领导下,围绕以技术革新和技术革命为中心大搞社会主义劳动竞赛和“比、学、赶、帮、超”运动;大办教育,掀起文化理论、技术学习新高潮;关心职工生活;进一步加强工会组织建设和思想建设,提高政治业务水平,充分发挥组织作用,当好党的助手。

1960年10月以后的两年中,国民经济出现了暂时困难,天津港的工会工作在贯彻执行党的“调整、巩固、充实、提高”方针,认真学习贯彻《工业七十条》,组织职工开展“三爱、三节、三高”红旗竞赛、“五好”小组竞赛,广泛开展先进班组、先进生产者运动方面,取得了一些成效。1962年10月后,加强对工人的社会主义教育,以启发阶级觉悟和调动生产积极性。为贯彻交通部政治部和中国海员工会的要求,在全局掀起了“六好”劳动竞赛的热潮,进一步促进了港口生产建设的发展。这一时期,天津港工会还协助行政抓了职工生活工作,特别是食堂工作,在有条件的单位组织职工和家属,大搞农副业生产,对帮助职工克服困难起到了很大的作用。从1963年第二季度开始,先后开展了“五好”班组、“五好”职工和“五好”企业竞赛,“比、学、赶、帮、超”活动从厂内发展到厂际、埠际,从生产、技术发展到思想政治、作风、管理,竞赛的中心内容一直抓住了提高安全质量、降低成本,效果显著,特别是进入1964年,经过学习贯彻中央和上级指示,学习解放军、大庆、上海等地的先进经验,广大职工的革命精神大振、层层揭落后盖子,找差距,提措施,订学赶先进规划,一个更广泛、更深入的“比、学、赶、帮”运动发展起来了。在这个时期,工会运用“二分法”检查总结了1958年以来的竞赛经验和教训,在竞赛的组织领导上做了改进,全年的竞赛运动开始走上了扎扎实实而又轰轰烈烈的健康道路。1964年,在“五好”评比中,各级工会广泛地总结交流了经验,树立了各种各样的标兵,取得了很好的效果。同时,在全港范围内又树立了“五好”职工、班组和企业,突出取长补短,共同提高。在竞赛中,解决先进与落后的矛盾,依靠先进带动、帮助后进。抓典型,树标兵,总结推广先进经验,是竞赛中发挥先进的积极作用的重要而经常的活动。

1960年4月,局党委常委会议决定王文元、宫延熹任局工会副主席。同年6月,王文元调动职务,不再担任局工会副主席。1961年5月,天津市港务管理局由天津市领导改由交通部领导,更名为交通部天津港务管理局。由于局再次变更名称,同年7月,局工会名称由中国海员工会天津市港务管理局委员会更名为中国海员工会天津港务管理局委员会。是年9月,天津航道局又划归天津港务管理局领导,其所属会员关系划入港务局工会领导。1963年7月,天津航道局划归天津市领导,其所属会员关系随之划出港务局。

1961年9月29日至10月7日,天津港务管理局工会召开第四次代表大会,本次大会与局三届一次职工代表大会同时举行。大会审议通过了辛国颂代表局工会第三届委员会所作的工作报告,审议通过了工会财务工作报告。会议选举产生了第四届工会委员会和经费审查委员会。在四届一次全委会上,辛国颂当选为局工会主席,胡瑞祥、宋墀(女)当选为局工会副主席。这次大会提出今后一个时期的重点工作是,搞好生产竞赛活动;做好职工生活工作;在党的领导下做好思想工作;加强工会组织建设和思想建设,充分发挥好工会组织的作用,完成好党交给的一切任务。会议号召全局广大会员和职工深入贯彻党中央提出的“调整、巩固、充实、提高”八字方针,克服困难,努力生产,在确保安全质量的前提下,力争完成和超额完成国家下达的生产任务。截至1961年12月,全局共有职工8345人,会员7092人。

1961年9月,宫延熹调动职务,不再担任局工会副主席。是年11月,辛国颂任局党委政治部副主任,仍兼任局工会主席。1962年5月15日,天津市总工会发出通知,根据天津港务局党的组织关系的变动,市总工会决定天津港务局工会由塘沽区划为市总工会直接领导,作为市总工会的直属基层。该基层工会主席辛国颂(兼),副主席宋墀(女)、胡瑞祥。1964年5月,胡瑞祥调动职务,不再担任局工会副主席。是年6月,局党委常委会议决定崔玉恩、刘继魁任局工会副主席。

1965年2月15日至19日,天津港务管理局工会召开第五次代表大会,本次大会与局四届一次职工代表大会同时举行。大会分别听取并审议通过了宋墀所作的《中国海员工会天津港务管理局委员会第四届工作报告》、《1962~1964年(三季度)工会财务工作报告》。会议选举产生了局工会第五届委员会委员、常务委员、副主席和局工会经费审查委员会委员。局工会主席空缺;宋墀(女)、崔玉恩、刘继魁当选为副主席;张志青、宋墀(女)、崔玉恩、刘继魁、卢景卿(女)当选为常务委员。元以鑫等三位同志当选为局工会第五届经费审查委员会委员。这次大会确定工会工作的重点:一是各级工会组织必须放手发动群众,积极投入阶级教育;二是动员群众,深入开展以“五好”为目标的

“比、学、赶、帮”竞赛运动；三是加强工会组织建设，使工会组织革命化。会议要求全局各级工会组织要以生产为中心，结合贯彻大会精神，加强工会组织建设，发挥好工会组织的作用，放手发动群众讨论与落实国家下达的计划任务，发动群众比先进、找差距、提措施，订好班组和个人的“五好”规划，自觉地投入新的生产高潮中。大会号召全局广大工会干部和积极分子在党的领导下，鼓足干劲，振奋精神，努力工作，把工会工作提高到一个新水平，为全面完成党交给的任务而奋斗。

1965年5月，天津港组织管理模式进行改革，通过精简机构，调整机构设置、减少管理层次，实行了“局区合并”。局党委常委会议决定贵义和任局工会主席。

从1963年至1965年间，全局各级工会组织在党和上级工会的领导下，紧密围绕这个时期党的政治任务和中心工作，与各部门密切协作，在职工中进行了大量的思想工作和组织工作。各级工会不断地向职工进行了形势任务的教育、革命传统的教育，提高了职工的阶级觉悟，使广大职工紧密地团结在党的周围。各级工会动员和组织广大职工开展了以“五好”为目标的“比、学、赶、帮”竞赛，广泛地组织了群众技术协作活动，促进了技术革新、技术革命的发展，有力地保证了国家计划的完成和超额完成。工会发挥了党的助手作用，协同行政广泛组织了群众业余文化技术学习，发挥了共产主义学校作用。工会还进行了大量的职工生活工作，帮助职工解决了生活中的许多实际问题。

截止到1965年12月，全局共有20个基层工会和车间工会，有职工6927人，会员6684人。（见图3）

1966年5月，文化大革命开始。是年8月，毛泽东发表了《炮打司令部（我的一张大字报）》之后，北京邮电学院的红卫兵来天津港进行所谓的“革命大串联”。在“革命无罪，造反有理”等错误口号煽动下，天津港很快成立了许多群众造反组织，港口形势一度混乱。港务局管理处于瘫痪状态，工作混乱，生产指挥无力，港口压船压车局面严重。为了稳定港口的局面，1967年4月3日，中国人民解放军奉命对天津港实行全面军事管制，并成立各级“抓革命促生产”指挥部，加强生产指挥系统。9月23日，在军事管制委员会的协调下，各派群众组织实现大联合，成立了天津港革命职工委员会。1968年2月，天津港革命委员会成立并建立了具有党、政双重职能的工作机构，实行“一元化”领导。2月13日，天津港革命委员会发布第一号公告，宣布天津港革命委员会成立，原天津港务管理局一切印章全部作废。天津港革命委员会在军管会的直接领导下，代替原天津港务管理局的职能，行使对港口的管理。局属基层单位也纷纷成立了革命委员会或革命领导小组，取代了原有的党政组织。12月18日，天津市革命委员会批转了市工代会《关于深入开展批判修正主义路线及彻底砸烂旧工会的报告》（津革〔68〕191号），提出彻底砸烂旧工会，宣布由各级工代会接管工会。至此，天津港务局工会彻底瘫痪，实际被取消，人员并转其他部门，工会工作陷于瘫痪状态。

二

“文化大革命”期间，造反派夺权，工会组织被迫停止活动。由造反派组成的“职工代表会议”（简称“工代会”）取代工会组织。许多老劳模、老工人和工会干部遭受迫害。即使期间有过一些短暂的恢复，但指导思想上也离开了“以经济建设为中心”，转向“以阶级斗争为纲”。但是，这一时期天津港的职工群众响应党和国家的号召，坚持港口生产，开展工人学习理论和职工技协活动。

1973年4月，中共中央以17号文件向全国转发了北京市委和上海市委关于召开工会代表大会，整顿和健全工会组织的请示报告。根据中央精神，同年5月，天津市委发出了59号文件，明确指出要在全市恢复和整健各级工会组织。按照中央和天津市委整顿健全各级工会组织的要求，中共天津港务管理局委员会发出了《关于整顿健全各级工会和召开港务局工会第七次代表大会的安排意见》的通知，成立了由宫延熹、唐致文、穆德贤、张家喜、高淑芬（女）、钱冬香（女）、张德明等（暂空两名）组成的整健工会筹备领导小组。同时决定，暂由宫延熹负责，在党委领导下，抓好整健工会工作。5月9日，局党委常委会决定，林寿清任局整健工会筹备领导小组组长，宫延熹任副组长。

1973年6月12日至13日，天津港务局工会召开第六次代表大会，大会审议通过了局党委副书记刘树森同志所作的题为《团结起来，沿着毛主席的无产阶级革命路线奋勇前进》的工作报告，大会选举产生了第六届工会委员会。在六届一次全委会上协商产生了常委，并进行了分工，选举林寿清为局工会主任，宫延熹为副主任。李文周、汪有金、耿立生、张士荣、孟凡起、刘树山、王恩芝（女）、宫延熹、林寿清为常务委员。这次大会总结了天津港务管理局恢复工会组织以来的成绩与经验,进一步发动职工开展革命大批判和抓革命、促生产。大会号召全局各级工会和广大工会干部要在党的领导下,坚持社会主义革命,搞好社会主义建设,实现“三年改变港口面貌”,继续深入进行思想和政治路线方面的教育,全面完成各项任务,继续加强工会组织自身的思想建设和组织建设,全面落实天津市工会代表大会和国家计划会议精神。由于这次会议是在“左”的思想指导下召开的,因此没有也不可能拨正天津港工人运动的方向。

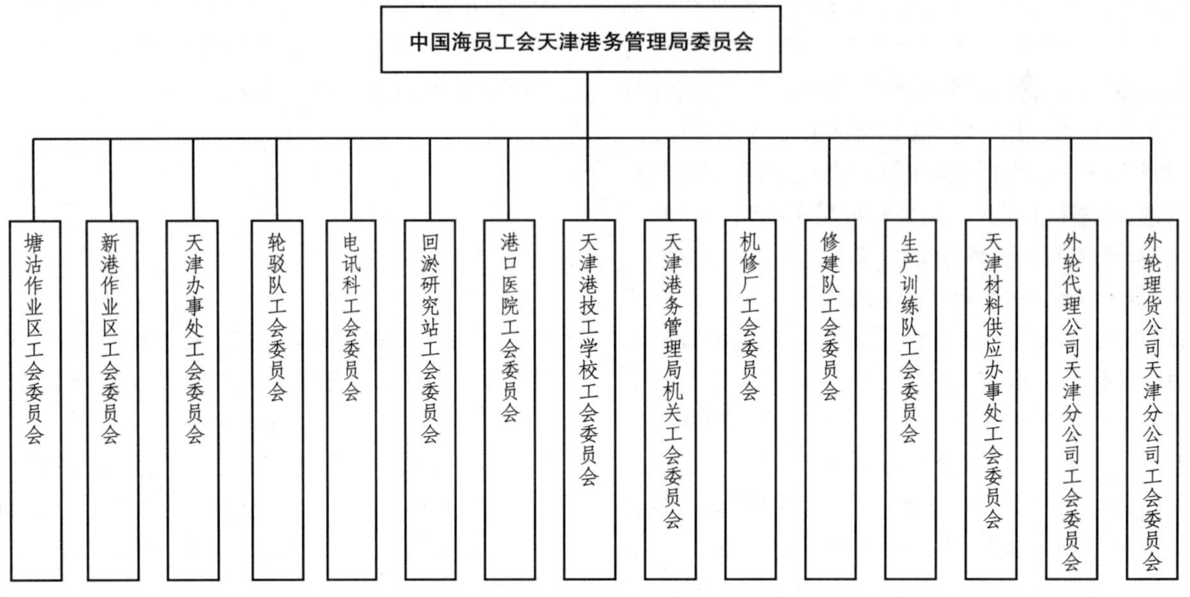

图3　1965年12月天津港工会组织系统

1973年6月26日,局工会名称由天津市革命职工代表会议常务委员会天津港务局委员会变更为天津港务局工会。截止到1973年12月,全局共恢复建立了第一作业区、第二作业区、第三作业区、第四作业区、轮驳公司、机修厂、水泥厂、局机关、外轮理货公司、港务监督、物资管理处材料厂、船闸管理所、职工医院、回淤研究站、通信站、修建队及中国船舶燃料供应公司天津分公司17个基层工会,有职工11092人,恢复会籍的会员10522人。(见图4)

1976年10月,粉碎“四人帮”以后,天津港工会经过思想和组织上的整顿,得到了恢复与发展。1977年2月,中共天津市委常委会决定林寿清任天津港务局顾问。同年7月,中共天津市委组织部下发通知,决定免去林寿清的天津港务局工会主任职务。1978年2月,局党委常委会议决定卢景卿(女)任局工会副主任。同年11月,局党委常委会议决定高玉志任局工会第一副主任。12月16日,中共交通部政治部批准同意高玉志任天津港务管理局工会第一副主任。

1978年8月,根据党中央关于“地方企业不再使用革命委员会名称”的指示,港务局名称由交通部天津港务管理局革命委员会更名为交通部天津港务管理局。由于局变更名称,同年8月11日,局工会名称由天津港务局工会变更为交通部天津港务管理局工会。

1978年12月,具有伟大的历史转折意义的党的十一届三中全会胜利召开。三中全会确定了党在新时期的路线、方针、政策,全党工作重点转移到四化建设上来。全国工会“九大”根据党的路线,确定了新时期工人运动和工会工作的基本方针和任务,标志我国工人运动的新起点。市委也正式做出决定,为天津市各级工会组织彻底平了反,明确肯定了天津市十七年工人运动和工会工作的方向和成绩,使广大工会干部解除了精神枷锁,解放了思想,振奋了精神,增强了做好工会工作的信心。使工会工作得到了迅速的恢复和发展,发生了根本的变化。

在这个时期,天津港各级工会紧跟党的工作重点转移,坚持以“四化”建设为中心,为实现“三年改变港口面貌”的目标,发动群众开展增产节约运动,组织为“四化”立功的劳动竞赛。在劳动竞赛中,广大职工响应市委的号召,学上港(上海港),赶先进,创名牌,争第一,有效地促进了港口生产的发展。遵照党中央关于发扬社会主义民主和普遍建立职工代表大会的指示精神,在党的领导下,恢复和建立职工代表大会制度,维护职工当家做主的民主权利。大力加强政治思想工作，对广大职工深入进行党的路线、方针、政策的教育，坚持四项基本原则的教育，形势任务的教育，发挥了工会共产主义学校的作用。职工中广泛开展了“五讲”、“四美”活动，广大职工，特别是青年职工学雷锋、树新风，好人好事不断涌现。工会协同有关部门，办起了各种类型的文化技术学习班和职工业校，一个从初中到大专的职工教育体系逐步形成，教育质量不断提高。积极创造条件，恢复和建立了俱乐部、图书室，开展健康有益的文化体育活动，丰富了职工的业余生活。职工业余教育也有了迅速的恢复和发展。关心职工群众的疾苦，维护职工的物质利益，在协助行政安排职工待业子女，办好食堂和托幼园所，开展后勤服务部门竞赛，恢复整顿劳动保险工作，做好女工“四期”保护，组织群众性的互助互济活动，帮助职工解决困难等方面，都做了大量的深入细致的工作，为群众办了许多好事。

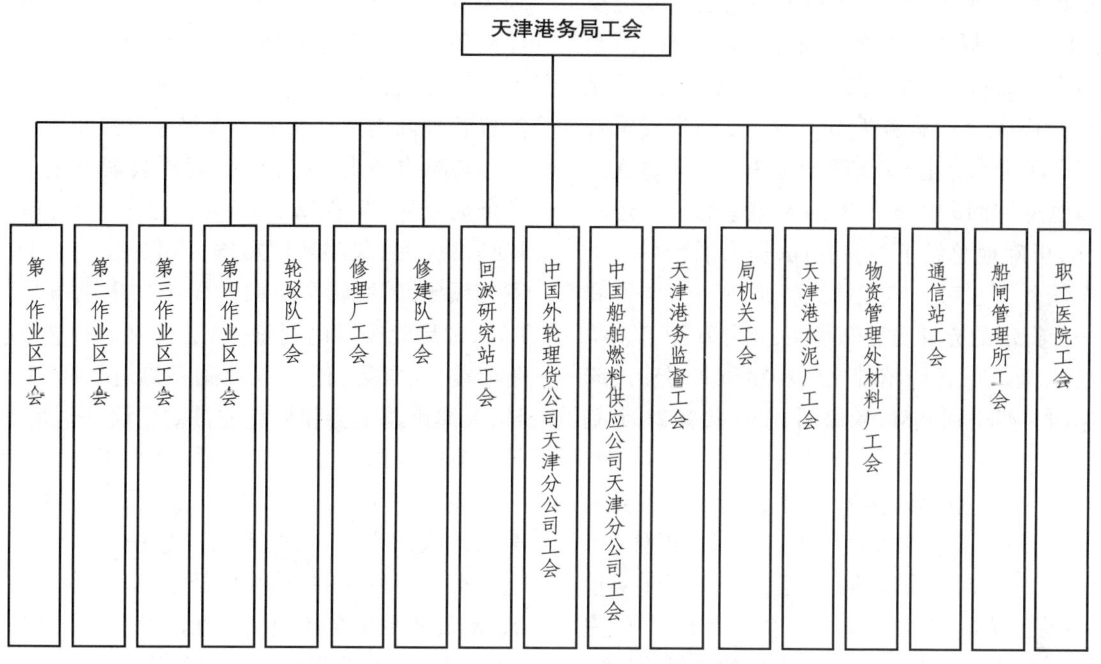

图 4　1973 年 12 月天津港工会组织系统

1979 年，全国海员工会恢复活动。5 月 21 日，中国海员工会全国委员会发出《关于启用和刻制各省、市、自治区和部直属水运单位工会印章的通知》(海工发字〔1979〕第 3 号)，经全国总工会书记处批准，中国海员工会全国委员会下一级工会组织的名称可冠以“中国海员工会”字样。根据通知精神，1980 年 1 月 3 日，局工会名称由交通部天津港务管理局工会变更为中国海员工会交通部天津港务管理局委员会。

1979 年 12 月，天津市委发出了《关于为市总工会和各级工会平反的决定》(津党发〔1979〕294 号)，肯定了全市各级工会前十七年的工作成绩，决定撤销市革命委员会津革〔1968〕191 号文件，为全市各级工会彻底平反。

1980 年 3 月 24 日，天津市委批转了市总工会党组《关于筹备召开天津市工会第十次代表大会的请示》(津党发〔1980〕38 号)，指出“市委《关于为市总工会和各级工会平反的决定》明确了 1968 年由各级工代会接管工会是错误的。为了进一步澄清是非，拨乱反正，我们认为应否定‘工代会’为一届工会委员会，并将 1973 年召开的市工会第十次代表大会改为第九次代表大会，本届为第十次代表大会”。4 月 5 日，天津港务管理局党委批转了局工会《关于召开中国海员工会交通部天津港务管理局第七次会员代表大会的请示》(交津港党办字〔80〕21 号)，指出“根据市总工会有关精神，在文化大革命中召开的工代会和各单位召开的革职会，不算一届会员代表大会。所以我局本届召开的会员代表大会仍称第七次代表大会，1973 年 6 月召开的会员代表大会改称第六次。各单位 1973 年召开的会员代表大会或会员大会，凡非首次的均应本此精神加以更正”。是年 8 月，局党委常委会议决定杨洪珠任局工会主席。11 月 10 日，中共交通部政治部批准同意杨洪珠任天津港务管理局工会主席。8 月，经交通部烟台海难救助打捞局工会与天津港务管理局工会协商，并报天津市总工会组织部同意，对交通部烟台海难救助打捞局天津救助站工会实行双重领导,以天津港务管理局工会为主。

1981年5月21日至22日,天津港务管理局工会召开第七次代表大会,大会审议通过了杨洪珠代表局工会第六届委员会所作的题为《深入贯彻落实中央工作会议精神,改进和加强工会工作,为实现经济上进一步调整、政治上进一步安定的方针而奋斗》的工作报告和卢景卿所作的工会财务工作报告。大会选举产生了第七届工会委员会和经费审查委员会。在局工会七届一次全委会上,杨洪珠当选为局工会主席;宫延熹、卢景卿(女)当选为局工会副主席;杨洪珠、宫延熹、卢景卿(女)、祝克训、许连仲当选为局工会常务委员。在局工会经费审查委员会七届一次全委会上,王文骁当选为主任。这次大会比较全面地总结回顾了8年来的天津港的工人运动和工会工作,正确地总结了经验教训,提出了今后一个时期的工作任务。这对于实现国民经济进一步调整和政治上进一步安定的方针的贯彻落实,充分发挥工人阶级主人翁精神,促进天津港精神文明和物质文明建设起到了重要作用。截止到1981年12月,全局共有21个基层工会,有职工19759人,会员18655人。

1982年5月,卢景卿调动职务,不再担任局工会副主席。同年3月,局党委常委会议决定高玉志退休。

多年来,党中央对工人运动和工会工作作了多次重要指示,特别是党的十二大和全国工会十大的召开,完整地提出了新时期工人运动和工会工作的方针、任务,为工会指明了继续前进的方向。党的十二届三中全会通过的《关于城市经济体制改革的决定》,进一步明确了工人阶级和工会组织新的历史使命,明确了新形势下工会的地位和作用。在党中央正确路线、方针的指引下,工人运动和工会工作健康发展、开拓前进,在经济、教育、科技体制改革和两个文明建设中作出了重要贡献。天津港广大职工奋发向上,锐意改革,为全面完成"六五"计划确定的各项任务,艰苦奋斗,顽强拼搏,艰苦奋战,为医治十年内乱带来的创伤,消除强烈地震造成的巨大破坏,克服了重重困难,取得了一个又一个胜利,完成了"六五"计划规定的主要任务和指标。

局工会七次代表大会以来,特别是中共中央、国务院颁布《国营工业企业职工代表大会暂行条例》(〔1981〕24号)后,天津港工会积极推进企业民主管理,建立和完善职工代表大会制度,并把它作为工作重点,局和基层两级工会认真承担职工代表大会工作机构的职责。通过职代会,工会在参与企业的管理,改善职工的劳动条件、居住条件、改进工资奖励制度,搞好劳动保险,保护女职工的特殊利益方面做了大量的工作,取得了显著效果。同时,天津港各级工会普遍加强了职工的思想政治工作,广泛开展了"五讲四美三热爱"活动、"振兴中华"读书活动和健康有益的文化体育活动,寓教于乐,提高了职工的觉悟,促进了港口的精神文明建设。

1984年6月,天津港务管理局体制改革,实行"双重领导,以地方为主"的管理体制,7月,为适应港口管理体制改革的需要,交通部天津港务管理局更名为天津港务局。鉴于港务局变更名称,9月10日,天津市总工会同意港务局工会名称由中国海员工会交通部天津港务管理局委员会变更为天津港务局工会。

1984年6月,天津外贸运输公司分公司划归天津港务局领导,其所属会员关系随之划归港务局领导。1986年1月,天津外贸运输公司分公司划归天津市外贸局领导,其所属会员关系随之划出港务局。1985年1月,经局党委讨论同意,局工会决定补选李贵庭为局工会委员、常委,任局工会副主席。1月31日、3月4日,天津市总工会和局党委常委会议分别批准同意,增补李贵庭为局工会委员、常委,任局工会副主席。

1986年11月11日至12日,天津港务局工会召开第八次代表大会,大会审议通过杨洪珠代表局工会第七届委员会所作的题为《坚持改革、坚持两个文明一起抓,动员和组织全港职工站在改革前列,为实现天津港"七五"计划奋斗目标建功立业》的工作报告和宫延熹所作的《认真贯彻"三服务"方针,更好地发挥工会财务工作的物质保证作用》的工会财务工作报告。大会选举产生了第八届工会委员会和经费审查委员会。在局工会八届一次全委会上,杨洪珠当选为局工会主席;李贵庭、宫延熹当选为局工会副主席;杨洪珠、李贵庭、宫延熹、祝克训、许连仲、王恩芝(女)、高联芳当选为局工会常务委员。在局工会经费审查委员会八届一次全委会上,于鸿珊当选为主任,焦恩浦当选为副主任。

1986年12月,交通部天津水运科学研究所、交通部天津物资管理处工会组织关系分别划归交通部天津航道局、第一航务工程局领导,不再由港务局工会代管,其工会会员关系随之由港务局工会划出。截至12月,全局共有23个基层工会,有职工21529人,会员19308人。(见图5)

1988年7月,经国务院批准将天津港务监督、天津海岸电台从天津港务局划出,航标测量处从天津航道局划出合并成立交通部天津海上安全监督局,其工会会员关系随之由港务局工会划出。

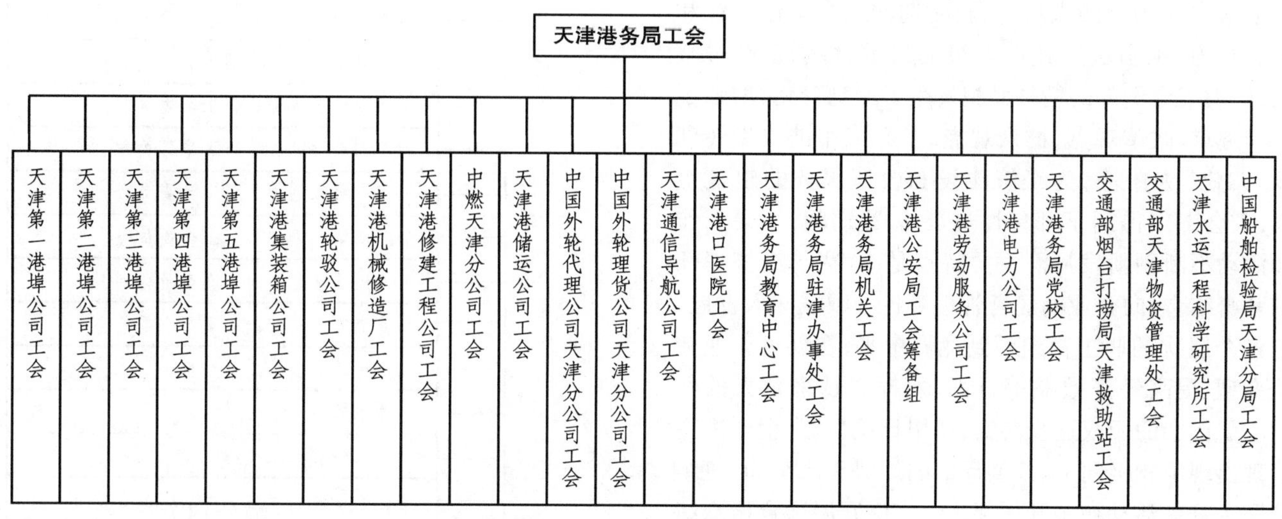

图5　1986年12月天津港工会组织系统

1990年4月，李贵庭调动职务，不再担任局工会副主席。局党委常委会议决定索双椽任局工会副主席。同年12月，局工会主席杨洪珠退休。1991年1月，局党委常委会议决定孙世明任局工会副主席，主持全面工作。

在第七个五年计划期间，天津港经济体制改革不断深化，生产建设稳步发展。局工会第八次代表大会以来，全局各级工会组织认真贯彻中央有关工会工作一系列指示和中国工会第十一次代表大会精神，围绕深化改革和生产建设，开展了各项工作。工会的基础性工作得到较大加强，各项工作走上正轨；工会自身改革进行了积极的探索和实践；民主管理基本形成四级管理网络，基层职代会初步达到制度化、程序化、经常化；关心职工生活，为职工说话办事，在维护国家、企业集体利益的同时努力维护职工的合法权益；群众生产、劳动保护工作逐步发展，取得较好效果；充分发挥工会组织优势，加强职工思想教育。在推动企业改革，完成生产建设任务，加强职工队伍建设，维护职工合法权益方面做了大量工作，发挥了积极作用。截至1990年12月，全局共有29个基层工会，有职工21515人，会员20340人。

1991年3月13日至16日，天津港务局工会召开第九次代表大会，大会审议通过了孙世明代表局工会第八届委员会所作的题为《认真贯彻党的基本路线、全面履行工会四项职能，在实现港口“八五”计划中充分发挥工会组织作用》的工作报告和索双椽所作的《认真贯彻“三服务”方针，充分发挥工会财务的物质保证作用》的工会财务工作报告。审议了《第八届经费审查委员会的工作报告》。大会选举产生了第九届工会委员会和经费审查委员会。在局工会九届一次全委会上，孙世明当选为局工会主席；索双椽当选为局工会副主席；王学俊、王恩芝（女）、孙世明、李厚军、陈景文、呼长凤（女）、索双椽当选为局工会常务委员。在局工会经费审查委员会九届一次全委会上，李洪栓当选为主任、吴培增当选为副主任。1991年4月，局党委决定宫延熹任调研员。

1991年10月，为恢复局工会的中国海员工会系统名称，经中国海员工会与天津市总工会协商，同意局工会名称由天津港务局工会变更为中国海员工会天津港务局委员会，其隶属关系不变。10月24日，天津市总工会批复港务局工会变更名称。11月21日，局工会正式更名为中国海员工会天津港务局委员会。

1991年5月，国务院批准设立天津港保税区。1992年6月，天津市总工会同意建立天津港保税区工会，隶属市总工会领导，由天津港务局工会代管。1994年7月，天津港保税区工会直属天津市总工会领导，不再由天津港务局工会代管。

三

在第八个五年计划期间，天津港的深化改革和生产建设取得新的发展。1994年港口吞吐量突破4000万吨大关，提前实现天津港战略发展的第一步目标。局工会第九次代表大会以来，全局各级工会组织认真贯彻落实党的十四大精神、新时期的工会工作方针和新颁布的《工会法》,按照上级的指示,特别是经过整党,广大工会干部的精神面貌发生了深刻变化,增强了全局观点、改革观点、群众观点,工会工作进一步转到以“四化”为中心,为经济建设和改革服务的轨道上来,工会工作得到了开拓性进展 。这期间,工会工作和活动不断创新发展。主要特点是,竞赛与经济责任制紧密结合,向企业的经营管理等各个领域深入发展,把各个层次的职工都组织到竞赛中来,在促进企业转轨变型、提高经济效益等方面,发挥了越来越大的作用。职代会的职权逐步落实,作用日益显著,企业民主管理出现了积极向上、开创局面的好势头。车间、班组的民主管理活动初步开展起来。广泛开展适合群众特点的活动,职工思想政治工作不断向民主化、群众化方向发展,职工文化、技术教育取得了新的经验。工会想群众所想,急群众所急,从企业实际和职工要求出发,努力为职工说话办事,工作领域不断扩大。抓基层、打基础,整顿建家工作得到了明显效果,工会在企业中的地位得到了加强。各级工会的认识和行动更加统一,工会的作用更加突出,工会工作的成效更加显著。

1992年12月,中共天津市委组织部决定孙世明任天津港务局党委副书记。此后,孙世明仍兼任局工会主席职务。1994年9月5日,中国海员工会天津港务局委员会召开九届七次会议,决定增补黑锦国为局工会第九届委员会委员,并选举为常委、副主席。

1994年11月18日至19日,天津港务局工会第十次代表大会召开,大会审议通过了由黑锦国代表局工会第九届委员会所作的题为《团结动员全港职工,充分发挥主力军作用,为加速天津港现代化建设而奋斗》的工作报告和呼长凤所作的《工会财务工作报告》。书面审议了《第十届经费审查委员会的工作报告》。大会选举产生了第十届工会委员会和经费审查委员会。在局工会十届一次全委会上,黑锦国当选为局工会主席;索双椽当选为局工会副主席;王学俊、史鸿章、李厚军、宋金普、呼长凤(女)、索双椽、黑锦国当选为局工会常务委员。在局工会经费审查委员会十届一次全委会上,李洪栓当选为主任委员。截至1994年12月,全局共有38个基层工会,有职工21830人,会员21701人。(见图6)

1996年12月,索双椽调动职务,不再担任局工会副主席。1997年1月6日,中国海员工会天津港务局委员会召开十届四次会议,选举王学俊、呼长凤(女)为局工会副主席。同时,免去索双椽局工会副主席职

天津港务局工会
- 天津港第一港埠公司工会委员会
- 天津港第二港埠公司工会委员会
- 天津港第三港埠公司工会委员会
- 天津港第四港埠公司工会委员会
- 天津港第五港埠公司工会委员会
- 天津港第六港埠公司工会委员会
- 天津港集装箱公司工会委员会
- 天津港东方集装箱公司工会委员会
- 天津港轮驳公司工会委员会
- 天津港机械厂工会委员会
- 天津港设施处工会委员会
- 中国船舶燃料供应天津公司工会委员会
- 中国外轮理货公司天津分公司工会委员会
- 天津港储运公司工会委员会
- 天津港电力公司工会委员会
- 天津港建设公司工会委员会
- 天津港通信导航公司工会委员会
- 天津港港口服务公司工会委员会
- 天津港口医院工会委员会
- 天津港务局驻津办事处工会委员会
- 天津港房产公司工会委员会
- 天津港客运站工会委员会
- 天津港引航站工会委员会
- 天津港务局机关工会委员会
- 天津港货运公司工会委员会
- 天津港南疆开发公司工会委员会
- 天津港文体中心工会委员会
- 天津海事法院工会委员会
- 天津港贸易公司工会委员会
- 天津港生活服务总公司工会委员会
- 天津港实业总公司工会委员会
- 天津港科研所工会委员会
- 天津港公安局工会委员会
- 天津港口管理学校工会委员会
- 天津港保税仓库有限公司工会委员会
- 天津港职工中专工会委员会
- 中国外轮代理公司天津分公司工会委员会
- 天津港务局党校工会委员会

图6　1994年12月天津港工会组织系统

务。1997 年 5 月,局工会主席黑锦国调动职务。5 月 9 日,中国海员工会天津港务局委员会召开十届六次会议,会议决定增补宋愿兵为局工会第十届委员会委员、常委、主席,其委员职务待下次工会代表大会予以确认。1999 年 12 月,局工会副主席呼长凤退休。2000 年 3 月 29 日,中国海员工会天津港务局委员会召开十届十三次会议,会议决定增补石玉昆为局工会第十届委员会委员,并选举为常委、副主席。

截至 2000 年 12 月,全局共有 44 个基层工会,有职工 21340 人,会员 20589 人。(见图 7)

2001 年 2 月 5 日至 6 日,天津港务局工会召开第十一次代表大会,大会审议通过了宋愿兵代表局工会第十届委员会所作的题为《团结动员全局职工为实现天津港的宏伟目标不懈奋斗》的工作报告和石玉昆所作的《工会财务工作报告》。审议通过了《第十届工会经费审查委员会的工作报告》。大会选举产生了第十一届工会委员会和经费审查委员会。在局工会十一届一次全委会上,宋愿兵当选为局工会主席;王学俊、石玉昆当选为局工会副主席;王学俊、石玉昆、冯启发、李长江、李洪霞、李厚军、宋愿兵当选为局工会常务委员。在局工会经费审查十一届一次全委会上,李洪栓当选为主任委员。截至 2003 年 9 月,全局共有 43 个基层工会和 1 个工会筹备组,有职工 19082 人,有会员 19744 人(包括内退会员)。

2004 年,为贯彻落实国务院关于港口体制改革的要求,按照"政企分开"的原则,经天津市委、市政府批准,天津港务局整体改制为天津港(集团)有限公司。5 月 24 日,天津市总工会下发《关于中国海员工会天津港务局委员会变更名称的批复》(津工复〔2004〕24 号),同意中国海员工会天津港务局委员会变更为中国海员工会天津港(集团)有限公司委员会。

2004 年 4 月 5 日,局党委组织部下发津党组〔2004〕12 号文件,因石玉昆同志职务变动,局党委建议石玉昆同志不再担任天津港务局工会副主席职务。5 月 21 日,局工会召开十一届八次全委会议。根据局党委推荐,会议决定增补张瑞福同志为中国海员工会天津港务局第十一届委员会委员,并选举为常委、主席,5 月 24 日,天津市总工会下发《关于张瑞福、宋愿兵同志任免职务的批复》(津工复〔2004〕25 号),同意张瑞福为中国海员工会天津港(集团)有限公司第十一届委员会委员、常委、主席,免去宋愿兵同志中国海员工会天津港(集团)有限公司第十

中国海员工会天津港务局委员会

- 天津港第一港埠公司工会委员会
- 天津港第二港埠有限公司工会委员会
- 天津港第三港埠公司工会委员会
- 天津港第四港埠公司工会委员会
- 天津港第五港埠公司工会委员会
- 天津港第六港埠公司工会委员会
- 天津港集装箱码头有限公司工会委员会
- 天津港东方发展公司工会委员会
- 天津港东方海陆集装箱工会委员会
- 天津港轮驳公司工会委员会
- 天津港储运公司工会委员会
- 天津港设施处工会委员会
- 天津港机械厂工会委员会
- 天津港电力公司工会委员会
- 天津港港口服务公司工会委员会
- 天津港建设公司工会委员会
- 天津港房产公司工会委员会
- 天津港南疆开发公司工会委员会
- 天津港客运站工会委员会
- 天津港监理公司工会委员会
- 天津港贸易公司工会委员会
- 天津港务局党校工会委员会
- 天津港职工培训中心工会委员会
- 天津港务局驻津办事处工会委员会
- 天津港公安局工会委员会
- 天津港信息中心工会委员会
- 天津港集装箱货运公司工会委员会
- 天津港口医院工会委员会
- 天津港文体中心工会委员会
- 天津港生活服务中心工会委员会
- 天津港新闻中心工会委员会
- 天津港科研所工会委员会
- 天津港保税库工会委员会
- 天津汽务局机关工会委员会
- 天津港集炭码头公司工会委员会
- 天津港赛挪码头公司工会委员会
- 天津港环保卫生监测中心工会委员会
- 中国外轮理货公司天津公司工会委员会
- 中国天津外轮代理公司工会委员会
- 中国船舶燃料供应天津公司工会委员会
- 天津港货运公司工会委员会
- 天津港通信导航公司工会委员会
- 天津港物资供应公司工会委员会
- 天津港引航站工会委员会

图 7　2000 年 12 月天津港工会组织系统

一届委员会主席、常委、委员职务。

2005年12月,集团公司工会经费审查委员会主任李洪栓同志退休。2006年4月3日,天津市总工会下发《关于吴培增、李洪栓同志任免职意见的函复》(津工组〔2006〕22号),同意吴培增同志为中国海员工会天津港(集团)有限公司经费审查委员会主任候选人。李洪栓同志不再担任中国海员工会天津港(集团)有限公司经费审查委员会主任职务。4月6日,集团公司工会经费审查委员会召开全体委员会议,按照《中国工会章程》,根据集团公司工会的推荐,会议选举吴培增同志为集团公司第十一届工会经费审查委员会主任。5月24日,天津市总工会下发《关于吴培增任职的批复》(津工复〔2006〕35号),同意吴培增为中国海员工会天津港(集团)有限公司第十一届经费审查委员会主任。

2007年1月22日,根据集团公司党委组织部津港党组发〔2007〕1号文件意见,集团公司党委决定推荐李洪霞同志为中国海员工会天津港(集团)有限公司委员会副主席候选人(正处级)。1月26日,集团公司工会召开十一届十三次全委会议,会议选举李洪霞同志为中国海员工会天津港(集团)有限公司第十一届委员会副主席。2月14日,天津市总工会下发《关于李洪霞同志任职的批复》(津工复〔2007〕11号),同意李洪霞同志为天津港(集团)有限公司工会第十一届委员会副主席。

2008年5月30日,天津市总工会发出《关于王庆林同志任职意见的函复》(津工组〔2008〕15号),同意王庆林同志为天津港(集团)有限公司工会副主席候选人。6月4日,集团公司工会召开十一届十七次全委会议,根据市总工会《关于王庆林同志任职意见的函复》和集团公司党委推荐,会议增选王庆林同志为集团公司工会第十一届委员会委员,并选举为常委、副主席。6月10日,天津市总工会发出《关于王庆林同志任职的批复》(津工复〔2008〕73号),同意王庆林同志为天津港(集团)有限公司工会委员、常委、副主席,其工会委员会委员职务待下次工会代表大会予以确认。7月,王学俊调动职务,不再担任集团公司工会副主席。

2009年1月,集团公司工会主席张瑞福同志退休。1月19日,集团公司工会召开十一届二十次全委会议,根据集团公司党委推荐,会议选举王庆林同志为天津港(集团)有限公司工会第十一届委员会主席。20日,天津市总工会发出《关于王庆林、张瑞福同志任免职的批复》(津工复〔2009〕3号),同意王庆林同志为天津港(集团)有限公司工会第十一届委员会主席;免去张瑞福同志天津港(集团)有限公司工会第十一届委员会主席、常委、委员职务,其工会委员会委员职务的免除待下次工会代表大会予以确认。

2009年7月,集团公司工会经费审查委员会主任吴培增同志退休。7月7日,天津市总工会下发《关于董靖臣同志任职意见的函复》(津工组〔2009〕26号),同意董靖臣同志为中国海员工会天津港(集团)有限公司经费审查委员会主任候选人。7月10日,集团公司工会经费审查委员会召开十一届十五次全委会议,会议选举董靖臣同志为天津港(集团)有限公司工会经费审查委员会第十一届委员会主任。7月13日,天津市总工会下发《关于董靖臣、吴培增同志任免职的批复》(津工复〔2009〕31号),同意董靖臣同志任中国海员工会天津港(集团)有限公司经费审查委员会主任,免去吴培增同志中国海员工会天津港(集团)有限公司经费审查委员会主任、委员职务,其工会经费审查委员会委员职务的免除待下次工会代表大会予以确认。

“九五”、“十五”、“十一五”期间,是天津港历史上发展最好、改革步子迈得最大的时期之一,天津港吞吐量分别于2001年、2004年、2007年突破1亿吨、2亿吨、3亿吨,2009年,在受国际金融危机影响的情况下天津港仍完成货物吞吐量3.8亿吨,列全国港口第三位,世界港口第五位。天津港工会第十次代表大会以来,各级工会组织认真贯彻落实党的十五大、十六大、十七大精神,高举中国特色社会主义伟大旗帜,坚持以邓小平理论和“三个代表”重要思想,全面贯彻落实科学发展观,把推进改革、促进发展作为工会工作的第一要务,紧紧围绕加快天津港发展的大局,深入贯彻《工会法》、《劳动法》以及工会工作总体思路和“五突破一加强”、“组织起来、切实维权”等一系列的工会要求,以推动落实党的全心全意依靠工人阶级根本指导方针为主线,动员和组织广大职工,以推动企业改革攻坚和加快发展为目标,以增强企业发展能力、市场竞争能力和抗御风险能力为重点,深入开展了“学、创、争”和“万名职工技术创新”、职工素质工程,“大学习、大培训、大提高”活动,争创“工人先锋号”、“五比一创”劳动竞赛、先进典型“十百千”工程等具有工会特色的群众性经济活动。这些活动,抓住了企业发展的重点、生产经营的难点、扭亏增盈的关键点和职工队伍素质薄弱点,坚持立足基层、沉到班组、落在岗位、重在实效的活动原则，创造了上级工会统一部署、分类指导，基层工会自主安排、自选方法的活动方式，激发了广大职工的积极性和创造力，收到了明显效果。

这一期间，工会适应依法维护职工合法权益的需要，认真把握劳动关系的深刻变化，加大劳动关系矛盾的协调力度。按照上级工会的要求，积极推行集体协商集体合同、厂务公开民主管理、工资集体协商等制度，开展创建劳动关系和谐企业等活动。以“两书”、“两个一”和“安康杯”竞赛为主要载体的群众劳动保护活动深入开展，工会劳动保护监督网络进一步健全。深入实施送温暖工程，健全和完善了特困职工的动态管理、包保联系、多方协调、热线预警和互助互济五项制度，构筑了推进送温暖工程的四级管理网络，为保持职工队伍稳定，促进社会安定发挥了重要作用。

截至 2009 年 12 月，全港共有 47 个基层工会，有职工 32770 人，有会员 32732 人。（见图 8）

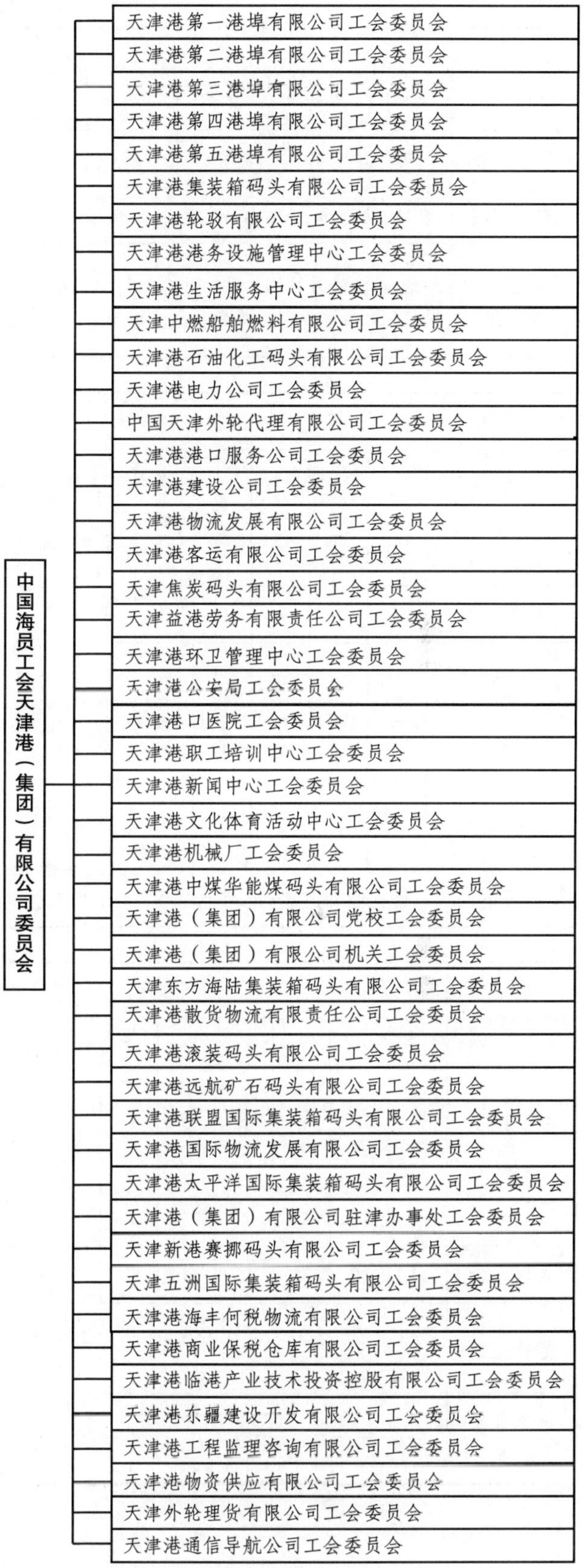

中国海员工会天津港（集团）有限公司委员会

- 天津港第一港埠有限公司工会委员会
- 天津港第二港埠有限公司工会委员会
- 天津港第三港埠有限公司工会委员会
- 天津港第四港埠有限公司工会委员会
- 天津港第五港埠有限公司工会委员会
- 天津港集装箱码头有限公司工会委员会
- 天津港轮驳有限公司工会委员会
- 天津港港务设施管理中心工会委员会
- 天津港生活服务中心工会委员会
- 天津中燃船舶燃料有限公司工会委员会
- 天津港石油化工码头有限公司工会委员会
- 天津港电力公司工会委员会
- 中国天津外轮代理有限公司工会委员会
- 天津港港口服务公司工会委员会
- 天津港建设公司工会委员会
- 天津港物流发展有限公司工会委员会
- 天津港客运有限公司工会委员会
- 天津焦炭码头有限公司工会委员会
- 天津益港劳务有限责任公司工会委员会
- 天津港环卫管理中心工会委员会
- 天津港公安局工会委员会
- 天津港口医院工会委员会
- 天津港职工培训中心工会委员会
- 天津港新闻中心工会委员会
- 天津港文化体育活动中心工会委员会
- 天津港机械厂工会委员会
- 天津港中煤华能煤码头有限公司工会委员会
- 天津港（集团）有限公司党校工会委员会
- 天津港（集团）有限公司机关工会委员会
- 天津东方海陆集装箱码头有限公司工会委员会
- 天津港散货物流有限责任公司工会委员会
- 天津港滚装码头有限公司工会委员会
- 天津港远航矿石码头有限公司工会委员会
- 天津港联盟国际集装箱码头有限公司工会委员会
- 天津港国际物流发展有限公司工会委员会
- 天津港太平洋国际集装箱码头有限公司工会委员会
- 天津港（集团）有限公司驻津办事处工会委员会
- 天津新港赛挪码头有限公司工会委员会
- 天津五洲国际集装箱码头有限公司工会委员会
- 天津港海丰何税物流有限公司工会委员会
- 天津港商业保税仓库有限公司工会委员会
- 天津港临港产业技术投资控股有限公司工会委员会
- 天津港东疆建设开发有限公司工会委员会
- 天津港工程监理咨询有限公司工会委员会
- 天津港物资供应有限公司工会委员会
- 天津外轮理货有限公司工会委员会
- 天津港通信导航公司工会委员会

图 8　2009 年 9 月天津港工会组织系统

附表　天津解放前夕各区脚行情况

区别	第一区										共计
脚行名称	全利	紫竹林	文义	胜义	下把	西局	上把	腰翁公义	东局	东亚公义	10家
在签人数	30	41	9	15	31	5	4	11	9	8	163
把持范围	旧日、法租界,东临海河,西至卫津路,北至多伦道,南至营口道										
主要业务对象	华北对外贸易公司、福丰面粉公司、中国银行仓库、交通银行仓库、金城银行仓库、华北区粮食公司、中华火柴厂、东亚烟草公司、天津市企业公司、永生化学厂、丹华火柴公司、华新纺纱厂等										

区别	第二区																共计
脚行名称	三庙	三庙起卸行	同义	饭市	饭市起卸行	三义成	双合成	义聚	胡记	兴隆街	北口	南口	中口	北班	德义	泉义	32家
在签人数	45	1	4	8	8	3	7	10	8	11	1	1	1	1	1	1	
脚行名称	同善西局	东集	天一东局	同善首局	同善六局	同善上局	东口	同善北局	同善八局	小关公议	全兴	公议	七村	东货场	红帽	黄帽	
在签人数	1	2	2	2	10	37	1	1	4	1	1	1	16	5	8	5	208
把持范围	西南临海河,东北沿北宁铁路(即今京沈铁路),为车站、码头汇集之所																

区别	第三区																	共计
脚行名称	同心	恒源	同利	厚复成	公议(西窑洼)	公立	同兴(辛庄)	同议(小于庄)	诚意	公和义(贾家桥)	同和义(北站)	同和义	同和义(吉立)	公议(席厂)	四合成(东站)	同立(穆庄子)	双兴(宜兴埠)	17家
在签人数	41	10	24	16	66	50	30	13	32	25	15	5	4	26	44	7	14	422
把持范围	河北一带,大经路至七经路,天纬路至调纬路,包括东、西窑洼和堤头、席厂、辛庄、东于庄、小王庄、小于庄、地道外、贾家大桥等地																	
主要业务对象	北站、西沽车站、中纺七厂、电工厂、益太粉厂、盛大蛋厂等																	

区别	第四区						共计
脚行名称	公兴(东站)	双议(东站)	天惠	义盛	公义(唐口子)	天兴	6 家
在签人数	69	98	68	52	9	23	319
把持范围	东至东局子,西至北宁铁路(即今京沈铁路),南至万新庄,北至金钟河						
主要业务对象	——						

区别	第五区						共计
脚行名称	通合成	通运	同立	同合	双义局	三兴(娄庄子)	6 家
在签人数	12	20	29	27	13	7	108
把持范围	西临海河,东北沿津塘(天津至塘沽)铁路,北至东货场,南至郑庄子						
主要业务对象	卜内门洋行、颐中烟草公司、亚细亚火油公司、中纺一厂、中纺三厂、中纺五厂、美孚油公司、德士古公司、天津码头等						

区别	第六区											共计
脚行名称	园盛	春利	平利	长利	公记合顺	仁和	九成	会友	合顺	同益(郑庄)	同德	11 家
在签人数	17	11	36	44	17	19	9	6	9	6	17	191
把持范围	东临海河,西至津盐(天津—盐山)公路,北至马场道,南至陈官屯											
主要业务对象	政记码头、三北码头、民主码头、四号码头、中纺二厂、中纺四厂、北洋纱厂、维新化学工厂、华北化学工厂、天津机器厂、太东蛋厂等											

区别	第七区																共计
脚行名称	富有	双义	诚议	文志	广源	荣记	仁育	起胜	同源	中局	公议(小红桥)	春和	劲力	志成	信义(水阁)	双义成	16 家
在签人数	2	6	3	2	3	3	1	3	6	3	27	26	12	3	4	6	110
把持范围	扒头街、小洋货街、南斜街及南马路、东马路一带																
主要业务对象	信托仓库、企业三仓库和泰昌、泰和、兴丰、益大、中大、道生、开泰祥、开源、德昌、三益泰等仓库																

区别	第八区															共计
脚行名称	树记	狮子胡同	长记	耳朵眼	乐壶洞	起顺	下四钩	东大把	同记	灰把	生货车把	小把	孙记	三兴(宫北)	同德(北门内)	
在签人数	2	2	4	1	1	2	23	9	4	27	16	18	1	3	1	
脚行名称	益利	同议	大宜门口	恩发	来恩波	元记	同裕	王记	杜记	唐恩元	永义	东义	赵记	王记	公益	
在签人数	3	4	2	2	2	2	6	1	1	1	1	1	3	3	8	
脚行名称	仁议	李记	桐记	郝记	公记	邵记	张记	李记	双立和	文和	同顺	仁记	义顺	于记	同立	
在签人数	3	5	4	1	15	2	2	2	8	1	8	2	3	5	6	
脚行名称	高记	同议	合记	庆宝林	文决	王林	仁义	穆记	岐记	娄采	德义	德善	呈益	同议	玉记	
在签人数	2	7	7	2	2	5	3	2	2	7	12	1	2	6	9	101家
脚行名称	竹记	瑞记	贵记	公议	明记	王金梁	小糖队	从记	祥记	成记	大议	公益	永利	福星	公议(姥姥店)	
在签人数	4	5	2	8	7	6	8	4	7	6	2	7	5	45	1	
脚行名称	涌成	西善	同顺		双立(口袋班)双福	同孚新	小车把	同利(西营门)	西大把	义记(梁嘴)	荣记	锦树年	三兴	公记	祥记	
在签人数	8	20	26		21	75	7	30	35	20	1	3	3	2	1	
脚行名称	同义(官下号)	张记	中立	三义	张洪年	孙记	管记	公兴	公顺局	祥顺局	全兴	同德				
在签人数	3	3	2	3	2	4	2	26	1	1	3	1				690
把持范围	东至金钟河,西至西营门,南至西关大街,北至南运河															

区别	第九区														共计
脚行名称	河北大街	老果子店	同益(刷子届)	南竹林村	杂货把	石桥口袋班	大红桥	屠宰厂	邵公庄	吉兴	同心	振记	全记	公议(西于庄)	14家
在签人数	33	55	18	6	10	99	76	4	12	9	9	43	71	21	466
把持范围	东至北运河，西至北新庄，南至南运河，北至郭辛庄														

区别	第十区						共计
脚行名称	四把	义顺新	仁义(老)	中国	公议顺	四合车把	6家
在签人数	20	60	42	12	45	37	216
把持范围	东临海河，西至新兴路，南至马场道，北至营口道						
主要业务对象	太古、怡和、大华、仁记、巨利、友利等仓库，隆茂、平和、兴隆、西门子、美丰、禅臣、德隆、捷隆、礼和等洋行						

区别	第十一区								共计
脚行名称	同和	同立(卜口)	同善堂	广平	同议(太平庄)	永立	三合盛	公议	8家
在签人数	7	11	3	11	29	11	3	64	139
把持范围	在天津西部，东与一区、十区相连，除南门外有工厂、仓库，大部为住宅区								
主要业务对象	中纺六厂、聚丰货栈、裕民货栈等								

第一篇
大事记

1949年

1月15日　天津解放。天津市军事管制委员会宣告成立,黄克诚任主任,谭政、黄敬任副主任。

1月17日　塘沽解放。新港回到人民手中。

3月　天津市人民政府公用局运输事务所成立全市第一个搬运工人服务站。

4月1日　华北人民政府颁令成立华北航务局,统一领导天津航政局、招商局天津分局、塘沽新港工程局、西沽海军修船厂、渤政公司等部门及华北水上交通。

4月　在天津市职工总会筹委会领导下,天津海员工作组成立。

4月6日　天津新港职工代表会正式成立,时有工人代表46名,职员代表7名。

4月28日　刘少奇出席天津市职工代表大会并作报告,提出当前工人运动的主要任务是发展会员,建立工会,按产业把工人组织起来。

6月1日　天津市职工总会筹委会海员工作委员会成立,曾寿隆为主任,会址暂设天津市滨江道39号。其会员主要为来往沿海海船的海员,海河驳船、内河小火轮上的职工。

6月初　天津市码头运输工人工作委员会成立,安力夫、张羽时任正副主任。

6月17日　天津市码头运输工人工作委员会在天津市政府交际处召开扩大干部会议,市公安局局长许建国代表市委总结了天津解放五个月来的码头运输工人工作并提出当前的主要任务是:消灭封建剥削制度,准备组织运输公司,克服行会主义倾向,建立健全工会组织。天津市码头运输工人工作委员会副主任张羽时部署了今后两个月的工作任务,天津市码头运输工人工作委员会主任安力夫对贯彻会议精神提出了要求,到会干部110余人。

6月25日至28日　天津码头运输工人工作委员会所属码头、运输、二轮车、铁路装卸、挑担5个行业的工人在六区南昌路胜利戏院召开代表大会,出席大会代表372人,天津市职工总会筹委会主任黄火青、天津市公安局局长许建国到会讲话。大会选举产生了5个行业的工会筹委会委员78人,分别成立了5个行业的工会筹委会。

6月25日　天津码头运输工人工作委员会所属码头工人代表大会在十区大沽路142号召开代表大会,到会代表45人,会议选举产生了码头行业的工会筹委会委员11人。

7月2日　天津市人民政府改组公用局运输事务所,成立天津市运输公司,下设各区运输公司办事处,统管全市的运输工人编队、统一运输价格及市内一切货物搬运业务。

8月3日　天津搬运工人工作委员会召开各行业工会筹委会和工作组长联席会,决定积极组建工会组织,加强对工人的教育工作。

8月19日　塘大码头运输工会成立,池中鳌、傅玉峰分任正副主任,时有会员1500余人,占职工总数92%。

9月1日　塘大区在塘大鸿兴戏院召开海员工人代表会议。会议选举产生天津海员工会塘大分会筹委会,谭振山为主任,刘玉亭为副主任,有9名委员,分会接受天津市职工总会筹委会塘大区办事处和天津市职工总会筹委会海员工作委员会双重领导。

9月初　天津市海员工会筹备委员会成立,曾寿隆为筹委会主任。

9月18日　天津市海员工会塘大分会召开成立大会,到会代表600多名,天津市海员工会筹备委员会主任曾寿隆出席大会并讲话,谭振山向大会作报告,大会选举执委17名,常委7名。全区时有海员1542名,95%的海员入会。

9月　为废除搬运事业中的封建把持制度,全市搬运工人开始进行民主编队。

10月6日　《天津日报》发表了市总工会筹委会为统一各级工会名称所做的规定;市总工会筹委会所属工会组织名称为:纺织业工会、五金业工会、市政工会、海员工会、化学业工会;产业工会联合会、手工业工会联合会、搬运工会联合会、店员工会联合会;市总工会筹委会塘大办事处,各业工会所属基层工会组织统称为"分会"。

10月12日　根据中共天津市委8月发布《关于公开党的决定》的指示,天津航政局、招商局、渤政公司在天津九江路华北职工干部学校礼堂召开拥护中国共产党支部公开大会。

10月　根据天津市总工会筹委会指示,天津市搬运工人工作委员会改称天津市搬运工会联合会,下设运输、三轮、码头、铁路装卸、塘大等5个行业(地区)工会。

11月23日　新港工程局在新港第一码头大仓库召开宣布中国共产党支部公开大会。

12月18日至25日　全国海员代表会议召开,会议决定按照产业与管理产业的行政系统成立东北、华北、山东、华东、华南、华中、西南七个地区委员会,华北区委员会以天津为中心,包括河北省沿海各口岸和华北各省内河航线。

12月27日　在全国海员代表会议上天津海员工会主任曾寿隆、天津海员工会塘大区分会副主任刘玉亭当选为中国海员工会筹备委员会委员。曾寿隆当选为常务委员。天津海员工会出席本次会议的代表分别是:丘金、曾寿隆、董克、李硕夫、谭振山、蒋蕴、左中侠。

12月30日　塘大搬运工会劳动合作社成立大会,池中鳌、傅玉峰当选正副经理,大会通过劳动合作社章程,塘大1000余名搬运工人参加大会。

12月31日　塘大区共有搬运工人2137人,会员2107人,占搬运工人的98.6%,其中码头工人为1559人,占全部搬运工人的73.9%。有分会10个,小组119个。

1950年

1月1日　塘大搬运工会筹委会成立,池中鳌任主任,傅玉峰任副主任。

1月24日　塘大搬运工人消费合作社成立并开始营业。

3月7日　天津市轮驳货物码头装卸集体合同经天津市劳动局批准并举行签字仪式,码头工会与轮船商业同业公会代表分别在合同上签字。这个合同的签订标志着对该行业近百年的不合理制度进行了改革,将通过分别货类、距离、过磅计算工力费。

3月24日　政务院第二十五次政务会议通过了《关于废除各地搬运事业中封建把持制度暂行处理办法》。明确规定由政府设立搬运公司,统一承揽搬运公、私货物,实行统一运价、统一调配搬运力。

4月9日至10日　天津市海员工会筹备委员会召开临时代表会议,会议遵照中国海员工会全国海员代表会议决定,将天津市海员工会筹委会改为中国海员工会华北区委员会筹备委员会,其任务是在全国海员工会领导下,负责统一领导天津市及河北、山西、平原、察哈尔、绥远五省市的内河水上运输的海员工会工作。曾寿隆、宋科分别当选为中国海员工会华北区委员会筹备委员会正、副主任。天津航政局翟宝钤、裴振兰出席会议,裴振兰当选为中国海员工会华北区委员会筹备委员会常务委员。

5月22日　根据中央人民政府交通部指示,经政务院同意,将原华北区航务局秘书处与天津航政局合并组成天津区航务局,由天津市人民政府代管。

6月1日　天津市人民政府公用局局长靖任秋负责改组天津区航务局等单位,筹组天津区港务局。

6月8日　天津区航政局接中央人民政府交通部令:"天津区航务局由天津市政府暂行代管等因,你局应自即日起接受原业务机构,改称天津区港务局,由天津市人民政府代管。"

6月16日　中国海员工会华北区筹备委员会召开扩大干部会议,会议根据当前华北区的航运任务和所属各委员会的具体情况确定了六、七、八三个月的工作方针:决定健全工会组织,贯彻劳资两利政策,签订集体合同。

6月19日　天津市公安局逮捕大脚行头刘德山、杨恩庆、徐秀雨、高九、李文钰、丁恩元、陈德春7人。

6月20日　全市各区搬运工人1500多人在北马路华北影院召开大会,一致要求将脚行首恶分子依法严厉制裁。

6月22日　天津市公安局通令所属严格执行三项任务:取缔聚众殴斗、强装强卸、高价勒索;限令脚行把头登记,全力支持运输公司、搬运工会;维护治安。

同日　天津市公安局逮捕总脚行头、原天津运输业同业公会理事长巴延庆等17人。

同日　天津市总工会、搬运工会与运输公司分别发出号召,号召全市各业工人与搬运工人紧密团结起来,彻底肃清封建把持制度。

6月　天津市11个公安分局(塘大区除外)进行脚行头登记。

7月17日　天津市搬运工会联合会所属码头装卸工会工人700余人在六区胜利戏院集会控诉脚行头子罪行,大会由码头装卸工会主任李振声主持。

7月26日　中央人民政府政务院财经委员会发布《关于统一航务港务管理的指示》,决定建立统一航务及港务管理机构中央人民政府交通部航务总局,天津、广州、上海、青岛、大连等设立区港务局,负责统一港务的管理工作。

8月　天津市运输公司塘大分公司成立,王克愚任经理,下设塘沽、新河两个工作组,业务范围以塘沽、大沽、新河、新港等19个码头为主。

9月15日　天津区港务局更名为中央人民政府交通部天津区港务局，由天津市政府代管。

同日　天津区港务局党支部建立并召开党员大会，靖任秋任书记，刘兴贤任副书记。

9月16日　中国海员工会华北区天津区港务局委员会成立并召开选举大会，天津区港务局局长靖任秋出席大会并讲话。大会选举刘兴贤、裴振兰、周省民、张希明(女)、胡兆瑛为工会委员会委员，根据分工，由刘兴贤兼任主席，裴振兰兼任副主席，周省民为组织委员，张希明(女)为劳保委员，胡兆瑛为文教委员。

10月28日　据天津市搬运工会联合会统计，市区码头工人2547人中已有2307人加入工会组织，占90.6%。塘大区工人2004人(含码头装卸工人)中已经有1939人加入工会组织，占96.8%。

11月　天津市运输公司成立码头办事处，负责领导第一至第三工作组办理码头装卸业务。

1951年

1月5日　天津市总工会准予中国海员工会天津区港务局委员会作为一级工会组织登记备案。

1月27日　中国海员工会筹委会颁发《海员劳动保护暂行办法草案》，办法共24条，包括对卫生设备、安全设备、工时假期、伙食问题、劳动保护的监督教育等作出了明确的规定。

1月　天津区港务局塘大办事处工会成立。

2月18日　天津市总工会第二届委员会第一次会议在天津海员俱乐部礼堂召开。

2月19日　中国海员工会华北区委员会筹委会在津召开财务工作会议。

2月23日　中国海员工会华北区委员会筹委会在津召开扩大干部会议，组织部副部长杜远就基层工会改选和选举华北区海员工会第一届代表大会代表进行了说明。筹委会副主任宋科总结了筹委会一年来的工作，并就做好下一步工作提出了要求。

2月24日　天津海员俱乐部投入使用，中国海员工会筹委会副主任丘金出席开幕典礼。

5月5日至10日　中国海员工会华北区委员会筹委会在天津海员俱乐部召开第一届代表大会，结束了筹备工作，正式成立了中国海员工会华北区委员会，中国海员工会筹委会副主任丘金出席大会开幕式并讲话。天津市市长黄敬、天津市总工会主席黄火青出席闭幕式并讲话。大会选举产生执行委员33名，候补委员8名，常委15名。选举曾寿隆为主席，肖鲁、宋科、左中侠为副主席。选举产生有13名委员组成的首届工会经费审查委员会，井恩弟当选为主任委员，周曰禄、郭振升当选为副主任委员。天津区港务局代表张维贤、裴振兰当选为第一届工会经费审查委员会委员。

5月23日至25日　天津市总工会塘大区工会第一届代表大会召开，出席代表130名，张阁作工会工作报告。大会选举产生27名执行委员、4名候补执行委员组成第一届工会委员会。张阁当选为主席，史振江兼任副主席。局塘大办事处工会主席张兴玉作为正式代表参加大会。

5月25日至27日　天津市搬运工人首届会员代表大会召开，出席会议代表254人，中国搬运工会全国委员会主席安力夫、天津市总工会副主席王老五到会讲话，会议选举产生首届工会委员会和经费审查委员会，耿益盈当选为主席，李振华当选为副主席，正式成立了中国搬运工会天津市委员会。

6月8日　天津区港务局召开生产竞赛运动动员大会。

6月28日　经天津市总工会同意，中国海员工会筹委会决定中国海员工会华北区委员会主席曾寿隆兼任中国海员工会北洋区委员会副主席。

7月7日　天津区港务局召开生产竞赛评奖大会，8个小组被评为先进小组，12位职工被评为积极工作者，91位职工被评为努力工作者，大会对先进小组和个人提出了表扬并授予了奖旗。

7月　毛泽东主席在吕正操、罗瑞卿等陪同下视察海河太古码头。

8月24日　中央人民政府决定修建塘沽新港，成立塘沽建港委员会。

9月28日　天津市1951年劳动模范庆功大会在中国大戏院举行，大会表彰了1951年的模范工厂、车间小组和劳动模范，局有6人被授予一等个人模范称号。

10月19日　中国海员工会华北区委员会与天津市轮船商业同业公会签订海运生产集体合同，经中央人民政府劳动部批准，在天津海员俱乐部举行签字仪式。中国海员工会华北区委员会主席曾寿隆、天津区港务局副局长王大勇、北洋区海运局天津分局局长蒲济生、天津市劳动局代表魏允等出席并讲话。

10月20日　中国海员工会华北区委员会天津区港务局筹备委员会成立,并召开了代表会议,选举产生委员17名,推选常委7名。杜远兼任主任,刘玉亭兼任副主任,韩维正为秘书长,张希明(女)为组织委员,张维贤为劳保委员,韩维正兼任生产委员,张玉林为副生产委员,金永庆为代文教委员。

10月25日　中国海员工会华北区委员会天津区港务局筹备委员会即日起对外办公,其办公地点设在天津市赤峰道5号。

10月26日　中国海员工会华北区委员会天津区港务局筹备委员会启用印章。

10月　中国海员工会筹委会制定下发《关于放手发动群众彻底进行民主改革的草案》,确定当前民主改革的重点是航业建设的当前中心任务。

11月6日　中国海员工会华北区塘大委员会召开首届工人代表会议,刘玉亭副主席致开幕词,左中侠主席作工作报告。会议选举左中侠、杜远、杨景周、高玉宝4人为出席全国海员大会的代表。

11月23日至12月4日　中国海员工会筹备委员会召开第二次扩大会议,会议作出了《关于几个组织问题的决定》,决定分别成立北洋区、华东区、华南区、长江区四个航区委员会。北洋区包括原东北区、华北区、山东区的沿海各港口(连云港除外),办公地点暂设大连。

12月15日　中央人民政府政务院财政经济委员会批复交通部关于呈请将上海、天津、广州三港码头搬运工人由港务局接管事宜。

12月　中共天津市委国营企业委员会、市总工会召开天津市增产节约动员大会,号召全市工人阶级积极投入爱国增产节约运动,支援抗美援朝斗争。

是年　天津港职工180人为抗美援朝捐献280.7万元(旧币)。

1952年

1月5日　天津市公用局搬运公司码头办事处移交天津区港务局领导,2100多名码头工人成为天津区港务局职工。

1月17日　天津区港务局开展反贪污、反浪费、反官僚主义的"三反"运动,历时一年。

1月19日至20日　天津市工会第三次代表大会召开,天津港代表刘德茂当选为市总工会第三届委员会委员。

2月1日　天津市1951年劳动模范大会在第一工人文化宫举行,大会表彰了1951年的劳动模范和模范车间、小组,天津港有3人被授予劳动模范称号,3个集体被授予模范小组称号。

2月　码头工人开展了民主补课运动。

2月19日　天津市人民政府批复将塘大区更名塘沽区。3月5日塘大区正式更名为塘沽区。

5月1日　天津市第一批工人新村宿舍落成。天津港码头工人同其他行业工人搬进新居。

5月3日　《天津工人日报》报道,《津港务局"津港轮二号"创出拖四只驳船新纪录》。

5月14日　中国海员工会华北区委员会第五次常委会议研究决定,副主席肖鲁兼任中国海员工会华北区委员会天津区港务局筹备委员会主任。

6月7日　《天津工人日报》报道:港务局第一修船厂刘玉春创造"流水铆工工作法"的事迹。

8月23日　天津市搬运公司塘沽分公司将原有航运装卸及陆地装卸业务连同37支装卸队工人交由天津区港务局塘沽办事处接管,同时商定,凡属大沽口、塘沽、北塘、新河、东西沽、大梁子等地的装卸工作自本日起由天津区港务局塘沽办事处负责办理。天津市搬运公司塘沽分公司经理王克愚与天津区港务局塘沽办事处主任陈敬安分别在交接协议上签字。

10月17日　塘沽新港重新开港,国轮"长春号"、"北光号"抵港。

10月　天津区港务管理局办公地点由天津市赤峰道5号迁至塘沽区新港办公厅。局工会筹委会随之迁往办公。

10月25日　毛泽东主席由杨尚昆、黄火青、罗瑞卿、滕代远等陪同视察塘沽新港。

11月23日　苏联电影艺术工作者代表团参观塘沽新港。

1953年

1月1日　中央人民政府交通部天津区港务局更名为中央人民政府交通部天津区港务管理局。

1月6日　天津市总工会同意自本日起中国搬运

工会塘大区委员会更名为中国搬运工会天津市塘沽区工作委员会。

1月10日至13日　天津市工会第四次代表大会召开，局工会筹委会副主任高国栋当选为市总工会第四届执委会委员。

1月22日　《天津工人日报》报道：港务局河东码头陈守义装卸小队，研究出“两底三眼透风码垛法”的事迹。

2月5日　中国海员工会筹委会在天津召开全国筹备委员会议。

2月12日　天津区港务管理局成立贯彻《婚姻法》分支会，天津区港务管理局局长吴英民任主任，天津区港务管理局工会筹委会主任韩维正任副主任，智明英、徐选、张志青三人为委员。

2月25日　新河修船厂划归航务工程总局，其工会会员关系随之划出局。

4月13日　中国海员工会华北区委员会在天津召开工会代表会议，会议总结了一年来的工会工作，确定了今后的方针任务，交流了爱国主义增产节约劳动竞赛和基层工会工作经验，会议还选举中国海员工会华北区委员会主席曾寿隆为出席中国工会第七次全国代表大会代表。

5月1日　中央人民政府交通部天津区港务管理局由天津市政府代管改为交通部领导。

5月2日至11日　中国工会第七次全国代表大会在北京召开。到会代表830人，中国海员工会华北区委员会主席曾寿隆作为正式代表出席大会。

5月30日　前来我国参加“五一”观礼和出席中国工会第七次代表大会的世界工联代表团及苏联、朝鲜、越南、蒙古、波兰、法国等13国工会代表一行58人参观塘沽新港。

同日　天津市搬运工会召开第二届会员代表大会，会议选举产生第二届工会委员会和经费审查委员会，耿益盈当选为主席，李振华当选为副主席。

6月3日　中国海员工会华北区委员会天津区港务局筹备委员会更名为中国海员工会华北区委员会天津区港务管理局筹备委员会。

6月10日　中国海员工会华北区委员会天津区港务管理局筹备委员会启用新印章。

7月18日　中国海员工会决定撤销中国海员工会北洋区委员会，成立中国海员工会大连区委员会，原所属华北区委员会、山东区委员会、哈尔滨委员会直属中国海员工会领导。

8月17日至19日　天津区港务管理局第一次职工代表会议召开，天津区港务管理局工会筹委会在会议期间举办了港湾作业展览会。

8月23日　《天津日报》报道了天津区港务管理局举行职工代表会议，决定加强港务管理工作的消息。

9月19日　天津区港务管理局召开增产节约动员大会，局长吴英民作动员讲话，会议提出全年要为国家增产节约350亿元(旧币)的奋斗目标。

9月23日　天津区港务管理局职工提出保证条件，向全国各兄弟港口职工挑战，同时向上海港务局、秦皇岛港务局职工应战，与全国各兄弟港口职工一道开展增产节约竞赛，做到快速装卸，使船舶提前出港，加速内外物资交流，超额完成国家计划。

10月17日　天津区港务管理局职工举行庆祝新港开港一周年大会，交通部副部长王首道、天津市人民政府副秘书长王笑一出席大会并讲话。天津区港务管理局局长吴英民报告了开港后的成就，交通部筑港工程局局长周纶报告了建港工程的情况，新港职工1400多人参加大会。

10月25日至27日　中国海员工会华北区委员会召开增产节约竞赛先进经验交流会，会上介绍了12个先进经验，天津市交通党委书记司西成、中国海员工会华北区委员会主席曾寿隆出席会议并讲话，华北区各码头、船厂基层工会主席及各科室代表参加了会议。

11月12日　《天津工人日报》报道：天津区港务局王庆国引水小组：引水夜航增产节约四亿元的事迹。

11月21日　《天津工人日报》报道：港务局河东码头职工在竞赛中想出“通风支垛、循环装车等新办法”。

11月　中共天津市委决定：逐渐把装卸工人固定起来，附属于某一主要部门，不能固定者，建立装卸工人供应社；工会也固定起来，分属于各企业工会。

12月15日　天津区港务管理局职工提前完成增产节约计划。

1954年

3月20日至4月21日　中央交通部海运管理总局与中国海员工会在我港联合举办海港装卸作业展览会，码头工人、海员、干部等万余人参观展览会。

3月31日　中国海员工会华北区委员会批准了

中国海员工会华北区委员会天津区港务管理局工作委员会的组织形式和干部编制,工作委员会为中国海员工会华北区委员会塘沽办事处派出机构。同时批准辛国颂为塘沽办事处副主任兼天津区港务管理局工作委员会主任。

同日　中国海员工会筹委会组织部制定《关于组织工作中若干问题的规定》,其中对于组织范围,指出"凡属于各地港务管理局的职工(包括接收过来的码头工人),可组织在海员工会系统之内;不属于各地港务管理局的职工及固定的码头工人,则不应组织在海员工会系统之内,亦不予以代管"。对组织机构问题,规定"港航方面的基层组织,仍以船只及固定的拖驳船队单位为基层组织,较大的港口以作业区为基层组织,一般的小港口本身应作为一个基层组织"。对领导问题,规定"轮船基层组织到达各港口时,应接受各港口委员会指导,但指导范围仅限于与港口装卸、安全等有关的问题,而不涉及本船的整个计划"。

3月　天津区港务管理局装卸工人由搬运工会会员制改为港务局固定工人,实行装卸工人计件工资制,同时制定了《劳动保护规程》。

5月4日至7日　天津区港务管理局第二次职工代表会议召开。

6月25日　中国海员工会华北区委员会在海员俱乐部召开天津港海员拥护宪法草案座谈会,中国海员工会华北区委员会主席曾寿隆主持座谈会,来自天津航区的各港航单位、船舶的先进模范和工会干部16位代表参加座谈。

7月6日　中国海员工会天津区港务管理局工作委员会发出《关于向钱春、刘宝林等学习的通知》。

7月9日　中国海员工会华北区委员会塘沽办事处召开所属9个基层工会的干部扩大会议,并邀请各单位党、团支部负责人参加大会,该处主任秦一民做了工作报告,会议要求所属基层工会深入发动群众,开展好技术革新,把劳动竞赛进一步推向深入,逐步建立正常的工会工作秩序,确保完成第三季度生产计划。

7月28日　天津区港务管理局召开1954年第二季度劳动竞赛评比发奖大会,副局长王大勇、局工会主席辛国颂分别讲话。

8月5日　中国海员工会华北区委员会批准了中国海员工会天津区港务管理局河西作业区委员会组织。同意批准沈玉泉为主席,王文元、韩云亭为副主席。

8月7日　《天津工人日报》报道了塘沽新港工人文化生活情况。

8月26日　中国海员工会华北区委员会塘沽办事处召开劳动模范座谈会,庆贺海运总局新港船舶修造厂轮机场钳工工长、天津市工业劳动模范葛连芳当选全国人民代表大会代表。

10月11日　天津区港务管理局召开1954年第三季度劳动竞赛评比发奖大会,总结第三季度生产和劳动竞赛工作,并提出第四季度的任务。

12月　中国海员工会天津区港务管理局工作委员会印发《关于整顿健全基层组织的初步措施意见与要求》,以适应1955年一季度天津港开展的第二步生产改革,整顿和健全各级工会组织的要求,并提出定编定员的具体意见。

1955年

1月　中国海员工会天津区港务管理局工作委员会印发《关于进一步深入开展劳动竞赛的意见》。

1月22日　天津市1954年劳动模范大会在第一工人文化宫举行,大会表彰了1954年劳动模范和模范车间、小组,局有3人被授予劳动模范称号,3个集体被授予模范小组称号。

1月31日至2月3日　天津市工会第五次代表大会召开,局钱春、施学良、李长发作为正式代表出席大会。

3月12日　交通部政治部、海运管理总局、中国海员工会筹备委员会联合发布《关于1954年劳动竞赛奖励的决定》,决定对全国开展港际劳动竞赛的六大港口中取得突出成绩的2个港口、4艘船舶和9个装卸组给予奖励。天津港于芳伦装卸组获得奖励。

3月17日至19日　中国海员工会天津区港务管理局第一届代表大会召开。

3月31日　中国海员工会天津区港务管理局企业委员会一届一次全体会议召开。

4月4日至7日　中央人民政府交通部天津区港务管理局第三次职工代表会议召开。

4月4日至15日　中国海员工会第一届全国代表大会在北京召开,局辛国颂等六人作为正式代表出席大会,钱春当选为第一届全国委员会候补执行委员。

4月17日　由中国海员工会举办的全国海运技术展览会在天津开幕。

4月　天津区港务管理局印发《加强领导，进一步开展合理化建议工作的意见》。

5月6日　中国海员工会华北区委员会在塘沽新港召开所属各基层工会脱产干部扩大会议，出席会议工会干部83人，中国海员工会华北区委员会副主席宋科、中国海员工会天津区港务管理局工作委员会主席辛国颂分别传达了中华全国总工会主席赖若愚和中国海员工会副主席丘金在中国海员工会第一届全国代表大会上的讲话精神。

6月1日　中国海员工会天津区港务管理局工作委员会更名为中国海员工会天津区港务管理局企业委员会。

6月15日　中国海员工会华北区委员会机关由天津迁往塘沽新港办公，同时撤销了华北区海员工会塘沽办事处。

7月26日　中国海员工会天津区港务管理局企业委员会一届二次全体会议召开。

8月　中央人民政府交通部天津区港务管理局更名为天津区港务管理局。

9月　天津区港务管理局、天津区港务管理局政治部、中国海员工会天津区港务管理局企业委员会联合印发《关于进一步开展增产节约竞赛的意见》。

10月21日　中国海员工会全国委员会在北京嘉兴寺殡仪馆举行中国海员工会华北区委员会主席曾寿隆同志追悼会，中华全国总工会主席赖若愚以及全国各产业工会负责人、交通部政治部、中共天津市委代表，天津市工会联合会负责人等100余人出席。华北区各码头、船厂基层工会主席及各科室代表参加了追悼会。曾寿隆同志因心脏病于10月19日在北京逝世，终年55岁。

11月12日　中国海员工会华北区委员会召开工会工作经验交流会，出席会议的有13个基层工会主席和党政负责人。

11月23日　以日本总评议会主席藤田藤太郎为团长的日本工会代表团一行13人，在天津市工会联合会副主席王文源、华北区海员工会副主席宋科、塘沽区工会主席李振范陪同下参观塘沽新港和新港船舶修造厂。

1956年

1月31日　中国海员工会根据全国总工会《关于加强产业工会系统领导的决议》，作出了《关于加强海员工会的产业系统领导问题的决议》，要求加强全国范围的系统领导工作。在进一步加强系统领导以后，凡是生产、组织、工资、财务、劳动保护等工作均为本会直接领导，地方负责进行指导、检查、监督与帮助，属地方性的工作仍由地方工会领导。

2月7日　天津市劳动模范庆功大会在第一工人文化宫举行，大会表彰了1955年的劳动模范和模范小组、模范车间、模范厂，局有5人被授予劳动模范称号，5个集体被授予模范小组称号。

2月8日　中国海员工会华北区委员会召开天津市航运系统1955年劳动模范庆功大会，天津淋新港作业区工具股修理组组长钱春等11位劳动模范和天津港河西作业区装卸18队等7个模范单位的代表联名向本地区及全国各地区港口职工倡议开展社会主义劳动竞赛。

2月27日至28日　天津区港务管理局第四次职工代表会议召开。

3月11日　中国海员体育协会华北区理事会成立，其所属天津区港务管理局塘沽作业区、新港作业区、轮驳队理事会天津区港务管理局机关、新港船舶修造厂、新河船舶修造厂、天津区疏浚队等7个基层理事会同时成立。

3月21日　中国海员工会天津区港务管理局企业委员会发出《关于总结、改选工作指示》。

3月　中华全国总工会印发《关于职工加入工会的条件和保留会籍问题的规定》。

4月20日至28日　全国交通系统先进生产者代表大会在北京召开，中国海员工会天津区港务管理局企业委员会主席辛国颂及天津区港务管理局被授予航运系统一等先进生产者的钱春，被授予航运系统二等先进生产者的赵德如、李长发、耿立生、李连城，被授予航运系统三等先进生产者的施学良、于芳伦、朱洪河、杜永荣等出席大会并受到表彰。

4月26日　中国海员工会全国委员会指示，中国海员工会天津区委员会副主席宋科代理华北区主席职务。

4月30日至5月10日　全国先进生产者代表大会在北京召开,局钱春、李连城、耿立生、李长发、赵德如出席大会并受到表彰。

5月3日　天津区港务管理局机关、塘沽作业区、天津作业区、轮驳队体育协会理事会成立。

5月6日　以吴丹吞为团长的缅甸工会代表团和澳大利亚码头工会代表维廉·福特等一行11人在天津市工会联合会副主席潘长有、劳动保护部部长郭毓敏等陪同下参观塘沽新港。

5月15日　天津区港务管理局召开欢迎全国先进生产者代表大会代表回津大会,全局干部职工600多人出席大会,全国先进生产者代表大会代表钱春、李连城、耿立生分别发言,局工会主席辛国颂介绍了大会盛况并传达了大会精神,副局长王大勇出席大会并讲话。

6月16日　《天津工人日报》报道了新港先进经验学校的情况。

7月6日　中国海员工会华北区委员会印发《奖励工会积极分子的办法》。

7月7日　中国海员工会华北区委员会印发《关于改进领导和加强工会积极分子工作的意见》。

7月22日至24日　由交通部、中国海员工会联合举办的全国海员第一届游泳比赛大会在天津举行,来自华东、华北、华南、珠江、长江、黑龙江等全国19个地区和单位的181名海员运动员分别参加了24个项目的比赛。

8月31日　《天津工人日报》报道以“钱春正在积极推广先进经验”为题,刊登了钱春事迹。

9月5日　全总体育部副部长李树斌带领中苏混合爬山队一行40人,由天津市工会联合会副主席潘长有、宣传部部长赵冀平等陪同参观塘沽新港。

9月7日至11日　新港码头工人一万多人集会,抗议英法轰炸塞德港,支持埃及收回苏伊士运河,局工会主席辛国颂,天津市劳动模范、新港作业区工人钱春等纷纷在集会上发表演说。天津港有5名引航员报名去埃及苏伊士运河工作,局职工提前装完我国支援埃及运往塞德港的7000多吨物资。

10月1日　天津区港务管理局河西作业区更名为天津作业区。

10月5日　中国海员工会华北区委员会在塘沽海员俱乐部召开航区先进生产者和工会积极分子代表会议,奖励103名优秀积极分子,选举天津区港务管理局于鸿珊为出席全国工会积极分子代表会议代表。

10月20日　中国海员工会华北区委员会根据中国海员工会精简的指示,决定撤销中国海员工会天津区港务局企业委员会,由华北区委员会直接指导基层工作。

11月1日　天津市工会联合会组织部同意撤销中国海员工会天津区港务局企业委员会,由华北区委员会直接指导基层工作。

11月12日　中国海员工会全国委员会同意将原中国海员工会华北区委员会更名为中国海员工会天津区委员会。

11月13日　天津市工会联合会同意将原中国海员工会华北区委员会更名为中国海员工会天津区委员会。

11月27日　《天津工人日报》报道以“新港作业区把先进经验编成画册”为题,报道了新港作业区的典型做法。

11月27日至12月1日　中国海员工会天津区委员会在津召开第二届代表大会,天津港务管理局有45名正式代表和13名列席代表参加大会。大会选举产生执行委员27人,候补委员5人,常委13人组成第二届工会委员会。选举产生委员5名,候补委员2名组成第二届工会经费审查委员会。大会正式通过了改变组织名称的决定,决定更名为中国海员工会天津区委员会。决定机构设置在津塘两个办公室,因工作重点在塘沽,故塘沽为第一办公室,天津为第二办公室。为了精简机构、压缩编制,会议作出了《关于撤销中国海员工会天津区港务管理局企业委员会的决定》。

12月24日　以波兰海员工会全国委员会副主席柯瓦里斯基·斯坦尼斯拉夫为团长的波兰海员工会代表团一行4人来塘沽新港参观,并与天津区港务管理局调度室人员座谈,代局长董华民和局工会主席辛国颂等陪同。代表团是应中国海员工会邀请来我国进行友好访问的。

12月29日　中国海员工会天津区委员会宣布第二届常务委员会分工情况。经天津市工会联合会批准,黄鸣凤为第一主席,宋科为第二主席,王东轩、辛国颂为副主席,秦一民、王大勇、冈森、唐士凯、王翊宸、李玉忱、李俊德、杨景周、谭振山为常务委员。同时免去辛国颂的中国海员工会天津区港务管理局企业委员会主席职务。

1957 年

1月27日　以全苏地质勘探工会中央委员会主席菲德洛夫为团长的苏联工会代表团一行5人，在访问缅甸途中过境我国，由天津市工会联合会副主席潘长有、市教育工会主席赵玉等陪同参观塘沽新港。

2月5日　天津市工会联合会《关于改变地方国营、公私合营企业工会组织的领导关系的意见》一文提出，为适应客观要求，充分发挥区办事处和产业工会的积极性，切实加强对基层的领导必须改变地方国营和公私合营企业工会组织的领导关系。产业工会和区办事处对地方国营、公私合营工会组织，实行双重领导。

2月12日　新港国际海员俱乐部建成。

2月25日至28日　天津区港务管理局第五次职工代表会议召开。

3月27日　天津区港务管理局印发《天津港开展船舶"先进作业"竞赛试行办法》并于4月1日执行。

4月2日至6日　天津市工会第六次代表大会召开，局钱春、施学良、李长发、赵德如作为正式代表出席大会。

4月9日　《天津工人日报》报道"港务局在开展增产节约运动中，加强对合理化建议的领导"。

5月4日　以工会大会（缅甸）中央执行委员、油田区组织委员、国会议员德钦苗纽为团长的缅甸工会大会代表团一行5人，由中国海员工会国际部副部长王品三、天津海员工会第一主席黄鸣凤等陪同参观塘沽新港。天津区港务管理局党委书记、代局长董华民等会见并与代表团一行座谈，中国海员工会天津区委员会副主席辛国颂参加会见。

5月16日　以工会主席蒂米斯为团长的锡兰独立商业工人工会代表团一行2人参观塘沽新港。

同日　以苏丹铁路工会联合会主席穆萨·阿赫迈德·玛塔为团长的苏丹工会代表团一行12人，由天津铁路工会主席张学礼、天津市工会联合会劳保部部长杨春林等陪同参观塘沽新港。

6月13日　全锡兰港口码头工联代表、锡兰联合机器和普通工人联合会书记提里奇和锡兰汽车工联书记维克多一行2人由天津海员工会第一主席黄鸣凤、天津公路运输工会副主席赵锡恩等陪同参观塘沽新港和国际海员俱乐部。

6月28日　中国海员工会全国委员会同意成立天津区港务管理局委员会，并提出由中国海员工会天津区委员会第二届二次会员代表大会讨论决定。

7月25日至26日　天津区港务管理局召开1957年先进生产者代表会议，会议总结了1957年上半年的增产节约运动情况，确定了下半年的工作重点。交流了开展增产节约运动的经验，表彰了先进单位和先进个人。

8月15日　应中国海员工会邀请来我国进行友好访问的澳大利亚码头工会总书记、澳共中央政治局委员希礼和夫人参观塘沽新港和国际海员俱乐部，天津区港务管理局党委书记、代局长董华民，天津海员工会第一主席黄鸣凤等会见澳大利亚工会客人。

8月21日至9月3日　全国工会积极分子代表会议在北京召开，天津港于鸿珊作为代表出席了大会并受到表彰。

8月23日　中国海员工会天津区执行委员会二届三次全体会议在天津港召开，会议讨论同意恢复成立天津区港务管理局局一级工会组织。选举航区工会第一主席黄鸣凤为出席全国工会第八次代表大会代表。会议增补刘淑文（女）、张宝田为中国海员工会天津区第二届委员会常务委员，候补委员刘宝连、李仲明递补为委员。

9月6日至7日　中国海员工会天津区委员会召开第二届二次会议，会议总结了1957年上半年工作，提出了下半年工作任务；研究了职工思想教育工作和工会组织机构问题，选举了出席中国工会第八次代表大会代表。会议通过了《关于工会工作报告的决议》、《关于工会财务工作报告的决议》、《关于恢复天津区港务管理局委员会一级工会组织的决定》。会议选举航区工会第一主席黄鸣凤为出席中国工会第八次代表大会代表。

10月25日　天津区港务管理局第一届职工代表大会第一次会议审议通过《天津区港务管理局职工代表大会暂行办法》。

10月22日至25日　天津区港务管理局第一届职工代表大会第一次会议召开。

10月23日　根据中国海员工会天津区委员会第二届二次会员代表大会决议，经出席天津区港务局第一届第一次职工代表大会的全体会员代表选举产生了局工会委员会和经费审查委员会，并正式成立中国海员工会天津区港务管理局委员会。

11月5日　中国海员工会天津区港务管理局委

员会印发《工会委员会会议制度》和《工会委员会工作制度》。

12月9日　应邀前来我国参加工会“八大”的锡兰工会代表团一行3人,由天津海员工会第二主席宋科、商业工会副主席王志平等陪同参观塘沽新港。

12月10日　应邀前来我国参加工会“八大”的蒙古中央理事会主席、蒙古人民革命党中央政治局委员巴拉吉尼母和越南总工会主席、越南劳动党中央政治局委员、越南祖国战线中央委员会副主席黄国越等一行4人,由全国金融工会工作委员会副主席刘善民等陪同参观塘沽新港,局党委书记、代局长董华民等会见外宾并陪同参观了船闸、码头和海员俱乐部。

12月11日　应邀前来我国参加工会“八大”的波兰工会中央理事会委员、国际部部长波列斯拉夫·吉伯特,由《工人日报》总编辑冯诗云、天津市工会联合会劳保部部长孙少华等陪同参观塘沽新港。

1958年

2月6日　印度尼西亚中央职工会驻亚澳联络局委员马尔佐柯由天津市工会联合会秘书长赵冀平陪同参观塘沽新港。

2月13日　天津市劳动模范大会在第一工人文化宫举行,大会表彰了1957年的劳动模范和模范小组,天津港有4人被授予劳动模范称号,1个集体被授予模范小组称号。

2月28日　天津区港务管理局第一届职工代表会第二次会议召开。

3月29日　天津疏浚公司划归天津区港务管理局并更名天津航道局,其所属工会会员关系随之转入本局。

6月21日　天津区港务管理局下放河北省,河北省又交由天津市领导。

6月24日　中共天津市委印发《让技术革命一浪高于一浪,开展群众性技术革命的指示》。

6月28日　中国海员工会全国委员会发出《关于撤销海员工会财务垂直管理的通知》。

9月5日至6日　天津区港务管理局第一届职工代表会第三次会议召开。

9月21日　应中国海员工会邀请,以五十岚武雄为团长的日本港湾工人访华代表团一行7人,由中国海员工会全国委员会秘书长唐章等陪同参观塘沽新港码头。

9月24日　中国海员工会天津区委员会在新港海员俱乐部召开女工积极分子代表会议,交流女工工作经验,并选举出席全国女工积极分子代表大会代表。天津港张希明、李翠明、康振荣、魏玉珍、郝宏、张守坤、李桂兰、刘菊先8人出席会议。新港船厂电焊工宋桂英当选为出席全国女工积极分子代表大会。

9月　根据中华全国总工会八届二次会议关于精简机构的精神,经天津市总工会决定,中国海员工会天津区委员会与天津市总工会塘沽区办事处合并。从10月1日起,中国海员工会天津区委员会结束津塘两地工作。天津区港务管理局工会改由天津市总工会塘沽区办事处领导。

10月23日　应中华全国总工会邀请,以副议长兼田富太郎为团长的日本总评代表团一行6人,由天津市总工会副主席张高峰、天津铁路地区工会主席李芝芹、天津市邮电工会主席李兆福陪同参观塘沽新港。

是年　天津港将工会和行政的合理化建议委员会调整合并。

1959年

1月20日至31日　天津区港务管理局第一届职工代表会第四次会议召开。

1月31日　天津市劳动模范1958年生产大跃进庆功奖模大会在第一工人文化宫举行,大会表彰了1958年的劳动模范和模范小组,天津港有8人被授予劳动模范称号,1个集体被授予模范小组称号。

2月20日　《天津港湾报》创刊。

2月26日　天津区港务管理局举行“迎三八,女职工比武大会”,200多名女职工参加技术比武,局党委副书记张性一、局工会主席辛国颂出席大会并讲话。

3月2日　天津区港务管理局在新港作业区礼堂召开现场比武大会,检验开展技术革命运动以来的成果,并向塘沽区各兄弟单位提出友谊的挑战。

3月19日至21日　新港作业区第一届职工代表大会第一次会议举行。

3月26日　天津市建港委员会工程指挥部成立。

3月　天津区港务管理局工会印发《工会有关制度方面的几项规定》,明确了工会组织的性质、作用、接受党的领导方式，工会干部的政治、业务、学习、劳动和经费审查等内容。

4月2日　天津区港务管理局在塘沽体育场举行1959年度首届运动会，来自全局的700多名运动员参加各项比赛。局党委书记、代局长董华民讲话，局领导张性一、林寿清、辛国颂等观看比赛。

4月9日　天津区港务管理局在新港海员俱乐部召开先进生产者代表大会，332名代表出席大会，局工会主席辛国颂作了题为《迅速掀起新的竞赛高潮，向更大、更好、更全面的跃进阔步前进》的工作报告，大会推选钱春、李长发、赵德如3人为出席省群英会的代表，大会还通过了致天津港全体职工和各兄弟港口的倡议书。

4月20日至28日　河北省工业、交通运输、基本建设先进集体、先进生产者代表大会在天津召开，天津港职工钱春、李长发、赵德如出席大会并受到表彰。

4月27日　来我国参加“五一”庆祝活动的阿尔及利亚、伊朗、塞浦路斯、马达加斯加、毛里求斯工会代表团一行由全国教育工会副主席方明、天津市总工会副主席赵冀平等陪同参观塘沽新港码头和海河建闸工程。

5月16日　天津区港务管理局更名为天津市港务管理局。

同日　应全国总工会邀请前来我国参加“五一”节观礼的，以摩洛哥邮电工会总书记纳迪为团长的摩洛哥工会代表团一行3人参观塘沽新港。

5月21日至22日　意大利工会代表比托西参观塘沽新港和海河建闸工程。

5月27日　澳大利亚码头、海员工会代表团一行由中国海员工会秘书长唐章等陪同参观塘沽新港、海河建闸工程及新港船舶修造厂。

6月4日　印尼码头工会总书记苏比延多由天津市总工会副主席赵川等陪同参观塘沽新港。

6月　中国海员工会天津区港务管理局委员会更名为中国海员工会天津市港务管理局委员会。

7月2日　天津市港务管理局1959年第二季度先进生产者代表大会在新港海员俱乐部召开，出席大会的先进集体代表和先进生产者263人。会议交流了职工技术革命和改进管理的经验，天津港党委书记、代局长董华民在大会上讲话。会后，全体代表参观了天津港举办的技术革命展览会。

同日　天津市港务管理局第三届职工业余文艺创作会演大会在新港海员俱乐部举行。

9月17日　新港码头工人装运“和平22号”煤船作业中，只用了27个小时，装煤6800吨，每个工人每小时平均28吨，创造开港以来装煤最高纪录。

9月28日　天津市港务管理局1959年第三季度先进生产者代表大会在新港海员俱乐部召开，大会表彰了第三季度先进集体和先进生产者，天津港党委书记、代局长董华民主持大会，天津港党委副书记张性一作报告，省交通厅李副厅长到会讲话。会议通过了出席塘沽区、天津市和全国先进生产者代表大会代表候选人名单。钱春和新港作业区装卸五队当选为全国先进生产者代表大会代表候选人。新港作业区装卸五队、塘沽作业区六队、轮驳队五号轮三个集体和钱春、仇玉栋、赵德如、张文申、王瑞春、刘国顺、张友共7人当选为天津市先进生产者代表大会代表候选人。

10月12日　天津市港务管理局工会和天津港团委联合发出“积极响应市总工会、团市委的号召，在天津港青年职工中开展‘全面超额完成计划，争取提前跨进1960年’运动的号召”。

10月16日至18日　天津市工业、交通运输、基本建设、财贸方面社会主义建设先进生产者代表大会（天津市群英会）在第一工人文化宫举行，天津港有7位先进生产者和3个先进集体的代表出席大会。大会推选出了我市出席全国群英会的184名先进集体和先进生产者的代表，先进集体新港作业区装卸五队，天津港新港作业区职工钱春当选为代表。

10月25日至11月8日　全国工业、交通运输、基本建设、财贸方面社会主义建设先进生产者代表大会（全国群英会）在北京召开，天津港新港作业区职工钱春，先进集体天津港新港作业区装卸五队代表、队长杜学良出席大会并受到表彰，天津港轮驳队被授予全国“群英会”红旗奖。

12月4日　天津市港务管理局工会向全体职工提出，尽快实现港口作业机械化和半机械化，保证全年满堂红，向河北省群英会献礼。

12月18日至28日　河北省工业、交通运输、基本建设、科学技术社会主义建设先进生产者代表大会（河北省群英会）在天津召开，天津港职工钱春、仇玉栋、赵德如、张文申、张友、王瑞春，先进集体天津港轮驳队代表、党总支书记鞠国良，先进集体天津港新港作业区装卸五队代表、队长杜学良等出席大会并受到表彰。

12月23日至29日　天津市港务管理局第一届职工代表大会第六次会议召开。

12月28日　《天津日报》发表长篇报道《钱

春——港口机械化的土专家》,记叙了钱春从文盲变成能画能算能设计,七年创造改进装卸工具130项的事迹。

1960年

1月　日本全港湾工会日本海地方本部新泻支部执行委员长大桃十三雄和伏木支部执行委员长村田一雄给中华全国总工会写信要求与我国天津港口工会组织建立通信联系。

1月7日　《天津日报》报道了“钱春等14人向全市装卸工人倡议,加速装卸机械化支持生产跃进”的消息。

1月26日　天津市奖励1959年劳动模范、模范集体大会在第一工人文化宫举行,大会表彰了1959年的劳动模范和模范单位,天津港新港作业区钱春被授予特等劳动模范称号,另有3人被授予劳动模范称号,1个集体被授予模范单位称号。

2月12日　《天津日报》报道了“港口机械化土专家钱春制成‘螺旋机’,使装运矿石、沙子实现机械化”的消息。

2月19日　《人民日报》报道以“装卸大革命肩背大解放,钱春——港口机械化土专家”为题,报道了钱春的事迹。

3月11日　以亀田弘为团长的日本全日通工会代表团一行5人,由天津交通运输工会主席李宝珊等陪同参观新港码头和海河建闸,天津市港务管理局副局长刘兴贤等会见日本客人并陪同参观。

4月8日至11日　中国海员工会天津市港务管理局第三次代表大会、天津市港务管理局第二届职工代表大会第一次会议召开。

4月8日至13日　天津市教育和文化、卫生、体育等方面社会主义建设先进单位和先进工作者代表大会在第一工人文化宫举行,出席大会的有427个先进单位的代表和1413名先进工作者,天津港有2人出席大会并受到表彰。

4月11日　天津市港务管理局第二届职工代表大会第一次会议审议通过《天津市港务管理局职工代表大会暂行办法》。

4月15日至19日　天津市工会第七次代表大会召开,天津市港务管理局工会主席辛国颂等5人作为正式代表出席大会,天津港新港作业区工具修理组组长钱春当选为天津市总工会第七届委员会委员。

4月26日　桑给巴尔劳工联合会代表阿里·苏尔丹·依萨,由中国海员工会张昌黎部长等陪同参观塘沽新港。

5月5日　以波觉幸为团长的缅甸联邦工会代表团一行5人,由天津市总工会生活福利部部长张子瑜等陪同参观塘沽新港。

5月9日　天津市港务管理局党委政治部发出通知,决定提胡瑞祥、王文元、宫延熹为局工会副主席。

5月15日　以伊拉克工会联合会主席兼铁路工会主席阿里·舒克尔为团长的伊拉克工会代表团一行参观塘沽新港。

5月25日　锡兰工会代表团一行5人由天津市总工会副主席赵川等陪同参观塘沽新港,天津市港务管理局工会主席辛国颂会见锡兰工会客人并陪同参观。

6月10日　前来北京参加世界工联第11次理事会议,以保加利亚工会中央理事会主席普拉霍夫为团长的保加利亚工会中央理事会代表团一行4人由天津市总工会副主席赵川等陪同参观塘沽新港和新港船厂。

6月13日　前来北京参加世界工联第11次理事会议的纺织、服装、皮革工会国际总书记梅尔瓦德,由全国轻工业工会主席杜延庆、天津市总工会副主席赵川等陪同参观塘沽新港。

9月21日　日本港湾工会代表团一行参观塘沽新港码头和海河建闸工程。

11月13日　应中华全国总工会邀请,以村宪一为团长的日本国家公务员工会代表团一行3人,由全国邮电工会副主席王声耀等陪同参观塘沽新港。

1961年

2月27日　天津市1960年度劳动模范和模范集体庆功发奖大会在第一工人文化宫举行,大会表彰了1960年度劳动模范和模范集体。天津港新港作业区钱春被授予特等劳动模范称号,另有3人被授予劳动模范称号,3个集体被授予模范单位和车间称号。

3月24日　天津市港务管理局以及所属新港、塘沽、天津三个作业区和轮驳队以签署竞赛合同的形式开展劳动竞赛。

4月1日　经天津市总工会与天津市外事办公室联系，决定由天津市港务管理局工会与日本全港湾工会日本海地方本部新泻支部、伏木支部建立通信联系。

5月15日　天津市港务管理局改由交通部直接领导，并更名为交通部天津港务管理局。

5月16日　应中华全国总工会邀请，前来参加我国“五一”观礼的古巴运输工会代表团一行2人参观塘沽新港。

6月　天津市港务管理局工会复信日本全港湾工会日本海地方本部及新泻支部、伏木支部支持日本港湾工人的正义斗争。

7月　由于天津港变更隶属关系，中国海员工会天津市港务管理局委员会更名为中国海员工会天津港务管理局委员会。

9月29日至30日　中国海员工会天津港务管理局第四次代表大会、交通部天津港务管理局第三届一次职工代表大会召开。

9月30日　交通部天津港务管理局第三届职工代表大会第一次会议审议通过《交通部天津港务管理局职工代表大会暂行办法》。

10月7日　天津市总工会与天津市外办决定同意天津港务管理局工会与日本日中友协神奈川县联合会检定所支部建立通信联系。

10月12日　天津港务管理局工会复信日本日中友协神奈川县联合会检定所支部，希望通过建立通信联系进一步促进中日港湾工人的友好与团结。

11月3日　交通部天津港务管理局党委常委会议决定辛国颂任局党委政治部副主任。

1962年

1月13日　交通部天津港务管理局第三届二次职工代表大会召开。

2月20日　应中华全国总工会邀请，以吴钦瑞为团长的缅甸联邦工会总会代表团一行10人，由天津市总工会秘书长黄树尤陪同参观塘沽新港。

2月28日　天津市1961年度劳动模范大会在第一工人文化宫举行，大会表彰了1961年度劳动模范和模范班组。天津港新港作业区钱春被授予特等劳动模范称号，有3人被授予劳动模范称号，4个集体被授予模范小组称号。

3月20日　天津港务管理局工会印发《财务工作暂行办法》。

4月2日　中国海员工会、交通部政治部联合发出《把以安全优质为中心的“六好”竞赛运动深入到船舶和班组的指示》，并制定了开展“六好”船舶、“六好”班组和先进生产者运动的评选、奖励办法。

4月13日　交通部天津港务管理局第三届三次职工代表大会召开，会议通过《天津港装卸大队工作条例（修订草案）》和《天津港务管理局实施褒奖规定（草案）》。

4月　天津市邮电局在新港国际海员俱乐部举办中国邮票展览并刻制邮展纪念戳一枚，纪念戳主图为海河防潮闸。

5月3日　应全国总工会邀请，以世界工联书记处书记、意大利共产党中央委员斯卡利亚为团长的世界工联代表团一行2人，由世界工联书记处书记马纯古、河北省总工会副主席潘长有、天津市总工会副主席赵川等陪同参观塘沽新港。

5月4日　应中华全国总工会邀请，前来我国参加“五一”庆祝活动的印度尼西亚工会代表团一行3人由天津市总工会副主席孙少华等陪同参观塘沽新港。

5月5日　应全国总工会邀请，以缅甸铁路局新闻及福利官吴埃佩为团长的缅甸工会代表团一行3人参观塘沽新港。

同日　应中华全国总工会邀请，前来我国参加“五一”庆祝活动的以捷克斯洛伐克工会理事会书记杨·杜日为团长的捷克工会代表一行2人和以农林总书记柯瓦奇·伊斯特万为团长的匈牙利工会代表团一行2人由全国农林工会主席宋川、天津市总工会秘书长黄树尤等陪同参观塘沽新港。

5月15日　天津市总工会发出通知，根据天津港务管理局党组织关系的变动，市总工会决定天津港务管理局工会由塘沽区划为市总工会直接领导，作为市总工会的直属基层。该基层工会主席辛国颂（兼），副主席宋墀、胡瑞祥。

7月9日　应全国总工会邀请，来我国进行友好访问的桑给巴尔劳联代表团、北罗得西亚统一工大代表、尼日利亚港口工会代表、肯尼亚工会代表等一行6人，由天津市总工会秘书长黄树尤等陪同参观塘沽新港。

9月17日　天津市财政局、市总工会联合印发《企业继续向工会提拨职工困难补助费的联合通知》。

10月3日　天津市总工会印发《关于劳动模范和

模范班组暂行管理办法》。

12 月 28 日　中国海员工会全国委员会发出《加强工会小组建设问题的通知》。

1963 年

2 月 6 日　天津市 1962 年度劳动模范大会在第一工人文化宫举行,大会表彰了 1962 年度劳动模范和先进集体。天津港新港作业区钱春被授予特等劳动模范称号,有 4 人被授予劳动模范称号,5 个集体被授予模范小组称号。

2 月 28 日至 3 月 16 日　交通部天津港务管理局第三届四次职工代表大会召开。

3 月 10 日　天津市总工会印发《工会各级组织及事业单位开展检查及整顿财务工作的通知》,要求开展"五整顿",即整顿思想、收支、财产、制度、组织,为"五反"做准备。

3 月 13 日　天津港务管理局工会开始检查整顿劳动保险基金,历时近一个月。

3 月 15 日　塘沽区 1000 多名海员和码头工人在新港俱乐部集会,支持日本港湾工人开展反对"日韩会谈"和反对美国原子舰艇进驻日本港口的正义斗争。中国海员工会全国委员会秘书长唐章专程来塘,并在大会上发表讲话。大会通过了中国天津海员、码头工人支援日本港湾工人斗争的电文。

3 月 30 日　交通部发出《1962 年度直属企、事业"六好"劳动竞赛部级评选结果及发奖中的补充通知》,经部长批准,决定对 6 条船舶、35 个班组、57 名个人进行奖励。天津港钱春、邱光普、杨景元被评为先进个人,局所属新港作业区钳工小组和天津航道局塘沽 5 号挖泥船被评为"六好"班组称号。

4 月 5 日　天津港务管理局开展群众性反浪费、查思想、赶先进的"反、查、赶"运动,历时 3 个月。

4 月 29 日　应中华全国总工会邀请来我国参加"五一"庆祝活动的坦噶尼喀劳联代表团一行 2 人参观塘沽新港。

5 月 7 日　劳动部批准执行了中国海员工会给劳动部和全总《关于码头装卸工人连续工龄计算问题的请示》,凡是解放前固定在一个码头上从事装卸搬运工作,解放后又未间断,集体转入企业的搬运工人,其解放前后连续工作时间,可以计算为本企业工龄。

5 月 20 日　以中央社会主义竞赛委员会委员维伊兹·吉贝罗为团长的阿尔巴尼亚工会代表团一行 2 人由中国地质工会主席郑晶华、天津市总工会副主席赵川陪同参观塘沽新港。该代表团是应中华全国总工会邀请来我国参加"五一"庆祝活动的。

5 月 28 日　应中华全国总工会邀请来我国进行友好访问的刚果劳工总联合会第一总书记让·昂里·马隆加在天津市总工会副主席赵川等陪同下参观塘沽新港。

6 月 11 日　交通部天津港务管理局开展群众性反分散主义、官僚主义、本位主义、贪污盗窃、投机倒把的新"五反"运动,历时 3 个月。

6 月 26 日　以全港湾中央执行委员、关东地方本部书记长岩波幸雄为团长的日本港湾劳协第二次访华代表团一行 6 人和以全自交中央本部法律对策部部长山口泰男为团长的日本汽车交通工会第一次访华代表团一行 6 人,由全国海员工会秘书长唐章、全国交通工会秘书长封夫保、天津市总工会副主席赵川等陪同参观塘沽新港。这两个代表团是应全国海员工会、公路运输工会邀请来我国签署中、日、朝工会联合声明并进行友好访问的。

7 月 31 日　天津航道局划归交通部领导,其所属工会会员关系随之转出天津港务管理局工会。

11 月 3 日　交通部天津港务管理局部署开展群众性创"五好"运动,"五好"分为企业、科队车间、班组、个人四个层次。

12 月　天津港共有职工 8613 人,会员 8193 人,基层工会 18 个,车间工会 70 个,工会小组 671 个,专职工会干部 26 人。

1964 年

1 月 25 日　《人民日报》一版头条通栏刊出毛泽东主席的号召"工业学大庆"。

2 月 18 日　交通部天津港务管理局党委召开扩大会议,传达贯彻交通部电话会议和市委关于"评功摆好"的工作安排,对全局基层单位"评功摆好"工作进行了部署。

3 月 29 日　天津港务管理局工会组织开展评比单项能手活动,主要评选出生产、质量、节约和技术能手。

4月3日　交通部天津港务管理局召开“评功摆好”庆功大会，副局长金若萍报告了天津港1963年的工作，提出了1964年的奋斗方向。局长李华彬作了总结讲话，大会表彰了全局评选出的“五好”个人29名，“五好”班组3个，单项标兵154人，单项标兵班组7个。坚持学习毛主席著作，活学活用典型刘学珍和“五好”个人、班组、标兵代表作了典型发言，天津港赴上海港、青岛港学习团向大会汇报了学习情况，“五好”职工代表向全局职工发出了倡议。

4月29日　应全总邀请，前来我国参加“五一”庆祝活动并进行友好访问的，以巴拿马共和国工人联合会教育书记何塞·德尔杜农为团长的巴拿马工人联合会代表团一行2人，参观塘沽新港和海河建闸工程。

5月6日　应全总邀请，前来我国参加“五一”庆祝活动并进行友好访问的，以越南总工会执委蔡吴才为团长的越南工会代表团一行2人，由全国公路运输工会秘书长封夫保等陪同参观塘沽新港。

5月11日至15日　天津市“五好”集体、“五好”职工代表大会在第一工人文化宫举行，大会表彰了“五好”集体和“五好”职工。天津港有8人被授予“五好”职工称号，1个单位被授予先进企业称号，3个集体被授予“五好”班组称号。

5月22日　应全总邀请，前来我国参加“五一”庆祝活动并进行友好访问的，以古巴马坦萨斯省工会总书记卢伯托贝加为团长的革命古巴工人中央工会代表团一行3人，由全国农林工会主席宋川、天津市总工会秘书长黄树尤等陪同参观塘沽新港。

6月4日　中共天津港务管理局政治部任命崔玉恩、刘继奎为局工会副主席。

6月12日　应全总邀请，日本知名工会活动家高野实参观塘沽新港。

6月　交通部天津港务管理局在“津驳51号”（即原“北塘号”）上举办天津港阶级教育展览。

9月7日至12日　天津市工会第八次代表大会召开，天津港务管理局辛国颂等14人作为正式代表出席大会，天津港新港作业区钱春当选为天津市总工会第八届执行委员会委员。

10月4日　交通部天津港务管理局党委常委会议决定成立天津办事处，祝庆缘任主任，王时勉、张大可、李长发任副主任，王天臣任政治处副主任兼工会主席。

11月12日　应全总邀请来我国进行友好访问的，以日本山口县工会理事会书记长福田武夫为团长的日本山口县工会代表团一行5人，由南京市总工会副主席缪卓民等陪同参观塘沽新港。

1965年

2月15日至19日　中国海员工会天津港务管理局第五次代表大会，天津港务管理局第四届职工代表大会第一次会议召开。

2月　天津港工人与来港参观访问的缅甸、澳大利亚工会代表座谈。

3月7日　以日本总评副议长、港湾工会委员长兼田富太郎为团长的日本港湾工会代表团一行5人，由中国海员工会生产部部长张长雷、天津市总工会副主席杨春林、市总工会财务部部长沙福庭等陪同参观塘沽新港，并与天津港码头工人进行座谈。该代表团是应中华全国总工会邀请来我国进行友好访问的。

5月10日　应中华全国总工会邀请来我国参加“五一”节庆祝活动的越南解放工会联合会代表团成员，越南南方爱国教师协会执行委员潘良娥由中国纺织工会副主席张则荪、天津市总工会副主席苑兰田等陪同参观塘沽新港。

5月10日　中共天津港务管理局政治部任命贵义和为局工会主席。

5月11日　以总评常任干事、女工对策部部长为团长的日本工会总评议会代表团一行4人和以交通公社工会委员长吉田晴彦为团长的日本中立劳联代表团一行4人，由天津市总工会生产部部长辛冬等陪同参观塘沽新港。这两个代表团是应中华全国总工会邀请来我国参加“五一”节庆祝活动的。

9月8日　以总工会主席团成员、国防安全部工会主席苏尔约为团长的印度尼西亚总工会代表团一行3人由全总、市总有关负责人陪同参观塘沽新港。该代表团是应中华全国总工会邀请来我国进行友好访问的。

10月1日　中国海员工会邀请在天津港停泊的捷克斯洛伐克、日本、挪威、英国、希腊等五国的8艘外轮船员同我国远洋轮“红旗号”、“建设号”的海员进行联欢。

11月21日　应中国轻工业工会邀请，来我国进行友好访问的加纳工会大会工商业及饮食服务业工会副总书记柯安由天津市总商业工会副主席王龙生和中国轻工业工会有关负责人陪同参观塘沽新港。

12月26日　全国海员工会、全国公路运输工会制定下发了《职工代表大会条例》。

1966年

5月6日　应全国总工会邀请来我国参加“五一”庆祝活动的以机械工人联合会总书记亨利为团长的锡兰工人学习代表团一行7人,由全总、市总有关负责人陪同参观塘沽新港。

5月8日　应全国总工会邀请来我国参加“五一”庆祝活动的以全坦工联经济及研究部部长拉维格西拉为团长的坦噶尼喀代表团一行2人,由全总、市总有关负责人陪同参观塘沽新港。

5月11日　应全国总工会邀请来我国参加“五一”庆祝活动并进行友好访问的以穆罕默德·阿卜杜拉·哈吉为团长的也门工人总联合会代表团一行4人参观塘沽新港。

5月13日　以沙湾拿吉省长盖·班马莱通为团长的老挝公务员工会代表团一行3人,由天津市总工会副主席杨春林等陪同参观塘沽新港。

5月　天津港务管理局实行管理体制改革,局机关与新港作业区合并。

7月　天津港遭受大风暴袭击,广大职工冒着生命危险抢救物资。

8月23日　天津港务管理局革命职工代表大会筹备委员会成立,有委员17人,王建绩为主任委员,高玉智、张希增、张绍云为副主任委员。

9月7日　天津市总工会发出《关于改变工会主席名称问题的通知》,根据全国总工会和河北省总工会通知精神,人民团体的负责人凡称“主席”的,以后一律改称“主任”。

1967年

4月3日　中国人民解放军对天津港及所属单位实行全面军管。

9月23日　在军管会的协调下,天津港各派群众组织实现大联合,成立天津港革命职工委员会。

1968年

2月13日　经天津市革命委员会批准,交通部天津港革命委员会成立。

同日　天津港革命委员会发布第一号公告。宣布“天津港革命委员会成立,原天津港务管理局一切印章全部作废”。天津港革命委员会在军管会的直接领导下进行工作。

2月20日　天津港革命委员会发出通知,成立“三组一室”,局工会、局团委等由政工组代管。

9月12日　天津港召开欢迎新分配的68届学生入港大会,一大批68届学生加入装卸工人行列,投身港口建设。

11月3日　交通部天津港革命委员会更名为交通部天津港务管理局革命委员会。

12月18日　天津市革命委员会批转市工代会《关于深入开展批判修正主义路线及彻底砸烂旧工会的报告》,宣布由各级工代会接管工会。

1973年

5月8日　中共天津港务管理局委员会发出《关于整顿健全各级工会和召开局工会第六次代表大会的安排意见》的通知,成立了整健工会筹备领导小组,由9人组成(暂空2名),并决定暂由宫延熹负责,在局党委的领导下,抓好整健工会工作。

5月9日　经天津港务管理局局党委常委会议讨论决定,林寿清任局整健工会筹备领导小组组长,宫延熹任副组长。

5月26日至31日　天津市工会第九次代表大会召开,天津港务管理局整健工会小组组长林寿清等10人作为正式代表出席大会,天津港第一作业区装卸一队班长杨清民当选为市总工会第九届委员会委员。

5月31日至6月2日　天津市塘沽区第四次妇女代表大会召开,大会选举产生塘沽区妇联第四届委员会和出席天津市第六次妇女代表大会的代表。天津港务管理局代表王恩芝、余秀芳、孟庆珍、马桂英、卢景卿、张景茹、李月芳、隋建华、李玉兰、皮宝凤、王秀清、张瑞娥、王辉、张俊婷 14 人出席大会，王恩芝、余秀芳当选为天津市第六次妇女代表大会代表。

6 月 12 日至 13 日　天津港务局工会召开第六次代表大会。

6 月 26 日　天津市革命职工代表会议常务委员会天津港务局委员会更名为天津港务局工会。

6 月 27 日至 7 月 1 日　天津市第六次妇女代表大会召开，天津港务局王恩芝、余秀芳作为正式代表出席大会。

7 月 9 日　天津港务局工会召开车间以上女工委员会议，传达天津市第六次妇女代表大会精神。

7 月 30 日　天津港务局工会下发关于基层工会启用新印章的通知，16 个基层工会启用新印章，原刻有革命职工委员会的印章同时作废。

8 月 3 日　天津港务局工会召开六届二次全委（扩大）会议。

8 月 11 日　天津港务局工会发出通知，修建公司工会启用新印章，原刻有革命职工委员会的印章同时作废。

9 月 1 日　天津港务局工会召开基层工会工作经验交流会，第三作业区工会等 7 个单位介绍了工作经验。

9 月 29 日　天津港务局工会召开六届三次全委（扩大）会议。

11 月 20 日　以全港湾常任中央执行委员坂野哲也为团长的日本全港湾工会代表团一行 15 人，由天津市总工会副主任杨春林等陪同参观天津港码头和港区工人宿舍，该代表团是应中日友协邀请来我国进行友好访问的。

11 月 29 日　天津港务局工会召开妇女工作座谈会，修理厂女工委员会介绍女工工作经验。

11 月　整健工会以来，天津港务局工会共建立基层工会 17 个，车间工会 91 个，工会小组 71 个，全局恢复和发展会员 10522 人。

12 月 8 日　天津港务局工会召开六届四次全委会议。

1974 年

1 月 28 日　天津港务局工会转发天津市总工会《关于收缴工会会费的通知》。根据市委批准，在全国没有统一规定之前，对收缴工会会费问题作出了规定，从 1974 年 2 月起恢复交纳会费制度。

1 月 29 日至 31 日　天津港务局召开 1974 年工业学大庆经验交流会，15 个先进典型介绍了经验，来自全局各单位职工代表 800 余人参加大会。

2 月 28 日　天津港务局工会下发《关于收缴工会会费的补充通知》。同日，与局财务处联合下发《关于收缴工会会费的有关问题的通知》。

3 月 8 日　天津港务局工会召开纪念“三八”劳动妇女节大会，表彰了一批“三八”红旗手和先进集体。

4 月 18 日　天津港务局工会体协成立，邹新坤任主任，李继奎、宫延熹任副主任。

5 月 19 日至 28 日　天津市工业学大庆经验交流会召开，大会对工业学大庆先进单位、先进集体和先进个人进行了表彰。天津港务局有 5 人被授予工业学大庆先进生产（工作）者称号，1 个企业被授予先进单位称号，4 个集体被授予先进集体称号。

5 月 20 日，经天津港务管理局党委讨论同意，局工会召开六届五次全委会议，决定增补第一作业区工会主任程德宝为局工会第六届委员会委员、常委，免去李文周的局工会委员、常委职务。

7 月 30 日　天津市总工会印发《关于区、县、局和公司（局）工会编制的意见》。

8 月 16 日　《新港简讯》创刊。

10 月 19 日　天津港务管理局革委会、局工会联合转发天津市总工会、市劳动局《关于开展百日安全无事故活动的通知》。

10 月　天津港务管理局召开工业学大庆经验交流会。

11 月 18 日　天津港务管理局工会召开全局职工政治业校工作座谈会，总结一年来开办业校的经验，讨论了如何进一步办好业校以及课程设置和辅导员的训练培养等问题。

12 月 20 日　天津港务管理局工会召开工会工作积极分子代表大会，会议总结了一年来的工会工作，交流了工作经验，表彰了一批工会工作积极分子。

是年　天津港吞吐量首次突破千万吨大关，达到 1000.3 万吨。

1975年

1月29日至31日　天津港务管理局召开工业学大庆经验交流会,大会对1974年工业学大庆的情况进行了总结,明确了下一步的重点。2个先进单位、8个先进集体、6个先进个人介绍了经验。对涌现的先进单位、先进集体和先进个人进行了表彰,并选出了出席天津市工业学大庆经验交流会的代表。

2月20日至3月1日　天津市工业学大庆经验交流会举行,大会对1974年工业学大庆先进单位、先进集体和先进个人进行了表彰。天津港务管理局有7人被授予工业学大庆先进生产(工作)者称号,1个企业被授予先进单位称号,8个集体被授予先进集体称号。

3月12日　天津港务管理局工人政治业校成立并举行第一次辅导活动。

4月24日至25日　天津港务管理局在新港海员俱乐部举行1975年职工文艺会演。

5月20日至23日　天津港务管理局举行1975年乒乓球比赛,第二作业区、通讯站分别获得男女团体第一名。

6月　天津港务管理局工会召开了“向王进喜同志学习,争做铁人式好工人报告大会”。市、局和基层部分先进集体代表,先进生产(工作)者,各基层单位党、政、工、团负责人,各装卸队(车间)党支部书记、工会主任近一千人参加了大会。天津第一毛纺厂老工人林淑兰、建工局六建二工区老工人于炳江、天津汽车齿轮厂工人张金奎等应邀到会介绍经验。局工会负责同志作了“向王进喜同志学习,争做铁人式好工人”报告。

8月4日　天津港务管理局党委决定命名学大庆先进个人:授予王云通“人老志坚的装卸工”称号;授予李云芳“为革命开车的好司机”称号。

10月21日　天津港务局召开“纪念毛主席视察新港二十三周年、纪念红军长征胜利四十周年”座谈会。天津港参加过长征的红军老战士、局工会主任林寿清在座谈会上发言。

11月19日　天津港务局工会召开“学理论、学大庆、学铁人、争做铁人式好工人”大会,全局各界代表400多人参加大会。第二作业区装卸老工人王云通和青年女司机李云芳、第三作业区六队一组的代表介绍了学理论、学大庆、学铁人的体会。局工会负责同志总结了局前一段学铁人活动基本情况,传达了天津市总工会召开的“学理论、学大庆、学铁人”座谈会会议精神,提出了开展学铁人活动的要求。局党委负责同志讲话。

1976年

2月11日至3月15日　天津港务局工会举办职工业余文艺会演,共有8个单位的58个节目参加了会演。

3月3日至4日　天津港务管理局工业学大庆经验交流大会召开,大会对全局1975年度2个工业学大庆先进单位、138个先进集体和692名先进生产(工作)者进行了表彰。宣布了局党委、局革委会关于授予三区装卸六队一组“用毛泽东思想育人的班组”以及白锡瑞、闫长林两位同志“铁人式的海港工人”和“心红志坚的青年装卸工”光荣称号的决定。

4月21日至24日　天津港务局工会举办基层工会干部培训班。

4月26日至30日　天津市工业学大庆经验交流会举行,大会对1975年工业学大庆先进单位、先进集体和先进个人进行了表彰。天津港务管理局有7人被授予工业学大庆先进生产(工作)者称号,1个企业被授予先进单位称号,8个集体被授予先进集体称号。

5月5日　天津港务管理局召开大会传达贯彻市工业学大庆经验交流会精神,局党委和局革委会领导代表市委、市革委会为被授予工业学大庆先进单位、先进集体和先进个人颁发奖旗和奖状。局出席市工业学大庆经验交流会的全体代表还向全局职工发出了《倡议书》。

5月10日至17日　秦皇岛港务局乒乓球男女代表队来天津港交流。

8月28日　天津港务局工会召开常委扩大会议,总结了抗震以来的工会工作,部署了后4个月的工作。第一和第三作业区工会分别汇报了本单位抗震以来的工会工作情况。

9月14日　天津港务局工会召开部分先进代表和理论骨干座谈会,深刻缅怀毛泽东主席的丰功伟绩。

9月18日　天津港职工代表沉痛追悼伟大领袖毛泽东主席大会隆重举行。

11月6日　天津港召开揭批“四人帮”大会。

11月16日至23日　中央广播文工团合唱团来天津港慰问演出，17日在新港工人俱乐部举行首场演出，交通部副部长贺崇升及局领导和职工群众1200多人观看了演出。在港期间该团共举办了10场演出，观看职工达9000多人。

1977年

2月7日至9日　天津港务局工会举办车间工会主任以上工会干部培训班。

2月9日　中共天津市委发出〔1977〕津党组8号通知，决定林寿清任港务局顾问职务。

2月25日至27日　天津港务管理局召开工业学大庆会议，全局168个先进企业、先进集体的代表和806名先进生产（工作）者出席大会，局党委副书记、革委会主任李华彬致开幕词，局党委书记谭松平作工作报告。会议期间6位同志作了典型发言，大会对1976年度学大庆先进企业、先进集体和先进生产（工作）者进行了表彰。大会还通过了局出席天津市、全国工业学大庆会议的先进代表名单。第三作业区和闫长林当选为出席全国工业学大庆会议的先进代表，另有12个先进企业、先进集体和闫长林、白锡瑞等6人当选为出席天津市工业学大庆会议的先进代表。

3月8日　天津港务局工会召开纪念“三八”劳动妇女节座谈会，先进女工和先进女工集体、女工干部代表50多人参加座谈会，局党委、革委会负责同志出席座谈会并讲话。

4月20日至5月14日　全国工业学大庆会议先后在大庆油田、北京举行，天津港务管理局邹新坤、郝继惠、闫长林出席了大会。天津港第三作业区被授予全国工业学大庆先进企业（单位）称号，闫长林被授予全国工业学大庆先进生产（工作）者称号并受到表彰。

4月30日　天津港务管理局召开庆祝“五一”国际劳动节大会，被局党委命名为铁人式的海港工人白锡瑞等先进模范人物代表发言，局党委副书记、局革委会副主任刘树森在大会上讲话。

5月23日　天津港务管理局召开大会传达贯彻全国工业学大庆会议精神。

6月8日至15日　天津市工业学大庆经验交流会举行，大会对1976年工业学大庆先进单位、先进集体和先进个人进行了表彰。天津港务管理局有7人被授予工业学大庆先进生产（工作）者称号，3个企业被授予先进单位称号，9个集体被授予先进集体称号。

6月16日　天津港务管理局在新港俱乐部召开大会传达贯彻天津市工业学大庆会议精神。

7月12日　中共天津市委发出〔1977〕津党组（工）4号通知，决定免去林寿清天津港务局工会主任职务。

7月21日　根据天津港务管理局在所属单位之间开展劳动竞赛的要求，天津港第一作业区与第三作业区签订了社会主义劳动竞赛协议。

8月4日　天津港务管理局和天津远洋运输分公司签订“六赛六比”为主要内容的社会主义劳动竞赛协议书仪式在天津港举行，局党委书记谭松平和天津远洋运输分公司党委书记周吉分别在协议书上签字。

8月5日　天津港务局工会召开班组竞赛动员大会，市级先进班组、先进个人和班组长代表，各单位政治处、车间党支部书记、工会主任700多人参加大会，会上第三作业区装卸六队一组宣读了和轮驳公司驳18号、第一作业区“三八”库、局材料场汽车班联合向全局班组发出的挑战书。

9月30日　天津港务局工会召开先进生产者、先进集体代表和技术革新能手座谈会，庆祝新中国成立28周年，局党委书记谭松平出席会议并讲话。

1978年

1月25日　天津港务局工会召开1977年度工会工作先进集体和优秀工会积极分子代表大会，会议对两个基层工会、48个工会先进集体、299名优秀工会积极分子进行了表彰，局工会副主任宫延熹总结了1977年的工会工作。局党委常委、副局长贾志忠出席大会并讲话，大会还通过了局出席天津市工会工作先进集体和优秀工会积极分子代表大会名单，全局500多人参加大会。

2月22日　天津港务管理局党委下发津港党干字〔1978〕第12号文件，决定卢景卿任局工会副主任。

2月23日至25日　天津港务管理局1977年度工业学大庆会议在新港海员俱乐部举行，局党委书记谭松平致开幕词，局党委副书记、局革委会主任李华彬主持大会并作工作报告，局党委副书记、局革委会副主任刘树森致闭幕词。来自全局的172个先进集体代表和864名先进生产(工作)者出席大会并受到表彰。

3月6日　天津港务管理局工会召开纪念“三八”妇女节座谈会,局工会副主任卢景卿主持座谈会,局党委书记谭松平,局党委常委、副局长贾志忠等出席座谈会并讲话。

5月2日至11日　全国交通战线工业学大庆会议在大庆油田闭幕,在闭幕式上向全国交通系统215个大庆式企业的代表授旗,向出席大会的1059名学大庆先进单位和先进个人的代表颁发了奖状和《光荣册》。天津港康宝祥等7名先进生产者和5个先进单位(集体)的代表出席大会并受到表彰。

8月1日　根据党中央关于“地方企业不再使用革命委员会名称”的指示,交通部天津港务管理局革命委员会更名为交通部天津港务管理局。

8月11日　由于局变更名称,即日起天津港务局工会更名为交通部天津港务管理局工会并启用新印章。

10月11日至21日　中国工会第九次代表大会在北京召开,天津港务管理局工会副主任卢景卿作为正式代表出席大会。

10月30日　天津港务管理局召开全局“安全质量月”总结表彰大会,总结开展“安全质量月”活动以来的成果,并就下一步工作提出了要求。会议表彰了在安全质量方面作出突出成绩的16个先进班组和29名先进个人。

11月9日　天津港务管理局党委在新港海员俱乐部召开全局党政工团干部大会,传达贯彻中国工会九大和共青团十大精神,局出席中国工会第九次代表大会的代表、局工会副主任卢景卿和出席共青团第十次代表大会的代表、局团委书记孙世明分别传达了两个大会的盛况和会议的主要精神并提出了贯彻要求。局党委副书记、局长李华彬出席会议,局党委常委、副局长贾志忠讲话,局党委常委、政治部主任李学铭主持大会。

12月16日　交通部政治部批准同意高玉志任交通部天津港务管理局工会第一副主任。

12月20日至23日　天津港务管理局第二作业区第一届职工代表大会召开,局党委书记谭松平等领导出席大会。

12月27日　天津港务管理局党委印发《关于学习贯彻党的十一届三中全会公报的通知》。

1979年

1月8日至10日　天津港机修厂召开第一届职工代表大会。

1月12日至13日　中国燃料供应公司天津分公司、天津港务管理局修建工程公司分别召开第一届职工代表大会。

1月25日　中共天津市委、市革委会、交通部举行命名天津港为“大庆式”局大会,中共天津市委第一书记、市革委会主任陈伟达,中共天津市委书记、市革委会副主任张淮三、交通部副部长贺崇升、天津市总工会副主任黄树尤等出席大会。陈伟达宣读命名决定,并与贺崇升副部长共同向天津港授旗,会上还宣读了交通部授予第一作业区仓库理货员邢培智全国交通战线劳动英雄称号的决定,并颁发了奖状和奖金。局党委书记谭松平发言,张淮三书记和贺崇升副部长分别讲话。

2月6日　由于天津港务管理局工会变更名称,即日起局属11个基层工会变更名称并启用新印章。

2月16日　天津港务管理局在第一作业区俱乐部召开表彰大会,来自全局各条战线的先进集体和先进个人代表1700多人参加大会,大会对局级先进企业、先进集体、先进个人、“三八”红旗集体等进行了表彰,并代表市委、市革委会对市级劳模和劳模集体进行了表彰。大会还宣布了《关于向老劳动模范颁发劳动模范荣誉纪念状的决定》,局领导为老劳模颁发了劳动模范荣誉纪念状。局长李华彬讲话,副局长肖宝洪、贾志忠分别宣读表彰决定,局工会副主任宫延熹主持大会。

3月7日　天津市妇联召开全市妇女表彰大会,表彰了一批市级“三八”红旗集体和“三八”红旗手。天津港务管理局幼儿园干部温瑞芬、第二作业区职工沈庆霞、修建公司职工孙景凤3人被授予天津市“三八”红旗手称号。

3月21日　天津港务管理局工会召开基层工会负责人会议,部署了1979年工会工作,传达天津市总工会财务工作会议精神。会议要求,各基层工会必须加强对财务工作的领导,日常财务应由一名副主席负责领导,并建立专管财务的工作部门委员会和经费审查委员会,建立健全工会经费账目、经费收支管理、财产保管等各项财务管理制度。

3月28日　天津市1978年度劳动模范表彰大会在人民体育馆举行,大会表彰了1978年度劳动模范、模范集体和大庆式企业、学大庆先进企业。天津港第一作业区邢培智等6名市级劳动模范和第一作业区装卸二队等3个模范集体的代表出席了天津市1978年劳动模范表彰大会,并受到表彰,天津港务管理局被命名为大庆式企业,2个单位被命名为学大庆式企业,8个单位被命名二级厂矿大庆式企业。

4月20日至21日　天津港务管理局行政处、局工会联合组织全局9个单位的10个托儿所、幼儿园进行互查,在互查的基础上评选出了修理厂托儿所为局先进集体。

5月7日　根据全国总工会《关于工会组织印章的规定》,天津港务管理局工会启用天津市总工会制发的"交通部天津港务管理局工会"新印章。

5月21日　中国海员工会全国委员会发出《关于启用和刻制各省、市、自治区和部直属水运单位工会印章的通知》(海工发字〔1979〕第3号)。

5月24日　交通部天津港务管理局工会发出通知,根据全国总工会《关于工会组织印章的规定》,局工会为13个基层工会制发新印章。同日,由于局党校和水运技工学校工会组织已建立,即日启用印章。

6月19日　交通部天津港务管理局工会发出交津港工〔79〕第15号文件《关于重新颁发工会会员证的通知》,根据全国总工会重新办理工会会员证的要求,天津市总工会决定从7月份起办理新会员证。

6月22日　交通部天津港务管理局党委转发了中共天津市委《关于加强党对工会工作的领导的通知》(交津港党办字〔79〕第60号),要求各基层党委把工会工作列入议事日程,从实际出发逐步配备好工会干部。

8月15日　交通部天津港务管理局在修建公司礼堂召开全局劳动竞赛经验交流会,号召全局职工行动起来,广泛深入开展各种劳动竞赛为完成1350万吨生产任务,向国庆30周年献礼。第三作业区工会等5个单位在交流会上介绍了开展劳动竞赛的经验。局工会副主任高玉志和局劳动竞赛委员会主任、副局长米玉润出席大会并讲话。

9月21日　继中国妇女第四次代表大会后,全国妇联在人民大会堂召开表彰"三八"红旗手(集体)大会,授予8960名先进妇女为全国"三八"红旗手,1042个集体为"三八"红旗集体。其中,最优秀的191名(个)被选为"三八"红旗手(集体)标兵。天津港第二作业区一货区副库长沈庆霞被授予全国"三八"红旗手称号。

10月1日至30日　交通部天津港务管理局工会举办天津港职工业余美术、书法、摄影作品展,共展出了全局10多个基层单位的60多位业余作者创作的作品198件。

11月24日　全国海员工会筹备开展七大海港际竞赛,并制定了"关于开展沿海七大港口际竞赛劳动竞赛方案"。

12月　天津港务管理局第一作业区俱乐部建成,建筑面积3600平方米,可容纳1600多人。

1980年

1月4日　根据中国海员工会全国委员会《关于启用和刻制各省、市、自治区和部直属水运单位工会印章的通知》(海工发字〔1979〕第3号)的精神,局工会名称由交通部天津港务管理局工会变更为中国海员工会交通部天津港务管理局委员会,即日启用新印章。

1月15日　由于天津港务监督和船舶检验处在局内隶属关系的变动,其工会组织关系转由局机关工会领导,原港务监督工会即日撤销。

1月22日至24日　交通部天津港务管理局第五届职工代表大会第一次会议召开。

1月24日　交通部天津港务管理局第五届职工代表大会第一次会议审议通过《交通部天津港务管理局职工代表大会章程》。

2月4日　交通部天津港务管理局工会召开迎春慰问大会,对全局后勤系统职工进行了慰问,第一作业区等4个单位的代表发言,副局长冯玉友出席大会并讲话。

2月14日　交通部通知建港指挥部于1981年并入天津港务管理局。

3月3日　交通部天津港务管理局工会举办劳动模范先进事迹报告会,邀请全国劳动模范、市特等劳动模范国棉一厂细纱挡车工李秋荣,燕春楼服务员宋兰梅,天津市劳模、市耐火器材厂副厂长张淑华为局300多名女职工代表作报告。

3月4日　交通部天津港务管理局政治部、局工会召开部分劳动模范和模范集体代表、工程技术人员、工会干部座谈学习党的十一届五中全会公报精神。

3月5日　中国海员工会主席丘金到天津港调研并慰问工会干部。

3月8日　交通部天津港务管理局工会召开纪念“三八”妇女节茶话会,局领导谭松平、李华彬、冯玉友出席,局工会副主席卢景卿主持会议。

3月29日　以克利奥法斯·威廉斯为团长的美国国际码头工人和仓库工人工会基层会员访华团一行6人,由天津市总工会副主任孙少华等陪同参观天津港,并与局工会干部和码头工人进行座谈。该代表团是应中华全国总工会邀请来我国进行友好访问的。

4月6日　天津市1979年度劳动模范表彰大会在人民体育馆举行,大会表彰了1979年度特等劳动模范、劳动模范、模范集体和大庆式企业、红旗单位、先进单位。交通部天津港务管理局有7人被授予劳动模范称号,6个集体被授予模范集体称号,1个企业被命名为二级厂矿大庆式企业,3个单位被命名为学大庆式企业(单位)。

4月9日　交通部天津港务管理局在第一作业区俱乐部召开1979年度先进集体和先进生产者表彰大会,对局1979年度先进集体和先进生产者进行了表彰,并代市委和市革委会对1979年市级劳模和劳模集体进行了表彰。副局长米玉润宣读了表彰决定,局党委副书记、副局长刘树森讲话。市劳动模范集体代表、一区装卸二队党支部书记孔繁荣宣读了市劳动模范表彰大会的全体代表向全市职工发出开展为四化立功活动的《倡议书》。

4月　交通部颁发《关于表彰全国交通战线先进企业(单位)和劳动模范的决定》,对全国122个交通战线的先进企业(单位)和232名劳动模范进行表彰。天津港第一作业区、第三作业区被授予先进企业(单位)称号,邢培智、孔繁荣、王景春被授予劳动模范称号。

6月5日　交通部天津港务管理局工会部署在全局开展为“四化”立功活动。

6月17日　交通部天津港务管理局职工男子篮球队由局工会副主席宫延熹带领赴武汉参加交通部举行的职工男子篮球邀请赛,出发前局长李华彬、政治部主任李学铭代表局党委和局领导看望了队员。参加这次邀请赛的有天津港、上海港、大连港、湛江港、长航局和新河船厂6个港航单位。

6月30日至7月3日　交通部天津港务管理局工会举办千人以上单位女工干部学习班,并组织参观学习了天津自行车厂、交通运输二厂等四个单位的女工劳动保护工作及女工卫生室和托儿所。

7月30日至8月4日　交通部天津港务管理局工会对17个基层单位开展的“四化”立功活动进行检查指导。

8月1日　天津市总工会同意杨洪珠同志任天津港务管理局工会主席。

8月9日　经交通部烟台海难救助打捞局工会与天津港务管理局工会协商,并报天津市总工会组织部同意,对交通部烟台海难救助打捞局天津救助站工会实行双重领导,以交通部天津港务管理局工会为主。

10月13日　以艾莉诺·格伦夫人为团长的美国工会妇女联盟访华团一行10人,由天津市总工会副主任孙少华等陪同参观天津港码头和仓库。该代表团是应中华全国总工会邀请来我国进行友好访问的。

10月17日至24日　交通部天津港务管理局工会组织26名职工代表对局落实局五届职代会决议和落实提案的情况进行了检查。局党委书记李华彬、副书记贵义和在职工代表视察前会见了代表,要求职工代表积极行使民主权利,发挥作用,积极参与企业的管理。代表视察后又专门听取了工作汇报。

10月20日　交通部天津港务管理局党委召开“四化”立功活动汇报会,重点听取了修建公司、修理厂工会和第一作业区装卸二队党支部的汇报。局党委副书记贵义和出席会议并讲话。

10月30日　交通部天津港务管理局刘树森局长主持召开第17次局长办公会议,对职工代表检查组检查局第五届职代会决议和落实提案的情况提出的主要问题进行研究,副局长祝庆缘、杨洪珠、米玉润、李健生、冯玉友及有关处室负责人参加会议。

11月10日　交通部政治部下发〔80〕交政党组组字工516号文件,决定杨洪珠任天津港务管理局工会主席职务。

11月19日　以副委员长龟崎俊雄为团长的全日本港湾第四次访华团一行7人,由天津市总工会国际部部长彭吉发陪同参观天津港,并与局工会干部进行座谈。该代表团是应中国海员工会邀请来我国进行友好访问的。

11月27日　根据天津市委批转市总工会《关于职工代表大会监督企业住宅分配的几项规定意见》的文件要求,经基层单位推荐和征求职工代表意见,交通部天津港务管理局成立了由27名委员组成的局分房委员会并召开了第一次会议,选举冯玉友为主任,刘保山、宫延熹为副主任，局党委副书记贵义和出席会议并讲话。

1981年

1月1日　原船检处正式从交通部天津港务管理局划出，1985年3月1日，改称交通部船舶检验局天津分局，由交通部船检局直接领导。1982年3月30日，船舶检验局天津办事处工会召开第一次会员大会，孙平道当选为工会主席。6月23日，船舶检验局天津办事处工会成立并正式启用印章。1989年4月，天津船舶检验分局、烟台打捞局天津救助站工会组织由局工会代管转由天津海上安全监督局工会筹备组代管。

1月30日　交通部天津港务管理局工会召开局级先进生产者座谈会，座谈会由局工会主席杨洪珠主持，局党委书记李华彬出席会议并讲话。

3月4日　天津市纪念“三八”国际劳动妇女节71周年大会举行，大会表彰了1980年度市级“三八”红旗集体和“三八”红旗手。天津港第一作业区女职工侯美娜被授予“三八”红旗手称号。

3月5日　交通部天津港务管理局局工会召开先进女职工座谈会，座谈会由局工会副主席卢景卿主持，副局长祝庆缘、贾志忠出席会议并讲话。第一作业区“三八”库理货员侯美娜、港口医院主治医师孙素琴、第一作业区缝纫组组长佘秀英、机修厂炊事员张富荣、第三作业区托儿所所长周作英等先后发言。

3月10日至13日　交通部天津港务管理局第五届职工代表大会第二次会议召开。

4月25日　交通部天津港务管理局工会决定，交通部天津港务管理局汽车运输队工会更名为天津港务管理局储运公司工会。

5月8日　天津市1980年度劳动模范表彰大会举行，大会表彰了1980年度特等劳动模范、劳动模范和模范集体。天津港务管理局有7人被授予劳动模范称号，5个集体被授予模范集体称号。

5月21日至26日　中国海员工会交通部天津港务管理局第七次代表大会召开。

5月22日　交通部天津港务管理局工会召开七届一次全委会议。

6月25日至30日　天津市工会第十次代表大会召开，天津港务管理局工会主席杨洪珠等9人作为正式代表、2人作为列席代表出席大会，第一作业区装卸六队队长兼党支部书记王秀海当选为天津市总工会第十届委员会委员。

7月17日　交通部天津港务管理局工会召开七届二次全委（扩大）会议。

7月30日　交通部天津港务管理局工会下发《关于改进竞赛评比奖励办法的意见》的通知。

8月25日至29日　交通部天津港务管理局五届二次职代会经营管理检查组对局落实五届二次职代会决议和经营管理情况进行了检查。

10月6日　交通部天津港务管理局党委常委会决定，组建局业余篮球队，由局工会负责。

11月　交通部天津港务管理局五届二次职代会生活检查组对局本年生活工作进行检查。

12月1日　交通部天津港务管理局党委常委会议决定，局本届职代会届满后，下届职代会暂不召开。

12月4日　交通部天津港务管理局工会下发《关于基层工会召开会员代表大会工作几个问题的意见》。

12月9日　天津港集装箱公司工会召开第一次代表大会，荣作恒当选为公司工会副主席。局党委常委、局工会主席杨洪珠出席会议并讲话。12月30日，天津港务管理局集装箱公司工会印章正式启用。

1982年

2月4日　交通部天津港务管理局工会召开七届三次全委会议。

3月8日　交通部天津港务管理局工会召开纪念“三八”国际劳动妇女节座谈会，局领导李华彬、刘树森、贾志忠、杨洪珠出席会议并讲话，座谈会由局工会副主席宫延熹主持，会上向全局女职工发出了《“人人争先进，个个创五好”倡议书》。

4月14日　交通部天津港务管理局工会召开了1981年度优秀工会积极分子和工会工作先进集体表彰大会，局党委副书记贵义和，局党委常委、局工会主席杨洪珠分别讲话。局党委常委、副局长祝庆缘，局党委常委、政治部主任李学铭等出席会议。第一作业区装卸六队、第二作业区动力站车间工会主席王久茹、第五作业区装卸七队工会主席訾幼平分别介绍了做好工会工作的经验。

5月1日　中共中央主席胡耀邦在天津市委第一书记陈伟达、市长胡启立以及局党委副书记贵义和、副局长祝庆缘陪同下视察了天津港并和工人欢度“五一”国际劳动节。

5月6日　交通部天津港务管理局工会邀请70多名先进模范代表传达学习胡耀邦同志重要讲话,局工会副主席宫延熹传达了胡耀邦在视察天津港和在天津市劳动模范座谈会上的讲话。局党委常委、局工会主席杨洪珠出席会议并讲话。

6月3日　交通部天津港务管理局党委下发交津港组字〔82〕第40号文件,决定卢景卿任职工医院党总支委员、副书记,免去其局工会副主席职务。

8月12日　交通部天津港务管理局工会召开市劳动模范和先进生产者、工会积极分子座谈会,学习座谈党的十一届七中全会公报,以实际行动迎接党的十二大召开。局党委常委、局工会主席杨洪珠主持会议并讲话。

8月21日　交通部天津港务管理局工会召开七届四次全委(扩大)会议。

9月15日　交通部天津港务管理局工会同意成立天津港劳动服务公司工会筹备组,筹备组由7人组成,刘树山为组长。

9月29日　由于天津港外轮服务公司建制自7月1日起撤销,原工会印章即日起停止使用。

同日　为庆祝新中国成立33周年,交通部天津港务管理局工会、局团委联合举办歌咏比赛大会,局领导和来自全局各条战线的先进模范、各界代表1000多人出席大会。

同日　由交通部天津港务管理局工会、局团委联合举办的职工业余美术、书法、摄影展览在第一作业区俱乐部举行,展出了由职工业余创作的205件作品。

12月　交通部天津港务管理局90%的单位建立了互助储金会,3700多人参加,存款达74500多元。

1983年

2月23日　交通部天津港务管理局召开1982年度先进集体、先进生产(工作)者表彰大会。局工会主席杨洪珠主持会议,副局长米玉润宣布评选结果,副局长祝庆缘宣读局党委和管理局《关于局级先进标兵的命名决定》,副书记贵义和代表局党委讲话,局领导冯玉友、李建生、胡云生、徐选等出席大会。先进标兵集体第一作业区拖头十七组代表乔建华、第二作业区装卸六队二组组长郝德发,先进标兵、第五作业区装卸三队二组组长王丰年,修建公司一工区预制班组长邱锁亮分别介绍自己的先进事迹。

同日　交通部天津港务管理局党委和管理局颁发《关于局级先进标兵的命名决定》,决定授予刘玉河同志为港口机械的“好管家”荣誉称号;授予任存玉同志为一心扑在装卸上的“老黄牛”荣誉称号;授予邱锁亮同志修建战线的“小铁人”荣誉称号;授予鞠晓岚同志为港口仓库管理的“红旗手”荣誉称号;授予王丰年同志为青年装卸工人的“先进标兵”荣誉称号;授予第一作业区六队为“勇于拼搏的装卸队”荣誉称号;授予第二作业区六队二组为“连创安全、优质、高效的装卸组”荣誉称号;授予第一作业区拖头十七车组为“一心为装卸服务的红旗车组”荣誉称号。

3月5日　天津市妇女纪念“三八”国际劳动妇女节大会举行,大会表彰了一批市级“三八”红旗集体(手)和五好家庭。天津港第二作业区仓库202库被授予“三八”红旗集体称号,第一作业区李惠、第二作业区鞠晓岚、港口医院徐彬、轮驳公司米学进4人被授予“三八”红旗手称号。

3月8日　交通部天津港务管理局工会召开纪念“三八”妇女节座谈会,市级、局级“三八”红旗手,“三八”红旗集体,基层女工委员共五十多人参加座谈,局工会副主席宫延熹主持会议,局党委书记李华彬、副局长祝庆缘分别讲话,副局长冯玉友出席。会议还表彰了局级“三八”红旗集体和“三八”红旗手。

4月5日　交通部天津港务管理局工会召开七届五次全委(扩大)会议。

4月7日　天津市1982年度劳动模范表彰大会举行,大会表彰了1982年度特等劳动模范、劳动模范和模范集体。交通部天津港务管理局有9人被授予劳动模范称号,5个集体被授予模范集体称号。

4月12日至15日　交通部天津港务管理局举办田径运动会,来自全局19个基层单位的275名运动员分别参加了19个项目的比赛。

4月16日　交通部天津港务管理局工会召开1982年度先进基层工会、先进工会集体和优秀工会积极分子表彰大会。局领导米玉润、李建生、田丰年、贾志忠出席大会。局工会副主席宫延熹宣布评选结果,局党委常委、局工会主席杨洪珠,局党委常委、政治部主任李学铭分别讲话。

5月1日　应全国总工会邀请,日本电机劳联日中友好青年之船一行400余人乘船抵达天津港。天津市总工会主席许明出席欢迎仪式并讲话，交通部天津港务管理局工会副主席宫延熹等陪同。

5月13日至7月13日　应日本大阪港湾劳动组合协议会邀请，以交通部天津港务管理局工会主席杨洪珠为团长，上海港务局工会主席李玉成为副团长，中国海员工会生产生活部部长谢竹清为秘书长的中国港口工人友好技术交流团一行20人赴日本大阪港进行港口装卸技术交流，天津港5名装卸工人随团前往。

5月14日　交通部天津港务管理局工会批复同意成立天津港务管理局第六作业区工会筹备组，郭长起为组长。6月20日，第六作业区工会召开第一次代表大会，郭长起当选为工会主席。

5月28日　天津市政府召开发展托幼园所先进单位表彰大会，天津港务管理局被评为先进局；第一作业区、第二作业区、第四作业区、第五作业区、修建工程公司、轮驳公司、中国船舶燃料供应公司被评为先进公司。

6月22日　交通部天津港务管理局工会召开七届六次全委（扩大）会议。

8月15日至18日　天津市召开第七次妇女代表大会，交通部天津港务管理局王恩芝、侯美娜作为正式代表出席大会。

9月12日　在中国妇女第五次代表大会闭幕式上，全国妇联授予8568名先进妇女为全国“三八”红旗手，授予1391个单位为全国“三八”红旗集体，并将其中最优秀的100名“三八”红旗手和“三八”红旗集体树为标兵。天津港第二作业区一货区女职工鞠晓岚被授予全国“三八”红旗手称号。

9月　天津市工会代表会议召开，会议选举产生了出席中国工会第十次代表大会的代表，交通部天津港务管理局工会主席杨洪珠、第二作业区工会主席寇介田、修建公司工会主席李贵庭出席代表会议。天津港第一作业区工会主席吕志娴当选为中国工会第十次代表大会代表。

10月10日　以事务局长伊藤实为团长的日本福井县评访华团一行22人参观天津港，局工会副主席宫延熹会见代表团并陪同参观。

10月19日至29日　中国工会第十次代表大会在北京召开，天津港第一作业区工会主席吕志娴作为正式代表出席大会。会议期间还表彰了全国先进基层工会、先进工会小组、优秀工会工作者和优秀工会积极分子。天津港第一作业区工会被评为全国先进基层工会；机械修理厂第二车间电磁吊工会小组被评为全国先进工会小组；修建公司工会主席李贵庭被评为全国优秀工会工作者；第五作业区维修站车间工会主席史福春、第一作业区车间工会主席何绍文、第二作业区体协委员王顺利被评为全国优秀工会积极分子。

10月25日　尼日利亚劳工大会代表一行2人由全国总工会和天津市总工会有关负责人陪同来天津港参观访问，局工会副主席宫延熹会见尼日利亚工会客人并陪同参观了第一、二作业区和集装箱码头。

11月8日　以山本敬一议长为团长的日本大阪港湾工会协议会一行15人由天津市总工会副主席杨希禄陪同来天津港参观访问，局工会主席杨洪珠会见代表团并陪同客人参观了港口。副局长祝庆缘在新港海员俱乐部会见并宴请了代表团。代表团是应中国海员工会邀请来我国进行友好访问的。

11月18日　交通部天津港务管理局工会在机修厂礼堂召开大会，传达中国工会十大精神。中国工会十大代表、第一作业区工会主席吕志娴传达了大会精神。局党委书记李华彬讲话，局长刘树森出席大会，局工会主席杨洪珠就学习贯彻好中国工会十大精神提出了要求。

11月30日至12月2日　交通部天津港务管理局第六届职工代表大会第一次会议召开。

12月2日　交通部天津港务管理局第六届职工代表大会第一次会议审议通过《交通部天津港务管理局职工代表大会章程》。

1984年

2月24日　交通部天津港务管理局工会召开七届七次全委（扩大）会议。

2月29日　交通部天津港务管理局在第一作业区俱乐部召开了1983年度先进生产（工作）者、先进集体表彰大会。局领导贵义和、李学铭、贾志忠、李伦炳出席大会，大会由局工会主席杨洪珠主持。局长祝庆缘、局党委副书记李恩宽分别讲话。

3月6日至7日　交通部天津港务管理局第六届职工代表大会第二次会议召开。

3月8日　交通部天津港务管理局工会召开纪念“三八”妇女节座谈会，市级、局级“三八”红旗手、先进生产者、基层女工委员共五十多人参加座谈，局工会副主席宫延熹主持会议，局党委副书记李恩宽，局党委常委、局工会主席杨洪珠分别讲话,副局长臧广祥等出席。

4月24日至28日　天津市塘沽区第九届人民代表大会第一次会议在塘沽工人文化宫举行。交通部天津港务管理局党委常委、工会主席杨洪珠当选为区人大常委会副主任。

4月25日　天津市总工会在第一工人文化宫召开1983年度工会工作先进集体和优秀工会积极分子表彰大会。交通部天津港务管理局有4个集体被评为天津市工会工作先进集体;4名职工被评为优秀工会积极分子;1名基层工会干部被评为优秀工会工作者。

4月28日　交通部天津港务管理局工会召开了有市级劳模、模范集体、“三八”红旗手和全国工会工作先进单位、积极分子代表参加的先进模范人物座谈会,局长祝庆缘出席会议并讲话。

同日　交通部天津港务管理局工会在第一作业区俱乐部举办振兴中华歌咏大会,1500多名职工参加歌咏大会,局长祝庆缘出席大会并讲话。

5月31日　天津港务局新建幼儿园举行落成典礼,局党委代书记贵义和剪彩,局领导臧广祥、贾志忠、杨洪珠等出席剪彩仪式。

6月1日　经党中央、国务院批准,天津港实行“双重领导、地方为主”的管理体制。

7月19日　经天津市政府批准,交通部天津港务管理局更名为天津港务局。

9月10日　由于天津港务局体制改革,天津市总工会同意局工会名称由中国海员工会交通部天津港务管理局委员会变更为天津港务局工会,即日启用新印章。

9月27日　天津港务局集邮协会召开成立大会,天津市邮电管理局、市集邮协会、市总工会发来贺信。大会通过了《天津港务局集邮协会章程》,选举16名理事,并决定聘请局党委副书记李恩宽为协会名誉理事长。会议筹备期间发展会员76人。会后召开首次理事会,推选局工会副主席宫延熹为理事长,闵乃宽、崔世惠、杨耀增为副理事长。局工会主席杨洪珠出席理事会首次会议并讲话。

同日　天津港务局首届集邮展览举行,共展出邮品45框,局党委副书记、局集邮协会名誉理事长李恩宽为展览剪彩。

11月23日　天津港务局工会举办文艺演出,慰问以天津港最高顾问乌居幸雄为团长的日本神户市顾问团。乌居幸雄先生在局长祝庆缘、局工会主席杨洪珠陪同下会见了全体演出人员,并与大家合影留念。

12月25日　天津港务局党委常委会议讨论决定,同意局工会设立“两部一室”,即宣传部、生活部、办公室,均为科级建制。

1985年

2月28日　天津港务局工会召开七届八次全委(扩大)会议。

3月4日　天津港务局党委下发津港党组字〔85〕第28号文件,决定李贵庭任局工会副主席(副处级)。

3月6日　天津市各界妇女纪念“三八”国际劳动妇女节大会举行,大会表彰了1983~1984年度市级“三八”红旗集体和“三八”红旗手。天津港第一作业区张淑华、第二作业区刘淑云、第三作业区周作英、第六作业区梁玉静、外运公司李文英、集装箱公司付晓霞、外代公司马文敏七人被授予“三八”红旗手称号。

3月8日　天津港务局工会召开纪念“三八”国际劳动妇女节表彰先进大会,大会表彰了53名局级“三八”红旗手和5个“三八”红旗集体,7名市、局“三八”红旗手在会上发言。局党委副书记李恩宽代表局党委讲话,副局长臧广祥,局工会副主席宫延熹、李贵庭出席会议。

3月13日　天津市1984年度劳动模范表彰大会举行,大会表彰了1984年度特等劳动模范、劳动模范和模范集体。天津港务局有3人被授予劳动模范称号,1个集体被授予劳动模范集体称号。

3月25日至26日　天津港务局电力管理站第一届职工代表大会召开。

4月18日　天津港务局天津退休职工联络站成立大会在天津办事处召开,局工会主席杨洪珠出席大会并讲话。

6月7日　天津港务局工会召开基层工会宣教干部现场会,局工会主席杨洪珠到会并讲话。

6月20日至7月1日　天津港务局党委常委、局工会主席杨洪珠深入到港埠一公司、港埠二公司、港埠五公司、轮驳公司、修理厂、集装箱公司、修建公司7个基层工会,对基层工会“建家”工作进行调研。

7月7日至9日　应中国职工对外技术交流中心和中国海员工会邀请,日本大阪港湾劳动组合协议会第三次技术交流团一行8人,由中国海员工会、天津市总工会负责同志和局工会主席杨洪珠陪同在天津港进行技术交流活动。

7月8日　天津港务局局长祝庆缘会见了日本大阪港湾劳动组合协议会第三次技术交流团一行。

8月19日　天津港受海潮袭击，天津港务局党委常委、局工会主席杨洪珠率队慰问天津港受灾职工。

8月20日　天津市总工会主席黄树尤，副主席单书、冯延祥、苏兰洲等主要领导同志到天津港进行慰问。

8月23日至24日　天津港建设开发公司第一届职工代表大会召开。

8月28日　天津港务局在天津外运公司举办1985年职工文艺汇演，局工会主席杨洪珠、副主席李贵庭观看演出。

9月23日　天津港务局工会召开七届九次全委(扩大)会议。

10月17日　庆祝天津新港重新开港33周年第二届集邮展览在天津港务局招待所举行。

12月　中国海员工会主席方嘉德等一行到天津港调研。

1986年

1月13日至14日　天津外轮代理公司第一届职工代表大会召开。

1月23日　交通部和中国海员工会联合召开首次全国优秀船员家属代表表彰大会。

2月28日至3月5日　中国海员工会工作会议暨成立65周年纪念大会在北京召开，天津港务局工会主席杨洪珠出席大会。

3月5日　天津港务局工会召开纪念“三八”妇女节座谈会，天津市“三八”红旗手、港埠一公司桥吊司机张淑华，天津市优秀“红娘”积极分子杜晓惠，局级“三八”红旗手、港口医院保健科主任刘愈，局级先进工作者、外轮代理公司宋静介绍了在各自岗位上学习的经验和体会。局党委常委、纪检书记贾志忠出席座谈会并讲话。

3月21日　天津港务局召开1985年度民主管理工作表彰大会，局党委代书记贵义和讲话，局领导祝庆缘、李恩宽出席表彰大会。局党委常委、局工会主席杨洪珠主持大会，局工会副主席宫延熹宣读了局级和天津市1985年度民主管理工作优秀职工代表和先进集体名单。

4月13日　应全国总工会邀请，出席全国人大六届四次会议的香港港九联合会会长杨光等一行9人访问天津港。

4月21日　以主席何塞·卡里斯多为团长的巴西产业工人联合会代表团一行2人访问天津港，局工会副主席宫延熹等陪同参观了天津港集装箱码头。

4月23日　应全国总工会邀请，以贾恩兹为团长，由斯里兰卡全国职工工会、斯里兰卡全国公用事业工会联合会和斯里兰卡全国种植园工会组成的斯里兰卡工会联合代表团一行3人访问天津港。

4月27日　南斯拉夫工会联合会主席团成员杜尚·博格丹诺夫·赛科参观天津港，局工会副主席宫延熹会见客人并陪同参观了天津港集装箱码头。

4月30日　天津港务局工会召开表彰工会工作先进集体和优秀积极分子大会，局工会副主席宫延熹宣读表彰决定，局长祝庆缘、局工会主席杨洪珠出席会议并讲话。

6月21日　天津港局工会召开七届十次全委(扩大)会议。

7月11日　天津港务局足球代表队赴青岛参加首届中国海员杯足球邀请赛，并取得第四名的好成绩。

7月26日　香港青年教师参观团一行25人参观天津港。

8月30日　天津港体育中心工程开标会在局招待所举行。

9月1日至5日　天津市工会第十一次代表大会召开，天津港局工会主席杨洪珠等9人作为正式代表、2人作为列席代表出席大会，天津港第一港埠公司陆运队队长王秀海当选为天津市总工会第十一届委员会委员。

9月9日　以第一副主席彼得赛为团长的尼日利亚劳大代表团一行2人访问天津港，局工会副主席宫延熹会见外宾并陪同参观了天津港集装箱码头，客人是应中华全国总工会邀请来天津市进行访问的。

9月18日　天津港务局1986年职工文艺汇演结束，历时近两个月，有16个基层单位的近百个节目参加会演。

9月18日至20日　天津港务局第三届集邮展览在局招待所举行，共展出局集邮爱好者的56框专题邮品。局领导贵义和、祝庆缘等出席开幕式。

9月20日　天津港务局工会召开基层工会干部

大会,局工会主席杨洪珠传达了天津市工会第十一次代表大会精神。

9月22日　天津港务局召开班组建设工作会议,传达天津市班组工作经验交流会和全国交通水运系统文明船、文明班组经验交流会议精神,并对《天津港文明班组标准(讨论稿)》和《天津港班组工作管理条例(讨论稿)》作了说明。局党委副书记李恩宽出席会议并讲话。

9月30日　天津港职工乐园落成并对职工开放,该乐园占地面积2000多平方米,总投资70万元。

10月3日　天津港务局文体中心工程奠基典礼举行,天津市、塘沽区及局的领导为该工程奠基,这项工程是天津港"七五"期间为职工兴建的一项大型综合性设施。一期项目将建成一座可容纳4000名观众的多功能体育馆,及一座可供运动员训练的练习馆和一座大型体育场和部分室外配套设施。

10月4日　以助理书记加里·约翰逊为团长的澳大利亚仓库包装工会代表团一行5人访问天津港,局工会副主席宫延熹会见了澳大利亚工会客人,并陪同参观了天津港集装箱码头,客人是应中华全国总工会邀请来天津市进行访问的。

10月5日　国际劳工局工作条件和环境司司长塔奇由全总、市总有关领导陪同参观天津港,局工会副主席宫延熹会见了塔奇司长并陪同参观了天津港集装箱码头,客人是应中华全国总工会邀请来天津市进行访问的。

10月10日　天津市总工会颁发《关于任命第一批工会劳动保护监督检查员的通知》(〔1986〕津工发161号),经市总工会1986年9月23日第5次常委会议讨论,决定任命25名同志为第一批工会劳动保护监督检查员,天津港务局工会干部戴荣立被任命为工会劳动保护监督检查员。

10月23日　天津港务局工会召开七届十次全委(扩大)会议。

11月10日至12日　天津港务局工会召开第八次代表大会。

11月12日　天津港务局工会召开八届一次全委会议。

11月13日　以主席阿尔夏·侯赛因为团长的孟加拉全国工人组织代表团一行3人由全总国际部副部长李铁桥、天津市总工会副主席于长生等陪同访问天津港,局工会副主席宫延熹会见了孟加拉工会客人并陪同参观了天津港集装箱码头,客人是应中华全国总工会邀请来天津市进行访问的。

11月17日　天津港桥牌协会召开成立大会,局工会主席杨洪珠当选为名誉会长,局工会副主席李贵庭当选为会长。

12月1日　交通部天津水运科学研究所、交通部天津物资管理处即日起党委、工会、共青团组织关系分别划归交通部天津航道局、第一航务工程局领导,其工会会员随之由天津港务局划出。

1987年

1月17日　天津港务局工会召开八届二次全委(扩大)会议。

2月11日　天津市总工会召开"天津市职工1986年为实现'七五'计划献计出力表彰大会"。天津港务局有95名职工被授予天津市"七五"立功奖章,22个集体被授予天津市"七五"立功奖状。

2月25日至3月2日　天津市塘沽区第十届人民代表大会第一次会议在塘沽工人文化宫举行。天津港务局党委常委、局工会主席杨洪珠当选为区人大常委会副主任。

3月4日　天津港务局工会召开迎"三八"先进事迹报告会,天津港第一港埠公司王淑英、张合荣,天津港第二港埠公司钟春芳,港口医院钱冬香分别介绍了她们的先进事迹。局领导祝庆缘、李恩宽、贾志忠出席,局党委常委、局工会主席杨洪珠,局工会副主席李贵庭分别代表局党委和局工会讲话。

3月6日　天津市各界妇女纪念"三八"国际劳动妇女节77周年大会举行,大会表彰了1985~1986年度市级"三八"红旗集体和"三八"红旗手。天津港第一港埠公司王淑英、天津港第二港埠公司钟春芳被授予"三八"红旗手称号。

同日　《天津港职工职业道德准则》开始试行,该《准则》包括职工职业道德总则和25个不同岗位的职业道德准则。

3月17日　中国海员工会天津地区联络委员会成立暨第一次会议在天津航道局召开,会议通过了《中国海员工会天津地区联络委员会章程》,天津港务局工会主席杨洪珠、天津航道局工会主席贾兆亭、第一航务工程局工会副主席陈学森、天津远洋公司工会副主席葛明光、第一航务勘察设计院工会副主席薛宝忠分别在章程上签字。按照章程规定，天津港务局工会主席杨洪珠任中国海员工会天津地区联络委员会主任。中国海员工会生产组织部部长王贻谋到会祝贺并讲话。

4月15日　天津港务局职工文化博览月开幕，本次博览月共举办12项文体活动。

4月30日　天津市1986年度劳动模范表彰大会在第一工人文化宫举行，大会表彰了1986年度特等劳动模范、劳动模范和模范集体。天津港务局有6人被授予劳动模范称号，两个集体被授予劳动模范集体称号。

5月　首届“TJG”杯足球赛举行，天津港第四港埠公司代表队获得冠军，港埠二公司、集装箱公司代表队分别获得亚军和季军。局党委书记贵义和、局长祝庆缘为获奖代表队颁奖，局工会副主席李贵庭致闭幕词。

6月1日　天津港务局退休职工管理委员会第二次会议召开，局领导贵义和、祝庆缘、杨洪珠出席会议并讲话，副局长、局退管会主任臧广祥主持会议，局工会副主席、局退管会副主任李贵庭汇报了自退管会建立以来的工作情况。

6月11日　天津市总工会颁发《关于任命第二批工会劳动保护监督检查员的通知》(〔1987〕津工发78号)，经市总工会1987年4月21日第13次常委会议和5月19日第16次常委会议讨论，决定任命17名同志为第二批工会劳动保护监督检查员，天津港务局工会副主席宫延熹被任命为工会劳动保护监督检查员。

7月4日　以主席加山为团长的索马里工会联合会代表团一行2人在市总工会副主席于长生等陪同下访问天津港，局工会副主席宫延熹会见了索马里工会客人，并陪同参观了天津港集装箱码头，客人是应中华全国总工会邀请来天津市进行访问的。

7月10日　交通部颁发《关于表彰1986年度全国交通系统两个文明建设先进单位、先进集体和先进个人的通报》(〔87〕交政字475号)，天津港务局金贵林、王庭福被授予全国交通系统两个文明标兵称号。

8月23日　以总书记穆罕默德·桑巴·凯贝为团长的几内亚工会联合会代表团一行2人访问天津港，局工会副主席宫延熹会见了几内亚工会客人，并陪同参观了天津港集装箱码头，客人是应中华全国总工会邀请来天津市进行访问的。

8月26日　非洲工会统一组织总书记松莫努和夫人及助理总书记阿里一行3人访问天津港，局工会副主席宫延熹会见了非统工会客人并陪同参观了天津港集装箱码头，客人是应中华全国总工会邀请来天津市进行访问的。

10月5日至15日　天津港务局组织1986年度天津市劳动模范和模范集体代表赴大连、烟台、青岛考察学习。

10月7日至8日　天津市退休职工代表会议召开，天津港务局臧广祥、李贵庭、付金标、索双橡、王春满、张德元、阎明义作为代表出席大会。

10月　天津新港开港35周年前夕，全国总工会书记处书记、中国海员工会主席方嘉德和天津市总工会主席潘义清分别为天津港题词祝贺，方嘉德的题词是：“充实职工生活，推动港口建设”，潘义清的题词是：“新港腾飞”。

10月12日　中国海员工会港口联络委员会制定印发《港口职工代表大会工作规范》。

10月17日　天津港务局召开庆祝天津新港重新开港35周年大会。交通部副部长林祖乙、天津市副市长李长兴出席大会并讲话，局党委书记贵义和主持大会，局长祝庆缘致词，市交委主任金家坚、市口岸委副主任李学铭、塘沽区副区长靳祖佑等出席庆祝大会。

10月21日　世界工会联合会系统的运输、港口、渔业工人工会国际总书记马修等一行3人由天津市总工会副主席于长生等陪同访问天津港，局工会副主席宫延熹会见了世界工联客人并陪同参观了天津港集装箱码头，客人是应中华全国总工会邀请来天津市进行访问的。

11月　天津港务局工会召集局市级劳模座谈学习党的十三大精神。

12月2日　天津港务局举行首次“局领导与职工代表对话会”，局工会主席杨洪珠主持对话会，局长祝庆缘与来自22个基层单位的近百名职工代表共商天津港改革发展的大计，局党委副书记李恩宽、总工程师王海平等出席对话会。

12月11日　中国海员工会决定设立“金锚奖”和“海燕奖”，设奖目的为表彰水运战线各行各业的最佳人物和海洋文学作者。

12月　天津市总工会决定表彰模范职工之家、优秀职工之友和优秀工会积极分子，天津港务局有两名同志被评为优秀职工之友，有8名同志被评为优秀工会积极分子。

1988年

1月28日　天津港务局工会召开八届三次全委(扩大)会议。

2月6日　中国海员工会全国委员会发出《关于颁发首届“金锚奖”和“海燕奖”的决定》(海工总字〔1988〕2号),决定对42名全国水运系统最佳人物颁发首届“金锚奖”。天津港务局职工金贵林、刘庆祥获得首届“金锚奖”,并分别被授予最佳机械司机和最佳港口调度员称号。

2月23日　天津市总工会在第一工人文化宫召开表彰模范职工之家、优秀工会积极分子、优秀职工之友大会。天津港务局有6名职工被评为优秀工会积极分子,两名基层工会干部被评为优秀职工之友。

2月24日　天津港务局港口宾馆工会筹备组成立,米学进(女)任组长。1993年8月25日,天津港务局港口宾馆工会召开第一次会员大会,李从华当选为工会主席。

同日　天津港务局职工学校工会筹备组成立,张海湘(女)任组长。3月10日,天津港务局港口宾馆工会、天津港务局职工学校工会印章正式启用。1990年4月29日,天津港务局职工学校工会召开第一次会员大会,张海湘(女)当选为工会主席。

2月25日　天津市总工会召开“全市职工1987年献计出力成果发布会”。天津港务局有40名职工被授予天津市“七五”立功奖章,6个集体被授予天津市“七五”立功奖状。

3月5日　天津港务局工会召开“三八”国际劳动妇女节座谈会,来自天津港各个岗位的先进女职工代表60多人参加会议。座谈会由局工会副主席李贵庭主持,局党委书记贵义和讲话,局领导李恩宽、臧广祥、王海平出席。

4月20日　天津港务局召开首次退休职工代表大会,137名代表出席大会,局党委常委、工会主席杨洪珠致开幕词,副局长臧广祥作工作报告,局党委书记贵义和讲话,会议由局工会副主席李贵庭主持。

同日　天津港务局和局工会联合发出(津港办字〔88〕第180号、津港工字〔88〕10号)《关于局建立劳动争议调解委员会意见》的通知。

4月29日　由天津港务局工会、党委宣传部、局电视台联合举办的天津港首届电视歌手大赛决赛举行,局党委书记贵义和、副局长臧广祥及局工会副主席李贵庭、宫延熹观看比赛并颁奖。

5月6日　天津港务局工会发出通知,天津港修建公司工会更名为天津港务局设施处工会并启用新印章。

6月3日　天津港房产公司工会筹备组成立,刘德贵任组长。1991年12月28日,天津港房产公司工会召开第一次会员大会,杨德芳当选为工会副主席。

8月13日　墨西哥工会代表团一行3人访问天津港,局工会副主席宫延熹会见并陪同参观。

8月27日　以阿图拉·汗会长为团长的全巴基斯坦工会联合会代表团一行3人,由天津市总工会副主席单书陪同访问天津港,局工会副主席宫延熹会见了巴基斯坦工会客人,并陪同参观了天津港集装箱码头,该代表团是应中华全国总工会邀请来天津市进行访问的。

8月29日　西班牙工人委员会联合会就业书记萨尔塞·艾尔维拉在全总、市总有关负责人陪同下访问天津港,局工会副主席宫延熹会见了西班牙工会客人,并陪同参观了天津港,客人是应中华全国总工会邀请来天津市进行访问的。

9月2日　天津港集装箱公司与天津市体工大队组建“港集”足球队签字仪式在天津市干部俱乐部举行。天津市副市长张昭若,市人大副主任石坚、白桦及局党委副书记李恩宽等出席签字仪式。

9月15日　天津港经济开发联合总公司工会筹备组成立,筹备组由3人组成,祝克训为组长。

9月　天津港务局足球代表队赴上海参加第二届中国海员杯足球邀请赛,并获得中国海员杯足球邀请赛纪念杯。

10月19日至22日　天津市第八次妇女代表大会召开,天津港务局王恩芝、王淑英作为正式代表出席大会。

10月22日至28日　中国工会第十一次代表大会在北京举行,局工会副主席李贵庭作为正式代表出席大会。会议期间表彰了全国模范职工之家,优秀工会工作者和优秀工会积极分子。天津港第三港埠公司后勤车间工会主席黄淑兰(女)被评为优秀工会积极分子。

10月23日　以李泽添为团长的香港工会代表团和以唐星樵为团长的澳门工会代表团一行25人参观天津港。

10月26日　以总书记雷德·范·利尤文为团长的国际自由教师工会联合会代表团一行4人参观天津港,局工会副主席宫延熹陪同参观了天津港集装箱码头。

11月7日　荷兰工会总联合会主席约汉·斯蒂克伦格及夫人参观天津港,局工会副主席宫延熹等陪同参观了天津港集装箱码头。

1989年

3月4日　天津港务局工会召开纪念"三八"妇女节联欢会,局和部分基层领导以及来自全局各单位的300多名先进女职工代表欢聚一堂,同庆"三八"妇女节。局党委副书记、副局长李恩宽,局工会副主席宫延熹出席联欢会。

3月6日　经天津市总工会批准,中国海员工会天津海上安全监督局委员会筹备组成立,筹备组由4人组成,王玉春任组长。

3月7日　天津市各界妇女纪念"三八"国际劳动妇女节79周年大会举行,大会表彰了1988年度市级"三八"红旗集体和"三八"红旗手。天津港第一港埠公司王淑英被授予"三八"红旗手称号。

3月13日　天津港务局工会发出《关于局工会机构调整情况的通知》(津港工字〔1989〕第9号),根据工会自身改革的需要,局工会进行机构调整,办公室的职能为组织建设、宣传教育、财务管理、文秘资料、政策研究、信息工作;职工权益维护部工作职能为民主管理、群众生活、女工工作、劳动争议、来信来访、劳动保险保护、群众生产。

4月19日　应中央人民广播电台邀请,民主德国广播电台青年部主任赫贝尔来天津港采访,局工会副主席李贵庭陪同客人采访了天津港第三港埠公司调度室主任、市劳动模范刘庆祥和天津港第二港埠公司后勤党支部书记刘贵富,并参观了港口。

4月28日　以林直源主席为团长的香港高级公务员训练课程同学会参观团一行24人,由全总、市总工会有关负责人陪同访问天津港,局工会副主席李贵庭会见了香港客人并陪同参观了天津港集装箱码头,该代表团是应中国职工对外交流中心邀请来天津市进行访问的。

4月28日　天津港务局领导接见了即将出席天津市1988年度劳动模范表彰大会的5位劳动模范和1个模范集体的代表。

4月29日　天津市1988年度劳动模范表彰大会在第一工人文化宫举行,大会表彰了1988年度特等劳动模范、劳动模范和模范集体。天津港务局党委副书记、副局长李恩宽,局工会副主席宫延熹及天津港5位劳动模范和1个模范集体的代表出席大会。

5月10日　塘沽区职工物价监督站新港分站成立,塘沽区职工物价监督站站长常乐民、区物价局局长张加恒,港务局党委副书记王恩德,局工会副主席李贵庭、宫延熹等出席成立仪式。局工会副主席宫延熹兼任物价监督站新港分站站长。

5月16日至18日　天津港务局工会举办"建设企业共同体"研讨班,天津市总工会民管部副部长付贵忠作辅导报告,局工会主席杨洪珠、副主席李贵庭出席,局工会副主席宫延熹作总结讲话。

6月2日　以副总书记穆雷米为团长的纳米比亚工会代表团一行2人访问天津港。

6月8日　天津港务局工会召开市级劳动模范和部分先进人物代表座谈会,局工会主席杨洪珠出席会议并讲话。

7月20日　天津港第二港埠公司第一次女职工代表大会召开。

7月24日　天津市总工会副主席张淑华、市交委副主任刘明哲在天津港务局局长祝庆缘、局工会主席杨洪珠的陪同下亲切慰问局战斗在生产一线的干部职工。

8月5日　交通部颁发《关于表彰1987、1988年度全国交通系统两个文明建设先进单位、先进集体和劳动模范的通报》(交体字〔89〕440号),决定对52个先进单位、71个先进集体、225名劳动模范予以通报表彰。天津港第四港埠公司、中国外轮理货总公司天津分公司被授予先进单位称号,天津市第三港埠公司调度室主任刘庆祥被授予劳动模范称号。

8月14日　天津市总工会在人民礼堂召开"全市职工深入开展双增双节运动经验交流会"。天津港务局有21名职工被授予天津市"七五"立功奖章,3个集体被授予天津市"七五"立功奖状。

8月21日　天津港务局行政和工会联合发出《关于将劳动竞赛工作移交工会管理的通知》。

8月30日　天津港文体活动中心正式通过竣工验收。

9月16日至17日　天津港第三届职工运动会在

文体活动中心举行,局领导祝庆缘、王海平、王恩德、贾志忠、杨洪珠、于汝民及市总、市体委、口岸委等负责人出席开幕式并观看比赛。

9月26日　天津港务局召开庆祝新中国成立40周年劳模先进人物座谈会,局党委书记、局长祝庆缘为全国劳动模范、天津港第三港埠公司调度室主任刘庆祥颁发劳模奖章和证书,向全国交通系统两个文明建设先进单位天津港第四港埠公司和中国外轮理货总公司天津分公司代表颁发先进奖牌。局领导田丰年、冯玉友、杨洪珠、王海平等同志出席座谈会。

9月27日　天津港首届职工文化艺术节在天津港文体中心体育馆开幕。

10月1日　交通部、中国海员工会全国委员会联合发出《关于表彰全国优秀海员家属的通报》(海工总字〔1989〕18号),天津港第一港埠公司固机队队长金贵林的妻子陈香萍(天津港电力公司职工),天津港第三港埠公司调度室主任刘庆祥的妻子李桂英(天津服装三十厂职工)被评为全国优秀海员家属。

10月2日　全国劳动模范和先进工作者表彰大会在北京举行。天津港刘庆祥出席大会并受到表彰。

10月3日　全国劳动模范、三公司调度室主任刘庆祥在出席全国劳动模范和先进工作者表彰大会后载誉归来,局党委书记、局长祝庆缘,局工会主席杨洪珠等前往车站迎接。

10月14日　天津港首届职工文化艺术节第四届集邮展览在天津港文体中心体育馆举行。

10月17日　天津港首届职工文化艺术节在天津港文体中心体育馆闭幕,局党委书记、局长祝庆缘致闭幕词,局领导李伦炳、王海平、王恩德、于汝民、杨洪珠等出席闭幕式。

11月2日　局工会批复同意局首家合资企业天津港商业保税仓库有限公司建立工会组织。11月11日,天津港商业保税仓库有限公司工会召开首次会员大会,选举齐寅生为工会主席。

11月6日　应全国总工会邀请来华访问的朝鲜职业总同盟代表团一行5人,由全总和市总有关负责人陪同参观天津港,局长祝庆缘、局工会主席杨洪珠会见了"职总"副委员长金英男和代表团全体成员。

11月17日　天津港务局劳动争议调解委员会成立并召开第一次会议,局工会副主席宫延熹为主任,劳动人事处副处长李国华为副主任,委员会由7人组成,办事机构设在局工会职工权益维护部。

12月17日　来我国进行中苏体育交流的苏联国家男女乒乓球队一行15人来到天津港,在文体中心与天津男女乒乓球队进行了首场比赛。比赛前于汝民副局长会见了双方全体队员。

1990年

2月12日　以利比亚生产者总会秘书阿拉甘比为首的利比亚工联代表团一行3人,由全总、市总工会国际部负责人陪同参观天津港,该代表团是应全国总工会邀请来天津市进行访问的。

3月5日　天津港务局工会召开纪念"三八"妇女节先进女职工座谈会。局领导李恩宽、贾志忠、杨洪珠出席座谈会并讲话。

3月13日　天津港公安局工会召开第一次会员代表大会,姜守权当选为工会主席。

3月27日　天津港务局召开1989年度班组建设评优表彰大会。局领导祝庆缘、李恩宽、李伦炳、杨洪珠等出席会议并为获奖班组颁奖。

3月29日　天津港务局工会印发《关于1990年局工会开展民主管理工作单项竞赛的通知》。

4月　天津港务局工会召开劳动模范先进人物座谈会。参加座谈会的有全国、部、市级劳动模范、模范集体代表,市级"三八"红旗手,全国工会积极分子,市十佳班组长、优秀班组长代表等。局党委副书记王恩德、局工会主席杨洪珠出席座谈会。

4月13日　以陆德成为团长的香港工会、社团参观团一行20人访问天津港,局工会副主席宫延熹会见了香港客人一行,并陪同参观了天津港集装箱码头和局文体中心,该代表团是应中国职工对外交流中心邀请来天津市进行访问的。

4月16日　天津港务局党委发出《关于索双椽等同志任免职务的通知》(津港党组〔1990〕13号),经局党委常委会议讨论决定,索双椽同志任局工会副主席(正处级),免去李贵庭同志局工会副主席职务。

4月30日　天津市总工会颁发《关于表彰市级模范职工之家、工会工作先进集体、优秀工会工作者、优秀工会积极分子、优秀工会之友的决定》。天津港务局有两个基层工会被评为市级模范职工之家;两个集体被评为工会工作先进集体;两名基层工会干部被评为优秀工会工作者;6名职工被评为优秀工会积极分子;1名基层单位领导被评为优秀工会之友。

5月18日　天津市总工会颁发《关于表彰1989年度区县局工会为基层服务竞赛优胜单位的决定》，决定对全市35个竞赛优胜单位进行表彰，天津港务局工会被授予为基层服务竞赛优胜单位称号并受到表彰。

同日　以陈泰为团长的香港工会、社团参观团一行21人参观天津港集装箱码头。

5月31日　以朴日满部长为团长的朝鲜革新者代表团一行5人，由全总、市总工会国际部负责人陪同参观天津港，该代表团是应全国总工会邀请来天津市进行访问的。

6月1日　以理事长施永林为团长的台湾高雄码头工会参观访问团一行12人访问天津港，局工会副主席宫延熹会见了台湾工会客人一行，并陪同参观了天津港集装箱码头，该代表团是应中国职工对外交流中心邀请来我市进行访问的。

7月4日至6日　天津港务局第七届职工代表大会第一次会议召开。

7月6日　天津港务局第七届职工代表大会第一次会议审议通过《天津港务局职工代表大会条例》。

7月27日　天津港务局港务设施处工会召开第一次会员代表大会，齐兆林当选为工会副主席。

9月10日　天津港务局党委宣传部、局工会、局团委联合发出通知，开展评选天津港十大建筑景观活动，同时公布了集装箱码头、文体中心等13个候选景观名单。

9月20日　港澳工会参观团一行28人，由中国职工对外交流中心和天津市职工对外交流中心负责人陪同参观天津港。

10月11日　纪念天津港和日本神户港缔结友好港十周年"天津神户儿童绘画作品、港口图片"展览开幕式在局文体中心举行，天津港务局局长祝庆缘和日本神户港湾局局长胁茂行为展览剪彩，局领导王恩德、于汝民及神户市副市长小川卓海等出席。

10月18日　中共天津市委交通口岸工作委员会发出《关于田丰年、杨洪珠二位同志退(离)休的通知》(津党交工〔1990〕45号)，港务局原工会主席杨洪珠同志退休。1990年12月杨洪珠同志正式退休。

11月3日　以陈锦华为团长的澳门基层单位大陆参观团一行12人访问天津港，局工会副主席宫延熹会见了澳门客人并陪同参观了天津港集装箱码头，该代表团是应中国职工对外交流中心邀请来天津市进行访问的。

11月8日　丹麦记者克努德·欧斯特高由全总、市总有关负责人陪同访问天津港，客人是应全国总工会邀请来天津市进行访问的。

11月28日　天津港货运公司工会筹备组成立。1992年9月29日，天津港货运公司工会召开第一次会员大会，傅学谦当选为工会主席。

12月13日　中共天津市委宣传部和市总工会联合召开全市"双基"(基本国情、基本路线)教育经验交流会。会议传达了中宣部召开的企业"双基"教育(北方片)座谈会精神。天津港务局党委、天津碱厂党委、东风油厂党总支、一轻局工会等介绍了开展"双基"教育的经验。

12月17日　全国海员工会、交通部体制改革司召开全国水运系统合理化建议、发明创造优秀成果表彰会。天津港务局被评为合理化建议优秀组织单位，集装箱公司"集装箱码头散货装船工艺及卸货装置"项目获发明创造优秀成果奖，局"除尘系统中的静电危害及防护"项目获合理化建议先进成果奖，另有两个项目获技术进步优秀成果奖，8个项目获技术进步先进成果奖。

12月26日　天津港务局工会下发《关于机构和人员调整的通知》(津港工字〔90〕第37号)，将原"一部一室"职工权益维护部、办公室，扩编为"三部一室"民主管理部、宣传教育部、职工权益维护部、办公室。

同日　天津市工会"红娘"协会召开成立大会，天津港务局工会成为市"红娘"协会会员单位。1999年9月24日，经天津市总工会研究决定，注销天津市工会"红娘"协会。

1991年

1月7日　天津港务局党委发出《关于孙世明任免职务的通知》(津港党〔1991〕1号)，经局党委会议讨论决定，孙世明同志任局工会副主席(主持工会全面工作)。

1月15日　天津港务局工会民主管理部、宣传教育部和天津港务局劳动争议调解委员会即日起启用新印章。

1月28日　天津港务局工会召开八届六次全委(扩大)会议。

1月30日　中共天津市委组织部发出《关于同意孙世明为天津港务局工会主席候选人的批复》(津党

组复〔1991〕7 号)。

1 月　由天津港务局宣传部、工会、团委联合组织“天津港十大建筑”评选活动揭晓。天津港文体中心、天津港客运站、天津港集装箱码头、天津港东突堤码头、天津港职工高层住宅、“华港”生活服务中心、天津港散粮码头、天津港临港立交桥、天津港商业保税库、天津港务局办公大楼被评为天津港十大建筑。

2 月 11 日　天津港务局工会召开 1991 年春节联欢会,会上表彰了 1990 年度局级工会工作先进集体和先进个人,并演出了由职工自己编排的节目。

3 月 4 日　天津市总工会召开“总结‘七五’立功,动员‘八五’立功活动大会”,大会表彰了在 1990 年“七五”立功活动中作出突出贡献的先进职工、先进集体。天津港务局有 41 名职工荣获天津市“七五”立功奖章,有 6 个班组被评为天津市“七五”立功先进集体称号。

3 月 4 日至 5 日　天津港务局第七届职工代表大会第二次会议召开。

3 月 6 日　天津市纪念“三八”国际劳动妇女节 81 周年暨表彰大会举行,大会表彰了 1989 ~ 1990 年度市级“三八”红旗集体和“三八”红旗手。天津港建设公司施工车间党支部书记赵春贤出席表彰大会并被授予“三八”红旗手称号。

同日　天津港务局召开 1989 ~ 1990 年度局级“三八”红旗集体和“三八”红旗手表彰大会,对全局 4 个“三八”红旗集体和 50 名“三八”红旗手进行了表彰。局领导李恩宽、祝庆缘出席大会并讲话。

3 月 8 日　天津市第十届“三八”健康杯比赛在市人民体育馆举行。天津港第二港埠公司青年集体 12 人八字大跳绳代表队第四次夺得冠军;局连续第四次获得团体总分第一名,并荣获天津市妇女体育工作先进集体称号;另有两人被评为天津市妇女体育工作先进个人。

3 月 14 日至 16 日　天津港务局工会召开第九次代表大会。

3 月 16 日　天津港务局工会召开九届一次全委会议。

3 月 21 日　市总工会批复同意孙世明同志任天津港务局工会主席。

3 月 23 日　中国海员工会全国委员会发出《关于颁发第二届“金锚奖”、“海燕奖”的决定》(海工生字〔1991〕5 号),决定对 93 名全国水运系统最佳人物颁发第二届“金锚奖”。天津港第五港埠公司职工杨连合获得第二届“金锚奖”,并授予最佳机械队长称号。

3 月 25 日　天津港务局党委发出《关于建立局、基层两级工会女职工委员会的批复》(津港党发〔1991〕6 号)。

4 月 2 日　天津港务局党委组织部发出《关于宫延熹同志任调研员的通知》(津港党组〔1991〕8 号),决定局工会副主席宫延熹同志任调研员。

4 月 3 日至 6 日　中国海员工会在广州召开工作会议暨庆祝中国海员工会成立 70 周年大会,天津港务局工会主席孙世明出席会议。

4 月 23 日　天津港务局工会在二公司召开女职工工作现场交流会,二公司党委、工会、女职工委员会负责人分别介绍了经验,局党委书记李恩宽和局工会主席孙世明出席会议并分别讲话。

4 月 30 日　天津市庆祝“五一”劳动节和表彰劳动模范、模范集体大会在第一工人文化宫举行,大会表彰了 1990 年度特等劳动模范、劳动模范和模范集体。天津港务局有 6 人被授予劳动模范称号,1 个集体被授予模范集体称号。

5 月 3 日　香港工会、澳门工会五一参观团一行 30 人参观天津港,局工会副主席索双椽会见了代表团一行,并陪同参观了天津港集装箱码头,该代表团是应全国总工会邀请来天津市进行访问的。

5 月 4 日　天津港务局工会召开九届二次全委(扩大)会议。

5 月 9 日　以易卜拉欣·兰利主席为团长的塞拉利昂劳工大会代表团一行 2 人,由全总、市总有关负责人陪同访问天津港,局工会副主席索双椽会见了塞拉立昂工会客人并陪同参观了天津港集装箱码头、文体中心和局幼儿园,该代表团是应中华全国总工会邀请来天津市进行访问的。

5 月 18 日　澳门工会 1991 年参观团一行 12 人参观天津港,局工会副主席索双椽会见了澳门工会客人一行,并陪同参观了天津港集装箱码头,该代表团是应中国职工对外交流中心邀请来天津市进行访问的。

5 月 25 日　香港市政事务署职工总会参观团一行 19 人参观天津港,局工会副主席索双椽会见了香港工会客人一行,并陪同参观了天津港集装箱码头,该代表团是应中国职工对外交流中心邀请来天津市进行访问的。

5 月 31 日　天津港文体中心“憩园”举行了落成典礼。局领导李恩宽、祝庆缘、李伦炳、孙世明等出席。

6 月 4 日至 5 日　天津港务局职工业余艺术团招

考工作开始,46 名报考人员参加了声乐、舞蹈专业的考试。组建职工业余艺术团是局七届二次职工代表大会提出的任务。

6 月 5 日　天津港务局工会和局党委办公室在一公司俱乐部联合举办“迎七一,焦裕禄事迹报告会”,焦裕禄同志长女焦守凤介绍了焦裕禄的主要事迹。局党委书记李恩宽讲话,局长祝庆缘、局工会主席孙世明及 1500 多名干部职工聆听了报告。

7 月 1 日　天津港务局在文体中心举行“颂歌献给伟大的党”歌咏比赛,来自全局的基层单位的合唱队参加了比赛。

7 月 11 日　中国海员工会天津港务局委员会召开代表会议,选举孙世明等 8 名同志为出席天津市工会第十二次代表大会代表。

7 月 20 日　天津港务局工会召开女职工委员会成立大会。天津市总工会副主席、市总女职工委员会主任张淑华等到会祝贺,局领导王恩德、孙世明、贾志忠,原局工会主席杨洪珠等出席成立大会。

7 月 23 日　天津港务局广大职工为安徽、江苏等地洪涝灾区募集的 163499 元和 25900 多件衣物送到天津市募捐办公室。

7 月 27 日　以阪口善雄为团长的亚洲论坛友好访华团一行 16 人访问天津港,局工会副主席索双椽会见了代表团并陪同参观了天津港集装箱码头、文体中心和局幼儿园,该代表团是应中国职工对外交流中心邀请来天津市进行访问的。

7 月 30 日　天津港务局行政和工会联合发出《关于贯彻〈天津港务局社会主义劳动竞赛管理办法〉(试行)的通知》(津港办字〔1991〕第 305 号、津港工字〔1991〕第 34 号)。局成立了以副局长李伦炳为主任,副局长于汝民、局工会主席孙世明为副主任,由局工会、业务处、安监处、机电处、宣传部、局团委等负责人组成的“天津港务局劳动竞赛委员会”。

7 月　交通部、中国海员工会全国委员会、中国公路运输工会全国委员会颁发《关于表彰 1989、1990 年度全国交通系统两个文明建设先进单位、集体和劳动模范的通报》(交体字〔91〕465 号),交通部、中国海员工会全国委员会、中国公路运输工会全国委员会决定授予全国 275 名同志全国交通系统劳动模范称号,授予 134 个单位、集体全国交通系统两个文明建设先进单位、集体称号。天津港务局局长祝庆缘、天津港集装箱公司机械三队队长张富贵被授予全国交通系统劳动模范称号。

8 月 2 日　在中央电视台等 15 家新闻单位联合举办的“华夏之情”大型赈灾义演晚会上,天津港务局又向安徽、江苏等地洪涝灾区捐款 301024 元,使捐款总数达到 464700 余元,献上了天津港广大职工对灾区人民的一份心意。

8 月 13 日　天津港务局工会召开九届三次全委(扩大)会议。

8 月 19 日　天津港文体中心游泳池落成,局长祝庆缘剪彩,局工会主席孙世明讲话,局领导王海平、于汝民、余贺元、贾志忠、冯玉友出席。该游泳池占地 3000 多平方米,长 50 米,宽 21 米,水深 1.6 至 1.9 米,为 8 泳道标准游泳池。

8 月 30 日　天津港务局在港埠三公司召开“依靠职工搞好生产经营”现场会,三公司行政和工会负责人分别介绍了经验,局党委书记李恩宽、副局长于汝民、局工会主席孙世明出席会议并分别讲话。

8 月 30 日至 9 月 2 日　以天津港务局工会主席孙世明为组长的局民主管理达标考评小组,代表市总工会对荣获天津市先进企业和模范职工之家的天津港第二港埠公司、第四港埠公司、第五港埠公司分别进行民主管理工作达标补验工作。

9 月 10 日　天津港务局领导李恩宽、祝庆缘、王海平、孙世明为即将赴津出席天津市工会第十二次代表大会的代表送行。

9 月 12 日至 15 日　天津市工会第十二次代表大会召开,天津港务局孙世明等 8 人作为正式代表,原工会主席杨洪珠作为特邀代表出席大会。局工会主席孙世明当选为天津市总工会第十二届委员会委员。

9 月 16 日　天津港第四届田径运动会在文体中心开幕。局领导李恩宽、祝庆缘、李伦炳、王海平、王恩德、余贺元、冯玉友出席开幕式。组委会副主任、局工会主席孙世明致开幕词。来自基层的 23 个单位的 1421 名运动员参加了 39 个项目的比赛。

同日　以总书记巴依皮迪为团长的博兹瓦纳工会联合会代表团一行 2 人参观天津港,局工会副主席索双椽会见了代表团一行并陪同参观了天津港集装箱码头,该代表团是应全国总工会邀请来天津市进行访问的。

9 月 17 日　天津港第四届田径运动会闭幕式在文体中心举行。局领导李恩宽、祝庆缘、李伦炳、孙世明、冯玉友出席闭幕式。组委会副主任、副局长余贺元致闭幕词。二公司、五公司、港口服务公司、四公司、集装箱公司、一公司获得团体总分前六名。五公司、房产公司、燃供公司获得精神文明代表队称号。

9月19日　天津港务局工会在天津港第五港埠公司召开工会系统会计、经审达标现场会,五公司工会和经审委负责人分别介绍了经验,局工会副主席索双椽出席会议并讲话。

9月27日　局工会召开基层车间以上工会干部大会,市工会十二大代表、局工会主席孙世明传达了天津市工会第十二次代表大会精神,并就贯彻好市工会十二大精神提出了要求。

10月7日至11日　全国交通系统两个文明建设表彰大会在北京召开,大会对1989、1990年先进单位、集体和个人进行了表彰。天津港务局祝庆缘、张富贵受到表彰。

10月9日　以山口义男为团长的日本中央劳动福利协议会第六次访华团一行18人参观天津港,局工会副主席索双椽会见了代表团一行,并陪同参观了天津港集装箱码头。

10月17日　天津港务局在天津港第二港埠公司俱乐部举行纪念毛泽东主席视察天津港39周年暨天津港辟为对外通商口岸130周年职工文艺调演,天津市总工会副主席张子鹏及局领导李恩宽、余贺元、孙世明等观看演出。

10月24日　天津市总工会发出《关于天津港务局工会变更名称的批复》,同意天津港务局工会名称变更为"中国海员工会天津港务局委员会"。

10月28日至29日　天津港务局党政工联合召开民主管理工作研讨会。局党委书记李恩宽、副局长李伦炳、天津市总工会副主席李大亚分别在会上讲话。局领导祝庆缘、王恩德及局工会副主席索双椽出席会议。会上发表了4篇论文,讨论了《天津港务局民主管理工作暂行规定(讨论稿)》。

10月　天津港务局荣获由中国社会音乐研究会、中国音乐家协会《歌曲》编辑部、中央人民广播电台文艺部、新华社电视制作中心、人民音乐出版社联合举办的全国群众歌咏大赛一级大奖和先进组织奖。

11月21日　中国海员工会天津港务局委员会启用新印章。

11月25日　由古巴工人中央工会国际关系书记贝尔纳和哈瓦娜市工会第一书记莫拉莱斯2人组成的古巴工会代表团由市总工会副主席李淑珍陪同访问天津港,局工会副主席索双椽会见了古巴客人,并陪同参观了天津港集装箱码头。客人是应全国总工会邀请来天津市进行访问的。

12月4日　天津港务局工会经费审查委员会及局工会所属部门启用新印章。

同日　天津港务局工会下发通知,25个基层工会变更名称。

12月7日　天津港客运站工会筹备组成立,李宝发任组长。1992年11月10日,天津港客运站工会召开第一次会员大会,李宝发当选为工会主席。

1992年

1月20日至21日　天津港务局第七届职工代表大会第三次会议召开。

1月30日　天津港务局工会召开工会系统表彰大会,会上表彰了1991年度局级工会工作先进集体和先进个人。

2月12日　天津港务局工会向局党委请示增设生产部,其工作职责是负责全局职工劳动竞赛、合理化建议、群众安全监督检查、职工劳动保护、劳动模范的管理和职工技协等工作。5月,局党委组织部批复同意局工会增设生产部。

同日　天津港务局工会向局党委请示将原"职工权益维护部"更名为"生活女工部"。1992年4月10日,天津港务局工会民主管理部、职工权益维护部分别更名为民管组织部、生活女工部。同日,天津港务局工会下发通知所属部门民管组织部、生产保护部、生活女工部即日起启用新印章。

2月26日至29日　中国海员工会第三届全国委员会第一次全体会议在北京召开,天津港务局工会主席孙世明出席会议并当选中国海员工会第三届全国委员会委员。

2月28日　天津港务局工会召开纪念"三八"妇女节表彰"五好"女职工大会,局领导王恩德、余贺元、冯玉友、贾志忠、宋愿兵等出席表彰大会。

3月10日　天津港务局工会召开九届四次全委(扩大)会议。

3月23日　天津港务局职工劳动竞赛委员会召开全局劳动竞赛工作动员会,贯彻落实《天津港务局1992年度社会主义劳动竞赛方案》,副局长于汝民、局工会主席孙世明出席会议并分别讲话。

3月30日　全国政协委员、香港工联会顾问杨光、潘江伟由中国职工对外交流中心和市职工对外交流中心有关负责人陪同参观天津港，局工会主席孙世明会见了香港客人，并陪同参观了天津港集装箱码头、保税仓库和天津港保税区。

3月30日至4月3日　中国海员工会全国委员会主席张士辉到天津港进行为期一周的企业改革跟踪调查。

4月3日　天津港务局召开第七届职工代表大会第二次联席会议，会议审查通过了《天津港务局岗位工种序列标准》和《天津港务局岗位劳动评价标准》。会议由局工会主席孙世明主持，局党委书记李恩宽、副局长李伦炳及中国海员工会主席张士辉分别讲话，局党委副书记王恩德出席会议。

4月28日　应中国邮电工会、中国水利电力工会、天津市总工会邀请，由九州地区电报电话工会、九州电力工会组成的日本九州劳动者国际团结友好之船访华团一行参观天津港。

同日　天津市总工会在第一工人文化宫召开"庆祝'五一'国际劳动节暨'八五'立功活动总结表彰会"，表彰了在1991年"八五"立功活动中作出突出贡献的先进职工、先进集体、先进企业。局有45名职工荣获天津市"八五"立功奖章，有8个集体荣获天津市"八五"立功先进集体，局荣获天津市"八五"立功先进企业。

5月3日　天津港务局工会发出《关于贯彻天津市总工会关于组织实施〈事故隐患处理通知书〉和〈事故隐患报告书〉的意见》的通知（海津港工〔1992〕10号），自本月起在工会群众劳动保护系统正式开始实施"两书"制度。

5月12日　以日本金属机械工会兵库地方本部委员长村上靖夫为团长的日本联合兵库金属工会代表团一行6人，由天津市总工会、广东省总工会有关负责人陪同访问天津港，局工会副主席索双椽会见了代表团一行，并陪同参观了天津港集装箱码头，该代表团是应广东省总工会邀请来天津市进行访问的。

5月22日　天津港第二届职工艺术节在港埠一公司俱乐部开幕，天津市交通口岸工委书记王玉春，局领导祝庆缘、李伦炳、王海平、余贺元及贾志忠、冯玉友、宋愿兵等出席开幕式。局工会主席孙世明致开幕词，中国海员工会全国委员会、天津市建工局工会发来贺信，开幕式上大连、营口、秦皇岛、天津四港联合演出了反映港口特色的精彩文艺节目。

6月15日　天津市总工会同意建立天津港保税区工会，隶属市总工会领导，由天津港务局工会代管。7月23日，天津港保税区工会召开第一次会员大会，选举产生第一届工会委员会和经费审查委员会。7月24日，在一届一次工会全委会上王庭秀当选为工会主席。1994年7月，天津港保税区工会直属天津市总工会领导，不再由天津港务局工会代管。

6月24日　天津港务局召开第三个优质服务月活动动员大会，会上，局工会副主席索双椽宣读了局工会向全局职工发出的倡议书。

8月1日　天津港务局工会召开基层工会主席会议，局工会主席孙世明代表局工会常委会作了《1992年上半年工作总结和下半年工作意见》的讲话。

同日　全国总工会女工部副部长王军由天津市总工会副主席张淑华、女工部部长刘宝桧等陪同来天津港调研。

8月14日　天津港务局工会"红娘"工作领导小组召开成立大会，局工会主席孙世明、副主席索双椽等出席成立大会。局工会"红娘"工作领导小组由9人组成，局工会女职工委员会主任呼长凤任组长。

9月2日　天津港务局工会主席孙世明带领局工会有关部室负责人到部分基层单位和三百吨职工住宅区慰问，察看了受特大风暴潮袭击的职工家庭。

9月18日　天津港务局职工文学协会成立暨首次会员大会召开，局工会主席孙世明出席大会并讲话，大会推举局党委书记李恩宽为局职工文学协会名誉会长，选举局工会主席孙世明为局职工文学协会会长。

同日　天津港文体中心工会召开第一次会员大会，齐兆林当选为工会主席。

10月8日　天津港务局职工技术协会成立暨第一次代表大会召开，局工会主席孙世明作工作报告，大会审议通过《天津港务局职工技术协会章程》。孙世明当选为会长，索双椽当选为副会长兼秘书长。大会决定聘请副局长王恩德、于汝民、余贺元为局职工技协顾问。副局长王恩德及市职工技协副主任周锦永讲话。局领导于汝民、陈建华等出席大会。

10月9日　天津港务局召开第七届职工代表大会第三次联席（扩大）会议，会议听取了关于工资改革的12个具体政策的说明，并对《天津港工人岗位分类表》、《天津港各类人员岗位工资、技能工资标准》和《天津港务局实行岗位技能工资制的过渡办法》进行了讨论。会议由局工会主席孙世明主持，局党委书记李恩宽、局长祝庆缘分别讲话。局领导王恩德、于汝民、陈建华等出席会议。

10月17日　庆祝天津新港重新开港40周年庆祝

大会在天津港第一港埠公司俱乐部举行,局长祝庆缘讲话,局党委副书记、副局长王恩德主持大会并宣读交通部贺电,局领导余贺元、孙世明、陈建华、宋愿兵、贾志忠以及老领导谭松平、李华彬、刘树森、林寿清、贵义和、徐选、李建生、胡云生、杨洪珠、田丰年、米玉润、冯玉友等出席,天津港第二届职工艺术节同时闭幕,局领导为艺术节获奖单位颁奖。

10月20日　天津港务局第七届职工代表大会第四次会议召开。

11月3日　天津港务局工会召开基层工会干部会议,邀请党的十四大代表、局党委书记李恩宽传达党的十四大精神,局工会主席孙世明主持会议并讲话。

11月21日　根据天津市总工会和中国海员工会全国委员会的贯彻意见,天津港务局工会转发了《中华全国总工会关于在改革中要依法保证工会组织健全的通知》(工组字〔1992〕145号)。

12月18日　中国海员工会全国委员会发出《关于颁发第三届“金锚奖”、“海燕奖”的决定》(海工总字〔1992〕36号),决定对122名全国水运系统最佳人物颁发第三届“金锚奖”,天津港职工薄志强、郝德春获得第三届“金锚奖”,并分别授予最佳装卸班长和最佳港作船长称号。

同日　中共天津市委组织部发出《关于孙世明同志任职的通知》(津党组〔1992〕437号),市委决定孙世明任中共天津港务局委员会副书记。

1993年

1月13日　天津港务局第七届职工代表大会第五次会议召开。

2月1日　天津港务局工会召开第九届五次全委(扩大)会议。

2月5日　天津港务局工会印发《工会女职工委员会条例》。

2月　天津港务局工会召开了1992年度表彰大会,局工会副主席索双椽宣读了局工会关于表彰1992年度工会工作先进集体和先进个人的决定,局党委副书记、局工会主席孙世明出席会议并讲话。

2月20日　天津港务局工会召开纪念“三八”国际劳动妇女节暨表彰大会,大会表彰了1991~1992年度局级“三八”红旗集体和“三八”红旗手。局工会副主席索双椽宣读表彰决定,局党委书记李恩宽讲话,局长祝庆缘、副局长宋愿兵及老领导贾志忠出席大会。

2月23日　应全国总工会邀请来我国进行访问的国际基督教海事协会秘书长陈舜传、香港海员工会秘书长丁锦源由全总和市总工会有关负责人陪同参观天津港。

2月27日　天津港南疆开发公司工会筹备组成立,杨立平任组长。4月29日,天津港南疆开发公司工会召开第一次会员大会,杨立平当选为工会主席。

3月6日　天津市各届妇女纪念“三八”国际劳动妇女节83周年暨表彰大会举行,大会表彰了1991~1992年度市级“三八”红旗集体和“三八”红旗手。天津港第四港埠公司北方包装公司技术干部王文艳被授予“三八”红旗手称号。

4月20日　经天津港务局工会常委会议讨论决定,从局工会三产赢利中拿出4000元慰问全局40位特困和重伤职工,并送上慰问信。

4月27日　天津港务局举行为1992年度市特模和劳动模范颁发荣誉证书仪式,局领导代表市委、市政府为1位特模、5位劳模及1个劳模集体颁发奖状和证书。局党委副书记、局工会主席孙世明,副局长于汝民分别讲话,局领导陈建华、宋愿兵等出席。

4月28日　天津市庆祝“五一”国际劳动节暨表彰劳动模范和模范集体大会在第一工人文化宫举行,大会表彰了1992年度特等劳动模范、劳动模范和模范集体。天津港第一港埠公司装卸三队队长于江被授予天津市特等劳动模范称号,另有5人被授予天津市劳动模范称号,1个集体被授予天津市劳动模范集体称号。

5月1日　天津港职工交易市场首开式在天津港文体中心举行,塘沽区区长李伦炳,局党委书记李恩宽,局党委副书记、局工会主席孙世明等出席首开式。

5月　天津港职工文学协会第一本文学刊物——《缆桩》创刊,该刊由局党委书记李恩宽任顾问,局党委副书记、局工会主席孙世明任编委会主任,局工会副主席索双椽任编委会副主任。孙世明为创刊号撰写创刊词。

6月26日　天津港务局工会召开全局基层工会主席会议,会议由局工会副主席索双椽主持,局党委副书记、局工会主席孙世明代表工会常委会作了《1993年上半年工作总结和下半年工作意见》的讲话。

7月8日　天津港贸易公司工会筹备组成立,马荣停任组长。9月28日,天津港贸易公司工会召开第一次会员大会，马荣停当选为工会主席。

8月22日至25日 《中国海员》杂志1993年度联络站、记者站工作会议在天津港召开，来自全国各地港航系统水运单位的60多位代表出席会议，正在天津港慰问“银河”号的中国海员工会主席张士辉看望了与会代表，天津港务局党委副书记、工会主席孙世明出席会议。

8月 由天津市总工会、市经委等8个单位联合发起的第一届“学绝技、创绝招、争做技术明星”活动评选揭晓，全市有98名职工被市政府授予天津市职工技术明星称号，25个单位被评为先进集体。天津港第一港埠公司职工韩梦云、李广仁被授予天津市职工技术明星称号，天津港务局被评为优秀组织单位。

9月16日至18日 天津港第五届职工运动会举行。开幕式由局党委副书记、局工会主席孙世明主持，局长王恩德致开幕词。市交工委书记王玉春、市口岸委副主任李凤皋、市交工委副书记郭少英、市总工会副主席张子鹏、团市委副书记王寒松及局领导李恩宽、余贺元、宋愿兵出席开幕式，局长王恩德为第一个竞赛项目鸣枪。局领导李恩宽、王恩德、孙世明、余贺元、宋愿兵、陈建华在闭幕式上为获奖者颁奖。

9月21日 台湾中华海员总工会代表团一行由天津市总工会副主席李淑珍陪同参观天津港，局工会主席孙世明会见了台湾工会客人一行，并陪同参观了天津港集装箱码头，该代表团是应中国职工对外交流中心邀请来天津市进行访问的。

10月3日至10日 应韩国劳动组合总联盟副委员长、港湾运输劳动组合委员长金俊祥邀请，以市人大常委会副主任、市总工会主席潘义清为团长的天津市工会代表团一行5人赴韩国进行友好访问，局工会主席孙世明随团出访。

10月14日 市人大常委会副主任、市总工会主席潘义清来港就天津港务局工会与韩国仁川港运劳动组合建立友好关系问题与局党委书记李恩宽、局长王恩德进行协商，局工会主席孙世明参加。

10月18日至20日 天津市召开第九次妇女代表大会，天津港务局工会生活女工部部长、女职委主任呼长凤作为正式代表出席大会。

10月24日至30日 中国工会第十二次代表大会在京召开，天津港务局党委副书记、工会主席孙世明作为正式代表出席大会。大会还表彰了全国工会工作先进集体和先进个人，天津港轮驳公司轮7号工会小组被评为全国模范职工小家。

10月30日 天津港务局工会召开传达天津市妇女九大精神大会，局工会生活女工部部长、女职委主任呼长凤传达大会精神，局工会副主席索双椽出席会议并讲话。

11月5日 天津港务局工会召开传达贯彻中国工会十二大精神大会，中国工会十二大代表、局党委副书记、局工会主席孙世明传达了中国工会十二大精神，局党委书记李恩宽讲话。局领导王恩德、陈建华出席大会，局工会副主席索双椽主持大会。

11月10日 天津港贸易公司第一届职工代表大会第一次会议召开。

11月14日 天津市总工会批复同意天津港务局工会与韩国仁川港运劳动组合建立友好关系。

11月26日 天津港第六港埠公司工会筹备组成立，李峰任组长。1994年1月28日，天津港第六港埠公司工会召开第一次代表大会，林茂成当选为工会主席。

12月25日 天津港务局举办纪念毛泽东主席诞辰100周年专题文艺演出。局领导孙世明、余贺元、陈建华观看演出。

1994年

1月14日 天津港东方集装箱公司工会筹备组成立，刘康任组长。3月15日，天津港东方集装箱公司工会召开第一次会员大会，吴耀庭当选为工会副主席。

1月20日至21日 天津港务局召开第八届职工代表大会第一次会议。

1月21日 天津港务局召开1993年度表彰大会，对1993年度先进集体和先进个人进行了表彰，局领导李恩宽、王恩德、孙世明、陈建华及中国海员工会组宣部副部长赵新华出席表彰大会。

1月26日 天津港务局工会召开九届六次全委（扩大）会议。

1月29日 天津港务局工会在文体中心召开1993年度工会系统先进集体和先进个人表彰大会，大会由局工会副主席索双椽主持，局长王恩德出席会议并讲话。

2月2日 中国海员工会天津联委会在天津港务局召开天津市海员工会系统工会干部联谊会，来自天津远洋公司、天津航道局、第一航务工程局、天津水科所、天津海上安全监督局、第一航务勘察设计院、河北省航运公司等100多位工会干部出席会议。联委会主任、天津远洋公司工会主席王建国代表中国海员工会和天津联委会向全体工会干部祝贺新年。

2月14日　天津港务局行政和工会联合转发《天津市实施〈中华人民共和国工会法〉办法》(津港办字〔1994〕第31号)。

2月23日　由全国劳动模范、上海港南浦港务公司副经理包起帆,中国海员工会主席张士辉、生产部部长王贻谋、上海港务局党委宣传部部长董文俊组成的全国劳动模范报告团一行来天津港为天津市20多个交通企业的近千名干部职工作事迹报告。天津市交委主任周连有主持报告会,局领导李恩宽、王恩德、孙世明出席。

2月26日　天津港务局召开技术明星表彰暨座谈会,局“学、创、争”活动办公室主任、局工会副主席索双椽主持会议,会议决定授予李广仁、韩梦云、沈连岭、吴敏勇、孙洪昌、马兵、苏玉忠、杨守禄、张瑞元9名同志为天津港技术明星称号,授予尹金生等18位同志天津港技术能手称号,同时对张仁杰等9位市级职工读书自学活动积极分子进行了表彰,副局长余贺元等出席座谈会并颁奖。

3月4日　在天津市总工会庆“三八”表彰大会上,天津港务局工会女职工委员会被授予优秀女职工工作集体称号,天津港第五港埠公司女职工李健被授予优秀工会女工工作积极分子称号。

同日　天津港实业公司工会筹备组成立,岳长河任组长。9月6日,天津港实业公司工会召开第一次会员大会,岳长河当选为工会主席。

3月8日　天津港务局工会女职工委员会被全国总工会授予全国工会女职工先进集体称号。

同日　天津港务局工会召开纪念“三八”国际劳动妇女节大会,局领导李恩宽、孙世明、于汝民、陈建华出席会议并为荣获全国先进女职工工作集体称号的局工会女职工委员会21位委员佩戴光荣花。副局长于汝民为与会人员作《当前港口生产形势和生产任务》的报告,局党委书记李恩宽在大会上讲话。

3月11日至12日　天津港第六港埠公司第一届职工代表大会第一次会议召开。

3月14日　天津港务局工会召开安全生产工作会议,会议传达了天津市总工会关于在全市班组、岗位中开展“消除隐患,促进安全生产‘两个一’活动的通知”,即发动职工每人提出一条隐患、纠正一次违章;每个班组消除一项隐患、避免一起事故。局工会副主席索双椽就开展好“两个一”活动提出了具体贯彻意见。

3月15日　天津港引航站工会召开第一次会员大会,石学礼当选为工会主席。

3月　天津港务局工会被全国总工会评为职工代表培训工作优秀组织者称号。

4月18日　以李康熙委员长为团长的韩国仁川港运劳动组合访华团一行6人,在市总工会副主席李淑珍陪同下访问天津港并与局工会签署了友好姊妹工会协议,局工会主席孙世明与李康熙委员长在协议书上签字。签字仪式后,局长王恩德会见了代表团一行。该代表团是应天津市总工会和局工会邀请来天津市进行友好访问的。

4月20日　以总书记扎卡科夫为团长的世界工联代表团一行2人在市总工会副主席李淑珍陪同下访问天津港,局工会副主席索双椽会见并陪同参观了集装箱码头。

4月27日　市总工会在天津宾馆中礼堂召开“天津市庆祝‘五一’国际劳动节暨‘八五’立功成果汇报大会”,表彰了在1993年“八五”立功活动中作出突出贡献的先进职工、先进集体、先进企业以及天津市工会工作先进集体和先进个人。天津港务局有50名职工荣获天津市“八五”立功奖章,有10个集体被评为天津市“八五”立功先进集体,天津港第五港埠公司荣获天津市“八五”立功先进企业。天津港第一港埠公司工会被评为市级模范职工之家;3个工会小组被评为市级模范职工小家;1个车间工会被评为市级工会工作先进集体;天津港务局女职工委员会被评为市级女职工工作先进集体;天津港务局局长王恩德被评为市级优秀工会之友;3名工会干部被评为市级优秀工会工作者;3名职工被评为市级优秀工会积极分子;1名女职工被评为市级优秀女工积极分子。

4月28日　天津港务局工会举办“楷模颂”五一联欢会,局先进模范人物和部分干部职工欢聚一堂,共庆五一劳动节。局“十大”职工标兵代表吴国强宣读了致全局职工的《倡议书》。局领导李恩宽、孙世明、于汝民、余贺元、陈建华等出席。

4月30日　中国海员工会全国委员会发出《关于颁发第四届“金锚奖”的决定》(海工生字〔1994〕18号),决定对124名全国水运系统最佳职工颁发第四届“金锚奖”,天津港务局职工冯宝清、韩文才获得第四届“金锚奖”,并分别授予最佳装卸队长和最佳船长称号。

5月10日至12日 中国海员工会港口联络委员会1994年会议在上海港召开，天津港务局党委副书记、局工会主席孙世明出席会议。

5月13日 巴基斯坦工会代表团一行2人参观天津港。

5月16日 以西班牙工人委员会国家运输、通讯和海运联合会总书记胡利安·希门尼斯为团长的西班牙运输、电信联合会代表团一行4人，由全总、市总工会有关负责人陪同访问天津港，局工会副主席索双椽会见了西班牙工会客人一行，并陪同参观了天津港集装箱码头，该代表团是应全国总工会邀请来天津市进行访问的。

5月23日 天津港务局工会召开"纪念开展'红娘'工作十周年表彰会"，局工会副主席索双椽宣读了局工会《关于表彰"红娘"标兵、先进集体和先进个人的决定》，局党委副书记、局工会主席孙世明出席会议并颁奖。

5月 天津港务局工会"红娘"工作领导小组荣获市级"红娘"工作先进集体称号。局工会刘淑云、天津港第二港埠公司谢巧茹、天津港第四港埠公司杜晓惠被评为市级工会"红娘"先进个人。

5月 天津港务局工会组织22名职工代表对各单位落实局八届一次职代会《关于动员全局职工进一步端正港口行风，搞好优质服务的决议》情况进行检查。

5月 全国部分港口基层工会工作学会第七届年会在天津港第五港埠公司召开，来自上海、大连、宁波等10个港口的13个基层公司38名代表出席会议，局党委书记李恩宽，局工会副主席索双椽出席开幕式。

6月16日 以韩国劳动组合总联盟副委员长、全国港运劳动组合联盟委员长金俊祥为团长的韩国港运劳动组合联盟代表团一行6人，在市总工会副主席李淑珍陪同下访问天津港，局工会主席孙世明会见了韩国工会客人一行，并陪同参观了天津港集装箱码头，局工会副主席索双椽等参加会见。该代表团是应全国总工会邀请来天津市进行访问的。

7月22日 天津港务局局长王恩德和局纪委书记陈建华冒高温带领党办、行办、工会、团委、业务、安监等部门慰问一线职工。

同日 天津海事法院工会召开第一次会员大会，杨庭海当选为工会主席。1999年7月1日，天津海事法院由交通部门管理，成建制地移交天津市党委、政府和高级人民法院共同管理，其工会组织关系随之划出天津港务局。

8月4日 天津港务局工会召开基层工会主席工作会议，传达贯彻天津市总工会工作会议精神和局领导干部会议精神，部署1994年下半年重点工作。局党委副书记、局工会主席孙世明出席会议并讲话。

8月17日 天津港第三届职工艺术节在局文体中心开幕，局领导孙世明、余贺元、宋愿兵、陈建华等观看首场演出。

8月28日 以国务委员彭珮云为首的国家女部长联谊会一行70多人参观天津港，局领导王恩德、孙世明陪同。

9月5日 天津港务局工会召开九届七次全委会议。

同日 天津港科研设计所工会召开第一次会员大会，郭俊生当选为工会主席。2001年9月20日，因天津港建设公司与天津港科研设计所进行内部机构重组，天津港务局工会决定撤销天津港科研设计所工会建制，其会员整体转入天津港建设公司工会。

9月16日 中国海员工会、中国公路运输工会决定授予全国49个职代会提案为优秀提案，局设施处潘永春的提案《关于纠正行业不正之风的提案》和天津港第五港埠公司李荣海的《对确实有病职工医药费应实报实销问题的提案》被评为优秀提案。

同日 天津港务局工会召开工会劳动保护工作经验交流会，天津市总工会副主席苏兰洲、经保部副部长戴述贤，局党委副书记、工会主席孙世明，副局长余贺元及局工会副主席黑锦国、索双椽等出席会议。

9月27日 天津港第三届职工艺术节系列活动"艺术博览"正式展出，局领导李恩宽、王恩德、孙世明、宋愿兵等观看。

同日 天津港务局集邮协会举办迎新中国成立45周年暨局集邮协会成立10周年联展联谊座谈会，局工会副主席、局集邮协会会长索双椽出席会议并讲话。

9月29日 天津港务局召开庆祝新中国成立45周年联欢会，局领导李恩宽、王恩德、余贺元、孙世明及先进模范等200多人出席。

10月4日 以陈桂植为团长的香港"十一"工会参观团一行20人，在中国职工对外交流中心和市职工对外交流中心有关负责人陪同下访问天津港，局党委副书记、局工会主席孙世明会见了香港工会客人一行，并陪同参观了天津港集装箱码头。

10月6日至8日 中国海员工会港口联委会工作研讨会在广州港召开，全国27个港口代表参加会议，天津港务局党委副书记、局工会主席孙世明,副主席黑锦国参加会议。

10月17日　天津港务局在文体中心举行纪念天津新港重新开港42周年暨天津港第三届职工艺术节文艺演出,同时天津港第三届职工艺术节闭幕,局党委书记李恩宽讲话,局领导王恩德、孙世明、宋愿兵出席。

10月18日　天津港务局召开“女职工开展争当纠正行业不正之风带头人暨‘双迎’95百题知识竞赛总结表彰大会”。局党委书记李恩宽,局工会副主席黑锦国、索双椽等出席会议并讲话。

10月19日　交通部、人事部颁发《关于表彰全国交通系统先进单位、先进集体、劳动模范和先进工作者的决定》(交体法发〔1994〕1095号),交通部、人事部决定授予全国271名同志全国交通系统劳动模范称号,授予123名同志全国交通系统先进工作者称号,授予83个单位全国交通系统先进单位称号,授予73个单位全国交通系统先进集体称号。天津港务局冯宝清、钱冬香被授予全国交通系统劳动模范称号,天津港务局被授予全国交通系统先进集体称号。

10月22日　天津港务局工会召开九届八次全委(扩大)会议。

10月27日至31日　中国海员工会、中国公路运输工会女职工委员会女职工工作研讨会在宜昌召开,中国海员工会、中国公路运输工会女职工委员会同时成立。天津港务局工会女职工委员会主任、生活女工部部长呼长风当选为第一届女职工委员会委员。

10月28日　以张国标主席为团长的香港公务员总工会代表团一行6人,在中国职工对外交流中心和市职工对外交流中心有关负责人陪同下访问天津港,局工会副主席索双椽会见了香港工会客人一行,并陪同参观了天津港集装箱码头。该代表团是应全国总工会邀请来天津市进行访问的。

11月7日　应全国总工会邀请,以澳门工联会理事长、建造业总会会长潘汉荣为团长的澳门参观团一行16人访问天津港,局工会副主席索双椽会见了澳门工会客人一行,并陪同参观了天津港集装箱码头。该代表团是应全国总工会邀请来天津市进行访问的。

11月16日至22日　应韩国仁川港运劳动组合邀请,以天津市总工会副主席李淑珍为团长,天津港务局工会副主席索双椽为副团长的天津市工会代表团一行5人赴韩国进行友好访问。

11月18日至19日　中国海员工会天津港务局第十次代表大会召开。

11月19日　天津港务局工会召开十届一次全委会议。

12月16日　天津港务局图书馆举行开馆仪式。

12月18日至21日　中国海员工会天津联络委员会三届四次会议在一航院召开,会议协商确定一航局工会为第四届联委会主任单位。局工会主席黑锦国出席会议。

同日　中国海员工会三届四次全委会议在苏州召开,天津港务局工会主席黑锦国出席会议并被替补为中国海员工会第三届全国委员会委员。大会期间还颁发了第四届“金锚奖”。

12月23日　中国海员工会天津港务局女职工第二次代表大会召开。局工会女职委主任呼长风作工作报告,天津市总工会副主席、女职委主任张淑华,局党委副书记孙世明、局工会主席黑锦国出席大会并分别讲话,局领导余贺元、陈建华出席大会。

12月28日　天津港务局工会发出《关于天津港务局工会第二届女职工委员会组成决定》(海津港工〔1994〕66号),第二届委员会由21人组成,呼长风为主任委员,刘淑云、沈庆霞为副主任委员。

12月29日　天津港务局工会召开十届二次全委(扩大)会议。

12月31日　天津港京剧、歌友协会召开成立大会,局领导李恩宽、孙世明、余贺元、黑锦国等到会祝贺。

1995年

1月5日至6日　天津港务局第八届职工代表大会第二次会议召开。

1月9日　以副会长黄港生为团长的香港政府华员会访问团一行6人,由中国职工对外交流中心和市职工对外交流中心有关负责人陪同访问天津港,天津港务局工会副主席索双椽会见了香港工会客人一行,并陪同参观了天津港集装箱码头,该代表团是应全国总工会邀请来我市进行访问的。

1月9日至11日　天津市总工会召开工会第十二届五次全委(扩大)会议,天津港务局工会主席黑锦国替补为天津市工会第十二届委员会委员。

1月24日　天津港务局召开1995年迎春联欢会,李恩宽、王恩德等局领导与全局各界人士代表共庆新春佳节，局领导还代表交通部为全国交通系统先进个人颁奖。局工会主席黑锦国代表局工会向“希望工程”受益者天津港第三港埠公司实习生苏娟捐款300元。

1月28日　天津港赛挪码头公司工会召开第一次代表大会，徐学政当选为工会主席。

1月30日　全国总工会副主席、书记处书记方嘉德由中国海员工会副主席王贻谋、天津市总工会副主席李淑珍及天津港务局工会主席黑锦国等陪同，慰问坚持节日生产的天津港干部职工。局长王恩德会见了方嘉德副主席一行。

2月14日　天津港务局工会召开1994年度先进集体和个人表彰大会，局领导李恩宽、王恩德、孙世明、于汝民、宋愿兵、黑锦国等出席会议并颁奖。

2月17日　天津港务局召开向5000万吨冲击动员大会。副市长李慧芬出席大会并讲话，局长王恩德作动员讲话，局党委书记李恩宽讲话。市交委主任周连有、口岸委副主任马占敖及局主要领导出席会议。

2月24日　全总经济工作部劳动保护处处长林富国、副处长王善超、监督检查处处长张成富、职工安全卫生信息中心主任周祖通等在天津市总工会经济保护部副部长戴述贤陪同下到天津港检查劳动保护工作，天津港务局工会主席黑锦国等陪同。

3月3日　天津市各界妇女纪念“三八”国际劳动妇女节85周年暨表彰先进大会举行，大会表彰了1993～1994年度市级“三八”红旗集体和“三八”红旗手。天津港务局工会女职工委员会被授予“三八”红旗集体称号，天津港储运公司司机苗珍云被授予“三八”红旗手称号。

4月3日　天津港务局行政和工会联合发出《关于调整劳动争议调解委员会组成人员的通知》（津港办〔1995〕99号、海津港工〔1995〕17号），经局八届二次职代会第二次联席会推荐，决定局工会副主席索双椽任局劳动争议调解委员会主任，局劳动人事处副处长孙志伟、局工会女职工委员会主任呼长凤、安监处副处长孙健强任副主任。

4月26日　天津市庆祝“五一”国际劳动节暨表彰劳动模范、模范集体大会在天津礼堂举行，大会表彰了1994年度特等劳动模范、劳动模范和模范集体。天津港第一港埠公司装卸三队队长于江被授予特等劳动模范称号，有7人被授予劳动模范称号，1个集体被授予模范集体称号。

4月29日　庆祝“五一”国际劳动节暨全国劳动模范和先进生产工作者表彰大会在北京举行。天津港第一港埠公司装卸三队队长于江出席大会并受到表彰。

7月19日　以主席伊兹丁·纳赛尔为团长的叙利亚工人工会总联合会代表团一行4人，在全总、市总有关负责人陪同下访问天津港，局工会副主席索双椽会见了叙利亚工会客人一行，并陪同参观了天津港集装箱码头。该代表团是应全国总工会邀请来天津市进行访问的。

8月1日　天津港务局工会召开十届二次全委（扩大）会议。

8月14日　天津港务局工会召开女职工迎1995世妇会百日竞赛总结表彰会。局党委副书记孙世明讲话，局领导余贺元、陈建华、黑锦国出席。

8月21日　以乌兹别克斯坦卡拉卡尔帕克共和国工联会主席毕毕·尤苏波娃为团长的乌兹别克工联会代表团一行6人，由全总、市总有关负责人陪同访问天津港，局工会副主席索双椽会见了乌兹别克斯坦工会客人一行，并陪同参观了天津港集装箱码头。该代表团是应全国总工会邀请来天津市进行访问的。

8月23日　天津港生活服务公司工会召开第一次代表大会，温瑞芬（女）当选为工会副主席。

9月7日　天津港新闻中心工会召开第一次会员大会，魏海龄当选为工会主席。

9月10日　中华全国总工会颁发《关于表彰全国工会财会工作先进集体、先进工作者、荣誉积极分子的决定》，天津港务局工会刘炳新被全国总工会授予全国工会财会先进工作者称号。

9月19日　天津港第六届职工运动会开幕式在文体中心举行，局党委副书记孙世明主持开幕式，局党委书记李恩宽致开幕词。副局长于汝民为比赛鸣放第一枪。局领导余贺元、陈建华、黑锦国及市交委副主任刘明哲、市口岸委副主任李凤皋、中国海员工会副主席王贻谋、天津市总工会副主席张子鹏、团市委副书记杜彩霞，塘沽区区委书记李伦炳、区长孙海麟，保税区工委书记散襄军、管委会主任王海平出席开幕式。

9月21日　天津港第六届职工运动会闭幕式在文体中心举行。局领导李恩宽、孙世明、田长松出席并颁奖。局工会主席黑锦国致闭幕词。

10月4日　以世界劳联总书记卡洛斯·L·古斯特为团长的世界劳工联合会代表团一行4人，由全总国际部副部长付绪善、市总国际部部长李晓春陪同访问天津港，局工会副主席索双椽会见了客人一行，并陪同参观了天津港集装箱码头。该代表团是应全国总工会邀请来天津市进行访问的。

10月11日至12日　天津港务局运动健儿在首届塘沽地区运动会上,取得了5金、14银、5铜的佳绩,并获得体育道德风尚奖。

11月1日　天津市第二届"学绝技、创绝招、争做技术明星"活动总结表彰大会召开。全市有99名职工被市政府授予天津市职工技术明星称号。天津港务局被授予优秀组织单位称号,天津港第二港埠公司装卸司机王莉、天津港集装箱公司电修工刘晓明分别被授予天津市职工技术明星称号。

11月10日　天津港务局召开完成5000万吨庆祝大会。局党委书记李恩宽主持大会,局长王恩德讲话。局领导于汝民、余贺元、孙世明、陈建华、黑锦国、田长松出席大会。

11月12日　天津港务局工会发出《关于建立劳动法律监督组织的意见》。

11月21日　以劳动争议部部长金光来为团长的韩国仁川港运劳动组合代表团一行6人,由市总工会副主席李淑珍陪同访问天津港,天津港务局局长王恩德、局工会主席黑锦国分别会见了韩国工会客人。黑锦国主席陪同客人参观了天津港集装箱码头,该代表团是应天津市总工会和天津港务局工会邀请来天津市进行访问的。

11月30日　中国海员工会信息工作先进单位和优秀个人评选揭晓,天津港务局工会被评为全国海员工会系统信息工作先进单位,局工会办公室王剑被评为优秀信息员。

12月6日至8日　天津港务局工会在局党校召开工会工作研讨会。局工会主席黑锦国、天津市总工会研究室主任秦砖出席会议并讲话,局工会副主席索双椽主持。

12月13日　被确定为天津市28家首批签订集体合同试点企业的天津港储运股份有限公司召开二届二次职工代表大会签订了集体合同,天津市总工会副主席李大亚、天津港务局工会主席黑锦国及市总、市劳动局有关负责人出席签字仪式。

12月23日至25日　中国海员工会全国委员会三届五次会议在青岛召开,天津港务局工会主席黑锦国出席大会。会议期间还表彰了信息工作先进单位和先进个人。

1996年

1月10日　天津港务局工会召开十届三次全委(扩大)会议。

1月12日　天津港工程监理咨询有限公司工会筹备组成立,张泽生为组长。7月24日,天津港工程监理咨询有限公司召开第一次工会暨职工代表大会,张泽生当选为工会主席。

1月19日　天津港务局召开1995年度表彰大会。大会由局工会主席黑锦国主持,副局长于汝民宣读表彰决定,局党委书记李恩宽讲话,局领导王恩德、余贺元、孙世明、陈建华、宋愿兵出席大会。

1月30日至31日　天津港务局第八届职工代表大会第三次会议召开。

2月2日　天津港生活服务公司召开第一届一次职工代表大会。

2月9日　天津港务局召开1996年迎春联欢会。局党委书记李恩宽讲话,局领导余贺元、孙世明、陈建华、宋愿兵、黑锦国等同全局各级工会干部欢聚一堂,喜迎新春。

2月12日　天津港务局领导李恩宽、于汝民、黑锦国带领工会、党办、行办等有关部门入户慰问部分特困职工。

2月17日　天津市总工会颁发《关于表彰1995年度"三优"调研成果和调研工作先进单位的决定》(津工发〔1996〕43号),天津港务局工会被天津市总工会评为天津市工会系统调研工作先进单位。

2月18日　全国总工会副主席、书记处书记方嘉德由中国海员工会副主席王贻谋、天津市总工会副主席李淑珍及天津港务局领导王恩德、孙世明、黑锦国等陪同慰问天津港职工。

3月1日　全国总工会在北京举行纪念"三八"国际劳动妇女节暨动员女职工为实现跨世纪宏伟目标建功立业大会,大会表彰了一批全国先进女职工、先进女职工工作者、先进女职工集体和先进女职工之友。天津港第二港埠公司货运科工会主席马桂兰被授予全国优秀女职工志愿工作者称号,天津港务局工会女职工委员会副主任刘淑云被授予全国先进女职工工作者称号,天津港储运公司司机苗珍云被授予全国先进女职工称号。

3月5日　天津港务局工会举行纪念“三八”妇女节“我爱我家”联欢会，局领导李恩宽、于汝民、孙世明、陈建华、宋愿兵出席，局工会主席黑锦国讲话并代表局领导向全局女职工表示节日祝贺。

3月27日　天津市参加第三届全国工人运动会的门球、太极柔力球、中国象棋、桥牌、游泳的5个代表队成立大会同时举行，天津市总工会副主席张子鹏出席成立大会并讲话。门球代表队由天津港务局职工组成，局工会主席黑锦国任领队，另有1名副领队和1名教练员、7名队员组成代表队。

同日　天津港与市“一关三检”签订共保80万标准箱劳动竞赛公约仪式举行。天津港务局工会主席黑锦国与天津东港海关、动植物检疫局、商检局、卫生检疫局的领导在“振兴天津经济，加快发展集装箱运输，共保80万标准箱劳动竞赛公约”上签字。天津市总工会副主席李淑珍、市口岸委主任助理周德洪及天津港务局副局长于汝民出席签字仪式并讲话。

3月30日　天津市总工会召开市级模范职工之家、模范职工小家、工会工作先进集体、优秀工会工作者、优秀工会积极分子、优秀工会之友和为基层服务优胜单位表彰大会。天津港务局一批工会工作先进集体和个人受到表彰。

4月6日　在市人民体育馆举行的天津市第十五届妇女“三八”健康杯体育活动通讯赛决赛上，天津港务局代表队在12人大跳绳比赛中，以435分的成绩一举夺得团体冠军，并打破了由天津港保持的市纪录，使天津港保持了该项目“五连冠”。

4月15日　天津港首届“群英杯”室内足球赛在文体中心体育馆拉开战幕。来自全局22个单位的代表队进行为期11天的激烈角逐。

4月20日至23日　全国工会法律部长会议在温州召开，会议表彰了106个全国工会法律工作先进集体和197名优秀工会法律工作者。天津港务局工会生活女工部部长呼长凤被评为全国工会优秀法律工作者并受到表彰。

4月26日　天津港首届“群英杯”室内足球赛经十余天鏖战落下帷幕。集装箱代表队获得冠军，天津港第二港埠公司、天津港东方集装箱公司分获亚军和季军。局领导王恩德、黑锦国、田长松观看了决赛并为获奖球队及运动员颁奖。

4月29日　天津市总工会在天津宾馆中礼堂召开“庆祝‘五一’国际劳动节暨‘八五’立功成果汇报大会”，表彰了在1995年“八五”立功活动中作出突出贡献的先进职工、先进集体、先进企业。天津港务局有48名职工荣获天津市“八五”立功奖章，有8个集体荣获天津市“八五”立功奖状，天津港务局荣获天津市“八五”立功先进企业称号。

4月30日　天津港“港集杯”歌手大赛决赛举行。天津港第三港埠公司石志林和天津港集装箱公司冯刚分获民美组和通俗组第一名。局领导于汝民、余贺元、孙世明、黑锦国观看了比赛并为获奖歌手颁奖。

5月5日　塘沽区集邮协会第二次代表大会暨首届学术研讨会在天津港务局召开。天津市集邮协会会长赵保华，塘沽区集邮协会名誉会长、区人大常委会主任刘俊，天津港务局工会主席黑锦国出席会议。会议选举产生了塘沽区集邮协会理事会，塘沽区邮电管理局党委书记、局长尤福钊当选为会长，天津港务局工会副主席索双椽当选为副会长。

5月8日　天津港务局工会在港埠六公司召开“建家”现场会。局工会副主席索双椽主持会议，局党委副书记孙世明、局工会主席黑锦国出席会议并讲话，六公司总经理、工会主席等分别介绍了“建家”经验。

5月9日　天津港口医院召开庆祝“5·12”国际护士节大会，天津港务局工会主席黑锦国到会祝贺。

5月10日　天津港务局工会女职工委员会举行“警钟长鸣，安全心声”女职工演讲决赛。局领导于汝民、黑锦国、田长松观看比赛并颁奖。

5月21日至23日　中国海员工会港口联委会北方片工作会议在天津港召开。天津港、青岛港、大连港、烟台港、秦皇岛港、丹东港、营口港、连云港港、黑航局、哈尔滨港、日照港等11个单位的工会主席参加会议，中国海员工会副主席王贻谋出席并讲话，天津港务局党委书记李恩宽致欢迎词，局领导于汝民、孙世明到会祝贺，会议由局工会主席黑锦国主持。

5月29日　天津港物资总公司工会筹备组成立，李富庭为组长。9月19日，天津港物资总公司召开第一次工会暨职工代表大会，李富庭当选为工会主席。

5月　天津港务局工会被天津市总工会评为为基层服务先进单位。

6月1日　天津港务局工会被天津市总工会授予1995年度工会财会工作竞赛特优胜奖。

6月3日至10日　第三届全国工人运动会的门球比赛在吉林省长春市举行，由天津港务局职工组成的代表队在局工会主席黑锦国带领下参加比赛，参加这个项目比赛的共有来自全国43支省市和产业的代表队。

6月7日至28日　天津港务局工会在二公司俱乐部举行了全局工会干部上岗资格培训班,局工会主席黑锦国出席结业式并讲话,全局137名专兼职工会干部取得上岗证书。

6月16日　以韩国劳动组合总联盟副委员长、全国港运劳动组合联盟委员长吴文焕为团长的韩国全国港运劳动组合联盟代表团一行6人,由天津市总工会副主席李淑珍等陪同来天津港参观访问。局工会主席黑锦国、副主席索双椽陪同客人参观了集装箱码头。

6月17日　在津参加全国妇联常委会议及省市工作会议的代表130多人由全国妇联副主席赵地率领参观天津港,天津港务局党委书记李恩宽等陪同。

6月19日　中国海员工会天津港务局委员会召开代表会议,选举黑锦国等9名同志为出席天津市工会第十三次代表大会代表。

6月25日　天津港职工培训中心召开首届教职工代表大会暨工会会员代表大会。

7月16日　天津港务局召开实行集体协商集体合同制度动员大会。局工会主席黑锦国主持会议,局领导于汝民、孙世明及市总工会、市劳动局和局有关处室负责同志出席会议。

7月22日至23日　天津港务局举办集体协商集体合同培训班。局工会主席黑锦国出席并讲话,市总工会、市劳动局有关负责人分别授课。

8月9日　天津港务局工会、局党委宣传部、局党校联合召开"全心全意依靠工人阶级专题座谈会",南开大学、市总工会干部管理学院的专家学者及局党政工领导分别发言,座谈会由局工会主席黑锦国主持,局党委书记李恩宽、局长王恩德分别讲话,局领导孙世明、陈建华、宋愿兵出席座谈会。

8月21日　纪念邓小平视察天津港十周年暨天津港第四届艺术节开幕式在天津港文体中心举行。局领导李恩宽、王海平、余贺元、陈建华、宋愿兵、黑锦国及局离退休老领导贵义和、李华彬、刘树森、林寿清等出席开幕式,开幕式由局党委副书记孙世明主持,局长王恩德致开幕词,局党委书记李伦炳宣布艺术节开幕。

8月29日　中国海员工会全国委员会发出《关于颁发第五届"金锚奖"的决定》(海工生字〔1996〕36号),决定授予141名同志第五届"金锚奖",天津港务局职工王永奎、魏培林获得第五届"金锚奖",并分别被授予优秀队长和优秀理货员称号。

9月6日　天津港第四届职工艺术节曲艺调演举行。局工会主席黑锦国、副主席索双椽观看演出。

10月7日　天津港第四届职工艺术节美术书法摄影展举行,原局党委书记李恩宽,局领导黑锦国、田长松等观看展览。

10月17日　天津港第四届职工艺术节闭幕。塘沽区区长孙海麟、副区长荣新海,保税区管委会主任散襄军及局领导李伦炳、于汝民、孙世明、陈建华、黑锦国,局老领导刘树森、林寿清、冯玉友、李健生、米玉润、祝庆缘、李恩宽及天津市友好使者艺术团团长吴炳磊、湛江港工会主席李景潮等在主席台就座。闭幕式由局工会主席黑锦国主持,局党委副书记孙世明致闭幕词。

10月21日至23日　第二次全国工会经审工作经验交流暨表彰会在桂林召开,会议表彰了一批经审工作先进集体和先进个人。天津港务局工会经费审查委员会主任、局审计处处长李洪栓被评为全国工会经审工作先进个人并受到表彰。

10月21日　天津港务局工会召开基层工会主席会议,学习党的十四届六中全会决议,局工会主席黑锦国讲话。各基层工会主席,局工会委员以及即将出席市工会十三次代表大会的代表40余人参加会议。

10月23日至26日　天津市工会第十三次代表大会召开,天津港务局9人作为正式代表出席大会,局工会主席黑锦国当选为天津市总工会第十三届委员会委员。

10月24日　天津港务局工会职工代表检查组在一公司召开贯彻落实局八届三次职代会决议和关于动员全局职工加快集装箱运输发展的决议落实情况专题汇报会。

11月13日　天津港环保卫生监测中心工会筹备组成立,刘宝贵任组长。1997年3月13日,天津港环保卫生监测中心工会召开第一次会员大会,郭俊生当选为工会主席。

12月5日　天津市总工会女职工委员会二届一次全委会在市职工之家召开,协商产生了天津市总工会第二届女职工委员会,天津港务局工会女职工委员会主任、生活女工部部长呼长凤当选为委员。

12月24日　天津港务局工会召开工会工作研讨会,局工会主席黑锦国、天津市总工会研究室主任秦砖出席研讨会,会议由局工会副主席索双椽主持。

12月31日　天津港务局党委组织部下发《关于刘志刚等同志任免职务的通知》(津港党发〔1996〕54号),局党委决定推荐王学俊、呼长凤为局工会副主席候选人(正处级),索双椽不再担任局工会副主席职务。

1997 年

1 月 6 日　天津港务局工会召开十届四次全委(扩大)会议。

1 月 7 日　天津市总工会发出《关于王学俊、索双椽等同志任免职务的批复》(津工〔1996〕6 号),同意王学俊、呼长凤为中国海员工会天津港务局第十届委员会副主席。免去索双椽中国海员工会天津港务局第十届委员会副主席职务。

1 月 15 日至 22 日　应韩国仁川港运劳动组合联盟邀请,以天津市总工会委员、天津港务局工会主席黑锦国为团长的天津市总工会代表团一行 6 人,对韩国仁川港进行友好访问。

1 月 23 日至 24 日　天津港务局第八届职工代表大会第四次会议召开。

1 月 24 日　天津港务局召开 1996 年度先进表彰大会。局领导李伦炳、王恩德、王海平、孙世明、宋愿兵、黑锦国、田长松为获奖集体和个人颁奖,副局长于汝民宣读表彰决定。

1 月 29 日　天津港与市"一关三检"签订共保 80 万标准箱劳动竞赛总结表彰会召开。天津动植物检疫局副局长乔占奎主持会议,天津港务局工会主席黑锦国作劳动竞赛总结,卫生检疫局副局长毕玉国宣读表彰决定。大会表彰了 40 个先进个人和 5 个先进集体。天津港务局副局长田长松及天津口岸办公室、天津商检局、东港海关的领导出席会议。

2 月 18 日　天津港务局工会召开 1996 年度表彰大会,对 1996 年度局级工会工作先进集体和先进个人进行表彰,局工会主席黑锦国出席会议并讲话,副主席王学俊宣读表彰决定,副主席呼长凤主持会议。

2 月 21 日　天津港务局工会召开缅怀邓小平同志丰功伟绩座谈会,邀请基层工会干部、先进模范人物和先进女职工代表座谈缅怀邓小平同志,局工会副主席王学俊出席会议并讲话。

2 月 26 日至 28 日　全国总工会女职工委员会二届四次委员(扩大)会议在北京召开。会上 10 个省、市、自治区总工会和基层工会女职工委员会进行了典型经验交流。天津市总工会女职工委员会主任刘宝桧代表天津港务局工会女职工委员会作了题为《"双文明立功竞赛"激励女职工在港口建设中发挥重要作用》的典型发言。

3 月 4 日　天津港务局机关举行向天津港职工解困基金捐款仪式,局领导李伦炳、王恩德、王海平、黑锦国、田长松等出席。

3 月 6 日　天津市各族各界妇女纪念"三八"国际劳动妇女节 87 周年暨表彰先进大会举行,大会表彰了 1995 ~ 1996 年度市级"三八"红旗集体和"三八"红旗手。天津港务局工会女职工委员会被授予"三八"红旗集体称号,港口医院总护士长钱冬香被授予"三八"红旗手称号。

3 月 7 日　天津港务局工会召开纪念"三八"国际妇女节暨群芳争艳联欢会,大会表彰了 1995 ~ 1996 年度局级"三八"红旗手和红旗集体。局领导李伦炳、王恩德、于汝民、王海平、孙世明、宋愿兵出席大会,局工会主席黑锦国讲话。

3 月 20 日　天津市妇联、体委、市总工会、市农民体协、妇女体协联合表彰了天津市妇女群众体育工作先进单位和先进个人。天津港务局工会被评为天津市妇女群众体育先进单位,天津港文体中心副主任赵长元、天津港第二港埠公司工会女职工委员会主任沈庆霞被评为天津市妇女群众体育先进个人并受到表彰。

3 月 26 日至 28 日　中国海员工会第四届委员会第一次全体会议在北京召开,天津港务局工会主席黑锦国出席会议并当选中国海员工会第四届委员会委员。大会还表彰了全国交通系统先进基层工会、优秀工会干部和优秀工会积极分子。天津港第五港埠公司工会被评为全国交通系统先进基层工会;郭长起、侯正和被评为全国交通系统优秀工会干部;吴培增、刘洪义被评为全国交通系统优秀工会积极分子。

4 月 9 日　天津港务局举行天津港职工解困基金捐款仪式,局领导李伦炳、于汝民、王海平、余贺元、黑锦国等出席,局长王恩德讲话。全局共筹集资金 78 万元。

4 月 16 日　天津港"迎香港回归"知识竞赛决赛举行,市总工会副主席张子鹏,局领导李伦炳、王海平、黑锦国以及市委统战部、市总工会宣教部有关负责人观看了比赛并为获奖单位颁奖。

4 月 18 日　天津港务局工会召开十届五次全委(扩大)会议。

4 月 24 日　天津港务局召开劳动模范座谈会,局领导王恩德、黑锦国与局获得 1996 年度特等劳动模范、劳动模范和模范集体称号的代表座谈。

4 月 28 日　天津港职工业余艺术团成立并召开

大会,天津港务局长王恩德出席大会并讲话。局工会主席黑锦国宣布了组建天津港职工业余艺术团的决定,局领导为艺术团团员颁发了聘书。局工会副主席呼长凤任艺术团团长。

4月30日　天津市劳模表彰暨"九五"立功表彰大会在天津宾馆礼堂举行,大会表彰了1996年度特等劳动模范、劳动模范和模范集体。天津港口医院钱冬香被授予特等劳动模范称号并荣获全国五一劳动奖章,另有7人被授予劳动模范称号,1个集体被授予模范集体称号。

5月9日　天津港务局工会召开十届六次全委会议。增补宋愿兵为中国海员工会天津港务局第十届委员会委员,并选举为常委、主席。

5月13日　天津市总工会发出《关于宋愿兵、黑锦国同志任免职务的批复》(津工发〔1997〕88号),同意宋愿兵为中国海员工会天津港务局第十届委员会委员、常委、主席。免去黑锦国同志中国海员工会天津港务局第十届委员会主席、常委职务。

5月27日　以委员长李康熙为团长的韩国仁川港运劳动组合代表团一行19人,由天津市总工会副主席李淑珍、国际部部长李晓春陪同访问天津港。天津港务局工会主席宋愿兵会见了代表团一行。

5月　天津市第三届"五一新闻奖"评选揭晓,天津港务局工会办公室王剑撰写的《"有困难找我"叫响天津港》获得三等奖。

6月4日　中国海员工会在厦门召开全国海员工会信息工作会议。天津港务局工会作了《紧紧抓好三个环节,大力推动信息工作》的经验介绍。

6月5日　全国总工会贯彻工会工作总体思路检查组一行2人在天津市总工会副主席李泮祥,市总常委、办公室主任张和凯,国际部部长李晓春等陪同下来天津港务局检查贯彻落实工会工作总体思路情况。

6月19日至20日　中国共产党天津市代表会议召开,选举我市出席中共十五大的代表。王庆林、李宝元、呼长凤(女)作为代表出席本次大会。

7月9日　天津港务局邀请著名演讲艺术家李燕杰作提高服务质量,加强职业道德建设专题演讲,局领导孙世明、宋愿兵、黑锦国、田长松等出席。

7月15日至16日　天津港务局领导李伦炳、于汝民、王海平、孙世明、黑锦国等带领局党办、行办、工会、业务、安监等部门分三路慰问一线职工。

7月22日　天津港务局工会召开十届七次全委(扩大)会议暨表彰大会。

8月1日　天津港务局工会召开女职工"争做津港优秀女主人"竞赛活动总结表彰会。副局长余贺元、局工会主席宋愿兵出席大会并为受表彰人员颁奖。

8月8日　天津港文体中心举办职工消夏晚会。

8月29日　天津市第三届"学绝技、创绝招、争做技术明星"活动总结表彰大会召开。全市有百名职工、百个班组分别被市政府授予天津市职工技术明星、天津市技术明星班组称号。天津港培训中心职工陈庆立、天津港第二港埠公司职工田建农被授予天津市职工技术明星称号;天津港电力公司11万变电站被授予天津市技术明星班组称号;天津港务局被评为优秀组织单位。

9月3日　天津市总工会组织部副部长李润华等一行2人,对天津港第一港埠公司全国模范职工之家进行复验工作,局工会副主席王学俊等陪同。

9月19日　天津港第七届职工运动会隆重开幕。市政府秘书长陈洪江、市总工会副主席张子鹏、市交工委书记刘明哲、市口岸委副主任宋联新、市体委党委副书记关宏民、团市委副书记邓国际、塘沽区副区长张新环及局领导王恩德、于汝民、孙世明、宋愿兵、黑锦国出席开幕式。大会收到了中国海员工会及上海港、长航局工会等11个兄弟港口和有关单位发来的贺电。王恩德局长致开幕词。天津市政府陈洪江副秘书长为运动会鸣放第一枪。

10月3日至6日　天津港职工艺术团赴山东省乐陵市慰问演出,局领导李伦炳、王恩德、宋愿兵等同乐陵市委副书记、市长秦吉升等乐陵市党政领导观看了首场演出。

10月20日　以非洲工会统一组织总司库奥古斯汀为团长,由非洲10个法语国家工会的主要领导人组成的代表团一行12人,由全总国际部负责人和市总工会副主席李淑珍、国际部部长李晓春陪同参观天津港。局工会主席宋愿兵、副主席王学俊会见了代表团一行,向客人介绍了天津港及工会的情况。会见后陪同客人参观了集装箱码头。

11月10日　天津港务局工会召开基层工会主席会议,部署局九届职工代表大会换届选举工作,局工会主席宋愿兵出席会议并讲话。

11月12日　天津港和韩国仁川港在津签订建立友好合作协议书,正式建立友好合作关系,局长王恩德和仁川地方海洋水产厅厅长姜信官分别致辞并在协议书上签字。副市长叶迪生、市外办主任耿建华、交委主任周连友及局领导李伦炳、于汝民、王海平、余贺元、宋愿兵、黑锦国、田长松出席。

11月27日　天津港务局召开争创文明家庭活动总结表彰会,会议对80个局级文明家庭和“十佳文明家庭”进行了表彰,局领导宋愿兵、黑锦国出席会议。

同日　中共天津港务局委员会转发了《天津市委批转市总工会〈关于动员和依靠全市广大职工为加快企业改革和发展作贡献的意见〉》(津港党发〔1997〕28号)。

11月　天津港务局工会荣获天津市工会系统统计工作竞赛一等奖,局工会办公室王剑获得竞赛个人一等奖。

12月2日　天津港务局工会转发《天津市委批转市总工会〈关于动员和依靠全市广大职工为加快企业改革和发展作贡献的意见〉》(海津港工〔1997〕66号)。

12月23日至26日　中国海员工会四届二次全委会议在上海召开,天津港务局工会主席宋愿兵出席本次会议。

12月29日至30日　天津市总工会召开十三届三次全委(扩大)会议,天津港务局工会主席宋愿兵替补为天津市总工会十三届委员会委员。

1998年

1月12日　天津港务局工会召开十届八次全委(扩大)会议。

1月14日　以全总副主席方嘉德为团长的全国总工会慰问团,由天津市人大常委会副主任、市总工会主席潘义清,局党委书记李伦炳、局工会主席宋愿兵等陪同到市劳动模范、天津港通信公司职工胡振杰家中进行慰问。

同日　天津港务局党委书记李伦炳、局工会主席宋愿兵等带领局工会、局党办、退休办等有关部门慰问局劳动模范、退休老职工、孤老户。

1月16日　由天津港职工业余艺术团编排的1998年春节文艺联欢晚会录制完成,春节期间在天津港有线电视台播放。

2月5日　天津港务局召开1997年度先进表彰大会,局党委书记李伦炳讲话,副局长于汝民主持会议,并宣读表彰决定,局领导王海平、孙世明、宋愿兵、黑锦国、田长松、张瑞福出席会议。

2月9日至10日　天津港务局召开第九届职工代表大会第一次会议。

2月13日　天津市工人运动理论研究会成立大会暨1998年度工会调研工作会议在市职工之家召开,会议审议通过《天津市工人运动理论研究会章程》,选举产生了天津市工人运动理论研究会第一届理事会和领导机构。天津港务局工会副主席王学俊、天津港第三港埠公司工会主席郭长起当选为天津市工人理论研究会第一届理事会理事。

3月2日　天津港务局工会召开1997年度表彰大会,对局级工会工作先进集体和先进个人进行了表彰,局工会主席宋愿兵出席并讲话。

3月3日　天津港务局工会召开迎“三八”女干部座谈会,局党委副书记孙世明出席并讲话。

3月5日　天津港纪念“三八”节暨“健康杯”表演联欢会在文体中心举行,局长王恩德、局工会主席宋愿兵及局工会副主席王学俊、呼长凤出席。局领导向获得全国和天津市文明家庭荣誉称号的天津港电力公司职工刘志秀颁奖。

3月23日　市总工会召开天津市依靠职工搞好企业的优秀经营者事迹报告会,21名全市各条战线的优秀厂长(经理)受到表彰,局集装箱公司总经理李宝元榜上有名。

4月17日　天津市总工会召开基层工会工作会议,会议表彰了1996~1997年度工会工作先进集体和先进个人。天津港务局有9个先进集体和10名先进个人受到表彰。

同日　天津市总工会下发《关于表彰天津市工会系统1997年度信息工作先进单位和优秀信息工作者的通报》(津工办〔1998〕15号),天津港务局工会被评为信息工作先进单位,局工会办公室王剑被评为优秀信息工作者。

4月28日　天津港务局行政和工会调整劳动争议调解委员会组成人员,局工会副主席呼长凤任主任委员,安监处处长吴宝礼、人教处副处长马之林任副主任委员。

5月1日　市总工会召开纪念“五一”国际劳动节暨“九五”立功先进表彰大会。天津港务局34名职工荣获“九五”立功奖章。

5月7日　天津港务局工会召开基层工会法人登记工作会议,部署法人登记工作。

6月11日至15日　中国海员工会港口联络委员会1998年工作会议在天津港召开,来自全国30个港口的代表参加了会议。中国海员工会主席张士辉、天津港务局党委书记李伦炳参加会议开幕式。会议分别由天津港工会主席宋愿兵、长航局工会主席向恢平、大连港工会主席王志君主持。广州港、黑龙江航运局、烟台港、宁波港、福州港、武汉港、无锡港、天津港、哈尔滨港、佳木斯港的代表进行了大会发言或书面交流。中国海员工会主席张士辉在会议期间作了重要讲话。天津港务局党委副书记孙世明、局纪委书记黑锦国看望了与会代表。

6月15日至17日　全国职工体育工作表彰暨经验交流会召开,会议表彰了全国职工体育先进单位、先进个人和支持职工体育工作优秀领导干部。天津港务局被全国总工会评为全国职工体育先进单位。

6月30日　天津港务局工会被天津市总工会授予1997年度工会财会工作竞赛优胜奖。

7月9日　天津港集装箱货运有限公司工会筹备组成立,刘建民任组长。1999年9月17日,天津港集装箱货运有限公司工会召开第一次会员大会,夏平当选为主席。

7月15日　天津港第五届职工艺术节首项活动,"港三杯"演讲比赛在港埠三公司举行,全局14名选手参加决赛,局工会副主席呼长凤为获奖者颁奖。

7月23日　天津港务局工会召开十届九次全委(扩大)会议。

同日　天津港务局工会理论研究会成立。局工会主席宋愿兵任会长,局工会副主席王学俊、呼长凤任副会长,研究会有7名常务理事,29名理事。

7月29日至31日　天津港务局领导李伦炳、王恩德、于汝民、王海平、孙世明、宋愿兵、黑锦国、张瑞福等分别带领有关部门深入生产一线码头作业现场慰问职工。

8月6日　参加中国—非洲经济研修班的非洲12国的政府官员来天津港参观访问,局工会副主席石玉昆会见客人,介绍了天津港近年来的发展,并陪同参观了集装箱公司码头。

8月14日　天津港务局党委书记李伦炳、局长王恩德代表天津港将职工为长江流域受灾地区的捐款120.23万元交给市民政局。

8月18日　天津港第五届职工艺术节开幕式隆重举行。局领导李伦炳、于汝民、王海平、余贺元、宋愿兵、黑锦国、田长松、张瑞福出席,局党委副书记孙世明致开幕词。

9月21日　人事部、交通部颁发《关于表彰全国交通系统先进集体、劳动模范和先进工作者的决定》(人发〔1998〕81号),决定授予213人全国交通系统劳动模范称号,授予137人全国交通系统先进工作者称号,授予180个单位为全国交通系统先进集体称号。天津港赵明奎、苗珍云被授予全国交通系统劳动模范称号,天津港务局被授予全国交通系统先进集体称号。

9月24日　中国海员工会全国委员会发出《关于颁发第六届"金锚奖"的决定》(海工总字〔1998〕22号),决定授予144名优秀职工"金锚奖"。天津港祁虎、傅金标获得第六届"金锚奖"并分别被授予优秀队长和优秀管理者称号。

9月28日　天津港第五届职工艺术节闭幕。局领导李伦炳、于汝民、宋愿兵、黑锦国、张瑞福以及来自市交工委、口岸委、塘沽区领导观看了闭幕式演出,局长王恩德致闭幕词。

10月19日至24日　在中国工会第十三次全国代表大会上,天津港第六港埠公司工会被授予全国模范职工之家称号。

10月26日至28日　天津市妇女第十次代表大会召开,天津港第四港埠公司女职工王文艳作为正式代表出席大会。

10月30日　天津港务局召开女职工双文明立功竞赛总结大会,局工会主席宋愿兵出席会议并讲话。

11月3日　天津市总工会副主席刘凤山带队到天津港调研,局工会主席宋愿兵陪同到天津港第五港埠公司听取汇报。

11月6日　天津港职工业余艺术团工作指导小组成立并召开首次会议,局党委书记李伦炳作重要讲话,局工会主席宋愿兵出席,艺术团团长呼长凤汇报艺术团工作情况。

11月12日　天津港务局工会召开全局专职工会干部会议,传达贯彻中国工会十三大精神,局工会主席宋愿兵出席并讲话。

11月23日至24日　天津港务局工会举办基层工会主席学习中国工会十三大精神培训班。

11月28日　中共中央政治局常委、中纪委书记、全国总工会主席尉健行视察天津港。

12月10日　天津港务局举行集体合同签字仪式,行政方首席代表、局长王恩德与工会方首席代表、局工会主席宋愿兵分别代表企业和职工在集体合同文本上签字,局党委书记李伦炳等出席签字仪式。

12月15日　中国海员工会天津地区联委会五届一次会议在南京召开,会议一致推选天津港务局工会主席宋愿兵为天津地区第六届联委会主任,任期1999年1月1日至2000年12月31日。

12月16日至18日　中国海员工会四届三次全委会在江苏南京召开,天津港务局工会主席宋愿兵出席大会。

1999年

1月1日　天津港东方集装箱公司更名为天津港东方发展公司。2月,中国海员工会天津港东方集装箱公司委员会更名为中国海员工会天津港东方发展公司委员会。2002年12月11日,因天津港东方发展公司与天津港箱货有限公司合并,局工会决定撤销天津港东方发展公司工会建制,原天津港东方发展公司工会管理的会员整体转入天津港箱货有限公司工会。

1月18日　天津港务局工会十届十次全委(扩大)会议召开。

1月19日　天津港房产公司第一届职工代表大会第一次会议召开。

1月26日至27日　天津港务局第九届职工代表大会第二次会议召开。

2月8日　天津港务局工会在天津港第二港埠公司俱乐部召开1998年度表彰大会,表彰了1998年度工会工作先进集体和先进个人,局工会主席宋愿兵出席表彰大会并为获奖代表颁奖。局工会副主席王学俊讲话,副主席呼长凤宣读表彰决定。

2月11日　天津港务局领导李伦炳、王恩德、孙世明、宋愿兵带领局工会、党办、行办、退休办等部门分两路慰问了部分特困职工和孤老户。

2月13日　全国总工会副主席、书记处书记方嘉德在天津市总工会副主席李泮祥等陪同下来天津港慰问,局工会主席宋愿兵、副主席王学俊陪同到一公司慰问节日坚持生产的职工。

3月2日　天津港务局工会召开庆祝"三八"国际劳动妇女节大会,局工会主席宋愿兵出席会议并为先进代表颁奖。

3月7日　天津市各界妇女纪念"三八"国际劳动妇女节89周年大会举行,大会对1997～1998年度市级"三八"红旗集体和"三八"红旗手进行了表彰,天津港务局女职工委员会被授予"三八"红旗集体称号,天津港电力公司王凤琴被授予"三八"红旗手称号。

3月8日　全国总工会表彰一批先进女职工工作者和先进女职工,天津港务局工会副主席、女职工委员会主任呼长凤被授予全国先进女职工之友称号。

3月20日　天津港务局工会在一公司召开落实全总劳动保护监督检查"三个条例"经验交流会,一公司、四公司、六公司等基层和车间工会介绍了经验,局工会主席宋愿兵和天津市总工会经保部副部长戴述贤分别讲话。

3月26日　中国海员工会天津联委会在天津港召开了"厂务公开、民主管理"工作交流会,中远散货运输公司、天津港务局、航道局、海监局、第一航务工程局、第一航务勘察设计院、水运科学研究所、河北省海员工会等工会干部60多人参加大会,联委会主任、天津港务局工会主席宋愿兵讲话。

4月1日　天津港务局工会荣获1998年度天津市工会财会工作竞赛优胜奖。

4月2日　天津港信息中心工会召开第一次会员大会,王桂芬(女)当选为工会主席。

4月8日　天津港务局工会帮扶特困职工责任书签字仪式举行,局工会主席宋愿兵出席并讲话。

4月16日　天津港职工艺术团赴北京慰问国旗护卫队官兵。

4月28日　天津市纪念"五一"国际劳动节暨表彰劳动模范、模范集体大会在天津礼堂举行,大会对1998年度天津市特模、劳动模范和特模集体、模范集体进行了表彰,天津港务局有10人被授予劳动模范称号,3个集体被授予劳动模范集体称号。45名职工被评为"九五"立功先进个人,4个班组被评为"九五"立功先进集体,天津集装箱码头有限公司被评为"九五"立功企业。

4月29日　来自全国各地的百名五六十年代的老劳模由天津市政府副秘书长刘红升陪同参观天津港集装箱码头,局党委书记李伦炳向老劳模介绍了天津港的发展情况。

5月6日　中国海员工会副主席王贻谋、组宣部部长朱临庆等一行3人就厂务公开工作来天津港进行调研并与局工会部分干部座谈。局工会主席宋愿兵、副主席王学俊分别汇报了开展厂务公开工作情况。

5月20日　天津市交通口岸系统劳模事迹报告会在天津港举行,来自交通口岸系统的市特等劳动模范、全国五一劳动奖章获得者、天津铁路分局唐山站计划员袁红珠,市特模集体、全国五一劳动奖状获得者代表、中散(天远)公司漫海轮政委张建柱,市劳模、天津港第六港埠公司固机队队长孔祥瑞,市劳模、天津港电力公司高级工程师王凤琴等5位同志分别介绍了先进事迹。中共天津市交通口岸工委副书记周树佴、市交通委员会副主任戚荣林、市总工会副主席王连金、局党委副书记孙世明等与交通系统的200多名干部职工聆听了劳模事迹报告会。

同日　天津港务局召开1998年度市级劳动模范和模范集体代表座谈会,局党委副书记孙世明、局工会主席宋愿兵代表市委、市政府为劳模颁发证书并分别讲话。

5月24日至28日　天津港务局工会举办基层工会主席培训班,局党委书记李伦炳为学员讲授创新理论课,局工会主席宋愿兵作动员讲话。

5月28日　天津市总工会在市职工之家宾馆召开天津市工会系统调研工作会议。会议表彰了调研工作先进单位和优秀调研成果,天津港务局工会被评为调研工作先进单位;天津港有2篇成果被评为二级成果,有3篇调研成果被评为三级成果。

6月25日至27日　天津港职工艺术团赴河北省张北县地震灾区慰问。

7月8日　天津港务局工会在六公司举办劳模事迹报告会。

7月27日　天津港务局工会召开十届十一次全委(扩大)会议。

7月29日　天津港务局领导李伦炳、王恩德、孙世明、宋愿兵分别带领有关部门深入生产一线作业现场慰问职工。

8月4日　天津市总工会下发《关于表彰1998年度全市信息工作先进单位的通报》,天津港务局工会被评为信息工作先进单位,局工会办公室王剑被评为优秀信息工作者。

9月28日　交通部、中国海员工会、中国公路运输工会联合颁发《关于表彰全国交通系统优秀海员家属、公路职工"贤内助"、优秀家属工作者、文明家庭的决定》(交体法〔1999〕526号),中燃天津公司津油3号轮船长张广春的妻子安建平(天津港口医院护师)、天津港轮驳公司津港轮3号轮船长张浩的妻子吕永金(塘沽区外国语学校教师)被评为优秀海员家属。

10月13日至17日　中国海员工会、中国公路运输工会在江西召开信息工作会议。会议表彰了31个信息工作先进单位和56名优秀信息员,天津港务局工会副主席王学俊参加会议并作了题为《突出工作特色、提高信息质量》的经验介绍,局工会被评为信息工作先进单位,局工会办公室王剑被评为全国海员工会系统优秀信息工作者。

10月22日　天津市总工会召开统计工作会议,表彰了天津市工会1998年度统计工作竞赛先进单位,天津港务局工会荣获了1998年度工会统计工作竞赛一等奖,局工会办公室王剑获得竞赛个人一等奖。

10月27日　新疆维吾尔自治区总工会主席买买提江·艾买提由天津市总工会副主席张子鹏等陪同参观天津港。局工会主席宋愿兵向客人介绍了天津港概况和工会工作的基本情况并陪同客人参观了天津港集装箱码头。

10月　天津市总工会区县局级工会经审工作考核首次评比结果揭晓,天津港务局工会经费审查委员会被评为1998年度工会经审工作优秀单位。

11月27日　中共中央政治局常委、中央纪委书记,全国总工会主席尉健行在天津石化公司化工厂与天津市部分大型企业工会主席座谈,天津港务局工会主席宋愿兵参加汇报。

11月　天津市第四届"学绝技、创绝招、争做技术明星"活动评选揭晓,全市有9名职工被授予技术明星标兵称号,94名职工被授予技术明星称号,百个班组被授予技术明星班组称号。天津港第六港埠公司职工金学智被授予技术明星标兵称号;天津港电力公司职工石良玉被授予技术明星称号;天津港第五港埠公司工具队抓斗班被授予技术明星班组称号。

12月6日　接天津港务局党委组织部通知(津港党组发〔1999〕37号),同意局工会副主席呼长凤同志退休。

12月30日　天津港务局工会荣获1999年度天津市工会财会工作竞赛优胜奖。

2000年

1月19日至20日　天津港务局第九届职工代表大会第三次会议召开。

1月19日　由天津港务局工会编辑的反映局1998年度市级劳模事迹的《英模颂》一书在局九届三次职代会上首发。

1月28日　天津港务局工会召开十届十二次全委(扩大)会议。

2月1日　天津港务局领导李伦炳、王恩德、孙世明、宋愿兵带领局工会、党办、行办、退休办等部门分两路慰问了部分特困职工和孤老户。

2月13日　天津港务局召开1999年度表彰大会，局党委书记李伦炳讲话，局长王恩德宣布表彰决定，副局长于汝民主持大会，局领导王恩德、王海平、孙世明、余贺元、宋愿兵、黑锦国、田长松、张瑞福出席并颁奖。

2月22日　接天津港务局党委组织部通知（津港党组发〔2000〕74号），局党委决定石玉昆任局工会副主席候选人。

2月25日　天津港务局工会召开局和公司专兼职工会干部以及基层车间、班组代表参加的大会，传达天津市百万名职工技术创新动员大会精神，局工会副主席王学俊传达了会议精神，局工会主席宋愿兵提出贯彻要求。

同日　天津港务局工会召开表彰大会，对1999年度局级工会工作先进集体和个人进行表彰，局工会副主席王学俊主持表彰大会，局工会主席宋愿兵出席会议并讲话。

同日　全国总工会和国家经济贸易委员会在京联合召开全国“安康杯”竞赛总结表彰电视电话会议，会议表彰了1999年度全国“安康杯”竞赛优胜企业“安康杯”竞赛优秀组织奖获得单位，天津港务局被授予全国“安康杯”竞赛优胜企业称号。

3月2日　天津港务局工会召开先进女职工家属座谈会，局工会主席宋愿兵、副主席王学俊出席会议并讲话。

3月7日　天津港务局工会举行“三八”歌咏演唱会，局领导李伦炳、王恩德、宋愿兵出席观看。

3月29日　天津港务局万名职工技术创新推动组召开第一次会议，局工会副主席王学俊就局万名职工技术创新活动方案进行了说明。局工会主席宋愿兵出席会议并讲话。

同日　天津港务局工会召开十届十三次全委（扩大）会议。

同日　天津市总工会和市劳动与社会保障局联合召开集体协商集体合同工作经验交流会，会议表彰了推动集体协商集体合同工作先进单位和先进企业。天津港务局被评为区县局总公司（集团公司）推动集体协商集体合同工作先进单位；天津港储运公司被评为推动集体协商集体合同工作先进单位。

3月31日　天津港务局党办和局工会办公室联合举办信息工作讲座，邀请工人日报社《工会信息》主编姚荣启为全局党政工系统信息员100多人讲课。

3月　天津港第四港埠公司女职工赵丽英家庭被全国总工会授予全国文明家庭称号。

3月31日至4月4日　中国海员工会四届四次全委会在武汉召开，天津港务局工会主席宋愿兵出席大会。

4月2日　天津港第二港埠公司女职工十二人八字大跳绳代表队代表局参加了由全国妇联和国家体委主办，天津市妇联和市体委承办的全国“亿万妇女健身活动”启动仪式并进行了表演。

4月4日　天津市总工会经济保护部副部长戴述贤及市劳动和社会保障局、市交委有关负责人代表全国总工会和国家经贸委授予天津港务局“安康杯”竞赛优胜企业奖牌和证书。

4月29日　全国劳动模范和先进生产工作者表彰大会在北京举行。全国劳动模范、天津港第五港埠公司装卸二队队长祁虎出席大会并受到表彰。

4月30日　天津市召开大会庆祝“五一”国际劳动节表彰大会，表彰了天津市优秀经营管理者标兵、1999年度“九五”立功先进集体和个人。天津港务局有3人被评为优秀经营者，40人被评为“九五”立功先进个人，3个集体被评为“九五”立功先进集体。

5月12日　天津港务局第八届运动会首项比赛职工环港长跑举行，局领导王恩德、宋愿兵为比赛鸣枪。

5月19日　以武氏玉为团长的越南海防市劳动联盟代表团一行7人，由天津市总国际部部长李晓春陪同参观天津港，天津港务局工会主席宋愿兵会见并陪同参观了集装箱码头。代表团是应天津市总工会邀请来天津市进行友好访问的。

5月30日　市委常委、市总工会主席孙宝树来天津港务局看望工会干部，局领导李伦炳、王恩德、宋愿兵等陪同。

6月1日　天津市总工会召开表彰大会，对1999年度市级工会工作先进集体和个人进行了表彰，天津港务局一批集体和个人受到表彰。

6月7日　天津港务局工会举办基层工会主席新《会计法》讲座，局工会主席宋愿兵出席。

6月8日　天津港务局工会召开学习“三个代表”重要思想座谈会。

6月16日　天津港务局下发《关于调整局退休职工管理委员会成员的通知》（津港退〔2000〕163号），副局长张瑞福任主任，局工会副主席王学俊、局退管办副主任陈洪泽任副主任，方开华、朱炳如、刘文喜、谢萍任委员。

6月20日至23日　中国海员工会港口联委会2000年工作会议在九江港召开,天津港务局工会主席宋愿兵出席。

7月10日至12日　天津港务局工会在局党校举办学习“三个代表”重要思想培训班。

7月25日　天津港务局工会召开十届十四次全委(扩大)会议。

8月7日　天津市总工会下发《关于表彰天津市工会系统1999年度信息工作先进单位和优秀信息工作者的通知》(津工办〔2000〕19号),天津港务局工会被评为信息工作先进单位,局工会办公室王剑被评为优秀信息工作者。

8月16日　天津港生活服务中心工会召开第一次代表大会,郭正想当选为主席。

9月7日　天津市总工会副主席王连金来天津港进行调研,局工会主席宋愿兵向市总领导汇报了工会工作情况。

9月20日　天津港第八届职工运动会闭幕,局领导李伦炳、余贺元、张瑞福、黑锦国出席,局长王恩德致闭幕词,局工会主席宋愿兵宣布天津港第八届职工运动会闭幕。

10月13日　天津港务局召开万名职工技术创新经验交流会,局工会主席宋愿兵、副局长田长松,天津市总工会副主席王连金等出席会议并讲话。

11月15日　天津市工会部分单位经审工作座谈会在天津港召开,局工会主席宋愿兵、市总工会经费审查委员会主任杨东来出席会议并讲话。

11月17日　天津港务局工会举办基层工会主席财务管理培训班,局工会主席宋愿兵出席并讲话。

11月22日　天津港务局工会召开基层工会办公室主任会议,局工会主席宋愿兵出席会议并讲话。

11月　天津市总工会下发《关于表彰1999年度工会统计工作先进单位的通报》,天津港务局工会荣获统计竞赛一等奖。

同月　天津港务局工会被天津市总工会授予天津市工会财务工作先进集体称号。

12月8日　天津市总工会区县局级工会经审工作考核评比结果揭晓,天津港务局工会经费审查委员会被天津市总工会经费审查委员会评为1999年度工会经审工作优秀单位。

12月15日　天津市工业、交通两委和市总工会联合召开天津工交系统职工创新成果发布会,天津港务局工会和天津港第六港埠公司工会被评为天津市工交系统“百万职工技术创新活动优秀组织单位”。局工会主席宋愿兵代表天津港领奖,副主席王学俊代表天津港在会上发布了职工技术创新成果。

12月29日　天津港局举行“迎接新世纪,再创新辉煌”盛大庆典活动,局党委书记李伦炳讲话,局领导王恩德、王海平、孙世明、宋愿兵出席。全局各界代表在写有完成亿吨目标的港旗上庄严签字。

12月　市委常委、市总工会主席孙宝树对天津市总工会办公室第155期刊发的《天津港务局设施处工会请会员代表对处工会工作进行民主评议》的信息作出批示:“港务局设施处工会请会员评议工会工作的做法很好,值得各单位学习。我们的工作只有得到会员的拥护才能不断增强凝聚力。请市总工交工委认真总结这一经验。”

2001年

1月5日　天津港务局工会召开十届十五次全委(扩大)会议。

1月17日　天津港务局工会主席宋愿兵,副主席王学俊、石玉昆带领局工会有关部门工作人员慰问市特等劳动模范、港口医院退休职工钱冬香。

1月19日　天津港务局领导李伦炳、王恩德、宋愿兵、张瑞福带领局工会、党办、行办、退休办等部门工作人员分两路慰问了部分特困职工和孤老户。

2月5日至6日　中国海员工会天津港务局第十一次代表大会召开。

2月6日　天津港务局工会召开十一届一次全委会议。

2月7日至8日　天津港务局召开第十届职工代表大会第一次会议。

2月15日　天津市召开百万职工技术创新活动表彰暨动员大会,会上天津港务局工会主席宋愿兵作了典型发言。天津港务局获天津市“百万职工技术创新活动”明星单位,天津港第六港埠公司获先进单位称号,3个班组获得先进集体称号,24名职工获先进个人称号。

2月19日　以议长黄昌培为团长的韩国劳动总联盟仁川广域市本部代表团一行5人,由天津市总国际部部长李晓春陪同访问天津港,局工会副主席石玉昆会见并陪同参观了集装箱码头。代表团是应天津市总工会的邀请来天津市进行友好访问的。

同日　天津市总工会颁发《关于表彰天津市工会系统1999～2000年度“三优”调研成果和工运理论研究会先进分会的决定》（津工研会〔2001〕1号），天津港务局工会被评为天津市工运理论研究会先进分会，有3篇成果获得三等奖。

2月20日　天津港（集团）股份有限公司焦炭码头分公司第一届职工代表大会第一次会议召开。

2月26日　全国城镇妇女“巾帼建功”活动领导小组决定授予天津市第四港埠公司动力站“三八”班全国巾帼文明示范岗称号。

同日　市总工会召开天津市工会调研工作会议暨工运理论研究年会，会议表彰了1999～2000年度“三优”调研成果和工运理论研究会先进分会。

3月1日　全国总工会纪念“三八”国际劳动妇女节暨表彰大会在京举行，会议表彰一批先进女职工集体和先进个人。天津港第二港埠有限公司仓库职工宋桂兰被授予全国先进女职工称号。

同日　以市总工会常委、经保部部长杨东来为组长的调研组一行3人就落实天津市百万职工技术创新活动动员大会精神情况来天津港调研，局工会主席宋愿兵、副主席石玉昆分别汇报。

3月6日　天津港务局在第二港埠公司召开纪念“三八”妇女节暨向亿吨大港冲击誓师大会，局工会主席宋愿兵，天津市总工会副主席、女职工委员会主任王连金分别讲话。局领导王恩德、孙世明及市总工会女工部部长刘宝桧等出席大会。大会表彰了局级“三八”红旗集体和“三八”红旗手。会上宣读了《全局女职工向亿吨大港目标冲击的倡议书》。

3月8日　天津市各界妇女纪念“三八”国际劳动妇女节91周年暨表彰先进大会举行。大会对1999～2000年度市级“三八”红旗集体和“三八”红旗手进行了表彰，天津港务局工会女职工委员会被授予“三八”红旗集体称号，天津港第二港埠公司宋桂兰被授予“三八”红旗手称号。

3月12日　中国海员工会全国委员会、中国公路运输工会全国委员会联合发出《关于颁发第七届“金锚奖”和第四届“金桥奖”的决定》（海工总字〔2001〕10号），决定授予132名优秀水运职工第七届“金锚奖”。天津港宋愿兵、李志伟、杨国冬被授予第七届“金锚奖”。

3月14日　天津港务局召开确保亿吨大港劳动竞赛动员大会，局工会主席宋愿兵主持会议，局党委副书记孙世明、副局长田长松出席会议并分别讲话。

3月19日　天津港务局工会召开财务工作会议，表彰了一批财务工作先进单位和先进个人，局工会主席宋愿兵出席会议并讲话。

3月21日　以蒙古工联书记处书记彭茨克·策耶为团长的蒙古工联代表团一行10人，由市总国际部部长李晓春陪同参观天津港，局工会副主席石玉昆会见蒙古工会客人并陪同参观了集装箱码头。代表团是应全国总工会的邀请来天津进行友好访问的。

3月24日　天津市妇联、市体育局、市总工会、市农民体协、市妇女体协联合下发《关于表彰天津市妇女群众体育工作先进单位和先进企业个人的决定》（津妇发〔2001〕字第20号），决定对147个先进单位和221个先进个人进行表彰。天津港务局、天津港第二港埠有限公司、天津港文体中心、天津港储运公司女职工委员会被评为先进单位。天津港第二港埠公司沈庆霞、魏昆韬，天津港务局工会刘淑云、天津港务文体中心赵长元、天津港口医院张瑞娥、天津港储运公司左珍书、电力公司张海英、天津港培训中心关红年被评为先进个人。

3月29日　天津市安全生产委员会下发《关于表彰2000年度天津市“安康杯”竞赛先进企业和“安康杯”竞赛优秀组织单位的决定》，天津港第二港埠有限公司、天津港集装箱码头有限公司、天津港电力公司、天津港南疆开发公司被授予2000年度天津市“安康杯”竞赛先进企业称号，天津港务局被授予“安康杯”竞赛优秀组织单位奖。

3月　全国总工会和国家经济贸易委员会联合下发《关于表彰2000年度全国“安康杯”竞赛优胜企业“安康杯”竞赛优秀组织奖获得单位的决定》（总工发〔2001〕6号），天津港务局被授予全国“安康杯”竞赛优胜企业称号。

4月2日　天津港务局工会举办庆祝中国海员工会成立80周年报告会，邀请中国工人运动史研究会副会长王永玺为全局150多名工会干部作报告。局工会主席宋愿兵、石玉昆出席报告会。

4月5日至7日　中国海员工会四届五次全委会暨庆祝中国海员工会成立80周年大会在北京召开，天津港务局工会主席宋愿兵出席大会。

4月10日　《天津工人报》头版头条刊登通讯《听港口工人谈追求》。

4月29日　天津市纪念“五一”国际劳动节暨表

彰劳动模范、模范集体大会在天津礼堂举行,大会对2000年度天津市特模、劳动模范和特模集体、模范集体进行了表彰,天津港第六港埠公司孔祥瑞被授予特等劳动模范称号并荣获全国五一劳动奖章,天津港务局荣获全国五一劳动奖状,另有10人被授予劳动模范称号,3个集体被授予劳动模范集体称号。

5月2日　应中国职工对外交流中心的邀请,以日本富士通工会中央执行委员长松冈晴男为团长的富士通工会“青春之船”访华团一行570人抵达天津港客运码头。中华全国总工会副主席李奇生,中国职工对外交流中心副会长李永海、秘书长李铁桥,天津市总工会副主席李淑珍出席欢迎仪式,天津港务局工会副主席石玉昆等陪同。5月5日,日本富士通工会“青春之船”访华团一行从天津港离境回国。

5月11日　天津港务局工会荣获2000年度天津市工会财务会计竞赛特等奖。

5月30日　天津港务局召开十届一次职代会提案办理工作会议,局长王恩德出席会议并对提案工作提出具体要求。

6月　天津港务局工会被全国总工会授予2000年度全国工会财务工作先进单位称号。

8月2日　以天津市总工会副主席王连金为组长的安全检查组一行,来天津港务局检查工会劳动保护工作的落实情况,局工会主席宋愿兵陪同。

8月9日　天津港务局工会召开十一届二次全委(扩大)会议。

8月15日　天津港务局工会在一公司俱乐部广场举行“实现跨越式发展,向亿吨大港冲击”慰问演出,局工会主席宋愿兵、副主席石玉昆观看演出。

8月28日　天津港务局举行劳动模范事迹报告会,5位市级劳动模范为150名干部职工作了报告,局党委副书记孙世明、局工会主席宋愿兵出席报告会。

9月19日　天津港务局行政和局工会联合发出《关于调整劳动争议调解委员会人员情况的通知》(海津港工〔2001〕35号),局工会女职工委员会主任、生活女工部部长李洪霞任主任,安监处处长吴宝礼、人教处副处长宋锡鑫任副主任。

10月8日　人事部、交通部颁发《人事部、交通部关于表彰全国交通系统先进集体和劳动模范、先进工作者的决定》(人发〔2001〕106号),决定授予全国180个单位、集体为交通系统先进集体称号,授予198人全国交通系统劳动模范称号,授予151人全国交通系统先进工作者称号。天津港丁尔勤、张云亭被授予全国交通系统劳动模范称号,天津港务局被授予交通系统先进集体称号。

10月9日　天津港务局第十届职工代表大会第二次会议召开。

10月10日　天津市总工会颁发《关于表彰民主管理工作先进单位、优秀个人和优秀论文的决定》(津工办〔2001〕26号),天津港务局工会被授予推动民主管理工作先进单位称号;局工会边凤华被评为区县局总公司一级优秀民主管理工作者;六公司凌文良被评为基层优秀民主管理工作者;五公司党委书记高俊被评为民主管理工作优秀党政领导。

10月15日至19日　中国海员工会港口联委会2001年工作会议在海口港召开,天津港务局工会主席宋愿兵出席。

10月22日　天津港务局召开冲击亿吨大港劳动竞赛推动会,局工会主席宋愿兵、副局长田长松出席会议并讲话。

同日　中国海员工会天津港务局代表会议召开,会议选举宋愿兵等6人为出席天津市工会第十四次代表大会代表,天津市总工会副主席安亭洲、刘凤山、赵洪莉也在天津港选区当选为代表。

10月29日至11月1日　天津市工会第十四次代表大会召开,天津港务局工会主席宋愿兵等6人作为正式代表、局纪委书记黑锦国作为列席代表出席大会,宋愿兵当选为市总工会第十四届委员会委员。

11月5日　天津港务局工会召开会议传达贯彻天津市工会十四次代表大会精神,局工会主席宋愿兵主持会议并讲话。

11月16日　天津港务局召开庆祝吞吐量超亿吨大会并举行大型演出,市长李盛霖等出席大会并讲话。

12月28日　天津港散货物流有限责任公司工会召开第一次会员大会,项子强当选为工会主席。

同日　天津市总工会区县局级工会经审工作考核评比结果揭晓,天津港务局工会经费审查委员会被天津市总工会经费审查委员会评为2000年度工会经审工作优秀单位。

2002年

1月31日　天津港务局召开第十届职工代表大会第三次会议。

2月4日　天津港务局工会召开十一届三次全委(扩大)会议。

2月5日　以张子鹏副主席为团长的天津市总工会慰问团来天津港慰问职工,并在天津港电力公司举行慰问演出,局领导孙世明、宋愿兵陪同并观看演出。

2月6日　天津港务局领导李伦炳、王恩德、宋愿兵、张瑞福带领局工会、党办、行办、退休办等部门工作人员分两路慰问了部分特困职工和孤老户。

3月6日　天津市总工会颁发《关于表彰天津市工会系统2001年度信息工作先进单位和优秀信息工作者的通知》(津工办〔2002〕4号),天津港务局工会被评为信息工作先进单位,局工会办公室王剑被评为优秀信息工作者。

3月16日　上海市总工会副主席张兴淮与上海市总工会技协办公室主任高兴国在天津市总工会副主席安亭洲和天津市总工会技协办公室主任董建国陪同下参观天津港,局工会主席宋愿兵会见上海市总客人并介绍天津港以及工会、技协的有关情况,局工会副主席石玉昆陪同。

3月20日　天津市总工会颁发《关于表彰新建企业工会组建工作先进集体和先进个人的决定》,天津港焦炭码头公司工会刘军被评为先进个人。

3月22日　天津港务局局长、局劳动竞赛委员会主任王恩德主持召开2002年第一次劳动竞赛委员会全体会议,研究确定年度劳动竞赛方案,局劳动竞赛委员会副主任宋愿兵、田长松出席会议。

3月27日　天津市交通邮电系统工会主席联席会在天津港召开,局工会主席宋愿兵及天津市总工会副主席王连金出席会议并讲话。

3月28日　天津市实施职工素质工程动员大会在天津宾馆中礼堂召开。天津港务局党委副书记孙世明代表局作《开展创建星级班组活动,促进职工队伍素质提高》的典型发言,局工会主席宋愿兵参加大会。

3月　全国总工会和国家安全生产监督管理局联合颁发《关于表彰2001年度全国"安康杯"竞赛优胜企业"安康杯"竞赛优秀组织奖获得单位的决定》(总工发〔2002〕4号),天津港务局工会获得全国"安康杯"竞赛优秀组织奖。

4月16日至22日　应香港工联会和澳门工联会邀请,以市总工会经保部部长杨东来为团长的天津市劳动模范代表团一行11人赴港澳考察访问,市特等劳动模范、天津港第六港埠公司固机队队长孔祥瑞随团出访。

4月17日　天津港务局工会主席宋愿兵带领部分基层工会负责人到市自来水集团公司新开河水厂,就推广建立职工素质档案问题学习考察。

4月23日　中央电视台"心连心"艺术团来天津港进行慰问演出。市领导张立昌、李盛霖、刘峰岩、散襄军同天津市5万多名产业工人观看演出。

同日　为纪念"五一"国际劳动节和中央电视台"心连心"艺术团来港慰问演出,天津港务局和市集邮公司联合制作纪念封一枚。

4月29日　天津港第六届艺术节首项活动女职工巧手展示活动举行,局领导李伦炳、孙世明、余贺元、宋愿兵、张瑞福等参观了展览。

4月30日　天津市召开庆祝"五一"表彰大会,天津港务局3个班组和22名个人分别被评为天津市"十五"立功先进集体和先进个人,天津港务局被市总工会评为天津市"十五"立功先进单位。孔祥瑞"门机主令器操作法"被命名为天津市十大职工操作法。局工会主席宋愿兵、副主席石玉昆出席大会,副主席王学俊代表天津港领奖。

同日　中央电视台在当晚黄金时间播放"劳动欢歌"——"心连心"艺术团来天津港慰问演出实况录像。

4月　天津港务局工会被天津市总工会评为2001年度天津市工会系统信息工作先进单位,局工会办公室王剑被评为优秀信息工作者。

5月8日　天津港务局工会荣获2001年度天津市工会财务会计竞赛特等奖。

5月9日　天津港务局召开职工素质工程交流推动会,4个基层工会介绍了经验,局工会副主席王学俊传达了天津市职工素质工程动员大会精神,局工会主席宋愿兵出席会议并就开展好职工素质工程活动提出要求。

5月13日至28日　应澳大利亚墨尔本市政府和新西兰惠灵顿市政府邀请,以市委常委、市总工会主席散襄军为团长的天津市工会代表团一行12人赴澳大利亚和新西兰进行友好访问,天津港务局工会主席宋愿兵随团出访。

5月16日　天津港务局党委组织部下发津党组〔2002〕27号文件,局党委决定石玉昆同志兼任天津港文化体育活动中心主任;免去陈景文同志天津港文化体育活动中心主任职务。

5月17日　天津市总工会与市安全生产监督管理局在市职工之家召开"天津市'安康杯'竞赛总结表

彰大会”,天津港第一港埠公司、天津港第二港埠有限公司、天津港集装箱码头有限公司3个基层单位被评为“安康杯”竞赛先进企业。

5月21日 《天津工人报》头版头条刊登题为“职工树立不断更新知识和终身学习的观念:港务局开展‘三学三看’活动”的报道。

5月31日 天津港务局工会举办“加入WTO对工人阶级与工会工作影响”专题报告会,天津市工会管理干部学院教师应邀作报告,局工会副主席王学俊与全局100多名工会干部参加报告会。

6月5日 天津港务局工会召开劳动保护工作推动会,总结实施市总《事故隐患报告书》《事故隐患限期整改通知书》(简称“两书”制度)和开展“每人提一条隐患、纠正一次违章,每个班组消除一项隐患、避免一起事故”(简称“两个一”活动)十周年成果,5个基层工会介绍了开展“两书”制度和“两个一”活动经验,局工会副主席王学俊出席会议并讲话。

6月12日 天津市总工会实施“两书”制度和开展“两个一”活动十周年成果展在天津港南疆开发公司进行巡展。

6月13日 由国家安全生产监督管理局副局长闪纯昌、中华全国总工会书记处书记纪明波为首的国家“安全生产万里行”检查组一行40多人,在天津市副市长杨栋梁及市交委、市总工会有关负责人的陪同下来天津港检查安全生产工作,天津港务局领导于汝民、宋愿兵、张瑞福分别汇报安全生产工作情况。

6月15日 华北地区工会经审工作交流会代表参观天津港,天津市总工会经费审查委员会主任杨东来、天津港务局工会副主席石玉昆等陪同。

6月25日 天津市总工会召开表彰大会,对2000~2001年度市级工会工作先进集体和个人进行了表彰,天津港务局一批集体和个人受到表彰。

7月3日 天津港务局召开十届三次职工代表大会提案办理工作会议,局长于汝民出席会议并对提案办理工作提出了要求。

7月11日 天津市总工会副主席安亭洲,市总工会常委、办公室主任张和凯,生活保障部部长郑云茹等来港慰问暑期坚持生产的一线职工,天津港务局工会主席宋愿兵、副局长赵彦虎陪同到集装箱公司慰问,并听取了集装箱公司关于防暑降温的工作汇报。

7月12日 天津港务局举行庆祝时间任务双过半文艺演出,局领导于汝民、孙世明、宋愿兵、黑锦国、张瑞福、黄力军、余贺元及200多名职工观看演出。

7月25日 天津港务局工会十一届四次全委(扩大)会议召开。

8月8日 中国海员工会全国委员会、中国公路运输工会全国委员会联合下发《关于颁发第八届“金锚奖”和第五届“金桥奖”的决定》(海工总字〔2002〕6号),决定授予169名优秀水运职工“金锚奖”,授予95名优秀公路运输职工“金桥奖”。天津港杨祥海、程文斌、郭长起被授予第八届“金锚奖”。

8月20日 《天津工人报》头版头条刊登报道《“包船”竞赛独具特色:港埠六公司生产作业吞吐量连续两个月高产》。

8月26日 纪念中华全国集邮联合会成立20周年先进集体、先进个人表彰大会在北京召开,十余个省级和行业邮协、百余个先进基层组织、千余先进个人受到表彰。天津港务局集邮协会被授予全国集邮先进集体称号。

8月29日 天津港务局工会在天津港第一港埠公司召开班组文化创建活动观摩交流会。

9月3日 以台湾中华海员总工会理事长方福樑为团长的台湾海员工会代表团一行10人,由中国海员工会副主席朱建光等陪同访问天津港,局工会主席宋愿兵会见台湾工会客人并陪同参观了集装箱码头。代表团是应中国海员工会和中国职工交流中心的邀请来天津市进行友好访问的。

同日 以日本联合三泗地域协议会议长六藤逸美为团长的日本三泗地区劳中心代表团一行6人,由市总国际部负责人陪同参观天津港,局工会副主席石玉昆会见日本工会客人并陪同参观了集装箱码头。代表团是应天津市总工会的邀请来天津市进行友好访问的。

9月26日 天津港务局第十届职工代表大会第四次会议召开。

10月3日 《天津工人报》刊登天津港务局工会主席宋愿兵学习《天津市实施〈工会法〉办法》的体会文章《履行职责,呵护职工》。

10月10日 天津港务局在天津港第五港埠公司召开“以经济工作为中心做好党群工作”的专题会议,天津港第五港埠公司党、政、工负责人分别介绍了经验,局党委书记王恩德讲话,局领导于汝民、孙世明、宋愿兵、黑锦国出席会议。

10月15日 天津港职工健康俱乐部成立,局工会主席宋愿兵出席成立大会。

10月17日 以主席西雅兹别克·穆加舍夫为团

长的哈萨克斯坦工会联合会代表团一行10人由天津市总工会国际部负责人等陪同参观天津港，局工会副主席石玉昆会见并陪同参观了集装箱码头。代表团是应全国总工会的邀请来天津市进行友好访问的。

同日　纪念天津港对外开埠142周年、庆祝天津新港重新开港50周年劳动模范座谈会在局机关召开。

同日　纪念天津港对外开埠142周年、庆祝天津新港重新开港50周年摄影、集邮展览在天津港文体中心举行。

同日　《天津工人报》头版头条刊登报道《港务局工会开展先进操作法选树活动：生产一线频出“金点子”》。

10月21日至23日　天津市第二届职工文化艺术节“港务局”杯健身交谊舞大赛经过初赛、复赛、半决赛，在职工之家举行了决赛，市总工会副主席张子鹏观看了决赛并为获奖选手颁发了荣誉证书和奖杯。

10月25日　天津港务局举行庆祝天津港对外开埠142周年、天津港重新开港50周年大会暨第六届职工艺术节闭幕式。

10月28日至11月8日　以宋愿兵主席为团长的天津港务局工会代表团一行11人应日本日中协力促进会和韩国京仁港运劳动组合邀请，赴日韩两国进行友好访问，在日韩期间分别拜会了日本全国港湾劳动组合协议会、日本全国劳动组合总联合会、韩国京仁港运劳动组合等工会组织。

10月30日　市总工会女职工委员会三届一次全委会在市职工之家召开，会议推举产生了天津市总工会第三届女职工委员会，天津港务局工会生活女工部部长李洪霞当选为委员。

10月　天津市总工会区县局级工会经审工作考核评比结果揭晓，天津港务局工会经费审查委员会被天津市总工会经费审查委员会评为2001年度工会经审工作优秀单位。

11月14日　天津市安全生产委员会办公室下发《关于对十二届“安全生产月”暨实施“两书”工作制度十周年成果展牌进行评比表彰的决定》（津安办字〔2002〕40号），天津港务局工会荣获集体一等奖。

11月30日　全国总工会副主席、书记处书记苏立清由中国海员工会副主席朱建光、天津市总工会副主席赵洪莉等陪同视察天津港，局工会主席宋愿兵汇报了天津港生产建设和工会工作情况，并陪同参观了南疆石化码头和散货物流中心。

12月9日　劳动和社会保障部颁发《关于表彰第六届中华技能大奖获得者、全国技术能手及获国家技能人才培育突出贡献奖单位的决定》（劳社部发〔2002〕24号），天津港第二港埠有限公司装卸机械修理工、技师田见龙被授予第六届全国技术能手荣誉称号。

2003年

1月6日　天津市十届政协第十八次常委会议举行，会议审议通过了市十一届政协参加单位、委员名额和委员名单，天津港务局工会主席宋愿兵当选天津市第十一届政协委员。

1月28日　天津港务局领导王恩德、于汝民、宋愿兵、张瑞福带领局工会、党办、行办、退休办等部门负责同志分两路慰问了部分特困职工和孤老户。

1月30日　天津港务局领导王恩德、于汝民、孙世明、宋愿兵、黑锦国、田长松、张瑞福、黄力军、赵彦虎分别带领有关部门负责同志分三路慰问一线单位，向全局职工祝贺新春。

2月18日至19日　天津港务局第十届职工代表大会第五次会议召开。

2月27日　天津港务局工会十一届五次全委（扩大）会议召开。

3月3日　天津港务局工会在文体中心召开工会工作经验交流暨表彰大会，对2002年度工会工作先进集体和先进个人进行表彰，天津港第四港埠公司工会、天津港第五港埠公司工会等获奖代表先后介绍了经验。局工会副主席石玉昆主持大会，副主席王学俊宣读了表彰决定，局工会主席宋愿兵出席大会并讲话。

3月4日　天津港务局工会女职工委员会与局环卫处共建文明港口签字仪式在天津港电力公司俱乐部举行，局工会女职工委员会主任李洪霞和局环卫处处长刘宝贵分别在协议书上签字，局工会主席宋愿兵出席签字仪式并讲话。

同日　天津港务局评模领导小组办公室在《天津港湾》发布关于对推荐的2002年度10位天津市劳动模范和3个模范集体候选名单进行公示通告。

3月5日　天津市总工会召开庆“三八”座谈会，会议对2002年度全国先进女职工先进个人、集体和文明家庭进行了表彰，天津港务局工会女职工委员会主任李洪霞被授予全国先进女职工称号。

3月6日　天津市各界妇女纪念“三八”国际劳动妇女节九十五周年暨表彰先进大会举行。大会对2001～2002年度市级“三八”红旗集体和“三八”红旗手进行了表彰,天津港务局女职工委员会被授予“三八”红旗集体称号,天津港第二港埠有限公司马桂兰被授予“三八”红旗手称号。

3月20日　天津市工人理论研究会第二次会员代表大会暨工会调研工作会议在市职工之家宾馆召开。天津港务局工会主席宋愿兵、副主席王学俊,天津港第三港埠公司工会主席郭长起当选为天津市工人理论研究会第二届理事会理事。会议还表彰了先进分会和优秀调研成果,天津港务局工运理论研究分会被评为先进分会;局工会王剑撰写的《关于对天津港第六港埠公司职工队伍的典型调查》获得一级成果,同时局另有1篇获得二级成果,2篇获得三级成果。

3月27日至28日　中国海员建设工会全国委员会第一届一次全体会议在北京召开,天津港务局工会主席宋愿兵当选第一届委员会委员。

3月　全国总工会和国家安全生产监督管理局联合下发《关于表彰2002年度全国“安康杯”竞赛优胜企业、优秀组织单位的决定》(总工发〔2003〕10号),天津港务局获得全国“安康杯”竞赛优胜企业称号。

4月8日　天津市职工文体协会成立,市委常委、市总工会主席散襄军出席会议并讲话,天津港务局当选天津市职工体育协会理事单位。

同日　天津港务局工会召开基层工会主席会议,局工会生活女工部部长李洪霞传达了天津市总工会保障工作会议精神,局工会主席宋愿兵传达了中国海员建设工会一届一次全委会议精神,并就贯彻落实好两次会议精神提出要求。

同日　经过个人申报、基层推荐、专家评审、评委会综合评定、天津市总工会常委会审定,决定分别授予86名职工为音乐、舞蹈、美术、文学职工艺术家称号,同时授予“十五”立功称号。天津港第四港埠公司职工贾万庆、天津港第五港埠公司职工张宏义分别被授予职工美术家称号,局机关职工王广荣被授予职工摄影家称号。

4月10日　全国厂务公开协调小组在京召开电视电话会议,会议表彰全国厂务公开工作先进单位,天津港第三港埠公司榜上有名。

4月14日　市委常委、市总工会主席散襄军,副主席刘凤山就建立“天子码头”餐饮公司问题来天津港调研,并与局党委书记王恩德、局长于汝民、局工会主席宋愿兵座谈。

4月23日　天津港务局工会荣获2002年度天津市工会财务会计竞赛特等奖。

4月30日　中共天津市委、天津市人民政府颁发《关于表彰2002年度市级劳动模范和模范集体的决定》,决定对2002年度天津市特模、劳动模范和特模集体、模范集体进行表彰,天津港第一港埠公司张云亭被授予特等劳动模范称号,另有9人被授予劳动模范称号,1个集体被授予特等劳动模范集体称号,两个集体被授予劳动模范集体称号。

同日　天津港务局工会主席宋愿兵到文体中心检查防“非典”工作,并提出了具体要求。

4月　天津港务局工会被天津市总工会评为2002年度天津市工会系统信息工作先进单位,局工会办公室王剑被评为优秀信息工作者。

5月15日　天津市总工会和安全生产监督局联合下发《关于表彰2002年度天津市“安康杯”竞赛先进企业、优秀组织单位的决定》(津工发〔2003〕13号)。天津港第四港埠公司被授予2002年度天津市“安康杯”竞赛先进企业称号,天津港第二港埠公司、天津港第六港埠公司被授予“安康杯”竞赛优秀组织单位称号。

5月16日　天津港务局工会主席宋愿兵、副局长张瑞福代表局党委到港口医院、华港饭店和港口医院职工易海峰的家中,慰问天津港战斗在抗“非典”一线的职工和家属。

5月28日　天津港务局工会将天津港69位不同时期的劳动模范为天津市抗击“非典”一线医务人员的捐款共计10810元送到天津市劳模协会。

5月29日　天津港务局工会主席宋愿兵到设施处调研,并深入到供水所机电维修班向“非典”期间坚守岗位的一线职工表示慰问。

6月13日　由天津港务局工会发起组织的“为实现天津港2010年新目标万名职工传递签名活动”开始在全局43个基层单位分8个组进行传递签名。

6月23日　天津港务局唯一的集体企业——港口服务公司签订工资集体协议,成为全局第一个签订工资集体协议的企业。

6月24日　“为实现天津港2010年新目标万名职工传递签名活动”最后一站在局机关举行,局领导王恩德、于汝民、孙世明、宋愿兵、黑锦国、田长松、张瑞福、黄力军、赵彦虎与机关职工分别在条幅上签名。

7月11日　天津港务局局长于汝民在局工会主

席宋愿兵、副主席石玉昆陪同下到局文体中心调研,并察看了游泳池、健身广场等场地情况。

同日　天津港职工系列健身活动在文体中心启动,局长于汝民为“港通杯”职工长跑比赛鸣枪,局工会主席宋愿兵出席。

7月21日至22日　天津港务局工会举办工会干部学习“三个代表”重要思想理论培训班,来自基层的80余名工会干部参加培训。

7月29日　天津港务局工会召开十一届六次全委(扩大)会议。

同日　市总工会组织的天津市职工“‘三个代表’在我心中”演讲大赛圆满结束,天津港务局荣获优秀组织单位称号。

8月14日　市总工会召开天津市深入开展百万职工技术创新活动推动会。大会表彰了工会系统抗击“非典”先进个人和先进集体,并授予“十五”立功荣誉称号。天津港口医院发热门诊被授予“十五”立功先进集体称号;刘宝贵、赵月发、王艳波(女)被授予“十五”立功先进个人称号。

8月18日　天津港务局党委书记王恩德代表局党委为即将出席中国妇女九大的天津港建设公司女职工任文芳送行。

8月　天津港务局工会经费审查委员会被全国总工会授予全国工会经审工作先进单位称号。

9月10日　天津港务局工会举行传达学习中国妇女九大精神大会,中国妇女九大代表、天津港建设公司女职工任文芳传达大会精神。

10月23日　由天津市总工会经保部部长黄晓云、研究室主任李子星、宣教部部长李颜等组成的调研组来天津港调研群众经济工作,局工会主席宋愿兵等陪同。

10月28日　应天津市总工会和天津港务局工会邀请,以李海雨副委员长为团长的韩国京仁港运劳动组合代表团一行9人由天津市总工会国际部负责人等陪同访问天津港,局工会副主席石玉昆会见并陪同参观了集装箱码头。

10月30日　天津港务局举行交通消防安全文艺会演,副局长张瑞福、赵彦虎及天津市消防局、塘沽区交管局领导观看演出。

10月30日至11月9日　应台湾中华总工会邀请,以市总工会副主席张子鹏为团长的天津市工会代表团一行15人赴台湾进行访问,天津港务局工会主席宋愿兵随团出访。

11月3日　中国海员建设工会全国委员会下发《关于评选第九届“金锚奖”和第六届“金桥奖”的决定》(海工总字〔2003〕18号),决定授予169名优秀水运职工第九届“金锚奖”。天津港高如章、金学智、刘军民被授予第九届“金锚奖”。

11月13日　天津市交通邮电系统厂务公开经验交流会在天津港召开,天津港务局、一航局、交通局运输一场等单位介绍经验,局工会主席宋愿兵会见了出席会议的代表。

同日　《天津工人报》头版头条刊登报道《在港埠二公司敬业者大有发展机会:当“首席员工”地位不一般》。

11月21日　《工人日报》第五版显著位置刊登报道《“蓝领”工人享受“白领”待遇:天津港“首席员工”博得喝彩》。

11月26日　《天津工人报》头版头条刊登特写《听他们诠释“首席员工”》。

11月27日　《天津工人报》头版头条刊登通讯《走进“首席员工”》。

12月11日　市总工会召开天津市职工职业道德“双十佳”表彰暨事迹报告会,大会表彰了职工职业道德建设十佳单位、十佳标兵和33个职工职业道德建设先进单位、31个先进个人。天津港务局被授予职工职业道德建设先进单位称号。

12月25日　天津港务局举行纪念毛泽东同志诞辰110周年职工歌会。

12月26日　天津港务局举行纪念毛泽东同志诞辰110周年劳动模范座谈会,13位不同时期的劳动模范参加座谈,局党委副书记孙世明出席并讲话。

2004年

1月13日　交通部颁发《关于授予侯振芳等33名同志全国交通技术能手称号的通知》(交人劳发〔2004〕16号)。天津港煤码头公司金学智被授予2003年度全国交通技术能手称号。

1月17日　中国海员建设工会主席吴子恒率领慰问团来天津港慰问职工,局工会主席宋愿兵、副主席石玉昆等陪同,在天津港第四港埠公司举行慰问演出并向职工赠送慰问品。

同日　中国海员建设工会主席吴子恒等由天津港

务局工会主席宋愿兵陪同慰问了天津市特等劳动模范、天津港口医院原总护士长钱冬香。

1月　春节前夕全国总工会向历届全国劳动模范、五一劳动奖章获得者及全国劳动模范遗孀发放了慰问金和慰问信。

2月11日至12日　天津港务局十届六次职工代表大会召开。

2月13日　天津市总工会副主席张子鹏等一行3人来天津港就开展职工素质工程有关情况进行调研,局工会主席宋愿兵汇报了有关情况并陪同到天津港第二港埠公司进行了考察。

2月19日　全国建筑、交通行业进城务工人员工会组建工作经验现场交流会在天津职工之家宾馆召开,天津港务局工会主席宋愿兵参加本次大会。

2月21日　中国海员建设工会助理巡视员朱临庆,海员工作部部长魏薇、副部长陈应东一行3人来天津港就安全生产和工会劳动保护工作进行调研,并听取了局安监处处长吴宝礼、局工会副主席王学俊的汇报,并深入天津港石化码头公司调研。

2月27日　天津港务局工会召开十一届七次全委(扩大)会议。

3月5日　天津港务局工会举行纪念“三八”妇女节暨女职工健身年启动仪式。局党委书记王恩德为“天津港2004女职工健身年”活动启动剪彩,并与局工会主席宋愿兵一起观看了女职工健身比赛。

3月9日　天津港务局获得由市总工会、市经委、市科协、市社会和劳动保障局联合组织的2003年天津市职工职业技能大赛优秀组织奖。

3月18日　全国总工会和国家安全生产监督管理局联合颁发《关于表彰2003年度全国“安康杯”竞赛优胜企业、优秀组织单位的决定》(总工发〔2004〕6号),天津港务局获得全国“安康杯”竞赛优胜企业称号。

3月18日至20日　全国工会宣传思想工作会议在天津港保税区召开。

3月19日　全国工会宣传思想工作会议代表来天津港学习考察天津港创学习型组织的情况,全国总工会副主席、书记处书记黄彦蓉,天津市总工会副主席张子鹏参加考察。局党委书记王恩德致辞,局长于汝民陪同,局工会主席宋愿兵、港埠二公司总经理赵明奎分别介绍经验。

同日　中共中央政治局委员、全国人大常委会副委员长、中华全国总工会主席王兆国在市职工之家宾馆与天津市领导和部分工会干部座谈,天津港务局工会主席宋愿兵参加座谈会。

3月20日　中共中央政治局委员、全国人大常委会副委员长、中华全国总工会主席王兆国视察天津港。

3月21日至22日　全国总工会宣教部副部长王成等一行3人来天津港考察创学习型组织的情况,与局工会干部和天津港第二港埠有限公司职工座谈,并深入设施处班组考察职工学习情况。天津港务局工会主席宋愿兵会见王副部长一行。

3月31日　天津市工业、交通系统工会主席联席会在天津港召开,天津市总工会副主席王连金出席会议并讲话,局工会主席宋愿兵介绍了开展职工素质工程的有关情况并陪同与会人员参观了南疆港区和散货物流中心。

4月5日　天津港务局党委组织部下发津党组〔2004〕12号文件,因石玉昆同志职务变动,局党委建议石玉昆同志不再担任局工会副主席职务。

4月14日　天津市总工会和安全生产监督局联合颁发《关于表彰2003年度天津市“安康杯”竞赛优胜企业、优秀组织单位和优秀组织个人的决定》(津工通〔2004〕9号),天津港务局被授予优胜企业称号;天津港务局工会被授予竞赛优秀组织单位称号。

4月15日　天津港务局工会召开学习许振超争做金牌工人劳动模范座谈会,局工会主席宋愿兵、副主席王学俊出席会议并讲话。

4月16日　中宣部、交通部、全国总工会、山东省委联合在北京举行学习许振超先进事迹座谈会,全国劳动模范、天津港第五港埠公司装卸大队队长祁虎参加座谈会。

4月27日　天津港务局第十届职工代表大会第七次会议召开。

4月29日　天津市庆祝“五一”国际劳动节大会在天津大礼堂隆重举行。天津港煤码头公司操作一队队长、全国五一劳动奖章获得者、天津市特等劳动模范孔祥瑞在大会上作了题为《学习许振超,做知识型劳动者》的典型发言。

同日　在天津市庆祝“五一”国际劳动节大会上,天津港务局被授予天津市“十五”立功先进单位称号;天津港第一港埠公司技术部流机运行组、天津港第二港埠有限公司技术部、集装箱码头公司操作部、天津港(集团)股份有限公司焦炭码头分公司操作部四队、天津港第四港埠公司“三八”电工班被授予天津市“十五”立功先进集体称号;贾爱红、纪鸿恩等20人被授予天津市“十五”立功先进个人称号。

5月10日　天津港务局局长于汝民邀请天津港不同时期的20余位劳动模范来港参观并座谈，局工会副主席王学俊等陪同。

5月13日　以田村胜义议长为团长的东京港湾劳动组合协议会代表团一行21人访问天津港，天津港务局工会副主席王学俊会见代表团一行，并向客人介绍了天津的港口、职工福利和工会工作的有关情况。随后王学俊副主席陪同日本客人参观了天津港的集装箱码头有限公司。

5月21日　天津港务局工会召开十一届八次全委会议。根据局党委推荐，会议决定增补张瑞福同志为中国海员工会天津港务局第十一届委员会委员，并选举为常委、主席。局党委书记王恩德出席会议并讲话，原局工会主席宋愿兵主持会议。

5月24日　天津市总工会下发《关于中国海员工会天津港务局委员会变更名称的批复》（津工复〔2004〕24号），同意中国海员工会天津港务局委员会变更为中国海员工会天津港（集团）有限公司委员会。

同日　天津市总工会下发《关于张瑞福、宋愿兵同志任免职务的批复》（津工复〔2004〕25号），同意张瑞福为中国海员工会天津港（集团）有限公司第十一届委员会委员、常委、主席。免去宋愿兵同志中国海员工会天津港（集团）有限公司第十一届委员会主席、常委、委员职务。

5月26日　天津市总工会副主席王连金，工交工委主任张孝忠来天津港就职工技术创新工作进行调研，集团公司工会主席张瑞福会见王副主席一行，集团公司工会副主席王学俊等陪同到天津港焦炭码头公司考察设备技术改造情况。

6月3日　天津港（集团）有限公司揭牌仪式举行，天津港务局正式转制为天津港（集团）有限公司。

6月24日　天津港第九届员工运动会第一项比赛——“街头篮球赛”决赛在天津港文体中心举行。经过激烈角逐，天津港公安局、天津港石化码头有限公司、天津港第五港埠公司分获前三名。

6月　由中共天津市委宣传部和天津市总工会联合评选的2003年度“五一新闻奖”揭晓，此次共评选出一等奖作品8篇，二等奖作品12篇，三等奖作品17篇。天津港（集团）有限公司工会王剑同志撰写并刊登在2003年11月13日《天津工人报》头版头条的新闻《在港埠二公司敬业者大有发展机会：当“首席员工”地位不一般》获得一等奖。

7月3日　以吴海瑞为团长的台湾中华联合总工会代表团一行24人访问天津港，天津港（集团）有限公司工会主席张瑞福会见代表团一行，并向台湾客人介绍了天津港和工会工作的有关情况并陪同客人参观了天津港集装箱码头。

7月15日　天津港（集团）有限公司召开厂务公开民主管理工作会议。市纪委廉洁自律办公室副主任秦加成，市交通纪工委副书记王新民出席会议，并对天津港厂务公开、民主管理工作作出了充分的肯定。集团公司领导王恩德、于汝民、黑锦国出席会议并讲话。集团公司厂务公开领导小组成员、基层各单位党政纪工主要负责同志、厂务公开民主管理工作领导小组和办公室负责同志、机关有关部室负责同志等130余人参加会议。天津港第二港埠有限公司4个单位交流了厂务公开民主管理工作的经验和做法。

7月28日　天津港第九届员工运动会“水上趣味运动”比赛在天津海滨浴场举行，集团公司领导王恩德、黑锦国、张瑞福、宋愿兵等出席并观看比赛。

8月19日　天津港（集团）有限公司工会召开十一届九次全委（扩大）会议。

8月22日　为纪念邓小平同志诞辰一百周年暨视察天津港十八周年，天津市集邮公司特发行纪念封一枚并在天津港（集团）有限公司举行了首发仪式。

9月5日至6日　全国总工会在浙江杭州召开全国工会劳动保护工作会议。会上对近年来涌现出的36个全国先进基层工会劳动保护监督检查委员会、104名全国优秀工会劳动保护监督检查员、99名优秀工会小组劳动保护监督检查员进行了表彰。天津港（集团）有限公司工会副主席王学俊被授予全国优秀工会劳动保护监督检查员称号。

9月6日至9日　华北五省区市经审工作座谈会在山西太原职工之家宾馆召开，天津港（集团）有限公司工会经审委在会上作了题为《加强工会经审组织建设，发挥审查监督职能作用》的典型经验介绍。

9月7日　天津市总工会副主席赵洪莉等一行4人来天津港就新建企业建会、劳务工入会等问题进行调研，集团公司工会主席张瑞福汇报了有关情况。

9月23日　天津港第九届员工运动会闭幕式在天津港文体中心举行，集团公司党委副书记孙世明讲话，集团公司工会主席张瑞福主持，市委交通口岸工委副书记黄玉功以及市体育局、塘沽区政府等来宾和集团公司领导黑锦国、赵明奎、宋愿兵等出席。

同日　为庆祝天津港第九届员工运动会举行，天津市集邮公司特发行纪念封一枚并制作了纪念戳。

9月28日　全国职工优秀技术创新成果表彰大会在北京人民大会堂召开。天津港创新项目代表刘军民同志光荣地出席了大会并受到中央领导同志的接见。全国职工优秀技术创新成果是由中华全国总工会以及国家科学技术部、劳动和社会保障部首次评选,天津港股份有限公司焦炭码头分公司的"焦炭专业化设备防磨损技术改造与应用技术"创新成果项目,成为天津市唯一一项入围的职工创新成果项目,并被评为全国职工优秀技术创新成果三等奖。

同日　天津港(集团)有限公司党委组织部印发《关于加强劳务工组建工会和劳务工入会工作的通知》,成立天津港劳务工工会工作委员会,并将推行劳务工组建工会和代行管理工作纳入党建工作目标考核。集团公司党委副书记孙世明任天津港劳务工工会工作委员会主任,工会主席张瑞福任副主任,王庆林、朱炳如、张金明、王学俊、蒋小东、王金忠任委员。

10月8日　中国海员工会天津港(集团)有限公司委员会、中国海员工会天津港(集团)有限公司经费审查委员会及所属部门印章正式启用。

10月10日至22日　应澳大利亚墨尔本市政府和市工会邀请,以天津市总工会常委、办公室主任张和凯为团长的天津市工会代表团一行12人赴澳进行友好访问。天津港(集团)有限公司工会副主席王学俊、天津港建设公司工会主席贾志英随团访问。

10月14日至15日　天津港(集团)有限公司37名基层工会干部参加了天津市总工会在市工会管理干部学院举行的工会劳动保护监督检查员培训班。

10月15日　天津市职工素质工程领导小组办公室发出《关于天津市实施职工素质工程成果展评活动的情况通报》。天津港第二港埠公司获得一等奖,天津港第一港埠公司、天津港第四港埠公司获得二等奖,天津港轮驳公司获得三等奖,天津港(集团)公司工会获得优秀组织奖。

10月17日　由中华全国总工会、中央文明办、国家发展和改革委员会、教育部、科技部、人事部、劳动和社会保障部、国务院国有资产监督管理委员会、全国工商联九部委共同召开的全国"创建学习型组织,争做知识型职工"活动现场推进会在山东省青岛市举行。会上宣读了全国总工会关于授予全国300个集体全国职工创新示范岗荣誉称号;授予300名个人全国职工创新能手荣誉称号的表彰决定。天津港煤码头有限责任公司操作三队队长金学智被全国总工会授予全国职工创新能手荣誉称号。

10月20日　根据《中华人民共和国工会法》和《中华人民共和国民法通则》的规定,经审核确认天津港(集团)有限公司工会具备法人条件,依法取得法人资格。天津市总工会正式向天津港(集团)有限公司工会和集团公司工会主席张瑞福颁发了工会法人资格证书和工会法定代表人证书。

10月27日　在津参加全国职工技协工作研讨会的代表一行30人由中国职工技协副会长兼秘书长、全总职工技协办公室主任常毅民带领,天津市职工技协办公室主任董建国陪同来天津港参观考察。集团公司副职巡视员宋愿兵介绍了天津港及工会的情况并陪同代表到焦炭码头公司考察。

10月28日　由广东省和内蒙古自治区有关部门组成的全国"安康杯"竞赛检查组一行4人由天津市总工会、天津市安全生产监督管理局有关领导陪同到天津港检查"安康杯"竞赛情况,集团公司安监部部长吴宝礼、工会副主席王学俊分别进行了汇报并陪同检查组参观了天津港集装箱码头有限公司。

10月　由中共天津市委宣传部和天津市新闻工作者协会联合评选的2003年度"天津市新闻奖"揭晓,天津港(集团)有限公司工会王剑同志撰写并刊登在2003年11月13日《天津工人报》头版头条的新闻《在港埠二公司敬业者大有发展机会:当"首席员工"地位不一般》获得二等奖。

11月2日　由天津港(集团)有限公司工会女职工委员会举办的女职工计算机比赛在天津港培训中心举行,来自32个基层单位的44名女职工参加了比赛,天津港股份有限公司焦炭码头分公司女职工陈颖获得第一名。

11月5日　天津港(集团)有限公司工资集体协商首次会议举行,集团公司副总裁田长松、工会主席张瑞福主持会议并讲话。会议确定人教部部长朱炳如、集团工会副主席王学俊集团公司法定代表人和集团公司工会法定代表人委托分别为行政方首席代表和工会方首席代表。

11月11日至14日　中国海员工会港口联络委员会在广西防城港召开,天津港(集团)有限公司工会主席张瑞福出席会议。

11月18日　天津市召开全国职工技术创新成果、创新示范岗、创新能手代表座谈会,市委常委、市总工会主席散襄军出席会议并讲话。天津市总工会副主席安亭洲宣读了《关于向荣获"全国职工技术创新成果”、“创新示范岗”、“创新能手”称号的集体和个人学习的决定》。天津港(集团)有限公司工会副主席王学俊,全国职工技术创新成果集体代表、天津港股份有限公司焦炭码头分公司技术部经理刘军民,全国职工创新能手、天津港煤码头公司操作三队队长金学智参加座谈会。

11月22日至23日　天津港(集团)有限公司工会经审干部培训暨工作经验交流会在蓟县召开,集团公司工会副主席王学俊出席会议并讲话,集团公司工会经审委主任李洪栓主持会议。会上,一公司、二公司、四公司、集装箱公司、轮驳公司、建设公司工会经审委负责人介绍了工作经验。会议讨论了《天津港(集团)公司基层单位工会经费审查委员会工作目标考核评比办法(试行)》。

11月23日　天津港(集团)有限公司评模领导小组在《天津港湾》公示2004年度全国交通系统先进集体和劳动模范名单。

12月1日　在天津首届劳模论坛上全国劳动模范许振超与天津港煤码头公司操作一队队长、天津市特等劳动模范孔祥瑞结成互帮互学对子。

同日　第四届全国职工职业道德建设“百佳班组”评选揭晓。天津港集装箱码头有限公司固修站零修工段荣获全国职工职业道德建设优秀班组称号。

12月2日　来津参加首届劳模论坛的全国劳动模范许振超、李斌由天津市总工会副主席王连金陪同来天津港参观考察,集团公司党委书记、董事长王恩德会见了两位全国劳动模范,集团公司工会副主席王学俊陪同两位全国劳动模范参观集装箱公司。

同日　《天津工人报》第一版《职工技术创新成果展示》专栏刊登《敢攻难关的“蓝领专家”》的文章,介绍了全国职工创新能手、天津港煤码头公司操作三队队长金学智的先进事迹。

12月10日　劳动和社会保障部颁发《关于表彰第七届中华技能大奖获得者全国技术能手及国家技能人才培育突出贡献奖获奖单位的决定》(劳社部发〔2004〕31号)。天津港煤码头有限责任公司钳工、技师金学智被授予第七届全国技术能手荣誉称号,天津港(集团)有限公司被授予国家技能人才培育突出贡献奖。

12月19日　截止到当日18点天津港吞吐量实现2亿吨。

12月20日　天津港(集团)有限公司机关举行为特困员工解困基金捐款活动,集团公司领导王恩德、于汝民、孙世明、黑锦国、张瑞福、田长松、黄力军、赵彦虎、赵明奎与机关员工一起进行了捐款,共捐款40150元。此次募捐活动全港共募集到款项51.95万元。

同日　天津港(集团)有限公司与天津市邮政局共同举办《天津港吞吐量突破两亿吨个性化邮票、纪念封、邮资明信片》首发仪式,天津市邮政局局长田玉海、天津市集邮公司总经理林刚及集团领导王恩德、于汝民、张瑞福出席首发仪式并为系列邮品揭幕。天津市集邮公司总经理林刚讲话,集团公司工会副主席王学俊主持首发仪式。

同日　庆祝天津港吞吐量突破两亿吨联欢会在集团机关举行,集团公司党委书记、董事长王恩德讲话,集团公司领导于汝民、孙世明、黑锦国、张瑞福、黄力军、赵明奎及各界代表200多人观看了由集团公司职工艺术团编排演出的节目。

12月22日　天津港(集团)有限公司领导分别带队走访有关单位。集团公司领导孙世明、张瑞福、赵彦虎带领集团公司党办、业务部、工会工作人员分别到天津地方铁路集团公司、中远散货运输公司、天津海关、天津市总工会等给予天津港支持的有关单位进行走访并与其座谈。

12月24日　天津港(集团)有限公司工会经费审查委员会印发《天津港(集团)有限公司基层单位工会经费审查委员会工作目标考核评比办法(试行)》。

2005年

1月4日　天津市总工会颁发《关于授予李刚等87名同志天津市“十五”立功先进个人称号的决定》(津工发〔2005〕4号),决定对荣获第七届中华技能大奖的天津钢管有限公司管加工厂高级技师李刚、第七届全国技术能手天津港煤码头有限公司操作三队队长、技师金学智等24名同志和2004年天津市技术能手天津市机电工艺学院高级工崔昭国等63名同志授予天津市“十五”立功先进个人称号,并颁发奖章及证书。天津港(集团)有限公司有8名职工被评为2004年天津市技术能手并被授予天津市“十五”立功先进个人称号。

1月6日至7日　天津市总工会十四届六次全委(扩大)会议在市职工之家召开,天津港(集团)有限公司工会主席张瑞福替补为市总工会第十四届委员会委员。

1月7日　中国职工技协五届一次委员会议在北京闭幕,闭幕式上中国职工技术协会对五年来取得突出成绩的150个先进集体和300名先进个人进行了表彰。天津港(集团)有限公司职工技协被授予全国职工技协工作先进集体荣誉称号。

1月8日至19日　应台湾中华联合总工会邀请,天津市劳动模范代表团一行16人赴台湾进行访问交流。全国劳动模范、天贵装卸劳务服务有限公司生产部主任祁虎随团访问交流。

1月10日　以黄昌培议长为团长的韩国劳动组合总联盟仁川广域市本部代表团一行10人访问天津,并与天津市部分区县局及产业工会主席举行庆祝天津、仁川工会组织结好10周年"回眸、展望、传承、共进"主题座谈会。集团公司工会副主席王学俊出席。

1月11日至13日　中国海员建设工会全国委员会第一届第三次全体会议在大连召开,天津港(集团)有限公司工会主席张瑞福出席会议并替补为第一届委员会委员。

1月11日　以黄昌培议长为团长的韩国劳动组合总联盟仁川广域市本部代表团一行10人访问天津港,天津港(集团)有限公司工会副主席王学俊会见代表团一行,陪同韩国工会客人参观了天津港集装箱码头有限公司。该代表团是应天津市总工会邀请来天津市进行友好访问的。

1月13日　天津港(集团)有限公司召开劳动竞赛委员会2005年第一次会议,会议审定了2004年度集团公司劳动竞赛先进集体和先进个人名单,研究确定了2005年集团公司劳动竞赛方案。劳动竞赛委员会主任、总裁于汝民主持会议,集团公司劳动竞赛委员会副主任孙世明、赵彦虎出席会议。

1月18日　天津港蓝领公寓落成并投入使用,首批118名农民工搬入公寓。集团公司领导于汝民、赵明奎和塘沽区领导张家星、荣新海、王殿起出席落成典礼并实地察看了公寓。该公寓为一栋19层主楼和两栋辅楼,总建筑面积4万平方米,共有630个房间,可供4800多人居住。

1月23日　天津市第十四届人民代表大会第三次会议在天津大礼堂开幕。天津市特等劳动模范、天津港煤码头公司操作一队队长孔祥瑞作为市劳动模范代表列席旁听了大会,并与来自全市各条战线的劳模代表进行了座谈讨论。

1月27日至28日　天津港(集团)有限公司十届八次职工代表大会举行。

1月28日　天津市职工技协召开迎春表彰会,会议表彰了2004年度天津市职工技协工作先进集体、先进个人和优秀技术成果。天津港焦炭码头公司工会、天津港第四港埠公司工会被授予天津市职工技协工作先进集体荣誉称号;刘淑云、王信东、韩建华、刘鹏勇被授予天津市职工技协工作先进个人荣誉称号。天津港焦炭码头公司的技术成果"焦炭专业化设备防磨损技术研究与应用"获得天津市职工技协成果一等奖;天津港煤码头公司的技术成果"翻车机系统五轴车厢卸车工艺流程的改进"获得市职工技协成果二等奖;另有4个成果获得三等奖、4个成果获得优秀奖。

2月2日　天津港(集团)有限公司领导王恩德、于汝民、张瑞福、赵明奎带领集团工会、党办、组织部、纪委办、办公室、退休办等部门主要负责人分两路慰问了集团公司的部分特困职工、退休劳动模范和孤老户。

3月1日　纪念"三八"国际劳动妇女节95周年暨表彰大会在人民大会堂举行。天津港建设公司设计室被授予全国巾帼文明示范岗荣誉称号。天津港建设公司设计室主任陈翠荣作为获奖代表出席大会并受到党和国家领导同志的接见。

3月4日　天津市总工会颁发《关于表彰2004年度"建功立业先进女职工"、"女职工建功立业示范岗"、"女职工建功立业优秀组织单位"的决定》(津工发〔2005〕6号),天津港(集团)有限公司工会女职工委员会被授予女职工建功立业优秀组织单位荣誉称号;港务设施管理中心船闸管理所信号收费班被授予女职工建功立业先进示范岗荣誉称号;天津港第二港埠公司女职工马桂兰、天津港建设公司女职工陈翠荣被授予建功立业先进女职工荣誉称号。

3月8日　天津市纪念"三八"表彰会暨落实科学发展观开发女性人才高峰论坛在天津大礼堂举行。会议表彰了10名"津门女将"、309名"三八"红旗手、50个"三八"红旗集体。天津港(集团)有限公司工会女职工委员被授予天津市"三八"红旗集体荣誉称号;天津港第一港埠公司女职工贾爱红被授予天津市"三八"红旗手荣誉称号。

同日　天津港(集团)有限公司工会召开十一届十次全委(扩大)会议暨2004年度表彰大会。

同日　《天津港湾》刊登《关于对天津港(集团)有限公司推荐2003~2004年度天津市劳动模范和模范集体候选人(集体)和2004年度天津市"十五"立功先进个人、集体候选名单公示的公告》,对10名天津市劳动模范、3 个劳模集体和 7 名天津市“十五”立功先进个人、4 个“十五”立功先进集体候选名单进行公示。

3 月 9 日　人事部、交通部颁发《关于表彰全国交通系统先进集体、劳动模范和先进工作者的决定》(国人部发〔2005〕21 号),天津港有 3 名员工被授予全国交通系统劳动模范称号,天津港(集团)有限公司被授予全国交通系统先进集体称号。

3 月　全国总工会和国家安全生产监督管理局联合下发《关于表彰 2004 年度全国“安康杯”竞赛优胜企业、优秀组织单位、优秀班组和优秀组织者的决定》(总工发〔2005〕12 号),天津港(集团)有限公司获得全国“安康杯”竞赛优胜企业称号。

4 月 6 日　天津市总工会调研工作会议暨工运理论研究会年会在天津财经大学召开,会议对 39 个先进分会和 227 篇优秀调研成果进行了表彰,天津港(集团)有限公司工运理论研究分会获 2003 ~ 2004 年度市级先进分会称号,同时有 2 篇成果获二级成果奖,2 篇成果获三级成果奖。

4 月 14 日　2005 年全国劳动模范和先进工作者人选开始在《人民日报》、新华网和人民网向全国公示。这是全国劳动模范和先进工作者评选工作历史上的第一次对全国劳模和先进工作者人选进行公示。

4 月 25 日　市总工会在市眼科医院举行天津市职工文化活动、体育健身示范基地授牌仪式。天津港(集团)有限公司工会副主席王学俊出席授牌仪式,市总工会授予天津港文体中心为市首批职工文化活动、体育健身示范基地。

同日　庆祝全国总工会成立 80 周年大会在北京召开,中华全国总工会决定,授予 1015 个单位全国模范职工之家称号,授予 1013 个单位全国模范职工小家称号。天津港第四港埠公司工会被中华全国总工会授予全国模范职工之家称号。

4 月 27 日　天津市庆“五一”国际劳动节暨表彰劳动模范、模范集体大会在天津礼堂中剧场举行,大会对 2004 年度天津市劳动模范和劳模集体进行了表彰,天津港有 10 人被授予劳动模范称号,3 个集体被授予劳动模范集体称号。20 名职工被评为“十五”立功先进个人,5 个集体被评为“十五”立功先进集体。

4 月 28 日　以市委常委、市总工会主席散襄军为团长的天津市劳模代表团一行 84 人赴京参加全国劳动模范和先进工作者表彰大会,2005 年全国劳动模范、天津港煤码头公司操作一队队长孔祥瑞随团赴京,出发前天津港(集团)有限公司工会副主席王学俊代表集团公司前往送行。

4 月 29 日　交通部和中国海员建设工会在北京联合举办“交通行业全国劳动模范和先进工作者座谈会”,在京出席全国劳动模范和先进工作者表彰大会的全国交通行业的 118 名全国劳动模范和先进工作者与交通部领导和中国海员建设工会领导座谈。2005 年全国劳动模范、天津港煤码头公司操作一队队长孔祥瑞参加座谈并受到交通部和中国海员建设工会领导的接见。

4 月 30 日　全国劳动模范和先进生产工作者表彰大会在北京人民大会堂举行。2005 年全国劳动模范、天津港煤码头公司操作一队队长孔祥瑞出席大会并受到表彰。

4 月　天津港(集团)有限公司被天津市厂务公开民主管理工作领导小组评为 2003 ~ 2004 年度厂务公开民主管理工作先进单位。

5 月 12 日　天津市职工素质工程总结表彰暨推动大会召开,会议对一批职工素质工程先进集体和个人进行了表彰。天津港(集团)有限公司工会主席张瑞福出席并代表集团公司领奖。天津港第一港埠公司纪洪恩被评为天津市知识型职工标兵;天津港第二港埠有限公司曹岩春、港口医院主任王荣春被评为天津市知识型职工;集团公司工会生活女工部部长李洪霞被评为天津市实施职工素质工程优秀组织者;天津港第二港埠有限公司、四公司被评为天津市实施职工素质工程先进单位;天津港第五港埠公司人力资源部、天津港电力公司三工区主控室被评为天津市学习型班组。

5 月 13 日　集团公司召开劳动模范表彰暨劳模事迹报告会,大会对 2005 年全国劳动模范、2004 年度天津市劳动模范、交通部劳动模范进行了表彰。集团公司党委书记王恩德在大会上讲话,总裁于汝民主持大会,集团公司领导黑锦国、张瑞福、赵彦虎、赵明奎出席大会。会上 2005 年全国劳动模范、天津港煤码头有限责任公司操作一队队长孔祥瑞,2004 年度天津市劳动模范、天津港第二港埠有限公司货运市场部理赔员马桂兰,2004 年度交通部劳动模范、天津港股份有限公司焦炭码头分公司技术部经理刘军民,2004 年度天津市劳动模范、天津港生活服务中心餐饮分公司经理王玉国分别介绍了他们的先进事迹。会上还举行了《天津港英雄谱续集》和《天津港劳模风采》光盘的首发仪式。

5 月　天津市市委交通工委、天津市交通委员会评选出天津市交通邮电系统2003～2004年度十大标兵。天津港煤码头公司操作一队队长孔祥瑞名列榜首。

5月23日　全国总工会书记处原书记、经费审查委员会主任、中国职工技协副会长张富有考察天津港,集团公司工会主席张瑞福、副主席王学俊汇报了港口情况和工会工作的情况,并陪同参观了天津港集装箱码头有限公司。

5月27日　全国总工会经费审查委员会主任董力一行4人由天津市总工会副主席张子鹏、总工会经费审查委员会主任黄晓云等陪同来天津港考察,听取了天津港集团公司工会主席张瑞福关于港口情况和工会工作的汇报,并参观了天津港集装箱码头有限公司。在港期间,董力主任还听取了天津市总工会、天津港集团公司、天津开发区保税区工会关于经审工作的汇报。

6月14日　天津市总工会和安全生产监督局联合下发《关于表彰2004年度天津市"安康杯"竞赛优胜企业、优秀组织单位、优秀班组和优秀组织者的决定》(津工通〔2005〕26号),天津港(集团)有限公司被授予优胜企业奖;天津港轮驳公司津港轮7号被授予优秀班组奖;集团公司工会生产保护部张艳军被授予竞赛优秀组织者称号。

6月14日至7月2日　天津港(集团)有限公司工会分三期组织43名在职劳动模范赴香港、澳门进行学习考察。

6月24日　全总研究室在湖北省召开《中国工运》《工运研究》办刊工作研讨会,会上,表彰了宣传通讯工作集体和先进个人,天津港(集团)有限公司公司工会办公室王剑被全总办公厅评为2005年度《中国工运》宣传通讯工作先进个人。

6月25日　中共中央政治局常委、国务院总理温家宝视察天津五洲国际集装箱码头,接见天津港20位劳动模范代表并合影留念,同时为天津港突破两亿吨《奔跑》纪念邮册题名。

7月10日　全国劳动模范、天津港煤码头公司操作一队队长孔祥瑞参加"2005年天津市首届两岸劳模职业技能研习营"开营仪式,并与台湾模范劳工代表座谈。

7月11日　中国海员建设工会全国委员会颁发表彰第十届"金锚奖"的决定(海建工海字〔2005〕15号),决定授予143名优秀水运职工第十届"金锚奖"。天津港石油化工码头公司总经理许景宏、天津港第二港埠有限公司女职委主任沈庆霞、天津港轮驳公司工会主席余祝建三人榜上有名。

7月14日　第十四届全国工会好信息表彰大会在陕西省汉中市召开,会议对6篇一等奖、14篇二等奖、40篇三等奖好信息进行了表彰。天津港(集团)有限公司工会办公室王剑撰写的《天津港第二港埠有限公司推行"首席员工"制》获得三等奖。

7月27日　天津港(集团)有限公司领导于汝民、孙世明、黑锦国、田长松、张瑞福、赵彦虎、赵明奎等分别带领有关部门深入生产一线作业现场和天津港公安局消防队、沿途交警慰问坚持高温作业的职工和公安干警。

7月28日　以国际局长森崎龙太郎为团长的日本交通运输工会协议会代表团一行人由全国总工会、天津市总工会国际部负责同志陪同来天津港参观访问。天津港(集团)有限公司工会主席张瑞福会见了日本工会客人一行并向客人们介绍了天津港的生产建设和工会组织的有关情况。在港期间该代表团还参观了天津港集装箱有限公司码头。

8月3日　市总工会副主席赵洪莉率天津市总工会"强基建制"推动组一行5人来天津港检查"强基建制"工作,并在天津港轮驳公司听取了轮驳公司工会和集装箱码头有限公司工会关于"强基建制"的工作汇报,集团公司工会副主席王学俊陪同。

8月12日　天津港(集团)有限公司工会在文体中心召开十一届十一次全委(扩大)会议。

8月18日　天津市总工会副主席刘凤山和有关方面负责人带领参加"看津城发展,强理想信念"金秋助学夏令营活动的60名特困职工子女到天津港参观,体验天津的新变化。天津港(集团)有限公司工会副主席王学俊向受助特困职工子女们介绍了天津港的有关情况。

8月24日　以蒙古工会联合会主席索德诺夫木道尔吉为团长的蒙古工联代表团一行7人由天津市总工会副主席李泮祥陪同来天津港参观访问。集团公司工会主席张瑞福会见了蒙古工会客人一行,并向客人们介绍了天津港的生产建设和工会组织的有关情况。在港期间该代表团还参观了天津港集装箱有限公司码头。

8月24日至26日　天津市总工会经审工作会议在津南区宝成宾馆召开,天津港(集团)有限公司工会经审委在会上作了题为《加强工会经审工作规范化建设,发挥审查监督职能作用》的典型经验介绍。

8月29日　天津港(集团)有限公司党委、行政公司联合印发《关于新形势下加强农民劳务工队伍建设和管理的若干意见》(津港党发〔2005〕19号)。

9月1日至7日　全国劳动模范、天津港煤码头公司操作一队队长孔祥瑞与天津市另两位全国劳模赴青岛疗养,受到中华全国总工会副主席周玉清的亲切接见。期间,孔祥瑞与来自全国各地的94名全国劳动模范参观了青岛港及许振超所在的桥吊队。

9月5日至12日　应韩国仁川港运劳动组合邀请,以天津港(集团)有限公司工会主席张瑞福为团长的天津港工会代表团一行10人赴韩国仁川港进行友好访问。

9月15日　由中华全国总工会宣传教育部、中国职工文化体育协会主办的珠江钢琴全国职工合唱决赛在广州市广东星海音乐厅举行,天津港二公司合唱团获得铜奖,此次比赛共有全国各地80支职工合唱团参加了预赛,18支合唱团进入了决赛,天津港二公司合唱团是天津市和全国港航系统唯一入围决赛的职工合唱团。天津港二公司合唱团赴广州参赛前天津市总工会副主席张子鹏、天津港(集团)有限公司工会副主席王学俊看望了合唱团的全体团员。

9月20日　市总工会在军粮城发电厂召开天津市第二批职工文化、体育示范基地授牌仪式暨现场推动会,集团公司工会在会上作了经验介绍。

9月21日　由天津港(集团)有限公司工会主办的天津港第三届集装箱装卸桥操作技术比武在天津港海湾职业技能开发有限公司举行,从天津港第一港埠公司、天津港第二港埠公司、天津港集装箱码头公司、天津东方海陆公司、天津五洲国际集装箱公司等5个基层单位选拔出的20名职工参加了技术比武。集团公司工会主席张瑞福、副主席王学俊和天津市职工技协有关领导以及集团公司工会、业务部、科设部、人力部、技能开发公司的负责人观看了技术比武。经过激烈角逐,东方海陆公司的马俊利、杨冬、天津港集装箱码头公司的杨长启获得比武大赛前三名,东方海陆公司获得最佳组织奖。

9月29日　市总工会召开劳动模范庆祝建国56周年座谈会暨《劳模谱》画册首发式,市委常委、市总工会主席散襄军出席会议并讲话,市总工会副主席张子鹏、李泮祥、安亭洲、刘凤山、王连金、赵洪莉出席,会上,全国劳动模范和先进工作者张嘉兴、王春艳、孔祥瑞、马丽莉、储延芳、武秀芬等先后发言。

9月30日　天津市交通委员会举行2003~2004年度交通邮电系统十大标兵座谈会。全国劳动模范、天津港煤码头公司操作一队队长孔祥瑞荣获了天津市交通邮电系统十大标兵称号。

10月12日　天津市工会劳动保护工作暨表彰会在蓟县召开,天津港(集团)有限公司工会副主席王学俊在会上作了题为《建立健全劳动保护监督机制,推动工会劳动保护工作上水平》的典型经验介绍。会议还表彰了优秀工会基层劳动保护监督检查委员会、监督检查员和小组保护检查员。天津港(集团)有限公司工会劳动保护监督检查委员会、天津港第五港埠公司工会劳动保护监督检查委员会、天津港轮驳公司工会劳动保护监督检查委员会被评为优秀天津市工会基层劳动保护监督检查委员会;天津港(集团)有限公司工会劳动保护监督检查员王学俊、刘淑云、张艳军被评为天津市优秀工会劳动保护监督检查员;天津港设施管理中心水手三班副班长、检查员张广云,天津港集装箱码头有限公司机械三队副队长刘志刚、天津港第四港埠公司门信队工会主席杨世起被评为天津市优秀工会小组劳动保护检查员。

10月14日　天津港(集团)有限公司工会在天津港第四港埠公司召开"建家"工作经验交流,集团公司工会主席张瑞福出席会议并讲话,集团公司工会副主席王学俊主持会议。天津港第三港埠公司工会、天津港第四港埠公司工会负责人分别在会上介绍了劳务工"建家"及三级"建家"的工作经验。

10月25日至28日　中国海员建设工会港口联委会2005年工作会议在黑龙江哈尔滨召开,天津港(集团)有限公司工会主席张瑞福出席会议。

10月27日至28日　天津港(集团)有限公司工会2005年度经审干部培训班暨工作经验交流会在河北省承德市举行。会议对获得2004年度经审工作目标考核先进单位进行了表彰,总结了开展经审工作目标考核以来的情况。天津港第五港埠公司工会经审委、中燃天津公司工会经审委、天津外代公司工会经审委、天津港生活服务中心工会经审委、天津港货运公司工会经审委介绍了他们开展工会经审工作的经验。集团公司工会经审委主任李洪栓出席并讲话。

10月30日　天津港(集团)有限公司工会第二期工会干部培训班结束。至此,44个基层工会的130余名专兼职工会干部普遍轮训了一遍,提前两个月完成了工会干部全员大培训工作。

11月23日　工人日报社社长刘玉明等一行4人考察天津港,集团公司工会主席张瑞福会见了刘社长一行,对工人日报社多年来给予天津港和集团公司工会的宣传报道表示感谢。

11月30日　中国海员建设工会、交通部交通安全委员会联合发出《关于全国水运系统船舶、班组安全竞赛活动的表彰决定》(海建总工字〔2005〕35号)。天津港轮驳公司津港轮3号被授予安全优秀船舶荣誉称号;天津港第三港埠公司流机队机三班、天津港第五港埠公司固机队司机二班被授予安全优秀班组荣誉称号;天津港(集团)有限公司被授予竞赛优秀组织奖。

12月8日　天津市职工建设节约型社会技术创新成果展开幕式在市总工会举行,《煤炭作业环保技术的应用与开发》项目主要完成人、天津港股份有限公司焦炭码头分公司副总经理刘军民在会上介绍了该项目情况,并进行了多媒体展示。开幕式上,天津港(集团)有限公司工会申报的一批创新项目受到天津市总工会的表彰。天津港股份有限公司焦炭码头分公司《煤炭作业环保技术的应用与开发》项目获天津市优秀技术创新成果一等奖;天津港第三港埠公司《新港船闸通航水深与闸西航道增深拓宽工程的研究与实施》项目、天津港轮驳公司《防腐剂在港口船舶内燃机水循环冷却系统中的开发与应用》项目获二等奖;天津港第一港埠公司《GPS流动机械生产调度应用系统开发》项目;天津港建设公司《旧栅栏板在南疆南围埝工程中的利用》获三等奖。另有6项成果获得天津市优秀技术创新成果优秀奖。

12月9日　中国职工技术协会副会长李永安,全总经济技术部部长、中国职工技术协会秘书长常毅民等与在津参加环渤海地区工会经济技术研讨会的24个省市工会的代表一起参观考察天津港,交流自主创新工作。天津市总工会副主席安亭洲等陪同。集团公司工会主席张瑞福会见与会代表一行,并介绍了天津港及滨海新区的发展情况,集团公司工会副主席王学俊汇报了天津港工会发动职工自主创新、建立长效机制的情况,并陪同与会代表参观了天津港集装箱码头公司。

12月14日至16日　中国海员建设工会海员工作部部长魏薇及助理调研员于海东一行两人到天津港就农民工入会和船舶班组安全竞赛等问题进行调研。集团公司工会主席张瑞福会见了魏部长一行,并介绍了天津港生产建设的有关情况。集团公司工会副主席王学俊详细汇报了天津港工会工作的基本情况和开展船舶班组安全竞赛活动、农民工入会的情况。魏部长一行还听取了天津港行政主管部门关于农民劳务工管理的情况介绍,并深入天津港第三港埠公司与工会干部和农民劳务工进行座谈,进一步了解了农民劳务工在港的生产生活和权益保障上的情况。魏部长一行在港期间还考察了刚刚成立的天津港五洲国际集装箱码头有限公司、天津国际贸易与航运服务中心等企业和港口服务设施。

12月28日　《天津工人报》一版显著位置刊登长篇通讯《一位装卸工与机器的"神话"故事》并配发了时评《掀起智慧风暴》。

12月30日　交通部颁发《关于授予黄振华等101名同志全国交通技术能手称号的通知》(交人劳发〔2005〕666号)。天津港(集团)有限公司内燃装卸机械司机董风军、内燃装卸机械修理工赵孝鹏、装卸机械电器修理工李坚被授予2005年度全国交通技术能手称号。

2006年

1月4日　市委常委、市总工会主席散襄军慰问港口工人并传达了中央领导和中共中央政治局委员、市委书记张立昌作出"关于学习推广全国劳模孔祥瑞勤奋学习、刻苦钻研精神"的重要批示,并到天津港煤码头公司作业现场与孔祥瑞及职工亲切交谈。在集团机关与煤码头公司的职工代表进行了座谈。集团公司领导王恩德、于汝民、孙世明、张瑞福陪同并就在天津港学习孔祥瑞先进事迹情况和有关问题进行了汇报。

1月6日　天津港(集团)有限公司召开劳动竞赛委员会2006年第一次会议,会议审定了2005年度集团公司劳动竞赛先进集体和先进个人名单,研究确定了2006年集团公司劳动竞赛方案。劳动竞赛委员会主任、总裁于汝民主持会议,集团公司劳动竞赛委员会副主任孙世明、张瑞福、赵彦虎出席会议。

同日　天津市总工会十四届八次全委(扩大)会议作出了《关于向新时期知识型产业工人孔祥瑞同志学习的决定》。

1月7日至8日　中国海员建设工会全国委员会第一届第四次全体会议在上海召开,天津港(集团)有限公司工会主席张瑞福出席大会。

1月11日　天津日报、今晚报及天津电视台、天津人民广播电台等媒体同时刊登或播发了中共天津市委宣传部调查组的文章《孔祥瑞,门机上的蓝领专家》并配发了短评。

1月13日 天津港(集团)有限公司党委作出了《关于深入开展向知识型产业工人孔祥瑞同志学习的通知》(津港党发〔2006〕3号)。

同日 全国“创争”活动领导小组在北京召开“创建学习型组织,争做知识型职工”活动表彰电视电话会议。会议表彰了2005年度全国学习型组织、知识型职工。天津设立分会场,天津港第四港埠公司被授予全国学习型组织先进单位称号。

1月15日至23日 应台湾中华总工会邀请,以市总工会副主席李泮祥为团长的天津市工会代表团一行9人赴台湾进行访问,天津港(集团)有限公司工会主席张瑞福随团出访。

1月16日 天津市第十四届人民代表大会第四次会议在天津大礼堂开幕。全国劳模、天津港煤码头公司操作一队队长孔祥瑞,天津市劳模、天津港(集团)有限公司工会生产保护部副部长刘淑云,天津港一公司工艺部经理纪鸿恩,交通部劳模、天津港股份有限公司焦炭码头分公司副总经理刘军民作为市劳动模范代表列席旁听了戴相龙市长所作的政府工作报告,并与来自全市各条战线的16位劳模代表进行了座谈讨论。

1月24日 天津港(集团)有限公司领导王恩德、于汝民、黑锦国、赵明奎带领有关部门负责同志入户看望慰问退休劳模和困难员工,为他们送去了慰问金和慰问品。集团公司党委书记、董事长王恩德,副总裁赵明奎先后来到天津市劳动模范、五公司退休员工靳福忠和设施管理中心患严重心脏病的退休员工董世玉家中慰问。集团公司党委副书记、总裁于汝民,纪委书记黑锦国到机械厂内退员工王海和四公司患病员工靳义祥家中进行了慰问。

2月3日 中共中央政治局常委、中央纪委书记吴官正在中共中央政治局委员、市委书记张立昌,市长戴相龙等陪同下视察天津港,并在五洲国际集装箱码头接见了天津港劳动模范代表,向节日期间坚守工作岗位的全港职工祝贺节日。集团公司党委书记王恩德、纪委书记黑锦国汇报了天津港的有关情况。

2月8日至9日 天津港(集团)有限公司十届九次职工代表大会举行。

2月9日 天津港(集团)有限公司召开2005年度表彰大会,大会还表彰了2005年度集团公司的先进集体和先进个人。集团公司党委副书记、总裁于汝民宣读表彰决定,集团公司党委副书记孙世明主持大会,集团公司领导王恩德、黑锦国、田长松、张瑞福、黄力军、赵彦虎、赵明奎出席大会并为先进集体和先进个人代表颁奖。

2月20日 以中国海员建设工会副主席朱临庆为组长的企业工会工作调研组一行5人到天津港调研。调研组先后听取集团公司工会工作汇报、与工会干部进行座谈并深入基层企业了解工会工作情况。集团公司工会主席张瑞福,副主席王学俊进行了汇报。调研组一行还深入到天津港第四港埠公司,听取了汇报并与基层工会干部座谈。

2月24日 全国劳模、天津港(集团)有限公司港煤码头公司操作一队队长孔祥瑞应邀到北方网做客《嘉宾网谈》栏目,接受网络视频采访,其刻苦钻研成长为知识型产业工人的先进事迹引发广大网友热议,一天时间内点击率达2000余次。

2月28日 天津港(集团)有限公司工会在文体中心召开十一届十二次全委(扩大)会议。

同日 天津市职工技术协会召开第五次代表大会,在五届一次会议上选举产生了会长、副会长,全国劳动模范、天津港煤码头公司操作一队队长孔祥瑞当选为副会长,天津港(集团)有限公司工会主席张瑞福、副主席王学俊、生产部刘淑云当选为委员。会上表彰了天津市职工岗位创新标兵、天津市职工十大先进操作(工作)法、天津市职工十大技术创新成果和2005年度职工技协先进集体和先进个人。全国劳动模范、天津港煤码头公司操作一队队长孔祥瑞被授予天津市职工岗位创新标兵称号;天津港股份有限公司焦炭码头分公司《焦炭专业化设备防磨损技术改造》项目被评为天津市职工十大技术创新成果。天津港(集团)有限公司工会职工技协、天津港股份有限公司焦炭码头分公司工会职工技协、天津港第四港埠公司工会职工技协被评为先进集体;王学俊、刘淑云、李志伟、刘军民被评为先进个人。

2月 全国总工会第四届女职工委员会第三次全体会议暨“全国五一巾帼奖”、“全国女职工建功立业标兵岗(标兵)”表彰大会在京召开,一批全国先进女职工集体和个人受到表彰,天津港港务设施管理中心船闸管理所信号收费班获全国女职工建功立业标兵岗称号。

同月 《天津工运》第2期“工会主席谈”专栏刊登了天津港(集团)有限公司工会主席张瑞福的文章《充分发挥工会组织作用,努力建设世界一流大港》。

3月15日 市委常委、宣传部部长肖怀远亲切接见了“蓝领专家”孔祥瑞报告团成员,并勉励大家要通过宣讲知识型产业工人的感人事迹,弘扬中国工人自主创新、爱岗敬业的精神,把我们的“蓝领专家”品牌在全国叫响。

3月21日　天津港(集团)有限公司举行全国劳动模范孔祥瑞先进事迹报告会。集团公司副处级以上领导干部160余人聆听了报告。由集团公司副总裁赵明奎、煤码头公司总经理史文利、全国劳模孔祥瑞和他的女儿孔莹莹组成的报告团从不同角度,向大家展示了孔祥瑞30多年工作实践的成就、精神和品格。市委宣传部副部长刘凤银及集团公司领导王恩德、孙世明、黑锦国、田长松、黄力军出席报告会。

3月26日　中宣部副秘书长、宣教局局长杨新力,市委常委、宣传部部长肖怀远,市委常委、市总工会主席散襄军,市委宣传部副部长刘凤银、市交工委书记刘明哲,天津港(集团)有限公司领导王恩德、孙世明、张瑞福、赵明奎在天津港宾馆对“孔祥瑞报告团”报告内容进行评审。

3月31日　天津港(集团)有限公司职工网球协会成立大会在天津泰达会馆网球馆举行。集团公司总裁于汝民、党委副书记孙世明出席成立大会。集团公司总裁于汝民亲自担任网球协会会长,党委副书记孙世明、工会主席张瑞福担任副会长,天津港网协已经以团体身份加入天津滨海新区网球协会。协会目前下设9个分会,有会员200余名。

同日　天津市总工会举行全国劳动模范孔祥瑞先进事迹报告会。由天津港(集团)有限公司副总裁赵明奎、煤码头公司总经理史文利、全国劳模孔祥瑞和他的女儿孔莹莹组成的报告团为市总工会200余名工会干部作了报告。市委宣传部副部长刘凤银、市总工会副主席张子鹏出席报告会。

4月3日　天津市总工会副主席张子鹏由天津港(集团)有限公司工会副主席王学俊陪同考察了天津港文体中心的文体设施及活动情况,并审查集团公司职工创作的《歌唱身边的孔祥瑞》女声独唱节目,该节目是参加天津市职工“五一”放歌文艺晚会的节目。

同日　天津市总工会下发《关于吴培增、李洪栓同志任免职意见的函复》(津工组〔2006〕22号),同意吴培增同志为中国海员工会天津港(集团)有限公司经费审查委员会主任候选人。李洪栓同志不再担任中国海员工会天津港(集团)有限公司经费审查委员会主任职务。

同日　天津市总工会和安全生产监督局联合下发《关于表彰2005年度天津市“安康杯”竞赛优胜企业、优秀组织单位、优秀班组和优秀组织者的决定》(津工通〔2006〕10号)。天津港(集团)有限公司被授予优胜企业称号;天津港第四港埠公司流机队特车二组被授予优秀班组称号。

4月5日　天津市职工“满意在天津”实践行活动启动仪式在天津站邮电局营业厅举行。会上,全国劳模、天津港煤码头公司操作一队队长孔祥瑞以及天津市窗口服务单位代表,围绕落实“满意在天津”实践行活动的要求,向全市广大职工发出倡议,向全社会作出郑重承诺。

4月6日　天津港(集团)有限公司工会经费审查委员会召开全体委员会议,按照《中国工会章程》,根据集团公司工会的推荐,选举吴培增同志为集团公司第十一届工会经费审查委员会主任。会议原则通过对集团公司工会2005年度经费收支决算和2006年度经费收支预算进行的审计和审查。会议确定了2006年度集团公司工会经费审查工作的重点。

4月12日　天津港(集团)有限公司总裁于汝民主持召开会议,部署集团公司十届九次职代会职工代表建议提案办理工作。

4月13日　孔祥瑞先进事迹报告团为全市交通邮电系统作报告,来自交通两委机关和全市交通系统各条战线的代表共200余名交通邮电系统的干部聆听了报告。

4月18日　国家劳动和社会保障部办公厅、建设部办公厅、全国总工会办公厅联合下发《关于对2005年开展农民工工资支付情况专项检查先进地区和先进单位进行表彰的决定》(劳社厅发〔2006〕9号),天津港(集团)有限公司工会被授予先进单位称号。

4月19日　交通部部长李盛霖在津出席“首届中国港口城市市长高峰论坛”期间视察天津港。在五洲国际集装箱码头,李盛霖亲切接见全国劳动模范、知识型产业工人、“蓝领专家”孔祥瑞,代表部党组向他表示慰问。天津港(集团)有限公司董事长王恩德、总裁于汝民陪同。

同日　全国总工会和国家安全生产监督管理总局联合下发《关于表彰2005年度全国“安康杯”竞赛优胜企业、优秀班组、优秀组织单位和优秀组织个人的决定》(总工发〔2006〕22号),天津港(集团)有限公司获得全国“安康杯”竞赛优胜企业称号,集团公司工会副主席王学俊获得全国“安康杯”竞赛优秀组织个人称号。

4月20日　中共中央政治局常委李长春在中共

中央政治局委员、市委书记张立昌,市长戴相龙等陪同下视察天津港,并在五洲国际集装箱码头接见了天津港劳动模范代表。天津港(集团)有限公司党委书记王恩德、总裁于汝民、副书记孙世明分别汇报了天津港的有关情况。

4月21日 孔祥瑞先进事迹报告团为全市宣传系统作报告,200余名宣传系统的干部聆听了报告。市委宣传部副部长刘凤银要求全市宣传系统要学习孔祥瑞先进事迹,将全市宣传工作推上新水平。

4月26日 中华全国总工会在京召开庆祝"五一"国际劳动节劳动模范座谈会,全国劳模、天津港煤码头有限责任公司操作一队队长孔祥瑞在座谈会上发言。

同日 中共天津市委发出《关于开展向孔祥瑞同志学习活动的通知》。

4月27日 天津市庆祝"五一"国际劳动节暨孔祥瑞先进事迹报告会在天津宾馆中礼堂举行。

5月3日 应中华全国总工会和中国职工对外交流中心邀请,日本富士通工会"青春之船"访华团一行514人乘"太平洋维纳斯"号邮轮抵达天津港,开始在中国为期4天的交流访问。中华全国总工会、中国职工对外交流中心在天津港客运总公司码头举行欢迎仪式,全国总工会书记处书记陈荣书、中国职工对外交流中心秘书长李铁桥、天津市政府口岸办公室主任周德洪、天津市总工会副主席赵洪莉、天津港(集团)有限公司工会主席张瑞福及富士通工会委员长荒韧一男等出席欢迎仪式。

5月6日 日本富士通工会"青春之船"访华团圆满结束对我国的访问从天津港离境。中国职工对外交流中心秘书长李铁桥、天津市总工会副主席赵洪莉、天津港(集团)有限公司工会副主席王学俊等为代表团送行。

5月10日至11日 天津港第七届职工艺术节廉政文艺会演在天津港文体中心举行,市纪委副书记龙运祥,市监察局副局长、宣教室主任门俊清,市交工委副书记黄玉功及天津港(集团)有限公司领导王恩德、黑锦国、张瑞福与2000余名职工观看了首场演出。

5月24日 天津市总工会下发《关于吴培增任职的批复》(津工复〔2006〕35号),同意吴培增为中国海员工会天津港(集团)有限公司第十一届经费审查委员会主任。

6月3日 由工人日报社《工会信息》杂志主办的第十五届(2005年度)全国工会好信息评选在京揭晓,集团公司工会办公室王剑撰写的《天津港农民工喜迁新居》一文荣获一等奖。全国工会好信息评委会评委、人民日报副总编陈俊宏在评议《天津港农民工喜迁新居》一文时说:"关于农民工的问题党中央和国务院都很重视,也是今后一个时期工作的重点。此做法不仅从形式上接纳了农民工,而且从根本上留住了农民工的心。"

6月12日 《天津日报》理论创新专版刊登天津港(集团)有限公司党委书记王恩德的文章《学习先进典型,弘扬时代精神,推进天津港持续、稳定、快速发展》。

6月15日至16日 应天津港(集团)有限公司工会邀请,以委员长崔正范为团长的韩国仁川港运劳动组合代表团一行11人访问天津港。16日上午,仁川港运劳动组合代表团与天津港(集团)有限公司工会进行了座谈交流,集团公司工会主席张瑞福向韩国工会客人介绍了天津港的发展情况和远景规划以及天津滨海新区的有关情况。会谈后,集团公司工会副主席王学俊陪同代表团参观了天津五洲国际集装箱有限公司码头。16日下午,天津市委常委、市总工会主席散襄军在天津喜来登大酒店会见了仁川港运劳动组合代表团一行,并向韩国工会客人介绍了天津市总工会在组织职工参与经济建设、维护职工合法权益和建立和谐劳动关系等有关情况。市总工会副主席张子鹏、李泮祥、安亭洲、刘凤山、王连金、赵洪莉和集团公司工会主席张瑞福、副主席王学俊参加会见。在津期间,代表团还参观了天津市和滨海新区的市容建设。

6月24日 《工人日报》头版头条刊登《天津港大批"蓝领专家"脱颖而出》的报道。

同日 《天津工人报》头版头条刊登《天津港形成人才"金字塔"》的报道。

6月25日 天津港第七届职工艺术节开幕式暨廉政歌曲演唱会在塘沽大剧院举行,中纪委副书记刘峰岩,天津市委副书记、市纪委书记邢元敏,市委常委、宣传部部长肖怀远及天津港(集团)有限公司领导于汝民、黑锦国、张瑞福、黄力军、赵明奎等观看了演唱会并在演出前接见了劳动模范代表。

同日 市委常委、宣传部部长肖怀远在市交工委书记刘明哲、集团公司副总裁赵明奎等陪同下,专程到天津港煤码头有限公司看望了在生产一线的"蓝领专家"孔祥瑞。

同日 为庆祝天津港第七届职工艺术节举行天津市集邮公司特发行纪念封一枚并制作了纪念戳。

6月30日　庆祝中国共产党成立85周年暨总结保持共产党员先进性教育活动大会在北京举行。全国劳动模范、天津港煤码头有限公司操作一队党支部书记、队长孔祥瑞,作为天津市唯一一名全国优秀共产党员称号获得者光荣到会,并受到党和国家领导人的亲切接见。

7月5日　由天津港(集团)有限公司文明办、工会联合开展的“学习孔祥瑞,崇尚文明行为,创建和谐港口,争当文明职工”万名职工主题签名活动最后一站抵达集团公司机关。集团公司党委书记王恩德、工会主席张瑞福和百余名干部职工在条幅上签名。

7月8日至12日　由工人日报社《工会信息》杂志主办的第十五届(2005年度)全国工会好信息表彰大会在内蒙古首府呼和浩特举行,天津港(集团)有限公司工会办公室王剑撰写的《天津港农民工喜迁新居》一文荣获一等奖,集团公司工会办公室还在大会上作了搞好工会信息工作的经验介绍。

7月14日至16日　全国工会理论宣传工作研讨会在新疆阿勒泰市召开,会议表彰了宣传通讯工作集体和先进个人,天津港(集团)有限公司工会办公室王剑被全总办公厅评为2006年度《中国工运》宣传通讯工作先进个人。

7月28日　以主席西雅兹别克·穆加舍夫为团长的哈萨克斯坦工会联合会代表团一行5人在天津市总工会副主席李泮祥、国际部部长李晓春等陪同下到天津港参观访问,天津港(集团)有限公司工会副主席王学俊会见了哈萨克斯坦工联客人一行并陪同代表团参观了天津五洲国际集装箱有限公司码头。

同日　天津市委常委、市总工会主席散襄军来到天津港,在天津市总工会副主席刘凤山和天津港(集团)有限公司党委书记王恩德、工会主席张瑞福等陪同下深入五公司23段码头,慰问农民工,并送去了防暑降温饮料和防暑药品以及背投彩色大屏幕电视和DVD播放机。随后,在天津港(集团)有限公司召开了座谈会,集团公司党委书记王恩德和集团公司工会主席张瑞福分别汇报了港口生产建设情况和做好农民工工作的情况,市总工会副主席刘凤山主持座谈会,集团公司总裁于汝民、工会副主席王学俊及市总工会保障部部长王金生等参加座谈。

8月1日　天津港英模风采摄影展览在天津港文体中心举行,天津港(集团)有限公司工会主席张瑞福出席并为展览剪彩,集团公司工会副主席王学俊讲话。展览上展出了新中国成立以来天津港120多位获得市部级以上的劳动模范工作、学习、生活的图片,来自集团公司的200多名干部职工参观了展览。

同日　《天津工人报》头版头条刊登《天津港农民工生产生活有滋有味》的报道。

8月3日　天津市总工会常务副主席张子鹏在市总141期《工会信息》刊登的《天津港工会从四个方面入手维护农民工合法权益》的信息上批示:“大型国有企业单位招用农民工、外来工是个比较普遍的问题,天津港工会为我们作出了榜样,望有农民工的国有企业切实做好组织起来、切实维权的工作。”

8月7日至13日　全国劳动模范孔祥瑞赴北戴河参加全国总工会组织的百名全国劳动模范暑期休养活动,期间受到中共中央政治局委员、全国人大常委会副委员长、全国总工会主席王兆国等领导的接见。

8月17日　天津港(集团)有限公司工会召开代表会议,选举产生了出席天津市工会十五次代表大会的代表,张瑞福、李洪霞(女)、孙伯强、王金忠、孔祥瑞、姚建发、张民茹(女)、鲁世龙、崔炳强、梁国涛(回)、黄宝平11人当选。

同日　天津港(集团)有限公司工会召开工作会议,传达贯彻天津市工会区县局领导干部会议精神,总结上半年工作,部署后几个月工作重点。集团公司工会主席张瑞福就做好后几个月的工会工作提出了要求,集团公司工会副主席王学俊主持会议。会议讨论通过了《天津港工会建家考核细则》。会议结束后,集团公司工会还组织与会代表参观了正在建设的东疆保税港区。

8月22日　天津港滚装码头有限公司工会第一次会员大会暨一届一次职工大会召开。

8月25日　天津港(集团)有限公司党委书记王恩德在集团公司工会副主席王学俊及党办、组织部、老干部办公室等部门负责人陪同下到天津市总医院看望了老红军、天津港原工会主任林寿清同志。

8月　由天津市精神文明建设委员会办公室、天津市总工会联合开展的第二届天津市职工职业道德建设“双十佳”、“百佳班组”评选活动揭晓。天津港煤码头有限公司操作一队队长孔祥瑞获第二届天津市职工职业道德建设十佳标兵荣誉称号;天津港股份有限公司煤码头分公司操作二队维修班获第二届天津市职工职业道德建设百佳班组荣誉称号。

9月12日　以新屋义信为团长的全日本港湾运输工会同盟近畿地方本部访华团一行4人访问天津港。集团公司工会副主席王学俊向日本工会客人介绍了天津港的基本情况和工会组织的情况，并陪同客人参观了天津五洲国际集装箱码头有限公司。

9月13日　劳动和社会保障部颁发《关于表彰第八届中华技能大奖获得者全国技术能手和国家技能人才培育突出贡献奖获奖单位的决定》（劳社部发〔2006〕35号），天津港煤码头公司电动装卸机械司机、高级技师孔祥瑞被授予第八届全国技术能手荣誉称号。

9月18日　由天津、甘肃、宁夏三省市区组成的全国厂务公开互检组一行10人在市纪委常委阎堃、市总工会副主席赵洪莉陪同下对天津港（集团）有限公司的厂务公开民主管理工作进行调研检查。集团公司纪委书记黑锦国作了汇报，集团公司工会主席张瑞福及集团公司厂务公开民主管理工作领导小组成员出席专题汇报会。互检组在港期间查阅了相关资料并与职工代表座谈，还组织了100名职工填写了调查问卷，参观了天津港第二港埠有限公司、天津港第三港埠公司、天津港第五港埠公司和天津港国际物流有限公司的三级公开栏。

9月23日　天津港第七届职工艺术节闭幕式在塘沽大剧院举行，天津港（集团）有限公司领导王恩德、于汝民、孙世明、田长松、张瑞福、黄力军、赵明奎和部分离退休老领导与1100余名职工观看了闭幕式演出。闭幕式上，还对本届职工艺术节的9个优秀组织单位和21名天津港"员工艺术之星"进行了表彰。

9月26日　全国高技能人才工作会议暨第八届中华技能大奖和全国技术能手表彰大会在北京召开。天津港煤码头有限责任公司操作一队队长孔祥瑞获得"中华技能大奖"。

9月28日　《光明日报》第二版要闻《经典中国——我和我的祖国》栏目刊登了全国劳动模范、天津港煤码头有限责任公司操作一队队长孔祥瑞先进事迹。

10月1日　天津港（集团）有限公司党委书记王恩德深入天津港煤码头有限责任公司慰问了该公司操作一队队长孔祥瑞并向集团公司节日期间坚守岗位的职工和公安干警表示慰问。

10月17日　天津港（集团）有限公司党委书记王恩德陪同市有关部门领导到市总医院看望了老红军、天津港原工会主席林寿清同志。

10月18日　天津港（集团）有限公司召开2006年天津市港口行业技能竞赛总结表彰会，会议对5个工种的前10名选手进行了表彰，同时决定对获得竞赛第一的职工晋升两个职业技术等级，对获得第二至第十名的职工晋升一个职业技术等级；7人将晋升为高级技师、26人晋升为技师、40人晋升为高级工、17人晋升为中级工。集团公司副总工李宝元及人力资源部、科设部、宣传部、团委等部门的负责同志出席会议并为获奖职工颁奖，集团公司工会副主席王学俊主持了表彰会。

同日　天津市委常委、宣传部部长肖怀远会见了以中宣部新闻局副局长、中央新闻单位孔祥瑞先进事迹采访团团长刘汉俊一行。

同日　市委宣传部与市总工会联合召开2006年天津市"五一新闻奖"颁奖座谈会暨市工会十五大情况通报会，11位"五一新闻奖"一等奖获得者被授予市五一劳动奖章。天津工人报记者吴守文、刘桂凤采写的长篇通讯《一位装卸工与机器的"神话"故事》获得一等奖。

10月18日至19日　以中宣部新闻局副局长刘汉俊为团长的中央新闻单位孔祥瑞先进事迹采访团来天津港采访。交通部体改法规司副司长何林春、天津市委宣传部副部长刘凤银及集团公司领导孙世明、张瑞福出席见面会。天津港（集团）有限公司党委书记王恩德介绍了孔祥瑞先进事迹和天津港的基本情况。孔祥瑞作了发言。在港期间，采访团还深入天津港煤码头有限公司进行了采访。

10月25日至28日　中国海员工会港口联络委员会2006年度工作会议在杭州举行，天津港（集团）有限公司工会主席张瑞福出席会议。

10月29日　由天津市妇联、今晚报社联合举办的天津市幸福和谐家庭评选活动揭晓，全国劳模、天津港股份有限公司煤码头分司孔祥瑞家庭等10户家庭被评为天津市幸福和谐家庭标兵户。

10月31日　天津港（集团）有限公司作出《关于命名"孔祥瑞操作队"的通知》（津港办〔2006〕300号）。天津港煤码头有限公司操作一队被命名为孔祥瑞操作队。集团公司党委书记王恩德亲手将铜牌授予孔祥瑞操作队队长孔祥瑞。天津港历史上第一个以工人名字命名的基层班组就此诞生。集团公司总裁于汝民宣读决定，集团党委副书记孙世明主持命名仪式，集团公司领导黑锦国、田长松、张瑞福、赵彦虎、赵明奎出席。

11月6日　中国海员建设工会作出《关于开展孔祥瑞学习活动的通知》（海建工总字〔2006〕59号）。

11月8日　天津市市委副书记、常务副市长黄兴国到天津港煤码头有限公司看望了孔祥瑞和孔祥瑞操作队职工代表,天津港(集团)有限公司领导王恩德、孙世明、田长松、张瑞福、黄力军等陪同。

11月10日　由天津市文明办、天津日报社、今晚报社、天津人民广播电台、天津电视台、北方网等单位共同主办的“知荣辱、树新风,感动津城十佳文明市民评选活动”颁奖仪式在天津电视台演播大厅隆重举行,全国劳模、天津港股份有限公司煤码头分公司孔祥瑞等“十佳文明市民”及20位候选人受到表彰和奖励。

同日　天津市新建企业工会组建工作领导小组下发《2005年度组建工会和发展会员工作考核通报》,天津港(集团)有限公司工会被评为天津市2005年度组建工会和发展会员工作先进单位。

11月15日　由天津市总工会、市文化局今晚传媒集团、天津电视台联合评选的第二届天津市职工艺术家揭晓,天津港文体中心职工赵艳(女,音乐类)、杨莹(女,音乐类)、张宝娟(女,舞蹈类)分别被授予天津市职工艺术家称号。

11月16日　天津市召开职工素质工程推动会。市委常委、市职工素质工程领导小组组长、市总工会主席散襄军出席会议并作重要讲话。会上,天津港煤码头公司操作一队队长、知识型产业工人杰出代表“蓝领专家”孔祥瑞同志,北方国际集团世通机械进出口有限公司缅甸项目组,市园林管理局,大港油田集团钻井工程公司及城建集团一公司一分公司负责同志代表、全国劳动模范、农民工罗荷根分别作了大会发言。

11月21日至22日　“全国工会推进职工代表大会制度建设经验交流会”在广州召开,天津港(集团)有限公司工会副主席王学俊代表天津港出席会议并作了《切实落实职代会审议建议权,实现民主决策科学决策,促进企业持续、健康、快速发展》的典型经验介绍。

11月25日　以近畿地方本部执行委员长新屋义信为团长的全日本港湾运输工会同盟近畿地方本部访华团一行7人访问天津港。天津港(集团)有限公司工会副主席王学俊会见日本工会客人一行,并陪同客人参观了天津港集装箱码头有限公司。

11月30日至12月4日　天津市工会十五次代表大会召开,张瑞福、李洪霞(女)、孙伯强、王金忠、孔祥瑞、姚建发、张民茹(女)、鲁世龙、崔炳强、梁国涛(回)、黄宝平作为正式代表出席。天津港(集团)有限公司党委书记王恩德出席大会开幕式。集团公司原工会主席宋愿兵作为特邀代表出席大会开幕式。张瑞福、孔祥瑞当选市总工会十五届委员会委员。

11月　《天津工运》第11期“聚焦农民工”专栏刊登了天津港(集团)有限公司工会主席张瑞福的文章《思想重视,行动上关爱,下力量切实做好农民劳务工工作》。

12月2日　参加环渤海区域女性发展联合网络启动仪式暨环渤海区域女性企业家世纪发展大讲坛的代表由天津市妇联主席王之球陪同参观天津港,天津港(集团)有限公司工会副主席王学俊在天津五洲国际集装箱码头公司介绍了天津港的发展情况。

12月5日　《工人日报》公布由全国总工会预防控制艾滋病领导小组举办的全国职工预防控制艾滋病及禁毒知识竞赛获奖名单,天津港(集团)有限公司工会女职工委员会获得优秀组织奖。

12月6日至7日　天津港(集团)有限公司工会2005年度经审干部培训班暨工作经验交流会在宁河举行。会议对获得2005年度经审工作目标考核先进单位进行了表彰。七个单位介绍了他们开展工会经审工作的经验。市总经审办公室助理调研员张炳棠进行了讲座。集团公司工会经审委主任吴培增出席并讲话。

12月19日　中国海员建设工会、交通部交通安全委员会联合发出《关于2006年全国水运系统船舶、班组安全竞赛活动的表彰决定》(海建工海字〔2006〕63号),中燃天津公司津油1号轮被授予安全优秀船舶称号;天津港第三港埠公司装卸二队机六组、天津港石化码头公司流体队操作二班被授予安全优秀班组荣誉称号。

12月19日至20日　中国海员建设工会一届五次全委会在宁波举行,天津港(集团)有限公司工会主席张瑞福出席本次会议。

12月31日　天津市总工会办公室下发《关于表彰天津市工会系统2006年度工会信息工作先进单位和优秀信息工作者的决定》(津工办〔2006〕17号),天津港(集团)有限公司工会被评为天津市工会系统2006年度工会信息工作先进单位,集团公司工会办公室王剑被评为优秀信息工作者。

2007年

1月5日　第一期工人日报社《工会信息》杂志“主席新年寄语”栏目刊登了天津港(集团)有限公司

工会主席张瑞福新年寄语。

1月9日 《天津港湾》、天津港有线电视台、《天津港口》联合评选的2006年天津港十大新闻揭晓,新时期知识型产业工人的杰出代表、"'蓝领专家'孔祥瑞享誉全国"新闻位列十大新闻之首。

1月12日 天津港(集团)有限公司召开劳动竞赛委员会2007年第一次会议,会议审定了2006年度集团公司劳动竞赛先进集体和先进个人名单,研究确定了2007年集团公司方案。劳动竞赛委员会副主任、党委副书记孙世明主持会议,集团公司劳动竞赛委员会副主任、工会主席张瑞福出席会议。

同日 天津市"十佳文明市民"先进事迹首场报告会在第二工人文化宫大剧场举行。天津港煤码头有限公司操作一队队长孔祥瑞作为天津市"十佳文明市民"之一,介绍了他从一名"码头工人"成长为"蓝领专家"的光荣历程。

1月16日至26日 应台湾中华总工会邀请,以市总工会副主席赵洪莉为团长的天津市工会代表团一行11人赴台湾进行交流访问,天津港(集团)有限公司工会副主席王学俊随团出访。

1月22日 天津港(集团)有限公司召开第十届职工代表大会第十次会议。

同日 全国"创建学习型组织,争做知识型职工"活动领导小组发出《关于表彰2006年度全国学习型班组、知识型职工、先进集体和先进个人的决定》(创争领字〔2007〕1号)。天津港煤码头有限公司高级技师孔祥瑞获全国知识型职工标兵称号。天津港第三埠公司维修站修理二班获全国学习型先进班组称号。

1月26日 天津港(集团)有限公司工会召开十一届十三次全委会议,集团公司工会主席张瑞福主持了会议。根据集团公司党委推荐,会议选举李洪霞同志为中国海员工会天津港(集团)有限公司第十一届委员会副主席。

同日 以金在业议长为团长的韩国劳动组合总联盟仁川地域本部代表团一行9人在天津市总工会副主席李泮祥、国际部部长李晓春陪同下访问天津港。天津港(集团)有限公司工会主席张瑞福会见了代表团一行,并向韩国工会客人介绍了天津港和工会组织的有关情况。客人在港期间还参观了天津五洲国际集装箱码头。

1月 中宣部《时代先锋》大型主题宣传系列丛书《知识工人孔祥瑞》正式面向全国发行。该书由中共中央宣传部新闻局、全国总工会宣教部、交通部体改法规司、天津市委宣传部编辑,学习出版社出版。该书收录了中央数十家新闻媒体采写的40余篇相关报道及评论。

2月2日 "感动中国2006年度人物评选"活动揭晓,被誉为"蓝领专家"的天津港职工孔祥瑞深深打动全国观众,最终获得感动中国2006年度人物荣誉称号。

2月4日 "2006·中国十大系列英才"在京揭晓,"蓝领专家"、全国劳动模范孔祥瑞当选"2006年中国十大建设英才",与来自全国的各界英才齐聚北京人民大会堂,出席颁奖典礼。

2月5日至8日 百集电视纪录片《中国劳模》摄制组在天津港录制"蓝领专家"、全国劳动模范孔祥瑞同志的专集。天津港(集团)有限公司工会主席张瑞福会见了摄制组顾问、全国总工会原经济工作部部长王持栋一行。《中国劳模》百集电视纪录片,是第一次全面、客观展现新中国成立以来,特别是改革开放以来,各行各业涌现出的100位劳动模范的工作与生活、光荣与梦想的电视纪录片,每集10分钟。

2月6日 天津港(集团)有限公司工会十一届十四次全委(扩大)会议召开。

同日 全国港口行业第一本企业文化书籍《奔跑者的追求》在文体中心举行首发式。由天津港(集团)有限公司和北京道锐思管理技术有限公司联合编写的《企业文化基础知识普及教材(天津港集团公司员工专用)》同时首发。《奔跑者的追求》一书由天津港(集团)有限公司总裁于汝民主编,由中国长安出版社发行。集团公司工会主席张瑞福,副主席王学俊出席首发式并向职工代表赠书,首发式由集团公司工会副主席李洪霞主持。

2月7日 天津港(集团)有限公司在天保国际酒店召开2006年度先进表彰文艺联欢会。集团公司领导王恩德、于汝民、孙世明、黑锦国、田长松、张瑞福、赵彦虎、赵明奎出席表彰联欢会并分别为2006年度"津港管理杯"优胜单位、"劳动竞赛优胜单位"、创建"四好"领导班子先进集体的单位、十大"标兵班组"、十大"文明员工标兵"和先进生产者代表颁奖。同时,集团公司决定授予孔祥瑞同志和孔祥瑞操作队特殊贡献奖。

2月10日 由全总文工团党委书记郦先福带队的中华全国总工会文工团演出小分队来到天津港慰问一线劳务工,先后深入到天津港第一、二、四港埠公司举办了两场慰问演出。市总工会副主席李泮祥,市总工会常委、宣教部部长李颜,集团公司工会副主席李洪霞等观看了演出。

2月13日　天津港(集团)有限公司领导王恩德、于汝民、张瑞福、赵明奎带领有关部门负责同志入户看望慰问退休劳模和困难员工。集团公司党委书记、董事长王恩德,副总裁赵明奎先后来到生服中心困难员工刘学琪和电力公司长病员工董琨家中慰问。集团公司党委副书记、总裁于汝民,工会主席张瑞福到"蓝领专家"孔祥瑞的师傅、客运总公司退休劳模金贵林和退休职工冯云章家中进行了慰问。

2月14日　天津港(集团)有限公司下发《关于对孔祥瑞同志及孔祥瑞操作队给予特殊奖励的决定》(津港人〔2007〕36号),根据《天津港务局员工奖惩条例(试行)》精神,并经集团公司2006年第六次总裁办公会研究决定:为表彰孔祥瑞同志、孔祥瑞操作队的突出贡献和勇于奉献精神,集团公司决定给予孔祥瑞同志20万元(税后)人民币的特殊奖励;给予孔祥瑞操作队20万元(税后)人民币的特殊奖励。

同日　天津市总工会下发《关于李洪霞同志任职的批复》(津工复〔2007〕11号),同意李洪霞同志为天津港(集团)有限公司工会第十一届委员会副主席。

2月26日　"感动中国2006年度人物评选"活动颁奖盛典在中央电视台一套节目黄金时间播出,被誉为"蓝领专家"的天津港职工孔祥瑞深深打动全国观众,最终获得感动中国2006年度人物荣誉称号。由于丹、阎肃、张瑞敏、易中天等43名专家、学者以及知名人士组成的推选委员会这样描述对孔祥瑞的印象:"不管什么时代,劳动者都是社会的中流砥柱。但是在今天,更值得尊敬的,还应该是那些不仅贡献汗水还贡献智慧的人。150项革新,给国家带来8000万元效益,这就是一个蓝领工人的成就。"

同日　全国妇女"巾帼建功"活动领导小组第十六次会议在京召开。会议表彰了2000个全国巾帼文明岗和1000名全国巾帼建功标兵。天津港电力公司北港运行部获全国巾帼文明岗荣誉称号。

2月28日　中华全国总工会第四届女职工委员会第四次会议暨表彰大会在京召开。会议还表彰了一批先进女职工工作集体和个人。天津港(集团)有限公司工会副主席李洪霞被授予全国先进女职工工作者荣誉称号。

3月3日　应中组部邀请,孔祥瑞先进事迹报告团赴京作报告,中组部机关有关领导和全体职工200多人聆听了报告,报告会前中组部副部长沈跃跃、李智勇会见了报告团一行。

3月7日　天津市纪念"三八"国际劳动妇女节97周年暨"和谐天津,杰出女性"颁奖大会举行。会议表彰了10名"津门女将"、304名"三八"红旗手、49个"三八"红旗集体。天津港第四港埠公司动力站"三八"电工班被授予天津市"三八"红旗集体荣誉称号;天津港监理有限公司业务部经理张民茹被授予天津市"三八"红旗手荣誉称号。

同日　交通部颁发《关于表彰全国交通行业巾帼文明岗巾帼建功标兵的决定》(交体法发〔2007〕99号)。天津港设施管理中心船闸管理所信号收费班荣获交通部颁发的全国交通行业巾帼文明岗荣誉称号。天津港第二港埠公司货运市场部理赔管理员马桂兰被授予全国交通行业"巾帼建功"标兵荣誉称号。

3月12日至17日　全国劳模、天津港务股份有限公司煤码头分公司孔祥瑞作为全国知识型职工标兵代表,随"全国学习型班组、知识型职工事迹报告团"到重庆、湖南、江西等地进行巡回报告。

3月14日　天津市职工建功"十一五"重点工程"五比一创"劳动竞赛启动仪式在天津港东疆北港池集装箱三期工地举行。市委常委、市总工会主席散襄军出席启动仪式,宣布劳动竞赛在全市正式启动,并为参赛职工授旗。散襄军深入到天津港东疆港区和中交一航局第十项目部,看望和慰问了正在进行东疆港区和北港池集装箱三期工程建设的广大职工,分别听取了天津港(集团)有限公司总裁于汝民、中交第一航务工程局有限公司董事长武永涛天津港东疆港区远景规划和建设情况以及北港池集装箱码头三期工程建设情况汇报。天津市总工会副主席黄淑玲与天津港(集团)有限公司工会主席张瑞福、中交一航局有限公司工会主席高卫东及中交一航局第十项目部负责人签订了《天津市职工建功"十一五"重点工程"五比一创"劳动竞赛目标责任书》。中交一航局第十项目部代表参赛职工作了发言。市总工会副主席李泮祥主持了启动仪式。

3月30日　天津港(集团)有限公司召开党员代表会议选举出席市第九次党代会代表。集团公司领导王恩德、孙世明、黑锦国、张瑞福以及党员代表共计107人参加会议。会议选举王恩德、于汝民、李洪霞(女)、王伟、李伟、孔祥瑞等6名同志为出席市第九次党代会代表。

4月4日　天津市协调劳动关系三方会议成员单位——市劳动和社会保障局、市总工会、市国资委、市企联合/企协在天津大礼堂联合召开了“天津市深入开展劳动关系和谐企业创建活动推动大会”。会议为首批321家“天津市A级劳动关系和谐企业”的代表颁发了标牌。天津港(集团)有限公司成为首批“天津市A级劳动关系和谐企业”。

4月5日　天津港(集团)有限公司厂务公开民主管理工作领导小组召开2007年一次会议。会议总结了2006年集团公司厂务公开民主管理工作情况;提出了2007年集团公司厂务公开民主管理工作意见;根据上级要求对集团公司厂务公开办公室的设置进行了调整;评定了厂务公开先进集体、个人。集团公司厂务公开民主管理工作领导小组组长、集团公司党委书记王恩德主持会议,副组长于汝民总裁、黑锦国书记、张瑞福主席出席会议。

4月13日　交通部作出《关于开展向新时期知识型产业工人孔祥瑞学习活动的决定》(交体法发〔2007〕170号)。

4月17日　天津五洲国际集装箱码头有限公司工会召开第一次代表大会,选举产生第一届工会委员会和经费审查委员会。18日分别召开一届一次委员会,选举毕建胜为工会主席,选举许健萍(女)为工会经费审查委员会主任。

4月18日至27日　应韩国仁川港运劳动组合和全日本港湾运输工会同盟近畿地方本部邀请,以天津港(集团)有限公司工会主席张瑞福为团长的天津港工会代表团一行10人赴韩国仁川港和全日本港湾运输工会本部进行友好访问。

4月20日　天津港股份有限公司监事会召开五届一次会议,选举王学俊为公司第五届监事会主席,任期三年,监事会全体5名监事出席会议。

同日　天津市总工会和安全生产监督局联合下发《关于表彰2006年度天津市“安康杯”竞赛优胜企业、优秀组织单位、优秀班组和优秀组织者的决定》(津工通〔2007〕11号)。天津港第五港埠公司、天津港股份有限公司焦炭码头分公司被授予优胜企业称号;天津港电力公司被授予优秀组织单位称号;天津港第二港埠有限公司装卸一队劳动保护监督检查组、天津港第三港埠公司装卸二队六组被授予优秀班组称号;天津港(集团)有限公司工会张艳军被授予优秀组织者称号。

4月24日　中宣部、中华全国总工会、交通部和天津市委在人民大会堂小礼堂联合举办了孔祥瑞同志先进事迹报告会。中共中央政治局委员、全国人大常委会副委员长、中华全国总工会主席王兆国在会前接见了报告团全体成员。中宣部副部长欧阳坚主持报告会,交通部部长李盛霖代表主办单位讲话,中华全国总工会副主席孙春兰、乔传秀,交通部副部长黄先耀,市委副书记、市人大常委会主任刘胜玉,市委常委、市总工会主席散襄军及集团党委书记王恩德出席。来自中央国家机关、交通部直属单位、北京市部分市直机关的干部职工聆听了孔祥瑞报告会。

同日　由天津港(集团)有限公司和天津市塘沽集邮公司联合制作的“工人有为——孔祥瑞”个性化邮票制作完成。本次发行的邮折包括一版个性化邮票和一枚纪念封,个性化邮票以“长城”作为主图。

4月27日　天津市庆祝“五一”国际劳动节暨表彰劳动模范、模范集体大会在天津礼堂隆重举行。会上,宣读了《中共天津市委、天津市人民政府关于表彰2006年度市级劳动模范和模范集体的决定》《天津市总工会关于授予2006年度市级五一劳动奖章、五一劳动奖状的决定》。市领导同志向荣获全国五一劳动奖章、市级模范集体代表,向最具影响力劳动模范提名奖获得者、最具影响力劳动模范,颁发了奖章、证书、奖牌和奖杯。天津港股份有限公司煤码头分公司、孔祥瑞操作队队长孔祥瑞被授予天津市最具影响力劳动模范称号,集团公司有10名职工被授予2006年度市级劳动模范称号,3个集体被授予模范集体称号;14名职工被授予2006年度天津市五一劳动奖章,集团公司及5个集体被授予天津市五一劳动奖状。

同日　天津市总工会举行仪式,欢送孔祥瑞等代表天津市劳模赴京参加全国总工会“五一”庆祝表彰活动,市总工会副主席黄淑玲等有关领导为他们送行。进京的还有新荣获全国五一劳动奖章的市公安局河北分局墙子派出所所长李连群、全国五一劳动奖状获得集体天津第六市政工程有限公司代表赵惠川等。

4月28日　全国总工会下发《关于向全国学习型标兵班组、全国知识型职工标兵颁发全国五一劳动奖状、全国五一劳动奖章的决定》(总工发〔2007〕17号),决定授予中石油抚顺石化分公司石油三厂王海班等10个全国学习型标兵班组全国五一劳动奖状;授予孔祥瑞等10名全国知识型职工标兵全国五一劳动奖章。

同日　全国总工会庆祝“五一”国际劳动节大会在人民大会堂隆重召开。全国劳模、天津港煤码头公司孔祥瑞操作队队长孔祥瑞应邀参加大会。

同日　天津市总工会作出《关于首批授予47个先进集体“工人先锋号”的决定》(津工发〔2007〕8号),

决定授予天津港(集团)有限公司煤码头分公司孔祥瑞操作队等47个集体“工人先锋号”称号。

同日　天津市召开厂务公开民主管理工作会议,会议回顾总结过去两年全市厂务公开民主管理工作,对下一步工作进行具体部署,交流典型经验,表彰先进单位和优秀个人。天津港(集团)有限公司工会主席张瑞福在会上作了题为《深化厂务公开,促进港口发展》的经验介绍。集团公司被评为天津市2005~2006年度厂务公开民主管理工作先进单位,集团公司纪委办公室路涛同志被评为天津市2005~2006年度厂务公开民主管理工作优秀工作者。

同日　全国总工会在京举行庆祝“五一”国际劳动节招待会。全国劳模、天津港煤码头公司孔祥瑞操作队队长孔祥瑞应邀参加招待会。

4月29日　全国总工会在京召开了庆祝“五一”国际劳动节劳动模范座谈会。全国劳模、天津港煤码头公司孔祥瑞操作队队长孔祥瑞参加座谈会。

4月30日　2007年庆祝“五一”国际劳动节暨第二届中国职工艺术节开幕式文艺晚会在京举办。全国劳模、天津港煤码头公司孔祥瑞操作队队长孔祥瑞应邀观看演出。

5月1日　《人民日报》头版头条位置刊登《天津港农民工成为港口新型产业工人》的照片。

5月11日　全国总工会和国家安全生产监督管理总局联合下发《关于表彰2006年度全国“安康杯”竞赛优胜企业、优胜班组、优秀组织单位和优秀组织个人的决定》(总工发〔2007〕20号),天津港(集团)有限公司获得全国“安康杯”竞赛优胜企业称号;天津港第三港埠公司二队六组获得全国“安康杯”竞赛优胜班组称号。

5月14日　全国总工会副主席、党组书记、书记处第一书记孙春兰在天津市委常委、市总工会主席散襄军陪同下到天津港(集团)有限公司进行调研并为天津港股份有限公司煤码头分公司孔祥瑞操作队“工人先锋号”授牌。集团公司领导于汝民、孙世明、张瑞福等陪同。

5月17日　全国召开厂务公开民主管理工作先进单位表彰电视电话会议。会上,表彰了全国厂务公开民主管理工作先进单位,天津港(集团)有限公司获得了全国厂务公开民主管理工作先进单位荣誉称号。

5月20日　中国国民党副主席江丙坤等一行18人考察天津港,天津港(集团)有限公司工会主席张瑞福在五洲国际集装箱码头介绍了天津港的整体布局和东疆保税港区工程的进展情况。

6月4日　《中国海员建设工会全国委员会下发表彰第十一届“金锚奖”的决定》(海建工海字〔2007〕30号),决定授予144名优秀水运职工第十一届“金锚奖”。天津港(集团)有限公司工会副主席王学俊、天津港第五港埠公司天贵装卸劳务有限公司职工刘贵松、天津港第四港埠公司流机队队长段江山三人榜上有名。

6月5日　天津市总工会、天津市工运理论研究会联合发出《关于表彰天津市工会系统2005~2006年度优秀调研成果、工运理论研究会先进分会和工会工作创新实践优秀专题片的决定》(津工研〔2007〕1号)。天津港(集团)有限公司工运理论研究分会被评为先进分会,天津港(集团)有限公司工会办公室王剑撰写的《关于深化职工素质工程活动的实践与思考》获天津市工会系统2005~2006年度优秀调研成果一等奖;另有1篇获二篇奖,6篇获三等奖,天津港第三港埠公司工会报送的专题片《我们都是一家人》获天津市工会工作创新实践优秀专题片二等奖,天津港第二港埠有限分公司工会报送的专题片《站在战略高度实施素质工程》获三等奖。

6月15日　天津市总工会举办主题为“倡导人本思想,推进民主管理,共谋和谐发展,实现互利双赢”的职工民主管理论坛暨民主管理理论创新、实践创造优秀成果发布会。天津港第四港埠公司工会韩建华撰写的《探讨劳务工民主管理权利的拥有和实现》获得理论创新优秀成果一等奖;天津港轮驳公司工会陶志龙、余祝建撰写的《实施民主管理质量体系,切实维护职工合法权益》获得理论创新优秀成果三等奖。

6月21日　市总工会发出《关于表彰天津市职工“和谐促发展,立功‘十一五’”知识竞赛优秀组织单位和先进班组、先进个人的通知》(津工通〔2007〕20号)天津港(集团)有限公司工会被评为优秀组织单位,集装箱码头有限公司三港池闸口站部被评为先进班组,港务设施中心梁红岩被评为先进个人。

6月23日　在联想集团、中央电视台和北京奥组委共同举办的2008奥运火炬手公开选拔启动仪式上,全国劳动模范、天津港煤码头分公司孔祥瑞与濮存昕、申雪、赵宏博、王顺友一起成为首批联想奥运火炬手。

6月26日　交通邮电系统劳模事迹报告会在天津市总工会举行,全国劳模天津港煤码头分公司孔祥瑞等作事迹报告,市交通工委副书记黄玉功、市总工会副主席黄淑玲出席。交通邮电系统各单位党政工负责人和劳动模范、模范集体、“工人先锋号”及职工代表100多人参加了报告会。

7月10日　天津港(集团)有限公司召开厂务公开民主管理工作会议,集团公司领导王恩德、于汝民、黑锦国、张瑞福出席会议并为获得2006年度厂务公开民主管理工作先进单位和优秀个人代表颁奖,会上天津港第二港埠有限公司、天津港第三港埠公司、天津港第五港埠公司分别介绍了经验。

7月11日　中国海员建设工会全国委员会、交通部精神文明办公室联合发出《关于表彰全国优秀海员家属的决定》(海建工海字〔2007〕41号),天津港轮驳公司津港轮19号船长王涛的妻子何桂云被评为全国优秀海员家属。

7月16日　中华全国总工会、国家安全生产监督管理总局联合召开2006年度全国“安康杯”竞赛表彰电视电话会议。会上宣读了《关于表彰2006年度全国“安康杯”竞赛优胜企业、优胜班组、优秀组织单位和优秀组织者的决定》。天津港(集团)有限公司被授予全国“安康杯”竞赛优胜企业称号,天津港第三港埠公司装卸二队六组被授予全国“安康杯”竞赛优胜班组称号。

7月23日　天津港(集团)有限公司召开十届十次职代会联席会议,审议通过2007年工资调整方案,集团公司副总裁田长松、工会主席张瑞福出席会议。

7月24日　《天津工人报》对天津市推荐参加第十届全国职工职业道德建设“双十佳”评选活动候选单位和个人进行了公示,天津港股份有限公司煤码头分公司孔祥瑞操作队队长孔祥瑞作为候选个人榜上有名。

7月26日　天津港(集团)有限公司领导王恩德、于汝民、黑锦国、张瑞福、赵明奎等分别带领有关部门分三路深入生产一线作业现场慰问坚持高温作业的职工。

7月27日　中国国民党副主席江丙坤率台湾工商界天津考察团一行18人考察天津港,天津港(集团)有限公司工会主席张瑞福在天津港联盟国际集装箱码头公司介绍了情况。

7月31日　市总工会召开天津市区县局工会领导干部会议,会议总结了2007年上半年工作,部署了下半年工作重点,表彰了天津市工会系统2005～2006年度优秀调研成果、工运理论研究会先进分会和工会工作创新实践优秀专题片。天津港(集团)有限公司工运理论研究分会被评为先进分会,同时有8篇优秀调研成果分获一、二、三等奖;两部工会工作创新实践专题片分别获得天津市工会工作创新实践优秀专题片二、三等奖。

7月　全总研究室召开《中国工运》《工运研究》宣传工作会议,会议表彰了《中国工运》宣传通讯工作集体和先进个人,天津港(集团)有限公司工会办公室王剑被全总办公厅评为2007年度《中国工运》宣传通讯工作先进个人。

8月23日　天津港(集团)有限公司工会召开十一届十五次全委(扩大)会议。

8月29日　中国海员建设工会在重庆市召开全国交通建设系统维护农民工权益经验交流会。天津港(集团)有限公司工会主席张瑞福在会上介绍了天津港工会维护农民工权益的经验和做法。

8月29日至31日　北京、天津、上海、重庆、江苏、浙江、广东“四市三省”总工会研究室主任会议在天津港召开,市总工会副主席李泮祥、市教育工会主席李子星出席会议,天津港(集团)有限公司工会主席张瑞福,副主席王学俊、李洪霞会见了与会代表介绍了天津港和工会组织的有关情况并陪同参观了港区。

8月30日　劳动和社会保障部、中华全国总工会、中国企业联合会/中国企业家协会联合在京召开全国促进建立劳动关系和谐企业与工业园区表彰暨经验交流会议,会上宣读了《国家三方会议关于“全国模范劳动关系和谐企业”和“全国模范劳动关系和谐工业园区”表彰决定》。天津港(集团)有限公司被授予全国模范劳动关系和谐企业称号。

9月7日　天津市职工素质工程领导小组办公室发出《关于命名首批职工素质工程目标管理星级单位》,此次全市共有214个基层单位通过市级目标管理评估考核,其中,达到三星级标准的84个单位,达到四星级标准的42个单位。天津港第四港埠公司、天津港电力公司、天津港第二港埠有限公司被命名为天津市职工素质工程目标管理四星级单位称号;天津港轮驳公司、天津港第一港埠公司被命名为天津市职工素质工程目标管理三星级单位称号。

9月29日　天津市总工会召开庆祝天津港北港池集装箱码头三期工程完工暨“五比一创”竞赛总结表彰大会,市委交工委书记王世新,市总工会副主席刘凤山,天津港(集团)有限公司党委书记、董事长王恩德分别讲话,市总工会副主席黄淑玲宣读了天津市总工会《关于授予天津港北港池集装箱码头三期工程建设先进集体和个人天津市“工人先锋号”、五一劳动奖状、奖章的决定》。该工程被市总工会命名为“工人先锋号”工程,该工程是市总工会首个启动开展“五比一创”竞赛的工程,是通过竞赛首个授予“工人先锋号”的工程。市委交工委书记王世新、市总工会副主席刘凤山为“工人先锋号”工程揭牌。市委交工委副书记黄玉功,集团公司工会主席张瑞福以及中交一航局有限公司负责同志出席大会。

同日　天津市总工会发出《关于授予天津港北港池集装箱码头三期工程建设先进集体和个人天津市“工人先锋号”、五一劳动奖状、奖章的决定》(津工发〔2007〕16 号),中交一航局一公司第十项目部、天津市五一劳动奖状获得集体、中交一航局一公司第十项目部测量工段等四个集体被授予天津市“工人先锋号”先进集体称号,并荣获天津市总工会授予的五一劳动奖状。天津港北港池集装箱码头三期工程总监理工程师孙立港、天津港建设公司项目三部经理侯建飞、中交一航局一公司第十项目部常务副总经理兼总工程师孟凡利、中交一航局一公司第十项目部测量工段工段长吴玉平、天津港航工程公司副总经理兼疏浚项目部经理李德刚、天津港北港池集装箱码头三期工程打桩 12 号船长贾树昌等荣获天津市总工会授予的五一劳动奖章。

9 月 30 日　中国海员建设工会 2007 年第 9 期《信息简报》全文刊登了天津港(集团)有限公司工会在全国交通建设系统维护农民工权益经验交流会上的典型经验《天津港(集团)有限公司工会叫响做实“农民劳务工有困难”找工会,从根本上维护农民劳务工的合法权益》。

10 月 10 日　天津港(集团)有限公司党委书记王恩德、副书记孙世明为出席党的十七大代表的天津港股份有限公司煤码头分公司孔祥瑞操作队队长孔祥瑞送行。

10 月 17 日　天津港(集团)有限公司在天保国际酒店举行天津新港迎来重新开港 55 周年庆祝大会,王恩德、于汝民、孙世明、田长松、张瑞福、黄力军、赵彦虎、赵明奎等集团公司领导与市有关委办局、货主和船公司代表、老干部代表、集团公司处级领导、劳模代表、青年代表等近 300 人出席大会。大会宣读了市委副书记、市长戴相龙发来的贺信。交通部副部长徐祖远代表李盛霖部长发来贺电,对天津新港重新开港 55 周年表示祝贺。中远(香港)航运有限公司、中远散货运输有限公司、中交天津航道局有限公司、中国石油化工股份有限公司北京燕山分公司也分别发来贺信贺电。集团公司党委书记、董事长王恩德致辞,益港劳务公司五洲装卸大队队长苏现凯、中散集团党委书记魏卿分别作为港口员工代表、货主和船公司代表致辞。随后演出了一台由集团公司员工自编自演的歌舞节目。

同日　天津市集邮公司和集团公司联合发行《驿站——天津新港重新开港 55 周年》纪念邮册和邮折,其中包括两版 8 枚版个性化邮票和纪念封一枚。

10 月 20 日至 23 日　中国海员建设工会港口联委会 2007 年工作会议在重庆召开,来自 31 个委员单位的 45 名代表参加会议。天津港(集团)有限公司工会副主席王学俊出席。

10 月 22 日　召开工会重点工作咨询顾问首次专题会议,向工会重点工作咨询顾问团的人员颁发了聘书,全国劳模、天津港股份有限公司煤码头分公司孔祥瑞受聘成为顾问团成员。

10 月 24 日　天津港(集团)有限公司领导王恩德、于汝民、孙世明、张瑞福、黄力军、赵明奎欢迎出席党的十七大代表孔祥瑞并与之座谈。

10 月 24 日至 26 日　益港公司举办市劳模、优秀农民劳务工苏现凯先进事迹报告会。

10 月 31 日　市总工会召开区县局工会领导干部会议。会上,党的十七大代表、全国劳动模范、本市最具影响力劳模、工人发明家孔祥瑞代表劳动模范向全市职工发出倡议。市总工会、市知识产权局宣布了关于表彰“工人发明家”、“职工先进操作法”、“职工优秀技术创新成果”的决定,授予孔祥瑞等 8 名同志工人发明家荣誉称号,授予张晓燕创造的《棉包长丝、氨纶丝细纱接头法》等 6 项操作法为天津市“职工先进操作法”,授予天津港中煤华能煤码头有限公司《天津港煤炭专业化输运设备关键性技术改造》等 10 个项目为天津市“职工优秀技术创新成果”。市总工会同时分别授予工人发明家、职工先进操作法、职工优秀技术创新成果先进个人和集体天津市五一劳动奖章和奖状。

同日　天津市总工会、天津市知识产权局联合发出《关于表彰“工人发明家”、“职工先进操作法”、“职工优秀技术创新成果”的决定》(津工发〔2007〕18 号),决定授予孔祥瑞等 8 名同志工人发明家荣誉称号,授予张晓燕创造的《棉包长丝、氨纶丝细纱接头法》等 6 项操作法为天津市“职工先进操作法”,授予天津港中煤华能煤码头有限公司《天津港煤炭专业化输运设备关键性技术改造》等 10 个项目为天津市“职工优秀技术创新成果”。

11 月 15 日　国家人事部、中国物流与采购联合会联合颁发《关于表彰全国物流行业先进集体、劳动模范和先进工作者的决定》(国人部〔2007〕135号)天津港石油化工码头有限公司市场部经理周伟、天津港集装箱码头有限公司总经理薛翎森被授予全国物流行业劳动模范荣誉称号，天津港国际物流发展有限公司被授予全国物流行业先进集体荣誉称号。

11月17日　全国物流行业先进集体、劳动模范和先进工作者表彰大会在北京隆重召开，天津港石油化工码头有限公司市场部经理周伟、天津港集装箱码头有限公司总经理薛翎森被授予全国物流行业劳动模范荣誉称号，天津港国际物流发展有限公司被授予全国物流行业先进集体荣誉称号并受到表彰。

11月21日　天津市总工会发出《关于授予第二批95个先进集体"工人先锋号"的决定》(津工发〔2007〕19号)，天津港集装箱码头有限公司固修站零修工段荣获第二批天津市"工人先锋号"先进集体称号。

11月22日　全国总工会原副主席陈宇、王家宠、王厚德，全国总工会原经审委主任张富有，全国总工会书记处原书记刘实一行来天津港进行考察，市总工会副主席安亭洲等陪同考察，天津港(集团)有限公司工会主席张瑞福向老同志们介绍了天津港生产建设的有关情况并陪同参观了天津五洲国际集装箱公司码头。

11月27日　天津市总工会副主席崔金和来港为获第二批天津市"工人先锋号"先进集体的天津港集装箱码头有限公司固修站零修工段，代表市总工会向先进集体颁发了"工人先锋号"的奖牌。天津港(集团)有限公司工会主席张瑞福等陪同。

11月28日　大陆港口集装箱年吞吐量突破1亿标箱起吊仪式在五洲国际集装箱码头举行。国家交通部部长李盛霖和天津市市长戴相龙共同按下吊机按钮，把今年我国大陆港口第1亿个集装箱吊装到"中远希腊"号上。交通部副部长徐祖远，市委常委、常务副市长黄兴国，中远集团总裁魏家福，上海市港口管理局局长许培星，天津港(集团)有限公司党委书记、董事长于汝民先后致辞。市委常委、滨海新区管委会主任苟利军出席仪式。来自交通部、沿海沿江等省市港口管理部门和地方港口管理部门以及国内主要港口、航运企业集团和国际班轮集装箱班轮公司、物流公司的代表和50位天津港(集团)有限公司先进模范人物代表见证了这一历史时刻。

12月5日　中国海员建设工会发出《关于表彰全国交通建设系统优秀信息网站、优秀信息员的决定》(海建工总字〔2007〕61号)，决定授予18个单位首届全国交通建设系统优秀信息网站称号；授予54名同志首届全国交通建设系统优秀信息员称号。天津港(集团)有限公司工会网站被授予首届全国交通建设系统优秀信息网站称号；集团公司工会办公室王剑同志被授予首届全国交通建设系统优秀信息员称号。

12月6日　天津市人民政府办公厅颁发《关于命名2006年度天津市有突出贡献的技师和天津市技术能手荣誉称号表彰第八届中华技能大奖获得者和全国技术能手获得者的通知》(津政办发〔2007〕105号)，对第八届中华技能大奖获得者孔祥瑞和第八届全国技术能手获得者季勇斌等13名同志予以表彰。天津港孔祥瑞、金学智、田辰、李港有被授予2006年度天津市有突出贡献的技师荣誉称号；张昕、杨俊杰、宋国峰、段永春、成卫东、任春胜、陈屹立、李拥政被授予2006年度天津市技术能手荣誉称号。

12月10日　中国海员建设工会发出《关于表彰全国交通建设系统工人先锋号的决定》(海建工总字〔2007〕58号)天津港煤码头公司孔祥瑞操作队成为首届"全国交通建设系统工人先锋号"。

12月10日至20日　应西班牙阿斯利亚斯大区劳动者同盟和葡萄牙全国总工会的邀请，以天津市总工会副主席黄淑玲为团长的天津市工会代表团一行赴西班牙和葡萄牙进行考察访问，天津港(集团)有限公司工会副主席王学俊随团访问。

12月11日　天津东疆保税港区开港。

同日　天津市集邮公司和天津港(集团)有限公司联合发行《开发开放潮涌东疆——天津东疆保税港区开港纪念卡书》一册。

同日　中华全国总工会第十四届经费审查委员会第九次全体会议在北京召开，会议表彰了99个全国工会经审工作先进集体和151名全国工会经审工作先进工作者。天津港(集团)有限公司工会经费审查委员会被授予全国工会经审工作先进集体称号，集团公司工会经费审查委员会主任吴培增被授予全国工会经审工作先进工作者称号。

同日　《工人日报》对第二届全国职工技术创新成果获奖项目进行了公示，由天津港中煤华能煤码头有限公司孔祥瑞等申报的《煤炭专业化输运设备关键性技术改造》项目荣获二等奖。

12月12日　天津港国际物流发展有限公司工会召开第一次代表大会选举产生第一届工会委员会和经费审查委员会。13日分别召开一届一次委员会，选举王广勤为工会副主席,选举张世新为工会经费审查委员会主任。

12月18日　出席第十届全国职工职业道德建设“双十佳”表彰大会的全国职工职业道德建设“十佳”标兵天津港中煤华能煤码头有限公司孔祥瑞操作队队长孔祥瑞、全国职工职业道德建设先进单位利金粮油股份有限公司代表起程赴京,市总工会副主席刘凤山等送行。

同日　截至18时天津港吞吐量突破3亿吨。

同日　天津港(集团)有限公司在天津大剧院举行天津港吞吐量突破3亿吨答谢社会各界音乐会,音乐会前,集团公司董事长于汝民和总裁田长松分别向天津市困难职工帮扶中心及天津SOS儿童村分别各捐赠100万元,天津市总工会副主席刘凤山及天津SOS儿童村负责人接受了捐赠。

同日　天津市总工会、天津市困难职工帮扶中心就天津港(集团)有限公司向天津市困难职工帮扶中心捐赠100万元向集团公司发来感谢信。

同日　天津市集邮公司发行《向世界扬帆——天津港吞吐量突破3亿吨纪念邮册》,其中包括一版个性化邮票、一枚纪念封和一枚明信片。

12月19日　全国著名劳动模范、天津港中煤华能煤码头有限公司孔祥瑞操作队队长孔祥瑞和天津利金粮油股份有限公司代表,参加了在首都北京人民大会堂隆重召开的第十届全国职工职业道德建设“双十佳”表彰大会后,载誉回津。孔祥瑞还在表彰大会上代表全国职工职业道德建设“十佳”标兵作大会发言。

同日　全国总工会下发《关于向第十届全国职工职业道德建设“双十佳”颁发全国五一劳动奖状、奖章的决定》(总工发〔2007〕36号),决定授予北京同仁堂(集团)有限责任公司等10个全国职工职业道德建设十佳单位全国五一劳动奖状;授予孔祥瑞等11名全国职工职业道德建设十佳标兵全国五一劳动奖章。

同日　天津市总工会发出《关于授予在天津港25万吨级航道工程中作出突出贡献先进集体个人“工人先锋号”五一劳动奖状、奖章的决定》(津工通〔2007〕61号),市总工会决定,授予中交天津航道局有限公司天津港25万吨级航道工程项目天津市“工人先锋号”;授予中交天津航道局有限公司津航浚109轮,中交天航局设研院天津港25万吨级航道疏浚工程测量项目组,天津港监理公司天津港25万吨级航道工程项目经理部等3个先进班组天津市五一劳动奖状;授予天津港25万吨级航道工程项目经理马长宏,天津港25万吨级航道工程管线工孔宝忠,津航浚109轮船长刘益明,天津港25万吨级航道工程总监理工程师李福凯等四名先进个人天津市五一劳动奖章。

2008年

1月2日　天津市总工会下发《关于表彰工会经审工作先进集体和先进工作者的决定》(津工通〔2008〕1号),天津港(集团)有限公司工会经审委被授予天津市工会经审工作先进集体称号,集团公司工会经费审查委员会主任吴培增被授予天津市工会经审先进工作者称号。

同日　中国海员建设工会、交通部交通安全委员会联合发出《关于2007年全国水运系统船舶、班组安全竞赛活动的表彰决定》(海建工海字〔2008〕1号),决定授予124艘船舶安全优秀船舶荣誉称号。天津港轮驳公司津港消拖20轮被授予2007年度安全优秀船舶称号;天津港第五港埠公司流机队航运二班、天津港集装箱码头有限公司机械三队乙班、天津港石化码头公司流体装卸队操作一班被授予安全优秀班组荣誉称号,天津港(集团)有限公司被授予竞赛优秀组织奖。

1月7日至10日　天津港(集团)有限公司召开一线劳务员工系列座谈会,集团公司领导于汝民、孙世明、张瑞福及相关部门和单位负责人,分三期与天津港劳务员工骨干代表、城镇劳务员工代表和农村劳务员工代表进行了面对面的座谈,听取他们在天津港工作、生活的基本情况,以及关于进一步做好劳务员工工作的意见和建议。

1月7日　天津市总工会下发《关于表彰天津市工会系统2007年度工会信息工作先进单位和优秀信息工作者的决定》(津工办〔2008〕1号),天津港(集团)有限公司工会被评为天津市工会系统2007年度工会信息工作先进单位,集团公司工会办公室王剑被评为优秀信息工作者。

1月9日　市政协十一届常委会第28次会议通过天津市第十二届政协委员会委员名单,全国劳模、天津港中煤华能煤码头有限公司孔祥瑞操作队队长孔祥瑞当选天津市第十二届政协委员。

同日　天津市市委交通工委、天津市交通委员会评选出天津市交通邮电系统2007年度十大标兵揭晓,天津益港有限公司五洲装卸队队长苏现凯当选。

1月14日 市十四届人大常委会第四十三次会议举行。会议审议并通过了《关于天津市第十五届人民代表大会代表资格的审查报告》,公布了市十五届人大代表名单,天津市劳动模范、天津港(集团)有限公司董事长、党委书记于汝民,天津市劳动模范、益港公司五洲国际集装箱码头装卸队队长苏现凯当选为市十五届人大代表。

1月15日 天津港(集团)有限公司召开劳务员工工作会议。集团公司领导于汝民、田长松、孙世明、张瑞福、赵明奎以及相关部室负责人参加。会议围绕近期劳务员工系列座谈会上部分员工代表提出的关于收入、住房、保险、交通、个人发展、党组织建设等方面的问题进行了深入研究,并结合集团公司发展目标和发展实际提出了工作思路和具体措施。

1月17日 天津市质量管理协会、天津市总工会、团市委、市妇联联合下发《关于表彰2007年度"天津市用户满意服务明星"活动的通知》(津质字〔2008〕2号)。天津港中煤华能煤码头有限公司孔祥瑞、天津港(集团)公司规划建设部李伟、天津港石油化工码头公司周伟、天津港工程监理咨询有限公司张民茹、天津港生活服务中心王玉国被授予天津市用户满意服务明星称号;天津港中煤华能煤码头有限公司孔祥瑞操作队维修班、天津港集装箱码头有限公司固修站零修工段、天津益港劳务有限公司散货码头操作分公司司磅队乙班、中燃船舶燃料供应公司津油1号轮、天津港口医院外科创伤抢救中心被授予天津市用户满意服务明星班组称号;天津港集团公司总裁于汝民、天津港第五港埠公司总经理张友明、天津五洲国际集装箱码头公司总经理王伟被授予天津市用户满意服务杰出管理者称号。

1月18日 第六届全国五好文明家庭评选表彰活动揭晓,天津市孔祥瑞、王桂荣、王淑贤等3户家庭荣获第六届全国五好文明家庭标兵户荣誉称号,邓洪波等27户家庭荣获第六届全国五好文明家庭荣誉称号。

1月24日 天津港(集团)有限公司召开劳动竞赛委员会2008年第一次会议,会议审定了2007年度集团公司劳动竞赛先进集体和先进个人名单,研究了2008年集团公司劳动竞赛方案。劳动竞赛委员会副主任、工会主席张瑞福主持会议。

1月28日 全国总工会、科学技术部、劳动和社会保障部颁发《关于表彰奖励第二届全国职工技术创新成果的决定》(总工发〔2008〕4号),经过各地推荐和专家评审,天津港中煤华能煤码头有限公司孔祥瑞等人完成的《煤炭作业系统联动传输设备关键技术改造》等8项成果获二等奖。

2月24日至27日 中国质量协会、中华全国总工会、共青团中央、全国妇联、全国用户满意工程联合推进办公室联合在北京召开"全国用户满意服务明星表彰大会"。天津港中煤华能煤码头有限公司孔祥瑞被授予全国用户满意服务明星称号;天津港(集团)公司总裁于汝民被授予全国用户满意服务杰出管理者称号。

2月26日 天津临港产业投资控股有限公司工会召开第一次会员大会选举产生第一届工会委员会和经费审查委员会。同日分别召开一届一次全委会,选举张文生为工会主席、邢喜柱为工会副主席,选举袁立文为工会经费审查委员会主任。

3月5日 天津市总工会隆重召开庆"三八"暨天津市女职工建功立业表彰大会。会上,天津港(集团)有限公司工会副主席李洪霞代表受表彰的"女职工建功立业优秀组织单位"作了大会发言。

同日 天津市总工会下发《关于表彰2006~2007年度"建功立业先进女职工"、"女职工建功立业示范岗"、"女职工建功立业优秀组织单位"的决定》(津工发〔2008〕7号)。天津港第四港埠公司女职工樊春华被授予建功立业先进女职工称号;天津港中煤华能煤码头公司堆场站司衡组被授予女职工建功立业示范岗称号;天津港(集团)有限公司工会女职工委员会被授予女职工建功立业优秀组织单位称号。

3月6日 天津港(集团)有限公司工会十一届十六次全委(扩大)会议在文体中心召开。

3月14日 《天津日报》北方周末专栏刊登对天津市劳动模范、天津益港有限责任公司五洲装卸队队长苏现凯的专访《苏现凯:挑战人生的农民工》。

3月15日 天津市妇联、市体育局、市总工会、市农民体协、市妇女体协联合举办的"安利杯"天津市第27届妇女"三八"健康杯体育活动通讯赛决赛在天津体育中心举行。天津港(集团)有限公司代表队获健身操健身舞社会组一等奖。

3月20日 国家交通部和中华全国妇女联合会联合下发《关于表彰2007年度全国交通行业巾帼建功标兵和巾帼文明岗的决定》(交体法发〔2008〕132号)。天津港第三港埠公司仓库磅房班被授予全国交通行业巾帼文明岗荣誉称号。

3月24日 中国海员建设工会下发《关于表彰全

国交通建设系统工会工作先进集体、优秀工会工作者和优秀工会之友的决定》(海建工总字〔2008〕12号)。天津港(集团)有限公司工会被授予全国交通建设系统工会工作先进集体称号;集团公司党委副书记孙世明被授予全国交通建设系统优秀工会之友称号;三公司工会主席孙伯强被授予全国交通建设系统优秀工会工作者称号。

同日　全国总工会和国家安全生产监督管理总局联合下发《关于表彰2007年度全国"安康杯"竞赛优胜企业、优胜班组、优秀组织单位和优秀组织者的决定》(总工发〔2008〕15号),天津港(集团)有限公司获得全国"安康杯"竞赛优胜企业称号,并获得连胜杯;天津港第五港埠公司流机队航运二班、中燃天津公司津油1轮获得全国"安康杯"竞赛优胜班组称号。神华天津煤码头有限责任公司董事长李国信获得全国"安康杯"竞赛优秀组织者称号。

3月26日至28日　中国海员建设工会二届一次全体会议在北京召开,会议选举产生了新一届委员工会和领导机构,天津港(集团)有限公司工会主席张瑞福、天津港中煤华能煤码头公司孔祥瑞操作队队长孔祥瑞当选为中国海员建设工会第二届全国委员会委员。孔祥瑞出席了本次大会。

4月10日　天津市职工优质服务迎奥运创建"工人先锋号"现场推动会在天津滨海国际机场举行。天津港(集团)有限公司工会副主席王学俊参加会议。来自全市主要担负奥运服务任务的88个集体代表当场递交了优质服务迎奥运创建"工人先锋号"的具体措施和服务承诺书。天津港第五港埠公司固机队、天津港监理公司监理部负责人递交了具体措施和服务承诺书。

4月11日　全国妇联党组书记、副主席、书记处第一书记黄晴宜视察天津东疆保税港区。天津港(集团)有限公司工会主席张瑞福在东疆保税区联检大楼汇报了东疆保税港区相关情况并陪同参观了太平洋国际集装箱码头。全国妇联书记处书记王乃坤及天津、北京、河北、辽宁、吉林、黑龙江的妇联主席参加了考察。

同日　全国政协副主席、民进中央常务副主席、全国总工会副主席张榕明,在市政协副主席、市委统战部部长刘长喜,市政协秘书长刘琨等陪同下视察天津东疆保税港区。集团公司工会主席张瑞福在东疆保税区联检大楼汇报了东疆保税港区相关情况并陪同参观了太平洋国际集装箱码头。

4月12日　全国总工会经费审查委员会办公室主任屈增国等一行11人在天津市总工会经费审查委员会主任黄晓云陪同下到天津港参观考察,集团公司工会主席张瑞福在五洲国际集装箱码头介绍了天津港和东疆保税港区的有关情况。

4月15日　天津市总工会下发《关于向"安康杯"竞赛优胜企业颁发天津市五一劳动奖状的决定》(津工发〔2008〕13号),决定授予连续五年荣获市"安康杯"竞赛优胜企业的天津第二市政公路工程有限公司、天津第五市政公路工程有限公司、中国石油化工股份有限公司天津分公司、天津天铁冶金集团有限公司、天津港(集团)有限公司、天津中新药业集团股份有限公司第六中药厂、天津市公路处天津市五一劳动奖状。

4月28日　天津市召开了庆祝"五一"国际劳动节大会。全国劳模、全国"工人先锋号"代表天津港中煤华能煤码头有限公司孔祥瑞操作队队长孔祥瑞在会上作了重点发言,天津港(集团)有限公司主席张瑞福出席会议,集团公司选派7名天津市五一劳动奖章先进个人代表参加了大会。会议对全国和天津市的五一劳动奖状、奖章的先进个人、集体进行了表彰。天津港(集团)有限公司荣获2007年度全国五一劳动奖状先进单位称号;天津港中煤华能煤码头有限公司孔祥瑞操作队荣获全国"工人先锋号"称号。有14名员工和2名劳务工荣获2007年度天津市五一劳动奖章;有6个集体获得2007年度天津市五一劳动奖状;2个单位荣获2007年度天津市五一劳动奖状。

同日　天津市参加全国"五一"活动的先进个人和先进集体代表赴京,市总工会举行欢送仪式为代表送行。本市有六名先进个人和集体代表赴京,他们是全国劳动模范、天津港中煤华能煤码头公司孔祥瑞操作队队长孔祥瑞,全国五一劳动奖章获得者、三中心医院护士长刘鸿梅,全国五一劳动奖状单位代表、中铁十八局二公司党委书记武守恩,全国工会帮扶工作突出贡献奖获得者、天津市总工会党组副书记、副主席刘凤山,全国优秀工会工作者、北辰区总工会副主席吴庆荣,全国工会系统先进集体代表、天津保税区工会副主席王庭秀。

同日　全国总工会在北京职工之家举行庆祝"五一"国际劳动节招待会。全国劳模、天津港中煤华能煤码头有限公司孔祥瑞操作队队长孔祥瑞应邀参加招待会。

4月29日　庆祝"五一"国际劳动节大会在人民大会堂隆重召开。全国工人先锋号集体代表、天津港中煤华能煤码头有限公司孔祥瑞操作队队长孔祥瑞出席大会并受到表彰,天津港(集团)有限公司荣获2007年度全国五一劳动奖状先进单位称号。

同日　以“向祖国报告”为主题的2008年庆祝“五一”国际劳动节文艺晚会在中国剧院举行,全国劳模、天津港中煤华能煤码头公司孔祥瑞操作队队长孔祥瑞应邀观看演出。

4月30日　中华全国总工会和中宣部在京召开学习宣传窦铁成同志先进事迹座谈会。座谈会上,窦铁成介绍了自己从一名只有初中文化程度的普通工人成长为中铁一局电务公司掌握现代电力技术的新型技术工人的感人历程,以及“为做一名新时代的好工人”29年来孜孜以求、刻苦钻研的心路历程。青岛港前湾集装箱码头公司高级技师许振超、上海电气液压气动有限公司工段长李斌、天津港中煤华能煤码头有限公司操作队队长孔祥瑞、江苏黑牡丹集团公司班长邓建军、一汽大众汽车公司高级技师王洪军先后发言,结合各自的成长经历和工作岗位,畅谈了学习窦铁成先进事迹的体会。

同日　天津市公安局和市总工会联合举行外来务工劳模及家属在津落户准迁证发放仪式,10名外来务工劳动模范及家属获得了在津落户的准迁证,成为天津的新市民。天津市劳动模范、益港公司五洲国际集装箱装卸队队长苏现凯及家属获得了在津落户的准迁证。

同日　天津市奥足办召开新闻发布会,正式公布了第29届奥林匹克运动会火炬接力天津火炬手名单,担任这一神圣光荣使命的天津火炬手共有416名。本市负责选拔249名,中国奥委会从天津体育系统选拔出39名,国际奥委会和赞助商负责选拔128名。天津港共有6人和1名退休职工成为火炬手,他们是全国劳动模范、天津港中煤华能煤码头公司孔祥瑞操作队队长孔祥瑞(市总工会推荐),天津港(集团)有限公司规划建设部部长李伟(市交通委员会推荐),市劳动模范、天津益港公司五洲国际集装箱装卸队队长苏现凯,天津港市劳动模范、建设公司设计室副主任陈翠荣,天津港第一港埠公司职工成卫东,天津益港公司职工高学辉,天津港口医院退休职工李德华(滨海新区推荐)。孔祥瑞出席新闻发布会并代表全市奥运会火炬手发言。

5月4日　天津市总工会颁发《关于表彰2007年度天津市模范职工之家、模范职工小家、工会工作先进集体、优秀工会工作者、优秀工会积极分子和优秀工会之友的决定》(津工发〔2008〕14号),天津港第二港埠有限公司工会被授予天津市模范职工之家称号;天津港第四港埠公司维修总站分会、天津港中煤华能煤码头有限公司孔祥瑞操作队维修班工会小组、天津港焦炭码头公司操作管理部五队工会小组、天津港第三港埠公司流机队保修班工会小组被授予天津市模范职工小家称号;天津港第三港埠公司工会、天津港第四港埠公司工会被授予天津市工会工作先进集体称号;生活服务中心工会主席张云凯、天津东方海陆公司工会主席于润峰、散货物流公司工会主席吴锡才(女)、电力公司工会副主席王延茹(女)、轮驳公司工会办公室主任陶志龙、天津港焦炭码头分公司工会副主席王信东、集团公司工会生产部副部长张艳军被授予天津市优秀工会工作者称号;天津港第一港埠公司固机队工会主席许树强、天津港物资公司企划部质量管理员常继英(女)、天津港第五港埠公司流机队工会主席苑秉全、集装箱固修站工会主席李利民被授予天津市优秀工会积极分子称号;天津港轮驳公司总经理夏克泉、天津港第四港埠公司党委书记姚强、石化公司党委书记孙志江被授予天津市优秀工会之友称号。

5月5日　由市总工会、市体育局和天津钢管集团股份有限公司共同主办,天津工人报社、天津职工体协承办,历时一个月的“钢管杯”全市百万职工迎奥运有奖知识竞赛活动于本日圆满结束。颁奖仪式在天津钢管集团公司隆重举行,向本次竞赛的20个获得优秀组织奖的单位颁发了奖牌。天津港(集团)有限公司工会获得优秀组织奖。

5月15日　天津市总工会举行的以“众志成城　抗震救灾　唱响我们共同的心声”为主题的合唱募捐活动,天津港(集团)有限公司工会为灾区捐款5万元。

5月16日　天津港第十届员工运动会开幕式在天津港文体中心体育馆隆重举行。天津市总工会副主席刘凤山、滨海新区工委副书记杨英涛、市交工委副书记黄玉功,集团公司领导王存杰、孙世明、黑锦国、张瑞福、赵彦虎等及部分离退休干部和来自基层单位的两千多名观众到场观看。集团公司党委副书记、十运会组委会副主任王存杰致开幕词。集团公司工会主席、十运会组委会副主任张瑞福主持开幕式,46个基层单位代表队参加开幕式。

同日　天津市工会代表会议在天津宾馆中礼堂举行,会议选举产生天津出席中国工会第十五次全国代表大会代表42名,天津港中煤华能煤码头有限公司孔祥瑞操作队队长孔祥瑞当选为中国工会十五大代表。

集团公司工会主席张瑞福、煤码头公司孔祥瑞、二公司工会主席王文发、三公司工会主席孙伯强出席了天津市工会代表会议。

5月17日　情系汶川——天津各界支援灾区大型晚会在天津电视台隆重举行。晚会上,天津港(集团)有限公司工会主席张瑞福代表集团公司将企业和广大职工募捐的399万余元转交天津市红十字会,市领导向集团颁发了“爱心大使”的匾牌。

5月19日至23日　中国海员工会港口联委会2008年主任港会议在大连港召开,天津港(集团)有限公司工会主席张瑞福出席会议。

5月22日　市总工会举行“天津市劳动模范先进人物、先进单位‘支援灾区、重建家园、再献爱心’大行动”。天津港公司历届劳动模范先进人物、先进单位和工会代表踊跃参与,共计捐款20余万元。

6月4日　天津港(集团)有限公司工会召开十一届十七次全委会议,会议由集团公司工会主席张瑞福主持。根据市总工会《关于王庆林同志任职意见的函复》,会议增选王庆林同志为集团公司工会第十一届委员会委员,并选举为常委、副主席。新当选的集团公司工会副主席王庆林讲话,集团公司工会副主席王学俊、李洪霞出席会议。

6月5日　天津港(集团)有限公司召开十届十一次职代会员工代表提案办理工作会,集团公司总裁田长松出席会议,并对提案办理工作提出了具体要求。

6月9日至16日　应天津港(集团)有限公司工会邀请,以委员长李海雨为团长的韩国仁川港运劳动组合代表团一行12人,来我国天津、辽宁、吉林等地访问交流。6月10日,天津港(集团)有限公司工会主席张瑞福会见了代表团一行,并向客人介绍了天津港的情况和工会组织的有关情况。代表团在港期间还参观了太平洋集装箱码头。

6月10日　在津访问的韩国仁川港运劳动组合代表团一行专程拜访了天津市总工会,市人大常委会副主任、市总工会主席邢明军在天津利顺德饭店会见并宴请了代表团一行,天津港(集团)有限公司工会副主席王庆林陪同。

同日　天津市总工会发出《关于王庆林同志任职的批复》(津工复〔2008〕73号),同意王庆林同志为天津港(集团)有限公司工会委员、常委、副主席,其工会委员会委员职务待下次工会代表大会予以确认。

6月11日　天津市工人运动理论研究会第三次代表大会暨工会调研工作会议在市总工会召开,选举产生了市工人运动理论研究会新一届理事会和领导机构。天津港(集团)有限公司工会主席张瑞福、副主席王学俊当选为天津市工人理论研究会第三届理事会理事。

6月12日　中国海员建设工会主席李铁桥、副主席朱临庆等一行4人来天津港参观考察,集团公司工会主席张瑞福汇报了天津港生产建设和工会工作的有关情况,并陪同参观了太平洋集装箱码头。中国海员建设工会海员工作部部长魏薇,集团公司工会副主席王学俊、李洪霞等参加汇报。

6月23日　国际奥林匹克日当天中国人保集团携全国劳模代表,在天津市及全国24个城市同时组织开展了“中国心、人民情,奥运之旅全国劳模代表面向社会祝福奥运活动”。天津市全国劳模代表、奥运天津火炬手孔祥瑞向市民发放了奥运祝福卡,参加活动的市民在卡片上写下了自己对北京奥运会的祝福。奥运会期间,这24个城市的32名全国劳模代表将把所在地市民的奥运祝福卡片带到北京,为奥运加油助威。

6月27日　全国总工会办公厅下发《关于2007年度工会财务会计工作竞赛评比情况的通报》(业务工作通报〔2008〕10期),天津港(集团)有限公司工会被评为市级工会财务先进单位。

7月4日　天津市总工会颁发《关于授予在抗震救灾工作中作出突出贡献的先进集体和个人天津市五一劳动奖状、奖章的决定》(津工发〔2008〕16号),决定授予52个先进集体天津市五一劳动奖状荣誉称号;授予109名先进个人天津市五一劳动奖章荣誉称号。天津港口医院抗震救灾医疗队被授予天津市五一劳动奖状荣誉称号,天津港口医院副院长丁尔勤被授予天津市五一劳动奖章荣誉称号。

同日　天津市劳动和社会保障局、天津市总工会、天津市人民政府国有资产监督管理委员会、天津市企业联合会/企业家协会联合颁发《关于命名天津市劳动关系和谐企业的决定》(津劳社局发〔2008〕141号)。天津港(集团)有限公司、天津港远航矿石码头有限公司被命名为天津市AAA级劳动关系和谐企业,天津港散货物流有限责任公司被命名为天津市A级劳动关系和谐企业。

7月8日　天津港(集团)有限公司党委组织部下发《关于王学俊、周伟同志任免职务的通知》(津港党组发〔2008〕41号),集团公司党委决定王学俊任天津港集装箱码头有限公司党委委员、书记,纪委委员、书记,原职务免去。

7 月 17 日　天津港(集团)有限公司党政工联合下发《关于印发〈天津港(集团)有限公司“爱心传递工程”管理办法〉的通知》(津港党发〔2008〕25 号)。

7 月 21 日　市人大常委会副主任、市总工会主席邢明军来港向天津港中煤华能煤码头有限公司孔祥瑞等职工颁发全国职工技术创新成果奖奖金和证书,并与孔祥瑞操作队职工进行座谈。

7 月 23 日　天津市召开天津市推进企业劳动关系和谐稳定工作会议,会上命名了天津港(集团)有限公司等 61 家企业为“天津市 AAA 级劳动关系和谐企业”,命名 129 家企业为“天津市 AA 级劳动关系和谐企业”,命名 374 家企业为“天津市 A 级劳动关系和谐企业”。市领导及三方会议成员单位的领导为获得不同级别劳动关系和谐企业称号单位颁发了奖牌。集团公司党委副书记王存杰代表集团公司领奖并作了题为《坚持“共谋共建共享”,促进港口和谐发展》的经验介绍。

7 月 24 日　以“船舶(班组)与安全生产”为主题的全国水运系统工会群众性安全生产论坛在西安举行,天津港(集团)有限公司工会副主席王庆林出席会议。

同日　市总工会开展的“迎奥运、展风采”学习型班组展示大赛活动圆满结束。市总工会党组副书记、副主席刘凤山观看了决赛,并为获奖单位和个人颁发了奖杯。天津港四公司维修总站“三八”电工班代表队荣获优秀奖,天津港(集团)有限公司工会荣获优秀组织奖。

7 月 25 日　天津港第十届员工运动会在文体中心胜利闭幕,天津港(集团)有限公司党委书记于汝民致闭幕词。集团公司领导田长松、孙世明、黑锦国出席闭幕式并为获奖单位颁奖。集团公司工会主席张瑞福主持闭幕式,集团公司工会副主席李洪霞宣读了比赛成绩。本届天津港员工运动会历时近两个半月,来自全港 46 个单位的 2561 名运动员参加了 11 大类共 33 项比赛,并取得了优异的成绩。二公司、三公司、四公司分别荣获甲组团体总分前三名;电力公司、公安局、燃供公司分别荣获乙组团体总分前三名;客运公司、通信公司、滚装码头公司分别荣获丙组团体总分前三名。生活服务中心、港口医院、新闻中心、文体中心、集团公司机关荣获最佳保障奖。

7 月 29 日　天津港(集团)有限公司领导田长松、孙世明、黑锦国、赵彦虎、王庆林、张丽丽带领集团公司党办、办公室、工会、业务部、安监部等部门深入一线作业单位开展暑期慰问。

7 月 31 日　天津港职工书屋建设现场推动会在天津港石化码头公司举行。集团公司工会副主席王庆林出席会议并为石化码头公司全国“职工书屋”示范点挂牌,并就集团公司下一步“职工书屋”建设工作提出要求。集团公司工会副主席李洪霞主持推动会。会上,二公司工会、益港公司工会、石化码头公司分别介绍了经验。

8 月 1 日　上午 8 点 8 分,随着首棒火炬手孔祥瑞高举“祥云”火炬在天津五洲国际集装箱码头公司起跑,北京奥运火炬接力天津传递活动正式开始。天津港(集团)有限公司领导于汝民、田长松、孙世明、张瑞福、王庆林、袁宝童、张丽丽、李全勇出席起跑仪式。

8 月 3 日　天津第一棒火炬手孔祥瑞将“祥云”火炬捐赠给天津博物馆。见证神圣历史时刻,承载丰富精神内涵的火炬被天津博物馆永久珍藏。市委常委、市委宣传部部长肖怀远出席捐赠仪式,并向孔祥瑞颁发收藏证书。集团公司党委副书记孙世明和天津博物馆馆长陈卓出席捐赠仪式。

8 月 12 日　由中国人民保险集团公司(PICC)邀请李斌、李黄玺、孔祥瑞等 28 名著名全国劳动模范和绵阳北川县县长经大忠等 32 名抗震救灾英模代表组成的“PICC 奥运之旅代表团”抵达北京。8 月 13 日至 14 日期间,“PICC 奥运之旅代表团”成员除观看奥运赛事外,还将慰问首汽集团为北京奥运会服务的一线员工,参观 PICC 体验馆和奥林匹克公园,并向北京奥组委赠送“奥运祝福杯”。

8 月 22 日　天津港(集团)有限公司工会十一届十八次全委(扩大)会议在文体中心召开。

8 月 26 日　《天津工人报》一版《落实民主管理条例巡礼》专栏刊登了介绍天津港(集团)有限公司创建劳动关系和谐企业的文章《认真贯彻〈条例〉,坚持以人为本——天津港做好做实“劳动关系和谐”文章》。

8 月 29 日　中华全国总工会在北京召开“全国工会维护农民工合法权益工作经验交流暨表彰电视电话会议”。会上,部分单位、个人介绍了工作经验。天津港第三港埠公司工会主席孙伯强荣获全国工会维护农民工合法权益工作先进工作者荣誉称号。

8 月　天津港(集团)有限公司工会办公室王剑被全总办公厅评为 2008 年度《中国工运》宣传通讯工作先进个人。

9 月 11 日　天津海天保税物流有限公司工会召开第一次会员大会选举产生第一届工会委员会和经费

审查委员会。同日分别召开一届一次全委会,选举李玉为工会副主席,选举王宏为工会经费审查委员会主任。

9月12日、18日 天津港(集团)有限公司领导田长松、王存杰、赵明奎、王庆林、李全勇分赴五洲国际公司和集装箱公司出席集装箱作业效率观摩活动。活动期间,五洲国际公司在"新太仓"轮作业展示中,船时效率达242.54箱/小时,线时效率57.7箱/小时,刷新该航线历史最高纪录。集装箱公司在"中远非洲"轮作业展示中,船时效率达300箱/小时,线时效率50箱/小时。

9月21日 由天津市委宣传部、市文化局、天津广电集团、天津港(集团)有限公司共同主办的"魅力东疆"——"海河情"艺术团国庆慰问东疆港建设者文艺演出在天津东疆保税港区太平洋国际集装箱公司码头隆重举行。市委常委、宣传部部长肖怀远,市人大常委会副主任、市总工会主席邢明军出席活动。市委常委、滨海新区管委会主任苟利军和天津港(集团)有限公司董事长、党委书记于汝民分别致辞,天津港(集团)有限公司总裁田长松主持慰问活动。全市有关方面负责同志与天津港(集团)有限公司领导王存杰、孙世明、张瑞福、黄力军、赵明奎、王庆林、袁宝童、张丽丽及各部门单位领导及家属与员工代表、施工单位代表、船公司代表4000多人一同观看演出。

9月23日 天津市总工会颁发《关于授予天津市职工服务奥运先进集体"工人先锋号"的决定》(津工发〔2008〕24号),决定授予100个天津市职工服务奥运先进集体"工人先锋号"荣誉称号,天津港第五港埠有限公司固机队、天津港工程监理咨询有限公司监理部两个先进集体被授予天津市"工人先锋号"荣誉称号。

9月26日 天津市总工会召开天津市职工服务奥运"工人先锋号"表彰会,表彰了在服务奥运创建"工人先锋号"活动中涌现出的100个先进集体,向他们颁发了"工人先锋号"奖牌。会上,天津港第五港埠有限公司固机队、天津港工程监理咨询有限公司监理部两个先进集体被授予天津市"工人先锋号"荣誉称号。

9月27日 中央统战部常务副部长、中华海外联谊会副会长朱维群率港澳台海外知名人士考察团一行149人,在天津市政协副主席、市委统战部部长刘长喜陪同下考察天津东疆保税港区。集团公司工会主席张瑞福在太平洋国际集装箱码头向考察团成员介绍了天津港的生产建设情况。

10月15日 天津市总工会举行为出席中国工会十五大的天津代表团42名代表欢送仪式。天津港(集团)有限公司工会副主席王庆林代表集团公司前往市总工会为天津港出席中国工会十五大的代表送行。欢送仪式上,工会十五大代表、全国劳动模范、天津港中煤华能煤码头公司孔祥瑞操作队队长孔祥瑞代表全体出席大会的代表发言。

10月17日至21日 中国工会第十五次代表大会在北京召开,全国劳动模范、天津港中煤华能煤码头公司孔祥瑞操作队队长孔祥瑞作为正式代表,集团公司党委书记、董事长于汝民作为特邀代表出席大会。

10月17日 在天津新港重新开港56周年纪念日之际,天津港企业文化建设的标志性建筑——天津港博览馆落成开馆,交通部体改法规司副司长柯林春,中国企业联合会、中国企业家协会党委书记、执行副会长尹援平,天津市总工会副主席高炜,市交工委副书记黄玉功及集团公司领导田长松、王存杰、孙世明、黑锦国、张瑞福、赵彦虎、王庆林、袁宝童、张丽丽等出席开馆仪式。仪式由孙世明副书记主持,田长松总裁及市交工委副书记黄玉功分别致辞。社会各界相关单位和部门负责人,部分天津港用户和建设单位代表、媒体代表及集团公司机关部室和基层单位代表、离休老干部和退休员工代表200余人参加庆典仪式。天津港博览馆坐落于天津国际贸易与航运服务区西段,其建筑面积25980平方米,总体布展面积约11000多平方米。整个博览馆共设"天津平原演进史、古代天津港"、"近代天津港"、"现代天津港"、"未来天津港"四个展区,展出实物、图片展品近600件。此外,在博览馆内,还设有可容纳400多人的多功能报告厅,同时配有中央大厅、演播大厅、临时展厅等设施。

10月23日 天津港(集团)有限公司召开先进典型"十百千"工程交流推动会。集团公司党委副书记王存杰出席会议并讲话,集团公司工会主席张瑞福主持会议,集团公司工会副主席王庆林出席会议。会上,一公司、二公司、四公司、监理公司工会和二公司党委等单位从不同侧面介绍了他们开展先进典型"十百千"工程的一些做法和经验。会前,与会人员还观看了二公司和四公司的先进典型人才库等档案资料。集团公司所属各基层单位党委书记、工会主席和主管工会干部130余人参加了大会。

10月28日 《天津工人报》三版刊登介绍天津港(集团)有限公司实施先进典型"十百千"工程的文章

《激发职工当"明星"的积极性——天津港实施先进典型"十百千"工程》。

同日　全国总工会宣传教育部下发《关于表彰"2008年全国亿万职工迎奥运健身活动月"先进单位、优秀组织奖的决定》(工宣函字〔2008〕25号),天津港(集团)有限公司工会被授予先进单位称号。

10月31日　天津市总工会经费审查委员会办公室下发《关于对2007年度区县局、总公司(集团)工会经审工作规范化建设考核评比结果的通报》(津工审〔2008〕6号),经市总十五届经审委第八次全体会议审议通过,天津港(集团)工会等38家单位获一等奖。

11月6日至9日　中国海员建设工会港口联委会2008年工作会议在海口港召开,来自31个委员单位的45名代表参加会议。天津港(集团)有限公司工会主席张瑞福出席。

11月10日至12日　天津市妇女第十二次代表大会举行,天津港(集团)有限公司工会副主席、女职工委员会主任李洪霞作为正式代表出席本次大会。

11月10日至12日　《今晚报》报道,由市文明办、市总工会、团市委、市妇联和天津日报、今晚报、天津人民广播电台、天津电视台、北方网在全市联合开展的道德模范评选活动,经广大市民踊跃参与,评委会研究讨论,结果揭晓。天津市道德模范评选投票工作从10月28日正式启动,根据评选规则,综合公众投票和评委会意见,产生出10名天津市道德模范,其他10名候选人获得天津市道德模范提名奖。天津港(集团)有限公司总裁助理、副总工程师,天津港东疆港区建设指挥部总指挥张丽丽当选为天津市道德模范。

11月10日　天津市质量管理协会、天津市总工会、团市委、市妇联、天津市交通委员会、天津市商业委员会联合下发《关于表彰2008年度"天津市用户满意服务明星"活动的通知》(津质字〔2008〕24号)。天津益港劳务有限公司苏现凯、天津港建设公司侯建飞、天津港第一港埠有限公司成卫东、天津港第二港埠有限公司马桂兰、天津港集装箱码头有限公司王鲲、天津港焦炭码头有限公司张利被授予天津市用户满意服务明星称号;天津益港劳务有限公司五洲装卸队装卸四班、天津港第五港埠有限公司工具队抓斗班、天津港第四港埠有限公司维修站三八电工班、天津港电力有限公司施工部实验班、天津港轮驳有限公司津港19号被授予天津市用户满意服务明星班组称号;天津港集团公司总裁田长松、天津港东疆港区建设指挥部总指挥张丽丽、天津港石油化工码头公司总经理许景宏、天津五洲国际集装箱码头公司总经理杨志新被授予天津市用户满意服务杰出管理者称号。

11月13日　天津港集装箱作业效率观摩活动第四站在东方海陆公司举行。集团公司领导赵明奎、王庆林出席活动。效率展示活动中,马士基黑海线船舶"渣华墨卡托"轮平均船时量达到了180箱,在该航线挂靠的国内外港口中名列第一。

11月24日　天津港(集团)有限公司工会召开十一届十九次全委(扩大)会议。

同日　共青团中央书记处第一书记陆昊率领共青团中央直属机关考察团一行66人莅港参观考察。天津市委常委、市纪委书记臧献甫陪同考察。集团公司工会副主席王庆林在太平洋国际集装箱公司码头介绍了天津港生产建设和东疆保税区建设进展、未来规划等情况。

11月25日　《天津工人报》一版《深入开展科学发展观活动》专栏刊登文章《面对新情况新问题迎难而进——天津港工会着力抓好当前重点工作》。

12月2日　人力资源和社会保障部颁发《关于表彰第九届中华技能大奖获得者全国技术能手和国家技能人才培育突出贡献奖获奖单位的决定》(人社部发〔2008〕108号)。天津港第二港埠有限公司电动装卸机械司机、技师张林被授予第九届全国技术能手荣誉称号。

12月3日　天津市深化职工素质工程推进"创争"活动总结表彰暨推动大会在天津宾馆中礼堂举行。会上,对在深化职工素质工程和"创争"活动中作出突出成绩的先进集体和先进个人进行了表彰。天津港第二港埠有限公司散粮站技术组被授予天津市学习型标兵班组称号,并荣获天津市五一劳动奖状;天津港集装箱码头有限公司固修站副站长李坚被授予天津市知识型职工先进个人称号;天津港电力公司被授予天津市学习型组织先进单位称号;天津港第四港埠有限公司工会主席王金忠被授予天津市职工素质工程和"创争"活动优秀组织者称号。

12月4日　天津市总工会和市安全监管局联合颁发《关于表彰"迎奥运、保安全、百日安全生产竞赛活动"优胜单位的决定》(津工通〔2008〕61号),决定对"迎奥运、保安全、百日安全生产竞赛活动"中作出突出成绩的单位进行表彰,天津港(集团)有限公司被授予迎奥运、保安全、百日安全生产竞赛活动优胜单位称号。

12月5日　天津市工会女职工工作交流研讨会

在天津港(集团)有限公司召开,市总工会副主席、女职工委员会主任黄淑玲出席会议并讲话,会议由市总女工部副部长于军主持。会前,集团公司工会主席张瑞福、副主席王庆林会见了黄淑玲副主席一行。会上,物资集团、中铁十八局、一轻集团控股公司、中交一航局集团公司工会和河西区总工会、津南区总工会女职工委员会交流了女职工签订专项集体合同工作情况,集团公司工会副主席、女职工委员会主任李洪霞作了题为《务实创新,打造品牌,不断深化女职工建功立业》的经验介绍。会议还对2009年全市工会女职工工作思路进行了研讨。与会代表还参观了天津港博览馆。

同日　中国职工技术协会颁发《关于表彰全国职工技协工作先进集体和先进个人的决定》,天津港(集团)有限公司职工技术协会被评为全国职工技协工作先进集体。

12月8日　中国海员建设工会副主席朱临庆在海员工作部部长魏薇的陪同下到天津港调研,在港期间听取了集团公司工会主席张瑞福关于天津港当前的生产形势、工会组织采取的应对措施以及2009年的工会工作思路和措施的工作汇报并参观了天津港博览馆。集团公司工会副主席王庆林、李洪霞等参加汇报并陪同参观。

12月10日　天津市总工会下发《关于命名天津市首批"职工书屋"的通知》(津工通〔2008〕64号),决定命名220个单位为首批市级"职工书屋",天津港石油化工码头公司、天津益港劳务有限公司、天津港第二港埠公司三家单位被命名为天津市首批"职工书屋"。

12月11日　天津港第五届"孔祥瑞杯"集装箱装卸桥技术比武在太平洋国际公司举行。来自全港六个集装箱作业公司的12名员工参加了本次比赛。

12月14日　由全国总工会经济技术部部长常毅民率领的全国劳模参观考察团一行60人,在天津市人大常委会副主任、市总工会主席邢明军等陪同下参观考察天津港。集团公司党委书记、董事长于汝民在天津东疆保税港区联检大楼向考察团成员介绍了天津港改革开放30年来取得的巨大成就和天津东疆保税港区的建设开发的有关情况,并陪同参观了天津港太平洋国际集装箱码头有限公司和人工沙滩。此次来津的劳模中不乏知名劳模,包括张云泉、许振超、包起帆、孔祥瑞、窦铁成等家喻户晓的劳模。天津市总工会副主席黄淑玲,集团公司工会主席张瑞福、副主席王庆林等陪同参观考察。

12月15日　中国海员建设工会、交通部交通安全委员会联合发出《关于2008年全国水运系统船舶、班组安全竞赛活动的表彰决定》(海建工海字〔2008〕60号),天津港轮驳公司津港消拖20轮被授予2008年度安全优秀船舶称号;天津港第一港埠公司吊车队四组、天津港第三港埠公司固机队五组、天津港第四港埠公司固机队二组、天津港第五港埠公司固机队丁班被授予安全优秀班组荣誉称号,天津港(集团)有限公司被授予竞赛优秀组织奖。

12月19日　天津市总工会办公室下发《关于表彰天津市工会系统2008年度工会信息工作先进单位和优秀信息工作者的决定》(津工办〔2008〕17号),天津港(集团)有限公司工会被评为天津市工会系统2008年度工会信息工作先进单位,集团公司工会办公室王剑被评为优秀信息工作者。

12月20日　《天津工人报》一版刊登对天津市劳动模范、天津益港有限责任公司五洲装卸队队长苏现凯的专访《进城务工者的榜样——苏现凯人生素描》。

12月24日　天津港(集团)有限公司召开劳动竞赛委员会2008年第二次会议,会议审定了2008年度集团公司劳动竞赛先进集体和先进个人名单,研究了2009年集团公司劳动竞赛方案。劳动竞赛委员会副主任、工会主席张瑞福主持会议。集团公司工会副主席王庆林、李洪霞出席会议。

12月30日　全国总工会和国家体育总局联合下发《关于命名表彰全国职工体育示范单位的决定》(总工发〔2008〕69号),决定命名35个单位为"全国职工体育示范单位",天津港(集团)有限公司被命名为全国职工体育示范单位。

2009年

1月5日　天津市总工会颁发《关于授予2008年天津市职业技能竞赛优胜选手天津市五一劳动奖章的决定》(津工发〔2009〕2号),决定对荣获市劳动和社会保障局、市总工会、团市委、市妇联联合开展的2008年天津市职业技能竞赛一类大赛前三名,二类大赛第一名的52名优胜选手授予天津市五一劳动奖章荣誉称号。天津港(集团)有限公司荣获天津市港口行业职业技能竞赛第一名的9名优胜选手被授予天津市五一劳动奖章荣誉称号,他们是:谷波(门座起重机司机第一名,天津港第二港埠有限公司)、樊华(电动装卸机械修理工第一名,天津港第二港埠有限公司)、王希全(内燃装卸机械修理工第一名,天津港物资供应有限责任公司)、段永春(叉式装卸车司机第一名,天津港第一港埠有限公司)、陈学勤(轮胎起重机司机第一名,天津港第一港埠有限公司)、成卫东(牵引车司机第一名,天津港第一港埠有限公司)、朱宝升(岸边集装箱起重机司机第一名,天津东方海陆集装箱码头有限公司)、崔锴(轮胎式集装箱起重机司机第一名,天津集装箱码头有限公司)、王永生(装卸机械电器修理工第一名,天津港第一港埠有限公司)。

1月7日　集团公司机关举行"我为困难员工献爱心"捐款仪式。集团公司共53家基层单位的16748名员工参与捐款,共计募集资金125.168万元。此笔款项将用于集团公司困难员工的帮扶救助工作。

1月13日　天津港(集团)有限公司召开十届十二次职工代表大会。

1月16日　全国"创争"活动表彰电视电话会议在京举行,会议表彰了在"创建学习型组织,争做知识型职工"活动中涌现出来的265家先进单位、535个先进班组和1096名先进个人。天津港第二港埠有限公司散粮站技术组被授予全国学习型先进班组称号。

1月19日　天津港(集团)有限公司隆重召开2008年度先进表彰会。田长松总裁宣读了集团公司《关于表彰2008年度先进的决定》,王存杰副书记主持大会并致辞。表彰大会采取对先进集体和个人代表进行访谈的形式,回顾了一年来各类先进为港口生产建设和安全稳定工作作出的突出贡献。各类先进奖项获奖代表、机关各部室及基层单位党政工负责人、员工代表、先进典型及劳模代表、劳务员工代表、天津港抗震医疗小分队和公安局队伍代表约350人参加了大会。

同日　天津港(集团)有限公司工会召开十一届二十次全委会议,会议由张瑞福同志主持,根据集团公司党委推荐,会议选举王庆林同志为天津港(集团)有限公司工会第十一届委员会主席。新当选的集团公司工会主席王庆林讲话,集团公司工会副主席李洪霞出席会议。

1月20日　天津港(集团)有限公司领导于汝民、田长松、袁宝童、王庆林带队分两组深入到困难户、退休劳模家中进行慰问,并指示要认真做好节前困难户、退休劳模慰问工作,让全体员工度过一个欢乐祥和的春节,集团公司领导分别到二公司特困员工王建春、盛港公司劳务特困员工米玉亮和集团公司退休劳动模范于芳伦、电力公司退休职工李宝珍家中慰问。

同日　天津市总工会发出《关于王庆林、张瑞福同志任免职的批复》(津工复〔2009〕3号),同意王庆林同志为天津港(集团)有限公司工会第十一届委员会主席;免张瑞福同志天津港(集团)有限公司工会第十一届委员会主席、常委、委员职务,其工会委员会委员职务的免除待下次工会代表大会予以确认。

1月21日　天津市副市长张俊芳在天津港(集团)有限公司工会主席王庆林和市交委干部处处长刘景学等陪同下到天津医科大学总医院慰问了老红军、原天津港务局工会主席林寿清,代表市委、市政府向老同志们致以节日祝贺。

同日　目前全国最大的港口博览馆——天津港博览馆发行纪念邮册。

1月23日　天津港(集团)有限公司工会主席王庆林带领集团公司人力资源部和工会等部门到外来务工人员比较集中的天津港"蓝领公寓"慰问,代表集团公司向他们致以节日的祝贺,并送上了节日的慰问品。

1月25日　中共中央政治局委员、天津市委书记张高丽在市委常委、市委政法委书记散襄军,市委常委、滨海新区管委会主任苟利军,市委常委、市委秘书长段春华等陪同下,深入天津港第一港埠公司看望节日期间坚守岗位的广大员工,并与全国劳动模范、蓝领专家孔祥瑞和外来务工人员共进午餐,集团公司领导于汝民、田长松等陪同。

1月30日　全国政协原副主席钱正英莅港参观考察。天津港(集团)有限公司工会主席王庆林在天津东疆保税港区联检中心介绍了天津港的生产建设情况,并陪同参观了太平洋集装箱公司码头。

1月　天津港(集团)有限公司党委书记、董事长于汝民将个人获得的"2007年度天津市优秀企业家"10万元奖金全部捐赠给集团公司"困难员工解困基金"。

2月9日　天津港(集团)有限公司工会召开十一届二十一次全委(扩大)会议。

2月11日　以议长朴炳万为团长的韩国劳动组合仁川地域本部代表团一行12人在天津市总工会副主席李泮祥陪同下参观天津港,集团公司工会主席王庆林会见了代表团一行,并陪同参观了天津港博览馆和东疆港保税区。

2月18日　"天津市十大女杰"评选活动揭晓,集团公司总工程师兼东疆港区建设指挥部总指挥张丽丽当选。"天津市十大女杰"是天津市妇女的最高荣誉,今年为第一次评选。由天津市妇女联合会、天津日报报业集团、今晚传媒集团、天津电视台、天津人民广播电台、天津北方网股份有限公司、中国移动天津分公司联合主办。

2月19日至20日　天津港(集团)有限公司工会干部培训班在集团公司党校举行,国务院国资委研究中心张喜亮教授和集团公司工会主席王庆林分别就“经济困难形势下工会组织如何应对”和“全力做好新时期天津港工会工作”进行了讲授。来自集团公司工会以及所属48个基层工会的160余名专兼职工会干部参加了培训。

2月22日至25日　中国海员建设工会第二届全国委员会第二次全体会议在福建省福州市召开。天津港(集团)有限公司工会主席王庆林出席会议并替补为中国海员建设工会第二届全国委员会委员。

2月26日　全国妇联纪念“三八”国际劳动妇女节99周年暨表彰大会在北京人民大会堂举行。大会表彰了第七届中国十大女杰。会前,中共中央政治局委员、全国人大常委会副委员长王兆国代表党中央会见出席大会的第七届中国十大女杰及十大女杰提名奖获得者。天津港(集团)有限公司总工程师张丽丽作为天津市唯一候选人参与第七届中国十大女杰评选荣获提名奖并受到中央领导同志的接见。

3月5日　天津港(集团)有限公司工会在天津港博览馆报告厅召开庆祝“三八”妇女节暨女职工主题演讲会,来自各基层单位的女领导、工会主席、女工干部和先进女职工代表近400人参加了会议,集团公司总工程师张丽丽、工会主席王庆林出席会议,并为2007~2008年度“三八”红旗手(集体)颁奖。

同日　天津港(集团)有限公司工会举办了“中国工会十五大精神辅导报告”,由全总研究室副主任安建华主讲。集团公司工会主席王庆林、副主席李洪霞出席报告会,全集团公司160多名工会干部聆听了报告。报告会前,集团公司工会主席王庆林会见了全总研究室副主任安建华,并介绍了天津港生产建设和工会工作的有关情况,还陪同安建华副主任参观了天津港博览馆。

同日　天津市总工会和安全生产监督局联合下发《关于表彰2008年度天津市“安康杯”竞赛优胜企业、优秀班组、优秀组织单位和优秀组织者的决定》(津工发〔2009〕10号)。集团公司被授予优胜企业称号;集团公司工会被授予优秀组织单位称号;集团公司工会张艳军被授予优秀组织者称号。

3月18日　天津港联盟国际集装箱码头有限公司工会召开第一次会员大会,选举产生第一届工会委员会和经费审查委员会,集团公司工会副主席李洪霞出席大会。同日分别召开一届一次全委会,选举王凤维为工会主席,陈军生为工会副主席,选举李建强为工会经费审查委员会主任。

3月25日　天津港(集团)有限公司工会举行“大学习、大培训、大提高”活动启动仪式。市总工会副主席李泮祥,集团公司领导王存杰、王庆林出席。会议对活动实施计划进行了统一部署。王存杰副书记作了重要讲话,对进一步有效开展活动提出了具体要求。同时为职工培训中心、劳务发展公司、一公司等三个职工培训基地揭牌。

3月　经国务院批准,孔祥瑞等10名“高级蓝领”成为天津市首批获批享受政府特殊津贴的高技能人才。此次本市10名高技能人才获批,其中4人获得过中华技能大奖,6人获得过全国技术能手等称号。

4月9日　天津港海丰保税物流有限公司工会召开第一次会员大会选举产生第一届工会委员会和经费审查委员会。4月15日分别召开一届一次全委会,选举肖希江为工会副主席,选举张爱新为工会经费审查委员会主任。

4月22日至24日　中国海员建设工会港口联委会2009年主任港会议在广州港召开,天津港(集团)有限公司工会主席王庆林出席。

4月28日至30日　全国劳模、天津港中煤华能煤码头有限公司孔祥瑞操作队队长孔祥瑞受邀在北京参加了全国庆祝“五一”国际劳动节暨保增长促发展劳动竞赛推进大会,中共中央政治局常委、中央书记处书记、国家副主席习近平在讲话中点名提到60年来我国各行各业、各条战线涌现出的14位先进模范代表人物,其中就有港口工人的“坐标”——孔祥瑞。在京期间,孔祥瑞还参加了全总庆祝“五一”国际劳动节劳动模范座谈会并发言,以及中央电视台“光荣颂”五一晚会的节目录制,并作为改革开放以来的新时期劳模代表上台授奖。

4月29日　天津市召开庆祝“五一”国际劳动节暨表彰劳动模范、模范集体大会。大会表彰了2008年度市级劳动模范和模范集体。天津港10位劳动模范和2个劳模集体、1个全国“工人先锋号”、26名市五一劳动奖章获得者,6个先进集体,集团公司等2个先进单位获得市五一劳动奖状,并受到表彰。

4月30日　天津市厂务公开民主管理工作领导

小组下发《关于天津市2007～2008年度厂务公开民主管理工作评选表彰的决定》(津厂组发〔2009〕2号)。天津港滚装码头有限公司被评为天津市厂务公开民主管理工作先进单位,天津港(集团)有限公司工会民管组织部副部长李长江被评为天津市推动厂务公开民主管理优秀工作者。

5月1日　由天津市总工会主办的“天津市职工庆祝‘五一’国际劳动节游园大联欢”活动,上午在第二工人文化宫公园举行。新时期知识型产业工人的杰出代表、享誉全国的“蓝领专家”、全国劳模、天津港中煤华能煤码头有限公司孔祥瑞操作队队长孔祥瑞宣读了“保增长,促发展,职工‘五一’大行动”倡议书,30名劳动模范代表在倡议书上签字。市体育局局长韩振铎宣读了职工文体活动示范基地名单,出席仪式的领导向由市总工会和市体育局命名的50个职工文体活动示范基地颁牌,发放了体育器材,并为“天津港杯”第28届天津市职工庆“五一”长跑比赛鸣枪。天津港电力公司被命名为天津市职工文体活动示范基地。

5月1日至2日　天津港公安局警官乐团“五一”节前赴上海,参加“世博号角——2009上海之春国际音乐节管乐艺术节暨中国第三届非职业优秀行进管乐团展演”获金奖。这不仅是全国公安系统唯一获得的一枚金奖,也是天津市非职业行进管乐团在全国最高级别比赛中取得的最好成绩。此次全国性各行各业行进管乐表演是新中国成立以来的首次,有30多支中外乐队同台竞技。展演期间,警官乐团还参加了上海杨浦区街道行进展演和闭幕式表演。交通运输部公安局局长张玉胜、天津港(集团)有限公司工会主席王庆林专程赴上海亲切慰问了全体乐团成员。

5月3日　《天津工人报》一版“劳动者之歌”专栏发表题为《筑起“海上长城”》的长篇通讯,介绍了市劳模、天津港(集团)有限公司规划建设部部长李伟的先进事迹。

5月6日　天津港(集团)有限公司召开表彰劳动模范大会。大会对获得2008年度天津市劳动模范、模范集体代表、天津市五一奖章先进个人、先进集体和先进单位予以表彰。集团公司党委副书记王存杰讲话。市总工会副主席黄淑玲到会祝贺并与集团公司党委副书记孙世明共同为“天津港劳模大讲堂”揭牌。集团公司副总裁黄力军宣读《天津市委、市政府关于表彰劳动模范、模范集体的决定》和市总工会《授予五一奖章先进个人和集体的决定》。集团公司领导黑锦国、赵彦虎、赵明奎出席大会,集团公司工会主席王庆林主持大会。会上,市劳模、天津港集装箱公司操作部经理闫武,市劳模、天津港第四港埠公司流机队队长段江山在“劳模大讲堂”开讲第一课。

5月13日　天津市总工会副主席赵洪莉来天津港(集团)有限公司调研,集团公司工会主席王庆林汇报了天津港生产建设、工会工作以及外事工作的有关情况,并陪同参观了天津港博览馆。市总工会国际部部长郝志斌、副部长李凡参加调研。

5月20日　《天津工人报》一版“劳动者之歌”专栏发表题为《质量超过汉堡港》的长篇通讯,介绍了市劳模、天津港集装箱码头有限公司操作部经理闫武的先进事迹。

同日　天津市总工会召开全市工会基层组织建设工作会议。天津港(集团)有限公司工会,介绍了劳务工建会方面的经验。

5月22日　天津港(集团)有限公司召开十届十二次职代会职工代表提案办理工作会,集团公司总裁田长松出席会议,并对提案办理工作提出了具体要求,从今年起对重要的提案要明确集团公司领导负责制。

5月26日　天津市总工会经费审查委员会下发《关于对2008年度区县局、总公司(集团)工会经审工作规范化建设考核评比奖励的通报》(津工审〔2009〕6号),公布了81个经审工作规范化建设考核达标单位工会评比情况,天津港(集团)有限公司工会获得一等奖。

6月1日　天津市人力资源和社会保障局、市总工会、市国资委、市企业联合会/企业家协会联合颁发《关于命名天津市劳动关系和谐企业的决定》(津人社局发〔2009〕11号),天津港滚装码头有限公司被命名为天津市AAA级劳动关系和谐企业;天津东方海陆集装箱码头有限公司被命名为天津市AA级劳动关系和谐企业。

6月3日　天津市总工会、市经济和信息化委员会、市发展和改革委员会、市统计局联合下发《关于授予第二批天津市节能减排企业行动示范基地的决定》(津工发〔2009〕26号)。天津港(集团)有限公司被授予天津市节能减排企业行动示范基地荣誉称号。

6月5日　天津市召开厂务公开民主管理工作推动会,会议表彰了天津市2007～2008年度厂务公开民主管理工作先进集体和先进个人。天津港滚装码头有限公司被评为天津市厂务公开民主管理工作先进单位,天津港公司工会民管组织部副部长李长江被评为天津市推动厂务公开民主管理优秀工作者。

6月7日　参加全球绿色经济峰会的100余位代表在天津市政协副主席陈质枫、刘长喜、何荣林等市领导陪同下参观考察天津港。集团公司工会主席王庆林在天津五洲国际集装箱码头介绍了天津港的有关情况并回答了客人们感兴趣的问题。

6月14日　天津市总工会、市经济和信息化委员会、市发展和改革委员会、市统计局在银河广场联合组织了天津市2009年节能周开幕式。会上,天津港(集团)有限公司副总裁赵彦虎代表全市企业发表了节能倡议,集团公司通过了由市总工会、市发改委、市经委、市统计局专家组成的专家组的检查,获得了天津市节能减排示范基地,天津港孔祥瑞等10名在职劳动模范被聘请为天津市节能减排义务监督员,市领导向获得天津市节能减排示范基地的集体代表和天津市节能减排义务监督员代表颁发了奖牌和聘书。

6月24日　天津港东疆建设开发有限公司工会召开第一次会员大会,会议选举产生第一届工会委员会和经费审查委员会,集团公司工会副主席李洪霞出席大会。6月25日,分别召开一届一次全委会,选举刘景英(女)为工会副主席,选举刘佩然为工会经费审查委员会主任。

6月25日　天津总工会在天津石化公司召开"大学习、大培训、大提高"活动中期推动会。会上,向天津市第二批全国职工书屋颁发了匾牌,天津港第二港埠公司被命名为全国职工书屋。集团公司工会主席王庆林出席了会议。

6月26日　中国海员建设工会副主席朱临庆和公路工作部部长耿兰芬一行两人到天津港调研群众性安全生产工作,天津港(集团)公司工会主席王庆林汇报了上半年工会工作情况和下半年的重点工作,集团公司工会副主席李洪霞汇报了天津港群众性安全生产工作情况。

6月28日　《天津工人报》头版头条刊登了反映天津港(集团)有限公司开展"大学习、大培训、大提高"活动的文章《天津港积极开展"大学习、大培训、大提高"活动——助推员工队伍知识化进程》。

6月　《天津工运》"先进模范风采录"专栏刊登了题为《为建设中国最大的保税港区播撒激情与汗水》的通讯,介绍了天津港(集团)有限公司总工程师、东疆港区建设指挥部总指挥张丽丽的先进事迹。

7月10日　天津港(集团)有限公司工会经费审查委员会召开十一届十五次全委会议,会议由吴培增同志主持,按照有关规定,会议选举董靖臣同志为天津港(集团)有限公司工会经费审查委员会第十一届委员会主任。会后,集团公司工会主席王庆林会见了集团公司工会经费审查委员会全体委员。

7月13日　天津市总工会下发《关于董靖臣、吴培增同志任免职的批复》(津工复〔2009〕31号),同意董靖臣同志任中国海员工会天津港(集团)有限公司经费审查委员会主任,免去吴培增同志中国海员工会天津港(集团)有限公司经费审查委员会主任、委员职务,其工会经费审查委员会委员职务的免除待下次工会代表大会予以确认。

7月16日　天津港(集团)有限公司工会召开十一届二十二次全委(扩大)会议。

7月21日　天津港(集团)有限公司劳模大讲堂第三课开讲。集团公司副总裁赵明奎作"港口生产形势报告"。集团公司工会主席王庆林出席,基层单位的工会干部160余人参加了报告会。

同日　天津港(集团)有限公司劳动竞赛委员会与天津港东疆开发公司、邮轮母港筹备组、件杂货码头筹备组签订协议开展专项劳动竞赛。集团公司领导赵明奎、王庆林出席了签字仪式。竞赛要求参赛单位要在今年内与各相关单位密切协作,确保物流加工区一期工程、天津港国际邮轮码头工程(水工部分)、天津港北港池杂货码头工程(西侧两个泊位)如期完工。

7月22日　天津港(集团)有限公司总工程师张丽丽、工会主席王庆林带领集团公司工会、宣传部、规建部、质检站等部门负责人到天津港东疆港区的"天津港北港池杂货码头工程、物流加工区一期工程、天津港国际邮轮码头工程"三个在建工程的施工现场慰问施工、监理等参建人员。

7月30日　全国政协原副主席、中华妈祖文化交流协会会长张克辉在天津市政协副主席田惠光、蔡世彦、叶惠丽等陪同下莅港参观考察。天津港(集团)有限公司工会主席王庆林在天津东疆保税港区联检中心介绍了天津港的生产建设情况,并陪同参观了太平洋集装箱公司码头。

同日　天津港(集团)有限公司党委副书记王存杰、集团公司工会主席王庆林分别带领集团公司工会工作人员深入到北疆、南疆、海河港区的一公司、二公司、三公司、四公司、五公司、集装箱公司、五洲国际集装箱公司、滚装码头公司、煤码头公司、焦炭码头公司、石化码头公司、天津港公安局南疆消防队等一线单位为职工送去饮料和防暑降温药品等慰问品。

8月6日　中国海员建设工会天津联委会会议在

天津港召开，会议由中远散运有限公司工会办公室主任王桂荣主持，中远散运有限公司工会主席郭庆连，天津港（集团）有限公司工会主席王庆林，中交天津航道局有限公司工会主席李志、办公室主任虢虎，中交第一航务工程局有限公司工会主席高卫东、办公室主任唐振，中交第一航务工程勘察设计院有限公司工会副主席董玉田，交通部天津水运科学研究院工会主席曹洪志，天津海事局工会主席李天成及部分工会干部代表参加了会议。中建六局有限公司工会主席吕晓刚、副主席赵佩华应邀参加了会议。会议协商决定，中国海员工会天津地区联络委员会更名为中国海员建设工会天津地区联络委员会；协商通过了新修改的《中国海员建设工会天津地区联委会章程》。根据新章程规定，协商决定联委会任期由两年改为一年；根据中建六局工会申请，决定吸收其为天津联委会新成员单位；会议协商推选天津港工会为中国海员建设工会天津地区联委会第十二届主任委员，中建六局工会为副主任委员，任期至2010年。新当选的中国海员建设工会天津地区联委会第十二届主任委员、天津港（集团）有限公司工会主席王庆林讲话。

8月19日　天津市总工会和市知识产权局联合下发《关于确定首批天津市职工技术创新发明创造服务基地的决定》（津工发〔2009〕30号），决定确定天津港（集团）有限公司等16家单位为首批天津市职工技术创新发明创造服务基地。

8月20日　天津港物流发展有限公司工会召开第一次代表大会，会议选举产生第一届工会委员会和经费审查委员会，集团公司工会副主席李洪霞出席大会。同日分别召开一届一次全委会，选举韩国威为工会主席，张艳为工会副主席，选举赵艳生为工会经费审查委员会主任。

8月26日　天津港（集团）有限公司工会主席王庆林作为股东代表出席了天津渤海女子小额贷款股份有限公司开业庆典仪式。

8月27日　天津港（集团）有限公司劳模大讲堂举办第四讲座，由全国劳动模范孔祥瑞主讲如何进一步发挥爱国主义精神，集团公司工会主席王庆林和全港300名职工聆听了报告。

8月　天津港（集团）有限公司被天津市体育局授予天津市全民健身工作先进单位称号。

9月10日　由中央宣传部、中央组织部、中央统战部、中央文献研究室、中央党史研究室、民政部、人力资源社会保障部、全国总工会、共青团中央、全国妇联、解放军总政治部等11个部门联合组织开展评选“100位为新中国成立作出突出贡献的英雄模范人物和100位新中国成立以来感动中国人物”活动揭晓。全国劳动模范孔祥瑞入选100位新中国成立以来感动中国人物。

9月13日　由天津市委宣传部、滨海新区工委主办，天津保税区、北方网、天津航空公司承办的“感动天津人物——海河骄子”评选产生。在投票评选的基础上，经过有关部门审核、组委会评审组投票等程序，最终评选出60位感动天津人物——海河骄子和40位感动天津人物——海河骄子提名奖。全国劳动模范孔祥瑞入选60位“感动天津人物——海河骄子”。

9月14日　由国家交通运输部在全行业组织开展的“60位新中国成立以来感动交通人物”评选活动揭晓，全国劳动模范孔祥瑞入选。

9月16日　天津港（集团）有限公司庆祝新中国成立60周年劳模座谈会在建设大厦召开，集团公司工会主席王庆林出席座谈会并讲话。

9月20日　由中央宣传部、中央文明办、解放军总政治部、全国总工会、共青团中央、全国妇联共同主办的第二届全国道德模范评选表彰活动颁奖仪式在京举行，55位全国道德模范受表彰，262人获得全国道德模范提名奖。天津港（集团）有限公司总工程师、东疆港区建设指挥部总指挥张丽丽被评为第二届全国道德模范。

9月24日　天津港（集团）有限公司在文体中心隆重举办天津港庆祝中华人民共和国成立60周年大会暨文艺演出。集团公司党委副书记、总裁田长松发表讲话，集团公司党委副书记孙世明主持大会，集团公司领导赵彦虎、袁宝童、张丽丽、李全勇、王庆林及部分老领导和劳模代表出席大会并观看文艺演出。

同日　天津市总工会颁发《关于第三届天津市职工艺术家评选结果的通知》（津工通〔2009〕49号）天津港集装箱码头有限公司职工孙志宏、天津五洲国际集装箱码头有限公司职工刘嘉分别被授予天津市职工艺术家称号。

9月25日　天津港（集团）有限公司举办第六届“孔祥瑞杯”集装箱装卸桥技术比武大赛。来自天津港集装箱码头公司、天津港太平洋国际集装箱码头公司、天津港联盟国际集装箱码头公司、天津东方海陆集装箱码头公司、天津五洲国际集装箱码头有限公司、天津港第二港埠有限公司的全港6个集装箱作业公司的12个代表队36名员工参加了比赛，经过激烈角逐，天津港联盟国际集装箱码头公司第一代表队获得第一名。集团公司领导赵明奎、王庆林观看了比武。

同日　全国妇女联合会颁发《关于授予康佳等2000名同志全国“三八”红旗手、北京协和医院妇产科等1000个单位全国“三八”红旗集体荣誉称号的决定》(妇字〔2009〕27号),天津港(集团)有限公司总工程师张丽丽被授予全国“三八”红旗手荣誉称号。

9月26日　市总工会党组副书记、副主席邢铁龙,市人力资源和社会保障局副局长、公务员局局长高中启,市总工会副主席黄淑玲到全国劳模孔祥瑞等家中进行慰问,送去了党和政府的温暖和关怀,向他致以节日的祝贺和亲切的问候,并送去了慰问金、查体卡和节日礼物。

9月28日　天津港劳务发展有限公司工会召开第一次会员代表大会,会议选举产生第一届工会委员会和经费审查委员会,集团公司工会副主席李洪霞出席大会。同日,分别召开一届一次委员会,选举孙葳为工会主席,冯玉刚为工会经费审查委员会主任。

9月29日　天津市总工会在第二工人文化宫剧场举办的“‘歌唱祖国’迎庆新中国成立六十周年职工合唱大赛”,天津港(集团)有限公司员工合唱团获得“金奖”,天津人大常委会副主任、市总工会主席邢明军为荣获金奖的合唱团队颁发了奖杯。

9月30日　中华全国总工会在京举行招待会,热烈欢迎来自全国各地各行业参加国庆活动的劳动模范,共庆新中国60华诞。孔祥瑞等230位全国劳动模范出席招待会。

10月1日　全国劳动模范孔祥瑞乘坐天津市彩车参加首都各界庆祝中华人民共和国成立60周年群众游行活动。

10月14日至16日　中国海员建设工会港口联委会2009年工作会议,会议分别在烟台、青岛两港召开,天津港(集团)有限公司工会主席王庆林出席。

10月20日　全国“安康杯”竞赛检查组一行9人在天津市总工会和市安监局等有关部门负责人陪同来港调研。检查组听取了集团公司工会和集团公司安监部关于天津港开展“安康杯”竞赛活动的汇报,并深入到天津港石化码头有限公司进行调研。集团公司工会主席王庆林会见了检查组一行。

10月21日　市人大常委会副主任、市总工会主席邢明军市领导对《天津港集团工会认真学习贯彻市委九届六次全会精神,扎扎实实做好当前工作》的信息给予重要批示:“天津港工会抓贯彻落实市委九届六次全会精神行动快,活动安排扎实系统,要求明确,兼顾当前和长远,这样的作风和思路很好,应该提倡。”

10月28日　天津港(集团)有限公司工会在天津港第四港埠有限公司召开“班组文化建设”现场推动会,天津市总工会副主席李泮祥、集团公司工会主席王庆林出席会议并讲话,市总工会宣教部部长李颜及集团公司党委宣传部、企业发展部等有关部门负责人出席会议,会议由集团公司工会副主席李洪霞主持。会上,天津港第四港埠有限公司工会和“班组文化建设”试点班组港埠四公司流机队特车二组、维修总站“三八”电工班分别介绍了他们在推动班组文化建设中的具体做法和取得的初步效果。各基层工会负责人以及部分班组长代表200多人参加了会议并对“班组文化建设”试点班组港埠四公司流机队特车二组、维修总站“三八”电工班的班组文化建设情况进行了现场观摩。

10月30日至31日　天津港(集团)有限公司工会2009年工会工作研讨会在武清区天鹅湖宾馆举行。会议交流了2009年工运理论研究成果,并就2010年工会工作思路进行了探讨。集团公司工会主席王庆林出席会议并讲话。集团公司工会各部室负责人、各基层工会负责人60余人出席会议。

11月2日至7日　应韩国仁川港运劳动组合邀请,以王庆林主席为团长的天津港(集团)有限公司工会代表团一行5人赴该港工会进行友好访问。

11月11日　天津市人力资源和社会保障局、市总工会、市人民政府国有资产监督管理委员会、市企业联合会/企业家协会、市工商业联合会颁发《关于命名天津市劳动关系和谐企业的决定》(津劳社局发〔2009〕49号),天津东方海陆集装箱码头有限公司被命名为天津市AAA级劳动关系和谐企业;天津五洲国际集装箱码头有限公司被命名为天津市AA级劳动关系和谐企业;天津港太平洋国际集装箱码头有限公司、天津港联盟国际集装箱码头有限公司被命名为天津市A级劳动关系和谐企业。

11月25日　天津市总工会副主席黄淑玲和市总工会工交工委主任朱维刚就开展劳动竞赛情况到天津港进行调研,天津港(集团)有限公司工会主席王庆林汇报了天津港工会开展劳动竞赛和培育先进典型的有关情况。

同日　天津市总工会颁发《关于表彰2009年天津市“工人先锋号”先进集体的决定》(津工发〔2009〕38号),市总工会决定授予120个先进集体天津市工人先锋号荣誉称号。天津港第四港埠有限公司固机队二组被命名为天津市“工人先锋号”集体称号。

11月26日　天津市总工会副主席赵洪莉及市总工会国际部部长郝志斌、副部长李凡一行到天津港进行调研，天津港工会主席王庆林汇报了天津港工会明年工作思路和重点工作以及天津港工会干部代表团访问韩国的有关情况。

同日　天津市总工会、市知识产权局、市科协联合颁发《关于表彰第二届天津市“工人发明家”、“职工先进操作(工作)法”、“职工优秀技术创新成果”的决定》(津工发〔2009〕37号)。天津港第一港埠有限公司职工崔政林被命名为天津市“工人发明家”；天津港焦炭码头有限公司职工高卫东总结的《焦炭门机高效操作法》被命名为天津市“职工先进操作(工作)法”，同时天津港还有三项职工创新成果被命名为天津市“职工优秀技术创新成果”。

同日　天津市总工会下发《关于命名天津市第二批“职工书屋”的通知》(津工通〔2009〕61号)，经过层层申报和验收，市总工会决定命名146个单位为第二批市级“职工书屋”。天津港第一港埠有限公司、天津港职工培训中心、天津港第五港埠有限公司、天津港轮驳有限公司、天津中燃船舶燃料有限公司、天津港港务设施管理中心、天津港电力公司、天津港生活服务中心、天津港集装箱码头有限公司、天津港第四港埠有限公司被命名为市级职工书屋。

12月2日　天津港(集团)有限公司工会召开专题会议部署“百名工会干部携手共助百名贫困学生”爱心助学活动，集团公司工会主席王庆林出席会议并讲话，会议由集团公司工会副主席李洪霞主持。本次活动助学对象主要是天津市蓟县各学校的初(高)中特困学生。

同日　天津市总工会颁发《关于授予第二届天津市“工人发明家”、“职工先进操作(工作)法”先进个人和集体天津市五一劳动奖章、奖状的决定》(津工发〔2009〕40号)，经市总工会常委会研究决定，授予天津天纺投资控股有限公司刘生友等18名“工人发明家”、天津港焦炭码头有限公司高卫东等22名“职工先进操作(工作)法”主要完成人天津市五一劳动奖章荣誉称号；授予天津一商友谊股份有限公司友谊商厦IT部天津市五一劳动奖状荣誉称号。被命名为天津市“工人发明家”的天津港第一港埠有限公司职工崔政林，被命名为天津市“职工先进操作(工作)法”的《焦炭门机高效操作法》主要完成人天津港焦炭码头有限公司职工高卫东分别被授予天津市五一劳动奖章荣誉称号。

12月3日　天津市总工会颁发《关于表彰天津市工会系统2009年度工会信息工作先进单位和优秀信息工作者的决定》(津工通〔2009〕62号)。天津港(集团)有限公司工会被评为天津市工会系统2009年度工会信息工作先进单位，天津港(集团)有限公司工会办公室王剑被评为优秀信息工作者。

12月4日至13日　应台湾中华联合总工会邀请，以天津市总工会副主席李泮祥为团长的天津市劳动模范、工会干部工会交流研习团一行31人赴台湾进行交流访问，天津港(集团)有限公司工会副主席李洪霞、天津港中煤华能煤码头有限公司孔祥瑞操作队队长孔祥瑞随团出访。

12月4日　《天津日报》“北方周末·人物”专版刊登了天津市劳动模范天津港(集团)有限公司规建部部长李伟先进事迹的通讯《李伟:渤海之滨的“当代精卫”》。

12月9日　人力资源和社会保障部、交通运输部颁发《关于表彰全国交通运输系统先进集体劳动模范和先进工作者的决定》(人社部发〔2009〕170号)，天津港集装箱码头有限公司机械一队甲班被授予全国交通运输系统先进集体荣誉称号；天津港第二港埠有限公司散粮站站长陈国栋被授予全国交通运输系统劳动模范荣誉称号。

12月10日　天津市总工会劳动竞赛典型经验交流会在天津港召开，市总工会副主席黄淑玲出席并讲话，市总工会工交工委主任朱维刚主持会议，市总工会经济保护部副部长王卫平出席会议。来自天津市20余家集团、总公司工会的负责人参加了会议。会上，天津港(集团)有限公司工会主席王庆林作了题为《以创建世界一流大港为目标，扎实有效地开展群众性劳动竞赛活动》典型经验介绍，部分单位作了书面发言。市总工会副主席黄淑玲为获得劳动竞赛成绩显著的10家单位颁发了奖金。

12月11日至12日　天津港(集团)有限公司工会在塘沽海德怡宾馆举办了新《工会会计制度》培训班，集团公司工会主席王庆林看望了参加培训班的学员，基层工会财务人员40多人参加了培训。

12月13日　《天津工人报》头版头条刊登反映天津港(集团)有限公司开展劳动竞赛的文章《天津港“五比一创”劳动竞赛硕果累累》。

12月17日　《工人日报》头版头条刊登《全国劳模“品读”劳模精神，“蓝领专家”一路引领创新——孔祥瑞要学习“孔祥瑞”》。

12 月 21 日　天津港(集团)有限公司工会在宝坻区帝豪温泉城召开座谈会,向劳动模范征求《2010 年集团公司工会工作要点》(征求意见稿)意见。集团公司工会主席王庆林出席会议并讲话,集团公司副主席李洪霞对 2010 年工会工作要点进行了说明。

12 月 25 日　天津港(集团)有限公司工会在蓟县渔阳宾馆举行捐赠仪式,向蓟县总工会捐款 27 万元,将救助蓟县 104 名贫困学生完成初高中学业。天津港(集团)有限公司党委副书记王存杰、蓟县县委副书记庞晓光出席会议并讲话,天津港集团公司工会主席王庆林和蓟县县总工会主席刘晓梅分别在捐款协议上签字。

12 月 28 日　中国海员建设工会、交通运输部交通安全委员会联合发出《关于 2009 年全国水运系统船舶、班组安全竞赛活动的表彰决定》(海建工海字〔2009〕53 号)。天津轮驳公司津港消拖 20 轮被授予 2009 年度安全优秀船舶称号;天津港第一港埠公司吊车队四组、天津港第五港埠公司流机队维修班、天津港集装箱码头有限公司机械三队丁班、天津港石化码头有限公司流体大队四班被授予安全优秀班组荣誉称号,天津港(集团)有限公司被授予竞赛优秀组织奖。

第二篇

工会工作

第一章　组织沿革

第一节　工运人物

——天津港工会历任工会主席（主任）

刘兴贤同志简历

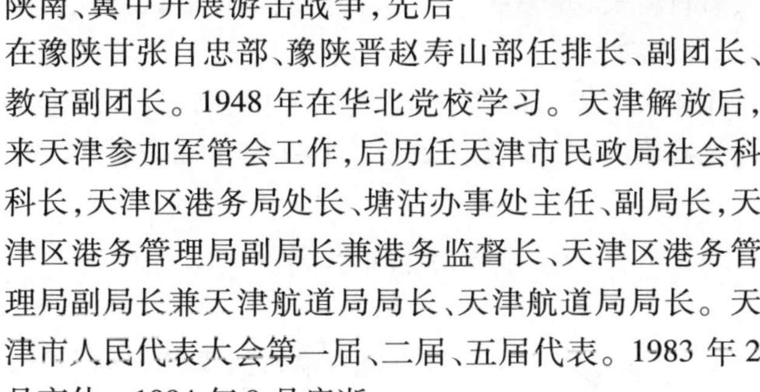

刘兴贤，男，汉族，1911年1月生，曾用名刘文中、刘卢恭，河南唐河人。1936年12月加入中国共产党。1950年9月至1951年10月兼任中国海员工会华北区天津区港务局委员会主席。

第二次国内革命战争和抗日战争时期，受党组织委派，在陕南、冀中开展游击战争，先后在豫陕甘张自忠部、豫陕晋赵寿山部任排长、副团长、教官副团长。1948年在华北党校学习。天津解放后，来天津参加军管会工作，后历任天津市民政局社会科科长，天津区港务局处长、塘沽办事处主任、副局长，天津区港务管理局副局长兼港务监督长、天津区港务管理局副局长兼天津航道局局长、天津航道局局长。天津市人民代表大会第一届、二届、五届代表。1983年2月离休。1994年9月病逝。

杜远同志简历

杜远，男，汉族，1911年8月生，曾用名王金香、徐朝春、徐朝庆，山东陵县人，1926年6月参加革命工作，1930年加入中国共产党。1951年10月至1952年5月兼任中国海员工会华北区天津区港务局筹备委员会主任。

第二次国内革命战争时期，先后在天津和冀东特区保安队做党的地下工作。抗日战争时期曾担任过冀中区人民自卫军王旅政治部敌工科科长，山西寿阳县公安局指导员、局长，冀东区十五地委玉蓟宝联合县委敌工部长。解放战争时期曾任冀东区十四地委平谷县委团工部长、禁烟分局局长、天津纺织工会劳保部部长。新中国成立后历任中国海员工会华北区委员会组织部部长、天津区港务管理局办公室主任、中共天津市委党史研究室副主任，天津市河西区副区长、顾问。1983年12月离休。2005年2月病逝。

肖鲁同志简历

肖鲁，男，汉族，1921年7月生，曾用名肖学鲁、夏可、刘学儒、肖东山，天津市人，1937年9月参加革命工作，1938年1月加入中国共产党。1952年5月至1953年2月兼任中国海员工会华北区天津区港务局筹备委员会主任。

抗日战争时期曾先后在新乡豫北师管区学生队及晋城华北抗日军政干部训练班学习和工作，历任中共沁水县工作委员会成员、八路军晋豫边军区司令部参谋、中共晋城中心县委青委书记、中共晋豫边特委青委书记、中共太岳特委青委书记、晋东南“青救总会”筹备委员会委员、晋东南“青救总会”副主席兼宣传部部长，晋冀豫区党委青年委员，太行军区武委会常委、青武部部长兼“青抗先”总队长。解放战争时期先后在北方局、晋冀鲁豫、中央局、华北局城工部门工作,曾任中共天津市委秘书。新中国成立后历任天津市总工会秘书处处长、办公室副主任,中国海员工会华北区委员会副主席、中国海员工会常委兼国际联络部部长、中华全国总工会生产劳动办公室干部,武清县百货公司业务员,天津农学院党委副书记、副院长,天津外国语学院党委代理书记。1984 年 2 月离休。

韩维正同志简历

韩维正,男,汉族,1921 年 11 月生,天津市人,1949 年 9 月加入中国共产党。1952 年 8 月至 1954 年 3 月,任中国海员工会华北区天津区港务管理局筹备委员会主任。

解放前曾先后在塘沽华北运输公司、轮船运输公司、天津招商局第一码头做理货员、工人,新中国成立后历任华北航务局天津招商局第一码头主任、中国海员工会华北区招商局委员会主席(期间在中华全国总工会干部学院学习)、中国海员工会中国人民轮船公司天津分公司委员会主席、中国海员工会华北区海运管理局天津分局委员会主席,1951 年 10 月筹组天津港工会,任中国海员工会华北区天津区港务局筹备委员会秘书长,1952 年 8 月至 1954 年 3 月任中国海员工会华北区天津区港务局筹备委员会主任。后历任天津区港务管理局政治部主任,天津港务管理局新港作业区副主任兼政治协理员、总支书记,天津港务管理局商务科副科长,党委办公室副主任、主任,武装部部长,船舶检验局天津办事处副主任,天津港第一作业区行政管理科科长,天津港口医院党支部书记、党总支书记。天津市各界人民代表会议第一届、三届、四届代表。1982 年 11 月退休。2007 年 2 月病逝。

辛国颂同志简历

辛国颂,男,汉族,1926 年 8 月生,曾用名辛颂,河北安新人,1944 年 10 月加入中国共产党并参加革命工作。1954 年 3 月至 1965 年 2 月任天津区港务管理局工会主席。

1948 年在泊镇城工部学习,1949 年 2 月来塘大区搬运工会工作,曾历任塘大搬运工会组织委员、代主席、主席,中国海员工会华北区委员会塘沽办事处副主

任兼中国海员工会天津区港务管理局企业委员会主任,中国海员工会天津区委员会副主席兼天津区港务管理局工会主席、天津港务管理局工会主席,天津港务管理局政治部副主任兼工会主席,广州船舶检验处副主任,广州港机厂党委书记,广东省省港办事组组长,广州海运管理局港务处负责人,交通部广州物资管理处党委书记。1985 年 12 月离休。2005 年 11 月病逝。

贵义和同志简历

贵义和,男,汉族,1925 年 12 月生,原名贵培先,河北临城人,1945 年 10 月加入中国共产党,1945 年 9 月参加革命工作。1965 年 8 月至 1966 年 5 月任天津港务管理局工会主席。

曾历任河北省临城县七区干部、河北省临城县公安局派出所所长、河北省临城县政府民政科副科长。天津解放后任天津化学工会驻厂工作组组长、天津轻工业工会生产部副部长、天津港务局塘沽办事处人事科副科长、政工科科长,天津港务局人事科科员、修建科副科长、人事科科长、办公室主任,天津港新港作业区分党委书记,天津港务局工会主席、调度室主任,天津港务局第一作业区革委会副主任、党委副书记、书记,天津港务局党委副书记、代书记、书记。1990 年 9 月离休。

林寿清同志简历

林寿清,男,汉族,1913 年 5 月生,福建龙岩人,1929 年 5 月参加革命工作,1931 年 11 月加入中国共产党。1973 年 5 月至 1977 年 7 月任天津港务管理局工会主任。

第二次国内革命战争时期曾历任红四军二纵队班长、中央特务营班长、第三军团部电话队排长、第三军团第二师

十五团通讯队电话排排长，长征后任第一军团团部电话队班长。抗日战争时期曾任十八集团军总司令部通讯营电话队排长、队长，太行四分区司令部通讯股股长、电话局局长。解放战争时期曾任冀南军区电话总局局长。新中国成立后曾历任天津公共汽车公司军代表、经理，天津市委工业部巡视员，天津港务局党委副书记、副局长、工会主任、顾问等职务。天津市各界人民代表会议第二届、三届、四届代表。1982 年 7 月离休。2010 年 6 月病逝。

杨洪珠同志简历

杨洪珠，男，汉族，1928 年 9 月生，天津市人，1954 年 11 月加入中国共产党。1951 年 12 月参加革命工作。1980 年 8 月至 1990 年 12 月任天津港务局工会主席。

1951 年 12 月来港工作，曾先后任天津港务局人事处干部、政治部宣传科科员，局党委办公室副主任、主任，局革委会政工组干事、副组长，局办公室副主任、主任，天津港务局副局长、工会主席。曾担任天津市塘沽区第九届、第十届人大常委会副主任。1990 年 12 月退休。2001 年 7 月病逝。

孙世明同志简历

孙世明，男，汉族，1950 年 1 月生，河北海兴人，1972 年 1 月加入中国共产党，1968 年 9 月参加工作，南开大学政治学系思想政治教育专业毕业，思想政治工作研究员。1991 年 3 月至 1994 年 11 月任天津港务局工会主席。

曾任天津港第三作业区团委书记、党委常委。1973 年 12 月任天津港务局团委书记。1982 年 11 月在天津师范大学政治教育系政治教育专业学习。1984 年 11 月任天津港务局政治部宣传处处长兼团委书记。1985 年 1 月任天津港务局党委宣传部部长。1988 年 2 月任天津港务局党委办公室主任。1990 年 12 月任天津港务局工会副主席。1991 年 3 月任天津港务局工会主席。1992 年 12 月任天津港务局党委副书记、工会主席。1994 年 11 月任天津港务局党委副书记。2004 年 4 月任天津港（集团）有限公司党委副书记。中国工会第十二次全国代表大会代表。曾担任天津市塘沽区第十四届、第十五届人大常委会副主任。2010 年 5 月退休。

黑锦国同志简历

黑锦国，男，回族，1949 年 6 月生，天津市人，1970 年 6 月加入中国共产党，南开大学政治学系思想政治教育专业毕业，思想政治工作研究员。1994 年 11 月至 1997 年 4 月任天津港务局工会主席。

1968 年 2 月参军，任北京军区 195 师通讯营文书。1973 年 4 月来港参加工作，曾任天津港第一作业区团委干部、书记，天津港第五作业区团委书记、政治处副主任、党办主任。1983 年 3 月任天津港第四港埠公司党委副书记、纪委书记、副经理；1989 年 11 月任天津港第四港埠公司党委书记。1990 年 10 月任天津港第二港埠公司党委书记。1992 年 5 月任天津港务局党委组织部部长、统战部部长。1994 年 9 月任天津港务局党委组织部部长、统战部部长、工会副主席。1994 年 11 月任天津港务局工会主席。1996 年 12 月任天津港务局纪委书记、工会主席。1997 年 4 月任天津港务局纪委书记。2004 年 4 月任天津港（集团）有限公司纪委书记、监事会主席。2009 年 11 月退休。

宋愿兵同志简历

宋愿兵，男，汉族，1945 年 1 月生，河北霸州人，1973 年 10 月加入中国共产党，1968 年 12 月参加工作，大连海运学院电工系船舶电气管理专业毕业，高级经济师。1997 年 5 月至 2004 年 4 月任天津港务局工会主席。

曾任中国船舶燃料供应天津公司机务科干部、科长。1985 年 2 月任中国船舶燃料供应天津公司党委书记。1989年3月任天津港务局党委组织部部长、统战部部长。1992年3月任天津港务局局长助理。1992年12月任天津港务局副局长。1997年5月任天津港务局工会主席。2004年4月任天津港(集团)有限公司副职职级巡视员。天津市第十一届政协委员。2005年3月退休。

张瑞福同志简历

张瑞福,男,汉族,1948年6月生,辽宁沈阳人,1972年7月加入中国共产党,1968年12月参加工作,中央党校领导干部函授班经济管理专业毕业,高级工程师。2004年4月至2009年1月任天津港(集团)有限公司工会主席。

曾任中国船舶燃料供应天津公司轮机长、总轮机长、指导轮机长。1985年2月任中国船舶燃料供应天津公司经理。1988年7月起任中国船舶燃料供应天津公司总经理、党委书记兼总经理。1994年12月任天津港务局人事教育处处长。1997年12月任天津港务局副局长。2004年4月任天津港(集团)有限公司工会主席。2009年1月退休。

王庆林同志简历

王庆林,男,汉族,1954年10月生,天津市人,1979年5月加入中国共产党,1975年2月参加工作,市委党校研究生学历,高级政工师。2009年1月至今任天津港(集团)有限公司工会主席。

曾任天津港第二港埠公司团委副书记、工会副主席兼团委书记。1988年3月起任天津港第二港埠公司经理助理、纪委书记、工会主席,党委副书记兼副总经理。1996年12月任天津港第二港埠公司党委书记兼纪委书记。2000年2月起任天津港第六港埠公司党委书记、总经理。2003年1月任天津港务局党委组织部、统战部部长。2004年4月任天津港(集团)有限公司党委组织部、统战部部长。2008年5月任天津港(集团)有限公司工会副主席。2009年1月任天津港(集团)有限公司工会主席。

第二节 机构沿革

天津港工会自成立没有分部(科)室,1954年3月31日,中国海员工会华北区委员会对中国海员工会天津区港务管理局工作委员会的组织形式和干部编制作出批示,工作委员会为华北区委员会塘沽区办事处的派出机构,不设科室,一直延续到1966年“文化大革命”,工会组织停止活动。

1955年5月9日,中国海员工会华北区委员会组织部在给中国海员工会天津区港务管理局委员会《关于天津区港务管理局委员会第一次全体会议组织分工决议》的报告,批示企业委员会不设科和室,各专业委员和干事即是它的职能。

1959年9月,根据中共天津市港务管理局委员会对局工会编制的批复和工会干部情况,中国海员工会天津市港务管理局委员会作出了《对有关组织建设、工作制度问题的决定》,根据职责分工,确定局工会成立生产、宣教、劳保三个组,并明确了相关的工作职责。

1960年4月20日,中国海员工会天津市港务管理局委员会召开三届一次委员会会议,根据职责分工,确定局工会成立生产、宣传、职工教育、劳保四个组,并明确了女工、组织和资料工作由专人负责。

1973年恢复工会组织后,局工会仍没有设立部(科)室。1984年12月25日,局工会设立“两部一室”即,宣传部、生活部、办公室,均为科级建制。1989年3月13日,根据工会自身改革的需要,局工会进行机构调整,局工会的机构调整为“一部一室”:即办公室、职工权益维护部,仍为科级建制。1990年12月26日,根据职能变化,局工会由原“一部一室”扩编为“三部一室”,即民主管理部、宣传教育部、职工权益维护部、办公室,均为副处级建制。1992年5月30日,局工会增设生产保护部,为副处级建制。1993年4月10日,局工会所属部门原民主管理部、职工权益维护部分别变更名称为民管组织部、生活女工部。

附表 1:天津港工会历届主席、副主席任情况职表

届次	时　间	委员会名称	主　席(主任)	副主席(副主任)
1	1950.9~1951.10	1950 年 9 月成立中国海员工会华北区天津区港务局委员会	刘兴贤(兼)(1950.9~1951.10)	裴振兰(兼)(1950.9~1951.10)
	1951.10~1954.3	1951 年 10 月成立中国海员工会华北区委员会天津区港务局筹备委员会 1953 年 6 月更名中国海员工会华北区委员会天津区港务管理局筹备委员会	杜远(兼)(1951.10~1952.5)	刘玉亭(兼)(1951.10~1952.2)
			肖鲁(兼)(1952.5~1953.7) 韩维正(1952.8~1954.3)	高国栋(1952.8~1953.3) 王文元(1952.8~1953.3) 沈玉泉(1952.8~1952.9)
	1954.3~1955.3	1954 年 3 月成立中国海员工会天津区港务管理局工作委员会	辛国颂(兼)(1954.3~1955.3)	——
	1955.3~1956.12	1955 年 3 月成立中国海员工会天津区港务管理局企业委员会	辛国颂(兼)(1955.3~1956.12)	刘淑文(1955.3~1956.12)
	1956.12~1957.10	经中国海员工会全国委员会和天津市工会联合会批准中国海员工会天津区港务管理局企业委员会撤销	——	——
2	1957.10~1960.4	1957 年 10 月更名中国海员工会天津区港务管理局委员会 1959 年 6 月更名中国海员工会天津市港务管理局委员会	辛国颂(兼)(1957.10~1958.9) 辛国颂(1958.10~1960.4)	
3	1960.4~1961.9	1961 年 7 月更名中国海员工会天津港务管理局委员会	辛国颂(1960.4~1961.9)	胡瑞祥(1960.4~1961.9) 王文元(1960.4~1960.6) 官延熹(1960.4~1961.9)
4	1961.9~1965.2	中国海员工会天津港务管理局委员会	辛国颂(1961.9~1965.2)	胡瑞祥(1961.9~1964.5) 宋　墀(1961.9~1965.2) 崔玉恩(1964.5~1965.2) 刘继魁(1964.5~1965.2)
5	1965.2~“文革”	中国海员工会天津港务管理局委员会	贵义和(1965.5~“文革”)	宋　墀(1965.2~“文革”) 崔玉恩(1965.2~“文革”) 刘继魁(1965.2~“文革”)

续表

届次	时　间	委员会名称	主　席(主任)	副主席(副主任)
6	1973.5～1973.6	1973年5月成立天津港务管理局整健工会筹备领导小组	林寿清(1973.5～1973.6)	宫延熹(1973.5～1973.6)
	1973.6～1981.5	1973年6月更名天津港务局工会 1978年8月更名交通部天津港务管理局工会 1980年1月更名中国海员工会交通部天津港务管理局委员会	林寿清(1973.6～1977.7) 杨洪珠(1980.8～1981.5)	高玉志(1978.11～1981.5) 宫延熹(1973.6～1981.5) 卢景卿(1978.2～1981.5)
7	1981.5～1986.11	中国海员工会交通部天津港务管理局委员会 1984年9月更名天津港务局工会	杨洪珠(1981.5～1986.11)	宫延熹(1981.5～1986.11) 卢景卿(1981.5～1982.5) 李贵庭(1985.1～1986.11)
8	1986.11～1991.3	天津港务局工会	杨洪珠(1986.11～1990.12)	孙世明(1991.1～1991.3主持工作) 李贵庭(1986.11～1990.4) 宫延熹(1986.11～1991.3) 索双椽(1990.4～1991.3)
9	1991.3～1994.11	天津港务局工会 1991年11月更名中国海员工会天津港务局委员会	孙世明(1991.3～1992.12) 孙世明(兼)(1992.12～1994.11)	黑锦国(1994.9～1994.11) 索双椽(1991.3～1994.11)
10	1994.11～2001.2	中国海员工会天津港务局委员会	黑锦国(1994.11～1997.5) 宋愿兵(1997.5～2001.2)	索双椽(1994.11～1996.12) 王学俊(1996.12～2001.2) 呼长凤(1996.12～1999.12) 石玉昆(2000.2～2001.2)
11	2001.2～2004.5 2004.5～	中国海员工会天津港务局委员会 2004年5月更名中国海员工会天津港(集团)有限公司委员会	宋愿兵(2001.2～2004.5) 张瑞福(2004.5～2009.1) 王庆林(2009.1～　　)	王学俊(2001.2～2008.7) 石玉昆(2001.2～2004.4) 王庆林(2008.6～2009.1) 李洪霞(2007.1～　　)

第二章　工会代表大会

第一节　第一次工会代表大会

中国海员工会天津区港务管理局第一次代表大会于1955年3月17日至19日召开,会员代表105人,列席代表24人,代表全局5430多名会员出席了大会。大会由刘淑文同志致开幕词,杨景周同志宣读了中国海员工会华北区委员会的贺信。大会分别听取并审议通过了辛国颂同志代表中国海员工会天津区港务管理局企业委员会所作的《关于一年来工会工作的报告》。大会通过了决议。天津港务管理局副局长刘兴贤及中国海员工会华北区委员会塘沽办事处主任秦一民到会祝贺并讲话。大会选举产生了由23名委员组成的第一届工会委员会和财务经费审查委员会。

大会一致同意辛国颂同志代表中国海员工会天津区港务管理局企业委员会所作的《关于一年来工会工作的报告》,并对工作委员会一年来在党和上级工会的正确领导下所取得的成绩与经验表示满意。根据上级工会指示,今后工会工作的任务是:深入发动群众,厉行节约、反对浪费、降低成本、保证安全,通过签订集体合同和贯彻一长制,进一步大力开展增产节约劳动竞赛,并围绕竞赛继续建立工会工作的正常秩序,以支援工业建设,支援国防建设,支援解放台湾,保证全面超额完成国家计划。

第一届工会委员会(23人)

(名单不详)

第一届财务经费审查委员会

(名单不详)

一届一次全委会议

1955年3月31日召开。会议由辛国颂主持,会议通过了组织分工,推选出常务委员9人、确定候补委员2人,还讨论通过在天津区港务管理局第三次职代会上的工会工作报告。辛国颂当选为局工会主席,刘淑文(女)当选为局工会副主席。辛国颂、刘淑文(女)、郭克镛、魏国彬、周倜、韩云亭、韩宝玉、杨景洲、寇介田当选为局工会常务委员,庄伯廉、陆广桐被确定为委员会候补委员。1955年5月9日,中国海员工会华北区委员会组织部批复同意当选的常务委员名单,但要求再增加沈玉泉和钱春2人为常务委员。

一届二次全委会议

1955年7月26日召开。会议由局工会主席辛国颂主持,会议总结了局工会1955年第二季度工作,研究了第三季度工作要点。

第二节　第二次工会代表大会

1956年12月,根据中央紧缩编制、精简机构的要求,中国海员工会天津区港务管理局企业委员会被撤销。1957年6月,中国海员工会全国委员会批复同意成立天津区港务管理局委员会,并提出由中国海员工会天津区委员会第二届二次会员代表大会讨论决定。根据中国海员工会天津区委员会第二届二次会员代表大会关于建立天津区港务管理局工会委员会的决议,10月22日,经出席天津区港务管理局第一届一次职工代表大会的全体会员代表选举产生了由19名执行委员组成的天津区港务管理局委员会和5名委员组成的工会经费审查委员会。

第二届工会委员会(19人)
(按姓氏笔画为序)

王金友　王恩华　王继昌　马云阁　张希明(女)
李连城　邢瑞森　辛国颂　林寿清　邵继廉
赵秀岭　寇介田　韩云亭　黄文治　陆广桐
郭克镛　董华民　蔡　林　鲁玉池

第二届工会经费审查委员会(5人)
(按姓氏笔画为序)

元以鑫　仇玉栋　祝庆缘　董文发　钱子幼

二届一次全委会议

1957年10月23日由出席天津区港务管理局第一届第一次职工代表大会的全体会员代表选举19名执行委员组成的工会委员会和5名委员组成的经费审查委员会。委员会第一次会议决定,林寿清、辛国颂、马云阁、赵秀岭、郭克镛、寇介田、张希明(女)为常务委员(临时),辛国颂为主席。

第三节　第三次工会代表大会

中国海员工会天津市港务管理局第三次代表大会于1960年4月8日至11日召开,此次工会代表大会与局二届一次职工代表大会合并举行,大会听取了中共天津市港务管理局委员会《高举毛泽东思想的红旗,深入开展“双革”,大协作“一条龙”,为全面完成第二季度计划而奋斗》的工作报告和审议通过了中国海员工会天津市港务局委员会《1959年度工作总结》和《1960年度工作计划》,审议通过了《天津市港务管理局职工代表大会暂行办法》。大会选举产生了由23名委员组成的第三届工会委员会和经费审查委员会。

大会总结中国海员工会天津市港务管理局委员会1959年的工作,提出了1960年的工作计划。大会要求全局各级工会组织必须在党的领导下,围绕以技术革新和技术革命为中心大搞社会主义劳动竞赛和“比、学、赶、帮、超”运动;大办教育,掀起文化理论、技术学习新高潮;关心职工生活;进一步加强工会组织建设和思想建设,提高政治业务水平,充分发挥组织作用,当好党的助手。

第三次工会(局二届一次职工)
代表大会主席团名单(27人)

董华民　张性一　辛国颂　宋玉和　李华彬
林寿清　刘兴贤　王文元　胡瑞祥　史和祥
贵义和　韩维正　张洪泉　冈　森　李跃海
仇玉栋　鞠国良　王金友　赵一让(女)
徐　选　李世奎　武世忠　钱　春　冯德华
张希明(女)　吴立亭　宋　墀(女)

第三届工会委员会(23人)

林寿清　贵义和　王金友　鲁玉池　王瑞春
宋国动　伊文松　王继昌　王成仁　侯起亭
赵一让(女)　辛国颂　胡瑞祥　王文元
郭克镛　宫延熹　马云阁　徐振基　耿立生
蔡　林　祝克训　史和祥　刘兴贤

三届一次全委会议

1960年4月20日召开。会议进行了委员分工,推选了局工会主席、副主席,确定了局工会的组织机构,制定了八项工作制度,并对第二季度工作作了安排。会议确定局工会三届执行委员会由当选的全体委员组成;常务委员会由辛国颂、胡瑞祥、马云阁、郭克镛、王文元、宫延熹、祝克训组成;推选辛国颂为局工会第三届委员会主席,胡瑞祥、王文元为副主席。

第四节　第四次工会代表大会

中国海员工会天津港务管理局第四次代表大会于1961年9月29日至10月7日召开，此次工会代表大会与局三届一次职工代表大会合并举行，期间休会3天。出席大会的正式代表295名，代表全局8340多名会员。大会审议通过了代局长董华民所作的《1961年1～9月份工作总结和第四季度安排意见》的报告和辛国颂主席代表局工会第三届委员会所作的工作报告，审议通过了工会财务工作报告。听取了局人事科副科长孔宪权同志所作的《关于改进装卸大队奖励制度的说明》。通过了《天津港务管理局装卸大队生产奖励办法》《天津港务管理局职工代表大会暂行办法》，副局长李华彬致闭幕词。大会选举产生了由21名委员组成的第四届工会委员会和由5名委员组成的经费审查委员会。

这次会议的主要任务是总结回顾了局工会第三届委员会自1960年4月份改选换届以来的工作情况，提出今后一个时期的重点工作。大会总结了一年多来的工会工作基本经验，一是工会组织和全体工会干部坚定地树立了在党的领导下进行工作的思想，在组织上各级工会组织的设置实行了与党委对口的原则，便于各级党组织加强对工会的领导，工会组织在政治上、组织上、工作上绝对服从党的领导，这是工会工作最基本的经验；二是集中力量贯彻执行党在各个时期的中心任务，积极承担党交给的工作，采取各种形式开展群众运动，保证党的中心任务的完成；三是在完成各项任务中，加强与行政、共青团等有关方面的团结协作，在工作中做到互相支援，紧密配合，为完成党的任务共同努力。大会提出今后一个时期的重点工作：一是搞好生产竞赛活动；二是做好职工生活工作；三是在党的领导下做好思想工作；四是加强工会组织建设和思想建设，充分发挥好工会组织的作用，完成好党交给的一切任务。会议号召全局广大会员和职工深入贯彻党中央提出的“调整、巩固、充实、提高”八字方针，克服困难，努力生产，在确保安全质量的前提下，力争完成和超额完成1961年第四季度国家下达的生产任务。

第四次工会（局三届一次职工）代表大会主席团名单（23人）

董华民　李华彬　刘兴贤　冈　森　张性一
武世忠　鞠国良　徐传扬　段根田　钱　春
赵德如　王文翰　蔡亚南　杜学良　段树起
徐　选　王贵德　史和祥　辛国颂　黄文治
井　连　寇介田　祝庆缘

第四届工会委员会（21人）

（以下为候选人名单共30人）

王成仁　侯起亭　宋　墀（女）　关树海
郝　宏（女）　侯　钊　张惠敏　郭克镛
樊兴环　蔡燕南　姜利文　魏永福　夏重英（女）
王善信　王文翰　王文元　段树起　祝克训
李长发　孟繁起　刘汉民　仇玉栋　赵德如
胡瑞祥　田树荣　马云阁　韩云亭　辛国颂
杨洪珠　陈文祥

第四届工会经费审查委员会（5人）

（以下为候选人名单共6人）

杜学良　伊文松　张洪山　元以鑫　赵希元
王金铭

四届一次全委会议

1961年9月29日召开。会议由辛国颂主持，会议选举产生了局工会常务委员、主席、副主席。辛国颂当选为局工会主席，胡瑞祥、宋墀（女）当选为局工会副主席。

第五节　第五次工会代表大会

中国海员工会天津港务管理局第五次代表大会于1965年2月15日至19日在局机关召开，此次工会代表大会与局四届一次职工代表大会合并举行，会员的正式代表249名，代表全局6780多会员出席会议。局长李华彬致开幕词，大会分别听取并审议通过了副局长刘树森所作的题为《高举毛泽东思想的伟大红旗,大振革命精神,大鼓革命干劲,迎接工农业生产新高潮》的工作报告,局工会副主席宋墀所作的《中国海员工会天津港务管理局委员会第四届工作报告》《1962～1964年(三季度)工会财务工作报告》,局政治部副主任张志青所作的题为《充分发动群众,广泛深入地开展五好运动》的报告。局长李华彬作了总结报告。会议选举产生了局工会第五届委员会委员、常务委员、副主席和局工会经费审查委员。局工会主席空缺;宋墀(女)、崔玉恩、刘继魁当选为副主席;张志青、宋墀(女)、崔玉恩、刘继魁、卢景卿(女)当选为常务委员。元以鑫等三位同志当选为局工会第五届经费审查委员。

这次会议的主要任务是总结回顾了1961年9月中国海员工会天津港务管理局第四次代表大会以来的工作情况,提出了今后一个时期的重点工作:一是各级工会组织必须放手发动群众,积极投入阶级教育;二是动员群众,深入开展以"五好"为目标的"比、学、赶、帮"竞赛运动;三是加强工会组织建设,使工会组织革命化。会议要求全局各级工会组织要以生产为中心,结合贯彻大会精神,加强工会组织建设,发挥好工会组织的作用,放手发动群众讨论与落实国家下达的计划任务,发动群众比先进、找差距、提措施,订好班组和个人的"五好"规划,自觉地投入到新的生产高潮中。大会号召全局广大工会干部和积极分子在党的领导下,鼓足干劲,振奋精神,努力工作,把工会工作提高到一个新水平,为全面完成党交给的任务而奋斗。

第五届工会委员会(13人)

张志青　宋　墀(女)　崔玉恩　刘继魁
王善信　段亚光　卢景卿(女)　宫延熹
王天臣　孟繁起　耿立生　赵德如　杨继凯

第五届工会经费审查委员会(3人)

元以鑫　伊文松　王京明

第六节　第六次工会代表大会

天津港务局工会第六次代表大会于1973年6月12日至13日召开。出席大会的正式代表286名,特邀代表12名。局党委常委田宝贵致开幕词,大会审议通过了局党委副书记刘树森所作的题为《团结起来,沿着毛主席的无产阶级革命路线奋勇前进》的工作报告。大会通过了《天津港务管理局工会第六次代表大会决议》。天津市总工会副主任王满迎到会祝贺并讲话。局党委副书记王建绩讲话,局党委常委李凤翔致闭幕词。大会选举产生了由25名委员组成的第六届工会委员会。

大会总结了天津港务管理局恢复工会组织以来的工作情况,提出了今后一个时期的工会工作重点。大会号召全局各级工会和广大工会干部要在党的领导下,坚持社会主义革命,搞好社会主义建设,实现"三年改变港口面貌",继续深入进行思想和政治路线方面的教育,全面完成各项任务,继续加强工会组织自身的思想建设和组织建设,全面落实天津市工会代表大会和国家计划会议精神。

第六次工会代表大会主席团名单(33人)

侯岐山　田宝贵　刘树森　王建绩　李凤翔
王福茂　李华彬　李继奎　邹新坤　林寿清
宫延熹　李学铭　郝继惠　魏效林　刘树山
井连江　张希增　张士荣　汪有金　余秀芳(女)
张德明　杨清民　唐志文　刘淑云(女)
穆德贤　白锡瑞　张家喜　高淑芬(女)
牛蔚武　张德钦　马凤才　钱冬香(女)
王恩芝(女)

主席团组长:侯岐山
主席团副组长:刘树森　林寿清
秘书组组长:宫延熹
秘书组副组长:冯玉岭

第六届工会委员会(25人)

马凤才　马恩良　王海平　王恩芝(女)
王金德　牛蔚武　卢凤章　刘淑云(女)
刘树山　白锡瑞　李文周　李继奎
余秀芳(女)　汪有金　杨清民　孟凡起
邹新坤　林寿清　张士荣　张家喜　张德钦
宫延熹　耿立生　钱冬香(女)　穆德贤

六届一次全委会议

1973年6月13日召开。会议协商产生常委，并进行了分工。1973年6月20日，天津港务局党委下发《关于局工会委员会委员及分工的批复》（津港党办字〔73〕41号），同意局工会第六届委员会由马凤才等25名同志组成；李文周、汪有金、耿立生、张士荣、孟凡起、刘树山、王恩芝（女）、宫延熹、林寿清9人为常务委员。林寿清为局工会主任，宫延熹为副主任，暂空一名副主任。

六届二次全委会议

1973年8月3日召开。会议总结了局工会恢复以来的工作，分析了当前的形势和存在的问题，根据局党委的指示精神，安排了1973年第三季度工作。

六届三次全委（扩大）会议

1973年9月29日召开。会议研究确定了《天津港务管理局工会1973年第四季度工作安排》。

六届四次全委会议

1973年12月8日召开。会议研究确定了《天津港务管理局工会1973年工作总结》。

六届五次全委会议

1974年5月20日召开。经局党委讨论同意，会议决定增补第一作业区工会主任程德宝为局工会委员会委员、常委，免去李文周的局工会委员、常委职务。

第七节　第七次工会代表大会

1980年3月24日，天津市委批转了市总工会党组《关于筹备召开天津市工会第十次代表大会的请示》（津党发〔1980〕38号），指出"市委《关于为市总工会和各级工会平反的决定》明确了1968年由各级工代会接管工会是错误的。为了进一步澄清是非，拨乱反正，我们认为应否定'工代会'为一届工会委员会，并将1973年召开的市工会第十次代表大会改为第九次代表大会，本届为第十次代表大会"。4月5日，天津港务管理局党委批转了局工会《关于召开中国海员工会交通部天津港务管理局第七次会员代表大会的请示》（交津港党办字〔80〕21号），指出"根据市总工会有关精神，在'文化大革命'中召开的工代会和各单位召开的革职会，不算一届会员代表大会。所以我局本届召开的会员代表大会仍称第七次代表大会，1973年6月召开的会员代表大会改称第六次。各单位1973年召开的会员代表大会或会员大会，凡非首次的均应本此精神加以更正"。

中国海员工会交通部天津港务管理局第七次代表大会于1981年5月21日至22日在局机关召开，出席会员正式代表207名，列席代表24名，特邀代表5名，代表全局18300名会员出席了会议。局工会副主席宫延熹致开幕词，大会听取审议了杨洪珠代表局工会第六届委员会所作的题为《深入贯彻落实中央工作会议精神，改进和加强工会工作，为实现经济上进一步调整、政治上进一步安定的方针而奋斗》的工作报告和卢景卿同志所作的工会财务工作报告。大会通过了《关于局工会第七届委员会工作报告的决议》。大会选举产生了由19名委员组成的第七届工会委员会和由3名委员组成的经费审查委员会，选举产生了出席天津市局、县工会（第十次）代表大会的代表。杨洪珠、吕志娴（女）、王秀海、寇介田、张树林、李贵庭、穆怀建、张宝林、张立香当选为天津市第十次工会代表大会代表。中国海员工会全国委员会向大会发来贺电。局党委书记李华彬讲话，局工会副主席宫延熹致闭幕词，局团委书记孙世明代表局团委向大会致贺词。一公司会员代表李华松、轮驳公司会员代表班云章、修建公司会员代表李贵庭在大会上发言。局领导祝庆缘、米玉润、李建生、田丰年、贾志忠、胡云生等出席大会。

由于"文化大革命"十年浩劫，使社会主义事业受到严重挫折，天津港的工会工作也遭受了严重破坏，各级工会组织曾被彻底砸烂，1973年开始组建工会，并逐步恢复和开展工会工作大会，总结了局工会自第六次工会代表大会以来的八年间的工作情况和经验。

大会确定今后一个时期的工会工作重点：一是深入宣传贯彻中央工作会议精神，耐心细致地做好思想政治工作；二是在维护中央调整方针顺利执行的大前提下，积极维护职工的民主权利和物质利益；三是加强工会自身建设,充分发挥工会组织的应有作用。

大会号召,全港职工要认真贯彻执行中央工作会议精神,奋发图强、艰苦奋斗,深入持久开展增产节约劳动竞赛,广泛开展为"四化"立功活动,增加生产、厉行节约,全面完成和超额完成增产节约计划,为实现局政工会议和局五届二次职代会所确定的各项任务,为顺利实现国民经济进一步调整和政治上进一步安定的方针作出贡献。

大会号召,各级工会组织,全体工会干部和广大积极分子,要认真学习和贯彻全总基层工作会议精神,坚持四项基本原则,加强思想政治工作,进一步解放思想,坚定信心,团结一致,围绕党的中心任务,积极地、独立负责地做好工会各项工作。要进一步加强各级工会的思想建设、组织建设,充分发挥党的纽带作用、共产主义学校作用,努力把工会办成工人信得过的、能替工人说话的、为工人办事的"工人之家",进一步密切党同群众的联系,把广大职工群众团结在党的周围,为实现国民经济调整的艰巨任务而努力奋斗。

第七次工会代表大会主席团名单(19 人)

杨洪珠 宫延熹 卢景卿(女) 邵继廉
王文骁 孙世明 吕志娴(女) 王秀海
寇介田 张树林 张克斌 李开明 班云章
张宝林 阎明义 王胜宝 郑寿华 祝克训
许连仲

第七届工会委员会(19 人)

杨洪珠 宫延熹 卢景卿(女) 祝克训
许连仲 邵继廉 孙世明 王义臣 王文骁
李 智 高联芳 王恩芝(女) 吕志娴(女)
寇介田 张树林 班云章 张立香 张宝林
张长江

第七届工会经费审查委员会(3 人)

王文骁 于鸿珊 祝克训

七届一次全委会议、经审委七届一次全委会议

分别于 1981 年 5 月 22 日和 5 月 26 日召开。会议分别由杨洪珠、王文骁主持。在局工会七届一次全委会上杨洪珠当选为局工会主席;宫延熹、卢景卿(女)当选为局工会副主席;杨洪珠、宫延熹、卢景卿(女)、祝克训、许连仲当选为局工会常务委员会委员;王文骁、于鸿珊、祝克训当选为局工会经费审查委员会委员。经审委七届一次全委会议选举产生了局工会经费审查委员会主任,王文骁当选为主任。

1981 年 6 月 9 日,天津市总工会下发了《关于中国海员工会交通部天津港务管理局委员会第七届委员会委员、常委、主席、副主席的批复》(津工发〔1981〕29 号),同意杨洪珠等 19 名同志为第七届委员会委员;同意杨洪珠等 5 名同志为常委;同意杨洪珠任主席,宫延熹、卢景卿(女)任副主席。

七届二次全委(扩大)会议

1981 年 7 月 17 日召开。局工会主席杨洪珠分别传达了天津市工会第十次代表大会和中国海员工会民主管理座谈会精神,并对 1981 年上半年工作进行了总结,讨论通过第三季度工作要点。

七届三次全委会议

1982 年 2 月 4 日召开。局工会主席杨洪珠主持会议,会议讨论通过了局工会《1981 年工作总结和 1982 年工作要点》,听取了局工会《1981 年度财务收支决算和 1982 年财务预算情况》。

七届四次全委(扩大)会议

1982 年 8 月 21 日召开。局工会主席杨洪珠主持会议,局工会副主席宫延熹总结了局工会 1982 年上半年工作情况,部署了下半年工作重点。局党委副书记贵义和出席会议并讲话。

七届五次全委(扩大)会议

1983年4月5日召开。局工会主席杨洪珠传达了天津市总工会十届三次全委(扩大)会议精神,会议讨论通过了局工会《1982年工作总结和1983年工作安排》,听取了局工会副主席宫延熹所作的《1982年度财务收支决算情况》的汇报,研究了五一国际劳动节活动的有关问题。

七届六次全委(扩大)会议

1983年6月22日召开。会议由局工会副主席宫延熹主持,会议协商选举产生出席中国工会第十次代表大会的代表,第一作业区工会主席吕志娴当选为中国工会"十大"代表。会议还听取了吕志娴出席全国总工会召开的基层工会工作经验交流会的有关情况汇报。

七届七次全委(扩大)会议

1984年2月24日召开。会议讨论通过了局工会主席杨洪珠所作《1983年工作总结和1984年工作安排》,局党委副书记贵义和出席会议并讲话。

七届八次全委(扩大)会议

1985年2月28日召开。局工会主席杨洪珠分别传达了天津市工会十届六次全委(扩大)会议和中国海员工会上海工作座谈会精神。会议讨论通过了局工会《1984年工作总结和1985年工作安排》,听取了局工会副主席宫延熹所作的《关于1984年度财务收支决算和1985年财务预算情况的汇报》。

七届九次全委(扩大)会议

1985年9月23日召开。局工会主席杨洪珠分别传达了天津市总工会十届七次全委扩大会议精神,并讨论通过了《局工会1985年第四季度工作要点》。

七届十次全委(扩大)会议

1986年6月21日召开。会议协商选举产生出席天津市工会第十一次代表大会的代表,局工会副主席宫延熹传达了《天津市总工会关于召开第十一次代表大会的通知》,报告了代表的酝酿过程,介绍了候选人情况。会议选举了杨洪珠等9名同志为出席天津市工会第十一次代表大会的代表。

七届十一次全委会议

1986年10月23日召开。会议由局工会主席杨洪珠主持,会议讨论通过《局工会第八次代表大会工作报告》和《局工会第八次代表大会财务工作报告》,通过局工会第八届工会委员会候选人名单。

第八节 第八次工会代表大会

天津港务局工会第八次代表大会于1986年11月11日至12日召开。会员代表227名,代表全局21540多名会员(包括四个代管基层工会769名会员)出席大会。局工会副主席李贵庭同志致开幕词,局团委副书记孔繁荣代表局团委向大会致贺词。大会听取审议了杨洪珠代表局工会第七届委员会所作的题为《坚持改革、坚持两个文明一起抓,动员和组织全港职工站在改革前列,为实现天津港"七五"计划奋斗目标建功立业》的工作报告和宫延熹所作的《认真贯彻"三服务"方针,更好地发挥工会财务工作的物质保证作用》的工会财务工作报告。大会通过了《关于局工会第八届委员会工作报告的决议》《关于第八届委员会财务工作报告的决议》。大会选举产生了由21名委员组成的第八届工会委员会和由5名委员组成的经费审查委员会。天津市总工会副主席单书、中国海员工会组宣部副部长朱临庆到会祝贺并讲话,局党委副书记李恩宽讲话。局党委代书记贵义和、局纪委书记贾志忠、巡视员冯玉友及原党委书记李华彬、原局长刘树森等出席大会开幕式。

大会号召,全局职工进一步发扬主人翁精神,站在改革前列,支持改革,推进改革,为实现天津港"七五"

计划的奋斗目标建功立业。全局工会组织和全体工会干部要在上级工会和各级党委的领导下,认真学习贯彻党的十二届六中全会精神,进一步贯彻新时期工会工作方针,加强工会自身建设,提高工会工作水平,发扬锐意改革,开拓前进精神,为推进改革,加强两个文明建设,实现天津港"七五"计划奋斗目标,作出工会组织应有的贡献。

第八次工会代表大会主席团名单(21人)

杨洪珠　宫延熹　李贵庭　祝克训　许连仲
王恩芝(女)　高联芳　吕志娴(女)　索双橼
郭长起　张葆桐　孔繁荣　牟承云　王景春
赵珍义　王秀海　黄淑兰(女)　郝建华
孙世明　王汝凯　沈水芳(女)

第八届工会委员会(21人)

杨洪珠　李贵庭　宫延熹　祝克训　许连仲
王恩芝(女)　高联芳　李厚军　戴荣立
吕志娴(女)　索双橼　郭长起　吴圣德
李开明　张葆桐　牟承云　孔繁荣　黄淑兰(女)
郝建华　王顺利　张春华

第八届工会经费审查委员会(5人)

于鸿珊　焦恩浦　吴培增　李之桀　刘金仲

八届一次全委会议、经审委八届一次全委会议

1986年11月12日分别召开。会议由杨洪珠、于鸿珊同志分别主持。局工会八届一次全委会议选举产生了局工会常务委员、主席、副主席。杨洪珠当选为局工会主席;李贵庭、宫延熹当选为局工会副主席;杨洪珠、李贵庭、宫延熹、祝克训、许连仲、王恩芝(女)、高联芳当选为局工会常务委员。局工会经费审查委员会八届一次全委会议选举产生了局工会经费审查委员会主任、副主任,于鸿珊当选为主任、焦恩浦当选为副主任。

1986年11月24日,天津市总工会下发了《关于天津港务局工会第八次代表大会选举委员、常委、主席、副主席和经费审查委员会的批复》(津工发〔1986〕178号),同意杨洪珠等21名同志为局工会第八届委员会委员;同意杨洪珠等7名同志为局工会常务委员;同意杨洪珠任主席,李贵庭、宫延熹任副主席。同意于鸿珊等5名同志为经费审查委员会委员;同意于鸿珊任主任,焦恩浦任副主任。

八届二次全委会议

1987年1月17日召开。会议讨论通过了局工会《1987年工作要点》。局工会主席杨洪珠出席会议并作总结讲话。

八届三次全委(扩大)会议

1988年1月28日召开。局工会主席杨洪珠传达了天津市总工会十一届三次全委(扩大)会议精神,会议讨论通过了局工会副主席李贵庭作局工会《1987年工作情况和1988年工作要点》的报告和局工会副主席宫延熹所作的《关于1987年度财务收支决算和1988年财务预算情况》的报告。局工会主席杨洪珠作总结讲话。

八届四次全委(扩大)会议

1989年1月13日召开。会议讨论通过了局工会副主席李贵庭作局工会《1988年工作总结和1989年工作要点》的报告和副主席宫延熹所作的《关于1988年度财务收支决算和1989年财务预算情况》的报告。局工会主席杨洪珠出席会议并讲话。

八届五次全委(扩大)会议

1990年2月3日召开。会议讨论通过了《局工会1989年工作情况和1990年工作要点》的报告和《关于1989年度财务收支决算和1990年财务预算情况》的报告。局工会主席杨洪珠出席会议并讲话。

八届六次全委(扩大)会议

1991年1月28日召开。会议由局工会副主席孙世明主持,副主席索双橼传达了天津市总工会十一届

六次全委(扩大)会议和局领导干部会议精神,孙世明作了《关于局工会1991年工作要点的起草说明》,会议讨论通过了《局工会1991年工作要点》。

八届七次全委(扩大)会议

1991年3月7日召开。会议听取了局工会副主席孙世明关于局工会第九次代表大会的筹备情况的汇报和副主席索双椽关于提交局工会第九次代表大会“两个报告”的内容的汇报。会议还听取了有关“两委”候选人的情况说明,审议通过了工作报告的报告人。

第九节　第九次工会代表大会

天津港务局工会第九次代表大会于1991年3月13日至16日在局机关召开。会员代表224名,代表全局21240多名会员出席了大会。索双椽同志致开幕词,局团委副书记赵明奎代表局团委向大会致贺词。大会听取审议了孙世明代表局工会第八届委员会所作的题为《认真贯彻党的基本路线、全面履行工会四项职能,在实现港口“八五”计划中充分发挥工会组织作用》的工作报告和索双椽所作的《认真贯彻“三服务”方针,充分发挥工会财务的物质保证作用》的工会财务工作报告。审议了《第八届经费审查委员会的工作报告》。大会通过了《关于局工会第八届委员会工作报告的决议》《关于第八届委员会财务工作报告的决议》《关于第八届委员会经费审查工作报告的决议》。天津市交通口岸工委书记王玉春、天津市总工会组织部部长张子鹏到会祝贺并讲话。中国海员工会全国委员会向大会发来贺电。局领导李恩宽、祝庆缘、李伦炳、王海平、于汝民、余贺元,局巡视员贾志忠、冯玉友,原局工会主席杨洪珠出席大会开幕式。大会选举产生了由21名委员组成的第九届工会委员会和由5名委员组成的经费审查委员会。

大会要求全局各级工会组织和全体工会干部,要认真贯彻执行《中共中央关于加强和改善党对工会、共青团、妇联工作领导的通知》,在党委统一领导下,独立自主地开展工作,大力推进工会的群众化、民主化建设,充分发挥党联系群众的桥梁和纽带作用。

大会号召全港职工进一步发扬团结奋斗,开拓创新,务实进取的天津港精神,做主人,挑重担,充分发挥工人阶级主力军作用,为全局生产建设和治理整顿、深化改革作出新的贡献,为实现局第三次党代会确定的任务和局“八五”目标而努力奋斗。

第九次工会代表大会主席团名单(21人)

(按姓氏笔画为序)

王庆林　王学俊　王恩芝(女)　车铭君
孙世明　闫长林　刘庆祥　刘俊明　吴圣德
李厚军　呼长凤(女)　陈景文　赵永顺
赵明奎　宫延熹　索双椽　郝继惠　郭长起
梁树清　黄淑兰(女)　焦恩浦

大会秘书长:索双椽

第九届工会委员会(21人)

(按姓氏笔画为序)

王庆林　王学俊　王恩芝(女)　车铭君
白佩景　史鸿章　孙世明　闫长林　刘庆祥
刘俊明　吴耀庭　李志品　李厚军　陈景文
呼长凤(女)　张富贵　张亚臣　赵永顺
赵明奎　索双椽　郭长起

第九届工会经费审查委员会(5人)

(按姓氏笔画为序)

王淑英(女)　李洪栓　吴培增　张海湘(女)
郝继惠

九届一次全委会议、经审委九届一次全委会议

1991年3月16日分别召开。会议由孙世明、李洪栓主持。局工会九届一次全委会议选举产生了局工会常务委员、主席、副主席。孙世明当选为局工会主席;索双椽当选为局工会副主席;王学俊、王恩芝(女)、孙世明、李厚军、陈景文、呼长凤(女)、索双椽当选为局工会常务委员。局党委书记李恩宽出席会议并讲话。局工会经费审查委员会十届一次全委会议选举产生了局工会经费审查委员会主任、副主任,李洪栓当选为主任,吴培增当选为副主任。

1991年3月21日,天津市总工会下发《关于天津

港务局工会第九届委员会、经费审查委员会选举结果的批复》(津工发〔1991〕33号),同意天津港务局工会第九次代表大会选举产生的天津港务局工会第九届委员会、经费审查委员会。同意天津港务局工会第九届委员会由孙世明等21名同志组成;常务委员会由王学俊、王恩芝(女)、孙世明、李厚军、陈景文、呼长凤(女)、索双椽等7名同志组成,孙世明同志为工会主席,索双椽同志为副主席。同意天津港务局工会第九届经费审查委员会由李洪栓等5名同志组成;李洪栓同志为经审委主任,吴培增同志为经审委副主任。

九届二次全委(扩大)会议

1991年5月4日召开。局工会副主席索双椽传达了天津市总工会基层工作会议精神,局工会主席孙世明传达了全国海员工会工作会议精神。会议讨论通过了局工会《关于争创国家质量管理奖活动的意见》。

九届三次全委(扩大)会议

1991年8月13日召开。局工会主席孙世明总结了前七个月的工作,部署了后五个月的工作重点。

九届四次全委(扩大)会议

1992年3月10日召开。局工会主席孙世明传达了中国海员工会全国委员会三届一次会议精神,并就贯彻好会议精神提出了要求。

九届五次全委(扩大)会议

1993年2月1日召开。局工会副主席索双椽作了局工会《1992年工作总结和1993年工作要点》的报告,局党委副书记、局工会主席孙世明出席会议并讲话。

九届六次全委(扩大)会议

1994年1月26日召开。局工会副主席索双椽传达了天津市总工会十二届四次全委(扩大)会议精神,并代表局工会常委会作了《1993年工作总结和1994年工作要点》的报告。

九届七次全委会议

1994年9月5日召开。局党委副书记、工会主席孙世明主持会议,会议决定增补黑锦国为局工会第九届委员会委员,并选举为常委、副主席。

九届八次全委(扩大)会议

1994年10月22日召开。局党委副书记、工会主席孙世明主持会议,会议讨论通过了局工会第九届委员会向局工会第十次代表大会提交的工作报告,局工会副主席黑锦国、索双椽出席会议。

第十节　第十次工会代表大会

中国海员工会天津港务局第十次代表大会于1994年11月18日至19日在局机关召开。出席大会的正式代表227名,列席代表19名,代表全局22700多名会员。局党委副书记、工会主席孙世明同志致开幕词,局团委欧永林同志代表局团委向大会致贺词,局党委副书记、局长王恩德致祝词。天津市总工会副主席张子鹏、中国海员工会组宣部部长朱临庆分别讲话并代表天津市总工会和中国海员工会对大会的召开表示热烈的祝贺。大会审议了由黑锦国代表局工会第九届委员会所作的题为《团结动员全港职工,充分发挥主力军作用,为加速天津港现代化建设而奋斗》的工作报告和呼长凤同志所作的《工会财务工作报告》。审议了《第十届经费审查委员会的工作报告》。大会通过了《关于局工会第九届委员会工作报告的决议》《关于第九届委员会财务工作报告的决议》《关于第九届委员会经费审查工作报告的决议》《关于第十届工会委员会和经费审查委员会任期的决定》。大会选举产生了由29名委员组成的第十届工会委员会和由5名委员组成的经费审查委员会。黑锦国同志致闭幕词。天津市交通口岸工委书记王玉春,组织部部长肖宜珂及局领导王恩德、余贺元、陈建华,原工会主席林寿清、杨洪珠出席大会开幕式。大连、长航、上海、广州、丹东等全国30多个港口和兄弟单位向大会发来贺电。

中国海员工会天津港务局第十次代表大会经过认

真审议，批准黑锦国同志代表局工会第九届委员会所作的题为《团结动员全港职工，充分发挥主力军作用，为加速天津港现代化建设而奋斗》的工作报告。大会对近四年来，我局各级工会所进行的开创性工作和取得的成绩给予肯定的评价。大会同意报告提出的今后几年工会工作的主要任务和自身建设的各项工作。大会要求全局各级工会组织，要认真贯彻党的十四届三中四中全会精神，在局党委的领导下，独立自主地开展工作，继续推进工会的群众化、民主化建设，更好地发挥党联系群众的桥梁和纽带作用。

大会号召全港职工进一步发扬团结奋斗，开拓创新，务实进取的天津港精神，充分发挥工人阶级的主力军作用，为加速天津港的现代化建设作出新贡献。

第十次工会代表大会主席团名单（21 人）

（按姓氏笔画为序）

王　东　王学俊　车铭君　史鸿章　孙世明
毕鉴明　李开明　李志伟　李金儒　李厚军
沈连岭　宋金普　张英新　陈景文　呼长凤（女）
姜　鹤　索双椽　钱冬香（女）　郭长起
梁树清　黑锦国

大会秘书长：呼长凤

第十届工会委员会（29 人）

（按姓氏笔画为序）

王　东　王学俊　车铭君　史鸿章　白佩景
冯宝清　边立贞　毕鉴明　李开明　李志伟
李金儒　李厚军　李顺起　吴耀庭　余祝健
沈连岭　宋金普　张凤全　张英新　张瑞娥（女）
陈景文　林茂成　呼长凤（女）　姜　鹤
索双椽　钱冬香（女）　郭长起　梁树清
黑锦国

第十届工会经费审查委员会（5 人）

（按姓氏笔画为序）

孙树华　孙振群　李洪栓　吴培增　张海湘（女）

十届一次全委会议、经审委十届一次全委会议

1994 年 11 月 19 日分别召开。会议由黑锦国、李洪栓同志分别主持。局工会十届一次全委会议选举产生了局工会常务委员、主席、副主席。黑锦国当选为局工会主席；索双椽当选为局工会副主席；王学俊、史鸿章、李厚军、宋金普、呼长凤、索双椽、黑锦国当选为局工会常务委员。局工会经费审查委员会十届一次全委会议选举产生了局工会经费审查委员会主任委员，李洪栓当选主任委员。

1994 年 11 月 22 日，天津市总工会下发《关于中国海员工会天津港务局第十届委员会和经费审查委员会选举结果的批复》（津工发〔1994〕171 号），同意中国海员工会天津港务局第十次代表大会选举产生的第十届委员会、经费审查委员会。同意中国海员工会天津港务局第十届委员会由黑锦国等 29 名同志组成；常务委员会由黑锦国等 7 名同志组成，黑锦国为工会主席，索双椽为工会副主席。同意中国海员工会天津港务局第十届经费审查委员会由李洪栓等 5 名同志组成；李洪栓为经审委主任委员。

十届二次全委（扩大）会议

1995 年 8 月 1 日召开。局工会副主席索双椽主持会议，局工会主席黑锦国总结了 1995 年上半年工会工作，部署了下半年工作重点。局党委副书记孙世明出席会议并讲话。港埠二公司工会、港埠三公司工会、港埠四公司工会、集装箱公司工会分别就开展女职工竞赛、职工主题教育、贯彻局职代会决议、职工劳动保护等工作作了经验介绍。

十届三次全委（扩大）会议

1996 年 1 月 10 日召开。局工会副主席索双椽主持会议，局工会主席黑锦国总结了 1995 年工会工作，部署了 1996 年工作重点。局党委副书记孙世明出席会议并讲话。

十届四次全委(扩大)会议

1997年1月6日召开。会议按照民主程序选举王学俊、呼长凤为局工会副主席。局工会副主席王学俊作了《1996年工作总结和1997年工作要点》的讲话,局工会主席黑锦国就做好1997年的工会工作提出了要求。

十届五次全委(扩大)会议

1997年4月18日召开。局工会副主席王学俊主持会议,局工会主席黑锦国传达了中国海员工会四届一次全委会议精神,局工会副主席呼长凤出席会议。

十届六次全委会议

1997年5月9日召开。会议决定增补宋愿兵为局工会委员会第十届委员,并按照民主程序选举其为常委、主席。

十届七次全委(扩大)会议

1997年7月22日召开。局工会副主席王学俊主持会议,局工会主席宋愿兵总结了1997年上半年工会工作,部署了下半年工作重点。会上还分别代表天津市总工会和中国海员工会表彰了局获天津市工会"三优"调研成果的作者和全国交通系统优秀工会工作者和优秀工会积极分子、先进基层工会;表彰了"迎七一,庆回归"单项劳动竞赛优秀组织单位和先进个人。

十届八次全委(扩大)会议

1998年1月12日召开。局工会主席宋愿兵传达了天津市总工会十三届三次全委(扩大)会议和中国海员工会四届二次全委会精神,局工会副主席呼长凤作了1997年工会工作总结,副主席王学俊部署了1998年工作任务。

十届九次全委(扩大)会议

1998年7月23日召开。局工会主席宋愿兵主持会议并讲话,会议传达了天津市区县局工会领导干部会议精神,总结了1998年上半年工会工作,部署了下半年工作重点。

十届十次全委(扩大)会议

1999年1月18日召开。会议传达了尉健行同志视察天津时关于工会工作的重要讲话,天津市总工会十三届五次全委(扩大)会议和中国海员工会四届三次全委会议精神。局工会主席宋愿兵作了《局工会1998年工作总结和1999年工作指导意见》的讲话,总结了1998年的工会工作,对1999年的工作提出了指导性意见。

十届十一次全委(扩大)会议

1999年7月27日召开。局工会主席宋愿兵作了《局工会1999年上半年工作总结和下半年工作指导意见》的讲话,总结了上半年的工会工作,对下半年的工作提出了指导性意见。

十届十二次全委(扩大)会议

2000年1月28日召开。局工会副主席王学俊主持会议,会议传达了天津市总工会十三届七次全委(扩大)会议精神,局工会主席宋愿兵代表局工会常委会作了题为《抓住机遇,开拓创新,推动港口工会工作全面上水平》的工作报告。会议还决定了委员替补事项。

十届十三次全委会议

2000年3月29日召开。局工会副主席王学俊主持会议,局工会主席宋愿兵出席会议并讲话。会议决定增补石玉昆为局工会委员会第十届委员,并选举为常委、副主席。

十届十四次全委(扩大)会议

2000年7月25日召开。局工会副主席王学俊主持会议,会议传达了市总工会区县局工会领导干部会议精神。局工会主席宋愿兵作了题为《认真学习"三个代表"思想,努力把我局的工会工作提高到一个新水平》的工作报告,总结了2000年上半年工会工作,部署了下半年工作重点。

十届十五次全委(扩大)会议

2001年1月5日召开。会议传达了市总十三届八次全委(扩大)会议和局领导干部会议精神。局工会主席宋愿兵代表局工会常委会作了题为《团结动员全局职工为实现2001年亿吨大港目标建功立业》的工作报告,总结了2000年工会工作,部署了2001年的工作重点。局工会副主席石玉昆传达了市总十三届八次全委(扩大)会议精神。局工会副主席王学俊部署了局"双代会"的有关工作并提出了要求。局工会主席宋愿兵就贯彻市总十三届八次全委会议提出了要求。

第十一节　第十一次工会代表大会

中国海员工会天津港务局第十次代表大会于2001年2月5日至6日在局机关召开。出席大会的正式代表239名,列席代表14名,代表全局19940多名会员。局团委书记王健代表局团委向大会致贺词。局党委副书记孙世明在会上作了题为《充分发挥主力军作用,努力实现天津港宏伟发展目标》的祝词。天津市总工会副主席张子鹏、中国海员工会组宣部部长朱临庆分别讲话并代表市总工会、中国海员工会对大会的召开表示热烈的祝贺。大会听取审议了宋愿兵代表局工会第十届委员会所作的题为《团结动员全局职工为实现天津港的宏伟目标不懈奋斗》的工作报告和石玉昆同志所作的《工会财务工作报告》,审议了《第十届工会经费审查委员会的工作报告》。大会通过了《关于局工会第十届委员会工作报告的决议》《关于第十届委员会财务工作报告的决议》《关于第十届委员会经费审查工作报告的决议》。天津市总工会组织部部长张仁海及局领导李伦炳、王恩德、孙世明出席大会开幕式。大连、长航、上海、广州、丹东等全国30多个港口和兄弟单位向大会发来贺电。大会选举产生了由31名委员组成的第十一届工会委员会和由5名委员组成的经费审查委员会。

会议认为,六年来,我局各级工会组织以邓小平理论为指导,深入贯彻中国工会十二大、十三大精神,自觉接受党委的领导,紧紧围绕企业经济建设中心任务,认真履行工会职责,在港口两个文明建设中发挥了工会自身的优势,取得了明显的成绩。

会议要求,全局各级工会组织要高举邓小平理论伟大旗帜,以江泽民总书记"三个代表"重要思想为指导,认真贯彻落实党的十五大、十五届五中全会精神和中国工会十三大精神,努力做好各项工作,推动工会工作再上新台阶,更好地发挥党联系群众的桥梁和纽带作用。

大会号召,全港职工要进一步发扬"团结奋斗,开拓创新,务实进取"的天津港精神,充分发挥工人阶级的主力军作用,思进求快,抢抓机遇,勇于拼搏,乘势而上,为保证天津港吞吐量超亿吨目标和"十五"计划的实现而努力奋斗!

第十一次工会代表大会主席团名单(19人)

(按姓氏笔画为序)

王　健　王庆林　王连玉　王学俊　石玉昆
付晓霞(女)　闫长林　刘宝恩　刘洪义
祁　虎　孙玉恩　李世权　李宝元　李洪霞(女)
宋宝忠　宋愿兵　单国强　郭长起　梁树清

大会秘书长:王学俊

第十一届工会委员会(31人)

(按姓氏笔画为序)

马荣停　王　东　王　健　王文艳(女)
王学俊　石玉昆　冯启发　闫长林　毕鉴明
刘云祥　刘俊明　祁　虎　李世权　李长江
李文学　李志伟　李金儒　李顺起　李洪霞(女)
李厚军　吴耀庭　宋愿兵　张　刚　张玉发
陈景文　赵万春(女)　胡淑梅(女)
郭长起　郭正想　梁树清　臧斗纯

第十一届工会经费审查委员会

(按姓氏笔画为序)

王　剑　王茂霞(女)　李洪栓　吴培增　张　昭

十一届一次全委会议、经审委十一届一次全委会议

2001年2月6日分别召开。会议分别由宋愿兵同

志、李洪栓同志主持,局工会十一届一次全委会议选举产生了局工会常务委员、主席、副主席。宋愿兵当选为局工会主席;王学俊、石玉昆当选为局工会副主席;王学俊、石玉昆、冯启发、李长江、李洪霞、李厚军、宋愿兵当选为局工会常务委员会委员。局工会经费审查委员会十一届一次全委会议选举产生了局工会经费审查委员会主任委员,李洪栓当选为主任委员。

2001年2月12日,天津市总工会下发《关于中国海员工会天津港务局委员会第十一次代表大会选举结果的批复》(津工发〔2001〕7号),同意中国海员工会天津港务局委员会第十一次代表大会选举产生的第十一届委员会和经费审查委员会。同意中国海员工会天津港务局第十一届委员会由宋愿兵等31名同志组成;宋愿兵同志为工会主席,王学俊、石玉昆同志为工会副主席。同意中国海员工会天津港务局第十一届经费审查委员会由李洪栓等5名同志组成;李洪栓同志为经审委主任委员。

十一届二次全委(扩大)会议

2001年8月9日召开。局工会副主席王学俊主持会议,会议传达了天津市总工会区县局领导干部会议精神,局工会主席宋愿兵作了《认真学习"七一"讲话精神,按照"三个代表"重要思想的要求,努力做好下半年工作》的报告。

十一届三次全委(扩大)会议

2002年2月4日召开。局工会副主席王学俊主持会议,会议传达了天津市总工会十四届二次全委(扩大)会议精神,局工会主席宋愿兵作了《接受新考验,再作新贡献,努力实现港口工会工作的新突破和新跨越》的工作报告。局工会副主席石玉昆宣读了表彰决定,会议表彰了2001年度局级工会先进集体和先进个人。

十一届四次全委(扩大)会议

2002年7月25日召开。局工会副主席石玉昆传达了天津市总工会区县局领导干部会议精神,局工会主席宋愿兵总结了2002年上半年工会工作,部署了下半年工作重点。局工会副主席王学俊对贯彻好这次全委扩大会议精神提出要求。依据有关规定,会议决定刘志军、岳长河、宋迎新三位同志替补为局工会十一届委员会委员。

十一届五次全委(扩大)会议

2003年2月27日召开。局工会主席宋愿兵作了《统一思想,与时俱进,进一步开创工会工作新的局面》的工作报告,总结了2002年工会工作,部署了2003年工作重点。局工会副主席王学俊、石玉昆出席会议。

十一届六次全委(扩大)会议

2003年7月29日召开。局工会主席宋愿兵主持会议并讲话,总结了2003年上半年工会工作,部署了下半年工作重点。局工会副主席王学俊、石玉昆出席会议。

十一届七次全委(扩大)会议

2004年2月27日召开。局工会主席宋愿兵作了《团结动员全局职工为实现天津港创建世界一流大港的目标建功立业》的工作报告,总结了2003年工会工作,部署了2004年工作重点。会议还表彰了2003年度工会工作先进集体和先进个人。

十一届八次全委会议

2004年5月21日召开。根据局党委推荐,会议决定增补张瑞福同志为中国海员工会天津港务局第十一届委员会委员,并选举为常委、主席。局党委书记王恩德出席会议并讲话,原局工会主席宋愿兵主持会议。

十一届九次全委(扩大)会议

2004年8月19日召开。集团公司工会主席张瑞福传达了天津市区县局工会工作会议和集团公司领导干部会议精神,并作了题为《统一思想,认清形势,进一步树立以人为本的科学发展观,团结动员广大职工为冲击两亿吨生产任务再立新功》的讲话,集团公司工会副主席王学俊做了《集团公司工会上半年总结和下半年工作要点》的讲话。会议还选举产生了集团公司工资集体协商工会方代表，经表决，王学俊、李洪霞（女）、李志伟、王金忠、范江、余祝建、张刚当选为工资集体协商工会方代表。

十一届十次全委（扩大）会议

2005年3月8日召开。集团公司工会主席张瑞福作了题为《以科学发展观统领工会工作全局，团结动员广大职工为保持天津港持续、快速、稳定发展建功立业》的讲话，集团公司工会副主席王学俊宣读了《关于表彰2004年度工会工作先进集体和先进个人的决定》，会议表彰了2004年度集团公司工会系统的先进集体和先进个人。

十一届十一次全委（扩大）会议

2005年8月12日召开。会议传达了天津市区县局工会领导干部会议和集团公司领导干部会议精神，集团公司工会副主席王学俊主持会议并总结了上半年的工会工作。集团公司工会主席张瑞福作了题为《团结动员广大职工为努力打造北方航运中心，建设世界一流大港作出新的贡献》的讲话。会上，一公司工会、三公司工会、四公司工会、轮驳公司工会、焦炭码头公司工会分别从深化职工素质工程、开展好劳动竞赛工作、发挥好工会宣教工作作用、提高民主管理工作水平、建立职工技术创新工作的长效机制介绍了经验。

十一届十二次全委（扩大）会议

2006年2月28日召开。集团公司工会主席张瑞福作了题为《加强维权能力建设，发挥桥梁纽带作用，团结动员广大职工为在建设世界一流大港的历程中实现跨越式发展作出新的贡献》的讲话，集团公司工会副主席王学俊主持会议并宣读了《关于表彰2005年度工会工作先进集体和先进个人的决定》。会议按程序替补王文发、王金忠、加胜、孙伯强、张云凯为集团公司工会十一届委员会委员，增补武京生为集团公司工会经费审查委员会十一届委员会委员。会议还表彰了2005年度集团公司工会系统的先进集体和先进个人。

十一届十三次全委会议

2007年1月26日召开。集团公司工会主席张瑞福主持会议，根据集团公司党委推荐，会议选举李洪霞同志为中国海员工会天津港（集团）有限公司第十一届委员会副主席。

十一届十四次全委（扩大）会议

2007年2月6日召开。集团公司工会主席张瑞福作了题为《树立社会主义维权观，创建和谐劳动关系，团结动员广大员工为实现天津港又好又快发展作出新的贡献》的讲话。会议对2006年度集团公司工会先进集体和先进个人进行了表彰。集团公司工会副主席王学俊宣读了集团公司工会《关于表彰2006年度工会系统先进集体和先进个人的决定》及《第七届员工艺术节各项活动获奖名单和首届员工艺术之星名单》。会议由集团公司工会副主席李洪霞主持。

十一届十五次全委（扩大）会议

2007年8月23日召开。集团公司工会主席张瑞福出席会议并讲话，会议总结了上半年工作，部署了下半年工作重点。集团公司工会副主席王学俊主持会议，副主席李洪霞出席会议。

十一届十六次全委（扩大）会议

2008年3月6日召开。集团公司工会主席张瑞福出席会议并作了《解放思想，创新发展，在推动天津港科学发展、和谐发展、率先发展中充分发挥工会组织的重要作用》的讲话，会议对2007年度集团公司级工会先进集体和先进个人进行了表彰。集团公司工会副主席王学俊宣读了集团公司工会《关于表彰2007年度工会系统先进集体和先进个人的决定》。集团公司工会副主席李洪霞主持会议。

十一届十七次全委会议

2008年6月4日召开。会议由集团公司工会主席张瑞福主持。根据天津市总工会《关于王庆林同志任职意见的函复》和集团公司党委推荐，会议增选王庆林同志为集团公司工会第十一届委员会委员,并选举为常委、副主席。新当选的集团公司工会副主席王庆林讲话,集团公司工会副主席王学俊、李洪霞出席会议。

十一届十八次全委(扩大)会议

2008年8月22日召开。集团公司工会主席张瑞福出席会议并讲话,集团公司工会副主席王庆林部署了后一阶段的工作重点,集团公司工会副主席李洪霞总结了前七个月的工作。会议决定张凤强替补为集团公司工会第十一届工会委员会委员。

十一届十九次全委(扩大)会议

2008年11月24日召开。集团公司工会主席张瑞福出席会议并讲话,会议由集团公司工会副主席王庆林主持,集团公司工会副主席李洪霞传达了中国妇女十大精神和市十二次妇代会精神,中国工会十五大代表、天津港中煤华能煤码头公司孔祥瑞操作队队长孔祥瑞同志传达了中国工会十五大的盛况。

十一届二十次全委(扩大)会议

2009年1月19日召开。会议由张瑞福同志主持,根据集团公司党委推荐,会议选举王庆林同志为天津港(集团)有限公司工会第十一届委员会主席。新当选的集团公司工会主席王庆林讲话,集团公司工会副主席李洪霞出席会议。

十一届二十一次全委(扩大)会议

2009年2月9日召开。集团公司工会主席王庆林作了题为《坚定信心,迎难而上,团结动员广大员工为确保天津港经济建设平稳较快发展作出新贡献》的讲话,总结了2008年工作,部署了2009年工作任务,会议对2008年度集团公司级工会先进集体和先进个人进行了表彰。

十一届二十二次全委(扩大)会议

2009年7月16日召开。集团公司工会主席王庆林出席会议并讲话,集团公司工会副主席李洪霞主持了会议,会议总结了2009年上半年的工作,部署了下半年工作重点。会上,一公司工会、四公司工会、五洲国际集装箱工会分别介绍了经验,会议还就调整集体协商工会方代表进行了表决,确定王庆林、李洪霞(女)、王金忠、王文发、张刚、张云凯、王亚臣七名同志为集团公司工会方选派的职工代表。

第三章　经济技术与劳动保护工作

第一节　经济技术工作

工会经济技术工作是工会工作的重要组成部分，也是基层工会工作的主要任务。工会经济技术工作直接体现了以经济建设为中心和全心全意依靠职工办企业的方针要求，工会组织职工开展劳动竞赛、合理化建议、技术革新等群众性生产经济技术活动，是调动和发挥职工群众投身于港口的生产经营、改革开放、建设发展的积极性和创造性，推动社会经济和社会发展的有效途径，也是工会动员组织广大职工群众参与国家和企业管理，提高工会参政议政水平，体现工会生产和维护职能的手段。60年来，天津港广大职工在党的领导和工会组织的带领下，发扬主人翁精神，积极投身于不同发展时期的群众性生产经济技术活动，为促进天津港实现跨越式发展作出了重要的贡献。

随着天津港生产规模不断扩大，工会群众经济技术工作扩展到改革生产的计划、组织、协调等各个方面的管理。劳动竞赛、合理化建议、技改技革活动各有特点又有机结合，在竞赛中开展合理化建议和技术创新，在技术创新中开展劳动竞赛和合理化建议。群众性生产经济技术活动，成为推动天津港开展各项工作的巨大动力，成为培育"四有"职工队伍和先进模范群体的一个重要途径。实现天津港的发展，既要靠政治工作又要靠经济手段，群众性生产经济技术活动是政治工作与经济工作的结合体，开展群众性的生产活动，能够把职工爱党爱国建港的政治热情、劳动激情和开拓创新的积极性引导到天津港的生产经营和建设发展上来。

一、天津港恢复建设，初步发展时期的群众性生产经济技术活动(1950～1965年)

天津港三年恢复建设时期，全港工人发挥了主人翁的积极性和创造性，在生产上取得了显著成果，经过抗美援朝、废除封建把持制度、镇压反革命、"三反""五反"、摧毁反动会道门等运动，经过系统的政治教育，经过实行劳保条例及国营企业调整工资的实际教育，提高了全港工人的爱国主义和国际主义的热情，在抗美援朝和建设祖国的工作上都起了很大的积极作用。天津港广大职工为支援抗美援朝运动积极参加爱国主义生产竞赛，快装快卸，加快港口船舶周转。工会通过组织群众生产运动，把广大职工解放后的翻身幸福感、主人翁责任感及时引导、组织到恢复和发展生产中去，推动工会生产运动不断向前发展。这一时期的群众性生产活动是围绕着实现国民财政经济根本好转这一总任务展开的。天津港恢复建设期，工会组织开展群众性的生产活动，"认真贯彻党委的决议，经过研究分析，然后作出安排部署，逐级贯彻到班组、落实到职工，把党委的决议，变成职工的行动纲领，使群众性生产运动的方向更加明确"。

1950年1月，天津市工会首届会员代表大会确定了1950年工会工作的方针，是组织全市职工积极恢复和发展生产，保证完成和超额完成当年生产任务。3月7日，市总发布《关于如何保证完成生产计划与开展生产运动》的指示，要求各级工会组织加强对生产工作的领导，组织工人制订个人生产计划，开展生产竞赛，订立联系合同与集体合同，改进技术和劳动组织，逐日公布产量，健全工会基层组织。是年5月，全总召开了全国工会生产工作会议，提出在全国范围内开展"创新生产纪录"运动。8月，政务院颁布《关于奖励有关生产发明、技术改进及合理化建议的决定》。9月20日，天津市召开首次劳动模范大会，总结1950年5、6、7三个月的生产竞赛情况,号召劳模进一步发挥积极带头作用,保证生产在短期内取得更大的胜利。9月25日,中央人民政府政务院召开全国工农兵劳动模范代表会议,表彰了群众性生产运动中涌现的先进人物,进一步激发了广大职工劳动和创新的积极性,推动了“创新生产纪录”运动的开展。是年,市总就关于进一步开展合理化建议活动提出几个问题:“合理化建议不应该是盲目的,应有主题地把生产计划贯穿到其中。”如何把合理化建议活动引导到生产的中心环节上去;对解决了生产难题并有较大贡献的物质奖励或宣传鼓励表扬问题;建立奖励制度、检查制度和会议制度问题;发挥技术人员与技术工人密切结合问题。1950年9月,经过筹建,天津区港务局正式成立。在这一期间,天津港广大职工积极响应党的号召,在工会组织的带领下,讨论和修订爱国公约,积极开展爱国劳动竞赛,挖潜力、找窍门,节约工时,爱护客货,缩短船期,减少工伤事故,保证了装卸任务的完成。截至1950年年底,全港完成货物吞吐量83.7万吨,比1949年增长了170%,其增长幅度之大,是十分罕见的。

1951年,天津港掀起了社会主义劳动竞赛运动热潮。这一时期的劳动竞赛目标主要是强调高速度、高质量完成计划,但同时也注意到勤俭节约、废物利用,鼓励创造新纪录,推行、运用先进工作法。是年6月8日,天津港召开“开展生产竞赛运动”动员大会,“使职工从思想上认识竞赛的目的意义、了解评定办法、评定标准”。通过劳动竞赛,“天津港各码头场院都有所改观,客货摆列有序,场院卫生整洁,物资工具节约甚多,操作方法、工作技术以及职工间的团结互助,均有显著进步,大多数小组能完成或超额完成工作计划。如引水科工会小组群策群力提出合理化建议,张克荣同志首创放宽引船吃水限度,刷新引水纪录,施学良同志争取一潮出港,缩短船期”。7月7日,召开表彰先进大会。评选出8个“先进小组”、12位“积极工作者”、91位“努力工作者”。天津港工会宣传了引水员张克荣缩短船期的先进事迹。竞赛推动了天津港的引水、仓库码头管理、业务经营等方面工作,装卸效率显著提高、现场管理有所加强、职工技术技能有所提高、团结互助有了较大进步。这期间的竞赛形式,主要是开展组与组、人与人之间的对手赛。优胜者的产生根据生产计划完成情况,由行政提出意见,工会召开会议民主协商决定。竞赛奖励是以荣誉为主,颁发流动红旗,并酌情给予象征性的物质鼓励。由于劳动竞赛开展不久,尚未形成奖励制度。是年10月,毛主席发出“增加生产,厉行节约,以支持中国人民志愿军”的伟大号召,广大职工响应党中央的号召,在爱国主义竞赛中,积极快装快卸,节约材料、降低成本,主动加班加点,不计时间,不计报酬,劳动热情异常高涨。是年,在以美国为首的反华势力对新中国进行经济封锁的严峻环境下,天津港仍然完成了年吞吐量76万吨的任务。

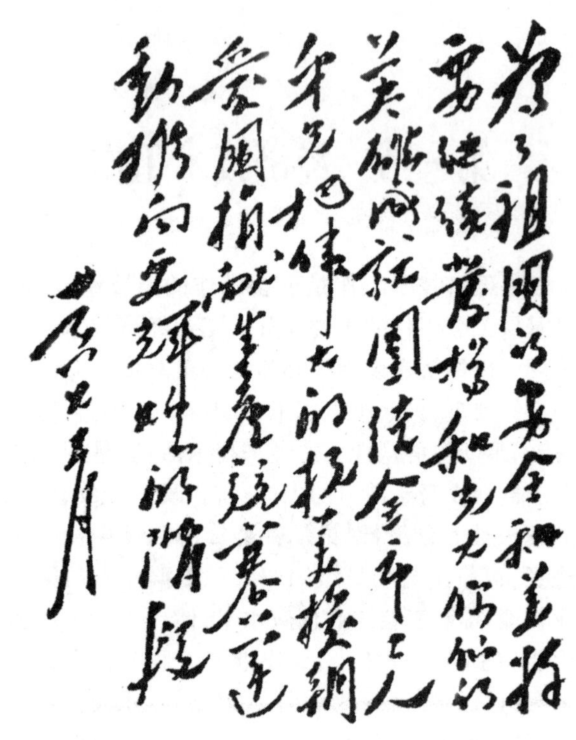

1951年9月天津市总工会主席黄火青为开展“抗美援朝爱国捐献生产竞赛运动”题词

1952年1月,市总第三届第一次会员代表大会指出“当前工人运动的中心任务”是坚决执行党的决议,动员全市职工广泛开展反贪污、反浪费、反官僚主义的“三反”运动和增产节约运动,努力增加生产,改进管理,为实现增加国家财富五万亿元的目标而斗争。是年,天津港工会响应党中央的号召,深入开展爱国主义增产节约竞赛。在竞赛中,本着生产、运动(“三反”、“五反”)两不误的精神,大力推广新港作业区的劳动竞赛先进经验,不断发明创造,使装卸生产新纪录连续出现,有力地促进了港口劳动生产率的提高,对天津港的恢复与发展,实现港口生产的根本好转起到了重要作用。

1952年,全国广泛地开展了职工合理化建议活动。天津港的工会组织组建后，迅速在职工中开展发明创造、改进工具、改进技术和合理化建议活动。经过三年的建设，1952 年 10 月天津新港重新开港，天津港各级工会组织以开港为契机，积极开展“爱国增产节约”运动，以轮驳队为典型，加强增产节约活动的计划性，将生产计划分解到班组，落实到人头。天津港轮驳大队在开展劳动竞赛中开展了“查定”活动。通过分析生产情况，确定消耗定额，解决了缩短航行时间和节省燃物料问题。领导重视、党政工团协调一致，成立由劳动模范、生产骨干、技术人员组成的查定小组。查定工作结合生产改革、培训职工等活动进行。同时，开展宣传教育，解决职工思想保守等问题。为保证增产节约计划的完成，还制定了生产责任制、工作联系制、安全生产等制度，另外还制定了师徒共保合同、加强经济核算、加强劳动纪律等保证措施。竞赛内容，主要是组织职工自修自制和献交工具；组织职工技术挖潜；鼓励技术发明和改进工具；组织职工开展合理化建议等。竞赛活动成效显著，船舶节约了大量的燃物料；如推行“一拖四驳”新技术，增收 3 亿元（当时流通币，下同）；创新“煤灰混合压火法”、“电丝锅炉上水法”等，节能降耗、提高效率，提出合理化建议 81 件，采纳 15 件。再如塘沽办事处调度小组创造“七大窍门、六项制度”工作法，在装卸“莱普轮”时，使用“一面三驳交叉工作法”，节省船期 50 小时，节约 780 多万元流通币。新港第一队提出用大船绞锚的工具代替卸货的绞车，提高生产效率 80%；装卸指导员和调度员共同研究出“两面靠驳法”使装卸效率提高了一倍。

1953 年，国家制订了国民经济发展的第一个五年计划（1953～1957 年），迈开了我国社会主义工业化的第一步，也为全国人民确定了明确的目标。

1953 年 4 月 21 日，市总发布《关于开展爱国劳动竞赛的指示》，号召全市职工开展劳动竞赛，努力提高产品质量，降低成本，坚持安全生产，以完成和超额完成国家计划的实际行动，迎接“五一”劳动节和第七次全国劳动大会的召开。5 月，第七次全国劳动大会指出，工会组织搞好生产的基本方法就是逐步引导群众开展劳动竞赛，通过竞赛，充分发挥工人、工程技术人员和职员的积极性和创造性。天津港工会认真贯彻上级工会指示，明确了在社会主义新形势下的劳动竞赛，要以增产节约、技术革新为内容，以不断提高装卸效率、改善操作条件、保证安全生产为目标；有计划引导职工讨论行政生产任务，针对生产中的关键问题，发动群众找窍门，挖潜力，提合理化建议，突破旧定额，保证计划完成；对劳动竞赛组织进行必要的调整、充实和加强，建立与健全相应的规章制度；教育职工把劳动竞赛与生产计划结合起来，把生产热情与改进装卸技术结合起来，克服依赖加班加点、提高劳动强度的办法来增加生产的做法。天津港工会不断加强对劳动竞赛的监督检查，在全面检查以往劳动竞赛的基础上，推广先进经验，发动职工深入开展“学、赶、超”先进活动，掀起了一个个生产竞赛高潮。是年 6 月，天津港河西作业区开展了“迎七一”劳动竞赛，并采取“紧前工序”先进作业法，促使国轮“和平 12 号”、“和平 14 号”提前一个潮水出港，给船方节约等潮开支 3600 万元，增加了一个航次，可创价值 1.05 亿元（旧币）。8 月，天津港召开第一次职工代表会议，号召全局职工要积极改进劳动工具、改进生产方式、提合理化建议、推广先进经验，深入开展增产节约劳动竞赛。8 月，在装卸作业区推行了作业计划管理。在天津港举行职代会期间，天津港工会筹委会举办了“港湾作业展览会”，为提高劳动生产效率，改进了装卸作业劳动组织、推行了作业计划管理；为改进生产工具、改善劳动环境、发明创新了许多方式方法；展览会通过作业图表法展示了装卸、过驳、驳运、仓库管理、工具革新、航标改进等六方面先进经验 160 多项；如河东作业区孙庆发明的“搭板过秤法”、郑宝元创新的“隔离苫垛法”，河西作业区的“顶推溜板法”，轮驳队的“一拖三驳”航运作业法等典型先进经验。8 月 23 日，《天津日报》刊登以“港湾作业展览会”为主题的报道。

1953 年 8 月，装卸队划归为轮驳队领导，为加强船员和装卸工之间的团结协作，开展了“以竞赛促团结，以团结促竞赛”的劳动竞赛。是年 9 月，党中央向全国工人阶级发出“开展增产节约的社会主义劳动竞赛”的号召，全总响应党中央号召发出了《关于进一步开展增产节约劳动竞赛，保证全面完成国家生产计划的紧急通知》，进而把劳动竞赛推向一个新的高度。9 月 19 日，天津港召开“增产节约劳动竞赛”动员大会，会议提出全年要为国家增产节约 350 亿元的奋斗目标。10 月，市总召开的全市基层工会工作会议提出工会工作面临的基本任务，是把增产节约竞赛运动在现有基础上提高一步，以保证全面超额完成增产节约计划。会议对开展增产节约竞赛运动进行了研究和部署。与会代表在讨论中一致认为建立生产会议制度是把增产节约竞赛与生产管理工作结合在一起的有效方式。9 月、10 月，响应党中央“增加生产、增加收入、紧缩开支、厉行节约”的号召，开展以增收节支为主要内容，以推行作业计划为重点,以增产节约350亿元为目标的劳动竞赛。竞赛中,通过开展形势任务教育,组织职工开展大讨论,大造宣传鼓劲声势,并及时推广先进典型经验,通过组织职工"算细账,挖潜力",各基层单位及时制订竞赛计划、保证措施并组织落实。在装卸队之间还开展了"挑战与应战"。通过竞赛,职工克服了消极、保守思想,机关增强了服务基层、面向生产的观念,通过推行计划管理,加强了现场指挥和劳动组织。采纳合理化建议170多件,解决了一些生产中的关键问题,创利9000多万元。竞赛活动加速了船舶周转,缩短了船期,提高了工时效率,并超额完成任务:装卸吞吐量计划100万吨,实际完成135万吨;利润计划885343万元,利润实现1255900万元;装卸效率由6.95吨/工班,提高到8.34吨/工班;超额完成增产节约计划47个亿。1953年9月23日,在增产节约劳动竞赛中,天津港职工向全国各港口职工提出挑战,并向上海港和秦皇岛港职工应战,与全国各兄弟港口职工一道开展增产节约竞赛,做到快速装卸,使船舶提前出港,加速内外物资交流,超额完成国家计划。竞赛中,职工开展了技术革新,如新港作业区提出"双扣吊窝法",河西作业区提出"往返吊货法"等先进操作法,提高了工班效率。1953年第三、第四季度,天津港克服了竞赛的死角,在后勤食堂开展了劳动竞赛。竞赛中,改善了职工的就餐环境和餐食结构;提高了炊事人员的烹调技能和职业道德水平。1953年10月18日,《天津日报》刊登,新港重新开港初期每昼夜装卸货只有725吨,"1953年8月开始,推行作业计划后,9月,装卸货物达到1794吨,天津港创造了全国装卸量记录"。11月,《天津工人日报》报道,《天津区天津港王庆国引水小组:引水夜航增产节约四亿元》《天津港河东码头职工在竞赛中想出"通风支垛、循环装车等新办法"》。是年,天津港提前2个月完成全年生产计划。

1953年11月,全总七届三次主席团会议作出了《关于把劳动竞赛向前推进一步的决议》,提出"在劳动竞赛中,要努力把体力劳动与科学技术结合起来"。1954年,工会组织认真贯彻中国工会第七次全国代表大会的决议,进一步明确了为生产、为群众服务的方针,使工会摆脱了许多不必要的事务。并在此基础上整顿了组织,划分了职责。吸收了大批积极分子参加工作,从而初步改进了领导方法和工作方法,加强了竞赛的领导,并初步建立了一些工作秩序。天津港工会把组织劳动竞赛与推行作业计划、提合理化建议、推广先进经验有机结合起来,协调开展。1954年1月,天津市总工会发布号召书,号召全市职工在胜利完成国家第一个五年计划的第一年计划的基础上,继续深入开展劳动竞赛,保证完成和争取超额完成第一个五年计划第二步的生产计划。是年1月至2月底,借鉴上海港生产改革的成熟经验,天津港开展了生产改革运动。改革的主要内容为固定装卸岗位,调整职工与单位的生产关系;按劳取酬,实行了固定与计件相结合的工资制度;整顿劳动组织,施行三班机动配工制度。生产改革的重点是整顿重建装卸劳动组织。10日至11日,天津港召开职代会,贯彻实施生产改革的精神、公布改革具体方案。11日至20日,深入基层推动改革。完成了生产改革,加强了计划管理和现场管理,提高了港口的装卸效率。装卸工班效率由计划7.66吨/工班,达到9.19吨/工班,在职代会上职工代表修订为11.45吨/工班,并决定于二季度开始实行。生产改革后,工会对组织劳动竞赛工作进行规范,要求生产小组制定竞赛的保证措施,劳动竞赛改变了过去的临时性或突击性,从而提高了劳动竞赛的计划性,增强了组织性。

1954年4月,全总作出"关于在全国范围内开展技术革新运动的决定",全国掀起技术革新热潮,天津港各级工会把组织劳动竞赛与开展技术革新结合起来,把劳动竞赛单纯的拼体力、增强度、加时间,调整为"以技术革新为纲,以提高效率为本"的劳动竞赛方向。上半年采纳职工合理化建议140多件,经分析"这些建议绝大多数是集体提出的,显示技术革新越发具有群众性运动的特质"。三季度印发《天津港开展技术革新运动的指导意见》。《指导意见》指出,革新运动主要是组织开展合理化建议活动;总结和推广先进经验和工作方法;学习引用苏联的先进经验。《指导意见》指出,要创新改造生产工具;要改进操作方法;要改进拖驳拖带办法;要采用国产品替代进口物资;要降低成本挖潜力;要修旧利废。如钱春创造的"六钩钢板卡子",降低工具消耗2倍,提高装卸效率30%;轮驳队开辟了沿海运输和大清河夜航,实施了"一拖三"作业法,提高了天津港的运力。天津港树立起技术革新的旗帜钱春,在全港大力宣传他的先进典型事迹。举办天津港技术革新展览,组织职工4000多人参观学习。开展技术革新运动,提高了劳动竞赛的技术含量,促进了港口生产力的进步。是年,在装卸作业区着重推广了"煤末操作法"、"散盐操作法"、"用钢丝绳和国产苧麻代替进口棕绳"先进工作经验;如推广"代替进口棕绳"一项,当年就节约了六亿元。

1954年,天津港各级工会响应中国海员工会和海运管理总局的号召以及兄弟港口的挑战，以实际行动支援国家建设，为完成第一个五年计划，广大职工积极投入到全国港口港际竞赛。是年5月，天津港召开第二次职工代表会议，大会号召“进一步开展劳动竞赛，发挥生产技术革新精神，为保证全面地超额完成全年国家计划而努力”。为解决港口生产工具落后这一突出矛盾，在克服经验主义，墨守成规、技术保守等思想问题的前提下，为实现增产节约350亿的目标，工会组织职工开展了以革新装卸机械、改进作业方式；加强计划管理；修订定额标准为主要内容的劳动竞赛。工会通过举办海港作业展览，激发赶超先进、刷新纪录的竞赛热潮；通过制定先进的生产定额、竞赛目标，推动竞赛深入地开展。为总结竞赛各阶段成绩，交流推广先进经验，树立先进典型，使以技术革新为主要内容的劳动竞赛广泛深入地开展起来，天津港印发了《增产节约竞赛红旗评比奖励办法(草案)》，进一步明确了评比奖励的目的、奖励的时间与形式、奖励条件、奖励办法和评比的注意事项。7月6日，天津港工会发出《向钱春和刘宝林同志学习的通知》，通过宣传钱春、刘宝林的先进思想和先进事迹，推广典型的先进经验，发挥他们在劳动竞赛中的示范带头作用。7月28日，天津港召开“第二季度劳动竞赛总结表彰大会”。大会指出，“今后开展竞赛的方向是在总结评比的基础上，根据生产任务指标，修订小组落实分解目标的保证措施，针对关键问题，提出合理化建议方向，大力推广先进经验，达到快装快卸，加速船舶周转，保证生产计划完成”。会议要求，要“普遍地建立联系合同”，加强作业区、科室、小组相互之间的联系。是年三季度，天津港工会印发《开展合理化建议活动的指导意见》。《意见》要求，要加强组织领导，按照《组织工作暂行条例》规定，建立合理化建议委员会，建立工作秩序；明确合理化建议的课题；加大奖励力度且奖励与建议的价值挂钩；把合理化建议纳入开展小组竞赛的内容；明确各部门在推进合理化建议活动中的分工职责；建立技术革新推广队伍。是年，征集合理化建议1038件，采纳了一多半，推广并投用了40余件重要建议。建议内容涉及技改技革，提高装卸效率；减少工伤货损，保证安全质量；采用国产替代产品，修旧利废，降低成本等三方面。进一步健全完善了合理化建议组织、制度、审定、处理、奖励建议等制度体系。实施奖励了合理化建议百余件，激励了职工参与建议的积极性，推动了建议活动的深入开展。

1954年三季度，天津港工会印发了《关于进一步深入开展劳动竞赛的意见(草案)》。《意见》规定了竞赛的形式、内容、领导、组织。《意见》提出，以小组竞赛为主要竞赛组织形式，把握合理化建议的方向，推广先进经验，培育先进典型，开展竞赛评比等主要内容。为及时掌握经验推广的效果；了解小组职工、积极骨干分子的思想动态，《意见》提出要建立碰头会制度、月汇报制度。为进一步发挥职工的劳动热忱，巩固竞赛成果，并把劳动竞赛引向经常化，11月5日，印发了《天津区港务管理局劳动竞赛评比奖励试行条例(草案)》。《条例》规定评比周期，为每季度评比一次；竞赛的形式分为区际、组际、同工种业务、科室、个人等五种。《条例》规定了评比条件，“完成生产指标、保证安全质量、搞好技术革新、加强政治团结”等方面，以生产和安全为主要条件，并提出“随着生产的发展，适时修订条件”的动态管理:《条例》界定了参赛的主体范畴及参赛的形式；提出要加强对评比工作的组织领导；规定了评比的程序；奖项的设定；宣传展示以及奖励金额度等。三季度，天津港的劳动竞赛掀起了“增产节约”活动高潮，在竞赛中，工会组织技术交流与经验推广，发现并解决生产过程中的难题，采纳合理化建议180余件。三季度，工会协助行政把机关科室组织到劳动竞赛中来，扩大了参赛面。选准科室劳动竞赛的主题内容，及时推广科室竞赛中的先进经验。科室劳动竞赛要结合推行作业计划，结合为基层解决技术革新和创新方面的困难。10月11日，召开三季度劳动竞赛总结表彰大会时提出，要健全小组活动制度，使小组竞赛计划更加切合实际；提高小组生产会议质量，抓住生产关键问题；重视安全质量，小组落实了安全操作规程；工会根据小组类型，进行分类指导。由于签订了部门联系合同，协调了各工种之间的工作。及时推广先进经验，组织有目标导向的合理化建议活动。实现了劳动竞赛活动与加强企业管理、技术革新相结合。各级工会建立了组织劳动竞赛的工作机制。会议指出，在推动竞赛深入发展中要不断提高小组长的工作水平和组织能力；要加强宣传教育工作，提高职工对劳动竞赛的方向和目的的认识；要加大推广先进经验的力度和广度。四季度，天津港开展了同工种、同业务和个人间的竞赛，同时医务、港警、食堂等职工也加入竞赛大军。全港270多个小组均制定了参赛的保证条件。下半年，天津港的劳动竞赛由突出班组竞赛，逐步延伸到作业区之间、科室之间、同工种、同业务，以及职工之间的竞赛。工会组织竞赛也从一般性的号召，转向目标更加明确、重点突出、工作细致的组织发动。是年，通过开展劳动竞赛活动,稳定了职工生产改革后的思想情绪;提高了职工爱国建港的思想觉悟,建立了安全质量管理制度,培育了工会骨干和生产骨干队伍,增强了职工间的团结,协调了工种间的关系,超额完成了港口生产任务:吞吐量超额完成13%、工班效率提高5.22%、仓库堆存时间缩短6.5%。1954年11月27日,天津港提前56天完成全年生产任务。由于以增产节约和技术革新为主要内容的劳动竞赛是以新的目标、新的内容、新的要求出现在群众之中,因此得到了群众的普遍支持和拥护,取得了良好的效果。1955年3月12日,交通部政治部、海运管理总局、中国海员工会筹备委员会联合发布《关于1954年劳动竞赛奖励的决定》,决定对全国开展港际劳动竞赛的六大港口中取得突出成绩的2个港口、4艘船舶和9个装卸组给予奖励。天津港于芳伦装卸组获得奖励。

1954年12月,天津港工会印发的《加强领导,进一步开展合理化建议工作的意见》,规范了各级工会组织职工开展合理化建议活动。关于建议的方向,《意见》指出,着重在八个方面开展:改进现有的港湾设备,提高设备的完好率、使用率;改进并创造大宗货类的装卸工具;改进大宗货类的操作方法;改进劳动组织,节省人力;保证安全质量,减少工伤和货损事故;改进拖轮拖带方式、航行规程,提高运输效率;广泛采用物资代用品;修旧利废,节能挖潜。

1955年1月,天津市工会第五届会员代表大会提出:“为了进一步发挥工会组织在经济建设中的作用,应把劳动竞赛提高一步,使之向改进和提高技术的方向发展,并与改进企业管理工作结合在一起。同时要围绕劳动竞赛,努力提高职工政治觉悟和技术水平,并逐步改善职工的物质文化生活。”1955年年初,为避免竞赛的突击性和盲目性,使劳动竞赛具有广泛性和群众性,使劳动竞赛步入经常化、规范化的轨道,天津港工会印发《关于进一步深入开展劳动竞赛的意见(草案)》。《意见》规定了劳动竞赛的形式,以班组竞赛为基础,以区际竞赛为中心环节,以开展系统竞赛为努力方向,《意见》提出,要通过签订集体合同的方式规范劳动竞赛,以作业区、小组、科室、个人以及同工种业务等五种竞赛为主要形式。《意见》对科室间的竞赛提出:要划分业务、管理、技术类型,制定条件,组织竞赛。《意见》指出轮驳队的船舶竞赛要以安全行驶为主要内容。“同工种”竞赛要着重开展纹车手、起重司机、指导员等个人间的竞赛,“同业务”竞赛主要在理货班组间开展。《意见》提出,要围绕计划、技术管理,增产节约和安全质量,开展竞赛。开展竞赛与加强管理、技改技革相结合,重点抓好合理化建议和推广先进经验两项工作。要引导职工解决生产中的关键问题,不断提高劳动生产率。《意见》明确了行政提出建议课题,工会负责组织开展活动,行政鉴定建议价值,工会推广先进经验等分工。《意见》规范了评比程序,规定了红旗的数量和奖励金额。一季度,天津港“全面地开展劳动竞赛”,竞赛的形式有“小组竞赛、作业区竞赛、同工种竞赛,并在重点作业区组织三班竞赛即班与班的竞赛”。是年4月,天津港召开第三次职工代表会议,这次大会是开展增产节约运动、倡导合理化建议的动员大会。贯彻职工代表会议决议,天津港工会与行政签订了集体合同;作业区工会与行政签订了协议书;发动职工讨论《集体合同》,小组修订了保证条件。为保证合同的兑现,如新港作业区还签订了装卸、仓库、机械等七个工种之间的联系合同;为兑现《集体合同》,开展了合理化建议活动,是年统计,提出合理化建议1410多件,采纳质量较高的合理化建议400余件。在推广了苏联“作业技术标准图法”的基础上,天津港创新了“标准装车法”、“散盐操作法”等先进工作法。为兑现《集体合同》,各级工会通过签订师徒合同、举办技术培训班等方式,提高职工技术业务能力;通过开展安全教育、查找安全隐患、建立安全制度等方式,保证安全质量。签订集体劳动合同对促进劳动竞赛步入规范化、经常化的轨道;提高竞赛工作的计划性;对于加强劳动竞赛管理,推动增产节约运动的开展起到保证作用。

1955年,贯彻天津港第三次职工代表会议精神,天津港工会印发《加强领导,进一步开展合理化建议活动的意见》。《意见》主要针对合理化建议“个别单位合理化建议领导不力,合理化建议委员会等工作组织工作被动,先进经验推广迟缓”等问题;针对合理化建议数量多、质量低,不能适应天津港的发展形势和满足生产的需要的问题。《意见》明确了要根据生产任务特别是大宗货类的指标,积极推广实践证明可行的先进经验,同时继续有课题、有目的地针对生产关键环节,挖掘设备技术潜力,提高效率,降低成本,确保安全质量。《意见》要求:各单位必须把握好建议课题的确立工作;确定关键环节,找准关键部位;确保建议质量;要加强建议活动的组织,满足班队开展建议活动的条件。《意见》要求贯彻政务院颁布的《奖励条例》和天津港拟定的《有关创造发明,技术改进及合理化建议奖励实施办法》。《意见》提出要加强组织领导,撤销合理化建议委员会，建立合理化建议办公室。完善合理化建议的各项制度，充分发挥各部室在合理化建议方面的积极作用。二季度，工会配合行政推行天津港第二次生产改革，确保了在缩编劳动组织后工班效率逐月稳步上升。

1955年8月20日，市委发出“关于在工厂中进一步开展增产节约竞赛运动的指示”。要求全市工厂企业的党政和工会要把动员职工进一步开展增产节约克服一切浪费的劳动竞赛运动作为主要任务，保证完成全年节约7000万元的任务，为实现国家第一个五年计划而努力。9月，天津港党政工联合印发《关于进一步开展增产节约的竞赛的意见》。《意见》提出，竞赛的形式要以小组竞赛为基础，区际竞赛为中心，大力组织开展同工种间的竞赛；竞赛内容主要包括加强计划、提高效率、厉行节约、降低成本等方面；《意见》规定了具体的数量、效益、安全质量指标；提出操作规程和劳动纪律等要求。《意见》指出，要加强小组竞赛的领导；抓班组核心、抓“保证条件”的制定与实现。要提高评比工作质量，严格控制评比条件、提高评定指标的先进性、增强评比活动的群众性和示范教育的效果。天津港各基层单位认真贯彻市委指示精神，广泛推行班组经济核算，普遍建立了小组节约账。全年共节约90.1万元，完成计划的170.66%。通过开展竞赛，激发了职工群众的劳动热情，增强了职工的计划观念，使职工群众认识到了国家利益与个人利益的一致性。

1956年，国家基本完成生产资料的社会主义改造。“1956年年初，全国掀起社会主义建设高潮，劳动竞赛以空前规模与深度开展起来”。毛主席倡议“搞一个斯达汉诺夫运动”，2月，全总七届十次会议通过了《关于开展先进生产者运动的决议》，波澜壮阔的“先进生产者运动”在全国蓬勃兴起。天津市1955年劳动模范庆功大会号召全体劳动模范和广大职工深入开展劳动竞赛，争取提前一年完成第一个五年计划。劳动模范代表阎春洪、傅鸿滨、王文学等33人在会上联名提出了在全市广泛开展以提高产品质量为中心的社会主义劳动竞赛的倡议。同月，市总发布“关于开展先进生产者运动的指示”。是年，3月，中央发出《关于积极领导先进生产者运动的通知》。党的八大为社会主义建设中的工会工作提出奋斗目标，“工会组织在社会主义建设事业中，应当用说服教育的方法吸引工人群众，通过社会主义劳动竞赛和先进生产者运动，为不断提高劳动生产率而斗争”。与以前相比，天津港的“先进生产者运动”突出的特点就是充分发挥先进人物和模范群体的示范带头作用，职工“互帮互学、取长补短、共同提高”，全港“后进学先进、先进带后进”蔚然成风。天津港第四次职工代表会议指出，要加强对开展竞赛的领导，工会要经常深入到班组，帮助班组解决问题来体现加强领导。把竞赛活动与生产实际结合起来。要引导小组围绕生产关键开展活动，提高小组解决自身问题的能力；培训工会小组长和工会骨干，加强工会小组力量；开展增产节约运动必须建立在技术改进和技术提高的基础上。组织劳动竞赛必须开展宣传教育，营造竞赛氛围、激发职工参赛的积极性。是年，各级工会在推广先进经验方面做了大量工作，上半年，天津港工会在全港推广了先进经验90余件。如推广“四合一散盐操作法”（新港作业区）、“洋灰包干操作法”（新港作业区）、“盘条操作法”（河西作业区）、“七六三合循环快速操作法”（新港作业区）、“司炉员统一操作法”（轮驳大队）等，提高了劳动生产率，取得良好的经济效益。工会组织职工交流经验，取长补短，具体解决推行先进经验过程中出现的实际问题；举办“先进经验学校”，工会组织先进模范人物介绍先进经验；通过签订互助合同的方式，先进职工帮带后进职工。下半年，天津港工会举办了“先进经验交流会”，推广了“单船单舱竞赛经验”、“耿立生现场指导方法”、“技术操作标准图”、“二级保养制度”等五个典型经验。11月15日，市总举行先进生产者运动经验交流会，会议总结了几个月以来开展先进生产者运动取得的成绩。同时要求各单位加强和改进对运动的领导，纠正在一些单位中存在的形式主义的偏向。1956年，在开展“先进生产者运动”中，各级工会组织职工提出合理化建议1828件。1956年合理化建议的形势要好于1954年的1498件、1955年的1039件。

1956年天津港各单位合理化建议统计情况（单位：件）

单位名称	提出建议	采纳建议	通过审查	奖励建议
轮驳大队	223	55	9	9
新港作业区	333	75	92	22
塘沽作业区	518	107	21	26
天津作业区	739	180	16	41
天津港科室	15	5	4	5
总　计	1828	422	142	103

1956年4月9日，天津港印发《参加全国交通先进生产者代表会议先进经验汇集》。先进经验明细如下：

作业区名称	先进经验名称	年度	提高效果
新港作业区	“绞车”指挥手势	1954	杜绝工伤
新港作业区	水泥装卸包干负责制	1955	9.01%
新港作业区	“七六三”循环快速操作法	——	11.5%
河西作业区	装卸盘条先进操作法	1955	18.7%
天津港动力站	水银充电机改造	1954	133% ~200%
新港作业区	钢丝绳缠头器	——	200%
塘沽作业区	镀锌铁丝“别针缝垛”法	1953	400% ~650%
河西作业区	装卸工辅助理货法	1953	12% ~24.7%
天津港仓库	色旗分仓、装车、结数理货法	——	减少事故
陈塘庄危险品库	危险品仓库管理经验	1951	安全管理

1957年是全国第一个五年计划的最后一年,也是为第二个五年计划做准备的一年,对保证完成和超额完成国家计划具有十分重大的意义。因此,天津港工会组织领导全港职工响应党中央增产节约的号召,发动群众,反浪费、反官僚主义,制订增产节约计划,进一步深入开展社会主义竞赛,千方百计地增加生产、厉行节约,是工会组织重要的政治任务。是年2月,天津港召开第五次职工代表会议,会议确定增产节约是工会工作全年的中心任务,会议号召全港广大职工要积极地、全身心地投入到运动中。在贯彻职代会决议的基础上,各级工会组织110个装卸小队职工制定了开展小组竞赛的保证条件。在增产节约运动中,职工揭露浪费现象和官僚主义作风方面的合理化建议1180余件,建议内容涉及机构重叠、人事臃肿、现场管理混乱、施工质量低劣、公物损坏严重等。组织职工“算细账”,制定双增双节措施,工会协助行政制订了现场管理、技术管理、经济核算、职工出勤率等活动实施方案。工会加强宣传思想工作,开展爱国主义、艰苦朴素和勤俭建国教育。增产节约运动结合了单船装卸作业竞赛、工程技术红旗竞赛、班组劳动竞赛等。推广30多项先进经验;全年采纳合理化建议422件。在竞赛中充分发挥先进生产者的示范旗帜、表率带头作用,推动了增产节约运动的开展,提高了装卸工班效率;港口生产计划超额完成。

1957年,天津港的劳动竞赛活动响应党的增产节约的号召,贯彻上级工会的指示,第一季度结合了反官僚主义、反浪费、整顿劳动纪律,掀起了“开门红”的竞赛高潮。为进一步发挥职工群众的劳动热情,巩固竞赛成果,把劳动竞赛引向深入,保证全面完成国家计划,是年3月,天津港生产竞赛办公室印发了《天津港开展劳动竞赛和先进生产者运动的方案(草案)》,《方案》规定了竞赛的评比时限为全港半年评比一次,各区每季度评比一次;竞赛的形式为组际竞赛,同工种、同业务竞赛,科室竞赛和个人竞赛。同时明确了竞赛的评比条件和奖励问题。3月27日,又印发了《天津港开展船舶“先进作业”竞赛试行办法(草案)》。贯彻交通部海河运输局、中国海员工会颁发的《关于开展港口“先进作业”竞赛试行办法》的精神,为使先进生产者运动成果得以巩固,“为加强和改进港口的生产管理并建立物质奖励制度,更好地调动职工的积极性和创造性,密切港航关系,提高装卸效率降低成本,在安全的前提下,为国家提供多快好省的运输能力,保证提前完成国家计划”,《办法》规定了外籍和本国船舶“先进作业”范畴和参赛人员范畴;规范了装卸、辅助、补给、航行等先进作业定额标准及计算方法;《办法》要求作业要按规定程序进行,各部门在恪守职责的前提下,要密切配合;《办法》制定了考核程序,考核部门的职权;《办法》建议“按船分班”开展竞赛的形式。1957年,天津港劳动竞赛的主要竞赛方式为“单船先进作业竞赛”。在组织开展竞赛的过程中,加强安全质量教育,开展合理化建议,总结和推广先进作业经验,进一步提高了天津港整体装卸作业的水平。3月份,由于装卸工人、理货员、司机紧密配合,新港作业区创造了“七米”码头开港以来装煤船的新纪录。4月份,全港开展作业竞赛的船只共34艘,其中提前27艘,占全部船只的79.4%。提前时间157小时,涌现先进班次86个,为国家节约吨时成本5900元。第二季度,提出了较明确的口号,开展了先进小组运动,进一步发动群众,形成了“红五月”竞赛高潮。为贯彻中共天津市委要求在全市各单位加强对增产节约领导,用实际行动庆祝“五一”国际劳动节的指示精神,4月28日,天津港生产竞赛办公室又印发了《关于深入贯彻中共天津市委迎接“五一”,深入开展增产节约劳动竞赛指示意见》,要求各单位:一是继续巩固劳动纪律教育工作;二是继续推进单船先进作业竞赛;三是加强小组工作;四是按期检查国家计划和增产节约计划完成情况；五是推广先进经验；六是把劳动纪律教育经常化。为了促进和推动企业管理工作改进，是年6月，天津港生产竞赛办公室印发了《天津港1957年科室竞赛方案》，对科室竞赛的形式、内容、评比条件、奖励、组织领导进一步规范和明确。7月，天津港召开第一次先进生产者代表会议，进一步推动增产节约运动的发展。第三季度，掀起了向国庆献礼的竞赛高潮。第四季度在整改运动中为迎接党的八大召开，又掀起了一次竞赛高潮。从全年的发展过程来看，竞赛趋向广泛深入，促进了全面超额完成国家计划。是年，天津港货物吞吐量完成计划的100.77%，工班效率完成计划的101.5%。

在第一个五年计划期间，天津港工会为充分发挥广大职工的积极性、创造性，保证增产节约任务的顺利完成，在开展社会主义竞赛活动中，坚持以生产需要为依据组织群众活动。克服竞赛与生产要求脱节的形式主义现象。及时扭转了领导群众运动中的"正常化"思想，善于在适当时机组织与引导群众运动掀起高潮，把群众高涨的政治热情引导到生产上去。根据生产需要，在充分发动群众的基础上，加强对技术工作的领导，以此来提高职工技术水平，突破生产上的薄弱环节，并具体实施总结推广先进经验，合理化建议，组织技术学习等工作的领导，充分发挥工程技术人员和老技术工人的作用。在竞赛中加强小组工作，认真开展先进小组活动，以充分发挥小组作用，为竞赛夯实广泛的群众基础。

1952～1957年天津港装卸劳动生产率增长情况表

项目 年份	装卸工人（人）	装卸工人劳动生产率（吨/人）
1952	4398	246
1953	3623	1135
1954	2891	1108
1955	2045	1480
1956	2377	1996
1957	2569	1848

1958年，全国兴起"大跃进"运动。全总提出贯彻"鼓足干劲，力争上游，多快好省地建设社会主义"的总路线是工人阶级和全国人民当前的首要任务，是各级工会组织当前的重大任务和中心工作。是年，天津港工会根据市总的要求，在全港职工中开展了以技术革命为中心的比先进、学先进、赶先进的劳动竞赛。

在国民经济持续跃进中，工会发动群众性的技术革新、技术革命运动有极大的发展。自从1958年以来，在毛主席提出的"解放思想、破除迷信、发扬敢想敢说敢做的共产主义风格"的伟大号召的教育鼓舞下，全港广大职工的思想不断获得解放，技术革新和技术革命运动也随之迅速地一浪高于一浪地向前发展。以机械化、半机械化、自动化、半自动化为中心的技术革新和技术革命运动，标志着技术革新和技术革命运动已经进入了一个新的阶段。同时，共产主义协作精神的发扬也达到了一个新的高峰。把困难留给自己，把方便让给别人形成新的革命风尚。一处有困难，大家来支援，人人以最大的热情关心别人、关心集体。广大职工在进行技术革命中，学文化技术的热情空前高涨。这种日益深刻变化的新的精神面貌，成为推动运动前进的强大力量。它已经成为我国社会主义建设新阶段的重要内容。

这个时期，各级工会在党的领导下，全面动员职工群众，大搞以技术革新、技术革命为中心的增产节约运动，动员职工群众进一步发扬"见先进就学，见后进就帮"的风格，技术革新要做闯将，学习先进经验要做尖兵，见先进就学，学了就用。做到上下齐动手，掀起先进经验大推广的高潮。为推动运动迅速地健康地向前发展，使技术革新和技术革命沿着正确的、科学的、全民的轨道迅猛前进，工会坚持放手发动群众，大搞群众运动，最广泛地把广大职工充分发动起来，大搞学先进、赶先进、超先进、帮后进的社会主义劳动竞赛，广泛开展生产运动会、大兵团作战、技术表演赛、"五好"小组竞赛、对口赛、对手赛、一条龙赛。大造声势，大插红旗，大评大比，大树标兵，大搞协作，大搞突击战役，使群众运动生动活泼、热气腾腾，推动各项工作高速度前进。在活动中坚持土法为主、洋土结合两条腿走路的方针，从实际出发，自力更生，大搞技术革命的途径。实践证明，土办法、穷办法，办法无穷。土办法简单易行，经验易于推广，又可较快地解决生产关键，它具有极为广泛的群众性。

"大跃进"是党探索社会主义建设过程中的一次失误，但是，"工人阶级建设社会主义的热情和为完成和超额完成新的国家计划而斗争的努力，不能与'大跃进'一起被否定"，因为天津港产出是装卸服务，因受"高指标、瞎指挥、浮夸风"的影响，也存在追求高速度、高产量的浮夸之风，但历经1958年"大跃进"、1959年的"继续大跃进"和1960年的"全面大跃进"，"大跃进”运动在客观上还是推动了港口的建设和发展,天津港完善了企业管理,加强了工种之间的团结协作,激发了职工的劳动积极性和创造性,装卸效率逐年提高。工班效率提高到 14.14 吨、船舶在港停泊时间降低到 6.02 天。装卸成本不断降低。港口设备配置与装卸能力不断增强,先后建立 6 个万吨级码头(总长 1197 米)、两个仓库(总面积 8670 平方米);增设装卸机械 130 部等。效率提高、硬件增强,港口的吞吐量逐年提高,实现了生产上的跃进。1958 年至 1960 年,全总号召开展以技术革新和技术革命为中心的增产节约运动。“大跃进”期间,天津港的群众性的生产主要是组织以增产节约为主题的劳动竞赛;为提高装卸效率开展的“一条龙”协作竞赛和多种形式的“红旗”竞赛。在“技术革新”、“技术革命”(简称“双革”)运动中,职工自制自试装卸机具 400 余种。散货煤炭、大盐、矿石装卸逐渐向机械化和连续作业过渡。生产上的跃进促进了管理方式的改革;管理水平的提高又推动了生产上的跃进,形成良性循环。通过 1958 年推行“两参一改三结合”、1959 年实行“一条龙”运输大协作、开展“双革”、改革装卸劳动组织,群众性的生产经济技术活动,推动了港口生产的跃进。参加“大跃进”活动,职工精神面貌焕然一新,“大跃进”中天津港涌现出先进人物 1200 多名。总结天津港“大跃进”经验:加强党的集中领导是实现港口生产不断跃进的根本保证。大搞群众性生产活动是组织生产大跃进的基本方法。贯彻管理工作与群众运动相结合的方针,职工参与企业管理是推动港口全面建设、生产不断跃进的重要方式。“大跃进”期间的整风,解决了面向生产面向基层问题;部分权力下放,解决了经济独立核算问题。

1958 年,“大跃进”刚刚开始,天津港的职工群众的干劲和热情主要表现在不计报酬、不计福利、不计时间,经过引导以后,群众的干劲转入到了生产上,但主要是苦干。后来根据市委关于贯彻党的八届二中全会决议指示,党委提出了开展技术革命、苦干实干加巧干和改进工具、改进技术的要求,因此,职工提出很多革新建议,也搞了一些革新项目。当时,就全港来说,技术革命工作还缺乏具体的组织领导。1958 年四季度,整风运动后,党委对技术革命提出了具体方向和要求,又把技术革命推进了一步。但由于技术革命和生产的关系没有处理好,有人认为搞技术革命影响生产,因此运动开展得不全面,很多要求没有实现。1959 年年初根据市委交通邮电系统扩大干部会议精神,党委又进一步提出要求,并把技术革命作为完成生产任务的主要措施。但由于缺乏短期安排,抓得不具体,技术革命活动没有普遍推开。从 1959 年 8 月贯彻市委关于贯彻八届八中全会指示以后,全局性的技术革命局面逐渐打开,最高峰是 1960 年 1 月至 5 月,一些主要的革新项目和成果,主要是这个时期完成的。从 1960 年下半年以后主要是进行巩固、提高、改进和加强技术管理工作。这一期间,技术革命运动取得了一定的成绩,在不少方面节省了人力、提高了效率、改善了劳动条件。如新港作业区装煤机经过技术革命,从归垛到装船基本实现了机械化、连续化,大大改善了过去用人多、劳动强度高、效率低的局面;各作业区的散货出舱、装车作业过程大部分已由抓斗代替了人力操作;天津作业区汽车、马车装卸作业有一部分已由自制的机具代替了人力;驳船经过科学核定,提高船舷吃水后,增加了 5000 余吨载重量,在装卸、维修方面自制了很多适合需要的机具。由于提高了广大职工的积极性和创造性,推动了技术革命运动的发展,从而巩固、加强了“两参一改三结合”制度,促进了生产任务的完成。

1958 年,根据党委的要求,天津港各级工会响应中央关于进行技术革命的号召,开展了以改进操作技术,改良设备等为内容的技术革新和技术革命运动。经过大会动员、广泛发动、明确方向、解放思想,集思广益、提合理化建议;召开职工技改技革群英会,沟通学习交流;组织开展装卸工具改制活动,“自己提出、自行试制、自己制作”(“三自”);开展技术协作合作,实现技术互补,掀起技术革命高潮。通过参与改革港口生产工具和管理办法,职工增强了建设港口、提高劳动生产率的主人翁责任意识。开展技术革命,从劳动技能、劳动工具、劳动力调配等多方面,挖掘了生产潜力,扩大了港口的通过能力。开展技术革命的过程中,批判了本位主义、保守思想;加强了不同工种间的团结与协作。职工转变了“重洋轻土”思想,“小土群”和“土洋结合”拓宽了技术创新面。

1958 年 4 月,“天津港调整合理化建议委员会,将工会、行政分管的两套合理化建议班子合并为一套”。“简化了合理化建议的结办手续(程序)”,合理化建议部门及时接纳、反映、处理合理化建议并将结办情况反馈到建议人,缩短了结办合理化建议的时间,极大地保护了职工提合理化建议的积极性,4 月至 8 月,全港职工提出合理化建议 4000 多件。5 月,全国推广的黑龙江庆华工具厂“两参一改三结合”经验,天津港组织开展了以“工人参加管理、干部参加劳动、改革不合理的规章制度”为主要内容的“两参一改”群众运动。运动中，发动群众，大鸣大放，改革不合理的、束缚生产力发展的规章制度；强调协作与配合，发扬集体创新精神，制定了工人参加管理8项制度；干部深入班组，参加生产劳动制度；修订完善36项、研究确定了63项管理制度；简化50个、减少了30个统计报表。是年6月，天津市委、市政府发出《关于开展群众性技术革新运动的指示》，主要针对一些领导干部、技术人员思想意识中尚存的教条主义、经验主义，表现在拘泥于书本理论、死守陈旧的技术范本，《指示》提出，为多快好省地实现跃进计划，首先要破除迷信、解放思想。天津港工会树立了技术改革、技术革命的先进典型——钱春，提出“学钱春、赶钱春、超钱春！”广泛宣传钱春同志的先进事迹。钱春的重要发明有：装卸大型汽车的专用工具“汽车扣”；装卸钢板的专用工具“六钩卡子”，“钢板卡子”；装卸制作钢索绳具的专用工具“钢丝绳”缠头器；吊装大型钢丝绳专用工具“带棍绳索”；装卸长大五金专用工具“万能装卸机双跨五金架”；装卸大宗散货盐专用工具“散盐兜子”；吊装火碱桶专用卡子；装卸用“一兜双钩平衡架”；吊装包子货类专用工具、移动火车的撬棍、吊装小麦的抓斗等。

1958年，天津港工会采取摆战役、放卫星的方法来组织发动群众完成紧张的装卸任务。针对人力、机械不足的问题，以“提高出勤，提高机械使用率，减少消灭工伤事故”为中心，培养树立了各工种的标杆，适时召开比武誓师大会，组织挑应战，充分发动群众猛攻“三关”，为完成全年任务奠定了基础。是年2月28日，天津港第一届二次职工代表大会讨论通过了《天津港1958年度开展社会主义劳动竞赛和先进生产者运动方案（草案）》，进一步明确了竞赛的性质、形式和评比条件、奖励标准。9月18日，整风运动后，天津港工会印发《深入发动群众，经常开展评比，掀起竞赛新高潮》。要求各级工会紧紧把握“比”字，组织职工“比先进、学先进、赶先进”，“比思想、比风格、比政治挂帅、比技术革命、比生产干劲、比学习效果、比多快好省”；引导职工“学习先进典型的指导思想、深挖自身落后的原因”，要求各级工会组织多方面组织对比，“人人比、事事比、样样比”；采取“座谈会、报告会、参观展览、现场参访”等方式组织职工学习交流；采取“典型实验、示范表演、现场观摩、对比展览、先进经验学校等”方式推广先进经验；把评比工作纳入经常化、群众化的轨道运行。在评比的基础上“开展群众的技术革新鸣放运动”，为增强群众性技术革新运动发展后劲；加强了职工技术培训，以“技术互助、技术研究、师徒合同、教学合同，兄弟合同等方式”，提高职工技术素质和技术能力；活跃宣传教育阵地，通过创新“献礼台”、“新气象园地”、“光荣榜”等形式，宣传天津港的先进人物、先进思想、先进事迹，宣传生产的创新纪录。10月份，根据全国水上安全钢铁运输跃进会议精神和天津港吞吐任务猛增的情况，开展了“生产加番”运动。各作业区成立了生产战斗指挥部、装卸指挥部等组织，按照作业点建立作战区，全月分成三个战役，每一战役，七战三休（七天战斗三天休整），战斗时大放卫星，休整时总结经验。随着职工思想觉悟的提高，共产主义大协作的风格得到进一步发扬，通过互相协作，有力地促进了快装快卸。11月份，天津港日装卸量曾创26635吨的历史纪录，日驳运量创16935吨的历史最高纪录；船舶提前率达到29.2%，比10月份提高27.3%。

1959年，天津港工会提出继续以“大闹技术革命”为全年的中心工作。通过发动群众，贯彻“土洋并举，从土到洋，土中出洋”的改革方针，提高天津港机械化、半机械化的水平。工会要求各单位制定先进的技术革命规划，力行技术为生产服务的宗旨，实行“小土群”、“大洋群”两条腿走路的方针，坚持“三自”、“三结合”的原则。在具体实施上，以改革现有的机械设备为主，以加速天津港船舶周转为中心；边制、边试、边改，及时投产；及时推广交流学习先进经验。是年，贯彻《鞍钢宪法》的“三结合”方针，各基层单位普遍建立起三结合小组。领导、技术人员、工人密切结合在一起专门研究、解决生产上和技术革命中的技术问题。在领导干部中批判个别人不相信群众的保守思想；帮助技术人员破除迷信洋人，迷信书本的保守思想；认识工人的创新能力，克服工人自卑意识，提高自身的创造价值。全年实现革新建议866件，创造土洋机具295部。是年，新港作业区工具组组长钱春分别参加了天津市、河北省和全国群英会。天津港工会树立了自己的先进典型，号召全港职工“学钱春、赶钱春、超钱春”！广泛宣传天津港先进的人、先进的事。1959年12月28日，《天津日报》报道：钱春，港口机械化的“土专家”，七年创造改进装卸工具130项的先进事迹。1960年1月7日，《天津日报》报道：钱春等向全市装卸工人发出《加速装卸机械化，支持生产跃进》的倡议。1960年2月12日，《天津日报》报道：钱春制成“螺旋机”，为天津港实现散装矿石、沙石机械化作出重大贡献。2月19日，《人民日报》以《装卸大革命，肩背大解放，钱春——港口机械化土专家》为题，报道了钱春的先进事迹。

1959年年初，根据港口任务重、人力机力不足的情况,全局开展了“以技术革命为中心,以完成国家计划为目标的竞赛运动”。是年4月,天津港贯彻中央“一条龙”技术革命现场会议精神,推行秦皇岛港“一条龙”运输大协作先进经验,加强“一条龙”运输大协作的实践。5月,贯彻天津市路、港、航、货“一条龙”运输大协作会议精神,确定了以龙为纲、以“双革”、“四化(矿石卸船抓斗化、装车溜滑化、散盐过驳抓斗化、包子货装卸连续化)”为中心的工作方针和“以龙带‘双革’,以‘双革’保群龙”的工作原则,大力开展“迎龙”、“保龙”、“送龙”劳动竞赛。同时,针对干部作风、管理工作跟不上生产发展的情况,又提出了“改进作风、改进管理、深入开展以技术革命为中心的竞赛运动”。9月,根据全国港口工作会议精神,又开展了“以技术革新和技术革命为中心的增产节约‘六比’红旗竞赛运动”(比优质、高产、安全、节约、协作、技术)。在红旗竞赛的基础上,开展了“四合一”(工队、工具、机械、仓库合一)、“六合一”(绞车、调度、工队、工具、机械、仓库合一)、“一条龙”等劳动竞赛;小组开展了“出舱”、“龙口”、“码垛”等工序竞赛;组与组之间开展了“快手赛”;科队挂钩开展“一条龙联赛”,有些单位还开展了“技术表演赛”,竞赛形式丰富多样,其他部门如机械、轮驳、仓库、工具及机关科室也开展了不同工种特点的劳动竞赛,天津港掀起沟通交流、参观学习、取经送宝、“处处赛、人人赛”的红旗竞赛高潮。根据生产货类,确定组织“矿石、煤炭、粮食、化肥、磷灰石、盐”为六条龙,其中“煤龙、矿石龙、盐龙”为龙中重点,通过加强协作领导,妥善平衡衔接,落实车、货、船装卸生产大协作:船舶定船定线、火车定时定列、煤炭和矿石实现“三角循环”运输,费用实现“一条龙”结算。同时解决了因“双革”和“一条龙”配合不紧密,装卸效率提不高的问题。矿石作业实现了“抓斗化”,盐、煤作业实现了“机械系列化和连续化”。装卸作业成龙配套和机械连续化程度不断提高,港口装卸效率不断提高,货物停港时间缩短,港口通过能力加强。由于大兴共产主义协作之风,客观上还解决了工作协调和生产组织问题。天津港1959年第二季度先进生产者代表大会交流了职工技术革命和改进管理的经验,并举办了技术革命展览会。8月17日,贯彻市委《关于反右倾,鼓干劲,开展增产节约的指示》,天津港又掀起增产节约的竞赛高潮。9月17日,新港作业区职工装运“和平22号”煤船作业中,仅用了27个小时,装煤6800吨,每个工人每小时平均28吨,创造开港以来装煤最高纪录。

1960年,天津港工会继续以技术革新和技术革命为中心大搞社会主义劳动竞赛和“比、学、赶、帮、超”运动。在开展比较成熟的单舱口红旗赛“四合一”、“六合一”、“一条龙”赛、个人快手赛、同工种赛的基础上,又以业务为系统,以科室为龙头,紧密结合各个时期的中心工作开展全港性的社会主义大联赛。通过大联赛,进一步改进了管理和作风,提高了管理水平,推进了生产不断发展。1960年上半年,在装卸工人中开展了“以改进操作、推广使用新工具为中心的月产400操作吨运动”。结合生产的不同要求,组织开展了10余次较大规模的劳动竞赛,推动了群众性的增产节约运动的蓬勃发展。是年4月至1961年9月间,天津港工会根据港口粮运业务“运量大、时间紧、质量高”的要求,组织开展了“以粮为纲”,以“三爱、三节、三高”为主要内容的劳动竞赛。是年,还开展了以“决战四季度,为粮钢开道”为主题的劳动竞赛。10月21日,天津市召开装卸工人代表会议,号召全市装卸工人开展“比有效工时多,比爱护国家资财,比装卸效率,比完成计划,比安全质量”(简称“五比”)竞赛,响应号召,天津港职工积极参加了竞赛,再挖生产潜力,为国家“粮钢增产”鸣锣开道,全港出勤率达到95%,装卸队出勤率达到91%,工时使用率提高了7.3%。由于提高了工时使用率,节省了劳动力,为多完成生产任务提供了条件,塘沽作业区职工10月下旬完成装卸任务33121吨,比中旬平均提高了21%。

1960年,天津港以改进和提高技术为中心,大力开展生产运动会和技术表演。生产运动会结合港口生产的关键,以一项工作任务或一种货类为比赛项目,解决生产中的难题。活动中,全港逐级建立了裁判组织、制定了比赛规则、裁判制度和奖励制度,根据层层选拔,对生产运动会的优胜者授予冠军、亚军、能手和健将、等级运动员等称号,并颁发奖旗和奖状。是年4月8日,天津港二届一次职代会通过《高举毛泽东思想的红旗,深入开展“双革”,大协作“一条龙”,为全面完成生产计划而奋斗》的报告,大会要求各单位必须进一步贯彻两条腿走路的培训方针,继续大搞职工培训工作;要关心并妥善安排好职工生活;必须进一步加强党的领导,大搞群众运动。大会号召全港职工继续贯彻“六比”红旗竞赛精神,迅速掀起以月产400吨为目标的增产节约运动,猛攻“双革”关,大搞协作一条龙,为实现1960年完成600万吨的生产任务而奋斗。是年,天津港开展以装卸“四化”为中心的“双革”群众性生产运动,确立装卸生产要实现“四化(机械化、半机械化、连续化和系列化)”的目标,消灭“背、搭、扛、抬、锹、锄”

等笨重劳动方式；50%的船舶要实现“十化(加煤、倒灰、加油、绞缆、绞锚、操舵等实现机械或半机械化)”。1960年上半年,技术改革各种工具400余件,全港实现机械与半机械化比重达到58.8%。上半年,完成了装卸煤炭作业的“三高、三低、四机”(三条高路基、三条皮带机、运输卸车、归垛、装船用机械)技术改革和技术革命,达到万吨船装卸不过班,人员减一半。散盐实现“抓斗化”,舱时量提高35%。轮驳队的42条船实现了“十化”。天津港还尝试了舱口、火车同时开头的机械、半机械化连续作业。总之,随着“双革”运动的深入发展,笨重的体力劳动在减少,机械化程度、装卸效率不断提高。“双革”运动还促进了天津港的生产管理和劳动组织等方面工作。

为了保证技术革命和运输“一条龙”成果,巩固和发扬群众的革命积极性,推动增产节约运动的深入发展,1960年6月,天津港开展了以改革装卸组织为中心,以改进调度工作为重点,全面改革企业管理的群众运动。经过酝酿和试点,7月在全港范围内调整了装卸队劳动组织,把长期来,以适合一个舱口、一节车厢为作业单位的组织形式,改为以适合一条船、一钩车为作业单位的组织形式,把全港原有的164个装卸队合并为39个。每队人数由原来的16人,增加到50人至100人左右,按照定码头、定机具、定工人、定指标的方法,把码头和装卸队相对专业化地结合起来。同时采取三班定队包船的方法,把现场指挥、调度权力和竞赛组织工作交给队长,并在原已实行的工人参加管理的基础上,按队建立统计、经济核算、理货、人事教育、安全、机具管理、生活等管理组织。分别按队、按生产组(一个舱口、一个组)、按工序设立管理员,适当扩大了群众管理的范围,使装卸队向着完整的基层生产单位方向发展。由于建立健全了基层组织,加强了队长负责制,全面改革了天津港(局)、区两级管理,推行了青岛港的“全面安排,重点出击,集中使用机械,多路作业”的快速装卸经验。是年,天津港创造了装一艘8822吨的盐船用了23.2小时;卸一艘8700吨的铁矿石船用了60.6小时;卸一艘9900吨的肥田粉船用了39.7小时的历史最高纪录。

1961年1月,中共中央八届九中全会决定对国民经济试行“调整、巩固、充实、提高”的“八字”方针,同时,毛泽东主席号召全党大兴调查研究之风。5月19日,市总第四次小组会议提出,广泛掀起以提高质量、降低消耗为中心的“五好”小组竞赛,保证实现产品质量、品种、规格齐跃进,把增产节约运动推向新的高潮。9月16日,中共中央庐山工作会议通过《国营工业企业工作条例(草案)》(简称《工业七十条》)发给各地各部门讨论和试行。根据当时的情况,提出了整顿国营工业企业、改进和加强企业管理工作的一些指导原则。是年,天津港工会贯彻“八字”方针,落实党委安全质量为中心的决定,组织开展了装卸“三包”劳动竞赛。同时,深入到生产一线开展调研,总结出一套较为系统的经验,即以一条船或一列火车为单元,开展大队包船,分队包班,小组包舱的装卸“三包”劳动竞赛。在安全质量方面,在粮食装卸方面,工会又组织职工开展了“三勤(勤扫、勤缝、勤灌)”、“三净(垛底车底净、路面净、舱底净)”的竞赛活动,确保了粮运的安全质量。二季度,工会组织开展了“三爱、三节、三高”红旗竞赛,把已经发动起来的群众运动推向高潮。根据港口工作的特点,工会提出“只有加强协作才能把生产效率提得更高”的意见,被党委和行政采纳。4月,天津港工会召开先进生产者代表大会,局领导作了“大搞三爱、三节、三高”增产节约运动的报告,会后工会组织职工开展了比武挑战,并组织三个作业区分别与轮驳队签订了协作合同,同时向全港职工发出“大搞协议合同赛”的号召。“抢困难、让方便、互相协作、相互支援”的共产主义协作之风空前高涨,基层与科室、作业区之间,各工种之间密切配合,促使港口生产效率大幅度提高。12月,根据中央交通部的统一要求,经与市委交通工作部协商,将以“三爱、三节、三高”为内容的,以安全质量为中心的竞赛运动,改为“以安全优质为中心的‘六好’竞赛运动”(政治思想好;安全质量好;增产节约好;遵守制度好;保养维修好;服务态度好)。各级工会在竞赛中认真贯彻《工业七十条》和“充实、巩固、提高、整顿”(简称“八字”)方针,按照“鼓足干劲,实事求是,提高质量,稳步发展”的方针,发动群众开展好“六好”先进班组和先进生产者劳动竞赛,从而把增产节约红旗竞赛运动推向深入。同时通过加强形势任务教育,讲清形势、提出任务、明确目标;通过“读讲看唱写”、大鸣大放、插红旗、树标兵、宣传先进等方式加强职工的思想教育,推动劳动竞赛深入开展,实现企业“八字”方针。

1962年,天津港进一步以贯彻《工业七十条》为中心,深入推进以“六好”为内容的劳动竞赛活动,开展了先进班组、先进生产者运动,从而把增产节约红旗竞赛推向新的高潮。是年4月2日,中国海员工会、交通部政治部联合发出《把以安全优质为中心的“六好”竞赛运动深入到船舶和班组的指示》,并制定了开展“六好”船舶、“六好”班组和先进生产者运动的评选、奖励办法。4月13日,天津港第三届三次职代会通过《天津港装卸大队工作条例(修订草案)》。经过一段试行后,于9月18日下发执行。进一步明确了大队性质、任务、职责及工作方法。《条例》第一章为总则。第二章为性质与任务,规定了装卸大队“四定”、“六保”范畴。作业区队装卸大队要求“四定”:定码头地段、作业范围和作业能力;定劳动组织和人员;定机械工具和苫垫设备;定装卸协作关系。装卸大队对作业区要承负“六保”:保生产任务;保安全;保货运质量;保出勤;保机械、工具设备、使用年限和完好率;保成本。同时根据装卸大队提供的生产条件和要求,生产小组实行“四定”、“四保”。第三章为劳动组织,装卸大队为装卸工人、机械工人、库场工人三结合队伍,实行队组两级组织形式。第四章为基本工作制度;主要有计划管理制度、大队会议制度、交接班制度和奖励制度。第五章为队组长职责范围;第六、第七、第八、第九章分别为干部、工人、党组织和工会。同日,职代会还通过《天津港务管理局实施定保奖励规定》,以贯彻落实《国营工业企业工作条例》的“定保奖”制度。规定了“定保”内容:交通部对天津港提出“五定”要求,天津港对交通部承复“七保”;天津港对装卸作业区提出“五定”,装卸作业区对天津港(局)承诺“七保”;还规定了天津港对轮驳队、对修理厂的“五定”要求和轮驳队、修理厂对天津港的“七保”承诺保证。下面继续层层“定保”,延伸至班组。1962年一季度,天津港组织开展了“学习贯彻《工业七十条》劳动竞赛”。同时按照全总和市委大搞群众运动的有关指示精神,具体全面地安排了竞赛工作。是年4月,6个较大的生产单位对小组竞赛工作进行了排队,好、中、差三类比例情况分别为30%、50%、20%。各基层工会根据市委和市总的指示,结合天津港职代会贯彻和工业七十条定保工作的试行,把机械维修保养、安全质量、装卸效率作为竞赛的主要内容,根据单位实际和工种的具体情况,广泛深入地开展各种形式的先进班组、先进生产者竞赛,装卸系统在开展了组与组、人与人赛的基础上,开展了班组流动红旗竞赛;轮驳系统开展拖轮先进航次及驳船先进周转赛,组织开展了百分竞赛;修理厂开展了车船对手赛,单车修理赛。在竞赛评比上,创新采用了“评功记分”方法,提高了评比质量。这期间,全港总结生产上的工作经验20多个,并进行了交流、表演。5月,天津港集中力量对天津、塘沽、新港作业区和轮驳队、工程队、修理厂等单位的竞赛情况进行了调研,并听取了汇报,通过对竞赛的情况分析,提出了下一步竞赛的工作意见。提出“当前全港竞赛的主要内容是,扩大货源,扩大生产,增加收入,厉行节约开支,降低成本,加强人财物,维修保养、安全质量管理,严格贯彻执行各项管理制度,特别是责任制度”。“竞赛形式仍以班组竞赛为基本形式”。6月26日,天津港召开了增产节约运动会议,进一步掀起了增产节约运动的高潮。为推动运动的开展,根据局党委的指示,7月,天津港对新港、塘沽、天津三个作业区和轮驳队四个重点单位的增产节约运动进行了一次检查,并专题听取行政和工会的工作汇报,总结了运动开展以来的经验和成果,分析了存在问题和不足,提出了运动的重点和方向,指出“当前增产节约运动的任务仍以加强设备维修保养和整顿生产秩序为中心,逐步实行‘定保奖’,整顿贯彻责任制度和各项规章制度,继续加强技术管理和安全质量,力争全面超额完成生产任务”。11月10日,市总在区产业会议上号召全市各企业要扎扎实实开展增产节约运动,力争超额完成全年的国家计划,并指出:“调整工作已经取得显著成效,由于生产任务的增加和职工精神面貌的变化,劳动竞赛正在广泛地开展起来,越来越多职工群众积极地参加竞赛活动,一个新的生产高潮正在逐步形成。”四季度,各级工会组织职工开展了以“庆祝开港十周年”为主题的劳动竞赛。1963年3月30日,交通部发出《1962年度直属企、事业“六好”劳动竞赛部级评选结果及发奖中的补充通知》,经部长批准,决定对6条船舶、35个班组、57名个人进行奖励。天津港钱春、邱光普、杨景元被评为先进个人,天津港属新港作业区钳工小组和天津航道局塘沽5号挖泥船被评为“六好”班组称号。

1963年4月5日开始,天津港根据市委指示开展群众性的“反浪费、查质量、赶先进”(简称“反、查、赶”)运动。5日到11日为动员阶段,主要内容是拟定计划、培训干部、大会动员。11到23日为鸣放阶段,通过“查、比、找、算”即查情况、比指标、找差距、算细账,鸣放出12000多条意见,意见多涉及安全、质量、指标兑现、增产节约等方面,并本着“边反边改、以改促反”的精神,使一些问题及时得到解决。“反、查、赶”运动,推动了增产节约劳动竞赛的开展,浪费现象大大减少;职工安全质量意识、主人翁责任感有所增强,生产效率、管理水平有所提高。加强生产管理,制定了《调度通讯汇报制度》和《作业计划编制和执行程序》。

1963年11月3日,贯彻天津市增产节约动员大会《广泛开展比、学、赶、帮和“五好”运动,把增产节约推向新的高潮》的精神,天津港组织开展群众性的创“五好”运动。“五好”运动,既是生产运动又是政治运动,体现了政治和经济、科学管理和群众运动相结合。“五好”分为企业、科队车间、班组、个人等四个层次内容。企业争创的“五好”为政治工作好、计划完成好、企业管理好、生活管理好、干部作风好。班组争创的“五好”为政治工作好、任务完成好、班组管理好、经常学习好、团结互助好。个人争创的“五好”为政治工作好、任务完成好、遵守纪律好、经常学习好、团结互助好。结合情况不同车间、科室分别制定了“五好”内容。如机关实现革命化的“五好”为思想政治工作好、服务基层好、“吃透两头”发挥作用好、业务学习好、团结协作好。1964 年下半年,全国交通工作会议指出:“五好(政治思想好、三八作风好、完成计划好、企业管理好、生活管理好)”是革命化内容和目标,开展“五好”运动就是实现革命化的具体途径。因此,要求党政群同心合力密切配合,把组织开展“五好”运动作为经常性的任务,常抓不懈。天津港组织开展以“五好”为目标的“比、学、赶、帮”活动,以“五好”为纲,加强基层建设;开展安全质量、改进服务态度教育;搞好生产组织,提高管理水平;把实现“两赶三消灭”的举措,落实到每个职工。各级工会组织还要关心群众生活,积极开展文体活动,占领职工宣传阵地等。1964 年“五好”运动开展不力,未进行年度评比。1965 年“五好”运动开展,运动重点在班组的“比、学、赶、帮”活动上。立足于班组,着力于职工个人;加强“五好”活动的组织领导、经常性地深入到现场检查落实情况、指导班组车间开展活动,积累活动经验,全面提升“比、学、赶、帮、超”和“五好”运动的深入开展。

1963 年 11 月至 1964 年年底,天津港开展“五反”、“三改”运动。“五反”主要是以“反对铺张浪费、分散主义、官僚主义、贪污盗窃、投机倒把”为主要内容;在思想上反对“分散主义、官僚主义、本位主义”;落实在“改善党的领导、改进思想作风、改革规章制度”(“三改”)上。在“五反”运动中,工会组织开展群众性的增产节约活动,主要针对质量、材料、工具、设计、经营等方面的浪费现象,“两查一挖(查思想、查作风、挖根源)”,组织职工揭露了贪污、盗窃和投机倒把现象,打击个别坏分子,揭开思想作风和企业管理落后的盖子,协助行政解决企业管理和机关作风问题。开展活动的主要载体,是创建以“确保安全、提高质量、节约燃物料、降低成本、提高劳动生产率”为主题内容的“五好”企业和开展以“思想政治好、安全质量好、增产节约好、遵守制度好、保养维修好、服务态度好”为主题内容的“六好”班组竞赛活动;基层工会还组织职工通过开展“查情况、比指标、找原因、算细账”活动,推动增产节约运动不断深入;通过贯彻落实《工业七十条》,整改“五反”运动中通过全面全方位的“大鸣大放”揭露出来的问题。“五反”运动还结合“反、查、赶”活动和“机关革命化”活动的开展。

1964 年 2 月,天津港按交通部和市委安排,开展“评功摆好”群众运动。运动历时一个半月,全港参与评功的 6600 多人,摆出 20.8 万多条功绩。为开展好运动,首先培训宣传骨干 2000 多人,依靠他们宣传鼓动、引导发言、收集意见。其次以工会小组“评功摆好”会为基础,逐级延伸。工会组织职工以“五好”为纲,摆功绩、摆经验、摆进步,大表扬、大鼓励,“送功”、“贺功”相互激励,进一步增进了团结。运动受到职工的欢迎,许多职工放弃休息的时间参加活动。在“评功摆好”中,工会组织职工开展“创功立功”活动,把职工大评大摆的积极性引向生产,再创新功、立新功。如工会组织开展了单船单舱装卸作业大会战、修车大会战等。有据可查的,在“评功摆好”运动中,轮驳队统计共摆出安全质量、维修保养、勤俭节约等方面 700 多条好做法、好经验。评摆出的先进事迹,教育了身边的人,推广的先进经验,促进了港口各方面工作。

1964 年 5 月 21 日,天津港开展“两赶三消灭”活动,制定出“两赶三消灭”的措施并落实。“两赶”即赶超国内先进水平即货损货差率、货损货差赔偿金额比例,装卸机械一二类比重;赶超国外先进水平(劳动生产率和燃料单耗)。“三消灭”即消灭重大恶性事故;消灭经营管理不善造成的亏损;消灭主要技术经济指标低于本企业历史上先进水平。全国交通会议确定的先进指标:货损货差率(连云港 0.013)、赔偿金额比率(连云港 0.062)、装卸机械一二类比重(烟台港 0.75)、装卸生产率(上海港 2670)、装卸单位成本(上海港 798.90)。对比先进指标“天津港工班效率位居第四位;工时使用率、船舶在港停泊时间位居第五位、其他指标也居第三位之后”。天津港开展“两赶三消灭”活动主要是改善服务态度,确保安全质量:组织货源、确保安全质量、统筹计划、简化手续、改善服务态度、加强兄弟单位合作。加强机械管用养修,确保机修质量和使用率,提高装卸机械一、二类比重;健全岗位责任制、完善检修制度。提高劳动生产率,降低成本开支;精简机构、压缩非生产人员;加强经济核算。

1964 年,天津港按交通部要求部署开展“领导干部、领导机关革命化”运动。贯彻全国交通工作会议精神,实现革命化主要抓“两个吃透(吃透党的方针政策,吃透生产一线的情况)”、“三个面向(面向生产、基层、群众)”、“六个观点(树立政治、生产、服务、群众、科学、经济观点)”。机关的举措是:加强横纵向领导的沟通;务实“四个会议”即装卸调度会、机械维修会、局务会和局长办公会。提高工作效率“三精简”,即精简文件、报表、会议,深入到基层,服务到现场,提高办事效率和效果。干部要钻研、熟悉业务,坚持调研,经常参加基层生产或劳动。加强职工的政治理论学习和思想政治工作。科室要深入开展争创“五好(思想政治工作好、服务基层好、‘吃透两头’发挥作用好、业务学习好、团结协作好)”劳动竞赛。

1964年,天津港工会组织开展以“五好”为目标、以安全质量为中心的“比、学、赶、帮”劳动竞赛。加强了一条船、一列火车劳动竞赛的组织,重点组织了“装卸队保船、小组保舱、机械保路”的现场作业劳动竞赛;装卸各环节即装卸、机械、仓库的协作竞赛;舱与舱、组与组、档与档之间的劳动效率竞赛。是年,工会组织职工开展劳动竞赛,着力抓了竞赛计划和竞赛方向;先进经验的推广;小组竞赛的评比;采用两头带中间的群众性生产组织方式。3月29日,天津港工会组织开展评比单项能手活动,主要评选出生产、质量、节约和技术能手。

天津港虽经过“五反”、“反右倾”等运动,但职工在精神面貌、思想观念等方面还存在一些认识问题;经营管理生产等方面也存在一些问题没有解决。主要表现在经营思想上的流毒未肃清、生产管理混乱、基层工作薄弱、安全质量事故时有发生、“三压”现象严重。中央和交通部对天津港格外关注:薄一波副总理指示:“要好好整顿一下,并借此把所有港口加以整顿。”交通部党委对整顿天津港作了具体指示,并派20多人的工作组来港具体指导。1965年2月16日,工作组到新港,天津港开始以区局合并为主要调整内容的企业整顿。23日,天津港党委印发《关于大力开展整顿企业实现企业革命化的安排意见》。整顿工作总的要求:贯彻《23条》,以生产为中心,抓革命促生产保建设。重点解决领导核心中较为突出的“四不清”问题;管理体制、劳动组织的改革以及提高货运质量、劳动生产率、精简人员等问题;提高基层工作水平等三方面问题。整顿历经调查研究,明确主攻方向;解决思想作风和管理方法上的问题;实施精简整顿改革;加强基层组织建设和干部队伍建设等步骤。交通部工作组组织了天津港的生产、技术、体制、政工等方面人员构成的48人工作队,深入基层开展两个多月时间摸底调研,提出作业计划脱离实际,管理思想、模式、方式方法守旧,机构重叠、臃肿等问题。5月,天津港实施管理体制和机构改革:局、区合并,撤销了新港作业区和装卸大队,由原来的局、区、大队、中队四级管理,改为局、中队二级管理,局直接领导装卸队;取消了塘沽作业区、轮驳队的职能科室,天津办事处合并了部分科室。大部分局机关科室由办公厅迁至新港六米现场办公。精简了科室干部,全港机关干部由1073人压缩到870人,非生产人员的比重由原来的18.80%压缩到17.20%。

1965年2月,天津港第四届职工暨第五届会员代表大会提出天津港“双革”的方向在装卸方面,提高安全质量,减少“三压”,减轻劳动强度,改进操作方法,改革工具、属具。重点解决大宗货类(粮食、散盐、生铁)操作与机具问题。在库场管理方面,改进管理方式、交接手续,改进垛型、垛位。在设备维修方面要保证质量、保证工期、降低成本、改进工艺、节约原材料。大会提出深入开展以“五好”为目标的“比、学、赶、帮”增产节约运动:培育树立先进典型,使“比、学、赶、帮”有目标;搞好评比不走过场,在“比”的基础上“评”,把评比作为总结经验过程;把“五好”落实到日常各项工作,把“五好”标准分解为具体目标和具体措施,落实到班组职工个人;充分发挥工会骨干、老工人、先进模范人物的示范带头作用。是年,“双革”工作通过学创结合,全港完成“双革”项目115项,共1458件,已投产1432件,特别是试制的平舱机、生铁溜子、电磁吊、三氯乙烯机械清洗设备和改进了牵引车循环拖带装置,改制V-26电池铲车等在一定程度上提高了装卸效率,节省了劳动力,改善了工人的劳动条件,减轻了工人的劳动强度。

二、天津港遭受挫折,曲折发展时期的群众性生产经济技术活动(1966~1976年)

1966年至1976年期间的“文化大革命”,对我国港口生产建设造成严重破坏,天津港也不例外。林彪、“四人帮”反革命集团利用这一机会,煽动无政府主义,天津港的管理秩序被打乱,一些合理的管理制度不能落实,工会组织遭到破坏,工会工作受到严重影响,一批工会干部受到冲击;一些劳模受到迫害。但是天津港的广大职工经过多年政治运动和思想教育,具备一定的思想觉悟和政治鉴别力,广大职工充分认识到:

组织学习或开展运动，都必须结合天津港生产、建设和发展的实际，因为港口的生产关系到国家的声誉，所以港口的生产必须坚持，港口的生产压倒一切，港口的生产是最大的政治。党中央绝不允许“压车”、“压船”、“压港”，也不允许任何派别的群众组织破坏港口生产。广大职工站在维护天津港国际声誉这一政治高度，以坚守岗位、坚持生产这一政治立场，与林彪、“四人帮”反革命集团展开斗争。关于政治运动与群众性生产的关系，天津港工会第六次代表大会指出，我们批判“唯生产力论”，绝不是说工人阶级不要搞生产，工会可以不抓生产了，搞好社会主义生产，是巩固无产阶级专政的物质基础，是建设社会主义，支援世界革命的需要，“抓革命、促生产”是我们建设社会主义唯一正确的方针，我们要狠抓革命、猛促生产，使社会主义建设沿着正确的政治方向发展。学大庆、学解放军开展装卸生产“大会战”，职工自发的班队间小型“劳动竞赛”是天津港“文革”期间，“抓革命、促生产”的主要的群众性生产形式，即使在“文革”破坏力最强的时期，天津港的劳动竞赛也没有停止过。“文革”后期工会重新建立，工会的群众性生产工作，着力抓了广泛地组织和强有力的宣传动员；结合港口的中心工作，制定可行的实现条件；发挥天津港“铁人”式的先进人物群体的“骨干、带头、旗帜”作用；在诸多竞赛形式中以“小指标百分赛”为主要竞赛形式；大力推广经过实践证明效益显著的竞赛生产经验；奖励优胜者把政治荣誉与经济报酬相结合等工作。

1966年年初，全总组织各省市自治区属市工会干部170多人，到大庆参观学习。1966年1月至2月，《工人日报》集中地报道了大庆七个典型人物和七个先进集体。在毛主席“工业学大庆”的倡导下，争做“铁人”式的工人、普及大庆式企业运动“是新中国成立后工业生产领域推广先进经验持续时间最长，影响最大的学习先进活动和群众生产运动”，贯穿于学习毛主席著作、“批林批孔”、“抓革命促生产、促工作、促战备”等“文革”的各项政治活动过程中，直至1976年“文革”结束。

在学大庆运动中，天津港各级工会一是宣传大庆、介绍大庆。向职工宣传王铁人的先进事迹，讲大庆人“三老、四严、四个一样”（说老实话，做老实人，办老实事；严格的要求、严密的组织、严肃的态度、严格的纪律；黑夜和白天一个样，坏天气和好天气一个样，领导不在场和领导在场一个样，没人检查和有人检查一个样）等各种基本经验。通过宣传鼓励，广大职工纷纷写决心，订保证，提出我们要向大庆人那样，敢于斗争，敢于胜利，敢于创造，敢于赶超，甘愿为党为人民当一辈子老黄牛，做铁人那样的老实人。二是组织职工制定“五好”条件和生产、工作规则，完善各种制度。建立了岗位责任制、工作交接班制、巡回检查制、质量负责制、安全生产制、设备维修制等各项规章制度。三是组织职工学习文化技术、大练基本功。广大职工把学习技术作为为人民服务的必要条件，白天参加技术练兵，晚上学习文化知识，以顽强的毅力攻读技术理论。他们提出要向大庆人那样，对技术精益求精，为革命练一身硬功夫，学一套真本事。

自力更生、艰苦奋斗的大庆精神和大无畏的铁人精神一直激励着天津港的广大职工，在“文革”中，天津港职工创造了一个又一个生产奇迹。“文革”后，大庆精神仍然激励着为改变港口面貌，为发展港口生产力，把天津港办成大庆式企业的广大职工，在学大庆过程中，工会结合天津港的实际，组织开展劳动竞赛、合理化建议、开展技术革新技术革命，树立先进典型、模范群体，推广先进经验，完成班队的生产计划，确保天津港各项生产任务的完成等活动。这项活动一直贯穿到1966年上半年。各年的计划都完成较好，1965年，全港吞吐量完成548.68万吨，超计划7.6%，同比增长13.5%；装卸劳动生产率完成2828吨，较计划提高8.7%，同比提高26.4%。

1966年，“文革”运动兴起，推动“四清”运动深入开展，天津港掀起“大反浪费、资本主义经营、资产阶级世界观、和平演变”（简称“四反”）群众运动。全港举办了几十个不同规模的展览，广大职工查摆、揭露了浪费现象；以增产节约为主要内容，广泛开展了修旧利废和“捡材挖宝”等群众运动。

1966年8月至10月，天津港职工自制“装盐滚龙机”试验成功并投产，提高装卸盐效率3～4倍，天津港初步实现盐码头装卸自动化。

1967年年初，天津港压船、压车，生产形势严峻。3月13日，解放军介入天津港“文化大革命”，贯彻落实18日中共中央发表《给全国厂矿企业革命职工、革命干部的信》精神，响应毛主席“抓革命、促生产”的号召；加强了生产组织指挥系统，成立了各级抓革命、促生产指挥部。4月3日，天津港实行全面军管。落实“抓革命、促生产”，制定并实施：坚持八小时工作制，工余时间“闹革命”；大胆行使领导职权，加强生产组织，建立正常的生产秩序；加强企业管理，健全基层领导班子和管理制度；转变机关作风；压缩非生产人员；

加强设备的管用养修,深挖设备潜力;加强内外协作,扩大港口通过能力;加强安全质量管理和厉行节约,增收节支。"抓革命、促生产"见成效,3月份吞吐量超计划5%,比上年同期增长26%。10月,天津市抓革命促生产指挥部召开为掀起增产节约、夺取革命、生产的更大胜利的大会。会议指出今后的任务是:最坚决、最认真、最迅速地执行伟大领袖毛主席关于"抓革命、促生产"的最新指示 。

"文革"期间,群众性生产技术活动虽受到严重影响,但广大职工仍坚持自觉地开展活动,表明群众性生产技术活动有着广泛的群众基础,具有强大的生命力。

党的"九大"以后,毛主席对上海市外贸物资积压、浪费惊人的情况作了重要批示,"似有普遍性,不止上海一处"。贯彻落实毛主席"勤俭办工厂,勤俭办商店,勤俭办一切国营事业和合作事业,勤俭办一切其他事业,什么事情都应当执行勤俭的原则"的重要指示,1969年2月至1970年1月,天津港以大队、队为突破口,以"清仓、清队、清思想"为主要内容,全面开展了"三清"运动。"三清"工作坚持"有物必清、清必彻底"的原则,"清思想",举办毛泽东思想学习班200多期,参加学习的人数达到3600余人;开展了大批判;召开了现场会、展览会9个,参观职工8300多人次。"清队伍",挖出了长期隐蔽在物资部门的几个投机倒把、贪污盗窃分子;重新调配了库管人员。"清物资",做到"边批边改、边清边用",清出积压物资设备1600项,价值110多万元;调剂闲置物资设备200余项,价值80多万元;报废物资设备300多项,回收200多万元;大搞修旧利废,收集废钢铁700余吨,节约资金40多万元。同时开展技改技革,修订完善了管理制度,制定了《固定资产管理试行办法》等。

1969年,天津港修理厂百吨浮吊建造小组的职工,在一无图纸、二无设备、三无资料的条件下,仅用八个月的时间就建成了百吨浮吊。1970年11月30日,天津港建造的第一艘千吨沿海水泥驳船竣工下水。该船为天津港建造的最大的水泥驳船。驳船成功下水,体现了全港职工的自力更生、艰苦奋斗和大胆创新精神。

1970年年底至1973年,天津港提出"举纲抓线促大干,定要三年港口变"。为促进天津港三年改变面貌的目标,确定"三个抓好"方针,即抓好"批林"、抓好整顿、抓好基层建设;厉行"三大搞"即大搞群众性的增产节约运动,大搞共产主义协作,大搞群众性的"双革(技术革新、技术革命)";加强管理,深挖潜力,提高港口效率。群众性的生产活动,提高了企业管理水平,建立了七项管理制度,"双革"实现80多项,港口生产和各项工作取得较好的成绩。

1970年8月16日至21日,天津港组织生产"大会战",突击在港船舶。会战的主题:学大连、赶大连、超大连,吃不掉大沽口船只不下火线!经过会战,35艘船舶离港,吞吐量完成16万吨。日作业量最高达到3.8万吨。日均作业量达到3.2万吨。开展大会战要加强组织领导和思想动员、坚持思想政治工作领先;放手发动群众;做好会战前的物资、技术准备,避免窝工。会战的目标要明确;会战的任务要讲清;依靠群体力量特别是先进人物和工会骨干的力量;领导挂帅,要带头参加会战。在会战中,加强生产组织,开展共产主义大协作,提高会战效率;会战促进了技术革新(革新项目140多项);挖掘了生产潜力;推动了自力更生,如自建货场1600平方米、自建铁路740米;激励了职工的创造性,注意处理好质量与数量的关系,好中求多、求快、求省。是年11月9日,天津港提前52天完成全年生产任务。

1971年5月9日,天津市革委会生产指挥部召开了"进一步掀起增产节约运动新高潮誓师动员大会",号召全市职工"鼓足干劲,力争上游,夺取革命生产新胜利"。9月14日,天津市革委会生产指挥部召开了深入开展增产节约群众运动动员大会,要求全市广大革命职工立即行动起来,迅速掀起以清仓扫库、回收废钢铁为重点的增产节约运动新高潮。重点要抓好三项工作:一是抓紧清仓扫库、清产核资,把积压物资用于建设上;二是回收和上交废钢铁;三是开展节约,技术革新和技术革命活动;四是开展综合利用,变"三害"为"三利"活动。天津港贯彻市增产节约动员大会精神,发动职工清仓核资,积极投身增产节约活动。是年,清理出账外物资154万元;节约钢材133吨,有色金属4.3吨,木材171立方米,回收废钢铁890吨,有力地支援了社会主义建设。

1972年3月、5月、8月,天津港发动职工多次组织"装卸生产大会战",把职工自发的以"高产、优质、安全、低耗"为主要内容的劳动竞赛变成有组织、有领导的社会主义劳动竞赛活动。学习大庆油田的大会战精神和大会战形式,军队来港"支港支民",机关科室、技校师生来到一线参战,军队和职工团结奋战,在没有任何奖励的前提下,全港上下"大动员大发动",在"装卸大会战"中,掀起一次又一次的劳动竞赛高潮,"军与军赛、军与民赛、民与民赛","抢车期、抢船期、抢潮期、抢工班时间”,特别是在11月下旬,到港船集中,在市、部领导关怀下,充分发动群众大搞会战,原计划六天拿下33条船,经过广大职工努力,实际拿下34条船,但开出去是43条船,在短时间内扭转了港口当时出现的“三压”的严峻形势。会战竞赛期间,全港职工克服保守思想,大胆革新,还试制成功“包子货装车机”、“粮食出舱机”等提高生产效率的装卸机械设备。

1973年6月12日,天津港第六次工会代表大会召开,大会总结了群众性生产经济技术活动,大会提出“广大职工在各级党组织的领导下,坚决响应毛主席的抓革命、促生产的伟大号召,认真贯彻执行,鼓足干劲,力争上游,多快好省地建设社会主义的总路线,高举《鞍钢宪法》的旗帜,深入开展工业学大庆的群众运动,加强企业管理,大搞技术革新,不断掀起学大庆,学天津港三区的热潮,有力地促进了港口的生产。几年来,天津港年年超额完成国家港口吞吐计划,上缴利润年年增多,装卸成本不断下降”。“通过整顿,加强企业管理,深入开展增产节约,清仓挖潜,技术革新等群众运动,大大促进了生产。几年来,调剂清理了近90万元积压物资;群众性的修旧利废为国家节约了大量资金。广大职工群众发扬艰苦奋斗、自力更生精神,自‘文化大革命’以来,自制港机350多台;自修货场10万多平方米;自建厂房5000多平方米;自修铁路2000米;自造驳船2艘;实现技术革新300多项;自制的电磁吸盘、滚龙机、装车机、卸车机、桥吊等港口机械,提高生产效率几倍到几十倍。”

1973年6月21日至7月6日,交通部召开直属港口运输工作会议。会议确定了增产节约任务,要求天津港增产吞吐量100万吨,并要依靠职工加强管理;内外协作保证畅通;提高运输安全质量、提高设备完好率与利用率、开展“技改技革”、健全完善管理制度、改进领导作风,改进工作方法。天津港党委做了以《端正认识路线,大搞群众运动,为三年改变港口面貌作贡献》为主题的报告。1973年以来天津港一直处在严重的压船局面:自1972年12月至1973年2月,压船在50艘以上,最高压船量达到过65艘,1973年3月底,仍压船20艘。“压船数量之多、时间之长都是历史上没有的”。周总理和李先念副总理曾多次批示,派工作组指导、推动天津港工作。1973年粟裕两次临港指导工作,周总理指示“三年改变港口面貌”。周总理指出,“现在港口问题很大,是个政治问题,不但是装卸问题、业务问题”。为“实现三年改变港口面貌”,天津港党委提出要充分发动群众,挖掘内部潜力;要抓好“批林整风”,加强党的领导和党的建设;要大搞群众性生产活动;要加强企业管理;要改进机关作风等。7月24日,天津港党委召开以“举纲抓线促大干,定要三年新港变”为专题的规模较大的党委扩大会议,贯彻总理“三年改变港口面貌”的重要指示,落实交通部直属港口运输会议精神,“树雄心,立壮志,振作精神,奋发图强,掀起增产节约运动新高潮,确保全年吞吐任务突破930万吨(力争950万吨),扭转压船局面”。会议提出后两年的奋斗目标:1974年完成吞吐1000万到1050万吨;1975年要完成1200万吨。会议分析了有利条件和不利因素;制定了完成任务的措施为“三个抓好”即抓好深入“批林”、抓好整顿作风、抓好基层建设。“三个大搞”即大搞群众性的增产节约运动,加强企业管理;大搞共产主义协作,深挖潜力;大搞群众性的技术革新技术革命运动,不断提高生产效率,实现“三年改变港口面貌”的宏伟目标。是年,各级工会在党的领导下,进一步放手发动群众,全港的劳动竞赛经历了三个高潮(大干红五月、大干六月天、大干九月份),破纪录、创高产,连续掀起抓革命促生产的新高潮,提前40天完成830万吨的吞吐量计划,又超额完成了930万吨的增长指标任务,比历史最好水平增长4.5%。认真贯彻勤俭办企业的方针,大搞“节、利、回”活动,全局为国家节约60多万元。广大职工以《鞍钢宪法》为指针,大搞技术革新,全年完成130多项,其中重点项目42项,有的提高装卸效率几倍到十几倍,有力地促进了港口生产。

1974年,天津港一度处于压船局面,中央和市委非常关心和重视,并派出解放军长期支港。在压船多、杂货多、任务重的情况下,天津港各级工会按照“抓大事促大干,抓革命促生产”的方针,以猛攻杂货、突击压船为主攻目标,船车并重,统筹兼顾,反复发动群众,不断组织生产大会战。是年全港杂货类比1973年多完成30万吨,沽口船舶由年初的48艘,压缩到8艘。天津港开展“双增双节”活动,收缴废钢852吨,节约木材119立方米、煤31吨、电6.5万度,共节约50多万元。开展群众性技术“双革”,试制成功革新项目120个,提高了生产效率和安全质量。

1975年,天津港大搞“设备维修大会战”。发动群众解决技术难关,改革修理工艺和修理工具,提高维修速度和维修质量。维修大会战做到“两个优先”即优先安排重点设备和关键设备的维修;大会战抓住“五个环节”即群管群修、正确使用、精心维护、科学检修、配件生产等环节。通过大会战,在设备管理上要达到“三好四会”即用好、管好、修好和会使用、会保养、会检查、会排除机械设备故障。大会战取得一定成效,落实了设备的管用养修制度;提高了维修保养技术和维修工作质量;贯彻了勤俭节约和自力更生的精神;提高了设备的完好率和使用率。两个装卸队成立了工人革新组,发动群众出主意,搞革新,提建议,拿方案,利用业余时间做革新工具模型。在有关部门的配合下,试制成功投入生产,是年,全港实现革新项目180多项,较大革新项目有10多项。全港回收废钢铁1057吨,超计划60%;修旧利废、节约代用物资金额达69万元。

1976年7月28日,唐山一带发生强烈地震,“强烈地震使港口生产和生活设施遭到严重破坏,天津港高桩承台式码头的插桩和桩帽大部分断裂,所有泊位挡土墙下沉,码头向港池倾斜;仓库震损85%,倒塌17%;部分铁路变扭曲,公路下沉断裂;港区供水系统全部破坏;供电线路中断;办公用房、生活住房、机床器械遭到不同程度的破坏。”7月31日,轮驳公司在余震中抢修船舶、机修厂完成抢修大桥用的1300多个专用紧固件。8月1日,恢复对外轮的供油供水、抢出货物3000多吨;抢修机车400多部。3日,天津港部分码头恢复生产。5日,开始恢复“两班制”生产,截止到15日,天津港共接卸船舶15艘,吞吐量达6.6万吨,装卸火车77列。22日,天津港全面恢复正常作业。8月份,全港实现吞吐量220多万吨,完成装卸船舶40多艘。23日,天津港印发《关于抗震救灾、恢复生产、重建家园的初步安排意见》。提出要全面恢复港口生产,要加快抢修抢建。要求各级领导要抓住工作重点,制订计划;依靠群众发动群众抓好落实;转变工作作风,各项工作要适应恢复生产的紧迫形势。号召全港职工要团结一致抗震救灾。震后,工会各级干部参加了各单位的抗震指挥工作。八月份,市总就抗震救灾中,如何发挥工会的组织作用提出要求。工会带领广大职工在恢复生产过程中,充分发挥了工会组织工作一线、发动群众的优势。

1976年下半年开始,历时两年半,天津港工程技术人员和武汉水运工程学院的部分师生相结合,自行设计制造了200吨浮吊。浮吊主钩负荷200吨;副钩负荷50吨;工作幅度34米。

20世纪70年代,天津港的工业学大庆活动进一步掀起高潮,一是艰苦奋斗,自力更生,奋发图强的革命精神大发扬;二是广大职工抢困难,让方便,关心集体,助人为乐的新风尚进一步树立;三是随着职工的学习、进步、提高,先进职工继续前进,后进职工奋起直追;四是老工人、老劳模和工会积极分子成为港口的骨干和依靠力量,作用得到充分发挥;五是发扬了政治、经济、技术三大民主,坚持了政治工作、经济工作、技术工作三结合;六是各级领导干部转变作风、深入群众、深入生产现场跟班劳动,创造了一套服务基层、服务群众、服务生产的新鲜经验。这些先进方法和先进经验,对推动天津港的生产建设起到了重要作用。

1975年,天津港开展了“向王进喜同志学习,争做铁人式的好工人活动”,主要就是学习铁人“革命加拼命”的精神和“三老四严”的科学态度。这期间天津港树立了“铁人”式的先进典型有张忠、李明、钱冬香、闫长林、白锡瑞、刘淑云等人。1975年8月,天津港党委决定命名学大庆先进个人:授予王云通“人老志坚的装卸工”称号;授予李云芳“为革命开车的好司机”称号。1976年3月,天津港党委命名授予三区装卸六队一组“用毛泽东思想育人的班组”称号;第一作业区闫长林为“心红志坚的青年装卸工”、第三作业区白锡瑞为“铁人式的海港工人”。

1976年开始,落实《鞍钢宪法》,天津港“工业学大庆”活动进一步深化,并提出实现创建大庆式企业的目标。在三年的时间里,天津港要实现装卸成组化。到1980年,要基本上实现装卸码头专业化、装卸杂货机械化、装卸散货自动化。创建大庆式企业主要搞好“三个建设”:加强各级领导班子建设,要以毛主席的“三要三不要”和“五十字”建党方针为指导,加强班子革命化建设,讲路线、讲大局、讲党性、讲团结、讲纪律。加强职工队伍建设,要加强职工的思想政治工作,加强职工的技术培训,建设一支“铁人式”的队伍,达到“觉悟高、作风硬、技术精,冲得上、顶得住、拖不垮、打不散”的产业大军要求。加强企业管理,遵照毛主席“管理也是社会主义教育”的指示,依靠群众,彻底解决“事故多、质量差、管理乱、浪费大”等问题,抓好有效的专群结合的管理网建设;建立岗位责任制为重点的管理制度体系;调整局、区的职权范围和管理体制;组织职工开展群众性的增产节约运动。

1977年2月23日至27日,天津港召开了1200名职工参加的“工业学大庆”誓师大会,大会讨论修订了学大庆的规划,确立了1978年跨入“学大庆”先进行列、1980年要办成大庆式企业的目标。会议指出:天津港的出路在于实现装卸机械化、码头专业化。会议要求:要深入揭批“四人帮”;要加强班子建设;要抓好职工队伍建设;要加强企业管理。会上,一区装卸二队、二区机械三队、一区康宝祥、一区工具库先后做了先进典型经验介绍。大会表彰了学大庆先进单位、集体和个人。在24日会议上，天津港领导作了主题为《高举毛主席的伟大旗帜，抓纲治港，继续革命，为把天津港办成大庆式企业而奋斗》的报告。是年6月，印发《天津港学大庆三年规划（1977年至1979年）》。《规划》提出了每年的各项经济指标，以及实现目标的举措，要求做好宣传鼓动、搞好组织调整和班子转化；组织职工开展“评思想、比贡献、选模范、树标兵”的群众运动；抓实技术革命、技术革新和科学管理。

1978年，天津港工业学大庆活动，以揭批“四人帮”为纲，以贯彻《工业30条》为指针，以上海港为样板，“批帮肃毒”，按大庆式企业六项标准全面加强港口管理，取得一定成效。狠抓“三基（基础资料、基层建设、基本功）”教育，不断提高职工素质。加强计划管理，提高考核指标的先进性；加强劳动管理，实行一线工种计件工资；加强物资管理，大搞清仓查库，处理积压物资（45万元）；加强财务管理，修旧利废18万元，装卸费下降25万元；加强设备管理，提出“三化（生产工艺化、产品标准化、管理制度化）一满意（用户满意）”，返修率降低6.3%；加强生产管理，提高了生产指挥和组织能力，联合办公，密切了“港路贸”的配合。是年，全港吞吐量完成1131万吨；利润完成1600万元；机械完好率82%；货损率0.18‰；货差率0.02%；全员劳动生产率4122元/人；船舶停时0.68天，以上六项指标达到历史最好水平。

1979年，天津港认真贯彻“调整、改革、整顿、提高”的方针，狠抓整顿这个环节，把增产节约作为中心任务，发动群众广泛开展节约运动，坚持以节油、节电、节原材料为重点，狠抓日常一点一滴一分钱的节约，搞好“节能月”活动。全年节约电200多万度，按机车台时计算，节油1200多吨，在节约原材料方面，清理出账外物资110多万元，处理和利用46万元。修旧利废为国家节约60多万元。在增产节约活动中，各单位普遍成立了劳动竞赛委员会，落实竞赛方案，广泛开展社会主义劳动竞赛，涌现出大批先进集体，先后评出局、区级先进集体410个，先进个人1869名。是年，天津港的技术革新工作结合增产节约和挖潜改造，全港实现新项目73项，提合理化建议300项，重点的革新成功项目有矾石作业一条线，生铁双电磁吸盘卸车，快速充电、热铺电缆、预热塞等革新装卸吊具项目进一步提高了装卸效率。

1975年至1977年，天津港涌现出学大庆先进集体478个（次），学大庆先进生产（工作）者2362人次。1973年至1979年有30人次被评为天津市工业学大庆先进个人，41个集体被评为天津市工业学大庆先进集体，5个单位被评为天津市工业学大庆企业（单位），9个单位被评为联合企业的二级厂矿大庆式企业；7人被评为全国交通战线工业学大庆先进生产（工作）者，5个单位被评为全国交通战线工业学大庆先进单位。1977年4月20日至5月14日，全国工业学大庆会议的先进代表、青年装卸工闫长林和第三作业区的代表，光荣地出席了在大庆油田召开的全国工业学大庆会议，受到了党和国家领导人的接见，第三作业区被授予全国工业学大庆先进企业（单位）称号，闫长林被授予全国工业学大庆先进生产（工作）者称号并受到表彰。1979年1月25日，市委、市革委会、交通部在天津港举行仪式正式命名天津港为“大庆式”局。

1977年，天津港恢复了《劳动竞赛评比奖励制度》，建立了两级劳动竞赛委员会，总结交流了四个单位的先进经验。工会经过充分调研，提出在《关于在劳动竞赛中实施物质奖励与精神奖励相结合的方案》，1978年开始，在第一作业区装卸队试行。是年，天津港装卸单位工会组织植根于班组，以“一条龙”竞赛为主线，紧紧围绕“优质、安全、高产”这一中心，各条战线、各个工种的对口赛、对手赛、安全质量赛、车组赛、岗位练兵等赛事。在竞赛中，重点抓了技术革命和技术革新工作，广泛地开展了技术练兵和技术革新活动，组织技术表演和技术协作，针对生产的薄弱环节，大搞群众性的技术改革。建立激励机制推动了劳动竞赛的开展，促进了生产任务提前完成；装卸速度创历史水平；增产节约大幅度增长；安全质量明显好转；职工素质能力有所提高；“三老四严”的大庆工作作风逐步树立。7月29日，天津港与天津远洋运输公司开展“学大庆”革命友谊赛，并签订协议书。竞赛主要内容为“六赛六比”即赛学习和批判，比革命的觉悟高低；赛领导班子建设，比革命化程度；赛职工队伍建设，比又红又专水平；赛企业管理，比全面完成计划与否；赛团结协作，比共产主义风格；赛关心群众生活，比生活服务质量。8月，天津港的班组劳动竞赛全面铺开，指导方针是“举旗抓纲，大治港口”，把“工业学大庆”措施落实，组织班组开展劳动竞赛，要高标准、严要求，实事求是。8月5日，召开全港班组竞赛动员大会，会上三区六队一组等五个班队提出挑战，一区二队八组等十一个班组坚决表示应战。会议认为：组织劳动竞赛，关键在班组，班组是生产的前沿阵地，全港各项工作都要落实到班组，班组竞赛是基础、是竞赛的出发点和落脚点。竞赛在各级党组织的领导下进行,由各级工会负责组织推动,车间工会推动是重点。及时发现和解决班组的困难和存在的问题,组织班组车间交流先进经验,互学互查、互帮互促,共同提高竞赛水平。大家“革命加拼命,跑步学大庆”。1977 年年末至 1978 年年初,天津港工会组织职工开展“冬季大会战”。会战期间,开展了“协作赛”、“对手赛”和“技术表演赛”等。1978 年 4 月,开展了“迎五一”劳动竞赛;5 月,开展了“红五月”劳动竞赛;6 月,组织开展了“迎七一”劳动竞赛,竞赛的浪潮,后浪推前浪,不断发展。

三、天津港深化改革,阔步发展时期的群众性生产经济技术活动(1977~1991 年)

党的十一届三中全会以来,随着党的工作重点的转移,我国进入了改革开放和社会主义现代化建设的新时期。这一时期,工会的群众性生产活动是以实现四个现代化为总目标,以“双增双节”为主要形式,广泛地开展了“为四化立功”活动。全总九届六次执委扩大会以后,工会恢复了以生产为中心的优良传统,以“高产、优质、多品种、低消耗和安全生产”为主题、以增产节约为主要活动内容的多种形式的劳动竞赛在全国各条战线普遍展开。天津港的群众性生产活动特点是以加速实现港口现代化为目标,增产节约为中心,安全质量为重点,以科学技术为先导,以先进模范为开路先锋,以开展“为四化立功”活动为群众性生产经济技术活动主要载体。天津港经历了稳步发展,阔步发展、跨越式发展过程,吞吐量,从 1974 年的 1131 万吨,历经 14 年,1988 年突破 2000 万吨;1988 年到 1993 年,突破 3000 万吨,只用了 5 年。改革开放初期,征集合理化建议主要有两个内容:一是改革装卸工艺、革新装卸机具,改进操作方法,确保安全质量,提高装卸效率;二是以节能为重点,通过推广新技术、新能源、新工艺,降低消耗节约能源。20 世纪 80 年代中期,合理化建议的征集突出以提高货运质量、服务质量、降低消耗为重点内容。随着天津港发展的增速,对群众性的劳动竞赛和创先争优活动的要求也越来越高。改革开放以来,天津港工会组织全港职工开展了“建功立业”、“学绝技、创绝招,争做技术明星”主题竞赛以及创先争优等活动。工会在组织劳动竞赛方面取得的经验:一是组织活动要赋予传统的竞赛新的活力,控制竞赛方向,要把天津港需要解决的难题作为竞赛的主题。二是组织竞赛要与职工素质教育结合起来,培育学习型的职工团队,提高职工运用新知识和自主创新的能力。三是把竞赛实践中的优秀成果、先进经验推广应用。这一时期,职工群众性的生产活动的内涵也实现了转变,随着社会发展,科技进步,劳动竞赛既体现社会主义建设特点又融合了现代管理理念,竞赛由一般体力技术结合型,转向生产集约效益型;评判结果把看数量、比速度的简单型转向评价质量效益综合型;对职工个人的评价由一般技术型转向智力科技型。

1978 年 8 月 14 日,市总召开工会工作先进集体、优秀工会工作积极分子表彰大会,会议要求各级工会组织和工会积极分子积极行动起来,“组织职工大搞质量竞赛。产品质量问题是当前生产的关键问题。要广泛开展‘质量信得过’的班组竞赛活动,宣传产品质量好的典型,提倡钻技术的风气,搞好班组质量自检、互检,抓好质量的评比验收。”是年,贯彻交通部和市总统一部署,以学习上海港“三标六清”、“三句话”经验为主要内容,天津港掀起“学大庆、赶上(海)港”热潮,工会同时把职工的劳动热情引向为“四化”建功立业活动。截至年底,天津港共完成群众性的“双革”项目 131 项,其中重点项目 17 项,试验推广项目 7 项,为天津港提高机械化程度,降低劳动强度,保证安全质量等方面发挥了作用。在抓“小改小革”的同时,还抓了新技术的推广和运用,如无线电电话已经初步试验、门式吊车可控硅无级调速、海河空气坝防咸也取得较好效果。推动“双革”运动开展,工会主要通过召开汇报会、组织观摩表演、交流经验体会等方式,调动广大技术人员的技改技革积极性。

1979~1982 年,是国家三年调整时期,天津港各级工会紧紧围绕中央提出的“在经济上实行进一步调整,在政治上实行进一步安定”的方针,贯彻上级工会和天津港党委的要求,组织职工开展了比先进、学先进、赶先进、帮后进的社会主义劳动竞赛。

1979 年是工作重点转移的第一年,全国各行各业深入开展以高产、优质、多品种、低消耗为中心的增产节约运动,掀起了群众性社会主义劳动竞赛和合理化建议运动高潮。是年 2 月,全总发出《把社会主义劳动竞赛提高到一个新水平》的通知,提出以“大搞增产节约,努力增加生产,提高质量,提高劳动生产率,降低消耗,降低成本,增加盈利”为中心内容,开展“为四化立功”活动。1979 年 3 月 9 日至 15 日召开的市总工会工作会议,传达贯彻了全总九届二次常委扩大会议精神,讨论、研究如何跟上党的工作着重点的转移,实现把工会工作转移到以生产为中心的轨道上来。为了更好地做到以生产为中心，促进增产节约运动深入、持久地开展，会议强调工会组织要在党的领导下，配合行政部门，抓好以下六项工作：一是大张旗鼓地发动群众，挖掘企业潜力，制订增产节约计划。二是紧紧围绕生产的关键问题，组织好各种形式的劳动竞赛。要围绕增加花色品种、提高产品质量、降低消耗等，组织好同行业、同工种、同产品竞赛以及一种产品的“一条龙”协作赛，切实作出实效。三是大搞群众性的技术活动。为使增产节约运动深入、持久地发展，要广泛开展群众性的技术协作和合理化建议活动，总结推广先进技术操作经验，大搞技术革新、技术革命和群众性的技术攻关，不断提高技术水平。四是搞好基础性工作，进一步加强班组建设。五是充分发挥先进模范人物和老工人的作用。六是搞好安全生产。4 月，天津港工会印发《关于贯彻执行“开展社会主义劳动竞赛试行方案”的通知》，组织职工开展竞赛，主要围绕“安全、优质、高效、低耗”中心工作开展，着力抓好“挖潜、革新、改造”，不断加强企业管理。竞赛形式灵活多样，主要采取两种主要形式，开展同工种组与组之间对口赛，及各上下工序之间的一条龙竞赛；根据安全质量第一的要求，开展班组百日无事故竞赛、安全质量竞赛、优质服务竞赛。全港各单位都成立竞赛委员会，日常工作由工会负责。在增产节约运动中，各单位劳动竞赛委员会，落实竞赛计划方案，开展了多种形式的劳动竞赛。6 月，天津港进入“竞赛高潮月”，竞赛方式丰富多样：如开展“每人每天增产一吨”活动，“用一厘钱精神算细账”活动、合理化建议活动，技术革命技术革新活动等，掀起了劳动竞赛的高潮。提前 15 天实现了时间任务双过半。在劳动竞赛中，涌现出先进个人 1860 多人和先进集体 410 个。7 月 6 日，召开了劳动竞赛经验交流会，交流搞好劳动竞赛的经验，进一步推动了劳动竞赛的开展，为完成全年 1350 万吨的生产任务奠定了良好的基础。1979 年，天津港工会恢复建立了两级合理化建议委员会。是年 4 月 3 日，天津港印发《关于开展“合理化建议活动月”活动的通知》，局决定每年四月份开展“合理化建议月”活动。同时，明确“局和各单位都要相应成立合理化建议委员会，由工会、团委、科技办、机电等部门组成。分管技术负责同志担任主任，工会负责人担任副主任。具体工作由工会、团委负责组织发动科技办、机电部门负责研究分析并组织实施”。是年，天津港的技术革新特点是围绕挖潜、改造和增产节约为中心任务。实现革新项目 70 多项、合理化建议 300 多项。如矾石作业线工艺、生铁吸盘卸车工艺等建议；推广新技术，如汽车发动机三重喉管雾化器、门式吊车可控硅无级调速技术等。是年，增产节约运动取得较好成效。围绕增收节支，全港各单位以节油、节电、节煤、节约原材料为重点，广泛发动职工开展了各种节约活动。其中，节约代用、修旧利废共节约资金 60 多万元，节电 200 多万度，燃料消耗比定额节省 1000 多吨。在挖潜方面，全港清产核资，处理账外物资、积压物资 90 多万元，加强了管理。群众性的生产活动延伸于企业经济活动和管理活动。职工参与完善了“沽口分船制”；修订了调度计划编制程序、限额领料用款办法；建立了职工岗位责任制、工作巡回检查制；修订了八项经济技术指标分析制度；修订了机械修理工作规范；建立机械封存管理办法；完善了计件工资等 17 项基本管理制度。7 月，天津港试行《扩大基层经济管理权限》，部分权力下放到基层。1979 年开始，全国劳动模范、全国交通系统劳动模范和天津市劳动模范的评选工作陆续恢复。

1979 年 11 月 24 日，全国海员工会筹备开展七大海港港际竞赛，制定出《关于开展沿海七大港口港际劳动竞赛方案》。1980 年 1 月，市总工会工作会议确定 1980 年我市工会工作的主要任务是，继续贯彻党的十一届三中全会精神，动员和组织全体职工，全面贯彻调整国民经济“八字”方针，广泛深入开展增产节约运动，学大庆、赶上海，为四化立功，扎扎实实地提高质量，增加品种，降低消耗，增加利润，努力扩大出口，千方百计地完成和超额完成国民经济计划。1980 年 4 月 5 日，全总印发九届常委四次扩大会议通过的《关于动员职工为四化立功，深入开展增产节约运动，迎接党的十二大召开的决议》，《决议》指出，为四化立功活动要以劳动竞赛为中心；要进一步开展小指标百分赛；要有计划地组织单位间的竞赛；要广泛地开展征集合理化建议活动；要充分发挥劳动模范等先进人物的作用。同时，天津市 4 月召开的 1979 年度劳动模范表彰大会提出：“全市职工紧急动员起来，坚决响应党的五中全会号召，广泛深入开展增产节约运动，人人为四化立功，个个为四化多作贡献，确保完成和超额完成全年国家计划，做好各项工作，以优异的成绩迎接全国劳动模范代表大会的召开，向党的十二大献礼！”出席天津市 1979 年度劳动模范表彰大会的全体代表向全市倡议：“全市工交、基建、财贸、文教卫生、科研等各条战线，开展为四化立功的活动，推动增产节约劳动竞赛更加深入发展，实现 1980 年国民经济增长‘保八争十’的奋斗目标，努力增产增收，为四化建设作出更大的贡献。”

"工交战线,要学大庆,赶上海,全面赶超国内外先进水平,实现优质、高产、多品种、低消耗和安全生产。大力增产优质产品,创名牌,夺金牌,争第一。努力降低消耗,降低成本,增加盈利,扩大出口,多创外汇。"天津港贯彻市委、市总工会关于开展为四化立功活动的部署和天津市开展为四化立功活动经验交流会议精神,是年,天津港工会组织开展了以"学大庆、赶上(海)港"为目标,以"优质、高产、低耗、安全生产"为主要内容,以"加强基础管理"为切入点,以"挖潜、革新、改造"为重点的劳动竞赛。通过组织职工献计献策,深挖潜力,精打细算的控制,确保增产节约任务的完成。竞赛采取了多种形式,如装卸单位工会组织职工开展了"单项短距离赛"、"单船单舱口赛"、"一条龙协作赛"、"对口对手赛"等。各级工会着重抓好"小指标百分赛"、合理化建议活动、协助行政搞好计分计奖工作三项内容。是年6月20日,天津港党委批转了天津港工会《关于开展为四化立功活动的请示报告》,并指出,开展四化立功活动是组织全港职工实现今年增产节约、增收节支指标和加快港口现代化的有效措施,因此,要提高认识,列入议事日程,加强领导,统筹安排,切实抓好。《报告》还制定了8条立功条件:(1)完成和超额完成生产计划作出突出贡献;(2)在安全、质量或产量等方面创出新水平;(3)提出和实现重大合理化建议或在革新创造上有新贡献;(4)整顿企业,改进企业管理作出突出成绩;(5)节约能源或原材料作出突出成绩;(6)开展政治思想工作,搞好传、帮、带作出成绩;(7)刻苦学习文化科学技术,在某些方面有独到见解,并在港口生产、建设和管理等实践中收到经济效益;(8)维护社会治安,舍己救人以及舍己为公作出显著成绩。天津港各级工会积极动员和组织职工投身"为四化立功"活动之中,是年10月统计,全港有16个基层单位,96个车间制定了立功保证条件;有7个单位76个车间,建立了"立功台",2000多名职工、250多个班组分别荣立了一、二、三等功。在立功竞赛活动中,各级工会着力于抓好日常组织工作;推广劳模先进经验,开展劳动竞赛,组织合理化建议和深入开展技改技革活动。同时立功竞赛活动注重做好职工的思想发动与宣传动员工作,并结合生产实际情况决定劳动竞赛的形式内容,积极抓好职工技术技能培训,搞好立功活动的评功、记功和表彰。

1980年5月,天津港行政和工会联合印发了《关于深入开展万件合理化建议活动的通知》。天津港第五届职代会号召"鼓足干劲,奋发图强,学大庆、赶上海,深入开展增产节约运动,广泛开展万件合理化建议活动,千方百计增加生产,厉行节约,全面完成1980年的各项任务。"《通知》和职代会规定了"建议"的"三有"内容,即有改进的内容、有改进的措施、有预期效果。明确了"建议"的主攻目标:保证货运质量,提高装卸效率;降低消耗,节约能源。还提出:各单位要加强对合理化建议的领导,建立合理化建议委员会。规定了合建委的任务:确定群众性合理化建议的主攻方向,提出建议课题计划;组织合理化建议的审定及建议的实施;控制把握采纳建议的奖励标准;检查合理化建议活动的开展情况。

1981年年初,天津港生产形势严峻,各级工会紧紧围绕突击压船这一中心,以动员职工快装快卸,突击压船,突击疏港为内容,以提高出勤、确保安全质量,超额完成班作业计划为重点,开展各种竞赛,扭转了压船局面,恢复了港口生产正常化。基层作业区坚持开展"前十名"竞赛和单船作业竞赛,收到了明显效果,如第一作业区57个直接生产班组全部提前完成了年度生产计划。如第二作业区工会组织开展了"五比"、"一条龙"竞赛,即:比超额完成计划;比安全质量全优;比出勤率最高;比遵章守纪;比团结协作。把货运、装卸、机械等各部门组织到一条龙竞赛中来。5月份全作业区96个班组,有80个班组获得了安全质量全优。6月份7个杂货装卸队63个班组,有51个班组"班班超计划"。再如第三作业区全年组织20多条单船劳动竞赛,参加竞赛的班组超额完成计划的15%~20%。轮驳公司开展的"三保两超"(保生产、保利润、保安全,拖轮超航时,驳船超航次)、"两无一清"(无货损、无货差,办理手续清)竞赛,有力地推动了增产节约,全年驳运量超额11.5%,利润计划超额29.9%。是年,天津港工会不断加强对劳动竞赛的组织领导和管理,为规范劳动竞赛,适应新形势,修订了《关于改进竞赛评比奖励办法的意见》,确定了"综合赛"和"单项赛"相结合,以单项竞赛为主的方针,《奖励办法》的实施,推动了全港劳动竞赛的蓬勃发展。

1981年,开始逐步推广建立以承包为主的经济责任制,各级工会发动职工民主建立经济责任制,是年8月,市总召开工作会议要求各级工会深入发动职工,继续发扬"国家有困难,我们来承担"的主人翁精神,广泛深入地开展"献百元"、"献千元"活动,把增产节约立功竞赛进一步引向深入。要通过推行经济责任制,做到"任务层层包干,经济分级核算,指标逐项分解,责任落实到人,联产联利计奖,奖励超额劳动,多超多奖,少超少奖，不超不奖，完不成任务受罚”，切实解决奖金发放中“吃大锅饭”的平均主义。贯彻这次会议精神，是年4月天津港颁布试行的《技术改进奖励条例》。“大力开展群众性的合理化建议活动，积极进行挖潜，改进生产组织管理”；以期达到“积极鼓励职工的创新精神，提高生产效率。解决港口所面临的泊位紧张、压船现象严重局面”。1981年统计，全港有254名职工提出合理化建议150件，采纳76件，创效益5.9万元。

1982年，推广以承包为主的多种形式的经济责任制以后，全总提出要适应承包经营责任制的实行，探索组织开展劳动竞赛的新路子，各级工会围绕承包经营责任制组织职工开展劳动竞赛。是年2月6日，天津港贯彻中央文件精神和党的国民经济“调整、改革、整顿、提高”的方针，为“挖掘生产潜力，提高经济效益”，党委印发《关于对天津港进行全面整顿的规划》，以期达到“三建六好”标准，即逐步建设起一种又有民主，又集中的领导体制。班子成为群众信任的领导核心。逐步建设起一支为“四化”英勇奋斗的、思想先进、技术熟练、纪律严明、团结协作的职工队伍。职工精神面貌根本好转。逐步建设起一套科学文明的管理制度。企业“六好”内容是三者利益兼顾好、安全质量好、劳动纪律好、文明生产好、经济效益好、政治工作好。天津港计划用两年的时间，有计划、有步骤、点面结合，分期分批地对各单位进行全面整顿。《规划》提出，自1982年起，吞吐量每年递增4%～5%；上缴利润每年递增6%～8%；各项指标均达到国内港口先进水平；到1983年所有企业都要达到“六好”标准。《规划》指出，要实现目标首先要整顿建设各级领导班子。其次是整顿劳动纪律、加强职工队伍建设、建立培训中心、搞好全员培训；制定《职工守则》；抓好班组建设。再次就是推行经济责任制，健全责任制度、制定工作标准、实行经济核算。为挖掘潜力发展生产，《规划》提出要重新划分作业区范围，挖掘老码头潜力；整顿劳动组织、健全财会制度、加强港机管理、改革工艺技术、加强生产指挥系统。《规划》指出，要加强全面整顿的组织领导：党政领导要承担具体责任；党政群各部门要密切关系积极配合。是年，天津港全面实行经济责任制。围绕建立“责、权、利”这一中心任务，工会配合行政，推行岗位责任，扩大基层单位权限，严格经济考核。配合行政加强了基础管理，重点抓了原始记录、统计、定额、计量和标准化工作。配合行政加强了专业管理体系的建设，实行分级管理、加速信息反馈等制度。工会协助行政初步建立了天津港的全面计划管理三级计划网络、全面安全质量管理三级网络、全面能源管理四级节能网络、全面经济核算、全面劳动人事教育等专业管理体系。协助行政实行了整顿劳动组织和定编定员，对于下岗、撤岗职工，通过组织外派、建立服务公司等进行了妥善安置；制定工时和工量定额近18000项；整顿劳动纪律，“治偷打赌”、杜绝野蛮装卸；还重新制定了《厂规厂法》《职工守则》、登轮纪律、劳动考勤等制度及《奖惩条例》，天津港建立起良好的工作秩序。是年，各级工会围绕推行内部经济责任制，确保安全优质高效完成任务，以提高经济效益为中心，不断把劳动竞赛引向深入。装卸单位工会组织职工开展了“装卸班组前十名”竞赛和“单船优质高产”竞赛。其他单位、部门、工种开展“红旗车组”、“红旗设备”、“红旗库场”竞赛；二线单位职工开展“优质服务”，争当“优秀理货员”竞赛；修理厂开展“单项红旗工程”、修建公司开展“技术练兵赛”、供油公司开展“五好设备赛”等，极大地促进了港口装卸任务的完成。其中第一、第二和第五作业区有270个班组提前完成了全年生产任务。是年，天津港技术革新成果共计46项。

1983年，天津港劳动竞赛围绕突击压船，提高经济效益，以一条船为单位，组织开展了工班对工班，舱口对舱口的多种形式的竞赛，提高了装卸效率，缩短了船舶在港时间。据统计，从6月份开始，在几个压船比较严重的时期，第一、第二、第五、第六作业区和集装箱公司，先后在51条船上组织开展了单船竞赛，做到条条船只提前完成任务。是年8月2日，天津市召开了全市职工增产节约动员大会，就全市开展增产节约竞赛进行了全面部署。8月29日，市总印发了《集中主要力量，深入发动群众，完成今年的财政任务——当前增产节约竞赛的情况和下一步工作意见》并提出四项要求，一是进一步提高认识，统一思想；二是相信群众，依靠群众，放手发动群众是搞好增产节约竞赛的最根本指导思想；三是认真贯彻市委指示和市总常委扩大会议决议，使增产节约竞赛取得显著实效；四是集中力量，深入基层。9月5日，天津港工会召开基层工会主席会议，贯彻市总要求，进行部署动员，并提出要以突击压船作为当前竞赛的重点，重点是开展车船竞赛。是年，天津港各级工会围绕落实市委的指示和市总的要求，通过各种形式向工会干部、职工传达会议精神，联系实际讲形势、交任务，进行思想发动，发动职工讨论落实国家计划，组织职工挖潜算账，订措施，搞竞赛，推动增产节约活动的发展。根据11月份对10条船的竞赛统计，平均每条船提前1.7天，最高提前3.8天。

是年,工会还组织了以食堂、托幼园等后勤职工为主体的劳动竞赛。参赛的职工食堂39个,其中炊事员600多人;托幼园11个,托幼人员近200人。通过组织劳动竞赛,进一步调动后勤职工的积极性,解决职工的后顾之忧。在竞赛活动中,后勤职工提高了服从大局、服务一线的认识,改进了餐饮质量,加强了食堂管理,转变了托幼人员的服务态度,改善了卫生环境等。

1981~1983年天津港开展合理化建议情况

统计 / 年份	开展合理化建议的单位数(个)	参与职工人数(人)	征集建议数(件)	采纳建议数(件)	实施建议数(件)
1981	7	254	150	76	73
1982	11	104	221	110	70
1983	10	261	225	156	132

1983年,天津港对职工开展质量管理培训,直接生产人员的培训面达到80%以上。安全质量体系初步形成后,天津港两级专职安全质量管理人员100多名,建立了近400个QC小组,职工普遍接受了QC培训。

1984年,天津港的劳动竞赛自始至终是以解决压船,提高经济效益为主要内容,开展"装卸队前十名"、单船单舱、机械队红旗车组、仓库文明库场以及红旗设备、优质服务等多种形式的竞赛活动,有的单位还开展了"十佳"活动,调动了职工的生产积极性。是年8月以来,9次较大降雨,致使天津港损失了5个工作日,减少吞吐量15万吨,压船20艘。加上船舶到港相对集中,外贸出口环节出现梗阻等原因,滞港货船由40艘增到60艘,最高时达到74艘,天津港生产形势严峻。天津港工会认真贯彻落实局《关于进一步提高装卸效率力争港口不压船的七项措施》,同时加强宣传教育和职工的思想政治工作,通过提高职工的主人翁责任感,激发广大职工疏港的积极性,积极协助行政实施解决压船措施,大力开展劳动竞赛,促使压船形势得以缓解。是年,天津港工会还加强了对科室竞赛的组织,协同计划、财务、物资、商务等四个系统,以提高管理素质,促进科室管理,面向基层、面向生产为内容,陆续开展了本系统的同业务竞赛。

1985年,全总建立每年评选先进单位和先进个人并分别授予"五一"劳动奖状和"五一"劳动奖章的制度。1986年开始,市总开展了评选"立功奖章"活动。中国海员工会开展了评选"金锚奖"活动,推动了"学先进、赶先进"活动的深入开展。"七五"期间,天津港各级工会组织职工围绕港口经济建设,深入持久开展了"七五"立功活动,组织职工围绕经济工作的难点,献计策、攻难关、开展合理化建议、技术革新、发明创造和多种形式的劳动竞赛,群众生产活动的领域不断扩大,促进了企业改进经营管理,推动了企业科技进步,对提高经济效益发挥了重要作用。1985年,全港征集合理化建议1038件,采纳340件,实施172件。

1985年,天津港的劳动竞赛活动进一步发展,生产一线车间内部的竞赛普遍开展起来,部分单位的竞赛活动开始由体力型向智力型转化。各单位结合实际,围绕突击疏港压船,开展了多种形式的劳动竞赛活动,对缓解疏港压船的局面,提前超额完成生产任务发挥了积极的作用。在实行班组经济承包的单位,还进行了优秀承包班组竞赛试点,为进一步推动企业推行和完善以承包为主的经济责任制,调动职工的主动性、积极性、创造性,增强企业的活力,提高经济效益,1985年5月19日,市总制订了《关于开展争创优秀承包班组竞赛方案》。决定在工业、交通、基建系统的各企业,特别是大中型企业中,开展争创优秀承包班组竞赛。竞赛范围是实行以承包为主的各种形式经济责任制的班组(队),包括生产技术、经营管理部门(人员)的单项承包或课题承包。竞赛条件:优秀承包班组必须做到"三好一领先",即:国家、集体、个人三者利益关系处理得好;责、权、利结合得好;两个文明一起抓得好,采取多种活动方法,把思想政治工作做到经济活动当中去,把抓经济建设与抓队伍建设紧密结合起来;各项经济技术指标要领先。是年,天津港机修厂电磁吊承包体被评为市级优秀承包班组。

1985年9月,中国共产党全国代表会议通过了《中共中央关于制定国民经济和社会发展第七个五年计划的建议》,明确提出了"七五"计划的指导思想、主要任务和一系列适应新形势的方针政策。1986年3月28日,市总十届八次全委扩大会议贯彻市委四届四次全会精神,作出了《关于动员全市广大职工发扬主人翁精神,深入开展为实现"七五"计划献计出力活动的决议》,号召"全市职工迅速行动起来,反浪费、挖潜力、上水平、求效益,人人争创'五个一':人献一条计,工作创一流,做一件好事,贡献一百元,正风立一功,为推进各项改革和两个文明建设,扎扎实实地迈出'七五'的第一步,确保完成和超额完成今年财政收入和各项任务,作出新的贡献。""工业、交通、基建战线,要努力改善经营管理，推进技术进步，提高产品质量，节约能源，降低原材料消耗，发展拳头产品，扩大出口创汇，减少资金占用；要确保重点工程，缩短建设周期，讲求工程质量，反对管理和设计中的浪费问题。”随后，市总在全市职工中开展了“我为‘七五’献计出力，振兴天津建功立业”活动。在活动中，天津港各级工会迅速行动起来，对企业生产经营、增产节约情况进行分析算账，广泛地发动了群众，破除难关，创造出许多适合港口特点的竞赛形式，如“前十名竞赛”、“十佳竞赛”、“单船一条龙竞赛”、“红旗机车竞赛”、“红旗设备竞赛”等多层次、目标明确、形式新颖多样的竞赛活动，效果比较明显。对突击压船压港、保证安全质量、提高服务水平、提高生产效率发挥了作用。同时，为配合劳动竞赛的开展，还改革了劳动竞赛奖金的管理，加大了劳动竞赛的奖励力度。是年2月，天津港工会和行政联合印发了《关于劳动竞赛奖金的提取、管理和使用的几项规定》，规定明确：劳动竞赛奖金按各单位标准工资总额1%提取。对各单位劳动竞赛奖金实行免税。劳动竞赛奖金由各单位劳动竞赛委员会按年或季制订竞赛方案和奖金使用计划，奖金由各单位工会自行掌握，日常使用由工会主席签批。劳动竞赛奖金，实行专款专用。4月24日，天津港党政工团联合印发《关于开展单项奖杯、奖旗竞赛活动的通知》。“单项奖杯”的内容：质量管理杯、经济效益杯、优质运输杯、安全生产杯、设备管理杯。“奖旗”的内容：节能工作奖旗、计量工作奖旗、物资管理奖旗、食堂管理奖旗、计划生育奖旗。7月3日，天津港转发港埠一公司开展“五杯、五旗”竞赛活动情况和推行全面质量管理，由“攻关型”向“管理型”的转变情况。评价港埠一公司的“五杯五旗”竞赛活动，对全港开展“杯旗竞赛”活动“是一个很好的启发”。12月3日，天津港印发关于《“杯旗竞赛”申报、评比的通知》，1987年1月，对各申报单位进行检查、指导、推动、验收，并对前三名进行了奖励。

1986年，国务院修订发布了《合理化建议和技术改进奖励条例》，全总和国家经委联合发出《关于深入开展以提高质量、降低消耗为重点的合理化建议和技术革新活动的通知》，推动了群众性的合理化建议活动的开展。是年6月27日，市总召开大会，进一步把全市职工献计出力活动引向深入。会议提出，“要重视群众建议，在抓落实、见效果上下工夫。抓职工献计的落实见效，是增产增收的重要手段。”“要认真对待群众的建议，保护群众当家做主的积极性。当前的重点是对群众的建议要抓落实，见效果，通过落实群众建议，促进企业生产和各项工作的发展，进一步调动群众为企业生产经营献计出力的积极性。”天津港工会在对群众建议的采纳和落实中坚持抓好四个环节：一是对群众提出的大量建议，归纳分析。对马上即可付诸实施的建议，立即组织实施见效。二是选优论证。在大量的群众建议中，筛选出有采纳价值的建议，组织论证，对建议本身进行补充和完善。三是对职工提出的建议，发扬自力更生的精神，提倡自己动手，专群结合的方式，组织实施落实。四是组织对建议的落实情况要进行检查评比，以促进群众建议的真正落实和实施。是年，据对10个较大单位统计，共征集合理化建议1500多件，实现370多件。

1987年1月，中央、国务院发出在全国范围内开展“双增双节”运动号召。1月26日，国家经委印发《合理化建议和技术改进奖励条例实施细则》的通知。《实施细则》包括总则、奖金标准的评定、奖励办法、评审程序与机构、附则等，共5章31条。2月10日，全总、国家经委联合印发《关于加强合理化建议和技术改进活动领导的通知》。2月6日，全总发出《广泛开展增产节约增收节支运动》通知，要求各级工会宣传“双增双节”运动的意义、制定“双增双节”活动计划、开展“双增双节”为内容的劳动竞赛、搞好合建、技革技协活动、加强劳动纪律、培育职业道德、发挥劳动模范和先进人物的作用。2月9日，市总召开“双增双节”运动动员大会。通过层层动员、广泛发动，讲意义、交任务、挖潜力、算细账、提措施、抓落实，“双增双节”活动不断深入。3月，天津港工会和行政又联合印发了《关于劳动竞赛奖金的提取、管理和使用的几项补充规定》，规定明确：天津港从各基层单位的劳动竞赛奖金中提取部分数额，作为年终评比先进生产者和先进集体、“夺杯”赛奖励使用。是年，天津港开展以“增产节约、增收节支”为主要内容的劳动竞赛；以企业上等级为主要内容的文明班组竞赛和以争创管理先进水平为主要内容的“12个杯”夺杯赛。经过层层发动，全港职工普遍参加，很快投入到竞赛活动中。是年，天津港劳动竞赛的特点是，针对思想抓发动、挖潜增收落实处、发动职工献计策、突出重点抓关键、技改技革出效益、党政群协同抓竞赛。

1986年，中共中央《关于制定国民经济和社会发展第七个五年计划的建议》中，把“坚持把提高经济效益，特别提高产品质量放到十分突出的位置上来，正确处理好质量和数量、效益和速度的关系”作为一项基本指导原则。在这项基本指导原则中，还特别强调了必须加强质量管理。班组是企业的最基层组织,是质量管理的基础。开展班组质量管理活动,是全面质量管理的一个重要组成部分。是年7月,国务院颁发的《关于加强工业企业管理若干问题的决定》提出“积极推行和完善全面质量管理,建立质量保证体系”。不久,市总和市有关部门印发了《关于加强工交企业班组建设的意见》提出“广泛开展创先进班组竞赛”的意见。明确了各部门在班组工作上的职责和任务,形成了党委领导下的党政工团各部门共同抓班组建设的格局。为进一步推动企业班组建设,认真贯彻执行全总和国家经委《关于加强工业企业班组建设的意见》和市委工交部、市经委、市交委、市总工会、市企管协会《关于加强工交企业班组建设的意见》,1987年6月1日,市总下发关于深入开展班组升级竞赛的通知 。明确了班组升级竞赛的基本条件要以“三创”(即:创新产品、新工艺、新技术、新材料;创优质产品、优质服务、优质工程;创经济技术指标历史最好水平)为主要内容,以提高产品质量,降低消耗,提高经济效益为目的,以赶超本市和全国同行业同类班组先进水平为目标。《意见》还进一步明确了创合格班组、信得过班组和先进班组“三组”的基本条件。是年,天津市经济委员会、市总工会在印发《关于在班组建设中进一步加强质量活动的通知》中指出:加强质量管理应作为“抓管理、上等级”的首要任务。企业在班组建设中,进一步加强质量管理活动,就是落实中共中央《建议》和国务院《决定》的具体措施。“质量管理小组是班组质量管理活动的主要形式。各企业在加强班组建设中,必须把开展质量管理小组活动,纳入企业领导的重要议事日程,使我市各行业质量管理小组的数量及其成果率在今年内有一个较大的发展,在增产节约、增收节支运动中发挥更大的作用。”《通知》还进一步明确了各级工会在开展班组升级竞赛和评定“合格班组”、“信得过班组”及“先进班组”中增加了全面质量管理内容。这期间,天津港各级工会根据“抓管理、上等级、全面提高素质”的要求,把加强班组建设作为搞活企业的一项长远任务,按照市班组建设的标准,广泛开展了创合格班组,信得过班组及先进班组升级竞赛活动,推动班组建设上等级,使企业管理工作在班组得到落实,促进了企业整体素质的提高。1988年1月6日,天津港重新颁发《QC小组管理办法》。《办法》共计8条。主要为QC小组主要任务、成员的基本条件、组织形式、活动方式、选题范围、QC小组的管理、活动经费的管理。天津港自1983年以来,以全面质量管理为基础,以计算机开发应用为手段,大力推进现代化管理,五年来经历了三个阶段。第一阶段为引进消化阶段(1983年至1984年上半年),在全面整顿过程中,引进全面质量管理的思想方法。群众性的QC小组活动在业务系统首先开展起来。对港口生产起了较大的推进作用。第二阶段为稳步推进阶段(1984年下半年至1986年),结合港口经济体制改革,稳妥扎实地推行全面质量管理。1984年由于港口体改,一度放松推动。1985年、1986年天津港提出港口各项工作要始终坚持以“四个第一”(信誉、服务、质量、安全第一)、“五方满意”(船方、货方、旅客、车方、对方港站满意)为出发点。第三阶段为深化阶段,1987年以来,以争创部级质量管理奖为目标,开展了“创奖夺杯”活动、创卫生文明港活动、推行了PDCA循环管理方法。开展群众性的QC小组活动,教育培训先行,活动中培训了职工13000多人,占职工的60%以上。加强班组建设,制定了较为完备的QC小组管理制度。QC小组开展活动结合群众性的生产活动,双增双节、合建、双革,紧紧围绕安全质量服务。QC小组开展活动结合了班组建设。全港共成立QC小组400多个,成果率达到60%以上。

1988年,天津港工会的群众性经济生产工作,主要是围绕承包经营责任制开展工作、组织活动。工会代表职工与行政领导签订集体合同,工会发动群众保证实现承包任务,并监督合同兑现;宣传推广承包经营中的先进典型,树立行业标兵;以深化改革和生产经营为方向,发动群众开展合理化建议活动。是年7月,天津港工会和行政联合印发了《关于改革劳动竞赛工作的通知》,《通知》规定,劳动竞赛要紧紧围绕承包经营责任制,以实现承包任务和指标为主要内容。劳动竞赛要结合生产指挥、经营管理。劳动竞赛的管理由工会负责转为行政,两级劳动人事管理部门为劳动竞赛的主管部门。要求工会要积极协助、配合行政继续搞好劳动竞赛活动。《通知》要求“劳动竞赛方案的制订,评比奖励,竞赛奖金,先进人物的管理与教育,均由行政人事劳动主管部门负责”。是年4月20日,根据国务院1986年重新修订发布的《合理化建议和技术改进奖励条例》和1987年发布的《合理化建议和技术改进奖励条例实施细则》,市经委、市总印发《天津市合理化建议和技术改进奖励实施办法》和《关于加强合理化建议和技术改进活动管理工作的若干规定》。《实施办法》共分五章三十九条,对合理化建议和技术改进项目提出了应具有进步性、可行性和效益性,才能评奖。第三条规定:“合理化建议是指有关改进和完善企事业单位生产技术和经营管理方面的办法和措施；技术改进是指对机器设备、工具、工艺技术等方面所做的改进和革新。合理化建议和技术改进应以提高产品质量、降低物质消耗、提高劳动生产率与企业经济效益为重点。”对合理化建议和技术改进的奖励等级和标准、奖励办法、组织领导等作出了明确规定。《若干规定》共十三条，明确了局以下各级工会负责合理化建议和技术改进活动的日常领导工作以及工作职责。

1989 年 3 月 8 日，天津港转发了市委、市政府《推行“群体经营工作法”的通知》：推行群体经营工作法是深化企业改革、完善承包制的主要内容，要求从划小核算单位、完善经营机制、改进分配制度、调动职工积极性入手，结合 1989 年度的方针目标组织落实。为加强推动工作的领导，天津港成立了领导小组，由企管处、财务处、劳动人事处、宣传处、办公室、党委办公室、工会部门负责人组成，并确定港埠四公司、储运公司为试点，试点时，把划小经济核算单位与优化劳动组合结合起来。

1989 年 8 月 21 日，为贯彻中央十三届四中全会关于开展“双增双节”运动的号召，巩固国家二级企业成果，天津港工会与行政联合印发《关于开展系统管理单项劳动竞赛的安排意见》。该竞赛活动主要以天津港处室为龙头，组织本系统的管理达标、创优、升级竞赛。主要有生产、安技、机电、物资、计划、财务、企管、教育、行政卫生、基建和党群等系统。

1989 年 8 月，贯彻中国工会第十一次代表大会精神，根据一年来的实践，天津港工会和行政联合印发了《关于将劳动竞赛工作移交工会管理的通知》，将劳动竞赛工作由行政劳动人事部门管理划归工会负责。《通知》主要有两项内容，一是为保证竞赛活动的连续性，行政部门要将一年来的劳动竞赛工作、评选先进情况和劳动竞赛方案，奖金的提取使用和结余向工会移交；二是关于竞赛奖金的管理，按原文件精神执行。要求各单位要向工会拨缴竞赛奖金。劳动竞赛移交行政后，工会配合行政做了大量工作。是年 9 月，中央、国务院召开全国劳模和先进工作者大会，全国广大职工再次掀起“学先进、赶先进”的竞赛热潮。同月，天津港各级工会完成了劳动竞赛的接管工作，利用很短时间组织职工开展了“优质服务竞赛”、“防雨湿竞赛”、“一条龙竞赛”和“百日安全无事故竞赛”，取得较好效果。

“七五”期间，天津港各级工会紧紧围绕各个时期的中心任务，坚持把经济工作的难点作为工会工作的重点，广泛发动群众开展“为实现‘七五’计划献计出力、建功立业”活动，群众经济技术工作与经济责任制紧密结合，向企业的经营管理、安全生产、优质服务等各个领域深入发展，把全港职工都组织到竞赛中来，在增强企业活力，提高经济效益，确保完成港口各项改革和生产建设任务中充分发挥了工人阶级的主力军作用。在活动中，天津港也涌现出一大批为港口生产和改革建设作出突出贡献的集体和个人。据统计，“七五”时期，全港有 1 名职工被授予全国劳动模范称号；5 名职工被授予全国交通系统劳动模范称号，1 个集体被授予全国交通系统两个文明建设先进单位称号；11 名职工和 4 个集体分别被授予天津市劳动模范和劳动模范集体称号；218 名职工、41 个集体分别荣获市总颁发的“七五”立功奖章和立功奖状；3 名职工荣获中国海员工会颁发的“金锚奖”，为天津港广大职工增添了新的光彩。

20 世纪 90 年代以来，我国进入经济体制改革新的历史时期。这一时期，工会的群众性生产经济技术活动，紧紧围绕搞好企业生产经营，以市场为导向，以提高经济效益为目标，以“学先进、比贡献、创一流、增效益”为主题内容的建功立业活动。

1990 年 7 月 24 日，天津港印发并实行《双增双节奖励办法》，目的是为了促进天津港增产节约、增收节支形成长效机制，保证港口的生产和效益逐年增长。《奖励办法》规定了奖励的统一指标条件，主要考核活动组织建设、发动职工参与情况和潜力挖掘的深度和广度；经济指标条件，规定了通信、电力、房产、建设公司和设施处、港口医院等单位的考核成本指标。《奖励办法》设定奖励标准，根据单位性质不同，奖励标准划分五档。《奖励办法》规定了双增双节奖励的评审程序；明确了主管部门分工考核。据统计，全年有 28 个单位组织开展了以双增双节为主要内容的劳动竞赛，参赛职工达 21400 多人，实现双增双节 1139.4 万元。是年，天津港各级工会紧紧围绕安全、质量、效益、纪律、现场管理五个重点环节，坚持抓好班组长岗位培训；普及 QC 管理知识；加强制度建设、标准建设和加强现场管理。坚持用先进典型示范引路。广泛开展了合理化建议和 Q C 小组活动，是年，全港有 11 个单位的 877 个班组参加了班组升级竞赛活动，有 438 个班组达到合格班组标准，232 个班组达到信得过班组标准，97 个班组达到先进班组标准。据统计，1989 年至 1990 年，全港建立 QC 小组 700 多个，取得局级管理成果 68 个，部市级管理成果 12 个。5400 名职工提出建议5200多条,采纳3500多条,累计创经济效益1个多亿。在12月17日,全国海员工会、交通部体制改革司联合召开的全国水运系统合理化建议、发明创造优秀成果表彰会上,天津港被评为合理化建议优秀组织单位,集装箱公司"集装箱码头散货装船工艺及卸货装置"项目获发明创造优秀成果奖,天津港"除尘系统中的静电危害及防护"项目获合理化建议先进成果奖,另有2个项目获技术进步优秀成果奖,8个项目获技术进步先进成果奖。

随着港口体制改革的深化,天津港的基层单位已经形成相对独立的经济实体,公司(厂)、车间(队)级劳动组织的作用越来越重要。为了加强管理,1991年1月14日,天津港印发《关于整顿车间(队)级劳动组织的方案》的通知,要求各基层单位按照方案对车间(队)劳动组织进行一次整顿。天津港各单位设置的车间(队),凡符合下列条件的,经主管部门注册登记后按车间(队)级劳动组织管理:(1)从事生产、经营或服务工作的一级劳动组织;(2)能够实行内部经济核算或有较完善的经济责任制;(3)具有一定的管理职能;(4)有一定数量的正式职工:一般车间职工人数应在100人以上(含100人);技术密集型车间必须以技术工人为主体,有一定数量的固定资产,职工人数在50人以上(含50人)。

1991年3月26日,为贯彻国务院、部、市的有关活动部署,天津港印发《1991年实施"质量、品种、效益年"活动实施方案》,要求各单位结合实际、组织落实。《方案》提出实现五个质量目标即货运量、安全、服务、工程和工作质量目标。五个经济效益目标即吞吐量超计划;实现利润2.3亿元;资金利税率和人均实现利润保持国家一级企业水平。争创市级企业管理"金帆奖",巩固"卫生港"成果等。《方案》提出落实质量目标的具体措施,提高业务人员素质;抓好装卸质量;搞好现场优化组合;深化全程质量管理;控制关键环节;健全信息系统。继续推行"五四"安全工作法。坚持开展优质服务月活动。4月11日,天津港党委印发《争创国家安全质量管理奖的宣传提纲》。为"贯标"创奖,天津港开展了广泛的质量教育和职工培训,拓展了多项服务、延伸服务和全过程服务,广泛开展了群众性的QC活动,全面加强了现场管理,完善了安全质量管理体系。5月4日,天津港工会印发《关于动员全体职工为争创国家质量管理奖作贡献的通知》,要求各级工会要做好广泛深入的宣传鼓动工作,围绕创"国奖"组织职工开展劳动竞赛活动。5月21日,天津市总工会颁布了《群众经济工作条例(试行)》,《条例》分为群众经济工作地位和作用、任务与方法、组织建设和基本制度,加强对群众经济工作的领导四个部分共20条。7月30日,为贯彻《群众经济工作条例(试行)》,加强对劳动竞赛的管理,更好地发动职工为"八五"计划作贡献,天津港工会和行政联合印发了《社会主义劳动竞赛管理办法(试行)》,对劳动竞赛的目的意义、竞赛范围、组织领导、竞赛方案的确定、组织推动以及竞赛奖金的来源和使用、劳动竞赛与年终评比的关系等,作出了明确的界定和具体规范。《办法》指出,"劳动竞赛是群众经济的重要方法。劳动竞赛以比赛为手段,以达到一定目标为目的、有组织的群众性生产实践活动。劳动竞赛的主体是广大职工群众。通过职工之间的'比、学、赶、帮'活动,激励广大职工发扬主人翁精神,以极大的积极性、主动性和创造性为全面完成各项任务作贡献"。《办法》规定,"劳动竞赛主要包括除专业达标、节能、安全生产日常考核以外的各种安全、生产、管理、服务、技术业务比武,系统工作竞赛等直接与生产、经营管理有关的比赛活动"。为进一步提高重点货类的装卸效率,是年9月,天津港劳动竞赛委员会开展了"比安全质量、比工班效率、创单舱口单作业线(局级)工班效率"短途社会主义劳动竞赛,这次竞赛主要以粮食、煤炭、散肥和集装箱装卸生产为重点,参加竞赛的包括五个装卸公司、集装箱公司和储运公司的1000余名职工,竞赛采取以装卸生产班组与相关联的机械、理货和业务员"一条龙"作业线集体参赛的形式,在25艘船舶的近百个(艘)舱口和作业线展开,并创出了粮食创割口玉米697吨、散装化肥灌包创702.5吨、煤炭创7600吨、核心班轮装卸集装箱创出了304箱的最好成绩。是年统计,全港有19个单位开展了劳动竞赛活动,参赛职工达4980多人。

1991年4月,全总第十一届六次主席团会议通过和发布的《关于动员全国职工广泛开展合理化建议和发明创造活动的决议》指出,在当前的形势下,"开展群众性的合理化建议和发明创造活动,要紧紧围绕双增双节的目标和任务,促进技术进步,提高技术素质和管理水平,提高经济效益和社会效益"。2月7日,交通部和全国海员工会联合印发了《关于深入持久地开展合理化建议活动的意见》。是年,天津港工会认真贯彻落实交通部和天津市关于开展合理化建议活动的要求和部署,组织职工广泛地开展了群众性的技改技革活动,征集合理化建议2920多件,采纳1141件,实施734件,创效益1470.8万元,有力地促进了港口生产效率和安全质量的提高。

四、天津港现代化建设，科学发展新时期的群众性生产经济技术活动(1992～2009年)

自1993年以来，港口吞吐量以每年1000万吨的速度递增，这在全国沿海港口的发展史上是罕见的。2001年天津港成为中国北方第一个亿吨大港，仅仅过了三年，2004年天津港成为中国北方唯一的两亿吨大港。2007年，天津港货物吞吐量突破3亿吨。组织职工开展群众性生产活动是天津港实现阔步发展的重要动力。科学发展新时期，工会紧紧把握搞好优质服务、提高货运质量、加快集装箱运输、加强文明生产、综合治理煤炭污染、开展环境年建设等港口工作不同时期的重点，组织职工开展了以“提高装卸作业效率、提升服务意识、加大揽货力度、创造优美环境”为主要内容的劳动竞赛，成效明显。天津港各级工会拓宽思路、创新载体、抓住发展中的重点、工作中的难点，加大融入力度，扩大活动规模，掀起一轮又一轮的“比贡献、创纪录、争一流”的高潮。

1992年，天津港工会的群众经济工作取得了新的进展。1月，天津港第七届三次职工代表大会审议通过《天津港1992年社会主义劳动竞赛方案》，3月23日，天津港职工劳动竞赛委员会召开全港劳动竞赛工作动员会，贯彻落实《天津港1992年度社会主义劳动竞赛方案》，就劳动竞赛工作作出部署，在全港开展了争创“最佳效率”前十名和“红旗车组”前十名劳动竞赛。各单位组织职工结合企业的实际情况，开展了多种形式的劳动竞赛活动。据统计，全年有17个单位组织职工21200多人参加了各种竞赛，实现双增双节649.1万元。进一步促进企业的生产建设的发展。为进一步加强对合理化建议工作的管理，天津港工会和科技处印发《天津港合理化建议管理办法》。3月份，在全局开展了“合理化建议月”活动，全年征集合理化建议5600多件，采纳1438件，实施746件，创效益1260.4万元。

1993年，天津港工会根据基层工会的要求，改变了指令性的定项目、定内容的劳动竞赛，并及时修改了《天津港劳动竞赛办法》。8个主要装卸单位的工会组织结合生产中的重点船和重点货类，开展了多种形式的劳动竞赛。据统计，全年有30个单位开展各种劳动竞赛390余次，参赛职工达14000多人，实现双增双节178.8万元。为天津港提前70天完成全年生产任务和突破3000万吨吞吐量奠定了基础。

1993年，天津港各级工会坚持以经济建设为中心，以“双增双节”工作为重点，充分调动广大职工的积极性和创造性，围绕技术改造，技术革新，新工艺、新材料的使用和生产经营中的难点，技术进步中的关键环节，群众性合理化建议活动更加广泛，采纳率和实施率有了新的提高，群众性技术活动在推进企业技术进步中发挥了重要作用。是年，全港3800余名职工投身合理化建议活动，提出合理化建议2738条，采纳790条，实施479件，创效益1428.9万元。

1993年10月，中国工会十二大指出，动员职工发扬艰苦创业精神，为国民经济上新台阶建功立业，要求引导职工以主人翁的态度从事劳动和工作，与企业共享利益、共担风险，使企业真正成为利益共同体；要继续搞好“双增双节”劳动竞赛、合理化建议、技术革新、技术协作等活动，为广大职工施展聪明才智提供广阔舞台。工会十二大以后，上级工会对群众性生产活动进行系列改革创新，群众性生产活动坚持了“立足基层，突出技术进步和提高劳动者素质，围绕企业生产经营活动重点、难点和薄弱环节开展活动，为企业参与市场竞争和提高经济效益服务”。

1994年4月，为贯彻国务院颁发的《合理化建议和技术改进奖励条例》和《天津港合理化建议和技术改进管理办法》，天津港工会印发了《关于深入开展群众性合理化建议活动的通知》和《关于1994年开展群众性合理化建议活动的安排意见》，就深入持久地开展群众性的合理化建议和技术改革活动提出了要求，进行了规范。《通知》的主要精神，要强化合理化建议活动的组织领导和管理；要搞好群众性活动的宣传教育；要确定和把握好合理化建议的方向；要控制好奖励标准，落实好奖励制度。《安排意见》提出合理化建议的方向：解决天津港所面临的货源不足、综合生产能力不够、资金不足等严峻形势。提出了六项具体内容：拓展货源渠道、开展优质服务、创新改进工具、双增双节、经营管理、借鉴引进先进管理和技术。10月7日，工会印发合建评比申报工作安排，规定了评比内容、申报条件、奖励标准。

1994年6月17日至7月4日，根据天津港八届一次职代会的《关于动员职工进一步端正港口行业风气，搞好优质服务的决议》要求，工会组织职工代表22名，检查天津港14个单位的行风。听取行风汇报；组织座谈会；现场实地检查；进行服务私访。经过检查，认为各单位贯彻落实了《端风决议》,领导高度重视,加强纠风的组织领导;搞好端风的宣传教育;加强了基础管理;发挥了职工的民主监督作用;贯彻端风决议,实现了三个转变:由一个部门抓转变为全体职工抓;由上级要求抓转变为自觉抓;由行政抓转变为党政群各部门一起抓。检查中,在计划安排、现场管理、提货手续、收费标准等方面发现了一些问题。

1995年1月19日,天津港工会印发了《关于认真贯彻天津港八届二次职代会"关于进一步强化企业管理的决议"的通知》。《通知》指出,"加速天津港发展,要走内涵扩大再生产、向管理要质量、要效率、要市场、要货源、要发展、要效益的重大决策,要调动广大职工和企业经营者的两个积极性来实现"。各级工会要配合行政,组织职工参与管理,积极投入到"转机制、抓管理、练内功、增效益"的活动之中,在全港掀起强化企业管理的高潮。《通知》要求,各级工会要紧紧围绕提高货运质量和安全生产,开展宣传教育,规范现场管理;搞好职工代表培训,提高参与企业管理的能力;配合行政推行ISO9000系列标准,规范岗位行为;针对管理上的漏洞,开展合理化建议,对发现的问题,号召职工从我做起,实行全员整改。为落实工会"关于进一步强化企业管理"的决议,从2月20日开始,历时四天,工会组织了以职工代表为主体的检查队伍一行18人,对24个基层单位进行检查,印发《检查通报》,通报了检查的情况。从9月25日开始,历时5天,组织职工代表进行第二次检查,第二次检查结合天津港开展的"十杯"竞赛,职工代表检查组着重检查了现场管理、机械管理、班组建设、文明生产、宿舍管理等方面。

1995年,天津港工会的群众性劳动竞赛主要是围绕天津港实现5000万吨吞吐目标开展,根据天津港"向5000万吨吞吐目标冲击"动员大会精神,竞赛划分两条线路即装卸单位和服务单位,竞赛分为三个层次,采取多项竞赛、主题与长期短期相结合的竞赛方式。重点抓好公司之间贯穿全年的长项竞赛,带动公司内部的单船、单舱口、高产日、红旗车、优质库场等内容的竞赛。在劳动竞赛中,工会和行政领导重视,劳动竞赛经费落实;各参赛单位结合企业实际,开展的竞赛针对性强;竞赛重点突出,长项与短途相结合,重点船、难点船效果好;工会采取"月检查、季评比、半年初评、年终总评"的办法推动竞赛的开展和优胜评定。是年,装卸一线单位开展劳动竞赛320多次,参与竞赛职工27500多人次;生产记录不断刷新,天津港实现了提前52天完成5000万吨吞吐目标。

1995年3月28日,天津港工会印发《合理化建议和技术改进工作管理办法》,对合理化建议和技术改进工作的目的、原则、内容以及组织管理、奖励标准和办法作出了规定。是年,共提合理化建议4800多项,实施1800项,实现效益2600万元。1995年至1996年统计,全港征集合理化建议8500多件,采纳3500多件,创效益3510多万元,兑现奖励近5万元。

"八五"期间,天津港各级工会发动广大职工以质量、品种、效益为重点,围绕加强企业管理、优质服务、生产建设等不同时期的工作重点,积极开展多种行之有效的劳动竞赛和合理化建议技术改进活动,进一步促进了天津港生产建设的发展。据统计,"八五"时期,全港有1名职工被授予全国劳动模范称号;2名职工被授予全国交通系统劳动模范称号;2人次被授予天津市特等劳动模范称号,12名职工和2个集体分别被授予天津市劳动模范和劳动模范集体称号;1名职工荣获全总颁发的五一劳动奖章;233名职工、28个集体、3个企业分别荣获市总颁发的"八五"立功奖章和立功奖状;2名职工荣获中国海员工会颁发的"金锚奖"。天津港3次被授予天津市"八五"立功先进企业并被评为全国交通系统先进单位。

1996年,全总提出"动员和组织亿万职工广泛开展争当新时期先进劳动者活动,为实现'九五'计划和跨世纪宏伟目标建功立业"等口号,使劳动竞赛更加适应社会主义市场经济发展的要求,更具时代特色。是年,全总会同国家经贸委召开第二次会议,从加强领导、完善激励机制等方面提出要求,总结推广了一批开展合理化建议和群众性技术活动的先进经验,推动建功立业活动的开展。

1996年3月13日,天津港工会印发关于贯彻天津港第八届三次职代会《关于动员全局职工加快集装箱运输发展的决议》的安排,《安排》指出,把集装箱运输发展工作放在突出位置,突破80万标准箱,对巩固天津港集装箱枢纽港的地位具有十分重要的战略意义。要想实招、鼓实劲,把决议落到实处。3月27日,天津港工会与东港海关、卫生检疫局、动植物检疫局、商品检验局等"一关三检"联手开展跨单位、部门的劳动竞赛,并签订了《振兴天津经济,加快集装箱运输,共保80万标准箱劳动竞赛公约》。各参赛单位通力合作,实行24小时申报,加快集装箱放行速度,并推行文明用语,公布监督电话,积极为客户提供一流的服务,为全天津港实现集装箱80万标准箱创造了良好的外部环境。1997年1月29日,天津港与市"一关三检"召开了共保80万标准箱劳动竞赛总结表彰会，大会表彰了40个先进个人和5个先进集体。是年，天津港集装箱完成吞吐量82万标准箱，超计划13.9%。

1996年3月28日，天津港工会印发《关于开展争创“岗位明星”和“九五”立功活动竞赛安排的通知》。开展争创、立功活动的目的是：确保天津港实现吞吐80万标箱和吞吐量再创历史最高水平，激励职工立足本岗为天津港吞吐量实现较大的突破作贡献。竞赛主要内容是“赛经济指标、赛劳动技能、赛职业道德”。竞赛的特点是分解生产指标，计分考核；开展技术比武，促进业务技能；实施系统工程，规范岗位管理。《通知》指出，为促进职工素质全面提高，开展此项活动是贯穿整个“九五”期间的工会基础性工作。7月1日，天津港工会印发《关于在第七次优质服务月中，开展装卸生产“创岗位名牌”竞赛活动的通知》。工会要求“创岗位名牌”竞赛活动要结合争创“岗位明星”和“九五”立功活动一起开展，以提高服务质量为目标，以客户满意为准则，以“四不准、六保证”为标准，以对外服务窗口为重点，抓好关键岗位、关键环节、关键职工，以点带面，创建单位名牌、工作名牌。是年，天津港工会在35个单位37个工种设立了119个“示范岗”，并制定了考核标准，预选了214名明星，建立了明星档案。全港开展竞赛65次，参赛的职工达到9000多人次。一线单位职工开展了单船竞赛、单舱破纪录竞赛、红旗车、五好库场竞赛；二线单位组织开展了为一线单位“保驾护航”的多种形式竞赛。

1996年，天津港合理化建议活动主要围绕生产建设、经营管理、技改技革和货源开发四方面内容，职工献计献策达3700多件，采纳1700多件，实施了700多件，可计算经济效益900多万元，兑现合理化建议奖励近5万元。是年，职工技协建立创新小组175个，取得成果89项，技术攻关108项，创经济效益100多万元。

1997年1月，天津港成功地接装了我国最大、最现代化，也是世界最先进的第五代集装箱船“鲁河”轮，标志着天津港的集装箱接装能力跃上了新水平。群众性劳动竞赛活动也再掀新高潮。

1997年3月11日，为迎接香港回归和党的十五大召开，天津港工会印发《1997年度争创“岗位明星”和“九五”立功竞赛的通知》。《通知》要求，在总结去年开展争创“岗位明星”和“九五”立功竞赛活动的基础上，1997年确定以“赛经济指标、赛劳动技能、赛职业道德、赛管理水平”为主要内容。同日，天津港工会还印发《关于深入开展群众性合理化建议活动的通知》，提出建议的内容，明确建议方向。要求各级工会要做好宣传、组织、收集、评审和兑现奖励工作，职工合理化建议质量、采用率明显提高。是年，全港征集合理化建议1700多件，实施440件，产生效益1370多万元，兑现“合建”奖励6万多元。各级工会职工技协创新小组达175个，860人参加创新活动，取得成果26件，技术攻关50项，创经济效益1374万元。

1997年4月2日，为贯彻天津港八届四次职代会“进一步加强文明生产，提高港口容貌水平”的决议，天津港工会印发《关于综合治理煤炭污染，提高港口容貌水平单项劳动竞赛活动的安排》。竞赛的目的是加强现场文明生产的管理和港口卫生环境的综合治理，严格控制煤炭污染。配合行政，竞赛以新港四号公路为重点路段，组织职工义务劳动。以班组、车间为基本单位，开展了单位容貌达标活动。是年6月2日，天津港工会印发《关于开展“庆七一、迎回归，保安全、创高效”单项劳动竞赛活动的通知》，竞赛活动以“保安全生产、保优质服务，创最高单船效率、单舱量，创最高工班量及高产日”为主要内容。重点是“两保”（保安全生产、保服务质量）、“两创”（创最高单船效率、创最高工班量）、“两结合”（结合安全生产情况、结合“讲贡献、比贡献、再作新贡献”）。竞赛主要是解决“重点船、难点货、保动态”，各级工会有组织、有方向、有计划地组织职工开展了劳动竞赛。据统计，6月份全港各单位工会组织竞赛36次，参赛职工达4800多人次，破纪录37项，装卸货物28万吨。集装箱公司开展“保核心班轮”竞赛11艘次，参赛职工500余人次，完成集装箱5900多标准箱。是年，全港完成货物吞吐量6235万吨，集装箱85.5万标准箱。开展劳动竞赛180次，参赛职工达25800人次，其中，“单船一条龙”竞赛119艘次，计划装卸天数150天，提前75天，装卸货物335万吨。

1997年12月，天津港党委和工会相继转发市总《关于动员和依靠全市广大职工为加快企业改革和发展作贡献的意见》。《意见》指出，深化国有企业改革，加快企业发展，需要发挥职工群众的集体智慧和力量。“要依靠职工群众参与企业经营管理，当家理财。围绕企业生产经营目标，广泛开展劳动竞赛、合理化建议、技术革新、技术协作和发明创造活动，组织发动群众参与企业技术改造论证、决策、设计和实施”，“通过建立机制、创造条件，使职工在企业管理中，有家可当、有财可理、有主可做。职工群众要强化现代管理意识，自觉遵章守纪，履行职责，注重质量，降低消耗，减少浪费，

天津港职工开展劳动竞赛前誓师场景

提高企业经济效益。”

1998年,受东南亚金融危机影响,天津港货源减少,各级工会针对港口生产的关键环节,从降低成本、提高效益入手,以货源开发为重点,开展了四条线劳动竞赛活动:在装卸、储存、运输、代理单位开展了“争创货源开发优胜单位”劳动竞赛;在集装箱装卸单位开展了争创“集装箱运输优胜单位”劳动竞赛;在装卸生产单位开展了争创“装卸生产优胜单位”劳动竞赛;在服务保障单位开展了争创“保障服务优胜单位”劳动竞赛。把开发货源确立为经营中的龙头,突出集装箱的货源开发,成立揽货机构(科室)50多个,投入专业人员80多人,分别在新疆、宁夏、青海、山西等14个省市和地区建立了揽货基地及揽货机构。全年共招揽货源500多万吨,集装箱16余万标准箱。开展各类劳动竞赛300多次,参赛职工近24000人次。是年,还开展了“学英雄、见行动、比贡献,为实现全年经济增长目标立头功活动”和“学、创、争”、合理化建议、双增双节、“算账对比”、女职工“双文明立功竞赛”等系列活动。在合理化建议和技术改进工作中,工会着力于“加强组织、规范制度、激励到位”与劳动竞赛相结合,全年共征集、采纳合理化建议近480项,其中有四个项目获局级重大建议奖,一项获市技协“为企业解难增效”活动一等奖,两项被评为全国交通系统职工技协优秀成果奖。兑现建议奖励4.8万元。实施的合理化建议200余项,可实现效益1500多万元;职工技协创新小组已发展到20个,取得成果570多件,技术攻关40项,创效益1200多万元。1998年4月,天津港工会印发《天津港劳动竞赛奖金提取办法》,从而进一步健全完善了对劳动竞赛的管理工作,有力地促进了劳动竞赛的开展。是年4月,工会还印发了《天津港合理化建议奖励办法》,《办法》重新规定合理化建议的奖项设立为“优秀组织奖、重大建议奖和最佳建议者奖”三项。

1999年,在适应“两个根本性转变”过程中,天津港工会提出了劳动竞赛要从体力型、粗放型向科技型、集约型转变;合理化建议要从单纯求数量向有针对性和提高科技含量上转变。围绕这一要求,各级工会深入开展了“赛货源开发,比揽货成效;赛降低成本,比增收节支;赛生产指标,比超额任务;赛质量管理,比优质服务”为主题内容的“四赛四比”劳动竞赛。在货源严重不足的情况下,为生产任务突破7000万吨作出了实际贡献,为天津港持续不断的发展发挥了积极作用。据是年统计,全港共揽货650万吨,集装箱13.7万标准箱。天津港工会开展劳动竞赛的经验在天津市职工为企业改革脱困献计出力推动会上作了介绍。是年3月5日,天津港工会印发《深入开展群众性合理化建议活动安排意见》。指出合理化建议的方向,解决天津港长远发展所面临的8条困难的对策;开发集装箱新货源,拓展港口功能、多元化渠道的改进良策;港口生产经营管理方面的创意;“双增双节”成效显著方面的建议;改造港口机械、装卸工艺、装卸工属具方面的创新和改进等六方面。是年据统计,全年共揽货650万吨,集装箱13.7万标箱。合理化建议2900余项,实施近800项,创效益1300多万元。技协组织技术攻关180余项,创效益368万元。

新世纪开始,我国进入建设小康社会并加快推进现代化建设的新的发展阶段。面对新形势,1999年12月,全总十三届二次执委会提出,在全国广大职工中广泛深入地开展群众性生产经济技术创新工程。要求各级工会要围绕“调整结构、转换机制、加强管理、创新技术、开拓市场、增进效益”,引导职工立足本职,学赶先进,争创一流,争作贡献,为推进国有企业改革和发展献计出力。2000年3月8日,天津港工会印发《关于深入开展合理化建议活动的通知》。《通知》明确了合理化建议的方向:对引进设备的改进和备件国产化替代;机构调整、制度改革、促进管理的先进方案、借鉴和推广国内外先进技术或管理方法;货源开发、功能拓展、生产效率提高的先进方案;“双增双节”效果显著的办法;转变行业风气的建议等六个方面。

2000年,根据市总开展百万职工技术创新活动的要求,天津港工会组织全港职工开展了技术创新活动。是年3月29日,天津港“万名职工技术创新”活动推动组召开第一次会议。与会人员对《天津港"万名职工技术创新活动"方案》提出修改完善意见。4月10日，天津港工会印发《天津港"万名职工技术创新活动"方案》的通知，启动了"万名职工技术创新"活动。在活动实施过程中，天津港各级工会坚持做到有目标、有措施、可操作、见成效。把增强港口科技综合能力作为主攻方向，把影响企业发展的技术难点、关键点作为活动的重点，把新技术、新工艺、新材料、新设备的消化吸收和老设备的技术改造、更新作为主要内容。确定活动总的要求是"四个为主"，即：技术创新，以我为主。注重发挥职工技术创新的主体作用，大力宣传"吃科技饭，走创新路"的重要意义，积极引导职工参与技术创新活动，通过开展"技术创新从我做起"大讨论活动，不断增强职工的责任感和积极性，把技术创新变为广大职工的自觉行动。点面结合，以面为主。既要发挥科技人员和攻关小组作为技术创新点的核心作用，又要注重职工全员范围参与的面，吸引职工广泛参与，人人投入。攻关项目，以本为主。注重发动职工用创新的意识，从自己身边找问题，把制约本单位、本岗位、本工序的技术难点、"瓶颈"作为技术创新的攻关项目。注重效果，以实为主。坚持把技术创新取得的经济效益作为考核活动效果的重要标准，注重技术创新活动取得的实际效果。坚持技术创新核心在企业，主体在基层，着力点在职工的思路，突出参与活动的群众性和广泛性。全港各级工会充分调动职工的内在动力，发挥广大职工的聪明才智，开展技术攻关和技术协作，使技术创新活动收到了实实在在的效果。职工队伍的整体素质有了显著的提高，一些闲置多年的设备，经过工人和科技人员的技术攻关和改造，"焕发了青春"，技术创新成果的应用，为提高港口装卸效率和经济效益发挥了重要的作用。据统计，全港有近万名职工直接参与了劳动竞赛、合理化建议、技改技革和技术攻关活动。同时还广泛开展了技能培训、岗位练兵和技术比武活动，开展技术比武90余次，参与人数达12000人次，占全港职工总数的60%以上；全港成立"五小"活动小组260多个，实施"小核算、小发明、小改革、小项目、小窍门""五小"项目458个，创经济效益397万元；实施技改技革946项，其中重大技术立项322件，累计创效1863万元；征集合理化建议2600多件，采纳1000余件，实施570余件，创效益2070多万元。通过开展职工技术创新活动，调动了广大职工的积极性和创造力，增强了职工的创新意识、创新能力，促进了企业技术进步，增强了市场竞争能力。

2001年，天津市百万职工技术创新活动进一步深化，市总提出技术创新活动要"扩大内涵、拓展领域、深化内容、为全市经济的跨越式发展建功立业"。是年2月15日，市总召开天津市百万职工技术创新活动表彰暨动员大会，大会提出，要大讲形势任务，激发广大职工投身技术创新活动的责任感、使命感；要明确用力方向，推动百万职工技术创新向纵深发展；要精心组织实施，务求取得实实在在的活动成效。天津港工会在大会上作为典型，做了"深化职工技术创新活动，实现亿吨大港跨越目标"大会发言。天津港万名职工技术创新活动从2000年开展以来，在活动组织上，各单位按照全港的统一部署，结合各自的实际，筹划方案，确定目标，层层发动，深入实施，形成了党委统一领导，行政全力支持，工会组织实施，职工踊跃投入的活动格局和创新热潮，吸引了两万名职工的广泛参与。在活动内容上，把增强港口科技综合能力作为主攻方向，把影响企业发展的技术难点、关键点作为活动的重点，把新技术、新工艺、新材料、新设备的消化吸收和老设备的技术改造、更新作为主要内容，不断促进港口技术创新和技术进步。各级工会充分调动职工的内在动力，发挥广大职工的聪明才智，开展技术攻关和技术协作，使技术创新活动取得了实质性成果，为促进企业发展作出了重要贡献。在活动方式上，把强化技能培训，提高职工的岗位创新能力贯穿活动的全过程。在加大职工业务培训力度的基础上，广泛开展多层次、多形式、多门类的岗位练兵、技术比武活动。全港有90%以上的职工被吸引到活动中来，"精一门、会两门、学三门"的复合型人才比例不断上升，涌现出一大批先进操作能手和技术明星，促进了职工整体素质的提升和企业竞争能力的提高。由于在活动中成绩显著，一批创新职工和集体受到表彰，天津港获"天津市百万职工技术创新"明星单位、天津港工会荣获"天津市百万职工技术创新先进单位"、港埠六公司荣获先进单位称号，3个班组荣获先进集体称号、24名职工荣获先进个人称号。

"九五"期间，天津港各级工会按照市总的统一部署，开展了以"经济增实力、企业增效益、职工增利益"为主要内容的"三增加"活动及"为实现'九五'计划献计出力、建功立业"为主题的立功竞赛活动，引导职工围绕实现天津港"两个根本转变"，紧紧围绕改革、发展、稳定的大局，充分调动广大职工积极性、智慧和创造力，根据不同时期的工作目标，抓住企业发展的重点、生产经营的难点和职工队伍素质的薄弱点，坚持立足基层、沉到班组、落实到岗位、重在实效的竞赛活动原则,开展了多种形式的立功竞赛和技术改进活动,为天津港的改革建设作出了贡献,同时也涌现了一大批先进集体和个人。据统计,“九五”时期,全港有1名职工被授予全国劳动模范称号;2名职工被授予全国交通系统劳动模范称号;1名职工被授予全国特级优秀人民警察称号;2名职工被授予天津市特等劳动模范称号;27名职工和7个集体分别被授予天津市劳动模范和劳动模范集体称号;1名职工荣获全总颁发的五一劳动奖章;195名职工、14个集体、1个企业分别荣获市总颁发的“九五”立功奖章和立功奖状;4名职工荣获中国海员工会颁发的“金锚奖”。天津港分别被授予天津市“九五”立功先进企业和全国交通系统先进集体称号,展示了天津港工人阶级的主力军作用和时代风貌。

2001年是“十五”计划的开局之年,为实现市委提出的“建成现代化国际港口大都市和我国北方重要的经济中心”的目标,加快港口建设,努力形成我国北方国际航运中心,围绕天津港十届一次职代会提出的确保完成吞吐量1亿吨,集装箱200万标准箱目标任务,天津港实施了“津港职工新世纪素质工程”,积极引导职工钻研业务,提高岗位技能,改善知识结构,使职工掌握更多的新知识、新技能。不断完善职工技术创新活动的内容,充分发挥工会组织优势,调动广大职工的积极性和创造性,为实现天津港的跨越式发展再立新功。是年3月19日,天津港工会印发《天津港2001年职工技术创新活动安排》,活动内容主要包括:实施津港职工新世纪素质工程;技术攻关活动;技术练兵和技术比武活动;合理化建议活动。

2001年3月14日,天津港召开确保亿吨大港劳动竞赛动员大会,就开展好确保亿吨劳动竞赛工作进行部署,以“确保亿吨吞吐量、集装箱200万TEU”和“保障服务”为中心工作,组织职工开展“冲击亿吨吞吐量”劳动竞赛、“冲击集装箱吞吐量突破200万标准箱”劳动竞赛和“保障服务”劳动竞赛活动,各单位工会围绕本单位所承担的任务和实际情况,制订竞赛方案,明确目标,分解指标,层层发动,各有关部门相互配合,认真落实竞赛措施。10月22日,天津港召开冲击亿吨大港劳动竞赛推动会,进一步推动竞赛活动的深入发展。是年,全港共开展各种劳动竞赛170余次,参赛职工达24000多人次。11月15日,天津港跨入了亿吨大港行列,成为我国北方第一个亿吨大港,并跻身于世界港口20强之列。

2002年,天津港工会贯彻落实上级开展“当好主力军,建功‘十一五’,和谐奔小康”竞赛活动的要求,围绕完成全年港口生产任务,开展了以“保装卸吞吐量(箱量),创揽货新纪录;保装卸生产优质服务,创最佳经济效益”为主要内容的“两保两创”劳动竞赛活动。各单位围绕劳动竞赛目标,精心组织,各显其能,采取“内抓现场,外保市场”,“走出去,请进来”和“保老拓新”等方法,开发新货源;采取“保核心班轮、保动态、保船期、保质量、保安全”等形式实现创高产;在队与队、班与班、组与组之间开展竞赛活动。各单位结合实际,充分利用自身优势,创新工作,打造品牌,开展多种形式的竞赛,如:“开辟新航线,招揽新货源”、“争创最佳服务窗口,争做最佳岗位标兵”、“打造精品航线,创造一流服务”、“做好安全避让,确保安全引航”、“开展契约竞赛,提升优服水平”等不同内容、不同形式的劳动竞赛。是年,全港开展各类竞赛290次,参赛职工达31000人次,招揽货源2500万吨,为天津港提前完成全年生产任务发挥了重要作用。是年,围绕天津港下达的各项经济指标,针对港口的企业管理、安全生产、货源开发、技术创新、节能降耗等方面问题,开展了以“立项、攻关、献计”为主题的合理化建议征集活动。着力抓了合理化建议的效益、科技、实用与可行性,同时加强了日常的建议征集。据统计,全年征集合理化建议2500多件,采纳1210多件,实施850余件,创效益近3500万元。在“万名职工技术创新”活动中,全港技术创新立项490余项,已实施项目458项,成立各种攻关小组290个,组织技术比武、岗位练兵150次,天津港有5个技术创新项目入选天津市百万职工技术创新百项技术成果。

2003年上半年,非典型性肺炎的疫情泛滥全国,天津港各级工会沉着应对,措施到位,超常投入,动员和组织广大职工群防群控,严防死守,积极投身防“非典”和港口建设的主战场,坚持一手抓防治“非典”不放松,一手抓经济建设不动摇。广大职工在这场没有硝烟的战役中发挥了群防群治和港口经济建设的主力军作用,全港各级工会和工会干部发挥了凝聚职工的先锋模范作用和稳定职工的主心骨作用。5月16日,为落实市总发出的《投身抗击“非典”斗争,推进我市加快发展的公开信》的“六个坚持、四个结合”的要求,天津港工会印发《关于动员职工抗击“非典”,为完成天津港生产任务再作新贡献的通知》,《通知》要求,一方面组织职工开展健康活动,要坚定战胜“非典”的信心;引导职工养成良好的卫生习惯;组织职工开展体育

天津港职工在进行岗位技术练兵

活动。另一方面要抓好生产建设，教育职工坚守岗位；引导职工学习先进；组织开展群众性的生产活动。是年，天津港各级工会组织职工全面开展了"群力攻克四关，力争四个实现"为内容的劳动竞赛。确定劳动竞赛的重点是货源开发、提高集装箱的装卸效率、攻克港口环境难关。竞赛秉承"创新作手段，长赛不断线，短赛攻关键"的宗旨，劳动竞赛中，工会引导职工内抓现场挖潜力、外抓市场揽货源、创新特色、打造品牌、建立"全天候、全方位、全过程"的服务体系。是年，天津港首次开展了"集装箱管理月"活动。据统计，各级工会组织各种形式劳动竞赛270多次，参加竞赛的职工近22000多人次，创效益4359万元。通过开展竞赛，加强了管理，改进了服务，提高了装卸效率，使港口的管理和服务迈上了新台阶。是年4月8日，天津港工会印发《天津港"金点子"方案》。启动实施"金点子"方案，就是把增强港口竞争力、技术创新能力作为工会群众性生产活动的主攻方向，把解决企业发展的重点、生产经营的难点、提高经济效益的关键点作为实施方案的着力点。鼓励职工围绕港口安全生产、货源开发、"北煤南移"、环境治理、技术创新等方面内容，"想实招、出实力、献金点子"。实施"金点子"方案自2003年4月至2004年1月，历时10个月。是年，全港共征集建议2960多件，采纳1400余件，创效益1.31多亿元。确立技术攻关、技术改造454多项，实施440余项，创效益3600多万元。

2004年，天津港各级工会组织紧紧围绕实现两亿吨生产任务，深入开展了"十五"立功竞赛活动和群众性经济工作，为天津港的加快发展和实现两亿吨生产任务作出了贡献。各单位围绕全年生产任务和劳动竞赛目标，结合本单位实际制定了切实可行的竞赛方案。充分利用自身优势，精心策划，周密组织，创造特色，打造品牌。一线装卸生产单位结合各自实际相继开展了"提高装卸效率，确保船舶动态"、"争创最高船时量、昼夜、月度最高箱量纪录"等竞赛。二线和后方系统根据企业特点开展了"防污染，环境治理"、"保障服务"等竞赛活动。集装箱取得了月创14.3万箱最高纪录，月吞吐量创造了1780.58万吨的历史纪录，全年累计突破历史纪录43项，创造出了一个又一个竞赛新高。由于各级领导高度重视，各级工会组织得力，广大职工积极参与，是年来，25个单位开展了199项不同形式、内容的劳动竞赛，有近两万人次职工参赛，19个单位荣获优胜组织单位，全港招揽货源3499.9万吨，为全年生产任务的完成发挥了重要作用。职工技术创新和合理化建议活动取得新的突破。各级工会围绕天津港下达的各项经济指标，针对港口的码头改造、设备更新、节能降耗等方面问题，广泛发动职工开展了以技术创新、技术改造和岗位练兵、技术比武为内容的"练内功、比技术、创实效"活动。25个单位提出技术创新项目370项，实施了290项，直接或间接创效达8579.7万元。271个班组开展"五小"活动229项，向市总申报53项，实施50项，实施率达95%以上，其中有10项获得专利。市总领导两次带队来天津港就职工技术创新工作进行专题调研，对天津港开展技术创新和总结先进操作法给予高度评价。天津港股份有限公司焦炭码头分公司的"焦炭专业化设备防磨损技术改造与应用技术"创新成果项目，成为天津市唯一一项入围的职工创新成果项目，并被评为全国职工优秀技术创新成果三等奖。在继续实施金点子方案基础上，天津港大力开展了职工合理化建议活动。各单位广泛发动，精心组织，公司领导带头响应，职工广泛参与，一年中全港提出"金点子"方案13件，实施9件；征集合理化建议2398件，采纳1208件，创效1200多万元，职工参与率达到了80%以上，实施率占50%以上。在"练内功、比技术、创实效"主题活动中，全港组织岗位练兵、技术比武105次，比赛项目120项，职工近6000人次参加，160名职工技术上等级。

2005年，天津港工会群众性生产活动实现新突破。工会组织开展了"确保集装箱完成480万标箱；确保吞吐量实现2.3亿吨;确保港口环境达到年度考核标准;确保服务质量再上新水平”为主要内容的“四确保”劳动竞赛。各单位利用自身优势,精心组织,创造特色,打造品牌,从传统的竞赛模式和思维惯性中解放出来,加大了融入力度和推动力度,拓宽了劳动竞赛的新领域,实现了劳动竞赛的新突破。30多个单位组织开展了各类不同形式、内容的劳动竞赛176项,参与职工近15000人次,刷新劳动竞赛纪录39项,为实现企业发展目标,顺利完成月度、年度生产任务发挥了重要作用。是年,天津港实现吞吐量2.4亿吨、集装箱480万标箱。职工技术创新活动取得新的成果。职工技术创新活动向全员参与、全方位实施的目标迈进,人员向不同职工群体扩展,内容由单一的技术型向塑造学习型、知识型、创新型转变。开展了立项攻关活动和提高职工技能的技术比武、技术练兵活动。举办了“天津港第三届集装箱装卸桥技能技术比武”大赛。集团各单位组织职工岗位练兵、技术比武105次,120个项目,有近6000人(次)参加,征集“金点子”方案22件,合理化建议2200条,采纳实施890条,创效1890多万元。技术创新项目370项,实施了330项,直接或间接创效达8579.7万元。其中有10项获得市的专利。是年12月8日,市总举办职工建设节约型社会技术创新成果展,展出了集实物、图片和多媒体形式于一体的百项成果。展览会上,对2005年度天津市优秀职工技术成果进行了表彰。天津港股份有限公司焦炭码头分公司《煤炭作业环保技术的应用与开发》项目获天津市优秀技术创新成果一等奖并作了典型成果汇报和展示。同时有2项成果获二等奖,2项成果获三等奖,6项成果获优秀奖。

“十五”期间,天津港工会不断将群众性经济技术活动引向深入,各级工会围绕港口不同时期的中心工作,拓宽思路、选准定位、创新载体、增强实效,充分发挥广大职工在加快天津港发展中的作用,先后开展了全局性的万名职工技术创新和职工素质工程活动,不断提高职工队伍的素质和自主创新能力以及港口的核心竞争力,为天津港吞吐量突破1亿吨、2亿吨发挥了积极的作用,作出了重要贡献。据统计,“十五”时期,全港有1名职工被授予全国劳动模范称号;5名职工被授予全国交通系统劳动模范称号;1名职工和1个集体分别被授予天津市特等劳动模范和劳动模范集体称号;19名职工和4个集体分别被授予天津市劳动模范和劳动模范集体称号;1名职工荣获全总颁发的五一劳动奖章;104名职工、26个集体荣获天津市总工会颁发的“十五”立功奖章和立功奖状;12名职工荣获中国海员工会颁发的“金锚奖”。天津港(集团)有限公司4次被授予天津市“十五”立功奖状并被授予全国交通系统先进集体称号。

2006年,天津港工会群众经济工作围绕生产中心,凝聚员工力量,群众经济工作成效更加显著。一是组织开展了以“努力提高生产效率,创一流装卸水平”为目标,以“学习孔祥瑞,争做新时期知识型港口工人”为动力,以“创装卸最高纪录;创货源开发最高增长率;创最佳服务质量”为主要内容的劳动竞赛活动。各级工会围绕劳动竞赛目标,结合单位实际确定了各自竞赛方案。充分利用自身优势,精心组织,创造特色,打造品牌,“内抓现场,外保市场”,“保核心班轮、保动态、保船期”等形式实现创高产,劳动竞赛屡创新纪录和月度最好水平。由于各级领导高度重视,广大职工积极参与,全年30多个单位组织开展了各类不同形式、内容的劳动竞赛,近1.5万人次职工参与;二是组织职工开展了技术创新工作,注重在建设节约型、生态型、环保型的港口中调动职工的积极性,针对码头改造、新泊位的增加、港口设备的更新改造、备件国产化、工具属具改造、港口互联网信息资源开发利用等重点问题,组织了适合港口装卸效率提高、增效节支的技术攻关立项确定工作。据统计,创新项目400多项,创效10万元以上的64项。向市总技协申报成果15项,上报2005年度优秀成果9项;三是结合“优质服务年”举办了“孔祥瑞杯”职业技能大赛。竞赛中,打破了天津港劳动竞赛纪录60余次,招揽货源近4200万吨;四是组织职工围绕安全、生产、经济效益指标及技术创新、技术改造、现代化信息网络管理、体制改革、“北煤南移”、环境治理、优质服务、节能降耗等重大问题,开展了“献一计出一招”合理化建议活动。据统计,全年征集合理化建议2340件,采纳1200余件,采纳实施率50%以上,建议活动提高了职工的参与意识和融入意识,建议的采用率和建议质量不断提高。

天津港工会始终把工会工作放到企业工作大局中去谋划、去分析,注重发挥工会组织的自身优势,在融入中心、服务大局中求作为。2007年,各级工会组织以“建功‘十一五’”竞赛为载体,以职工劳动竞赛和技术创新为有效形式,以促进港口发展为目的,开辟了群众性生产活动的新格局。开展了以“努力提高生产效率,积极拓展市场,巩固‘优服年’成果,不断改善港区环境”为目标,以打造“一流装卸效率;一流营销队伍;一流服务质量;一流港口环境”为主要内容的劳动竞赛活动。全年开展各种形式的竞赛活动200多次,参赛职工达31000人次,刷新生产纪录30多次,招揽货源2400余万吨。组织技术比武90多次,200多项,参赛职工7000多人次。围绕重点工程开展联合劳动竞赛。为抓好市重点工程建设,与中交一航局联合开展了“东疆港区北港池三期重点工程”劳动竞赛,3月14日,市委常委、市总主席散襄军出席竞赛启动仪式,并为竞赛活动授旗。在竞赛中,天津港工会主动与基层工会签订“五比一创”劳动竞赛包保责任书,参赛的单位结合项目特点,提出具体有特色竞赛主题,制定贴紧党政所谋、职工所需,具有针对性的竞赛内容和标准。以工程项目为纽带,建立集工程设计、施工、监理等为一体的多层次、全方位劳动竞赛考评机制,形成党委重视、行政支持、工会运作、职工参与的工作格局。是年,与中交天津航道局有限公司联合开展了“25万吨级航道工程”劳动竞赛,两项重点工程均被市总授予“工人先锋号”称号,同时在重点工程建设中涌现的一批先进集体和个人受到市总的表彰。以“学习孔祥瑞,争当新时期知识型港口工人”为重点,围绕提高港口创新能力和节能环保,积极开展丰富多彩的职工科技创新活动和节能减排活动,为促进港口经济发展方式转变,贡献智慧和力量。是年,征集合理化建议2380余项,实施1300余项,创效5000余万元。技术攻关立项目84项,已实施80项。全国劳模、天津港煤码头公司孔祥瑞被市总和市知识产权局授予天津市工人发明家,煤码头公司职工的技术创新成果《煤炭作业系统联动传输设备关键技术改造》被评为天津市十大创新成果和第二届全国职工优秀技术创新成果二等奖。

2007年,根据市总的要求,天津港各级工会开展了以创一流工作、一流服务、一流管理、一流效益、和谐团队为主要内容,以发挥榜样激励作用、争创先进团队为途径的创建“工人先锋号”活动,目的就是激励广大职工立足本职、勤奋工作、学赶先进、争创一流,充分展示在推进建设世界一流大港中的主力军作用。是年4月28日,市总作出《关于首批授予47个先进集体“工人先锋号”的决定》,天津港煤码头公司孔祥瑞操作队成为天津市首批“工人先锋号”集体。5月14日,全总副主席、第一书记孙春兰同志莅临天津港为“孔祥瑞操作队”授牌,并对天津港开展创建选树“工人先锋号”活动给予高度评价。8月20日,全总印发了《关于深入开展创建“工人先锋号”活动的实施意见》,明确了创建“工人先锋号”的基本条件和要求。11月21日,市总印发《关于授予第二批95个先进集体“工人先锋号”的决定》,天津港集装箱码头有限公司固修站零修工段荣获第二批天津市“工人先锋号”先进集体称号。12月10日,中国海员建设工会发出《关于表彰全国交通建设系统工人先锋号的决定》,天津港煤码头公司孔祥瑞操作队成为首届“全国交通建设系统工人先锋号”。在创建“工人先锋号”活动中,煤码头公司孔祥瑞操作队提出了“你出一份力,我出一份力,企业就会增活力;你解决一个难题,我解决一个难题,企业发展就没问题”。全队职工大搞技术革新、技术改造、课题攻关,解决了许多在生产中的难题。2007年完成吞吐量1892万吨,装载船舶884条,比2006年多装157条。完成技改技革18项,修旧利废31项,创效2000多万元。2008年4月,“孔祥瑞操作队”被全总授予首批全国“工人先锋号”称号,并在天津市庆祝“五一”劳动节大会上介绍了“创建”经验。2008年,天津港工会把“创建”活动与开展的优质服务迎奥运活动相结合。广大职工立足岗位,争创一流,特别是窗口服务单位职工,紧紧围绕着参与奥运,服务奥运,奉献奥运,广泛开展了多种形式的创建活动。天津港第五港埠公司固机队实现门机保养兑现率达到100%,设备完好率保持在98%以上,大型设备平均使用率达到80%以上。配合生产指挥部门推广“移泊作业法”和“单船效率倒算法”生产组织新模式,加大工班计划兑现考核力度,使公司综合小时效率由2007年的830吨增加到1316吨,提高58%,泊位占用率下降6个百分点,钢杂、设备接班开工时间由30分钟减少到20分钟以内,提升了装卸效率。日作业量突破15万吨,刷新了历史最好水平。千吨货在港装卸用时比2007年下降了25.64%,船舶装卸效率保持了全国领先水平。天津港工程监理咨询有限公司监理部承担了天津港奥运火炬传递路线沿线景观工程的建设任务。坚持预控为主,以创精品工程为目标,合理配置资源,合理安排施工工序,确保了各项工程如期完成。依照相关法规及规范标准要求进行监理,严格执行质量验收制度,做到了严把质量关,使各项工程质量均达到了较高水平,有效地保证了奥运工程的施工质量。2008年9月,市总又命名在服务奥运创建“工人先锋号”活动中涌现出的100个先进集体为“工人先锋号”集体。天津港第五港埠有限公司固机队、天津港工程监理咨询有限公司监理部2个先进集体被授予天津市“工人先锋号”荣誉称号。2009年4月,天津港集装箱码头有限公司固修站零修工段被全总授予全国“工人先锋号”称号。天津港各级工会积极开展创建“工人先锋号”活动的主要特点:

一是以强烈的主人翁责任意识、良好的职业道德和较高的技能水平,牢固树立技术创新意识和节能环保意识,积极总结推广先进经验;二是不断提高工作效率、管理水平和创新能力;三是坚持文明、优质、诚信的服务理念,积极开展服务创新,不断提高服务质量,努力为客户提供热情周到、规范满意的服务;四是坚持开展各种争先创优活动,在港口生产建设方面工作成绩突出,作出了积极贡献;五是坚持以人为本、科学发展,具有积极进取、奋勇争先,团结协作、和谐共进的团队精神。截至2009年年底,全港共有全国"工人先锋号"先进集体2个;天津市"工人先锋号"先进集体4个;全国交通建设系统"工人先锋号"先进集体1个。荣获"工人先锋号"称号的先进集体,在港口的建设中充分发挥了典型引路示范作用。随着影响力、凝聚力和感召力的提升,创建"工人先锋号"的参与范围,已从一线生产单位向全港多领域全方位扩展,得到了基层工会和广大职工的积极响应。"工人先锋号"已成为引导职工立足本职、爱岗敬业,刻苦学习、忘我工作,不断进取、甘于奉献的载体。

2008年,天津港工会坚持围绕中心服务大局。一是紧紧围绕天津港全年生产任务,组织广大员工深入开展了"赛操作技能,争创最高作业效率;赛招揽货源,争创最高开发数量;赛优质服务,争创最佳服务水平;赛文明作业,争创最佳港口环境"为主要内容的"四赛四争创"竞赛活动,在集装箱作业各单位开展了"比安全、比技能、比质量、比服务、比贡献,创先进操作方法、创最高设备完好率、创最高作业效率"的"五比三创"竞赛活动。举办了第五届"孔祥瑞杯"集装箱装卸桥技术比武,刷新了新的纪录,促进了全港集装箱装卸效率的提高。全年有27个单位组织410多次18700多人次参加的劳动竞赛,破两级纪录60多项,招揽货源6300多万吨。二是大力开展了职工技术创新和节能减排工作。以天津港开展的"创新年"活动为契机,发动职工为改革创新"想金招、献妙计、出实力",提"金点子"。开展"我为港口节能减排献计献策"活动。是年统计征集合2250件,采纳820余件,其中3件被全总评为全国职工节能减排优秀合理化建议;组织职工参加了"节能减排知识答卷"活动;工会协同行政联合举办了集装箱作业节能比武活动;开展提高效率、增收节支、节能减排等技术攻关工作,符合10万元以上的立项78项,全部完成,创收2890多万元;组织了技术创新成果认定申报工作,有5个单位共上报了9项技术创新成果。

为应对国际金融危机严重冲击,维护改革发展稳定的大局,完成"十一五"规划目标任务,推进全面建设小康社会的任务,2008年12月30日,全总第十五届执委会第二次会议作出了《关于在全国职工中广泛开展"同舟同济保增长,建功立业促发展"竞赛活动决议》。2009年1月15日,为落实中央经济工作会议精神和全总十五届二次执委会会议精神,在促进经济平稳较快发展中发挥工人阶级主力军作用,市总印发《关于在全市职工中广泛开展"同舟共济保增长,建功立业促发展"竞赛活动的实施意见》。《意见》指出,各级工会组织要突出竞赛主题,充实竞赛内容;加强领导,合力推动,为指导竞赛活动的广泛、深入开展提供组织保障;《意见》要求,要制订详细的竞赛方案;要精心组织好竞赛活动;要深入基层做好"三为"服务;要做好竞赛活动中的宣传工作。是年5月,全总印发《关于广泛深入开展社会主义劳动竞赛的决定》。《决定》指出,劳动竞赛是工会服从服务于党和国家工作大局的重要举措;要掀起"同舟共济保增长、建功立业促发展"劳动竞赛新热潮;要以创新求实精神推动劳动竞赛不断向广度和深度发展;各级工会要把组织开展劳动竞赛作为一项长期战略任务,列入重要议事日程,切实做到思想上高度重视、组织上加强领导、工作上扎实推进,尤其要采取有力措施,从实际出发,深化竞赛主题,突出竞赛重点,创新竞赛载体,完善竞赛机制,不断扩大竞赛覆盖面,最大限度地把企事业单位及其广大职工吸引和组织到竞赛活动中来。

2009年2月3日,天津港工会印发《2009年员工劳动竞赛方案》。《方案》附有《各项劳动竞赛基本考核指标及评选办法》。为深入贯彻市委九届五次全会精神,进一步落实市委提出的"保增长、渡难关、上水平"的目标要求和天津港"四确保、四拓展、四加强、两提升、一深化"的总体工作思路,充分调动全体员工的工作主动性、积极性、创造性,应对危机和挑战,抢抓机遇,促进港口平稳较快发展,努力实现天津港全年各项力争目标,天津港劳动竞赛委员会决定在全体员工中开展围绕以"同舟共济保增长,建功立业促发展"为主题,以"提升工作技能、争创一流水平,开拓内外市场、争创最佳业绩,深入内部挖潜、争创最大效益"为中心的劳动竞赛活动。《方案》提出"提升工作技能、争创一流水平"、"开拓内外市场、争创最佳业绩"劳动竞赛的具体竞赛内容与竞赛形式。是年,天津港有38个公司组织近200次各类劳动竞赛,参加职工18700余人次,破纪录22项,招揽货源2035万吨。技术创新方面,发动职工,开展“我与企业共兴衰,我为企业作贡献”为主题的“合理化建议月”和“应对危机献良策”、“增收节支献千元”等系列活动,参加活动的职工达3270余人,共征集建议2770余件,采纳780余件,实施510多件,创效益达1190多万元。开展群众性发明创造、技术革新、技术攻关活动,在班队车间开展以“小核算、小发明、小改造、小项目、小窍门”或“小改革、小发明、小改造、小设计、小建议”为主题内容的“五小”活动。17个单位立项55项。是年,天津港被授予天津市节能减排企业行动示范基地称号,10名劳动模范被聘为“天津市节能减排义务监督员”。工会还组织开展了“庆祝新中国成立60周年,百日劳动竞赛”活动。竞赛中,工会在抓好提高装卸作业效率的同时,注重引导班组车间职工做好优质服务、节能降耗工作。

2009年,为落实天津港7月9日提出的“全面提速东疆港区的项目建设工作,努力实现明显起色、大的转变”的工作部署,天津港工会决定在东疆建设开发公司、监理公司、建设公司、邮轮母港筹备组、杂货码头筹备组,开展以“加快东疆港区开发建设,确保全年工期如期完工”为主题的劳动竞赛。7月21日,天津港劳动竞赛委员会与东疆开发公司、邮轮母港筹备组、件杂货码头筹备组签订了《竞赛协议》。经过参赛单位广大职工的努力和各相关单位密切协作,是年,物流加工区一期工程、天津港国际邮轮码头工程(水工部分)、天津港北港池杂货码头工程(西侧两个泊位)如期完工。

“七五”、“八五”、“九五”、“十五”、“十一五”期间,天津港工会组织职工开展多种形式的“建功立业”活动,天津港涌现出一大批先进集体和模范人物。同时,天津港工会组织开展了弘扬先进,宣传劳模,学习劳模的系列活动,用榜样的力量激发职工投身港口生产建设的激情,发挥先进团队的带头效应,提高职工队伍的整体素质。改革开放30年来,天津港有闫长林、刘庆祥、于江、祁虎、孔祥瑞、李伟6人次被授予全国劳动模范称号;有18人被授予全国交通系统劳动模范称号;3个企业被授予全国交通系统先进集体称号,天津港4次被授予全国交通系统先进集体称号;有1人被授予天津市最具影响力劳动模范称号;4人次被授予天津市特等劳动模范称号;108人次被授予天津市劳动模范称号;53个集体被授予天津市劳动模范集体称号。天津港两次荣获全国五一劳动奖状,有5人次荣获全国五一劳动奖章;842人次被授予天津市立功奖章;天津港有10次、116个集体被授予天津市立功奖状;26人被授予中国海员建设工会“金锚奖”。

2001~2009年天津港生产情况一览表

年度 \ 增幅	吞吐量(亿吨)	增幅(%)	集装箱(万标箱)	增幅(%)
2001	1.13	18.1	201	17.7
2002	1.29	13.5	240.8	19.7
2003	1.62	25.4	301.45	25.2
2004	2.06	27.4	381.6	26.5
2005	2.40	16.7	480	25.8
2006	2.58	7	595	23.9
2007	3.09	20.1	710.2	19.3
2008	3.56	15	850	19.7
2009	3.80	7.1	870	2.4

天津港工会开展群众性生产活动的经验:一是坚守“党委的工作中心就是工会的工作中心”的工作原则,按照党在不同时期的工作方针和工作重点,围绕天津港生产经营和建设发展这一中心,及时调整活动内容。二是坚持两个维护的统一,通过调动职工的劳动积极性,保证天津港生产经营发展的利益,从而实现保证职工个人的经济利益。三是处理好创新与发展的关系,在继承中创新,在改革中发展,不断拓宽活动的领域,丰富活动的内容。四是广泛参与与示范带头相结合,职工参与的广度、力度与深度是活动的成效的关键,先进人物群体的示范带头作用激发了职工赶超的热情,职工整体水平的提高,又激励了先进人物的进步。五是发动群众要充分、主攻目标要明确、活动条件要保证、建议处理要及时、成果奖励要兑现。

天津港开展群众性生产经济技术活动的特点:一是坚持思想政治工作的先导性,群众性生产活动不脱离当时政治运动、路线教育和职工的思想政治工作,通过竞赛,职工自我教育,解决先进与落后之间的矛盾,通过学超帮带,和谐了职工间的合作与协作关系。二是不脱离生产经营主线的方向性,围绕天津港不同时期的工作重点、中心任务或生产指标组织开展各种活动。三是群众性生产活动的多元统一性,生产活动主要包含劳动竞赛、技改技革和合理化建议,活动既有各自特点又交叉融合,相互影响。四是活动的群众性和广泛参与性,劳动竞赛由装卸一线单位扩展到二线服务单位和机关科室,没有竞赛的死角。五是职工群众性生产活动的与时俱进性,社会在发展、科技在进步,竞赛由拼体力、增强度、延长时间、改革简陋的工具,提高为改善劳动组织、改进生产过程、创新工具和操作方法,以提高生产率,再提高到运用现代管理的系统、信息和控制等理论,通过科学的生产组织来实现效率和效益型港口,生产由粗放型发展为集约型,生产运动也由简单体力型发展为科技智慧型,再发展为现代管理型,通过扩大港口的生产力,创造和谐的生产关系、利益关系,不断提高群众性生产活动的效能。

第二节 劳动保护工作

加强劳动保护,保障职工在生产过程中的安全和健康是我国的一项基本国策,是社会主义企业管理的一项重要内容,是发展社会主义国民经济的重要条件,党和政府高度重视劳动保护和安全生产工作。在党的领导下,工会劳动保护监督检查工作从无到有,逐步建立并完善了从立法、监督、管理、教育、科研等各方面发展的工会劳动保护监督检查体系,在维护职工群众的生命安全和卫生保健方面取得很大成绩。天津港各级工会组织一直把保障职工的安全和健康作为工会的重要职责,作了大量的群众工作。1985 年以前,工会的安全工作主要是配合行政开展工作,1985 年开始,贯彻中央"国家监察、行政管理、群众监督"的安全体制和全总颁发的工会劳动保护"三个条例",天津港工会决定各级工会均由主席分管安全工作,并参加安委会。各级工会开展群众性的劳动保护主要内容,一是开展多种形式的安全教育,如举办安全展览、放映影片和录像、组织安全知识竞赛、开展"一遵两反三无"为内容的百日安全无事故竞赛。二是组织职代会安全检查组,经常进行安全检查,依据职工反映,工会进行安全专题调查。三是建立工会劳动保护组织体系,独立负责地开展工作。天津港 1985 年开始逐步建立了三级劳动保护监督监察组织,并把此项内容列入"职工之家"考核内容。1985 年统计,全港 13 个基层单位工会建立了劳动保护委员会,175 个车间工会建立了劳动保护小组,1127 个生产小组建立了劳动保护监督员,初步形成了组织体系。工会劳动保护监督检查组织建立后,为更好地开展工作,工会组织了业务培训,组织了安全检查,加强了安全信息反馈工作。

新中国成立后,党和国家决定劳动保护工作由工会主管。天津港的搬运工会组织为加强对劳动保护工作的领导,指定专人负责,按期检查、总结,不断同无视装卸工人安全健康的现象作斗争。1950 年 6 月,中央人民政府颁布《工会法》,规定"工会有保护工人、职员群众利益,监督行政方面或资方切实执行政府法令所规定的劳动保护"。"贯彻工厂卫生与技术安全规则以及其他有关之条例、指令等,并进行改善工人、职员群众的物质生活的各种设施之责任"。中央指示工会,"对于企业中的劳动保护工作,尤应迅速建立劳动保护群众监督制度。工会要监督企业行政正确执行国家有关安全技术、工业卫生等法令,正确使用改善职工劳动条件的国家拨款"。8 月 10 日,天津市总工会颁布了《关于工厂卫生暂行条例》,旨在保护工人健康,预防疾病,提高生产效率而制定,适用于一切公私营工厂企业。条例共 66 个条款,是一部较为全面的工厂卫生规章制度。8 月 11 日,市总和市人民政府劳动局联合发出关于《加强公私营企业劳动保护工作》的指示。在《工会法》得到贯彻以后,天津港的搬运工会组织普遍建立了劳动保护委员会,并积极监督和帮助行政领导加强或改进安全保护措施。

20 世纪 50 年代初,随着整个革命形势的发展,劳动保护工作已经成为企业行政和工会组织工作中一项重要内容列入正常议事日程,尤其通过抗美援朝和民主改革等各项政治运动之后,劳动保护工作客观上已成为工人是否已经当家做主的重要标志。这一期间,国家颁布了一系列有关劳动保护工作的法律法规,为工会开展劳动保护工作提供了法律依据。1951 年 1 月 27 日,中国海员工会筹备委员会拟订《海员劳动保护暂行办法(草案)》。全文 24 条,包括卫生设备、安全设备、工时假期、伙食问题、劳动保护的监督教育等规定。2 月 23 日,政务院发布《中华人民共和国劳动保险条例》,该条例实施范围暂定为:"(1)职工人数在 100 人以上的国营、公私合营、私营以及合作社经营的工厂、矿场及其附属单位与业务管理机关;(2)铁路、航运、邮电的各企业单位及附属单位。"该条例规定的保险项目有:疾病、伤残、生育、养老、死亡。这个条例的发布,标志着新中国劳动保险制度正式确立。3 月 1 日,工人开始享受劳动保险待遇。10 月 22 日,中国海员工会筹备委员会制定关于放手发动群众彻底进行民主改革的方案,方案第四方面提到,改革要与实行《劳动保险条例》工作相结合,在充分发动群众的基础上,进行检查登记工作,保护工人享受劳保条例的政治权利。是年,天津港工会及搬运工会组织开展了宣传贯彻《劳动保险条例》工作,进行了劳保卡片的登记工作，不少职工家属开始享受劳保条例的相关待遇。

1952年7月底，劳动竞赛委员会发布“加强劳动保护工作的指示”，随之各企业、各生产系统开展了安全卫生大检查活动。通过安检活动，企业领导提高了对劳动保护的认识，克服了职工中长期存在的麻痹蛮干思想，使职工认识到这种思想是造成工伤事故的重要原因之一。12月，第二次全国劳动保护工作会议传达了毛泽东主席对劳动部《三年来劳动保护工作总结与今后方针任务》报告的批示：“在实施增产节约的同时，必须注意职工的安全、健康和必不可少的福利事业。如果只注意前一方面，忘记或稍加忽视后一方面，那是错误的。”会议根据这个指示，全面总结了国民经济恢复时期的劳动保护工作，进一步阐明了“安全为了生产，生产必须安全”的安全生产方针。为实现这一方针，会议提出必须实现劳动保护工作“四上”和“四化”，即从思想上、设备上、制度上、组织上加强劳动保护工作，达到劳动保护工作的计划化、制度化、群众化、纪律化。它为新中国经济建设时期的劳动保护工作指明了方向，开拓了道路。会议还拟定了《加强劳动保护工作的决定》《工厂安全卫生条例》《保护女工暂行条例》《工时休假条例》等文件草案。是年，针对码头装卸是工伤事故多发行业，天津搬运公司成立了保安科作为劳动保护组织机构，为今后劳动保护工作的推动，打下基础。天津港塘沽办事处、轮驳队、河西码头作业区、河东码头作业区等单位开展了安全卫生大检查，通过安检活动，改善了设备，建立了制度，对不适宜本岗位工作的职工督促进行了调岗和休养，避免或减少了工伤事故。

1953年开始，第一个五年计划期间，我国劳动保护得到较为全面的发展，劳动保护纳入法制管理的轨道。我国第一部《宪法》对劳动保护作了具体规定。各级工会组织开始把劳动保护工作作为劳动竞赛和评选先进条件的重要内容，发动职工自下而上地订立操作规程，建立规章制度，将劳动保护工作纳入车间、班组生产计划。各单位在劳动保护委员会的督促和帮助下，采取相应的措施，增添了防护设备，改善了劳动条件。是年3月，天津港劳动保护科成立，这是天津加强劳动保护工作、贯彻安全生产统一方针的重要措施。是年7月24日，市劳动局拟订《天津市保护女工暂行条例(草案)》《天津市人民政府关于工厂企业限制加班加点的暂行规定》《天津市搬运工人安全卫生暂行办法(草案)》。8月11日，劳动部公布《关于厂矿企业职工安全教育工作的规定》。8月23日，经政务院财政经济委员会批准，劳动部发布《关于进一步加强安全技术教育的决定》，对厂矿、工地的工人以及从事危险性工作者的安全教育进行了规定，明确了各级领导对安全教育所负的责任。是年，根据上级的指示，天津港各单位广泛开展了安全卫生运动和职工安全教育活动。为进一步加强对港口工人的安全生产教育，8月，在天津港召开第一次职工代表会议期间，天津港工会筹委会举办了港湾作业展览会，运用展览会的形式，通过实物和真人真事，进行生动、深入透彻的宣传教育，学习和推广先进经验，吸取生产中安全质量事故的教训，更好地贯彻作业计划。在天津、塘沽、秦皇岛三个港区展出，观众达8400多人，效果显著，影响较大。各基层单位也结合实际开展了多种形式安全生产活动。天津港轮驳队开展了“安全运转月”活动。该活动结合劳动竞赛同时进行，“安全运转月”活动主题是“安全运转跑红旗”，以船舶安全航行为主要竞赛内容，轮驳队共有船舶40艘，开展竞赛获得红旗的33艘(占82%)。河西作业区在开展红旗竞赛的过程中，为加强安全质量，减少工伤事故，结合行政提出的“七查”要求，工会举办“安全装卸推广先进经验图片展览会”，这次展览利用自制图片和实事实物，通过身边的事、身边的人教育职工，职工受教育感觉深刻，在天津港产生很大影响。

1954年，天津港的安全形势严峻。“半年来，共发生工伤事故140余起，损失2100多个工作日，损失工资及医疗费14800万元。”5月4日，天津港召开第二次职工代表会议。大会特别强调，要加强职工的安全质量教育，杜绝忽视安全、违规作业，要求各级工会定期检查生产小组的安全生产。天津港第二次职代会决议指出，“要坚持安全与生产相统一的方针，既反对麻痹大意忽视安全，又反对恐惧胆怯，不顾生产任务，推行贯彻操作规程、检定工具、加强生产中的劳动纪律等具体措施，既保证安全又要提高效率地完成生产任务。”全港职工响应职代会的号召，贯彻“安全生产相统一”的方针，在生产委员会的带领下，开展了全港“安全生产大检查”。职代会后，轻伤仍不见少，不遵守操作规程，超负载作业和麻痹大意现象仍然存在。天津港工会大力贯彻过渡时期的总路线宣传，进行了生产目的性教育，在职工中普遍树立了注意安全和全面完成计划的观念，建立了小组各项制度，确定了船前、船后、生产、生活四种小组会议制度，训练了小组长，树立了面向生产的思想，批判了不团结现象，开展了消灭事故的各项活动，并建议行政制定了操作规程及小组安全责任制。各级工会通过开展典型事例教育,纠正了单纯追求装卸数量和装卸效率,忽视作业安全的麻痹思想和轻视安全操作的工作态度,扭转了没有统一操作规程和缺失工具安检制度的安全严峻形势。普查了天津港的机械、工具、设备设施;在检查过程中,增添了安全保护设施、装备,改造了不安全工具,整改了绝大部分安全普查中发现的问题,明确了生产计划与安全生产同时布置的安全职责;制定了岗位杜绝事故的办法与措施;下半年,陆续建立、修订了18个工种的操作规程,制定了工具负荷负载安全标准;新港、天津作业区还组织了纹车、看钩等训练班,提高职工的安全技能。各级工会安全宣传到现场,用高音喇叭宣传安全操作规程和提示安全注意事项;工会加强职工安全思想教育,纠正了"生产是战场,哪能不受伤"的错误认识;增强了"安全第一"的安全意识和安全责任感。建立天津港安全生产委员会,在基层作业单位设置了专职安全干部,装卸队设立了安全员,截至年底,全港有安全员350余名。三季度,天津港将劳保科干部派到工会,领导开展劳动保护工作,主要解决"高温"、"撒漏"、"触电"以及协助行政贯彻落实"安全操作规程"等工作。

1955年3月,全总召开了第一次全国工会劳动保护工作会议,着重研究解决各级工会组织加强劳动保护机构建设问题。会议还起草了《工会群众安全检查员暂行条例》。同时,交通部和中国海员工会筹委会联合召开第一次航运劳动保护会议。会议要求,航运企业行政和工会要深入检查本单位劳动保护工作情况,批判企业经营管理上忽视安全的资产阶级思想,大力贯彻交通部即将颁布的安全责任制,制订和弥补安全劳动技术保护措施计划,试行签订劳动保护协议书。工会组织必须建立和健全劳动保护组织机构,经常向职工进行遵守操作规程与劳动纪律思想教育,总结推广先进经验。是年,天津港各级工会组织根据上级的指示精神,普遍深入地开展了安全教育,如安全卫生活动日、安全座谈会、安全质量展览会,特别是5月份开展了全港安全质量大检查。在第三季度,召开了由工人代表以及有关单位、货主座谈会,揭发和批判了"重生产、轻安全,重数量、轻质量"的错误思想,初步建立了安全生产统一的思想。通过发动群众进行安全质量大检查和冬防、高温、锅炉等专业性检查,采取了边检查、边解决的方法,揭发、解决安全生产质量问题1650件。建立健全了一些必要的规章制度,保证了安全工作的经常化,使工伤事故发生率进一步下降。

1956年5月25日,国务院发布了经第29次全体会议通过的"国务院关于发布《工厂安全卫生规程》《建筑安装工程安全技术规程》和《工人职员伤亡事故报告规程》的决议"(简称"三大规程"),着重解决企业中带有普遍性的安全卫生设施规范问题。不久,全国总工会发出了《关于工会组织实施工人、职员伤亡事故调查、登记、统计、报告规程的决定》,进一步明确了工会劳动保护工作的权利和义务,形成了系统的上报事故程序。《决定》提出:在调查事故处理中,要"三不放过"(事故原因、接受教育、防范措施);对新建、扩建、改建工程,要上级工会直接参加验收;工会劳动保护组织建设中,将劳动保护、劳动保险、职工生活"三保合一"的工作委员会改为单一劳动保护委员会。是年,天津港工会贯彻交通部航务劳动保护会议精神,按照全总关于进一步开展签订劳动保护协议书工作的指示,与行政签订了《劳动保护协议书》,同时不断改进职工劳动条件,加强对职工的安全生产教育,组织开展了"百日安全无事故运动"。与行政签订的《劳动保护协议书》中涉及亟待解决的内容70多项,至年底落实解决了55项,对保证安全和改进职工劳动条件起到了一定作用。围绕安全技术、规程制度、工业卫生三个方面进行了安全卫生大检查,采取了边检查边解决的方式,共检查出问题229件。在"百日安全无事故运动"中,新港、塘沽作业区、轮驳队开展得比较深入,这些单位总结并推广了安全工作先进经验,如塘沽作业区装卸七队总结了900天无事故的经验,推广了新港作业区工会劳保检查员李文考的工作经验等。在运动中还修订完善了一些操作规程和安全生产检查制度,如轮驳队的《司炉员统一操作法》;工程队的《潜水安装操作规程》等。另外还加强了防暑降温工作,轮驳队在锅炉舱安装了13台送风机;在33艘驳船上搭设了凉棚;作业区候工室安装了电风扇;为露天作业工人发放2823顶草帽,为装卸工作提供清凉饮料等。

1956年12月,天津市工会联合会召开劳动保护工作会议,指出进一步加强群众劳动保护工作,防止伤亡事故的几点意见:一是继续贯彻安全生产方针,树立依靠群众搞好安全生产的思想;二是监督和协助行政认真贯彻三大规程,签订劳动保护协议书,进一步改善劳动条件;三是建立和健全安全生产规程制度,加强安全教育。同时会议对各级工会组织提出要求,一是健全组织,树立必要工作制度,发挥集体领导作用;二是培养和依靠积极分子;三是加强群众监督教育,发挥群众监督作用。

1957年,天津港工会认真贯彻市社会劳动保护会议精神和《劳动保护协议书》,要求提出"管生产的必须管安全";严格控制加班加点;班组开展安全卫生活动日活动;组织学习安全操作技术;利用大字报、黑板报、广播,宣传贯彻安全生产制度、操作规程;在教育方面提出新工人、日常、定期、特殊工种等四种教育内容。是年,工会协助行政履行《劳动保护协议书》规定的113项整改内容,改善了职工生产环境和劳动条件。贯彻劳动部1956年7月试行的《关于装卸、搬运作业劳动条件的规定(草案)》和中央交通部颁发的《关于减轻港口装卸工人劳动强度的初步方案》,工会与调度、劳资等部门多次协商研究,对工人一次肩运包装货物不超过80公斤的限制问题;关于扩大劳动组织问题;关于工人休息日的规定问题;关于航运作业工间休息问题;关于工人在港时间参加社会活动问题等达成了贯彻意见。

1958年,在"大跃进"的口号下,一些企业出现不按客观规律办事、冒险蛮干的现象,各种规章制度遭到破坏,企业出现忽视劳动条件改善问题,伤亡事故率大幅上升。是年3月31日,中共中央发出《在生产高潮中应当控制劳动强度的通知》,指出,"工人、农民自觉自愿地提高劳动强度是好的,但要有适当控制;要教育工人、农民注意改进技术、改进工具、改进操作方法,不要单纯过分地依靠提高劳动强度来达到目的;要认真地注意安全生产,采取加强各项必要安全措施,力求一切可以避免的伤亡事故。"9月,全国第三次劳动保护工作会议提出,要采取多种措施,做好劳逸结合,开展技术革新,督促企业改善劳动条件,力争避免一切可以避免的伤亡事故和职业病,以促进生产的顺利发展。12月10日,中共八届六中全会《关于人民公社若干问题的决议》指出了劳逸结合问题,并在安全生产上指示,"必须着重注意安全生产,尽可能改善劳动条件,力求减少和避免工伤事故。"是年,天津港工会认真贯彻国家的安全法规和上级关于安全生产的指示精神,对本单位的安全技术、劳动保护措施实施情况进行了检查;协助行政狠抓了夏季防暑、冬季防滑、防伤等季节性的劳动保护工作,解决了一些带有普遍性的问题。同时积极总结推广先进生产经验,上半年推广了15项带有实效性、针对性的经验。如新港、塘沽、天津三个作业区针对生产上事故多,质量差的关键,以及个别货类由于操作不熟练完不成定额的情况,总结推广了小组安全生产经验,矿石操作、安全搞车、包子货统一操作等先进经验,大大提高了效率,保证了安全生产。

1959年,天津港认真贯彻第三次全国劳动保护工作会议精神,坚决贯彻安全生产统一的方针,发动群众大搞群众安全生产运动,根据上级党委、工会的指示,全年开展了四次声势浩大的安全大检查,检查出有关设备、教育、劳动组织搭配等不安全问题4000多件,暴露出各个生产环节上的不安全因素。截至1959年年底,95%不安全问题得以解决,其余5%涉及材料技术等问题列入1960年计划解决。大检查过程中,组织职工大鸣大放大揭发;推广了安全先进小组的先进经验;组织职工开展了"六比五好"、"三好四稳一管理"和"十互五好"、"冬季六防五互三检查"为内容的小组安全竞赛,树立了安全生产标兵60多名;组织全港生产小组全部制定了确保安全的有效措施,并组织实施、检查;加强了安全教育,如新工人教育、专业教育、复工教育等;建立健全安全生产责任制。安全教育还采用了现场说法、文艺宣讲、标语提醒等宣传教育方式,工伤事故明显下降,一般事故率同期下降51%;修改和制定了有关操作规程和各级安全生产责任制度20余项;在全港338个生产小组中,有183个小组实现安全生产无事故。

1960年4月,劳动部、全总联合召开了第四次全国劳动保护工作会议。针对当时全国事故猛增的形势,会议提出了"与工伤事故做斗争,积极改善劳动条件"的任务,提出在全国开展以"十防一灭"(即防撞压、防坍塌、防爆炸、防触电、防中毒、防粉尘、防水灾、防水淹、防浇烫、防坠落、消灭工伤和死亡事故)为中心的安全大检查群众运动。5月15日,中共中央发布《关于切实注意劳逸结合保证持续大跃进的指示》。7月24日,中共中央批转劳动部、全总、全国妇联党组《关于女工劳动保护工作的报告》,提出要加强妇幼卫生保健工作,建立健全"四期"(月经、怀孕、生育、哺乳期)保护制度。12月21日,中共中央发出《关于在城市坚持八小时工作制的通知》。通知重申,全国各城市的一切单位、一切部门,在一般情况下,无例外地必须严格实行八小时工作制,不得任意加班加点。是年,根据上级一系列指示,天津港的群众性劳动保护工作,深入贯彻党的"生产必须安全、安全为了生产"的方针,整顿和恢复了每月一次的安全日活动,认真执行三级教育制度,对新工人和变化工种的工人结合技术教育进行了系统的安全技术教育。对特殊工种工人以讲课方式进行安全训练。结合技术革新和技术革命不断改善工人的劳动条件,建立健全了新设备投入生产的安全操作规程。严格控制了加班加点,并对全港职工进行了一次体检,健全了健康卡片,对有害身体健康的作业建立了定期检查制度。加强了女职工经期、孕期、产期、哺乳期的劳动保护工作。是年,工会协助行政开展了五次全港性的安全大检查和专业性生产大检查,并减少了往年经常性的容易发生的事故。但是由于重生产轻安全的思想,安全措施抓得不具体,还是发生了一些事故。

1961年,天津港工会突出贯彻了"安全第一,质量第一"的方针和《国营工业企业工作条例(草案)》(简称《工业七十条》),根据国家经委、劳动部发出《关于加强安全设备的维护检修工作的通知》和上级的指示,协助行政进行了四次安全质量大检查、"六次"鸣放运动。在"整风"运动中,把安全质量列为重要内容,进行整改。安全方面先后通过运动共揭发出设备制度等漏洞4304件,得到彻底整改的3130件,全年建立安全生产岗位责任制和安全操作规程32项,对各类人员进行安全培训1525人。4月份组织240人进行专门检查活动,对高温生产采取措施,搭设凉棚80余个,发放草帽5443顶。9月份做好冬季防护工作,修补皮衣、棉衣774件、手套1275副,新增棉衣570套、棉鞋1183双、胶鞋1056双、雨衣1061件。注意从以往的事故中吸取教训,提高认识,积极抓好安全质量制度的贯彻和夏冬季防护措施的落实。同时根据党委的要求,深入发动群众,对已经建立的制度认真检查落实,编写通俗易懂、便于群众掌握的安全质量制度,在群众中掀起了学习和贯彻安全质量制度的热潮,是年,工伤货损事故同比下降25.3%。

1962年,工会的劳动保护工作,随着企业生产的调整,加强了基础性工作,如整顿了安全生产制度,开展了安全训练,通过加强设备维修,解决了不少安全设备问题,使企业的安全生产状况有了进一步好转。针对1958年以来,全市安全生产严峻的形势以及工会劳动保护工作存在着单纯追求表面上的轰轰烈烈,不扎实、不细致和单纯跟有关部门配合,忽视了工会的经常性工作的问题,是年7月20日,市总印发《当前做好劳动保护工作的几点要求》。12月4日,市总工会又印发了《关于加强群众劳动保护工作的意见》,贯彻落实市总关于劳动保护工作指示精神,天津港工会进一步加强了群众性的劳保工作,特别是加强了职工安全生产思想教育和安全技术技能培训,如协助行政开展三种教育,即安全生产日安全教育,新工人上岗前安全教育、调换新工种安全教育、特殊工种培训,如锅炉工、油库工培训等。广泛深入宣传、贯彻安全操作规程。从抓小组安全员入手(或劳动保护检查员),落实小组安全劳保检查员制度,如班前喊话、班中检查等,逐步建立健全劳动保护组织和工作制度;组织开展安全合理化建议和安全工具技改技革活动。进一步明确了工会对企业发生重大事故、工伤等立即逐级上报的规程。

1963年2月,全总制定《基层工会和车间工会劳动保护工作委员会工作条例(试行草案)》。《条例》规定了委员会职责,主要有开展职工安全生产宣传教育、协助行政提高设备工具的安全性、协助行政拟订并落实安全生产各种计划、协助行政改善职工劳动环境、督促行政设置劳动休息场所、督促行政按时保质发放劳保用品、协助行政执行劳逸结合的制度,控制加班加点、参加伤亡事故的处理等。是月,全总还制定了《工会小组劳动保护检查员条例》。《检查员条例》规定了检查员由民主选举产生,规定了安全员的十项安全职责,包括组织学习劳保法律法规和安全操作规程、协助班组长开展安全教育、检查设备工具的安全性、检查危险品的运管用、检查劳动环境、督促劳动保护用品的发放与使用、检查职工保健品的质量、协助处理工伤事故等。3月30日,国务院发布了《关于加强企业生产中安全工作的几项规定》。对安全生产责任制、安全技术措施计划、安全生产教育、安全生产的定期检查、伤亡事故的调查处理等作了规定(简称"五项规定")。至此,企业安全生产责任制有了全国统一的规定。9月,劳动部颁布试行《国营企业职工个人防护用品发放标准》,以保护工人安全健康。是年4月,天津港根据市委指示,开展群众性的"反浪费、查质量、赶先进"运动。在运动中,工会协助行政整顿了生产秩序,加强安全管理,开展"春季百日无事故"运动,喊响了"一绝、二灭、三减少"的口号,采取了"两抓、三查、一及时"措施,制定并落实《安全生产责任制》《安全生产规定》等制度,克服了以往"生产布置多,安全一句话"的现象,避免了伤亡事故。5月份,通过"查、试、动、量"检查和鉴定了主要设备与装卸工具,编印了工具负荷手册,发给工人严格执行。针对安全检查揭发出的问题,重新整顿,贯彻各项制度,在各级生产管理人员中建立了"安全生产责任制"和"安全生产规定",在工人中建立了"岗位责任制"。开展了以贯彻安全质量第一方针和劳动保护规章制度为主要内容的培训,培训各类人员663人。在货运质量方面,解决了"重效率轻质量"的现象。重点解决了散粮货运质量,制定了《散粮装卸质量标准》。散粮货运质量的提升,带动了其他货类货运质量的提高。通过思想教育、群众监督、学习培训等方法,修订落实了《岗位责任制》《操作守则》和《检查标准》等，落实了“七不准、三不要”。加强设备技术管理，贯彻“把设备维修放在首位的管用养修工作精神”，设备完好率稳步上升。

1964年，天津港工会组织职工开展加强和改进企业管理活动。以班组为立足点，工会协助行政重点抓了《生产岗位责任制》的修订与完善，明确岗位责任内容；建立安全生产、安全质量、现场的交班接班、设备的管用养修、工具的使用管理、生产指标的经济核算等制度内容。

1965年，中央就加强安全生产和贯彻劳逸结合要求发出通知。5月16日，中共中央发出《关于加强工业生产建设高潮领导的通知》，指出，企业应保持良好的生产秩序，保证安全生产和劳逸结合；不许违章作业；不经上级批准不得加班加点。6月5日，劳动部发布《关于加强安全生产和劳逸结合的意见》，指出，在生产高潮中，一定要牢记1958年到1960年发生的重大工伤事故教训，坚决反对冒险作业，反对把工人生命当儿戏的官僚作风，反对拼人拼设备等错误做法。是年，就落实指示，天津港各级工会贯彻安全质量第一的方针，深入开展思想教育，开展了两次群众性的安全质量大检查运动，发动职工“两查”（查思想、查设备）、“三整顿”（整顿安全质量管理制度、整顿安全质量检查员和整顿关键部位操作队伍）。根据天津港确定的每周一次安全活动日的要求，发动工会干部深入班组参加活动，听取职工意见，帮助班组解决思想和实际问题，并建立了小组安全员记录制度和汇报制度。巩固提高现场安全检查工作，组织小组安全员、绞车手等进行安全培训。积极做好防暑降温，协助行政发放防暑降温药品，督促行政对3100多名露天和高空作业工人进行体检，对有禁忌症的工人进行了调岗。

“文革”期间，十年动乱，安全生产制度被诬蔑为“管卡压”，职工劳动纪律松弛，劳动保护管理处于被动局面。1970年以来，冒险蛮干之风盛行，沉船、撞车、爆炸事故频发，针对这种情况，党中央发出《关于加强安全生产的通知》，全总在颁布贯彻中央《通知》时提出，各级工会要组织工会干部和工会劳保积极分子，学习文件领会精神，建立健全劳保工作机构，开展劳动保护检查，坚持“三同时”的原则。由于“四人帮”的干扰，安全生产的严峻形势没有得到遏制。“文革”时期，是劳动保护工作最困难时期。

1971年5月10日，天津港革委会印发《关于开展安全生产无事故流动红旗竞赛条件的意见》。《意见》规定：每季末在全港开展检查考评；《意见》提出，要用安全生产先进典型示范引路、大力宣传推广安全生产先进经验，将天津港的工伤事故降到最低限度。

1974年10月19日，贯彻市总、市劳动局召开的安全生产经验交流会精神，天津港革委会和工会联合转发了《关于开展百日安全无事故活动的通知》，要求全港各单位充分发动群众，加强领导，搞好安全生产，防止发生事故，以保证全面超额完成当年国家计划，加快社会主义建设步伐。

1976年以来，打倒了“四人帮”，否定了“文化大革命”，随着拨乱反正的大形势，工会的劳动保护工作进入全面整顿、恢复建设期。

党的十一届三中全会以来，工会劳动保护工作进入稳定发展时期，并取得突破性进展。国家建立了“国家监察、行政管理、企业负责、工会监督”的安全生产管理体制，明确了工会监督职权。颁布《中华人民共和国劳动法》，对劳动保护工作定有法律条文，劳动保护纳入依法监督管理阶段。全总书记处第63次会议通过了《工会劳动保护监督检查员暂行条例》《基层（车间）工会劳动保护监督检查委员会工作条例》《工会小组劳动保护检查员工作条例》，在《条例》的指导下，劳动保护监督检查队伍不断壮大。加大了工伤事故处理的力度，全总直接参与多起特大工伤事故的调查与处理，对事故责任者给予应有的责罚。建立了安全生产责任制，明确了“管生产必须管安全”的安全生产第一责任人制度。培育了一大批工会劳动保护专兼职安全技术人员。贯彻落实“安全第一，预防为主”的劳动保护方针。加大了对劳动保护信息的披露，对重大事故及时曝光，加强了全民安全意识和社会监督。

改革开放以来，天津港的劳动条件得到了根本性的改善，职工的劳动保护措施不断加强，职业病得到有效控制，职工安全生产素质不断提高，工伤事故逐年下降，职工在生产工作中的安全与健康得到了可靠的保证，港口的安全生产保持了长期基本稳定的局面，有力地促进和保障了天津港的生产经营和建设发展。改革开放以来，根据天津港130余个工种的工作性质，发放了符合国家标准的舒适美观的劳动防护用品，按照法律法规要求，为职工提供休息室、洗浴间、女工卫生室、班车、食堂等后勤保障设施，定期安排职工进行体检，对特殊岗位职工按照要求进行职业危害检查。集团公司还根据季节特点和职工作业接触有毒有害货物的实际情况制定了防暑降温用品、保健食品的标准，并做到了及时发放。

1978年7月，天津港贯彻交通部上海安全质量现场会议精神,开展了安全质量月活动,整顿和加强企业管理,大干四个月。在这段时间里,天津港工会配合行政以改变事故多、质量差的局面为主要目标,以装卸现场推广上海港“三句话”为中心,打好安全质量翻身仗,全面加强企业管理。10 月 30 日,天津港召开全局“安全质量月”总结表彰大会,总结开展“安全质量月”活动以来的成果,就下一步工作提出了要求。会议表彰了在安全质量方面作出突出成绩的 16 个先进班组和 29 名先进个人。

1978 年 10 月 21 日,中共中央颁布《关于认真做好劳动保护工作的通知》。《通知》要求,各级工会要加强群众劳动保护工作,加强安全生产教育,协助行政贯彻劳动保护的各项规定。1979 年 1 月 15 日,全总印发贯彻《中共中央关于认真做好劳动保护工作的通知》的通知。《通知》指出,对严重失职的领导人要给予严肃处理;对新建、扩建、改建项目,要坚持“三同时”原则;对严重威胁职工安全的作业予以制止,对健康不利的岗位工作要限期整改等。与此同时,全总重新发布了《基层工会和车间工会劳动保护工作委员会工作条例(试行草案)》和《工会小组劳动保护检查员工作条例(试行草案)》。提出了各级工会加强劳动保护监督检查工作的具体要求和措施。10 月 8 日,中共天津市委批转市总、劳动局、卫生局《关于加强劳动保护和工业卫生的报告》指出:报告所反映的我市目前职工工伤事故、尘毒危害情况是非常严重的。各部门各单位必须高度重视。劳动局、卫生局和工会要加紧进行监督检查。对不符合要求的,要限期改进,危害严重的,要追究责任。是年 9 月,天津港组织开展了“第二次安全质量月”活动,全面加强了安全质量工作。各级工会配合行政重点抓了职工的安全质量教育,各单位普遍开展了安全质量培训工作,班组安全骨干培训 1300 多人;培育安全质量先进典型,表彰了安全质量先进个人 17 名和 12 个先进集体,召开安全质量现场会和安全工作经验交流会;全年开展了三次安全质量大检查,发现问题,及时解决安全隐患。建立健全了从局长到班组长的《安全岗位责任制》等安全制度体系,如《安全员责任制度》《作业现场安全巡回检查制度》《安全质量奖惩办法》等,是年,全港工伤事故下降 53.6%。

1980 年 6 月 16 日,全总召开了第三次全国群众劳动保护工作会议,会议提出:要迅速改变劳动保护问题多的局面;要采取有力、得力有效的措施;要广泛发动职工群众监督;要改善生产设备技术和劳动条件;要改革劳动制度;要加强科学研究,培养劳动保护人才。针对“渤海 2 号”钻井船翻沉的特大事故,8 月 25 日,国务院发布《关于处理“渤海 2 号”事故的决定》,对忽视安全生产的官僚主义提出了严厉的批评,责罚了事故责任人,促进了企业安全生产和职工劳动保护工作。与此同时,国家大力加强法制建设,先后颁发了 120 多项劳动安全卫生标准,为企业安全监察工作提供了法治依据和法律支持。天津港的工会干部认真学习了国务院处理“渤海 2 号”事故的决定,吸取教训解决生产安全问题 。发动群众揭问题,找差距,查隐患,订措施,搞整改,决心搞好安全生产,以实际行动弥补事故给党和人民造成的损失。是年 12 月 1 日,全总、卫生部等 12 个单位联合印发《关于“进一步加强工业卫生管理工作”的意见》。《意见》要求,要恢复健全卫生管理机构;卫生管理要分工负责、落实责任;恢复和建立卫生监督检查制度。是年,国务院决定在我国建立“安全月”制度,规定每年 5 月为“安全月”。根据国务院开展“安全月”活动的要求,天津港各级工会积极配合行政整顿安全生产秩序,针对发生的事故,开展了安全无事故和“安全月”活动,发动职工总结经验教训,积极落实以查领导、查思想、查制度、查设备,整顿班子、整顿制度、整顿纪律为主要内容“四查三整顿”的要求,与行政有关部门一起深入现场抓典型,并在全港进行了检查评比,使全港安全生产状况逐步稳定,事故发生频率下降。

1981 年 3 月 23 日,全总会同国经委、劳动总局、公安部等九部委联合印发《关于开展安全活动的通知》。《通知》提出,确定 5 月份为开展活动的集中时间,通过开展活动,贯彻安全生产的方针、安全第一的思想,提高对安全生产和文明生产的认识:在调整国民经济期间,要把安全工作作为调整的一个重要内容。要以预防为主,不断改善职工劳动条件,减少伤亡等事故,控制职业病的发展,促进四化顺利地进行。是年 3 月,天津港第五届二次职代会选出安全生产检查组,5 月,天津港工会配合行政组织职工积极开展“安全生产月”活动,对五个主要生产单位的安全情况进行了检查,发现并提出 270 多个安全问题,责成有关部门及时解决,消除了安全隐患。同时评选出天津港安全生产个人 163 名,先进集体 39 个,先进车间 12 个,先进单位 1 个。评选出市级安全生产个人 6 名,先进集体 2 个,先进单位 1 个。9 月统计,全港 13 个单位工会,有 9 个较大单位建立起劳动保护委员会,有劳保委员 98 人,有 834 个生产班组建立了劳动保护检查员或安全员制度。班组坚持开好安全“四会”,即“班前安全会,班后安全会,船前安全会,周一安全活动日安全会”制度,及时发现、及时解决安全隐患。充分发挥好职代会安全检查委员会监督检查作用,行使安全监督职能和民主管理权利。由于广大职工的共同努力,以及各级组织对安全生产、文明生产的重视,恢复和建立群众劳动保护组织,发挥群众检查监督作用,1979～1981 年的天津港工伤事故分别下降 53.53%、34.72%、30.07%。

1982 年 3 月 27 日,全总与国家经委、劳动总局、卫生部、公安部等五部委联合印发《关于开展“安全月”活动的通知》。《通知》提出,活动的主题和口号是“消除隐患,遵章守纪,为实现安全生产、文明生产而奋斗!”《通知》要求在安全月活动中,要大力开展宣传教育;做好安全月活动的准备工作,开展安全大检查;要明确检查的重点,落实安全生产责任制的情况;事故隐患的处理情况;重大伤亡事故的处理情况;五种毒物防护措施;特殊工种的培训与制度建立等。是年,天津港工会劳动保护工作重点抓了三个方面:一是提高安全责任意识,统一加强安全工作思想;二是加强安全生产组织建设,健全职工劳动保护制度;三是树立安全生产典型,总结推广安全生产典型经验。是年 7 月,天津港开展“一遵两反”活动(“遵章守纪、反对违章指挥、反对违章作业”)。活动中,加强了对安全生产活动的领导,全员参与推动了安全生产活动,党政群各部门各级组织齐抓共管安全质量;加强了对职工安全生产、安全质量的培训,特别是业务员和新工人的培训;对“违章指挥、违章作业”的人或事,敢抓敢管,落实了奖惩制度;抓好正面和反面两个方面典型,带动中间大多数职工,用发生在身边的具体事例教育职工。活动成效明显,广大职工增强了安全意识,杜绝了违章指挥和违章作业,提高了遵纪守法的自觉性。

1983 年 1 月 29 日,中国海员工会印发了《关于健全工人职员伤亡事故报告和月报表的通知》,要求各级工会在协助企业行政做好劳动保护工作的同时,监督和严格执行国务院《关于职员伤亡事故报告规程》,及时将伤亡事故情况上报。5 月 18 日,全总与劳动人事部、国家经委联合颁发《关于加强安全生产和劳动安全监察工作的通知》。《通知》指出,“在安全第一、预防为主的思想指导下搞好安全生产,是经济管理、生产管理部门和企业领导的本职工作,也是不可推卸的责任。”《通知》提出要求,“我们决不能用无谓的牺牲为代价来换取生产的成果,今后,必须坚决贯彻管生产必须管安全的原则,特别是在经济体制改革中要加强安全生产工作,讲效益,必须讲安全。”是年,天津港各级工会配合行政,充分运用宣传载体和宣传阵地,大张旗鼓地开展安全宣传教育,协助行政开展“百日安全”活动、五月份的“安全月”活动、九月份的“安全质量月”活动。是年统计,天津港各级工会以安全质量为主题的黑板报共展出 250 多期、广播稿件近 100 篇、各种简报 20 余期、大型标语 300 多幅、有七个单位举办了安全生产展览,5400 余名职工观看了展览,工会还组织 8300 多名职工观看了安全教育电影。

1984 年,国家正式明确,我国劳动保护工作实行“国家监察、行政管理、群众(工会)监督”三结合的安全管理体制,增加了劳动保护干部编制,工会劳动保护的监督检查已经形成独立的工作体系。是年,天津港工会贯彻安全管理“三结合”的管理体制,发挥工会劳动保护组织的优势,开展了群众性的安全生产和劳动保护检查,并通过会议的形式,总结交流了安全生产的先进经验。

1985 年,天津港开始贯彻执行中央关于“国家监察、行政管理、群众监督”的安全管理体制,是年,天津港工会贯彻全总颁发的《工会劳动保护监督检查员暂行条例》《基层(车间)工会劳动保护监督检查委员会工作条例》《工会小组劳动保护检查员工作条例》(简称“三个条例”),决定各级工会均由主席分管安全生产,同时参加行政的安全生产委员会,并担任副主任。到 1985 年年底,全港有 22 个基层工会的 178 个车间工会建立了劳动保护监督检查组织,在 1514 个工会小组设立了劳动保护检查员,两级工会都举办了“三个条例”学习培训班,培训职工 460 多人次,初步建立了监督检查工作制度。据统计,1985 年比 1984 年工伤事故月频率下降 14.8%,有力地促进了全港的安全生产工作。

1986 年,天津港各级工会根据上级工会要求,结合港口实际,会同安技部门开展安全生产、劳动保护检查,加强对工会劳动保护监督检查员的培训,工会劳动保护干部的责任心进一步加强。是年 9 月 20 日,天津港工会转发全总《关于加强群众监督大力减少伤亡事故的几项措施》的通知,《措施》首先指出了安全生产形势严峻;提出要审查落实经济承包方案中的安全措施;消除安全隐患;制止违章指挥、违章作业;支持工人保障安全的合理要求;加强技术培训和安全教育;参加查处重大伤亡事故;开展安全生产竞赛;抓典型推广先进经验;劳动保护问题列入职代会的议事议程;建立各级安全责任制;加强安全检查与考核。继续开展“一遵守、二反对、三落实和做一件好事”(遵章守纪;反对违章指挥、违章作业;落实安全责任、安全措施和安全组织;为劳动保护做一件好事)安全劳动竞赛。是年,天津港通过开展安全劳动竞赛活动,进一步促进了港口的安全生产形势的好转。

1987年4月,劳动人事部在全国各省、自治区、直辖市劳动人事厅局长、劳动保护处长、矿山监察处长、锅炉压力容器安全监察处长会议上正式提出将“安全第一、预防为主”作为安全生产和劳动保护的方针。是年,根据上级工会要求,天津港各级工会进一步重视劳动保护工作,加强了群众性的安全监督检查,协助行政开展了连续安全无事故和安全生产竞赛活动,并认真解决了女职工的特殊保护问题。是年6月,天津港工会下发了《关于加强工会劳动保护工作的安排意见》,对加强工会劳动保护工作提出了要求。7月,贯彻全总劳动保护“三个条例”,天津港工会系统实行了劳动保护监督检查人员佩戴“劳动保护监督”胸章和颁发“劳动保护检查员证书”制度,全港劳动保护检查员1311名,并结合考试颁发了胸章和证书,工会劳动保护系统基本形成。四季度,天津港工会与安技部门组织召开了班组安全生产经验交流会,推广了班组安全生产的经验。

1988年,天津港群众性安全生产工作进一步加强。全港17个单位建立了工会劳动保护监督检查委员会,共有工会劳动保护监督检查委员会委员158名;检查小组148个,检查员1332人。是年,对检查员进行了培训,对考试合格者颁发了劳动保护监督检查员证章、证书。各基层单位相继建立了工会安全检查制度、监督检查员例会制度、工伤事故报告制度、信息反馈制度等,使全港的工会劳动保护检查体系基本构成网络化、形成制度化。

1989年2月23日,天津港工会转发市总《天津市工会参加职工伤亡事故调查处理的暂行规定》,以便及时掌握职工伤亡事故情况,落实工会的监督检查职责,保证安全生产。“发生重伤事故、死亡事故、3人以上的多人事故,企业工会应督促厂长立即将事故概况,包括事故发生的时间、地点、原因和经过、伤亡人数、伤亡者姓名、年龄、工种等内容,用电话或其他快速方式报告上级工会,各级工会再快速逐级转报。”是年,天津港工会充分发挥劳动保护监督作用,组织力量对10个基层单位进行了专题调研,调查情况反映:各单位工会劳动保护监督检查组织基本健全,开展了监督检查活动,对发现的问题能及时反映到行政,协助行政解决问题;还有的单位配合行政开展了安全生产知识和劳保检查员身边无事故竞赛活动;有的单位对劳动保护监督检查员进行了培训。

1990年10月19日,全市安全生产形势严峻,死亡48人,同期增长23%。市总举办全市群众劳保工作现场会,会议指出,在困难形势下,必须有做好劳保工作的使命感;群众劳保工作必须群众化;群众劳保工作必须科学化;工会既要配合行政又要独立负责,共同搞好安全生产工作。分析了事故多的原因是重生产、轻安全,思想麻痹、心存侥幸;开发新产品,事故预测不够;漠视制度,违章严重;防护意识、安全知识贫乏。会议要求,要高度重视劳保工作,对稳定职工情绪、稳定经济工作、稳定社会安定局面有着特殊意义;工会要发挥组织优势,搞好安全生产教育,增强自我保护意识和劳动安全技能;抓典型、树标兵,充分发挥班组工会劳动保护检查员队伍的积极性。是年,天津港各级工会组织普遍加强了工会劳动保护监督检查组织和队伍建设;各级工会组织积极开展了劳动保护监督检查活动;把工作重点放在发挥工会小组劳动保护检查员的作用、加强班组安全建设和教育职工增强自我保护意识上。针对劳动保护、安全生产方面的问题,开展调查研究,帮助基层协助行政解决了一些实际问题。截至1990年年底,全港工会系统已经有17个基层工会、158个车间建立了劳动保护组织,组建了1874名劳动保护监督检查员队伍,三级劳动保护监督检查组织进一步巩固发展,组织职工开展了“劳保检查员身边无事故”竞赛活动;把安全生产、劳动保护作为职代会重点审议内容,建立了《劳保检查员安全检查信息反馈表》制度。

1991年5月21日,市总印发《天津市劳动保护监督检查条例》,《条例》共分为4章20条,对工会劳动保护的指导思想、机构和工作人员、权利和义务作出了规定。是年,天津港工会认真贯彻落实《条例》,在一线装卸生产单位普遍建立起三级劳动保护监督检查组织,集中精力加强生产第一线的安全生产监督检查,积极协助行政改进安全生产措施,加强职工劳动保护宣传教育和班组安全建设,进一步维护了职工的切身利益,促进了港口安全生产形势的发展。

1992年,天津港工会对群众性安全生产保护工作进行了新的探索,是年5月3日,印发了关于贯彻市总《关于组织实施“事故隐患处理通知书”和“事故隐患报告书”的意见》(简称“两书”),决定在各基层单位工会劳动保护监督检查委员会使用《事故隐患处理通知书》和工会小组劳动保护检查员使用《事故隐患报告书》工作制度。“《通知书》和《报告书》都是针对企业在生产过程中存在的设备隐患、职业危害及环境因素和管理方面存在的危及职工生命安全和身体健康的问题，由工会组织代表职工群众提出的书面整改建议”。实施《通知书》和《报告书》工作制度，主要是增强职工的安全意识，加强群众性的监督检查作用，促使企业落实国家和地方的有关劳动保护法规、政策，消除事故隐患。《报告书》由工会小组劳动保护检查员在安全检查和听取职工意见的基础上填写，由车间工会负责收集、登记，将确认后的“隐患报告”由车间工会主席签署意见后报企业工会劳动保护监督检查委员会。“企业工会劳动保护监督检查委员会接到报告后，应进行整理分析，尽快复查，签署处理意见后，提交主管厂长拿出解决意见。对职工安全和健康威胁较大又得不到解决的隐患，采用《事故隐患处理通知书》形式提交企业行政有关部门，并通知主管厂长。”企业工会劳动保护监督检查委员会，也可针对在安全检查中发现的事故隐患问题直接使用《通知书》。企业劳动保护监督检查委员会下达《通知书》后仍解决不了的重大事故隐患，立即报告上级工会组织协调解决。《通知书》和《报告书》由市总统一印发。工会小组劳动保护检查员使用的《报告书》一式两联，存根联由车间工会保存。上报联由车间工会报企业工会劳动保护监督检查委员会。企业工会劳动保护监督检查委员会使用《通知书》，由企业工会劳动保护监督检查委员会填写，经工会组织同意向本企业行政发出，一式两联，企业工会留一联，交行政有关主管部门一联，待问题解决后将回执联收回、保存。6月，天津港工会转发了市总重新修订的《天津市工会参加职工伤亡事故调查处理的暂行规定》。是年，有7个生产单位发出《事故隐患报告书》248份，《事故隐患处理通知书》56份，解决各类事故隐患40余起。“两书”制度的实施，促进了港口的安全生产工作，事故隐患及时发现，解决问题的速度加快，职工群众的安全意识有了提高。班组安全建设得以加强，各级工会在港口建设和单位生产的劳动保护监督检查中找准了自己的位置，为港口的安全生产起到了促进和保证作用。天津港工会还在市总召开全市劳动保护工作经验交流会上介绍了经验。

1993年，天津港工会进一步加强劳动保护监督工作，建立健全了各级劳动保护组织网络，对全港150多个车间工会安全监督检查委员会和880多个工会安全检查员的网络进行了整顿。严格落实群众安全工作“两书”制度，在基层班组中广泛开展“两个一”活动，及时总结典型经验加以推广，出动2500多人次对全局的电器、机械设备进行安全大检查，查出隐患198项，187项当场解决，其余交有关部门及时处理解决。同时不断加强劳动保护监督检查员的培训，通过多种形式配合行政有关部门搞好职工安全教育，在职工中开展了“安全十大关系”、“我要安全”、“港口生产离不开安全”等职工大讨论活动。举办安全培训班40多期，培训安全监督检查员1100多名，900多人参加了安全知识竞赛，从而进一步提高了职工的安全生产意识和自我保护意识，推动了全港群众性劳动保护工作的深入开展。

1990～1993年天津港工会劳动保护工作情况统计表

统计 年份	建立劳动保护监督检查委员会(个)	建立车间工会劳动保护监督检查委员会(个)	建立工会劳动保护检查员(人)	举办安全培训班(期)	受训人数(人)
1990	17	158	1874	5	183
1991	21	144	1290	35	698
1992	18	195	1264	56	1530
1993	18	206	1195	45	2579

1994年3月11日，为贯彻落实国家各项劳动保护法规和全总颁发的劳动保护“三个条例”，切实加强群众性劳动保护工作，天津港工会印发《关于在全港各单位班组、岗位中开展消除事故隐患，促进安全生产“两个一”活动的通知》，并附件《关于在全港各单位班组、岗位中开展消除事故隐患，促进安全生产“两个一”活动安排意见》。“两个一”活动即每个职工“提一条事故隐患”、“纠正一次违章”；每个班组“消除一个隐患”、“避免一次事故”。《通知》要求各单位、各级工会劳动保护组织发挥职能作用，对生产建设过程进行全方位的监督检查，强化作业现场的安全管理，纠正“三违”（违章指挥、违章操作、违反劳动纪律）；查找和消除事故隐患；充分发挥宣传优势，营造安全生产氛围；建立“两书”、“两个一”考评统计制度；建立避免损失或者挽回损失的报告制度等，在企业安全管理体制中，落实“国家监察、企业负责、行政管理、群众（工会）监督”精神，履行工会群众监督的职能。14日，天津港工会召开安全生产工作会议，会议传达了市总关于在全市班组、岗位中开展“消除隐患，促进安全生产‘两个一’活动的通知”，并就开展好“两个一”活动提出了具

体贯彻意见。9月16日,天津港工会召开工会劳动保护工作经验交流会,交流了基层工会、车间班组坚持预防为主,加强劳动保护组织和制度建设,突出工会特色,开展劳动保护工作的典型经验。

1995年5月,天津港工会认真贯彻市总和中国海员工会关于开展创建安全先进班组、标兵班组活动和全国水运系统“安全优秀船舶、班组”活动精神,决定在全港开展这两项活动,并明确了创建安全先进班组和标兵班组条件。10月9日,天津港工会转发《天津市工会系统企业职工伤亡事故统计、报告的管理办法》。进一步加强了天津港各单位工会职工伤亡事故统计、报告工作的制度化、规范化,《管理办法》要求各单位出现重伤及死亡事故和多人伤亡事故应立即报告上一级工会。是年,天津港工会除继续开展“两书”、“两个一”活动,经常性的、群众性的安全生产活动外,还组织开展了“安全月”活动、“查隐患、保安全”活动。使用“两书”160多份,并全部整改。查出隐患近800条,消除隐患700多个,避免事故100多起,为安全生产作出贡献。

1996年1月25日,天津港工会印发关于认真执行《天津市工会系统企业职工伤亡事故统计、报告的管理办法》的通知。是年,7月9日,转发市总《关于建立“事故隐患报告书”和“事故隐患限期整改通知书”制度的暂行规定》的通知。贯彻国家实行的“企业负责、行业管理、国家监察、群众监督、劳动者遵章守纪”的安全生产工作机制,“各级工会主席是工会劳动保护监督检查第一责任者”,“‘两书’制度具有群众性、预测性、超前性、可行性和时效性”。“两书”是实现杜绝“三违”(违章指挥、违章操作、违反劳动纪律)、“三无”(岗位无隐患、班组无事故、企业无工亡)的必要措施。是年,天津港各级工会继续组织开展“两书”、“两个一”活动,发挥劳动保护监督检查组织作用,配合行政和自行检查356次,查出隐患1560项,避免事故250余次,利用“两书”上报事故隐患78项,还配合行政部门开展了“安全月”活动。

1997年3月21日,为了更好地发挥工会组织的劳动保护监督职能和群众劳动保护工作的优势,天津港工会印发《关于建立健全各级工会劳动保护监督检查组织的通知》。《通知》要求各单位要建立健全三级劳动保护监督检查组织。要贯彻执行天津市总工会颁发的《关于建立事故隐患报告书、事故隐患限期整改通知书制度的暂行规定》。

1997年8月4日,天津港工会印发关于贯彻落实全总修订的《工会劳动保护监督检查三个条例》的通知。根据《工会法》《劳动法》和国家劳动保护法律法规有关规定,全总重新修订了《工会劳动保护监督检查委员会工作条例》《基层工会劳动保护监督检查委员会工作条例》和《工会小组劳动保护检查员工作条例》三个条例。《通知》要求各单位要按文件要求,尽快建立起公司、车间、工会小组劳动保护组织。是年,天津港工会重新调整了四级劳动保护监督检查网络,建立健全了各级劳动保护监督检查制度,工会劳动保护工作日趋规范。据统计,全港38个单位建立了劳动保护监督检查委员会(委员203名),劳动保护监督检查员1900多名。各级工会积极协助行政开展“安全月”系列活动,发挥职工监督检查员的作用,立足基层、沉向班组,坚持“两书”制度,深入开展“两个一”活动,引导职工增强安全意识,依靠职工群体参与,消除事故隐患。各级劳动保护监督检查委员会全年共开展活动300多次,查出隐患2800多项,全部及时整改。天津港工会被市总评为开展“安全先进班组、标兵班组活动”优秀组织单位。

1997年9月开始,天津港各级工会组织开展“冬季安全生产检查”活动。活动内容主要是开展职工“七防”教育,即防冻、防滑、防寒、防风、防火、防爆、防煤气中毒教育;做好装卸承包工人的安全教育;贯彻学习全总劳动保护“三个条例”;把开展“两个一”活动与争创安全生产先进个人和安全生产标兵班组活动结合起来;把检查发现的安全隐患运用“两书”及时反馈到行政尽快解决;组织冬季安全生产大检查;做好冬季节日安全教育和安全检查。

1998年4月,天津港工会贯彻执行重新修订的劳动保护“三个条例”,结合港口安全生产的特点,印发了《天津港工会劳动保护监督检查工作暂行规定》,对劳动保护监督检查员、基层工会劳动保护监督检查员、工会小组劳动保护检查员的职责、考核和奖惩作出了明确规定。天津港工会系统已经建立了四级劳动保护监督检查网络,市总任命了4名天津港劳动保护监督检查员,39个基层单位工会劳动保护监督检查委员会,342个车间建立了车间劳动保护监督检查委员会,监督检查委员会委员780人,班组设立安全检查员1182人。各级工会劳动保护监督检查委员会开展活动600余次,查出隐患480余项,全部及时整改,避免事故130多起,发挥了工会安全工作的监督保障作用。

1999年3月20日,天津港工会在港埠一公司召开落实全总劳动保护监督检查“三个条例”经验交流会,总埠一公司、四公司、六公司等基层和车间工会介绍了经验。5月4日，天津港工会印发《关于开展第九次“安全月”活动的通知》，根据国家经贸委、交通部和市总的要求，在五月份开展“安全月”活动。这次“安全月”活动的主题：严格管理建立监督检查机制，落实“三个条例”，保持安全生产的稳定，促进生产健康发展。活动的主要内容：开展“两书、两个一”活动，配合行政搞好安全检查；培训工会劳动保护监督检查员，施行佩标持证上岗制度；与安监处、公安局联合举办“交通安全电视小品”比赛；加强安全生产的宣传教育工作等四方面。全港12个主要生产单位推行了《劳动保护监督检查员佩标上岗制度》。3个基层单位创新了《劳动保护监督检查员佩标上岗制度》《车间实行风险抵押金》《签订包保协议书和责任认定书制度》，工人日报《工会信息》期刊详细介绍了天津港劳动保护工作的三种做法，市总转发到全市各区县局工会。9月8日，为迎接新中国成立50周年和澳门回归，配合行政，天津港工会印发《关于开展“百日安全无事故”活动的通知》。这次活动时间从9月13日至12月31日。要求各级工会从“讲政治、保稳定、促发展”的高度要“高度重视、精心组织、注重实效”。

1999年以来，全总、国家经贸委，市总、市安监局先后印发关于开展“安康杯”竞赛活动的意见，贯彻“安全第一、预防为主”的方针，通过开展“安康杯”竞赛活动，促进企业的安全生产工作，增强职工群众的安全意识、提高企业管理者安全生产管理水平。天津港各级工会在竞赛活动中充分发挥作用，突出维护职能，发挥工会群众劳动保护监督网络的作用，把每一个班组和职工的安全生产积极性调动起来。通过“安康杯”竞赛活动，各级工会加强了对职工的安全生产知识的教育和培训，激发广大职工学习和应用安全生产知识的积极性。根据上级工会的要求，推动“安康杯”竞赛活动的深入发展，组织非公有制企业、合资企业等各种类型的企业参加到“安康杯”竞赛活动中来，将竞赛覆盖到全港的劳务工，重点加强对劳务工的安全生产知识普及培训，不断增强职工的自我保护意识。围绕安全生产的难点和薄弱环节开展工作，不断创新竞赛活动内容，创造良好的安全文化氛围。自开展“安康杯”竞赛以来，天津港通过“安康杯”竞赛活动，人人提高了企业管理者和职工群众的安全生产素质及安全生产意识，使港口的安全生产状况有了明显好转，有力地促进了天津港生产建设健康发展。截至2009年，集团公司9次荣获全国“安康杯”竞赛优胜企业称号；集团公司工会荣获2次全国“安康杯”竞赛优秀组织奖称号；4个班组荣获全国“安康杯”竞赛优胜班组称号；4人荣获全国“安康杯”竞赛先进个人称号。13个单位荣获天津市“安康杯”竞赛优胜企业称号；5个单位荣获天津市“安康杯”竞赛优秀组织单位称号；4个班组荣获天津市“安康杯”竞赛优胜班组称号；2人荣获天津市“安康杯”竞赛优秀组织个人称号。有7艘船舶荣获全国水运系统安全优秀船舶称号；15个班组荣获全国水运系统安全优秀班组称号；集团公司连续两次荣获全国水运系统安全优秀组织单位称号。6个班组荣获天津市安全标兵班组称号；2个班组荣获天津市安全先进班组称号；集团公司工会3次荣获天津市创建安全先进班组活动优秀组织单位称号。

2000年，天津港工会劳动保护工作以突出职能抓维护，强化监督保安全为重点，各级工会通过日常系统教育、季节重点教育和现身说法教育等形式狠抓全员教育，不断增强职工的自我保护意识。同时坚持岗位培训不间断，坚持抓典型示范，坚持四级劳动保护网络监督，不断拓宽多种渠道，强化整改措施，确保维权效果，充分发挥了工会的监督作用。是年3月27日，天津港工会印发《关于贯彻落实市总〈关于贯彻落实市委市政府安全生产工作会议精神的通知〉的通知》。《通知》要求，要落实中央领导同志对安全生产的重要指示，从讲政治、保稳定、促发展的高度和对职工生命安全高度负责的精神，做好安全工作；要发挥职代会的作用，监督检查本单位安全监察责任制的落实情况；搞好“安康杯”竞赛活动、创建安全班组活动、评选安全标兵活动；组织职工和班组开展好“两书、两个一”活动；发挥工会劳动保护监督检查组织的作用，加强单位事故易发、多发等重点部位的安全监督检查。《通知》附有《“安康杯”竞赛企业考核标准》，《标准》共设组织领导、安全管理、安全生产周、“十个一”活动等6项考核内容。其中“十个一”内容：读一本安全书、提一条安全建议、查一起安全隐患、写一些安全体会、做一件杜绝事故实事、看一场安全录像、接受一次安全培训、回忆一次事故教训、当一天安全检查员、搞一次安全生产签名活动。7月28日，天津港工会认真贯彻全总《关于贯彻国务院〈关于切实加强安全生产工作有关问题的紧急通知〉的通知》精神，印发《关于加强工会劳动保护监督检查工作的通知》，要求各级工会要以对国家对人民负责的精神，强化工会劳动保护监督检查工作。11月3日，天津港工会转发市总转发全总《关于进一步加强工会劳动保护工作的通知》。《通知》要求各级工会要把工会劳动保护工作当做重点工作、放在突出位置来抓,维护职工的生命安全和身体健康;建立健全工会劳动保护监督检查四级网络组织;落实"三个条例"实施细则;各级工会组织要参加伤亡事故的调查处理与结案工作;组织职工开展行之有效的群众安全生产活动。坚持开展"两书、两个一"活动、"安康杯"活动、班组安全建设、信息卡活动等。

2001年,天津港各级工会加强了对工会劳动保护监督检查员的培训,特别是新调整和补充的劳动保护监督检查员,从而保证了工会劳动保护网络的完整,消灭了劳动保护工作的空白点,全港有39个单位的2459名劳动保护监督检查员和劳动保护检查员拿到上岗证。是年4月24日,天津港工会印发《关于开展第十一次安全月活动的通知》,要求各级工会配合行政主要做好在职工中开展杜绝"三违"教育;开展典型案例教育;工会劳动保护监督检查组织要例行检查重点部位;组织好职工开展"两书、两个一"活动。是年,各级工会劳动保护监督检查委员会自行检查344次,与行政联合检查516次,查出隐患604项,有职工3216人次提出808项隐患,纠正违章780次,通过班组整改隐患有1024项,避免事故506起。

2002年11月1日起开始施行《中华人民共和国安全生产法》,天津港各级工会组织以贯彻《安全生产法》为契机,进一步强化了职工劳动保护监督检查工作。在建设工会系统劳动保护监督检查组织网络的同时,3月12日,天津港工会印发《关于开展纪念"两书"工作制度实施十周年活动的通知》,召开了成果发布会,举办了"两书"、"两个一"活动实施十年成果展。3月13日,天津港工会、安监处联合转发市总、市安监局联合颁发《关于开展天津市"安康杯"竞赛活动的通知》,《通知》后附有《"安康杯"竞赛企业考核标准》。4月1日,市总转发中宣部、国家安监局、全总、团中央联合印发《关于开展2002年"全国安全生产月"活动的通知》和中宣部、国家安监局、全总、团中央、国家广播电影电视总局联合印发《关于开展"安全生产万里行"活动的通知》。5月23日,天津港工会印发《关于开展"安全月"活动的通知》,本次"安全月"活动是天津港第十二次,也是全国首次"安全月"活动。6月5日,天津港工会召开劳动保护工作推动会,总结天津港"两书"制度和"两个一"活动10周年成果,5个基层工会介绍了开展"两书"制度和"两个一"活动经验。8月19日,市总、市安监局联合印发《关于参加全国职工安全生产知识电视培训活动的通知》。9月12日,贯彻全总印发《关于开展全国"安康杯"竞赛的通知》精神,全国"安康杯"竞赛组委会办公室印发《关于开展全国"安康杯"竞赛检查的通知》。《通知》10月开始检查。采取自查和抽查的办法。通过组织职工参赛,进一步增强安全生产素质和安全意识,提高职工依法维权意识。全港安全大检查600多次,下发安全整改通知书640余份,杜绝和避免事故900余起。9月12日,全国"安康杯"竞赛组委会办公室印发《关于开展全国职工学习工会劳动保护"三个条例"竞赛活动的补充通知》。《通知》明确,为满足广大企业职工学习的愿望和要求,《条例》学习答卷活动从9月延长到10月底。天津港工会组织2000多名干部职工参加了全国"安康杯"答卷竞赛,2003年1月30日,全总"安康杯"竞赛组委会印发表彰决定,天津港工会荣获优秀组织单位奖。9月18日,市总转发市安委会印发《关于天津市2002年"百日安全无事故"活动方案的通知》。活动自9月1日开展至12月10日结束。活动主要内容:学习宣传《安全生产法》;针对薄弱环节,开展专项治理;深入开展安全生产的宣传教育。活动的总体目标:防止各类重、特大事故,减少一般事故,提高广大职工的安全法制观念;维护和发展安全生产良好态势。

2003年2月8日,针对比较严重的全国安全生产形势,市总经保部转发全总办公厅明传电报《关于进一步加强工会劳动保护监督检查工作的紧急通知》。要求各级工会组织发动职工群众,运用"两书"这一行之有效的办法,对企业存在的各类事故安全隐患进行检查。4月27日,国务院颁布《工伤保险条例》并于2004年1月1日起施行。《条例》的颁布,是"为了保障因工作遭受事故伤害或者患职业病的职工获得医疗救治和经济补偿,促进工伤预防或职业康复,分散用人单位工伤风险。"为规范工伤认定程序,依法认定工伤,维护当事人的合法权益,9月23日,国家劳动和社会保障部颁布第17号令《工伤认定办法》;第18号令《因工死亡职工供养亲属范围规定》;第19号令《非法用工单位伤亡人员一次性赔偿办法》,第17、18、19号令,自2004年1月1日起施行。12月17日,市总经济保护部转发国家安监局、全总颁发《关于落实和维护生产经营单位从业人员安全生产权益的通知》,《通知》要求要充实劳动保护监督检查内容,做好工会劳动保护工作,依法维护保障职工安全生产权益。是年,天津港各级工会认真全面履行《工会法》《安全生产法》等法律法规赋予工会的职责,加大依法维护职工劳动安全卫生权益的力度,强化了工会劳动保护监督检查组织网络的建设，通过举办生产安全事故调查处理工作辅导班、劳动安全技术讲座等形式，加强了对基层工会劳动保护的业务指导和培训，提高了工会系统职业健康安全、劳动保护工作水平。多渠道地开展群众性劳动安全监督检查活动，并广泛发动职工群众及时开展“查隐患、堵漏洞、排险情”活动，查处一批安全生产隐患，有力地促进了港口安全生产形势的稳定。其间，根据中国海员工会“在全国水运系统开展船舶、班组安全竞赛”的通知精神，组织开展了以落实安全责任、消除“三违”行为、杜绝责任事故、确保安全生产为内容的船舶、班组安全竞赛活动。是年12月3日，中国海员工会印发表彰决定，天津港轮驳公司轮7号荣获安全优秀船舶称号，天津港石化码头公司码头操作组、四公司固机3组、二公司装卸一队7组荣获安全优秀班组称号。

2004年，天津港工会劳动保护工作进一步加强。各级工会深入开展了群众性劳动保护工作，在深入贯彻全总劳动保护《安全生产法》和“三个条例”基础上，进一步强化了职工安全意识，使“两书”、“两个一”活动不断深入。是年2月14日，为充分发挥工会在安全生产中的群众监督作用，提高工会劳动保护监督检查的权威性和实效性，建立健全劳动保护监督检查工作中的长效机制，天津港工会印发《关于进一步加强工会劳动保护监督检查工作的意见》，进一步强调要建立“政府统一领导、部门依法监管、企业全面负责、群众参与监督、全社会广泛支持”的安全生产工作格局 。同时明确，工会劳动保护监督检查的主要职责是：监督检查企业贯彻执行国家劳动保护法律法规情况；监督并参加企业新改扩建工程项目的劳动安全卫生设施的“三同时”审查验收工作；参加伤亡事故调查和处理工作；督促企业认真落实《妇女权益保护法》《女职工劳动保护条例》等有关法律法规；对危险源点、职业危害作业点的监督检查；检查劳动保护工作，督促企业及时整改各类事故隐患；开展群众性的安全生产活动。是年8月25日，依据市总《关于建立工会劳动保护监督检查工作机制的意见》的通知要求，结合集团公司实际，天津港工会印发了《天津港工会建立完善劳动保护监督检查工作机制的意见》。《意见》提出，要建立健全各级工会劳动保护监督检查组织。要建立健全工会劳动保护监督检查培训机制。要加大参与力度，建立参与机制。要强化工会劳动保护检查机制。要建立完善工会劳动保护监督检查工作考核奖励机制。9月，天津港工会印发了《关于工会建立完善劳动保护监督检查工作机制的意见》，在组织建设、检查培训、事故报告等方面进一步规范了工会劳动保护监督检查工作，建立健全了工会劳动保护监督检查的长效工作机制，达到切实维护职工的生命安全和身体健康，充分发挥工会的作用。是年统计，组织了43个单位1368个班组近万名职工参加了全总组织的“安康杯”竞赛活动。在基层班组组织开展了“安全格言警句”征集活动，18个单位400多个班组参加，征集安全警句429条。开展了安全员培训工作，组织安全讲座39次，9000人参加，举办了三期劳动保护干部培训班，组织培训安全监督员190名，为基层订阅安全图册3500册（幅）。通过一系列活动极大提高了职工劳动保护意识，有效杜绝了不安全因素。一年来，全港共组织安全检查防治109次，查处事故隐患1247起，下发整改通知书23份，清除隐患1077项，避免伤亡17起，极大的杜绝了各类事故的发生，基层劳动保护监督检查工作体系和作用的发挥越来越突出。

2005年3月7日，为加大非公有制企业工会劳动保护监督检查的力度，更好地代表和维护广大职工群众安全健康的合法权益，确保企业安全生产形势的稳定，市总印发《关于落实全总、国家安监局〈关于加强非公有制企业工会劳动保护工作的意见〉的通知》。同日，市总印发《关于2005年开展天津市“安康杯”竞赛活动的通知》。按照全总和国家安监局继续开展“安康杯”竞赛活动的要求，市总和市安监局决定2005年度继续开展“安康杯”竞赛活动。是年，天津港工会劳动保护工作，在贯彻“三个条例”，落实《安全生产法》的基础上，深入开展“两书”、“两个一”活动，基层工会的劳动保护监督检查作用愈发突出，查出安全隐患700余条，纠正违章70余人次。组织了万名职工参加的全国“安康杯”知识竞赛。组织安全培训124次，培训职工15000人次，发放安全书籍近1000套，完成安全竞赛答卷9000余份。贯彻市总、安监局印发《关于开展2005年第十五次“安全生产月”活动的通知》精神，围绕安全月“遵章守法，关爱生命”主题，大造“安全生产月”声势；唱响“生命安全之歌”，开展安全歌曲大家唱活动，先后举办了“安全在我心中”演讲、“安全生产月”展牌活动、“安全温馨家庭”等系列活动，天津港工会劳动保护工作还在天津市工会劳动保护工作会议上受到表彰并介绍了经验。

2006年，天津港各级工会组织职工深入学习《安全生产法》，开展了专项安全检查和职工安全工作调研。加强了安全培训工作，全年培训劳动保护监督检查员和劳动保护检查员达790多人。组织职工开展了

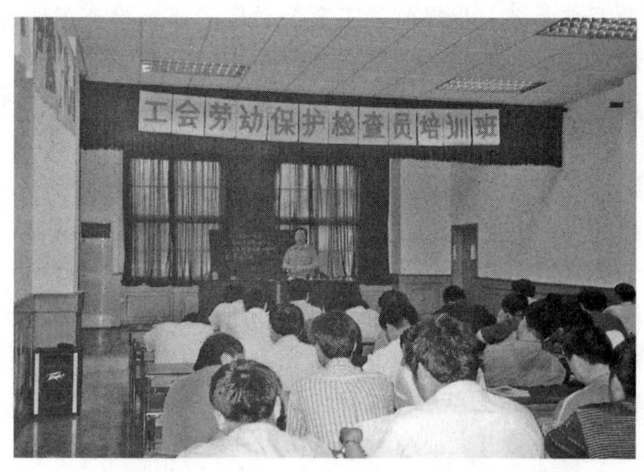

天津港基层工会举办劳动保护检查员培训班

"安全月"活动和"十个一"安全竞赛活动。加强了对新建企业工会建立劳动保护检查组织的督促和指导，在劳务员工中成立了劳动保护检查组织，在600多个劳务工小组设立了工会劳动保护检查员。全港开展了"关爱劳务工生命健康特别行动"活动，举办安全培训班111次，有5000余人次的劳务工参加了培训，有6000余人参加了农民工安全生产知识答卷活动。

2007年5月15日，天津港工会转发市总、安监局《关于加强企业工会组织在安全生产工作中切实发挥作用的意见》的通知。要求各级工会严格按照《意见》要求，对照相关内容，检查各自单位在开展工会劳动保护工作中存在的不足和问题，并根据《意见》要求及时进行完善和整改，天津港工会6月下旬对各单位的落实情况进行了检查。各级工会以"三个代表"重要思想和科学发展观为指导，增强安全生产工作的使命感和责任感，从"讲政治、保稳定、促发展"的高度，把维护职工的劳动安全卫生放在首位，突出对企业职工安全健康合法权益的维护。落实工会组织在安全生产工作中的源头参与和企业民主管理与监督，企业将劳动安全卫生内容作为平等协商、集体合同和职工代表大会重要内容。企业安全生产的重大方案等，经职代会讨论通过后方能实施，企业安全生产按照厂务公开的规范要求，落实职工的知情权，实行公开接受职工群众监督。上级工会为企业工会履行维权职责创造条件，搞好服务，提供保障。支持企业工会干部依法维权，帮助解决工会劳动保护监督检查工作中遇到的困难和问题，坚持预防为主，关口前移、重心下移，注重实效。工会配合行政安全生产主管部门加强对安全生产工作的监督检查，督促其解决和消除存在的劳动安全卫生问题和隐患。工会依法参加本企业新建、改建、扩建工程项目的劳动安全卫生设施"三同时"审查验收。工会依法参加企业伤亡事故调查处理工作。工会主动参加单位的安全生产检查工作。不断丰富"安康杯"竞赛内容，大胆探索创新，把"安康杯"竞赛活动落到实处，工会协助督促企业做好职工和农民工安全生产教育培训工作。按照全总颁发的劳动保护监督检查"三个条例"的要求，企业、车间要设立工会劳动保护监督检查委员会，工会小组要配备劳动保护检查员。

2007年，天津港工会劳动保护工作以"安康杯"竞赛活动为载体，发挥工会在企业创建安全文化中的作用。职工劳动保护监督检查机制不断完善，"两书"、"两个一"活动和船舶班组安全活动不断深入，40多个工会劳动保护监督检查委员会和1100名劳动保护检查员活跃在生产一线，一年来，开展安全培训10000余人次，查出并督促企业整改事故隐患4380余项，保证了职工的人身安全和港口安全生产形势的稳定。

2008年，天津港工会积极探索企业安全文化建设，进一步培育职工安全文化理念，从"要我安全"向"我要安全"、"我会安全"转变。各级工会采取多种有效形式加强职工的安全意识、提高职工安全技术技能，发动职工结合本岗实际开展查找事故隐患危险源(点)活动，建立监督检查台账。开展征集"安全警句、安全格言"活动，营造安全生产的文化氛围，打造企业安全文化理念。规范职工安全生产行为，提高单位安全生产标准，深入开展企业安全文化的制度建设和安全生产的机制建设，发挥工会组织在企业安全文化建设中的作用。积极开展"书写安全家书"活动。组织开展的"安康杯"竞赛、"安全生产隐患排查治理"、"迎奥运、保安全、百日安全生产"竞赛、"安全月"等活动，切实做好群众性劳动保护监督检查工作。是年，工会组织安全检查200多次，查出、整改隐患170余项，纠正违章170余次。天津港再次荣获了全国"安康杯"安全生产竞赛优胜企业和天津市"安康杯"安全生产竞赛优胜企业称号。

2009年3月10日，为落实工会组织在生产安全事故调查处理工作中的职责，规范各级工会参加生产安全事故调查处理和报告程序，切实保障职工生命安全合法权益，根据《工会法》《安全生产法》《生产安全事故报告和调查处理条例》《关于认真开展宣传贯彻〈生产安全事故报告和调查处理条例〉工作的通知》等法律法规及全总办公厅《关于认真贯彻〈生产安全事故报告和调查处理条例〉的通知》精神，市总印发《天津市工会参加生产安全事故调查处理的暂行规定》的通知。《暂行规定》共23条内容，明确了工会参加生产安全事故调查处理的程序。

2009年，天津港工会着力抓紧群众性劳动保护工作，按照《三个条例实施细则》的规定，巩固已有的工会四级群众劳动保护监督检查网络，加强对新建企业工会建立劳动保护检查组织的督导。发动职工广泛开展查找事故易发部位活动，建立了监督检查台账。发挥工会劳动保护监督检查组织作用，组织基层找事故，依法维护职工的生命安全和健康权。贯彻天津市《关于推进落实安全生产"三项行动"的实施意见》和《关于印发"安全生产大检查"方案的通知》精神，各级工会结合本单位实际情况具体落实。针对天津港5月份安全生产问题，组织工会劳动保护干部，对工会如何发挥劳动保护监督检查的作用，如何运用新招法教育、引导职工牢固树立自我保护和保护他人以及提高安全操作技能进行讨论研究。组织开展了三项重点活动：一是组织"人机对话"活动，定期组织装卸、理货、苫垛和机械等一线操作职工进行互动交流，对在日常工作中出现的不安全问题进行探讨和研究，明确危险源点，避免在交叉作业中出现人、机等安全隐患。二是开展"影像中的我"活动，把操作岗位工人的日常工作情况录制下来，组织职工观看自我工作录像，查找自己的不安全行为，杜绝职工在工作中出现重复性违章、习惯性违章等。三是开展"居安思危大家谈"活动，组织职工把亲身经历的险肇事故、发生的事故以谈体会的形式讲给他人，从中吸取教训。通过开展"安康杯"竞赛、"安全月"等活动，切实依法维护职工的人身安全和健康权。全年统计，天津港各级工会组织安全检查530多次，查出并整改隐患390余项。

近年来，各基层工会结合企业实际，不断创新工作方法，开展了各具特色的劳动保护活动，如实行劳动保护监督检查员、安全检查员持证配标上岗制度；开展"安全值日"活动；建立"安全信息卡"制度；开展"职工安全观察报告"活动等。近年来，各级劳动保护监督检查组织共使用《事故限期整改通知书》170份，消除隐患2万余项；有2万余人次查出船舶设备、机械、电气、石油化工管线等事故隐患2.3万项，整改率100%，避免重大事故隐患2000余起。

工会在职工安全生产维护方面的几点启示：要建立职工安全生产维护的长效机制，一要建立健全各级群众性安全生产监督检查组织的网络；二要经常开展职工安全意识教育，避免因麻痹轻视思想产生伤亡事故；三要依法监督治理，以人为本，对违章指挥、违章作业要坚决制止；四要提高职工安全技术素质和自我保护能力；五要坚持典型事例教育，用正反两个方面事例教育职工，珍爱生命；六要协助行政部门开展好安全生产、安全教育、安全检查和"安全月"等工作或活动。

第四章　工会宣传教育工作

工会宣传教育工作,是党的宣传教育工作的重要组成部分,是依据列宁“工会是共产主义大学校”的思想理论基础所规定的一项社会职能。职工教育的宗旨,是以共产主义精神和现代科学文化知识去教育广大职工群众,提高职工队伍的整体素质,使之成为“有理想、有道德、有文化、有纪律”,具有一定思想政治觉悟、健康心理素质、职业道德境界、科学文化程度、业务技能专长,并且能够依法维护自身权益的队伍。工会宣传教育工作主要是维护职工接受教育的权利、工会直接或协助行政办学、开展宣传思想工作、精神文明创建、科学文化教育以及组织开展益于身心健康的职工文化、艺术和体育活动。

第一节　职工思想政治工作

职工思想政治工作是党的政治工作和精神文明建设的重要组成部分,是工会宣传教育工作的一个重要方面,是工会运用马克思主义科学理论,有目的有意识地、多渠道多层次地对职工群众,进行引导的教育,使他们成为“四有”新人。工会开展思想政治工作具有广泛的群众性和特有的亲和力,工会职工思想政治工作具有组织优势、阵地优势、活动多样性的优势。

一、天津港恢复建设,初步发展时期的职工思想政治工作(1950~1965年)

1949年1月,天津、塘沽相继解放。军管会对津塘两地国民党政府时期的管理机构进行了“按原系统、原制度接收”。接收的港航管理业务相当庞杂,航政管理机构中的职员的政治成分构成也相当复杂,客观上形成天津港多次开展清理职工队伍政治运动的原因。同时,军管会民运组和天津市职工总会筹委会派工作组到各工厂企业做思想工作,动员职工复工、复业。其间天津市职工总会筹委会码头运输工作委员会和海职工作委员会成立,码头搬运工人和海职工人有了自己的工会组织。

1949年年初,天津市政府公用局运输事务所在各区陆续成立了搬运工人服务站,取代了“脚行”,开始承担起市内运输和装卸任务。很快全市搬运服务站就发展到18个。这些国营搬运机构的设立,标志着在搬运业务中统治码头工人多年的“脚行”把持制度从管理体制上已开始瓦解。天津市职工总会筹委会派员到塘大区组建工会组织,为了便于工作,建立了海员和搬运两个工作组,积极开展筹建工会组织和发展会员工作。1949年年底塘大搬运工会成立“劳动合作社”代替“脚行”。工会组织在“反封反把”运动中,树立了群众威信,打下了群众基础。在党组织和上级工会组织的领导下,工会作为“党的助手”,带领天津港的职工投入到清理阶级队伍、镇压反革命、斗争封建“把头”等政治运动和港口恢复建设中。由于解放初期的政治运动具有广泛的群众性,工会充分发挥群众工作优势,组织职工投入到系列政治运动中,广大职工积极揭发了历史反革命和现行反革命问题,工会组织配合党组织,镇压了一批罪大恶极的封建“把头”、恶棍。通过开展运动,清理了职工队伍,整顿了劳动组织,加强了劳动纪律,增强了职工主人翁责任感,焕发了劳动热情。

1949年年底,天津市开始逮捕封建“把头”,1950年1月5日,天津港码头工人游行,声讨“把头”罪行;6日,在塘沽开滦码头召开了控诉封建“把头”罪行大会。1950年3月,政务院颁发《关于废除各地搬运事业中封建把持制度暂行处理办法》,明确由政府设立搬运公司。在党的领导和工会的组织下,废除了天津港范围内各码头“把头”的把持制度,从而结束了延续200多年的天津“脚行”历史。“把头”不甘心下台,有的混入码头工人队伍,伺机破坏。1950年6月,在塘大的招商局码头，发生“把头反扑”事件。解放初期，塘大搬运工人因“活少人多”，各码头忙闲不均发生矛盾，为解决矛盾，工会组织成立了劳动合作社，协调组织各码头生产、统一调配劳动力。中旬，有一外籍船舶，按原码头割据沿袭应归招商局码头工人装卸，劳动合作社调度给久大码头工人装卸，借此事，原“把头”操纵招商局码头工人围攻劳动合作社。经说服无效，塘大公安局逮捕带头闹事“把头”，围攻才得以平息。工会借“把头反扑”事件对职工进行了阶级教育、团结教育，通过组织训练班，宣传党的政策，批判“占地盘”的封建割据思想，教育码头工人要团结起来。此后，劳动合作社清除了内部的“把头”成员，巩固了劳动合作社的地位。搬运公司的成立替代了劳动合作社，搬运公司在职工整顿和编队过程中，团结和教育职工，“天下工人是一家，反对内部不团结，反对封建割据。团结起来，大家才能有饭吃”；“不剥削人，也反对别人剥削”；“不听信谣言，反对坏人挑拨，反对特务造谣”；“不入娼门，不赌博，要安家立业”；“运输公司是工人的公司，是扶持工人解放的组织”；“保证运输快，轻装轻卸，爱护客货，维护工人的人格名誉。”6月22日，天津市总工会、搬运工会与运输公司分别发出号召，号召全市各业工人与搬运工人紧密团结起来，彻底肃清封建把持制度。7月17日，天津市搬运工会联合会所属码头装卸工会工人700余人在六区胜利戏院集会控诉“脚行”头子罪行，一致要求将“脚行”首恶分子依法严厉制裁。6、7月间，天津市公安局通令所属严格执行三项任务：取缔聚众殴斗、强装强卸、高价勒索；限令“脚行”、“把头”登记，全力支持运输公司、搬运工会；维护治安。全市对“脚行”、“把头”进行了登记，并逮捕法办了一批首恶分子。

1950年4月，全总召开第一次全国职工业余教育会议。6月，政务院发出《关于开展职工业余教育的指示》，9月，全总和教育部修订了《职工业余教育暂行实施办法》《各级职工业余教育委员会组织条例》，各级工会在职工业余教育中开展了政治理论、社会发展史教育。天津港工会开展了政治常识普及活动，通过组织青年训练班、工人识字班、妇女识字班、技术学习班，采取组织职工上大课、举办短期培训班和职工业校等形式，通过学习《六次劳大决议》《职工当前的任务》《职工代表的作用》《职工代表会草案》《大家办工会文件》《社会发展史》《大众政治读本》《刘少奇报告》等政治理论和政策文件，接受唯物史观、“劳动创造世界”、阶级和阶级斗争、中国革命和中国共产党等政治理论教育；使广大职工认识社会发展规律，并为参加斗争封建“把头”、“镇反”、清理队伍等系列群众性的政治运动打下思想基础。

1950年6月29日，《中华人民共和国工会法》颁布，明确规定了我国工会在国家的法律地位，以法律的形式确定了职工参加和组织工会的权利及工会的地位、作用、权利和职责。保证了工会组织的建设和发展，为进一步开展好职工思想政治工作奠定了基础。

1951年2月，中央人民政府颁布《惩治反革命条例》。3月24日，天津市总工会第二届第二次会员代表大会号召全市会员积极协助政府检举反革命分子，帮助被骗加入反动会道门的工人迅速向政府登记，把混入工会的反革命分子清除出去；组织护厂队、纠察队，加强企业的经济保卫工作。4月，全总印发《为拥护政府镇压反革命告全国工人书》，号召广大工人群众肃清暗藏的反革命分子。天津港工会及搬运工会组织积极响应上级工会号召，积极投入到“反封反把”运动，据对塘大搬运工会统计，1～3月，依法逮捕了罪大恶极的封建“把头”、特务15名，处决了封建“把头”刘德良等5名首要分子。4月，天津、塘沽开始了审查搬运工会会员工作，剔除了封建“把头”20多个，开除会籍100多人。通过开展会员审查活动，纯洁了工会会员队伍，凝聚了广大职工。11月，中央发出《关于清理工矿、交通等企业中的反革命分子和在企业开展民主改革的指示》，《指示》要求必须依靠群众，对企业内部的反革命势力进行清理，对旧企业遗留的压制工人的制度进行民主改革，“各级工会发动职工群众，对隐藏在企业内部的封建残余势力和反动‘把头’进行揭发和斗争，对企业内部不协调的关系进行调整，对不合理的、压制工人的规章制度进行改革。”12月17日，《天津日报》发布了市总工会、市民主妇女联合会、市青年团工作委员会联合发出的通知。通知要求全市职工、妇女、青年积极行动起来，投入反贪污、反浪费、反官僚主义的“三反”运动。至1953年8月，天津港开展了三期镇压反革命活动（简称“镇反”）。在镇反运动中，各级工会配合党组织，组织职工参加批斗揭发、控诉封建“把头”、日寇、伪政府的罪行，清理并镇压了一批反革命分子，通过参加镇反运动，职工从思想上认清了反革命分子仇视红色政权，不甘心灭亡的反动本质。

1951年，在全国开展“抗美援朝，保家卫国”运动的形势下，天津港职工响应11月6日全总发出的全国人民捐献飞机大炮的号召，随同塘大工会落实捐献一架“搬运工人号”飞机计划，广大职工积极捐款捐物。

捐献的种类有个人积蓄、实物以及个人工资的5% ~7%。据统计,天津港参与捐款的职工180余人,共捐款280.7万元(旧币)。

1952年1月17日至12月27日,以精兵简政、增产节约、堵塞管理漏洞为目的,天津港开展了群众性的“反贪污、反浪费、反官僚主义”(简称“三反”)运动。工会配合行政,带领广大职工“旗帜鲜明地站在斗争的前列,同贪污、浪费和官僚主义现象,进行了坚决的斗争”,揪出局内贪污分子170余人。通过“三反”运动,加强了管理上的薄弱环节,弥补了管理制度上的漏洞,整顿了官僚主义作风,提高了港口的管理水平。

1952年1月5日,天津港接收天津市区码头装卸工人3000多人,同年8月23日,接收塘沽装卸工人2000多人,这些人曾在封建“把头”的统治下为帝国主义、国民党政府服务,政治成分复杂,参加反动、迷信组织的占了职工总数的84%。这些人沾染了旧社会的流氓作风和坏习气,码头工人队伍亟待清理,职工思想、作风亟待整顿。1953年3月至4月,在全国民主改革的形势下,天津港开展了以肃清封建“把头”流毒、清理整顿职工队伍为主要内容的“民主改革”、“民主补课”和“工人洗澡”等系列政治运动,揭露出许多政历、现行问题。是年,逮捕法办了一批历史反革命、“现反”分子和封建“把头”;开除了一批屡教不改的小“把头”和流氓恶棍。1953年,在接管塘沽码头装卸工过程中,职工中出现了“怕不实行劳保;怕降低工资;怕老年退休”三怕顾虑、“比永利工资;比船职工资;比重工业工资”的“三比”思想和存在的“吃得多;穿得多;修车多”的“三多”实际困难,提出了“实行劳保,固定工资;固定工作时间;统一工会组织;统一政治和文化学习”等五个要求,工会组织针对职工的“三怕、三比”和“五个要求”开展了宣传教育和思想政治工作,妥善地完成了海员工会和搬运工会组织的合并工作。

1952年12月,党中央提出党在过渡时期的总路线。1953年,根据总路线的要求,国家制订了国民经济发展的第一个五年计划。9月,党中央向全国工人阶级发出了“开展增产节约的社会主义劳动竞赛”的号召,全总向全国职工发出了响应号召的《紧急通知》。是年,第七次全国工会代表大会提出,“必须不倦地以共产主义的精神教育和影响,结合群众的亲身体验,不断地从思想认识上提高职工群众,把工人的个人利益和全体人民利益、国家利益结合起来”思考问题,参加活动。各级工会围绕党的中心工作,大力宣传国家制定“一五”计划的意义,宣传党的总路线,发动职工制订目标落实计划,以实际行动拥护党的领导、拥护党的政策和主张。

1953年,为保证落实“一五”计划,全总组织力量开展了调研,发现企业普遍存在随意旷工、消极怠工、逃避劳动,不服从指挥调度,不遵守操作规程等现象,存在劳动纪律松弛,产品质量下降,安全事故频发等突出问题,1953年7月,全总作出《关于巩固劳动纪律的决议》,要求各级工会把开展劳动纪律教育作为工会保证国家“一五”计划完成的重要责任。是年10月,全总代拟《关于国营、地方国营企业内部劳动规则纲要》。由于天津港刚刚接收搬运公司的装卸工人也存在劳动纪律问题,6月至8月,以整顿天津河西、河东作业区的劳动纪律问题为重点,带动全港广大职工开展整顿劳动纪律运动,与旧社会遗留的坏作风、坏习惯、松弛的劳动纪律和不服从指挥、无视安全质量等无政府主义现象作坚决的斗争。这次整顿劳动纪律群众运动,以解决人民内部矛盾的批评与自我批评为主要形式,工会着力于引导职工开展自我教育。整顿后的河西、河东作业区职工出勤率分别提升到92%、98%;全港职工的劳动纪律意识有所增强,劳动出勤率普遍提高。1953年,天津港还开展了“新三反”(反对官僚主义、命令主义、违法乱纪)运动,职工群众通过“四大”方式,揭发、检举百余个问题。

1953年6月,天津港工会组织开展系统的共产主义教育,主要教育内容有爱国主义、利益关系、劳动光荣论。工会利用自身优势,活跃宣传方式,“采用快报、黑板报、大字报、喜报、广播、安全红旗赛、挑战应战、保证条件、献礼、连环画、漫画报、组织参观等方式”,加大广播站的宣传力度,提高舆论宣传效果。建立了电影工作队,通过放映《六号门》《列宁在十月》《难忘的一九一九》等影片配合对干部职工的理论教育,全年放映影片58部(次),观看干部职工达36000多人次。在教育主体方面,主要依靠党团员、工会积极分子、生产骨干和老工人等工作在一线或现场的骨干力量。在教育方式上根据职工个体特点,选用不同的思想工作方法。主要是通过先进典型示范引路,“以点带面”,提高队伍的整体水平。开展职工共产主义教育,提高了职工的主人翁责任意识,提高了职工对于个人和国家利益一致且个人利益要服从国家、人民的利益的认识。

1953年,天津港工会对开展宣传思想工作进行了全面的总结,强调宣传思想工作必须紧紧围绕生产这一工作中心,必须融入港口生产全过程,必须在劳动竞赛、合理化建议、技术革新、宣传先进典型等群众性生产活动中发挥作用。总结指出，宣传教育一定要深入到现场，如通过广播挑战应战书、安全质量注意事项、竞赛班队的生产进度，现场宣传鼓劲效果事半而功倍。宣传工作要融入生产过程，在货船到前，参加调度会，了解货类，预测生产；货船到港，参加各班队的船前会，了解计划安排，准备先进工作方法材料；货船作业，与指导员共同深入到班组，掌握生产进度，推广先进经验，宣传先进典型，激励劳动竞赛；货船离港，宣布劳动效率和生产成果，感谢船方的支持，密切“港际关系”。总结指出，增强宣传教育的感染力，要选好宣传教育的载体，是年，在河西作业区安全生产、合理化建议展览的基础上扩大规模，天津港工会筹委会成功地举办了港湾作业展览，在天津、塘沽、秦皇岛等港口展出，观众达8400多人，效果显著，影响较大。

1953年11月至1954年7月，天津港广泛地宣传、系统地学习党在过渡时期的总路线。1954年5月，天津港召开了第二次职工代表会议，通过大会集中贯彻总路线精神。工会确立了专题，组织职工讨论，并通过口头、笔试测验、“点将台”等形式来活跃职工学习气氛，推动、掀起全港学习总路线的高潮。通过贯彻学习总路线，广大职工提高了思想政治觉悟；明确了党在过渡时期的方针政策；增强了建设港口的主人翁责任感；加强了企业管理、提高了装卸效率。贯彻学习总路线为后面的固定岗位、改革工资、调整劳动组织进行生产改革、建立新型生产关系夯实了基础。

1954年1月29日至2月28日，天津港开展生产改革运动，以固定岗位、改革工资、调整劳动组织为主要内容。这次改革以增强职工的主人翁责任感，加快港口建设为主要目的。工会配合行政，参与改革，维护职工利益，并在改革中开展了大量的宣传教育工作。编写了生产改革的宣传提纲；组织了全港各技术熟练工种、各职务级别职工代表座谈；召开局职工代表会议，讨论并通过了生产改革方案。确定方案后，党群干部深入基层，广泛宣传，积极推动生产改革，同时广泛征求职工对实施改革的具体意见。由于宣传鼓动得力，在完成整顿劳动组织，装卸重新编队和工资调整的改革的过程中，职工思想比较稳定。

1954年6月，历时一个月，天津港开展了宣传《宪法（草案）》活动。18日，召开了动员大会，向全港职工宣传学习宪法的必要性和深远意义。18日至30日，培训职工宪法宣讲队伍。7月1日，再次召开了大会进行宣传推动，并成立了由党政工团组成的核心组；采取分层贯彻、宣传员辅导、利用载体（板报、漫画、快报等）广泛宣传的形式，营造学习宪法的舆论氛围；通过学习，天津港广大职工增强了依法维权、依法办事、依法保障的法制意识，坚定了建设社会主义新港口的信心，同时推动了港口的生产发展。

1955年，执行国家第一个五年建设计划进入了第三年。天津港各级工会组织，在党和上级工会的正确领导下，组织和发动全港职工开展劳动竞赛，保证全面超额完成国家计划、在提高职工群众的觉悟程度和组织程度以及改善职工群众的物质文化生活等方面，都开展了很多工作和活动，因而，在保证完成国家各项建设任务中，工会已初步发挥了组织作用。在此期间，工会组织把宣传教育工作作为工会基本任务之一，发挥工会是共产主义的学校的作用。自从国家进入有计划地建设时期，工会组织向职工群众宣传了实现国家计划的重要性和工人阶级在国家建设事业中的重大责任，并普遍整顿了劳动纪律，批判了在工人中较普遍存在的经济主义思想和不求进步的“到头思想”。1953年年底，国家在过渡时期的总任务公布以后，为贯彻总任务而进行的宣传教育工作在全体职工、家属和干部中间广泛地开展起来。经过这次宣传教育，职工群众普遍明确了建设社会主义的具体道路和方向。1954年，又贯彻中共天津市委第二次工业会议精神，普遍向职工进行了生产目的性的教育，使职工了解到不但要完成产量计划，而且要全面完成国家计划。1955年，加强了对群众的政治思想教育工作，进行了国家第一个五年计划以及厉行节约、反对浪费和道德品质教育，通过上政治课系统地向职工进行政治教育。经过一系列的教育，提高了职工群众的政治觉悟和劳动热情，巩固了劳动纪律。讲政治课已成为企业提高职工觉悟不可缺少的有效教育办法。

解放后，天津港虽然开展了几次群众性政治运动，职工队伍几经清理整顿，但是还存在着一些问题，旧社会的封建宗派思想、流氓作风影响尚在。为保证航运安全，实现安全生产，根据《公安部海上人员审查工作的指示》和《天津市关于交通航运运输部门及基本建设队伍清理工作计划方案的指示》，1955年1月至6月，天津港再次清理职工队伍，主要是针对未进行过民主改革、民主补课的人员，开展群众性的“清队”运动。工会协助党组织，通过发动群众，组织职工座谈和讨论，对修建、航道和船队等系统掌握着生产枢纽、港口航道资料的14个要害部门的600多名职工开展了审查和调查，并进行了清理，调整了部分不适合做要害部门工作的职工。1955年8月至1957年年初，天津港还开展了为时较长的“肃清一切暗藏的反革命分子运动”(简称“肃反”)。开展肃反运动后,干部、职工放下了思想包袱,增强了职工队伍的团结,工作效率、出勤率进一步提高,促进了各项生产任务的顺利完成。

1956年,国家生产资料所有制的社会主义改造基本完成,实现了由新民主主义过渡到社会主义,天津港随全国形势进入社会主义全面建设时期。中共八大的《政治报告》指出“工会在社会主义建设事业中,一方面要采取说服教育的方法吸引工人群众,通过社会主义劳动竞赛和先进生产者运动,为提高劳动生产率而斗争;另一方面,应当密切关心群众生活,发挥群众的监督作用,向一切企业中违法乱纪、侵害群众利益、不关心群众生活的官僚主义进行勇敢的斗争。”1956年下半年,受匈牙利事件影响,国内出现少数人闹事的情况,1956年9月至1957年3月,半年时间全国有万人参与罢工,1957年6月,毛泽东主席的重要讲话《关于正确处理人民内部矛盾的问题》公开发表。是月,在全国大形势的影响下,天津港发生了“盐工请愿”事件,事因由盐务局转入天津港的大部分盐工对所从事的专业有不同的抵触情绪,并要求解决在盐务局时因病及生活产生的欠款问题,后经天津市委工业部、塘沽区委、天津港、盐务局多方面做工作,事态得以平息。

1956年,天津港工会加强对职工的宣传教育工作,不断提高群众思想觉悟,鼓舞职工群众的劳动生产热情,对推动先进生产者运动的开展和提前完成第一个五年计划起到了促进作用。是年,天津港广泛开展了以提前一年完成第一个五年计划为内容的劳动竞赛的宣传鼓动工作。根据局第四次职工代表会议的决议,深入开展了反对保守思想斗争,各级工会组织广泛运用快报、广播、漫画等各种宣传工具,启发职工的积极性,鼓励群众大胆揭发存在的问题,对改进管理发挥了作用。在先进生产者运动过程中,工会宣传工作贯彻了“互相帮助,互相学习,取长补短,共同提高”的原则,通过召开先进生产者座谈会、宣传典型事迹、提倡议等形式,发挥了先进的示范带动作用,使全港的先进生产者运动形成了高潮。与此同时,还加强了对工人的时事政策教育,使工人更好地了解国家大事和国内外的时事情况,全年举办时事报告会10次,听课的职工达8500多人次。针对新工人增加的实际情况,及时开展了劳动纪律教育,保证了出勤率和劳动生产率的完成。

1957年9月至1958年8月(历时11个月),天津港开展“反右整风”运动。工会协助党组织,带领广大职工积极投入到“反右整风”运动中,参加整风运动的职工达6000余人,共提出25000余条涉及工作作风、规章制度、工资福利等方面意见,通过运动的进一步深化,“鸣放”的大字报内容扩展到降低成本、调整劳动组织、修订装卸定额、修订规章制度等生产和管理方面。“反右”运动主要在新港地区的科室干部和技术人员中进行,“整风”运动则涉及天津港全体职工。在开展群众性的“反右整风”运动过程中,取消了作业区的职能股,局直接领导的生产科室由26个精简到16个,运动中坚持干部参加劳动,工人参加管理,通过改善生产关系,解决生产与管理的矛盾。面对“整风”和开展社会主义教育的新形势,重新整建的局工会提出了“工会组织要成为党的有力助手”的要求。工会根据职工“鸣放”出来的意见,确定了职工思想政治工作内容主要是开展艰苦奋斗、勤俭建国、勤俭办企业教育。充分发挥宣传教育骨干的率先垂范和先进人物的示范带头作用;加大安全质量宣传力度,增强职工安全质量意识;及时掌握、分析职工思想动态,向党组织提出当前职工思想存在的问题,以便确立教育内容和形式;大力宣传天津港的先进典型,激励职工“比、学、赶、帮”;针对“整风”、“鸣放”反映的劳动纪律问题,引导职工自我批评、自我教育。

1957年,天津港工会的政治思想教育工作有所加强。一是开展了增产节约宣传和劳动纪律教育,加强了职工的组织性和纪律性,使出勤率显著提高,一般单位由85%提高到90%以上。二是进行了关于正确处理人民内部矛盾的宣传,结合职工生活福利和困难补助问题,开展了艰苦朴素和勤俭建国教育。在整风和“反右”过程中,进行了社会主义教育运动。在整风运动中,职工迫切要求改进领导作风和管理方法。其间,职工揭露浪费现象和批判官僚作风问题共计1200余件,内容多涉及机构设置、现场管理、安全质量等方面。工会总结出“增产节约运动,既是生产活动又是政治运动,既有经济意义又有政治意义。”在增产节约运动中,工会的宣传教育工作主要是结合形势任务,加强宣传鼓动,如及时打出宣传标语鼓动口号;发挥先进模范人物、生产骨干、工会积极分子的示范带头作用。工会还组织推广了天津作业区装卸18队、新港作业区装卸6队、轮驳队“津港轮一号”等一批班队车间的宣传教育和职工思想政治工作先进经验。

1958年,天津港随同全国大形势,开展生产“大跃进”运动。“‘大跃进’是党探索社会主义建设过程中的一次严重失误,但是工人阶级建设社会主义的热情和为完成和超额完成新的国家计划而斗争的努力，不能与‘大跃进’一起被否定”，天津港历经1958年的“大跃进”、1959年的“继续大跃进”和1960年的“全面大跃进”，港口的吞吐量不断扩大、装卸效率不断提高。在“大跃进”期间，工会的宣传教育的主战场在车间班组，职工的批评、批判的主要方式继续沿用“四大”武器。工会通过整理职工“鸣放”的问题和建议，反馈到党组织和行政部门研究、解决，工会还通过确定课题，组织职工讨论的办法，反馈职工合理化建议。宣传教育创新了“跃进台”、“比武台”、“献策台”、“空中标语”、“接力通讯”、有线广播等十几种宣传方式。在开展群众性生产活动中，创新了宣传工作进现场和举办展览会的两种模式，效果显著、影响较大。要求全体职工要响应反对浪费、反对保守、勤俭建国的号召，比干劲、比办法、比标杆，比多快好省、比出勤、比工作质量，打破常规，力争上游。“大跃进”期间的整风，解决了面向生产、面向基层问题；部分权力下放，经济独立核算等问题。在“大跃进”期间，工会组织开展了“大闹技术革命”群众运动。在运动中，职工教育重点是克服个人主义，树立集体主义思想；破除保守主义，树立不断创新思想。1958年12月2日，天津港党委（扩大）会议讨论通过的《关于加强党对企业领导的几个问题的规定》指出，“工会、共青团必须围绕党的方针政策和中心任务，经常地发动群众、教育群众、组织群众，保证党的各项任务和工作的完成。把本部门看成是对职工进行共产主义教育的学校。应经常掌握思想状况，根据思想动向进行各种形式的宣传教育。不断地提高广大职工的政治觉悟，提高组织性，纪律性，从而加强战斗力”。1959年，天津港各级工会先后组织了七次千人以上的宣传大军，大力度宣传先进人物的先进思想和先进事迹；组织职工现场比武、举办实物展览；并运用“放卫星”的方法，活跃劳动竞赛形式；还组织了职工技术培训、争当“多面手”、“优师带徒”等活动。职工教育继续坚持以自我教育、正面教育、形象教育为主。工会提出大搞职工文化活动，“人人学哲学；处处有歌声；周周有（文艺）活动”。天津港在总结“大跃进”的经验时指出：加强党的领导是实现生产跃进的根本保证；大搞群众性生产活动是实现跃进的基本方法；职工参与企业管理是推动港口全面建设、生产不断跃进的重要方式。

1958年8月，天津港开展打击反革命分子、打击刑事犯罪分子（简称“双打”）群众运动。开展“双打”运动，旨在解决天津港的陈案、积案；清除隐蔽的反革命；打击流氓、盗窃等犯罪活动；发现工作和制度漏洞，加强管理；巩固治安防范，创造安定的“大跃进”环境。“双打”运动历经动员发动、排队排查、培训骨干、坦白检举等步骤。运动中，职工坦白、检举问题1800多项，处理了一批贪污、盗窃、流氓、严重违纪分子。运动中，工会组织职工学习全总拟定的《社会主义教育教材》，对职工进行社会主义道德教育，提高职工的政治觉悟、增强职工的警惕性。

1959年8月至1960年2月，在全国“反右倾”的大形势下，天津港先是在机关干部中开展整风运动。8月17日，贯彻市委“反右倾，鼓干劲”的指示，运动范围扩大到全港职工。在干部、党员职工中开展整风，此间工会组织了专题讨论。这次整风坚持“普遍教育个别批评”、“教育本人警戒他人”的原则。通过整风，职工转变了右倾思想和松劲情绪。1960年1月，再次动员深入开展“反右倾”运动。通过运动，收到“鸣放”大字报4000张，整改问题3000多个，整改率99.2%；修订、建立规章制度60多项。

1960年，天津港工会的职工思想工作重点是深入开展以党的总路线、“大跃进”、人民公社“三面红旗”为中心的社会主义和共产主义教育，结合各个时期的政治运动宣传党的方针政策，提高职工群众的阶级觉悟和政治热情，树立共产主义风格，保证完成当年的生产任务计划。通过大评比、大比赛、大插红旗、大树标兵，用典型带动一般，组织先进和后进的交流会，通过交流、观摩，激励“比、学、赶、超”先进，倡导“促、帮、带”后进，推动“学、赶、超、帮”运动的开展，使天津港职工中形成了“见困难就上、见荣誉就让、见先进就学、见后进就帮”的社会主义劳动竞赛的良好氛围。竞赛活动推动了港口生产力的发展，同时凸显了天津港人的共产主义风格。是年，全国开始广泛的群众性学习毛泽东著作活动。天津港上半年重点组织学习了《政治经济学》《矛盾论》《实践论》《正确处理人民内部矛盾》等内容，下半年重点学习了《毛泽东选集（第四卷）》。采取读原著、听报告、“鸣放”辩论、研究工作、解决问题、总结经验、撰写文章等学习方式，组织党政群小组长以上的职工脱产学习班，组织职工每周集中学习。同时培育、建立了一支职工兼职理论辅导员队伍，推动职工学习毛泽东著作和无产阶级专政理论。

1960年7月至10月，天津港在局机关干部中开展了以反官僚主义为主要内容的整风运动。这次运动着重总结了几年来的领导方法、领导作风的经验教训，并以加强基层为着眼点，提出了改进党委领导、改进行政领导的若干措施和规定。这些措施、规定在执行中取得了一些成效。1961 年 4 月至 8 月,天津港各单位全面开展了以整顿作风、整顿制度、整顿队伍为中心的整风运动。通过整风运动,增强了领导干部的政策观念和群众观点,改进了工作作风,加强了调查研究,密切了干群关系;进一步建立健全了党委(总支、支部)集体领导制度和党委(总支)领导下的主任(轮驳队长)负责制等方面制度;进一步整顿了安全质量、技术管理、人财物管理制度;加强了生活管理,解决了相当部分的问题。

1961 年至 1963 年,为了团结职工,克服自然灾害和苏联撤离专家等给我国经济发展带来的困难,工会开展了社会主义教育、学习雷锋活动、回忆对比“革命史、厂史、家史”(简称“三史”)教育等活动,增强了职工战胜困难的勇气,坚定了社会主义信念,保证了这一时期国民经济调整任务的完成。1963 年 12 月,全总八次执委会议提出了各级工会“要把思想政治工作放在一切工作的首位”,“要把思想政治工作做到职工的群众性生产活动、日常生活、职工家庭和工会各项活动中去”的要求。

为加强职工思想工作,及时掌握职工思想动态,根据市委和上级工会指示,1961 年春节前夕,针对部分外地职工想利用假期回乡探亲与家人团聚的实际,天津港工会以新港作业区装卸三大队丙班 141 名职工为重点,以座谈会的形式进行了一次调查,并写出了调查报告,总结分析了职工思想状况,提出春节期间要搞好文化生活、统筹安排好工作任务、搞好节日期间的食堂工作等建议,为进一步稳定职工思想情绪,搞好节日期间的生产奠定了基础。是年 3 月,按照上级安排,贯彻“以整风为纲,大抓思想、生产、生活,并认真做好分期分批整风肃反工作”的精神,天津港组织开展群众性的“整风肃反”运动。通过整顿制度、整顿组织、整顿作风,以期达到调动广大职工积极性,更好地贯彻执行党的总路线,落实“充实、巩固、提高、整顿”八字方针。对收集的 90000 条意见,归纳为 4959 个问题,涉及干部作风、企业管理、生活福利等方面。在整风肃反运动中,主要开展了社会主义教育,提高了广大职工的政治觉悟,加强了党委领导下的厂长负责制,端正了经营思想,批判了忽视安全质量、经济核算的做法,同时建立了各种管理责任制度,实行新的职工奖励制度。

1962 年 1 月,针对职工思想状况和开展职工政治思想教育的薄弱环节,天津港工会提出贯彻局政治工作会议几点意见,提出重点要加强对新工人的思想教育,特别是形势任务教育、阶级教育和组织性、纪律性教育;要进一步组织职工学习好《国营工业企业条例》,通过学习使广大职工群众,正确认识重要意义,树立正确态度,激发职工群众的积极性和创造性,改进企业管理,发展生产;要加强对家属的经济形势教育,重点进行勤俭持家,树立勤俭持家的标兵,帮助家属委员会对家属的思想状况进行分析,根据不同情况,采取不同措施解决实际问题,使职工安心生产。同时提出做好职工政治思想教育的方法和要求,一是依靠群众、教育群众的路线,发挥老工人在教育新工人和青年工人的职工政治思想教育中的作用。采取一把钥匙开一把锁的方法,通过座谈会、个别谈心以及群众性的自我教育活动,解除职工的思想疙瘩,提高阶级觉悟。要随时注意落后职工的点滴成绩,经常不断地组织他们交流思想和先进事迹,增强他们取得进步的信心。二是进行职工群众思想政治教育要贯彻两条腿走路的方针,即思想教育与解决实际问题相结合。领导教育与群众自我教育相结合,经常性教育与运动中突击性教育相结合。三是根据不同情况,采取不同的教育形式,如大鸣大放、大字报、插红旗、树标兵,举办小型展览、现场会、参观、谈心等,通过正面典型事迹来影响教育职工。四是加强调查研究,随时了解掌握职工群众的思想动态,每月定期进行思想分析。五是工会小组生活会要定期召开,两周召开一次,通过召开小组生活会互相帮助,互相鼓励,不断提高职工思想觉悟,加强团结。六是小组读报制度,坚持每周至少三次,要指定内容,检查效果。七是发挥好积极分子的作用,特别是基层、车间、工人,工会不脱产的委员和小组长的作用。是年 3 月,天津港工会印发了《进一步贯彻“国营工业企业条例”,加强工会工作,深入开展社会主义建设先进班组、先进生产者运动的几点意见》,指出,“引导职工全面正确地认识形势,必须掌握三个环节,即讲清形势,明确任务,指出方向。在加强形势教育的同时,必须加强任务教育,端正正确对待暂时困难的态度。”“各基层、车间、小组工会组织,必须经常注意,密切关心职工群众的思想动向。”《意见》提出,摸清职工思想动向的方法要灵活多样,重点要抓“四员”、“三摸”、“一会”,“四员”即抓小组安全员,了解职工操作中的情绪和遵守规章制度的程度;抓小组人事员,了解职工劳动纪律;抓炊事员(或小组生活员),了解职工用粮计划、对生活方面的要求意见;抓小组核算员,了解节约燃物料,降低成本等情况。“三摸”即摸生产中的干劲;摸日常的思想反映;摸业余时间的爱好和活动。“一会”

即不定内容、不拘形式、不定期的随便谈心会。4 月，天津港贯彻落实工业“七十条”，按照中央“精兵简政、压缩机构、精简人员”的指示和全国交通会议“整顿企业是执行精兵简政、增产节约、改善生产秩序、提高劳动生产率的基本措施”的精神，开始全面系统地整顿企业。确定以技术、安全、质量、人财物等管理为重点整顿内容；在“查定”的基础上进行“定保”，围绕“定保”建立健全党委领导下的厂长负责制。经过整顿，撤销了一些单位、缩小塘沽作业区的规模、裁并一些科室，精简了一批机关干部，取消了一部分会议、文件。在精简压缩和清理队伍的过程中，工会配合党组织和行政，宣传贯彻中央精神，做了大量的职工思想工作，加强了职工对党精简整顿政策的理解；保证了天津港的“查定”与“定保”工作完成。通过整顿，基本解决了工作作风、工作秩序、发挥作用三方面问题，天津港的宣传教育工作水平明显提高。

1962 年 4 月至 12 月，为落实党中央、全总“精简职工，压缩城镇人口”的工作部署，天津港精简 1700 名职工，其中还乡支援农业的 1100 余名。精简工作艰巨复杂，涉及面广、政策性强。为完成精简任务，通过调查研究，了解情况、摸清底数。通过耐心说服，解除疑虑、疏导情绪等细致工作，被精简的职工都得到妥善安排。工会在精简职工过程中做了大量的、耐心细致的说服、动员工作，特别是帮助被精简职工、解决生产、生活中的实际困难，如实施了困难补助、为精简职工安置住所、为支援农业的职工购置农具等。

1962 年 9 月，中央八届一中全会提出“阶级斗争要年年讲、月月讲、天天讲”，此后工会的职工思想政治工作、宣传教育工作一直贯穿“以阶级斗争为纲”的主线。结合当时“节粮度荒”的困难形势，工会组织职工开展“忆民族苦、忆阶级苦”（简称“两忆”）、引导职工开展“比新旧社会阶级地位、比解放前后的生活水平”（简称“两比”）、“展望港口发展的职工责任、展望未来港口发展后职工的幸福生活”（简称“两展望”）活动；组织职工开展了“查干劲、查思想、查行动”（简称“三查”）活动等。各级工会组织按月进行职工思想分析、分类排队，及时掌握职工的思想动态，及时向党委反馈，有的放矢地开展职工思想教育，巩固整风运动和社会主义教育成果。

1963 年 3 月，全国开展掀起了群众性的学习毛泽东著作的高潮，据天津港统计，全港有 208 个小组 2933 名职工坚持学习，其中有 61 个学习小组 937 人“活学活用”较好。科级以上干部精读“毛选”《实践论》《矛盾论》《关于正确处理人民内部矛盾问题》《人的正确思想是从哪里来的》四篇哲学论文，一般职工主要学习《为人民服务》《纪念白求恩》《愚公移山》“老三篇”以及《中国社会各阶级分析》《反对自由主义》等经典文章。要求广大职工用毛泽东思想武装头脑，“读毛主席的书、听毛主席的话、按毛主席的指示办事”。学习毛著主要学习毛泽东主席关于无产阶级专政的理论，增强阶级斗争观点，掌握阶级分析方法。学习辩证唯物论，掌握辩证法。学习自力更生、勤俭建国、奋发图强、艰苦奋斗的革命精神，搞好天津港的建设。当时，学习毛著的口号是“看在眼里、记在心里、讲在口里、做在手里”。1964 年，职工学“毛著”，普遍学习“老三篇”；以及“两论”即《矛盾论》《实践论》。工会要求职工学习理论要联系实际、学用结合、“边干边学、边学边用、活学活用”。在学习中，各级工会一方面树立、培育、推广、学习先进典型；另一方面不断加强全体职工的学习组织工作。1965 年 2 月，天津港工会第五次会员代表大会提出，“各级工会组织，放手发动群众，积极投入到阶级教育运动中”，其中，首要任务就是进一步组织职工开展学毛著活动，同时要求工会组织职工把学“毛著”活动深入持久地开展下去。强调学“毛著”是反帝、反修、反对教条主义的思想武器，是“继续革命”的理论依据，各级工会干部要以身作则，带头学好，争做标兵；树立学习样板，大力推广天津港刘学珍学习“毛著”的经验，引导职工“带着问题学，活学活用，学用结合，急用先学，立竿见影”。在学习“毛著”、“毛选”的活动中，到 1965 年年底，全港有 2500 多个职工自发地组成 180 个学“毛著”小组。

1963 年，党中央部署农村开始“四清”试点，城市开始“反对铺张浪费、分散主义、官僚主义、贪污盗窃、投机倒把”（简称“五反”）运动。中央明确提出“以阶级斗争为纲”，重点是“整党内走资本主义道路的当权派”。由于“左倾”错误思想的恶性膨胀，阶级斗争扩大化，两个阶级、两条道路、两条路线斗争为职工思想政治工作的主要内容。随着全国形势的发展，工会工作不可避免地受到“阶级斗争为纲”的影响，当时提出“工会是工人阶级的阶级组织，是党进行阶级斗争的工具和重要依靠力量，是党联系群众的纽带，是共产主义学校。”1963 年 6 月，天津港开始开展社会主义教育运动。7 月 20 日，天津市总工会印发了《关于在全市职工中开展社会主义教育的意见》，要求广大职工通过社会主义教育，切实提高思想觉悟，划清阶级界限，坚定无产阶级立场，增强阶级和阶级斗争的观点，抵制阶级敌人的进攻,保证生产稳步上升。天津港工会贯彻市总“工会在社会主义教育中的任务,是深入职工群众,进行细致的思想工作和组织工作,开展多种形式的群众自我教育活动,与自上而下的教育相呼应,保证取得良好的效果”的精神。在教育运动中,工会发挥了党组织的“助手”作用,坚持“以阶级斗争的教育为中心”,加强了车间班组的宣传教育和思想政治工作,通过举办以阶级斗争为主要内容的社会主义教育展览;采取港史阶级教育、中国革命史教育;组织老工人为主体的“讲师团”,在各作业区巡回讲演。各级工会还组织了文艺形式的宣传教育活动,提高了教育的效果。社会主义教育运动推动了“五反”、“反、赶、查”、“增产节约”等群众运动的开展,促进了港口的生产。1964 年,阶级教育成为工会贯穿全年的一项职工教育工作。是年,工会组织车间班组职工进行讨论,在揭批过程中,发挥好工会小组长、宣传骨干的示范带头作用;以“忆苦思甜”为主题,组织职工开展访贫问苦、忆苦思甜座谈活动和以阶级教育为主要内容的文艺活动。

1963 年 11 月至 1964 年年底,针对国际形势,天津港深入开展了“反修防修”的学习运动。党的八届十中全会以后,党中央号召开展学习毛泽东思想运动,为使广大职工坚定政治立场,明确政治方向,自觉抵制资产阶级思想的侵蚀和影响,在“五反”和“反修”运动的基础上,继续开展以“四清”为中心任务的社会主义教育运动。重点学习了《中共中央关于目前农村工作中若干问题的决定(草案)》和《关于国际共产主义运动总路线的建议》。同时,要求学习《国家与革命》《共产党宣言》等十部马列著作。工会配合党组织,组织车间班组职工学习毛泽东主席无产阶级专政理论学说,联系国际无产阶级运动的形势,联系思想认识、结合生产实际、畅谈学习心得体会。这期间,天津港开展了“五反”(反对在质量、材料、工具、设计、经营等方面的浪费)运动,“五反”运动属于社会主义教育运动的一项内容。“五反”结合“反、查、赶”“机关革命化”活动共同开展,“五反”期间,组织职工开展了全方位的“大鸣大放”。“五反”运动分为 1963 年前“三反”和 1964 年后“两反”,历经“三反”、社会主义教育、“两反”过程,1964 年 9 月,机关开展了专案斗争;四季度,铺开“以阶级斗争为纲、以安全质量为中心”的阶级教育,全港开展了“查思想、查作风、挖根源”(简称“两查一挖”)运动。“五反”运动采取学习文件、领会精神,忆苦思甜等方式;用发生在身边的“事例”教育职工。在“五反”运动中,工会着力抓好政治运动与劳动竞赛相结合,职工教育结合学习“毛著”、学习解放军、学习大庆经验和争创“五好”运动。

1964 年,全国交通工作会议指出:机关革命化,最主要的是抓好“两个吃透”,即吃透党的方针政策,吃透生产一线的情况;做到“三个面向”,即面向生产、基层、群众;树立“六个观点”,即政治、生产、服务、群众、科学、经济观点;做到“四个服务”,即管理为生产服务、科室为基层服务、后方为前方服务、干部为群众服务。在实现机关革命化的过程中,生产指挥者加强了沟通,开好装卸调度会、维修生产会、局长办公会。精简了部分文件、报表、会议。干部深入到基层、服务到现场,提高了办事效率和办事效果。形成了钻研业务、熟悉工作的学习风气。参加基层劳动,开展调研,解决问题。是年,按照交通部的部署,天津港开展了实现“领导干部、领导机关革命化”运动。工会在机关革命化活动中,配合党组织,开展转变作风、提高工作效率的宣传教育,组织科室开展好以“思想政治工作好、服务基层好、‘吃透两头’发挥作用好、业务学习好、团结协作好”为主要内容的“五好”竞赛,同时不断加强工会自身建设,加强联系职工群众,围绕港口生产开展活动。

1964 年,学习贯彻落实毛泽东主席“关于加强相互学习,克服故步自封,骄傲自满”的指示。天津港党政群各部门、各级领导、党员、干部、职工开展自检自查活动,深挖了思想作风和企业管理落后的原因。天津港“工班效率、船舶在港停泊时间、装卸劳动生产率、装卸成本、机械完好率”排名落后于上海、青岛、大连、秦皇岛、黄埔等先进港口;在服务质量上问题突出。工会配合行政组织职工分析了落后的原因:一是故步自封,满足现状,干劲不足,思想落后。二是深入现场为基层服务不够,生产指挥不力。三是思想政治工作落实“四个第一”、用毛泽东思想武装职工头脑不够,号召多,应用少。根据分析的原因,制定出赶超先进港口的措施:加强思想政治工作,把“五反”运动进行到底。开展群众性的“比、学、赶、帮”和技术革新活动,掀起增产节约高潮。加强“三基”教育,提高天津港的整体管理水平。

1964 年 2 月至 3 月,天津港按交通部和市委的安排,在“五反”运动中,开展了“评功摆好”群众运动。“评功摆好”群众运动被誉为是一次活的思想政治工作,运动历时一个半月,经过动员,自下而上地评摆,全港参加评功的 6610 多人,摆出 2.08 万多条“好做法、好经验”。结合“评功摆好”群众运动开展了群众性的

“创功立功”活动，把职工“大评大摆”的积极性引向为港口生产“创新功、立新功”之中，在“评功摆好”运动中，结合实际，工会组织开展了单船单舱装卸作业大会战、修车大会战。“评功摆好”群众运动中，全港评选出“五好”个人29名，占全港职工总数的0.4%；“五好”班组3个，占全港小组总数的0.6%；单项标兵154人，占全港职工总数的2.17%；单项标兵班组7个，占全港小组总数的1.39%。有8名职工被评为天津市“五好”职工，3个班组被评为天津市“五好”班组，天津作业区被评为天津市“五好”企业，并在天津市“五好”集体、“五好”职工代表大会上受到表彰。天津港“评功摆好”群众运动的经验：一是“评功摆好”以发扬成绩为主，以表扬为主，人人有份，鼓励和启发了群众发扬成绩，纠正缺点的自觉性，广泛地调动了群众的积极性。二是结合“评功摆好”进行了社会主义教育，使群众受到了一次生动的自我教育，提高了思想觉悟。三是通过“评功摆好”，总结了大量的先进经验，摆出了大量的先进事迹，许多职工找到了差距。四是通过“评功摆好”教育了广大干部职工，加强了团结，提高了思想水平。

1964年，全国开展了“清账目、清仓库、清财务、清工分”（简称“四清”）运动，随后，开展了社会主义教育运动，提出了思想政治工作要坚持“人的因素第一、政治工作第一、思想工作第一、活的思想第一”（简称“四个第一”），把职工的思想政治工作效果落实到“思想革命化”上。是年，天津港工会提出把职工的思想政治工作提到首位，大力学大庆和解放军，贯彻“四个第一”的工作原则，大抓活的思想，把宣传教育工作、职工思想政治工作融入到职工生产、生活的实际中，并提出做好职工八小时以外的思想政治工作。工会结合天津港的实际提出“四个为主”的职工思想政治工作方法，即“在解决思想问题和实际问题方面，要以提高思想觉悟为主；在表扬和批评的方式方法选择上，坚持表扬为主；在教育职工的诸多方法中，坚持以职工的自我教育为主；在处理职工的错误上，要以说服教育为主。”工会着力抓好发挥工会积极分子、生产骨干、老工人和先进模范等班队思想工作骨干作用，要求他们定期进行班队职工思想动态分析；及时把握思想苗头和思想倾向；贴近落后职工，“上班察言观色，下班谈心沟通”；坚持家访，倾听家属反映。在具体工作方法上，提出“对症下药法、分片包干法、组织参观法”；开好“三会”即“生活会、生产会、学习会”；工会提出开展宣传思想工作要占领“生产、生活、学习、文娱”等“四个阵地”，即占领班组这一开展各项工作的前沿阵地；占领俱乐部这一职工娱乐宣传阵地；占领职工单宿这一生活休息阵地；占领职工业校这一学习阵地。1965年2月9日，天津市总工会发布《关于对1964年进厂新工人进行阶级教育的意见》。针对部分新工人阶级和阶级斗争观念淡薄及当工人屈才等思想实际问题，集中三个月时间进行阶级教育。使他们在阶级立场、思想观点上有一个极大的转变，培养教育他们，成为合格的无产阶级革命事业接班人。是月，天津港工会第五次会员代表大会对思想政治工作提出要求，“依靠班组做扎实细致的一人一事的思想政治工作，把思想工作开展到班组和落实到个人”。许多先进班组在开展职工思想政治工作中积累了丰富的经验，如“深刻地了解人，全面地体贴人，热情地帮助人”，“要充分占领职工教育业余阵地俱乐部、集体宿舍和职工家庭，开展‘兴无灭资’宣传教育，读红色书籍、唱革命歌曲、弘扬好人好事，同时对职工家属开展艰苦朴素、勤俭持家、移风易俗、和睦邻里教育，发挥家属委员会的作用。”“经常关心职工生活，切实做好以生产为中心的生产、生活和教育三位一体的群众工作。”

1965年，天津港党群政治工作主要任务是高举毛泽东思想伟大红旗，坚决贯彻执行《二十三条》和上级指示，进一步学习解放军和大庆的革命精神，坚持“四个第一”，树立“三八作风”，以阶级斗争为纲，以生产为中心，开展阶级教育和社会主义教育，狠抓基层建设和干部队伍建设，深入开展争创“五好”运动。

1965年5月28日，市委指示，同意天津港“四清”运动先在新港作业区（含修理厂）进行并在交通部工作组的具体帮助下结合企业整顿同时开展。通过“四清”运动，揭发了一些政治、经济问题；触动了领导干部思想作风转变，广大职工提高了政治觉悟、增强了主人翁责任感、激发了生产工作劲头。

1965年，天津港第五次工会代表大会，在总结工会思想政治工作中指出，“在社会主义教育中，工会配合开展了回忆对比活动，大讲家史和港史，并组织职工观看了阶级教育展览会，基层工会还收集了旧社会工人受压迫的实物，整理了工人受剥削的史实”；“在日常的思想政治工作中，配合有关部门开展了国际形势教育、国际主义教育、爱国主义教育；组织职工学习了雷锋事迹，结合学雷锋活动，树立了先进典型，颂扬了先进人物，传播了先进思想”；“通过广大工会积极分子，开展了大量的一人一事的思想政治工作，解决了职工中存在的思想问题和实际问题”；“俱乐部普遍进行了整顿,加强了领导,充实更新了内容,增添了现代革命书籍,活跃了职工的文化生活,为加强职工的思想政治工作,起到积极配合作用”。

二、天津港遭受挫折,曲折发展时期的职工思想政治工作(1966~1976年)

1966年至1976年开展的“文化大革命”,是对我国社会主义建设事业造成严重破坏的一场内乱,使党、国家和人民遭受新中国成立以来最为严重的挫折和损失,“文化大革命”的浪潮席卷全国,天津港不可避免地被波及。林彪、“四人帮”反革命集团利用这一机会,在群众中煽动无政府主义,天津港的管理秩序被打乱,一些合理的制度被废弃,工会组织遭到破坏,工会工作受到严重影响,一批工会领导干部受到冲击;一些劳模受到迫害。但是天津港的广大职工凭借多年政治运动和思想政治教育所具备的思想觉悟和政治鉴别力,一直坚持生产。职工充分认识到不管开展什么运动,群众组织持什么观点,生产的观点是一致的。港口生产必须坚持,港口的生产是压倒一切的政治。广大职工以“维护天津港的国际声誉”这一高度的政治觉悟,以坚守岗位、坚持生产这一坚定的政治立场,与林彪、“四人帮”反革命集团展开斗争。

1964年12月,毛泽东主席发出“工业学大庆”的号召。“工业学大庆”运动在全国企业全面展开,这一运动是新中国成立后工业领域宣传、推广先进经验持续时间最长、影响最大的一次群众生产运动。大庆以实践论、矛盾论“两论”起家,以大会战的形式苦战三年,累计生产原油1000多万吨,功勋卓著。大庆给全国职工树立了精神与作风上的榜样。大庆“没有条件创造条件也要上”的大无畏精神,“三老四严”的工作作风,艰苦创业的忘我干劲,一直激励着全国各企业职工。1965年年底至1966年年初,全总组织各省市自治区工会干部170多人,到大庆参观学习。1966年1月至2月,《工人日报》集中地报道了大庆7个典型人物和7个先进集体。大庆创造的奇迹,靠的是奋发图强、为国争光的志气和排除万难、艰苦创业的精神。工业学大庆、争做“铁人”式的工人、普及大庆式企业运动,贯穿于学习毛主席著作、“批林批孔”、“抓革命促生产、促工作、促战备”等各项政治活动过程中,直至1976年“文化大革命”结束。“有条件要上,没有条件创造条件也要上”的大无畏精神和“宁可少活20年,也要拿下大油田”的英雄气概,一直激励着天津港的广大职工。满怀爱国爱港激情的天津港职工,以饱满的政治热情和充沛的劳动积极性创造了天津港的一个又一个生产纪录。天津港工会立足班组车间,一方面组织职工学习大庆“独立自主,自力更生,艰苦奋斗,勤俭建国,多快好省走自己发展道路”的做法,为改变港口面貌,为发展港口生产力,把天津港办成“大庆式企业”而奋斗。另一方面组织职工加强理论学习,树立辩证唯物史观,提高政治觉悟。同时结合天津港的生产、建设,组织开展群众性的生产、经济、技术活动,树立先进典型、培育模范群体,提高职工队伍整体素质。

1966年11月28日,学习贯彻毛泽东主席的“五七”指示,天津港制定了《大学解放军,誓把天津港办成毛泽东思想的大学校(草稿)》。要求建立健全活学活用毛泽东思想学习制度,推广学习经验,推行学习讲用会并定期评定学“毛著”的积极分子。要定期分析职工思想,加强工会工作;大力压缩机关人员,落实“三个面向”;改革陈规旧律;干部参加体力劳动。职工要一专多能;自力更生,开垦吹填地,成立农副业生产办公室。要勤俭节约,修旧利废,自力更生。

1967年年初,天津港出现压港、压船、压车现象,生产形势严峻。3月13日,解放军介入天津港“文化大革命”。贯彻落实中共中央《给全国厂矿企业革命职工、革命干部的信》精神,响应毛主席“抓革命、促生产”的号召,为加强职工的思想政治工作,加强生产组织指挥系统,天津港成立了两级“抓革命、促生产”指挥部。4月3日,天津港实行全面军管。军管会提出要求,职工要在八小时工作以外“闹革命”。

1967年12月9日,市革委会印发《关于大学英雄四排和李文忠同志光辉事迹,把我市活学活用毛主席著作的群众运动推向高潮的决定》。要求在全市开展学习毛主席著作的“四大”(大学习、大宣传、大检查、大落实)群众运动,掀起活学活用毛主席著作的新高潮。“推动我市‘文化大革命’的迅速发展,巩固革命大联合和革命三结合,推动本单位的斗批改,有利于抓革命促生产。”12月24日,天津港群众组织实现革命大联合,成立“革命职工委员会”。1968年2月13日,天津港成立革命委员会,由于工会组织未能恢复,革委会中的政工组兼管替代了工会的职工教育工作。

“文化大革命”期间,天津港各级工会停止活动,职工主要是学习、贯彻无产阶级专政下继续革命的理论。1968年下半年,天津港开始“学习解放军”,推行创“四好”运动。1969年,活动在全港普遍开展,至年底,全港评出23个“四好”连队,106个“四好”班组,

2901名"五好"职工。1971年,重新界定创"四好"连队内容:政治思想好;"三八作风"好;完成任务好;生活管理好。"五好"职工内容:政治思想好;"三八作风"好;完成任务好;治安保卫好;文体卫生好。

1973年5月,为贯彻落实中央、市委关于恢复和整健工会的精神,天津港工会组织重新整顿建立。新的工会组织明确了宣传教育和职工思想政治工作的主要内容是,组织职工学习马列主义、学习毛泽东著作,掌握无产阶级专政和继续革命的理论,开展思想路线和政治路线方面的教育,批判资产阶级思想和修正主义。号召职工群众学习解放军、学习大庆。在"工业学大庆"运动中,开展艰苦奋斗、自力更生、爱国主义等思想教育,激励职工"抓革命、促生产"。树立、宣传天津港学习"铁人"精神的先进典型。开展"政治业校学习"活动、成立学习哲学小组、培育班队理论辅导骨干,"为党和国家培养和输送工人干部"。1973年8月天津港成立了第一个政治业校,是年,全港办起416个职工业余学哲学小组和76个政治业校,建立起一支758人的理论学习辅导队伍。广大职工在学习中理论联系实际,运用马列主义立场、观点和方法,指导三大革命实践,涌现出416个先进集体和先进(工作)生产者,群众性的学习马列主义、毛主席著作的热潮正在不断高涨。

1974年,大批解放军长时间支港,不仅保证了天津港生产任务的完成,减少了压船,而且带来了解放军的好思想、好作风,促进了港口的思想、作风建设。各装卸作业区抓住解放军支港的有利时机,组织职工群众开展了大学解放军的活动,从而进一步加强了军政、军民团结,加强了港口基础建设,促进了干部、职工的思想革命化。天津港工会在这一时期的职工理论学习和宣传教育工作中,积极组织职工参加"批林批孔"整风和"批林批孔"运动,运用宣传载体和文娱形式广泛开展宣传教育;组织工会积极分子、生产骨干、先进模范人物、工会干部座谈会,推广了理论学习的先进经验。在职工理论学习方面,工会突出加强了对职工理论学习的组织领导;加强了职工政治理论教育的计划;加强了用理论学习指导生产实践的"三加强"。是年,全港有14个单位建立了职工政治业校,形成了单位、车间、班组三级职工理论学习辅导网络。

1974年,天津港工会继续深入开展"工业学大庆"活动,大力宣扬"铁人"王进喜的先进事迹,努力把职工队伍建设成为"铁人"式的队伍,广泛开展了"学理论、学大庆、学铁人"的"三学"活动。天津港"工业学大庆"典型经验交流大会提出,天津港学大庆、学铁人,"层层有典型,行行有样板","远学大庆、近学样板",先进人物和先进集体的示范带头作用,有力地促进了天津港的各项工作,在学大庆过程中,新的典型不断涌现,老的典型作出新的贡献。学大庆的过程中,理论队伍不断扩大,工人理论辅导员达1350人,政治业校有89个,职工业余学习小组有250多个。学大庆的过程中,一批"铁人"式的先进队伍不断壮大,成为天津港"抓革命、促生产"的主力军。9月份,广大职工运用毛泽东的军事思想,展开了一场前所未有的生产大会战,取得了辉煌战果。

1975年,天津港各级工会按照党委的部署广泛开展了学习无产阶级专政理论的群众运动,在学习中注意抓理论骨干的培养,加强对班组学习的领导。3月12日,局级职工政治业校成立并举行第一次学习辅导活动,使全局基本实现了三级办校、四级辅导。6月,天津港工会召开了"向王进喜同志学习,争做铁人式好工人报告大会"。大会邀请了天津第一毛纺厂老工人林淑兰、建工局六建二工区老工人于炳江、天津汽车齿轮厂工人张金奎等介绍学习经验和典型事迹。11月19日,天津港工会召开"学理论、学大庆、学铁人、争做铁人式好工人大会",全港各界代表400多人参加大会。第二作业区装卸老工人王云通和青年女司机李云芳、第三作业区六队一组的代表介绍了学理论、学大庆、学铁人的体会。会议提出了开展学铁人活动的要求。局党委负责同志讲话。是年,全港成立青年业余学习小组343个,理论研究小组316个,工人调查组87个,理论辅导员发展到1500多名,全港职工认真看书学习的自觉性普遍提高。

1976年,天津港各级工会坚持协助党组织抓好党的基本路线教育,在认真组织职工学习马列主义毛主席著作的同时,充分利用多种形式对职工进行思想教育。一是普遍开展了阶级教育,组织老工人巡回宣讲团,举办阶级教育展览,对职工进行忆苦思甜教育。二是坚持正面教育,大力表彰先进,表彰了一大批工业学大庆先进集体和先进个人。三是结合元旦、春节、"五一"、"七一"、"十一"等节日,对职工进行形势任务和路线教育。四是利用多种形式,对职工进行形象化教育,如在抗震救灾中,利用家访、谈心、广播、写革命家信、黑板报、宣传画以及文艺小分队、"红帐篷"等活动。是年8月10日,天津港工会印发了《关于在当前抗震救灾斗争中工会工作的几点意见》,要求各级工会把学习放在首位,继续办好各级政治业校,大力弘扬抗震救灾中涌现出来的模范人物和先进事迹;要做好深入细致的思想政治工作,教育职工群众正确对待和处理个人和家庭中的各种困难,坚持抓革命促生产,坚守生产岗位;要关心职工生活,组织职工开展群众性互助互济活动,同舟共济,战胜地震带来的困难;各级工会干部要站在抗震救灾斗争第一线,在党的领导下,与工人群众同学习、同批判、同劳动、同战斗;要教育职工自觉维护秩序,自觉遵守法纪。

据统计,截至1977年年底,全港有政治业校95个,参加业校的职工人数达11355人;职工理论学习辅导员224人;职工业余学哲学小组200多个,参加哲学学习的职工有2561人。

1976年10月,粉碎“四人帮”的胜利,结束了“文化大革命”的十年动乱。国内政治形势日益稳定。经过两年徘徊,工会的宣传思想工作开始步入正轨。

三、天津港深化改革,阔步发展时期的职工思想政治工作(1977~1991年)

党的十一届三中全会召开,党的工作重点转移。1978年10月,中国工会第九次全国代表大会召开,标志着工会工作进入了一个新的历史时期。职工思想政治工作、优质服务、职业道德教育、企业文化建设、精神文明建设等方面,在新的历史时期,突出了为发展生产力服务、为深化改革服务、为建设“四有”职工队伍服务、为推动三个文明建设服务。工会根据天津港形势发展的需要和职工思想的实际情况,充分利用工会组织的群众工作优势,配合党组织和行政,开展职工思想政治工作。

自1978年1月开始,落实市委开展法制教育活动部署,集中在一季度,贯穿于全年,开展法制教育。法制教育主要结合揭批“四人帮”、结合整顿劳动纪律、结合“工业学大庆”活动等进行。通过开展法制教育,增强了职工法制观念和遵纪守法意识,弘扬了正气,打击了歪风邪气,违法违纪现象减少,保证了港口形势的稳定,促进了港口生产。5月,天津港党委印发了《关于大张旗鼓的宣传新时期总任务的几点要求》,要求党政工各部门落实党中央的部署,把组织好、宣传好新时期的总路线和新《宪法》作为当前一项重要的政治任务来抓,组织好宣讲队伍;利用载体媒介,搞好宣传鼓动;占领宣传阵地,营造舆论氛围。同时,全港继续开展了以“分清是非、拨乱反正、正本清源、解放思想”为主题的揭批“四人帮”活动。9月,为贯彻中央精神,天津港党委印发《关于深入开展学习党的十一大路线的安排意见》,明确提出,要围绕揭批“四人帮”这个纲,“抓纲治港”,推动天津港“揭批查”运动和各项工作的深入开展。

1978年6月至1979年1月,天津港开展“揭批查”运动,查清了“文革”期间的冤假错案,为受迫害的近100名中层干部平反;对受迫害的劳模和老职工,敲锣打鼓接回原单位。

1978年开始,全总多次倡导开展“学先进,赶先进”活动,每年都要表彰和宣传各条战线的先进典型,要求在职工中形成尊重、爱护和学习劳动模范、先进人物的风尚。天津港各级工会在组织学习著名劳动模范和先进人物的同时,也注意引导职工向身边的典型、身边的新人新风尚学习。工会培育、树立了天津港的标兵,各单位也推选出自己的先进典型,天津港弘扬起宣传、学习、争当先进的正气,形成宣传、颂扬和学习先进模范人物的热潮,同时还采取政治上关心、思想上鼓励、生活上照顾的方法,开展了帮促后进和失足职工转化活动。

1979年1月,天津港第五届职代会明确指出,“工会的思想政治工作要真正转移到以生产、建设为中心上来。政治工作必须同经济工作一起去做。宣传教育、思想政治工作要落实到生产上、管理上、业务上、技术上。”是年3月,开展了全港“宣传月”活动,各级工会配合党组织,宣传和贯彻党的十一届三中全会精神,宣传贯彻学习领会党在新时期的工作重点。重点开展了两大讨论和四大教育(政治工作大讨论、真理标准大讨论和重点转移的宣传教育、四项基本原则的宣传教育,八字方针的宣传教育,叶剑英同志在国庆重要讲话的宣传教育),采用多种形式,宣传党的工作重点转移的意义,把职工思想统一到党的重点工作上来。全局举办学习班30多期,培训骨干1000多名,领导宣讲辅导70多次。结合实际,发动职工群众修订天津港现代化的规划。“宣传月”活动的开展,增强了职工“三年改变港口面貌”的信心,调动了广大职工的积极性、创造力,在全局掀起了职工学习技术、钻研业务的热潮。4月,局党委印发了《关于全面开展“坚持四项基本原则”教育的安排意见》。邓小平同志代表党中央在中央理论工作务虚会上讲话,对当前形势做了科学的分析,对坚持四项基本原则做了精辟的论述。天津港把宣传四项基本原则,贯彻邓小平同志讲话精神,贯彻党的十一届三中全会精神作为一项重要的政治任务来落实,工会协助党委开展四项基本原则教育,组织职工学习局党委编印的五个《宣讲材料》,把职工的思想和行动统一到党的路线和方针上来，加快港口的四个现代化建设。

1980 年，天津港开展了路线教育，提出了“四个明确”，即明确十一届三中全会以来天津港取得的重大成绩，增强信心鼓舞斗志；明确安定团结是实现四个现代化的前提，增强党性根除派性；明确实现“四化”必须坚持艰苦创业、自力更生，正确处理好个人、集体、国家三者利益关系；明确坚持和改善党的领导与 1980 年“三件大事、四个前提”的关系，总的目的是把广大职工的思想和行动统一到党的基本路线和天津港的中心任务上来，为完成全年的生产计划和实现港口现代化而奋斗。

1981 年，天津港工会认真贯彻中央工作会议和党的十一届六中全会精神，深入开展思想政治工作。各级工会在党组织的领导下开展形势和政策教育，坚持四项基本原则的教育，“五讲四美”教育以及遵纪守法教育。各基层工会建立健全板报橱窗，加强广播站工作，充分发挥各种宣传工具的作用，举办雷锋事迹展、“五讲四美”精神文明展、遵纪守法展、安全生产展等展览，形象地对职工进行思想教育。是年全港基层单位举办各类展览 15 次，受教育职工近 15000 人。在做好宣传教育工作中，各级工会注重发挥好老工人、劳动模范、“三八”红旗手、先进生产者和职工代表、工会积极分子的作用，不定期组织座谈会，组织他们学习党的重大方针政策，听取他们的思想和工作情况汇报，征求他们对工作的意见与要求，向他们讲形势、交任务、提要求，是年对全港 7 个主要单位统计，组织各类座谈会、学习班 11 次，900 多人参加。

1981 年 10 月，全总九届执委扩大会《决定》提出，职工思想政治工作要以提高主人翁责任感、树立主人翁态度为目标。为贯彻中央“企业全面整顿”的精神和全总关于职工主人翁教育精神，1981 年下半年以来，天津港各级工会，在党委的领导下，响应党中央关于两个文明建设的号召，积极开展工作，特别是贯彻市总 1981 年 11 月召开的主人翁教育经验交流会精神和 1982 年 2 月的市总十届二次全会“提高职工的主人翁责任感，充分发挥工人阶级的主人翁作用，为建设社会主义物质文明和精神文明而奋斗”的要求，不断将主人翁教育活动推向深入。1982 年 2 月 22 日，天津港工会印发了《整顿职工队伍开展主人翁教育安排意见》。以配合天津港的企业整顿和推行经济责任制，解决职工队伍中存在的思想涣散、纪律松弛、道德风气不正等问题。职工主人翁教育主要内容是教育职工“爱党、爱国、爱社会主义、爱企业、爱集体、爱本职工作”（简称“六爱”）；组织职工开展“一心为四化，为国分忧、为民解愁”（简称“一心二为”）大讨论；开展“讲近代史、讲使命、讲形势、讲任务、讲责任、讲纪律、讲道德”（简称“七讲”）。教育历经了思想发动、正面教育、制定标准、检查评比等几个步骤。在开展主人翁教育活动中注意和中心工作紧密相结合，发挥了为中心工作服务的作用。开展教育前，普遍对职工的思想做了调查和分析，因而使这一教育紧密地联系了职工的思想实际，针对性强，效果突出。紧紧地围绕提高职工的主人翁觉悟这个中心，对职工开展经济形势教育、近代史教育、“三热爱”教育、“五讲四美”教育、宣传先进以及反对资产阶级思想侵蚀、打击经济犯罪等一系列的教育，特别是加强了对青年的教育，在教育的基础上，大力发扬工人阶级主人翁精神，以推动企业各项工作的开展。

1982 年，天津港工会协同党委宣传部开展了形势任务教育。在整顿职工队伍，加强思想政治工作方面主要开展了三中全会以来路线教育、四项基本原则教育；“三史三热爱”革命传统、爱国主义教育、组织职工学习《邓小平文选》的重点章节。是年 5 月，全国工业交通会议针对少数人对物价调整不满、散布流言蜚语，作出在城市普遍对职工进行一次经济形势教育的决定。采取“算账对比”的方法，让职工了解粉碎“四人帮”前后，特别是党的十一届三中全会以来，人民生活水平迅速提高的巨大变化。按照上级工会的部署，天津港各级工会采取“看国家发展大账、算单位经营细账、再算个人收入小账”的方法，让职工明确个人与国家利益的一致性。算账对比活动，增强了职工实现港口现代化的积极性。5 月 6 日，天津港党委政治部作出学习贯彻组织讨论《宪法（草案）》的安排意见。要求利用 5 月至 8 月的时间在职工中宣讲一遍，职工要学习一遍，讨论一遍。这期间，全港 21 个基层单位党政工团组织座谈会 20 余次，参加座谈的 200 余人。通过学习讨论广大干部职工增强了法制观念。

1982 年，全总协同中央书记处研究室对职工队伍状况进行了全国规模的调查。调查显示 35 岁以下青工占职工队伍总数的 60% 以上，思想觉悟参差不齐，缺乏马克思主义和工人阶级基本知识的系统学习。对此，全总认为“有必要重新向企业职工队伍，尤其是青年职工，灌输共产主义，树立共产主义的理想，坚定建设中国特色社会主义信念，开展有针对性的思想教育。”按照上级工会的要求，天津港工会将青年职工思想政治教育放在职工教育工作的突出位置。每一批参加工作的青年工人入港的第一件事,就是接受理想信念和革命传统教育,工会组织他们到新港的"万人坑"、天津港的"北塘号"、大沽炮台等教育阵地接受阶级教育、革命传统教育和爱国主义教育。

1982年3月,天津港各级工会开始恢复和组建班组核心、完善班组建设制度。建立班组核心做到"三个坚持",即"坚持配备好班长、坚持班组核心的先进性,坚持班组核心少而精"的原则。班组核心这一职工骨干队伍,不仅是生产的骨干、业务的尖子,而且是开展职工思想政治工作的骨干,是党政群开展各项工作的依靠力量,还是党联系群众的特殊团队。班组核心建立在班组这一生产前沿阵地,发挥了教育、团结、示范、带动全组的作用,特别是在教育、感化后进职工方面,思想工作效果显著。班组核心这支骨干队伍推动了班组的思想政治工作、生产管理工作和群众生活工作等整体水平不断提高。班组核心一般由行政组长、工会组长、党团员、先进生产者、职工代表、老工人等组成。各级工会抓实班组车间思想政治工作,坚持做到"八家访",即职工家属死亡、职工突然旷工、职工生活遇到困难、职工情绪突然低沉、职工病休、分析职工后进原因、巩固后进教育成果、职工家庭发生矛盾等工会必家访。做职工思想工作要做到交心"五结合":不足与成绩结合谈;生活与生产结合谈;思想与实际结合谈;眼前与长远结合谈;教训与前程结合谈。开展"一帮一结对子":班组核心成员分工负责,通过帮思想、传技术、带动遵章守纪来帮促后进职工。开好"班组生活会":通过生活会,沟通思想,化解矛盾,和谐关系;通过生活会,解决思想认识问题、生产过程存在的问题等。搞活车间班组的宣传阵地:充分运用宣传橱窗、广播站、图书室、电视室;举办展示班组黑板报水平的竞赛;举办新道德新风尚、先进人物典型事迹、遵纪守法、增产节约、安全质量等各种主题突出的展览,形式新颖、图文并茂,职工易于接受。建设"通讯报道网":把文笔较好的职工,凝聚一起,建立通讯报道网,用自己的笔,写身边先进的人和先进的事,颂扬车间班队的新人、新事、新风尚。运用开展竞赛扩大影响面的方式延伸竞赛的意义,既要调动职工生产劳动积极性,还要在竞赛中开展集体主义、团结协作教育,开展安全质量和经济效益教育。在组织职工开展"比、学、赶、超"先进模范方面,各级工会还采取"政治上关心、思想上鼓励、生活上照顾"的办法,帮促后进职工,效果明显。是年统计,在全港12个生产单位的962个班组中有934个班组建立了班组核心,占全部班组的97%。全港14个单位705名"后进"职工,有447名职工有了不同程度的转变。同时,为加强班组建设,班组建立较为完备的制度体系,如《班组学习制度》《班组生产分析制度》《职工思想定期分析制度》《班组民主生活会制度》《班组核心碰头会制度》等。

1983年1月,全总与中宣部等七部委联合召开全国职工思想政治工作会议。会议提出加强职工思想政治工作,起草了《国营企业职工思想政治工作纲要(试行)》。《纲要》共七方面内容40条,其基本精神、基本原则和基本方法对各级工会开展思想政治工作具有普遍的指导意义。《纲要》包括工人阶级的历史地位和历史责任;职工思想政治工作内容和方法的改革;职工思想政治工作所遵循的原则;加强党对职工思想政治工作的领导等内容。根据中央指示精神,全总与中宣部、国经委联合行文,要求各企业在三年内对青工进行系统的共产主义教育,主要学习四项基本原则、工人阶级的固有本色以及基础理论知识。全总要求,开展教育要结合青工的特点,要实现帮助青工树立起建设社会主义,实现共产主义的信念。为贯彻中央和市委职工思想政治工作会议精神,是年2月3日,贯彻党的十二大精神,天津港各级工会组织职工开展了"开创新局面,我们怎么办?"专题大讨论活动。通过层层发动,广泛动员,组织学习文件,开展"什么是新局面,怎样开创新局面,我们怎么办?"这次大讨论活动,领导重视,带头宣讲;职工参与,思想活跃;形式多样,广泛深入;结合实际,效果明显。通过大讨论,使广大职工明确了奋斗的目标、内容和要求,坚定了建设港口、发展港口的信心,振奋了开拓港口新局面的精神,加深了对改革的性质、目的、意义的认识,促进了企业整顿,加强了企业管理,推动了天津港的各项工作的开展。5月23日,天津港印发了《关于对职工进行系统的共产主义思想教育的安排》。要求从1983年开始,用三年时间对职工进行共产主义思想教育,教育重点是35岁以下的青年职工,主要是学习《中国近代史》《科学社会主义常识》《中国工人阶级》三门课程。学习方式主要采取系统教育、正规正面教育、职工分期分批参加脱产轮训的方式。是年,采取正规办学,脱产培训、轮训的办法,在全港19个具备办学条件的单位,开班4期,脱产培训1300多名职工。为提高教学质量,职工政治业校还配备了专职教员,制订并落实了职工教学计划,加强教学管理,严格学习制度,活跃教学方式,结合实际,提高教学效果。

1983年10月,邓小平在中共十二届二中全会上明确指出:“思想战线不能搞精神污染。精神污染的实质是散布形形色色资产阶级和其他剥削阶级腐朽没落思想,散布对社会主义、共产主义事业和共产党领导的不信任情绪。”此后,他多次指出,需要经常用四项基本原则教育人民。不久全总就组织开展了四项基本原则、反对资产阶级自由化教育活动。按照上级工会和党委的部署安排,天津港工会配合党组织在车间班组广大职工中开展了清除精神污染活动,号召全港职工要旗帜鲜明地站在清除精神污染前列,拿起批评与自我批评的武器,同各种精神污染做斗争,自觉做到热爱祖国、热爱党、热爱社会主义;艰苦奋斗,自力更生,勤俭节约;团结友爱,廉洁奉公,助人为乐;讲文明,讲礼貌,遵纪守法;努力学习,积极进取,全心全意为人民服务;不为名,不为利,不做金钱的奴隶;不损害集体和国家利益,不搞无政府主义和极端民主化。在教育活动中,注重发挥班组核心的作用,对班组核心队伍进行了调整和充实,全港10个生产单位的829个班组建立了班组核心,有核心成员3336名,使生产一线群众性的思想政治工作得到加强,对提高职工思想觉悟,完成生产任务起到了积极的作用。全年举办各种展览25次,参观受教育职工达7000余人次。一些单位还举办了革命故事报告会、唱革命歌曲、诗歌朗诵会、书法绘画展等文化娱乐活动,收到了良好的效果。

1984年,天津港工会的职工思想政治工作不断深入。各级工会协同有关部门采取举办展览、组织参观、小组讨论等多种形式,对全体职工进行了职业道德教育、法制教育以及“五讲、四美、三热爱”教育。依靠班组核心力量把思想工作做到人头,帮助后进职工转化,对青年职工进行共产主义系统教育。至年底,开班办学轮训累计达4000余人,业余自学400人,通过这些教育,有力地促进了职工思想政治素质的提高。3月12日,天津港职工思想政治研究会正式成立。10月23日,召开首次年会。11月,职工思想政治研究会发展了14个基层分会,会员207人。1985年5月22日,思想政治工作研究会全体理事会通过职工思想政治工作研究会理事、常务理事、正副会长、正副秘书长名单;通过《天津港职工思想政治工作研究会章程》和《活动规划》。各级工会宣传干事或工会从事宣传教育工作的专兼职人员参加了职工思想政治研究会,并参加政研会组织的职工思想政治研究活动。

1985年,天津港工会的宣传教育工作向着形象化和自我教育的方向发展。到年末,全港工会系统的宣传活动阵地已发展到32个,各种宣传教育、兴趣文化组织发展到368个,宣传骨干队伍进一步扩大。通过知识竞赛、读书交流、展览、录像等形式,广泛深入宣传了党的路线、方针、政策,进行了爱祖国、爱港口、爱本职的教育,并依靠工会积极分子通过家访、谈心、结对子等方法,进行了大量的深入细致的思想工作,解决了大量的思想和实际问题。

天津港举办“三热爱”知识竞赛

根据社会上部分人一时出现的思想动荡,根据全总、市总的要求,为进一步掌握职工的思想、工作、学习等各方面的有关情况,1986年上半年,天津港工会开展了职工队伍状况调研活动。调查历时4个月,问卷调查了5251名职工(占总数的25%),用其他方式调查了近千人,为今后工会开展思想政治工作提供第一手资料。调查分析,职工队伍的主流是好的,有正确的理想信念、思想积极要求上进、工作努力爱岗敬业、支持港口的深化改革。但部分职工对政治学习的重要性认识不足;部分职工感觉主人翁地位不高;职工教育的形式不适应新形势;部分职工对发展个体经济缺乏正确认识。工会开展大规模调研活动,为提高职工思想政治和宣传教育工作的针对性和时效性打下了基础。

1986年12月,针对一些城市出现的学潮,中央连续发出通知,要求切实加强四项基本原则教育。全总进行了教育部署,组织职工开展四项基本原则教育活动,要求广大职工明辨是非、澄清思想,提高对资产阶级自由化的识别力和免疫力,牢固树立只有共产党才能领导人民实现现代化,只有走中国特色社会主义道路才能实现国家富强、人民富裕的信念。按照上级工会和天津港党委《关于开展坚持四项基本原则教育》的通知,1987年2月26日,天津港工会印发《天津港工会宣传部1987年工作安排》。《安排》提出:要旗帜鲜明地坚持四项基本原则,反对资产阶级自由化,维护安定团结的大好局面。把职工精神文明建设的重点落实到抓好职业道德、劳动纪律和民主与法制教育上来,培育“四有”职工队伍,激发职工投身于天津港现代化建设的巨大热情,发扬开拓进取精神,促进两个文明建设。要坚持四项基本原则教育;职业道德和劳动纪律教育;开展职工思想政治工作;加强宣传工作思想建设等五个方面。要充分利用工会的群众组织优势,宣传阵地优势,组织职工开展精神文明建设和职工文化体育活动。天津港各级工会落实党委的工作部署,组织车间班组职工结合批判资产阶级自由化,做好基层职工思想政治工作,教育职工坚定政治立场,不支持、不参与学潮;不受外界干扰,做好本职工作。要求职工正确看待形势、珍惜安定局面、提高抵制错误思潮的自觉性。同时坚持开展了党的路线教育、四项基本原则教育和爱国主义教育,通过采取贯彻文件、宣讲辅导、组织演讲、书评影评、抢答竞赛等形式以及成立理论研究小组等自我教育形式,维护了天津港的安定团结,发展了大好形势。是年7月,为总结交流工会系统抓好职工思想政治工作的新方法、新途径,天津港工会举办了工会系统职工思想政治工作展评会,展评的内容主要有工会利用宣传阵地开展教育的成果;班组学习的新方法、新途径及成果;文体活动的开展情况及成果;促使职工转变的典型事例;工会组织开展“思想互动、工作互助、生活互助”的成果。展评的形式有展牌、录像、板报等等。港埠一公司、四公司、五公司等单位工会,根据本单位具体情况,制定了班组思想政治工作规划和措施,班组思想政治工作开始向“日常化、制度化、群众化”的长效机制建设方向发展。是年,天津港工会组织全港职工参加了天津市法律知识竞赛,全港20个单位80%以上的职工参赛,其中22名职工分别获得市级法律知识竞赛一、二、三等奖,进一步增强了职工遵纪守法的意识。

1987年7月25日,为贯彻落实中央《关于社会主义精神文明建设指导意见》和《国营企业思想政治工作纲要》精神,开创港口政治工作新局面,局党委印发了《天津港基层(公司、车间)政治工作条例(试行)》。《条例》共计11条,内容包括:思想政治工作的地位作用;组织领导;工作任务;工作内容。工作内容方面:包括开展方针政策路线教育、日常思想教育;培育职工队伍的优良作风;关心职工文化生活;搞好文明单位创建等。工作原则方面:包括坚持理论联系实际,政治与经济工作相结合,表扬与批评相结合,思想教育与解决实际问题相结合,身教与言教相结合等。基本方法方面:包括开展调研、正面教育、对症下药、谈心和家访、发动群众、善抓典型、寓教于乐等。对党群干部提出工作责任和工作要求,工作制度方面,包括建立布置检查总结汇报制度、职工思想分析制度、学习制度、会议制度、文化生活制度、谈心家访制度、党群活动制度等。《条例》内容较为系统、翔实、可操作性强,规范了工会接受党委的领导,利用自身根植群众优势、阵地优势和亲和力特点开展宣传教育工作。

1988年8月18日,天津港党委在领导干部会议上就关于政治体制改革中需要明确的几个问题进行了阐述。第一方面:关于改进和加强思想政治工作。根据《企业法》规定,经理在企业中具有中心地位和中心作用,因此改进思想政治工作的关键是变党组织领导思想政治工作的旧体制为经理负责思想政治工作的新体制,使思想政治工作成为企业管理的重要组成部分,并由经理领导策划协调和组织实施,使其与生产经营纳入一体化轨道。天津港提出要建立起以经理为领导,以行政干部为主体,以党团员和政工干部为骨干,党政工团密切配合的思想政治工作新格局。这种格局有五个好处:行政干部人多,覆盖面广;利于工作性质与教育内容的结合;掌握思想动态及时,思想工作有针对性;利于思想教育与经济、管理、法纪手段相结合;利于思想教育与关心群众生活、解决实际问题相结合;企业思想政治工作任务和工作内容要相适应。工作任务要以党的基本路线为指针,结合生产经营和职工的思想实际情况,调动职工的积极性、主动性、创造性,促进港口生产力的发展。工作内容要以“实现四化、发展港口”为基调,以增强职工主人翁意识为目标,培育企业精神,开展职工理想、道德、职业技能、职业纪律的教育,特别要抓好经常性的职工思想政治工作,及时理顺职工情绪。开展形势任务教育,让职工了解生产经营内外环境,把握优势、克服困难,激励职工同心同德迎接挑战;注意改进方法,注重实效。要把“尊重人、关心人、理解人、爱护人”作为思想政治工作原则,要倡导民主、平等、双向交流的新方法,建立民主协商对话制度。要寓教于乐、寓教于文。进一步理顺党政群的关系,以贯彻《企业法》和中央精神为准。党政群各部门工作要统一步调,密切配合。经理要尊重和支持党群部门的工作,在人力、物力、财力和场所上给予大力支持。党组织要加强对群众组织的领导,对重大问题提出意见和建议,支持和鼓励他们独立自主地开展工作。加强政工队伍建设,调整政工队伍是政治改革的需要,要精简政工部门,提高政工队伍素质。要支持政工部门和政工干部开展工作。是年,党政群各级组织明确树立了思想政治工作要为企业改革和经济工作服务的指导思想，为改进职工思想政治工作进行了积极的探索。广大行政干部开始在职工思想政治工作中发挥主体作用；思想政治工作开始纳入企业管理；在推进企业深化改革过程中，坚持思想工作领先；组织开展调研，提高了思想政治工作的针对性和实效性；改进教育形式，充分利用了宣传媒介和载体；以人为本，“尊重人、理解人、关心人、爱护人”，通过为职工办实事、办好事，解决实际困难，加强思想工作效果。天津港宣传教育和思想政治工作开创了新格局。

1988年，为适应天津港政治体制改革的新形势，工会经过调查研究，确定了“以基层为主、以车间为重点、以群众自我教育为主要手段”的职工思想政治工作和宣传教育工作指导方针，采取了吸引凝聚、启发指导、寓教于乐的工作方式。是年12月，天津港工会印发了《关于开展群众性形势任务教育活动的意见》。开展形势任务教育活动历时一个季度，这次教育活动主要运用群众自我教育的方法，以治理环境、整顿秩序、深化改革为中心内容，开展形势任务教育。引导广大职工，正确地对待改革的形势。运用文艺形式，寓教于乐，开展教育。通过组织职工与领导对话会、单位与客户的恳谈会、不同岗位职工的座谈会等多种形式开展教育。天津港工会还举办了《天津港十年改革摄影展》、“我看改革十年”演讲会、“我经历十年”座谈会以及歌颂改革的演出、赛歌等文艺活动。通过开展多种形式的教育活动，把天津港改革的“成绩讲够、问题讲透、办法讲清、前景讲明”，加深了职工对“治理、整顿、深化改革”方针的理解。各级工会还在形势教育中开展“热门话题大家谈”活动，“大家谈”涉及物价、分配、腐败、第二职业、失业等热门话题。开展“大家谈”活动前提是搞好调查研究；把握话题重点；加强组织领导。“大家谈”理顺了职工的情绪；振奋了职工的士气，促进了“治理、整顿、深化改革”方针的落实。一年来，天津港各级工会充分利用播放录像、组织报告会、举办展览会、知识竞赛、召开对话会、座谈会等形式，配合行政开展了形势任务教育。工会组织各种不同形式的职工教育活动50多次，稳定了职工情绪，提高了职工的思想认识，维护了天津港安定团结的政治局面。

1989年，正当全港职工推进治理整顿、深化改革的时候，北京发生的政治风波波及天津港。为从政治上、思想上、行动上同党中央保持一致，天津港工会组织工会干部、劳动模范和工会积极分子认真学习十三届三中全会和全国工会十一大精神；举办工会积极分子、劳动模范和职工代表座谈会、学习班，号召全局职工遵守纪律，坚持生产，反对资产阶级自由化。深入基层，了解情况，与基层的工会干部一起领会中央文件精神，制定规划措施，用中央领导同志的讲话精神，统一工会干部和广大职工的思想。与此同时，各基层工会针对职工思想实际，采取座谈会、报告会、演讲会等形式，向职工宣讲安定团结的重要意义，耐心细致地做个别人的思想工作，充分发挥车间俱乐部和兴趣小组的作用，开展各种形式的比赛活动。各项活动体现了群众意愿，坚持了文体工作与港口生产相结合，创作歌颂港口生产、企业改革的文艺、美术作品，激励广大职工“爱海港，做主人”。由于各级组织认真贯彻落实中央和市委指示，是年四、五、六三个月，月月超额完成生产计划，月月创历史同期最好水平。

1990年，为贯彻落实党的十三届四中、五中全会精神和《中共中央关于加强和改善党对工会、共青团、妇联工作领导的通知》精神，天津港工会采取办班授课、座谈讨论、家庭走访、个别谈心、知识抢答、试卷考试、登台演讲等形式，帮助职工从理论和实践的结合上，澄清模糊认识，提高思想觉悟。3月18日，天津港党委转发了市委宣传部、市总工会联合印发的《关于在职工群众中进行基础性思想政治教育的通知》，主要是解决“削弱思想政治工作，使资产阶级自由化思潮得以泛滥”，“国际垄断资产阶级加紧和平演变战略，妄图动摇年轻一代对党的领导和社会主义的信念，改变我国社会主义方向”。通过教育增强广大职工的民族自豪感、自尊心和自信心，增强职工的集体主义思想，使职工坚定社会主义信心，使职工自觉地拥护党的领导，正确地认识独立自主、自力更生的方针、国民经济要实现协调、稳定、持续的发展，能够自觉地维护社会的稳定环境。教育的主要方式是参加市委宣传部和市总工会举办的“职工政治基础教育辅导讲座”。3月24日，天津港党委转发了中央宣传部、国家计委、全国总工会联合印发的《关于在企业职工中开展基本国情与基本路线（简称“双基”）教育的通知》。这次统一开展的职工思想政治教育为正规、系统教育，“深入贯彻党的十三届四中全会和五中全会精神，促进社会稳定、企业稳定和加强‘四有’队伍建设是一项紧迫任务和基础工作”，“认真纠正过去几年思想政治工作教育薄弱的失误，深刻吸取国内、国际严重政治风波的经验教训。”这次教育主要是“历史与国情”教育，“建设与改革”教育，“传统与使命”教育等三个方面，立足于“爱国主义、社会主义、集体主义、独立自主、艰苦奋斗的教育”。

开展“双基”教育,中央部署从1990年下半年开始,用两年到三年的时间完成。要求每个职工脱产培训的时间不少于15天。规定要以脱产轮训为主要方式的正规教育。提出培训的成绩作为职工晋级、奖惩的重要依据。教育的成效,作为各地评选思想政治工作优秀企业和文明单位的重要条件。中央要求各级党政加强领导,责任部门要精心研究规划,加强调研联系实际,把握思想动态和“热点、难点”,提高教育的针对性。是年,根据上级工会和党委的安排部署,天津港各级工会以“讲国情、讲港史、讲家史”(“三讲”)、“爱党、爱国、爱企业”(“三热爱”)为中心内容,积极组织职工开展“双基”教育,并坚持把“双基”教育作为工会长期坚持的职工思想政治教育活动,与企业改革、经济建设、形势教育相融合,根据港口不同时期的工作重点选择教育内容。同时抓好职工学习阵地建设,抓好师资力量培养,完善规章制度,抓好典型,推动教育活动深入开展。开展“双基”教育,夯实了职工思想政治理论基础,激发了职工积极进取精神,增强了职工的主人翁责任意识。是年统计,全港建立政校11个;青工轮训86期;青工3300余人参加了培训。是年12月13日,中共天津市委宣传部和总工会联合召开全市“双基”教育经验交流会,天津港党委在会上介绍了开展“双基”教育的经验。1991年11月7日,天津港召开“双基”教育经验交流、总结表彰大会,表彰了港埠一公司等七个单位和王秀贤等60名先进个人。

1990年4月,市委印发了《关于贯彻〈中共中央关于加强和改善党对工会、共青团、妇联工作领导的通知〉的意见》。按照培养有理想、有道德、有文化、有纪律的职工队伍的要求,提高群众的思想政治觉悟和科学技术素质,把工会办成广大职工在实践中学习共产主义的学校。4月,市总召开了天津市工会思想政治工作会议,大会作了改革开放十年来的工会思想政治工作回顾。大会指出:要充分认识新形势下,加强思想政治工作的重要性和迫切性。消除资产阶级自由化思想的影响;治理整顿深化改革需要工会发挥思想政治工作的作用;宣传贯彻全心全意依靠工人阶级的思想,职工在生产实践中要改造主观世界、克服自身弱点、不断自我完善。大会指出,要把握当前工作重点:从1990年开始用三年时间对青年职工进行一次以爱国主义、社会主义、集体主义、艰苦奋斗和遵章守法为主要内容的思想政治教育;结合经济任务,在组织职工开展“抓两学、促三为”(学传统、学先进,为国分忧、为政府作劲、为企业解难)立功竞赛活动中进行形势任务教育。大会提出,要发挥工会思想政治工作优势和特色。工会思想政治工作充分利用工会健全的组织网络优势、众多的宣传阵地优势、根植于群众的积极分子队伍优势、实践中形成的经验和传统优势和职工血肉联系的思想感情优势,利用好工会干部队伍、劳模先进队伍、工会积极分子和理论骨干三支思想工作队伍,建设好文化宫俱乐部、职工图书馆、宣传教育喉舌、媒介、载体等阵地。大会指出,工会思想政治工作要落到基层、沉到班组、做到人头。要抓好班组的政治学习主课堂,要开展班组思想互助、生产互助和生活互助活动;及时解决班组开展工会活动反映出来的各种问题。4月28日,市总作出了《关于加强和改进工会思想政治工作若干问题的意见》,《意见》对工会思想政治工作的地位和作用、根本任务和基本内容、遵循的原则和基本方法作出了规定,同时要求要把工会思想政治工作的重点放在基层,要加强对工会思想政治工作的基础建设。7月28日,市委办公厅转发了市总印发的《关于加强和改进工会思想政治工作若干问题的意见》,并指出:各级党委要指导和帮助工会把思想政治教育放在重要位置上,充分发挥工会在职工思想政治教育中的作用。工会要在同级党委的领导下,在思想政治工作整体格局中搞好配合,从实际出发,发挥优势,突出特色,积极主动地做好职工思想政治工作。8月15日,天津港工会转发了市委办公厅的通知和市总印发的《关于加强和改进工会思想政治工作若干问题的意见》。《意见》指出,“工会思想政治工作是党的思想政治工作的重要组成部分”,“工会组织的各项社会职能都具有思想教育作用”。《意见》要求,“各级工会要在党的领导下,把思想政治工作作为全会的工作,放在重要位置上,切实抓紧、抓好、抓出成效。”《意见》提出,“基础教育的内容主要包括马列主义常识教育;社会主义初级阶段党的基本路线教育;理想道德教育;民主法制和纪律教育;爱国主义和艰苦奋斗等工人阶级传统本色教育。”“形势政策教育要根据国际国内形势变化,党和国家在不同时期的方针政策、企业面临的任务等,向群众进行经常的、及时的宣传教育。”“日常的思想政治工作要针对职工中存在的思想认识问题,进行经常的灵活多样的宣传解释、说服疏导和转化工作,理顺职工的情绪,稳定职工队伍。”《意见》指出,工会思想政治工作的基本原则,要以经济建设为中心;要面向大多数;要坚持正面教育;要引导职工自我教育;要坚持思想政治工作与解决实际问题相结合。工会思想政治工作,要根据不同内容、不同对象的需要选择不同的方式方法;

要积极采用群众喜闻乐见的、丰富多彩、生动活泼的形式和方法；把教育的思想性、艺术性、知识性、趣味性融为一体，增强思想政治工作的吸引力。《意见》指出，工会思想政治工作要把重点放在基层，基层就是班组；要健全和完善班组理论学习制度；要加强班组车间日常的思想政治工作；要解决职工工作和生活中的实际问题；要及时掌握职工的思想动态。《意见》指出，要加强工会思想政治工作的基础建设，主要是加强工会思想政治工作队伍建设和宣传阵地、文体阵地建设。

1991年，"八五"计划开始实施，国际风云多变。为贯彻党的七中全会、八中全会和中央工作会议精神，适应新形势发展需要，动员职工完成"八五"计划第一年各项任务，天津港工会在职工中开展了"爱党、爱国、爱社会主义"的宣传思想工作，紧紧围绕港口生产建设，坚持政治教育的连续性和系统性，提高思想政治工作的针对性和实效性。加强基础性工作，完善宣传教育制度体系，从解决职工的人生观价值观入手，通过开展"两学一创"活动，以先进典型引路，加强精神文明建设；充分利用宣传阵地、媒介和载体，营造声势、烘托氛围，有效地维护了企业党委的政治核心作用。先后制定了《天津港政治工作先进单位考核细则》和《天津港思想政治工作规范》，进一步规范、量化了宣传思想工作。是年3月，天津港工会七届二次职代会指出，工会"积极协助党委宣传部门进行各种形式的宣传教育工作，依靠先进模范人物、工会积极分子，运用谈心、家访、互助互教等方式方法，及时了解和掌握职工的思想、呼声和反映，深入开展思想政治工作。工会还利用广播、电视、录像、板报等宣传工具和宣传阵地，采取座谈会、研讨会、演讲、知识竞赛等多种形式广泛开展教育，宣传港口生产建设、治理整顿、改革开放、党风廉政建设的成就，激发广大职工的劳动热情、调动了广大职工的生产积极性。"

四、天津港现代化建设，科学发展新时期的职工思想政治工作(1992～2009年)

1992年，党的十四大提出建立社会主义市场经济体制的目标。1997年，党的十五大提出，"必须着力提高全民族的思想道德素质和科学文化素质，培育适应社会主义现代化要求的有理想、有道德、有文化、有纪律的公民。"针对企业深化改革的新形势，全总通过《班组政治学百题》《现代企业管理》《建设有中国特色的社会主义》《市场企业职工》《展望90年代高科技》"五本书"，引导职工认识市场经济。按照上级工会和党委的安排部署，在这一时期，天津港各级工会坚持用邓小平理论和"三个代表"重要思想武装职工群众，随着改革的深入，不断改进教育形式和工作方法，帮助职工树立发展市场经济的新思想、新观念。面对不断发展的天津港改革、生产、建设的新形势，工会协助党组织配合行政，开展了一系列富有时代特点的主题教育活动，取得了显著的成效。

1992年，天津港党委明确党群部门组织干部、职工政治理论学习的分工侧重，工会的重点是抓好基层班组学习。是年，天津港各级工会发挥工会组织的优势和特色，在天津港深化改革的新形势下，组织全港职工开展了"改革要深化、企业要搞活、效益要提高、我们怎么办"的主题大讨论活动。各级工会结合学习邓小平同志南巡讲话，组织职工利用班组学习、召开职代会、座谈会等形式进行了学习和讨论。分别开展了"我在深化改革中"征文，"改革在我心中"演讲比赛，深化改革专题讲座，"路在何方"研讨活动和改革成果展览等多种形式的学习宣传活动。工会干部深入基层，为职工解疑释惑，同时利用市总工会编写的《班组学习读本——每周一题》，通俗易懂地向职工介绍三项制度改革；解释住房、医疗改革等影响职工切身利益的问题，引导职工正确地对待社会主义市场经济给企业和职工带来的影响，教育职工正确认识只有不断推进改革才能促进天津港的发展。

1993年，按照上级工会和党委的部署，天津港各级工会组织职工深入学习邓小平同志建设有中国特色社会主义理论和党的十四大精神的同时，深入开展了党的基本路线教育、改革开放政策教育，引导职工提高认识、转变观念，增强市场经济意识。通过编印辅导材料、黑板报、橱窗等形式，引导职工做到"五个明确"，即明确邓小平同志建设有中国特色社会主义理论是工人阶级的思想纲领；明确坚持党的基本路线一百年不动摇；明确今后一个时期的根本任务是加快改革，集中精力把经济建设搞上去；明确建立社会主义市场经济体制，有利于解放和发展生产力；明确工人阶级在实现十四大确定的任务中的重要责任，增强责任感和紧迫感。通过开展形势任务教育，引导和帮助职工换脑筋、变观念，注入与社会主义市场经济相适应的意识，使职工具有经营头脑，既搞好生产，又关注经营；使职工具有竞争头脑，自觉地把本职工作与市场竞争联系起来，树立风险意识；使职工具有科技头脑，努力提高自身素质；使职工具有效益头脑，讲求投入产出，学会当家理财,自觉遵守职业道德、职业纪律。同时坚持群众自我教育的方法,发挥职工在思想政治工作中的主体作用,坚持把职工思想政治工作落实到班组和人头,使职工既是教育者又是受教育者。

1994 年 9 月 26 日,天津港党委印发了《关于认真学习贯彻〈爱国主义教育实施纲要〉的通知》,《通知》要求,宣贯《纲要》,开展爱国主义教育,必须坚持以特色理论和党的基本路线为指导,突出改革开放的时代特点和建设有中国特色社会主义这一主题;各级党组织要加强领导,把开展爱国主义教育摆到重要位置,结合两个文明建设的实际情况,研究落实开展爱国主义教育活动的具体措施,充分利用宣传媒介,形成一个贯彻落实《纲要》的舆论氛围。1995 年,全总把爱国主义教育、形势任务教育结合起来,引导职工顾全大局、为国分忧、支持改革。组织开展了民主大讨论、先进人物报告会、读书演讲知识竞赛、历史回顾等活动,宣传改革开放给国家、企业、个人带来的巨大变化。"双基"教育,帮助职工树立了适应全面改革和现代化建设的新观念,提高了职工的思想政治素质。

1995 年 1 月 17 日,根据天津港党委《关于开展形势任务教育》的意见,为确保天津港吞吐量突破 5000 万吨,发挥好工会思想政治工作的优势,局工会印发《开展"爱港口、做主人、促管理、增效益"主题教育活动的实施方案的通知》。通过宣传鼓动打造声势、宣传先进典型、开展职业道德教育、组织"从我做起,加强企业管理"大讨论,逐层制定措施,组织职工群众"会诊",查找问题、制定整改措施、落实整改措施。活动中,各级工会领导高度重视,精心组织,通过培训车间班组宣传骨干,增强宣传教育力量;丰富教育方式,发挥工会组织群众性工作优势,运用典型引路、拜师学艺、算账对比等方法,从大处着眼、从身边着手,贴近实际、扎实施教,取得了实实在在的效果。12 月 29 日,天津港工会印发了《表彰主题教育优秀组织单位的决定》,表彰了在主题教育活动中成绩突出的八个基层工会。

1995 年,市总印发了《关于进一步加强和改进工会宣传思想工作的意见》。《意见》指出,必须高度重视建立市场经济新形势下的工会宣传思想工作;工会思想政治工作的指导思想:以邓小平理论和党的基本路线为指针,为促进我市改革、发展和稳定服务,为建设有理想、有道德、有文化、有纪律的职工队伍服务,为职工群众和工会服务。《意见》提出,工会宣传思想工作的主要任务和内容:用邓小平理论武装职工队伍;贯彻中央颁发的《爱国主义教育实施纲要》;协同党政开展改革形势和政策教育;主人翁精神教育;推进《劳动法》的贯彻与实施;化解矛盾、理顺情绪、稳定队伍;推进职工培训、读书活动、"学、创、争"活动等;满足和引导职工的文化需求;加强宣传阵地建设;加大工会对选树先进人物的宣传力度;《意见》规定了工会宣传思想工作的面向多数、群众自愿、群众受益、自我教育、思想工作与解决实际问题相结合等基本原则和职工喜闻乐见、丰富多彩、生动活泼的形式和方法;《意见》还提出,工会思想政治工作要坚持主动性、群众性、多样性、针对性和实效性,要建立起自主运行的思想政治工作机制;要加强工会宣传干部、宣传骨干的培训;要为开展思想政治工作提供必要的物质保证;要注重工作的实践总结等。是年,天津港各级工会适应发展市场经济和搞好企业的要求,结合天津市承办第 43 届世乒赛,深入开展了"爱国主义实践行活动",积极引导职工爱祖国、爱港口、爱岗位,普遍开展了职业道德教育活动,结合全市开展的"学绝技、创绝招,争做技术明星"活动,采取多种形式,广泛宣传模范人物的先进思想、先进事迹,不断活跃职工的业余文化生活,增强了企业的凝聚力。

1995 年 11 月 12 日,中共中央办公厅、国务院办公厅转发了《中央宣传部、国家经贸委关于加强和改进企业思想政治工作的若干意见》,要求学习贯彻党的十四届五中全会和江泽民同志在上海、长春召开的企业座谈会上的重要讲话精神,紧紧围绕全党全国工作的大局,认真落实江泽民同志提出的"以科学的理论武装人、以正确的舆论引导人、以高尚的精神塑造人、以优秀的作品鼓舞人"的重要任务,积极探索,扎实工作,在加强中改进,以改进求加强,努力把企业思想政治工作提高到一个新的水平。为贯彻落实中央精神,按照市委和市总工会的要求,1996 年 2 月 28 日,天津港工会印发了《发挥自身优势,共同做好职工思想工作的通知》。《通知》要求各级工会着重搞好主题教育,进一步提高职工的主人翁意识。营造良好的学习环境,全面提高职工思想素质水平。调动职工积极性,为企业两个文明建设建功立业。建好"职工之家",促进班组建设。开展健康有益、小型多样的文体活动,努力满足职工精神文化需求。是年 3 月 5 日,根据局党委和上级工会关于进一步加强职工主人翁教育的要求,天津港工会印发了《关于开展"做主人、促管理、练内功、增效益"主题教育活动的意见》,活动历经了树典型、学榜样,提高思想觉悟阶段;做主人、促管理、为企业献计献策阶段；立足岗位练内功，为港口建功立业阶段。11月21日，天津港工会发出《关于做好“做主人、促管理、练内功、增效益”主题教育活动工作总结和评比工作》的通知。各级工会结合单位实际，把“评比先进、选树典型、讲比贡献”活动，“岗位练兵、技术比武”活动和“岗位建功立业”活动结合起来，一起开展，使主题教育活动内容更加充实、教育效果更加显著。

1996年3月19日，天津港工会印发了《天津港职工主人翁教育五年规划（1995年至1999年）》。教育主题拟定：1995年“爱港口、做主人、促管理、增效益”；1996年“做主人、促管理、练内功、增效益”；1997年“做管理的主人，当生产的标兵”；1998年“我与港口同命运、我与港口共荣辱”；1999年“争当港口主人翁，愿为港口献才智”。教育的主要方式：开展职工系统教育；组织职工大讨论；结合实际，献计献策提“合建”；组织岗位练兵、岗位立功活动；广泛开展劳动竞赛等。

1997年，天津港各级工会紧紧围绕香港回归和党的十五大召开两件大事，以爱国主义教育为主线、职业道德建设为重点，开展了“爱岗敬业，优质服务，遵纪守法，争做文明职工”主题教育活动。活动的重点是“一学一赛”，学习市总编写的《抒爱国情怀，创文明岗位》和天津港的《文明职工标准》，在广泛学习的基础上，组织“迎香港回归，抒爱国情怀，创文明岗位”为主题的知识竞赛，班组参赛率为100%，全局参赛职工达6000多人，天津港工会被市总评为知识竞赛活动优秀组织单位。是年12月，天津港党委、工会分别转发了市总《关于动员和依靠全市广大职工为加快企业改革和发展作贡献的意见》。《意见》指出，深化国有企业改革，加快企业发展，需要不断提高职工思想道德和科学文化素质。“要组织职工学习社会主义市场经济基本知识，解放思想、转变观念，努力适应改革和发展的新要求。要加强职业道德建设，大力倡导敬业爱岗、遵章守纪、精通业务、诚实守信、注重质量、优质服务。”“要运用各种新闻媒体和多种宣传形式，大力宣传职工为推进企业改革和发展作出的重大贡献，宣传模范先进人物的思想和事迹，展示工人阶级的优秀品质和时代风貌，努力创造尊重职工、崇尚先进、热爱劳动的良好社会氛围。”

1998年，市总印发《关于贯彻市委七届三次全会精神，进一步加强和改进工会思想政治工作的意见》。《意见》共四部分22条。进一步明确了新形势下工会思想政治工作为稳定大局服务、为“四有”职工队伍建设服务、为工运事业的发展服务的方针。明确了工会思想政治工作的教育内容为：基本理论和理想信念教育；形势任务政策教育；爱国主义、集体主义、社会主义教育；主人翁精神教育；社会主义民主与法制教育；化解矛盾、理顺情绪教育；科学文化和技术业务教育；弘扬正气，树立先进典型，占领阵地等八个方面。《意见》指出，工会思想政治工作要体现“四性”，即“经常性、超前性、针对性和时效性”。《意见》提出，工会思想政治工作“五项原则”，即面向大多数原则，群众受益原则，正面灌输与自我教育相结合原则，讲求实效原则，思想教育与送温暖，办实事相结合原则。《意见》强调，要切实加强班组思想政治工作，要使班组思想政治工作做到“三化”，即“经常化、制度化、群众化”。要加强工会文化宣传阵地建设和管理，满足职工日益增长的精神文化需求，寓教于职工喜闻乐见的文化体育活动之中。《意见》指出，工会思想政治工作要建立完善各种制度、职工思想动态信息反馈网络和定期分析制度、工会干部定期培训制度、谈心家访服务制度、班组政治学习制度等。《意见》指出，要充分发挥三支队伍的作用：职工理论骨干的作用；信息员、联络员、小教员的作用；先进模范人物、工会积极分子、班组长的作用。在贯彻落实这个《意见》过程中，天津港各级工会通过举办工会干部、积极分子和职工理论骨干培训班、学习班、研讨班，进一步明确了新形势下加强职工思想政治工作的重要意义、主要内容、方式方法、实现途径。使广大工会干部提高了认识，明确了方向，增强了做好工会思想政治工作的紧迫感和责任感。同时联系港口的实际，确定工会思想政治工作的重点，有针对性地做好工会思想政治工作。注重发挥工会组织优势和阵地优势，正确引导和满足职工日益增长的精神文化需求，广泛开展各种健康有益的文化体育活动。进一步把通过深入细致的思想政治工作所激发出的职工的政治热情和主人翁精神引导到为天津港深化改革献计出力上来，广泛开展劳动竞赛、合理化建议、技术革新、技术协作、发明创造等多种形式的群众性经济技术活动，形成了积极的影响，收到了明显效果。

1998年，全总、市总分别下发《关于学习贯彻〈中共中央关于在全党深入学习邓小平理论的通知〉的通知》。根据全总、市总的部署，各级工会组织结合单位职工思想实际，围绕企业改革和发展，围绕“什么是社会主义、怎样建设社会主义”这一主题，组织职工学习邓小平理论。在学习宣传邓小平理论的过程中，结合用工制度、职工住房制度、职工医疗制度等改革，开展有针对性的教育，加深职工对深化改革的理解，增强职工对改革的心理承受能力。为贯彻落实上级工会和局党委的要求,是年2月24日,天津港工会印发《关于开展"举旗帜、创伟业、爱港口、作贡献"主题教育活动安排意见》。各级工会结合职工的思想实际,围绕企业改革和发展,围绕"什么是社会主义、怎样建设社会主义"这个主题,组织广大职工学习邓小平理论,学习《邓小平理论职工读本》和市总编写的《98年班组每周一题读本》,通过组织职工学习原著、组织宣传骨干培训,举办理论辅导,让职工了解国情、市情和港情。是年,举办了全港主题教育知识竞赛,全港3800名多职工参加答卷活动,班组参赛率为100%。1998年8月31日,市总印发了《关于号召全市各级工会和广大职工迅速掀起"学英雄、见行动、比贡献,为实现全年经济增长目标立头功"活动高潮的通知》,9月2日,天津港工会转发市总的通知,并号召全港广大职工要以抗洪英雄的感人事迹为动力,把抗洪精神转化为实际行动,立足本岗,为实现天津港全年的工作目标,作出更大贡献。

1999年,根据上级工会和党委的要求,结合港口实际,天津港各级工会围绕企业深化改革和加快港口发展的大局,开展了"转变思想观念,创新从我做起"和"识港情、知家底、明责任、树信心、献计策、立头功"为内容的"知难而进"大讨论活动,利用班组学习、首次职代会等多种形式,通过讲形势任务、讲机遇挑战、讲改革举措、讲发展目标。广泛发动群众,统一思想认识,有力地激发了职工群众的主人翁责任感,坚定了搞好企业改革的信心。广大职工要求开拓创新、理解支持改革、渴望加快发展的愿望十分强烈,踊跃参加讨论,主动进言献策,投身改革发展的积极性十分高涨,体现出强烈的、创新的主体意识,为各项改革的深入推进和顺利实施奠定了坚实的思想基础。通过大讨论活动,使广大职工认清了有利条件和不利因素,职工普遍增强了危机意识、竞争意识和优质服务意识。各级工会根据单位特点,结合"比、学、赶、帮"活动,举办先进模范标兵报告会;围绕经济体制改革开展读书演讲、知识竞赛;通过国情、市情、港情的变化对比,宣传改革开放以来的巨大变化,深刻认识改革开放的重大意义。

在同"法轮功"邪教组织的斗争中,天津港工会充分发挥组织优势,开展教育工作,1999年7月26日,天津港工会印发《关于坚决拥护中共中央处理"法轮功"的决定,维护社会稳定,立足岗位作贡献的通知》。全港各级工会组织职工学习贯彻中央处理"法轮功"的精神,积极教育、引导职工群众认清"法轮功"的反动政治本质、严重危害性,认识到解决"法轮功"问题的重要性和迫切性,通过学习党的四项基本原则和邓小平理论,自觉从思想上、政治上与党中央保持一致,提高了职工的政治鉴别力和政治敏锐性。是年,天津港各级工会还以庆"五一"、庆新中国成立50周年、迎世体赛、迎澳门回归为契机,在全港职工中广泛开展了"颂祖国、唱家乡、赞巨变"的主题文化活动。同时各级工会不断加强对工会文化阵地的管理和投入,发挥"学校和乐园"的功能,使各级工会文化阵地成为了职工休闲、健身、娱乐好去处,同时大力宣传科学,普及现代知识,全港上下努力营造健康向上的文化氛围,占领了职工思想文化阵地,为夺取与"法轮功"邪教组织斗争的决定性胜利,维护天津港安定团结的政治局面,发挥了重要作用。

2000年,天津港各级工会围绕改革、发展、稳定的大局,深入开展了"学先进、比贡献、展才华"职工主题教育活动,通过召开职代会,讲形势、交任务、鼓干劲。组织职工学习市总编写的《跨越新世纪,再创新辉煌》,班组读本和天津港党委编写的《邓小平理论读本》。各级工会利用天津港电视台、《天津港湾》、《工会信息》、黑板报、小家园地、宣传橱窗等阵地、媒介、载体,宣讲内外形势、目标任务,教育职工把握有利条件克服不利因素、把握机遇迎接挑战。通过形势教育和大讨论激发了职工的斗志。在评选全国劳模和评先工作中,结合宣传天津港工会编写的《英模颂》,在职工中开展"学先进、比贡献、展才华"教育活动。各级工会采取用身边的事教育身边的人,坚持寓教于文,寓教于乐,潜移默化,激励职工以主人翁姿态为港口的改革和发展献计出力。是年7月4日,天津港工会印发《深入学习宣传、贯彻"三个代表"重要思想的安排意见》。《安排意见》指出,学习贯彻"三个代表"重要思想,是全港各级工会和广大工会干部的重要任务。《安排意见》提出,一是工会要加强自身思想政治建设,工会干部要学习领会"三个代表"重要思想;二是发挥工会群众组织优势,向广大职工宣传好"三个代表"重要思想;三是工会要在学习、宣传、贯彻"三个代表"重要思想的过程中,结合工会工作实际;四是在党委的领导下,做好对车间班组学习贯彻"三个代表"重要思想的组织工作。10月23日,天津港工会转发了市总《关于认真学习贯彻党的十五届五中全会精神的通知》。《通知》要求,各级工会组织要结合本单位实际,利用有效的学习形式,搞好工会干部和职工群众的学习和辅导。要求广大职工明确"十五"期间的奋斗目标和任务，把职工思想统一到党的五届五中全会精神上来，引导职工立足本职，深入开展技术创新活动和群众性生产活动，促进天津港的发展。

2001 年，各级工会大力开展“崇尚科学，破除迷信”职工教育活动，2 月 1 日，天津港工会印发《关于深入开展与“法轮功”邪教组织斗争的通知》。各级工会开展了形式多样的宣传教育活动，结合年初召开的职代会，开展形势任务教育。2 月 27 日，天津港工会印发《关于开展“肩负新世纪使命，实现跨越式发展”主题教育活动》的安排意见，并印发《主题教育活动考核细则》；组织以“面对新世纪，天津港实现亿吨大港的目标，我们怎么办?”为主题的职工大讨论；是年，各级工会组织推动“班组文化创建”活动，探索新形势下班组思想政治工作的新途径、新方法；以车间、班组为单位，举办班组歌会、赛诗演讲、读书征文等活动，在此基础上，天津港举行了歌咏大赛。10 月 15 日，天津港工会转发市总《关于认真学习贯彻落实党的十五届六中全会精神的通知》，要求各级工会动员职工、再鼓干劲，为实现天津港实现亿吨吞吐量和 200 万标准箱宏伟目标，贡献力量。是年 12 月，按照市总的通知要求，天津港各级工会组织职工学习了《告诉你一个真实的天津》通讯报道，深入开展集体主义、爱国主义、社会主义教育。

2002 年 10 月 21 日，天津港工会转发市总印发的《关于做好职工队伍稳定工作，迎接党的十六大召开的通知》。《通知》要求各级工会要特别做好帮扶特困、劳动保护监督检查、畅通信息、职工思想政治和宣传教育等工作。22 日，天津港工会转发市总《关于在全市职工中开展“弘扬危改精神加快天津发展”大讨论的通知》。《通知》要求大力宣传天津市“三五八十”的突破和危改取得的成果；大力宣传范玉恕、邱汝顺等各条战线的先进典型人物的先进事迹；立足实际、沉到班组、组织职工为加快发展献计献策。是年 11 月 29 日，为贯彻落实天津港党委和市总关于学习宣传十六大精神的要求，天津港工会印发了《关于组织职工深入学习贯彻党的十六大精神的通知》。《通知》提出，提高认识，加强引导，要在增强学习自觉性上抓突破；结合实际，突出重点，在深刻领会精神实质上下工夫；创新形式，立足班组，在营造学习气氛上做文章；加强领导，细致安排，在深入学习中抓效果。12 月，市总举办“职工学习贯彻党的十六大精神知识竞赛”，2003 年 4 月 1 日，市总宣教部印发表彰决定，天津港工会荣获组织单位奖。2003 年 5 月 8 日，市总印发《关于组织职工参加全总开展的学习党的十六大精神知识竞赛和演讲比赛的通知》，天津港工会组织职工踊跃参与职工学习党的十六大精神系列活动。

2003 年 7 月，为进一步宣传贯彻“三个代表”重要思想，天津港工会作出具体安排。7 月 21 日，天津港工会举办了工会干部学习“三个代表”重要思想理论培训班，来自基层的 80 余名工会干部参加培训，同时举办了“‘三个代表’在我心中”演讲大赛。各级工会充分利用宣传阵地大力宣传，努力营造良好的学习“三个代表”重要思想的氛围，让“三个代表”重要思想进班组、到岗位、入头脑。充分发挥职工小家优势，开辟职工小家的“学习园地”、“职工心声”和“小家论坛”。通过知识竞赛、“小家家长”培训等多种形式，推动“三个代表”重要思想的学习活动不断深入。8 月 26 日，市总印发《关于举办职工学习贯彻“三个代表”重要思想厂报、企业报专版展评的通知》，9 月 4 日，天津港工会贯彻市总学习展评通知的精神，组织各级工会在 9 月份开展“班组职工学习贯彻‘三个代表’重要思想成果展示赛”。12 月 9 日，市总印发学习展评竞赛结果，《天津港湾》荣获一等奖。

2004 年，天津港各级工会把学习贯彻“三个代表”重要思想作为首要的政治任务来抓，开展了学习贯彻“三个代表”重要思想系列活动，按照天津港党委要求和工会工作部署，各级工会紧紧抓住港口发展的形势和创建世界一流大港目标，围绕改革、发展、稳定的大局，以“加快港口发展，全面提升素质”、“冲击两亿吨，实现新跨越”为主题，扎实有效地开展职工形势任务教育活动。各级工会充分利用自身特色，全方位、多角度进行广泛的宣传发动，专题下发了讨论课题，编印了班组学习简报，组织了专题座谈会，引导职工从学习中受启发，在讨论中受教育。结合学习市总《实现新跨越，再作新贡献》职工班组读本，广泛开展了职工读书活动和知识竞赛，40 多个单位 1000 余个班组近万名职工参加了读书知识竞赛。各单位还充分利用“职工小家”学习园地，组织开展职工演讲、板报展评等活动。结合企业文化建设，开展了企业文化知识的学习讲座和丰富多彩寓教于乐的活动，使“发展港口，成就个人”的核心理念深入人心。

2005 年，天津港各级工会坚持用科学发展观统一认识，职工思想教育不断深入。全会上下对落实科学发展观、构建和谐社会的认识更加统一，服从服务港口大局的视野更加开阔，融入港口发展主流的意识和理论创新、实践创造的意识更加主动。以开展保持共产党员先进性教育活动为动力,坚持“两不误、两促进”,在高标准完成先进性教育活动各阶段目标要求的同时,工会各项工作不断取得了新进展。按同级党委要求部署,充分发挥工会组织的特点、优势,深入开展了以“提高素质促发展,同心同德铸辉煌”为主题的职工形势任务教育。举办了“我为创建世界一流大港作贡献”职工主题演讲活动,充分利用“职工小家学习园地”、班组学习每周一题读本,开展了职工读书演讲、知识竞赛、职工大讨论等系列活动。开展了“选树身边坐标,凝聚先进亮点,展现劳模风采”打造劳模品牌系列活动。通过培养造就天津港“金牌”劳模,选树身边的坐标,凝聚先进典型的亮点,形成了一批拿得出、叫得响的劳模先进群体。全力推出了“蓝领专家——孔祥瑞”,掀起了以全国劳动模范孔祥瑞为主的学习劳动模范先进事迹的高潮。中央多位领导同志对宣传天津港劳模孔祥瑞先进事迹作了专门批示,在社会上引起积极广泛的影响。组织了大型的劳模先进事迹报告会,编辑出版了《天津港劳模风采》光盘和反映天津港劳模事迹的《天津港英雄谱》(续集)一书。各基层单位通过举办劳模报告会、专题演讲、知识竞赛、文艺演出和征文比赛等活动,激励广大职工学先进、赶先进。通过各种形式的思想教育和各类有益的活动,使集团公司上下争先创优,开拓创新的风气更加浓厚,进一步增强了广大职工为天津港建功立业的责任感和使命感。

2006 年,天津港工会宣教工作服务发展大局,职工思想教育成果更加突出。根据党委工作要求,结合工会工作实际,积极主动、扎实有效地开展了以“站在新起点、抓住新机遇、实现新跨越”为主题的职工形势任务教育;深入开展了“八荣八耻”教育活动;荣辱观教育活动。根据市总部署,组织各级工会组织、工会干部和广大职工认真学习贯彻胡锦涛总书记的讲话精神,按照“八荣八耻”的要求,广泛开展社会主义荣辱观教育,推动形成良好的社会风气,构建社会主义和谐社会,促进职工队伍思想道德建设。帮助职工弄清什么是应该弘扬的真善美,什么是应该摒弃的假恶丑。坚持什么,反对什么,倡导什么,抵制什么。坚决反对和抵制价值观念的混乱,善恶不辨,美丑不分的现象,大力弘扬工人阶级的崇高思想和优良品质,特别学习劳动模范那种公而忘私、艰苦奋斗、真诚奉献、不计名利、忠于职守、自强不息的优秀品质,用工人阶级的先进思想影响和带动全社会。专题下发了 11 期《职工小家学习园地》宣传材料,通过班组学习日引导职工加深对“八荣八耻”的理解和认识,通过狠抓班组“四个落实”有效提高了学习的力度,使学习宣传和职工参与面达到 100%。充分利用“职工小家学习园地”、《班组读本每周一题》开展了职工大讨论活动和职工读书竞赛活动,加深了对天津港加快发展和科学发展观的理解。各单位配合形势教育利用有效形式组织开展了各类竞赛、板报展评,读书演讲等活动。以“八荣八耻”教育活动;荣辱观教育为核心,深入开展了职工职业道德教育活动。结合形势任务教育在职工中开展了“八荣八耻”在继续深入贯彻《职工职业道德规范》基础上,开展了崇尚文明行为活动和职业道德建设活动。天津港工会发起了“向孔祥瑞学习,崇尚文明行为,创建和谐港口,争当文明职工”万名职工大签名活动,全港 1.5 万名职工参加了活动,在职工中形成了良好的学习氛围。

2007 年,纪念天津新港重新开港 55 周年,天津港各级工会组织开展了“回忆过去、展望未来、立足岗位、奉献建功”主题教育活动,总结天津港 2006 年取得的辉煌业绩,认清新的一年面临的机遇和挑战以及 2007 年的奋斗目标,动员职工投身港口的生产建设,把集团公司的要求变为全港广大职工的自觉行动,激发起广大职工的积极性和创造性,坚定信心、鼓足干劲、立足岗位、拼搏奉献。先后开展了“回忆过去、对比现在、展望未来、立足岗位、多作贡献”大讨论;“天津港我为你自豪”主题征文;以“天津港辉煌成就”为主题的解说员大赛。2007 年,制作了《驿站》天津新港重新开港 55 周年纪念邮册;组织了天津新港重新开港 55 周年专场庆祝演出。

2007 年,天津港工会利用各种有效形式宣传党的十六大以来取得的重大成就及广大职工的突出贡献。学习贯彻胡锦涛总书记在全国政协十届五次会议工会、共青团、青联、妇联界委员联组讨论时的重要讲话,坚持把在构建社会主义和谐社会中发挥组织、引导、服务职工和维护职工合法权益作用等问题作为全会的重中之重,牢固树立和落实中国特色社会主义工会维权观。十七大闭幕后,工会立即召开学习贯彻十七大精神会议,要求把学习贯彻十七大精神作为工会的首要政治任务,引导广大职工和工会干部把思想和行动统一到十七大精神上来,把智慧和力量凝聚到推进滨海新区开发开放和建设世界一流大港的事业上来。工会采取多种形式,掀起了学习贯彻十七大精神的热潮,进一步增强了做好新形势下工会工作的责任感和使命感。

2007 年 9 月 17 日,为深入贯彻落实市第九次党代会精神，动员全港广大职工把思想统一到市委精神上来，把行动落实到本职工作中去，在加快滨海新区开发开放、实现天津科学发展、和谐发展、率先发展的践行中作出新的贡献，按照市总工会的部署，天津港工会印发《关于在全港职工中开展"我与天津港大发展"大讨论活动的通知》。《通知》提出，开展大讨论活动要坚持以科学发展观思路为指导，各级工会组织要用和谐发展的责任激励职工，用率先发展的目标鼓舞职工，通过开展大讨论系列活动，充分激发广大职工群众热爱天津、建设天津、发展天津的劳动热情和创造激情。从自身做起，立足本岗，勤奋工作，争创一流业绩。《通知》提出，大讨论的重点要把握四个"明确"：明确天津港大发展战略意义的重要性和紧迫性，确立自己在天津港大发展的责任感和使命感；明确天津港未来发展的目标和任务，确立实现发展从我做起，从现在做起的意识；明确本系统本单位改革发展方向和任务，确立自己的职业规划和工作目标；明确自己岗位工作的职责和要求，确立良好的职业道德和创新精神。大讨论活动要选择好载体，把大讨论活动作为今年"和谐促发展，立功'十一五'"主题教育活动的一项内容，广泛开展职工思想政治和职业道德教育；使大讨论活动沉到班组，开展以"和谐新理念、道德新风尚、前沿新知识、关键新技术、管理新机制、快乐新体验进班组"为主要内容的"六进班组"活动，推进职工素质工程建设，创建更多的学习型班组；按照市委"同在一方热土，共建美好家园"活动的部署，结合开展"岗位比贡献，文明迎奥运"活动；深入开展争创"工人先锋号"、"五比一创"劳动竞赛和"满意在天津实践行"活动，把大讨论活动落实在争创最佳的岗位，创造新的业绩上。《通知》要求，组织开展大讨论活动要有过程、有层次、有高潮，有实效。工会干部要深入基层，发挥工会组织的组织职工、宣传职工、服务职工、维护职工合法权益的作用，根据单位生产经营的实际和职工的需求，创新活动形式和载体。

2008年，天津港各级工会按照市总和党委的要求，采取灵活多样、生动活泼的形式，组织职工开展了"解放思想、改革创新、干事创业、科学发展"大讨论活动，天津港工会为基层班组配发了学习材料《班组读本》，编写了《职工小家学习园地》等辅导材料。先后召开了不同层次的座谈会，对各单位大讨论活动进行了积极指导。组织职工开展了"大讨论知识竞赛活动"，全港1600余个班组，8000余名职工参加了答卷竞赛，6名职工获奖，天津港工会还获得了"天津市职工'解放思想、干事创业、科学发展大讨论活动'知识竞赛"优秀组织奖。开展了征求职工意见的活动，根据天津港的要求，在大讨论活动中，共征集职工意见40余条。开展了大讨论征文活动，在基层班组交流学习的基础上基层上报职工征文130多篇。组织引导广大职工自觉站在改革开放的最前列，支持天津港的一系列改革政策，全力推进天津港新一轮大发展，以实际行动迎接改革开放30周年。通过举办报告会、座谈会、知识竞赛、演讲比赛等，大力宣传天津港改革开放所取得的巨大成就和翻天覆地的变化，引导职工旗帜鲜明地支持改革创新，毫不动摇地参与和投身于天津港新一轮跨越式发展。

2009年2月，为落实市总开展"做时代先锋、当行动楷模"主题实践活动部署，天津港工会组织职工开展了"我与企业共兴衰、我为企业作贡献"主题教育活动。组织职工以班组为单位开展了广泛深入的学习讨论活动，天津港工会编写了《小家学习园地》和班组学习宣传资料。天津港工会深入基层21个单位，针对有关问题及时进行了指导，推动职工主题教育活动的深入开展。各基层工会结合本单位的实际情况，通过大宣讲、大讨论、知识竞赛等多种形式，宣传市委、市政府以及天津港党委应对挑战的重大措施，把广大职工的思想统一到市委、市政府以及天津港党委的重大决策部署上来，促进职工队伍的和谐稳定，为"保增长、渡难关、上水平"创造良好的氛围。组织全港1600余个班组，9000余名职工参加了市总开展的"做时代先锋、当行动楷模"主题教育读书知识答卷活动，有效地检验了职工学习讨论活动的成果。

2009年3月10日，根据党委"保稳定、促发展"的工作部署和天津港工会有关加强职工思想行为动态预警工作的总体要求，为进一步做好职工的思想分析，及时了解职工的思想行为动态，积极发挥工会组织围绕中心、服务大局的重要作用，在企业与职工之间架起沟通、疏导的桥梁，引导广大职工与企业同兴衰共命运，促进港口的和谐发展，天津港工会印发《"职工思想行为动态预警信息通报"暂行办法》。《办法》提出，各基层工会主席是本单位"职工思想行为动态预警信息通报工作"第一责任人，建立四级预警信息通报网络，及时了解职工思想行为动态、及时疏导职工情绪、及时解决职工中出现的思想行为问题。建立了班组、车间、基层公司和集团公司四级职工思想行为预警网络和预警信息机制，组织了预警信息员的培训，确保了分工明确、责任到位、渠道畅通、联络及时。为配合天津港做好维稳工作,天津港工会及时深入12个问题比较突出的单位进行了调研,组织职工座谈会,面对面地与职工交流了思想,了解职工的真实想法,经过分析整理,向天津港党委上报了职工思想状况和解决预案,确保职工队伍的稳定。

工会开展职工思想政治工作的几点启示

一是工会宣传思想工作要坚持经常地组织基层职工学习马列主义、毛泽东思想、邓小平理论、“三个代表”重要思想和科学发展观等基本理论,建立职工学习基本理论学习的长效机制。市场经济发展过程中,要经常地进行职工社会公德、职业道德和个人品德教育;要经常地教育职工正确对待企业的分配制度,明确个人与港口发展的关系;要经常地进行港口深化改革教育,增强职工适应改革的心理素质;要充分利用宣传媒介载体,营造积极向上、争当先进的气氛;要占领计算机网络等阵地,建立职工自觉抵制自由化的思想防线。社会在进步,天津港在发展,工会组织要坚持职工教育的长效机制。

二是工会思想政治工作只有立足于基层、深入到职工思想动态表现最活跃的车间、班组和生产一线这些前沿阵地,才能充分体现出工会组织的群众性和特有的亲和力。工会思想政治工作的主体是分布在职工中的工会积极分子,主体具有广泛性。由于积极分子工作在基层、在生产的前沿阵地,对客体的教育、具有直接性、针对性;在基层、在一线开展思想政治工作,要言之有物,具有真实感、亲切感和说服力。工作在基层的工会骨干、工会宣传干事、先进模范人物开展思想工作具有亲和力和说服力,更重要的是能够发挥示范带头作用。班组思想工作能够更好地体现“以人为本”,对症下药,耐心细致,关怀体贴,以情感人。关心对方,理解对方,晓之以理,动之以情,寓理于事。在基层班组,职工既是受教育者又是教育者,形成人人参与思想教育的局面。

三是工会的宣传教育工作必须围绕党的中心工作,服务天津港的快速发展;思想政治工作只有从实际出发,紧紧扣准职工生产过程中遇到的难点、深化改革过程中不能理解的疑点、涉及职工自身利益的热点,及时把握基层职工的思想动态,才会提高宣传教育和思想政治工作的针对性和实效性。

四是工会通过开展“送温暖”,帮扶救助,组织职工互帮互济等生活保障形式,加强职工劳动保护、维护女职工权益和特殊利益,为职工解决生活中的实际困难,感化职工、凝聚职工,增强职工思想工作的亲和力。

五是工会开展职工思想政治工作,在主导思想上要逐步转移到引导职工群众自我教育、自我批评、自我完善上。随着职工队伍文化素质的迅速提高,计算机网络的快速发展,职工接受的信息量不断扩大,要求把职工开展自我教育摆在重要位置。

六是工会要充分发挥职工思想政治工作的组织优势。工会具有完整的组织系统,从工会委员会到工会小组,有完整的组织网络,职工思想动态可以通过网络及时地反馈上来。发挥工会宣传阵地优势,企业工会拥有各级传播媒介,如广播、电视、板报、橱窗、俱乐部等硬件设备、设施和场所,为开展、举办各种宣传教育活动、知识讲座、交流信息提供便利条件。工会开展教育的载体具有群众性,因时而变、因人而异、因地制宜,寓教育于职工喜闻乐见的文体活动中,教育工作润物无声、潜移默化,使职工容易接受。工会具有开展活动多样灵活的优势。民主管理、争先创优,群众性的生产活动以及职工互助互济活动等,都是工会开展思想政治工作的过程,培育“四有”队伍的过程,提高职工政治觉悟和思想品德的过程。

第二节　职工文化技术教育

教育职能是工会四项基本职能之一。提高职工的文化水平、科技素质和操作技能,为企业经济发展提供人力支持,维护和保障职工学习的权利,是工会组织的一项根本任务。天津港职工教育体系是随着职工思想政治教育机制的形成和港口发展的需求逐步建立起来的,工会协助行政建设的各类职工学校和培训中心,规模不断扩大、教育功能不断完善,工会依靠这些学习场所,根据港口不同发展时期的需要,举办了文化理论、职业技能、安全质量、企业管理等各类培训班、补习班,为提高职工队伍的科学文化素养、业务技术能力和文明道德水平,为促进天津港的持续、科学发展提供了有力的支持。

一、“识字扫盲”运动

“新中国成立初期,全国职工80%是文盲,新成立的中央人民政府迅速地把职工教育列入国家议事日程”。1950年4月，全总召开第一次全国职工业余教育会议，是年6月，国家颁布《关于开展职工业余教育的指示》指出，“开展职工业余教育是提高广大工人职员政治、文化与技术的最重要方法之一”；并指出，“职业教育的内容要以识字教育为重点”。在20世纪50年代识字扫盲运动中，职工教育体系初步形成。天津港恢复建设初期，文盲职工占绝大多数比例，偏低的文化水平制约了职工政治觉悟、业务技能的提高，是制约天津港生产力发展的瓶颈，“扫盲”成为职工队伍建设最为紧迫的任务。“扫盲”的主要方式，一是抓两头带中间，选拔文化较高的职工为教员，为文化低的职工识字“扫盲”，以“业校办学”为龙头，带动职工学文化、班组学习文化活动的开展。二是根据生产形势、立足于车间班组，组织职工“识字班”，利用空闲时间机动地开展扫盲。三是通过开展班组的“读报”活动，在了解国内外时事的同时，识字扫盲。

1951年开始，工会开始组织开展职工文化普及活动，天津港码头工人5000多名，文盲有3000多人，成为扫盲运动的重点文化普及的中心区，1952年全国掀起第一次职工扫盲运动高潮，天津港工会按照上级工会的要求，积极组织职工开展扫盲，是年9月统计，已有2740名职工投入扫盲学习，为强调文化学习，扫盲运动提出“学习时间服从生产时间，会议时间服从学习时间”。1952年至1953年，针对船员因船舶流动学习文化存在困难的实情，天津港轮驳队工会推行了“速成识字班”教学法，“速成学习”见成效，由文盲提高到半文盲的171人，能识字1800字；由半文盲提高到非文盲的105人，能识字达到2100个；其余均达到高小水平。1952年6月23日，市总发出指示，要求各级工会组织要贯彻落实市政府颁布的《天津市各级识字运动委员会组织条例》，联合各级行政部门及其他有关部门组成识字运动委员会，加强对识字运动的组织和领导。1953年，天津港各级工会组织落实全国扫盲工作会议精神，纠正突击冒进现象，端正了“整顿巩固、重点发展，提高质量，稳步前进”的职工教育方向。1954年，天津港工会提出职工教育工作的整体要求是：扫盲、速成。职工业校要“边学边建”，工会办校的宗旨是“相信教师、依靠教师，发挥工会骨干和学习骨干的作用”。是年，天津港河西作业区职工业校对装卸、干部、港警分别施教，学员1900多名。塘沽作业区职工业校培训的学员有500多名。轮驳队职工业校在“速成教学”的基础上创新了“指标教学法”，“交接教学法”；教员采取随船、驻船的“流动讲课”方式。1955年，工会的职工培训工作着力于组织职工技术学习，采取的形式是签订师徒合同、包教包会与组织业余班学习技术，如轮驳队工会组织75%的小组签订了师徒包教包会合同；新港作业区工会针对装卸机械故障率高的实际问题，组织了司机技术学习班，系统地学习设备管用养修知识，减少了故障事故；21名司机助手通过学习转正为司机；轮驳队组织拖轮驾驶取证短训班，32人参加学习，30人通过考试，取得港监发放的船舶驾驶资格证书等。1956年年初，全总颁发《关于三年内扫除文盲的决定》。1956年2月25日，市教育局、市总和团市委联合举行“扫盲”积极分子大会，会议号召全市职工“比、学、赶、帮”超，尽快完成扫盲任务。随后天津港各级工会加大职工文化技术教育的力度，天津港多次掀起职工扫盲热潮。

1956年3月，党中央、国务院颁布《关于扫除文盲的决定》，要求在五年至七年内，扫除职工中的文盲；并确定职工教育由政府教育部门统一领导，厂矿企业的职工教育由行政部门主管的管理体制，工会组织转向协同、配合的角色。此后形成职工扫盲运动的第二次高潮。1958年，“大跃进”期间，各类学校猛增，全国形成第三次职工扫盲高潮。1959年，国家决定职工教育工作仍由工会组织负责。是年9月统计，天津港1800名文盲职工，35%摘了文盲的帽子。1960年5月1日，甩掉280名文盲“尾巴”，天津港全面完成了职工扫盲的任务。1961年9月，全总杭州会议后，改变了“大跃进”那种“一哄而起，一哄而散”的做法，奉行“鼓足干劲，实事求是，巩固提高，适当发展”的教育原则。在职工扫盲运动中，全港副科级以上的干部全部达到了中学文化水平。后来，自1960年开始，为满足职工继续深造的需求，在扫盲的基础上，天津港的职工教育“适当发展”开始上台阶，开办了职工业校提高班，参加初高中学习的职工2300余名、大专学习的职工150余名。识字扫盲运动意义深远，天津港初步建立起职工业余教育体系；激发了职工学习文化的热情，据统计，扫盲后，仍有职工1700多人坚持业余自学。

“文革”期间，职工教育遭到严重破坏，专职老师被转职，教学设备被挪用，教学场地被占用，职工教育处于停顿状态。

党的十一届三中全会以后，职工教育才得以恢复。1978年，各级工会贯彻落实国务院颁布《关于扫除文盲的通知》，1979年按照全总提出的集中一段时间，采取一气呵成的办法，按照2000个常用字、“四会”（会读、讲、写、用）的标准，组织职工扫盲活动。由于1968

年天津港职工队伍充实了“老三届”毕业生,以后又陆续充实了70届、71届毕业生,职工队伍的年龄、文化结构发生较大变化,70届、71届毕业生的文化水平受“文革”影响未达到相应文化程度,但文盲职工已为数不多,所以这次扫盲活动未进行大规模推动。

二、履行教育职能,适应港口发展需要

1950年4月,全总召开第一次全国职工业余教育会议。6月,根据全总的建议,政务院发出《关于开展职工业余教育的指示》,9月,全总和教育部修订了《职工业余教育暂行实施办法》《各级职工业余教育委员会组织条例》,此后,各级工会组建了各种职校,开办识字班,帮助职工学习科学文化知识,职工教育逐步进入系统化、正规化轨道,职工业余文化教育事业不断发展。天津港恢复建设和初步发展时期,工会职工文化技术教育工作就是通过组织职工参加业校学习并在改革生产工具,改进生产管理方式的实践过程中,接受新知识、学习先进经验、开阔创新眼界,推动天津港技术革命和技术革新运动的发展,推动港口生产力的进步。天津港劳动模范钱春,就是“学中干、干中学”的先进典型,他通过运用掌握的新知识,成功地改革了港口装卸机具几十项。1953年,天津港进行生产改革,装卸队由原来的24个轮驳装卸队改编为40个小队。队增加了,“搞车手”(船舶纹车司机)相对缺少。为解决装卸队的“搞车手”的缺口问题,是年,天津港河西作业区工会举办了“搞车技术学习班”,培训了来自各全港的“搞车手”和“准搞车手”170名。主要学习了“搞车”、码垛、舱内三方面内容。工会聘请技术工人担任主讲教师,还组织老工人把技术经验编成教材,通过老师和学员共签《师徒保证条件》,采用示范、表演、讲课并结合现场实际操作的办法,保证学习效果。培训成效显著,解决了“搞车手”缺口问题。“搞车”学习带动、激发了全港职工学习技术、钻研技术的热潮;同时推动了职工文化普及活动的开展。是年统计,参加文化学习的职工达到1926人,在业校参加学习的职工达到1806人,在区校学习的职工有120人。1954年,为满足各装卸作业区流动机械大量增加的需要,工会采取“师傅带徒弟”的办法,适时培训了13名技术较高的“万能装卸司机手”,同时抽调装卸工80名,脱产学习流动机械驾驶技术。在技术学习“传帮带”活动中,天津港各级工会引导学员教员共签《师徒合同》《包教包会合同》;在文化技术学习中,工会督促职工保证学习出勤;督导教师落实“包教包会”责任。是年,为促进、推动职工面上的学习,局、区两级工会帮助车间工会、班组工会小组建立了《小组每日读报制度》和《小组生活会制度》。1955年,党中央向全国职工发出“努力学习与掌握新技术,向文化科学技术进军”的号召。全国广大职工积极响应,通过订立师徒教学合同、开展技术表演、举办科技展览、召开技术研讨会、动员技术干部深入现场进行技术指导等方式,推动职工学技术、学文化活动的深入开展。是年,天津港工会代表职工与行政签订了《集体合同》,为落实《集体合同》关于“加强政治、文化、技术和业务学习,培养训练技术工人与管理干部,保证国家建设的需要”的合同(第七条、第八条)内容要求,以满足港口生产形势发展的需要,天津港工会组织职工代表、工会积极分子、女职工代表、工程技术人员以及生产骨干等1850余名进行培训学习。是年12月,市总《关于如何发挥工会组织在职工政治教育和正规技术教育中发挥作用的意见》中指出,为了发挥工会组织在职工教育中的作用,协助党委和行政把职工教育搞好,首先根据需求协助党政做好职工教育的工作计划;其次协助党政做好职工的招生宣传工作;再次是在职工学习过程中,帮助职工端正学习态度,树立正确的学习观,提高职工的学习出勤率,协助党政改进教学方法,提高教学质量,辅导职工消化学习内容,保障教师备课有充沛时间。《意见》还指出,为发挥工会在职工教育中的作用,工会要加强组织制度建设:基层工会每年至少两次讨论职工教育工作;工会小组要具体解决职工的学习困难;可以建立工会教育组或设立工会教育委员;要在职工中普及科学技术。1956年,技术革新和技术革命群众运动形成高潮,在此期间,天津港的职工技术教育由行政统一领导,技术部门主抓,工会、共青团配合。内容主要包括基本技术理论、综合技术知识、先进经验先进技术介绍等。教学方法采取讲授与自学相结合,讨论与辅导相结合,综合学习与专题研究相结合,工会还在培训中组织开展了以“互帮互助、互相学习、取长补短、共同提高”为主题的“帮学”竞赛活动。1959年3月,全国职工教育工作会议明确职工教育工作归由工会主管。是年7月8日,天津港党委第21次常委会决定成立职工教育委员会,由党委宣传部门、工会、人事等相关部室组成;行政增设教育科。关于职工教育的时间、教材、师资等问题由职工教育委员会负责提出。是年,各级工会加强了对青年职工的教育,主要采取举办职工技术培训班,老带新、师带徒、包教包学的方式。

贯彻市、区职工教育会议精神,1960年,天津港制定了《职工教育规划》。明确了教育目标:技术干部由1960年的1.38%,三年后增加到5%,八年后要增加到11%;技术工人由1960年的1814人,三年后增加到2870人,八年后增加到5272人等。《规划》提出三年后,各个生产管理部门、各个工种、各个班组都有工程师和技术员,装卸工人绝大部分成为掌握各种机械的多面手。是年,天津港工会根据各单位的特点,制定"忙时少学,闲时多学,力争不停"的职工文化技术教育方针;并根据职工学习过程中出现的问题,不断改进教学方法,调整教学内容,提高教学质量,"边学习边工作,缺什么就补什么",激励职工自学、主动学、学以致用。职工教育把正规脱产学习、业余培养、短期培训和生产实践结合起来,方法直接、有效。配合港口技术革命需求,对1700多名工人进行"应知"(基础理论)"应会"(基本操作)培训。职工教育坚持"两条腿走路"的方针,职工边学习边工作,如举办门式起重工、电工、内燃机司机培训班;对科级以上干部进行中学文化学历达标教育。是年,天津港开办师范班培育师资50余人;培训引水员10名;培训司机400余名;培训电工、技工、理货员、纹车手等350余名;培训医护人员30余名。20世纪60年代初期,受国民经济困难影响,职工教育一度萎缩,1962年逐步恢复,是年3月,天津港工会在《进一步贯彻国营工业企业条例,加强工会工作,深入开展社会主义建设先进班组、生产者运动的几点意见》中对各级工会职工教育工作提出要求,要协同行政办好职工教育,继续贯彻"八字"方针和"鼓足干劲,实事求是,提高质量,稳步发展"的精神,坚持办学,努力提高教学质量。还要求,要在贯彻职工自愿原则的前提下,努力提高职工的上学率和出勤率;要为职工学习创造便利条件,激发职工学习的自觉性。1963年至1966年,加大职工技术培训力度,工会配合行政开办技术短训班;通过组织"五好"竞赛的形式,把技术教育落实到车间班组;通过组织技术练兵、技术比武、技术表演、技术观摩、擂台比武、课题研究等,激发职工学习技术的热情,提高职工技术水平。1965年统计,天津港参加半工半读学习的职工36人,参加短期政治学习班1241余人,参加短期技术业务培训班的职工240人,职工业校兼职教员66人。

"文革"期间,在全国"停课"的大势影响下,职工的文化技术教育工作遭到严重破坏,教学设备被挪用,教学场所被占用,教师队伍被解散。工宣队入驻学校号召"复课闹革命"后,天津港的职工业校随势陆续恢复,受"左"的思想影响,职工教育多以配合政治运动为主。

20世纪70年代,全国推广上海机床厂"七二一"办学模式,天津港一些单位在职工业校的基础上陆续兴办起职工"七二一"大学,电视大学、职工大学和各种技术技能学习班,满足了职工迫切学习文化和业务技能的渴求。

1970年北大、清华迎来首批"工农兵学员",1971年开始,天津港选派了一批优秀职工到正规院校进修,成为"工农兵大学生"。1973年,天津港组织了职工业余学哲学小组416个。是年8月,天津港机修厂、第三作业区首先在车间试办政治业校,至年底全港办起车间政治业校76个,并建立了一支700多人的理论辅导员队伍。1974年统计,天津港建立三级职工政治业校89个,职工理论骨干有1300多人。1975年,天津港党委提出要筹办天津港(局)、区(公司)两级"七二一"工人大学。1976年统计,天津港陆续建立起"七二一"工人大学7所。1977年2月,在工业学大庆运动中,天津港党委提出要继续办好"七二一"工人大学,搞好职工技术培训班、学习班、组织技术观摩活动。1978年,国家开始恢复高考制度。

1977年,邓小平同志指出,"我们要实现现代化,关键是科学技术要能上去,发展科学技术,不抓技术不行。""教育还是要两条腿走路,就高等教育来说,大专院校是一条腿,各种半工半读和业余大学是一条腿,两条腿走路。"3月2日,邓小平视察上海江苏时,又强调"智力开发是非常重要的,我说的是,包括职工教育在内的智力开发,要高度重视起来"。是年,天津港建立政治业校95个,理论辅导队伍224人,业余学哲学小组200个,参加职工2561人。全总第九次代表大会再次明确了工人阶级学习的使命以及工会组织的共产主义大学校的职能与教育任务。党的十一届三中全会召开后,工会职工教育工作,开始迅速恢复和发展起来。1978年,贯彻《工业30条》,学习上海港的"三句话",狠抓"三基",天津港职工大练基本功蔚然成风。是年,共培训支部书记480人次,队长170多人次,业务员、班队长3600多人次。各单位举办的外语学习班及各种业务学习班20多个,学员达1000多人,学习业务、钻研技术的高潮几度兴起。1978年,教育部、全总经过调查后对职工队伍文化技术状况作出的评价是"三低一少",天津港职工队伍同样存在"文化程度低、技术等级低、管理干部业务水平低和科技人员缺少"的状况,职工队伍的低文化素质亟待提高。1979年至

1982年,随全国形势发展,天津港实施了职工教育“领导管理体制改革”,工会的职工文化教育工作转交给职工教育委员会,工会行使配合协助行政开展职工教育职能。是年,工会协助教委开展全员培训,举办职工学习班、培训班、训练班107个,培训职工4900多人次。

“文革”10年的影响,耽误了年青一代的正规学习,特别是1966年以后参加工作的青壮年职工,缺乏文化基础和技术理论知识,与现代化建设的需要极不适应。20世纪80年代初期,中央提出“双补”的要求,“双补”的完整含义是,“凡1968年至1980年初高中毕业参加工作而达不到初中毕业水平的职工,均应补课”。按照中央的要求,各级工会把职工教育重点放在“文革”期间参加工作的青壮年职工,为他们补习初中文化知识和初级技术理论,参加补课的职工要达到初中毕业文化水平,掌握本工种应知应会基本技能。1979年,天津港建立了两级职工教育委员会,并设立职工教育机构,配备了专职教育干部,制定了职工教育规划。3月,贯彻中央、全总的精神,天津港工会将职工文化技术教育重点放在了对“文革”后参加工作的青年职工。1980年开始,天津港职工主动加入学习队伍的人数不断增加,职工参加业余学习的入学率逐年提高。天津港基层工会克服教材、师资、校舍等“硬软件”方面的困难,积极办学,如第二作业区工会面对青年职工多、师资缺乏的困难,采取分期培训辅导骨干的做法,解决了教学矛盾;在解决职工集中教育的校址问题上,轮驳公司工会开拓厂校挂钩新途径,充分利用了近邻小学教室的便利条件。是年开始,天津港加快职工技术教育步伐,行政加大职工教育的投入力度,投资4300万元,建设以天津港培训中心为中心的一批职工教育基地。据统计,是年天津港共举办各种类型职工学习班、培训班、短训班近110个,参加培训、轮训的职工达到4800多人,占全港职工的23%。1982年1月21日,全总与教育部等五部委联合印发《关于切实搞好青壮年职工文化、技术补课工作的联合通知》。《通知》提出,搞好青壮年职工的文化、技术补课,是最近两三年内职工教育的重点之一。2月19日,市总、教委等四局委联合转发“双补”的通知并提出,“1985年前必须达到《联合通知》规定的80%上限要求。”关于“七五”期间职工教育,天津港职教委总结道,“天津港青工7300人参加文化补习,7078人取得合格证。培养大专生558人,中专生523人,高中生240人。”是年12月2日,全总等五部委联合印发《关于青壮年职工文化、技术补课若干问题的补充意见》。提出,要从实际出发,区别对待;要学以致用,讲究质量;要统筹安排,突出重点。《补充意见》再次明确了补课对象、补课内容、考核标准、办学的形式、办学的硬件条件等。同时提出,要把职工思想政治教育纳入补课全过程。1983年统计,天津港举办“双补”教学班85个,参加“双补”职工1500多人;参加初中补习班的职工776人;参加技术培训的职工814人。参加“双补”的职工,在文化补习方面,基本达到初中毕业水平;参加技术培训职工,基本达到岗位初级工的技能要求。1985年统计,天津港参加补习职工1822人,其中补习初中班867人,高中班188人,中专班239人,大专班228人。

1981年2月27日,全总印发《关于贯彻执行中共中央、国务院〈关于加强职工教育工作的决定〉的几点意见》。《意见》要求,各级工会组织要承担起党委和职工教育委员会的统一安排的工作责任;今后职工教育工作由各级职工教育委员会统一管理;各级工会要参与职工教育的管理、监督、维护职工学习的权利;工会要抓好自身办学;教育经费为工资总额度的5%等六方面。是年4月,贯彻中央、国务院《关于加强职工教育工作的决定》精神,全总召开全国工会系统职工教育工作会议。各级工会协助行政完善了职工教育机构,落实职工教育的规划部署,支持职工教育领导管理体制的改进。是年6月,全总十大提出“以四化建设为中心”,“以维护和教育为两项基本职能”,把加强职工思想政治教育和文化技术教育,作为工会工作的基本任务。李先念同志在工会十大致辞中把职工教育提上新的高度,“适应这个根本任务的要求,必须提高广大职工的思想政治素质和科学文化素质”,“这个问题(职工教育)解决得好不好,关系到能否充分发挥职工群众在现代化建设中的主导作用,关系到工人运动能否沿着正确的方向胜利前进。”他明确指出,“各级工会要切实承担起动员和组织职工学习科学文化的责任,把解决好这个问题(职工教育)作为首要职责”。贯彻全总十大的职工教育方针和市第四次党代会的精神“教育是经济建设的智力基础和前提条件,发展教育事业必须明确树立教育要适应经济建设和社会发展的需要,面向现代化、面向世界、面向未来,提高全体人民的科学文化水平这一根本的指导思想”,市总提出今后一个时期,工会职工教育的指导思想是:在工会十大方针的指引下,全面准确地贯彻中央《决定》,放开视野,广泛深入地开展多种多样的群众性的学习和教育活动,充分调动职工参加学习的积极性,最大限度地把职工组织到各级各类的政治、文化、科学、技术学习行列中来，为不断提高经济效益，增加生产，为在1990年前初步形成一支思想觉悟高，数量上能够满足需要，在质量上能够掌握现代科学技术和经营管理知识、专业配套的干部队伍，形成一支以中级技术工人为主体，技术等级结构比较合理，具有较高政治、文化、技术素质的工人阶级队伍作出应有的贡献。为此，要求各级工会要把参与职工教育做好，维护职工学习的权利；大力提倡鼓励自学，引导组织职工走自学成才之路；广泛开展群众性的技术比武和知识竞赛；加强工会自身办学，切实办出实效；培育先进模范人物，发挥他们的示范带头作用。贯彻中央决定、全总十大和市总职工教育方针，天津港各级工会加快职工教育工作的恢复速度，加大职工教育工作的力度，充分利用电视、函授、业余大学等各种途径，采取多层次、多规格、多形式办学，结合单位工作实际和专业需要，为职工学习大开绿灯，放宽限制，学习上支持、生活上关心，选送优秀职工到正规院校进修等。是年统计，在学职工715人，其中参加初中补习的职工418人，参加外语学习的职工137人，参加技术短训班的职工有1413人。1982年11月6日，针对工会部分领导干部在职工教育改制为行政主管后，对职工教育工作有所放松的现象，全总印发《关于工会职工教育工作的几个问题的通知》。《通知》要求，各级工会组织要提高认识，加强领导，切实把职工教育摆到工会工作的重要位置；要勇于实践，积极探索，开创工会参与职工教育管理工作的新局面；要提高质量，讲求实效，努力办好工会系统的职工学校。1983年2月18日至20日，市委、市政府召开职工教育工会会议。会议要求，要继续抓好青壮年职工文化技术补课和干部培训两个重点，有计划地发展职工中等专业教育。是年11月，天津港第六届职代会提出，“要下工夫花力气搞好全员培训，提高职工的文化技术素质。人的素质是企业的最主要素质，提高企业素质首先要提高领导干部、管理和技术人员、全体职工的政治素质、文化素质和业务技术素质。”要抓好领导干部的政治理论培训和现代管理知识培训；要注重抓好管理和技术人员专业知识的广度和深度的再教育；要抓好一般职工的政治、文化的教育培训，要加快“天津港职工教育中心”的建设，加强“双补”的教学组织，不断提高职工“双补”的合格率。“六五”期间，天津港办学条件不断改善，专兼结合的师资队伍和管理干部队伍不断壮大。职工教育形式主要是普及性的全员培训，另外，根据港口的形势发展需要，还举办了一些针对性强的职工短期培训班，在一定程度上缓解了天津港建设人才不足的矛盾。是年统计，天津港共举办领导干部、一般干部、专业技术干部、管理人员的脱产学习、轮训等各类培训班近100个，3500多名职工参加了培训，还有800多名职工参加了文化自学考试，600多名职工参加了电视大学、函授大学、业余大学等高等教育。1985年，天津港参加技术短训班学习的职工4526人。“七五”期间，天津港加强对职工教育工作的领导，加大“三校”正规化建设的投入，如天津港建立的职工政校（业校），教室30余间，面积达1000余平方米；注重师资力量培养，培育兼职教员90多人；注重教育质量和教学管理，完善了职工培训的配套制度；注重典型示范引路，树立了基层办学先进典型。按港口需求施教，学以致用，提高教学的针对性、实效性。加强教学规划和计划，缓解工学矛盾；活跃教学形式，既有课堂教育又有直观教育，力求生动形象，易于接受。到1991年，天津港初步建立起与港口发展需要相适应的职工教育运行机制，即基地建设、经费保障、目标计划、推进实施、资源共享和表彰机制等。据统计，截止到1999年，天津港能够办学的基层工会有7个；全港从事职工教师的专职教员11名；兼职教师有160名；是年，全港陆续举办职工文化班359个；参加技术学习的职工有1017人；参加岗位教训的职工有1300人；参加政治理论学习的职工有1936人；参加其他培训如班队长培训、女职工干部培训、骨干培训等共计2084人。

1992年至1993年，天津港投资650万元，兴建改建教学基地1.8万平方米；投资220万元，完善了电教设备；两年培训职工48190人次。1992年，各级工会根据中央提出的关于大力开展各种职业教育、职业培训和发展成人教育的要求，积极协助行政加强职工上岗和转岗、转产教育及各种群众性的技术教育。培训造就了一批既有理论，又有实践，既懂管理，又具备开拓精神的复合型人才，为企业经济发展注入了生机。在职工教育制度建设方面，“全港共建立《规定》《标准》《办法》等15项，包括学科分类、师资管理、收费标准、考核办法、教育经费、证书发放、经费补贴等内容”。在职工教育阵地建设方面，“全港计有专职教师97人，标准教室40间，教学面积达到2万平方米，可以承担18个专业的教学任务和天津港各类岗位业务培训”。在教材建设方面，“共编写适应天津港具体情况的各类教学大纲14套，教材6套”。在职工岗位培训方面，共举办了港机、港电、港管、审计、计量、标准化、安全、职称补课等11种类型职工业务技术技能培训班630余期，职工近46000人次参加培训学习和定级考核。在教育机制方面,有四方面显著变化:一是贯彻落实《专业技术人员继续教育规定》《职工教育条例》,天津港职工教育走上依法治教的道路;二是建立了两级职工教育委员会,职工教育决策与实施机构基本健全;三是职工教育已形成培训考核与经济责罚、晋升使用挂钩的机制;四是职工教育管理部门充分发挥职能作用,加强了教育规划、健全了教育制度、满足了港口教育需求、取得了教学研究成果。职工教育成效:全港干部的学历符合规定要求,工人的技术水平达到岗位要求;天津港的工作质量、窗口服务、安全质量、管理水平普遍提高。天津港获得全国职工教育先进单位和全国“七五”电讲工作先进单位。

职工教育主要经验:培训内容要服从港口发展需要,着力于职工的应知应会和取证上岗;培训过程要处理好工学矛盾,保证职工的出勤。只有提高教学质量,才能提高学习效果;只有提高职工的素养能力,才能提高企业的市场品位。

三、自学成才和读书活动

在职自学、岗位成才是提高职工自身素质,造就“四化”建设人才的重要途径。职工读书活动的历史始自1982年,年青一代上海职工为了掌握技术本领、提高素质能力,以学习中国近代史、中国革命史、社会发展史为开端,掀起了读书热潮。上海市总工会及时顺应了广大职工的要求,并以“振兴中华”命名了职工读书活动。是年,结合天津港实际,天津港各级工会贯彻全总、市总开展读书活动的要求,在全港开展了以“三热爱”冠名的职工读书活动,天津港有13个基层单位建立了读书指导小组,本着“自愿参加、自由结合、自选内容、自学为主”的原则,全港建立职工业余读书小组200余个,参加读书活动的职工达3000多人。1983年4月,全总在上海召开会议,倡导在全国开展职工读书活动,全国掀起读书热潮。5月20日,全总印发《关于在全国职工中开展读书活动的决定的通知》。《通知》要求,工会要成为职工读书活动的“根据地”;号召广大工会干部和工会积极分子要带头参加读书学习。6月10日,中央对全总党组报请《关于在职工中开展读书活动的报告》的批复中指出,“振兴中华读书活动是群众自我教育,掌握政治理论和科学文化知识的好办法,是加强和改进职工思想政治工作的好形式,有利于培育‘四有’职工队伍,有利于两个文明建设,有利于促进社会风气的根本好转”。各级工会引导职工学习文化、理论、科学、技术、管理、法律等各方面知识,鼓励职工读书自学,“岗位成才”。5月30日,市总、团市委、市文化局等六局委联合倡议,从1983年6月起,在本市职工中开展“三热爱”读书活动并提出开展活动要领导重视,骨干带头,学习活动形式多样,职工乐于接受。7月7日,天津港工会转发全总颁发的《关于在全国职工中开展读书活动的决定》;16日,天津港工会印发《关于在全港职工中开展“三热爱”职工读书活动的安排意见》。为落实《安排》,各级工会引导、激励职工读书的热情,自学读书在天津港蔚然成风。7月统计,全港有13个单位建立了读书指导小组。天津港第一作业区、第二作业区、轮驳公司和机修厂还在70个车间建立了读书指导小组。各级工会注重发挥了工会积极分子和工会图书馆的作用;读书活动还与“五讲四美三热爱”活动相结合,促进了读书活动的健康发展。8月2日,市总印发《关于组织工会干部和广大职工学习邓小平文选的通知》中,为职工读书内容推荐《邓小平文选》中的14篇文章,如《尊重知识尊重人才》《坚持四项基本原则》《解放思想、实事求是,团结一致向前看》等。10月11日,市职工“三热爱”读书活动指导委员会举办职工学习《邓小平文选》演讲会。市领导到会并对职工学《邓小平文选》和深入开展读书活动提出了要求。是年12月,天津港工会邀请市职工演讲团赴港演讲,1400多名职工听取了演讲。为了推动读书活动的深入开展,部分单位举办了读书座谈、读书演讲和知识竞赛。天津港第一作业区李金常同志被评为市级二等工人演讲员。是年统计,天津港建立起群众业余读书小组207个,自学职工1671名,共有3019名职工参加读书活动。“三热爱”读书活动取得显著成效,一是坚定了职工“三热爱”的信念,实现思想上的拨乱反正;二是促进了青工学习,引导青工走自学成才之路;三是提高了职工队伍整体思想、文化素质和激发了提高技术技能的积极性;四是造就、培育了一大批青年职工才俊,为以后港口发展储备了后劲。1984年,全总决定每两年召开一次读书活动经验交流会。1984年,天津港有4名职工和一个单位荣获“三热爱”读书活动市级优秀个人和先进集体。

为鼓励职工自学成才,1985年2月,国家颁发《职工自学成才奖励暂行条例》。11月19日,市总颁发《关于职工自学成才奖励评审工作实施细则》,《细则》规定了获奖的条件,统一了评定标准。提出了职工自学成才要贯彻精神鼓励与物质鼓励相结合,以精神鼓励为主的原则,设立了特等、一等、二等、三等四个等级。是年统计，天津港在学职工1800多人，参加技术短训班职工4500多人，自学职工4095名；读书自学小组175个，参加自学小组学习职工近2199名。1986年4月，全总与团中央联合在青年职工中开展“读书、立志、成才”活动，号召青年职工“读树远大理想之书、立本职岗位成才之志、成四化建设有用之才”。职工读书活动历经组织发动、自我调整、重新组合、巩固提高、不断深化、协调发展的过程后，步入一个经常化、规范化的良性状态。为适应深化改革的新形势，满足市场经济对人才需求的形势，鼓励广大职工走自学成才的道路，1990年，全总修订了《职工自学成才暂行条例》，1993年，国家组成评审委，开始每年一次评审，奖励自学成才的职工。1990年1月18日，港埠一公司刘铁英获“天津市职工自学成才”奖励。1991年统计，天津港读书自学的职工有1672人，自学业务技能的职工有759人，自学政治理论的职工有678人，自学其他科目的职工828人，其中，参加自学的青年工人有811人，科级干部参加自学的有54人，全港共建立职工读书小组49个。

1994年3月15日，市总宣传部转发全总《全国职工自学成才奖励条例》，从1994年开始，每年都要表彰自学成才的职工。在各级工会的引导、组织、激励下，职工踊跃参加读书活动，读书活动历经十几年，坚持不懈。开展读书自学活动，职工提高了思想素质，陶冶了情操、学习了新知识、掌握了新本领。涌现出大批生产技术、组织管理人才，成为港口生产建设的骨干。2月26日，天津港张仁杰、朱平阳、陈田野、郭志刚、孔德龙、齐绪强、王富荣、贾瑞宗、杨新民等9名职工获市级“职工自学活动积极分子”奖励。2000年6月28日，港埠四公司贾万庆获“天津市职工自学成才”奖励。

1998年5月，天津港工会为职工定购了1900册《班组读本》发放到各车间班组。这本题为“举旗帜创伟业、爱天津作贡献”暨98班组培训每周一题的读本，题材广泛、内容丰富，很受职工欢迎。天津港工会组织职工参加了市总举办的“举旗帜创伟业、爱天津作贡献知识答卷”活动，全港3800多名职工参加了这项答卷活动，一个班组和四个个人获市总奖励，天津港工会宣教部获优秀组织奖。5月，天津港工会举办了“举旗帜创伟业、爱港口作贡献”现场知识竞赛活动，这次竞赛活动形式新颖，采取图版、录像与口答相结合的形式，调动了选手的参赛热情和兴致，收效明显。

2002年6月10日，市总职工素质工程领导小组办公室印发《关于开展班组职工读书学习活动的通知》。《通知》要求恢复和建立职工读书学习活动小组，倡导“全员学习、全程学习和终身学习”的全新理念，营造“学习，学习，再学习”的良好氛围。《通知》要求，读书活动要结合单位的发展需要，自学成才要结合岗位实际，提高思想道德水平要同时提高学习科学文化水平，创新思维要结合创新能力的提高等。贯彻市总精神，7月22日，天津港工会职工素质工程领导小组印发《关于加强班组职工读书学习活动的通知》。天津港工会提出读书学习活动的基本方式、主要任务和要求；并提出年内要恢复和建立100个规范的班组职工读书学习活动小组的目标。要求做到“有目标、有安排、有记录、有考核，组织落实、制度落实、时间落实、教材落实”。天津港职工班组文化创建活动形式多样，效果显著，是年，全港创建“班组文化”达标班组180个。2003年，天津港工会组织全港班组开展“班组文化建设读书”活动，在学习市总《新的历程新的使命》读本基础上，天津港工会组织全港9000多名职工参加了市总举办的读书活动知识竞赛，天津港工会荣获优秀组织单位奖，集装箱码头公司工具库荣获竞赛先进班组，设施处王淑云、三公司张玉梅荣获竞赛先进个人。2004年，广泛开展深入的读书活动，努力提高职工的思想文化素质。天津港工会在广泛征求职工意见的基础上，推出一批职工喜爱的图书，动员广大职工在规定的时间和范围内开展“读好书、长见识、增才干、强素质”专题读书活动。二季度，利用职工小家学习园地，组织了优秀读书笔记展评、优秀读书名言书法展示和读书知识竞赛活动。组织职工以班组为单位学习市总编发的《实现新跨越，再作新贡献》（班组读本每周一题），并按照市总的统一要求，组织职工开展多层次的演讲和知识竞赛活动，天津港40多个单位1000余个班组，近万名职工参加了读书知识竞赛。通过活动促进职工学习活动的深入。召开班组文化创建活动研讨会。总结班组文化创建活动的情况，总结经验，找出问题，修订标准，推动创建活动广泛深入的开展。在深入调研的基础上，推出一批具有鲜明班组文化特点的班组文化创建典型在全港广泛宣传。

2006年7月，市总号召全市各级工会组织在全市广泛开展以“送知识、送技能、送电影”为主要内容的向农民工“送文化”活动，不断改善和丰富农民工的精神文化生活，提高农民工素质，调动和激发农民工在推进滨海新区开发开放、实现推进更快更好发展中的积极性和创造性。为弘企业文化和扬天津港的“发展港口、成就个人”核心理念，2007年，天津港工会在全港职工中组织开展了学习“两本书”(《企业文化基础知识普及教材》和《奔跑者的追求》)活动。举办了“两本书”首发式,制定了开展职工读书活动方案,举办了“小教员”培训班,组织了不同层次、不同规模的企业文化基础知识培训和读书知识竞赛,举办职工读书心得交流活动,并征集了职工读书体会万余篇。

2008年2月,全总印发《关于开展全国工会“职工书屋”建设的实施意见》,并召开“职工书屋”电视电话会议。市总把“职工书屋”建设作为贯彻党的十七大精神,全面落实科学发展观,按照社会主义核心价值体系要求,加强职工思想道德建设,深化职工素质工程和“创争”活动的一项主要任务;作为落实胡锦涛总书记视察天津时提出的“两个走在全国前列”、“一个排头兵”重要指示的一项重要措施;作为新时期工会“组织职工、引导职工、服务职工和维护职工合法权益”的重要手段来实施。贯彻全总的精神,市总颁布《关于全市工会开展“职工书屋”建设工作的实施意见》。《意见》提出了目标任务、制定了落实措施、明确了责任分工。9月2日,为贯彻落实党的十七大、市委九届三次全会和全国总工会宣传思想工作会议精神,推动社会主义文化大发展大繁荣,切实保障职工群众的文化权益,根据全总、市总建设“职工书屋”的要求,天津港工会印发《关于开展“职工书屋”建设工作的实施意见》。《意见》提出,以改善一线职工特别是农民工的学习条件为目的,传播先进文化,普及科技知识,引导职工养成“爱读书,读好书”的良好习惯,激发职工的创新活力,丰富职工的精神文化生活,保障职工的基本文化权益。实施“职工书屋”建设是深化职工素质工程和“创建学习型组织,争做知识型职工”活动的一项重要工作,天津港各级工会落实《意见》精神,负责本单位“职工书屋”建设的规划和实施,将建设任务细化、量化,分解落实到具体单位或部门,同时加大经费投入,加强管理,完善工作制度;对“职工书屋”的建设进度、建设质量和运行状况进行督察。各级工会准确把握职工群众对精神文化的新期待,尽量满足职工群众精神文化需求,在内容上、形式上进行积极探索和大胆创造,开展了读书知识竞赛、读书会、读书演讲、读书节、读书沙龙、读书论坛、星级书屋评选等活动,努力为职工群众提供健康向上、丰富多彩的精神文化产品,引导职工“爱读书,读好书”。各级工会以图书室、图书角为基础,边建设、边使用、边完善,截止到2009年,天津港已经有2个国家级和3个市级“职工书屋”。是年,继续开展向农民工“送文化”行动,为帮助农民工提高素质,各级工会发动职工以“捐好书、献爱心”为主题的捐书助读活动,共为劳务员工捐赠图书万余册,捐赠书款8000余元。

天津市总工会组织职工读书学习竞赛天津港获奖名单

授奖时间	学习竞赛主题	优秀组织单位	先进班组	先进个人
2000年7月	跨越新世纪,再创新辉煌	天津港工会	天津港第六港埠仓库班、天津港第二港埠公司散粮站队部	王吉东(天津港务局设施处) 齐秀英(中燃天津公司) 张光华(天津港第一港埠公司)
2001年7月	辉煌的“十五”,崇高的使命	天津港工会	港埠五公司计算机室、叉车队3组	杨金祥(天津港股份有限公司焦炭码头分公司)
2002年8月	新世纪、新挑战、新形象	天津港工会	天津港建设公司综合项目部、天津港第二港埠公司散粮站2班	辛建平(天津港第二港埠公司)
2003年8月	新的历程,新的使命	天津港工会	天津港集装箱码头有限公司工具库	王淑云(天津港务局设施处) 张玉梅(天津港第三港埠公司)
2004年7月	实现新跨越,再作新贡献	天津港工会	天津港集装箱码头有限公司门信队	卢学军(天津港第三港埠公司机械队五组) 孙妍妍(天津港石化码头公司规建部)
2005年7月	提高素质促发展,同心同德铸辉煌	天津港工会	天津港煤码头公司操作3队	李晓琳(天津港集团公司机关) 薛善昇(天津港第五港埠公司)

续表

授奖时间	学习竞赛主题	优秀组织单位	先进班组	先进个人
2006 年 6 月	奉献“十一五”，实现新跨越	天津港工会	——	一等奖：孙金宝（天津港第二港埠公司） 二等奖：孙媛（天津港贸易公司）、李荣田（天津港生活服务中心）、吴殿友（天津港通信公司） 三等奖：卞伟（天津港煤码头公司）、刘景亮（天津港生活服务中心）、陈淑艳（天津港第三港埠公司）
2007 年 6 月	和谐促发展，立功“十一五”	天津港工会	天津港集装箱公司三港池闸口站部	梁红岩（天津港港务设施管理中心）
2008 年 6 月	解放思想、干事创业、科学发展	天津港工会	——	李洪霞（天津港集团公司机关） 赵守建（天津中燃船舶燃料有限公司） 付连庆（天津港第五港埠公司）
2009 年 7 月	做时代先锋，当行动楷模	天津港工会	天津港第五港埠公司调度白班	李文超（天津港集装箱公司） 夏凤洪（天津港第五港埠公司）

全国总工会历次授予的全国职工书屋名单

授予时间	单　　位
2008 年	天津港石油化工码头公司
2009 年 6 月	天津港第二港埠公司

天津市总工会历次授予的市职工书屋名单

授予时间	单　　位
2008 年 12 月 10 日	天津港石油化工码头公司 天津益港劳务有限公司 天津港第二港埠有限公司
2009 年 11 月 26 日	天津港第一港埠有限公司 天津港职工培训中心 天津港第五港埠有限公司 天津港轮驳有限公司 天津中燃船舶燃料有限公司 天津港港务设施管理中心 天津港电力公司 天津港生活服务中心 天津港集装箱码头有限公司 天津港第四港埠有限公司

四、开展岗位培训，实施职工素质工程

弥补职工业务技术因“文革”影响的缺失，跟上港口迅猛发展的形势，是天津港工会职工教育工作的重点。1979 年，天津港工会协助行政部门举办了货运、物资、后勤三大系统主要工种技术比武大会，这是粉碎“四人帮”后首次职工技术比武活动。比赛项目涵盖了天津港机械、仓库、物资、基建、后勤等主要工种，有 130 多名职工技术代表参加了技术比武，实现了职工“相互学习、相互促进，取长补短，共同提高”。比武活动在天津港影响深远，激励广大职工兴起大练基本功、主动提高业务水平技术能力的热潮。1987 年以来，国家实行对外开放政策，天津港面临着不断引进新的生产技术、新的设备设施、新的管理模式的新形势，岗位培训工作和职工的技术技能水平摆上重要位置。为适应改革开放的新形势，天津港工会协助、协同行政进行了上岗前职工应知应会基本技能培训，对新技术的引进适应性培训，对在岗职工进行提高技术水平培训。

1991 年，天津港组织职工开展了技工岗位培训和技术技能考核，对全港 17 个工种的 1000 多名职工，进行了专业培训和定级考核。1992 年，随着改革步伐的加快，市场经济的发展，面对市场的激烈竞争，职工愈发感到提高自身素质的重要性和迫切性，市总、市经委等八委局联合发起在全市职工中开展“学绝技、创绝招、争做技术明星”活动。1992 年至 1999 年 11 月，市总组织全市职工开展了“学绝技、创绝招、争做技术明星”（简称“学、创、争”）活动，“学、创、争”活动历时 8 年，两年为一届共开展了 4 届。市委对“学、创、争”活动给予充分的肯定，“学、创、争”活动是贯彻邓小平理论和党的十四大精神，为实施天津市加快经济发展战略贡献力量的实际行动，对于提高广大职工业务技术

素质,掌握过硬本领,具有重要意义。根据市委“学、创、争”活动要围绕企业中心工作开展的要求,天津港紧紧围绕搞好优质服务、提高港口信誉来开展“学、创、争”活动。在活动中,制定了装卸、理货、电力、仓储、节能等主要工种的“学、创、争”目标,“学、创、争”活动中,屡次刷新“学、创、争”纪录,提高了港口的吞吐量,降低了装卸成本,仅节油一项,创效180多万元。1992年8月19日,市召开表彰大会。首届活动重点在推广先进技术和先进经验,其间,推广的先进经验7800项(共提出1.3万项)得以应用。

天津港职工技术(业务)比武情况(1991～1993年)

项别/年别	1991年	1992年	1993年
开展技术比武单位数(个)	14	13	19
参加技术比武职工数(名)	2248	1782	9816
组织比武技术工种数(项)	51	——	——
评出技术业务能手(名)	75	136	189
评聘为技师数(名)	28	28	4

1993年7月,首届“学、创、争”活动结束,据统计,天津港15个单位,177个工种,近2000人次职工参加了活动,业务技术培训近2000人次;组织各类技术比武岗位练兵100余次,技术、节能比武22次,挖掘出绝技绝招25条。有18名职工被评为天津港技术能手,9名职工被评为天津港技术明星,2名职工被市政府授予技术明星称号。“学、创、争”活动的开展,充分地激励了职工学习技术,钻研业务,掌握科学文化、技能本领的积极性。1994年9月16日,市总、市经委等13个委局联合在市起重设备厂组织本市职工技术明星比武邀请赛,由此拉开第二届“学、创、争”活动序幕。这次活动,措施具体,长短结合,既有长远的培训规划又有短期活动安排,建立了激励机制,把职工培训与上岗考核、晋级评优、奖金分配结合起来。其间,市人事局、劳动局明确了技术明星可以破格评定为技师和高级技师职称。这次活动立足经济建设,注重活动实效,活动结合了企业扭亏增盈、提质降耗、产品开发等实际工作。第二届“学、创、争”活动,全市340个行业、3915个工种的200万职工参加了活动。1995年11月1日,市总召开第二届“学、创、争”活动总结表彰大会,会议提出,无论什么岗位都“需要一大批既有强烈的开拓创新意识,又有真才实学和高技能技艺的人才,可以说,有多高的素质,有多大的本事,就有多高的发展水平,就有多大的工作成果”,会议指出,“必须把培养高素质的人才作为振兴天津的根本性的战略任务”,“为了培养人才,提高全民素质,必须坚持以教育为本,实施科教兴市战略”。1996年4月至1997年8月,市总组织开展了第三届“学、创、争”活动,这次活动突出了“抓深入、重质量、求效益、上水平”的特点,且把活动落实到班组、个人。1997年8月29日,市总举办第三届“学、创、争”活动表彰大会,大会表彰了100名技术明星,101个技术明星班组,42个优秀组织单位,推动了全市“学、创、争”活动的深入发展。1998年6月,市领导在职工第四届“学、创、争”活动启动现场动员会上作出重要指示:依靠科技进步,提高职工队伍整体素质,是天津实现大发展必须坚持走的路子。要切实把科教兴市战略落到实处。全社会要共同抓好优秀人才的培养。天津港各级领导将“学、创、争”活动列入重要议事日程;在人力、财力、物力上给予大力支持;开展“学、创、争”活动,加强了目标管理和过程管理;宣传表彰了先进模范人物,激励职工学习业务、钻研技术、岗位成才。第四届“学、创、争”活动于1999年年底结束,这次活动涉及340个行业,3900多工种,参加职工200余万人次。这次活动,技术明星的知识层次、技术等级高过往届,40万职工参加了行业比武,评选出100名技术能手、市级技术明星的93项成果获得市级以上奖项和鉴定。1992年至1999年的“学、创、争”活动,天津港各级工会协同行政,通过加强职工技能培训,开展多层次、多工种岗位练兵、技术比武活动,提高了职工的技术业务素质。为激励职工“学绝技,创绝招”,并积极推广绝技、绝招,使之产生经济效益,天津港采取冠名推广的方法,如命名了“刘维杰吊车节油操作法”、“任庆春梯形甩垛法”等。天津港的“孔祥瑞星型操作法”、“胡振杰通信电缆公用摸线对号法”等被命名为天津市职工操作法。在连续开展的四届“学、创、争”评选活动中,天津港有1人被评为市级“技术明星标兵”,7人被评为市级“技术明星”,1个班组被评为市级“明星班组”,天津港连续三届被评为市级优秀组织单位。

1994年开始,职工教育重点移向岗位技能培训,职工文化技术教育开始向学历教育与非学历教育相结合,脱产教育与半脱产教育相结合,长期正规教育与短期技术培训相结合,向多功能、多学科的职工教育机制转变。为调动职工学科学、学技术、钻研业务的积极性,提高职业技能,为组织好职工“学、创、争”活动,1996年,天津港工会配合行政对全港15个行业、177个工种设立了考核标准和比武内容。在“学、创、争”

活动中还着力于将职工培训、竞赛、比武等活动结合起来，相辅相成，相互促进，如1996年二季度，工会协助行政部门开展了天津港第六届节油操作比武大赛。1996年统计，天津港培训职工近10000人次，技术工种考核2200多人次。是年，开展各类岗位练兵、技术比武120项次，有2597名职工参加了各类技术比武活动，通过练兵比武，天津港评出278名技术能手和岗位明星，树立30多个示范岗。

1997年12月，天津港党委和工会相继转发市委批转市总《关于动员和依靠全市广大职工为加快企业改革和发展作贡献》的意见。为贯彻“国有企业深化改革，加快发展，需要不断提高职工思想道德和科学文化素质”的精神，天津港各级工会配合行政落实了“建立健全企业培训机构，增加对职业培训的投入，办好职工学校和培训中心”，深入开展岗位技能、技术等级、再就业培训和“学、创、争”活动，鼓励职工读书自学、岗位成才。推行工人技师职称评聘制度，定期做好职业技能考核，落实了职工收入同本人的科技文化水平、劳动岗位和作出的贡献挂钩的学习技术激励机制。1999年4月6日，天津港工会转发《关于动员组织职工深化创新讨论，推动岗位创新活动的通知》。各级工会通过组织创新学习，深刻认识树立创新精神的时代意义；通过开展创新讨论，振奋了职工创新精神、增强了职工敢为人先的观念；通过推进岗位创新活动，调动职工的创新积极性、创造性。2000年至2009年，市总组织开展“百万职工技术创新”活动，活动中开展了职工技术技能培训，并开展了“职工优秀技术创新成果”、“职工先进操作（工作）法”和“工人发明家”评选活动。2000年，天津港各级工会以“百万职工技术创新”活动为契机，加强职工技术技能培训，通过广泛开展多层次、多工种岗位练兵、技术比武活动，不断提高职工的技术业务素质，工会引导、鼓励职工学绝技，创绝招，及时总结推广职工创新的先进经验和操作方法。是年统计，全港举办各种技术比武、技术培训200多期，培训各类别职工12000多人次。

2001年3月12日，天津港工会印发了《关于实施“天津港职工新世纪素质工程”的安排意见》，为加强职工的政治理论教育、岗位技术学习、劳动技能培训，工会支出专项资金建立了职工素质教育培训基地，为职工购买了大量专业技术书籍，并通过引导职工学习技术、钻研业务，组织练兵比武、岗位培训等活动提高职工的技术业务素质，激励职工技术攻关和合理化建议，为实现亿吨大港贡献才智。实施“素质工程”取得了显著成效。据统计，天津港全年参加技术比武、培训的职工达7500多人次。天津港工会为加强对职工培训工作的全面控制和系统化建设，利用两级职工培训网络，整合各种教育资源，建立起30个职工素质工程培训基地，为加强职工实际操作技能的培训，还专门建立了职工技能实训基地，使基地在功能、布局上形成互借互补。

2002年，市总启动了以全面提高职工素质为主要内容，以增强职工学习能力和创新能力为重点，以提升企业自主创新能力和核心竞争能力为目标的职工素质工程。坚持用科学的发展观统领这一工程各项工作，“把人才资源作为第一资源，把人力资本作为最大资本，把人才优势作为最具有竞争力的优势，把人才战略作为第一战略”，以“创建学习型班组，争做知识型职工”（“创争”）活动为载体，以提高职工的学习能力和创新能力为重点，不断深化职工素质工程，促使全市职工素质明显提高，在全国开创了“市委决策、政府领导、工会实施、全市各方面积极配合”的工作“创争”活动格局，天津职工素质工程已成为全国“创争”活动品牌。5月1日，市委、市政府批转了市总等三委局制定的《天津市职工素质工程五年规划》，《规划》明确提出实施职工素质工程的指导思想、主要任务、总体目标、工作要求、落实措施。同时提出5年内本市职工思想道德品质、基础知识技能、专业知识技能、关键核心技能、现代社会意识、现代心理素质、健康体能要求等7方面达标内容。为保证有计划、分阶段、按步骤地完成《规划》目标，同日，市总还印发了《关于天津市职工素质工程五年规划实施意见》，明确了实施职工素质工程的总体要求、实施步骤、经费来源、组织领导等具体内容。市总协同有关委局制订并组织落实《职业道德教育推进计划》《教育培训推进计划》《建立职工素质档案推进计划》《班组读书学习推进计划》《文化活动推进计划》《体育健身推进计划》等六项推进计划。5月9日，天津港工会召开实施职工素质工程推动会，4个基层工会介绍了“创争”活动经验，天津港工会传达、贯彻了市职工素质工程动员大会精神并就开展好职工素质工程活动提出具体要求，为促使天津港职工素质工程做全、做新、做大、做优、做实，进一步提高职工岗位技能、业务水平、应变能力，要引导职工不断更新知识，树立终身学习的理念。按照“党委统一领导，行政工作保障，工会协调落实，专业部门齐抓共管”的领导体制，工作分工，同日，印发《天津港职工素质工程五年规划》，《规划》提出，至2005年，职工队伍整体素质在思想道德品质、基础知识技能、专业知识技能、关键核心技能、现代社会意识、现代心理素质、健康体能素质等七方面要实现显著提高。《规划》还提出,要以提高职工的创新能力为切入点,以“技术创新和岗位创新,为‘十五’立功”为主要内容,以提高职工岗位技术等级为重点,以政治理论学习、职业道德和主题教育、读书学习、班组文化和文明岗位创建活动为载体,实现增强职工综合能力、培养复合型人才的目标。

2002年,天津港工会开展职工素质档案的试点工作,是年协助6个单位建立了职工素质档案,涉及班组300多个,对70多个车间、班组进行了微机管理。各级工会开展了以“强素质、长才干,为加快天津港发展建功立业”为主题的教育活动,大力宣传实施素质工程的目标和任务。素质工程建设,激发了职工学习科学文化,钻研业务技术的积极性,增强了职工的参与意识、竞争意识、创新意识。据统计,一年来,全港培训职工12400余人,40多个单位7000多名职工参加了计算机基础知识竞赛,1200个班组参加了读书竞赛活动。

2003年6月20日,天津港印发《关于进一步推进天津港职业教育工作的若干意见》的通知。《通知》明确了职业教育的指导思想、基本原则和发展目标。《通知》提出,按照天津港“扩大规模、提升等级、调整结构、改善环境、深化改革、加快发展”的要求,要实施“科教兴港”战略,职业教育要为实现天津港的快速发展、人力资源结构的优化等提供支持。《通知》要求,要落实“职工教育体制创新,优化教育资源配置,保证科学的教育投资,合理地借助社会力量,实现教育产出最大化”。《通知》提出,要“完善教育运行机制,强化教育基地功能,加快培训中心改革步伐”。“至2005年,全港管理岗大专以上学历比例要达到65%;操作岗培训持证率要达到100%。至2010年,全港管理岗中大专以上学历比例要达到98%,操作岗的职业素养普遍提高。”《通知》要求,要完善职业教育的约束机制、激励机制,将终身教育理念贯穿于职业教育全过程,将职工培训列入单位经济目标责任制和单位、个人考核内容。要加强对操作岗职工素质的综合开发,加大转岗培训力度,要提高教育师资队伍素质水平,提高教育投资效益,确保职业教育持续健康稳定地发展。下半年开始,天津港的职工素质工程全面铺开,至年底,天津港职业教育已初具规模。全港已建立职工素质培训基地15个,职工素质档案近9500份,接受岗位、技能培训的职工达9000多人,接受专业培训的1900人,计算机、网络培训1800多人,外语培训近1000人,法律等其他培训11000多人,是年,培训职工近2万人次。为增强职工岗位培训、职业培训的针对性、实效性,组织职工开展了“技术培训、技术竞赛、技能鉴定”“三技”一体的岗位技术练兵、技术比武活动。是年,举办28个工种的144场技术比武,参加比武职工达4900多人。加强职工素质档案管理,港埠二公司、四公司建成了职工素质档案数据库,制定、完善了激励机制和奖励晋级制度,通过选拔推荐、培训考核、命名表彰,培养出了一批能工巧匠、操作大师和职业技能带头人。据统计,全港取得国家级认证的职工达2040多人,企业内部认证的达830多人。是年,天津港评选表彰了一批天津港技术明星和技术创新个人,挖掘整理了先进操作法和成熟的操作经验,开发利用职工生产中的窍门、绝技、绝招、绝活等技术资源。天津港在实施职工素质工程过程中,涌现了一批先进集体与个人。如2003年,港埠二公司在素质工程中加大激励力度,在天津市率先推行“首席员工”制,提升了技术工人的地位,为职工搭设了成才的阶梯。“首席员工”制的推行,激发了职工学习的动力,增强了技术创新的意识,促进各项工作连创佳绩。港埠五公司创新的“金牌岗位”,把职工中技术精、能力强、综合素质高的佼佼者推上领军示范岗位,成为代表企业形象的岗位品牌。推出了知识型、技能型的示范“领军人物”,被称为“港口工人坐标”的全国劳动模范孔祥瑞,他主持研发的技术改造项目,被专家论证评价为“从全新的角度解决了门机中心受电器的故障隐患”,获得国家发明专利证书。

天津港第二港埠有限公司首席员工聘任大会

2004年1月30日,为了深入贯彻落实党的十六大精神和“三个代表”重要思想,全面提高职工队伍素质,推动全社会形成“全民学习、终身学习”的学习型社会，全总、中央文明办等九部委决定在全国职工中开展“创建学习型组织，争做知识型职工”（简称“创争”）的活动。“创争”活动的指导思想是以职工素质建设为重点，以增强职工学习能力、实践能力、创新能力为目标，维护职工的学习权和发展权，为全面建设小康社会提供坚强的人才保证和智力支持。决定提出，活动的总体目标是形成“全员学习、全程学习、团队学习”和“工作学习化、学习工作化”的氛围和机制，努力建设各类学习型组织，促进人才队伍建设。《决定》指出，要组织开展形式多样的主题教育活动，创新群众性学习活动载体，构筑职工学习的平台，引导职工读书自学成才，激励职工岗位成才。《决定》提出了学习型组织和知识型职工的基本条件（标准）。《决定》要求要加强对“创争”活动的领导，落实职工教育培训计划，发挥先进典型的示范作用，建立“创争”活动的有效运行机制，发挥优势，加强协作，形成推进工作的合力。工会组织要承担“创争”活动的组织协调职责。落实决定精神，天津港提出，要“自我加压调进度、打破常规抓落实”，把职工“创品牌、夺金牌、争一流”的劲头变为促进天津港发展的人才推动力。把职工素质工程、技术创新、岗位培训、岗位练兵等活动，融入企业、港口发展计划之中。建立有效的人才任用机制。要选树一批“建议有创意、操作有创新、技术有创造”的先进典型，培养天津港的许振超、李斌式的先进群体，营造不断更新知识、扩展技术技能的学习氛围。开发先进的操作方法，总结成熟的工作经验，搞好创新成果的交流，充分利用绝技和绝招、绝活等技术资源。是年7月，为使职工素质工程进一步深化，市颁发《天津市职工素质工程目标管理评估体系》。《评估体系》以ISO9000国家标准为参照，涵盖了职工素质工程的组织管理、培训管理、素质档案管理、目标控制和目标评估管理等各方面工作，对职工素质工程实施了标准能对评估进行了量化。9月18日，结合贯彻《天津市职工素质工程五年规划》和《实施意见》精神，天津港工会印发《关于做好2002～2004年度天津市实施职工素质工程，推进“创争”活动先进单位、学习型班组、知识型职工和优秀组织者推荐工作的通知》。通过开展评优活动，充分发挥先进集体和先进人物的示范带头作用，营造学习、创新的良好氛围，增强职工提高自身素质的主动性、自觉性和投身港口建设的积极性，为实现货物吞吐量2亿吨、集装箱吞吐量实现380万标箱的目标而努力奋斗。是年，天津港荣获“全国技能人才培育突出贡献奖”。

2005年，天津港的素质工程和技术创新活动向全员参与、全方位实施的方向发展，活动向不同职工群体扩展，内容由单一的技术型向学习型、创新型转变。“创争”活动中，以“练内功、比技术、创实效”为主题，开展了“立项攻关”活动，举办了“天津港第三届集装箱装卸桥技能技术比武”大赛，组织了不同类型的以提高职工文化知识和业务技巧为内容的学习班、培训班和辅导班，营造了“尊重知识、尊重人才、尊重创造”的学习氛围，打造具有自主创新能力的“四有”职工队伍。据统计，天津港建立素质工程基地25个，建立职工素质档案13200多份，80%以上的单位实现了微机管理。接受岗位技能培训的职工达17000多人次，其中，1100多人参加了学历教育，2700多名职工技术上了等级，建立了学习型班组500个，组织职工岗位练兵、技术比武100余次，职工近6000人次参加120余个项目的比武。

2006年5月24日，天津港工会转发天津市素质办《“创争”活动奖励办法》和《建立和完善“天津市职工素质工程目标管理评估体系”的实施意见》的通知。是年，港埠四公司获全国学习型组织先进单位称号。2007年，天津港股份有限公司煤码头分公司高级技师孔祥瑞获全国知识型职工标兵称号。天津港埠三公司维修站修理二班获全国学习型先进班组称号。

据2007年统计，自2004年开始，天津港加大职业教育财力投入，全港教育经费年度平均投入3000万元。4年共举办各类培训班1165期，培训各类人员61216人次，基本实现从业人员全部培训一轮。天津港为增强职工教育、职业教育能力，充分利用教育资源，通过整合改制，把天津港“党校、培训中心、实训基地”作为三大职业教育机构。据2007年统计，天津港职工培训基地占地面积超过6万平方米；校舍建筑面积2.3万平方米。

2008年，天津港在实施职工素质工程，开展“创争”活动中，组织了以“学知识、学技能、比作为、比贡献”为主题的职工技术比武、岗位练兵活动，举办第五届“孔祥瑞杯”集装箱装卸桥技术比武活动，天津港6个集装箱公司的12名装卸桥司机参加了本次比赛。是年，按《天津港职工素质工程第二个五年规划》制定了《素质工程目标分解实施表》，把工作目标、任务分解落实到具体部门，实施目标管理。天津港工会指导部分基层工会建立了《职工素质工程目标管理评估体系》，加强“职工素质档案”的规范化管理，建立“职工素质档案”15000多份，评选出天津港学习型合格班组

290余个,标兵班组10个,组队参加天津市“学习型班组风采展示”活动并获得了优秀组织奖。一批“创争”活动先进集体和个人受到上级表彰,其中1个集体分别被评为全国学习型先进班组和天津市学习型班组标兵集体,1个单位被评为天津市学习型组织先进单位,1名职工被评为天津市知识型职工先进个人,1名工会干部被评为天津市职工素质工程和“创争”活动优秀组织者。

2008年10月,胡锦涛总书记在会见全总领导班子成员和工会十五大部分代表时指出,要充分发挥工会“大学校”作用,把提高职工队伍整体素质作为一项战略任务抓紧抓好。12月30日,全总执委会通过《关于充分发挥工会“大学校”作用,提高职工队伍整体素质的决议》。《决议》指出,以经济为基础、科技为先导的综合国力竞争日益激烈,要深刻认识充分发挥工会“大学校”作用,把提高职工队伍整体素质作为建设中国特色工会的战略任务抓好,坚持和完善工会“大学校”建设的工作机制,建设“大学校”要把社会主义核心价值体系建设作为主线,把提高广大职工的科学文化、业务技能素质作为基础,把提高职工的自主创新能力作为重点。2009年2月20日,为落实胡锦涛总书记提出的建设“大学校”提高队伍素质的要求和全总《关于充分发挥工会“大学校”作用,提高职工队伍整体素质的决议》的精神,推动职工素质工程深入开展,市总印发《关于充分发挥工会“大学校”作用,广泛开展“大学习、大培训、大提高”活动的实施意见》的通知。贯彻落实市总《实施意见》通知的精神,3月25日,天津港举行开展“大学习、大培训、大提高”的启动仪式。命名职工培训中心、港埠一公司培训基地、劳务发展有限公司培训基地为首批天津港“大学校”培训基地。次日,天津港工会印发《开展“大学习、大培训、大提高”活动的实施计划》。《实施计划》提出,要积极开展主题教育活动;要充分发挥工会培训基地作用;加快职工技术技能培养,提高职工自主创新能力。是年5月,天津港工会组织模范人物开办“劳模大讲堂”活动,8月26日,全国劳模孔祥瑞在大讲堂上与1000余名职工进行交流。天津港各级工会协助行政创建职工培训基地,拓展培训基地的功能,采取多元化教学、助学的方式。把“大学校”与“小课堂”充分地利用起来,运用天津港两级培训基地、车间小课堂、班组学习室等教育阵地,为开展多角度、多层面、多方面的职工培训搭建了四级培训平台。是年,天津港建立职工培训基地18处,各级工会充分地利用了职工培训基地资源,并进行相互间资源的调配。为充分发挥工会“大学校”培训基地的重要作用,进一步规范和加强工会“大学校”培训基地的管理,8月25日,印发天津港《工会“大学校”培训基地管理(暂行)办法》。

2008年,深入贯彻落实科学发展观,按照市委、市政府的工作部署和上级工会的要求,为进一步加大对先进典型人物、集体的培养和选树力度,体现“发展港口,成就个人”的企业文化理念,不断深化职工素质创新工程,天津港工会印发《关于实施先进典型“十百千”工程的活动安排》。为引导职工以孔祥瑞为榜样,努力学习新知识、刻苦钻研新技术,勇于改革创新、甘于岗位奉献,2008年以来,实施先进典型“十百千”工程,培养选树孔祥瑞式的先进典型、岗位明星和岗位能手,努力实现“用3年的时间,培养选树10名孔祥瑞式的先进典型、100名岗位明星和1000名岗位能手,努力打造一支‘学习型、技能型、创新型、奉献型’高素质的职工队伍”的目标。在培育先进典型过程中,既有开拓进取、追求卓越的企业家典型,也有勇于攻关、自主创新的管理人员先进典型,还有立足岗位、刻苦钻研、技改技革、攻坚克难、奉献港口的一线职工和劳务工的先进典型,为创建一流大港提供多种类型的人才资源和人力支持。是年以来,通过实施先进典型“十百千”工程,职工树立了高素质人才的生存观念,增强了学习理念和竞争意识,激发了“学技术、比技能、创一流”的劲头,学习由原来的“被动适应”转变为“主动储备”,参加技能培训由“等待安排”转变为“主动要求”,职工提升自身素质的自觉性、主动性不断增强。职工的素质能力不断提高,“管理人员主动由行政管理型向知识管理型转变;专业技术人员由业务熟练型向业务专家型转变;普通职工由岗位能力型向通用能力型转变”。全港形成了“尊重劳动、尊重知识、尊重人才、尊重创造”的良好氛围。2008年以来,广大职工积极地投身于“大学习、大培训、大提高”活动中,天津港各单位共举办培训班1874次,培训职工3.02万人次。开展各类比武300余次,参与职工1.5万人次。包括天津港农民劳务工在内的各方面职工岗位技能、创新能力和竞争能力进一步提升。各单位普遍建立了先进典型的“人才库”,通过开展劳动竞赛、技术创新、练兵比武等活动进行选拔,进行德、能、勤、绩全方位考察,保证入库人员的真实能力。各基层单位已入库人员5000余人。实施先进典型“十百千”工程中,经过反复比较、层层推荐、优中选优,以孔祥瑞为代表的高素质管理人才、技术人才脱颖而出。这一先进群体,是推动天津港持续发展的永恒动力。开展活动以来，天津港有1名职工被授予全国技术能手称号，1名职工被授予天津市职工发明家称号，10名职工被授予天津市和全国交通系统技术能手称号。2010年4月，天津港命名了10名岗位标兵、100名岗位明星、858名岗位能手，逐步形成了“以岗位能手为塔基、以岗位明星为塔身、以岗位标兵为塔尖”的“金字塔”型长效激励机制。

天津港职业教育工作多次受到市政府的表彰，荣获“九五”期间全国职业教育先进单位称号；荣获全国职业培训先进单位、天津市职工教育先进单位称号。

参加天津市港口行业职业技能大赛
职工技术等级晋升情况

届别	时间	晋升技术等级职工（名）				授予市级五一立功奖章
		高级技师	技师	高级工	中级工	
第一届	2004年	3	29	69	50	10
第二届	2006年	7	26	40	17	9
第三届	2008年	20	32	26	17	9

五、创建先进班组

班组是企业两个文明建设的前沿阵地，班组是最基本的生产单元，是开展生产、开展劳动竞赛、开展各项政治活动的最基本组织形式，党政群各方面工作都要落实到班组来完成。创建先进班组和班组文化是工会组织的一项基础工作。

天津港恢复建设时期，工会作为群众组织，始终把班组作为自己开展宣传教育、组织劳动竞赛、开展技术革新等工会工作的主要阵地，一方面布置工作要求班组完成，另一方面就是帮助班组进行班组工作基础建设。1952年10月17日，天津新港重新开港以来，班组作为生产的最基本组织单元要从事生产、开展劳动竞赛、完成生产任务，还要开展党政工部门布置的群众性政治运动和职工文化扫盲活动。天津港工会主要抓班组劳动竞赛和工会积极分子发挥作用两项工作。1954年一季度，天津港进行生产改革，固定了装卸工，改进了劳动组织，为加强班组管理，天津港首次建立了班组管理制度，主要有《小组船前会制度》《小组船后会制度》《小组生产会制度》和《小组生活会制度》。小组管理制度的建立，规范了天津港的班组管理工作。是年，天津港首次培训了班组长，开展了总路线教育、生产目的和生产安全教育，增强了班队间、工种间的团结，推动了天津港劳动竞赛的蓬勃发展。是年劳动竞赛第一次掀起高潮。1955年9月，天津港党政工联合印发《关于进一步开展增产节约竞赛的意见》，《意见》提出，“必须加强小组工作。抓小组核心力量，发挥积极分子作用；抓小组思想教育，解决职工思想问题；抓小组竞赛保证条件，保证竞赛切实可行；抓小组生产会，落实保证条件；抓小组先进典型，发挥旗帜作用（‘五抓’）”。是年，为提高小组生产会质量，天津港工会提出，要总结推广小组先进经验；具体帮助、个别指导小组提高水平；组织观摩学习等三项。为实现小组竞赛保证条件，工会干部深入班组具体指导了全港314个小组按月制定和落实了竞赛保证条件；为掌握小组情况，天津港工会对全港小组进行了分类排队，组织先进和落后班组签订互助合同，抓两头带中间，提高整个班组管理水平。1956年5月，天津港颁发《天津区港务局劳动竞赛评比奖励暂行办法》，首次对班组提出“工班效率、舱时量、操作吨、安全质量、出勤率和班内各环节的协调”等六项指标要求。同时提出《组际劳动竞赛奖励办法》，规定了一个季度或连续两个季度班组完成竞赛条件的具体奖励标准。1957年，天津港生产竞赛办公室印发《关于加强小组工作开展小组活动的通知》。《通知》通报了各大装卸作业区和轮驳队的班组工作开展情况，较好的班组43个占25%；一般的班组93个占55%；较差的班组33个占20%。针对班组现状，《通知》提出加强班组工作的具体内容，首要工作是组织生产，保证完成生产任务；重要工作是开展思想教育，加强劳动纪律；经常性的工作有保障职工生产安全、关心和帮助解决职工的生活困难等。《通知》要求加强班组工作，机关要克服官僚作风，重视基层工作，指导班组搞好基础工作；要配备好小组骨干；推广先进班组的管理经验；充分发挥班组核心成员（包括班、队长、党员和小组骨干）的示范带头作用；要保持班组骨干队伍的稳定；《通知》还提出，要建立有效的小组工作制度；要给班组自身活动留出足够的时间等。是年，天津港开展整风运动，11月5日，天津港工会要求各级工会要加强小组工作，班组长要保证整风、生产两不误；整顿了小组核心力量，提出职工思想教育由核心成员分工负责；还提出要保证小组生产会和生活会的质量，落实小组竞赛条件。1958年，贯彻《通知》精神，以班组劳动竞赛为基本形式的生产“大跃进”，不断刷新生产纪录。在1959年召开的市劳模会上，市委强调要加强小组工作，“小组工作活跃了，全市工业战线也就活跃了”。市总指出,“在大搞群众运动中,小组工作始终是重要环节”。是年,天津港工会总结出先进小组工作经验,即坚持以党小组为核心的领导,做好小组的思想教育工作,实现“人人思想插红旗”;要通过开展技术革新活动,提高小组生产效率;要组织适合班情的劳动竞赛;要制订好小组竞赛计划和实现条件,抓好实施进度;要关心职工生活,维护小组团结,营造班组温馨氛围。天津港工会提出,在加强小组领导上,对班组要坚持分类排队、抓好重点班组;要把小组之间的竞赛作为开展各种竞赛的基础;要引导先进小组帮促后进班组,大兴班组之间协作之风;建立健全小组核心,调整平衡各班组的骨干力量。是年4月,市委在工业会议上明确提出要全面加强和提高小组工作的方向,会议提出要组织开展“生产好、团结好、参加管理好、安全卫生好、文化技术学习好”的五好小组活动。以“五好”为新标准,天津港工会协同党政部门组织开展了班组创先活动。1960年12月,市总颁布了《全市小组分类暂行标准》。标准共划分3类12款。其中规定第一类班组的标准是:能全面地抓思想、生产和生活工作,积极管好群众的思想、生产和生活。能认真贯彻执行“大抓思想、大抓生活,促进生产”的方针。贯彻《标准》,天津港进一步规范了班组工作。为贯彻《国营工业企业条例》,深入开展社会主义建设先进班组、先进生产者运动,1962年3月,天津港工会提出班组要“三抓、三清”,即班组要抓好小组安全员,加强职工劳动纪律;抓好小组生活员,了解职工生活状况;抓好小组经济核算员,控制燃物料消耗;要摸清职工在生产中的干劲;要摸清职工日常思想反映;要摸清职工业余时间的爱好和活动;要不定内容、不拘形式、不定期地召开小组谈心会。10月3日,市总颁发《关于劳动模范和模范班组暂行管理办法》。《办法》要求,经常对劳动模范和模范班组进行考察,结合班组不同情况加强班组管理;有计划、有目标地培养劳动模范和先进班组,提高他们的思想政治觉悟、业务技术能力和科学文化水平。为在全市范围内更好地推动班组工作,使班组工作水平普遍提高,保证增产节约运动广泛深入地开展,12月,市总颁布《五好班组标准》。即政治思想好、生产好、管理好、技术活动好、互助协作好。自1963年开始,天津港各级工会按照市总提出的《五好班组标准》,全面地加强了班组建设,天津港工会坚持深入基层车间班队,推进五好班组建设,加强了班组建设的检查与指导。1965年2月,天津港四届一次职代会指出,“任何形式的竞赛都必须坚持以小组竞赛为基础,搞好小组竞赛必须做好班组工作。班组开展活动必须坚持以生产为中心,班组开展的技术改革和创新、推广先进经验、组织小组生产等活动内容,由小组自行确定,各级领导、各部门、各级工会组织要帮助小组解决工作难题。要给班组自行支配时间,解决班组的自身问题;要培育先进班组,开展争创‘五好’班组、先进小组活动;要有计划地开展班组核心的培训工作”。各级工会贯彻落实职代会意见,加强了班组骨干力量的培训,按照“五好”标准要求,协助班组纳入以创先为载体的班组管理运行机制。

“文革”期间,工会组织被破坏,但班组作为天津港最基本的组织形式没有改变,班组工作前沿阵地的性质没有改变。班组工作、班组管理在“文革”前中期,受到了无政府主义的冲击。

为实现工会工作重点转移到以生产为中心的轨道上来,1979年3月,市总召开工会工作会议。在加强基础工作方面,会议对班组建设提出要求,“要加强班组核心建设,培养班组长和各大员,帮助他们提高工作能力和领导艺术;建立健全班组生产会议制度;搞好班组经济核算”等三项内容。落实班组建设三项内容的要求,天津港各级工会会同党政群有关部门共同研究,工会组织主要负责组织班队长及班组各大员的培训,提高班队核心的素质能力,加强班组的基础工作。

1981年,为推动班组建设,天津港各级工会运用先进典型示范引路,如轮驳队工会,运用“驳16号”小组先进经验推动全队小组建设;天津港第五作业区工会组织全区职工开展了“怎样搞好班组工作”大讨论,并由9个班组长介绍了先进经验。他们的主要经验是,班组长以身作则、敢抓敢管;建立了班组核心,在各项活动、各项工作中发挥骨干带头作用;经常召开小组生活会,开展批评与自我批评,增强班组的凝聚力。1982年3月12日,天津港召开班组经验交流会;3月下旬开始班组核心重新组建工作。4月14日,天津港党委蹲点调查组转发了天津港第一作业区党委印发的《加强班组核心管理的暂行规定(试行)》。《规定》提出,班组核心是班组长开展各项工作的有力助手;党政群各级组织要支持班组核心开展活动;工会要搞好班组核心的组织管理;班组核心要保持相对的稳定;加强班组核心的培养与教育等六方面。7月21日,天津港工会向党委报告了《建立班组核心的情况》:在班组核心建立的过程中,坚持配备一个好的班长,坚持核心成员的先进性,坚持核心成员少而精。建立班组核心后,班组加强了思想教育,促进了生产任务的完成,提高了班组管理水平。报告还提出:党政群各级领导要重视班组核心建设;各级工会组织要加强班组核心建设的组织与指导;要健全班组核心碰头会制度、思想分析制度、小组学习制度、班组生产及安全制度等,规范班组各项活动;要落实班组核心的培训,要推广班组工作先进经验。是年统计,天津港下属14个单位,建立班组核心的有12个单位,班组共962个,已建立班组核心的班组934个,班组核心队伍共计4415人,其中党员813人、团员726人,先进模范人物1049人,职工代表600余人。1983年,经过调整,全港班组核心成员有3336名,多数单位建立了班组核心管理制度,对核心成员采取一事一训、以会代训和交流经验等方式进行了培训。

1985年5月19日,市总制定了《关于开展争创优秀承包班组竞赛方案》,推动企业实行经济承包制。对承包班组开展竞赛的条件提出"三好一领先",即"三者利益关系处理好,责权利结合好,两个文明建设抓得好,各项经济技术指标要领先"。天津港各级工会组织协同党政部门,在承包班组推行"三好一领先"的班组竞赛活动。8月27日,全总颁发《关于加强企业班组建设的通知》。《通知》主要内容,一是加强领导,不断提高对班组建设重要性、必要性和迫切性的认识;二是加强班组的民主管理,落实班组的思想建设、组织建设和业务建设;三是要广泛开展班组竞赛和学赶先进班组活动;四是要加强班组长和班组骨干的培训。《通知》提出要实行班组长负责制与班组民主管理相结合的制度。《通知》要求要加强班组的基础工作,主要是"思想建设、生产管理、技术创新、质量管理、劳动管理、经济责任制和经济核算、劳动保护、文化学习"等工作。落实全总班组建设工作精神,天津港各级工会组织,着力于抓好班组民主管理,协同党政部室加强班组长培训、组织劳动竞赛、做好思想教育,加强基础工作。面对全国700多万班组长还不适应企业"抓管理、上等级、全面提高素质"的需要的现状,1986年,全总、国家经委、劳动人事部、职工教委联合印发《关于加强企业班组长培训工作的意见》,提出"七五"期间要进一步加强班组长培训工作。《意见》要求:要从实际出发,采取多种形式和手段,加强对现职班组长(含工会小组长)的培训工作;要建立班组长岗位培训试点,逐步建立班组长培训考核制度;要加强领导,分工负责,通力协作,搞好班组长培训的指导服务。《意见》提出,"各级工会组织要会同有关部门,运用工会的文化宫、俱乐部、电化教育中心、技协培训中心、职工学校等设施,承担班组长的培训任务"。贯彻落实加强班组长培训工作精神,天津港工会协同党政部室,自行培训或委托天津港党校培训了班队长,并且形成了各单位班队长每年年初结合形势任务培训一次的制度,延续至今。9月22日,天津港召开班组建设工作会议,传达天津市班组工作经验交流会和全国交通水运系统文明船、文明班组经验交流会议精神,并对《天津港文明班组标准(讨论稿)》和《天津港班组工作管理条例(讨论稿)》作了说明。10月19日,天津港印发《试行"班组工作条例"和"文明班组标准"》的通知。《通知》要求,各单位要加强领导,党、政、工各部门要分工负责,齐抓共管。《通知》明确了班组的主要任务,制定了文明班组的标准,规定了检查、验收、评选程序,要求建立班组核心(核心即民主管理小组,由班组长、工会组长、工会积极分子、党团员组成),规范了班组长、工会组长的选拔、任免程序,要求建立班组政治学习、思想分析、表彰先进、谈心家访等四项制度,要求加强班组的安全质量、劳动纪律、设备工具三项管理,明确加强班组管理的原则和党政群各部门分工职责。《条例》和《标准》进一步规范了天津港班组工作,明确了班组文明创建的内容。1987年6月1日,市总印发《关于深入开展班组升级竞赛的通知》。班组升级竞赛的基本条件是以"三创"为主要内容,即"创新产品、新工艺、新材料、新技术;创优质产品、优质服务、优质工程;创经济技术历史最好水平"。以提高产品质量,降低消耗,提高经济效益为主要目的,以赶超同行业同类班组先进水平为目标。文件还明确了"合格班组"、"信得过班组"、"先进班组"("三组")的基本条件。文件明确了开展"创三组"活动要结合班组竞赛活动,规定了"三组"的考核、验收和审批程序、命名表彰办法。是年,市总、市经委联合印发《关于在班组建设中进一步加强质量活动的通知》,《通知》提出,质量管理小组是班组质量管理的主要形式。《通知》要求在班组升级和"三组"创建活动中,要加入开展全面质量管理教育内容、质量小组活动内容、质量控制和质量攻关内容、成果评价和成绩总结内容等。贯彻市总精神,各级工会把质量管理内容贯穿于班组建设活动中。在班组建设系列制度不断出台的过程中,天津港工会贯彻党委的分工部署,协同党政有关部室,积极推动班组建设,落实班组工作条例、文明班组标准,推进班组升级达标活动。1989年5月16日,天津港印发《关于加强班组建设几个问题的通知》,"开展企业升级以来,天津港党委颁发了《班组工作条例》和《文明班组标准》,各单位从实际出发,分别制定了班组升级、文明班组、先进班组、‘五好’班组、流动红旗等多种形式的争先创优活动,促进了班组素质和企业管理水平的不断提高”,鉴于“某些单位班组建设的基础工作还比较薄弱,不适应形势的要求”的现状,《通知》要求各级领导要提高加强班组建设的认识,加强对班组建设的领导,建立班组建设管理体系,大力推进班组升级活动,要加强班组建设的动态管理。30日,又印发《关于班组升级基本标准要求(试行)的通知》。《基本标准》主要包括:考核指标,班组基本要求,文明建设等内容。其中考核指标分为安全质量、物质消耗、经济效益三种定量指标,无严重违法违纪违章、无计划外生育二条否定指标。精神文明建设主要包括:政治学习与思想工作、企业精神与职业道德、内部团结与文体活动等方面。《班组工作条例》《文明班组标准》和《关于班组升级基本标准》规范了天津港的班组建设,班组升级作为班组建设的主要载体一直沿用至1999年,历时十几年。

20世纪90年代初,国家《“八五”企业管理现代化纲要》提出,进一步深化企业内部改革,提高管理水平,港口企业要坚持“抓企业管理,从管理基础抓起,抓管理基础,从班组建设抓起”的正确方向。当时天津港马上停止了企业达标升级活动,为不使企业管理工作“滑坡”,1994年4月5日,天津港召开班组建设工作会议,重新启动了班组建设工作。会议明确班组建设以加强班组思想作风建设为重点,以开展班组升级为基本形式,使全港90%以上班组进入一、二级班组的行列,推动全港两个文明建设再上新台阶。会议指出班组建设的主要措施是“六抓”,即“抓思想”,提高对班组建设重要性的认识;“抓组织”,进一步充实班组建设工作力量;“抓推动”,落实班组建设上等级工作;“抓重点”,把握班组建设的关键;“抓激励”,设立班组建设基金;“抓宣传”,形成良好的班组建设舆论氛围。会议指出,班组建设的关键是抓好班组建设的基础性工作、行风道德建设、安全生产。会议要求,为推动班组建设,要加强组织领导,坚持做好日常检查指导工作,每年要对天津港属各单位进行两次规范性考核。为加大班组建设力度,天津港设立班组建设奖励基金。会议强调,班组建设仍实行“党委统一领导,党政工团齐抓共管”的领导、工作机制,要求各部门要维护党委的统一领导。贯彻大会精神,天津港各单位的党政工团相关部室,以这次大会提出的班组管理领导机制、检查考核机制;班组建设的目标任务、工作重点共同携手推动班组建设,各级工会组织协同其他党政团工作部室,深入基层班队车间班组,开展季度检查、半年初评、全年考核,履行班组建设规定的职能,推动班组升级活动。1994年至1996年,天津港在重新恢复班组建设阶段,实现了“一年抓恢复、二年上轨道、三年上水平”的基本工作目标。经过三年的努力,全港824个生产一线班组和427个服务型班组全部达标,其中68%的班组达到一级、二级标准。其间,为促进班组升级活动,在“津港管理杯”竞赛中,还设立了“班组建设杯”。1997年至1999年,由于天津港的管理已逐渐由传统管理模式转向科学管理、全面发展阶段,根据形势发展的需要,天津港班组升级活动提升为“五星级”班组创建活动,并且将科处室纳入到星级创建活动中。星级创建活动在内容和形式上更为科学,符合天津港发展的内在需要,如班组的星级创建内容:生产效益星、安全质量服务星、民主管理星、精神文明星、基础管理星等。星级班组创建活动,仍旧坚持党委统一领导,党政工团齐抓共管的领导、工作模式。工会除履行星级创建工作规定职能外,并结合“职工小家”创建活动。1999年统计,天津港“五星级”班组、科处室占18.7%(1997年为9.2%),“四星级”以上班组、科处室达到92.8%,全港消除了“二星级”以下班组、科处室。2000年至2003年,天津港班组建设进入深化星级创建活动阶段,其间,2001年天津港吞吐量过亿吨,港口加速发展的形势对班组星级创建活动提出更深刻的优化管理要求。其间,班组建设的主要特点是把班组(含科处室)建设纳入到企业管理系统;班组核心的作用进一步增强;班组(含科处室)的管理更加规范标准。2003年年初统计,天津港班组918个,科室415个,处室23个;“五星级”班组347个,占总数的37.8%;“五星级”科室187个,占45.1%;“五星级”处室23个,达100%;“四星级、五星级”班组889个,占96.8%;“四星级、五星级”科室415个,达100%,全港无“三星级”以下班组、科处室。

2001年,天津港各级工会组织结合开展形势任务大讨论和班组读书学习活动,通过举办职工知识竞赛,推动“班组文化创建”。是年,班组文化创建工作主要开展“崇尚科学,破除迷信”教育;组织职工参加喜闻乐见的文体活动;以车间、班组为单位,开展班组歌会、赛诗演讲、读书征文等活动,天津港工会组织了全港职工的歌咏比赛。2002年6月10日,为了落实《天津市职工素质工程五年规划》及《天津市职工职业道德教育推进计划》提出的“到2006年全市80%以上的班组成为班组文化创建达标班组”的目标要求,市总职工素质工程领导小组办公室印发《关于开展班组文化创建达标活动的安排意见》。《安排意见》提出《天津市班组文化创建活动达标合格班组考核标准》。《标准》主要包括思想建设、素质建设、民主建设、情感建设、乐园建设和制度建设六方面。7月16日，市总印发《关于举办天津市第二届艺术节——班组“小乐园”展示赛的通知》。《通知》规定了班组“小乐园”活动的展示内容：掌握知识展示、日常建设展示、班组文艺活动展示。同日，市总颁发了《班组职工文化“小乐园”建设标准》。内容概括为班组文化活动“制度化、经常化、多样化、群众化”（“四化”），班组文化活动“内容好、设施好、参与好、管理好”（“四好”），班组文化活动“坚持午间快乐一小时、坚持活动规范管理、坚持职工大多数参与、坚持业余时间开展活动”（“四坚持”）。天津港各级工会组织班组开展了“小乐园”的“四化”、“四好”标准建设，落实“四坚持”。2003年4月15日，市总印发表彰决定，天津港工会荣获班组“小乐园”活动“优秀组织单位”奖，电力公司三工区中控室荣获“最佳班组小乐园”奖，四公司动力站三八班、集装箱公司零修工段、二公司散粮技术组荣获“优秀班组小乐园”奖。天津港工会为推动班组文化建设，是年，编发了《班组文化创建活动班组长专题培训教材》，组织全港班组开展了“优秀班组精神”展评活动，从200个入选班组中，评选出10个“天津港优秀班组精神”并在全港进行展示，命名了10个“班组文化创建十佳班组”。是年，天津港工会组织全港班组开展班组文化建设“读书活动”，在学习《新的历程新的使命》读本基础上，天津港工会组织全港9000多名职工参加了市总组织的读书活动知识竞赛。充分利用小家学习园地，开展了“回顾成就看变化、展望未来看前景、认清责任看行动”（“三讲三看”）活动。2004年，天津港在班组建设方面，强化了特色建设，如争创“五星级品牌星”、“每日一星”和“岗位明星”，争创“班组建设示范点”涌现出一批具有特色的班组，如港埠一公司的维修站（创建学习型车间）、固机队（车间文化建设）、仓库进口组（班组自我管理）、工具队成组班（“5S”管理）等四个班组建设，特色鲜明。在科处室建设方面突出了学习型建设，如五公司通过建立学习机制，推动学习型机关建设。是年，天津港涌现“五星级”班组411个（全港952个班组），比2003年度增长了13.8%；“五星级”部室265个（共449个部室），比2003年度增长了22.7%；天津港没有三星级以下部室。2005年，天津港职工文化创建活动内容更加充实，以“情感文化”为班组创建活动注入新的活力；以“育人文化”提高了职工文化品位，给广大职工提供了展示平台。天津港班组文化建设蓬勃发展，是年，实现了文化创建达标班组889个。组织开展了各类体现特色的活动50余次。天津港各级工会以多种多样的形式组织班组开展文化、文娱及小型体育赛事，活跃了班组文化。是年，各级工会以组织职工到天津港博览馆学习天津港发展史和天津港未来发展规划为契机，开展了爱港教育，丰富班组文化创建的内容。是年，提出加强农民工班组建设。2006年，在班组建设工作中引入“学习型”组织建设内容，利用工会职工小家的网络和管理优势，把学习培训贯穿到各个层面，辐射到每个班组。是年，将劳务工班组建设纳入了天津港班组建设整体工作中，普遍推动开展了农民工星级班组创建活动。是年，加大班组长培训力度，全年共举办班组长培训班28期，42个班次，培训涉及28个基层单位的1426名班组长，其中有劳务工班组长554名，占受训总数的39%。全年共举办处级领导干部培训班3期，培训103人，举办科级干部培训班15期，培训500余人。是年统计，涌现出标兵班组10个，标兵部室10个，特色班组10个，五星级班组572个，五星级部室331个，学习型班组980多个。2007年，天津港工会组织在开展“和谐促发展，立功‘十一五’”职工主题教育活动中，组织学习市总编印下发的《班组培训（每周一题）》读本。是年，天津港工会大力打造以“发展港口，成就个人”为核心理念的企业文化建设环境，坚持用精神文明占领文化阵地，用先进的文化艺术精品，引导、鼓舞、凝聚职工，以“迎奥运，弘扬民族精神，提高职工素质、振奋职工精神”为主题，开展新形势下班组文化创建、争创学习型班组等活动。按照市总和天津港工会的《学习型班组标准》，确认400余个班组达到“学习型班组”标准要求。职工职业道德建设取得新进展，通过开展“知荣辱，讲正气，树新风”和“文明和谐进班组”等活动，推动了班组文明、文化建设。是年，涌现出标兵班组10个，标兵部室10个，特色班组10个，“五星级”班组588个，“五星级”部室329个，其中1个班组被评为全国“安康杯”优秀班组，3个班组被评为全国船舶、安全优秀班组，3个班组被评为天津市劳模集体，5个班组荣获市级五一劳动奖状，5个班组被评为天津市用户满意服务明星班组。班组和机关建设工作的深入开展，为天津港各项工作跨上新的台阶，提供了坚实的基础。是年，加强班组长培训，抓好班组长补训，实现班组长全部持证上岗，全年补训班组长372名。第二轮培训班组长1798名，其中劳务工班组长767名。2008年,市总提出要继续深化开展了“创争”(创建学习型企业,争当知识型员工)活动,广泛开展以“和谐新理念、道德新风尚、前沿新知识、关键新技术、管理新机制、快乐新体验”为内容的“六新班组”活动,制定实施意见,完善考核标准,在全港培育一批先进模范班组。是年,结合“职工小家”建设,天津港工会积极推进企业班组文化建设试点工作,天津港工会深入基层,召开现场会,具体指导了班组文化建设试点单位港埠四公司的班组文化活动,指导制定了《港埠四公司班组企业文化建设评估体系》,为在全港推广班组企业文化建设积累了经验。是年,天津港广泛开展了“送健康进班组”和创建“班组健康乐园”活动。截至2008年年底,全港“五星级”班组达652个,占班组总数的48.8%;“五星级”部室到314个,占部室总数的72.7%,同时涌现出标兵班组50个;标兵部室50个;特色班组30个。有52个班组荣获市部级荣誉称号,一个班组荣获国家级服务明星班组。2009年,天津港班组建设结合天津港工会组织开展的先进典型“十百千”工程,推出优秀班组、部室,努力形成先进典型示范群体。是年7月,天津港开展“特色班组开放展示周”、“特色班组展示月”交流展示活动,各单位相互学习和借鉴,深入挖掘,彰显了具有特色的班组文化,将特色班组创建工作提升到新的水平。天津港各级工会组织充分发挥“大学校”的作用和宣传阵地优势,协同党政部室,规范特色班组管理和建立选树特色班组机制,促使特色班组建设实现“标准化培育、差异化成长”,截止到2009年,天津港已建成了由各具特色优势的40个班组构成的“天津港特色班组群”。是年,全港涌现出标兵班组10个,标兵部室10个,特色班组10个,“五星级”班组725个,“五星级”部室371个。

天津港职工教育工作实践取得的基本经验

一是坚持“科教兴港”的思路,紧紧围绕建设现代化、国际化深水大港的目标,在思想认识上,要把职工教育置于天津港各项工作的突出位置,职工素质水平决定企业素质水平,要具有把提高职工队伍素质看做是港口持续发展的根本动力的眼光。在具体行动上,在职工教育上要舍得投入人力、物力和财力。要建立与时俱进的职工教育的长效运行机制。

二是坚持“以人为本”、以港口发展为中心任务的主导思想,不断完善职工教育的激励机制,形成职工教育与港口的人力需求、技术需要相结合,职业教育与人力资源开发相结合,人才培养与一般教育相结合,基础理论教育与岗位技术技能教育相结合,技术规范、技术标准教育与新技术、新产品开发相结合。

三是充分利用、努力开发教育资源,为职工岗位、技能培训服务。有效地维护职工教育机制的正常运行,打造“发展港口,成就个人”、独具天津港企业文化特色的职业教育模式。

四是根据天津港深化改革的要求和持续发展的需要,积极推进职工教育体制改革,使得职工教育与天津港的深化改革与快速发展同步,建立“职工教育为天津港的持续、科学发展提供不竭的动力,天津港的发展为职工教育注入活力”的良性职工教育运行机制。

第三节 精神文明建设和企业文化建设

职工不仅是企业物质财富的创造者,在企业精神文明和企业文化的创建活动中也充当主力军的作用。在企业精神文明建设中,工会利用各种宣传媒介和宣传阵地开展教育,引导职工积极投入到文明创建的各项活动中。工会利用自身群众组织的优势,寓教育于各种形式的职工文体活动中。

一、职工精神文明创建活动

天津港工会的精神文明建设工作主要包括组织职工开展或配合党政群部门开展“五讲四美”文明礼貌活动、“三热爱”主题教育、职业道德和优质服务教育、普法教育和文明创建活动。

(一)“五讲四美”教育

1981年2月,全总等九部委联合倡议,开展以“讲文明、讲礼貌、讲卫生、讲秩序、讲道德”和“心灵美、语言美、行为美、环境美”为主要内容的“五讲四美”文明礼貌活动。各级工会与党政群相关部门共同推动了活动的开展,企业、单位呈现出文明生产、文明服务的新风尚。1981年10月4日,市总转发全总印发的《十九省市自治区职工“五讲四美”活动经验交流会纪要》。1983年开始,中央提出,把“五讲四美”活动与“热爱祖国、热爱社会主义、热爱中国共产党”的职工教育结合起来，明确了“五讲、四美、三热爱”活动核心是开展社会主义思想教育。“五讲、四美、三热爱”活动是新的历史条件下思想政治工作群众化的一种创新形式，把革命的理想道德纪律以及文明礼貌的要求具体化、形象化、群众化，在活动方式上采用倡导的方法、自我教育的方法、寓教育于职工生产活动和公益事业建设活动之中。组织开展“五讲、四美、三热爱”活动成为提高职工队伍文明素质水平的有效途径。

1981 年 10 月开始，贯彻中央、全总开展“五讲四美”活动的精神和要求，天津港各级工会大力宣讲“五讲四美”的意义，发挥自身工作优势配合党委在广大职工中开展了以“心灵美”为重点的共产主义道德品质教育。以正面教育为主，举办了贯彻六中全会决议展（机修厂、轮驳公司）、“五讲四美”文明展（天津港一区、二区、机修厂）、安全生产展（天津港一区、二区、三区、五区、机修厂、修建公司）、遵纪守法展（天津港一区、三区）等多种主题展览，参观展览职工达 14800 多名。天津港工会还组织收听了著名教育家李燕杰教授的“德识才学与真善美”演讲，把开展“五讲四美”活动与职工思想政治工作结合起来，引导职工开展自我批评、自我教育，把“五讲四美”落实到生产经营和优质服务的实际工作中。各级工会组织配合党委文明办制定并落实“文明准则、文明守则和文明公约”等，搞好文明“窗口”建设和创建文明单位活动。工会充分发挥老工人、劳动模范、“三八”红旗手、先进生产者以及职工代表、工会积极分子两支骨干队伍的示范带头和“旗帜”作用，引导职工模范遵守厂纪厂规，恪守职业道德。各级工会多次召开生产骨干、工会骨干座谈会，征求他们的意见，听取他们的反映，同时向他们“讲形势、交任务、提要求”，要求他们在活动中发挥示范表率作用。各级工会充分发挥宣传阵地、广播媒介、文化载体的优势，组织和引导职工群众开展益于身心的文化体育活动。1981 年 12 月 14 日，天津港工会、团委联合印发《关于认真做好婚事新办的通知》。《通知》要求，要把婚事新办作为“五讲四美三热爱”活动的一项重要内容来落实。落实通知精神，各级工会做好移风易俗、婚事新办的宣传舆论工作，通过报告会、座谈会、广播、板报大张旗鼓地宣传移风易俗、婚事新办的好处；为青年职工婚事新办创造条件、提供方便。天津港工会和团委组织准备结婚的青年参加了市总、市团委联合举办的隆重的青年婚礼盛典仪式。

1982 年 2 月 27 日，中央办公厅根据中央书记处的指示，颁发了关于转发中宣部《关于深入开展“五讲四美”活动的报告》的通知，根据工青妇的建议，《通知》规定每年 3 月为“全民礼貌月”。《通知》提出，在“礼貌月”中，要狠抓环境的“净化、绿化、美化”；改善生产秩序、维护公共秩序；开展职业道德教育。《通知》要求，要搞好舆论宣传；要结合经济责任；在党委领导下，党政群各部门要协同行动。1982 年 3 月，天津港首次开展“礼貌月”活动，各级工会协助行政，广泛发动职工，清理垃圾、平整场院，整治厂容厂貌；整顿车间、作业现场，施行定置管理。1983 年，天津港把开展“礼貌月”活动纳入到各单位的经济承包内容，贯穿于学赶先进的劳动竞赛中，提高到搞好文明生产、文明经商，创建文明单位的高度。是年，在天津港《关于开展文明礼貌月活动的安排》中，提出活动主题为“优质服务、优良秩序、优美环境；学习雷锋”即“三优一学”。重点解决天津港的“脏乱差”问题，即搞好环境卫生解决一个“脏”字、整顿现场秩序解决一个“乱”字、改进服务态度解决一个“差”字。天津港各级工会配合党政部室，动员全港职工投身于以治理窗口单位现场“脏乱差”为重点的“礼貌月”活动中。经过治理，天津港服务质量有所提高，现场管理有所加强，港容港貌有所改善，职业道德有所提高，好人好事不断涌现。开展“礼貌月”活动结合岗位实际解决了一些问题：如开展“行为美”教育，解决了装卸队的文明生产、装卸司机的驾驶作风等问题；解决了理货配合装卸队的问题；解决了工具、维修部门的服务周到问题；解决了后勤、食堂的恪守职责问题。5 月 24 日，天津港党委提出要把“五讲四美”活动的“礼貌月”活动深入持久地开展下去。

1983 年，中央提出的把“五讲四美”活动和“热爱祖国、热爱社会主义、热爱中国共产党”的教育结合起来，贯彻中央精神，天津港各级工会深入开展了理想信念教育和道德风尚教育。“五讲、四美、三热爱”活动体现了思想政治工作群众化，把革命的理想、道德、纪律以及文明礼貌的要求具体化、形象化、群众化；在活动方式上采用倡导的方法，自我教育的方法，寓教育于职工生产、生活、文体活动和公益事业建设活动之中，开展活动有效地提高了职工的思想道德水平和言行文明素养。以后，每年一度的“礼貌月”活动，主要是围绕创建文明单位，以“倡导优质服务；建立优良秩序；创建优美环境；建设文明班组和争做文明职工”为主要内容。

1986 年 3 月 20 日，天津港党政联合印发《“五讲、四美、三热爱”创建文明单位活动实施细则》。为加强组织领导，成立开展“五讲、四美、三热爱”活动工作委员会,天津港党政领导任委员会领导,各处室领导任委员;委员会建立了工作例会制度;明确各委员的职责分工;部室责任分工:党政群各部室设专人参加季度抽查、半年检查、年终考核。各级工会组织配合、协助党政部室,立足车间班组、着眼于生产现场,着力于推动班组文明的创建活动。是年8月,交通部颁发"创建卫生港口、船舶"的有关标准和规定后,天津港首先在港埠一、五公司搞试点,摸索经验,然后进行全面推广。1987年1月,全港正式开展创建文明港活动。一季度,着力改变港容港貌。二季度,大搞"美化、绿化、净化"。三季度,巩固成效,完善提高。为改善环境,天津港投资200多万元,迁出全部驻港家属千余户;组建了垃圾运输队清除垃圾;健全了门前"三包"和卫生责任区制度;建立了城管、环卫和食品卫生监督队和执行监督检查制度;全面治理,逐级落实卫生港分片包干承包责任。挂钩奖惩,加强卫生职责宣传教育和监督检查。6月天津港组织三次验收检查,授予16个单位为天津港卫生文明单位称号。9月天津港通过市鉴定,被授予卫生文明港称号。1988年4月,通过国家爱委会的复核鉴定,天津港保持了无鼠害港称号。9月,中央爱委会、卫生部、交通部联合授予天津港国家卫生港称号。在创建文明卫生港过程中,各级工会协助行政相关部室,立足车间班组和工作现场,组织职工落实文明卫生港的各项标准和要求,发挥工会积极分子和先进人物的示范表率作用,在创建活动中,充分发挥了工会宣传阵地和联系职工群众的优势。

(二)弘扬楷模的时代精神,培育天津港的先进典型

劳动模范和先进人物是社会经济和历史向前发展的先驱,是团结带领职工群众进行现代化建设的核心,是社会先进生产力和工人阶级先进思想的杰出代表,是广大职工学习的榜样,学习和宣传他们的先进事迹,把他们的先进思想、先进经验变为物质财富和社会精神,是社会主义物质文明和精神文明建设的重要内容。劳模工作是工会工作重要内容之一,加强劳模工作对于"四有"职工队伍建设有着重要的现实意义和深远的历史意义。上世纪50年代初期,工会树立了引水员张克荣、施学良等劳动模范,他们为天津港恢复建设作出突出贡献;50年代中末期,在大搞技术革新技术革命中,天津港工会树立了钱春、刘宝林等技术能手,他们为天津港革新工具、解放生产力作出显著成绩;70年代,天津港培育了张忠、李明、钱冬香、闫长林、白锡瑞、刘淑云等一批"铁人"式的先进典型,他们为天津港建成大庆式企业作出了巨大贡献。在改革开放的新形势下,天津港各条战线涌现出一大批投身改革、奋发实干的先进典型,其中,李树岚、何军、钱冬香、冯宝清、胡振杰、赵春贤、杨士樵、王伟、边立贞、王文艳等就是这时期的杰出代表。1992年,天津港工会首次评选出于江、韩文才、边立贞、邱锁亮、胡振杰、张富贵、王文艳、何军、吴国强、冯宝清等十大标兵。2005年,天津港工会组织开展了"选树身边坐标,凝聚先进亮点,展现劳模风采,打造劳模品牌"系列活动。其间,天津港培育了"蓝领专家——孔祥瑞"。大力弘扬劳模精神,使"劳动光荣、知识重要、人才宝贵、创造伟大"成为天津港职工的共识,"时代先锋"孔祥瑞的出现,彰显、诠释了"发展港口成就个人"的天津港企业文化核心理念。

20世纪50年代,天津港工会培育、树立、宣传的劳动模范大多以提高港口劳动生产率的技术能手、革新能手为主体,他们是天津港恢复建设期的先锋,他们的示范带头作用,掀起了天津港"比、学、赶、帮、超"的劳动竞赛热潮。为了激励劳模的创新精神,50年代的劳动竞赛中,还组织了劳动模范的对口竞赛。1960年10月,根据天津港党委指示,天津港工会对天津港劳动模范和模范小组的情况开展了调查,并向党委报送了《对我局劳动模范和模范小组的情况调查及今后的意见》。《意见》提出一些问题,劳模参加社会活动时间多了一些,不利于劳模岗位发展;对劳模的思想教育有些忽视,劳模缺乏系统的业务培训;个别劳模思想跟不上形势的发展,有居功自傲、脱离群众的倾向。《意见》提出,劳模参加社会活动每年不应超过两个月;加强劳模的思想政治工作,建立劳模系统学习制度;发扬劳模的业务技术专长,提高劳模的科技水平;倾听劳模的意见、解决劳模的问题;慎重地调动劳模的工作岗位。1978年至1979年,天津港随同全市落实劳模和老工人政策,各级工会协同有关部门,积极为天津港的劳动模范、老工人落实政策。1979年为天津港老劳动模范颁发了《荣誉纪念状》。1980年3月8日,全总印发关于试行《劳动模范工作暂行条例》的通知,《劳动模范工作暂行条例》共2项17条。1980年3月31日,天津市委批转市总拟订的《天津市先进模范队伍管理工作试行条例》。市委要求,各级党委要切实做好先进模范队伍的管理工作,加强对他们的培养教育,充分发挥他们的作用。1983年后开展的"五讲、四美、三热爱"活动和每年3月的文明"礼貌月"活动,天津港各级工会通

过举办雷锋先进事迹展等方式，宣传先进人物，结合单位实际组织“学雷锋、学英雄楷模”活动，培育职工热爱党、热爱社会主义、热爱本职工作的崇高理想，陶冶职工乐于奉献的高尚情操。1984 年 5 月，市总召开劳模会议，大会要求劳模要积极参加改革、支持改革、做改革的促进派；大会对劳模提出要求，要充分认识“大锅饭”的危害性，正确处理三者利益关系，解放思想，支持改革、勇于改革、投身改革。1987 年 4 月 21 日，市委宣传部、市总联合印发关于《在全市开展学习和宣传劳动模范和模范集体活动》的通知。《通知》提出了劳动模范和模范集体充分体现了当代工人阶级英雄群体的时代风貌。宣传和学习劳模主要有五方面内容：一是锐意改革，勇于实践，知难而进的开拓创新精神；二是胸怀大志，奋力赶超，争创一流的勇攀高峰精神；三是兢兢业业，埋头苦干，为企业排忧解难，克勤克俭的主人翁精神；四是掌握知识，钻研技术，不断提高自身素质的刻苦学习精神；五是品德高尚，关心他人，服务社会的无私奉献精神。贯彻市总《通知》精神，天津港各级工会组织，利用宣传阵地优势，对身边的先进模范人物和先进群体典型进行了广泛的宣传。

1990 年，在纪念学习雷锋 27 周年之际，江泽民、杨尚昆、李鹏等党和国家领导人题词号召全国人民向雷锋学习。2 月 19 日，贯彻交通部党组《通知》的精神，天津港党委印发《关于深入持久地开展学雷锋活动的通知》。《通知》指出开展学雷锋是事关全局的重要活动；学习雷锋关键在于把握雷锋精神的实质，进行深入的理想信念教育。贯彻党委《通知》精神，各级工会组织把“学雷锋，树新风”活动纳入到各项文明创建活动中；引导职工把“学雷锋，学根本，奉献在岗位”的号召落到港口的经济建设的实际工作中，同时把“学雷锋”活动与“双基”教育相结合，充实了天津港精神文明建设的形式和内容。4 月 3 日，交通部党组印发了《关于开展“学雷锋，树新风”活动的通知》。交通系统学雷锋有着优良传统和典型人物，20 世纪 60 年代推出“杨怀远的小扁担精神”；70 年代推出烟台港客运站的“雷锋车”；80 年代推出贝汉廷船长为远洋事业献身的精神；当前推出青岛远洋公司严力宾同志“灭火保船”奉献生命的感人事迹。落实《通知》要求，天津港党政群各部门把“学雷锋，树新风”活动摆上重要议事日程；把学习活动与形势任务教育、基本理论学习、生产经营活动实际结合起来，天津港各级工会充分发挥群众组织的优势，组织职工“积极行动起来，投入到学雷锋、树新风的活动中”，充分发挥天津港先进模范人物的示范带头表率旗帜作用，引导职工“学雷锋，树新风，奉献在岗位”。

1990 年 10 月 10 日，天津港党委印发《关于贯彻落实交通部党组坚持开展“岗位学雷锋”的意见安排》。《安排》“要求各级党政领导进一步提高学雷锋的自觉性，发扬成绩，再接再厉，坚持开展岗位学雷锋，把‘学雷锋，树新风’落到实处，使职工的精神面貌改观和行业风气得到改善”，天津港各级工会按照《安排》要求，把学雷锋活动与开展“双基”教育、职业道德建设、企业精神培育、班组文明建设等日常工作和活动结合起来。明确了“岗位学雷锋”的重点工作：制定了“岗位学雷锋”的规划并组织实施；为推动“岗位学雷锋”活动不断深入，天津港工会组织了“岗位学雷锋”的研讨与交流。11 月 18 日，在青岛远洋运输公司召开全国交通系统“学雷锋，树新风”经验交流会上，天津港以“精心组织，常抓不懈，把学雷锋活动真正落实在港口”为主题，介绍了开展活动的经验，给与会者深刻的启发。是年，在“弘扬雷锋精神，扶残助残作奉献”活动中，天津港 2 万多名职工捐款 4.11 万元。12 月 20 日，天津港报送交通部党组《贯彻部党组青岛会议部署，开展“两学一树”活动的情况》，天津港把开展“两学一树”（学雷锋、学严力宾、树行业新风）活动作为党委工作的一个重点。党政群各部室结合部门工作实际作出活动具体安排并组织落实。1991 年 1 月 28 日，为贯彻党的十三届七中全会精神，落实交通部开展“两学一树”活动要求，天津港党委作出《关于开展“学雷锋、学严立宾、奉献在岗位”活动的安排》。落实安排，各单位建立学习活动基地；组织评选岗位标兵；宣传先进模范事迹；组织职工中的党团员开展学习实践活动。历经“学习宣传、交流经验、检查评比、表彰先进”等过程，通过学习实践与奉献引导，解决了职工中存在的一些问题。在“两学一奉献”活动中，结合了反对资产阶级自由化教育、“三基”教育、行风教育；班组建设、企业文化建设；结合了港口的深化改革教育等。3 月 7 日，天津港党政工团联合召开了“学雷锋、学严力宾”先进事迹报告会。会上港埠一公司航运一队团支部代表做了“以雷锋为榜样，平凡岗位奉献青春”的典型发言；集装箱公司司机三队代表张富贵做了“学雷锋，走与工农相结合的道路”的典型发言。港埠四公司维修站青年义务投递小组代表介绍了“坚持 10 年学雷锋、美好年华献港口”的先进事迹。会上，港埠一公司党委书记介绍了“弘扬雷锋精神，把两学落到实处”的经验，给与会者深刻的启发。天津港工会号召，提倡岗位奉献，要从领导干部、党团员、先进典型做起,要结合单位工作实际,把“两学”活动成效落实到天津港的经济建设上来。是年4月,天津港在市交通邮电系统思想政治工作研究会上交流了天津港“两学一奉献”活动的主要做法:大造声势、舆论先导;典型引路、把握方向;围绕中心、贴近群众;注重实效、突出特点;有声有色、寓教于乐。主要经验:领导的宏观认识与微观把握对开展活动起到至关重要的作用;加强活动的实践性、可操作性、可考核性是开展活动的质量保证;职工思想教育着力于言传身教,潜移默化,不能追求立竿见影、急功近利。活动成效:增强了职工的凝聚力、保持了港口生产安全形势的稳定、巩固了改革的成果、保证了港口各项工作任务的完成。开展“两学一奉献”活动,涌现了一批先进典型:港埠一公司周建铭、港埠四公司李志品都是坚持生产一线十几年、把青春年华奉献在装卸岗位的先进人物。集装箱公司张富贵、港口建设公司赵春贤都是名牌大学毕业的大学生,入港后一直干在基层,把知识、才华奉献给港口发展事业。1992年,天津港工会编撰、印发了《天津港英雄谱》(第一册)。《英雄谱》汇集了天津港40年来,72名部市级以上劳动模范的英雄事迹,展示了不同历史时期英雄模范人物的精神风貌,颂扬了他们为天津港的建设发展作出的突出贡献和光辉业绩,是天津港人奋斗、奉献的真实写照。这些英雄模范人物充分发挥了示范带头、表率旗帜作用,《英雄谱》的印发,激励了广大职工立足岗位,奉献天津港的劲头。1993年4月21日,天津市召开“宣传劳模、学习先进”工作会议。会议指出,宣传劳模是发扬创业精神的需要;是保证市场经济健康发展的需要;是新时期思想政治教育的需要;是精神文明建设的需要。会议提出,要大张旗鼓地开展宣传劳模、学习先进的群众运动,要把握好宣传的基调、要与主题教育相结合、要营造学习先进弘扬正气的良好环境、要开展多种形式的宣传劳模学习先进的活动。会议要求,各单位要把开展宣传劳模学习先进活动落实到实处。4月28日,天津港1993年十大标兵于江、韩文才、边立贞、胡振杰、王文艳、吴国强、冯宝清、杨士樵、苏玉忠、余存新发出《倡议书》,号召全港职工为实现4000万吨吞吐量目标,发扬“团结奋斗、开拓创新、务实进取”的天津港精神,为天津港两个文明建设贡献力量,在劳模的倡议下,天津港掀起“冲击4000万吨”竞赛高潮,倡议活动充分地体现了劳模的表率带头作用。

1994年2月,学习上海港的先进个人包起帆和广州港的先进车间典型“华铜海”(船舶),结合开展“学雷锋,学身边的先进人物,奉献在岗位”活动,天津港掀起“树立、宣传、学习先进典型”的热潮。通过先进典型的示范引路、激励先进、带动后进,促进了天津港两个文明建设。2月23日,邀请上海港包起帆来港作事迹报告;在报告中,包起帆同志介绍了怎样对待工作、对待困难;怎样正确地对待公与私、个人和同志;怎样正确看待当前的改革开放等内容。报告会后,包起帆与天津港青年科技人员座谈,会后,荣获第二届青年“科技成果博览会金奖”的港埠四公司副经理黄力军和“新星奖”获得者、港埠五公司机电科干部李洪峰拜包起帆同志为师。3月,天津港工会组织500名职工参观包起帆先进事迹展览;4月,部署“学习包起帆”活动。主要学习包起帆“在本职岗位奋发成才;在生产实践中革新创造;在市场经济中开拓进取;在改革开放的浪潮里无私奉献”。把学习先进模范人物,作为两个文明建设的结合点落实,天津港各级工会除了协助党组织,学习包起帆、树立身边的先进典型外,并协同党政部室组织全港车间班组开展了“学习华铜海,查找自身不足”活动。

为推动学习先进典型活动的深入开展,1994年9月21日,天津港召开李树岚事迹报告会暨学习先进典型动员大会,大会指出,天津港学习先进典型活动结合了学习邓小平理论,推动职工理论学习的深入;结合了党风廉政建设,提高了服务质量;结合了班组建设,夯实了管理基础;结合港口经济建设,保证了各项工作任务的完成。大会提出要求:典型是为方向服务的,树立一个典型就是树立一面旗帜。要用典型引路,营造比学赶超氛围;要抓住先进典型的精神实质,唱响时代主旋律;要结合实际,注重效果,推动天津港两个文明建设。是年9月,天津港党委印发《关于在全港深入开展向李树岚等十位先进典型学习的决定》。在改革开放的新形势下,天津港各条战线涌现出一大批投身改革、奋发实干的先进人物,其中,李树岚、何军、钱冬香、冯宝清、胡振杰、赵春贤、杨士樵、王伟、边立贞、王文艳等十位同志就是这些先进典型的代表。为进一步巩固天津港改革、发展、稳定的大好形势,天津港党委印发《关于开展向李树岚等十位先进典型学习的活动的决定》。《决定》指出,要学习先进典型坚决执行党的基本路线、坚定建设有中国特色的社会主义的信念;脚踏实地、艰苦奋斗、献身改革开放和港口建设事业;解放思想、奋力开拓、勤奋学习、勇攀高峰;清正廉洁、乐于奉献、全心全意为人民服务。《决定》要求,务求学习先进典型的实效,落实在端正行业风气、促进港口两个文明建设上。天津港各级工会协同党组织广泛深入地开展了宣传、学习、培育身边先进典型活动。

1995年6月6日，天津港工会、宣传部联合印发《关于开展学习宣传先进模范活动的意见》。以“1995年天津港力争突破5000万吨”为主题；宣传学习孔繁森、包起帆和天津港的先进人物，振奋精神、鼓舞干劲，增强主人翁责任感，力争实现5000万吨全年目标。天津港电视台和《港湾报》等媒介媒体，广泛宣传、大力弘扬1994年度天津港的全国劳模、部市级先进模范人物的典型事迹；各级工会组织用醒目的标语、响亮的口号，大张旗鼓地宣传职工身边的先进典型和先进事迹，用先进模范人物的精神激励广大职工的为实现天津港的5000万吨拼搏争取，是年，天津港突破了5000万吨吞吐量的目标。1998年9月，天津港工会贯彻市总关于《迅速掀起“学英雄、见行动、比贡献，为实现全年经济增长目标立头功”活动高潮》的通知精神，组织广大职工学习江总书记视察长江抗洪抢险救灾情况的重要讲话；以抗洪救灾英雄事迹为生动教材，开展了形势任务教育；组织基层工会主席、劳动模范先进人物、青年职工、女职工等代表座谈，号召全港职工立足本岗，以奉献的精神支援灾区；把学习抗洪精神转化为克服困难的精神力量，促进天津港两个文明建设。1999年6月3日，为加强天津港“四有”队伍建设，弘扬“团结奋斗、开拓创新、务实进取”的天津港精神，天津港工会、宣传部联合印发《关于开展学习、宣传劳模先进事迹活动的安排意见》。《安排意见》提出要充分利用宣传阵地，大力宣传先进模范人物和天津港劳模的典型事迹；印发劳动模范和先进集体的事迹到每个班组；寓宣传劳模于文化文艺活动中。宣传劳模的同时，在全港再次掀起“学先进、鼓干劲、作奉献”的热潮。2000年5月21日，贯彻市总要求，天津港工会印发《关于做好劳模和模范集体先进事迹宣传工作安排的通知》，要求各级工会高度重视、精心组织抓好劳模宣传；灵活多样，营造宣传声势；联系实际，充分发挥先进人物的示范引路作用。天津港工会组织孔祥瑞、侯彦凯、方琴、吴超、张省利等五人劳模报告团，于6月18日、6月21日、7月3日，举办了3场劳模事迹报告会。1999年至2001年，天津港工会大力宣传爱岗敬业、无私奉献和为企业排忧解难的先进典型，寓劳模的典型事迹于文艺表演形式，在天津港各职工俱乐部巡回演出，使职工在享受艺术的同时，受到教育。

2004年，我国工人阶级杰出的代表许振超和李斌的事迹报道后，全国掀起弘扬劳模精神，开展“学先进，比贡献”活动。5月12日，为贯彻落实全总和中宣部联合颁发的《向许振超和李斌同志学习的决定》，市总印发通知，“许振超和李斌的优秀事迹充分体现了当代中国工人阶级的崇高理想、时代精神和高尚品质”，要求各级工会在全市职工中深入开展向许振超和李斌同志学习的活动，充分发挥主力军作用。25日，天津港工会转发市总《关于在全市职工中深入开展向许振超和李斌同志学习活动的通知》。落实《通知》要求，各级工会宣传弘扬以许振超和李斌同志为代表的当代劳动模范的爱岗敬业、勤奋学习、无私奉献、开拓创新的精神，运用板报、橱窗、竞赛等多种形式和各种载体，连同本单位劳模的事迹一同印成材料，利用“小家园地”进行宣传，在职工中形成了学赶先进的浓郁氛围。广大职工认识到，要像许振超和李斌同志那样，自觉站在改革的前列，理解改革、参与改革；自觉地维护改革，发展、稳定大局；要顺应时代进步潮流，努力学习新知识，掌握新技能，刻苦钻研新技术，提高自身素质，立足岗位作贡献；要树立终身学习、不断创新的意识和岗位争一流的观念，做一个学习型、知识型、创新型的职工。

2005年，天津港工会组织开展了“选树身边坐标，凝聚先进亮点，展现劳模风采”打造劳模品牌系列活动。其间，举办了多场大型劳模先进事迹报告会，编辑出版了《天津港劳模风采》光盘和反映天津港劳模事迹的《天津港英雄谱》(续集)，“发展港口、成就个人”，在天津港不断发展过程中，成就了一批先进人物，5月印发的《天津港英雄谱》(续集)记录了53名劳动模范的先进事迹。天津港以“蓝领专家——孔祥瑞”为“坐标”，掀起以学习孔祥瑞的“比、学、赶、帮、超”热潮。各单位通过举办劳模报告会、专题演讲、知识竞赛、文艺演出和征文比赛等活动，激励广大职工学先进、赶先进、争做先进，增强为天津港建功立业的责任感和使命感。是年，天津港有一人被授予全国劳模称号，10人被授予市级劳模称号，7人被授予市“十五”立功先进个人称号。

2006年1月6日，市总印发《关于向新时期知识型产业工人孔祥瑞同志学习的决定》，《决定》指出，学习孔祥瑞就要像他那样，立足岗位，勤奋学习，刻苦钻研，掌握新本领的学习精神；坚持高标准，追求高水平的进取精神；求真务实，奋发有为，争创一流的拼搏精神；大胆创新，敢为人先的创造精神。恪尽职守，甘于奉献的敬业精神。1月13日，天津港党委印发《关于深入开展向知识型产业工人孔祥瑞同志学习的通知》。10月31日，天津港颁布《关于命名“孔祥瑞操作队”的通知》。11月6日,中国海员建设工会作出《关于开展学习孔祥瑞活动的通知》。2007年2月26日,孔祥瑞同志获得感动中国2006年度人物荣誉称号。4月13日,交通部作出《关于开展向新时期知识型产业工人孔祥瑞学习活动的决定》。4月24日,中宣部、全总、交通部和市委在人民大会堂联合举办了孔祥瑞同志先进事迹报告会。天津港的先进模范人物和先进群体,为推进天津港实现跨越发展作出了卓越贡献。他们为天津港不仅创造了巨大的物质财富,而且贡献了丰富的精神食粮。各级工会把学习宣传孔祥瑞活动与形势任务教育、"优质服务年"活动、岗位练兵、技术比武活动等有机结合,引导广大职工把学习劳模活动融入到岗位工作实践中,不断提高自主创新能力、服务社会能力和市场竞争能力。

2007年,天津港各级工会以参与推荐评选市级最具影响力劳动模范、劳动模范和模范集体为契机,用榜样的力量激发职工投身于港口经济建设。以学习宣传孔祥瑞为主线,开展了学习劳模,宣传劳模系列活动。天津港各级工会采取多种形式,充分发挥《天津港湾》、天津港有线电视台、内部网络和社会媒体的作用,充分利用班车广播、内部刊物、室外展牌、横幅标语等各种宣传载体,广泛深入地宣传孔祥瑞同志的先进事迹,大力营造尊重劳动、尊重知识、崇尚先进、鼓励创新的良好氛围。

根据年初天津港工会下发的《天津港(集团)有限公司工会关于实施先进典型"十百千"工程的活动安排》,2008年8月19日,天津港工会印发《先进典型"十百千"工程推荐办法(试行)》的通知。通知要求,各基层工会要在开展活动的基础上,严格按照推荐办法,进一步深化先进典型的建档、培养、选树等工作,确保把各岗位优秀员工推荐上来,打造一支高素质的职工先进群体,为建设世界一流大港,发挥示范带头作用。天津港工会加强了活动的分类指导,为推动活动进一步深入,适时召开了天津港先进典型"十百千"工程交流推动会,组织各单位交流了开展活动的做法和经验。是年,天津港推荐了34名孔祥瑞式先进典型、146名岗位明星、674名岗位能手,经天津港劳动竞赛办公室审核,预推5名孔祥瑞式先进典型、102名岗位明星、747名岗位能手,并建立了档案。

2009年4月10日,天津港工会印发《天津港劳动模范和模范集体代表参加社会活动管理办法》。《管理办法》明确了天津港劳模出席各种会议、接受媒体采访、参加报告交流、外出学习考察等五方面具体规定内容。加强了劳模管理工作。是年,天津港工会组织开展的先进典型"十百千"工程进一步深化。各级工会对预推的人选实现了动态管理,并开展了"一帮一结对子;提一条合理化建议;进行一项工作创新;举办一次岗位工作交流"的"四个一"活动。是年,天津港预推人员共结对子192个,提合理化建议256条,工作创新84项,岗位交流140次。

天津港召开劳动模范座谈会

(三)职业道德教育、优质服务和文明创建活动

良好的职业道德是市场经济发展的基石,对职工进行职业道德教育是企业和社会精神文明建设的重要内容,也是工会组织开展精神文明建设加强思想政治工作的优势领域。职业道德高低通过优质服务水平得以充分体现。

1982年4月,召开全国劳模和先进人物座谈会,大会通过全总起草的《全国职工守则》,大会倡议将《全国职工守则》作为全国职工共同遵守的道德规范和行为准则。1985年8月,天津港党政工团联合印发《关于在理想纪律教育中,集中一段时间,认真抓好"交通职工职业道德准则"学习的通知》。天津港结合实际,以杜绝野蛮装卸,提高服务质量为突破口,把职业道德教育和理想信念、劳动纪律教育结合起来,天津港工会利用自身优势协同党委宣传部采取多种形式开展宣传教育,使《职工职业道德准则》耳熟能详、深入人心。1986年9月,党的十二届六中全会通过了《关于社会主义精神文明建设指导方针的决议》。贯彻《决议》精神,全总决定以加强劳动纪律和职业道德教育为职工队伍建设的重点,11月,全总执委会通过了《加强劳动纪律,培养职业道德,在两个文明建设中发挥主力军作用》的决议,随后,全总又印发《关于加强职工队伍精神文明建设的意见》，对精神文明建设提出具体要求。1987年3月，党委宣传部印发《天津港务局职工职业道德准则（试行）》，《准则》规定了天津港25个工种的职业道德标准；天津港各级工会参与制定了天津港职业道德准则和工种道德标准，并协助党政部门，集中三个月时间，开展了职业道德教育。教育成效明显，服务质量有所改进，工作作风有所转变。

1990年6月14日，天津港党政工团联合印发《开展“让您满意在天津港”优质服务月活动的通知》。《通知》规定以后每年7月份定为“优质服务活动月”。活动主题是“让您满意在天津港”。活动主要内容是落实“两个标准”，即“装卸船工作标准、装卸车工作标准”；做到“四个主动”，即“主动与客户打招呼、主动提供业务咨询、主动为客户排忧解难、主动提供优质服务”；厉行“五个杜绝”，即“杜绝野蛮装卸、杜绝刁难客户、杜绝货损货差、杜绝甩货压车、杜绝乱收费”。天津港工会协同党政部门，利用阵地优势，广泛地宣传了落实标准、做到主动、力行杜绝等内容。1991年，天津港第2次优质服务月活动提出，“优质服务是天津港生存和发展的生命线”的经营宗旨和“四个第一、五方满意”的服务质量目标；并要求改正服务过程中的问题；清除内部的不正之风。其间，天津港工会和团委联合发出《倡议书》，号召广大职工落实“天津港货运服务质量标准100条”，展示天津港的精神风貌、维护港口的服务声誉。11月10日，根据市交通口岸委的要求，天津港党委颁发《最佳服务窗口和最佳服务标兵标准》。颁布了天津港医院、电信话务、营业大厅、食堂和客运站等不同窗口的《最佳服务窗口标准》和《最佳服务标兵标准》；同时开展评选最佳服务窗口和服务标兵活动。1993年5月28日，天津港颁发《天津港职工职业道德准则（试行）》。《准则》提出了六条总则即热爱港口，忠于职守；文明作业，安全优质；遵章守纪，实事求是；团结协作，礼貌待客；刻苦学习，钻研业务；勤俭节约，爱护公物。同时还规定了天津港25个主要工种的职业道德准则。是年，天津港荣获“1991－1993年共建文明单位”。1994年，全总与中宣部、国务院纠风办等部委颁布了《关于加强职业道德建设的意见》，加强职业道德建设以爱岗敬业为主题，以窗口行业为突破口，要求大力开展适应市场经济的职业道德教育，增强职工“爱国须先爱岗，爱岗先要敬业”的观念。天津港各级工会把创建文明港口、文明单位和文明窗口作为推进精神文明建设的载体和目标，加强了职工理想、责任、道德、技能、纪律教育，并结合开展了社会公德、家庭美德、个人品德教育；推进企业文化建设。是年开始，连续参加全国范围内开展“职业道德十佳标兵”和“职业道德建设十佳单位”（双十佳）的评选活动。是年，天津港荣获天津口岸推动“双十佳”竞赛活动先进单位。是年7月，交通部编印《交通职业道德》，该书共10章，包括交通职业道德的主要规范、窗口岗位职业道德、交通职业道德的选择与评价、交通职业道德的修养、教育与建设等内容。天津港各级工会协同党政部门贯彻落实、培训学习了《交通职业道德》一书。

1996年，全总组织“爱岗敬业演讲比赛”，参赛职工达百万人次。天津港各级工会协同党政部室，以创建“文明单位”“文明窗口”“文明班组”，争当“文明职工”为活动载体，发挥组织优势，开展了一系列精神文明建设活动。在是年优质服务月活动中，天津港提出“有困难找我”的活动主题，充分体现了天津港主动为客户排忧解难的精神风貌。是年，天津港荣获天津口岸1994～1996年文明单位称号。1997年，贯彻党的六中全会精神，按照上级工会部署，着力加强思想道德建设和企业文化建设，天津港工会组织职工开展了以“爱岗敬业、优质服务、遵纪守法，争做文明职工”为主题内容的系列教育活动。活动重点是“两学一赛”，即组织职工学习市总编发的《抒爱国情怀、创文明岗位》和天津港编印的《文明职工标准》，在此基础上，参加市举办的“迎香港回归，抒爱国情怀，创文明岗位”知识竞赛。天津港参赛职工达6000多人，班组参赛率高达100%，天津港工会被市总评为竞赛活动优秀组织单位。1997年，天津港积极推行文明用语，在此基础上，编印了《天津港职业道德规范》和《天津港职工文明礼仪手册》。随着市场经济的发展，天津港工会协助党政部门向市场推荐客货运服务质量名牌，1998年，天津港首批推出港埠一钢材作业、港埠二焦炭作业等七大名牌。1997年、1998年，天津港参加市口岸委组织的“优质服务百日竞赛”活动，各级工会协同文明办，组织文明共建单位职工积极参加优质服务的各项活动，分别获得1997年、1998年天津口岸文明共建“百日优质服务竞赛”活动组织推动先进单位。

1999年4月至7月，天津港集中3个多月的时间，组织开展优质服务10年回顾总结活动，活动中，行政部室着力于走访用户，广泛征求意见。党群部室着力于烘托宣传，展示优质服务成果；归纳总结，组织优质服务大讨论；全面铺开，开展职业道德评价。党政群各部室协同搞好表彰先进，树立优质服务先进典型。回顾10年天津港优质服务历程，归纳为四个阶段，即加强行风建设,解决吃拿卡要问题阶段;改善服务环境,完善服务功能阶段;推行服务承诺,为客户排忧解难阶段;规范服务标准,实施名牌战略阶段。总结天津港10年优质服务成效:职工职业道德不断提高、服务意识不断增强;服务环境不断优化;港口和用户的关系更加密切;天津港连续四年实现千万吨(吞吐量)级的飞跃。4月22日,天津港工会、团委联合印发关于组织全港职工《开展"优质服务大讨论"活动的安排意见》。通过开展以"优质服务从我做起"为主题的优质服务大讨论活动,职工进一步增强了"没有客户和货源,就没有天津港发展"的竞争意识、增强了"干不好本职工作,将被淘汰"的危机意识;增强了"一切为客户着想,有困难找我"的主动服务意识。其间6月,天津港精神文明办公室印发《文明示范窗口、文明职工标兵事迹汇编》,天津港工会协助文明办收录了天津港1998年度9个文明示范窗口和10名文明职工标兵的先进事迹。1999年、2000年继续参加市口岸委组织的"优质服务百日竞赛"活动,连续两年荣获天津口岸文明共建"百日优质服务竞赛"活动组织推动先进单位。

2000年,在第11次优质服务月期间,天津港调整了优质服务用户评价体系,进一步规范服务标准和考核手段。是年,各级工会配合行政改善服务窗口形象,加强营业大厅形象建设。2001年,天津港开展第12次优质服务月,加强电子商务建设,提高信息服务功能;制定文明窗口新标准;加大作业现场管理力度和煤尘污染治理力度等。各级工会协助行政,着力于现场环境治理和营业大厅建设。是年11月15日,天津港吞吐量突破亿吨大关,成为我国北方第一个亿吨大港。为贯彻落实中央颁发的《公民道德建设实施纲要》,天津港工会加强了公民道德宣传和职业道德教育,2002年6月,天津港精神文明建设领导小组印发《天津港职业道德规范》和《天津港职工文明礼仪手册》。《道德规范》共包括天津港35个主要工种的职业道德规范和要求;《文明礼仪》包括天津港35种主要岗位礼仪、个人仪表仪态言谈礼仪、家庭礼仪、社交礼仪、会议礼仪和现代通讯礼仪。天津港各级工会协同党政群部门推行了道德规范,把职业道德教育纳入职工"四有"建设和素质教育中。是年天津港第13次优质服务月活动主要是"围绕一个核心,做到三个加强",以贯彻落实新版《客货服务质量标准汇编》为核心,加强职业道德建设,加强文明窗口建设,加强现场文明生产和"北煤南移"过渡过程中的污染治理工作。天津港各级工会组织与党政群部门紧密配合,深入现场、深入基层,在职工现场管理和窗口建设方面做了大量工作。是年,获2002年天津市职工职业道德教育建设先进单位。2003年天津港第14次优质服务月活动突出抓好四项工作,即实施道路畅通工程;完善网络信息化建设;大力推行名牌战略;推行了优质服务第三方评价。各级工会配合行政,在大力推行名牌战略中,发挥自身宣传阵地优势。是年,天津港提出"对待客户五个杜绝、收费三公开",工会协同党政部室开展了广泛的舆论宣传。是年,荣获天津市口岸"十佳"诚信名牌企业。2004年,天津港务管理局转制为天津港(集团)有限公司。是年,伴随着天津港企业文化十大理念的形成,天津港确定了"服务是生命,满意是追求"的服务新理念。天津港工会利用阵地优势协同党委宣传部门开展了"将服务融于生命"的宣传工作。在天津港第15次优质服务月中,结合企业转制,主要开展了新理念宣传教育;有效运行投诉受理机制;改善设备设施能力,建立良好的作业秩序;加强港区环境治理,提高现场文明作业水平等四项活动内容。天津港各级工会在新理念教育、现场管理、环境治理、文明作业等方面,深入现场做了大量的宣传教育工作,是年,天津港工会协同党委部门组织"服务理念大家谈"征文活动,收到30个单位的征文185篇,其中20篇征文获奖。2005年,天津港文明创建活动的重点是宣传企业文化,以《天津港(集团)有限公司企业文化手册》为蓝本,积极宣传天津港文化十大理念;宣传天津港识别系统;宣传以《天津港员工手册》《天津港员工职业道德规范》《天津港员工文明礼仪手册》为主要内容的行为识别系统,使广大职工正确把握行为准则、自觉履行文明礼仪规范。按照党委的部署,天津港工会利用宣传阵地和文化阵地优势,立足车间班队,广泛深入地宣传了天津港企业文化。2005年,天津港第16次优质服务月活动,工会协同党委宣传部门开展了"诚信大家谈"征文活动,征文140篇,部分优秀征文刊登于《天津港湾》。7月15日颁发了《天津港(集团)公司文明窗口管理办法》,《办法》提出,创建文明窗口要以"为客户服务,树行业新风"为主题,以"服务是生命,满意是追求"为宗旨,以加强职工思想道德教育,提高优质服务水平为着力点。通过不断改进服务设施,提升服务标准,规范服务行为,完善服务功能,逐步建成分系统、多部位的文明窗口群,提高天津港窗口建设整体水平。7月18日天津港经重新修订颁发了《天津港(集团)公司文明示范窗口基本条件》,要求各单位抓好示范窗口的创建工作。天津港各级工会协同文明办推动落实文明窗口建设和文明示范窗口创建活动。7月26日颁布了《天津港（集团）公司首问责任制管理规定》，对首问责任内容、基本要求作了具体规定。天津港建立了首问服务引导台、相继推出现场业务引导负责制、首席客户代表、市场大客户代表、三班客户代表等零距离服务，还推出“一卡式”服务等。7月20日，天津港成立客户服务呼叫中心。11月6日，天津国际贸易与航运中心正式启动运行。2006年2月15日，天津港颁发修订的《天津港（集团）公司文明单位标准及管理办法》。《管理办法》主要内容包括“三优三好”文明标准具体内容和考核的操作程序和量化的评价办法。《办法》提出，要坚持以港口经济建设为中心，以建设世界一流大港为目标，以“三优三好”为标准，加强职工思想道德建设，培养“四有”职工队伍，弘扬优秀企业文化，塑造港口文明形象。落实《办法》，天津港各级工会通过开展形式多样、内容丰富、健康有益的文明单位创建活动，引导和激励广大职工广泛参与，激发职工创建热情，发挥职工聪明才智，增强活动对职工的吸引力和感召力，使职工在参与过程中受到教育，促进“四有”职工队伍建设。

2006年，为加强天津港职业道德建设，提升货运质量、优质服务水平，在连续10多年开展“优质服务月”活动的基础上，天津港职代会作出了《关于深入开展“优质服务年”活动的决议》，动员全港职工进一步强化服务发展意识，树立服务第一思想，优化服务环境，提高服务效率和服务水平，打好天津港优质服务品牌。在“服务年”活动期间，各级工会参与深化《职工职业道德规范》教育；组织“适应形势，立足本岗位，提高服务水平”大讨论；号召职工厉行“诚心服务，用心服务，优质服务”。天津港工会根据优质“服务年”活动部署，与文明办、团委共同起草《开展“崇尚文明行为，创建和谐港口”活动安排》，开展了专题教育、举办了礼仪培训、征集文明格言、与进驻航运中心的单位开展了“窗口”工作人员操作比武、举办了以“服务是生命，满意是追求”为主题的演讲等系列活动。活动期间，加大服务工作的科技创新力度，正式开通“港口物流信息综合服务系统”。改善了港区交通状况，缓解了交通压力。为治理煤尘污染，天津港投资780万元实施防尘措施；平稳过渡了“北煤南移”。服务年活动成效显著，广大职工服务意识加强；港口的服务形象提高；突出的服务问题得到解决；港口的综合管理水平提升；港口对外信誉度不断扩大。“服务年”活动延至2007年，并以“文明和谐进岗位”活动为载体，结合港口特点和企业实际，进一步加强职业道德教育、规范职业道德行为、建立职业道德建设长效机制。是年，组织职工开展职业道德先进模范的评选活动，孔祥瑞和煤码头操作二队分别荣获了第十届全国职工职业道德建设标兵和先进集体称号。3月19日，市总印发通知，要求全市各级工会组织、工会干部和广大职工学习贯彻胡锦涛总书记的讲话精神，按照“八荣八耻”的要求，广泛开展社会主义荣辱观教育，促进职工思想道德建设，为推进滨海新区建设、加快天津发展、构建和谐社会建功立业。天津港在开展“崇尚文明行为，创建和谐港口”活动的基础上，由天津港工会发起了“向孔祥瑞学习，崇尚文明行为，创建和谐港口，争当文明职工”为主题的万名职工签名活动；天津港工会还编发了《“职工小家”学习园地》宣传材料11期，立足班组宣传教育，引导职工崇尚文明举止，践行“八荣八耻”要求。是年，市总在全市职工中开展以“增强服务品质、提升服务品位、创建服务品牌”为主要内容的“满意在天津”实践活动，4月5日，举行“满意在天津”实践活动启动仪式，天津港全国劳模孔祥瑞等窗口服务单位代表，为落实市总“满意在天津”实践活动的要求，向广大职工发出倡议、向社会作出承诺。响应倡议践行承诺，“优服年”期间，天津港工会协同党政部门通过创建“整洁优美的生态环境、便捷高效的服务环境、和谐共融的人文环境”，创新天津港的服务模式、打造天津港的服务品牌，增强天津港的影响力和辐射力。11月3日，天津港重新修订颁发了《天津港集团公司文明员工认定办法》和《天津港集团公司文明员工标兵评定办法》，办法明确了文明职工标准，即“热爱港口作贡献、努力工作尽职责、遵章守纪保安全、学有专长求上进、优质服务讲文明、行为规范树新风”；同时，提出了14条文明职工的认定条件，对文明职工的认定进一步进行规范。是年，天津港荣获2006年交通企业文化优秀成果奖。

2007年，天津港第18次优质服务月活动的重点内容是全面落实2006年第三方评价后续改进措施；“推进四个畅通，开展十项改进，创建一流环境”。活动期间，天津港整合修订《天津港职业道德规范》和《天津港职工文明礼仪手册》为《天津港员工文明行为手册》，《手册》主要包括公民基本道德规范、“八荣八耻”内容、天津港员工基本行为规范和天津港37个主要工种的行为规范。天津港各级工会协同党委宣传、文明创建等部室，着力于职工职业道德教育，大力推行、宣传《天津港员工文明行为手册》，使广大职工全面了解和掌握职业道德基本要求和服务礼仪规范,将规范的行为转化为对外服务的实践中。以良好的道德理念、道德习惯,提高对外服务水平,创建“一流的服务环境”。2008年,天津港各服务窗口以迎奥运为契机,发挥自身优势,营造浓厚的奥运氛围。重点对外服务窗口推行中英文双语服务,设置中英文双语标牌,对服务人员进行奥运知识、文明礼仪培训。同时,大力宣传天津港的服务承诺和服务举措,展示天津港良好形象。贯彻全市奥运部署,深入开展“迎奥运、讲文明、树新风”和“大干150天、优质服务迎奥运”活动。认真做好火炬传递、奥运安保、交通治理等工作;开辟奥运绿色疏运通道,对奥运物资实行全程监护;同时,加大港区环境治理力度、绿化建设工程进度,提升天津港对外形象。是年12月,天津港印发《天津港高级管理人员文明礼仪手册》,主要包括形象、举止、社交、接待、出访和常识等六篇。2009年2月1日,天津港重新修订印发《天津港集团公司文明单位标准及管理办法》,《办法》指出,文明单位创建活动是天津港贯彻科学发展观的具体实践,是天津港开展群众性精神文明创建活动的有效载体和基本形式,是不断提高港口文明程度,促进港口又好又快发展的有效途径。主要内容是“三优三好”具体标准内容和检查考评实施办法。是年,天津港开展第20次优质服务月活动,回顾总结了天津港20年来的优质服务工作,组织职工开展了“优质服务大家谈”活动、纪念征文活动、筹划了专题图片书画展,编撰了《难忘的历程,丰硕的成果》;试行了新编的《天津港窗口岗位日常工作行为标准》;加强了市场开发管理;进一步优化了港口环境;为纪念天津港优质服务工作开展20年,充分发挥先进典型的示范带头作用,组织评选了20个优质服务先进单位;20名优质服务标兵;5名优秀社会监督员。天津港各级工会在优服月活动中,组织开展劳动竞赛30余项;各级工会悬挂宣传标语100多幅;发挥女职工“半边天”的作用,结合女职工建功立业活动,开展了“学做创”活动,即“学习孔祥瑞、做知识型女职工、创最佳工作岗位”;女职工走访客户6720余人次;全港设立了女职工优质服务示范窗口20个、女职工首问服务台8个,成立巾帼服务小分队6个。天津港工会组织慰问内陆无水港活动,行程6000多公里,慰问了内蒙古、宁夏、山西、陕西、河南等地办事处职工。是年11月,天津港精神文明建设领导小组办公室印发《崇尚文明行为,创建和谐港口——天津港文明员工标兵风采录》,《风采录》收录了天津港近10年文明员工标兵的事迹,其中敬业奉献型标兵14名、诚实守信型标兵8名、助人为乐型标兵17名、见义勇为型标兵14名、和谐家庭型标兵3名。

自1999年以来,天津港连续被授予和保持天津市文明行业标兵、全国交通文明行业、全国精神文明建设先进单位等荣誉称号,2005年和2008年两次获得全国文明单位荣誉称号。2005年荣获中国企业文化建设先进单位、中国企业文化十大最具影响力单位、中国企业文化特殊贡献奖。2007年,天津港精神文明创建工作的经验做法被中央文明委收入《中国精神文明建设年鉴》之中。多年来,天津港各级工会不断加强职工的职业理想、职业责任、职业道德、职业技能和职业纪律教育,并取得了明显效果。据统计,天津港职工被评为全国职工职业道德十佳标兵一名,被评为天津市职工职业道德建设十佳标兵一名;天津港荣获天津市职工职业道德建设先进单位,有2个班组荣获天津市职工职业道德建设百佳班组称号。

(四)法制宣传教育

1986年至1990年,天津港开展了“一五”普法教育。1986年5月21日,市委宣传部、司法局颁发《贯彻中宣部、司法部1986年在全国普及法律常识工作的安排意见》的通知。天津港转发并落实普法安排,是年7月检查落实情况,全港36个单位制定了《三年普法规划》,建立了普法领导小组,召开了普法动员大会;经过普法准备:组织普法宣传队伍、整改“青工政校”、购选普法教材;建立普法考核制度。然后实施普法:举办全脱产培训班并利用“文化补习班”开展普法活动。举办了职工法律自学考试;开展了多种形式的宣传,如组织竞赛、举办展览等。是年,参加普法教育职工20423人,其中青工12497人。1986年至1988年,结合贯彻落实天津港开始实施的党委领导下的局长负责制和职工代表大会制(1984年3月天津港印发《贯彻国营企业“三个条例”实施细则》即《职工代表大会章程》《国营工厂厂长工作暂行条例》《中国共产党工业企业基层党组织工作暂行条例》实施细则),天津港着重于《企业法》的宣传。1988年8月,天津港通过天津口岸委三年普法工作验收。1986年至1988年,全港23个基层单位的22100多名职工参加了普法学习,绝大部分职工经过考核取得结业证书,法律常识的普及率达到95%。普法期间,全港举办普法“小教员”培训班47期,培训780人。还组建了一支由210多人组成的“普法”宣讲团,各单位自编普法教材8000多册。普法教育确立了以干部和青年职工为重点,采取分层分类施教的办法。领导干部自学为主参加统一考试、一般干部集中学习、青年职工脱产参加轮训、一般职工自学为主定期辅导。各级工会组织充分发挥了群众组织凝聚优势、宣传阵地优势、文艺宣传优势,立足车间班队,在职工理论学习、读书活动中充实了法制学习内容,并寓普法教育于文艺演出活动中,采用职工喜闻乐见的形象化方式协同党政其他部门开展法制宣传教育;工会小教员随同宣讲团深入到车间班组,宣讲案例、辅导法律知识;还通过职工读书会、举办法律知识竞赛等形式的激发职工学法、用法热情。普法期间,全港共举办普法学习班150余期,培训了4900多人,宣讲团宣讲了150余场次,听课职工近16000人,播放普法录像900多次,举办法律知识竞赛200多场,组织"法律宣传日"开展法律咨询近200次,举办法治图片展、摄影展、画展、板报展等1500多次。"一五"普法为天津港依法治港、依法育人夯实了思想基础提供了智力支持;广大职工增强了依法维权的意识和依法办事的观念。1989年,全国开展"治理经济环境,整顿经济秩序",天津港对领导干部加强党风廉政法制教育。结合当年的"政治风波",对职工加强了依法行事教育。1990年,结合港口"双打"(打击盗窃、抢劫犯罪)活动,开展了职工守法教育。1989年9月,天津港被授予全国普法先进单位。

1991年至1995年,天津港开展"二五"普法教育。1991年11月29日,根据中央、司法部关于《在公民中开展法制宣传教育的第二个五年规划》的要求和天津市的"二五"普法部署,天津港制定了《关于开展法制宣传教育的第二个五年计划》。普法期间,为创建"教育内容系统化,教育对象层次化,骨干队伍网络化,管理工作规范化,法制教育制度化"的格局。普法活动坚持以《宪法》为中心,着力普及《诉讼法》《教育法》《企业法》《劳动法》等法律法规。充分利用职工政校,举办短期轮训、开展普法辅导、组织学法讲座、充分运用宣传阵地,寓法制教育于职工文化活动中;职工法制教育结合"双基"教育、职业道德教育,并把法制教育列入《职工教学计划》等,对职工学法提出学时要求等。天津港各级工会组织配合党政部门,制订了职工普法计划,并组织实施兑现。1992年,颁布新的《工会法》,对工会组织的性质、任务、权利、义务、活动准则和组织原则等重大问题,以法律的形式进行了规范。学习贯彻《工会法》对于调动职工的积极性,发挥职工在港口建设和深化改革中的主力军作用,推动工会组织的改革和建设等方面,发挥了重要的作用。1993年7月23日,市劳动局批复天津港为天津市实行《全员劳动合同制》试点单位。1994年2月14日,天津港工会和行政联合转发《天津市实施"中华人民共和国工会法"办法》。是年7月,国家首次颁布《劳动法》,确立了我国劳动制度,明确了劳动双方的权利与义务。是年11月,根据市总和劳动局的部署,天津港工会与人教处联合印发《关于开展"劳动法"知识竞赛活动的通知》。要求各级工会组织抓住参赛的契机,大力宣传《劳动法》,推动职工进一步学习、正确理解和掌握《劳动法》的内容和精神实质。1995年,天津港党政工联合印发了《关于贯彻实施"劳动法"的意见》,文件对宣传《劳动法》;完善《劳动合同制度》;推进《集体协商和集体合同制度》的建立;制定《工会组织参与企业决策的保障制度》;调整健全劳动争议组织等六方面工作提出具体要求。是年,开办了全港工会主席、副主席脱产培训班,专题学习《劳动法》和《工会法》,并举办了领导干部学习《劳动法》知识辅导讲座。各级工会组织职工开展了《劳动法》知识竞赛活动。其间,在贯彻《劳动法》的过程中,依法妥善地解决了港口宾馆职工的待遇问题、天津港赛挪码头公司职工法定休息日、工资、事故处理等争议问题。1996年10月,天津港获全国"二五"普法先进单位。

天津港举办学习《劳动法》知识竞赛

1996年至2000年,天津港开展"三五"普法教育。普法期间,运用多种教育形式,分层施教。对业务骨干和领导干部采取脱产培训、专家辅导的方式,如1996年,邀请交通部法规司领导为两级机关干部和普法骨干专题主讲了关于加强职业道德教育;1997年,邀请市党校刘书祥教授为天津港两级中心组成员200余人专题宣讲了法律知识;1998年特邀著名法学家江平教授专题讲解《企业法》;1999年至2000年,邀请市委党校廖竞教授和市委理论研究室杜鸿林处长分别讲解了《宪法》《经济合同法》、市场经济法律知识以及加入世贸组织所面临的政治、法律、经济方面问题。举办了法律法规学习班,专题学习了《企业法》《经济合同法》《廉政准则》、中共中央六项法规和《中国共产党纪律处分条例》,各级领导和普法骨干通过系统学习培训,增强了法制观念,提高了廉洁自律的觉悟。天津港各单位运用党校、培训中心、职工政校等教育阵地开展普法培训,普法期间,举办各类普法学习班1500余期(每期1~3周),普遍轮训了全港在职职工。各级工会充分运用运用宣传舆论阵地,如班车之音、班车荧屏、车间班组园地等,大力营造普法氛围。其间,举办了"港五杯""三五"普法知识竞赛,试卷6000余份,满分答卷有2763份。普法教育寓教于乐,天津港职工艺术团自编、自演普法节目,让职工在欣赏艺术过程中接受法制教育,如天津港工会协同天津港公安局举办了普及交通法规的电视小品。1996年,为推行《集体协商和集体合同制度》,天津港工会培训党政工领导干部56名,女职委主任32名,组织了天津港首批实行《集体协商和集体合同制度》单位的职工培训,培训车间主任、科队长、女工委员1118人次;一般职工13800多人次。1998年,天津港实施"减员增效、下岗分流、职工再就业工程",依法制定了《关于职工内部退养的办法》等规定,在实施分流过程中,天津港形势稳定。普法期间,依法加大了对企业行为的专项治理和部门的效能监察力度,1998年统计,全港取消各种会议和各类庆典活动122个,取消公费出国(境)12批27人次,节约资金246万余元。"三五"普法期间,全港建立完善各项管理规章制度221项,并有效实施。2001年5月,天津港被授予2001~2005年全国法治宣传教育先进单位。

2001年至2005年,天津港开展"四五"普法教育。2001年10月开始实行新的《工会法》。这次修改,贯彻了党的十五大和十五届四中全会精神,适应社会主义市场经济体制下劳动关系变化的客观要求,体现工会担负的职责与职权相适应的原则,对工会维护职工合法权益的途径和手段、新建企业工会的组建、企业职工和工会干部合法权益的保护、劳动关系协调机制的建立、工会资产的保护以及对违反《工会法》行为的制裁作出相应的规定,中心是突出和强化工会维护职工合法权益的职能。把工会工作逐步纳入法制化轨道,做到依法组建工会、依法维护职工和工会的合法权益、依法参与和协调劳动关系、依法开展各种活动。通过《工会法》的形式,把党中央对工会的指示精神上升为法律形式予以支持和保证执行。如依法纠正工会干部因维权遭受的打击。依法制止在企业兼并、改组过程中,撤并工会组织机构。对于非法侵占工会财物,拖欠、拒缴工会经费,查封工会资产等侵犯工会权益等予以法律制裁。职工代表大会制度、劳动争议处理制度等也需要法律的支持。11月16日,贯彻全总《通知》精神,市总印发《关于组织职工参加"工会法"知识竞赛的通知》。市总要求,通过组织参赛,进一步掀起学习贯彻《工会法》的热潮,不断增强法制观念,依法维权,依法治会,进一步推动工会法制化进程。按照市总的部署,天津港工会组织工会干部、工会积极分子和广大职工踊跃参加了《工会法》知识竞赛。是年,天津港工会协助行政依法实施了职工住房货币化改革。2002年,天津港法制教育内容主要有《干部法律读本》《整顿和规范市场经济秩序法律知识问答》等,各级工会利用组织优势和阵地优势,协同党委工作部室开展了职业道德宣传教育活动。2003年4月至5月,市总举办天津市《实施"工会法"办法》"隆顺榕杯"知识竞赛,天津港各级工会组织职工踊跃参与,6月12日,天津港工会荣获天津市《实施"中华人民共和国工会法"办法》知识竞赛优秀组织单位奖。2004年4月,依据《劳动法》,天津港第十届七次职代会通过《天津港员工奖惩条例》。是年6月,天津港依法转制为天津港(集团)有限公司,并依据《公司法》和《港口法》运作、运行。"四五"普法期间,普法主要内容有《港口法》《公司法》《交通安全法》《宪法和宪法修正案》《社会主义法制理论读本》《企业劳动争议条例》等;普法工作着力于构建依法治港的保障体系,其间,依法管理,制定了《"三重一大"决策运作规定》;依法经营,全面实施新两规;依法实践,"四五"普法期间审查合同306份,2005年天津港制定了《法律保障体系建设纲要》。普法期间,各级工会组织配合党政部门,加强职工法制教育和法制宣传活动,充分利用宣传优势,采用舆论引导、全员培训、分层施教、巡回辅导等方式,工会参与举办培训、讲座、考核达300余期次,培训职工35000人次;职工普及率达98%以上。2006年5月,天津港被授予2001~2005年全国法治宣传教育先进单位。

2006年至2010年,天津港开展"五五"普法教育。天津港为从源头上规避、防范市场经营风险,除2005年制定了《法律保障体系建设纲要》外,2006年,编印了《法律工作管理办法》和《企业法律顾问合同审查办法》等六项制度。2007年,编印了《常用合同示范文本》和《合同风险控制指引》。是年,举办《劳动合同法》培训班,辅导普法宣传骨干和人事系统、企管系统人员70余名，学习《劳动合同法》的立法宗旨和条文精神；提高天津港依法管人、依法用人、依法育人的整体水平。是年，组织全港6000名职工参加“迎奥运交通安全普法宣传治理年”法律知识学习和竞赛活动，科级干部参与率达100%。普法期间，根据依法治企的方略要求，为进一步开展法制宣传，2008年8月，天津港普法办公室编发《港口常用法律法规选编》，《选编》共选取了30种港口常用的法律、法规、条例、规则、规定、管理办法、实施细则，如《港口法》《海商法》《天津港口条例》等。“五五”普法期间，天津港主要深化了《宪法》的学习；宣传整顿和规范港口经济秩序的法律法规；组织职工学习与生产、生活密切相关的法律法规；维护社会和谐稳定、促进社会公平正义的相关法律、法规。重点加强了经营管理人员的依法经营、决策、管理、维权的教育，进一步加强和巩固依法治港的意识。这一期间，结合天津港的实际，加强了对驻港农民劳务工的法制宣传和教育。2009年3月，天津港被评为全国“五五”普法中期先进单位。

二、职工文体工作

职工文化工作是社会主义现代化建设的重要组成部分，也是精神文明建设的重要内容，它已构成现代企业文化的有机部分。职工文化工作具有光荣传统，全面正确地认识职工文化的发展历程，对于搞好工会文化工作，促进企业进步，具有十分重要的现实意义。党的十一届三中全会以来，党对职工文化生活更加关注，1981年8月，中央在《关于关心人民群众文化生活的指示》中提出“二为”方针，即“文化工作要坚持为人民服务，为社会主义服务”，为工会职工文化工作的开展，指明了方向。1983年9月，中央批转中宣部、全总等四部委《关于加强城市、厂矿文化工作的几点意见》，提出“二为”的方向。中央指出，要满足职工群众的文化需要；要寓教育于文娱活动之中；要兴建群众文化设施等；《意见》提出，文化工作的主要任务是通过开展文化活动，对职工群众进行爱国主义、集体主义、共产主义思想教育，宣传党的路线方针政策，培植共产主义的理想、信念、道德、情操。组织辅导职工开展各种文化娱乐活动，消除疲劳、恢复体力、陶冶性情、焕发精神。从体力和智力两个方面，发展自己的个性和创造才能，增进自己的知识技能、智慧和健康。党的十二届六中全会通过的《中共中央关于社会主义精神文明建设指导方针的决议》为职工文化活动指明了方向。党的十三大、十四大、十五大报告中，都提出要大力开展群众性的文化活动，繁荣和促进社会主义精神文明。为广泛开展职工群众性文体活动，发挥各级工会组织和阵地活动作用，1985年，天津港党委决定建立天津港文体活动中心，是年4月1日，天津港工会印发《文化、体育工作积分评比办法》。通过对各单位工会文体工作的组织领导、制度建设；开展文体活动情况；寓教于乐的效果进行定量分析评比，推进职工文体活动的开展。

（一）职工文艺活动

天津港工会组织的职工文艺活动一直坚持服务服从于港口的形势和任务，依靠工会积极分子、充分发挥职工文艺骨干的积极作用，通过组织思想开展先进、内容丰富、形式多样的文化娱乐活动，满足职工的文化需求和精神需要。丰富多彩的职工文化文艺活动，提高了职工的艺术素养和精神境界。职工文艺活动的蓬勃开展，凝聚了职工，增强了团结，为展示津港人的文艺才华搭设了舞台。

天津港职工文化活动始于1951年，当时有图书馆3个，藏书4100多册；有文艺组织10个，其中剧社5个、曲艺团2个、美术组2个、乐队1个；文艺骨干120人。1953年8月，天津港建立了电影工作队，增设了16厘米放映机2架；幻灯机1架；是年，放映电影58场，36000多名职工观看了电影，如《六号门》《列宁在10月》《难忘的1918》等影片深受职工欢迎。20世纪50年代至60年代初期，工会通过组织职工“话剧团”、“国剧社”、“歌咏团”，活跃职工文化生活，通过装有通俗读物、画报、连环画的“流动书箱”开展送文化活动，1956年10月，组织了“天津港第一届职工业余艺术会演大会”，演出曲艺节目18个，各种剧类6出，歌舞类6场，参与演出的工会文艺骨干有125人。歌颂、赞美在“先进生产者”运动中，涌现出的先进人物先进事迹。1956年统计，全港建有评剧、京剧、话剧、曲艺、歌舞等五种职工“文工队”。1958年，为活跃职工业余文化生活；歌颂先进人物、先进事迹，鼓舞职工干劲，天津港工会制定了《业余文化艺术工作规划》。规划提出，文化艺术要实现“文艺积极分子多、文艺创作多、反映现实多、演出多”的目标；“业余、自愿、小型、多样”的原则，“为职工群众服务、为生产服务，勤俭办文艺”的方针。《规划》提出，要做到“周周有活动，日日有歌声，样样有创作，场场有效果。”是年统计，全港有京剧、话剧、评剧、曲艺、歌咏等方面文艺队8个，参加活动的积极分子400多人；职工创作作品198个；文艺演出30多场，观众达40000多人次。1959年7月2日,天津港第三届职工业余文艺创作会演大会在新港海员俱乐部举行。7月23日,天津港工会报送党委《关于整顿职工业余文艺组织意见的报告》。《报告》指出职工业余文艺活动存在的问题,普及尚可、提高不足,演出质量不够理想,《报告》提出,成立30人左右的天津港文艺队,平时参加劳动生产,业余时间排演节目;根据各基层不同情况,向业余剧种固定方向发展;集中与分散相结合,天津港工会为基层培养了大批文艺骨干,基层工会为天津港工会组织活动提供人才支持。经批准,是年成立天津港业余文艺队,编排了69个文艺节目,深入基层巡回演出110场。据8月24日记载,天津港艺术团排练节目迎接10年国庆,天津港艺术团下设京剧、评剧、曲艺三个文艺队计90余人和一个7人创作组,创编了歌颂天津港劳模的剧本《英雄船长赵德如》和山东快书《说钱春》,以及《10年大庆灯扇舞》等节目,还排练了京剧《赵氏孤儿》《盗御马》折子戏等戏曲节目。"大跃进"时期,天津港职工文化形成"生产如龙似虎,生活有歌有舞"的良好氛围。1960年3月,市总在召开第一次工会俱乐部工作会议上指出,天津市职工文化活动,已经深入到车间,走出工厂,形成了一支文艺宣传大兵团,群众文化活动已经成为党向职工进行共产主义教育,推动劳动竞赛的有效形式。是年,天津港工会贯彻会议精神,大力加强工会俱乐部工作积极为广大职工提供良好的文艺活动设施,组织职工开展喜闻乐见的文化活动,创作了大量反映天津港职工精神面貌的文艺节目,受到职工欢迎。1962年3月,天津港工会在印发的《贯彻国营工业企业条例,加强工会工作,深入开展社会主义建设先进班组、先进生产者运动的几点意见》中要求各级工会,要加强工会俱乐部管理,建立管理制度、建立俱乐部民主管理委员会;清理整顿职工阅览室书刊;建立电影放映小组,抓好银幕宣传;抓好文艺创作,宣传身边的先进典型,自编自演、自导自看;调剂职工文化娱乐生活。1965年统计,天津港建有俱乐部4个,电影队2个。

"文革"前期,职工文艺活动主要以歌颂党和毛泽东思想为主要内容的革命歌曲、毛主席语录歌演唱、"样板戏"学唱,以及表达对党和毛主席热爱的"忠字舞"等活动,天津港各装卸作业区分别建立了职工毛泽东思想文艺宣传队,利用业余时间排练节目,参加会演等。为了学习、推广样板戏,天津港革委会政工组组织了《海港》剧组,学演了全本样板戏《海港》,除在本港为职工演出外,还应邀到港外演出,演艺水平较高、影响面较广。总体来讲,受"四人帮"的干扰破坏,全国普遍上演的剧目、电影都是一个面孔,一个腔调,天津港也不例外。

1973年,天津港工会的文化工作开始恢复,是年,天津港工会组织了各基层工会车间的文艺会演,据统计,基层工会"筹备"会演了61个节目,其中创作节目40个,在全港正式会演了38个,其中创作节目25个,有19个节目被评为优秀节目,这些节目形式新颖、小型多样,在新港一区、二区俱乐部演出多场,受到职工欢迎。是年,还加强了职工图书馆和阅览室建设,加强了俱乐部活动,如全年放映电影81场次。党的十一届三中全会以来至20世纪80年代中期,天津港各级工会本着"因陋就简,因地制宜,讲求实效"的宗旨,发动广大工会积极分子和文艺骨干,自己动手,兴办职工文化事业。如利用抗震棚、食堂、餐厅等地,开办俱乐部、借阅室、游艺室、电视室等职工文娱活动场所。以宣传天津港学大庆活动中涌现的先进典型为主要内容。1974年4月26日,天津港工会在《关于庆祝"五一"国际劳动节和纪念毛主席在延安文艺座谈会上的讲话发表32周年,开展群众性文艺活动的安排》中提出,文艺节目要反映"工业学大庆","抓革命促生产"的大好形势。这次文艺活动历时1个月,创演了海港工人突击疏港、减少压船、做码头主人的精神风貌。1975年4月24至25日,天津港工会在新港海员俱乐部举行了"职工文艺会演"。是年,天津港工会组织职工开展学唱样板戏和大唱革命歌曲活动。1976年1月5日,天津港工会印发《通知》,要求各级工会要发扬自力更生的精神,积极创造条件,建立扩大职工业余文化阵地,组织业余职工"文体美"骨干队伍,丰富和活跃职工的文化生活。2月11日,天津港工会组织"职工文艺会演",演出58个节目,其中歌颂天津港的先进事迹的自创节目34个。1977年,纪念毛主席在延安文艺座谈会上的讲话发表35周年,天津港各级工会组织创作了50多个文艺节目,全港调演8场,200多名文艺骨干参与,其中10个节目被评为市级优秀节目。1979年12月,天津港第一作业区俱乐部建成。建筑面积3600平方米,可容纳1600多人。截止到1980年9月,天津港恢复建设了容纳千人以上的礼堂(俱乐部)7个,每个礼堂都配备了电影设备,每周放映1次。有20多个单位在职工活动集中的地方设立了电视室。全港共有图书室、阅览室17个,藏书6万余册;全港有业余文艺队2个、文艺创作组3个;职工文艺活动经费达6.5万元。1981年统计,天津港有俱乐部7个;有图书馆18个,藏

20 世纪 70 年代天津港职工文艺骨干深入码头现场为一线职工演出

书 70401 册;电影放映队 9 个,业余文艺队 2 个,文艺骨干 31 人,业余创作组 3 个,创作人员 9 名。1982 年,天津港工会组织职工大唱四首革命歌曲活动并举办了全港的大唱革命歌曲大赛,500 多名职工参加了比赛。为满足职工学习艺术的需求,是年天津港工会还举办了职工书法美术展览和业余摄影学习班。是年统计,全港有俱乐部 8 个;图书馆 19 个,藏书 75682 册;电影放映队 9 个;业余文艺队 5 个,文艺骨干 72 人;业余创作组 2 个,创作人员 26 人。1983 年统计,天津港有俱乐部 7 个;基层工会图书馆发展到 25 个,藏书 86714 册。1984 年,天津港工会文化阵地建设的着力重点转向车间、班组。是年,工会下放了部分财权,使车间工会能够独立自主地开展文体活动。基层工会陆续建立了车间集邮、钓鱼、桥牌、象棋、书法、武术等兴趣小组;天津港工会举办了首届集邮展。是年,天津港中断多年的文艺调演开始恢复,调演节目 40 多个,20 多个节目获奖。天津港工会组织了"歌唱建国 35 周年伟大成就的歌咏比赛"大会。是年统计,全港建立起职工业余文艺队 13 个,职工文艺创作组 6 个,职工文艺骨干队伍达 200 多人。1985 年,全港 11 个单位陆续建立车间小俱乐部等活动点 80 个,每月参加活动的职工达 1.3 万人次。建立兴趣协会或兴趣小组 109 个,车间级职工兴趣小组 220 个,全年参加活动的职工达 15000 多人次。为纪念开港 33 周年,天津港工会举办了集邮展,受到市集邮协会好评。是年 9 月,天津港工会组织文艺会演,13 个单位 80 多个节目参加会演,其中有 5 个节目参加市会演,6 个节目获市奖励;天津港获市级会演先进单位,获得组织者一等奖。通过会演天津港组建起一支 200 多人的业余文艺骨干队伍。

20 世纪 80 年代中后期至 21 世纪初期,随着深入改革和经济发展,天津港职工的精神面貌和港口环境都发生较大变化,这一时期的职工文艺活动主要是围绕加强精神文明建设和弘扬企业文化精神为主要内容,表达职工群众爱党、爱国、爱港口事业、开拓创新,务实进取的精神风貌。这一时期,工会以天津港文体活动中心为中心,形成包括 14 个俱乐部、26 个车间小俱乐部和 14 个退休职工活动中心组成的职工文化阵地网络;以 11 个初具规模的基层图书馆为龙头和 99 个职工图书室在内的职工读书场所,也形成网络,总藏书达 12 万册;声像电子设备进入职工文化阵地,各单位配备了录像放映、电子游艺等设备。职工文化生活更加丰富,职工爱好蓬勃发展,职工文体活动协会已形成规模,主要有书法、美术、摄影、歌友、京剧、集邮、桥牌、交谊舞、太极拳、健身等协会;兴趣爱好组织近百个,经常参加活动的职工达 3000 多人次。全港基层文体活动坚持了"面向基层和小型多样"的发展方向,职工文化建设和文艺活动有声有形,得到上级工会的肯定。

1985 年,天津港党委决定建立天津港文体活动中心。1986 年 10 月开始动工,历时 3 年,活动中心建成。是年统计,全港有业余文艺队 10 个,文艺骨干 176 人;业余文化创作组 10 个,创作人员 58 人。1985 年、1986 年,为加强精神文明建设,天津港工会、宣传部、团委联合连续两年举办了职工业余文艺会演。1986 年 11 月,天津港各级工会开展了职工文化事业及活动调查。据统计,全港有工人俱乐部 13 个、车间级俱乐部 123 个;图书馆有 38 个,藏书 127674 册;电影放映队 8 个,放映机 10 架;文艺队 14 个,文艺骨干 251 名;业余创作组 14 个,参加创作人员 51 名;兴趣小组 175 个,参加职工 3246 名;礼堂 8 个,乒乓球室 43 个,棋室 14 个;图书室 711 座;电子游艺室 64 个。1987 年 3 月至 10 月,天津港党政群联合举办了以"赞颂天津港、讴歌天津港"为主题,以"爱海港、建海港、扎根海港"为主要内容的"纪念天津新港重新开港 35 周年"活动,活动期间,组织了音乐、歌曲、舞蹈、戏剧调演;职工艺术作品展览;专题文艺演出和全局性的"文化博览月"活动,参加各种比赛和观赏文化博览的职工超过万人。1988 年 4 月,组织了业余歌手电视大赛,60 名职工参赛,经过三个阶段六场紧张角逐,13 名歌手被天津港电视台聘为荧屏歌手。1989 年 9 月至 10 月,天津港举办了第一届职工艺术节。其间组织了文艺演出、歌舞晚会、电视歌手大赛、家庭文艺大赛、迪斯科大赛、健美操比赛,职工美术、摄影、集邮、花卉、服装、工艺灯展览,职工京剧、武术表演,举办了职工艺术作品及收藏展览、职工文艺会演、专题文艺晚会等。1990年10月11日,纪念天津港和日本神户港缔结友好港10周年“天津神户儿童绘画作品、港口图片”展览开幕式在天津港文体中心举行,天津港务局局长祝庆缘和日本神户港湾局局长胁茂行为展览剪裁,天津港领导王恩德、于汝民及神户市副市长小川卓海等出席了开幕式。是年统计,全港俱乐部总数12个、职工参加各种俱乐部学习班人数321;图书馆总数25个、图书馆藏书148170册;电影放映队3个;职工业余文艺队数5个,文艺队演员169名,业余创作组7个,创作人员40名;职工兴趣爱好协会、小组136个,兴趣协会、小组职工4100名。1991年9月至10月,天津港工会举办“纪念毛主席视察天津港39周年”职工文艺调演活动。1992年5月至10月,举办以“团结、热烈、活泼”为主题的第二届艺术节。其间较有特点的活动是卡拉OK比赛,交谊舞(国标)比赛。是年9月18日,天津港文学协会成立并召开会员大会,通过了协会章程,吸收84名会员,并开展了征文活动,汇集优秀征文,编撰了《港湾风采》一书。是年统计,全港俱乐部总数30个、职工参加各种俱乐部学习班人数42;图书馆总数16个、图书馆藏书118381册;职工业余文艺队数9个,文艺队演员147名,业余创作组7个,创作人员40名;职工兴趣爱好协会、小组133个,兴趣协会、小组职工1810名。1993年5月,天津港职工文学协会第一本会刊《缆桩》创刊。1994年8月至10月,举办以“讴歌天津港的发展,描绘天津港的发展,让人们更多地了解天津港”为主题的第三届艺术节。其间开展了“十年回顾,辉煌历程”征文等活动。1995年,天津港工会组织文艺节目参加了庆祝天津市工会成立70周年文艺调演。天津港职工文学协会举办了以“一切为了5000万吨”为主题的征文活动,并将优秀征文编入《缆桩》第二期。5月1日,天津港实行新的工时制度,平均每周工作40小时。职工有了更加充沛的时间、参加各级工会组织的丰富多彩的工余文体活动。1996年8月至10月,为“纪念毛主席视察天津港44周年和邓小平视察天津港10周年”以“团结、奋斗、向上”为主题,举办了第四届艺术节。其间较有特点的活动有曲艺和戏曲调演、优秀歌手邀请赛。此次艺术节活动规模较大,参与职工达16000多人次。1998年7月至9月,以“情系港湾,共创辉煌”为主题,举办了第五届艺术节。其间特点突出的活动是“走进这沸腾的港湾”征文比赛、“从这里走向辉煌”演讲比赛、“走向21世纪的天津港”摄影比赛、“奔向辉煌的天津港”书法美术精品展等。20世纪90年代末期,在与“法轮功”邪教的斗争中,各级工会着力抓了职工兴趣协会和职工业余艺术团建设和阵地建设。2002年4月至10月,天津港工会以开展“庆祝天津港开埠142周年,重新开港50周年”活动为契机,以“繁荣企业文化、提高职工素质、促进文明建设、实现新的跨越”为主题,成功举办了第六届职工艺术节。其间特点突出的活动有女职工“巧手展示”活动、“职工文化活动趋势”论坛。另外,天津港出资协助了市总主办了天津市第二届职工文化节“港务局杯”健身交谊舞大赛,天津港在促进市文体活动开展和精神文明建设方面,出资出力办实事,受到天津市广大职工的赞誉。为全面贯彻“三个代表”重要思想和党的十六大精神,繁荣职工文化事业,激励职工文艺骨干勇攀艺术高峰,提升职工文化事业整体水平,2003年1月,天津市首次开展评选百名职工艺术家活动。是年4月评选出音乐、舞蹈、戏剧、曲艺、美术、书法、摄影、文学等8个艺术类共86名职工艺术家。天津港职工贾万庆(美术)、张宏义(美术)、王广荣(摄影)被授予首届职工艺术家称号。2005年5月,天津港文体活动中心被市命名为首批“天津市职工体育示范基地”和“天津市职工文化示范基地”。

2006年,为加强企业文化建设、满足职工文化需求,天津港工会举办了第七届职工艺术节,1100人参加闭幕式,首次评选出21名天津港“员工艺术之星”。2006年,天津市第二届职工艺术家评选揭晓,天津港职工赵艳、杨莹、张宝娟当选。2007年,“纪念天津新港重新开港55周年”,天津港各级工会在“回忆过去、展望未来、立足岗位、奉献建功”主题教育活动中,组织了“天津港我为你自豪”主题的征文;以“天津港辉煌成就”为主题的解说员大赛;制作了《驿站》天津新港重新开港55周年纪念邮册;组织了庆祝新港重新开港55周年专场文艺演出。2008年,参与组织了“魅力东疆”大型文艺演出的观众组织和部分节目的组织工作。组队参加了市总举办的天津市“劳动者的旋律”职工合唱比赛,获得铜奖。参加“迎奥运、展风貌”全国七城市职工书画展览,天津港5幅职工新创作的国画作品入选。2009年9月,天津市第三届职工艺术家评选揭晓,天津港孙志宏、刘嘉当选。是年,天津港工会组织职工参加市总举办的国庆60年庆祝活动。

天津港历届艺术节简介

届别	举办时间	艺术节主题	艺术节主要活动
第一届	1989 年 9 月 27 日至 10 月 17 日	推动和繁荣全局群众性文化艺术活动，展示全港职工精神风貌，振奋企业精神，促进港口改革和两个文明建设	1. 艺术节开幕式 2. 第二届职工美术、摄影、集邮、花卉、服装展览 3. 第四届集邮展览 4. 第二届青年歌手电视大赛 5. 首届职工家庭文艺大赛 6. 首届职工迪斯科表演赛 7. 首届健美操比赛 8. 卡拉 OK 歌曲演唱会 9. 职工业余京剧折子戏欣赏晚会 10. 金秋灯会 11. 交谊舞联欢晚会 12. 民族艺术表演 13. 闭幕式暨歌咏大会、职工优秀节目表演
第二届	1992 年 5 月 22 日至 10 月 17 日	团结、热烈、活泼	1. 艺术节开幕式暨大连、营口、秦皇岛、天津四港联合演出 2.“港一杯”职工花卉、盆景展览 3.“港二之声”第三届卡拉 OK 比赛 4.“港三杯”第三届职工健美操比赛 5.“港四杯”职工子女艺术表演赛 6.“港五杯”职工针织、刺绣、小制作展览 7.“港集杯”第三届职工交谊舞(国标)比赛 8.“港轮杯”第三届职工小品表演 9.“港机杯”职工艺术欣赏知识竞赛 10. 班组歌会 11. 优秀传统歌曲欣赏歌会 12. 职工文学征文 13. 消夏民间艺术博览晚会 14. 职工书法、美术、摄影展 15. 职工家庭装饰艺术电视展评 16. 职工喜爱的录像片展播 17. 庆祝天津新港重新开港 40 周年庆祝大会暨职工艺术节闭幕式
第三届	1994 年 8 月 17 日至 10 月 17 日	讴歌天津港的发展，描绘天津港的发展，让人们更多地了解天津港	1. 大型消夏晚会 2. 职工艺术博览 3. 职工小品比赛 4.《港歌》征集 5.“十年回顾，辉煌历程”征文活动 6. 职工文艺演出

续表

届别	举办时间	艺术节主题	艺术节主要活动
第四届	1996年8月21日至10月17日	团结、奋斗、向上	1. 职工歌咏比赛 2. 金秋晚会 3. 职工曲艺调演 4. 职工新闻摄影比赛 5. 职工书法绘画巡展 6. 港口优秀歌手邀请赛 7. 优秀节目汇报演出暨闭幕式
第五届	1998年7月15日至9月28日	情系港湾,共创辉煌	1. 职工艺术节开幕式 2.“走进这沸腾的港湾”征文比赛 3.“‘港三杯’从这里走向辉煌”职工演讲比赛 4.“‘港二杯’走向21世纪的天津港”职工摄影比赛 5.“‘港集杯’奔向辉煌的天津港”书法美术精品展 6.“电力港波杯”职工歌手比赛 7.“港轮杯”职工交谊舞比赛 8.“港一杯”职工京剧表演赛 9. 职工艺术节闭幕式
第六届	2002年4月29日至10月25日	繁荣企业文化、提高职工素质、促进文明建设、实现新的跨越	1. 女职工“巧手展示”活动 2. 职工才艺展示 3. 职工文化活动趋势论坛 4. 书法、美术即时赛 5. 庆祝“双过半”暨职工艺术节演出 6. 庆祝天津港对外开埠142周年、天津新港重新开港50周年暨第六届职工艺术节闭幕式
第七届	2006年5月10日至9月23日	繁荣企业文化、创造美好生活	1. 天津港第七届职工艺术节廉政文艺会演 2. 天津港第七届职工艺术节开幕式暨廉政歌曲演唱会 3. 天津港员工美术书法摄影展览 4. 天津港英模风采摄影展览 5. 职工才艺综合展示活动 6. 职工艺术之星评选 7. 天津港第七届职工艺术节闭幕式

(二)职工艺术团活动

1991年6月4日,天津港七届二次职代会提出组建职工业余艺术团的任务。经过一段时间的准备,1997年4月,天津港工会组建了天津港职工业余艺术团。艺术团主要任务是参加大型演出、面向基层的演出、艺术交流和公益演出以及文艺赛事。艺术团自成立以来,坚持面向基层、面向职工,为全港职工演出136场次,职工10万多人次观看了表演。举办的大型演出活动有:1997年6月27日,天津港“庆七一,迎回归”大型文艺演出。1998年10月14日,“四国五港工作会议”文艺联欢演出。是年11月,多次慰问天津港客户联欢演出。1999年1月22日,录制春节联欢晚会节目。9月29日,为天津港“迎国庆50周年”举办文艺专场演出。2000年2月13日,慰问天津港1999年度先进文艺演出。2001年11月16日,天津港吞吐量超亿吨庆祝大会演出。2002年4月23日,配合中央电视台“心连心”欢庆“五一”大型节目播演。10月25

日，“纪念天津港对外开埠142周年、天津新港重新开港50周年”大会大型演出。

慰问基层的演出活动，据不完全统计，1997年4次、1998年10次、1999年14次、2000年6次、2001年9次、2002年4次、2003年11次。公益演出活动如1997年8月，赴山东乐陵慰问演出；1998年7月，参加第三届塘沽区海门艺术节演出；1999年5月，赴北京为国旗护卫队慰问演出；1999年6月，赴张北地震灾区慰问演出；1999年12月，参加塘沽区“迎澳门回归”文艺演出；2001年8月，参加“纪念邓小平为开发区题词20周年”演出。还参加了文艺赛事，如1998年6月参加市“中行杯”廉政歌曲会演；1998年10月参加“渤海明珠”大型文艺会演；1999年11月参加市“廉政歌曲”汇报演出；2000年1月参加天津市“法律专场”会演；2002年8月参加市“勤政廉明”专场文艺会演；2003年1月参加市交通邮电系统文艺汇演等均取得优异成绩。据初步统计，艺术团自成立起，平均年演出22场次，每场演出5个节目，演员平均场次演出近20人次，观众场均800人。投入活动经费累计100多万元，创作赞美港口发展、歌颂港口职工的文艺作品百余件，培育了赵艳、杨莹、张宝娟等“天津市职工艺术家”。

天津港被授予天津市职工艺术家的职工名单

届别	授予时间	姓名	所在单位	类别	授予单位
第一届	2003年 4月8日	贾万庆	天津第四港埠公司	美术	天津市总工会 天津市文化广播影视局 今晚传媒集团 天津电视台
		张宏义	天津第五港埠公司		
		王广荣	天津港务局机关	摄影	
第二届	2006年 11月15日	赵　艳	天津港文体中心	音乐	
		杨　莹	天津港文体中心		
		张宝娟	天津港文体中心	舞蹈	
第三届	2009年 9月24日	孙志宏	天津港集装箱码头公司	戏剧	
		刘　嘉	天津港五洲国际集装箱码头公司	摄影	

（三）职工体育工作

职工体育是我国体育事业的重要组成部分。工会组织职工开展体育活动的目的是增强职工体质，提高劳动效率，有效地保护劳动力，促进两个文明建设。天津港工会一直坚持业余自愿；小型多样；因人、因地、因时制宜的原则，组织职工开展体育活动。

1952年，毛主席为体育工作者题词“发展体育运动，增强人民体质”。1954年3月29日，市总根据政务院3月1日颁发的《关于在机关开展工间操及其他运动的通知》，要求各企业每天在上下午中间时段抽出10分钟，开展工间操活动，还可开展篮球、排球、羽毛球、乒乓球、田径等职工业余体育活动。7月3日，市总颁发《关于开展职工群众体育运动的指示》。《指示》要求各基层工会要加强对职工体育运动的组织领导，依靠积极分子，有计划地把职工体育运动开展起来。1955年，刘少奇为第一届全国工人体育运动大会题词“开展职工体育运动，增强健康，为社会主义服务”；周恩来题词“开展职工体育运动，推进社会主义建设事业”。1981年，全总指示，职工体育的普及要与提高相结合；职工体育运动要与生产劳动、医疗卫生、民兵训练、思想教育相结合。1992年邓小平同志南巡讲话后，企业开始转制，以建立现代企业制度为标志，职工体育活动在两个文明建设中得到发展，邓小平同志指出：体育运动搞得好不好，影响大不大，是一个国家经济、文明的表现。1995年6月，国家颁布了《全民健身计划纲要》，8月颁布《中华人民共和国体育法》，把职工体育活动推向了新高潮，同时为职工体育活动指明了方向。2002年11月，江泽民同志在党的十六大报告中指出：积极推进卫生体育事业的改革和发展，开展全民健身运动，提高全民健康水平。为职工体育活动提出新任务，即体育活动要为社会主义物质文明和精神文明建设服务，为增强广大职工体质，提高职工健康水平，为企业生产服务。2008年，以迎“奥运”为契机，天津港各级工会组织职工开展体育运动，坚持职工业余、自愿的原则，自己动手、勤俭节约的原则，小型多样、职工喜闻乐见的原则，因人、因时、因地制宜的原则，职工体育普及与提高的原则，寓教育于体育活动的原则。开展职工体育活动,把增强职工体质作为直接任务;把促进经济建设、港口发展作为基本任务;把推进天津港企业文化建设作为重要任务;把丰富职工的业余生活作为具体任务,根据不同时期、不同形势的要求,天津港工会通过组织职工开展体育运动,充实职工业余生活,满足港口两个文明建设的需要。特别是新形势下,职工体育运动已经由竞技型转向保健型、娱乐型、趣味型;职工体育项目的规范化标准已呈弱化趋势,职工喜爱的太极拳、太极扇、毽球运动、健身瑜伽等运动正在全港蓬勃发展。

天津港工会的职工体育,始于20世纪50年代港口恢复建设初期,1951年,天津港有篮球队6支,足球队2支,排球队2支,乒乓球队1支,职工球员150名。工会组织职工自己动手整修运动场所,条件虽然简陋,但活跃了职工业余文化生活。50年代至60年代初期,职工体育活动以各基层工会组织职工开展业余体育活动为主,基层工会之间联系组织赛事为辅,部分年节期间,天津港工会组织全港球队之间开展联赛,基层工会组织职工开展了举重、单双杠、跳绳、拔河、踢毽、长跑、武术等职工喜闻乐见的体育活动和健身活动。1954年7月3日,市总发出"关于开展职工群众体育运动的指示"。要求各基层工会加强对职工体育运动的组织领导,依靠积极分子,有计划地把职工体育运动开展起来。1956年,全港建立起职工体育协会4个,篮球队7支,足球队4支和排球队1支。"大跃进"期间,全港共有篮球队7支,足球队4支,乒乓球队12支。是年5月,天津港工会举办职工体育大会,254名职工参加了18项运动项目的竞赛;9月天津港工会与团委联合举办了自行车比赛。是年统计,全港有体育协会4个,篮球队7个,足球队4个,排球队1个。1959年4月,在塘沽体育场举办第一届职工体育运动会,来自全港的700多名职工参加比赛。1959年,天津港工会共组织了4次全港性的体育竞赛活动,有28人刷新往年天津港运动会纪录,打破2项塘沽区纪录(竞走和举重),拔河队以绝对优势蝉联两届塘沽区冠军,并在天津市第八届职工运动会上战胜蝉联7年冠军的公路队,首次获得天津市拔河冠军。是年统计,55%以上的职工经常参加体育活动,有30%的职工通过各级劳卫制标准,85人达到等级运动员水平,50人达到等级裁判员水平。轮驳队被天津市、塘沽区分别评为体育工作先进单位。是年,足篮球在普及的基础上提高,经过一年的正规培训后,水平大幅提高,据统计是年天津港足球队参赛32场,胜28场,其中战胜上海青年足球队(乙级水平);篮球队在全年的比赛中战胜过市甲级水平篮球某队。20世纪60年代初期,受国家经济困难影响,在节粮度荒期间,职工体育活动有所缩减,1962年3月,天津港工会在印发的《贯彻国营工业企业条例,加强工会工作,深入开展社会主义建设先进班组、先进生产者运动的几点意见》中,要求各级工会要本着"积极适当"的宗旨,组织好职工开展小型体育活动,组织好职工参加有益身心健康的体育活动。1963年至1966年,按照中央的要求,组织部分职工参加民兵训练、"拉练"和国防体育活动。

"文革"前期,由于工会组织遭到破坏,职工体育活动处于自发状态。以第一作业区(新港)的篮球赛为龙头,带动全港的职工体育活动的开展,当时观看一区的篮球赛成为"文革"期间职工业余文化生活的主要内容之一。另外就是职工自发地开展一些小型的群众性健身活动,如围绕设立在"六米"生活区的单双杠、设立在"七米"生活区的爬杆等体育设施,职工自发地开展业余体育活动。

1973年,随着天津港工会组织的恢复,职工体育活动组织工作开始恢复,是年,工会组织职工开展小型多样的体育活动,如天津港一区、二区、四区工会先后组织职工开展了球类、棋类等竞赛活动。1974年4月,天津港工会恢复职工体协组织。职工体育活动开始兴起。

党的十一届三中全会以后,天津港职工体育活动开始走向正轨,1980年4月,全总转发《关于加强职工体育工作的几点意见》。《意见》要求,要明确职工体育运动在四化建设中的作用;组织职工广泛开展群众性的体育活动;妥善合理安排职工体育竞赛;培育工会体育干部和建设体育积极分子队伍;要恢复、健全职工体育组织;要充分发挥企业体育场地的作用。是年,天津港职工体育活动恢复开展起来,全港修缮、建立篮球场17个,足球场2个,全港成立业余体育队140多个,并且经常举行球类和单项体育竞赛。20个单位开设了棋室,乒乓球室,深受职工欢迎。6月17日,天津港职工男子篮球队由天津港工会带领赴武汉参加交通部举行的天津港、上海港、大连港、湛江港、长航局和新河船厂六个港航单位职工男子篮球邀请赛。1981年10月,天津港党委决定正式组建天津港业余篮球队,归天津港工会领导。是年,篮球队参加塘沽区乙级队联赛,获取冠军。五区足球队代表局参加市职工足球联赛;是年,天津港工会组织开展了全局性的乒乓球、排球、象棋等三个项目比赛,共226场,200多名职工参赛;基层工会举办各类球、棋等赛事 912 场,2768 名职工参赛。是年统计,全港有体协组织 5 个;篮排球场 17 个。各级工会组织职工开展体育赛事 145 次,参加职工 3810 多人次,全港职工业余体育运动队有 41 个,队员 402 人。截止到 1983 年,全港体育协会发展到 11 个,田径兼足球场 2 个,篮球场 15 个,各类球队 45 支,队员 538 名,基层工会组织竞赛 14 项,天津港工会组织 10 项比赛,举办体育比赛 290 次,参加比赛职工近 15000 人次,参加国家标准锻炼职工 120 名,达标职工 30 人,是年,实现了"基层工会月月有活动,天津港工会季季有比赛"。20 世纪 80 年代,全港组织起各种业余体育运动队 160 个、业余队员 2200 名左右。1984 年统计,篮球场 19 个,足球场 2 个,乒乓球台 47 架;组建篮球队 14 个,排球队 10 支,足球队 14 支,其他运动队 16 支。各级工会除组织职工开展足球、篮球、排球、乒乓球赛事外,还组织职工开展了自行车、投弹射击、拔河、象棋围棋等多项体育竞赛。组织各类比赛 431 场,参加比赛的职工达 16000 多人次。1985 年统计,全港各类球队 59 个,队员 609 名;举办体育比赛 552 次,参加比赛职工 8751 人次;参加国家标准锻炼活动职工 212 人,参加医疗体育运动职工 386 人,参加其他运动如太极拳等 1853 人。1986 年 7 月,天津港足球代表队赴青岛参加首届中国"海员杯"足球邀请赛,获得中国"海员杯"足球邀请赛纪念杯。1986 年 9 月,总投资 70 多万元,占地 2000 多平方米的"天津港职工乐园"落成,并对职工开放。1988 年 9 月,天津港足球代表队赴上海参加第二届中国"海员杯"足球邀请赛,取得第四名较好成绩。1989 年,天津港工会举办了第三届职工运动会,这是自 1959 年第二届运动会后,第一次恢复举办全港性的职工运动会。这次运动会,来自全港 23 个单位 900 多名运动员参加了 40 个项目比赛,展示了津港人自强不息和奋发向上的精神风貌。观赛职工达到 3. 8 万人次。

20 世纪 90 年代以来,天津港的职工体育活动进一步发展,职工体育活动形式多样、内容更加丰富,随着天津港经济的发展,职工收入的提高生活的改善,一大批职工加入到摄影、门球、桥牌、网球、太极拳等层次较高的职工文化协会组织。1990 年统计,全港有职工体育协会 11 个;篮排球场 12 个;各类球队 31 支、参加各类球队职工 429 名;开展职工体育竞赛 104 场;参加体育竞赛职工 17821 人次。1991 年,天津港文体中心游泳池建成,该游泳池占地 3000 多平方米,为标准 8 道游泳池。1991 年,全港有职工体育组织 39 个;职工体育协会发展到 27 个;体育馆 1 个;田径场 1 个、游泳池 1 个、篮排球场 20 个;各类球队 61 支、参加各类球队职工 916 名;开展职工体育竞赛 172 场;参加体育竞赛职工 835 人次。1992 年,全港开展职工体育竞赛 110 场;参加体育竞赛职工 953 人次。

这一时期,天津港工会多次组织职工运动会,如 1993 年举办第五届;1995 年举办第六届;1997 年举办第七届;2000 年举办第八届、2004 年举办第九届、2008 年举办第十届职工运动会。其中,第六届运动会规模最大、参赛职工最多,来自 33 个单位的 2338 名职工参加了 8 类 79 个项目的比赛,53 名运动员打破 26 项纪录,开幕式上表演了"再创辉煌"大型团体操,创意新颖、组织周密、振奋精神、鼓舞士气,充分展示了津港人风采,体现了"跨越、凝聚、繁荣"的主题。第九届职工运动会是为全面贯彻《全民健身纲要》举办的职工体育盛会,运动会充分体现港口特色。第十届运动会的特点是为迎接北京奥运,展示职工体育健身的成果。

天津港工会深入开展全港健身活动,定期举办全港性的职工运动会

这一期间,天津港还组队参加了市一级的职工体育竞赛活动。1993 年,天津港工会组队参加市"迎五一"长跑比赛,获第六名成绩。是年,举办交谊舞晨练班,参加职工达 1100 人次。1998 年,参加市第九届运动会部分田径项目和门球、台球比赛。2003 年,组织开展"职工体质充电健身通讯赛"活动。2005 年,工会为加强阵地建设,重新调整了职工兴趣协会;成立了以基层单位为主体的职工团体健身协会,先后开展了各类冠名赛 10 余项。2008 年,组队参加天津市第 27 届妇女三八"健康杯"体育通讯赛,获得健身操第一名的好成绩;组队参加天津市第 27 届职工长跑比赛,并取得了团体总分第六名的好成绩。

开展职工体育活动、举办职工运动会,各级工会一直坚持贴近基层、贴近实际、贴近职工的原则,突出趣味性和群众性。运动会的举办展示了天津港广大职工精神风貌和群众性健身活动成果。历届运动会的成功举办,体现了领导关心,职工热心,工会组织工作的精心。各级工会组织以运动会为龙头,带动群众性健身活动的蓬勃发展。广泛开展职工体育活动,增强了职工体质、陶冶了职工情操、丰富了职工的生活,增强了企业的凝聚力、职工的向心力,促进了天津港的精神文明建设。天津港连续多年被评为天津市职工体育先进单位、天津市妇女体育工作先进集体;1998 年被全总命名为全国职工体育先进单位。2008 年被全总、国家体育总局命名为全国职工体育示范单位。2009 年被国家体育总局评为全国群众体育先进单位。

天津港历届运动会简介

届别	举办时间	运动会主题	竞赛项目	参赛职工	获奖情况
第一届	1956 年 5 月	——	18 项	254 名	——
第二届	1959 年 4 月 2 日	——	——	700 多名	轮驳队、局机关、新港作业区分获团体总分前三名
第三届	1989 年 9 月 16 日至 17 日	增强职工体质,振奋职工精神,增强企业凝聚力,促进两个文明建设	40 项	23 个单位 904 名	港埠二公司、港埠四公司、集装箱公司分获团体总分前三名
第四届	1991 年 9 月 16 日至 9 月 17 日	团结、拼搏、向上	39 项	23 个单位 1421 名	港埠二公司、港埠五公司、港口服务公司分获团体总分前三名
第五届	1993 年 9 月 16 日至 18 日	团结拼搏、奋发向上	58 项	24 个单位 2521 名	港埠二公司、港口服务公司、港口中专分获甲乙丙组团体总分前三名
第六届	1995 年 9 月 19 日至 21 日	团结奋斗、从严治港、再创辉煌	79 项	33 个单位 2338 名	港埠二公司、储运股份有限公司、电力公司分获甲乙丙组团体总分前三名
第七届	1997 年 9 月 19 日至 20 日	团结拼搏,振奋自强	100 项	37 个单位 1589 名	港埠二公司、培训中心、电力公司分获甲乙丙组团体总分前三名
第八届	2000 年 5 月 12 日至 9 月 20 日	跨越、凝聚、繁荣	79 项	39 个单位 3040 名	港埠二公司、电力公司、培训中心分获甲乙丙组团体总分前三名
第九届	2004 年 6 月 24 日至 9 月 23 日	锻炼员工体魄、发扬拼搏精神、创建世界一流大港	79 项	38 个单位 2600 余名	港埠二公司、电力公司、石化码头分获甲乙丙组团体总分前三名
第十届	2008 年 5 月 16 日至 7 月 25 日	喜迎奥运、展示风貌、构建和谐、促进发展	33 项	46 个单位 2561 名	港埠二公司、电力公司、客运公司分获甲乙丙组团体总分前三名

（四）俱乐部和文体协会建设

工人文化宫、俱乐部是工会开展精神文明建设的重要窗口，也是广大职工的“学校和乐园”。为了更好地发挥工人文化宫在社会主义精神文明建设中的阵地作用，全总采取一系列措施，推进工人文化宫、俱乐部的改革与发展。1950 年，全总召开第一次俱乐部会议。1954 年 6 月 12 日，市总召开全市工会俱乐部工作会议。会上“408 厂”工会介绍了俱乐部工作的经验，经验主要有三条：俱乐部必须在党的领导、行政的大力支持、团组织的紧密配合下工作；俱乐部必须把政治时事教育、生产技术教育、文艺体育活动相结合；俱乐部要办好，必须依靠工会积极分子、吸引职工和家属。会议决定，在工会俱乐部工作中推广这些经验。会议要求各级工会加强对俱乐部工作的领导，提高俱乐部员工的素质水平；学习“408 厂”俱乐部经验，结合单位实际，切实改进俱乐部工作；推广“408 厂”经验，总结归纳总结自己工作的特点，扬长避短，进一步丰富职工的业余文化生活。1955 年，全总召开第二次俱乐部会议。会议系统地提出了文化宫、俱乐部的性质、作用、方针和任务，明确了开展活动的方向。1960 年，全总在唐山召开基层俱乐部工作经验交流会，推动了全国职工文化文艺活动的开展。3 月 7 日，市总召开第一次工会俱乐部工作会议。会议指出，天津市职工文化活动，已经开始深入到车间小组，已经走出了工厂，形成了一支千军万马的文艺宣传大兵团，群众文化活动已经成为开展职工教育、推动劳动竞赛的有效形式。3 月 30 日，天津港工会、团委和宣传部联合印发《天津市港务管理局关于加强工会俱乐部工作的意见》。《意见》提出要利用俱乐部开展宣传鼓动工作，提高职工的思想政治觉悟；利用俱乐部，组织报告、讲座、展览等宣传先进人物和先进事迹；利用俱乐部，举办技术讲座、专题讲座、科普讲座，推进港口技改技革的深入发展；利用俱乐部，大力开展群众性的文体活动；充分利用俱乐部，组织各种文化娱乐活动，“天天有活动，周周有晚会”。《意见》提出，要加强基层俱乐部建设，健全俱乐部组织；在建立俱乐部的基础上，建立车间、班组“红角”；要加强俱乐部的活动计划管理；要培育俱乐部工作积极分子等。1962 年 3 月，天津港工会在《贯彻国营工业企业条例，加强工会工作，深入开展社会主义建设先进班组、先进生产者运动的几点意见》中，对各级工会俱乐部、图书馆的管理提出要求，在二季度，各基层工会要建立俱乐部民主管理委员会，要吸收有管理特长的工会积极分子参加，建成后，要明确责任分工，建立严格的管理制度。还要求 3 月份清理整顿俱乐部属图书馆的书刊，清理不良的书刊、补充科技新书、各工会间可以互相调剂。对俱乐部的电影放映工作提出具体要求，要建立放映小组，除放映电影工作外，还要抓好宣传工作，把好人好事、先进模范事迹编绘幻灯片放映，配合搞好天津港的中心工作。1965 年统计，天津港建有俱乐部 4 个，电影队 2 个。20 世纪 50 年代后期开始至“文革”前，天津港的职工礼堂、俱乐部已经成为职工活动的主要地点，但是这一时期，俱乐部的管理有行政化的倾向，与职工自娱自乐的愿望存在一定差距。

“文革”期间，工会组织停止活动，职工文化阵地建设受到影响。党的十一届三中全会以后，工会的职工文化工作重新提上议事日程。1979 年，全总召开 14 个省市俱乐部工作座谈会，职工文化建设作为重要工作摆上议事日程。在行政的支持下，各级工会本着“因陋就简、因地制宜、讲求实效、开展活动”的宗旨，“发动职工群众和工会积极分子，自己动手，自力更生，大力兴办文化事业”，1979 年至 1980 年两年期间，天津港属 7 个较大单位（不含一区）“利用抗震棚、职工食堂、办公楼前厅等，办起了俱乐部、游艺室、图书馆等文化娱乐场所”全港 7 个礼堂占地 10000 平方米，每个礼堂都配备了电影、幻灯设备，每月放映 4 次至 5 次电影，丰富了职工的文化生活。1980 年，天津港第一作业区建成较具规模的工人俱乐部。1982 年统计，天津港建立俱乐部 8 个，电影队 9 个。1983 年，全总召开全国第三次工会俱乐部工作会议。1984 年，全港 11 个单位陆续建立车间小俱乐部 80 个，每月经常参加活动的职工达 1.3 万人次。1987 年，召开全国工会文化宫、俱乐部工作会议。1989 年，天津港文体活动中心建成后，成为天津港各级工会开展大型文体活动的重要阵地、职工的文体、休闲活动的主要场所，由于活动开展成绩突出，成为首批“天津市职工体育示范基地”和“天津市职工文化示范基地”。天津港工会以天津港文体活动中心为中心，形成包括 14 个俱乐部、26 个车间小俱乐部和 14 个退休职工活动中心组成的职工文化阵地网络。

1992 年 2 月 21 日，天津港工会印发《关于创建合格俱乐部活动的通知》《创建合格俱乐部考核验收办法》和《合格俱乐部条件》。主要条件是俱乐部及基础工作、日常工作和职工满意程度三方面。9 月 18 日，天津港文学协会成立暨首次会员大会，首批会员 84 名参加了会议。大会通过《文学协会章程》;大会一致推举天津港党委书记为名誉会长。是年统计,天津港俱乐部总数已发展到30个、图书馆总数16个、图书馆藏书达11.84万册。1997年,全总印发了《关于进一步加强县以上工人文化宫俱乐部建设的若干意见》,贯彻全总精神,为加强对职工俱乐部、职工礼堂的管理,是年,天津港工会根据港口的实际,依据文体活动的要求,印发了《基层俱乐部达标标准》,并加强对职工俱乐部建设的检查指导工作,是年,天津港工会对各单位俱乐部检查验收,根据验收标准进行评判,授予港埠二有限公司俱乐部为优秀俱乐部称号。授予港埠一公司、三公司、四公司、五公司、六公司、轮驳公司、通信公司、南疆公司、电力公司俱乐部为合格俱乐部称号。1998年2月,天津港工会重新修订并印发了俱乐部达标验收标准、活动组织办法。是年11月,天津港工会组织了职工俱乐部达标验收工作,经评定:港埠二公司、三公司、南疆公司为优秀俱乐部;合格俱乐部有:一、四、六、集装箱公司;通信、轮驳、电力公司和设施处。是年,总结出工会开展俱乐部活动经验,一是发挥职工文化骨干的积极性,加强职工业余文化活动的管理;二是改进设施设备增加投入,满足俱乐部开展活动的基本要求;三是拓展延伸俱乐部的功能,视角移向车间班组,活动时间拓展到更多的工余时间。为规范职工兴趣协会各分会的行为和管理,是年4月,天津港工会开始整顿兴趣协会,成立了协会办公室并建立了相应的规章制度和工作程序,明确了协会办公室与各协会间的关系。通过整顿,交谊舞协会、歌友协会、京剧协会、钓鱼协会、太极拳协会、桥牌协会、摄影协会、美术书法协会等8个协会重新建立了协会理事会。在协会办公室与协会理事的配合下,相继组织太极拳比赛、钓鱼比赛、港区摄影创作、交谊舞交流、京剧比赛联谊、歌友杯赛、桥牌对抗赛、书法美术培训等活动。

2000年11月10日,天津港工会印发《天津港务局工会职工兴趣协会工作条例》。《条例》包括总则、组织机构、职能、活动方式、目的、会费及经费、附则等6章26条。2001年8月15日,为了进一步加强宣传阵地俱乐部的建设,天津港工会印发《关于基层职工俱乐部考核评优办法的通知》。天津港工会要求,各级工会加强俱乐部建设主要抓住俱乐部制度建设和运行机制建立、提高俱乐部工作人员素质、充分发挥职工兴趣爱好中心阵地的作用三件事,赋予兴趣娱乐活动丰富的教育内涵,提高兴趣爱好的科技含量,就能发挥好俱乐部的作用。《通知》后附有《基层俱乐部评优考核办法(试行)》。

天津港各级工会根据职工的文化需求,坚持用工人阶级的先进文化占领企业文化阵地;用先进文化艺术,感染职工、激励职工;以提高职工素质、振奋职工精神为主题,积极探索天津港不断深化改革和不断发展新形势下,工会文化工作、文体活动的新思路、新途径。努力建设工会所属各类文化体育活动场所,充分利用宣传设备设施,使工会文体活动阵地成为广大职工娱乐的天地,健身的去处,接受教育的课堂。

第五章　民主管理

以职工代表大会为基本形式的职工民主制度，伴随着天津港的发展，特别是企业领导体制的变革，经历了初步确立，逐步发展，不断完善的过程，有效地维护了职工民主管理的政治权利。职工代表大会制度对天津港的发展和改革，发挥了重要的促进作用。

第一节　天津港恢复建设，初步发展时期的民主管理工作

（1950～1965 年）

1950 年 9 月，天津区港务局成立后，天津港工会也应运而生，工会组织建立后即发动职工开展恢复和发展港口生产，广泛开展劳动竞赛、合理化建议和技改技革等群众性生产活动以及民主改革活动，总结推广劳动模范先进操作法，协助企业建立工资制度和劳动保险制度，推动建立局、基层单位、车间班组三级生产管理，积极推行企业管理民主化。广大职工通过参加民主改革、生产改革，参加企业管理，不仅在理论上，而且在实际生活中感受到自己翻身解放，当家做主的主人翁地位，阶级觉悟和生产积极性空前高涨，以极大的热情投入到恢复和发展港口生产建设的运动之中。合理化建议活动作为职工民主管理的一种形式，由松散型转变为有组织、有目的、有重点的群众性生产活动，合理化建议内容由关心自身经济利益移向安全质量、经营管理；由工作作风移向管理制度和管理标准的建设。对被采用的建议的奖励由精神鼓励为主转向以创造的价值的大小给予物质奖励。这个时期，工会积极组织职工开展爱国主义劳动竞赛及爱国增产节约竞赛运动，大大提高了装卸生产率。职工群众已有不少创造、发明、技术改进的例子出现，例如，这期间王庆国引水小组开展引水夜航为企业增产节约四亿元（旧币），河东码头职工在竞赛中提出“通风支垛、循环装车”、“两底三眼透风码垛法”等新装卸法。这些创造、发明、技术改进是因为职工群众觉悟到自己是港口的主人，顺了气，有了发明创造的机会，因此不计较报酬，不辞劳苦，贡献出自己的经验和智慧。这也是由于通过抗美援朝、镇压反革命、“三反”运动等的教育，职工政治觉悟普遍提高，发挥了工人阶级高度的积极性与创造性，因而在生产上创造了很大成绩。

根据 1950 年 6 月颁布的《工会法》规定：“工会代表有受雇工人、职员、群众参加生产管理及与行政方面缔结集体合同之权”、“有要求其同级行政当局在工会委员会、全体会员大会或代表会议上报告工作之权”、“参加同级企业管理委员会或企业行政会议之权”。天津港工会广泛组织职工学习有关规定，提高思想觉悟，联系单位实际，落实具体措施，经过一段时间的思想和组织工作，职工民主管理工作有了新的进展。1952 年，天津港轮驳队“在改进企业管理的基础上，建立了一些必要的组织，轮驳队分队配备了工会委员；另外，还建立了民主管理委员会、职工代表会议、奖励委员会、增产节约委员会、安全卫生工作委员会、查定工作核心小组、文教委员会，这些组织均由党政工团、劳模、工会积极分子、优秀工人或生产骨干组成”。是年 10 月，轮驳队召开首届职工代表会议并形成了六项决议：（1）为了完成和超额完成增产节约计划，展开经常性的爱国主义生产竞赛运动；（2）为了健全工会财务制度，实施经济民主，会议决议，除建立工会经费审查委员会外，还必须确定审计会计按月公布账目；（3）为了切实执行企业民主化的管理，全体代表除立即选举工人代表参加港务局船驳管理委员会外，并决议今后每月月初由行政和工会以统一主持召开职工代表会议之定期会议，以听取船驳管委会的报告，检查管委会对于船舶的经营管理及领导作风以及管委会进行批评与建议；（4）会议代表一致认为天津区港务局于 1952 年所公布实行之职工请假、考勤奖励等办法，其中许多条

款规定对船员多不适用,特建议上级行政迅即检查修正;(5)为了改进对船员的业余教育的教学方法以提高船员政治文化水平,特建议海员业校及塘沽区工人业余教育委员会应根据船员之活动特点及需要增设天津码头船员业余教育站,在教学方法上亦应试用以船为单位、小先生制的间接的教学方式,以克服当前船员业校船员实际不能就学的困难;(6)为了保证对船员建议的及时解答并鼓励其对行政和工会领导批评和建议的热情,特建议行政和工会于码头附近设立批评与建议的解答牌,确定专人负责,至多不超过五日由有关部门或有关人员作负责的解答。

1953年,我国开始执行第一个五年计划,进行大规模的社会主义经济建设。客观上要求企业加强管理,建立起适应现代化大生产的科学管理制度和方法。天津区港务管理局成立后,虽经过民主改革和生产改革,港口的面貌发生了根本性的变化,但也存在着多头领导和无人负责的现象,企业的规章制度有待健全。为了适应港口发展和管理现代化企业的需要,是年,天津港决定召开职工代表会议,整顿改进港口管理工作。8月,召开了第一次职工代表会议,这是天津区港务管理局成立以来召开的首次职工代表会议。会议提出,要认真贯彻整顿改进港湾管理工作,进一步深入开展爱国主义劳动竞赛,努力完成和超额完成1953年的生产任务。会议期间,天津港工会筹委会还运用展览会的形式举办了港湾作业展览会,通过实物和真人真事,进行生动深入透彻的宣传教育,学习和推广先进经验,贯彻作业计划,使增产节约竞赛迅速开展起来。

天津日報

一九五三年八月二十三日

天津區港務局舉行職工代表會議

決定加强港務管理工作

港灣作業展覽會

市防汛總指揮部指示各防汛指揮所

克服麻痺思想防汛不得鬆懈

女工同志們

1953年8月23日《天津日报》报道天津港召开第一次职工代表会议情况

1953年11月,市委决定逐渐把装卸工人固定起来,附属于某一主要部门,不能固定者,建立装卸工人

天津港務局召開第一次職工代表會議討論改進港灣管理工作爲運輸服務發揮工人積極性並舉行港灣作業展覽會是有教育意義的而且是成功的

章伯鈞

五三、九、十二日

1953年9月12日交通部部长章伯钧为天津港第一次职工代表会议题词

供应社;工会也固定起来,分属于各企业工会。1954年1月29日至2月28日,天津港进行了以固定岗位、改革工资、调整劳动组织为主要内容的首次生产改革,装卸工人由搬运工会会员制改为天津港固定工人,实行装卸工人计件工资制,同时制定了劳动保护规程。天津港工会正式统一了对装卸工的管理,改变了过去天津港工会由海员、搬运、市政三家工会多头管理的局面,工会工作步入正轨。这期间,工会配合行政,参与改革,维护职工利益,并在改革中开展了大量的宣传教育工作。编写了生产改革的宣传提纲;组织了全港各技术熟练工种、各职务级别职工代表座谈;召开职工代表会议,讨论并通过了生产改革方案。确定方案后,党群干部深入基层,广泛宣传,积极推进生产改革,同时还广泛征求职工对实施改革的具体意见。由于宣传鼓动得力,在完成整顿劳动组织、装卸重新编队和工资调整的改革的过程中,职工思想比较稳定。

1954年5月,天津港召开了第二次职工代表会议,号召全港职工必须贯彻作业计划,发扬生产技术革新精神,进一步开展增产节约竞赛,贯彻安全生产统一的方针,通过加强生产中的劳动纪律,提高出勤率。服从队(船)长的指挥,逐步建立局长、区长、队(船)长三级一长负责制和各单位负责制,加强企业管理上的组织性、纪律性,确保全面完成生产任务。1955年4月,天津港召开第三次职工代表会议，会议针对过去缺乏核算，浪费大，成本高、不能充分利用现有设备的情况，提出了杜绝浪费的措施和降低成本的指标。会议确定要继续全面深入贯彻计划管理，进一步提高作业计划质量，大力进行生产改革，认真贯彻安全生产，加强技术工作，深入推行内部经济核算制，以提高效率，降低企业成本，全面完成各项指标。会议还通过签订集体合同这种形式，作为全港职工开展劳动竞赛的重要措施。

这期间，天津港初步健全了民主管理制度，局、作业区能按季、月召开职工代表大会或职工大会，工会和行政分别向职工群众报告工作，发动职工群众讨论贯彻作业计划，加强企业管理，全面完成各项生产任务，进一步调动了广大职工当家做主的积极性。

1956年，国家完成生产资料所有制的改造，社会主义制度基本建立。党的第八次全国代表大会决定，在国营企业中实行党委领导下的厂长负责制和职工代表大会制度；“保证职工有必要的时间和条件对企业各方面的工作进行批评和提出建议，以发挥职工群众对企业领导的监督作用。”1956年3月，党中央批准了全总第七届执委会通过的《关于开展先进生产者运动的决议》，《决议》要求工会基层组织要会同企业行政召开职工代表大会，广泛发动群众，讨论生产计划，制定提前完成国家计划的具体措施。随之，根据市总华北区海员工会的要求，天津港先后召开了职工代表大会讨论年度生产计划，制定提前完成国家计划的具体措施。1956年3月，天津港召开第四次职工代表会议，这次大会的任务是，反对保守思想，挖掘潜力，保证提前一年全面完成第一个五年计划。大会号召全体职工代表充分利用有利条件，响应毛主席“又多、又快、又好、又省”的号召，大会审议通过了行政和工会所作的工作报告，审议通过并签订了《天津区港务管理局1956年度集体合同》，行政和工会还签订了《天津区港务管理局1956年劳动保护协议书》。1957年2月，天津港召开第五次职工代表会议，会议确定要进一步依靠群众加强对竞赛的领导，推动先进生产者运动的深入开展。

1956年，天津港工会协助行政开展工资改革运动。根据上级工会指示“工会各级组织必须从思想上、组织上、日常工作中把群众的工资系统建立起来，对国家工资政策和法令的执行情况，加强群众监督，以保证国家劳动工资计划的正确落实”，天津港工会为了加强群众工资工作的组织，自1955年下半年开始，陆续建立群众工资工作委员会，至1956年，天津港、区（队）共建立了7个基层工资委员会，并在车间设立了工资委员（全港共计工资委员41名），各小组均设有工资干事，工资委员和干事均接受了不同程度的专业培训。工会的工资工作职能：协助行政拟定和贯彻工资改革方案；检查工资基金使用情况；协助行政建立或修订和贯彻劳动定额工作；建立合理的生产奖励制度或方案。1956年第一季度，工会在征得党委同意的前提下，在上级工会的指导下，对全港装卸工资基金使用情况进行了检查，发现工资基金只完成95.58%，平均工资年计划67元，实际完成65.5元（完成97.76%）；计件工资完成75.2%；超额累进奖额没有完成，挪用他处。反映了天津港的劳动工资管理不够细致；装卸等级划分得不科学；装卸定额缺乏依据；奖励标准不切实际；计时工与计件工在工作配合上存在矛盾等问题，管理上混乱，计算上发生差错多起，也给职工收入造成一定影响。装卸工资基金使用情况的检查为天津港工资改革提供了资料依据。天津港工资改革在准备阶段，工会的主要任务是培训群众工资干部，宣传工资改革的目的意义、内容和原则；在实施阶段，工会参加天津港工资改革委员会，“协助与监督行政贯彻工资改革方案”。工会在基层区、队建立工资改革接待站，为职工答疑解惑；接待站向行政反映职工的意见800余件，大部分被行政采纳。最后，召开全港工资委员扩大会议，工资委报告工资检查的情况和工资改革的工作进度，经过工资委员的合议，在广泛征求职工的意见的前提下，实施了改革方案；并解决了装卸工资基金检查过程中发现的问题。工资改革后，职工的工资水平普遍提高，实现了生产改革的目标。

从1957年开始，我国进入全面建设社会主义时期。是年3月，党中央发出《关于处理罢工罢课问题的指示》指出，在工厂和学校中，建立职工代表大会制度，扩大民主生活，加强思想政治教育，是依靠群众克服官僚主义、正确处理人民内部矛盾的有效步骤。《指示》要求各企业“应该积极试行常任的职工代表大会制度，作为职工参加企业管理和监督行政的权力机关”。党中央给职工代表大会初步拟订了四条职权：一是听取和讨论厂长的工作报告，审查和讨论企业的生产计划、财务计划、技术计划、劳动工资计划和实现这些计划的重要措施，定期地检查计划情况，并且提出建议；二是审查和讨论企业奖励基金、福利费、医药费、劳动保护拨款、工会经费以及其他有关职工生活福利的经费开支，在不违背上级机关的指示、命令的条件下，可以就上述范围作出决议，交企业行政部门或其他有关方面执行；三是在必要的时候，向上级管理机关建议撤换某些企业领导人员;四是对上级管理机关的规定有不同意见的时候,可以向上级管理机关提出建议,但是如果上级管理机关经过研究仍旧坚持原有决定的时候,就必须贯彻执行。是年4月,党在《关于研究有关工人阶级几个重要问题的通知》中正式提出由工会主持的职工代表会议改为职工代表大会。是年9月,党的八届三中全会提出党委领导下的职工代表大会是扩大企业民主、吸引职工参加管理、克服官僚主义的良好方式,是正确处理人民内部矛盾的有效方法。12月12日,中国海员工会发出了《推行和建立职工代表大会制度的几点意见》,要求各企业试行常任的职工代表大会制度,工会组织作为职工代表大会闭会期间的常设机构。

为了贯彻党中央关于建立企业职工代表大会的指示,全国各地经过试点工作之后,开始全面普遍建立了职工代表大会制度。根据天津市工会联合会和天津区海员工会的要求,天津港开始进一步推动深化职工代表大会工作。1957年,第五次职工代表会议之后,开始建立了常任的职工代表大会制度,第一届职工代表任期一年,每年改选一次。

为贯彻党的群众路线,扩大与健全企业的民主管理,建立党委领导下的职工代表大会制度,1957年10月,天津港第一届第一次职工代表大会审议通过了《天津区港务管理局职工代表大会暂行办法》,这是天津港第一个职工代表大会办法,这个《办法》首次明确了职工代表大会的性质、任务、职权。该《办法》共分四章十六条,对职工代表大会的组织机构、职工代表、工会委员会等作出了明确规定,进一步把职工代表大会这种企业民主管理确定为职工群众参加企业管理的组织形式。《办法》明确了职工代表大会的职权是:听取和讨论局长报告,审查和讨论企业的生产计划、基本建设计划、财务计划、技术计划、劳动工资计划以及实现这些计划的重要措施,定期检查计划执行情况,并提出建议;审查和讨论企业奖励基金、福利费、医疗费、劳动保护拨款、工会经费以及其他有关生活福利的经费开支,在不违反上级有关要求的条件下,可以作出决议,交企业行政部门或其他有关方面执行;对副局长以下包括作业区、轮驳队、外理公司负责人以及各单位科、股级行政领导干部有任免的建议权。《办法》规定,职工代表大会每届任期一年,每年改选一次,每半年召开一次。《办法》规定,职工代表大会与工会会员代表大会合并举行,工会委员会由职工代表大会中的全体会员代表选举产生。在这期间,天津港职工代表大会除定期听取局长的行政工作报告外,还先后听取审议了有关福利工作的报告,审议通过了《关于工作服、雨衣的决议》《天津区港务管理局各工种防护用具使用暂行办法》《关于企业奖励基金使用计划的说明》等情况报告。

1958年,全国开展了"大跃进"运动。由于指导思想上的"左"倾错误,脱离实际,脱离群众,不尊重科学,不讲经济效益,急于求成,急躁冒进,浮夸成风,把企业一些正常的、合理的规章制度也冲掉了,加之不适当地开展政治运动,企业的民主管理也受到损害。"大跃进"中,强调"书记挂帅",企业领导制度出现以党代政、以党代群的现象。在"大跃进"运动中,天津港的广大职工群众迫切要求改变港口落后面貌,发挥出高度的社会主义积极性和首创精神。这个时期,天津港还借鉴学习了"工人参加管理,干部参加劳动,改革不合理的规章制度"的"两参一改三结合"以及合理化建议委员会等民主管理形式。1958年12月2日,天津港党委(扩大)会议讨论通过的《关于加强党对企业领导的几个问题的规定》指出,"工人参加管理在巩固已有成果基础上,进一步扩大其管理范围和权限。要帮助和培养工人迅速学会管理企业的本领。工人参加管理不应仅限于小组的、具体的管理工作,要将职代会的组织作用充分发挥起来,使工人逐步掌握和熟悉全面管理工作,加强群众对企业的监督。"根据这一要求,工会配合行政,广泛发动职工群众,解放思想,破除迷信,发扬创新精神,积极参与到"两参一改三结合"的改革中,制定了工人参加管理、干部参加劳动制度;修订完善90多个管理制度;"两参一改三结合"拓宽了依靠职工办企业的思路。

1958年9月至1959年12月,天津港先后召开了四次职工代表大会,号召全港职工要在党的领导下,以苦干加巧干的精神,大搞技术革命,大搞共产主义协作,为完成和超额完成年度生产任务,争取在苦战三年的任务中取得更好的成绩。1960年4月,天津港召开了第二届一次职工代表大会,这次代表大会的代表,任期一年,任期内只召开过一次会议,并与第三次工会代表大会合并召开。本次大会审议通过了重新修订的《天津市港务管理局职工代表大会暂行办法》,该《办法》共分四章十七条,首次明确了在作业区和轮驳队设立区、队职工代表大会,使天津港初步形成了两级企业民主管理形式。在这一期间,初步形成了天津港(局)和基层单位两级职工代表大会制度,代表实行了常任制,使职工代表在职工代表大会闭会期间仍然发挥作用。同时扩大了职工代表大会的权力,使职工代表大会由以往的咨询和监督的组织发展为职工行使民主管理权利的机构。天津港的职工代表大会已经成为发动职工群众参加企业管理，正确处理企业内部矛盾，克服领导官僚主义的一种重要制度。

进入20世纪60年代，我国经济遇到严重困难。为了纠正“大跃进”以来的“左”倾错误影响，克服国民经济日益严重的困难，党中央决定对国民经济实行“调整、巩固、充实、提高”的八字方针，制定和执行了一系列正确的政策和果断的措施。1961年9月16日，党中央颁发了《国营工业企业工作条例（草案）》（即《工业七十条》）。《工业七十条》在重申企业实行党委领导下的厂长负责制的同时，再次明确了在企业建立职工代表大会制度。《工业七十条》规定：“职工代表大会的代表，实行常任制，每年改选一次。企业的职工代表大会每年至少开会四次。在代表大会闭会期间，要按生产单位或者工作单位组织代表小组，经常反映职工群众的意见，督促和检查大会决议的执行。”“企业各级的职工代表大会和职工大会，必须按时由工会召开，不能以干部扩大会议代替。职工代表大会闭会期间，日常工作由工会主持。”

1960年，天津港建立了作业区（轮驳队）一级职工代表大会制度，其余单位实行职工大会制度，每季度局、区（队）召开一次职代会。但在会议的开法上，有一定的缺点，主要是会期紧，虽然对生产任务讨论比较充分，有些工作往往讨论不充分，也影响了会议决议和精神的贯彻。1962年1月9日，市总印发《关于国营工业企业实行职工代表大会制的情况和意见》，提出“五个必须”，即“必须树立依靠群众办企业的观念；必须明确职工代表大会制的性质和任务；必须发扬民主，使职工代表具有广泛性；必须经过充分酝酿，确定大会要讨论的问题和解决问题的措施；必须认真实现大会决议”。同时指出：“工会会员代表大会与职工代表大会的性质不同，不能互相代替，但是，由于它们要讨论和解决的问题很多是一致的，为了避免会议重复，使会员代表大会的作用发挥得更好，在召开会员代表大会时，可以和职工代表大会合并召开，但也可以不合并召开。代表可以互相兼任，一次选出。在合并召开时，应保证每一年有一次职工代表大会安排专门时间讨论工会工作和经费收支，改选工会领导机构。”“在一般情况下，500人以上的单位，可以召开职工代表大会，500人以下的单位可以召开职工大会。会议形式由本单位党组织自行决定。车间也可以召开职工代表大会，无论开什么样的会议，至少每年应开四次，根据需要，还可以多开。”1962年，天津港党委决定，“今后局一级职代会最多半年召开一次。每季度工作，事先汇集各个组织情况和意见，经过上下领导、骨干充分商量，党委讨论研究后，天津港党、政、工、团各部门分别组织贯彻，不再召开职代会，各区仍按季度召开职代会，并加强会前的准备工作，发挥职代会的经常作用。”

1961年9月，天津港召开了第三届一次职工代表大会，本次大会与第四次工会代表大会合并举行。第三届职工代表任期一年，每年改选一次。从1961年9月至1963年2月共召开过四次会议。这届职工代表大会期间，除按要求审议行政工作报告外，还通过了《天津港装卸大队生产奖励办法》《天津港职工代表大会暂行办法》《关于修订装卸工人奖励制度和装卸定额管理的报告》《1962年度竞赛方案》《天津港装卸大队工作条例》和《天津港实施定保奖规定》。1965年2月，天津港召开了四届一次职工代表大会，本次大会与第五次工会代表大会合并举行。第四届职工代表任期一年，任期内只召开了一次会议。

1965年7月，党中央总结了几年的实践经验，重新修订了《工业七十条》，形成了《国营工业企业工作条例（修正草案）》，对职工代表大会的性质、职权、组织等作出更明确的规定，规定“企业的职工代表大会，是职工群众参加管理、监督干部、行使民主的权力机关”。是年10月，根据市委批转市总党组《关于在“四清”运动中整顿基层工会的意见》中整顿和健全职工代表大会的要求，天津港工会印发了《关于在“四清”运动中整顿工会工作的意见》，提出了整顿和健全职工代表大会的意见，“各基层都要坚持职工代表大会（职工大会）制度，较大的塘沽作业区、轮驳队、天津办事处实行职工代表大会制度，其余基层单位实行职工大会制度。”“职工代表的人数可占职工总数的20%～25%，工人代表的人数应占职工代表的4/5左右。”“职工代表大会和工会会员代表大会是一套，基层工会就是职工代表大会的常设机构。代表大会闭会期间，工会委员会要组织好经常性的群众监督工作。”12月26日，交通部和全国海员工会联合召开了交通部直属企业政治部组织部长与工会主席座谈会，会议就活跃基层工会工作的经验，开好职工代表大会和发挥群众监督问题进行了座谈交流。会议期间，全国海员工会制定下发了《职工代表大会条例》。

1966年5月至1976年10月，是我国的“文化大革命”时期，同全国形势，天津港刚刚开始推行的职工代表大会制度，和企业其他规章制度同时遭到严重破坏。

第二节 天津港深化改革，阔步发展时期的民主管理工作

(1977～1991 年)

1976 年 10 月,我们党胜利地粉碎了“四人帮”,从此我国进入了一个新的历史发展时期。1978 年 4 月,中共中央发出了《关于加快工业发展若干问题的决定(草案)》,即《工业三十条》,决定取消企业中的革命委员会,恢复党委领导下的厂长负责制和党委领导下的职工代表大会制。1978 年 9 月,邓小平同志代表党中央、国务院在中国工会第九次全国代表大会的致词中,重申了社会主义企业必须实行民主管理的原则并指出“为了实现四个现代化,我们所有的企业必须毫无例外地实行民主管理,使集中领导和民主管理结合起来。”邓小平同志的致词,为整个经济建设、企业管理、工会工作指明了道路,是纠正“左”倾错误、恢复党的实事求是、群众路线的极为重要的论述。是年 12 月,党中央召开了具有历史意义的十一届三中全会,端正了党的思想路线,确定了我国国民经济贯彻实行“调整、改革、整顿、提高”的方针,提出了要发扬民主,对经济管理体制和经营管理方法进行改革的任务。为进一步贯彻落实《中共中央关于加快工业发展若干问题的决定(草案)》精神,发动广大职工群众参加企业管理,1978 年 12 月,天津港工会提出召开第五届职工代表大会的意见,经天津港党委批准,一些基层单位于 1978 年开始陆续恢复建立了党委领导下的职工代表大会和职工大会制度。1979 年 1 月,天津港党委召开常委会对职代会的筹备情况进行了研究,考虑到这次会议重点解决验收“大庆式”局的问题,原定的其他议程全部免掉,为此这次会议不能称为一次例行职代会,应为专题职代会。

遵照党中央关于发扬社会主义民主和普遍建立职工代表大会的指示精神,在党的领导下,各级工会为恢复和建立职工代表大会制度,维护职工当家做主的民主权利,做了不懈的努力。1979 年 10 月 15 日,市委批转市总党组《关于报请批发〈职工代表大会制度若干问题的暂行规定〉的报告》,报告中指出:企业实行党委领导下的职工代表大会制度,是组织职工群众参加企业管理的一个良好形式。恢复和健全职工代表大会制度,对保障职工行使当家做主的民主权利,办好社会主义企业,有着重大作用。企业党委组织要把试行职工代表大会制度列入重要议事日程,深入体察职工群众的情绪,了解职工群众的意见和要求,支持职工群众的正当要求和合理化建议;要教育党员和干部在实行民主管理中,发挥骨干、带头作用,模范地执行职工代表大会的决议。这个《规定》是天津市“文革”后恢复职工代表大会制度以来的第一个关于职代会制度的规定。

1980 年 1 月,天津港召开了第五届一次职工代表大会,这次大会的中心任务是,全面总结天津港 1979 年工作实现重点工作转移,落实“调整、改革、整顿、提高”八字方针,深入开展增产节约运动取得的成绩和经验,明确提出 1980 年全港生产、基本建设以及其他各项工作任务、奋斗目标和具体措施。会议号召全港职工要继续贯彻党的十一届三中全会和五届人大二次会议精神,落实调整国民经济“八字”方针,认真贯彻交通部生产会议和天津市工交系统增产节约动员大会精神,深入开展党的政治路线和思想路线教育,加强思想政治工作,进一步拨乱反正,解放思想,巩固发展安定团结的政治局面。要鼓足干劲,奋发图强,“学大庆,赶上(海)港”,深入持久地开展增产节约运动,进一步改进和加强企业管理,大搞挖潜、革新、改造,广泛开展万件合理化建议活动,千方百计增加生产,厉行节约,为全面完成和超额完成 1980 年的生产、基建和其他任务作出更大的贡献。

天津港第五届一次职工代表大会还审议通过了《交通部天津港务管理局职工代表大会章程》,这是天津港恢复职工代表大会制度后建立制订的第一个职工代表大会章程。该《章程》共分七章二十条,对职工代表大会的职权、职工代表、主席团、职工代表大会、工作机构等作出了明确规定,把职工代表大会作为党委领导下,吸引全港广大职工参加企业管理,监督干部的基本制度。《章程》明确了职工代表大会的职权是:听取和审议行政工作报告,并作出相应的决议;审议通过天津港的年度国家计划,各项经济技术指标,重大技术改造、革新、挖潜等重要问题;审议通过天津港的预决算和各项经费的分配使用办法。讨论通过企业重要管理机构,劳动组织的调整,职工奖惩办法以及规章制度的建立、修改、废除。讨论通过企业利润留成中生产发展基金、集体福利基金、奖励基金和劳动保护措施经费的使用方案,以及涉及职工群众切身利益的重大问题;监督企业各级领导干部正确执行党和国家的路线、方针、

政策和法令,克服官僚主义和特殊化。对工作成绩显著的干部予以表扬、奖励或建议上级机关予以晋级;对作风恶劣、严重失职、违法乱纪、压制民主的领导人员,可以作出处分或罢免的建议,提请上级机关批准。《章程》规定,职工代表大会每两年为一届,每半年或者一年召开一次职工代表大会。职工代表实行常任制,任期两年。1981 年 3 月,天津港召开了第五届二次职工代表大会,审议通过了《关于建立职工代表专业检查组的决定》,决定明确采取民主选举的方式,建立经营管理、技术管理、安全生产、生活管理四个职工代表检查组,改变了过去临时指定或临时组织职工代表检查的方式,从而进一步发挥了职工代表在闭会期间的作用,有计划、有组织地对职代会决议和提案落实情况进行督促检查。这是天津港职工代表大会首次民主选举产生专业检查组。

第五届职工代表任期两年,从 1980 年 1 月至 1981 年 3 月共召开了两次职工代表大会。因天津港是政企合一性质的单位,1981 年 12 月,经天津港党委常委会议研究决定,第五届职代会届满后,下届职代会暂缓召开。

由于林彪、"四人帮"的干扰破坏,企业中的民主生活很不健全,工人当家做主没有落实。建立健全职工代表大会制度,恢复了职工群众当家做主的地位,大大增强了职工主人翁责任感,解决了许多领导上认为难以解决的困难,推动了生产的发展。在这期间,各基层党委认真落实天津港党委指示精神,抓好建立健全职代会制度工作。围绕加快四化建设,召开职工代表大会,坚持民主办企业,调动了广大职工积极性。职工代表受群众委托参加企业管理,有强烈的光荣感和责任感,主动做群众工作,带头落实决议。召开职工代表大会,对干部实行群众监督,使得干部进一步转变作风,密切了干群关系。实行职工代表大会制度,促进各级领导关心群众生活,帮助解决职工群众的实际困难,热心为职工谋福利。很多单位通过召开职代会,发扬党的光荣传统,抓好职工食堂,兴办幼儿园、托儿所,盖职工澡堂,盖存车棚,为职工解除后顾之忧,使职工能够一心扑在四化建设上。召开职工代表大会,也是职工群众进行自我教育的过程。在筹备和召开职工代表大会中,对各单位普遍进行了正确行使民主权利、正确处理民主与集中、正确对待权利与义务的教育。职工群众在给领导提意见、揭矛盾、找差距、反浪费过程中,进一步认识到在办好企业中的责任。主动参与管理工作,自觉杜绝浪费现象,正确处理国家、集体和个人三者利益。

1981 年 5 月,中组部、国家经委、全总联合召开了全国企业民主管理座谈会,专门研究了发展企业民主管理,健全职工代表大会制度问题。是年 6 月,中国海员工会召开了全国水运系统海员职代会工作座谈会,推动航运系统企事业单位逐步提高和完善职工代表大会,建立健全民主管理制度。6 月召开的市工会第十次代表大会提出,"要通过建立职工代表大会制度和采取其他各种健全民主生活的措施,切实保障职工群众在企业中当家做主的地位,职代会有权根据党和国家的政策、法令,讨论、审议、决定企业的重大问题。要正确处理好职工代表大会制和厂长负责制的关系。厂长要定期向职工代表大会报告工作,并接受职工代表大会的检查和监督。职工代表大会要支持厂长行使其职权,维护生产指挥系统的权威,教育职工自觉地遵守劳动纪律、厂规、厂法,执行正常生产的各项责任制。职工代表大会讨论的内容,要坚持以增产节约为中心。职工代表要由群众民主选举产生。工会要在党委领导下,会同有关部门,做好职工代表大会的日常组织工作和群众工作。职工代表要努力学习党的路线、方针、政策,学习企业管理知识。"7 月,党中央、国务院转发并批准公布了全总、国家经委、中组部制定的《国营工业企业职工代表大会制度暂行条例》,《条例》指出,"职工当家做主、民主管理企业,是社会主义企业同资本主义企业的根本区别之一。职工代表大会正是提高职工群众主人翁责任感、发挥当家做主的积极性、办好社会主义企业的基本组织形式。"至此,我国的职工代表大会制度有了可遵循的具体章法,使我国的企业民主管理向法制化、制度化方面大大地推进了一步。9 月 29 日,市委批转市总等六单位关于贯彻中央 24 号文件的意见。市委批转的意见明确指出:实行职工代表大会制度,是党的一项重要政策,各级党委对这项工作要切实加强领导。要把贯彻中央 24 号文件,即职工代表大会暂行条例,推行职工代表大会制度,加强民主管理,作为企业整顿的一项重要内容,并同推行经济责任制紧密结合起来。使它逐步完善,切忌流于形式。要制定实施措施,并不断地总结经验,使它逐步完善,确实起到依靠群众民主管理企业的作用。为贯彻中央精神,市总等有关部门提出要求:(1)各区县局党委要对学习贯彻中央 24 号文件作出部署;(2)各工厂企业对照《暂行条例》,找差距,制定或修订本单位的职代会实施细则;(3)要把加强民主管理作为整顿企业的重要内容,同推行经济责任制、落实利润包干任务紧密结合起来;(4)各级党委要把加强对职代会的领导作为一项重要工作纳入议事日程,以检查贯彻《暂行条例》情况为内容,推动工厂企业完善职代会制度。

1981年10月,按照天津港第五届一次职工代表大会决议精神,要行使好职工代表民主管理企业的权利,促进行政进一步贯彻落实职代会决议,搞好企业的各方面工作。天津港工会组织26名职工代表,对贯彻落实职代会决议和落实提案情况进行了检查。这是天津港中断了15年职工代表大会制度之后,第一次组织职工代表进行检查质询活动。检查组指出,落实好职代会决议,必须狠抓工艺组织落实和生产工艺的确定与贯彻,加强技术管理、设备管理,克服"双革"中重大轻小的思想;职工教育工作要引起各级领导的重视,要加强教师队伍和教育基地建设,在职工生活上要加强对职工食堂工作的领导,进一步办好托幼工作 ,加强家属宿舍维修,对家属宿舍的分配,要做到公平合理。针对职工代表检查中提出的问题,天津港还召开了局长办公会议进行了专题研究进行落实。这次职工代表的检查工作对于促进全港工作,更好地实现年度增产节约计划和完成各项工作目标任务起到了很好的推动作用。截至1981年12月,全港有12个基层单位建立了职代会制度;有4个单位22个车间、139个班组实行了民主选举,46名职工当选车间正副主任,169名职工当选班组长、工段长。

1982年1月,国务院颁发了《国营工厂厂长工作暂行条例》,是年6月,党中央颁发了《中国共产党国营工业企业基层工作组织暂行条例》,"三个暂行条例"的实施,有力地推动了职工代表大会制度的普及。

按照交通部和天津市部署,从1982年起,天津港进行了企业整顿,经过两年的整顿,党的基层组织建设、企业管理、文明生产、港口建设、经济效益都取得了很大成绩。民主管理工作进一步发展,有8个单位对职工代表大会进行了改选换届,全港建立职工代表大会制度的单位达到14个,占全港单位总数的64%。1983年,天津港的职代会工作继续完善和提高,有的基层企业开始试行民主评议干部。1983年11月,天津港召开了第六届一次职工代表大会,会议期间审议通过了《交通部天津港务管理局关于全面整顿企业的情况报告》、通过了《关于〈全面整顿企业的情况报告〉的决议》。同时,根据中共中央、国务院颁布的《国营工业企业职工代表大会暂行条例》的规定,大会审议通过了重新修订的《天津港务管理局职工代表大会章程》,该《章程》共分七章二十二条,规定在实行党委领导下的局长负责制的同时实行党委领导下的职工代表大会制度。天津港第六届职工代表大会代表任期两年,从1983年11月至1984年3月,共召开了两次会议,会议期间还审议通过了《关于创建"六好企业"规划的报告》,选举产生了职代会提案审查委员会、经营管理监督检查组、职工生活监督检查组。在这期间,天津港的职工代表大会进一步巩固和提高,并有了新的发展。两级职工代表大会主席团都实行了常任制,职工代表大会的监督作用进一步扩大,基层作业区的装卸队、车间陆续实行了每季度队长、车间主任向职工代表团组汇报一次的工作制度或定期召开职工大会报告工作的制度。每季度或每月召开一次职工大会报告工作,使企业的各项活动都置于群众监督之下,有力地促进了职代会各项决议的贯彻落实,激发了广大职工的责任感和参与企业管理的积极性。职工代表的日常活动日益活跃,截至1983年12月,全港有14个单位恢复或建立了职工代表大会制度,建立各类检查组38个,开展各种检查活动64次。在企业整顿中,多数单位组织职工代表对五项工作的整顿进行了监督检查,促进了企业管理的加强,保证了企业整顿的验收合格。

1983年,围绕开展增产节约竞赛,发扬职工主人翁作用,市总进一步加强了民主管理工作。是年8月29日,市总印发了《集中主要力量,深入发动群众,完成今年的财政任务——当前增产节约竞赛的情况和下一步工作意见》,指出:"当前职工代表大会要着重抓两条,一是还没有召开职工代表大会,讨论落实增产节约目标和措施的,要抓紧召开,会前要做好充分准备。工会要组织职工代表对企业的情况进行调查,分析经济效益不高的主要问题,协助党委和主席团确定好大会的议题。会议期间,一定要发扬民主,广开言路,为发挥职工主人翁精神,发动群众献计献策创造条件。改变单纯少数人算账和领导提要求、群众提保证的做法。二是已经开过职工代表大会,讨论落实了增产节约任务的单位,要加强职代会的经常活动,要普遍组织职工代表对落实大会决议的情况进行检查,总结经验,研究问题,分析质量低、浪费大、效益差的原因,提出解决方法。要将检查情况向职代会汇报,进一步发动群众献计献策,挖掘潜力。"在贯彻落实这个《意见》的过程中,天津港各级工会广泛调动职工当家做主的积极性,通过开展增产节约竞赛活动,在全港形成了反浪费、挖潜力、增效益的高潮。

1983年10月,党的十二届三中全会通过了《中共中央关于经济体制改革的决定》,规定了我国以城市为中心的全面经济体制改革的方针和政策,也进一步明确了改革中工会和职工代表大会的任务。《决定》指出:“在实行厂长负责制的同时,必须健全职工代表大会制度和各项民主管理制度,充分发挥工会组织和职工代表大会在审议企业重大决策,监督行政领导和维护职工合法权益等方面的权力和作用,体现工人阶级的主人翁地位。”是年,全总十届六次主席团会议提出推动企业领导体制改革,把民主管理引向新阶段的意见,要求各级工会抓住机遇,理顺工会与企业党政的关系,做到“三加强”;要进一步健全职工代表大会制度,使职工民主管理真正做到经常化、网络化、制度化;要把职工代表大会的工作重点放到审议企业重大决策上,调动职工的积极性,提高经济效益,增强企业的活力。在党中央的领导下,各方面更加重视、支持企业实行民主管理。全国不少企业在改革中出现了加强厂长行政指挥、加强党委监督保证、加强职工民主管理的“三加强”的好形势。

1984年,天津港的民主管理工作紧紧围绕经济体制改革进行,积极推行和完善职代会制度,逐步建立起了车间、班组民主管理体系,并使之逐步趋于完善。是年3月24日,天津港党政联合印发《关于国营企业“三个条例”实施细则的通知》。“三个条例”即《职工代表大会章程》《国营工厂厂长工作暂行条例》《中国共产党工业企业基层党组织工作暂行条例》。《厂长工作条例实施细则》中规定:天津港实行党委领导下的局长负责制和职工代表大会制。《党组织工作条例实施细则》第二条规定:天津港及局属单位实行党委包括直属总支、支部领导下的行政首长负责制和党委领导下的职工代表大会制。按照“党委集体领导,职工民主管理,厂长行政指挥”的原则,管理企业。第三条规定:局党委(直属总支、支部)是企业的领导核心,对生产行政组织、职工代表大会,以及工会、共青团、民兵等组织实行统一领导。是年6月,天津港实行“双重领导,地方为主”的领导体制,逐步政企分开,作为天津市政府的职能局,代表政府管理天津港,所属企业成为独立的经济实体。各单位特别是在3个实行厂长负责制的试点单位,将企业的改革方案提交职工代表讨论通过,审议企业经营方针、措施,通过企业的重要规章制度、决定、职工集体福利设施等事项,注意发挥职工代表和职工代表大会的作用,有相当部分的单位还组织职工代表和广大职工为企业改革献计献策。开展职工代表两级评论、质询经济活动,专业检查组进行专题调查,提案处理采取对经理进行质询活动,同时开展评议企业、评议干部的“双评”活动等都对加强企业民主管理、推动技术进步、提高经济效益起到了很好的作用。是年,全港21个基层单位建立了职工代表大会制度,部分单位相继建立了车间(队)职工代表大会或职工大会,在班组建立了民主管理小组或民主管理制度,初步形成了民主管理体系。

1985年1月23日,市总十届六次全委(扩大)会议指出:“这次会议确定的要着重抓好的四个方面的工作,都是围绕增强企业活力的源泉提出来的。这四个方面的工作要全面贯彻,但也不能平摆并列,重中之重是加强企业民主管理,搞好职工代表大会制度。”“各级工会都从本单位的实际出发,采取切实有效的措施,加强企业民主管理。落实中央赋予工会和职工代表的三项权利,使职代会工作今年有比较大的突破,从而带动起工会的各项工作,取得比较大的进展。”是年,天津港所属各基层企业职代会普遍以增强企业活力,提高经济效益为中心,以审议企业重大决策为重点,进一步落实了职代会的各项职权,使其在提高企业管理水平,推进技术进步,改善职工生活方面发挥了重要作用。由于政企分开,天津港务局成为市政府的职能局,是年5月,天津港党委常委会议研究决定,撤销局级职代会,同时要求基层企业必须健全和加强职工代表大会制度。9月,全国海员工会召开了部分港口、航务工程航道系统企业民主管理工作座谈会,进一步推动交通水运系统职工民主管理工作。为进一步加强企业民主管理,总结经验,改进工作,更好地发挥职工代表大会的作用,10月10日,根据市委转发市委工交部、城建部、商工部和市总《关于开展职工代表大会工作检查的意见》(津党发〔1985〕53号)精神,天津港党委批转了天津港工会《关于开展职工代表大会工作检查安排意见的报告》,决定在实行职工代表大会制度的基层企业中全面开展一次职工代表大会工作检查。检查内容包括四个方面:党政领导和职工对职代会的认识;党政工如何共同抓好民主管理,如何发挥在企业经营管理、促进技术进步、增强企业活力、提高经济效益方面的作用;工会和职代会在审议企业重大决策、监督行政领导和维护职工合法权益等项职权的落实情况;基层、车间、班组民主管理组织建设和落实民主管理制度的情况。通过这次检查,提高了认识,端正了思想。进一步明确了职代会必须在审议企业重大决策,改善经营管理,促进技术进步,增强企业活力,提高经济效益上发挥作用;通过检查摸清了全港23个实行职工代表大会制度的基层单位职代会工作现状;评选了先进,总结了经验。这次检查,有5个单位被评为天津港(局)级民主管理先进单位,4个车间、4个班组、2个职代会专业组织被评为民主管理先进集体,有54名职工代表被评为优秀职工代表,其中有3名是公司经理。同时,天津港第五港埠公司被评为天津市民主管理先进单位,天津港集装箱公司被评为天津市民主管理表扬单位,6名职工代表被评为天津市优秀职工代表;进一步推进了民主管理体系的建设。健全完善了天津港的职工代表大会制度和各项民主管理制度,落实了职工代表大会的各项职权,提高了职工代表大会参政议政能力。截止到年底,全港有25个单位建立了职代会制度。天津港工会选送的港埠一公司、五公司和集装箱公司的民主管理成果在参加市总举办的工会系统开拓创新展评会上获得了奖励。据对11个基层单位统计,有148个车间、1120个班组建立了职工代表大会(或职工大会)和民主管理小组制度,分别占这些单位车间、班组总数的84.5%和83.4%,三级民主管理网络初步形成。

1986年1月28日,天津市召开民主管理工作会议,来自各条战线的500多名民主管理先进集体和优秀职工代表参加了会议,会议向全市职工发出了倡议书,提出了四点要求:一、认清形势,坚定信心,为巩固发展大好形势作出自己的贡献;二、发扬主人翁精神,为实现“七五”计划献计出力;三、积极参加企业民主管理,促进两个文明建设;四、树立共产主义理想,争当“有理想、有道德、有文化、有纪律”职工,为实现“七五”计划作出更大的贡献。是年,天津港90%的基层单位建立了职工代表大会制度。贯彻全民所有制企业三个条例后,不少企业建立起企业管理委员会,制定了条例实施细则,进一步理顺了党、政、工三者的关系,使民主管理逐步走向制度化、网络化和规范化。同时,一些企业还开展了“民主对话”、“民主管理日”、“经理(厂长)接待日”、“民主咨询”、“民主选举干部”等多种形式的民主管理活动。是年3月,天津港召开民主管理工作表彰大会,会议分析了全港民主管理的基本形势,表彰了1985年度民主管理工作优秀职工代表和先进集体。会议就进一步加强民主管理工作提出三点意见:一是继续提高各级领导对加强民主管理必要性和重要性的认识;二是职工代表大会要以审议企业重大决策为重点,全面落实各项职权;三是党政工要对民主管理齐抓共管。这次会议的召开有力地推动了天津港民主管理工作的开展。

1986年9月,中共中央和国务院颁发了《全民所有制工业企业厂长工作条例》《中国共产党全民所有制工业企业基层组织工作条例》和《全民所有制工业企业职工代表大会条例》(简称“三个条例”),形成了厂长负责、党委保证监督、职工民主管理的企业领导体制。随着我国经济体制改革的逐步深化,劳动制度的改革提上议事日程,推进劳动制度改革,对于消除当时劳动制度中的弊端,进一步调动广大职工的积极性,加强劳动纪律,提高职工队伍素质,增强企业活力和提高经济效益都具有重要意义。这项改革涉及国家的经济和政治生活,涉及企业的生产和组织管理,涉及广大职工的切身利益。工会作为职工利益的重要代表,有责任、有义务积极参与改革、支持改革、推进改革。是年12月2日,全总印发了《关于工会积极推进劳动制度改革工作的意见》,明确了各级工会组织在劳动制度改革中的主要任务:(1)积极参与改革,推进改革;(2)组织和动员广大职工群众,更新观念,以主人翁的姿态投身到劳动制度改革中去;(3)加强民主监督,积极维护职工的合法权益。

1987年,天津港各级工会组织通过深入调查研究、参政议政、培训职工代表,以及对企业行政领导干部实行监督、评议,使经理(厂长)的决策更加科学化、民主化、程序化。在贯彻“三个条例”过程中,许多企业的工会组织和职工代表,一般都做到了经理(厂长)决策前深入实际、了解情况,为经理(厂长)决策提供依据;决策中组织职工代表对方案进行补充和完善;决策后发动群众、组织实施,使民主管理工作得到不断发展。一些企业以行政为主召开的民主恳谈会和行政、工会联合召开的民主对话会等丰富多彩,初步形成了制度,拓宽了企业民主管理渠道,提高了广大职工参政议政能力。是年,天津港两级工会着重在理顺工会和职代会的关系上进行了探索和试点工作。一是根据“三个条例”规定,结合企业实际,制定了《职代会实施细则》与已经制定的《经理(厂长)工作条例实施细则》《基层组织工作条例实施细则》配套,使职工代表大会和职工的民主权利有了制度保证;二是工会承担了职工代表大会工作机构的任务,取消了常任主席团制,职代会闭会期间,遇到需要临时解决的重要问题,由工会委员会召开代表团组长和专门委员会负责人联席会议协商处理;三是工会会员代表和职工代表合二为一,具有双重代表身份;四是工会的部门委员会与职代会专门委员会或监督检查组,凡工作性质相似的均合为一体,具有双重职能。并明确了工作职责,建立了工作标准和工作程序。属于工会特有的工作,仍由工会单独建立组织进行工作；五是车间、班组的民主管理，均由车间工会和工会组长主持。为贯彻落实中央颁发的“三个条例”，特别是《全民所有制工业企业职工代表大会条例》，理顺职代会与工会的关系，是年7月8日，天津港工会召开了民主管理座谈会。7月15日，又召开民主管理研讨会，进一步明确了理顺职代会与工会的关系中的关键环节，从而为天津港探索民主管理新路子，更好地发挥工会组织在民主管理中的作用奠定了基础。是年10月12日，中国海员工会港口联络委员会制定《港口职工代表大会工作规范》并印发全国港口企业执行。12月，市总、市劳动局联合印发了《关于充分发挥工会和职代会在企业内部分配中作用的通知》，《通知》要求，(1)研究制定企业内部的工资、奖金分配形式和具体实施办法，以及调资升级时间、对象等工作时，必须吸收工会主席参加；(2)企业工会应积极协助行政，做好职工思想工作，教育职工正确处理好国家、集体、个人三者利益关系；(3)职工代表大会应对企业内部的工资、奖金分配工作进行审议、监督，并建立必要的民主程序；(4)企业领导干部的工资晋级、奖金额度和职务津贴的确定，必须经过职代会主席团和代表组长联席会议审议通过，并按干部管理权限上报；(5)企业工会应积极协助行政推行经济责任制，完善承包体系，搞活奖金分配；(6)企业工会应指定专人配合行政做好企业内部工资、奖金分配工作。这个《通知》对于充分发挥工会和职工代表大会在改进企业内部工资、奖金分配制度方面的作用起到了重要作用，使工会参与企业分配工作实现经常化、制度化。截至1987年12月，天津港建立职工代表大会制度的21个基层单位，其中13个单位实行了经理(厂长)负责制，有11个单位基本理顺了工会和职代会的关系，使职工代表大会制度进一步健全完善，形成了经理(厂长)负责、党委保证监督、职工民主管理的企业领导体制。是年，天津港局、公司两级工会通过举办全局性的民主管理知识竞赛、答卷活动，举办培训班、讲座等形式对职工代表进行了系统培训，全年培训职工代表1460多名，占职工代表的81.4%，进一步提高了职工代表的参政议政能力。

1988年，天津港工会在组织各级工会贯彻“三个条例”、完善企业民主管理制度的同时，一方面积极组织基层企业工会参与租赁企业的民主管理和合同的制定，发动职工和组织职工与企业承租者合作，搞好工作，增强企业活力；另一方面继续进行多层次、多渠道的民主协商对话，促进职工进一步关心企业，自觉地参与到企业管理、技术革新和各项改革。是年4月，中共中央颁布实施了《企业法》，第一次通过国家立法的形式，对以职工代表大会为基本形式的民主管理制度作出规定。《三个条例》和《企业法》的颁布实施，对职工代表大会制度的推广起到了积极的促进作用。是年，天津港党、政、工联合印发《关于认真贯彻执行〈全民所有制工业企业法〉的安排意见》，《意见》强调，两级领导干部要带头学习《企业法》，要对本单位的“三个条例实施细则”和现行重要管理制度进行复核。经理是企业法人代表，对企业的两个文明建设负全责。政企分开后，党组织主要行使保证监督职能，以主要精力加强党的建设，发挥党支部的战斗堡垒作用和党员的先锋模范作用，对企业重大问题提出意见和建议、充分调动职工的积极性、创造性，实现《企业法》所规定的企业权利。是年7月，天津港举办了三期领导干部学习班，全港共有89名处级领导干部参加了学习。举办这次学习班的目的就是明确宣传、学习、贯彻、执行《企业法》的具体要求，让全港职工“知法、懂法、守法”。通过学习培训使大家充分认识到颁布《企业法》的重要意义，进一步明确了党、政、工三者关系。7月22日，天津港党委宣传部印发了认真学习《企业法》，努力执行《企业法》的宣传材料，供干部职工学习《企业法》参考。

1988年7月22日，市体改委、市经委、市交委、市总联合印发了《关于招标承包、租赁经营企业加强职工民主管理的暂行规定》，《规定》要求：(1)企业实行招标承包、租赁经营是企业经营方式的改革，企业所有制性质不变，职工当家做主的地位不变；(2)招标承包、租赁经营企业的职工要依照工会章程，民主选举工会主席，经营者不能兼任；(3)企业实行招标承包、租赁经营责任制的方案(包括采取何种承包、租赁形式以及招标方法等)要经职工代表大会审议；(4)企业承包者和承租者的产生，应体现竞争、公开、择优、民主的原则；(5)招标承包、租赁合同必须包括执行国家劳动保险、福利待遇、职工奖励等内容；(6)招标承包、租赁经营企业要依照《企业法》落实职工代表大会职权；(7)职工代表大会和工会要维护职工依法参加民主管理，享受劳动保护、劳动保险、休息和领取劳动报酬的权利。为了适应逐级推行承包经营责任制的要求，根据《企业法》的有关规定，天津港两级职工代表大会审议企业重大决策的职权进一步落实，职工民主意识进一步增强。是年，有12个基层企业采取议标方法实行承包，各公司负责人在与局长签订承包合同前均将承包合同书及落实承包合同措施方案提交职工代表大会进行审议。同时也将本企业内部承包方案经职代会讨论通过后实施。部分基层企业在职代会审议之前开展企业负责人与职工代表民主对话活动,统一思想认识。一些基层工会还代表职工与企业行政签订了共保合同。天津港还在储运公司和港口宾馆两个企业中实行了招标承包经营企业,主要是吸收职工代表参加评审委员会,在确定中标候选人后,召开职代会听取候选人报告承包指标和治厂方案,由职工代表投票选举建议中标人。

1989年,根据上级工会的要求,天津港以职代会"三化"(组织网络化、行使权利程序化、活动经常化)、"五权"(讨论、审议厂长的工作报告;决定企业各方面资金的使用;通过企业体制改革有关事项;监督企业各级领导干部和工作人员;选举、评议企业行政领导)为主要内容的职工民主管理达标活动全面开展。是年4月,天津市在企业中开展了"共同建设利益共同体"活动,这项活动的目的就是深化企业改革,发展生产,提高经济效益,核心内容就是依靠职工办好企业。4月15日,市体改委、市经委、市计委、市交委、市建委、市商委、市外经委、市农委、企管协会、市总等联合转发了天津市达仁堂制药厂等13家企业的厂长(经理)和工会主席在"共建企业利益共同体座谈会"上联合向全市各企业的经营者和生产者发出的"关于共同建设企业利益共同体的倡议",这个倡议的主要内容是:(1)认清形势,明确建设企业利益共同体的重大意义;(2)实现经营管理者的管理权威同职工群众的主人翁地位相统一,建立起经营者和生产者相互依靠,密切合作的新型劳动关系;(3)加强科学管理,完善民主管理,推行企业行政管理与民主管理相结合;(4)增强企业活力,提高经济效益,建立适应发展有计划商品经济需要的经营机制;(5)协调好企业内部的利益关系,用契约的形式明确经营者和生产者的责权利;(6)注重精神文明建设,搞好企业文化,形成职工心齐气顺的企业"小环境"。这个倡议表达了全市广大企业的经营者和生产者建设企业利益共同体,齐心协力渡难关的共同心愿。这项活动的开展为贯彻好《企业法》,推行"群体经营工作法"积累了经验。

1989年12月,党中央就加强和改善党对工、青、妇工作的领导发布了12号文件,强调要发挥工会"在国家和社会事务管理中的民主参与、民主监督作用",要使工会"成为广大群众有组织、有纪律、有领导地参政议政的民主渠道"。这是在改革开放的新时期,党中央对工会提出的新要求。

随着国家逐步扩大企业的经营自主权,企业内部也通过多种形式的经济责任制,逐步向车间、班组扩权,这就对加强车间民主管理提出了客观要求。1989年12月15日,市总印发了《关于加强车间民主管理工作的意见》,《意见》对车间民主管理的基本形式、车间职工代表大会的职权、车间民主管理组织制度以及正确处理车间职代会与车间党政工及职代会的关系等问题作出了明确规定。12月底,市总与市经委、市交委、市建委、市商委等五单位联合颁发了《关于企业开好1990年首次职工代表大会的意见》,要求各级党政领导和工会组织切实加强对这项工作的领导,厂长(经理)依法尊重职代会的职权和职工的民主权利,基层工会积极发挥职代会工作机构的作用,充分调动广大职工的积极性,不断增强主人翁责任感。为进一步贯彻落实这个《意见》,1990年3月29日,天津港工会印发了《关于建立基层职工代表大会会前报告制度的规定》,决定建立基层召开职工代表大会会前报告制度,明确各基层单位要在召开职工代表大会前一周向天津港工会报告,便于及时掌握情况,加强对基层职工代表大会的指导。同时,天津港工会还印发了《关于1990年局工会开展民主管理工作单项竞赛的通知》,《通知》要求各单位工会要结合实际制定参赛措施,在双增双节运动中推动民主管理工作的开展。5月25日,市总与市经委、市交委、市建委、市商委等五单位联合召开了天津市开好企业职代会促进双增双节经验交流大会。会议要求各级干部要密切党同人民群众的血肉联系,要把全心全意依靠工人阶级的根本指导思想真正落实到企业;要认真坚持职工代表大会制度,切实加强企业民主管理;要切实加强各级党组织对职工代表大会工作的领导;要依靠和发动职工群众,深入持久地开展双增双节运动,努力完成全年各项任务。6月9日,天津港工会印发了《关于贯彻市总〈关于加强车间民主管理工作的意见〉的通知》,要求各基层工会在贯彻落实中抓好组织落实、明确职权、建立制度、加强指导、主动取得党支部的领导和支持等几个环节。为发挥职代会在企业内部分配中的作用,是年,天津港对各级职代会提出了"认真审议,加强监督,搞好内部分配"的指导意见,指出"公司、车间、班组的工资和奖金分配方案,必须经职代会和职工民主管理委员会审议通过,并在其监督下实施",使各单位做到"四公开、两防止",即工资和奖金的来源公开、分配方案公开、分配结余公开;防止和克服短期行为、防止和纠正截留、挪用、私分行为。天津港通过开展民主管理工作单项竞赛活动，对基层单位职代会五项职权的落实、民主管理工作的落实、基层单位三级民主管理网络建设、职工代表参政议政的水平、企业负责人对民主管理工作的重视程度等内容进行考核。通过民主管理工作单项竞赛的开展，进一步促进了全局民主管理工作的开展。截止到1990年年底，天津港有19个基层单位、183个车间、954个班组建立了民主管理制度，基层单位三级民主管理网络基本形成。

为使天津港党的工作、行政工作和民主管理工作制度化，按照上级有关规定，在充分听取各方面意见的基础上，1990年7月12日，天津港党委印发了《关于公布、实行“三个条例”的通知》，要求各单位党、政、工贯彻、落实《中共天津港务局委员会工作条例》《天津港务局局长工作条例》和《天津港务局职工代表大会条例》。是年，天津港各级工会的民主参与、民主管理、民主监督作用进一步得到发挥。各级工会在积极支持实行厂长负责制的同时，大力推进职工民主管理，充分发挥职代会的作用。把认真审议和落实企业的生产经营决策作为职代会活动的重点，组织广大职工认真分析企业形势，针对企业的难点积极献计献策；积极推行签订“共保合同”，把工会同行政的横向共保，与行政系统的纵向包保紧密结合起来，保证生产经营决策的落实；加强对企业内部分配方案的审议和监督，提高分配的透明度，维护了职工群众的合法权益；发挥职代会民主监督作用，坚持搞好对领导干部的“双评”和日常工作中的民主监督，并把“双评”同党组织考察干部、评议党员有机地结合起来，活跃了企业民主生活，密切了党群、干群关系，促进了企业的廉政建设。在搞好职代会活动的同时，各级工会进一步健全和完善多种形式的民主议政制度，强化车间、班组民主管理，加强对职工代表的培训。

随着经济体制改革的不断深入和天津港实行局长负责制，为进一步加强民主管理工作，1990年2月天津港党委常委会议研究决定，恢复天津港级职工代表大会制度，并召开第七届职工代表大会。第七届职工代表任期四年，从1990年7月至1993年1月共召开过五次会议。天津港第七届一次职工代表大会审议通过了《天津港务局职工代表大会条例》和职代会经营管理、工资奖励生活福利、评议干部、提案审查四个专业委员会成员名单。

1991年，天津港两级工会高层次的民主参与取得新进展。是年1月26日，市总、市经委、市交委、市计委、市建委、市商委、市外经贸委、市科委、市教卫委、市农委等联合印发了《天津市企业民主管理工作达标考核的意见》，明确“自1991年起，在全市企业中结合建设职工之家和企业升级开展民主管理活动。企业民主管理没有达标的，企业工会不能评为职工之家。在企业升级工作中要把企业民主管理达标考核情况作为综合评价企业管理工作的重要内容”。《意见》明确了达标考核办法：“企业民主管理达标考核实行否决条件考核和全面百分考核相结合的办法，即在否决条件考核通过的基础上再进行全面百分考核，考核分在75分以上者视为达标合格，并颁发达标证书。”“企业民主管理达标考核每年进行一次。先由企业自查，再向上一级工会申报验收。企业民主管理达标验收必须遵循实事求是的原则，按照达标条件，注重考核民主管理工作在发展生产、搞活经营、加强管理和稳定职工情绪等方面的作用。经验收达标合格的单位，市总将组织抽查。上一级工会每年都要进行年度复查。经抽查或复查不够达标条件的，仍视为未达标单位，并收回达标证书。”《意见》明确了达标考核的条件，即否决条件和组织制度、全面考核、职权落实、党、政、工在企业民主管理工作中的职责等条件。是年3月，根据《天津市企业民主管理工作达标考核的意见》和天津港行政和工会联合下发的《关于在全局开展企业民主管理工作达标考核的通知》精神，天津港工会下发了《关于天津港开展民主管理工作达标考核的意见》，要求在建立职代会制度的企业和单位，结合建设职工之家和企业升级工作，开展民主管理工作达标考核工作。并把民主管理达标工作作为企业的单项成绩纳入企业升级；民主管理未达标的单位不能评为职工之家。同时还下发了天津港民主管理达标考核细则和民主管理达标评审细则。民主管理达标考核标准分为合格、二级先进单位和一级先进单位三个标准。3月25日，天津港转发了市委工业、交通、计划、外经贸、商业、城建、科技、教卫、农村九个工委和市总联合印发的《关于在“质量、品种、效益年”活动中充分发挥职工民主管理作用的通知》。要求贯彻落实国务院开展“质量、品种、效益年”活动的精神，围绕“质量、品种、效益年”和创“国奖”活动，发挥思想政治工作优势，发挥党组织和党员的作用，发挥民主管理的作用，建立健全职代会制度，开好1991年的职代会，建立健全车间班组的民主管理制度，号召广大职工积极参加活动。要求各级党组织要加强对企业职代会和其他各项民主管理活动的领导。还提出开展“质量、品种、效益年”活动要结合民主管理达标活动。随着职工民主管理工作的进展,天津港的民主管理研究工作进一步活跃,效果更加显著。10月,天津港党政工联合召开民主管理工作研讨会,会议总结分析了全港的民主管理工作的情况,对今后一个时期内民主管理工作的开展进行了研讨,会上发表了四篇论文,讨论通过了《天津港务局民主管理工作暂行规定(讨论稿)》。

1991年10月天津港召开民主管理研讨会

1991年,根据中共中央办公厅转发的全总党组《关于进一步发挥工人阶级主力军作用需要解决的几个问题的报告》(中办发〔1991〕6号)精神,10月17日,市委办公厅津党办发〔1991〕43号文件批转了市总党组《关于进一步发挥工人阶级主力军作用的意见》,文件中提出了八条贯彻意见:(1)扩大职工参政议政渠道;(2)加强企事业单位的民主管理和民主监督;(3)从优秀工人中发展党员、选拔干部;(4)组织职工深入开展社会主义劳动竞赛;(5)进一步完善和实施涉及职工切身利益的有关法律、法规和社会保障制度;(6)提高职工队伍的整体素质;(7)大力宣传工人阶级的历史地位和主力军作用;(8)加强和改善党对工会的领导,更好地发挥工会的桥梁纽带作用。这个《意见》的出台,为进一步落实全心全意依靠工人阶级的指导思想,发挥好工人阶级主力军作用,动员和团结全市职工为天津经济的发展作出贡献奠定了基础。

第三节 天津港现代化建设,科学发展时期的民主管理工作

(1992~2009年)

改革开放三十多年以来,党在发展社会主义市场经济,加强社会主义民主与法制建设等一系列的方针政策上,使职工民主管理工作产生了新的飞跃,主要反映在四个方面:一是职工民主管理涉及的领域越来越宽。随着改革的不断发展和开放的不断扩大,经济体制由社会主义的计划经济,发展到有计划的商品经济,又发展到社会主义市场经济。职工民主管理所涉及的领域也不断地由生产管理拓展到生产经营管理,进而拓展到资产经营管理。同时职工民主管理不断地由企业拓展到事业,又由国有、集体及其控股企业拓展到非公有制企业。二是随着企业改革的推进,由放权让利到制度创新,职工民主管理成为现代企业制度的重要标志。职工民主管理成为健全和完善现代企业制度的民主科学的经营管理决策机制以及企业自我发展、自我约束机制的基本内容。三是《劳动法》的颁布实施,集体合同、劳动合同制度的广泛施行,职工民主管理切实成为企业劳动关系的协调机制,成为企业创造和谐稳定的劳动生产环境的客观需要,成为职工群众依法保护自身劳动权益的客观需要。四是厂务公开的推进,使职工民主管理成为加强基层民主政治建设的一项基本制度。实行厂务公开,使职工民主管理工作成为有关各级党委、行政、纪委、工会等各方面工作的结合点,对于加强和改善党的领导,加强和改进管理,搞好廉政建设,维护职工合法权益,促进经济发展都起到了重要作用,使人民当家做主在基层单位得到具体体现。

一、以职工代表大会为基本形式的民主管理更加完善

党的十四大以来,党中央反复重申党的全心全意依靠工人阶级的指导方针,要求把这一方针落到实处,保证职工在企业的主人翁地位和民主权利。天津港各级工会在积极参与企业改革试点和"三改一加强"的同时,积极组织广大职工参加企业的改革和管理,坚持和完善职工代表大会制度,职工民主管理更加完善。

建立现代企业制度,搞活国有企业特别是大中型企业,对促进市场经济发展有着重要作用,直接关系到企业命运和职工利益,迫切需要工会代表和组织职工加强民主参与、民主管理、民主监督,参与企业改革,参与经营管理,促进约束机制的形成。20世纪90年代以后,随着改革向深层次发展,根据市总"重视宏观参与、决策参与、源头参与"的要求,天津港工会进一步确立了源头参与,依法维护的指导思想,积极参与到改革决策和实施的全过程中去,促进企业经营机制的转换;参

与社会保障制度改革，在推进养老、失业、医疗、补充保险和住房制度改革的进程中，反映职工的要求；参与涉及职工利益的企业规章制度的制定，提出具有政策性、可行性的建议；坚持完善职工代表大会制度，依法落实职代会各项职权，发挥工会工作机构的作用，全面落实职工的各项民主权益。在开展这项工作中，各级工会抓住改革政策出台、工会和民主管理的地位作用、关系职工利益的三个核心问题，参与制定企业规章制度、审定改革方案和方案的监督实施。截至1993年12月，全港建立职工代表的单位已经达到24个，占全部基层单位的82.76%，其中国有企业22个，集体企业1个，股份制企业1个。

1991年，天津港开始进行体制改革工作，先后经过了"可行性研究、基本政策制定"阶段。1992年，开始了"技术测定、功能评价、职工评岗"阶段工作。此次体改是天津港历史上第一次工人参加岗位评定活动。作为天津市19家工资改革试点单位中唯一以局为单位开展技术测定的单位，也是沿海唯一开展技术测定的港口。体制改革关系到全港每位职工的切身利益，为使这项工作正常、稳妥、健康地开展，充分体现"科学性要强、透明度要高、群众性要广"的原则，天津港工会采取以天津港、公司两级职工代表为主，职工广泛参与，上下纵横结合，双轨参与审议的形式，积极探索职工民主管理与行政专业管理相结合的方法，把维护职工合法权益同支持推进改革有机地结合起来。特别是出台天津港《岗位工种序列标准》和《岗位劳动评价标准》过程中，需要对20个单位、73个工种、157个岗位、231名对象同时进行工作日写实，需要功能数据10000多个，涉及面广、工作量大、质量要求高。在双轨参与审议中，天津港工会主席进入天津港体改领导小组，实现源头参与；天津港工会具体负责干部进入体改办公室，在各项改革酝酿、制定层参与；天津港职代会专门委员会和部分基层工会主席参与修订会议，在改革方案的修订中参与；各项方案提交天津港职代会审议，在改革方案的通过层参与；一定比例的职工代表参加各级改革组织机构，并组织职工参加评岗，在改革方案的实施层参与。截止到7月，全港各级工会先后召开公司、车间、班组评岗会2350次，开展岗位自评880个，对179个岗位评议2300余次，参加评岗职工达10万余人次，充分体现了这项工作的广泛性、群众性和民主性，使全心全意依靠工人阶级的方针得到彻底的贯彻和落实。

1994年1月，天津港召开第八届职工代表大会第一次会议，至1997年1月第八届职代会共召开过四次会议。在这期间，中央围绕搞好大中型企业，采取了一系列重大的政策和措施，天津港认真贯彻党的十四大和邓小平同志南巡重要谈话精神，在市委、市政府和交通部的领导下，坚持改革开放，坚持两个文明一起抓，坚持全心全意依靠工人阶级的指导方针，围绕建立现代企业制度，坚持"三改一加强"，进一步深化企业内部改革，加强企业内部经营管理和基础工作，坚持科技兴港，搞好技术进步，从整体上不断提高企业的素质，进一步提高企业的经济效益。

第九届职工代表任期四年，从1998年2月至2000年1月共召开过三次会议。在这一时期，全港上下深入贯彻党的十五大精神，坚持深化改革，加快发展，内抓管理，外抓市场，积极开拓货源，提高服务质量，战胜重重困难，港口生产创历史最高水平，取得了可喜的成绩。

1995年3月，天津港工会举办了基层工会负责人《工会法》《劳动法》培训班，通过培训进一步明确了工会组织在港口发展大局中如何发挥作用；明确了工会的法人地位，应依法行使工会的权利和义务；明确了以贯彻实施《劳动法》为突破口，发挥好工会组织作用；明确了签订集体合同工作是为了建立稳定协调的劳动关系，维护职工合法权益，规范劳动关系双方行为，增进双方合作，共谋企业发展。

全心全意依靠工人阶级是我们党的一项根本政治原则。1995年，江泽民同志在上海、长春召开的企业座谈会上，提出要在四个方面下工夫，就是在政治上保证职工群众的主人翁地位，调动广大职工的积极性和创造性；在制度上保证职工了解和参与企业的经营管理，实现职工群众对企业领导的有效监督；加强职工队伍建设，提高职工整体素质；依法保护职工的合法权益，关心广大职工的生活和福利。是年12月，尉健行同志在全总第十二届三次执委会上就工会参与国有企业改革和建立现代企业制度试点工作的实际，提出了"六个必须"，为工会工作总体思路在基层的落实指明了方向。即必须牢固树立依靠职工群众办好企业的思想，建设一个全心全意依靠职工群众推进企业改革和发展的好的领导班子，保障职工的企业主人翁地位；必须坚持和完善以职工代表大会为基本形式的职工民主管理和民主监督制度，不断探索新的实现途径，实现职工群众对企业的民主管理和对企业领导干部的有效监督；必须切实保障《劳动法》赋予劳动者的合法权益，通过平等协商和签订集体合同，建立稳定协调的劳动关系;必须在企业的董事会和监事会中,有工会组织职工民主选举产生的职工代表,并逐步形成充分发挥职工代表作用的制度;必须尊重和支持工会依法独立自主地开展工作,履行维护的基本职责,保护和调动职工群众的积极性和创造精神,并将其引导到推进企业改革和发展上来;必须重视和加强职工队伍建设,不断提高职工的思想道德和科学文化技术素质。这些都为企业贯彻落实全心全意依靠工人阶级的方针指明了方向。

天津港在实现"两个转变"和建立现代企业制度过程中,保证职工群众在企业中的主体地位,引导广大职工投身改革开放,同时在企业内部建立健全了多方面、多层次的参与协调机制,并使其制度化、规范化,让"依靠"方针在企业生产经营管理中获得坚实的制度载体和体制依托。天津港从1985年至1995年十年间,取得了资产总值、建设资金投入、实现利润、人均创税、欧亚大陆桥过境运量和吞吐量年均增长幅度均居国内同行之首的业绩,总结两条根本经验之一就是全心全意依靠工人阶级,也就是在政治权利和经济利益上都应该体现出职工的主人翁地位。1996年8月,天津港工会与党委宣传部、党校共同召开了"全心全意依靠工人阶级座谈会",邀请天津市部分理论专家和基层党政工领导进行座谈,进一步推动全心全意依靠工人阶级方针的落实。会议认为,今后要按照上级的规定,结合天津港的实际,制定和实施必要的制度和规定,使全心全意依靠工人阶级的方针落在实处,纳入正规化、制度化的轨道。

为适应改革开放和发展社会主义市场经济的要求,1997年1月24日,中共中央印发了《关于进一步加强和改进国有企业党的建设工作的通知》。《通知》进一步明确了在企业贯彻全心全意依靠工人阶级方针若干重要理论和政策问题,主要包括:一是从党和国家的性质以及工人阶级历史地位和作用的高度,再次重申了全心全意依靠工人阶级;二是再次明确了国有企业的职工既是国家的主人,又是企业的主人,在深化改革、建立现代企业制度中必须调动包括工人、经营管理者和专业技术人员在内的企业全体职工的积极性;三是必须建设一个坚定地依靠党组织和广大职工办企业、善于走群众路线,得到职工群众拥护的领导班子;四是按照江泽民同志的要求从政治上保证、制度上落实、素质上提高、权益上维护四个方面上下工夫,狠抓落实;五是明确要求认真贯彻《工会法》《劳动法》,依法保障和维护职工的合法权益;六是明确规定坚持和完善职工代表大会为基本形式的职工民主管理、民主评议、民主监督制度,公司制企业职工代表要依法进入董事会、监事会;七是强调建立、完善集体协商和集体合同制度;八是要求加强对职工的政治、业务培训,不断提高他们的素质;九是提出要关心职工生活,尤其是关心困难企业职工的生活;十是要求国有企业党组织加强对工会等群众组织的领导,支持帮助他们按照法律和各自章程,创造性地开展工作。这些都充分说明了依靠职工群众办企业的极端重要性和必要性。是年11月14日,市委召开了天津市动员和依靠全市职工加快企业改革和发展工作会议,会议强调,要动员全市广大职工深入学习党的十五大精神,充分发挥主力军作用,为推进全市企业的改革和发展,开创天津工作新局面作贡献。这次会议的召开对于动员和组织全市广大职工学习贯彻党的十五大精神,深化企业改革,加快经济发展具有十分重要的意义。会前,市委转发了《市总工会关于动员和依靠全市广大职工为加快企业改革和发展作贡献的意见》(津党发〔1997〕28号),并要求"不断研究新情况、新问题,积极探索依靠职工办好企业的有效途径和实现形式,通过政治、经济、法律、行政、舆论等手段,保证职工群众对企业管理的民主参与和对企业领导人员的有效监督,保证职工群众的各项合法权益"。《意见》指出,"企业改革、改组、改造等方案的制订和重大措施的出台,要把握民主决策、职工受益、不超过职工实际承受能力和保障职工基本生活的原则,广泛征求职工群众的意见,取得多数职工的理解和支持。坚持和实行职代会民主评议和民主监督企业领导人员是依靠职工办好企业的一条重要途径。国有、集体企业要切实落实职代会对企业领导人员的评议监督权,坚持每年评议一次,并将评议结果向上级主管部门报告,提出奖惩、任免的建议。企业业务招待费的使用和重大费用支出等情况应定期向职代会报告,接受职代会审议。"《意见》指出,"要认真贯彻落实《企业法》和《公司法》的有关规定,保证职工主人翁地位和民主权利。坚持和完善以职工代表大会制度为基本形式的职工民主管理和民主监督制度,凡属职代会职权范围内的问题,要提交职工代表大会审议、通过或决定。""要认真贯彻实施《劳动法》,坚持在企业建立集体协商和签订集体合同制度,完善劳动关系协调机制。"是年12月,天津港党委和工会相继转发了这个《意见》,要求各基层党委要进一步重视工会工作,切实加强领导,支持和帮助工会组织依照法律和章程独立自主、创造性地开展工作。各基层工会要围绕党的中心工作,认真贯彻工会工作总体思路,进一步加强自身改革和建设,充分发挥工会组织的职能作用,为加快企业改革和发展作出贡献。

1998年,天津港的民主管理工作进一步加强,依靠职工办企业取得新的突破。认真落实职代会的各项职权,充分发挥职代会专门工作委员会的职能作用。按期召开了换届的职工代表大会。为进一步规范程序,提高职代会的质量,天津港工会还制定了《职工代表大会程序》。是年6月4日,天津港党委印发了《关于全心全意依靠职工群众办企业的若干意见》(津港党发〔1998〕11号),《意见》强调,要建立和完善依靠职工群众办企业的工作格局,按照"充分发挥党组织的政治核心作用,坚持和完善厂长(经理)负责制,全心全意依靠工人阶级"领导体制的要求,建立和完善职工参与机制、激励机制和监督机制,形成党委领导和支持职工当家做主,行政尊重和保证职工当家做主,工会维护和组织职工当家做主的工作格局,保障"依靠"方针的落实;要依法坚持和完善职工(代表)大会制度,严格落实职工(代表)大会职权。包括:(1)听取和审议企业生产经营、资产经营方面的重大问题和重大决策。主要包括:企业经营方针、长远规划和年度计划、基本建设方案、重大技术改造方案、职工培训规划、留用资金分配和使用方案、承包和租赁经营责任制的报告。(2)审查同意或否决涉及职工切身利益的重大问题。主要包括:企业工资调整方案、奖金分配方案、劳动用工制度及劳动合同文本、劳动保护措施、奖惩制度以及其他重要工作制度。(3)审议决定公益金使用方案和有关职工生活福利的重大事项。(4)评议、监督企业领导班子成员,提出奖惩和任免的建议。(5)听取企业行政业务招待费使用情况的报告。(6)法律法规规定的其他须经职工(代表)大会讨论和审议或决定的事项。(7)车间(队、站)要建立以职工(代表)大会为基本形式的民主管理制度,依法行使职工(代表)大会职权。班组民主管理的基本形式是班组民主管理会。《意见》要求,要保障职工享有《劳动法》规定的权利。建立维护职工合法权益的工作机制。认真贯彻执行《劳动法》,保证法律赋予劳动者的权利得到落实。这些权利包括:平等就业和选择职业的权利;取得劳动报酬的权利;休息休假的权利;获得劳动安全卫生保护的权利;接受职业技能培训的权利;享受社会保险和福利的权利;依法参加和组织工会的权利;通过职工代表大会或其他形式参与民主管理的权利;就劳动者合法权益与企业进行平等协商的权利;提请劳动争议处理的权利等。建立和完善集体协商和集体合同制度。按有关要求认真做好集体协商和签订集体合同工作。集体合同草案必须提交职工(代表)大会讨论通过。要认真贯彻天津港制定的《集体协商制度》和《集体合同监督检查制度》,使其在协调劳动关系,调动、保护职工积极性方面有效发挥作用。天津港(局)和公司要依法建立劳动争议调解委员会,建立健全劳动争议调解制度,充分发挥稳定、协调劳动关系的作用。贯彻执行国家有关劳动保护的法律、法规,不断改善职工劳动条件,改善职工工作和生产环境,严格安全生产管理制度,最大限度地减少伤亡事故和各种职业危害。加强工会的群众性劳动法律监督工作,监督落实国家规定的劳动标准,改善劳动条件,保障职工的健康与安全。切实保护女职工的特殊利益。这个《意见》的颁布实施使全心全意依靠工人阶级的指导方针在天津港进一步得到了落实,对进一步发挥全港职工在港口改革和建设中的主力军作用起到了重要作用。

1999年9月,党的十五届四中全会作出了《中共中央关于国有企业改革和发展若干重大问题的决定》,《决定》充分肯定了党的十一届三中全会以来国有企业改革和发展取得的巨大成就和实践经验,明确提出了国有企业改革和发展的奋斗目标与指导方针,对国有企业的跨世纪发展作出了全面部署,并确定了着力解决当前国有企业面临的突出问题的重大政策措施。党的十五届四中全会提出,国有企业的改革和发展,必须坚持全心全意依靠工人阶级的方针,必须切实尊重职工的主人翁地位,充分发挥职工群众的积极性和创造性,维护职工的经济利益,保障职工的民主权利。四中全会就坚持和完善职代会制度,推行平等协商、集体合同制度,民主评议企业领导干部和厂务公开、社会保障和再就业工作,加强职工队伍建设等方面的工作作出明确阐述,以中央文件形式对涉及职工民主权利、经济利益和工会工作方面的问题作出了全面、明确、具体地阐述,这在历来党的文件中还是第一次,这充分说明了党中央对改革中职工问题和工会工作的高度重视。是年12月,全总十三届二次执委会议提出了要实现工会工作的"五突破一加强"的要求,就是:积极协助党政做好国有企业减员增效、下岗职工基本生活保障和再就业,深入实施送温暖工程,对特困职工承担"第一责任人"职责的工作有新的突破;坚决维护职工的经济利益,进一步理顺劳动关系,推行平等协商和集体合同制度的工作有新的突破;切实保障职工的民主权利,坚持和完善以职工代表大会为基本形式的企业民主管理制度,实行厂务公开和民主评议企业领导人的工作有新的突破;推动国有独资和国有控股公司不断完善法人治理结构,建设全心全意依靠职工办好企业的领导班子,董事会、监事会都要有职工代表参加的工作有新的突破;加快新建企业工会组建步伐,最大限度地把职工组织到工会中来的工作有新的突破;以改革的精神加强工会自身建设,认真解决工会领导机关的机构、机制、干部素质等方面不适应形势任务要求的突出问题。"五突破一加强"涉及的工作内容很多,其中心思想就是坚定不移地推动党的全心全意依靠工人阶级指导方针在企业的贯彻落实,进一步突出和履行工会的维护职能。

1999年,天津港坚持和完善以职工代表大会为基本形式的民主管理制度,重点抓巩固、抓提高、抓规范,完善规范了三级职代会的内容,落实了职代会的职权。2000年,天津港职代会建设进一步加强,厂务公开、民主管理工作向纵深发展,各单位把影响改革、发展、稳定大局的关键点和职工关心的热点作为厂务公开深化的重点,以职代会为主要形式,通过班车之音、"解疑释惑小分队",特邀议事代表,领导与职工交心沟通会,职工代表联系卡等多种形式落实职工的知情权,形成了良好的职工民主管理、民主监督的机制,全面推进了职代会制度建设。

2001年2月,天津港召开第十届职工代表大会,至2009年1月共召开过十二次会议。2004年,为贯彻落实国务院关于港口体制改革的要求,按照"政企分开"的原则,经天津市委、市政府批准,天津港务局整体改制为天津港(集团)有限公司。在这一时期,全港上下深入贯彻党的十六大、十七大精神和市委八次、九次党代会精神,以邓小平理论、"三个代表"重要思想和科学发展观为指导,围绕建设世界一流大港的目标,全局广大职工团结奋斗,知难而进,勇于创新,积极奉献,港口吞吐总量和集装箱吞吐量均实现了历史性突破,先后实现了1亿吨、2亿吨、3亿吨的目标。

天津港各级工会主持职工民主管理和职工代表大会工作,始终坚持服从和服务于党和国家的大局,紧紧围绕企业生产经营这个中心工作开展活动,把审议企业重大决策、重要的改革方案和涉及职工切身利益的重大问题作为工作重点来抓。许多企业在进行改组、改制、兼并、下岗分流等改革时,及时将方案提交职工代表大会审议,得到广大职工的理解和支持,保证了改革的顺利进行。在这届职代会期间,先后审议通过了《天津港务局实行全员劳动合同化管理的暂行规定》、《实行"上岗协议、下岗待业"制度的暂行办法》《天津港务局岗位技能工资制定实施方案》《天津港务局医药费改革方案》《天津港务局工资制度改革方案》以及天津港务局深化用工制度改革的三个方案《天津港务局职工住房制度改革实施方案》《天津港岗位工资制实施方案》《天津港务局关于建立员工补充养老保险的议事》等一系列涉及职工切身利益的内部改革方案。讨论通过了《天津港港标》《关于天津港企业文化理念识别系统》《天津港员工奖惩条例》等企业文化的有关内容。十届一次职工代表大会还选举产生了经营管理、工资奖励生活福利、评议监督干部、劳动法律监督、提案审查、劳动争议调解六个专门工作委员会,使专门工作委员会由第九届的五个增加为六个,使职工代表专业委员会更加细化。

20世纪90年代初以来,天津港还努力集中职工代表的智慧,围绕全港不同时期的工作重点和突出问题,形成了专项决议,港职代会先后审议通过了《关于动员全港职工进一步端正港口行业风气、搞好优质服务的决议》《关于进一步强化企业管理的决议》《关于动员全港职工加快集装箱运输发展的决议》《关于进一步加强文明生产,提高港口容貌水平的决议》《关于动员全港职工为实现集装箱吞吐量突破100万标箱作贡献的决议》《关于动员全港职工为进一步完善市场开发体系,促进港口新发展作贡献的决议》《关于加强环境治理和建设,三年改变港口容貌的决议》《关于深入开展环境年活动,创建环境友好型港口的决议》《关于深入开展服务年活动,进一步提升服务水平的决议》等,把企业工作的重点变成了全体职工的自觉行动,同时组织职工代表对天津港(局)职代会专项决议贯彻落实情况进行检查并向职代会报告,有效地促进了企业管理。

为认真贯彻党的十六届三中全会和市委八届五次全会精神,全面落实国务院办公厅转发《国有资产监督管理委员会关于规范国有企业改制工作意见》和《中华全国总工会关于进一步加强国有企业改制过程中工会工作意见》,进一步推进国有经济布局和结构的调整,依法维护职工合法权益,切实维护职工队伍和社会政治稳定,2004年5月12日,市总印发了《关于在国有企业改制工作中充分发挥工会和职代会作用的意见》,向各级工会提出七点要求:(1)统一思想,着眼全局,充分认识推进国有企业改制是工会肩负的重要政治责任;(2)教育引导职工理解、支持和投身改革,切实做好职工队伍的稳定工作;(3)加强源头参与,充分发挥各级工会组织的作用;(4)积极妥善处理劳动关系,充分发挥平等协商制度的作用;(5)严格履行民主程序,充分发挥职工代表大会制度的作用;(6)切实加强民主监督,保证企业改制健康顺利进行;(7)积极探索现代企业制度下的工会工作和职工民主管理制度。

随着企业改革的不断深化,作为职工参与企业民主管理、民主监督的基本形式,职工代表大会制度越来越发挥着重要作用,特别是在企业的生产经营管理中的重要作用更无法替代。为进一步贯彻“安全第一,预防为主”的安全生产方针,立足防范,强化监督,有效地预防重特大事故和严重职业危害的发生,避免和减少人员伤亡,切实保障职工在生产经营中的安全与健康,根据中华人民共和国《工会法》《安全生产法》《职业病防治法》和全总颁发的工会劳动保护监督检查“三个条例”,以及《天津市安全生产管理规定》等法律法规,2005 年 3 月 7 日,市总、市安监局联合印发了《关于在企业安全生产中充分发挥职代会作用的通知》(津工发〔2005〕7 号),就发挥职工代表大会在安全生产工作中的民主监督、民主管理和民主决策的作用,促进实现企业安全生产,提出了意见:(1)充分认识职代会在实现企业安全生产中的作用。(2)发挥职代会在企业安全生产中的民主决策作用,要切实履行职代会的审议权,企业的新建、扩建、改建和技术改造工程项目,要有工会(职工代表)参加,对劳动安全卫生设施与主体工程同时设计、同时施工、同时投入生产和使用的情况进行监督,以确保建设项目投产后符合劳动安全卫生的要求。企业发生重大伤亡事故,出现重大职业危害,企业主要负责人要向职代会作出报告。职代会在审查企业劳动卫生安全方案过程中,要坚持执行国家有关法律法规,依照国家制定的安全技术和劳动卫生标准进行审查,不得随意降低标准。(3)发挥职代会在企业安全生产中的民主管理作用。建立健全平等协商和签订集体合同制度,通过审议集体合同草案,依法设定集体合同中有关安全生产的条款,依法确立企业劳动关系主体双方在安全生产中的责权利。要加强和改进安全生产提案的征集和处理以及班组安全生产民主管理工作。(4)发挥职代会在企业安全生产中的民主监督作用。企业安全生产必须按照厂务公开的规范要求,落实职工的知情权,实行公开接受职工群众监督。要把安全生产工作实绩纳入职代会民主评议企业领导人员的重要内容。企业安全生产现状,事故隐患和职业危害程度及其整改治理进度,劳动保护技术措施、辅助措施实施情况及其相关经费投入使用情况,伤亡事故原因及其责任的界定和责任人的处理,以及其他事关职工切身利益和职工群众关心的安全生产问题,应通过职代会或其他形式听取职工代表的意见,征求改进企业安全生产工作的建议,接受群众监督。(5)工会要切实发挥职代会工作机构的作用。职代会闭会期间,工会要组织职工代表开展安全生产巡视检查活动,并形成制度。要主动向党委报告安全生产工作中的重要情况,自觉接受党委的领导,要积极协助企业行政做好安全生产工作,企业要支持工会工作,为工会开展群众性的安全生产工作提供便利条件。

2005 年 5 月 15 日,市总印发了《天津市总工会关于进一步加强国有及其控股的公司制企业职工民主管理工作的试行意见》《天津市总工会关于加强集体企业和股份合作制企业职工民主管理工作的试行意见》和《天津市总工会关于加强外商投资企业职工民主管理工作的试行意见》。其中“国有及其控股的公司制企业(以下简称公司)都应建立健全职工(代表)大会制度。职工(代表)大会是公司实行厂务公开民主管理的基本形式和主要载体,是职工行使民主管理权力的机构”。“外商投资企业可以通过职工(代表)大会或工会会员(代表)大会、职工合理化建议代表会议等形式实行职工民主管理,并积极创造条件尽快建立健全向职工(代表)大会制度过渡。”“集体企业的职工(代表)大会、股份合作企业的职工股东(代表)大会是企业实行职工民主管理的基本形式,是厂务公开的主要载体,是企业的权力机构。”三个试行意见分别对职工(代表)大会职权、代表产生、工会作为职工(代表)大会的工作机构以及工会代表职工与公司签订集体合同等提出了明确意见。这几个重要文件的出台和贯彻实施,为天津港进一步完善公司法人治理结构,保障职工在企业的政治地位,依法维护职工的民主权利、经济利益和精神文化权益,充分调动职工群众和经营者两个积极性,对推动港口经济持续、快速、健康发展发挥了重要作用。

2007 年 11 月 15 日,天津市第十四届人民代表大会常务委员会第四十次会议通过了《天津市企业职工民主管理条例》,该《条例》的颁布和实施将不断推进天津市各类企业建立健全民主管理制度,保障职工参与企业民主管理的权利,从而进一步发展和谐劳动关系,促进企业持续健康发展。《条例》的出台具有重要的现实意义,它适应了当前以公有制为主体多种所有制经济共同发展的需要,除规定了国有及其控股企业和集体企业职代会的职权,同时也明确了非公企业民主管理的内容,使非公企业民主管理有法可依。《条例》规定了企业实行民主管理的形式,明确了职工代表大会或职工大会是职工参与企业民主管理的基本形式。《条例》对不同所有制企业职工代表大会职权作出了明确规定。对国有企业和国有控股企业的职代会职权的具体规定为:(1)听取审议企业生产经营、改组、改制等重大问题以及实行企务公开情况的报告,听取审议企业集体合同履行情况和直接涉及职工切身利益规章制度执行情况的报告,提出意见和建议。(2)讨论、审议有关劳动报酬、工作时间、休息休假、劳动安全卫生、保险福利、职工培训、劳动纪律以及劳动定额管理等直接涉及职工切身利益的规章制度或者重大事项。(3)讨论通过集体合同草案和企业改组、改制、破产的职工安置方案。(4)民主评议企业中层以上管理人员,提出评议意见。(5)法律、法规规定职工参与企业民主管理的其他权利。而对以前相关法律中已有的内容没有重复。但是《条例》中没有一一列举的职权内容并不等于没有规定,企业在实际工作中仍然要按照国家有关法律、法规要求严格执行。如,《企业法》规定的职代会的审查同意或者否决权、审议决定权等内容仍然具有法律效力。

近年来,天津港认真贯彻落实《天津市企业职工民主管理条例》,建立健全了集团公司、基层、车间、班组四级民主管理制度,横向包括职工代表团(组)长联席会议制度、各专门工作委员会(小组)、民主议事会议制度、职工董事制度和职工监事制度等。此外,还包括其他民主管理制度,如厂务公开制度、职工代表监督检查制度、职工代表培训制度等。职工代表大会制度已经成为由多种制度组成的职工民主管理系统。职工代表大会制度更加普及,职权基本落实。目前,各基层单位普遍建立了职工代表大会制度。2006 年 11 月,天津港在"全国工会推进职工代表大会制度建设经验交流会"上作了题为《切实落实职代会审议建议权,实现民主决策科学决策,促进企业持续、健康、快速发展》的经验介绍。截至 2009 年 12 月,天津港基层单位职工代表大会制度组建率达到 96%,覆盖职工 32500 多人,占职工总数的 99%。集团公司每年召开一次职代会,基层公司每年召开两次职代会,这标志着职工代表大会制度已形成职工民主长效机制。

二、建立和完善劳动监督、调解组织

党的十一届三中全会以后,党提出了以法治国、改革开放等方针,随着民主与法制建设以及改革开放的发展,我国的劳动争议处理制度得以恢复和初步发展。1986 年 4 月,中共中央、国务院在《关于认真执行改革劳动制度几个规定的通知》中,要求各地要十分注意做好劳动争议问题的处理工作。同年 7 月,国务院在《关于发布改革劳动制度四个暂行规定的通知》中进一步提出,要加强劳动人事部门的组织建设,相应地建立劳动争议仲裁机构。根据上述精神,1987 年 7 月 31 日,国务院颁布实施了《国营企业劳动争议处理暂行规定》,其中确定了劳动争议处理的范围、机构设置、程序等有关问题。是年 12 月 24 日,市总和市劳动局《关于在国营企业建立劳动争议调解委员会的有关问题的意见》,要求各级工会组织、企业主管部门和各级劳动行政部门,密切配合、统一部署,尽快把企业劳动争议调解委员会建立起来。《意见》指出:"劳动争议调解组织是设在企业内部的处理劳动争议的协调性组织,负责调解解决本企业行政与职工之间因履行劳动合同发生的争议。""调解委员会由职工代表、企业行政代表和企业工会委员会的代表兼职组成,职工代表由职工代表大会(或职工大会)推举产生;企业行政代表由企业行政方面指定;工会代表由工会委员会指定。调解委员会具体人数由职工代表大会(或职工大会)提出并与厂长协商确定,调解委员会主任在调解委员会中选举产生,或者由工会代表担任";"劳动争议调解委员会在职工代表大会领导下工作,其办事机构设在企业工会委员会。"

根据国务院和市总、市劳动局的要求,1988 年 4 月,天津港行政和工会联合印发了《关于我局建立劳动争议调解委员会意见》的通知,决定在局和基层单位建立两级劳动争议调解委员会,明确了劳动争议调解委员会由同级职工代表、企业行政代表和企业工会委员会的代表兼职组成;劳动争议调解委员会在职工代表大会领导下工作,其办事机构设在企业工会委员会。1989 年 11 月 17 日,天津港劳动争议调解委员会成立并召开了第一次委员会议。这是天津港加强劳动制度改革,妥善处理劳动争议,保护企业行政和职工合法权益采取的重要措施。截止到 1993 年,全局建立劳动争议调解委员会 18 个,占全部企业 64.3%。据统计,1990 ~ 1993 年,受理劳动争议 15 件,涉及职工 17 人,经调解达成协议 14 件,进一步发挥劳动争议调解组织的作用。

随着经济形势的发展和劳动、工资、保险制度改革的深化,1987 年国务院颁布实施的《国营企业劳动争议处理暂行规定》的有些内容已不适应工作的需要，应当进行修改和补充。为此，1993 年 7 月 6 日，国务院发布了《中华人民共和国企业劳动争议处理条例》，对劳动争议的受案范围及仲裁办案形式等内容作了重大修改。1994 年 7 月 5 日，八届全国人大常委会第八次会议通过了《中华人民共和国劳动法》，第一次从法律上确定了劳动争议处理的受案范围、原则、机构及程序等内容。随后，劳动部发布了一系列规章和规范性文件。天津市也发布了地方性法规和规章，进一步推动了劳动争议处理制度的规范化。1995 年 4 月 3 日，天津港行政和工会联合发出《关于调整劳动争议调解委员会组成人员的通知》（津港办〔1995〕99 号、海津港工〔1995〕17 号），经天津港八届二次职代会第二次联席会推荐，决定调整劳动争议调解委员会组成人员。

1995 年 8 月，全国总工会颁发了《工会劳动法律监督试行办法》，同时天津市总工会提出了要在年底前把本单位劳动法律监督委员会建立起来的要求，并制定出工作和活动制度要求，是年 10 月，天津港工会印发了《关于建立工会劳动法律监督组织的意见》，要求各单位本着精简的原则，鉴于天津港和基层都普遍建立了职代会劳动规章制度委员会（或劳动规章专门小组）的具体情况，将劳动法律监督委员会与职代会劳动规章制度委员会合并，更名为劳动法律监督委员会。同时修改完善职代会劳动规章制度委员会职责、有关活动制度和工作制度为“劳动法律监督试行办法”。劳动法律监督委员会对同级职代会负责，在职代会闭会期间，受同级的工会委员会领导，并受上级工会劳动法律监督委员会的业务指导。劳动法律监督委员会下设劳动法律监督员，一般基层可设 3～4 名。1996 年 1 月，天津港第八届三次职工代表大会审议通过了天津港八届职代会劳动法律监督委员会人员名单，天津港劳动法律监督委员会正式成立。

为进一步加强劳动争议调解委员会的工作，1998 年 4 月 28 日，天津港行政和工会发出通知，对天津港劳动争议调解委员会组成人员进行了调整。1999 年 3 月 24 日，天津港行政和工会联合印发了《关于建立和调整基层劳动争议调解委员会的通知》（海津港工〔1999〕16 号），要求各单位和工会组织，结合企业实际，尽快建立和调整企业劳动争议调解委员会。2001 年 9 月 19 日，天津港行政和工会联合印发了《关于调整局劳动争议调解委员会人员情况的通知》（海津港工〔2001〕35 号），再次对天津港劳动争议调解委员会组成人员进行了调整。2002 年 3 月，市劳动和社会保障局、市总等四部门转发了劳动和社会保障部、全总等四部委《关于进一步加强劳动争议处理工作的通知》，要求认真抓好劳动争议的预防，加强企业调解委员会的建设，充分发挥企业调解委员会和各区县协调劳动关系三方机制的作用，健全组织，形成网络。

为进一步加强全市各级劳动争议调解组织的建设，积极预防和依法调处劳动争议纠纷，维护当事人的合法权益，促进劳动关系的和谐和社会的和谐稳定，根据《中华人民共和国劳动法》《中华人民共和国企业劳动争议处理条例》，2006 年 1 月 5 日，市劳动和社会保障局、市总、市政府国资委、市企业联合会、市企业家协会联合印发了《天津市劳动争议调解委员会组织及工作规则（试行）》，共分三章三十条，第五条规定，“调解委员会的职责：(1)调解本企业、本行业和本区域内的劳动争议；(2)检查督促争议双方当事人履行调解协议；(3)对职工进行劳动法律、法规的宣传教育，做好劳动争议预防工作。”第七条规定，“企业调解委员会由下列人员组成：(1)职工代表；(2)企业代表；(3)企业工会代表。职工代表由职工代表大会（职〈员〉工大会，下同）推举产生；企业代表由企业法定代表人指定；企业工会代表由企业工会委员会指定。各方推举或指定的代表只能代表一方参加调解委员会。企业调解委员会组成人员的具体人数由职工代表大会提出并与企业法定代表人协商确定。企业代表的人数不得超过调解委员会成员总数的三分之一”。第八条规定：“企业调解委员会主任由企业工会代表担任。调解委员会的办事机构设在企业工会。”《规则》明确了区域性、行业性劳动争议调解组织的机构组成、职能任务、工作程序等相关问题，扩大了劳动争议调解工作的覆盖面，增强了权威性和实效性，并积极探索了区域性、行业性的组织形式。

为深入贯彻党的十六届六中全会精神，全面落实中国特色社会主义工会维权观，充分发挥工会在发展和谐劳动关系、构建社会主义和谐社会中的重要作用，建立健全劳动争议调处机制，解决职工群众最关心、最直接、最现实的利益问题。2007 年 6 月 11 日，全总印发了《关于进一步加强劳动争议调解工作的若干意见》（总工发〔2007〕23 号），要求各地工会一要加强劳动争议调解工作，推动工会维权机制建设；二要建立健全劳动争议预防和预警机制，有效排查争议苗头、化解争议隐患；三要强化劳动争议调解组织建设，扩大劳动争议调解工作覆盖面；四要健全劳动争议调解工作制度，努力提高劳动争议调解工作整体水平；五要加强对劳动争议调解工作的领导,开创劳动争议调解工作新局面。是年7月6日,市总转发了这个《意见》,同时要求各单位结合实际,认真贯彻落实全总的要求,积极、稳妥地抓好劳动争议调处机制建设,和谐劳动关系,解决好职工最关心、最直接、最现实的利益问题,为天津市的科学发展和谐发展率先发展作出应有的贡献。

2008年,《劳动争议调解仲裁法》颁布施行。为全面贯彻实施《劳动争议调解仲裁法》,妥善处理劳动争议,维护职工合法权益,构建和谐稳定的劳动关系,是年7月8日,全总印发了《关于进一步加强工会劳动争议处理工作的意见》。要求各级工会要认真学习宣传贯彻《劳动争议调解仲裁法》,进一步建立健全劳动争议预防和预警机制。不断强化劳动争议调解工作的同时要积极参与劳动争议仲裁工作,依法参与劳动争议诉讼工作。9月15日,市总转发了这个《意见》,同时要求各单位结合实际,认真贯彻执行。

为了逐步构建一个以基层为主、区域(行业)为主,主体合法、分层负责、职责明确,调解为主,合理维权,快捷高效,社会化的劳动争议调解体系,根据《天津市劳动争议调解委员会组织及工作规则(试行)》精神,2009年9月11日,市总印发了《关于进一步健全完善劳动争议调解组织的通知》,要求各区县局、总公司(集团)工会要进一步健全完善各级劳动争议调解组织,明确工作职责,理顺领导关系,努力实现组织网络化。各单位劳动争议调解组织的组建情况,将作为劳动关系和谐企业评选、模范职工之家评选的重要评选条件,实行一票否决。要进一步加强调解员队伍建设,提高调解能力和水平,努力实现队伍规模化。要进一步规范调解行为,建立健全快捷、高效、公平、公正的工作机制和制度,努力实现调解工作法制化。一是依法建立劳动争议调解组织,做到主体合法;二是建立健全责任制度,明确职责范围,做到责任到人;三是建立健全组织网络,明确调解范围,做到事有人管;四是建立健全工作制度,明确工作要求,做到程序合法;五是建立健全档案资料,明确管理规则,做到证据完备;六是建立健全联动机制,整合社会资源,做到齐抓共管;七是建立健全预警机制,疏通信息渠道,做到快捷高效。《通知》对进一步健全完善劳动争议调解组织,进一步发挥好调解劳动争议纠纷"第一道防线"作用,提出了新要求。

随着形势的发展,天津港工会不断适应企业所有制多样化、劳动关系复杂化的特点,本着"预防为主、基层为主、调解为主"和"调防结合,预防为主"的原则,加强与劳动、信访等部门的合作,加强劳动关系预警、预测、预控、预报工作。对宏观劳动关系矛盾趋势特点和基层工会报告的重大劳动关系问题加强分析研究,联系与沟通行政有关部门,指导基层工会协调劳动关系工作,对于劳动关系有关问题,通过多方协调,及时加以解决。对基层企业中劳动关系矛盾的特点注意发现总结,做好劳动矛盾的预测,及时向同级党政汇报基层工会难以解决的问题,并协调有关部门,帮助基层工会处理好劳动关系矛盾。基层企业对本单位劳动关系的问题积极协调、及时解决,在同级党委领导下,及时处理职工群众反映的问题。使许多劳动争议问题,最大限度地被解决在基层,解决在萌芽状态。天津港各级劳动争议调解组织和劳动争议调解委员会在上级工会和党委的领导下,在各级行政的支持下,在构建和谐劳动关系、促进企业发展等方面发挥了重要的作用。

三、开展民主评议干部活动

在坚持党管干部原则的前提下,通过职工代表大会民主评议企业领导干部,是贯彻落实党的全心全意依靠工人阶级指导方针的具体体现,是职工当家做主的政治地位和民主权利的重要体现,是推进基层民主政治建设、加强政治文明建设的重要方面,是依靠职工办企业的有效途径,也是加强党风廉政建设,密切党群关系的重要方面。民主评议干部是新形势下加强党组织建设和党员队伍建设、提高党员干部政治思想素质和领导班子凝聚力和战斗力的一项有效措施,也是推动基层党组织建设的重要举措。

1980年1月25日,市总党组向市委工交政治部提出《关于结合企业整顿进行群众评议干部和民主选举基层干部》的请示,3月30日,市委批转市委工交政治部、市总党组《关于结合企业整顿进行群众评议干部和民主选举基层干部的请示》,指出:这是干部制度的一项重大改革,也是整顿好企业的一个重要途径,各级党组织要加强领导,切实把这一工作做好,进一步调动干部职工大干四化的积极性。是年9月13日,市委批转市总党组《关于进行民主选举基层企业行政领导人的意见》,要求各区县局党委研究执行。随之,市文教、卫生、科研等系统也积极进行了民主选举干部的试点工作。一些单位的领导干部在实行群众评议、民主选举干部之前,曾有过种种顾虑。实践证明,只要做好政治思想工作,充分发扬民主,加强领导,用党的政策武装群众,职工群众是能正确评议干部,认真选拔干部的。

市总根据中央、市委的指示精神和工交系统的实际情况，对推行群众评议干部和民主选举基层干部提出：群众评议干部是依靠群众教育干部和监督干部的一种好形式，是领导和群众相结合考核干部、选拔干部的一项有效措施，年内应普遍实行。评议的范围，主要是厂级和科室、车间的领导干部。评议干部要着眼于教育干部，要全面地客观地分析每个干部的优缺点，指出努力方向，鼓励其发扬成绩，克服缺点，不断前进。对各级领导干部的评议要着重在是否坚决拥护党的政治路线和思想路线；是否大公无私，严守法纪，坚持党性，根绝派性；是否有强烈的革命事业心和政治责任心，有胜任本职工作的业务能力。各单位要根据这个精神，结合各级各类干部现任职务的要求，制定具体的评议条件。

1983 年，天津港的“民主评议企业工作、民主评议干部”（简称“双评”）活动陆续开展起来，截止到 1983 年 12 月有 6 个单位开展了民主评议领导干部活动。1985 年 2 月，天津港党委批转了天津港工会《关于开展职工代表大会民主评议企业、评议干部的报告》，决定在实行职工代表大会制度的基层企业中全面开展一次职工代表大会工作检查。到年底，开展民主评议领导干部活动的基层单位发展到 15 家，进一步推动了各级领导干部的作风转变和工作的改进。

1986 年年初，市委办公厅印发文件，要求在建立职工代表大会制度，特别是实行经理负责制试点单位，于第一季度选择适当时机开展一次职代会“评议企业工作和评议干部”（简称“双评”）活动，并要求今后“双评”活动，每年开展一次，形成民主评议制度。评议活动的要求是：紧紧围绕推进企业改革、增强企业活力、提高经济效益和社会效益，促进党风和社会风气的根本好转，发展安定、团结的大好形势来进行。要把“双评”活动同组织发动职工开展献计献策活动结合起来，使企业的生产经营决策和各项改革措施有更广泛的群众基础。要通过这一活动，充分体现职工在企业中的主人翁地位，落实职代会职权，调动企业领导依靠职工办好企业的主动性和积极性，使企业领导工作进一步适应改革和四化建设的要求。评议的内容与重点是：一是看企业的领导班子建设、经营思想、经营管理决策和各项改革措施的实施以及增强企业活力等方面的情况；二是看企业在提高产品质量、降低能源和原材料消耗、增加出口换汇、加速技术进步等。是年 2 月，天津港党委批转了天津港工会《关于职工代表大会开展评议企业工作和评议干部活动的意见》，《意见》对“双评”的内容和重点作出了规定，“评议企业工作，一是看领导班子建设、经营思想、经营管理决策和各项改革措施的实施以及增强企业活力等方面的情况；二是看完成港口生产、建设以及各项任务，加强安全质量，加速技术开发和促进技术进步，提高经济效益等方面的情况。”“评议领导干部，要联系企业改革和生产经营实绩，看干部的治厂精神与贡献，对干部作出实事求是的评价。评议范围是各基层行政领导干部，有条件的可以扩大到中层干部。要重点评议干部在制定和实施生产经营决策，加强管理，搞好企业中所起的作用。”“双评”的方法是：“（1）加强学习，搞好思想发动工作；（2）组织职工代表，采取多种形式检查企业工作，要着重检查职代会决议和企业重大决策的落实情况，抓住企业中的主要问题，有针对性地进行评议；（3）结合经理（厂长）向职代会报告工作，发动职工代表和职工认真总结工作，讨论和制定改进措施，在评议企业工作的基础上评议干部；（4）公司（厂）领导班子在群众评议的基础上，召开生活会，开展批评和自我批评，制定整改措施，并向职代会汇报，请职工代表监督落实。”

截至 1987 年 2 月，全港 22 个单位已经有 16 个开展“双评”活动，其中评议公司级领导干部 72 名，科级干部 291 名，9 个单位开展了评议车间（队）级干部，根据评议结果和组织、人事部门核实，有两名副经理、两名科长被解聘，一名副经理被提为经理，撤换了 3 名车间（队）级干部。各单位已经把监督评议干部作为制度固定下来，同时把干部民主评议结果作为考察干部的重要依据。“双评”活动的开展对发扬职工主人翁精神，改进企业管理，推进改革，加强领导班子建设，密切干群关系等都起到了积极作用。

1991 年至 1992 年，在天津港第七届职工代表大会上对天津港（局）机关正处级以上行政领导干部进行民主评议，并向大会通报了评议的情况。加强企业民主管理和民主监督是工会组织落实“依靠”方针的重要手段和有效形式。据统计，1991 ~ 1993 年，各基层企业职代会民主评议公司级和科级领导干部 466 人，根据评议结果，经党委确认，奖励 8 人，免职 2 人。

1997 年 3 月，全总按照中组部等四家联合通知制定了《关于职工代表大会民主评议企业领导干部的实施意见》。要求结合企业领导班子的考核与建设，与党政有关部门密切配合，在党委的统一领导、统一部署、统一规范、统一检查下，切实加大民主评议企业领导干部的工作力度。各级工会把开展职代会民主评议企业领导干部，作为一项重点工作来抓。

为了贯彻落实《中共中央关于进一步加强和改进

国有企业党的建设工作的通知》和中组织部、国家经贸委、人事部、全总《关于做好国有企业领导班子考核建设工作的通知》精神,加强国有企业(包括国有独资公司、国有资产控股的有限责任公司和股份有限公司)职工代表大会民主评议企业领导干部工作,1997 年 3 月 17 日,全总印发了《关于职工代表大会民主评议企业领导干部的实施意见》。是年 5 月 6 日,市总印发了《天津市企业职工代表大会民主评议企业领导干部的实施意见》,这两个《实施意见》都对职工代表大会民主评议企业领导干部的重要意义、民主评议的对象和范围、民主评议的主要内容、民主评议的方法和步骤及组织领导作出了明确规定。截至 1997 年年底,全港有 28 个单位职代会对中层以上干部进行了民主评议。

1998 年,中央和国家有关部委、全总、市总先后就职工代表大会民主评议企业领导干部工作下发了文件,为贯彻落实中共中央《关于进一步加强和改进国有企业党的建设工作的通知》,中组部、国家经贸委、人事部、全总《关于职工代表大会民主评议企业领导干部实施意见》和市总关于《天津市企业职工代表大会民主评议企业领导干部实施意见》等有关文件要求,是年 10 月,天津港工会与党委组织部联合印发了《天津港务局基层职工代表大会民主评议企业领导干部实施意见》,对民主评议工作的组织领导、范围、对象、内容、原则和方法步骤进行了规定,从而对不断健全和完善职工代表大会民主评议企业领导干部制度起到重要作用。其中对民主评议工作的组织领导规定:“要在各基层党委的统一领导下,成立党政工等方面负责人参加的民主评议工作领导小组,组织实施民主评议工作;工会作为职工代表大会的工作机构,负责民主评议领导干部的具体事宜;职工代表大会下属的民主评议干部专门委员会(组),是经过职工代表大会民主选举的,一般由组织、纪检、人事、工会和其他方面的职工代表组成,负责人由工会主席或副主席担任。其具体分工是:工会要在搞好职工代表培训,引导职工代表正确行使评议监督权的同时,做好职代会民主评议领导干部的各项工作;职代会民主评议干部专门委员会(组)负责实施民主评议工作;民主评议工作领导小组依据民主评议意见和民主测评结果,提出奖惩和任免的建议;基层党委依据民主评议结果,研究制定加强领导班子建设改进工作措施。”民主评议主要内容是:“职工代表大会民主评议干部要以企业领导干部的任期目标和岗位责任制为依据,对领导干部的德、能、勤、绩进行全面评议。”

2002 年 7 月,天津港党委第二次办公会进一步明确了关于职代会评议处级干部和领导班子向职代会报告廉洁自律情况的责任分工和有关程序。“关于评议处级领导干部工作。逢届满考核时,职代会民主评议处级领导干部与党委组织部考核干部统一协调,不搞重复性评议。职工代表评议处级领导干部由职代会评议干部工作委员会负责组织。评议时间为届满当年年底。参加评议的人员为全体职工代表。评议的程序为:天津港党委组织部与天津港工会共同确定评议内容;评议前,职代会评议干部工作委员会向职工代表团发放领导干部述职报告,并向每位职工代表发放民主测评表;职工代表进行测评;职代会评议干部工作委员会汇总测评情况,向天津港党委组织部、天津港工会报送,并于下年首次职代会召开时向职代会报告。职工代表如无疑议,可作为职代会评议处级干部的结果。科级干部的评议方法由基层单位自主确定。”“关于向职代会报告廉洁自律情况。领导班子报告廉洁自律情况与职代会评议干部工作委员会组织的民主评议干部一并进行。每年年底,基层单位领导班子写出本单位领导干部廉洁自律情况的书面综合报告。职代会评议干部工作委员会将书面综合报告发给全体职工代表,由职工代表对领导干部个人廉洁自律情况进行测评,测评结果向局纪委报送。”2003 年 1 月 10 日,天津港纪委印发了《关于认真做好向职代会报告领导班子廉洁自律情况的通知》(津港纪办发〔2003〕1 号),就进一步落实天津港党委第二次办公会精神,做好向职代会报告廉洁自律情况提出了要求。

四、建立和完善厂务公开民主管理制度

党的十一届三中全会以来,随着经济改革的深入发展,天津港的民主管理制度和全国企事业的民主管理制度一样经历了又一次飞跃,厂务公开的提出,使民主管理纳入了基层民主政治建设,成为企业民主政治建设的一项基本制度。实行厂务公开,切实加强职工民主管理和民主监督,有效地调动了职工群众当家做主的积极性,凝聚了职工群众的智慧和力量,促进了企业的改革发展和稳定,具有十分明显的作用和现实意义。一是有利于扩大职工民主参与,加强企业的科学管理。二是有利于加强职工群众民主监督,推进企业的党风廉政建设。三是有利于密切企业党群、干群关系,调动干部和职工两个积极性。四是有利于坚持和完善职工代表大会制度,加强企业民主建设。五是有

利于促进现代企业制度的建立，推进企业制度创新。

1995年以来，结合企业反腐倡廉和经营活动中的突出问题，天津港两级工会和职工代表大会开始着力审议企业业务招待费的使用情况。1997年下半年，天津市部分企业主动适应改革形势发展的需要，率先实践开展了厂务公开民主管理并取得了良好效果。截至1997年12月，全港已经有32个企业实行了业务招待费使用情况向职代会报告制度，占全港基层单位总数的97%。

1998年年初，天津市开展了推行厂务公开民主管理制度试点工作。7月20日，天津市召开了推行厂务公开民主管理制度工作经验交流会，对开展厂务公开民主管理制度试点工作进行了总结，同时对下一步全市国有企业推行厂务公开民主管理制度工作作出了具体部署，特别是对厂务公开民主管理工作的内容、形式、时间、程序、标准和监督方式等六个方面提出了规范性要求，明确了检查验收的六条标准。不久，市纪委、市委组织部、市总联合下发了《关于实行“厂务公开、民主管理”制度的实施意见》，并提出了具体要求。按照全市统一部署，是年9月17日，天津港纪委与工会、党委组织部联合印发了《天津港务局关于实行“企务公开、民主管理”的实施意见》，《意见》对指导思想、组织领导、实施办法、工作要求提出了明确要求。《意见》指出，“企务公开、民主管理工作要以坚持和完善职工代表大会为基本形式的企业民主管理制度为原则；以公开企业办事制度、深化企业民主参与、民主管理、民主监督工作为主要内容；以促进企业改革、发展和稳定为目的。”《意见》对公开的内容、形式、方法、程序、时间、验收标准进行了规定。

1999年年初，天津市召开厂务公开民主管理工作总结表彰会，对全市百家厂务公开民主管理工作先进企业进行表彰，并在总结和交流经验的基础上，对下一步工作进行了部署。会议提出，要提高认识，加强领导，把厂务公开民主管理工作进一步推向深入，要做到“一个纳入”、“两个调动”、“三个促进”、“处理好四个关系”。“一个纳入”，即把厂务公开民主管理制度纳入全市反腐“三二一工程”。“两个调动”，即着眼于充分调动企业职工的积极性和企业经营者的积极性。“三个促进”，即促进企业深化改革，促进企业加快发展，提高经济效益，促进企业的稳定。“处理好四个关系”，即正确处理好推行厂务公开民主管理制度与坚持和完善以职代会为基本形式的民主管理、民主监督的关系；正确处理好在推行厂务公开民主管理制度中维护职工利益与企业经营者权益的关系；正确处理好推行厂务公开民主管理制度与建立现代企业制度的关系；正确处理好与加强企业领导班子建设的关系。按照这次会议的要求，天津巩固已有成果，继续抓规范、抓深化，同时在创新中提高，不断总结新经验，推动厂务公开民主管理制度深化发展。为进一步落实《天津港务局关于实行“企务公开、民主管理”的实施意见》，推动车间民主参与、民主管理、民主监督工作，是年9月27日，天津港纪委工会、党委组织部联合印发了《天津港务局关于实行“队务公开、民主管理”的实施意见》，《意见》对实行“队务公开、民主管理”指导思想、组织领导、实施办法、工作要求提出了明确要求。《意见》还对队务公开的内容、形式、方法、程序、时间、验收标准进行了规定。队务公开民主管理的开展，进一步深化了厂务公开民主管理制度，使天津港初步形成了局、基层企业、队（站）三级公开形式。

1998年以来，天津港围绕如何搞好国有企业，积极推行厂务公开民主管理制度，充分发挥职代会作用，发动和组织职工全员、全过程地参与厂务公开民主管理工作，先后在职代会上通过了《关于动员全局职工为实现集装箱吞吐量突破100万标准箱作贡献的决议》《关于动员全局职工为进一步完善市场开发体系，促进港口新发展作贡献的决议》，针对生产经营的各个环节，广泛发动职工群众，查找问题，分析原因，献计献策。坚持把改革方案交给职工代表充分讨论，审议通过了《天津港务局深化用工制度、工资管理制度改革的若干规定》，确保了企业内部改革的积极稳妥进行。同时加大对福利分房等涉及职工利益敏感问题的监督，切实保障职代会对职工利益的维护权。加大了对企业领导班子的民主监督，截至1998年年底，全港有8个处级领导班子被评为好班子，50名同志被评为职工满意的好干部，4名在民主评议和民主测评中不称职的处级干部被免职，3名正处级干部予以降职使用，从而有力地促进了干部队伍建设。

1999年，市总提出厂务公开民主管理工作把握好“三个原则”，处理好“四个关系”。“三个原则”即坚持党委统一领导，有关方面共同推进的原则；坚持保护、调动职工群众和经营者两个积极性，有利于促进企业改革和发展的原则；坚持立足实际，逐步推开的原则。“三个原则”即既要保护好、引导好职工群众的意愿和热情，又要充分理解市场经济条件下企业正常经营策略与手段的合理运用；既要依法落实职工民主参与、民主管理、民主监督的权利，又要积极支持厂长（经理）

依法行使经营管理权;既要有原则性,又要有灵活性;既要有统一的规范,又要因厂而异,因事而异,逐步完善,重要的是在于把制度建立起来并坚持下去。按照这一要求,天津港工会在积极推进厂务公开、民主管理工作,从落实市总“六个规范”入手,对厂务公开的重要意义、指导原则、公开内容、形式和程序作出了规定,使得厂务公开工作不断规范。落实局《企务公开、民主管理的实施意见》,保证厂务公开的质量和效果,切实把企业发展的重大问题和职工普遍关心的问题以及涉及职工切身利益的重大问题作为公开的重点向职工公开。这一年,天津港先后将《下岗职工再就业实施办法》《职工内部退养实施办法》《实行内部劳动代理制试点方案》等企业改革和涉及职工切身利益的方案向职工代表进行了公开。

经过几年的实践,天津港从港口的实际出发,建立了一套较为完备,有效的厂务公开民主管理运行机制。在实行厂务公开民主管理制度中,坚持实行党委统一领导,统一部署;党委和行政的主要领导共同负责这项工作,总体把握公开的重大事项;纪检、组织、行政、工会根据各自的职能分工合作,优势互补,共同推进;坚持以职代会为基本载体,发动和组织职工全员、全过程地参与厂务公开民主管理工作。这一运行机制,保证了厂务公开民主管理的规范运作。天津港各基层企业立足企业实际,细化责任,提出了本企业的更加具体的运行制度,创造性地推行厂务公开民主管理制度。

为进一步推动厂务公开民主管理工作的开展,2001年6月26日,天津市厂务公开民主管理工作领导小组印发了《关于进一步深化和规范厂务公开工作的意见》,要求全市各单位要认真学习贯彻“三个代表”重要思想,进一步提高认识,增强推动厂务公开工作的自觉性,紧紧围绕改革、发展、稳定的大局,不断深化厂务公开工作,要努力把厂务公开工作融入企业的体制、机制和各项制度之中,建立健全厂务公开工作监督保证机制。要进一步加强组织领导,推进厂务公开工作深入持久发展。该《意见》提出要围绕“一个大局”、“四个途径”、“三个融入”、“六项制度”,不断深化和规范厂务公开工作。“一个大局”就是改革、发展、稳定的大局。“四个途径”就是:(1)厂务公开要结合企业调整重组,向产权制度变革领域拓展;(2)厂务公开要结合强化企业管理,向企业经营管理的关键环节和重点部位延伸;(3)厂务公开要结合加强领导班子建设,向干部管理制度改革的领域推进;(4)厂务公开要结合加强企业党风廉政建设,进一步向规范企业领导经营管理权力行为引申。“三个融入”就是融入企业的体制、机制和各项制度之中,“六项制度”是目标责任制度、定期报告制度、职工评价制度、效能监察制度、考核奖励制度、责任追究制度。

2002年6月3日,中共中央办公厅、国务院办公厅印发了《关于在国有企业、集体企业及其控股企业深入实行厂务公开制度的通知》(中办发〔2002〕13号),《通知》进一步明确了厂务公开的重要意义、指导原则和总体要求;厂务公开的主要内容;厂务公开的实现形式;厂务公开的组织领导的“四项要求”。《通知》指出,“在厂务公开工作中,要切实做好企业领导人员和职工的思想工作。企业领导人员要提高认识,自觉地把厂务公开摆到重要工作位置,纳入现代企业管理的体制、机制和制度之中。要鼓励职工积极参与厂务公开活动,支持和监督企业经营者依法行使职权,认真行使当家做主的民主权利。要加强对职工代表的培训,不断提高他们参与民主决策、民主管理和民主监督的意识和能力。”《通知》指出,“涉及职工切身利益方面的问题主要包括劳动法律法规的执行情况,集体合同、劳动合同的签订和履行,职工提薪晋级、工资奖金分配、奖罚与福利,职工养老、医疗、工伤、失业、生育等社会保障基金缴纳情况,职工招聘,专业技术职称的评聘,评优选先的条件、数量和结果,职工购房、售房的政策和住房公积金管理以及企业公积金和公益金的使用方案,安全生产和劳动保护措施,职工培训计划等。”要按照有关规定,认真落实职代会的各项职权。要通过实行厂务公开,进一步完善职代会民主评议企业领导人员制度,坚持集体合同草案提交职代会讨论通过,企业业务招待费使用情况、企业领导人员廉洁自律情况、集体合同履行情况等企业重要事项向职代会报告制度,国有及国有控股的公司制企业由职代会选举职工董事、职工监事制度等,不断充实和丰富职代会的内容,提高职代会的质量和实效,落实好职工群众的知情权、审议权、通过权、决定权和评议监督权,建立符合现代企业制度要求的民主管理制度。《通知》的出台,是与村务公开、政务公开相配套的基层民主政治建设的重要制度,对实践“三个代表”重要思想,保护、调动和发挥广大职工的主人翁积极性,促进企业的改革、发展和稳定,具有重要意义和作用。厂务公开是广大企业和职工群众的创造,《通知》是对职工群众实践经验的总结和概括,为厂务公开工作的进一步发展指明方向。

根据市纪委、市总、市委交工委的工作要求,2002年7月,天津港第二次党委办公会进一步明确了关于厂务公开的责任分工,天津港厂务公开工作实行“党委统一领导,党政工齐抓共管,纪检、工会、组织部门协调推动”的工作机制。天津港厂务公开领导小组办公室成员由天津港纪委办公室、天津港工会、天津港党委组织部有关人员组成,负责日常工作。是年8月20日,天津市厂务公开民主管理工作领导小组印发了《关于实行厂务公开工作责任制的意见(试行)》《关于实行厂务公开工作责任考核的暂行办法》《关于对违反厂务公开规定的行为实施责任追究的暂行办法》,进一步明确了各级党委(党组)、政府(行政)和有关职能部门在厂务公开工作中应负的责任。

2003年3月21日,天津港党委、行政、纪委、工会联合印发了《关于进一步深化厂务公开、民主管理制度的实施意见》(津港党发〔2003〕5号),《实施意见》提出了实行厂务公开民主管理的指导思想、基本原则、主要内容、实现形式、组织领导的“五项要求”。这个《实施意见》的出台为不断推进全港的党风廉政建设和基层民主建设,深入落实厂务公开民主管理,促进全局的改革、发展和稳定起到了重要作用。

为深入学习贯彻“三个代表”重要思想和党的十六大精神,进一步落实“两办”通知精神,巩固、规范、深化厂务公开工作,2003年4月8日,中纪委、中组部、国资委、监察部、全总《关于深入学习贯彻党的十六大精神做好2003年厂务公开工作的通知》(中纪发〔2003〕8号),就2003年厂务公开工作的几个重要问题作出通知:(1)深入学习“三个代表”重要思想和党的十六大精神,提高对厂务公开工作的认识;(2)切实把厂务公开深入到经营管理领域,与建立现代企业制度结合起来;(3)落实职工群众参与企业民主决策、民主管理和民主监督的权利,充分发挥职工代表大会的作用;(4)搞好制度建设,推进厂务公开的科学化、制度化、规范化;(5)继续推动非公有制企业依法实行厂务公开;(6)进一步明确和落实有关领导机关的责任,切实履行各自的职责。是年,天津市厂务公开民主管理工作领导小组印发了《2003年天津市厂务公开民主管理工作意见》,要求认真落实十六大和市委八届三次会议精神,进一步提高思想认识,增强做好厂务公开民主管理工作的自觉性和坚定性;进一步把厂务公开深入生产经营管理领域,融入依靠职工办企业的体制、机制和制度之中;认真贯彻落实“两办通知”的四项要求,充分发挥职工代表大会的作用;进一步加强组织领导,落实责任,强化监督制约,保证厂务公开健康发展。

为了进一步加强基层民主政治建设,按照“两办通知”精神,更好地实施天津市厂务公开领导小组《关于实行厂务公开工作责任制的意见(试行)》《关于实施厂务公开责任考核的暂行办法》《关于对违反厂务公开规定的行为实施责任追究的暂行办法》,2003年7月16日,天津市厂务公开民主管理工作领导小组印发了《关于实行“厂务公开重大问题建议书”等“四书”制度的意见》(津厂组发〔2003〕3号),决定在全市国有、集体及其控股的企业和事业单位实行“厂务公开重大问题建议书、报告书、整改通知书、责任追究建议书”制度。

党的十七大明确指出,要“全心全意依靠工人阶级,完善以职工代表大会为基本形式的企事业单位民主管理制度,推进厂务公开,支持职工参与管理,维护职工合法权益”。随着社会主义市场经济的发展和社会主义民主法制建设的加强,民主管理工作呈现许多新情况、新特点。特别是在国有企业改革、改组、改制,非公有制经济迅速发展以及企事业组织形式的多样化的形势下,迫切需要建立和规范与之相适应的一系列民主管理制度,进一步强化民主管理工作。

贯彻ISO9000标准,旨在保证产品质量的国际标准,其原理和方法也适用于厂务公开民主管理。为此,2003年9月3日,市总下发了《关于试行〈民主管理质量体系〉的通知》,决定吸收和借鉴国际先进管理经验,仿照ISO9000质量管理体系,制定天津市企业事业单位《民主管理质量体系》的指导样本。这一《体系》对不同所有制的企业和事业单位民主管理的形式、内容、程序都作出了比较明确的规定,目的在于使民主管理工作进一步标准化、程序化、规范化和系统化,并努力促进民主管理与行政管理的融合。随后,市总民主管理工作部又下发了《关于进行〈民主管理质量体系〉试点的几点要求》,要求各区县局、总公司(集团)工会按照市总的要求选择确定本地区、本行业具有代表性的不同类型企业并具有一定厂务公开民主管理工作基础的确定2~3家作为试点单位。在全港实行队务公开和班务公开的基础上,2004年,天津港工会研究决定在部分企业进行试点,通过试点总结经验,再进行推广。首先确定天津外轮理货公司、天津港轮驳公司作为建立推行《民主管理质量体系》试点单位,并帮助、指导两个单位结合企业的实际和特点编制出各自的《民主管理质量体系》。切实搞好培训,加强对相关人员进行业务培训,加强对广大干部和职工进行ISO9000标准基础知识,以及借鉴ISO9000标准,建立厂务公开民主管理体系意义、作用的宣传教育。坚持从本企业的实际出发,经过调查研究,征求意见,认真制定好切合实际,让广大干部和职工群众满意的文本。通过进行试运行和内审、整改,组织广大干部和职工群众,学习厂务公开民主管理体系文本,并按照文本要求进行厂务公开民主管理的实际操作。通过运行一段时间后,进行内审、整改、发布实施,在全港铺开这项工作。

为进一步推动厂务公开民主管理工作的深入开展,明确各级党委、行政和有关职能部门在厂务公开工作中应负的责任,2004 年 4 月 23 日,天津港党委、行政、纪委、工会联合转发了市厂务公开民主管理工作领导小组印发的《关于实行厂务公开工作责任制的意见(试行)》《关于实行厂务公开工作责任考核的暂行办法》《关于对违反厂务公开规定的行为实施责任追究的暂行办法》。是年 7 月 15 日,天津港召开了厂务公开民主管理工作会议,港埠二公司等四个单位交流了厂务公开民主管理工作的经验和做法,在总结和分析前一阶段推行厂务公开民主管理工作的经验的基础上,对下一步的工作进行了部署。8 月 9 日,天津港党委、行政、纪委、工会联合转发了天津市厂务公开民主管理工作领导小组印发《关于实行"厂务公开重大问题建议书"等"四书"制度的意见》(津港党发〔2004〕6 号),决定在全港实行"厂务公开重大问题建议书、报告书、整改通知书、责任追究建议书"制度。按照要求,天津港各基层单位制定了实施办法,进一步推动了厂务公开民主管理责任制的落实。截至 2004 年 11 月,全港从职代会为基本载体向职工群众公开事务 215 项,公开栏形式公开 181 项,以生产会形式公开 44 项,各种联席会公开 68 项,有线电视、报纸、天津港域网公开 121 项。同时 159 个队(站、库)实行了队务公开,601 个班组实行了班务公开,56 个多元化企业实行了多元化企业公开,使天津港进一步形成了天津港(集团公司)、基层企业(公司)、队(站、库)和班组四级公开形式。

天津港在推进厂务公开民主管理工作中,坚持"三个融入",抓好"三个延伸",有效地维护了职工的合法权益,促进了港口又好又快发展。"三个融入",即一是将厂务公开融入建立现代企业法人治理结构之中。天津港改制后,按照现代企业制度的要求,天津港及所属企业在制定新的公司章程时,做到厂务公开与企业改革发展的有机结合,正确处理好"老三会"与"新三会"的关系,既依照《公司法》建立健全了董事会、监事会,又坚持了以职工代表大会为基本形式的民主管理制度。工会主席作为职工代表进入了董事会,在监事会组成人员中有 1/3 的职工代表。继续坚持集体协商制度,按照规定签订集体合同和工资集体协议。确保厂务公开民主管理渠道畅通,使厂务公开民主管理工作随着企业转制得到了进一步加强。二是将厂务公开融入企业经营管理之中。注意厂务公开制度与企业管理制度的衔接。把公开内容、公开形式、公开程序和保证措施,分解成具体指标,细化到 ISO9000 质量管理程序文件之中,纳入质量管理的监督和考核体系,促进了厂务公开民主管理的科学化、规范化建设。同时,注意搞好合资企业公司章程和有关管理规定与厂务公开制度合理对接。既推动了合资企业厂务公开工作的开展,也促进了厂务公开民主管理的科学化、规范化建设。三是将厂务公开融入企业文化建设之中。坚持把民主公开建设作为企业文化的要素,运用企业文化建设的手段和措施加强对干部职工厂务公开民主管理教育,采用企业文化多种喜闻乐见的形式对干部职工进行民主公开知识熏陶,使公开、公平、公正、民主和谐、依法从业的思想意识,深深植根于干部职工的头脑,落实到实际行动。同时,凡是天津港核心任务和重大发展目标,都交给全港职工开展大讨论,积极营造和谐的氛围,提高了职工群众积极参与厂务公开民主管理的意识和能力。"三个延伸",即:一是延伸公开内容。由公开政策依据、规章制度,向企业"三重一大"决策延伸。坚持做到,生产经营和企业重大改革事项都由职代会审议通过,重要人事任免实行公开招聘、任前公示、民主评议等制度,基本建设工程和物资采购实行公开招标、网上采购,从而进一步强化对企业"三重一大"决策的民主监督。二是延伸公开的渠道。由仅仅通过职代会、公开栏公开,向多渠道的公开延伸。通过有线电视台、《天津港湾》、企业内部信息网络、职工代表"联系卡"等媒介扩大了公开范围、拓展了公开渠道。三是延伸公开主体。由天津港及下属企业的事务公开,向队(库、站)、班组、多种经营企业的公开延伸。截至 2006 年年底,推动了全港 342 个队(库、站)实行了队务公开,967 个班组实行了班务公开,使与职工群众联系最为紧密、与群众利益最为相关的基层队、站事务全部在阳光下操作。

通过实行厂务公开民主管理,促进了天津港的和谐发展,让员工了解企业实际情况、直接参与企业的管理决策,极大激发了广大员工热爱企业、关心企业的主人翁责任感;通过实行厂务公开民主管理,强化了对干部人事任免、财务资金运行、工程建设、物资采购以及企业生产建设等重要环节的民主监督,有效地预防了腐败问题的发生。近几年来，在港口快速发展的前提下，天津港没有发生一起大的违法违纪案件，经抽样调查，群众对天津港的党风廉政状况满意度达98.5%，成为全国同行业和全市最好的单位之一。通过实行厂务公开民主管理，有效地维护了职工的合法权益，在进行后勤体制、劳动用工制度、干部人事制度和物资管理体制改革等多项涉及职工切身利益的改革中，由于做到了公开和民主，得到了员工群众的广泛支持和认可，并实现了企业改革改制不让一名员工下岗，职工收入要年年提高，职工人均收入2006年增长了12.33%。2006年9月18日，由天津、甘肃、宁夏三省市区组成的全国厂务公开互检组一行10人对天津港的厂务公开民主管理工作进行调研检查并听取了汇报，查阅了相关资料并与职工代表座谈，还组织了100名职工填写了调查问卷，参观了部分基层企业的三级公开栏。对天津港的厂务公开工作给予充分肯定。天津港先后被天津市厂务公开民主管理工作领导小组评为2003～2004年度、2005～2006年度厂务公开民主管理工作先进单位，2007年5月，天津港被评为全国厂务公开民主管理工作先进单位。天津港埠三公司还被评为全国厂务公开民主管理工作先进单位，天津港滚装码头有限公司被评为2007～2008年度"天津市厂务公开民主管理工作先进单位"。

在各级党政的领导和支持下，厂务公开民主管理工作取得了积极进展，厂务公开、职代会建制率显著提高；厂务公开民主管理工作制度化、规范化、法制化建设不断加强；厂务公开的内容和形式不断丰富；领导体制和工作机制不断完善，在围绕中心、服务大局，推动企事业单位健康发展，切实保障职工群众的民主权利，以及加强反腐倡廉建设等方面都发挥了十分重要的作用。厂务公开民主管理已经成为协调劳动关系、促进企事业和谐发展的一项基本制度，成为调动广大职工群众积极性、创造性，增强凝聚力、向心力的重要载体，受到了广大经营管理者和职工群众的普遍认可和欢迎。截至2009年年底，天津港实行"厂务公开、民主管理"制度的单位已经有42个，占全部单位总数的89.3%。

五、建立和完善集体协商集体合同制度

实行集体合同制度，在天津港已经有五十多年的历史了。新中国成立后，实行集体合同制度，在保证完成国民经济发展计划，改善职工物质文化生活条件，以及提高职工群众劳动热情方面，起到了很好的作用。

新中国成立后，企业的集体合同制度得到了一定的发展，党和政府十分重视运用法律手段执行集体合同。1950年6月28日，新中国第一部《工会法》由中央人民政府委员会通过，它是新中国成立初期最早颁布的三大法律之一，反映了党全心全意依靠工人阶级的思想，反映了当时"劳资两利"的特点。《工会法》规定："在国营及合作社经营的企业中，工会代表有受雇工人、职员群众参加生产管理并与行政方面订立集体合同之权。"其主要内容是：合同期间总的生产任务；在生产上行政与工会双方应保证的事项；生产定额、工资制度和奖励处分办法；工作时间和假期；改善工人和职员的物质文化生活设施的具体计划等。集体合同的种类，主要有产业集体合同和企业集体合同两种。期限一般为一年。1950年3月7日，天津市轮驳货物码头装卸集体合同经天津市劳动局批准并举行签字仪式，天津码头运输工会与轮船商业同业公会代表分别在合同上签字。这个合同的签订标志着对该行业近百年的不合理制度进行了改革，将通过分别货类、距离、过磅计算工力费，这是涉及天津港的第一个集体合同。1951年10月19日，经中央人民政府劳动部批准，中国海员工会华北区委员会与天津市轮船商业同业公会签订海运生产集体合同。这两个合同都属于产业集体合同的范畴。

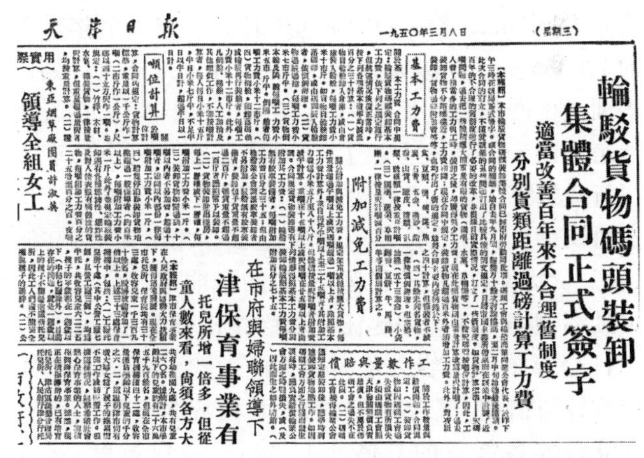
天津日報 一九五〇年三月八日

輪駁貨物碼頭裝卸集體合同正式簽字

適當改善百年來不合理舊制度

分別貨類距離過磅計算工力費

在市府與婦聯領導下 津保育事業有

1950年3月8日《天津日报》刊登签订轮驳货物码头装卸集体合同的报道

1954年3月，天津港进行了首次生产改革，装卸工人由搬运工会会员制改为天津港固定工人，从而加强了对装卸工的组织管理，同时工会组织正式组建完成。1955年3月31日，天津市工会联合会召开集体合同经验交流会，推广纺织机械厂等单位执行集体合同的经

验,会议要求各单位要结合讨论国家计划,认真订好集体合同,并通过执行集体合同,促进劳动竞赛的开展。是年,天津港工会第一次代表大会提出,“今后工会工作的任务是,深入发动群众,厉行节约、反对浪费、降低成本、保证安全,通过签订集体合同和贯彻一长制,进一步大力开展增产节约劳动竞赛,并围绕竞赛继续建立工会工作的正常秩序,以支援工业建设,支援国防建设,支援解放台湾,保证全面超额完成国家计划”。1955年4月,天津港第三次职工代表会议审议通过并签订了《天津区港务管理局、中国海员工会天津区港务管理局企业委员会〈集体合同〉》,这是天津港工会代表职工与行政方面首次签订的集体合同。此后,天津港工会与行政每个季度签订一次集体合同。为贯彻落实天津港职代会决议,基层作业区也签订了协议书,各级工会组织发动全港职工深入开展劳动竞赛,加强技术管理和计划管理工作,推行内部核算制度,提高劳动生产率,降低成本,保证全面完成国家计划,并在提高生产的基础上,改善员工的物质文化生活。工会还在新港作业区签订了装卸、仓库、机车等七个工种的联系合同,促进了各工种的协同配合。通过签订集体合同建立了正常的劳动竞赛秩序,加强了工作的计划性,安排了行政与工会的工作计划,基层作业区按照集体合同的规定制订工作计划,明确工作项目,分工负责,按期检查总结;通过签订集体合同促进了生产节约运动的开展,全年共节约901078元(旧币),完成全年计划的170.66%。新港、塘沽、天津三个作业区还有计划地培训了生产积极分子1600人次。1956年2月,在天津港第四次职工代表会议上,天津港工会代表全体职工与行政签订了《1956年度集体合同》《1956年劳动保护协议书》。《合同》第一章规定了吞吐量任务、装卸指标、货物堆存吨天、驳运吨、船舶提前率、生产质量、出勤率、财务指标、基建任务和修建任务等十项内容。《合同》第二章内容为落实指标的党政群各部室的工作方针与措施。《合同》的第三章内容为开展劳动竞赛党政群各部室的具体分工、责任,完成进度。《合同》的第四章为加强职工政治、文化、技术和业务学习,培养技术工人和技术干部内容。《合同》的第五章为贯彻国家法令和加强劳动纪律方面内容。《合同》的第六章为加强安全、卫生与集体福利工作,开展文体活动方面内容,以及党政群各部室的具体分工、责任,完成进度以及质量标准。

生产资料社会主义改造完成后,“大跃进”的到来,以及随后而来的经济困难时期,加上十年“文革”的冲击,集体合同制度逐渐被削弱直至被取消。

党的十一届三中全会以后,集体合同制度再度恢复。1979年,全总向全国发出了在全民所有制企业中恢复签订集体合同的倡议。之后,在1983年修订的《中国工会章程》和颁布的《中外合资经营企业实施条例》,1986年颁布的《全民所有制工业企业职工代表大会条例》中,都相继对集体合同作了规定。天津港的集体合同工作经历了起步、试点、全面发展的过程。

根据天津市部分企业实行由厂长代表行政与工会主席代表职工签订集体合同的几年来的做法和经验,实践证明对于搞好双增双节、发展企业生产、改善职工生活、协调干群关系、促进廉政建设发挥了积极作用。为进一步把全心全意依靠工人阶级的方针落到实处,充分调动经营者和生产者的两个积极性,根据有关法规并结合一些企业的经验,1990年5月,市总、体改委、交委等九委局联合颁布了《天津市企业签订集体合同的暂行办法》。是年11月,天津港工会和行政联合转发了这个《暂行办法》,并提出了贯彻意见:确定签订集体合同是实现企业经营承包合同的一项重要措施;集体合同一年一签。同时对集体合同的内容、管理和签订、落实集体合同的签证人等作出了明确规定。并确定集体合同的管理由天津港企业管理处和天津港工会民主管理部负责。截止到1990年,全局5个基层企业签订了集体合同,到1993年发展到8个单位。

1994年7月5日,《劳动法》经第八届全国人大常委会第八次会议通过。《劳动法》第一次以法律的形式规定了集体合同制度,《劳动法》的颁布,为在我国新的历史时期全面建立集体合同制度提供了坚实的法律基础,标志着我国集体合同制度进入了一个崭新的发展阶段。《劳动法》第四章规定,“企业职工一方与企业可以就劳动报酬、工作时间、休息休假、劳动安全卫生、保险福利等事项,签订集体合同。集体合同草案应当提交职工代表大会或者全体职工讨论通过。集体合同由工会代表职工与企业签订;没有建立工会的企业,由职工推举的代表与企业签订。”12月,全总十二届二次执委会确定了新时期工会工作总体思路,明确维护是工会的基本职责,提出推行平等协商和集体合同制度是工会贯彻实施《劳动法》的“牛鼻子”,是工会工作的枢纽和总开关。会议以后,根据天津市总工会的要求,天津港各级工会不断加深对总体思路的认识和理解,以推行平等协商和集体合同制度为重点,加强组织领导,加大工作力度。天津港工会把指导现代企业制度试点企业签订集体合同作为贯彻实施《劳动法》的重点。为指导规范集体协商及签订集体合同，协调处理集体合同争议，加强集体合同管理，根据《工会法》《劳动法》的有关规定，12 月 5 日，劳动部颁布了《集体合同规定》，《规定》共分为五章四十一条，分为总则、集体合同签订、集体合同审查、集体合同争议处理、附则。第五条规定，“集体合同是集体协商双方代表根据法律、法规的规定就劳动报酬、工作时间、休息休假、劳动安全卫生、保险福利等事项在平等协商一致的基础上签订的书面协议。”第六条规定，“集体合同应包括以下内容：(1)劳动报酬；(2)工作时间；(3)休息休假；(4)保险福利；(5)劳动安全和卫生；(6)合同期限；(7)变更、解除、终止集体合同的协商程序；(8)双方履行集体合同的权利和义务；(9)履行集体合同发生争议时协商处理的约定；(10)违反集体合同的责任；(11)双方认为应当协商约定的其他内容。”第七条规定，“集体协商是指企业工会或职工代表与相应的企业代表，为签订集体合同而进行商谈的行为。”第八条规定，“集体协商代表每方 3 名至 10 名，双方人数对等，并各确定一名首席代表。工会一方首席代表不是工会主席的，应由工会主席书面委托。”第九条规定，“企业代表，由其法定代表人担任或指派；职工一方由工会代表。未建工会的企业由职工民主推举代表，并得到半数以上职工同意。”第十六条规定，“集体合同期限为 1 年至 3 年，在集体合同规定的期限内，双方代表可对集体合同履行情况进行检查。经双方协商一致，也可对集体合同进行修订。”同时，劳动部印发了《关于进行集体协商签订集体合同试点工作的意见》（劳部发〔1994〕486 号），明确开展集体协商签订集体合同试点工作，同时对开展试点工作的指导思想、试点原则、工作步骤及主要内容、工作要求以及应注意的主要问题作出了规定。

1995 年 1 月，《中华人民共和国劳动法》施行，这是新中国成立以来第一部保护劳动者合法权益，全面规范劳动关系的基本法律。市总在 1995 年的工作任务中提出：“当前各级工会要把贯彻实施《劳动法》作为工作重点来抓。要引导职工全面把握《劳动法》的基本内容，指导帮助职工签订好劳动合同并依法监督劳动合同的履行，保障职工利益。要坚持协商谈判制度，代表职工签订集体合同。平等协商、签订集体合同之所以作为工会工作的重点，是因为《劳动法》赋予工会的关键性的重要权力和方法。” 是年，天津港党政工联合印发了《关于贯彻实施〈劳动法〉的意见》，《意见》对宣传《劳动法》、完善合同制、推进集体合同、制定工会参与决策的保障制度、健全劳动争议组织五方面提出具体要求。宣传贯彻好《劳动法》对于深化企业改革、稳定劳动关系，保证港口持续发展具有非常重要的意义。天津港工会在宣传贯彻《劳动法》过程中，主动争取党委领导，注意与行政的配合，形成了党、政、工齐抓共管的局面。同时通过举办基层党政一把手和机关处级干部、基层工会主席培训班、举办知识答卷、港口电视采访基层党政工领导等多种形式为贯彻落实好《劳动法》奠定了基础。在宣传贯彻《劳动法》工作中，注意与解决实际问题相结合，妥善地处理了国有企业和合资企业中出现的劳动争议问题，如解决了天津港口宾馆职工的待遇问题、赛挪码头公司（合资企业）职工的法定休假日、调整工伤事故引起的劳动争议，通过协商解决了涉及职工切身利益的问题，依法维护了职工的合法权益。是年 8 月 11 日，经市政府同意，市劳动局与市总联合印发了《天津市关于进行集体合同试点工作的意见》（津劳调字〔1995〕273 号、津工发字〔1995〕120 号），要求各单位结合本地区、本系统企业的实际，在全力推行劳动合同制度的基础上，对照试点企业应具备的条件，做好选点工作。应积极创造条件，采取分期分批、条件成熟的先行、陆续展开的方法，确保集体协商签订集体合同试点工作顺利进行。该《意见》对进行集体合同试点工作的指导思想以及试点的原则、范围、应具备的条件、工作步骤、应注意的问题提出了具体要求。8 月 30 日，天津港行政与工会联合印发了《天津港务局关于建立集体合同制度的实施意见》，该《意见》对建立集体协商制度，签订集体合同的原则、主体、内容和程序作出了明确规定。“集体合同草案应提交职工代表大会或工会组织全体职工讨论通过，由工会主席代表职工与企业法定代表人以书面形式签订，按法定程序报送劳动行政部门，劳动行政部门十五日内未提出异议即为有效。”

强化工会在协调劳动关系中的作用，是突出工会维护职能的重要环节。《劳动法》赋予了工会对用人单位遵守劳动法律、法规的情况进行监督的权利。1995 年 8 月 17 日，全总印发了《工会参加平等协商和签订集体合同试行办法》《工会参与劳动争议处理试行办法》《工会劳动法律监督试行办法》，要求各级工会采取有力措施，代表组织和职工对劳动法律、法规的执行情况实行民主监督，促进劳动法律、法规的贯彻落实。这三个试行办法进一步规范和指导工会代表职工依法与企业进行平等协商和签订集体合同，维护职工的合法权益，建立稳定和谐劳动关系，促进企业发展。

天津港工会认真落实工会工作总体思路,切实把推行平等协商和集体合同制度作为实施《劳动法》,突出工会维护职能的重点工作。这一期间,工会与劳动人事部门联合推进集体合同试点工作,一是成立平等协商集体合同工作领导小组。成立了以管理副局长为组长,天津港工会主席为副组长,天津港人教处、工会、外事处、企发处负责人组成领导小组。二是确定条件比较成熟的天津新港赛挪码头有限公司、保税仓库有限公司作为天津港的试点单位,并指导天津市现代企业制度试点单位天津港储运股份有限公司,通过平等协商签订了集体合同,为天津港下一步全面推行平等协商签订集体合同制度,积累了经验,创造了条件。三是积极参加选派试点单位的劳资干部、工会干部和企业法人参加市集体合同试点单位培训班。四是帮助和指导试点企业进行协商和文本的起草。五是借鉴经验。通过参加市总和市劳动局联合召开的"天津市集体合同试点工作经验交流会",进一步学习了搞好试点工作的经验。1995 年 12 月 13 日,被确定为天津市 28 家首批签订集体合同试点企业的天津港储运股份有限公司召开二届二次职工代表大会签订了集体合同。是年 12 月,市总女职工委员会下发了《关于工会女职工委员会参与集体协商和集体合同工作的意见》,对更好地代表维护女职工的合法权益和特殊利益,发挥企业工会女职工委员会在建立集体协商和集体合同制度中的参与作用提出了具体意见。"凡有女职工的企业,工会女职工委员会负责人或工会女工委员会应作为工会协商代表,代表女职工参与平等协商和签订集体合同"。根据这一要求,天津港在推进平等协商和签订集体合同工作中开始做好落实工作。

1996 年 4 月 22 日,市劳动局、市经委、市总、市企业家协会、市工商联等部门、单位联合印发了《天津市企业实行集体协商和集体合同制度意见》,对加大天津市推行集体协商和集体合同制度提出了具体意见。

随着《劳动法》的贯彻实施,全国大部分地区积极稳妥地开展了集体协商和集体合同试点工作,这对于促进社会主义市场经济条件下劳动关系协调机制的建立和完善,维护职工与企业双方的合法权益,发展和谐劳动关系,发挥了积极的作用。1996 年 6 月 24 日,劳动部、全总、国家经贸委、中国企业家协会联合印发了《关于逐步实行集体协商和集体合同制度的通知》,要求根据全国大部分地区推行集体协商和集体合同试点工作经验,进一步统一认识,加强指导,逐步在全国企业中实行集体协商和集体合同制度。是年 7 月,天津港工会与行政联合转发国家四部委以及市四部门的《通知》,并制定了《关于贯彻"关于天津市企业实行集体协商和集体合同制度意见"的实施办法》,决定在首批 10 个单位推行集体协商集体合同制度,首先对全港 56 名党政工负责人和 32 名女工主任进行培训,对试点单位的车间主任、科队长、女工委员 1118 人进行了培训,并组织了职工 13800 人次的培训或学习,为进一步在全港范围内实行集体合同制度奠定了基础。全总又于 5 月、8 月分别召开两次集体合同工作电话会议,"要求各地区一定要下定决心,努力拼搏,锲而不舍,扎实工作,努力把这项工作抓出成效来,落实全总十二届三次执委会确定的目标,为改革、发展、稳定的大局作出应有贡献"。是年 8 月,市总下发了《关于在评先活动中加强对签订集体合同工作考核的几点规定》,规定凡是今后在工会开展和参与的评先评优活动中,要加强对建立集体协商和集体合同制度工作的考核,并纳入评比条件,实行一票否决制,未签订集体协商、集体合同的企业和领导不能参与评先评优活动。9 月 18 日和 25 日,天津市分别召开了"推动集体合同工作会议"和"全市推动集体合同大会",会议对天津市企业建立集体协商集体合同制度情况进行了总结,对进一步推动这项工作提出了意见。要求全市各级工会进一步提高认识,增强推动集体协商集体合同工作的紧迫感和责任感;采取有效措施真抓实干,抓住难点,突破难点;积极做好履行集体合同过程中的工作,保证机制有效运行;提高工会干部自身素质,适应新形势下工会工作的需要。天津港首批推行集体协商、集体合同制度的单位的工会组织认真贯彻上级工会要求,积极争取党委的领导和行政的支持,注意加强与劳动人事部门的密切合作,形成联合推动的局面。同时强化工会自身的工作,采取切实有效的措施推动这项工作的开展。截止到 1996 年 12 月,全港有 8 家国有企业、2 家现代企业制度企业、6 家外商投资企业通过集体协商签订了集体合同,分别占全局同类企业的 61.5%、100% 和 50%,覆盖职工超过 50%。企业建立集体协商集体合同制度后,增强了企业领导依靠职工办企业的自觉性,提高了工会在企业中的地位,有力地维护了职工的合法权益,进一步加强了企业内部的管理,稳定了企业劳动关系,促进了企业改革和生产经营的发展。

为逐步建立与社会主义市场经济体制相适应的劳动关系双方主体的自我调节机制,指导外商投资企业开展工资集体协商工作,保障劳动关系双方合法权益,促进劳动关系和谐稳定,1997 年 2 月 24 日,劳动部办公厅印发了《外商投资企业工资集体协商的几点意见》，明确规定，“外商投资企业集体协商是指外商投资企业工会或职工代表与相应的企业代表，依照国家法律、法规，就企业内部工资分配制度、工资分配形式、工资收入水平及其增长幅度和职工保险福利等问题进行协商并签订集体合同的行为，是企业集体合同制度的重要组成部分”。《意见》对外商投资企业集体协商应具备的条件、应遵循的原则、协商的内容、参照的指标、监督检查等作出了明确规定。

为进一步推动落实集体协商集体合同制度，进一步规范签约双方行为，确保集体合同的认真履行，1997年7月4日，天津港行政与工会联合印发《天津港务局集体协商制度（试行）》和《天津港务局集体合同监督检查制度（试行）》。《集体协商制度》规定了协商的原则，遵循合法、平等合作、协商一致、兼顾三者利益、维护生产和工作秩序。协商的内容包括集体合同的订立和变更；涉及职工利益的规章制度的修订；职工的劳动报酬、工作时间、保险、福利、安全卫生、女职工和未成年工的特殊保护、职工培训及职工文体生活；劳动争议的预防和处理；职工民主管理及其他需双方协商的事项。协商制度还规定了集体协商代表的资历；集体协商的程序等。《集体合同监督检查制度》明确了监督检查机构；规定了监督检查内容；提出了监督检查的形式、方法以及对检查出的问题的处理。是年12月2日，天津港工会转发市委批转市总关于《动员和依靠全市广大职工为加快企业改革和发展作贡献的意见》。《意见》指出，职工个人与集体签订的劳动合同、工会代表职工与行政签订的集体合同中，其实施必须依据《企业法》监督检查，落实劳动标准，改善劳动条件、保障职工安全和经济利益，保护女职工的特殊权益。保障职工的基本生活；建立特困职工档案、职工互助救济金，广泛开展“送温暖”、扶贫帮困、社会救助等活动。

1998年11月，尉健行同志来天津市视察提出了推行集体协商和集体合同制度要做到“两个坚持、两个灵活”的要求，即不论企业经济效益好坏，不论何种所有制企业都必须坚持集体协商和集体合同制度；结合不同企业的实际，集体合同内容、标准可以灵活，集体合同的形式可以灵活。按照这一要求，市总调整工作思路，紧密结合天津的企业实际，确定这个阶段的集体合同工作的指导思想是，必须立足于最大限度地维护好职工群众的劳动权利和经济利益；必须把职工群众最关心的热点作为集体协商、集体合同的重点；必须坚持越是困难的企业越要实行集体协商、集体合同制度。同时市总加强指导，总结经验，破解难题，在实践中探索出多种集体合同的实现形式，形成了全方位多层次、灵活多样、注重实效的发展态势。

1998年，天津港工会把继续推进集体协商、签订集体合同作为深入贯彻落实工会工作总体思路的重点，巩固成果抓规范，建立制度抓履约，下力量推进集体协商、集体合同工作。是年10月，天津港制定了《推行集体协商和集体合同制度的安排》意见，要求各单位广泛深入地做好宣传发动工作，要本着“建立制度、逐步规范、不断完善”的原则，层层宣传，深入学习，提高职工对签订集体合同的必要性的认识。11月，天津港工会和行政双方分别组建了各有七名成员组成的协商代表组，局长和工会主席分别任双方首席代表。代表组组建后双方就有关议题进行了协商，经过多次讨论修改并提交职工代表大会讨论通过，确定天津港集体合同共十三章六十六条，除总则和附则外，分别设立劳动报酬、工作时间和休息休假、保险福利、劳动安全卫生、女职工的特殊保护、技能培训、劳动合同与劳动管理、合作与监督，合同的履行、变更、解除和终止，履行合同中的争议处理、违约责任等章节。是年12月10日，正式签订了天津港的集体合同，这是继20世纪50年代后，天津港恢复集体协商集体合同制度后第一次签订集体合同，标志着天津港集体协商和集体合同制度正式确立，使天津港协调劳动关系正式走向了法制化轨道。12月29日，天津港行政和工会联合印发了《关于认真履行〈天津港务局集体合同〉的通知》（津港人〔1998〕319号），要求各单位和基层工会认真贯彻，严格履行，确保集体合同的全面落实。天津港推行集体合同工作经历了由试点到普及的过程，由于成绩显著，1998年天津港被评为天津市集体合同优胜单位。

随着企业改革的深入推进和多种所有制经济的迅速发展，企业劳动关系呈现出多元化、复杂化局面。1999年，天津港工会坚持把健全和完善集体协商、集体合同制度作为建立依法协调劳动关系有效机制，积极落实市总“两个坚持”、“两个灵活”的要求，即：不论企业经营效益好坏，不论任何所有制，都必须坚持集体协商、集体合同制度；结合不同企业的实际，集体合同的内容、标准可以灵活，签订的形式可以灵活，循序渐进，逐步提高，重在建立机制。

2000年1月，天津港第九届三次职工代表大会审查了《关于天津港务局推行集体协商集体合同工作检查情况的报告》，这个报告总结了天津港推行集体协商集体合同工作循序渐进，不断发展的过程。天津港主要从劳动关系的变化入手,进一步统一了思想认识;坚持从企业实际出发,调整了工作思路;抓住工作重点,突破难点,分类指导。通过三方面工作,推行集体协商集体合同工作取得了阶段性进展。3月29日,市总和市劳动和社保局联合召开集体协商集体合同工作经验交流会,会议表彰了推动集体协商集体合同工作先进单位和先进企业。天津港务局被评为区县局总公司(集团公司)推动集体协商集体合同工作先进单位;储运公司被评为推动集体协商集体合同工作先进单位。这次会议提出,要统一思想,进一步提高对集体协商集体合同工作的认识,这一阶段仍以"两个坚持、两个灵活"为指导原则,坚持"以深化认识为先导,以健全组织为保证,以突破难点为关键,以覆盖全员为目标,以讲求实效为根本"的工作思路。要立足所有企业,面向全体职工,坚持"五个统一、四个原则、四个强化",实现集体协商集体合同的新突破。"五个统一"即:推行乡镇街集体合同与签订企业集体合同相统一;合同的条款与企业的实际相统一;建立健全协商机制与签订企业集体合同相统一;重视签约与重视监督履约相统一;签订全面合同与签订单项合同、集体协议、协商会议纪要相统一。"四个原则"即:在合同的内容上就实不就虚;在合同的标准上就高不就低;在建制的形式上就全面不就单项;在履约上就严不就松。"四个强化"即:因企制宜,强化乡镇街集体合同的实效;抓住主要矛盾,强化协商谈判机制;坚持以变应变,强化应变措施;加强监督检查,强化履约兑现。

随着社会主义市场经济的发展,公有制实现形式的多样化和非公有制经济的迅速发展,我国新建企业数量有了很大的增长,这对促进国民经济起到了重要作用。同时,也应看到,一些新建企业特别是非公有制企业的劳动关系不够协调,劳动争议逐年上升,侵害职工合法权益的现象时有发生,对于企业的发展和社会的稳定造成了一定的影响。平等协商和集体合同制度是协调企业劳动关系、维护职工合法权益的主要手段。因此,在新建企业加快组建工会的同时,必须大力推行平等协商和集体合同制度。但是,由于这项工作进展太慢,与当时形势发展的要求很不适应。为了推动这项工作,切实维护非公有制企业和新建企业职工和企业双方的合法权益,2000年4月24日,市劳动和社保局和市总联合印发了《关于在非公有制企业推行集体协商签订集体合同的意见》(津工发〔2000〕132号)。9月12日,全总印发了《关于在新建企业加快建立平等协商和集体合同制度的意见》(总工发〔2000〕20号),要求各地抓住机遇,乘势而上,将集体合同工作同新建企业建会工作紧密结合、同步推进;因企制宜,分类指导,在求实管用上下工夫;积极推行区域性、行业性集体合同制度,扩大集体合同的覆盖面;加强领导,切实发挥上一级工会在建立平等协商和集体合同制度中的作用。

工资是企业劳动关系的核心问题。进行工资集体协商、签订工资协议,是企业平等协商集体合同制度的重要组成部分;是建立企业新的工资决定和制衡机制,维护职工和企业双方合法权益的有效手段。实行工资集体协商、签订工资协议,必将进一步深化平等协商集体合同制度,更加有利于保障职工经济利益,更加有利于协调企业劳动关系,促进企业的稳定和改革、发展。天津市是全国率先推行这一新型工资分配制度的城市。

"工资集体协商制度"在国际上普遍采用,推行该制度是入世后与国际接轨的重要举措。主要是谈判工资增长,通过一年一次的谈判,确定职工每年工资增幅,幅度不受限制,同时,还可根据企业的实际状况,谈判是否维持工资现有水平问题,使职工和企业对工资达成共识。此外,对效益不好的企业,也可以协商清欠拖欠职工工资的办法。对非公有制企业,建立工会的由工会代表职工进行工资集体协商,签订《工资协议书》。"尚未建立工会的由职工民主推选代表,或由企业上级工会组织代表职工与企业进行工资集体协商"。对公有制企业,由工会代表职工进行工资集体协商,可根据协商确定工资水平,突破原有的国有企业工资"两低于"的调控规定,自主确定工资水平,不实行封顶。

2000年11月8日,劳动和社保部颁布实施《工资集体协商试行办法》,该《办法》共分为总则以及工资集体协商内容、代表、程序和工资协议审查、附则等六章二十六条。总则第三条规定,"本办法所称工资集体协商是指职工代表与企业代表依法就企业内部工资分配制度、工资分配形式、工资收入水平等事项进行平等协商,在协商一致的基础上签订工资协议的行为。""本办法所称工资协议是指专门就工资事项签订的集体合同。已经订立集体合同的,工资协议作为附件,并与集体合同具有同等效力。"第四条规定,"依法订立的工资协议对企业和职工双方具有同等约束力。双方必须全面履行工资协议规定的义务,任何一方不得擅自变更或解除工资协议。"第三章对协商代表作出规定,第九条规定,"工资集体协商代表应依照法定程序产生。职工一方由工会代表。未建工会的企业由职工民主推举代表，并得到半数以上职工同意。企业代表由法定代表人和法定代表人指定的其他人员担任。”第十条规定，“协商双方各确定一名首席代表。职工首席代表应当由工会主席担任，工会主席可以书面委托其他人员作为自己的代理人；未成立工会的，由职工集体协商代表推举。企业首席代表应当由法定代表人担任，法定代表人可以书面委托其他管理人员作为自己的代理人。”

2001年10月27日，第九届全国人民代表大会常务委员会第二十四次会议通过《关于修改〈中华人民共和国工会法〉的决定》，其中“工会的权利和义务”，明确了“工会代表职工与企业以及实行企业化管理的事业单位进行平等协商，签订集体合同”。是年11月14日，劳动和社会保障部、国家经济贸易委员会、中华全国总工会、中国企业联合会/中国企业家协会联合印发了《关于进一步推行平等协商和集体合同制度的通知》（劳社部发〔2001〕17号），明确了推行平等协商和集体合同制度的重要性、加强对职工协商代表的保护，建立健全履约监督保障机制和平等协商争议处理制度等内容。11月20日至21日，全总与劳动和社会保障部、中国企业联合会、中国企业家协会、国家经贸委在南京召开了全国贯彻实施《劳动法》《工会法》推行集体合同、劳动合同工作经验交流会议（即“南京会议”），会议提出了“六个坚持”的要求，即：“要坚持所有企业都要推行平等协商集体合同制度；坚持平等协商与签订集体合同相协调；坚持把职工关心的热点、难点问题作为集体合同的重点；坚持把工资集体协商作为推行集体合同制度的重要内容；坚持把推行集体合同制度与推行劳动合同制度有机衔接起来；坚持把推行集体合同劳动合同制度与建立现代企业制度相结合。”是年12月7日，市劳动和社保局印发了《关于贯彻实施劳动和社会保障部颁布实施〈工资集体协商试行办法〉有关问题的通知》，对签订工资集体协议应遵循的原则、如何维护协商代表的合法权益、协商中及协议执行中的争议、协议的监督检查等问题都作出了明确规定，并要求全市各级劳动保障行政部门和企业工会会同同级工会组织，积极稳妥地推进企业工资集体协商工作。

为进一步推行平等协商和集体合同制度，加快培育劳动关系主体双方自主协调的机制，促进劳动关系的和谐稳定，依据《中华人民共和国劳动法》《中华人民共和国工会法》，2002年3月12日，市劳动和社保局、市总等四部门转发了劳动和社会保障部、全总等四部委《“关于进一步推行平等协商和集体合同制度”的通知》，要求进一步提高认识，加强组织领导；加强分类指导，推进平等协商和集体合同建制工作；巩固制度，讲求实效，不断健全完善平等协商和集体合同制度；因企业制宜，注重实效，积极推行工资集体协商制度；搞好集体合同和劳动合同的衔接，完善企业劳动关系协调机制；建立健全监督保障机制，推进平等协商和集体合同制度建设。为进一步健全和完善平等协商集体合同制度，规范工资集体协商和签订工资集体协议的行为，保障职工和企业双方的合法权益，促进劳动关系和谐稳定，3月26日，天津市总工会印发了《关于工会做好工资集体协商工作的指导意见》，要求各级工会要深刻认识做好这项工作的重要意义，积极推动这项工作的开展。《指导意见》对工资集体协商和签订工资集体协议的内容、工资集体协商遵循的原则、工资集体协商的程序、职工工资集体协商代表、工资集体协商与平等协商、集体合同的关系等作出了明确规定。同时要求要因企制宜，讲求实效，推进工资集体协商，上级工会要加强指导服务。

2003年3月4日，天津市召开了工资集体协商工作推动会议，会议提出，推行工资集体协商制度要体现“两个坚持，两个灵活”，“两个坚持”，即：“一是不论何种所有制企业，都要坚持建立工资集体协商制度。包括国有、集体及其控股企业，也包括私营、外资企业，只要有工资分配自主权，都要把这一制度建立起来。二是不论经营状况、经济效益好坏，都要坚持在建立工资协商机制的基础上，签订工资协议，越是经营暂时困难的企业，工资问题可能越突出，越需要通过建立工资集体协商制度调整劳动关系”。“两个灵活”，即：“在依照有关法律法规、符合政策规定的前提下，一是工资集体协商的具体方式、形式可以灵活；二是协商的具体事项和标准可以灵活。”会议确定，在完善和规范原试点企业的基础上，2003年全市的企业要普遍建立集体协商机制，其中建立工资集体协商制度的要达到50%以上，签订工资集体协议的企业要达到500家以上。4月3日，市总民管部印发《〈工资集体协商需要把握的几个问题〉的通知》，文件对进一步提高工资集体协商的认识、协商代表应依法产生、工资集体协商（工资集体协议书）的内容不一定面面俱到、工资协议的期限、工资集体协议是否一经签订就不能更改、工资协商的要约是否必须是工会提出、工资协议书报审程序、工资集体协商要充分发挥协商功能、工资集体协商不是工会自己唱独角戏等需要把握的几个问题，进行了解疑释惑。

按照天津市推进工资集体协商工作的要求,2003年6月,天津港唯一的集体企业——港口服务公司签订工资集体协议,成为全局第一个签订工资集体协议的企业。

2004年1月,劳动和社会保障部颁发了新修订的《集体合同规定》(2004年5月1日实施),《规定》共分八章五十七条,明确了集体协商内容,集体协商代表,集体协商程序,集体合同的订立、变更、解除和终止,集体合同审查,集体协商争议的协调处理等内容。第二章对集体协商内容作出了明确规定,第八条,"集体协商双方可以就下列多项或某项内容进行集体协商,签订集体合同或专项集体合同:(1)劳动报酬;(2)工作时间;(3)休息休假;(4)劳动安全与卫生;(5)补充保险和福利;(6)女职工和未成年工特殊保护;(7)职业技能培训;(8)劳动合同管理;(9)奖惩;(10)裁员;(11)集体合同期限;(12)变更、解除集体合同的程序;(13)履行集体合同发生争议时的协商处理办法;(14)违反集体合同的责任;(15)双方认为应当协商的其他内容。"同时对劳动报酬、工作时间、休息休假、劳动安全卫生、补充保险和福利、女职工和未成年工的特殊保护、职业技能培训、劳动合同管理、奖惩、裁员等内容作出明确规定。为认真贯彻实施《集体合同规定》,推进企业普遍建立集体协商和集体合同制度,促进劳动关系和谐稳定,是年2月28日,全国总工会办公厅印发了《关于认真学习宣传贯彻新颁布的〈集体合同规定〉的通知》(总工办发〔2004〕2号)。3月8日,市总印发了《关于认真学习宣传贯彻新颁布的〈集体合同规定〉的通知》(津工通〔2004〕2号),要求进一步提高思想认识,把学习宣传贯彻实施《集体合同规定》作为当前维权工作的一项重要任务。同时采取多种形式,积极开展学习宣传贯彻《集体合同规定》的活动。求真务实,联系实际,进一步推进集体协商集体合同工作的法制化。是年9月24日,劳动和社会保障部工资司印发了《关于贯彻实施〈集体合同规定〉的通知》(劳社部函〔2004〕195号),要求各地劳动部门、工会和企业联合会/企业家协会要认真学习宣传《集体合同规定》,充分认识开展集体协商签订集体合同工作的重要性;要加大推进建立健全集体协商机制的力度,实现制度规范化;要明确集体协商代表的权利和义务,提高集体协商代表的自身素质;要以工资集体协商为切入点,努力提高集体协商的实效性;要从实际出发,确定集体合同的形式和内容;要加强指导,密切配合,推动集体协商集体合同工作健康发展。是年11月5日,工资集体协商首次会议举行,会议确定人教部部长、工会副主席分别受天津港法人代表和工会法人代表委托分别为行政方首席代表和工会方首席代表。截至2007年年底,天津港签订集体合同的单位47家,占全部单位的95.7%,覆盖职工31400多人,占职工总数的98.4%。

2008年1月1日,《劳动合同法》开始施行,其中设专节共六条规定了集体合同,明确了"企业职工一方与用人单位通过平等协商,可以就劳动报酬、工作时间、休息休假、劳动安全卫生、保险福利等事项订立集体合同。集体合同草案应当提交职工代表大会或者全体职工讨论通过"。"集体合同由工会代表企业职工一方与用人单位订立;尚未建立工会的用人单位,由上级工会指导劳动者推举的代表与用人单位订立。""企业职工一方与用人单位可以订立劳动安全卫生、女职工权益保护、工资调整机制等专项集体合同。"突出地表明集体合同在劳资关系框架中日益凸显的重要作用。

为贯彻党的十七大精神和市委、全总工作部署,举全会之力,发挥工会在改善国计民生、维护职工劳动经济权益、发展和谐劳动关系的作用,积极推进工资集体协商工作,推进建立健全职工工资协商共决机制、正常增长机制和支付保障机制,促进天津市经济社会和谐发展,2008年11月5日,市总全面启动《天津市总工会发展和谐劳动关系推进工资集体协商工作三年规划》。要求从2008年下半年至2011年,用3年时间,建立集体合同制度的企业要达到工会组织企业的90%以上。对于不签订工资集体协商的企业、企业工会和企业党政领导、工会主席,在评先评优中将一票否决。《规划》明确了天津市工资集体协商3年规划的目标。同时,市总还对工资集体协商工作提出了具体工作规划。主要内容有:健全完善监督、制约、考核、激励机制,将工资集体协商机制的建立、签约、履约,纳入劳动保障监察的主要内容;把开展工资集体协商,签订工资集体协议和企业职工工资收入增长情况纳入评选劳动模范、优秀企业家、劳动关系和谐企业、五一劳动奖章和奖状、先进职工之家、优秀工会工作者和优秀工会之友的重要条件。为进一步强化推动工资集体协商的考核激励,经考核,对每年度推动工资集体协商成绩突出的区县总工会、局、集团(总公司)工会及工作人员分别授予五一劳动奖状和奖章。此外,还增设了优秀协商代表和协商金点子职工的评选奖励。2009年7月16日,天津港工会召开十一届二十二次全委(扩大)会议，调整了集体协商工会方代表，确定七名同志为天津港工会方选派的职工代表。

十几年的实践证明：实施集体协商集体合同制度，使工会依法维护职工合法权益有了基本载体和手段。实施集体协商集体合同促进了企业劳动标准的落实，职工工资得到保障，随意加班加点现象得到有效控制，休息休假制度得到保证，养老、医疗和失业保险金交纳率有所提高，劳动条件和职工福利有了不同程度的改善，促进了企业劳动关系的和谐稳定。实施集体协商集体合同制度，加强和改善了企业管理，规范了企业用工行为，促进了企业发展。集体合同对企业经营者和职工群众都有较强的约束力，有效地克服了企业行政行为的随意性，进一步完善了劳动用工、劳动时间、劳动保护、工资发放以及社会保险制度，增进了企业与职工之间的理解和沟通，企业管理得到明显改善和加强。实施集体协商集体合同制度，促进了工会干部队伍整体素质和参政议政能力的提高，增强了工会组织的吸引力和凝聚力。集体协商集体合同制度使工会作为职工利益代表者和维护者的身份得到充分体现，树立了工会依法维护的形象，促进了工会干部加强有关法律法规、企业管理、劳动工资、社会保障等知识的学习，提高了工会干部队伍的整体素质和工作水平。

在推进集体协商集体合同工作的实践中，各级工会不断破解难题，探索规律，勇于创新，讲求实效，在拓展工作领域、推进工作创新、丰富工作内容、改进工作方式等方面积极创造了大量新鲜经验和成功做法，有力地推动了集体协商集体合同工作的健康发展。从而较好维护了劳动关系主体双方的合法权益，促进了经济发展，和谐稳定。

截至 2009 年 12 月，天津港实行集体协商集体合同和工资集体协商的基层企业共有 48 个，实现了 100% 的企业实行了集体协商集体合同制度，覆盖职工 100%。

六、开展创建和谐劳动关系活动

随着改革开放的不断深化，社会经济成分、组织形式、就业方式、利益关系和分配方式日益多样化，经济关系和劳动关系日趋复杂，工会法律工作的领域、对象、内容、要求和方式方法等都发生了重大变化，面临着新的机遇与挑战。多年来，天津港各级工会组织在上级工会和天津港党委的正确领导下，以邓小平理论和“三个代表”重要思想为指导，以科学发展观为统领，坚持“组织起来、切实维权”的工作方针，努力构建和谐天津港，构建稳定和谐的劳动关系，以做到依法维权、主动维权、科学维权为目标，创新发展具有天津港工会特色的职工维权长效机制，完善联动化维权制度，畅通社会化维权通道，拓宽法制化维权手段，努力开创工会维权工作新局面。

劳动关系三方协调机制，是市场经济条件下协调劳动关系的一个有效途径。我国协调劳动关系三方机制的实践性探索工作，是在 1983 年中国正式恢复在国际劳工组织活动开始的。以此为开端，由中国劳动和社保部、全总和中国企业联合会/中国企业家协会作为中国的政府、工人和雇主的代表组成三方代表团参与国际劳工组织和亚太地区一系列劳工活动。1990 年 9 月 7 日，全国人大常委会批准了国际劳工组织第 144 号公约，即《三方协商促进履行国际劳工标准公约》，表明我国正式承诺遵循国际通行的三方性原则来协商处理劳动关系方面的问题。1995 年随着《劳动法》的颁布实施，三方之间的协作配合工作更加密切。

为保障《劳动法》的正确实施，充分发挥“三方协调机制”作用，处理好国家、企业和职工三方利益，建立稳定和谐的劳动关系，1999 年 9 月 30 日，天津市劳动和社保局、市总、市经委联合印发了《关于建立协调劳动关系三方联席会议制度的通知》（津劳仲〔1999〕第 372 号）。三方联席会议制度是指劳动行政管理部门、同级工会组织、用人单位方面的代表，就本地区、本系统劳动关系调整工作中遇到的一些重大问题，采取联席会议形式，共同协商，提出解决问题的意见与建议，为政府决策服务。明确了“各局、总公司（集团）联席会议由局、总公司（集团）劳动部门和有关职能部门（代表企业）；局、总公司（集团）工会（代表企业职工）；双方认为必要时，可以邀请市劳动行政管理部门代表政府参加会议”。“各区、县、局、总公司（集团）可以根据会议内容邀请有关领导和有关部门负责人参加会议，也可以邀请基层党、政、工负责人或有关专业人员参加会议。”“三方联席会议由各区、县、局、总公司（集团）劳动部门主持。办事机构设在区、县、局、总公司（集团）劳动部门。”《通知》同时对三方联席会议主要职责、协调内容、遵循原则、会议内容和会议制度等作出了相应的规定。

为进一步健全完善劳动关系三方协调机制，加强劳动保障部门、工会组织、经济综合管理部门和企业组织三方就涉及劳动关系方面的重大问题的沟通与协商，共同促进劳动关系和谐稳定，保证改革开放的顺利进行和社会经济的持续发展,2002 年 8 月 13 日,劳动和社保部、全总、中国企业联合会/中国企业家协会联合印发了《关于建立健全劳动关系三方协调机制的指导意见》(劳社部函〔2002〕144 号),要求各地劳动和社会保障部门、总工会、企业联合会/企业家协会要充分认识建立劳动关系三方会协调机制的重要意义,从实际出发,建立健全劳动关系,明确劳动关系三方会协调机制的职责。同时要求积极探索劳动关系三方会协调机制的运作方式,加强劳动关系三方会协调机制工作的指导。10 月 9 日,市劳动和社保局、市总、市企业联合会/市企业家协会联合转发了这个《指导意见》。是年 12 月 27 日,市劳动和社保局、市总、市经委、市企业联合会、市企业家协会又联合印发了《关于进一步健全和完善协调劳动关系三方会制度的规定》(津劳局〔2002〕424 号),该《规定》明确了"各局、总公司(集团公司)三方会议由各局、总公司(集团公司)行政和工会及主管委的劳动部门(或其他部门)三方组成"。同时对三方会议职责任务、协调内容、工作内容和会议制度作出了规定。

为深入贯彻党的十六大和十六届四中、五中全会精神,加强协调劳动关系,切实维护职工合法权益,推动构建社会主义和谐社会,2005 年 12 月 13 日,全总第十四届执行委员会第三次全体会议着重研究了新形势下做好维护职工合法权益工作的若干问题,作出了《关于加强协调劳动关系、切实维护职工合法权益、推动构建社会主义和谐社会的决定》。2006 年 1 月 6 日,市总印发了《关于加强协调劳动关系、切实维护职工合法权益、推动构建社会主义和谐社会的意见》,要求各级工会一要统一思想,提高认识,进一步增强维护职工合法权益,加强工会维权机制建设的紧迫感和责任感;二要明确方向,准确定位,把握工会维权工作的指导思想、主要原则和基本任务;三要突出重点,完善机制,努力开创工会维权工作新局面;四要开拓创新,与时俱进,保持工会维权工作的蓬勃活力;五要加强领导,精心组织,切实把工会维权机制建设落到实处。是年 4 月 29 日,市劳动和社保局、市总、市政府国资委、市企业联合会/企业家协会联合印发了《天津市关于开展"劳动关系和谐企业创建活动"实施意见》(津劳局〔2006〕125 号),《意见》指出,为贯彻落实党的十六届四中、五中全会提出的构建社会主义和谐社会战略目标和市委八届九次全会关于加强和谐企业建设的要求,促进滨海新区的开发开放和天津市经济社会的全面发展,努力实现"十一五"规划目标。经天津市协调劳动关系三方会议共同研究决定,自 2006 年起在全市开展劳动关系和谐企业创建活动。并提出了具体实施意见,劳动关系和谐企业标准分为 A 级、AA 级、AAA 级。评价内容主要分为劳动合同、集体协商集体合同、职工工资、企业民主管理、工会组织建设、社会保险、劳动安全卫生、职工素质教育、劳动保障法律监督和劳动争议调解等项内容。7 月 21 日,劳动和社保部、全总、中国企业联合会/中国企业家协会联合印发了《关于开展创建劳动关系和谐企业与工业园区活动的通知》(劳社部发〔2006〕25 号),要求从 2006 年起,逐步在全国各类企业和工业园区(包括各类经济技术开发区、高新技术产业园区、科技园区以及其他产业集聚区等)开展创建活动,促进企业和工业园区建立健全劳动关系双方利益协调和劳动纠纷调处机制,全面落实劳动保障法律法规和各项政策规定,规范企业用工行为,保持劳动关系和谐稳定,实现企业良性发展,依法维护职工合法权益。

2006 年 10 月,党的十六届六中全会通过《中共中央关于构建社会主义和谐社会若干重大问题的决定》,这是中国共产党科学判断国内外形势的发展变化,深刻总结我们党促进社会和谐的历史经验,全面分析构建社会主义和谐社会的有利条件和不利条件,明确提出了构建社会主义和谐社会的指导思想、目标任务和基本原则。《决定》指出:"适应我国社会结构和利益格局的发展变化,形成科学有效的利益协调机制、诉求表达机制、矛盾调处机制、权益保障机制。坚持把改善人民生活作为正确处理改革发展稳定关系的结合点,正确把握最广大人民的根本利益、现阶段群众的共同利益和不同群体的特殊利益的关系,统筹兼顾各方面群众的关切。" 2007 年 7 月 10 日,市劳动和社保局、市总、市政府国资委、市企业联合会/企业家协会又联合印发了《关于进一步推进劳动关系和谐企业创建活动的补充意见》(津劳局〔2007〕90 号),就进一步推动全市劳动关系和谐企业创建活动提出了补充意见:要求全市各类企业要广泛开展劳动关系和谐企业创建活动,企业开展创建活动的主要标志是:企业要制定创建规划,要对照劳动关系和谐企业的等级标准,查找存在的问题,制订整改方案,并付诸实施。企业在开展创建活动的基础上,达到劳动关系和谐企业相应等级标准的,按照有关规定申报。《补充意见》明确了劳动关系和谐企业按照等级标准分为 A 级、AA 级、AAA 级。同时对劳动关系和谐企业的申报、审批、命名及监督管理、劳动关系和谐企业待遇、组织领导等作出了明确规定。“劳动关系和谐企业采取企业申报,分级定期审批、命名,每半年发布一批的方式进行。凡被命名各等级劳动关系和谐企业称号的企业,由市三方会议颁发荣誉牌匾,同时对保持荣誉称号的企业,按照不同等级称号,享受相应待遇:(1)A级劳动关系和谐企业一年免于劳动年检。(2)AA级劳动关系和谐企业两年免于劳动年检,劳动保障监察机构不再对其进行日常检查。(3)AAA级劳动关系和谐企业两年免于劳动年检,劳动保障监察机构不再对其进行日常检查和专项检查,劳动保障行政部门和社会保险经办机构免于对其进行社会保险稽核。未被命名A级或者A级以上劳动关系和谐企业称号的企业,不能参加天津市五一劳动奖状、天津市模范集体评选,企业经营者不能参加天津市五一劳动奖章、劳动模范、天津市优秀企业家评选。

2006年,根据市总的要求,天津港开展了“劳动关系和谐企业”创建工作,并建立了“党委领导,行政主抓,工会协调、各方配合”的创建工作领导体制和运行机制,制定了创建规划和标准。在创建活动中,集团公司认真贯彻《天津市企业职工民主管理条例》,不断强化民主管理,通过坚持职工代表大会制度和完善厂务公开制度,为构建和谐劳动关系提供参与的平台;坚持人本管理,健全长效机制,通过坚持集体协商制度,解决好职工收入增长等劳动关系的核心问题,不断改善劳动安全卫生条件,为构建和谐劳动关系提供有力保障 ;关爱劳务工队伍,努力实现同工同权,为构建和谐劳动关系夯实基础。“劳动关系和谐企业”创建活动的开展,促进了企业劳动关系的和谐,促进了港口持续健康发展。调动了管理者和广大职工的生产积极性。天津港形成了“发展共谋、机制共建、效益共创、利益共享”的和谐劳动关系氛围。是年,天津港被命名为天津市首批A级劳动关系和谐企业,2007年又被命名为天津市劳动关系AAA企业,同时被国家协调劳动关系三方会议评为全国模范劳动关系和谐企业。2008年1月,天津港确定天津港远航矿石码头有限公司为“劳动关系和谐企业”创建工作试点,并指导其制订规划和标准,完善制度,抓住关键,开展创建工作。2008年7月4日,被天津市协调劳动关系三方会议命名为天津市AAA级“劳动关系和谐企业”。2009年,天津港将合资企业作为创建的重点,不断深化创建工作,截至2009年12月,全港已经有48家企业开展了“劳动关系和谐企业”创建工作,占基层企业的100%,覆盖职工30850多人,其中被命名为天津市AAA级“劳动关系和谐”的合资企业有2家;AA级“劳动关系和谐”的合资企业有2家; A级“劳动关系和谐”的合资企业有3家。

天津市协调劳动关系三方会议命名天津港劳动关系和谐企业一览表

时间	AAA级劳动关系和谐企业	AA级劳动关系和谐企业	A级劳动关系和谐企业
2007年4月4日			天津港(集团)有限公司
2008年7月4日	天津港(集团)有限公司、天津港远航矿石码头有限公司		天津港散货物流有限责任公司
2009年6月1日	天津港滚装码头有限公司	天津港东方海陆集装箱码头有限公司	
2009年11月11日	天津港东方海陆集装箱码头有限公司	天津港五洲国际集装箱码头有限公司	天津港太平洋国际集装箱码头有限公司、天津港联盟国际集装箱码头有限公司

劳动关系和谐企业创建活动,促进了企业和谐,促进了港口持续健康发展。调动了管理者和广大职工的生产积极性,形成了天津港发展共谋、机制共建、效益共创、利益共享的良好氛围。天津港已经成为天津市乃至全国劳动关系最好的企业之一。

第四节　维护农民劳务工合法权益

随着社会主义市场经济的不断发展和工业化、城镇化、现代化的推进,职工队伍结构发生了很大变化,农民工已经成为职工队伍的重要组成部分。组织和吸收农民工参加企业民主管理是保障农民工经济利益和民主权益的重要制度保证。做好农民工的工作,切实维护农民工合法权益,对于构建社会主义和谐社会,促进经济社会的全面协调可持续发展都具有重大意义。

由于码头泊位增加,生产不断发展,装卸劳动力出现了严重不足。自20世纪80年代中期,天津港开始实施装卸用工制度改革,引入了农民合同工的用工机制。1984年,为了适应港口生产发展的需要,根据国家劳动人事部关于劳动力管理制度改革的精神,经市政府和市劳动局批准,报请交通部同意,从山东省乐陵县招收了750名农民合同制装卸工人,从此,农民装卸合同工开始成为港口生产建设的重要组成部分。招收农民装卸合同工是天津港在劳动力管理制度改革上迈出的第一步,不但解决了港口装卸一线的劳动力不足问题,也解决了农村过剩劳动力的就业问题。

20世纪90年代中期,天津港开始推行了劳务承发包制度。1995年开始推行装卸劳务承包化,1997年开展了单船装卸劳务承发包试点工作,1998年开始推行市场化的劳务承发包体制,1999年提出了单船核算改革。从2000年开始,天津港进一步深化装卸用工制度改革,在劳务承发包体制模式下逐步完善了管理体系。构建并逐步调整完善了三个层次的劳务公司布局结构,实行了劳务公司、劳务员工港口劳动市场准入机制。形成了以集团控专业化联营劳务公司为主导层,以集团子(分)公司控联营公司为骨干层,以其他劳务公司为补充层,人才中介机构为服务层的港口劳动力市场的新格局。同时,建立并逐步完善劳务承发包计划和外付劳务费额度控制机制、劳务承发包价位管理机制、劳务公司间劳动力输入输出机制、劳务员工的素质提升机制,成立技能开发服务公司,全面实施了操作岗劳务员工岗前培训、职业资格证书制度和岗位培训、职业技能等级定级(晋级)鉴定制度,并配以职业技能等级津贴制度,引导和促使劳务员工掌握和提高操作技能。2007年,建立了劳务员工劳动报酬增长机制,重新修订颁发了《劳务承发包价位实施管理办法》。劳务指导价位实行市场化的标准;价位具体标准每年根据"五大要素"进行动态调整;完善了劳务员工的福利保障制度,目前农民劳务员工全部按照国家和天津市的规定,建立了工伤保险和医疗保险,所需费用全部由集团公司承担;城镇劳务员工全部建立了"五险一金";实行了农民工带薪探亲假制度和农民工到期轮换一次性奖励制度等。目前,培育了具备港口准入资格的劳务承包企业共有25家,全港劳务用工总人数达到19000人。其中农民劳务工约11000人,城镇劳务员工约7000人。劳务承发包模式主要有单船生产全过程承发包、单工种承发包和劳务派遣承发包三种模式。

随着港口生产建设的不断发展和劳务用工市场化进程的不断推进,农民劳务工从业人员数量逐年增加,目前在港农民劳务工已达10000余人,农民劳务工在港口生产建设中的地位与作用日益突出,已经成为天津港一支不可或缺的重要力量,这些农民劳务工主要来自山东、河北、安徽等地,他们在港口主要从事航运、陆运装卸以及苫缆、灌包、机械司机和清扫等工作。

为进一步贯彻市总关于加强农民工组建工会和劳务工入会的要求,2004年9月28日,天津港党委组织部印发了《关于加强劳务工组建工会和劳务工入会工作的通知》。按照代行管理的原则,天津港成立了以党委副书记为主任,工会主席为副主任的,组织部、人力资源、计财、工会、党办等有关部门参加的天津港劳务工工会工作委员会。同时,天津港党委将推行劳务工组建工会和代行管理工作纳入党建工作目标考核。进一步推动落实全总"组织起来、切实维权"的工作要求,积极推行劳务工组建工会和代行管理工作。《通知》提出,要以"指导与监管并举;使用与维权并重"的方针,建立完善劳务工用工市场化的机制;劳务工队伍管理要遵从承发包主体分离的市场机制与有效的监管相结合;依靠基地劳务公司管理与帮助指导相结合;依法管理与依法维权相结合;组织建设、思想政治建设与物质待遇相结合等原则。《通知》对农民工队伍基础建设、合法权益、宣传思想工作、党工团组织建设等提出详细的要求。《通知》还提出要加强劳务公司的建设和管理。

为不断改善劳务工的生产生活条件,天津港投资数千万元专门为农民劳务工建设了蓝领公寓,2005年1月18日公寓落成并投入使用,首批118名农民工搬入公寓。该公寓为一栋19层主楼和两栋辅楼,总建筑面积4万平方米,共有630个房间,可供4800多人居住,为方便上下班,天津港还专门配备了班车,接送农民劳务工。是年,天津港工会积极探索农民劳务工建会、入会、活动方式和维权机制。劳务工入会实行了代行管理制度,在港的10个劳务基地相继成立了工会筹备组,有6296名劳务工加入工会组织。

为深入贯彻《国务院关于解决农民工问题的若干意见》(国发〔2006〕5号)和《中华全国总工会关于贯彻〈国务院关于解决农民工问题的若干意见〉的意见》,切实维护农民工合法权益,天津市总工会在2006年推出了一些有关维护农民工合法权益的政策,2006年4月4日,天津市总工会作出了《关于贯彻〈国务院关于解决农民工问题的若干意见〉的意见》,指出要充分认识贯彻《意见》、维护农民工合法权益的重大意义；要加强对《意见》贯彻的源头参与和监督；要最广泛地把农民工组织到工会中来；要着力解决涉及农民工权益的突出问题；要切实加强对贯彻落实《意见》工作的领导。各级工会要发挥自身优势，协助各级党委政府解决涉及农民工合法权益最现实、最直接、最紧迫的问题。帮助和指导农民工签订劳动合同。要努力扩大平等协商和集体合同的覆盖面，将农民工纳入平等协商和集体合同范围，民主选举一定比例的农民工协商代表，参加平等协商，充分发挥平等协商和集体合同在维护农民工合法权益中的重要作用。要突出解决农民工工资拖欠问题。加大农民工职业安全、劳动保护教育，增强农民工自我保护的意识和能力。加强农民工职业技能培训和就业援助。在农民工相对集中的企业和工地，建立文化活动室、图书角，广泛开展送图书、送电影、送文艺节目等多种形式的活动。要加强对农民工的思想道德教育、理想信念教育和法制教育，引导他们合法合理地表达利益诉求，全面提高农民工的思想道德和科学文化素质。要切实保障农民工的民主政治权利，积极推进用人单位建立健全保障农民工民主权利的各项制度。要建立健全农民工法律援助机制，开展为农民工送温暖活动。

2006年4月11日，市总、市安监局、市卫生局联合印发《关于认真做好维护农民工职业安全卫生合法权益的通知》（津工通〔2006〕15号），就进一步维护农民工职业安全卫生合法权益工作向各区、县、局、集团公司工会提出6条要求：一是进一步提高维护农民工职业安全卫生合法权益的认识；二是发挥工会组织的优势，积极参与配合企业做好农民工的职业安全卫生培训教育工作；三是积极组织农民工参加群众性的安全生产活动；四是加强对非公有制企业（农民工聚集的企业）工会劳动保护工作指导，协助企业工会将维护农民工职业安全卫生合法权益的职责落到实处；五是督促协助小企业改进和完善安全生产基础管理工作；六是加强监督管理，确保农民工职业安全卫生防护措施落实到位。

2006年3月28日，市总印发《关于组织和吸收农民工参加企业民主管理的试行意见》（津工发〔2006〕6号），就组织和吸收农民工参加企业民主管理提出以下意见：一是充分认识组织和吸收农民工参加企业民主管理的重要意义；二是农民工与城镇职工具有同等的民主权益；三是整建制的农民工劳务分包企业一般应建立职工代表大会制度；四是整建制的农民工劳务分包企业建立集体协商集体合同制度和工资集体协商制度，应以农民工为一方，劳务分包企业法定代表人为一方；五是分散混岗使用农民工的企业，应按照本企业职工队伍结构的相应比例，在农民工中民主选举一定数量的职工代表和职工协商代表参加企业的职工代表大会和集体协商；六是农民工所在企业召开职工代表大会和进行集体协商，签订集体合同，或召开区域、行业职工代表会议和进行区域、行业集体协商，要注重维护农民工的合法权益，特别要把按时足额发放工资、合理确定劳动定额、依法支付加班工资、建立农民工工资合理增长机制、搞好劳动安全卫生、缴纳工伤保险作为民主管理和集体协商的重要内容。分散混岗使用农民工的企业，应在工资协议、集体合同中纳入维护农民工合法权益的个性条款，也可以单独签订维护农民工合法权益的专项集体合同；七是各区县局、集团（总公司）工会要加强对农民工参加企业民主管理工作的推动和指导。

为认真贯彻中央领导同志关于维护农民工合法权益的重要指示和《国务院关于解决农民工问题的若干意见》（国发〔2006〕5号）精神，落实全国总工会、教育部、劳动和社会保障部、文化部、国家广播电影电视总局联合开展"向农民工送文化行动"的工作部署，天津市总工会印发了《深入开展"向农民工送文化行动"的通知》（津工通〔2006〕25号），就全市各级工会组织进一步深入开展"向农民工送文化行动"提出要求，一是充分认识"向农民工送文化行动"的重要意义；二是进一步加强对农民工的教育培训；三是开展多种形式的送文化活动；四是把"向农民工送文化行动"与推动当前工会重点工作结合起来。各级工会要统筹协调，精心组织，确保"向农民工送文化行动"与其他各项重点工作结合起来共同推进。要把"向农民工送文化行动"与深入推进工会组建和会员发展工作结合起来，最大限度地把农民工组织到工会中来；与深化职工素质工程，加强职工素质建设、增强自主创新能力结合起来，进一步摸清本系统、本单位农民工底数，制定有效措施，有针对性地提高农民工整体素质；与创建劳动关系和谐企业结合起来，指导帮助农民工签订劳动合同，推行平等协商、集体合同等制度，及时向农民工提供法律援助，为农民工送温暖；五是切实加强组织领导。各级工会要在党委领导和行政支持下，主动承担起"向农民工送文化行动"的日常组织实施工作。要充分借助各级教育、劳动、文化、广电等相关部门的优势和资源，加强协作、密切配合，沟通情况、形成合力，努力构建"向农民工送文化行动"的社会化格局。要将开展"向农民工送文化行动”纳入工会维护农民工合法权益的整体工作中,加大资金投入力度,每年拿出一定比例的工会经费,用于农民工素质教育和开展业余文化活动。要注意总结、宣传开展“向农民工送文化行动”中的好典型、好经验,进一步营造尊重、关爱农民工的良好社会氛围。

2005 年以来,为进一步构建和谐劳动关系,天津港进一步加强了港口劳务承发包市场体系建设、劳务基地开发、劳务公司建设和劳务员工队伍建设。健全完善了招投标承发包工作机制、劳务公司和劳务员工市场准入机制;进一步调整理顺了劳务公司布局结构;创新了全过程承发包、单工种分包、劳务公司间劳动力输入输出等承发包模式;建立了劳务员工信访诉求受理机制和劳务承发包内部稽查制度;建立了劳务员工劳动代理服务机制,规范了城镇劳务员工招录流程。

2006 年 8 月,天津港通过由党政工分管领导带队进行专题调研,制定了《关于新形势下加强农民劳务工队伍建设和管理的若干意见》。从强化农民劳务工队伍建设的基础工作、切实维护好农民劳务工的合法权益、搞好农民劳务工党、工、团组织建设、加强组织领导等八个方面作出了规定,从而使农民劳务工队伍建设和管理有了指导思想明确、原则清晰、操作性强的管理规范制度。该《意见》对农民劳务工党、工、团组织建设作出了规定。明确提出,按照“组织起来、切实维权”的要求,在单独建制的或以农民劳务工为主的大队、小队、班组中,建立职代会和厂务公开制度。建立有利于稳定队伍、调动农民劳务工积极性的激励机制,在农民劳务工中开展评选先进活动。

近年来,天津港工会认真落实党中央提出的“扩大覆盖面、增强凝聚力”工作要求和“组织起来、切实维权”工会工作方针,坚持以科学发展观为指导,树立以人为本的观念,在思想上重视农民工、行动上关爱农民工,做到“在管理上一样规范、在政治上一样关心、在权益上一样维护、在生活上一样照顾”,带着感情和责任切实抓好农民劳务工的建会和入会工作,切实从根本上维护农民劳务工的合法权益。据统计,目前已经有 1100 多名劳务工由装卸工种转岗为技术工种,有 50 多人成为装卸队长,600 多人走上了班组长岗位。天津港两级工会投资 100 多万元,建立了 90 多个“劳务工之家”。积极开展为农民劳务工送文化活动,把劳务工纳入职工素质工程的参与范围,不断提高农民劳务工的思想文化素质。组织劳务工开展文化体育活动,举办文艺晚会、联欢活动、体育比赛等活动,使他们感受企业文化氛围和城市生活。调动劳务工的积极性,组织劳务工积极参加劳动竞赛活动。重视和加强农民劳务工的政治待遇,发展劳务工党员 27 名,评选优秀劳务工 90 人次。先后有 1 人被评为天津市劳动模范;3 人荣获天津市立功奖章;1 人荣获中国海员建设工会颁发的“金锚奖”;1 人被评为天津市优秀工会工作者。天津港把劳务工纳入“安康杯”竞赛参赛范围,在全部劳务工班组设立 600 多名工会劳动保护检查员,一线装卸单位为劳务工建立《劳保卡片》,按人、按期、按标准、按物种发放,定期对劳保用品的发放情况进行检查。2006 年 6 月 3 日由工人日报社《工会信息》杂志主办的第十五届(2005 年度)全国工会好信息评选在京揭晓,天津港工会上报的《天津港农民工喜迁新居》一文荣获一等奖,全国工会好信息评委会评委、人民日报副总编陈俊宏在评议《天津港农民工喜迁新居》一文时说:“关于农民工的问题党中央和国务院都很重视,也是今后一个时期工作的重点。此做法不仅从形式上接纳了农民工,而且从根本上留住了农民工的心。”7 月 28 日,市委常委、市总主席散襄军来到天津港,并深入码头现场慰问农民工,送去了防暑降温饮料和防暑药品以及背投彩色大屏幕电视和 DVD 播放机。随后,在天津港召开了座谈会,分别听取了党政工关于做好农民工工作的情况汇报。对天津港的工作给予充分肯定,同时就做好下一步农民劳务工工作提出了要求。8 月 1 日,《天津工人报》头版头条刊登《天津港农民工生产生活有滋有味》的报道,全面报道了天津港坚持“五个一样”对待农民劳务工的做法。8 月 3 日,市总副主席张子鹏在市总 141 期《工会信息》刊登的《天津港工会从四个方面入手维护农民工合法权益》的信息上批示:“大型国有企业单位招用农民工、外来工是个比较普遍的问题,天津港工会为我们作出了榜样,望有农民工的国有企业切实做好组织起来、切实维权的工作。”10 月 25 日,全总办公厅编印的 2006 年第 27 期《工会工作通讯》中专门介绍了天津港维护农民劳务工合法权益的经验和做法。2006 年第 11 期《天津工运》“聚焦农民工”专栏刊登了天津港工会主席王庆林的文章《思想上重视,行动上关爱,下力量切实做好农民劳务工工作》。

2007 年 3 月 23 日,全总印发了《关于推进维护农民工合法权益十项工作机制建设的意见》(总工发〔2007〕10 号),提出要着力推进建立健全源头入会机制、双向维权机制、就业指导培训机制、工资支付保障机制、社会保障促进机制、劳动安全卫生监督机制、帮扶关爱机制、民主权利保障机制、用工诚信评价机制、法律援助机制十项工作机制，《意见》指出，“为了贯彻落实党中央关于工会要积极开展维护职工权益工作，特别是要积极维护农民工合法权益一系列重要指示精神，落实《国务院关于解决农民工问题的若干意见》，推进维护农民工合法权益工作取得更大进展，各级工会组织必须从实现科学发展、构建和谐社会的高度，以发展和谐劳动关系为主线，以加强机制、制度建设为重点，进一步坚持“农民工有困难找工会”的服务宗旨，继续把维护农民工合法权益作为工会的重点工作抓紧、抓好、抓出成效，确保为农民工办“十件实事”的落实。当前和今后一个时期，要着力推进建立健全十项工作机制，实现对农民工的主动维权、依法维权、科学维权，为推进和谐社会建设作出更大贡献。是年5月10日，市总转发了这个《意见》，就进一步贯彻落实《国务院关于解决农民工问题的若干意见》和《全国总工会关于推进维护农民工合法权益十项工作机制建设的意见》提出要求，“各级工会要以邓小平理论和‘三个代表’重要思想为指导，全面贯彻科学发展观，认真落实‘组织起来、切实维权’的工作方针，牢固树立和落实中国特色社会主义工会维权观，充分认识维护农民工合法权益工作的重要性、紧迫性和长期性，切实增强维护农民工合法权益的责任感和使命感。一要加强对维护农民工合法权益工作的领导，建立健全农民工维权工作协调领导机构，研究制订维护农民工合法权益的工作计划，统筹协调维护农民工权益工作；二要建立农民工维权责任制，强化目标管理，量化考核指标，对维权中不作为的工会干部要追究责任；三要注重在农民工中培养、选拔工会干部和工会活动积极分子，对他们加强政治和业务培训，并切实保护他们的合法权益；四要从源头上维护农民工的合法权益，主动参加地方党委、政府农民工工作协调领导机构，通过三方协调会议、政府与工会的联席会议、产业工会与相应产业部门的联席会议等途径，反映农民工的利益诉求，提出工会的主张和建议，推动相关法律法规政策的制定和落实；五要整合工会内外力量，完善信息渠道和利益诉求渠道，建立健全工会社会化维权格局，共同促进农民工合法权益的实现”。

2007年，天津港建立了劳务员工劳动报酬增长机制，重新修订颁发了《劳务承发包价位实施管理办法》。劳务指导价位实行市场化的标准；价位具体标准每年根据“五大要素”进行动态调整；完善了劳务员工的福利保障制度，目前农民劳务员工全部按照国家和天津市的规定，建立了工伤保险和医疗保险，所需费用全部由天津港承担；城镇劳务员工全部建立了“五险一金”。

天津港工会叫响、做实“劳务工有困难找工会”，在思想上重视、行动上关爱，切实从根本上维护劳务工的合法权益。在全市工会系统率先制定了《劳务员工工会经费会费拨缴管理办法》。把农民劳务工纳入先进模范的评选范围，激发了劳务工的工作积极性和创造性。春节前夕，工会做好农民劳务工“平安返乡”工作，安排好坚守岗位的农民劳务工的生产生活。天津港党政工领导带队来到农民劳务工比较集中的“蓝领公寓”慰问，并与农民劳务职工一起包饺子过年。部分单位实行劳务工“带薪休假制度”、“探亲补贴”、“农民劳务工年功工龄补贴”等制度。组织开展了暑期“为劳务工送凉爽、解难题、办实事”活动。各级工会协助行政部门，不断改善劳务工生活条件，为劳务工营造良好的生产、生活、政治环境，筹集慰问劳务工金额97万元。2007年，工会领导深入生产一线走访慰问劳务工12100人次，为劳务工提供健康体检267人次，充分地调动了广大农民工的生产积极性。工会肩负帮扶责任，帮助两个单位的劳务公司建立了劳务工解困基金，筹集基金70000多元。工会还把困难劳务工子女就学纳入“金秋助学”的范围，不让一名困难劳务工子女上不起学。2007年年底统计，天津港各单位建立劳务基地工会15个，有车间工会32个，工会小组489个，会员10000余人。

2007年5月1日，《人民日报》头版头条位置刊登了《天津港农民工成为港口新型产业工人》的照片。8月29日，中国海员建设工会召开全国交通建设系统维护农民工权益经验交流会。天津港工会在会上介绍了天津港工会维护农民工权益的经验和做法。9月30日，中国海员建设工会2007年第9期《信息简报》刊登了《天津港（集团）有限公司工会叫响做实“农民劳务工有困难找工会”，从根本上维护农民劳务工的合法权益》的文章。

近两年来，天津港坚持发展“五个一样”，不断深化维护劳务工权益工作。2008年1月，天津港召开一线劳务员工系列座谈会，天津港领导及相关部门和单位负责人，分三期与天津港劳务员工骨干代表、城镇劳务员工代表和农民劳务员工代表进行了面对面的座谈，听取他们工作、生活的基本情况，以及关于进一步做好劳务员工工作的意见和建议。根据收集的意见和建议，又专门召开了劳务员工工作会议。围绕劳务员工系列座谈会上部分员工代表提出的关于收入、住房、保险、交通、个人发展、党组织建设等方面的问题进行了深入研究,并结合天津港发展目标和发展实际提出了工作思路和具体措施。“五个一样”对待农民劳务工,在天津港得到了很好的落实。是年 1 月 14 日,天津市十四届人大常委会第四十三次会议举行。会议审议并通过了《关于天津市第十五届人民代表大会代表资格的审查报告》,公布了市十五届人大代表名单,天津市劳动模范、益港公司五洲国际集装箱码头装卸队队长苏现凯当选为市十五届人大代表。4 月 30 日,天津市公安局和市总工会联合举行外来务工劳模及家属在津落户准迁证发放仪式,10 名外来务工劳动模范及

天津港农民劳务工丰富多彩的业余生活

家属获得了在津落户的准迁证,成为天津的新市民。苏现凯及家属获得了在津落户的准迁证。天津港还拓展“帮扶救助”的资金渠道,天津港工会建立了 100 万元的农民工解困基金。是年,天津港开展“金秋助学”活动,资助了困难农民工子女 8 人。在天津港的发展进程中,涌现出一大批劳务工先进集体和先进个人,继 2006 年度被评为天津市劳动模范后,苏现凯又被评为 2008 年度天津市劳动模范,成为了天津港优秀农民劳务工的代表。据统计,2008 ~ 2009 年,天津港有 20 个劳务工集体被评为天津港级先进集体,94 名劳务工被评为天津港级先进生产者。

为最大限度地把包括劳务派遣工在内的广大职工组织到工会中来,切实维护其合法权益,根据《工会法》《中国工会章程》的相关规定,2009 年 4 月 30 日,全总印发《关于组织劳务派遣工加入工会的规定》。《规定》指出,劳务派遣单位和用工单位都应当依法建立工会组织,吸收劳务派遣工加入工会。劳务派遣工的工会经费应由用工单位按劳务派遣工工资总额的百分之二提取并拨付劳务派遣单位工会;劳务派遣工会员人数由会籍所在单位统计等五方面内容。是年,天津港两级工会坚持以强烈的政治责任意识做好劳务工建会、入会工作,自觉破除“基层组建空间小、会员发展没潜力”等模糊认识,在解放思想中统一思想,在提高认识中明确责任,确保市总下达的建会任务如期完成。采取不同方式及时建会,做到“三同时”,即办理行政关系的同时办理工会会员关系;同时编入一级工会组织进行管理;同时参加工会组织活动。全港劳务工基本上加入了工会组织,确保完成了劳务工上半年建会入会工作目标。此项工作得到市总的充分肯定,并在全市劳务工工会组织建设会议上进行了典型经验介绍。天津港维护农民劳务工合法权益的做法得到上级的肯定。2008 年 8 月 29 日,全总在北京召开“全国工会维护农民工合法权益工作经验交流暨表彰电视电话会议”。会上,部分单位、个人介绍了工作经验。天津港有 1 人荣获全国工会维护农民工合法权益工作先进工作者荣誉称号。2009 年第 7 期《天津工运》“工会主席谈”专栏刊登了天津港工会主席王庆林的文章《叫响做实“农民劳务工有困难找工会”,从根本上维护农民劳务工合法权益》。天津港关于维护农民劳务工合法权益的工运理论研究成果获得天津市工运理论研究“三优”成果一等奖并入选全总编撰的《坚定不移地走中国特色社会主义工会发展道路理论与实践成果集》。

农民劳务工为天津港的生产建设作出贡献的同时也得到了回报,许多农民劳务工在老家盖了新房,有些骨干还在港区附近买(租)了房子,娶妻生子,过上了小康生活。天津港的农民工思想情绪稳定,工作热情高、干劲足,个人前途与港口发展紧密相连,对天津港的未来充满信心和希望。绝大多数农民工对港口工作、学习、生活、收入、福利、社会保障等待遇比较满意,与正式职工关系融洽,能够做到相互包容,已经形成了思想统一、奋发向上、有较强战斗力的团队。

第六章　职工代表大会

第一节　职工代表会议

从1953年8月至1957年2月天津港共召开过五次职工代表会议，职工代表任期一年，每年改选一次。

第一次职工代表会议

天津港第一次职工代表会议于1953年8月17日至19日召开，出席会议的正式代表282人，列席代表43人。天津港工会筹委会主任韩维正作职工代表会议筹备经过报告，天津港政治处副主任宋玉和致开幕词，大会审议通过了局长吴英民所作的题为《认真贯彻整顿改进港湾管理工作，进一步深入开展爱国主义劳动竞赛，为完成和超额完成五三年生产任务而努力》的工作报告，听取审议了天津港计划科科长顾炎所作的提案审查报告，通过了大会决议。天津港副局长刘兴贤作了题为《加强政治思想领导，克服保守主义，贯彻会议精神，为推行作业计划而奋斗》的总结讲话。中国海员工会华北区委员会主席曾寿隆、中共天津市交通港务委员会书记司西成、新民主主义青年团天津市交通港务委员会副书记王秉刚等出席大会并讲话。会议期间上海区、广州区、青岛区港务管理局等来宾和代表进行了发言。局工会筹委会在会议期间举办了港湾作业展览会，苏联专家巴雪维奇·茹可夫及与会人员参观了展览会并提出了意见和建议。

大会总结了1953年上半年的工作，指出了港务管理工作中存在的问题，提出下半年的工作重点是推行作业计划，深入开展劳动竞赛，加强政治思想领导，推广先进经验，建立制度，搞好安全生产。会议要求全港各基层单位要及时传达大会精神，并根据会议决议定出各单位、队、组的计划及保证条件作为今后的方向，为完成和超额完成1953年的生产任务而努力奋斗。

本次大会得到了上级领导的重视，中央人民政府交通部部长章伯钧、中国海员工会筹备委员会主任刘达潮等参观了作业展览会并为本次职代会题词，章伯钧的题词是“天津港务局召开第一次职工代表会议讨论改进港湾管理工作，为运输服务发挥工人积极性并举行港湾作业展览会是有教育意义的而且是成功的”。刘达潮的题词是“提高效率，消减货损，加强水陆联系，保证安全，开展生产节约竞赛，为完成和超额完成国家计划而奋斗”。曾寿隆的题词是“运用展览会的形式，通过实物和真人真事，进行生动深入透彻的宣传教育，学习和推广先进经验，贯彻作业计划，使增产节约竞赛迅速饱满和热烈地开展起来，这是工会宣传工作的重要方法之一”。司西成的题词是“为发展海上运输，加强港湾管理，再接再厉，彻底贯彻职工代表会议决议而奋斗”。王秉刚的题词是“加强团结，加强学习，为实现大会决议认真贯彻作业计划提前完成与超额完成计划而奋斗”。

第一次职工代表会议大会主席团（17人）

吴英民　刘兴贤　宋玉和　刘　�　冯德华
韩维正　秦一民　辛国颂　王仰陶　裴振兰
郑凤有　施学良　陈福山　刘德茂　李长明
陆广桐　曾寿隆

第二次职工代表会议

天津港第二次职工代表会议于1954年5月4日至7日召开，大会分别审议通过了局长吴英民所作的题为《进一步深入贯彻作业计划，发挥生产技术革新精神，为争取全面地完成和超额完成国家计划而奋斗》的工作报告、港工会主席辛国颂所作的题为《进一步开展劳动竞赛，发挥生产技术革新精神，为保证全面地超额完成全年国家计划而努力》的工作报告和副局长刘兴贤的总结报告。会议通过了大会决议。

大会总结了天津港1954年第一季度生产计划的执行情况和开展劳动竞赛的情况,分析了工作中存在的问题,提出了1954年港口工作任务和劳动竞赛的方向。会议强调,必须加强安全生产统一的方针,既要反对麻痹大意,忽视安全,又要反对恐惧心理,不顾生产任务。应该通过贯彻操作规程,检定工具,加强生产中的劳动纪律等具体措施达到既安全又要提高效率全面地完成生产任务。

大会号召全港职工必须贯彻作业计划,发扬生产技术革新精神,进一步开展增产节约竞赛,贯彻安全生产统一的方针,通过加强生产中的劳动纪律,提高出勤率。服从队(船)长的指挥,逐步建立局长、区长、队(船)长三级一长负责制和各单位负责制,加强企业管理上的组织性、纪律性,为全面完成1954年生产任务而奋斗。

第三次职工代表会议

天津港第三次职工代表会议于1955年4月4日至7日召开,大会审议通过了副局长王大勇所作的《1954年工作总结和1955年方针任务》的工作报告,审议通过了天津港工会副主席刘淑文所作的《1955年第一季度的竞赛情况和今后开展竞赛的方向及签订集体合同的几点说明》,副局长刘兴贤作总结报告,大会还审议通过了《天津区港务管理局、中国海员工会天津区港务管理局企业委员会〈集体合同〉》和大会决议。

大会总结了天津港1954年生产计划的执行情况和存在的问题,提出了1955年的各项生产指标、方针和措施。大会确定1955年全港的基本方针是,继续全面深入贯彻计划管理,进一步提高作业计划质量,大力进行生产改革,认真贯彻安全生产,加强技术工作,深入推行内部经济核算制,以提高效率,降低企业成本,全面完成各项指标,以完成和超额完成1955年生产财务计划。

第四次职工代表会议

天津港第四次职工代表会议于1956年2月27日至3月1日在天津港机关食堂召开,出席会议的正式代表324人。大会审议通过了天津港代局长董华民和天津港工会主席辛国颂分别代表局行政和工会所作的工作报告,审议通过并签订了《天津区港务管理局1956年度集体合同》,代局长董华民、工会主席辛国颂分别代表局行政和工会签订了《天津区港务管理局1956年劳动保护协议书》。

这次大会的任务是,反对保守思想,挖掘潜力,保证提前一年全面完成第一个五年计划。大会总结了天津港1955年的工作,提出1956年的工作安排。大会号召全体职工代表充分利用有利条件,响应毛主席"又多、又快、又好、又省"的号召,为天津港创造空前未有的新纪录而奋斗。

第五次职工代表会议

天津港第五次职工代表会议于1957年2月25日至28日在新港作业区候工室召开,出席会议的正式代表431人。中国海员工会天津区委员会主席黄鸣凤应邀出席大会并作了《关于依靠群众,加强领导,进一步深入开展先进生产者运动》的报告。大会审议通过了代局长董华民所作的行政工作报告和天津港工会主席辛国颂所作的题为《进一步依靠群众加强对竞赛的领导,推动先进生产者运动的深入开展》的工作报告。大会通过了《天津区港务管理局第五次职工代表大会决议》。

大会总结了天津港1956年的工作,提出了1957年的工作方针和任务。大会认为,1957年的生产、财务和基本建设计划比较繁重,需要全港职工更加努力的工作,为此,必须充分发扬民主,依靠群众,深入开展增产节约运动,以保证全面完成和超额完成1957年国家下达的计划任务,争取多为国家上缴利润,这是全年的中心任务。必须贯彻勤俭办企业的方针,树立艰苦朴素的风气,巩固和提高内外协作制度,反对本位主义,保证安全、提高质量,关心群众思想和生活、加强劳动纪律教育。全年必须加强三项工作,一是进一步开展社会主义劳动竞赛和先进生产者运动;二是为厉行增产节约必须大力改进企业管理;三是进一步关心职工生活,改善职工劳动条件。大会号召全局职工要树立兢兢业业,积极负责的工作态度,要通过批评与自我批评,加强团结,提高政治思想水平,共同为完成1957年的各项生产任务而奋斗。

第二节　第一届职工代表大会

第一届职工代表任期一年，从 1957 年 10 月至 1959 年 12 月共召开过六次会议。

一届一次职工代表大会

天津港第一届一次职工代表大会于 1957 年 10 月 22 日至25 日召开，大会审议通过了副局长冈森所作的《关于工作服、雨衣问题和关于速遣问题》的两个报告。听取审议了有关福利工作的报告，大会分别审议通过了《关于工作服、雨衣的决议》《天津区港务管理局各工种防护用具使用暂行办法》《天津区港务管理局职工代表大会暂行办法》，天津港党委书记、代局长董华民作政治报告。大会选举产生了天津港工会第二届委员会和经费审查委员会委员。通过了大会决议。

大会对速遣奖的使用方法、原则、奖励范围进行了决议，大会认为，速遣奖仍是一种刺激生产加速船舶周转的奖金，因而考虑由人事科统筹掌握，调度室、财务科、外轮理货公司协助。大会还对雨衣和工作服的使用、配备进行了决议。

一届二次职工代表大会

天津港第一届二次职工代表大会于 1958 年 2 月 28 日召开。大会审议通过了天津港《1957 年工作总结与 1958 年工作安排》的报告，讨论通过了《天津港 1958 年度开展社会主义劳动竞赛和先进生产者运动方案(草案)》，听取了《关于企业奖励基金使用计划的说明》。

大会总结了天津港 1957 年的工作，提出了 1958 年的工作安排。大会认为，1958 年应重点围绕完成生产任务抓好八个方面：人力组织货源，争取突破年度吞吐量计划；扩大港口通过能力是装卸工作的关键；提高仓容利用率，扩大堆存量；驳运上要跑得快，运得多，降低成本，确保安全；修改工资方案，调整装卸力量；改进制度，进一步挖掘潜力；技术工作要打破陈规；确保安全，确保质量。大会号召全港职工在反对浪费、反对保守，勤俭建国的总要求下，比干劲、比办法、比标杆，比多、快、好、省，比工作质量，打破常规，力争上游，苦干苦练，使天津港在技术、生产上和政治思想上都要实现跃进。

一届三次职工代表大会

天津港第一届三次职工代表大会于 1958 年 9 月 5 日至 6 日召开，大会审议通过了天津港党委书记、代局长董华民所作的《关于整风运动和今后任务的报告》。天津港工会主席辛国颂作了题为《高举总路线的红旗，乘胜前进》的发言。

大会总结了开展整风活动以来的工作情况，提出了今后的任务。大会要求各单位和全体职工代表向全港职工进一步贯彻好大会精神，要重点抓好六个方面：一是充分发挥党的领导作用，加强具体领导；二是使政治和业务结合起来；三是必须把技术革命的远景规划和解决当前生产的关键结合起来；四是必须注重规章制度的改进，以适应生产的需要，促进生产发展；五是在生产中注意安全质量工作，减少一般事故，消灭重大事故；六是做好评比工作，使其成为推动生产、工作的有效方法。大会号召全港职工要树立集体主义和协作精神，迅速掀起社会主义竞赛高潮，以实际行动迎接 1958 年国庆节的到来。

一届四次职工代表大会

天津港第一届四次职工代表大会于 1959 年 1 月 20 日至 31 日召开，天津港党委副书记张性一在大会上报告了《1958 年度工作总结、1959 年的工作任务和工作安排》，大会开幕和复会时代表进行了典型发言，通过了大会决议，副局长李华彬致闭幕词。

大会总结了天津港 1958 年的工作，分析了 1959 年面临的形势与任务，提出了 1959 年的工作任务和工作安排。大会认为，天津港 1959 年的工作原则、任务和安排是正确的，必须认真贯彻执行。大会要求各单位、各部门深入领会和贯彻这次大会精神，并制订出切实可行的工作计划和措施并贯彻执行。大会号召全体职工要在党的领导下，以苦干加巧干的精神，大搞技术革命，大搞共产主义协作，为完成和超额完成 1959 年生产任务，争取在苦战三年的决定性一年中取得比 1958 年更好的成绩。

一届四次职工代表大会主席团(21 人)

董华民　刘兴贤　冈　森　李华彬　张性一
林寿清　辛国颂　张志青　裴振兰　冯德华
徐　选　武世忠　李跃海　程德鹏　鞠国良
钱　春　李长发　仇玉栋　赵德如　马云阁
王金友

一届五次职工代表大会

1959 年间还召开了天津港第一届五次职工代表大会。

一届六次职工代表大会

天津港第一届六次职工代表大会于 1959 年 12 月 23 日至 29 日在新港海员俱乐部召开。代局长董华民传达了中央交通部孙大光副部长在全国交通工作会议上所作的《大搞群众运动提高运输效率,为促进国民经济继续跃进而奋斗》的报告,天津港党委副书记张性一作了题为《高举总路线红旗,为实现 1960 年的继续跃进而奋斗》的工作报告。

大会总结了天津港 1959 年工作取得的成绩,分析了港口面临的形势和任务,提出了 1960 年任务计划。大会号召全港职工要戒骄戒躁,乘胜前进,为多快好省地完成 1960 年生产任务而努力奋斗。

第三节　第二届职工代表大会

第二届职工代表同时为第三次工会代表大会代表,任期一年,任期内只召开过一次会议,并与第三次工会代表大会合并召开。

二届一次职工代表大会

天津港第二届一次职工代表大会于 1960 年 4 月 8 日至 11 日召开,出席会议正式代表 274 人。大会听取了天津港党委《高举毛泽东思想的红旗,深入开展"双革",大协作"一条龙",为全面完成第二季度计划而奋斗》的工作报告,审议通过了天津港工会《1959 年度工作总结和 1960 年度工作计划》的报告。大会还审议通过了《天津市港务管理局职工代表大会暂行办法》。

大会总结了天津港 1960 年第一季度的工作,提出了第二季度的工作任务。大会要求各单位必须进一步贯彻两条腿走路的培训方针,继续大搞职工培训工作;要关心并妥善安排好职工生活;必须进一步加强党的领导,大搞群众运动。大会号召全港职工继续贯彻"六比"红旗竞赛精神,迅速掀起以月产 400 吨为目标的增产节约运动,猛攻"双革"关,大搞协作一条龙,为实现 1960 年完成 600 万吨的生产任务而奋斗。

二届一次职工(第三次工会)
代表大会主席团(27 人)

董华民　张性一　辛国颂　宋玉和　李华彬
林寿清　刘兴贤　王文元　胡瑞祥　史和祥
贵义和　韩维正　张洪泉　冈　森　李跃海
仇玉栋　鞠国良　王金友　赵一让(女)
徐　选　李世奎　武世忠　钱　春　冯德华
张希明(女)　吴立亭　宋　墀(女)

第四节　第三届职工代表大会

第三届职工代表任期一年,从 1961 年 9 月至 1963 年 2 月共召开过四次会议。

三届一次职工代表大会

天津港第三届一次职工代表大会于 1961 年 9 月 29 日至 30 日召开,本次大会与第四次工会代表大会合并举行,出席会议的正式代表 295 名。大会分别审议通过了代局长董华民所作的《1961 年 1 ~ 9 月份工作总结和第四季度安排意见》的报告和局工会主席辛国颂代表天津港工会第三届委员会所作的工作报告,听取了天津港人事科副科长孔宪权所作的《关于改进装卸大队奖励制度的说明》。大会通过了《天津港务管理局装卸大队生产奖励办法》《天津港务管理局职工代表大会暂行办法》。副局长李华彬致闭幕词。

这次大会的主要任务是,认真贯彻天津市交通工作会议精神,认清形势,明确方向,鼓足干劲,力争完成和超额完成1961年第四季度下达的生产计划。大会总结了1961年1~9月份工作,并就第四季度工作提出了安排意见。大会要求全体职工代表要认真向全体职工传达会议精神,带动群众积极参加社会主义教育运动,认清形势,明确方向,鼓足干劲,战胜一切困难,为力争完成和超额完成1961年第四季度下达的生产计划而奋斗。

三届一次职工(第四次工会)代表大会主席团(23人)

董华民　李华彬　刘兴贤　冈　森　张性一
武世忠　鞠国良　徐传扬　段根田　钱　春
赵德如　王文翰　蔡亚南　杜学良　段树起
徐　选　王贵德　史和祥　辛国颂　黄文治
井　连　寇介田　祝庆缘

三届二次职工代表大会

天津港第三届二次职工代表大会于1962年1月13日在新港海员俱乐部召开。大会分别审议通过了天津港《关于1961年度工作总结和1962年第一季度工作安排》的报告、《关于修订装卸工人奖励制度和装卸定额管理的报告》和《1962年度竞赛方案》。大会还表彰了1961年度局级先进生产者及先进集体。

三届三次职工代表大会

天津港第三届三次职工代表大会于1962年4月13日在新港海员俱乐部召开。大会审议通过了副局长李华彬所作的《关于1962年工作安排》的报告,审议通过了《天津港务管理局装卸大队工作条例》和《天津港务管理局实施定保奖规定》。

三届三次职工代表大会主席团(15人)

李华彬　冈　森　张性一　林寿清　鞠国良
潘瑞福　王文翰　辛国颂　徐　选　史和祥
宋　墀(女)　　黄文治　寇介田　钱　春
史文义

三届四次职工代表大会

天津港第三届四次职工代表大会于1963年3月12日至3月16日在新港海员俱乐部召开。大会审议通过了副局长李华彬所作的题为《厉行增产节约,确保安全,提高质量,大力缩短运输期限,彻底改进港口工作,为全面完成1963年生产财务计划而努力》的工作报告,局长齐仲华作总结报告,天津港党委书记张性一讲话。

第五节　第四届职工代表大会

第四届职工代表任期一年,任期内只召开了一次会议,并与第五次工会代表大会合并举行。1966年"文化大革命"开始,天津港职工代表大会制度从此中断。

四届一次职工代表大会

天津港第四届一次职工代表大会于1965年2月15日至19日召开,出席大会的代表249名。局长李华彬致开幕词,大会审议通过了副局长刘树森所作的题为《高举毛泽东思想的伟大红旗,大振革命精神,大鼓革命干劲,迎接工农业生产新高潮》的工作报告,审议通过了天津港工会副主席宋墀代表局工会第四届委员会所作的工作报告和《1962~1964年(第三季度)工会财务工作报告》、天津港政治部副主任张志青所作的题为《充分发动群众,广泛深入地开展"五好"运动》的报告。局长李华彬作总结报告。会议选举产生了天津港工会第五届委员会、常务委员、副主席和天津港工会经费审查委员。

这次大会的主要任务是,认清形势,总结经验,统一思想,提高认识,振作精神,在此基础上,安排确定1965年的方针任务,并通过大会的召开和贯彻,充分发动群众,深入开展"五好"运动,掀起新的生产高潮,以适应新形势,更好地为工农业生产新高潮服务。大会总结了1964年的全港行政工作,分析了1965年面临的形势与任务并就主要工作提出了要求。大会要求各单位和广大职工要认真学习贯彻"23条",放手发动群众,抓革命,促生产,大搞思想革命、技术革命和管理革命,坚持"四个第一",树立"三八作风",广泛开展以"五好"运动为目标的比、学、赶、帮运动,确保安全,提高质量,缩短车船在港停留时间,提高劳动生产率,扩大港口通过能力,降低成本,更好地为工农业生产新高潮服务。

第六节　第五届职工代表大会

为进一步贯彻落实《中共中央关于加快工业发展若干问题的决定(草案)》(简称《工业三十条》)精神,发动广大职工群众参加企业管理,1978年12月29日,天津港工会提出召开第五届职工代表大会的意见,经天津港党委批准,天津港各单位于1979年年初分别恢复建立了党委领导下的职工代表大会和职工大会制度。1979年,天津港恢复了职工代表大会制度,第五届职工代表任期两年,从1979年1月至1981年3月共召开了一次专题职代会和两次职工代表大会。

因天津港是政企合一的综合性单位,1981年12月,经天津港党委常委会议研究决定,天津港第五届职代会届满后,下届职代会暂缓召开。

专题职工代表大会

1979年1月12日,天津港党委召开常委会对职代会的筹备情况进行了研究,考虑到这次会议重点解决验收"大庆式"局的问题,原定其他议程全部免掉,为此这次会议不能为一次例行职代会,改为专题职代会。

天津港职工代表大会于1979年1月19日至20日在第一作业区俱乐部召开,出席会议的正式代表883人。大会听取审议了局长李华彬所作的《1978年学大庆总结和实现港口现代化的设想及今年重点工作安排》的报告,天津港党委书记谭松平作了总结讲话。

第五届专题职工代表大会主席团(33人)

谭松平　李华彬　刘树森　米玉润　胡云生
李学铭　林寿清　高玉志　孙世明　贵义和
张宝余　武世忠　李士耕　张　廷　黄文治
田丰年　康宝祥　高文禄　余秀芳(女)
邱光普　王景春　刘文举　白锡瑞　崔德泉
于德龙　陈贵廷　张宝林　刘凤森　赵德如
张洪升　曹金凤(女)　候　钊　路凤珍(女)

五届一次职工代表大会

交通部天津港务管理局第五届一次职工代表大会于1980年1月22日至24日在第一作业区俱乐部召开,出席会议的正式代表883人,列席代表32人,特邀代表30人 。局工会副主席高玉志致开幕词,大会审议了局长李华彬所作的行政工作报告和副局长杨洪珠所作的《局第五届职工代表大会提案审查报告》。分别审议通过了《交通部天津港务管理局职工代表大会章程》和第五届职工代表大会提案审查委员会委员名单,通过了《交通部天津港务管理局第五届职工代表大会关于工作报告的决议》。局党委书记谭松平作了总结讲话。

大会全面总结了交通部天津港务管理局1979年实现重点工作转移,落实"调整、改革、整顿、提高"八字方针,深入开展增产节约运动取得的成绩和经验,明确提出了1980年全局生产、基本建设以及其他各项工作任务、奋斗目标和具体措施。大会号召全局职工要继续贯彻党的十一届三中全会和五届人大二次会议精神,落实调整国民经济八字方针,认真贯彻交通部生产会议和天津市工交系统增产节约动员大会精神,深入开展党的政治路线和思想路线教育,加强思想政治工作,进一步拨乱反正,解放思想,巩固发展安定团结的政治局面。要鼓足干劲,奋发图强,"学大庆,赶上港",深入持久地开展增产节约运动,进一步改进和加强企业管理,大搞挖潜、革新、改造,广泛开展万件合理化建议活动,千方百计增加生产,厉行节约,为全面完成和超额完成1980年的生产、基建和其他任务作出更大的贡献。

五届一次职工代表大会主席团(43人)

谭松平　李华彬　刘树森　李健生　米玉润
杨洪珠　贾志忠(女)　田丰年　李学铭
胡云生　林寿清　高玉志　卢景卿(女)
宫廷熹　孙世明　贵义和　李文武　陈永芳
陈玉秀　杨景福　武世忠　刘继奎　张守正
张　廷　孟凡起　黄文治　张鸿生　徐　选
侯　钊　王景春　邢培智　孔繁荣　康宝祥
沈庆霞(女)　韦自起　杨春泉　张宝林

赵德如　孙景凤(女)　杜衡修　刘金才
周　倜　胡宝山

会议选举产生的职代会提案审查委员会:

主任委员:刘树森
副主任委员:杨洪珠　李健生　李学铭　高玉志
委　　员:马云阁　候　钊　许作文　王学文
梁之楷　王义臣　田玉连　刘宝良
韦自起　王恩芝(女)

五届二次职工代表大会

交通部天津港务管理局第五届二次职工代表大会于1981年3月10日至13日在第一作业区俱乐部召开,出席会议的正式代表723人,列席代表23人,特邀代表12人。局工会主席杨洪珠致开幕词,大会听取审议了局长刘树森所作的行政工作报告,听取审议并通过了副局长祝庆缘所作的《关于我局1980年财务收支情况和1981年收支计划》的报告,听取审议了局党委政治部主任、提案审查委员会副主任李学铭作的《关于局五届二次职代会提案审查的报告》,听取审议了副局长冯玉友所作的《关于职工劳动保护及职工生活问题的专题报告》,审议通过了《关于建立职工代表专业检查组的决定》和职代会专业检查组成员名单,会议通过了《关于工作报告的决议》。局党委书记李华彬作了总结讲话。

五届二次职工代表大会主席团(43人)

谭松平　李华彬　刘树森　李健生　米玉润
杨洪珠　贯志忠(女)　田丰年　李学铭
胡云生　林寿清　高玉志　卢景卿(女)
宫延熹　孙世明　贵义和　李文武　陈永芳
陈玉秀　杨景福　武世忠　刘继奎　张守正
张　廷　孟凡起　黄文治　张鸿生　徐　选
侯　钊　王景春　邢培智　孔繁荣　康宝祥
沈庆霞(女)　韦自起　杨春泉　张宝林
赵德如　孙景凤(女)　杜衡修　刘金才
周　倜　胡宝山

会议选举产生的四个专业检查组:

1. 经营管理检查组

王宏达　周　倜　阎吉顺　许　健　王　宪
赵建伟　罗怀玉　王德福　韦自起

2. 技术管理检查组

刘玉河　王景春　吴宝良　白苏君　杨世樵
凌光懋　刘树林　朱炳顺　张洪生

3. 安全生产检查组

耿少清　程云华　纪文兴　秦士达　李金峰
刘金才　刘洪元　李士义　卢家航

4. 生活管理检查组

刘宝良　卢赤军　王寅生　李炳田　秦子起
白锡瑞　王德华　寇介田　王恩芝(女)

第七节　第六届职工代表大会

第六届职工代表任期两年,从1983年11月至1984年3月,共召开了两次会议。1984年6月,天津港实行"双重领导,地方为主"的领导体制,逐步政企分开,作为天津市政府的职能局,代表政府管理天津港,所属企业成为独立的经济实体。1985年5月,天津港党委常委会议研究决定,撤销局级职代会,同时要求基层企业必须健全和加强职工代表大会制度。

六届一次职工代表大会

天津港第六届一次职工代表大会于1983年11月30日至12月2日在第一作业区俱乐部召开,出席会议的正式代表453人,特邀代表9人。11月30日召开了预备会议,天津港工会主席杨洪珠介绍了大会安排意见和大会主席团建议名单,对《局职工代表大会章程(草案)》进行了说明。副局长祝庆缘作了《关于交通部整顿企业验收的五项标准和整顿工作报告》的主要内容的说明。天津港党委副书记贵义和在预备会议上讲话。12月1日,大会正式开幕,天津港党委副书记贵义和致开幕词,大会听取审议了局长刘树森所作的《交通部天津港务管理局关于全面整顿企业的情况报告》,审议通过了《天津港务管理局职工代表大会章程》,通过了《关于〈全面整顿企业的情况报告〉的决议》,天津港党委书记李华彬作了总结讲话。

六届一次职工代表大会主席团(31人)

李华彬　刘树森　贵义和　祝庆缘　杨洪珠
李学铭　贯志忠(女)　徐　选　宫延熹

王大平　秦凤楼　刘玉忠　张宝余　郝德发
石瑞忠　蔡秀珍(女)　闫长林　孙志江
王恩德　许乃利　杨景福　赵珍义　李贵庭
郑寿华　孙金胜　张洪生　郑松青　李德华
杜华才　钟伯源　王文骁

六届二次职工代表大会

天津港第六届二次职工代表大会于1984年3月6日至7日在第一作业区俱乐部召开,出席会议的代表490人。天津港工会主席杨洪珠致开幕词,大会分别审议通过了副局长李学铭代表局长所作的《关于创建"六好企业"规划的报告》和副局长李伦炳所作的《关于1983年度财务决算和1984年度财务预算的报告》。天津港工会副主席、提案审查委员会副主任宫延熹作了关于提案的审查报告。会议选举产生了职代会提案审查委员会、经营管理监督检查组、职工生活监督检查组,通过了大会决议。天津港党委代书记贵义和就创建"六好企业"的有关问题作了讲话。

六届二次职工代表大会主席团(31人)

李华彬　刘树森　贵义和　祝庆缘　杨洪珠
李学铭　贾志忠(女)　徐　选　宫延熹
王大平　秦凤楼　刘玉忠　张宝余　郝德发
石瑞忠　蔡秀珍(女)　闫长林　孙志江
王恩德　许乃利　杨景福　赵珍义　李贵庭
郑寿华　孙金胜　张洪生　郑松青　李德华
杜华才　钟伯源　王文骁

第八节　第七届职工代表大会

随着经济体制改革的不断深入和天津港实行局长负责制,为进一步加强民主管理工作,1990年2月天津港党委常委会议研究决定,恢复局级职工代表大会制度,并召开第七届职工代表大会。第七届职工代表任期四年,从1990年7月至1993年1月共召开过五次会议。

七届一次职工代表大会

天津港第七届一次职工代表大会于1990年7月4日至6日在局机关召开,出席会议的正式代表227人,列席代表62人 。天津港工会主席杨洪珠致开幕词,市总副主席于长生致词,市交通口岸工委书记金家坚、市交通委员会副主任肖宝洪、市总民管部部长赵连甲出席大会。大会审议通过了局长祝庆缘所作的题为《振奋精神,迎难而上,为全面完成1990年港口生产建设任务而努力奋斗》的工作报告,审议通过了《天津港务局职工代表大会条例》,审议通过了职代会经营管理、工资奖励生活福利、评议干部、提案审查四个专业委员会成员名单和大会决议。天津港党委书记李恩宽作了总结讲话。

大会认为,祝庆缘局长的报告,总结了1989年主要成绩和基本经验,分析了在新形势下全港面临的新情况和新问题,明确了1990年全港生产、建设的任务和奋斗目标,提出了全面完成1990年任务的重点工作措施。

大会指出:1990年是我国国民经济建设"七五"计划的最后一年。党的十三届五中全会提出了治理整顿和深化改革的新任务和新要求。下半年全港生产建设面临着许多困难,任务非常艰巨,我们要正视问题,采取措施,齐心协力,渡过难关。

大会号召全港各单位和广大职工,要继续深入贯彻党的十三届四中、五中、六中全会精神,认真执行市委、市政府和交通部的指示和要求,认真贯彻落实局第三次党代会提出的奋斗目标和各项任务。深入开展"双增双节"运动。努力挖掘内部潜力,千方百计增产增收,降低消耗,提高效益。要不断加强企业的基础管理工作,提高港口现代化管理水平,促进企业管理的整体优化。要切实搞好科技进步,广泛深入地开展群众性的技术革新和合理化建议活动,有效地提高港口生产力水平。要在发展生产的基础上,不断改善职工劳动条件和生活福利,进一步调动全港职工的积极性。全港职工要振奋精神,迎难而上,发扬"团结奋斗、开拓创新、务实进取"的天津港精神,维护和发展天津港的大好形势,为全面完成1990年生产、建设任务作出更大的贡献。

七届一次职工代表大会主席团(23 人)

王金德　王桂英(女)　王恩德　王景春
闫长林　刘金玺　刘庆祥　吴圣德　吴庆舫
杨志平　杨洪珠　李恩宽　陈均起　张家成
宫延熹　祝庆缘　索双椽　赵明奎　贾志忠(女)
郭长起　彭长顺　程　毅　董建民

会议选举产生的四个专业工作委员会：

1. 经营管理委员会

宫延熹　张炳旭　刘庆祥　李亚惠　张亚臣
徐　英　唐本政(聘请)

2. 工资奖励、生活福利委员会

王恩芝(女)　白佩景　许留玉　张德明
孙士明　万长利　张维明(聘请)

3. 评议、监督干部委员会

索双椽　郭长起　吴庆舫　高　俊　宋宝忠
贾树连(聘请)　李国增(聘请)

4. 提案审查委员会

史鸿章　刘俊明　沈庆霞(女)　牛尉武
刘万德　车铭君(聘请)　王庭秀(聘请)

七届二次职工代表大会

天津港第七届二次职工代表大会于 1991 年 3 月 4 日至 5 日在局机关召开，出席会议的正式代表 232 人，列席代表 63 人 。大会分别审议了局长祝庆缘所作的题为《动员全局职工，努力开拓前进，夺取 1991 年港口生产建设的新胜利》的工作报告和财务处处长方开华所作的《关于 1990 年财务收支情况和 1991 年财务收支计划安排的报告》，听取了提案审查委员会副主任委员车铭君所作的《关于七届一次职工代表大会提案处理和落实的报告》，听取了评议监督干部委员会主任委员索双椽所作的《关于局第七届职工代表大会第二次会议民主评议局机关正处级以上行政领导干部的情况》的报告和《天津港务局第七届职工代表大会各专业管理委员会的工作情况》的报告。审议通过了工资奖励生活福利委员会、评议监督干部委员会、提案审查委员会人员调整名单，通过了《关于行政工作报告的决议》和《关于财务工作报告的决议》。局党委书记李恩宽作了总结讲话。

大会认为，祝庆缘局长的报告，总结了 1990 年全港职工克服困难、团结奋斗所取得的主要成绩，回顾了“七五”期间港口生产、建设和各项工作取得的成就，分析了当前全港面临的新形势、新情况和新问题，提出了 1991 年全港生产、建设的任务、奋斗目标和重点工作，制定了在“八五”期间天津港发展的基本思路和战略措施。号召全港要为港口的新发展作出新贡献。

大会指出，1991 年是我国国民经济建设“八五”计划的第一年。党的十三届七中全会审议并通过了国民经济十年发展规划和“八五”计划的建议，为解决国民经济深层次中的问题提出了许多重要政策和措施。在新的形势下，港口担负着光荣而又艰巨的任务。

大会号召全港各单位和广大职工，要认真贯彻党的十三届七中全会精神，贯彻落实市委全委扩大会议和全国交通工作会议的要求，继续深入地抓好“双增双节”工作，以“安全、质量、服务、效益”为中心内容，大力开展“质量、品种、效益年”活动，全面完成 1991 年生产、建设计划和各项工作任务。要积极开发货源，努力增加生产，加强安全工作，提高服务质量；要大力挖掘潜力，降低生产消耗，严格成本管理，提高经济效益；要加强基础管理，完善管理制度，搞好班组建设，提高企业素质；要发展科技工作，改进工艺工具，强化设备管理，搞好职工培训；要关心职工生活，改善劳动条件，发展集体福利，振奋职工精神。

全港职工要在各自的工作岗位上，努力工作，积极进取，夺取 1991 年生产、建设和各项工作的新胜利。

七届二次职工代表大会主席团(23 人)

王金德　王桂英(女)　王恩德　王景春
孙世明　闫长林　刘庆祥　刘金玺　吴圣德
吴庆舫　杨志平　李恩宽　陈均起　张家成
宫延熹　祝庆缘　索双椽　赵明奎　贾志忠(女)
郭长起　彭长顺　程　毅　董建民

各专门工作委员会人员调整情况：

1. 呼长凤(女)为工资奖励、生活福利委员会委员。

2. 王恩芝(女)为提案审查委员会委员。

3. 梁树清为评议、监督干部委员会委员，聘请李彦斌为评议、监督干部委员会委员。

七届三次职工代表大会

天津港第七届三次职工代表大会于1992年1月20日至21日在局机关召开,出席会议的正式代表213人,列席代表63人 。大会审议通过了局长祝庆缘所作的题为《再接再厉,努力工作,进一步发展天津港口大好形势》的工作报告,审议通过了局财务处处长方开华所作的《关于1991年财务收支情况和1992年财务收支计划安排的报告》,听取了人事处处长田长松所作的《〈天津港务局实行全员劳动合同化管理的暂行规定〉和〈实行“上岗协议、下岗待业”制度的暂行办法〉的说明》,审议通过了评议监督干部委员会主任委员索双橡所作的《关于天津港务局第七届职工代表大会第三次会议民主评议局机关正处级以上行政领导干部的情况报告》和《天津港务局七届二次职工代表大会闭会期间的工作情况报告》,审议通过了提案审查委员会副主任委员车铭君所作的《关于局七届二次职工代表大会提案处理和落实的报告》。大会审查同意《天津港务局实行全员劳动合同化管理的暂行规定》和《实行“上岗协议、下岗待业”制度的暂行办法》,审议通过《天津港务局1992年社会主义劳动竞赛方案》,通过了大会决议。天津港党委书记李恩宽作了总结讲话。

大会认为,祝庆缘局长的报告,总结和回顾了1991年全局职工以主人翁的精神,克服困难,积极工作,在发展港口生产、提高经济效益等各项工作中所取得的成绩,分析了当前全港面临的新形势、新问题,提出了1992年全港的工作任务和生产、建设、经济效益计划及奋斗目标。报告是实事求是、鼓舞人心的。天津港1991年财务收支完成情况是好的,关于1992年财务收支计划的安排和实现计划的措施也是可行的。

大会认为,《天津港务局实行全员劳动合同化管理的暂行规定》和《实行“上岗协议、下岗待业”制度的暂行办法》,符合当前形势的要求和天津港的实际情况,有利于发挥各级劳动组织的效能,调动职工积极性,有利于促进港口大好形势的发展。要深入做好宣传工作,依靠全港职工积极稳妥地进行。

大会一致通过了评议、监督干部委员会主任索双橡同志所作的《关于局七届三次职工代表大会民主评议局机关正处级以上行政领导干部的情况报告》和《天津港务局七届二次职代会闭会期间的工作情况报告》;一致通过提案审查委员会副主任车铭君同志所作的《关于局七届二次职工代表大会提案处理和落实情况报告》;一致通过了《天津港务局1992年度社会主义劳动竞赛方案》。代表们本着认真负责的精神,还就以上报告、规定、办法的有关问题提出了中肯的修改建议。

大会指出,1992年,是“八五”计划的第二年,也是巩固治理整顿成果的关键一年。近一个时期,中央围绕搞好大中型企业,采取了一系列重大的政策和措施,在这一新的形势下,全港上下要认真贯彻中央工作会议和八中全会精神,落实市委五届八次全体会议和全国交通工作会议的要求,坚持改革开放,坚持两个文明一起抓,坚持走质量效益型的发展道路,围绕搞好大中型企业这个主题,集中力量抓好深化企业内部改革,转变经营机制,加强企业内部经营管理和基础工作,坚持科技兴港,搞好技术进步,从整体上不断提高企业的素质,进一步提高企业的经济效益。

大会号召,在新的一年里,全港职工要进一步动员起来,在天津港党委和局长领导下,紧紧围绕经济建设这个中心,统一意志,坚定信心,解放思想,大胆改革,发扬“团结奋斗、开拓创新、务实进取”的天津港精神,为夺取全年工作的新胜利,发展港口的大好形势而努力奋斗。

七届三次职工代表大会主席团(23人)

王金德　王桂英(女)　王恩德　王景春
孙世明　闫长林　刘金玺　吴圣德　吴庆舫
李伦炳　李恩宽　陈均起　杨志平　张家成
宫延熹　祝庆缘　索双橡　赵明奎　郭长起
梁树清　黑锦国　彭长顺　董建民

七届四次职工代表大会

天津港第七届四次职工代表大会于1992年10月20日在局机关召开,出席会议的正式代表202人,列席代表18人 。大会审议通过了副局长王恩德受局长委托所作的题为《完善企业内部分配制度,全面推行岗位技能工资》的报告,听取了天津港工资改革办公室主任、人事处副处长孙志伟所作的《关于〈天津港务局实行岗位技能工资制方案〉的说明》,审议通过了《天津港务局岗位技能工资制定实施方案》和大会决议。天津港党委书记李恩宽、局长祝庆缘分别讲话。

七届四次职工代表大会主席团(24 人)

王庆林　王金德　王桂英(女)　王恩德
王景春　孙世明　闫长林　李恩宽　刘金玺
吴圣德　吴庆舫　陈均起　张家成　杨世樵
杨志平　宫延熹　祝庆缘　索双椽　赵明奎
郭长起　梁树清　黑锦国　彭长顺　董建民

七届五次职工代表大会

天津港第七届五次职工代表大会于 1993 年 1 月 13 日在局机关召开,大会审议通过了局长祝庆缘所作的题为《加大企业改革力度,深化企业内部改革,全面开创天津港口工作新局面》的工作报告,审议通过了财务处处长方开华所作的《关于 1992 年财务收支情况和 1993 年财务收支计划安排》的报告,通过了大会决议。局党委书记李恩宽作了总结讲话。

大会认为,1992 年在天津港党委和局长的领导下,全天津港上下认真贯彻中央工作会议和邓小平同志南巡重要谈话精神,紧紧依靠全天津港职工,深化企业改革,转换经营机制,狠抓货源开发,坚持优质服务,使港口生产建设和各项工作都取得了显著成绩。报告对全天津港 1992 年工作的总结是实事求是的,对 1993 年面临形势的分析和确定的工作方针、目标及任务也是正确的、可行的。

大会指出,1993 年是实现港口“八五”规划,使天津港各项工作迈上新台阶的重要一年。全天津港要按照党的十四大提出的建立社会主义市场经济体制的要求,认真贯彻“解放思想、放开搞活,真抓实干,重点突破”的工作方针,紧紧围绕转换企业经营机制,加快改革步伐,努力促进港口生产建设和经济效益的提高,全面开创天津港口工作的新局面。

大会号召,在新的一年里,各级领导干部要进一步解放思想,服务、务实、认真负责地做好各项工作。全天津港职工要进一步发扬“天津港精神”,团结奋斗,共同努力,夺取 1993 年全天津港工作的新胜利!

七届五次职工代表大会主席团(23 人)

王庆林　王金德　王桂英(女)　王恩德
孙世明　闫长林　李恩宽　刘金玺　吴圣德
吴庆舫　陈均起　张家成　杨世樵　杨志平
宫延熹　祝庆缘　索双椽　赵明奎　郭长起
梁树清　黑锦国　彭长顺　董建民

第九节　第八届职工代表大会

第八届职工代表任期四年,从 1994 年 1 月至 1997 年 1 月共召开过四次会议。

八届一次职工代表大会

天津港务局第八届一次职工代表大会于 1994 年 1 月 20 日至 21 日在局机关召开,出席会议的正式代表 239 人,列席代表 28 人 。天津港党委副书记、天津港工会主席孙世明致开幕词,市总副主席于长生、中国海员工会组宣部副部长赵新华等到会祝贺并讲话。大会审议通过了局长王恩德所作的题为《抓住机遇,拼搏进取,为港口发展跃上新台阶而努力奋斗》的工作报告,审议通过了副局长于汝民所作的《关于 1994 年我局生产形势和对策》的报告,审议通过了财务处处长方开华所作的《关于 1993 年财务收支情况和 1994 年财务收支计划安排》的报告,审议通过了《局医药费改革方案》,听取审议了《关于局七届五次职代会提案处理落实情况的报告》,审议通过了天津港八届职代会各专门工作委员会组成人员名单,审议通过了《关于动员全局职工进一步端正港口行业风气、搞好优质服务的决议》和大会决议。天津港党委书记李恩宽作了总结讲话。

大会认为,王恩德局长的报告总结了天津港自 1990 年七届一次职代会至今四年来的主要成绩和基本经验,分析了新形势下,港口面临的新情况和新问题,明确了今后几年港口发展规划、奋斗目标和 1994 年的重点工作,提出了实现改革和建设的宏伟目标。

大会指出,当前,我们正处于国民经济高速增长时期和计划经济向社会主义市场经济转换的关键阶段,随着各级地方政府对港口作用认识程度的不断提高,环渤海地区已兴起一个建港的热潮,从而使我港的重要地位开始面临新的严峻的挑战,任务既艰巨又光荣。因此,全局职工要认清形势,关心港口生产,同心同德,支持港口建设,为天津港的繁荣发展再作贡献。

大会号召,全港各单位和广大职工要在邓小平同志建设有中国特色社会主义的理论和党的十四大精神指引下,解放思想,转变观念,增强历史责任感,抓住机遇,加快发展,进一步深化企业改革,强化时间观念和效率观念,自觉纠正行业不正之风,搞好优质服务和文明生产。要立足本职,尽职尽责,勤政廉政,埋头苦干,紧密围绕发展港口经济建设这个中心,广泛开展社会主义劳动竞赛和合理化建议,进一步发扬"团结奋斗,开拓创新,务实进取"的天津港精神,以新的精神面貌,适应新形势,完成新任务,实现新目标,开创新局面。为港口发展跃上新台阶,为在本世纪末把天津港建成现代化港口而努力奋斗。

八届一次职工代表大会主席团(21 人)

王庆林　王恩德　孙世明　冯汉英　田　森
刘庆祥　刘洪义　牟承云　宋宝忠　李金儒
李恩宽　陈均起　周天慈　张秀玲(女)
张家成　赵明奎　韩文才　郭长起　索双椽
梁树清　薄万明

会议选举的四个专门工作委员会:

1. 经营管理委员会

宋金普　李亚惠　刘庆祥　付金标　王茜东
刘洪义　吴国强

2. 工资奖励、生活福利委员会

呼长凤(女)　许留玉　张德明　万长利
李开明　孙士明　张瑞娥(女)

3. 评议、监督干部委员会

索双椽　郭长起　王庆有　宋宝忠　梁树清
李国增(聘请)　李彦斌(聘请)

4. 提案审查委员会

史鸿章　车铭君　牛尉武　沈庆霞(女)
李世海　薛翎森　周殿勇

八届二次职工代表大会

天津港第八届二次职工代表大会于 1995 年 1 月 5 日至 6 日在局机关召开,出席会议的正式代表 256 人,列席代表 58 人。大会审议通过了局长王恩德所作的题为《振奋精神,再接再厉,夺取港口生产建设的新胜利》的工作报告,听取审议了副局长于汝民所作的《1995 年港口生产形势及经营对策的报告》,审议通过了财务处处长方开华所作的《关于 1994 年财务收支情况和 1995 年财务收支计划安排》的报告,审议通过了人事处副处长孙志伟所作的《天津港务局工资制度改革方案》,听取审议了《关于局八届一次职代会提案处理落实情况的报告》,审议通过了《关于进一步强化企业管理的决议》和大会决议。大会还表彰了天津港 1994 年度先进集体和先进个人,天津港党委书记李恩宽作了总结讲话。

大会认为,王恩德局长的报告总结了 1994 年天津港在生产建设、改革开放、企业管理、职工生活以及精神文明建设等方面取得的主要成绩,分析了当前面临的机遇与挑战,明确了 1995 年天津港生产建设和改革管理的重点工作及完成各项工作任务的必要策略。报告完全符合天津港的实际情况,对全港 1995 年各项经济技术指标的完成具有重要的指导作用。

大会指出,全港职工要从港口特定的地位和作用出发,正确分析和认识国内外政治经济形势对港口发展的影响。抓住机遇,努力拼搏,加快发展,战胜挑战,为加快天津港改革开放和现代化建设的步伐,为促进天津港两个文明建设再上新台阶作出我们应有的贡献。

大会号召,全港职工要继续坚持以邓小平同志关于建设有中国特色社会主义的理论和党的十四大精神为指导,统一认识,统一步调,自觉适应改革的要求,进一步强化企业管理,促进港口经济效益的提高。全局职工要振奋精神,敬业务实,用我们的双手,再创天津港发展史上的新水平,为继续开拓天津港改革开放和生产建设的新局面,实现天津港辉煌的明天而努力奋斗。

职工代表审议表决天津港发展规划

八届二次职工代表大会主席团(21 人)

王庆林　王恩德　田　森　冯汉英　刘庆祥
刘洪义　孙世明　李宝元　李金儒　李恩宽

宋宝忠　张秀玲(女)　张家成　陈均起
单国强　姜　鹤　索双橼　郭长起　梁树清
韩文才　黑锦国

八届三次职工代表大会

天津港第八届三次职工代表大会于1996年1月30日至31日在局机关召开，出席会议的正式代表220人，列席代表35人。大会审议通过了局长王恩德所作的题为《总结经验，规划未来，坚定信心，再创辉煌》的工作报告，审议通过了财务处处长方开华所作的《关于1995年财务收支情况和1996年财务计划》的报告，听取审议了《关于局八届二次职代会提案处理和落实情况的报告》，听取审议了《局八届二次职代会〈关于进一步强化企业管理的决议〉贯彻落实情况》的报告。审议通过了八届职代会劳动法律监督委员会人员名单，审议通过了《关于动员全局职工加快集装箱运输发展的决议》和大会决议。天津港党委书记李恩宽作了题为《充分发挥工人阶级主人翁作用，努力夺取港口生产建设的更大胜利》的总结讲话。

大会认为：王恩德局长的报告简要回顾了在“八五”期间，全港广大职工同心同德、艰苦奋斗，全面完成了生产建设任务和各项经济技术指标，在改革开放、企业管理和精神文明建设方面都有长足的进步和发展；特别是1995年为落实“生产上台阶、管理上水平”的奋斗目标，全港职工万众一心，开拓进取，圆满完成突破5000万吨大关和强化企业管理的阶段性任务。报告完全符合天津港的实际情况，对全局落实“九五”计划和1996年生产建设任务具有重要的指导作用。

大会指出，“九五”规划是把天津港建设成为设施先进，功能齐全，效益领先的国际贸易大港的宏伟蓝图，要实现这一奋斗目标，我们面临的任务光荣而艰苦，全港广大职工要发扬“团结奋斗，开拓创新，务实进取”的“天津港精神”，以高昂的士气，顽强的斗志，勇于拼搏，奋战“九五”，再创辉煌。

大会要求，全港广大干部和职工，要在港党委的领导下，认真贯彻党的十四届五中全会精神，坚持全心全意依靠工人阶级的指导方针，围绕建立现代企业制度，坚持“三改一加强”，进一步深化企业内部改革，加强企业经营管理，坚持“科教兴港”，进一步加快港口建设和发展，促进港口生产的持续增长和经济效益的稳步提高。积极培养跨世纪干部和建设合格职工队伍，在物质文明和精神文明两个方面取得新的成绩，为实现天津港本世纪末的战略目标奠定坚实基础。

大会号召，全港广大职工要继续坚持以邓小平建设有中国特色社会主义理论和党的十四届五中全会精神为指针，统一认识，解放思想，加强企业管理，深挖企业内部潜力，搞好优质服务，提高经济效益，为把天津港建设成为设施先进，功能齐全，效益领先的亿吨国际贸易大港而努力奋斗。

八届三次职工代表大会主席团(21人)

王庆林　王恩德　田　森　冯汉英　刘庆祥
刘洪义　孙世明　李宝元　李金儒　李恩宽
宋宝忠　张秀玲(女)　张家成　陈均起
单国强　姜　鹤　索双橼　郭长起　梁树清
韩文才　黑锦国

会议选举产生的劳动法律监督委员会

索双橼　王庆林　李金儒　孙树华
刘淑云(女，聘请)　张瑞福(聘请)
王　群(聘请)

八届四次职工代表大会

天津港第八届四次职工代表大会于1997年1月23日至24日在局机关召开，出席会议的正式代表241人，列席代表28人。大会审议通过了局长王恩德所作的题为《认清形势把握大局，再接再厉开拓前进》的工作报告，审议通过了财务处处长方开华所作的《关于1996年财务收支情况和1997年财务计划》的报告，听取审议了《关于局1996年业务招待费支出情况的报告》，听取审议了《关于局八届三次职代会提案处理和落实情况的报告》和《局八届三次职代会〈关于动员全局职工，进一步加快集装箱运输发展的决议〉贯彻落实情况》的报告。审议通过了《关于进一步加强文明生产，提高港口容貌水平的决议》和大会决议。大会还表彰了天津港1996年度先进集体和先进个人，局党委书记李伦炳作了题为《认清形势，服务大局，努力夺取港口两个文明建设的新胜利》的总结讲话。

大会认为，王恩德局长的报告总结了天津港1996年取得的主要成绩和基本经验，分析了新形势下，港口面临的新情况和新问题，明确了1997年工作的指导思想,奋斗目标,重点工作和主要对策。

大会指出,天津港发展过程中面临着一些亟待解决的矛盾和问题,全港职工必须保持清醒的认识,再接再厉、开拓前进,坚定不移地把港口的各项事业推向前进。

大会号召,全港职工要以邓小平同志建设有中国特色的社会主义理论为指导,进一步发扬“团结奋斗,开拓创新,务实进取”的“天津港精神”,紧紧围绕发展港口经济建设这个中心,广泛开展社会主义劳动竞赛和合理化建议活动,深化改革,强化管理,优质服务,埋头苦干,努力开创港口物质文明和精神文明建设的新局面,以实际行动迎接香港的回归和党的十五大胜利召开。

八届四次职工代表大会主席团(23 人)

于汝民　王庆林　王　杰　王学俊　王恩德
田　森　冯汉英　刘庆祥　刘洪义　孙世明
李伦炳　李宝元　李金儒　宋宝忠　宋愿兵
陈均起　单国强　姜　鹤　索双椽　郭长起
梁树清　韩文才　黑锦国

第十节　第九届职工代表大会

第九届职工代表任期四年,从 1998 年 2 月至 2000 年 1 月共召开过三次会议。为与第十一次工会代表大会同时召开,经天津港党委和市总批准,本届职工代表大会提前一年改选换届。

九届一次职工代表大会

天津港第九届一次职工代表大会于 1998 年 2 月 9 日至 10 日在局机关召开,出席会议的正式代表 241 人,列席代表 49 人 。天津港工会主席宋愿兵致开幕词,中国海员工会全国委员会向大会发来贺电,市总副主席李淑珍打电话向大会召开表示祝贺。大会审议通过了局长王恩德所作的题为《抓住机遇开拓进取,为把天津港口事业全面推向二十一世纪而奋斗》的工作报告,审议通过了财务处处长方开华所作的《关于 1997 年财务收支情况和 1998 年财务计划》的报告,听取审议了《关于局 1997 年业务招待费支出情况的报告》,审议通过了人事处处长朱炳如所作的《天津港务局深化用工制度、工资管理制度改革的若干规定的报告》,审议通过了《天津港务局职工代表大会条例》有关条款修改意见,听取审议了《关于局八届四次职代会提案处理落实情况的报告》和《〈关于进一步加强文明生产,提高港口容貌水平的决议〉检查落实情况》的报告,审议通过了天津港九届职代会五个专业委员会组成人员名单,审议通过了《关于动员全局职工为实现集装箱吞吐量突破 100 万标箱作贡献的决议》和大会决议。天津港党委书记李伦炳作题为《全心全意依靠工人阶级,努力促进港口两个文明建设协调发展》的总结讲话。

大会指出,八届职代会以来,天津港生产任务四年迈上三个千万吨级台阶,四创港口生产历史最好水平,取得了非常可喜的成绩,当前,在全国深入贯彻十五大精神,深化改革,加快发展的形势下,天津港面临难得的历史机遇,也存在一些亟待解决的困难和问题。全面完成 1998 年各项任务,全港职工必须保持清醒的头脑,进一步增强改革意识,居安思危,振奋精神,团结拼搏,努力实现天津港持续稳定发展。

大会号召,全港广大干部职工,要更高地举起邓小平理论的伟大旗帜,全面贯彻十五大精神,继续发扬“天津港精神”,团结奋进,为把充满生机和活力的天津港带入 21 世纪而奋斗。

九届一次职工代表大会主席团(21 人)

王学俊　王金德　王恩德　刘宝恩　刘洪义
李伦炳　李宝元　宋宝忠　宋愿兵　沈连岭
单国强　呼长凤(女)　姜　鹤　部国光
郭长起　索双椽　钱冬香(女)　闫长林
梁树清　傅金标　韩文才

会议选举产生的五个专门工作委员会:

1. 经营管理委员会

宋金普　程　毅　李亚惠　叶固强　杨悦文
吴培增　林　松

2. 工资奖励、生活福利委员会

呼长凤(女)　李金儒　张瑞娥(女)　李桂春
张洪庆　孙振群　白德光

3. 评议、监督干部委员会

王学俊　刘志刚　宋宝忠　郭长起　梁树清
任顺来(聘请)　徐晓明(聘请)

4. 劳动法律监督委员会

李厚军　吴宝礼　王庆林　刘俊明　张立民

孔祥瑞　马之林(聘请)

5. 提案审查委员会

史鸿章　程文林　沈庆霞(女)　刘洪义

孔　军　常玉春　冯宝清

九届二次职工代表大会

天津港第九届二次职工代表大会于1999年1月26日至27日在局机关召开,出席会议的正式代表237人,列席代表53人。大会审议通过了局长王恩德所作的题为《坚定信心知难而进,推动港口各项工作再上新台阶》的工作报告,审议通过了财务处处长方开华所作的《关于1998年财务收支情况和1999年财务计划》的报告,听取审议了《关于局1998年业务招待费支出情况的报告》,听取审议了天津港职代会提案审查委员会主任、办公室主任程文林所作的《关于局九届一次职代会提案处理落实情况的报告》,听取审议了《〈关于动员全港职工为实现集装箱吞吐量突破100万标箱作贡献的决议〉检查落实情况》的报告,审议通过了天津港深化用工制度改革的三个方案,审议通过了《关于动员全港职工为进一步完善市场开发体系,促进港口新发展作贡献的决议》和大会决议。天津港党委书记李伦炳作了题为《落实全心全意依靠工人阶级方针,夺取港口两个文明建设的新胜利》的总结讲话。

大会指出,九届一次职代会以来,全港上下坚持内抓管理,外抓市场,积极开拓货源,提高服务质量,战胜重重困难,港口生产创历史最高水平,取得了可喜的成绩,当前,在全国深入贯彻十五大精神,深化改革,加快发展的形势下,天津港面临难得的历史机遇,也存在一些亟待解决的困难和问题。全面完成1999年各项任务,全港职工必须保持清醒的头脑,进一步增强改革创新意识,居安思危,振奋精神,团结拼搏,努力实现天津港持续稳定发展。

大会号召,全港广大干部职工,要更高地举起邓小平理论的伟大旗帜,全面贯彻十五大精神,继续发扬"天津港精神",团结奋进,为建设充满生机和活力的天津港,进入21世纪而奋斗。

九届二次职工代表大会主席团(21人)

王学俊　王金德　王恩德　刘宝恩　刘洪义

李伦炳　李宝元　宋宝忠　宋愿兵　沈连岭

单国强　呼长凤(女)　姜　鹤　部国光

郭长起　索双椽　钱冬香(女)　闫长林

梁树清　傅金标　韩文才

九届三次职工代表大会

天津港第九届三次职工代表大会于2000年1月19日至20日在局机关召开,出席会议的正式代表235人,列席代表55人。大会审议通过了局长王恩德所作的题为《乘势而上,全面上水平,以优异成绩迎接新世纪》的工作报告,审议通过了财务处处长方开华所作的《关于1999年财务收支情况和2000年财务计划》的报告,听取审议了提案审查委员会主任、办公室主任程文林所作的《关于局九届二次职代会提案处理落实情况的报告》,分别审议了《关于局1999年业务招待费支出情况的报告》《关于我局推行集体协商集体合同工作检查情况的报告》《贯彻落实局九届二次职代会〈关于动员全局职工为进一步完善市场开发体系,促进港口新发展作贡献的决议〉情况》的报告,通过了大会决议。天津港党委书记李伦炳作了题为《全心全意依靠工人阶级,促进港口工作全面上水平》的讲话。

大会指出,九届二次职代会以来,全港广大职工坚持以立足港口、努力做好本职工作的实际行动,团结奋斗,知难而进,勇于创新,狠抓两个文明建设,使年初确定的各项目标得到全面落实,港口生产稳定增长,基本建设进程加快,内部改革不断深化,企业管理水平进一步提高,精神文明建设得到加强,职工情绪稳定,港口吞吐量和集装箱吞吐量双创历史最高水平,取得了十分可喜的成绩。当前,在全国深入贯彻党的十五大和十五届四中全会精神,深化改革,加快发展的新形势下,天津港面临难得的历史机遇,也存在着一些亟待解决的困难和问题,全面完成2000年的各项任务,广大职工必须保持清醒的头脑,进一步增强改革创新意识,居安思危,振奋精神,团结拼搏,努力实现天津港持续稳定发展。

大会号召全港广大职工,高举邓小平理论的伟大旗帜,更加全面地贯彻党的十五大和十五届四中全会精神,励精图治,团结奋进,乘势而上,各项工作全面上水平,以优异成绩迎接新世纪的到来。

九届三次职工代表大会主席团(21人)

王学俊　王金德　王恩德　刘宝恩　刘洪义

李伦炳　李宝元　宋宝忠　宋愿兵　沈连岭

单国强　李洪霞(女)　姜　鹤　　郜国光
郭长起　索双椽　　钱冬香(女)　闫长林
梁树清　傅金标　　韩文才

第十一节　第十届职工代表大会

第十届职工代表任期十年,从2001年2月至2009年1月共召开过十二次会议。

十届一次职工代表大会

天津港第十届一次职工代表大会于2001年2月5日至8日在局机关召开,本次大会与第十一次工会代表大会合并召开,出席会议的正式代表243人,列席代表26人。天津港党委副书记孙世明致祝词,市总副主席张子鹏、中国海员工会组宣部部长朱临庆出席大会并讲话,天津港团委书记王健致贺词。大会审议通过了局长王恩德所作的题为《乘势而上,开拓创新,建设亿吨大港》的工作报告,审议通过了财务处处长方开华所作的《关于2000年财务收支情况和2001年财务计划》的报告,听取审议了《关于局2000年业务招待费支出情况的报告》,听取审议了提案审查委员会主任、办公室主任程文林所作的《关于局九届三次职代会提案处理落实情况的报告》,审议通过了十届职代会各专门工作委员会成员名单,通过了大会决议。天津港党委书记李伦炳作了题为《落实全心全意依靠工人阶级方针,为实现亿吨大港目标而努力奋斗》的总结讲话。

大会认为,王恩德局长的工作报告全面总结了天津港"九五"期间的工作成绩和基本经验,深刻分析了新形势下港口面临的新情况和新问题,提出了新世纪五年到十年的发展目标和对策,明确了2001年工作任务和工作要求,特别是强调提出了创建亿吨大港和集装箱吞吐量超过200万标准箱的奋斗目标,这个目标既符合实际,又鼓舞人心。

大会指出,九届三次职工代表大会召开以来,全港广大职工团结奋斗,知难而进,勇于创新,积极奉献,使去年年初确定的各项目标得到全面落实,港口吞吐总量和集装箱吞吐量均实现了历史性突破,各项工作都取得了非常可喜的成绩。当前,在全国深入贯彻党的十五届五中全会精神,深化改革,加快发展的新形势下,市委七届七次全会提出了建成现代化国际港口大都市和我国北方重要经济中心的历史性任务,天津港面临难得的历史机遇,要全面做好2001年的各项工作,全港职工必须保持清醒的头脑,进一步增强改革创新意识和发展意识,振奋精神,尽职尽责,努力实现天津港的持续、稳定、健康发展。

大会特别强调,实现创建亿吨大港,是天津港几代人为之奋斗的目标,是光荣的历史使命,也是时代赋予我们的神圣责任;是天津港发展的需要,更是广大职工的强烈愿望。我们必须以饱满的热情,坚定必胜的信心,鼓足实劲,奋力拼搏,务求这一目标的顺利实现。

大会号召,全港干部职工要高举邓小平理论的伟大旗帜,深入贯彻江泽民总书记关于"三个代表"的重要思想,全面贯彻执行党的十五届五中全会精神和市委七届七次会议精神,进一步发扬"团结奋斗,开拓创新,务实进取"的天津港精神,抢抓机遇,加快发展,为确保实现天津港吞吐量超亿吨和集装箱超200万标准箱的目标而努力奋斗!

十届一次职工代表大会主席团(21人)

王　健　王庆林　王连玉　王学俊　王恩德
石玉昆　付晓霞(女)　闫长林　刘宝恩
刘洪义　祁　虎　孙玉恩　李世权　李伦炳
李宝元　李洪霞(女)　宋宝忠　宋愿兵
单国强　郭长起　梁树清

会议选举产生的六个专门工作委员会:

1. 经营管理委员会

赵彦虎　李大康(聘请)　李文学　闫长林
臧斗纯　郭正想　宋金普　夏春生

2. 工资奖励、生活福利委员会

李洪霞(女)　李顺起　李全儒　毕鉴明
马荣停　刘军香(女,聘请)　孙振群
井连邦

3. 评议、监督干部委员会

王学俊　刘志刚　宋宝忠　冯启发　郭长起
梁树清　徐晓明(聘请)　李彦斌(聘请)

4. 劳动法律监督委员会

吴宝礼　孙志伟　宋锡鑫(聘请)　刘俊明
王　东　李厚军　胡振杰　孔祥瑞

5. 提案审查委员会

石玉昆　程文林　李志伟　张　刚　李长江
沈庆霞(女)　刘洪义　常玉春

6. **劳动争议调解委员会**

李世权　张德龄　孔桂芝(女)

其中工会代表和行政代表由天津港工会和天津港行政指定。

十届二次职工代表大会

天津港第十届二次职工代表大会于2001年10月9日在局机关召开,出席会议的正式代表237人,列席代表13人 。大会听取了房产公司总经理石长华所作的《关于天津港务局职工住房制度改革实施方案》的说明,审议通过了《天津港务局职工住房制度改革实施方案》。

十届二次职工代表大会主席团(21人)

王　健　王庆林　王连玉　王学俊　王恩德
石玉昆　付晓霞(女)　闫长林　刘宝恩
刘洪义　祁　虎　孙玉恩　李世权　李伦炳
李宝元　李洪霞(女)　宋宝忠　宋愿兵
单国强　郭长起　梁树清

十届三次职工代表大会

天津港第十届三次职工代表大会于2002年1月31日在局机关召开,出席会议的正式代表236人。大会审议通过了局长王恩德所作的题为《坚定信心,迎难而上,接受新考验,再作新贡献》的工作报告,审议通过了财务处处长方开华所作的《关于2001年财务收支情况和2002年财务计划》的报告,听取审议了《关于局2001年业务招待费支出情况的报告》,审议了《局十届一次职代会职工代表提案处理落实情况的报告》,通过了大会决议。天津港党委书记李伦炳作了题为《坚定不移地依靠职工群众,为实现港口发展的新跨越而努力奋斗》的总结讲话。

大会认为,王恩德局长的工作报告,全面回顾了天津港2001年的工作,系统总结了天津港冲击亿吨目标、实现跨越式发展的基本经验,深刻分析了面临的新形势、新情况和新问题;提出了2002年天津港工作的总体指导思想、工作任务、对策措施和工作要求。

大会指出,十届一次职工代表大会以来,全局广大职工团结奋斗,迎难而上,勇于创新,积极奉献,保证了年初确定的各项工作目标得到了全面落实,港口生产、建设、改革和精神文明建设等各方面都取得了十分可喜的成绩。特别是2001年货物吞吐量一举突破亿吨,成为中国北方第一个亿吨大港,跻身世界港口20强,实现了天津港几代人不懈追求的宏图伟业;集装箱突破了200万标准箱,创历史最高水平。天津港广大职工为此感到无比自豪,受到巨大鼓舞。当前,全国都在深入学习贯彻江总书记"七一"重要讲话和党的十五届六中全会及中央经济工作会议精神,国民经济持续、稳定、健康发展;中国加入世贸组织以及国际经济形势的深刻变化,为天津港的发展既提供了难得机遇,又提出了严峻挑战;市委七届九次全会提出了继续坚持全面上水平的工作基调和跨越式发展的工作思路,对天津港的发展提出了更高的要求。大会号召,全港职工要充分看到面临的机遇和挑战,保持清醒头脑,以实现亿吨目标为新的起点,进一步发扬"天津港精神",坚定信心,乘势而上,顽强拼搏,全面完成本届职代会确定的各项任务,为实现天津港发展的新跨越再作新贡献,以优异的成绩迎接天津市第八次党代会和党的十六大的召开!

十届三次职工代表大会主席团(21人)

王　健　王庆林　王连玉　王学俊　王恩德
石玉昆　付晓霞(女)　闫长林　刘宝恩
刘洪义　祁　虎　孙玉恩　李世权　李伦炳
李宝元　李洪霞(女)　宋宝忠　宋愿兵
单国强　郭长起　梁树清

十届四次职工代表大会

天津港第十届四次职工代表大会于2002年9月26日在局机关召开,出席会议的正式代表215人。大会听取了天津港人教处处长朱炳如所作的《天津港岗位工资制实施方案(草案)》的说明,审议通过了《天津港岗位工资制实施方案》和天津港港口标志,天津港党委书记王恩德作了总结讲话。

十届四次职工代表大会主席团(21人)

于汝民　王　健　王庆林　王连玉　王学俊
王恩德　石玉昆　付晓霞(女)　闫长林
刘洪义　祁　虎　许　健　李世权　李宝元

李洪霞(女) 宋宝忠 宋愿兵 单国强
赵明奎 郭长起 梁树清

十届五次职工代表大会

天津港第十届五次职工代表大会于2003年2月18日至19日在局机关召开,出席会议的正式代表238人。大会审议通过了局长于汝民所作的题为《抢抓机遇,加快发展,进一步开创天津港各项工作的新局面》的工作报告,听取审议了提案审查委员会主任、局办公室主任孙玉恩所作的《局十届三次职代会职工代表提案处理和落实情况的报告》,审议通过了局财务处处长方开华所作的《关于2002年财务收支情况和2003年财务计划》的报告,听取审议了《关于局2002年业务招待费支出情况的报告》,审议通过了《关于加强环境治理和建设,三年改变港口容貌的决议》和大会决议。天津港党委书记王恩德作了题为《坚持发展主旋律,为再创天津港新辉煌而努力奋斗》的总结讲话。

大会指出,第十届职工代表大会第三次会议以来,天津港广大员工团结奋斗、开拓创新、积极进取、勇于奉献,圆满完成了各项工作任务,在高台阶、高难度上实现了高增长,创造了历史最好水平。2003年是天津港全面落实党的十六大提出的各项任务的第一年,是实现市委八届三次会议确定的"三步走"战略目标的重要一年,是天津港各项工作进入新阶段,向更高目标迈进的关键一年,全面落实好今年的各项工作任务,对于天津港实现两亿吨吞吐量和1000万标准箱的战略目标具有十分重要的意义。目前,天津港正面临一个难得的发展机遇,正处在承前启后的发展阶段,我们必须要深化对发展机遇的认识,深化对天津港所处发展阶段的认识,牢固树立强烈的发展意识,始终保持与时俱进的精神状态,集中全部精力,坚定不移地加快自身发展。同心同德,迎难而上,努力拼搏,使天津港发展再快一些,港口面貌变化再大一些,在高台阶上再实现一个新的跨越。

大会号召,全港广大职工一定要振奋精神,坚定信心,明确任务。以"一分钟也不耽误"的精神,立足岗位,勤奋工作,自觉承担加快天津港发展的历史使命,努力完成2003年各项工作任务,进一步开创天津港各项工作的新局面。为早日把天津港建设成为现代化国际大港作出新贡献,为再创天津港新的辉煌而努力奋斗。

十届五次职工代表大会主席团(21人)

于汝民 王　健 王连玉 王学俊 王恩德
石玉昆 史文利 付晓霞(女) 闫长林
刘洪义 祁　虎 许　健 李世权 李洪霞(女)
宋宝忠 宋愿兵 单国强 赵明奎 郭长起
梁树清 薛翎森

十届六次职工代表大会

天津港第十届六次职工代表大会于2004年2月11日至12日在局机关召开,出席会议的正式代表230人。大会审议通过了局长于汝民所作的题为《抢抓机遇,乘势而上,创建世界一流大港》的工作报告,审议通过了《关于2003年财务收支情况和2004年财务计划的报告》,审议了《关于局2003年业务招待费支出情况的报告》,审议了《天津港务局十届五次职代会职工代表提案处理和落实情况的报告》,通过了大会决议。天津港党委书记王恩德作了题为《建设高素质员工队伍,为创建世界一流大港发挥主力军作用》的总结讲话。

会议指出,过去的一年,全港职工团结一心、积极进取、扎实工作,以饱满的工作热情和昂扬的斗志,克服重重困难,特别是面对突如其来的"非典"疫情,全局上下振奋精神,奋力拼搏,取得了抗击"非典"和经济建设的双胜利,实现了天津港有史以来的"四个历史性突破"和"两项重大进展",在高台阶、高难度上实现了高增长,创造了历史最好水平,取得了令人瞩目的成就。

会议强调,2004年是天津港追求高水平、实现新跨越、攀登新高峰的一年。面对新形势、新任务全港上下必须从讲政治、讲发展、讲大局的高度,紧紧抓住难得的发展机遇,自觉适应新形势的要求。必须要善于用全球战略眼光,从更大范围和更宽视野想问题、做事情,树立全新的发展意识,树立强烈的改革意识,树立崇高的责任意识,以更高标准、更高目标,促进天津港更快发展。

会议号召,全港职工要紧紧围绕港口经济建设中心,以邓小平理论和"三个代表"重要思想为指导,深入贯彻党的十六大和十六届三中全会精神,统一思想,明确任务,自觉肩负起加快天津港发展的历史使命,努力完成好2004年各项工作任务,为早日把天津港建设成世界一流大港作出贡献,为实现天津港新的跨越和新的辉煌而努力奋斗。

十届六次职工代表大会主席团(21 人)

于汝民　王　健　王连玉　王学俊　王恩德
石玉昆　史文利　付晓霞(女)　闫长林
刘洪义　祁　虎　李世权　李洪霞(女)
宋宝忠　宋愿兵　范　江　单国强　赵明奎
徐晓明　郭长起　薛翎森

十届七次职工代表大会

天津港第十届七次职工代表大会于 2004 年 4 月 27 日在局机关召开,出席会议的正式代表 206 人。大会听取、审议并通过了《天津港务局员工奖惩条例》,听取、审议并通过了《天津港务局关于建立员工补充养老保险的议事》。天津港党委书记王恩德、局长于汝民在大会上讲话。

十届七次职工代表大会主席团(21 人)

于汝民　王　健　王连玉　王学俊　王恩德
石玉昆　史文利　付晓霞(女)　闫长林
刘洪义　祁　虎　李世权　李洪霞(女)
宋宝忠　宋愿兵　范　江　单国强　赵明奎
徐晓明　郭长起　薛翎森

十届八次职工代表大会

天津港第十届八次职工代表大会于 2005 年 1 月 27 日至 28 日在集团公司机关召开,出席会议的正式代表 248 人。大会审议通过总裁于汝民所作的题为《以科学发展观为指导,各项工作全面上水平,保持天津港持续、快速、稳定发展》的工作报告,听取审议了《天津港(集团)有限公司十届六次职代会代表提案处理和落实情况的报告》,审议通过了《关于 2004 年财务收支情况和 2005 年财务计划的报告》,审议了《关于 2004 年业务招待费支出情况的报告》,讨论了《关于天津港企业文化理念识别系统的说明》,通过了大会决议。天津港党委书记、董事长王恩德在大会上作总结讲话。

会议认为,于汝民总裁的工作报告实事求是、客观翔实地总结回顾了 2004 年的工作,深刻分析了全港面临的形势,明确了 2005 年天津港各项工作任务,报告确定的各项工作目标和任务体现了全港员工的意愿,反映了天津港发展的时代要求。代表们坚信:有集团公司的正确领导和全港员工的共同努力,大会所确定的目标、任务一定能够实现。

会议认为,从未来发展战略高度,整合提炼的企业文化十大理念,是天津港继承优良传统,注入时代精神的体现;是天津港追求卓越,创新发展,凝聚力量的动力;是天津港展望未来,奋发进取,实现世界一流大港的需要。全港职工必须要明确认识,不断提高对企业文化的认知程度,让十大理念深入人心,指导行动,形成浓厚的企业文化氛围。

会议指出,过去的一年,在市委、市政府的正确领导和大力支持下,全港职工与时俱进,锐意进取,抢抓机遇,乘势而上,以饱满的工作热情和高昂的斗志,克服困难,奋力拼搏,圆满完成了各项目标任务,一跃成为中国北方唯一的两亿吨大港,在高台阶、高难度上实现了又一次历史性跨越,创造了令人瞩目的成就。

会议强调,实现两亿吨是天津港发展历史上一个重要的里程碑,也是天津港迈向更高目标、追求更高水平,各项工作实现新跨越、攀登新高峰的起点。面对新形势、新任务和新的要求,全港上下必须要戒骄戒躁,扎实苦干,着眼长远,面向未来,紧紧抓住历史机遇,迎接新的挑战,以科学发展观为指导,坚持“国内领先、世界一流”的工作标准,脚踏实地做好 2005 年的各项工作,继续保持天津港持续、快速、稳定地发展。

会议号召,全港职工要进一步认清形势,统一思想,明确任务,紧密围绕港口经济建设中心,全面贯彻落实市委八届七次会议和市政府第二次港口工作会议精神,肩负起加快天津港发展的历史使命,立足岗位,勤奋工作,为天津港实现在高水平上的新跨越,为早日把天津港建设成为世界一流大港作出更大贡献。

十届八次职工代表大会主席团(21 人)

于汝民　王　健　王连玉　王学俊　王恩德
史文利　付晓霞(女)　闫长林　刘乃林
刘洪义　祁　虎　李世权　李洪霞(女)
宋宝忠　宋愿兵　张瑞福　范　江　袁宝童
徐晓明　郭长起　薛翎森

十届九次职工代表大会

天津港第十届九次职工代表大会于2006年2月8日至9日在集团公司机关召开,出席会议的正式代表248人。大会审议通过总裁于汝民所作的《继往开来,乘势而上,在建设世界一流大港历程中实现跨越式发展》的工作报告,审议通过了《关于2005年财务收支情况和2006年财务计划的报告》,审议了《天津港(集团)有限公司十届八次职代会职工代表提案处理和落实情况的报告》,审议了《关于2005年业务招待费支出情况的报告》,会议通过了《关于深入开展服务年活动,进一步提升服务水平的决议》,通过了大会决议。天津港党委书记、董事长王恩德作了题为《继往开来,乘势而上,在建设世界一流大港历程中实现跨越式发展》的总结讲话。

会议指出,过去的一年,是天津港改革开放和现代化建设取得丰硕成果的一年。在市委市政府的正确领导和大力支持下,全港职工抢抓机遇,乘势而上,圆满完成了各项工作任务,在高台阶、高起点上又一次实现了新跨越。这些成绩的取得是天津港全体职工团结进取、奋力拼搏的结果,它充分体现了天津港人艰苦奋斗、不怕困难、克己奉公的精神,它是天津港人智慧的结晶,是天津港今后发展的宝贵精神财富。

会议强调,2006年是实施天津港"十一五"规划的起步之年,更是在建设世界一流大港历程中实现跨越式发展的重要一年。今天的发展,是昨天发展的继续,是明天发展的基础,天津港的发展又站在了一个新的历史起点上,天津港迈向更高目标、追求更高水平,实现更大跨越的号角更加激奋。面对新阶段的新形势、新任务和新特点,全港上下必须深刻认识、准确把握、着眼长远、面向未来,以前瞻性思维谋划未来,以创新性的工作开创未来,以科学发展观统领各项工作,站在新起点上,进一步深化改革,加强管理,完善服务,提升功能,坚持"国内领先、世界一流"的工作标准,保持高人一筹、领先一步的工作态势,努力实现"十一五"规划的良好开局。

会议号召,全港职工要进一步认清形势,统一思想,明确任务,上下齐心协力,全员同心同德,紧密围绕港口经济建设中心,全面贯彻落实市委八届八次、九次会议精神,肩负起加快天津港发展的历史使命,继往开来,乘势而上,为天津港在建设世界一流大港历程中实现跨越式发展,为天津港发展史上不断谱写新的篇章作出更大贡献。

十届九次职工代表大会主席团(21人)

于汝民　王连玉　王学俊　王恩德　史文利
付晓霞(女)　　加　胜　闫长林　刘乃林
刘洪义　祁　虎　李世权　李洪霞(女)
宋宝忠　张泽生　张瑞福　范　江　岳长河
徐晓明　焦洪勋　薛翎森

十届十次职工代表大会

天津港第十届十次职工代表大会于2007年1月22日在原机关附五楼会议室召开,出席会议的正式代表248人。大会审议通过了总裁于汝民所作的《进一步解放思想、抢抓机遇、实现天津港又好又快发展》的工作报告,审议通过了《关于2006年财务收支情况和2007年财务计划的报告》,审议了《天津港(集团)有限公司十届九次职代会职工代表提案处理和落实情况的报告》,审议了《关于2006年业务招待费支出情况的报告》,审议通过了《关于深入开展"环境年"活动,创建环境友好型港口的决议》,通过了大会决议。集团公司党委书记、董事长王恩德作了总结讲话。

会议指出,过去的一年,是天津港各项工作取得新的进展和突破的一年,实现了"十一五"时期的良好开局。在天津港党委的正确领导下,全港员工在新的机遇和挑战面前,不断开拓进取,追求卓越,呈现出奋发向上的精神面貌,为天津港的发展提供了强大的动力,港口生产建设、企业文化建设和精神文明建设等在高台阶、高起点上又一次实现了新跨越。

会议强调,2007年是天津港全面展现新的发展面貌,提升发展质量的关键一年,是全面实现天津港"十一五"发展规划的重要一年,天津港的发展又站在了一个新的起点。针对新的形势和任务,我们既面临着难得的发展机遇,也面临着严峻的挑战,全港上下必须着眼长远、面向未来,深刻认识和准确把握滨海新区开发开放的新局面,把握发展的主动权,继续保持领先一步、胜人一筹的工作态势,进一步解放思想,深化改革,不断加强企业管理和港区环境治理,加快推进港口资源整合和结构调整,大力提升港口功能及服务水平,倡导和谐理念,培育和谐精神,全面加强环境友好型港口建设,努力实现天津港又好又快的发展。

会议号召,全港职工要进一步解放思想,认清形势，明确任务，自觉站在时代的前列，肩负起历史赋予的重任，紧紧围绕港口经济建设中心，以党的十六届五中、六中全会和市委八届十一次全会精神为指导，全面落实科学发展观，牢牢抓住滨海新区开发开放的历史性机遇，同心同德，勇于创新，实现天津港又好又快的发展，以优异成绩迎接党的十七大和市第九次党代会的胜利召开，为全面加快天津港建设，为天津及区域经济的发展作出更大的贡献。

十届十次职工代表大会主席团(22 人)

于汝民　王连玉　王学俊　王恩德　孔祥瑞
史文利　付晓霞(女)　加　胜　闫长林
刘乃林　刘洪义　祁　虎　李世权　李洪霞(女)
宋宝忠　张泽生　张瑞福　范　江　岳长河
徐晓明　焦洪勋　薛翎森

十届十一次职工代表大会

天津港第十届十一次职工代表大会于 2008 年 1 月 31 日在原机关附五楼会议室召开，出席会议的正式代表 223 人。大会审议通过了总裁田长松所作的《坚持改革创新，确保又好又快推动天津港科学发展、和谐发展、率先发展》的工作报告。审议通过了《关于 2007 年财务收支情况和 2008 年财务计划的报告》。审议了《天津港(集团)有限公司第十届十次职代会职工代表提案和落实情况的报告》。审议了《关于 2007 年业务招待费支出情况的报告》。通过了大会决议，党委副书记孙世明代表天津港党委作了题为《追求卓越，敢争一流，全面开创天津港各项工作新局面》的总结讲话。

大会认为，《工作报告》实事求是地总结和回顾了 2007 年各项工作，充分肯定了取得的成绩，指出了前进中存在的困难和问题，深刻分析了天津港面临的形势，明确了 2008 年重点工作和主要经济指标。报告确定的各项目标和任务体现了天津港发展的时代要求，反映了全体职工的共同意愿。代表们相信：在党委正确领导和全港职工的共同努力下，天津港一定能够在高起点上实现又好又快的发展。

大会指出，2007 年是天津港发展史上具有里程碑意义的一年，成绩令人瞩目，发展振奋人心。在市委、市政府的正确领导下，实现了港口生产高速增长，再次跨越亿吨台阶，提前三年完成了市委、市政府确定的吞吐量目标，成为北方第一个吞吐量超三亿吨的港口。在新的机遇和挑战面前，全港职工不断解放思想，开拓创新，锐意进取，以追求卓越，吃苦耐劳，勇于奉献，奋发向上的精神，为天津港实现新发展、高增长、跨台阶作出了突出的贡献。

大会强调，2008 年是全面落实贯彻党的“十七大”战略部署的第一年，是实施“十一五”规划承上启下的关键一年，更是天津港面对新形势、新起点、新任务，明确新定位、确定新思路、采取新举措、开创新局面的重要一年。天津港将 2008 年确定为“改革创新年”，这是贯彻落实党的十七大提出的关于“改革开放和自主创新”要求的具体举措，也是全面贯彻市委、市政府各项工作部署的具体体现。面对天津港新的发展形势，面对艰巨和繁重的工作任务，全港上下必须进一步坚定发展的信心和决心，以改革创新统领各项工作，坚定不移地贯彻落实以经济工作为中心的指导思想。必须保持良好的精神状态，以开拓进取的创新观念、自强不息的拼搏精神、脚踏实地的务实作风和勤勉敬业的工作态势，牢牢抓住前所未有的发展机遇，积极应对前所未有的严峻挑战，以勇于创新，永不停滞，不为任何风险所惧，不被任何干扰所惑的精神，确保又好又快推动天津港科学发展、和谐发展、率先发展。

大会号召，全港广大职工要进一步认清形势，自觉站在时代前列，明确任务，主动承担历史重任，把思想和行动统一到市政府要求上来，统一到天津港确定的发展目标上来，集中智慧，凝聚力量，同心协力，合力兴港，为实现天津港的新发展、新跨越，为滨海新区的开发开放，为天津及区域经济的发展作出更大的贡献。

十届十一次职工代表大会主席团(21 人)

于汝民　马荣停　王连玉　王学俊　孔祥瑞
田长松　史文利　付晓霞(女)　加　胜
刘乃林　刘洪义　祁　虎　李世权　李志东
李洪霞(女)　宋迎新　张瑞福　范　江
徐晓明　焦洪勋　薛翎森

十届十二次职工代表大会

天津港(集团)有限公司第十届十二次职工代表大会，于 2009 年 1 月 13 日在集团公司博览馆召开，出席会议的正式代表 248 人。大会审议通过了总裁田长松所作的《坚定信心，迎难而上，确保天津港经济建设平稳较快发展》工作报告，审议通过了《关于 2008 年财务收支情况和2009年财务计划的报告》,审议了《天津港(集团)有限公司第十届十一次职代会职工代表提案处理和落实情况的报告》,审议了《关于2008年业务招待费支出情况的报告》。通过了大会决议。天津港党委书记、董事长于汝民作了题为《坚定信心,战胜困难,确保天津港持续稳定较快发展》的总结讲话。

大会认为,田长松总裁的《工作报告》以科学的态度认真总结和回顾了2008年的各项工作,充分肯定了取得的成绩,深刻分析了天津港面临的形势,指出了前进中存在的困难和问题,明确了2009年重点工作和主要经济指标。

大会指出,2008年是天津港发展进程中极不平凡的一年,是天津港人应对考验、努力拼搏、奋发向上的一年。面对复杂多变的国内外经济环境和国际金融危机的影响。在市委、市政府的正确领导下,全港职工在新的挑战和困难面前不畏艰辛,开拓进取,上下齐努力,团结一条心,以追求卓越,奋勇拼搏,乐于奉献的精神,圆满完成了各项工作任务,实现了港口生产建设、经营管理等各方面的较快发展。

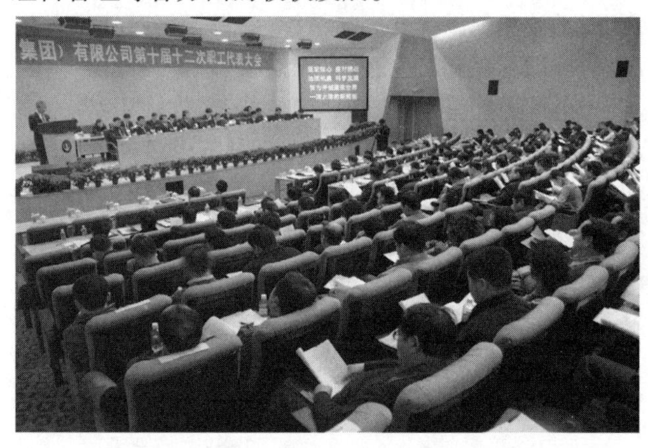

天津港每年定期召开职代会审议年度方针目标

大会强调,2009年将是新世纪以来天津港发展面临困难最多,挑战极为严峻的一年。国际金融危机的不断蔓延将会对天津港的生产、建设和招商引资产生较大的影响,面对新的形势和新的挑战,我们必须要有清醒的认识,足够的估计和充分的准备。在危机面前,不同的态度会有不同的结果。消极对待、被动应付,危机就是危局,就是困境;知难而进、积极应对,危机就是动力,就是转机。因此,全港上下必须牢固树立"忧患意识"和"危机意识",做好"过紧日子"的思想准备。我们要把危机化为机遇,把压力变为动力,不断增强企业凝聚力。我们要通过各种形式,使广大职工牢固树立"我与企业共命运同兴衰"的思想,肩负起历史使命。我们要善于和抢抓重大历史机遇,不断提高驾驭复杂多变局面的能力和水平。我们必须坚定发展的信心和决心,振奋精神,应对挑战,以百折不挠,勇于创新,不为任何风险所惧,不被任何干扰所惑的精神,确保天津港的各项工作实现持续、稳定、较快的发展。

大会要求,天津港将2009年确定为"功能拓展年"。这是贯彻落实市委"保增长、渡难关、上水平"的要求和以积极的态度应对危机的具体体现。要通过功能拓展保增长、通过功能拓展渡难关、通过功能拓展上水平。要通过功能拓展带动产业发展,扩大市场空间,推动区域开发,优化资源配置,努力提升港口核心竞争力。

大会号召,全港职工要进一步认清形势,坚定必胜信心,主动承担重任,积极应对挑战,同心协力,共渡难关,努力开创天津港新的发展局面,为推进滨海新区开发开放,促进天津及区域经济的发展作出新的更大的贡献。

十届十二次职工代表大会主席团(21人)

于汝民　马荣停　王庆林　孔祥瑞　田长松
史文利　付晓霞(女)　加　胜　刘乃林
刘清山　祁　虎　李志东　李洪霞(女)
杨祥海　辛建平　宋迎新　张瑞福　范　江
徐晓明　常　胜　薛翎森

第七章　职工生活保障工作

“工会为职工而生、因维权而立”。维护职工群众的合法权益，始终是工会的一项基本职能，是工会工作的宗旨，维护职工的合法权益，首先要有效地维护职工的经济利益，协调好企业内部利益关系。60 年来，在党的领导和行政的支持下，天津港工会在职工生活保障和维护方面做了大量工作。

第一节　职工经济利益维护

一、职工生活福利

天津港恢复建设、初步发展期，职工面临着旧社会遗留的因失业和物价上涨所造成的生活问题，工会职工生活福利工作处于初创探索阶段，工会协助行政积极兴办食堂、托幼园、浴室、消费合作社等集体福利事业，逐步建立了职工生活困难补助、冬季取暖补贴、工作路途、探亲等路费补贴等福利制度，工会职工生活保障工作主要是通过金额补助、实物补助的方式，做好职工的困难补助工作，特别是冬季，要解决困难职工的取暖问题。

据 1951 年 8 月的《天津市搬运工人调查报告》介绍说，“解放后搬运工人的物质生活有了很大变化，目前，人均每天可以收入 2 万元(当时流通币)左右，能吃上大米、白面，并可以赊购粮食，搬运工人有了福利医院，工伤可以免费治疗”。是年，《天津港工会生活保障工作情况》总结道，“职工福利组织日趋完善：建立互助基金委员会，对职工生活困难予以一定的援助，协助行政解决职工困难；建立了职工合作社，为职工生活提供便利；组建了‘食堂制’、‘包饭制’伙食团，解决现场就餐问题；组织慰问团慰问了伤病职工”。1953 年，全国实行粮油统购统销，食堂粮油较为紧张，为保证职工吃好，天津港工会加强了食堂职工的思想教育和职业道德教育，同时协助行政加强了食堂的管理。1956 年 2 月，天津港召开第四次职工代表会议。大会指出，“必须改善职工的劳动条件和卫生医疗状况，为了降低因病缺勤率，应改善劳动条件，充分利用机械代替人力装卸，控制加班加点，增加劳动强度的先进经验不宜推广”、“加强对宿舍、食堂、澡堂等集体福利设施的管理”、“定期分析职工致病原因，帮助病愈职工尽快复工”。是年 7 月，天津港工会协同行政对职工生活进行了调查，并提出《对目前职工生活的调查报告及处理意见》和《港务局处理职工欠款问题的初步意见》。调查分析，职工生活困难的原因主要是人口多收入少；家属因病欠债；职工长病等方面。提出解决的办法，将企业奖金(4000 多元)和会费的 20%(3600 多元)用于职工困补，另外向上级申请补充缺口困补资金 2.1 万元；对特困职工的欠款问题，采取减免的办法解决。对临时困难的，由互助储金会帮助解决。这次调查还提出职工的住房困难问题、装卸司机的工资等级不合理问题；困难职工的长期补助缺少具体标准问题。为解决职工欠款问题，要求职工提出欠款的理由凭证；工会协助行政研究了解决欠款问题的政策、执行办法和资金筹措。1956 年，天津港对职工因病欠款进行了处理，成立了欠款处理委员会；培训 580 多名工会清欠骨干，进行调查摸底，开展政策宣传；处理欠款 4.83 万元，职工 841 人的欠款得到不同程度的减免。

1956 年，天津港工会协助行政开展职工住房调查，共迁移了 16 户危房职工，修复了危房 75 户，支出修缮费 2130 元，工会还协助行政制定了职工住房五年修建计划。1957 年，为解决职工的住房困难问题，新建职工宿舍 1 万多平方米；为解决职工洗澡困难问题，新建浴室 350 平方米。天津港各级工会对临时职工给予及时补助，对长期困难的职工采取定期补助。

1956 年，天津港有 7 个单位建立了群众工资工作委员会，共有工资委员 41 名，工会充分发挥了群众工资工作作用。是年,工会参与了工资改革,培训了工资工作人员;宣传工资改革的意义;协助行政落实工资改革方案;接待处理职工工资问题信访800余件。是年,天津港工会普查了职工的生活状况,调查了4416人,确认生活较为富裕的1639人,占37.12%;维持最低生活水平的2542人,占57.56%;生活经常困难的235人,占5.32%。1959年统计,天津港工会协同行政支出困补和生活福利28万元。

1954~1959年天津港工会补助支出情况(金额单位:元)

补助 \ 年别	新港作业区	塘沽作业区	天津作业区	轮驳大队
	人/金额	人/金额	人/金额	人/金额
1954	113/1560	31/513	——	46/681
1955	413/2901	57/1003	146/2153	94/1208
1956	660/7529	315/4513.38	542/7590.67	229/3070
1957	1070/9224	366/4474	498/6083	145/1803
1958	615/4001	230/2011	—/4327	146/1361

1958年"大跃进"的"共产风"给职工带来一定困难。随同大的形势,有条件的企业,由工会协助,办起职工营养食堂。1959年下半年至1962年,国家因遭受自然灾害和苏联撤离专家造成经济困难。期间,天津港工会贯彻中央"一手抓生活,一手抓生产"精神,在改善职工生活、帮助职工"节粮度荒"方面,着力于两项工作,一是协助行政抓好职工食堂;二是配合行政大搞副食生产。据1959年副业生产统计,全港畜养猪200头、鸡400只、羊41头,出产了3万公斤蔬菜。1960年,天津港职代会提出要大搞副业生产,实现养猪1380头、养羊70只、养鸡4000只、养鸭4000只,成活率达到90%;捕鱼68500斤,用于改善职工生活。是年,贯彻职代会精神,天津港各级工会协同行政部门,发动职工开展小球藻繁殖、蘑菇人工养殖、制作"人造肉"以副食代替主食,以及捕捞鱼虾等副食生产活动;贯彻市颁发的《办好食堂的六项标准》,整顿了食堂员工队伍,建立了食堂管理制度,加强了定期结算、定期公开收支、定期清仓查库、主食"称重下锅"制度;组织食堂员工开展劳动竞赛。是年,天津港食堂大多数建立了由职工代表和炊事员工组成的食堂管理委员会。1961年,天津港成功地种植蔬菜园地百余亩,蔬菜初获丰收。1962年,天津港工会在印发的《贯彻国营工业企业条例,加强工会工作,深入开展社会主义建设先进班组、先进生产者运动的几点意见》中指出,要进一步落实食堂六项标准,严格"三过秤"制度,扭转估算现象,主动接受职工监督。是年,天津港工会坚持农渔并重的方针,与市郊公社签订协议,开辟农副业生产用地;准备了农具、耕畜,实施了翻地、开渠和群众积肥;组织部分装卸工支援土方工程;选派两条拖轮支持渔业生产等。1963年,天津港农副业生产喜获丰收,收获稻谷14万多公斤,蔬菜2.5万多公斤。

1960年,天津港工会为80多名特困职工家属介绍了长期正式工作,为特困职工从根本上解决实际问题,并对职工家属宿舍存在的问题开展了调查。形成了《关于当前我局职工家属宿舍存在几个比较突出问题的报告》。1961年9月,市总对全市生活困难职工普遍进行补助,是年12月,天津市人民委员会颁布《天津市关于解决职工生活困难的暂行办法》。对职工和供养的直系亲属的生活困难补助标准作了明确规定。据统计,1960年至1961年6月,天津港14个基层单位,困补支出2.36万元,补助职工2425人次。1962年7月7日,市总发出《关于整顿职工困难补助工作的意见》,《意见》提出,各级组织和单位应注意到在国家财政困难时期,必须从严掌握,区别对待,不要采用一律填平补齐的简单做法。9月7日,市总颁发《关于节日对老工人给予副食品照顾的意见》,体现了党组织对老职工的关怀。9月8日,市总还印发了《关于节日对困难职工进行生活补助的意见》。9月17日,市财政局、市总联合印发《企业继续向工会划拨职工困难补助费的联合通知》。10月25日,市总印发文件,组织食堂和托幼园所先进集体和先进个人的评选工作,市总规定了先进标准和评选程序。工会组织了评选活动,推动了食堂和托幼园所劳动竞赛的深入开展。12月24日,市总印发《关于春节对老工人给予副食品照顾的意见》。是年12月,天津市人民委员会颁布《天津市关于解决职工生活困难的暂行办法》。对职工和供养的直系亲属的生活困难补助标准作了规定。1963年3月,天津港工会报送"职工困难补助工作情况",具体地介绍了工会为职工办实事的情况:开展了爱党爱国教育和党的困补政策的宣传;开展了职工生活调研活动,摸清了职工生活困难的主要原因,除去工资多年未调和物价逐渐上升的因素外,主要原因是职工子女负担过重、职工或家属患病,也存在家庭开支计划不周现象。为此,工会加强了勤俭持家教育,宣传了勤俭持家的典型;实施了生育补贴;对困难职工实行定期和临时补助;单位担负职工100%、家属50%的药费;减免职工子弟学费等,为职工解决了一些实际困难。天津港各级工会动员职工家属积极创收补贴家庭收入,同时加强帮扶的核查工作,掌握困难职工的实际情况。天津港工会提出,在困补工作上存在一些实际困难:一是无困补标准;二是车间或小组无生活委员或干事,缺乏对困难职工的了解;三是对困难职工还未形成动态管理;四是职工群众性的互助互济活动尚待加强,对职工精打细算,勤俭持家,自力更生教育不够等。1965 年 2 月,天津港召开四届职工、五届会员代表大会。大会报告总结"在国家暂时困难时期,根据党的大搞生活的指示,除了组织农副业生产、加强食堂管理外,还实行对困难职工给予适当的补助,工会在职工生活维护方面做了一些具体工作,为职工解决一些实际困难"。

"文革"期间,天津港工会组织遭到干扰破坏,工会的职工生活保障工作被迫停止,一些具体工作如职工困补、劳动保险转到行政财务。职工生活在"左"的思想影响下,一段时间被忽视,加之"四人帮"的干扰破坏,问题较为突出。粉碎"四人帮"后,特别是全国工会九大召开之后,各级工会才把关心职工生活列入工会工作的议事日程。

1973 年,工会重新恢复工作。是年,工会职工生活工作主要是搞好职工家访工作、困难职工补助工作和职工互助互济活动,协助行政搞好职工家属宿舍的危房维修工作和解决女职工的托幼问题。1976 年,发生唐山大地震,部分职工家庭生活受到影响,是年 11 月 12 日,天津港工会印发《关于解决港务局地震受灾职工过冬棉衣棉被补助问题的意见》,《意见》规定了补助的范畴,补助的原则,补助的标准,补助的申报程序和批转流程以及补助的公开监督。是年,实施补助布 2457 尺;棉 396 斤;金额 1671 元。地震期间,天津港各级工会协同行政帮助受灾职工解决"吃穿住"等生活困难,还为职工解决了搭设临时建筑的部分用料(主要是回收大船垫舱的木料)问题。截止到 1977 年,全港有职工食堂 28 个;托儿所 2 个,入托儿童 215 名;幼儿园 2 个,入园儿童 143 名。

党的十一届三中全会以来,随着党的工作重点的转移,天津港经由初步发展、稳步发展、阔步发展实现了跨越发展,职工的生活福利随着天津港的经济发展不断改善。工会在保障职工的基本生活,维护职工经济利益方面,开展了扎实有效的工作,贯彻"职工生活工作要实现转轨变型,更好地为职工服务"精神,各级工会组织在党的领导和行政的支持下,工会的职工保障工作不断加大力度,保障职能的工作范围不断扩展,除做好自身的保障工作还协助行政力所能及地改善、提高职工生活福利待遇。

1978 年 10 月,邓小平同志在工会九大致词中指出,"工会组织要督促和帮助企业行政和地方行政在可能的范围内,努力改善工人的劳动条件、居住条件、饮食条件和卫生条件",是年,天津港工会主要解决职工吃住行问题。抓好"三堂(食堂、礼堂、澡堂)"建设;增加 15 部大轿车,解决职工津塘往返交通问题;分配住房 746 户、私房公建 116 户,改善职工住房条件;协助行政解决职工的两地分居问题,解决职工"对调"、"单调"605 人,是年还解决职工子女顶替 92 人。自 1973 年至 1979 年,天津港工会协助分配、改善职工住房 2100 户。1980 年,分配 3 万平方米职工宿舍,解决职工住房 500 多户、调房 200 多户。1981 年 6 月,天津市工会第十次代表大会提出,各级工会要协同行政有关部门积极解决职工住房问题。要认真执行市委批转的《关于职工代表大会监督住房分配的几项规定》,坚持民主分房,群众监督,做到公平合理。是年,天津港各级职代会加强了职工住房分配监督工作,坚持"群众路线、民主分房",做到"三公开、三榜定案"。天津港各级工会组织协助行政全年分配住房 2133 间,为 1212 名职工缓解了住宿困难。是年,困补职工 3194 人次,补助金额 8.4 万元;冬补 3696 元,棉布 5888 尺、棉花 860 斤。1982 年至 1983 年,天津港工会协助行政落实了职代会提出的改善职工生活的举措:新建职工宿舍 7 万平方米;安置待业子女 1000 多人;职工宿舍水、电表入户;集中安装电视天线;为职工新增 1000 多套煤气罐;投资参与建设三百吨火车站台;新建港口幼儿园;新建一座小学;拨款 70 万元,成立劳动服务公司,增设服务网点,方便职工。期间,为加强食堂和托幼工作,组织全港 39 个职工食堂炊管人员 624 人、托幼园所 11 个保教人员 192 人,开展了劳动竞赛。评出红旗食堂 4 个;先进托幼所 4 个;先进炊管 22 名;优秀保育员 34 名。1983 年,天津港被评为市级托幼工作先进局,有七个基层单位被评为市级托幼工作先进单位,有 1 名保育员被评为市级优秀保育员。1983 年,各级工会冬补职工 161 名,补助棉衣被 248 件;困补职工 3711 人,补助金额 7.5 万元。截止到 1983 年,天津港集体宿舍有 4.82 万平方米,住宿职工 6147 人;天津港家属宿舍 27.38 万平方米,住户 6980 户。1984 年,天津港投资参与的三百吨火车站竣工并投入运行,解决了市区职工往返上下班的交通困难;加大煤气的供应范围,解决了一部分职工的生活问题,这两件大事深受广大职工欢迎。工会还主动协助行政办好食堂、托幼园所等集体福利事业,先进事迹在全国托幼事业经验交流会上作了介绍。1985年补助困难职工2510人,补助金额7.47万元。

1986年11月7日,市总转发了全总印发的《关于企业职工福利基金问题的解答》;11月27日,天津港工会转发了该文件,主要规范了按工资总额11%提取的职工福利基金的用途,以及职工医疗卫生费和福利费的使用比例,企业可以据实统筹安排、调剂使用等问题。1987年开始,天津港工会组织开展“职工生活预测”工作,采取座谈、个别了解和书面征求的办法,征求到职工生活方面合理化建议200余条,归纳为50项,采纳、实施、解决了40%的建议。为职工排忧解难办实事办好事5万余件,如为180名在塘沽上学的职工子女解决了班车问题。1988年,天津港各级工会干部和工会积极分子家访3854户。1989年,春节前为退休、长病长伤、住院职工、孤老户进行一次性补助,对节日期间坚守岗位的职工进行了慰问。协助行政分配了6.5万平方米住房。1990年统计,天津港21个单位设有职工食堂28个;18个单位设有浴室36个。

1991年,天津港工会协助行政改善职工生活,较好地完成了年初确定的八件事:职工住宅竣工6万平方米;开辟闭路电视网点;安装住宅防盗门;集资办煤气;建设游泳池;改造2号卡子门;筹建第二幼儿园等。1992年元旦、春节(简称“两节”)期间,市总组织开展“串百家门、解百家难、暖百家心”活动。1994年6月8日,贯彻天津港第四次党代会的精神,为促进改革开放,保持稳定大局,天津港工会印发《关于搞好夏季安全生产和职工生活的通知》。落实《通知》要求,各级工会搞好夏季防触电、防雨损、防中暑,做好职工防暑降温工作;协助食堂搞好职工伙食,加强对托幼园所和食堂的检查和指导;把夏季安全生产和夏季职工生活工作、“夏送清凉”活动结合起来,取得较好效果。是年10月,市总号召建立职工消费合作社并提出四点要求,各级工会领导要高度重视,切实抓好组建工作;市、局两级工会要为合作社提供实质性的服务;消费合作社要努力增强经济实力;要培养一批乐于为职工服务、精通业务的合作社工作人员。1995年5月1日起,天津港开始执行新的工时制,每周工作40小时,职工的劳动条件得到改善,工会协助行政落实新的工时制度,参与了职工班次的调整工作。

天津港职工集体福利设施情况(1990~1993年)

项别 \ 年别	1990	1991	1992	1993
设有托幼单位数(个)	14	15	12	7
托幼组织(园所室)数(个)	16	15	13	8
受托儿童数(人)	1092	991	905	745
女职工冲洗室数(个)	23	10	12	11
设食堂的基层单位数(个)	21	16	17	18
食堂总数(个)	28	33	30	24
设浴室的基层单位数(个)	18	15	18	25
浴室总数(个)	36	46	46	50

20世纪90年代,天津港工会大力兴办“三产”企业,1996年天津港两级工会共有三产企业13家,全年营业额700多万元,实现利润34万元,上缴税金10万元,按照“服务经济、服务职工、服务工会”的宗旨,天津港工会坚持每年两次用“三产”企业盈利慰问特困职工。是年,天津港有15个单位建立了职工消费合作社,全年实现营业额100多万元,惠及职工万余人,向职工让利10余万元。工会参与劳动用工制度改革,履行维护职能。1998年3月30日,市总《工会信息》刊登“天津港在深化劳动用工制度改革中,要求各单位必须把握好政策,严格下岗人员的条件和审批程序,慎重确定下岗人员。文件规定,七种人员不得安排下岗”。“这个规定重申了深化用工制度改革不是搞一刀切,主要目的是促进转变职工择业观念和从业态度,树立竞争意识,对于职工合法权益应给予保护”。1998年,开展“冬送温暖夏送清凉”活动,天津港18个单位为特殊工种1470多名职工进行了体检,25个单位出资140多万元,为一线职工候工室安装了空调、电风扇、饮水机等设备,改善了职工休息环境。截至1998年年底,天津港消费合作社共有20家,全年营业额56.5万元,实现利润3.91万元,惠及职工2.6万人。

2002年,天津港各级工会组织132个特殊工种岗位的职工2805人查体,体现工会对有毒有害岗位工作职工身体健康的关注和企业党政工组织对职工的关怀。是年夏季,各级工会协助行政认真落实防暑降温措施,积极开展“夏送清凉”活动,各级工会干部深入一线慰问达163人次,全港防暑降温支出280万元,其中各级工会出资34万元。2003年5月,举国上下抗击“非典”,天津港各级工会采取有力措施积极应对,为职工购买了预防和消毒用品,购置了健身体育器械组织职工开展健身活动。“非典”防治期间，天津港工会领导带队，先后到港口医院、华港饭店、设施处等单位慰问了坚守岗位的一线职工。从2003年开始至2008年，天津港各级工会把做好慰问高温作业职工作为一项制度，每年坚持“夏送清凉”活动。行政和工会共为职工发放5000多万元的防暑降温药品和饮料。是年7月，天津港实施了“爱心传递工程”，将上级对下级员工的关爱逐级传递，为把这种“爱心传递”以制度的形式固定下来，传承下去，制定下发了《“爱心传递工程”管理办法》。本着“下管一级”和“精神与物质相结合”的原则，每逢职工生病住院或患重大疾病、直系亲属逝世、家庭遭遇突发事件等，领导要由上至下，逐级探望、慰问，送去关怀和问候。2009年，天津港工会组织慰问团对4个驻外办事处和3个无水港进行了慰问，同时对12户无水港及驻外办事处人员的家属进行了慰问，带去天津港、工会组织对他们的关心和问候。

近年来统计，随着天津港经济建设的不断发展，职工的工资、福利待遇、生活水平不断提高。2009年职工人均收入比改革开放初期的1981年增长了7.1倍，实现了职工收入与港口经济发展同步提高。“十五”期间，职工人均工资总额年均增长14%。天津港职工拥有住房率达到85%，拥有自驾车职工达到29%。农民劳务工拥有住房的有7%，拥有自驾车的占2.2%。城镇劳务工拥有住房的占10%，拥有自驾车的占23%。（见图1）

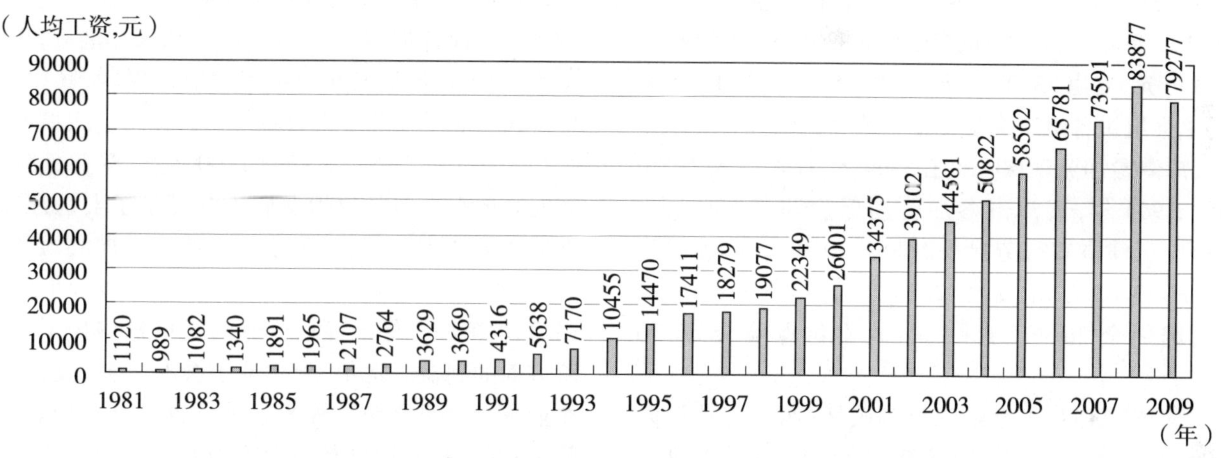

图1　天津港职工年人均工资增长情况（自2007年起包括天津港投资控股公司）。

二、职工保险福利

天津港的劳动保险工作是由工会组织和行政劳动部门共同管理的一项工作。各级工会在劳动保险中的主要任务是代表职工参与劳动保险法规的制定，改革与完善劳动保险制度，监督贯彻法规的执行，维护职工的合法保险福利。天津港恢复建设初期，在人民政府的支持下，天津港开始筹备社会劳动保险基金，使职工的生、老、病、死、伤、残等基本问题有了社会保障。

1950年9月1日，《天津市国营公营企业劳动保险暂行条例》及其实施细则，开始在国营企业实行。1951年2月，政务院颁布《中华人民共和国劳动保险条例》，对职工的生老病死伤残等各项待遇作了较为全面的规定，奠定了职工社会保险的框架结构基础。1953年1月13日，市总和劳动局联合印发《关于目前劳动保险工作的通知》，规定《中华人民共和国劳动保险条例》实施细则及有关法令公布前的劳动保险工作。是年5月20日，为解决搬运工人的疾、伤、残、亡等待遇问题，颁布《天津市搬运工人劳动保险待遇暂行办法（草案）》，计6章21条。包括总则、保险金的来源、保险金的保管与使用、因公伤亡和非公伤亡的辅助规定、一般的辅助规定、保险金的执行与领取手续、附则等内容。1954年5月28日，政务院颁布《关于劳动保险业务移交工会统一管理的通知》，6月15日，劳动部与全总联合印发《关于劳动保险业务移交工会统一管理的联合通知》。1955年，工会开始实行劳动保险卡片管理制度，发放职工劳动保险待遇证。

1956年，根据国家经济发展的需要和职工的要求，劳动保险范围进一步扩大。是年，天津港工会在劳动保险工作方面，主要开展了职工防病防伤工作，开展了疾病预防教育，改造职工生活环境，改善职工劳动条件;解决伤病职工困难,搞好职工困补工作;抽出奖金的5%、会费的20%筹建职工困补基金;加强互助储金会工作和职工集体福利事业如职工疗养工作等。是年,天津港工会协助行政进行三次工伤劳动鉴定,共鉴定了72人,对确已致残的按月给予残废补助;对工伤未治愈职工组织了系统的治疗。据统计,1960年至1961年6月,天津港共支付劳动保险金29.78万元,缓解了职工1.06万人次的生老病死伤残等生活实际问题。

1962年3月,天津港工会印发《贯彻国营工业企业条例,加强工会工作,深入开展社会主义建设先进班组、先进生产者运动的几点意见》,《意见》对职工劳动保险提出整顿要求,对职工劳保卡片和家属医疗证、经济关系、供养条件、审查保险支付是否符合条例规定进行审查。是年,全港参加劳动保险8351人,保险收入24.23万元,支出35.07万元。1963年3月至4月,天津港工会组织各级工会检查整顿劳动保险基金。1963年,天津港参加劳动保险职工5364人,保险收入21.80万元。1964年,天津港参加劳动保险职工5364人。1965年,天津港实行劳保条例职工7020人,劳动保险金(3%)23.63万元,支出42.74万元(其中基金16.34万元;调剂金26.40万元),行政支付保险金56.36万元。

"文革"期间,工会组织遭到破坏,职工劳动保险工作无人管理,劳动保险金停缴,劳动保险工作受到干扰和破坏。1969年2月,财政部颁发《关于国营企业财务工作中几项制度的改革意见(草案)》,明确规定,"国营企业一律停止提取工会经费和劳动保险基金"之后,职工的退休金、长病职工开支及其他劳保开支,在营业外列支,社会养老保险即劳动保险转变为企业养老保险。

1979年12月17日,市总党组向市委请示《关于恢复工会组织管理劳动保险工作》。自1980年开始,"文革"期间移交给各级行政部门管理的劳动保险恢复由各级工会管理。工会"九大"以后,工会配合行政劳动部门,对劳动保险工作进行整顿,绝大部分劳动保险工作达到职责明确、机构健全、政策统一的要求。1980年3月14日,全总与劳动总局联合印发《关于整顿与加强劳动保险工作的通知》。《通知》指出,"文革"期间,"由于'四人帮'的干扰破坏,劳动保险工作造成很大的混乱",为了使职工劳动保险工作适应"四个现代化"建设的需要,全总与劳动总局提出整顿与加强工会劳动保险工作的指导意见。20世纪80年代,企业保险逐步走向社会保险。1981年统计,天津港21个单位职工19460人参加了劳动保险,其中享受退休费的职工有1962人。1982年统计,天津港实行劳动保险的有21个单位,职工19652人。1983年,全总会同劳动人事部和财政部颁发《关于在经济体制改革中要注意保障企业职工的劳动保险、福利待遇的意见》。1983年统计,天津港参加劳动保险职工19978人,退休职工2206人,支付离退休职工费用177.17万元,支付离退休职工医药费50.16万元。1984年,劳动部提出恢复退休费用社会统筹,并进一步加以改革的新政策。随着社会主义市场经济的逐步建立,各项社会保险制度的改革势在必行,社会保险制度改革从养老保险逐步推向生育、医疗、失业、工伤、贫困救助、社会服务等领域,由企业主导逐步转向社会主导。

据统计,1987年至1996年7月,天津港近30个单位为1.66万名职工办理了家庭财产保险,其中23个单位还为职工办理了人身意外伤害保险。天津港各级工会为职工办理保险索赔达1100人次,受益金额达50万元。还有许多单位为女职工办理了子女医疗保险、女职工安康保险等,增强了工会组织的向心力和凝聚力。1988年,市总印发《关于国营企业实行承包租赁以后,保障职工保险福利待遇的意见》,维护了职工保险方面的利益。是年,天津港工会对工会系统的三产企业进行消费合作社等8家进行自查,确保职工的保险福利待遇,并协助行政落实对承包企业职工保险福利待遇检查。各级工会根据社会保险制度改革的总体要求,发挥自身优势和特点,有的单位还兴办了职工补充保险。1996年6月统计,天津港23个单位为职工办理了人身意外伤害保险。1998年,全港有33个基层工会协同行政为2万多名职工办理了家庭财产保险,有23个单位为职工办理了人身保险,有18个单位为女职工办理了安康保险。近10年来,天津港经济建设不断发展,随着经济效益的提高,职工的保险福利不断增加,天津港各级工会组织在企业保险福利的分配上,维护了一般职工的利益,促进了天津港的和谐发展。

三、劳动模范权益维护

天津港的劳模为天津港的发展作出卓越的贡献,爱护、关心劳动模范和先进人物,关心他们的身心健康,保证他们心情舒畅地工作或安享晚年,是天津港各级党政和工会组织的工作任务之一。天津港工会协助行政给予劳模应享的待遇有:为农村户口劳模于江、胡振清、白锡瑞、苏现凯等办理了城市户口；建立了慰问全国劳模制度、两节期间慰问劳模制度、劳模每年体检制度、优先享受疗（休）养、退休劳模按政策更多享受退休金等待遇。

为提高先进模范人物的科学文化水平，1983 年 6 月 13 日，全总、教育部等八部委联合颁布《关于省市自治区以上先进人物升学深造的暂行规定》。是年 7 月 1 日，全总、中组部等五部委联合印发《关于保护劳动模范身体健康的几项规定》。由于“左”的思想的影响，示范带头过分劳累，在单位和社会活动等兼职多，负担重，压力大；有病诊治不及时；居住条件不好，影响休息等原因，致使劳动模范和先进人物的健康状况不好。《规定》提出，要把保护劳模的身体健康当做大事来抓；要对劳模进行文化培训；劳模每年一次体检要形成制度；要做好劳模的疗（休）养工作；严格控制劳模的加班加点；给予劳模应得的劳动待遇；积极改善劳模的住房条件。1986 年 8 月 1 日，市总、人事局、劳动局联合印发《关于修订获得劳动模范称号的干部、工人提高退休费标准的通知》，《通知》提出，根据条件，分别提高劳动模范称号的干部、工人退休费标准的 5% ~ 15%。1988 年 7 月 16 日，市总印发《关于解决我市市级劳动模范与农村家属分居问题的通知》。《通知》提出，市级劳模的农村配偶、未成年子女准予迁入天津市区。天津港工会协助行政积极落实了劳模的应当享受的各种待遇。

1991 年 12 月 28 日，天津港工会转发市总、市卫生局 1991 年 12 月 14 日印发的《关于进一步做好市级以上劳动模范医疗保健工作的通知》。《通知》提出，自 1992 年 1 月 1 日起，施行劳动模范就医及报销新规定：颁发优先就医证，劳模凭证可以优先诊治；实行定期（每年）体检制度；对劳模的医药费，必须按国家规定给予报销。1995 年 9 月 1 日，市总、劳动局、人事局联合印发《关于对获得劳动模范称号的企业职工提高养老金计发标准的通知》，对不同条件的劳动模范社会性养老金计发比例提高 4% ~6%。1997 年 8 月 20 日，全总组织部和全总财务部联合印发《关于改善和提高离退休的劳动模范先进生产工作者待遇的意见的通知》。《通知》具体规定了已离退休并保持荣誉称号的劳动模范、先进工作者享受荣誉津贴的范畴和对应的津贴数额。1999 年 8 月 18 日，市评模办公室、市劳模协会印发《关于为劳模办理一次性补充养老保险的通知》。劳模退休后，其社会性养老保险金计发标准提高 2% ~6%。

2002 年 11 月 5 日，市总印发《关于再次调整劳模补充养老保险费用的通知》。2004 年 1 月 2 日，市总、财政局等五局委联合印发《关于为离退休劳动模范发放荣誉津贴的意见》。《意见》规定了享受荣誉津贴的范围和具体标准。是年 3 月，市总印发《关于劳动模范动态管理的有关规定》。《规定》要求，要建立劳模数据库、建立动态信息报送制度；提出劳模的归口管理、增减劳模的确认及录入等具体操作办法。2008 年，天津港工会着力于做好全国劳模“三金”和省部级困难劳模生活救济金的发放工作。关心劳模身心健康，组织天津港历届 78 名劳动模范进行了体检。重阳节前，天津港工会代表市劳模协会慰问了天津港 20 位 70 岁以上的退休劳模。2008 年，天津港实行了全员带薪休假制度，并出台了新的《关于奖励职工休养管理办法》，先进模范人物得到更多的休养假期和补助。

天津港各级工会协助行政有关部门贯彻落实党和政府、上级工会关于劳动模范的政治、学习、经济等合法权益维护的有关规定、要求和制度。各级工会着力于劳模的生活维护，协助行政落实劳模的工资、福利、住房、医疗等应享待遇，并坚持每年“两节”期间的慰问，特别是实施送温暖工程以来，把关注离退休生活困难劳模、随时为他们解决困难、为他们送上组织的关怀，摆上帮扶工作的重要位置。

四、退休职工生活维护

天津港的退休职工是企业的宝贵财富，他们在长期的港口经济技术实践中积累了丰富的经验，为港口建设发展作出了重大贡献。为使他们受到社会普遍尊重，使他们能够“老有所养、老有所乐、老有所医、老有所为”，能够幸福地欢度晚年，在力所能及的情况下从事一些社会公益活动，努力做好离退休职工管理，是各级工会组织和广大工会干部义不容辞的责任。

天津港的退休职工管理工作经历了三个阶段：第一阶段为重新开港至“文革”前 1966 年，这一期间，遵照劳保条例和 1958 年国务院颁布的退休退职规定，管理退休职工，如退休职工的审批、工资医疗等异地支付均由工会负责。退休费由市总管理的劳动保险基金支付；离退休职工的困补、就医看病均由工会负责。第二阶段为“文革”期间，1966 年至 1976 年，工会组织停止活动，“文革”后期离退休职工工作也未正常开展，各单位退休职工的待遇享受及管理工作均由行政负责。1978 年以后至今，为第三阶段，工会组织恢复后，随着离退休职工的不断增加,中央一系列涉及离退休职工的政策陆续颁布,离退休职工的管理由工会和行政共同负责。1986 年 10 月 1 日,天津港退休职工管理划归到行政退管会办公室。

1980 年 3 月,国家劳动总局和全总在《关于整顿与加强劳动保险工作的通知》中,对离退休职工的管理重新作出规定,即“以企业单位行政为主,会同基层工会批准和办理职工退休、退职”,“行政与工会应加强对退休、退职、残废职工和因公死亡职工遗属的管理与教育工作”。1982 年以后,离退休职工的管理工作全面展开。1984 年,天津港工会关心退休老职工,制定了四条制度即“退休金发放定时、定点制度”、“退休工人文化活动点制度”、“定期慰问退休职工制度”、“为五保户做好生活服务制度”。

1985 年 4 月 18 日,天津港“市区退休职工联络站”成立大会在天津港驻津办事处召开。是年 5 月,天津港召开了首届退休职工代表会议,天津港退休职工管理工作初步形成了制度,退休职工的业余文化生活初步形成了网络化。年底,天津港共建立了 5 个“退休职工活动站”,成立了退休职工联络站和退休职工俱乐部,供退休职工 2256 人活动使用。是年统计,天津港 31 个单位,建立退管组织的有 12 个单位(具有 20 名以上退休职工的单位),退休职工 2078 人、离休职工 92 人。1986 年 7 月 15 日,天津港工会和行政联合印发《天津港关于加强退休职工管理的暂行规定》,为加强管理,建立“退管会办公室”,配备了专职管理干部,自 10 月 1 日起,退休职工归退管会办公室管理。10 月 14 日,天津港工会与行政联合印发关于贯彻执行《天津港务局退休职工管理委员会工作条例》《退休职工管理委员会办公室工作职责》《关于退休职工活动经费管理工作若干问题的试行办法》的通知。《条例》共分总则、组织、任务、制度、附则 5 章,共 19 条。《职责》主要包括掌握情况、宣传教育、组织公益活动、组织文体活动、协助办理保险福利、解决实际困难、家访慰问、管理活动站、接待信访、反映退休职工呼声、管理活动经费、汇报工作等共 14 条。《办法》提出要收足经费、用好经费的方针;实行统一领导、分级管理的原则;经费预决算制度;重大支出,由集体讨论决定;严格管理经费的提取和上解。是年 11 月,天津港工会第八次代表大会在总结离退休职工管理工作时提到,“天津港建立了两级退休职工管理办公室,全港有 15 个单位建立了退休职工管理委员会。1998 年以来,在新港、塘沽、天津等退休职工居住较密集的地带,设立 7 个退休职工集中活动点。”

1987 年 6 月 1 日,天津港召开退休职工管理委员会第二次委员会议,会议总结了退休职工工作,两级退休办人员积极主动热心地为退休职工服务,组织开展了多项有益活动,在老有所养和病有所医方面做了大量工作,会议部署了今后一个时期的工作,研究了退休职工住房、外省市退休职工的粮油补贴、退休办建制、活动经费、人员聘用等 10 个具体问题。是年 10 月 7 日,天津市召开退休职工代表会议。会议指出:要统一思想,充分认识加强退休职工管理工作的重要性;要总结经验,为全面开展退休职工管理服务工作创造条件;要明确任务,把退休职工管理服务工作提高到一个新水平。是年 10 月 24 日,市委办公厅转发了市总党组《关于建立天津市退休职工管理委员会的请示》,要求各级组织要加强对这项工作的推动和指导,帮助工会组织解决一些实际问题,把退管工作开展起来。是年开始,天津港工会职工生活工作开辟了新领域,天津港两级退休办,普遍建立了工作制度,使工会退休职工工作纳入正轨。1987 年统计,两级退休办为退休职工办理报销医药费、修房搬家、调解纠纷、料理殡葬等实事 2667 件,为 200 多名退休职工解决了煤气罐问题;协同行政筹建退休职工活动站 11 处(建筑面积 1137 平方米),到活动站参加活动的退休职工 500 余人;是年,普查了退休职工住房,解决了 92 户住房困难问题;筹建文化活动点 11 处(建筑面积 1100 多平方米);参加文化活动的老职工达到 500 余人;两级退休办开展了年节家访工作。

1988 年,天津港退休职工管理服务工作机制基本形成,退休职工的文化活动初步形成网络化。是年 5 月,天津港召开首届退休职工代表会议,基层单位也相继召开了退休职工代表会议,推动了全港的退管工作。是年,组织了评选先进退休职工和退管工作经验交流活动。评选出“双奖杯”市级先进个人 5 名,全国代表一名。10 月,天津港在天津市退休职工代表会议上作了退管工作经验介绍,受到市政府、市总、市老龄委及与会代表的赞扬。1990 年年底统计,天津港有 15 个单位建立了退管会,建立了两级退休办公室 11 个,在新港、塘沽、天津三地建立了退休职工活动站 14 个。20 世纪 90 年代,随着天津港的经济发展,效益不断提高,天津港的退休职工管理机制已经形成,退休职工的管理形成网络,退管工作在规范化轨道上运行。

五、职工疗养

职工疗养是依据国家法律法规有关规定，对职工进行劳动保护，增强职工身体素质、调动职工生产积极性，推动经济发展和社会进步的有效措施，是职工应当享受的一项集体福利待遇。天津港工会自 1979 年开始组织职工疗养，职工疗养的规模逐渐扩大。一是享受疗养待遇的职工范围不断扩大，由最初的优先考虑劳动模范、先进工作者，逐步扩大到生产骨干、班组长、老职工，再扩大到一般职工。职工疗养地的范围也在扩展，由最初的北戴河疗养地，扩大到青岛、九江、庐山、杭州、无锡、西安、桂林、昆明、广州、成都等地；随天津港经济的发展，效益的提高，参加疗养的职工数量逐步增加。

2006 年，天津港工会组织召开了职工疗养专题工作会议，会议研究了新形势下职工的疗养工作，提出要进一步规范职工疗养工作。2007 年，天津港工会将职工疗养工作放权，职工疗养由各单位工会协同行政自行掌握。天津港工会宏观上要求各基层工会要把握住疗养原则，即同等条件优先安排劳动模范、业绩突出的职工、工龄较长的职工、从事苦脏累险或有毒有害作业的职工。2008 年 6 月，天津港行政印发《天津港（集团）有限公司关于奖励员工休（疗）养管理办法（试行）》的通知。《管理办法》共 12 条，提出了适用范围、职工休（疗）养的性质、职工在休（疗）养期间应享受的其他待遇、职工享受休（疗）养《管理办法》的条件及休假方式等。《管理办法》的实行，进一步强化了职工休（疗）养的奖励、激励功能。（见图 2）

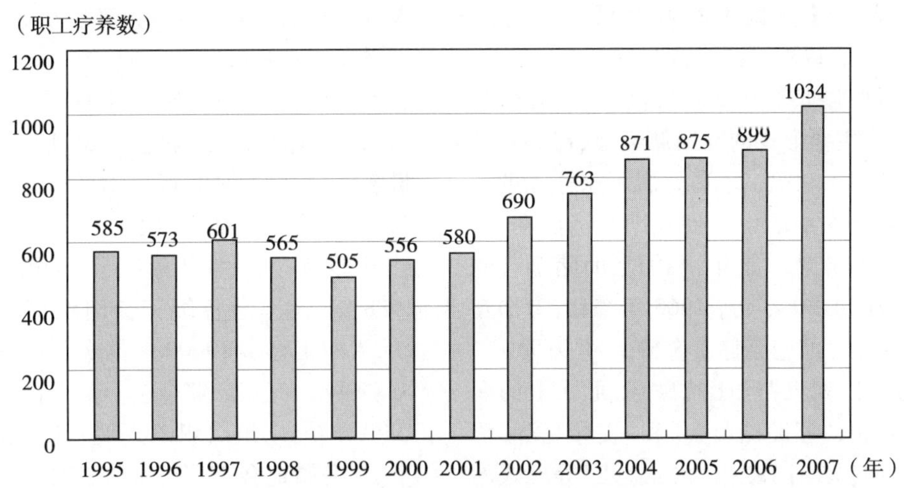

图 2　1995～2007 年天津港职工疗养统计表

第二节　职工互助互济活动

新中国成立初期，百废待兴、供应匮乏、物价飞涨、购买力低下、失业率高，相当一部分职工生活严重困难。三年恢复建设后，又面临抗美援朝战争的爆发和社会主义建设的全面启动，大规模的建设，使得国家没有足够的经济力量用于提高人民的生活水平。在这种情况下，工会把职工组织起来，“自己动手谋福利”，开展互助互济活动就成为改善职工生活的重要辅助手段。

1950 年，全总颁发《互助储金会条例》，推动基层工会建立互助储金会，入会者缴存储金，为困难职工提供无息贷款，应付急需。是年 12 月，天津港职工在开展为困难职工“募集寒衣”互助互济活动中，募集御寒款额 331.24 万元（当时流通币）。1952 年，全总号召，全国各级工会要组织职工因地制宜、因陋就简地开展职工互助互济活动，改善生活，提高职工的福利水平。1954 年，天津港工会开始组织职工建立“互助资金会”，帮助职工解决生活上的临时困难。是年，全港共建立“职工家属丧葬互助会”5 个，参加人数高达职工总数的 90%，一年中，共有 184 名职工借用“丧葬互助金”解决了生活的困难，开支达到 1.27 万元。1956 年，天津港工会对职工储金会进行整顿，整顿后全港共有储金会 8 个，会员 4082 人；天津港工会拨付周转金 1.1 万元，储金会储备 1.08 万元。1957 年，周总理在党的八届三次会议上指出,“提倡少花钱、多办事;提倡依靠群众集体的力量,举办福利事业;提倡用互助互济的办法,解决职工生活中的某些困难问题。”这一指示对职工开展互助互济活动指明了方向。天津港职工的互助互济活动的主要形式为职工“互助储金会”和职工“丧葬互济会”两种。1959年统计,全港职工7800多名,有80%的职工参加了互助储金会,储备基金2.8万元,有4000多名职工享用过储金会的资助。

据统计,1960年至1961年6月,为475名职工解决实际困难,支付互助金达2.34万元。1962年第二季度,按照天津港工会印发的《贯彻国营工业企业条例,加强工会工作,深入开展社会主义建设先进班组、先进生产者运动的几点意见》的要求,整顿清理了职工互助储金会,核对了借还款,加强了账簿管理,解决了“久借不还”或“荒账”问题。是年统计,天津港参加互助储金会的职工4179人,储备金额达2.69万元。1963年,参加互助储金会职工2730人,储备金额1.72万元。1964年,各级工会加强职工互助互济活动,一方面整顿、巩固了以班组为主要形式的互助储金会、丧葬互助会;另一方面,组织职工和职工家属开展了家务互助和经济互助活动。工会组织职工开展互助互济活动,为职工解决了突发生活难题。是年,参加互助储金会职工2013人,储备金额1.30万元。1965年统计,参加互助储金会职工3647人,储金会储备金额2.80万元。

“文革”期间,因“四人帮”干扰破坏,形式上的职工互助互济活动停止,“互助储金会”和“丧葬互济会”解散,实际上职工中仍然存在“搭会(伙)儿”等形式的职工互助互济活动,以解决生活中遇到的临时困难。

党的十一届三中全会后,职工互助互济活动得到全面恢复和发展。1977年统计,天津港建立互助储金会19个,参加职工3764人,储备金额7.46万元。1978年10月,邓小平在工会九大致辞中指出,“工会要努力保障工人的福利。工会组织要督促和帮助企业行政和地方行政在可能的范围内,努力改善工人的劳动条件、居住条件、饮食条件和卫生条件,同时要在工人中间积极开展各种形式的互助活动”。工会九大后,天津港各级工会切实把职工互助互济活动作为职工生活保障的一项重点工作来落实。

20世纪80年代,天津港的职工互助互济活动达到高潮。职工互助互济活动出现两大特点,一是储金额度增加,规模扩大,人数增多;二是内容丰富,形式多样,功能增强。1980年统计,天津港四分之一的职工参加互助储金会,储备金额达到6万元,有2000多名职工使用过储金会的储备资金,解决了生活中遇到的临时困难。1981年统计,天津港建立互助储金会15个,参加职工3481人,储金总额6.65万元。1982年,天津港90%以上单位建立了互助储金会,参加职工达到3700多人,是年统计,储金额度达到7.50万元。是年,全总组织召开全国职工互助互济活动经验交流会。是年,天津港各级工会干部依靠工会积极分子,本着“条件允许、力所能及”的原则,组织职工广泛开展互助互济活动。1983年,天津港职工互助互济活动范围有所扩大,形式有所创新,全港职工广泛地参与了互助业余理发、互助裁剪服装、互助修改住房、互助制作家具、互助修理自行车、帮助困难职工拆洗缝补衣被等互助互济活动,据统计,参加活动职工达2600多人。是年统计,职工参加储金会5080人,储备金额9.59万元。1985年统计,互助储金会193个,参加职工3089人,储备金额8.48万元;建立家电维修、房屋修缮、理发烫发、裁剪缝纫等互助小组346个,为职工办好事办实事数以万计。1986年11月,天津港工会第八次会议总结“组织职工在生活上互助互济,集结职工自己的力量解决自己的问题,近三年来建立家用电器修理、代洗照片、服装裁剪制作、理发烫发、自行车修理等各种互助组2916个,为职工解决了一些生活上的实际问题”。1988年,天津港各级工会组织职工开展互助互济活动,为职工办事19000多件次。1989年,为职工办事6万多件次;有互助储金会161个,储备金额9.41万元。1990年统计,组织职工开展互助互济活动的单位有4个,互助储金会33个,参加职工554名,储金总额1.22万元。1991年3月,天津港第九次会员代表大会指出,四年来,各级工会建立各种互助组3096个,累计办好事、办实事30万余件次。

1994年开始,天津港的职工互助互济活动纳入“送温暖”工程实施体系。职工互助互济活动在历史上的作用,一是发挥了在生产力水平不高的情况下的改善职工生活的作用;二是对社会保障体系起到了拾遗补缺的作用,解决了社险、福利政策难以覆盖、企业解决不了、职工自身又无力解决的实际困难;三是增进了职工间的团结,职工互相扶持,在助人的同时自己受益;四是促进精神文明建设,实现“一人有难、大家支援”。

第三节　帮扶特困职工，实施送温暖工程

由于国家财力有限，保障能力难以全面覆盖，这就需要工会组织发挥自身优势，开展扶贫帮困送温暖活动，补充社会保障的不足，为党和政府分忧，为困难职工排忧解难。帮扶特困职工，维持他们的基本生活，使他们渡过贫困期，是天津港各级工会保障工作的重要内容。工会帮扶工作一方面是精神帮扶，激励困难职工振作起来，想办法、谋出路，增加家庭收入；另一方面是物质帮扶，帮助困难职工解决一些具体的、实际的困难，使他们在生活难关面前"过得去"。工会对待需要一时帮扶的职工，施以一次性的资助；对需要经常帮扶的职工，按月酌情给予困补。每年两节期间，各级工会干部都要随同党政领导到困难职工家庭、长病长伤职工家庭进行慰问，几十年来活动从未停止过。

20 世纪 50 年代职工补助采取现金和实物的补助方式，如 1956 年，工会对困难职工的采暖御寒，采取实物补助的办法，共支出 1.5 万元；职工困补 2696 人次，补助 3.32 万元。50 年代至 70 年代，工会还负责"票据补助"（对紧缺物品，国家实行凭票供应），如 1962 年至 1964 年，共计冬补棉布 1688 尺、棉花 1292 斤；1979 年至 1980 年，冬补棉布 13000 尺，棉花 1256 斤。据不完全统计，60 年代天津港每年补助困难职工 700 ~ 800 人，补助金额 4 万 ~ 5 万元左右；据统计，1963 年，天津港各级工会定期补助职工 7756 人次，补助金额 11.06 万元；临时补助职工 2271 人次，补助金额 2.20 万元。1964 年，补助职工 3028 人次，补助金额 3.57 万元。1965 年，补助职工 1668 人，补助支出 4.08 万元。80 年代每年帮扶困难职工 3000 人次，补助金额 5 万 ~ 7 万左右，如 1977 年，全港困补职工 2863 人，补助金额 7.38 万元。1979 年至 1981 年，补助困难职工 9200 人次，金额 18.48 万元。1990 年，天津港工会定期补助职工 72 名，补助 2.02 万元；临时补助职工 1833 人次，补助 5.40 万元。

天津港职工困补情况（1990 ~ 1993 年）

项别 \ 年别	1990	1991	1992	1993
开展职工困补单位（个）	28	28	30	29
定期补助职工数（人）	72	78	67	73
定期补助职工金额（元）	20205	19450	24260	20020
临时补助职工（人次）	1833	2337	2035	1831
临时补助职工金额（元）	53962	73380	74508	75897

20 世纪 90 年代，随着改革的不断深入，工会组织维护职能不断加强，保障工作力度不断加大；随着天津港经济不断发展，经济效益不断提高，天津港职工生活福利随之不断改善。工会帮扶特困职工主要着力于建立济困基金、建立困难职工档案、建立帮扶第一责任人制度、形成帮扶工作机制，实施"送温暖"工程。

随着改革的不断深入，市场经济的不断发展，部分企业因多种因素陷入困境，职工生活问题日显突出，为此在 1992 年元旦、春节（简称"两节"）期间，全总部署开展以"进万家门、知万家情、解万家难、暖万家心"为主题内容的"送温暖"活动，帮扶困难职工渡过生活难关。贯彻全总精神，市总组织各级工会开展"送温暖"活动，帮助困难职工和困难企业解决了一些实际困难，增强了职工战胜困难的信心和勇气，促进了企业扭亏增盈，维护了职工队伍稳定和社会安定，成效显著。1993 年，天津港工会从"三产"盈利中支出 4000 元，慰问 40 名特困和重伤职工。为使这一活动经常化、制度化、社会化，1994 年 4 月，全总发出《关于在全国范围内实施送温暖工程的通知》，要求各级工会把"送温暖"活动拓展为"送温暖"工程。活动内容主要包括：建立特困职工档案；建立送温暖工程基金；推行领导干部联系生活困难户制度；开展互助互济活动；开展职工培训和职业介绍活动；帮助困难企业扭亏为盈。工会协助行政做好困难职工的基本生活保障和再就业，力所能及地为职工办实事、办好事。是年，为落实全总实施送温暖工程精神，市总制定颁发了《天津市工会送温暖工程实施办法》，《办法》规定，"各级工会组织要在党政领导的支持下，配合企业行政搞好特困职工的生活困难补助；搞好停亏企业困难职工的生活调查；搞好职工转岗培训，为待业职工重新就业提供服务；试办职工补充保险事业，解除职工后顾之忧；搞好职工来信来访，协调劳动争议，理顺职工情绪；建立职工互助救济基金会，帮助职工解决生活中的实际困难；参与三项制度改革和企业经营机制的转换，协助行政抓好扭亏增

盈;抓好职工物价监督工作,维护职工的消费利益;关心退休职工,做好退休职工兴办经济实体的管理工作。”市总实施送温暖工程先后经历了从1994年以前重大节日集中慰问为主的送温暖活动阶段;1994年至1997年期间,以瞄准经常化、制度化、社会化为目标,集帮困扶贫、职业介绍与职业培训为一体的送温暖工程阶段;至1998年建立以第一责任人的身份帮扶特困职工为重点、职工互助合作社保障和生活制度保障相衔接的送温暖工程框架。多年的“送温暖”工作实践,开创了“物质帮扶与精神帮扶同步、输血帮扶与造血帮扶并举、一时帮扶与经常帮扶共济、工会帮扶与社会帮扶相结合”的帮扶工作格局。

1994年,天津港工会根据全总实施“送温暖”工程的通知以及市总的要求,组织各级工会开展送温暖工程,并推动这项工作向经常化、制度化、社会化的运行机制完善。各级工会认真履行解困第一责任人职责,精心组织,周密安排,利用工会的网络优势,分层管理,分类实施,上下联动,共同负责,深入到困难职工、退休职工、先进模范人物的家中,把党和政府、行政和工会的关怀,职工贡献的爱心,送到每个困难职工,让他们感到温暖。是年春节期间,天津港各级工会利用“三产”企业盈利,慰问特困职工60名,每人发放慰问金100元。1995年,天津港工会还协助行政制订了特困职工一次性补助标准;对全港特困职工进行了深入调查摸底并慰问了60户特困职工;是年,开展“阳光帮扶行动”共筹集资金363.9万元。1996年,各级工会走访慰问职工2300多户,发放慰问金40余万元;对12户特困职工进行补助并建立了特困职工档案。截至10月,工会定期补助50人次,金额4.2万元;临时补助1125人次,金额8.8万元。是年,开展“伸出真情之手,献上一份爱心”活动,组织献爱心活动280余次,近4800人次参加,为275名特困职工捐款近50万元。12月18日,落实全总召开的全国工会“送温暖”工程电话会议精神,根据市委、市总和天津港党委的要求,天津港工会印发《关于1997年元旦、春节期间,继续开展“送温暖”活动的通知》。贯彻《通知》要求,各级工会将实施“送温暖”工程提高到讲政治、讲大局、促进天津港深化改革、稳定发展和加强精神文明建设的高度来认识,“两节”期间筹集慰问款52万元,慰问职工2829户。据1992年至1996年的统计分析,职工长病长伤或因突遇不测造成生活严重困难的,平均每年有70名左右,其中20%低于市最低人均生活费标准,为落实市委、市政府关于“不让一户职工生活过不去”的指示,1997年1月,经天津港八届四次职代会审议通过,决定建立天津港职工解困基金。是年2月,天津港党政工团联合下发了《关于建立“天津港职工解困基金”有关问题的通知》,4月9日,举行天津港职工解困基金捐款仪式,“扶危济困献爱心”,两万名职工捐款34.5万元,行政拨款20万元、工会拨款20万元、工会三产及天津港文体中心公益活动募集的捐款和基金利息等,共同筹建了总额为80万元的解困基金。1998年5月,印发了《天津港职工解困基金管理办法》,对基金的来源、管理、用途和救济待遇作出了管理规定。是年,全总提出对特困职工“要以第一责任人的身份,做好第一知情人、第一报告人、第一帮助人工作,不使一户特困职工因生活过不去而发生意外”。市总印发《关于以第一责任者的身份做好帮扶特困职工工作的实施意见》。《意见》提出33条,全面地规定了第一责任人的具体帮扶对象、帮扶原则、资金筹措、依靠力量、档案管理等工作要求。如作为第一知情人,要做到“六清”,即对特困职工“家庭情况清、思想状况清、致困原因清、技术特长清、就业要求清、特困职工底数清”。天津港各级工会高度重视“送温暖工程”,将其作为事关改革、发展和稳定的大事来抓,推进“送温暖工程”的经常化、制度化建设。是年,天津港工会贯彻市总帮扶特困职工“四个一” 的要求,对特困职工做到“第一知情人、第一报告人、第一协调人、第一落实人”,对特困职工做到“摸清底数,掌握动态变化;确定标准,责任落实到人;争取政策,加强各方面协调;热线联系,建立特困职工预警制度;多办实事,建立工会补充保障制度”。是年两节期间,全港筹集慰问款58万元,慰问职工2049户。首次启动解困基金5万余元,慰问特困职工89户。贯彻市委、市总提出的“不让一户困难职工过不去”的指示和全总提出的“工会要当好帮扶特困职工第一责任人”的精神,1999年3月25日,天津港工会印发《关于以第一责任人的身份做好帮扶特困职工的实施细则》。《细则》提出,帮扶特困职工,各级工会要“摸清底数,做第一知情人;明确责任,做第一落实人;争取政策,做第一协调人;坚持预警制度,做第一报告人”,《细则》明确天津港各基层工会主席是帮扶特困职工第一责任人。4月8日,天津港工会《帮扶特困职工责任书》签字仪式举行,全港38个基层工会主席向天津港工会主席递交了帮扶特困职工责任书。是年6月,天津港工会深入到17个单位对落实《帮扶特困职工责任书》的情况进行调研:天津港两级工会落实帮扶责任的共同特点是,帮扶责任落实到人;建立三级管理网络；对特困职工做到了"六清"；创建了多角度、多层次、多种帮扶方式的帮扶机制。9月1日，贯彻落实市总《关于工会系统在国庆节前开展"访万家、解万难、送温暖、保稳定"活动》的通知精神，天津港工会印发《在国庆节开展"送温暖、保稳定"活动的通知》，国庆期间，天津港各级工会慰问了161户困难职工、先进模范人物和离退休职工，发放慰问金3万余元。12月22日，天津港工会印发《关于2000年元旦春节期间，深入开展"送温暖"活动的通知》，各单位筹集资金55.4万元，提取解困基金利息3.6万元，慰问困难职工2157户（包括特困职工70户）。2000年，38个基层工会共筹集职工慰问资金124万元，家访慰问职工2410户。2001年"两节"期间，天津港工会使用解困基金的利息2.45万元，帮扶13户特困职工和44户临时困难职工。是年，广大干部职工发扬团结友爱，互助互济的优良传统，500多名职工自愿组成互助互济小分队50多个，为困难职工、孤老户办好事900多件。2002年"两节"期间，天津港工会使用解困基金2.83万元，帮扶特困职工13户和临时困难职工52户。是年，天津港共筹集了近400万元"送温暖"慰问金。天津港工会为落实帮扶责任，为23户特困职工和55户出现临时困难的职工建立了困难职工档案，实行动态管理，掌握实情。是年，天津港各级工会完善了预警机制，随时出现情况，随时解决，发挥了帮扶特困第三道保障线的作用。2003年"两节"期间，天津港各级工会走访慰问困难职工，发放解困基金3.5万元。是年，天津港69位劳动模范为天津市抗击"非典"一线医务人员捐款1.08万元。2004年，天津港吞吐量实现2亿吨，天津港没有搞大型庆典，而是在职工中开展了募捐活动，共募集了51.95万元。2006年，天津港工会印发了《困难职工帮扶联系卡》《职工救济基金管理办法》，实行了对特困职工的"六清"动态管理；落实"月度分析、季度上报、半年普查"的工作制度；重新界定了特困户和困难户。是年，天津港工会组织以"关心困难职工，人人奉献爱心，情暖港口大家庭"为主题的募捐活动，将捐款8000元充实到解困基金。2007年，天津港支付14.3万元，帮扶职工1119人；是年"两节"期间，开展了"千门万户送温暖，齐心合力铸和谐"活动，走访慰问困难职工、劳动模范、"长病长伤"和离退休职工共计5770多人，发放"送温暖"慰问金近450万余元。是年，天津港工会修改完善了《职工救济基金管理办法》，加强了救济基金支出的监控，规范了基金的管理，核查了基层解困基金的使用。是年，天津港组织了以"关爱困难职工，构建和谐企业"为主题的调研活动，确定了22个单位的142人为困难职工。进一步完善了困难职工档案，建立困难职工档案450份，实现了困难职工三级网络和"六清"动态管理。11月30日，根据市委和市总的工作部署，天津港工会印发《关于深入开展"真情送温暖，爱心铸和谐"活动的通知》。决定2008年"两节"期间，开展以"真情送温暖，爱心铸和谐"活动，实施"一户一策，分类帮扶，温暖过冬"的具体措施，确保困难职工都能温暖过冬。天津港200余名党政工领导干部慰问劳动模范、困难职工、"长病长伤"和离退休职工5889人，发放"送温暖"慰问金630余万元；开展"迎奥运、送爱心、铸和谐"活动，为困难职工"办实事、解难事、做好事"，走访慰问特困职工、单亲困难职工、孤老退休困难职工、困难劳模36人，发放慰问金3.84万元；是年12月，天津港吞吐量突破3亿吨，为让困难职工能一起共享港口建设的成果，在职工中开展了"实现3亿吨、爱心满津港"捐赠活动。广大干部职工捐款92万元，全部充实到天津港两级解困基金。是年统计，天津港有47个基层单位建立解困基金，总额达350多万元。是年，天津港工会组织开展了"关爱困难职工，构建和谐企业"调研工作，进一步摸清了底数，完善了档案，健全了困难职工帮扶三级网络，对困难职工实行了"六清"动态管理，帮扶工作步入制度化、规范化轨道。是年，天津港工会完善了《职工解困基金管理办法》，对基层工会解困基金进行了核查，分清了类别，把握了资金的动态；从而做到了"送温暖"资金的筹集、管理、使用更加严格规范、发放有序、监督有力。是年，天津港工会筹集了农民工解困基金100万元。2009年1月，天津港开展了"我为困难职工献爱心"活动，天津港53个基层单位的16748名职工参与捐款，募集资金125.17万元。是年"两节"期间，天津港120多名党政工领导干部走访慰问困难职工、劳动模范、长病长伤职工和农民工活动50余次，帮扶困难职工和农民工4500多人次，发放"送温暖"慰问金180万元。是年10月，为进一步加强困难职工帮扶档案管理工作，市总、市档案局联合颁发《天津市困难职工帮扶档案管理办法》。是年，天津港工会协同有关部门制定了《困难企业帮扶基金申请标准》，进一步规范帮扶工作。

近年来，天津港特困职工帮扶工作成效显著，以构建工会帮扶体系，凝聚扶贫济困爱心为重点的帮扶解困工程日趋完善。以职工的呼声和需要为第一信号，天津港工会探索了新形势下"送温暖、办实事"职工帮扶活动的有效途径，工会帮扶工作逐步实现了由活动型向机制型转变,由单纯办实事向监督保障转变,做到了感情、思想、工作和措施“四到位”。在创新帮扶方式上,完善了困难职工三级网络管理和困难职工档案,落实了《帮扶联系卡》制度,搞好跟踪帮扶,建立了以基层为依托的“救急济难”解困基金、职工互助储备金,开展多种形式“扶贫济困献爱心”活动。拓展帮扶载体,挖掘帮扶潜力,加大帮扶工作的投入,对特困职工细化帮扶层次,将“重点救助”与“分类帮扶”结合起来。目前天津港两级工会已经开始对进入“低保”和“临界低保”的职工家庭,且家庭成员又患大病,经济难以维持的特困户,单亲困难职工家庭,困难退休和孤老职工,生活上有一定困难的劳动模范,遭受意外大灾的职工家庭,特殊困难的农民劳务工等六类特困职工进行帮扶,送去了经济上的帮扶、政治上的关怀和生活上的关爱。

第四节　公益活动

一、助学活动

针对困难职工的实际情况,天津港组织开展了“帮扶困难职工子女学习”活动,资助困难职工的子女完成学业,为他们送去爱心和关怀,使困难职工家庭子女分享天津港经济建设成果。2007 年 3 月 22 日,工会“校园金秋助学”活动启动,这是 1995 年“金秋助学”活动的深化和拓展,是帮扶困难职工子女完成学业、成才发展的一项务实举措,是宣传党的“关注民生、重视民生、保障民生、改善民生”执政理念的具体行动。天津港各级工会对单亲困难职工子女,父母一方下岗、一方患大病或丧失劳动能力的子女,通过组织多种形式的助学活动,如“结对子助学”、“智力助学”、“义务服务”等给予经济帮扶。2007 年帮扶了 26 名困难职工子女,支付助学费 2.6 万元;2008 年解决了 12 户困难职工和 1 名特困农民工等 16 个子女上学问题,支付助学费 9500 元;2009 年 1 月 8 日,市总要求,深入开展“实名助学、爱心助学、智力助学、健康助学、校园金秋助学和定向就业培训助学”等多种形式的助学活动,进一步丰富了助学内容,提高了助学效果,帮助困难职工子女、在津灾区学子完成学业。是年,天津港工会生活女工部制定了“助学活动方案”印发了《助学活动通知》,筹集资金 2.84 万元,资助困难职工子女 18 人。为回报社会,奉献爱心,共建和谐社会贡献力量,2009 年 12 月 25 日,天津港工会向蓟县总工会捐款 27 万元,资助蓟县 104 名贫困学生完成中学学业。是年,在天津港工会干部中开展了以“爱我港口,报效社会,奉献爱心”为主题的爱心助学活动。此次活动,以资金、实物和精神激励为助学形式;以每人每年不少于 600 元为资助标准;以资助三年为期限。在助学活动中,同时开展“五个一”帮扶活动,即至少每学期联系一次;每年家访一次、办实事一件、组织学习实践活动一次;组织交流会一次。通过此次爱心助学活动,使“爱心传递”工程和“金秋助学”活动进一步延伸,带动更多的职工关爱困难学子,营造奉献爱心的社会风气。

二、慈善公益活动

1990 年 10 月 12 日至 1991 年 1 月 11 日,天津港开展了群众性的“弘扬雷锋精神,扶残助残作奉献”活动。此次活动,天津港 20000 多名职工捐款 4.11 万元。1991 年 7 月 23 日,天津港职工为安徽、江苏等洪涝灾区募集 16.35 万元和 2.6 万件衣物送交市募捐办公室。是年 8 月 2 日,在中央电视台等 15 家新闻单位联合举办的“华夏之情”赈灾义演晚会上,天津港再次捐款 30.1 万元,表达对灾区人民的一片心意。2007 年 12 月 18 日,天津港成为我国北方第一个 3 亿吨大港。天津港向天津市困难职工救助中心和 SOS 儿童村分别捐赠了 100 万元的善款,以此来答谢社会各界的支持,体现天津港“承载社会企盼,集散中外文明”的企业使命,表达天津港的社会责任和对困难群体的关爱。2008 年四川汶川地震牵动着天津港广大职工的心,5 月 14 日开始,天津港广大党员干部群众,踊跃为灾区人民捐款捐物,充分发扬“一方有难、八方支援”的精神,领导班子、机关全体干部带头捐款 10.09 万元。5 月 15 日,天津港工会系统捐款 5 万元。据不完全统计,天津港职工向四川地震灾区捐款 1342 万元和 100 万元的衣物。为南方受冰雪灾害、台湾地区地震等募捐 109 万元。2008 年以来,天津港共为社会慈善公益活动捐款 2398 万元,募集物品合计 165 万元。2009 年,天津港工会组织开展“爱心助残”活动,在“天津市第十九次全国助残日”,代表天津港参加了市残联和天津电视台举办的“分享阳光,让爱同行”大型爱心助残慈善晚会,捐款 2 万元。近年来,天津港重视和发展慈善公益事业,在做好内部特困职工的帮扶解困工作的同时，积极履行社会责任，将"爱心传递"工程延伸，确定了重点帮扶地区，逐年加大对助残、助教、助学等慈善事业的支持，几年来向SOS儿童村、红十字会、残疾人协会捐赠117万元。2009年12月11日，由市红十字会、市慈善协会、市残疾人福利基金会、市妇女儿童发展基金会、市青少年发展基金会和今晚传媒集团《渤海早报》共同主办的天津市"慈善之星"评选活动揭晓，经本市慈善机构、区县慈善单位和热心市民的踊跃推荐，天津港荣获天津市"慈善之星"单位奖。

三、物价监督

职工物价监督，是职工群众直接参与国家经济事务管理的有效形式，是市场经济监督的重要环节，是由工会发动、组织职工支持、协助政府做好物价管理工作，维护国家和消费者利益的一项职工群众活动。

1984年1月，市建立职工市场物价监督检查站，由市总、市物价局共同领导。职工物价监督检查活动的开展，对于搞活市场经营，保持物价稳定，加强市场管理发挥了积极作用，得到了党、政府和人民群众的充分肯定。职工市场物价监督工作主要活动形式：节日期间、物价调整、季节性蔬果上市时，集中时间和人力开展集中检查；针对职工群众反映、存在问题较大的某一行业和某一商品，进行专题性的检查；依靠职工物价监督检查员和职工群众，开展经常性的监督检查活动。凡属于违法经营、搭车涨价、缺斤短两、假冒伪劣，依法给予严肃处理，得到消费职工群众支持，受到广大群众欢迎。1986年8月8日，市总、市物价局向市委市政府提出关于加强职工物价监督工作报告。总结了1983年全市开始组建职工物价监督站以来，实施市场物价监督工作的作用，几年来为稳定市场、促进改革、维护消费者利益做了大量工作：一是组织物价检查员开展多种形式的物价大检查；二是开展了"站帮店"活动和计量信得过活动；三是宣传了党和政府物价政策。天津港工会筹建了职工物价监督站，并坚持对新港地区的商店，进行经常性的物价检查，如1986年6个多月，出动300多次，查处商家违法、违规行为100余件，通知物价局、工商管理、市场管理等执法部门给予严肃处理。1989年5月，塘沽区职工物价监督站新港分站成立，天津港工会主席兼任新港分站站长。1994年，市总、市物价局印发208号文件，要求进一步加强职工物价监督检查工作，提出职工物价监督检查的重点是与人民生活相关的必需品和服务价格，特别要围绕"菜篮子"、"米袋子"和"火炉子"开展市场检查，还提出，加强企业内部监督，行使职工的民主权利，监督本企业职能部门正确执行物价政策。

第八章 女职工工作

女职工工作组织在同级工会领导下,根据女职工特点开展工作,基本任务是带领女职工在企业深化改革和发展建设中建功立业,维护女职工在经济、政治、文化、社会、家庭等各方面的合法权益。参与维护女职工权益的法规制度的制定,协助行政部门落实女职工劳动保护和依法维护女职工的权益,参与企业民主管理,对女职工开展思想道德、“四自(自尊、自信、自立、自强)精神”、科技文化等教育,提高女职工思想道德和科学文化素质水平。

天津港恢复建设初期女职工为数不多,随着港口的迅速发展女职工人数逐年增多,由从事机关、后勤、理货和装卸司机扩展到天津港生产经营建设的各个领域。60年来,天津港各级工会女职工组织在工会的直接领导下,锐意进取,与时俱进,积极探索深化改革过程中所面临的新情况、新问题,在依法维护女职工的民主权利和切身经济利益、特殊利益方面,在提高女职工的思想道德水平、科学文化素质、业务技术技能方面,在激发、调动女职工的劳动积极性和经济技术创新能力,投身于天津港的生产经营、深化改革、建设发展过程中,作出了贡献。工会女职工组织不断加强自身建设,更好地代表和维护女职工合法权益和特殊利益,使女职工工作干部成为女职工学习、生产的带头人;使女职工组织成为坚持党的领导,服务全港大局,切实履行职责,具有强大吸引力、凝聚力和影响力的“女职工之家”。

第一节 女职工组织建设

1950年1月,全总女工部改称为女工工作委员会,是年8月,全总召开第一次全国女工工作会议,并作出加强女职工工作的决定。11月8日,全总颁发的《女工委员会组织条例》规定“在女会员50名以上的工会基层委员会,下设女工工作委员会;50名以下者设女工委员”。《条例》规定了基层女职工工作委员会的设置和管理、工作方针、原则、内容和方式方法,为女职工工作组织的建设和发展奠定了基础。1952年5月24日,市总召开全市国公营企业女工和职工家属代表会议。大会号召,国公营企业的女职工积极参加民主改革“补课”工作和爱国增产节约运动。1955年5月,中国海员工会华北区委员会组织部在给中国海员工会天津区港务管理局工作委员会《关于天津区港务管理局工会委员会第一次全体会议组织分工决议》的报告上批示“企业委员会不设科和室,各专业委员和干事即是它的职能”,天津港工会的女工委员履行女工工作职能。此后,天津港工会没有设立部(科)室,一直延续到“文革”开始。1958年6月28日,市总召开全市女职工大会。大会提出女职工工作四项任务:围绕生产开展女职工生产教育,组织好劳动竞赛,培养先进树立旗帜;加强女职工宣传思想工作,开展主人翁、事业心、勤俭持家等教育;办好小型托幼园所,解决好女职工子女的拖累问题;监督、协助行政落实保护女职工的政策法令。9月20日,中国海员工会天津区委员会召开女工积极分子代表会议。大会通过了《女工工作报告》。大会总结了女职工在整风政治运动中发挥的重要作用;在技术革命、技术革新方面女职工所取得的显著成绩;在生产“大跃进”中,广大女职工始终站在港口生产建设的前列;在扫盲、文体等文化建设方面,女职工充分发挥了骨干的作用。大会提出,女工工作要围绕生产跃进,搞好女职工的宣传教育、思想政治工作,克服“暮气、娇气、怨气、阔气”,激发朝气、鼓足勇气、树立艰苦朴素的好风气。大会指出,工会要协助行政办好托幼园所,保障女职工生产、生活中的特殊利益,要组织女职工开展“姐妹互济互助”活动等。天津港各级工会贯彻落实此次女工积极分子代表会议精神,动员和组织女职工积极投身于劳动竞赛、技术革新等群众性生产活动和各项群众性政治运动,并协助行政落实涉及女职工利益的劳动保护、托幼园所建设等工作。1959年3月，天津港工会在年度工作安排中提出，“有条件的单位要吸收一名女职工作为基层委员会成员。”1960年4月，天津港工会第三届第一次委员会议明确，女工工作由专人兼做，负责全港女工工作。此后，凡具备条件的基层单位工会，陆续建立了女工工作委员会，按工会和党委部署开展女职工教育、参加政治运动，组织女职工投入到天津港劳动竞赛、合理化建议和技改技革等系列生产活动中，逐步开展维护女职工生产、生活利益等工作。

“文革”期间，工会组织处于瘫痪状态，女职工工作同样因受冲击而停止。1973年，恢复工会组织后，天津港工会仍没有设立部(科)室，女工委员履行女职工工作职能。是年8月开始，天津港二区、三区、轮驳公司、机修厂先后建立了女工工作委员会，一区、四区工会配备了专职女职工工作干部。11月，天津港工会召开女职工工作座谈会，会上机修厂女工委员会介绍了组织女职工学习、开展女职工思想教育、劳动纪律教育和组织劳动竞赛等方面的工作经验。1979年年底全总召开全国女职工工作会议。1980年1月5日，为充分发挥女职工在“四化”建设中的作用，全总和妇联联合印发《关于工会组织、妇联组织密切配合，进行女职工、职工家属工作的试行意见》。《意见》提出，工会和妇联要在同级党委的领导下，密切配合，共同做好女职工工作和职工家属工作。根据上级工会的要求，市总女工部重新恢复，各企业也相应建立起女工部、女工委员会或设置专职女工委员、配备专职女工干部。1982年，全总颁发《全国总工会女工工作委员会工作条例》。1984年12月25日，根据工会工作发展的需要，天津港工会设立“两部一室”，即宣传部、生活部和办公室，生活部履行女职工工作职能。据统计，1981年天津港建有女工工作委员会18个，到1985年女工工作委员会发展到24个。

1985年8月26日，全总颁发《基层工会女工工作委员会条例》，为女职工组织发展提供了组织保证。9月26日，市总转发了《基层工会女工工作委员会条例》；10月16日，天津港工会转发该《条例》到各基层工会。天津港工会要求要结合工会的“职工之家”建设活动，搞好工会女工工作委员会的基本建设。1987年9月，天津港工会为贯彻落实《条例》，推动全港女工工作的开展，组织全港女工干部进行了互查活动，方法是“听、看、议、评”，互查活动历时5天，听取了全港基层工会女工工作组织的工作汇报，抽查了13个单位女工工作台账、资料和活动记录，抽查了15个托幼园所、5个女工卫生室的工作；听取了各基层单位党政工领导对女工工作的评价和看法；并进行综合量化评议，其中，90分以上的单位5个；80分以上的11个；75分以上的单位3个。1988年，工会十一大通过了《工会章程》。《章程》中要求各级工会组织要加强女工工作委员会建设和女工工作。落实《章程》关于女工工作的要求，天津港工会组织检查了所属19个基层工会的女工工作，并对女工工作进行了具体的指导。

1989年全总女工工作委员会改称为女职工部。是年，市总印发《关于建立健全各级工会女职工委员会的意见》，为女职工组织建设和女职工工作的开展进行规范。是年7月20日，港埠二公司工会召开首届女职工代表大会，选举产生了女职工委员会，这是天津港成立的第一个基层工会女职工委员会。3月5日，全总颁发《关于加强女职工工作的意见》，提出四方面指导意见，要求把工会女职工工作摆上议事日程，定期研究，具体指导；要在代表和维护女职工合法权益和特殊利益，在为女职工办好事办实事上取得更大进展；全面提高女职工队伍的素质水平，从根本上维护女职工权益；各级工会都要建立女职工委员会。4月11日，市总在转发该《意见》时提出，要建立健全各级工会女职工委员会；在女职工较多的单位要配备专职女工干部；要定期听取女职工工作汇报，加强女职工维权问题的调研；要吸收女工干部参加涉及女职工利益的会议和制度的制定；要落实女职工工作经费等六方面要求。3月13日，根据工会自身改革的需要，天津港工会进行机构调整，调整后为“一部一室”，即职工权益维护部和办公室，职工权益维护部负责女职工工作。7月19日，天津港工会转发全总、市总关于《加强女职工工作的意见》，要求所属各级工会，做好整建女职工委员会的准备工作；并作出筹建天津港女职工委员会的决定。要求各基层工会要按照党的十三届四中全会精神，加强对涉及女职工利益问题的研究，不断提高女职工工作水平。女职工委员会要充分调动女职工的积极性和创造力；代表和维护女职工的特殊权益；提高女职工的思想水平和业务技术能力；加强自身建设，不断改进新形势下的女职工工作。根据《工会章程》中关于“县和县以上各级工会设立工会女职工委员会，表达和维护女职工的特殊利益”的规定，9月23日，市总印发《关于建立健全各级工会女职工委员会的意见》。《意见》要求，女会员25人以上的基层工会都要建立女职工委员会，产业工会、区县局工会都要建立女职工委员会。

女职工委员会的基本任务是代表和维护女职工合法权益和特殊利益。以同级工会领导为主,同时接受上级工会女职工委员会的领导。建立和健全女职工委员会是搞好工会女职工工作改革的重要内容。女职工委员会经由女职工民主选举或民主协商推荐产生,经同级工会批准,任期与同级工会相同。

1990年2月16日,天津港工会转发市总《关于建立健全工会女职工委员会的意见》,并印发了《天津港务局工会女职工委员会条例(试行)》。《条例》主要包括总则、基本任务、组织原则、职责和方法、经费和附则等6章20条。基本任务:维护女职工经济、政治、文化、教育、家庭等各方面权利;代表和维护女职工在企业中的合法权益,参与有关涉及女职工权益的制度规章的研究与制定;加强女工劳动保护;提高女职工思想道德和文化技术素质;调查了解帮助解决女职工实际困难;开展适合女职工的特色活动;培训女工干部,提高女工干部队伍素质。是年3月,全总召开全国工会女职工工作会议,研究新的历史条件下,工会女职工工作方面的改革问题,同时交流关于维护女职工合法权益,落实女职工劳动保护规定及帮助女职工提高自身素质等方面的经验。会议提出加强女职工工作意见,各级工会要注重发挥女职工的特殊作用,为治理整顿和深化改革作出贡献;要有力地维护女职工的合法权益和特殊利益;要加强女职工思想教育、技术业务素质教育;要重视女职工工作干部的培养。12月26日,根据工会组织职能的变化,天津港工会进行机构调整,扩编为"三部一室"即民主管理部、宣传教育部、职工权益维护部和办公室,职工权益维护部负责女职工工作。截止到1990年底,天津港有三个基层单位工会建立了女职工委员会。1991年3月25日,天津港党委批准了天津港工会《关于建立局、基层两级工会女职工委员会的请示》,并印发《关于建立局、基层两级工会女职工委员会的批复》,对女职工委员会的性质任务、组织设置、产生办法、工作原则和成立时间等作出明确规定。4月23日,天津港工会在港埠二公司召开女职工工作现场交流会,港埠二公司党委、工会、女职工委员会负责人分别介绍了经验,天津港党委和工会领导对进一步加强女职工组织建设,做好女职工工作提出了要求。7月5日,天津港工会印发《关于成立天津港务局工会女职工委员会的决定》:根据市总要求,经天津港党委同意,天津港工会常委会研究决定成立天津港工会女职工委员会。天津港工会女职工委员会委员为:牛东强、王延茹、王金荣、孔桂芝、刘玉兰、刘淑云、任宣明、闫惠敏、李健、李玉兰、沈庆霞、杨宝珠、杨茉莉、呼长凤、张瑞娥、孟秀珍、郝秀敏、赵春贤、钱冬香、殷志艳、崔梦茹。呼长凤任天津港工会女职工委员会主任;刘

1991年7月天津港工会女职工委员会正式成立

淑云、沈庆霞任副主任。7月20日,天津港工会女职工委员会正式成立并召开大会,大会指出"各级工会女职工组织,紧紧围绕港口建设这个中心,在加强自身建设,提高女职工队伍素质,代表维护女职工特殊利益方面做了大量工作,取得一定成绩。主要体现在从提高女职工素质入手,在全港女职工中广泛深入地开展了'四自'精神教育,振奋自强不息的精神,提高了女职工在港口建设中的竞争能力;开展了'为国分忧,为港争光,为企业排难'的'三为'立功活动,广大女职工想企业所想,急企业所急,积极参加双增双节、献计献策、岗位练兵、劳动竞赛等群众性生产经济技术活动,热心为一线服务,为单位解决难题,想办法为企业增收创利,据1989年、1990年两年统计,全港女职工为国家节约资金,创造效益500余万元。各级工会女职委代表维护了女职工的特殊利益,主动协助行政贯彻国务院颁发的《女职工劳动保护规定》,并制定了具体落实意见。为加强女职工组织的建设,1989年以来,天津港实施工会女职委的改建工作,经改建达标的基层工会23个,改建率82.6%,与此同时,为提高女职工工作水平,对女工干部进行了培训"。天津港第一次女职工代表大会,协商产生了第一届委员会,确定了女职工工作指导思想和目标任务。天津港工会女职工委员会成立后,建立了《天津港务局工会女职工委员会工作制度》,该制度对工会女职工委员会工作的指导思想、委员的职责和权利、议事规则、活动方式和办事机构都作出了明确规定。自1990年起,天津港工会每年都要举办女职工干部、女职工工作积极分子培训班。1993年1月28日,天津港工会印发天津港女职工委员会一届

八次全委会通过的《1993 年工作要点》提出，要研究改革开放新形势下出现的新问题，解放思想，转变观念，紧紧围绕港口生产建设，探索女职工工作的新方法、新路子，使女职工工作发挥应有的作用；要宣传《中华人民共和国妇女权益保障法》，搞好维权，落实女职工劳动保护规定。《要点》要求，全港各级女职委要贯彻落实《工会女职工委员会条例》，规范工作，加强自身建设。2 月 5 日，根据全总颁布的《工会女职工委员会条例》和市总的有关规定，对原《天津港务局工会女职工委员会条例（试行）》进行了修订，修订后的《条例》主要包括总则、基本任务、组织制度、工作制度、经费和附则等 6 章 24 条。是年，天津港工会女职工委员会被全总评为全国女职工工作先进集体。4 月 10 日，天津港工会职工权益维护部变更为生活女工部。截止到 1993 年，天津港工会共有基层工会女职工委员会 23 个。1994 年 3 月 11 日，天津港工会转发市总《关于进一步加强工会女职工工作的意见》。在深化改革的新形势下，按上级“设立工会女职工委员会，不再设其他妇女组织”的精神，把女工工作委员会改建成工会女职工委员会；同时提出，要为女职工委员会代表和维护女职工合法权益，搞好参政议政创造条件，《意见》详细规定了女职工委员会主任参加工会委员会或常委等事宜，在企业研究制定涉及女职工利益的法规、制度及重大问题时，要有同级女职工委员会负责人或女职工代表参加；确保女职工委员会职权的落实和工作的开展。《意见》提出，女职工委员会要勇于实践、善于总结；建立健全各项工作制度，保证女职工委员会实现“组织网络化、工作规范化、活动经常化”。

1994 年 12 月 23 日，天津港召开第二次女职工代表大会。大会总结了四年来女职工工作情况。在女职工教育方面，组织学习了邓小平同志“南巡讲话”；编写女职工“四自”教材，深入开展“四自”精神教育；面对改革的新形势，开展“更新观念、提高素质、迎接挑战”的形势任务、职业道德教育，组织“女职工发挥作用”大讨论，以“团结、鼓劲、进取、奉献”为主题的义务奉献系列活动；组织 2000 余名女职工参观“三热爱”展览；组织开展纪念“三八”系列活动；宣传女职工的先进事迹，制作了“港口女职工风采”专题片；加强了法律法规和恋爱婚姻道德教育。在依法维权方面，落实《妇女权益保障法》，旗帜鲜明、实事求是地依法维护，从大局出发，支持劳动人事制度、分配制度的深化改革；深入实际、开展调研，反映女职工的呼声，协助行政解决女职工的实际问题。在围绕中心，为港口生产建设献计出力方面，组织女职工开展了“学先进、比贡献，为‘八五’计划建功立业”活动，“为创国奖提一条合理化建议、为单位解决一个难题、结合实际开展一次劳动竞赛”（简称“三个一”）活动。第二次女职工代表大会审议通过了新的《天津港务局女职工委员会条例》。关于女职工工作组织自身建设方面，大会指出，要提高女工干部的素质能力，“加强学习，更新知识，开阔眼界，增长才干。不仅要熟悉女工工作，而且要懂经济、知法律、善管理。成为适应改革开放和现代化建设的人才。”工会女职工组织要建立“内部上下、内外双向”交流机制；同时要进一步完善女职工工作制度。天津港工会指导基层工会女职工委员会改选换届，落实女职工委员会主任职级问题，促使女职工工作组织不断健全和完善，1994 年至 1996 年，天津港两级女职委陆续完成了改选换届工作。1995 年，天津港工会和女职委以争创“三八”红旗手为载体，通过宣传先进典型事迹，用先进典型引路，提高女职工队伍素质，加强女职工队伍建设。4 月 17 日，天津港工会女职委举办了女工干部培训班，第二届女职委委员等 30 多名女工干部参加了培训，重点学习了《妇女权益保障法》、女工工作职能、范畴、组织领导艺术等内容。1996 年 1 月 3 日，天津港工会转发市总《关于工会女职工委员会参与集体协商和集体合同工作的意见》的通知。要求各级女职委高度重视，把参与集体协商和集体合同工作摆上位置、认真研究、主动参与、自觉履行。是年，以集体协商集体合同为专题，培训女职工干部 110 人次。1997 年、1998 年，天津港女职委落实《女工工作条例》，加强了女工维权工作，指导、参与基层单位修改或制定集体合同中有关女职工劳动保护方面的章节条款，严格把关，高标准要求，在集体合同中要确实体现出对女职工合法权益的维护。

1999 年 5 月，天津港工会举办了第三期女职工工作干部培训，主要培训了女职工工作创新、提高领导能力、增强工作效率、女职工劳动保护和妇女保健等内容。在培训中，还签订了《天津港工会女职工工作共创一流协定书》，《协定书》确定，围绕天津港中心工作，在全港女职工中开展争当“岗位女标兵”、“学习女状元”，争创“文明家庭”等竞赛活动。

1999 年 7 月 7 日，天津港工会转发了全总颁发的《工会女职工委员会条例》。《条例》主要包括总则、基本任务、组织制度、工作制度等 4 章，共计 22 条内容。2000 年 4 月 10 日，为促进女职工工作有计划、有标准、有检查、有考核、有效果，逐步向制度化、标准化、规范化方向发展,天津港工会女职委印发了《天津港务局女职工工作标准》,规定了女职工工作内容、工作标准,明确了对工会女职工工作的检查与评估。2001 年 1 月 12 日,天津港工会女职委印发《2001 年女职工工作要点》。《要点》提出,女职工工作要从实际出发,要做到“贴近中心、贴近实际、贴近女职工(简称‘三贴近’)”,女职委要力行“主动参与、主动工作、主动维护(简称‘三主动’)”。《要点》提出,搞好纪念“三八”系列活动,主要抓好弘扬“四自”精神、开展形势任务教育、崇尚科学破除迷信教育、“姐妹献爱心”活动和女职工的文体活动;搞好“女职工双文明建功立业”活动,主要抓好“岗位创新建功立业”活动,女职工学习成才、素质达标活动,创建文明家庭活动,“强素质、创三高(‘服务高质量、工作高水平、岗位高效率’简称‘三高’)、我为亿吨大港作贡献”活动,开展评选岗位标兵、学习状元和文明家庭活动。《要点》提出,2001 年是实施《中国妇女发展纲要》新 10 年的起步年,要大力宣传男女平等、反对性别歧视,要参与各项改革措施的研究与制定,要构筑和巩固维权机制等。《要点》要求,要加强女职工组织自身建设,提高女职委委员综合素质,解决新形势下,不断出现的新问题。要积极开展“建娘家”活动,服务好女职工,提高女职工的凝聚力和向心力。

2002 年 12 月 28 日,市总印发贯彻落实全总《关于进一步加强女职工工作的意见的通知》。《通知》指出,各级工会组织要加强对工会女职工工作的领导,将性别意识纳入工会工作的决策主流;要突出维护职能,构筑维权工作机制如参与平等协商、签订集体合同、处理劳动争议、参与劳动法律监督;要积极落实《妇女权益保障法》等;各级工会组织要努力推进女职工委员会建设等。为推动天津港“女职工建功立业工程”的实施,2004 年 6 月 22 日,天津港工会女职委印发《关于实施“女职工建功立业工程”考评标准的通知》,决定对基层工会女职委实施“女职工建功立业工程”的情况进行考核。《考评标准》共有 5 项标准,10 条内容。由于天津港工会女职委工作成绩突出,2004 年,天津港工会女职委被市总评为女职工工作先进集体。为加强女职工工作管理和考核,天津港工会女职委重新修订了《女职工工作手册》。2007 年统计,自 2004 年以来天津港工会为两级女职委开设培训班 810 期,培训女职工干部 11750 余人次,女职工干部的文化、政治、业务素质有了明显提高。截止到 2007 年年底,天津港有女职工近 6000 人,约占职工总数的 18%。各级工会建立女职委 41 个,组建率达 87%,工会女职工专兼职干部 176 名。(见图 3)

2009 年 3 月 18 日,为加强工会女职委组织建设,提高工会女职工工作水平,根据《工会法》和《工会章程》的有关规定,全总印发《工会女职工委员会工作条例》。《条例》包括总则、基本任务、组织制度、干部、工作制度、经费和附则等共 7 章 28 条。7 月 17 日,全总印发《关于加强企业工会女职工工作的意见》。贯彻《意见》精神,天津港两级工会女职委明确了要进一步建立和完善女职工维权工作机制,及时反映女职工的愿望和诉求,解决女职工最关心、最直接、最现实的利益问题,切实代表和维护女职工的合法权益和特殊利益。是年,天津港工会指导具备条件的基层工会建立女职工委员会,扩大女职工组织的覆盖面。贯彻落实《女职工提升素质建功立业工程实施意见》,为提高女职工工作干部的综合服务能力,落实“加强女职工干部队伍的能力建设,努力打造一流的,富有战斗力的女职工干部队伍”的工作要求,是年 9 月,举办了“天津港第 10 期女职工工作培训班”,加强了女职工工作信息队伍建设,加大了反映女职工工作创新发展、女职工拼搏进取、岗位建功的信息报道力度,组织了“优秀女职工工作宣传专刊”、“女职工工作优秀信息员”评选活动。通过工会网站、电视台、报刊及工会组织的宣传阵地等新闻媒体,扩大工会女职工组织的影响力,反映天津港广大女职工奋发有为的精神风貌。2009 年,天津港女职工工作被全总女工部确立为天津市唯一的“全国女职工工作联系点”。

第二节　女职工经济技术活动

天津港女职工经济技术活动大体分为三个时期。第一个时期,从天津港恢复建设开始至“文革”前,女职工工作的中心任务是“动员与组织女职工群众积极参加生产竞赛,提高女工生产技能,帮助女工大胆地提出自己在生产上的经验和合理化建议”等,在此期间女职工掀起学文化学技术的热潮。第二个时期,改革开放之初到 20 世纪 90 年代初期,特别是工会九大以来,女职工工作得到迅速恢复,女职工的工作重点也随同工会工作转移到现代化建设上来,开展了以增产节约为主要内容的劳动竞赛。针对女工特点,开展了合理化建议、挖潜革新、修旧利废、节约物资、降低消耗等方面竞赛。第三个时期，从1991年至21世纪初期，各级工会女职委带领女职工开展了以经济建设为中心，以提高经济效益和女职工素质为目的的“学先进、比贡献，为实现‘八五’计划建功立业竞赛活动”和“女职工双文明建功立业竞赛”、“女职工建功立业工程”等活动。

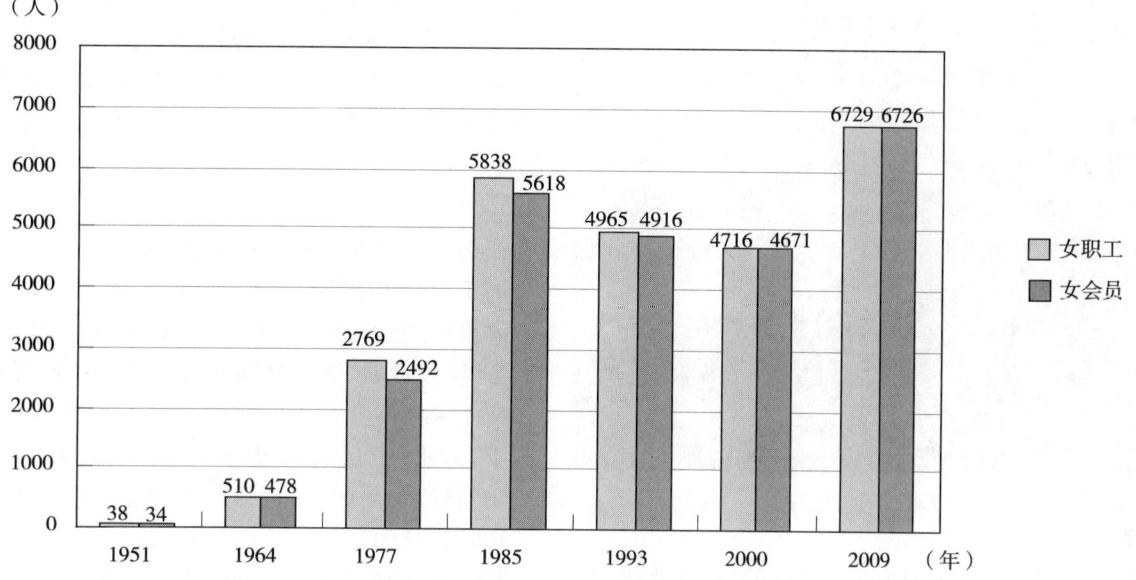

图3　天津港女职工、女会员统计表

天津港恢复建设期，大部分女职工在当时劳动条件和劳动环境相当艰苦的情况下，直接参加天津港的恢复建设，从事理货、装卸司机和后勤服务（食堂）等生产活动。20世纪50年代，女职工队伍经过逐步扩大，已经成为天津港生产的一支重要力量，她们与广大职工一起，积极地投入到各种形式、不同主题的劳动竞赛、合理化建议、技术改革、技术革命等群众性的经济技术活动中。天津港工会女工委员会，带领广大女职工积极投身于如火如荼的群众性经济技术各项活动中，为天津港的恢复建设作出了重要贡献。1960年，天津港工会组织女职工开展了“对手赛”、“百分赛”等竞赛活动，竞赛的内容是赛质量、赛安全、赛高产。其间，提出“人人争做肖德训、李之珍，做革新的闯将”，在全港女职工中开展了“双革”、“四化”、“生产翻番”等活动。1962年，市总女工部印发《建立组织，充实力量，树立（开展）经常业务，使女工、家属工作更好地为生产服务》的指示，指出女工工作要贯彻执行党和国家的保护妇女的政策法令，重点抓好“三关（恋爱关、结婚关、子女关）”教育和“四期（经、孕、产、哺）”保护工作。文件提出要开展好女职工思想教育，解决思想认识问题；要加强女工劳动保护、要组织好女职工劳动竞赛；开展妇幼卫生和计划生育教育；要办好托幼事业。落实文件精神，天津港工会开展了过好“三关”教育、妇女卫生培训；通过协助行政逐步解决女职工的更衣室、卫生间和托幼园所等具体问题，提高全港女职工的生产力。

“文革”中天津港女职工工作受到冲击影响。20世纪70年代初期，受“极左”思想的影响，天津港部分作业区成立了“女职工陆运装卸队”，从事陆运装卸作业，终因身体不适，一二年后陆续解散。

1973年，随着天津港工会组织的恢复，工会女职工工作迅速恢复起来，全港女职工围绕天津港的经济建设开展了“姐妹赛”、“师徒赛”、“对手赛”等劳动竞赛，激发了女职工的劳动热情和创造力。为贯彻中共中央23号文件精神和天津市妇联三级干部会议精神，经天津港党委批准，1974年12月29日，天津港工会印发《关于开展“三八”红旗手活动的安排意见》。文件规定了“三八”红旗手的标准和条件；提出了评定“三八”红旗手程序和具体操作方法。通过开展“三八”红旗手活动，调动全港广大女职工建设天津港的积极性，为“三年改变港口面貌”作贡献，在天津港的现代化建设中发挥了“半边天”作用。

1989年，市总提出要求，各级工会组织要建立女职工委员会，女职委要围绕经济建设这一中心，结合女职工的特点，为企业发展生产开展“加一把力”的活动。根据上级工会的要求，结合天津港的实际，以天津

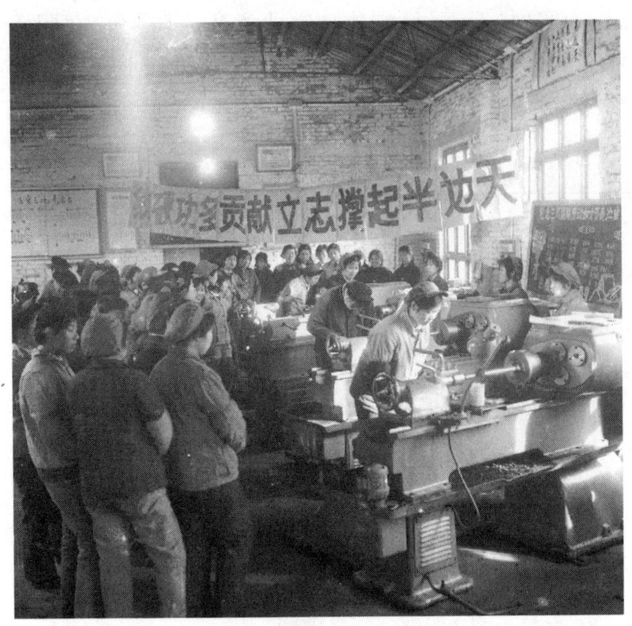

20 世纪 80 年代初天津港机械厂举办女职工技术表演赛

港的生产经营、改革发展为中心,以提高经济效益和提高女职工的思想、技术素质为目的,女职委鼓励女职工要“多学一手、多练一招、为生产多加一把力”,动员女职工投身于港口的现代化建设,自 1990 年开始,天津港女职委组织全港女职工开展“学先进、比贡献,为‘八五’计划建功立业”活动;1991 年至 1992 年组织开展了以“为企业解决一个难题,开展一项劳动竞赛,每 10 名女职工提一项合理化建议”(简称“三个一”)为活动内容;以“为国分忧,为港争光,为企业排难”(简称“三为”)为活动目标的女职工建功立业活动。1993 年,在全港女科技干部和女职工中,开展“科技兴港”建议征集活动,424 名女科技工作干部提出涉及天津港“加强现代企业管理、推新科技成果、治理环境污染、提高设备完好率、节能降耗减排、计算机应用”等方面建议 310 件,经审核认定 106 件,重奖表彰 42 项,实施 36 件,创效益近百万元。是年 7 月,天津港工会女职委组织全港女职工开展了优质服务、理货知识竞赛。基层工会女职委组织女职工开展长短途劳动竞赛 44 项。据统计,1993 年至 1994 年期间女职工提出合理化建议 1516 件,采纳 266 件,直接创效益 239 万元,“双增双节”专项建议 5954 项,节约 13 万元;开展各种劳动竞赛 100 余项,为单位解决技术难题 60 件。两年间,基层工会女职委组织女职工开展奉献活动 50 次,350 多人为一线职工洗防护服、被褥、窗帘、机车座套 900 多件,节约开支 3000 余元。

1994 年 3 月 8 日,动员全港女职工积极响应全总、全国妇联的号召,“行动起来,开展争当‘三八’红旗手、红旗集体的活动,迎接第四次世界妇女大会的召开”,天津港工会女职委发出《倡议书》,号召深入开展“学比建”活动、巩固“三个一”活动,“人人争当三八红旗手、班班争创红旗集体”;学文化、科学、技术,展示聪明才智。1994 年,为实现“八五”计划,天津港各级工会女职委组织女职工开展“双文明建功立业”竞赛活动。1995 年,天津港开展以“迎九五,鼓干劲,为实现 5000 万吨作贡献”为主题、以技术比武和提合理化建议为主要内容的百日竞赛活动。在百日竞赛中,天津港工会组织了牵引车司机、车工、值班电工、理货员、打字员五类岗位 86 名女职工的技术比武,王莉、刘洁、肖淑玲、任爱君、李星分别获得五类岗位比赛第一名,被授予天津港女技术能手称号。8 月 14 日,“女技术能手”发出《倡议书》,号召广大女职工学技术、学业务、学科学、学文化,学习邓小平理论,发扬“四自”精神,展示自己的聪明才智,以主人翁的姿态,为“八五”建功立业,为促进港口事业兴旺发达作贡献。其间,基层工会如轮驳公司工会女职委举办女职工珠算比赛、港埠一公司工会女职委组织女职工开展计算机汉字录入竞赛等,据统计,全港女职工 2257 人次参加了比武活动。在百日竞赛活动期间,围绕“管理上水平、经济上台阶”,全港近 2000 名女职工提出合理化建议 993 条,被单位认定并采用了 147 条。在是年开展的优质服务月活动中,女职工收到客户的表扬信 265 件,拒收现金 4906 元,拒收礼品 67 件;开展“双增双节”活动 21 项,创效益 18.9 万元。

1996 年,配合天津港第七次优质服务月的开展,女职工开展以“创岗位最佳成绩、创优质服务最新办法、纠正行业不正之风”为主要内容,以“争当窗口服务标兵”为主题的劳动竞赛,参赛女职工近 3000 人,200 多名女职工创出本岗最佳成绩。1997 年,天津港女职委组织开展以“争做优秀津港女主人”为主题的巾帼建功(双文明立功)“三赛”活动。其中一赛是开展“增收节支、增产降耗”劳动竞赛,全港 3000 多名女职工参加竞赛,提合理化建议 590 多项,采纳 135 项,实施 158 项;协助公司清理欠款 200 多项、6000 多万元。是年,天津港女职委的“双文明立功”竞赛活动经验,在全总女职委二届三次全委会上作了介绍。1998 年,开展了以经济建设为中心,以“优质服务、安全生产、强化管理、控制成本、技改技革、练兵比武、挖潜增效”为主要内容的女职工双文明立功活动,活动中涌现了一批女能手、女状元、女管家等先进典型,是年,评出岗位女能手20名、优质服务女标兵9名、优秀女管家2名和优秀组织单位10个。在节能降耗、催款、揽货等方面为企业创效3690万元。1999年，天津港工会、女职委把树立“岗位女标兵”、“学习女状元”、“巾帼技术创新竞赛”、“建优质岗、创品牌星”等活动融入“九五”立功活动、“学、创、争”活动中。1997年至1999年间，在女职工的“立功”活动中，共组织技术比武和岗位练兵活动313次，参加竞赛的女职工达5500余人次，提出合理化建议1500多条，采纳500多条，创效308.5万元。天津港工会女职委两次被评为天津市工会“女职工建功立业优秀组织单位”。是年，评出港贾爱华等10名“岗位女标兵”、孙广秀等10名“学习女状元”。

2000年5月，为落实市“百万职工技术创新竞赛”部署和天津港《万名职工技术创新活动方案》，天津港工会女职委组织全港女职工开展了“巾帼技术创新”竞赛活动，这次创新活动主要把影响企业发展的技术难点、关键点作为活动的重点；把新技术、新设备的消化吸收及老设备的攻关改造为主要内容。在竞赛活动中，女职工形成“人人学技术、讲技术、研究技术”的钻研业务技术的学习氛围。“九五”期间，各级女职工委员会紧紧围绕港口建设中心，每年突出一个重点，确定一个主题，引导广大女职工以主人翁的姿态，想企业所想，急生产所急。发挥女职工的特点和优势，积极为企业解决难题，努力为企业增产增收。在各级领导的重视和支持下，女职工的群众性生产经济技术活动搞得有声有色，成绩显著。通过开展活动，调动了女职工积极性、创造性，提高了女职工学习钻研业务技术的自觉性；女职工增强了自强意识、机遇意识、竞争意识和风险意识；通过活动，促进了全港女职工爱岗敬业，以主人翁精神为天津港的两个文明建设出实力、创实绩。

2001年3月，天津港召开纪念“三八”节暨向亿吨大港目标冲击誓师大会，女职工发出以“向亿吨大港目标冲击”为主题的《倡议书》。在争创亿吨大港过程中，女职工围绕“优质服务、安全生产、控制成本、技改技革、挖潜增效”等方面，以“强素质、创三高、我为亿吨大港作贡献”为主题内容，以多种形式为活动载体的“女职工双文明建功立业”活动，取得显著成绩，为实现亿吨大港作出了贡献。2001年至2002年，组织女职工开展了以“岗位立功、自学成才、姐妹献爱心、创建文明家庭”等为主题内容的“双文明建功立业”活动；组织开展评选港口十大“岗位女标兵”、“学习女状元”、“文明家庭”和“女职工双文明建功立业活动优秀组织单位”等评选活动。9月15日，天津市“巾帼建功”活动领导小组办公室印发《天津市“巾帼文明示范岗”管理办法》，规定了创建“巾帼文明示范岗”的具备条件，明确了评选程序以及对“巾帼文明示范岗”的考核与管理。2003年，组织女职工开展了“提高素质、岗位创新，为实现新的任务目标献计出力”劳动竞赛。贯彻市总《关于天津市实施“女职工建功立业工程”的意见》的通知精神，2004年4月22日，天津港工会印发《实施“女职工建功立业工程”规划》的通知。“女职工建功立业工程”的主要内容为“两提一创”，一是素质达标，开展“提高素质，提升技能(两提)”活动；二是岗位创新(一创)，岗位创新主要内容是“五个一”，“学习一门新知识、掌握一门新技能、改革一项新工艺、提一条新合建、刷新一项新纪录”。“女职工建功立业工程”的实施从4月开始至11月结束。围绕港口建设发展，以实施“女职工双文明建功立业”工程为切入点，以提高女职工的竞争能力和创新能力为落脚点，天津港工会女职委组织理货女职工开展了“安全准确无差错”劳动竞赛；组织装卸女司机开展了“节油降耗、安全行车创高产”劳动竞赛；组织维修女电工开展了“战高温、保生产，争当维修能手”劳动竞赛；组织服务窗口的女职工开展了“比优质服务，创最高效率”劳动竞赛。是年统计，全港女职工共提合理化建议630余项，技术攻关18项，革新工艺7项，刷新生产纪录10项，为天津港成为我国北方第一个2亿吨港口作出了贡献。

2005年4月12日，天津港工会女职委印发《关于进一步深化“女职工建功立业工程”的安排意见》，落实市总女职委全委会议精神和天津港职代会的总体部署，以发展为主题，以创新为动力，以推动“女职工建功立业工程”为主线，以创建世界一流大港为目标，以加强工会女职工组织建设和能力建设为基础，紧密结合本单位的实际，突出重点，突破难点，有特色地开展了女职工工作。天津港各级女职工组织思想重视，精心组织，措施得力，注重实效；坚持把“女职工建功立业工程”作为女职工工作的主线，长抓不懈；各级女工组织要找准活动的切入点和结合点，将女职工建功立业活动融入企业的经济建设，融入职工素质工程及工会的重点工作中；组织女职工开展了“强素质，练内功，争做知识型女职工”活动；加大培训力度，为提高女职工素质创造条件；开展劳动竞赛，为女职工建功立业搭建平台；组织典型经验交流活动，推动建功立业活动不断深入。

2006年7月24日，在“天津港优质服务年”活动中，天津港工会女职委印发《关于在女职工中开展“文明窗口优质服务百日竞赛”活动的通知》。按照通知要求,各级工会女职委如期开展“文明窗口百日竞赛”活动。主要赛工作态度、业务素质、工作效率、职业道德、文明形象、服务满意度。天津港各窗口单位的女职工积极投入到竞赛活动中,落实文明窗口标准,提高优服工作水平,竞赛期间涌现出许多感人事迹和先进典型。开展女职工文明窗口百日竞赛活动,打造了天津港女职工优质服务窗口品牌。2007 年,在实施“女职工建功立业工程”活动中,开展“女职工文明示范岗”创建活动。

2008 年,为更好地推动天津港“女职工建功立业工程”的深入开展,加快实现天津港“科学发展、和谐发展、率先发展”的步伐,天津港工会女职委组织全港女职工开展“姐妹携手共进,建设和谐港口”活动。各级工会女职委通过组织女职工与女农民劳务工以互助小组或“结对子”等形式,动员和引导广大女职工携手并进、积极进取、岗位建功、齐心协力为发展天津港贡献力量。是年,为提高女职工技能,为女职工岗位创新创造条件,天津港工会女职委组织全港女职工开展以“超越自我,岗位创新”为主题的技能比武、岗位练兵和生产纪录挑战赛等共计 98 场次,参与活动的女职工达 1360 人次,有 15 名女职工在本职岗位中刷新纪录 39 项。

2009 年,天津港工会以“练内功、强素质、蓄能量”为主要内容,开展了形式多样的劳动竞赛、技能比武和岗位练兵活动近 100 次,参与活动的女职工达 1300 人次,为女职工展示岗位技能和业务素质搭建了平台。是年,围绕“开发市场、拓展功能、招商引资、加强管理、内部挖潜”,各级工会女职委组织女职工开展了“献良策,出实力,节百元”活动。在活动中,鼓励女职工树立新思想,寻找新机遇,积极为企业的发展献计献策;组织女职工立足本岗,实干、苦干、大干,不断创造新业绩;教育女职工树立艰苦奋斗的意识,从节约一度电、一滴水、一张纸做起,节能降耗,为天津港实现“保增长,渡难关,上水平”的目标贡献力量。是年,发挥女职工“半边天”的作用,结合女职工建功立业活动,开展了“学做创”活动,即“学习孔祥瑞、做知识型女职工、创最佳工作岗位”;女职工走访客户 6720 余人次;全港设立了女职工优质服务示范窗口 20 个、女职工首问服务台 8 个,成立巾帼服务小分队 6 个。

自实施女职工“双文明建功立业”工程以来,天津港荣获“全国巾帼文明示范岗”4 个,“天津市女职工建功立业示范岗”2 个;天津港工会女职委两次被评为市级“女职工建功立业优秀组织单位”。有 3 名女职工被评为全国级先进个人;有 2 名被评为全国“三八”红旗手;有 27 人被评为天津市“三八”红旗手;8 个集体被评为天津市“三八”红旗集体。

第三节 女职工合法权益维护

依法维护女职工的合法权益和特殊利益是工会女职工组织的重要职责,是女职委工作的重要内容。党和政府历来重视女职工的劳动保护工作,制定了一系列法律法规和政策,使女职工劳动权利和经济权利得到保障,女职工劳动保护、劳动条件不断改善。根据《宪法》保护妇女的原则,为了保护女职工在劳动中的特殊权益,在不同的历史时期发布过一些行政文件,指导加强女工的劳动保护工作。各地政府和有关部门也发布过一些规定。各单位根据这些规定,也制定了保护女工合法权益的措施和制度。1949 年 9 月 24 日,市职工总会筹委会召开女工干部会议。会议要求各基层工会加强托儿所的建立和管理工作,并明确企业托儿所由女工部门直接领导。1950 年,第一次全国女职工工作会议明确指出,“女工部要做几件与女工群众切身利益有关的具体工作,如妇幼卫生、托儿所工作,这些工作是工会其他部门暂时不能多照管又是女工最迫切的要求。”1951 年政务院颁布的《保护女工暂行条例(草案)》、1953 年公布的《劳动保险条例》、1954 年第一届全国人大通过的《中华人民共和国宪法》、1956 年国务院第 29 次会议通过的《工厂安全卫生规定》、1960 年中央批转劳动部、全总、全国妇联党组《关于女工劳动保护工作的报告》等条例规定,对保护女职工合法权益都提出了明确的要求,如废除束缚妇女的封建制度;妇女在政治经济、文化教育、社会生活各方面享受与男子平等的权利;保护女职工的特殊利益;设置妇女卫生室等。20 世纪 50、60 年代,天津港各级工会在维护女职工的合法权益和特殊利益方面,做了大量工作,女职工维护工作受到天津港各级党政领导重视,女职工在企业的地位不断提升。

天津港恢复建设初期,工会女职工的维护工作主要放在协助行政搞好女职工浴室、女厕所、托幼园所等筹建及妇女生理期保护、劳动保护方面,各级工会利用组织工作优势,大力宣传维护女职工合法权益,引起了各级党政领导的重视。1953 年 12 月,市总女工部印发

《基层女工工作提纲》,天津港工会贯彻落实《提纲》精神,指出了人数集中的女工、一般女工、孕期女工的工作特点;明确了基层、车间、女工委员、小组女工代表的女工工作内容;落实了职工家属工作基本任务;指出了女职工如厕、沐浴、托幼等方面存在的问题。20 世纪 50 年代的女职工权益维护工作主要有建立健全女职工劳动保护制度;新建扩建了托幼园所;定期发放妇女生理用品;对女职工"四期(经、孕、产、哺)"予以照顾和保护。女职工的权益维护开始摆上重要位置,女职工的工作予以照顾,女职工的劳动保护逐步加强,女职工的托幼问题随着港口建设的发展,逐渐解决。1961 年 6 月,天津港工会以新港作业区为"调查点"开展了女职工维护工作调查,并向党委报送了《关于天津港女职工的生活和劳动保护工作的调查报告》。《报告》提出了女职工沐浴、更衣、卫生、如厕、托幼、哺乳等方面问题,"四期"保护问题,女职工劳动保护暂行条例执行不力等问题,提出整改意见:对女职工的特殊问题党政各级领导要统筹考虑、周全安排;结合整风运动,要求各级行政领导要转变作风,落实有关女职工保护方面的法律、制度和规定;建立完善女职工"四期"保护制度;普及女职工卫生知识、组织《婚姻法》学习。《报告》提出,行政部门要尽快解决女职工的更衣室、浴室、厕所、托幼园等实际问题。20 世纪 60 年代至"文革"前,天津港工会协助行政逐步整改了女职工维护方面的问题,女职工的维护工作真正摆上天津港党政群工作的议事日程。

"文革"期间,天津港工会工作受到冲击,女职工权益维护工作受到影响。

1973 年,女职工工作开始迅速恢复,党的十一届三中全会以后,随着女职工的民主权利、劳动保护、学习权利、经济生活以及特殊利益等方面维护要求和呼声逐步升级,女职工权益维护面对前所未有的问题,如职工住房分配上的男女职工不平等、招工录用上的性别歧视、不考虑女职工体力,过度延长劳动时间;企业并转重组等改革过程中"优男汰女"等问题,亟须工会女工工作委员会增强维护职能。是年 9 月,天津港工会对全港的托幼园所开展了调研,提出了解决问题的对策和方案,报送党委批转落实。是年,各级工会对保育员工加强了思想工作和道德教育,如轮驳队举办了保育员脱产学习班,提高保育员对本职工作重要性的认识。截至 1977 年,全港共有托幼园所 4 个,保育员 90 人,入托儿童 358 人。1978 年以来,天津港各级工会不断加大女工权益维护力度。恢复和扩建了"文革"中被破坏的女工卫生设施;加强了女职工"四期"劳动保护的监督检查力度。实行了女职工妇科病的普查普治制度。天津港工会女工工作委员会贯彻国务院颁发的《女职工劳动保护规定》,协同行政部门制定了《关于落实"女职工劳动保护规定"的意见》。1979 年年初,全总女工部提出,把"关心女职工疾苦,替她们说话,为她们办事,解决她们在生产生活上的特殊困难"作为一项主要任务。随着经济建设和改革的深入发展,对维护女职工权益的要求越来越高。

1981 年 5 月,为推动全港托幼工作,发动托幼人员开展劳动竞赛,天津港工会组织全港托幼园所的互查评比活动。为加强保育员工队伍建设,针对保教人员文化水平低、业务知识少的现状,天津港工会和行政处联合举办了保育员业务培训班。为解决女职工后顾之忧,托幼园所提出"对孩子热心、关心、耐心、细心、让家长放心"("五心")、"包洗衣服、包拆洗被褥、包洗床单枕套、包做衣服、包洗澡、包看病喂药"("七包"),改进服务态度,提高服务质量。是年统计,全港有幼托园所 10 处(天津港幼儿园、第四作业区幼儿园;第一、二、三、五作业区托儿所;修理厂、燃供、修建、轮驳公司托儿所),保教工作人员 204 人,入托儿童 706 人,全港有妇女专用卫生室 5 个。1982 年,天津港女职工较多单位,为女职工设立了卫生室(6 个),天津港第二作业区还为家住市区的女职工设立了周末班车,对家住塘沽带小孩的女职工每日班车接送。是年统计,全港共有托幼园所 13 个,保教人员 234 名,入托儿童 722 名。1983 年 6 月 24 日,天津港工会印发《贯彻全总"关于坚决保护女职工合法权益反对迫害妇女的通知"的几点意见》。《意见》要求,各级工会要学习领会贯彻落实全总文件精神,在增强维权意识和责任意识的前提下,维护好女职工的合法权益。《意见》要求,各级工会要开展女职工经济利益、政治待遇和劳动保护调研、积极协同行政整改调研中发现的问题。是年,天津港被评为市级托幼工作先进局、有 7 个单位被评为市级托幼工作先进单位、1 名保育员被评为市级先进保育员。1985 年 4 月 12 日,天津港工会与行政联合转发市总、市托幼办联合颁发的《关于企业托幼园所进一步贯彻落实"标准"、"规范"的通知》。天津港各级工会落实、执行了托幼园所标准,开展了职业道德教育和业务素质培训。按要求把标准、规范纳入岗位责任制和管理制度中。是年统计,全港托幼园所共有 18 所,保教工作人员 317 人,入托儿童 1496 名;女职工专用冲洗室 8 个。

1986年,贯彻国家卫生部、全总等四部委联合颁布《女职工保健工作暂行条例(试行草案)》精神,各级工会在思想上进一步提高对女职工特殊利益保障工作的认识,协助行政在硬件建设方面加大投入,把《条例》落到实处。1987年,为贯彻落实市总、卫生局颁发的《关于女工保健条例》,天津港工会与行政联合印发了《关于对已婚女工进行健康普查的通知》,并落实了女职工健康普查。是年,各级工会组织2400多名女职工进行体检,对常见病多发病采取了相应的措施。是年,天津港女工工作在市总举办的交流会上做了经验介绍。为加强工会女工工作,天津港工会组织检查了全港19个基层工会组织的女工工作。是年11月,为提高天津港保育、保健工作水平,举办13个托幼园所17名保健员的培训班,进一步规范职工托幼园所保健管理。

1988年7月,国务院颁布《女职工劳动保护规定》,这是新中国成立以来第一个妇女劳动保护法规,从此女职工劳动保护工作开展纳入法制轨道。贯彻落实《规定》,各级工会制定了一些实施办法,使女职工的劳动保护工作有了明确的法律依据。是年,天津港工会协同行政有关部门,经过调查研究结合天津港的实际,制定了《关于"女职工劳动保护规定"的实施办法》。是年开始,天津港工会女工工作"由面面俱到转向突出维护女职工合法权益和特殊利益"。1989年,天津港各级工会女职委为女职工办好事办实事411件,如巩固完善10个单位的职工子女学生饭桌,就餐学生达268人。

1990年,劳动部颁发《女职工禁忌劳动范围的规定》,对女职工的劳动保护范围和内容,作出了具体的范畴定义、提出了具体的保护内容。是年4月,全总印发贯彻落实《中共中央关于加强和改善党对工会、共青团、妇联工作领导的通知》的意见。贯彻《通知》精神,天津港工会印发《1991年及今后女工工作任务》。强调要着力抓好《女职工劳动保护规定》的落实,维护女职工的特殊利益;提高女职工自我保护、自我保健意识;为女职工解决一些具体的困难和问题。是年统计,天津港14个单位设有托幼园所16个,保教人员215名,受托儿童1092名;全港设有女职工冲洗室23个。是年11月,贯彻天津市《实施"女职工劳动保护规定"办法》精神,结合天津港的实际,工会协同行政印发《天津港"女职工劳动保护规定"实施细则》,从具体细节提出实施《女职工劳动保护规定》的要求,为维护女职工的合法权益和特殊利益提供了制度保证。是年,筹建了天津港第二幼儿园。天津港有21个单位建立了女职工劳动保护工作领导小组。增设了6个女职工卫生室,新增了14台自动恒温冲洗机。两年来,为女职工体检2000多名,制定了为女职工查体每两年一次的制度,为全港5000多名女职工建立了健康档案。天津港工会协同行政为女职工购进近万元保健药品和卫生保健用品。

1992年4月3日,我国第一部关于保护妇女权益的基本法《中华人民共和国妇女权益保障法》正式颁布,《妇女权益保障法》成为进一步提高妇女社会地位、保障妇女基本权益的有力法律武器。是年6月,天津港各级工会组织职工贯彻中央有关部委发出的"6月份在全国开展《妇女权益保障法》宣传月活动的通知"的精神,积极做好保障法的宣传教育工作,一方面教育女职工发扬"四自"精神,为企业多创效益、多作贡献;另一方面,维护女职工各方面的合法权益和特殊利益,协助行政积极为女职工办实事办好事。10月8日,中国海员工会召开全国港口女职工劳动保护工作经验交流会,天津港工会女职委在交流会上作了典型经验介绍。是年统计,四年来,天津港为女职工进行防癌普查8400人次。各级工会女职委经常举办"妇女卫生知识讲座",丰富女职工的卫生知识、增强女职工的保健意识,女职工发病率明显降低,发病率由1989年的49%下降到1992年的23%。天津港16个百名女职工以上的单位中,12个单位建立了女职工卫生室。工会女工组织积极为女职工办好事、办实事,解决后顾之忧,使女职工感受到女工组织的温暖。1993年,为贯彻《妇女权益保障法》和《女职工劳动保护规定》,实现超前维护,天津港工会女职委带队深入基层开展调研,写出《女职工特困户调查报告》和《职工医疗费改革情况调查》,在此基础上,女职委协助行政为15户女职工解决了防盗门安装问题;慰问了20多名患病女职工,为近千名女职工进行了防癌妇科检查,对全港10个女工卫生室加强了管理,更换了14台自动恒温冲洗器。是年,因女职工劳动保护工作突出,天津港工会女职委荣获市级女职工劳动保护先进单位称号。1994年1月,全总第二届女职工委员会第一次扩大会议明确提出,要"加强立法参与和法律监督,依法维护女职工的合法权益和特殊利益"。3月11日,天津港工会与行政联合转发全总、妇联等五部门《关于颁发"女职工保健工作规定"的通知》,保健工作主要包括总则、组织措施、保健措施、监督管理、附则等5章24条。是年,国家颁布《劳动法》,其中专设第七章"女职工和未成年工的特殊保护”。9月7日，天津市第十二届人民代表大会常务委员会第十次会议通过了《天津市实施“妇女权益保障法”办法》。结合交通行业特点与实际，1995年5月12日，交通部印发《交通女职工劳动保护实施办法》，《办法》自7月1日起实施。

1996年，天津港工会协同行政财务部门，落实了关于女职工生育费用有关制度；工会帮助3名特困女职工解决了住房问题；有13个单位为1800多名女职工进行了体检；8个单位为1100名女职工办理了“安康保险”。1997年，天津港工会女职委组织指导基层工会修改集体合同中有关女职工劳动保护内容。是年12月2日，天津港工会转发市委批转市总的《关于动员和依靠全市广大职工为加快企业改革和发展作贡献的意见》。《意见》指出，职工个人与集体签订的劳动合同、工会代表职工与行政签订的集体合同中，其实施必须依据《企业法》监督检查，落实劳动标准，改善劳动条件、保障职工安全和经济利益，特别提出要保护女职工的特殊权益。是年，为300多名女职工办理了“安康”保险。1999年5月13日，贯彻市总女职委《关于继续开展“托起明天的希望，救助单亲特困下岗女职工子女助学”活动的通知》的精神，天津港工会印发《关于开展救助单亲特困女职工活动的通知》。《通知》要求，对救助的对象要掌握“四清”（人数清、收入清、技能特长清、子女情况清）；针对性地开展送温暖活动；组织开展“姐妹互济互助”活动。2000年11月，天津港工会女职委组织了基层工会女职工工作调研，了解基层女职工工作情况，听取女职工的反映、建议和呼声，给予解释、解决或向行政有关部门反馈。

2002年，天津港各级工会女职委工作重点主要是构筑和巩固维权机制，保证“三个落实”，即“保证女职委代表女职工参与平等协商、集体合同制席位的落实；参与劳动争议调解委员会席位的落实；参与工会劳动法律监督以及作为工会方代表参与协调劳动关系制度的落实”。参与天津港各项改革措施的研究制定。依法保障女职工的劳动就业权利、健康权益、经济利益及女职工生育、哺乳等特殊权利。2005年8月，国家颁布经修改的《中华人民共和国妇女权益保障法》，包括总则、政治权利、文化教育权益、劳动和社会保障权益、财产权益、人身权利、婚姻家庭权益、法律责任和附则共9章61条。2007年10月1日，开始实施《天津市实施〈妇女权益保障法〉办法》，实施办法对于完善保障妇女权益的法律体系，发挥妇女在全面建设小康社会、构建社会主义和谐社会中的作用，起到法律支持和指导作用。天津港工会对学习宣传新的《妇女权益保障法》活动进行安排布置，要求加大宣传力度，利用自身优势，采取多种形式，营造了依法维护女职工权益的良好氛围。组织开展了《妇女权益保障法》宣传周活动，举办了黑板报展评；利用橱窗、板报、《天津港湾》等宣传载体，进行广泛宣传，广大女职工增强了学法、守法、用法，依法履行权利义务、维护自身权益的意识。是年统计，天津港28个单位为2127名女职工进行体检并办理了“女性特病保险”。2009年，天津港工会组织开展了女职工权益保护专项集体合同的签订和履行工作调研。通过深入到天津港全资、合资、集体单位走访、调查、了解情况，撰写了调研报告。按照全总、市总关于确保《女职工权益保护专项集体合同》签订和履约工作的监督、检查和落实的要求，重新修订了《集体合同》中的“女职工权益保护”章节，实现了对女职工权益的源头维护。是年，“为特困单亲女职工解疑难”，及时认真地做好帮扶工作，落实好特困单亲女职工在享受低保、子女上学等方面遇到的问题，共帮扶困难或单亲女职工22人，帮扶资金1.77万元，使她们感受到工会女职工组织的温暖。关心女职工的身心健康，为2590名女职工进行体检；举办妇女卫生知识培训和讲座20余场；为2065名女职工续保特殊疾病保险，投保14.7万元。

在法制不断健全的过程中，天津港的女工维权历经由被动维护到主动维护，由一般维护到参与企业改革、制度的修订、集体合同的签订等从源头到全过程的维护：一是“源头”参与维护，主要是在参与企业集体合同、制度、条例等制定过程，提出维护女职工合法权益和特殊利益的具体意见；二是反映女工呼声，通过调研，向各级领导、有关部门反映大多数女职工的建议和要求，不断改善劳动条件和妇幼福利；三是参与过程监督，监督、协助行政贯彻履行《集体合同》《女职工劳动保护条例》等法律、规定，落实对女职工合法权益和特殊利益的保护；四是为女职工服务，为女职工谋求接受科学文化教育、业务技能培训的机会，落实女职工政治、民主权利和待遇，替女职工说话、办事，满足女职工合理、合法的建议和要求；五是关心女劳模、“三八”红旗手，宣传她们的先进事迹、关心她们的生活和健康。工会女职委通过参与企业平等协商和集体合同签订及实施过程的监督，参与涉及女职工劳动争议的协调和仲裁，督查单位对女职工“四期”（经、孕、育、哺）的劳动保护等实施维护职能，做到工作到位、参与到位、监督到位。

第四节　女职工素质教育

女职工思想教育,大致经历了三个重要时期,一是新中国成立后,天津港恢复建设期的妇女解放教育,工会向职工进行阶级教育和爱国主义教育的同时,发动妇女挣脱封建枷锁,投入社会改革,争取民主权利的情况下进行的,口号是"男女要平等"、"妇女要翻身"。二是"大跃进"时期的共产主义教育,许多妇女在这一时期走向社会,参加生产劳动,口号是"妇女半边天"、"男人办的事女人也能办"。三是粉碎"四人帮"后的"四自"精神教育,这次教育更加全面、更加系统、更加具体,"四自"精神教育成为提高女职工队伍整体素质的思想基石。

天津港恢复建设初步发展时期,工会开展女职工教育工作主要有:政治文化学习,了解国内外的政治时事、党的方针政策和港口的生产建设形势,配合职工生产,做好家属后勤工作;宣传贯彻《婚姻法》,批判男权封建思想,谋求经济、政治和家庭地位;开展勤俭持家、计划生育教育,提高家庭生活质量;配合天津港开展镇反肃反、民主改革、民主补课、"三反"、"五反"等系列政治运动;配合街道、派出所开展治安防盗、搞好爱国卫生等环境治理活动。

1950年,中央人民政府正式颁发《中华人民共和国婚姻法》。《婚姻法》带有新的婚姻制度的鲜明特点,男女婚姻自由;一夫一妻制;男女平等;保护妇女的合法权利。1953年1月,天津市工会第四届会员代表大会,通过了《关于贯彻〈婚姻法〉的决议》。2月6日,天津市贯彻《婚姻法》运动委员会举行贯彻《婚姻法》宣传动员大会。会议指出,贯彻《婚姻法》运动要坚持教育方针,彻底肃清封建残余思想,提高妇女的政治、经济地位。2月12日,天津港贯彻《婚姻法》运动分支会成立,同时成立普及《婚姻法》办公室。主要做法:宣传开展《婚姻法》运动的方针政策;召开大会动员贯彻;学习文件、收听广播、参观展览、观看节目等方式;举办训练班,抽调各单位的政治教员、团组织宣传委员、工会主席、文教委员、女工委员31人进行运动骨干脱产培训;组织干部学习《婚姻法》历时21天。通过贯彻《婚姻法》,批判了夫权思想,提高了妇女的地位,改善了夫妻关系和婆媳关系,和睦了职工家庭。

"大跃进"时期,广大女职工随同天津港政治形势,投身于各项群众性的政治运动、劳动竞赛和生产跃进活动中,并接受共产主义教育。20世纪60年代初,国家经济困难时期,天津港各级工会坚持对女职工开展艰苦朴素、勤俭持家和党的方针路线教育,使广大女职工能够认清国际、国内形势,紧跟党中央,克服困难,努力完成本职工作和生产任务。"文革"时期,女职工教育工作并入了"革委会"的政工组。

1973年,随着工会组织的恢复,女职工工作迅速恢复起来,女职工的思想政治工作主要是随同形势,开展"四化"建设教育。粉碎"四人帮"以后,随着党的工作重点的转移,工会女职工思想政治工作转向为天津港的经济发展服务,为提高女职工的素质,开始兴起"四自"精神教育和职业道德教育。

1976年2月,天津港工会贯彻市妇女三级干部会议精神,组织全港女职工学习政治理论,并在妇女中组织开展了"五破除五树立"活动,即"破除贪图安逸,不求进取的思想,树立艰苦奋斗,继续革命的思想;破除自卑思想,树立妇女能顶'半边天'的思想;破除等级观点,树立全心全意为人民服务思想;破除雇佣思想,树立主人翁思想;破除旧风俗,树立新风尚"。1978年至1979年,组织女职工开展了四项基本原则、党的基本路线和优良传统教育。1980年3月3日,天津港工会举办劳动模范先进事迹报告会,邀请全国劳动模范、市特等劳动模范国棉一厂细纱挡车工李秋荣、燕春楼服务员宋兰梅,市劳模、市耐火器材厂副厂长张淑华为天津港300多名女职工代表作报告。是年9月,国家颁布重新修订的《婚姻法》。根据上级工会、团组织关于"移风易俗,婚事新办"的倡导,1981年9月25日,天津港工会协同团委首次举行天津港青年职工集体赴北戴河旅游结婚。举办集体婚礼,文明时尚,简约节俭、形式新颖,促进了天津港精神文明建设。12月14日,天津港工会和团委联合印发《关于认真抓好婚事新办的通知》。提出要把婚事新办作为"五讲四美"活动的一项重要内容;各单位党政领导要为婚事新办提供便利条件;工会、共青团干部要做婚事新办的带头人。

1983年9月,中国妇女第九次代表大会向全国广大妇女提出"四自"精神要求,即"自尊、自爱、自重、自强",并指出"自强"是"四自"的核心。开展"四自"精神教育成为工会女职工组织经常性教育的一条主线、一个主旋律,通过开展"四自"教育,落实女职工树立正确的恋爱观、婚姻家庭观,培育子女成才、建设文明家庭,做好计划生育等。1985年,天津港各级工会女职委围绕中心工作,结合女职工特点,开展"四自"、

“四有”教育、正确对待“家庭、婚姻、恋爱”教育、创建“五好”家庭教育等，不断提高女职工的科学文化素养和思想道德水平。

1989 年 1 月，天津港工会转发市妇联、体委、工会、农协《关于举办天津市第九届“三八”健康杯体育活动通讯赛的通知》，要求各单位根据实际情况和具体条件，因地制宜开展活动。该赛事为一年一度。第一届有 13 万人参加，第八届增加到 130 万人参加。是年，天津港举办了 3972 名职工参加的“三八”健康杯体育比赛；天津港获得天津市“三八”健康杯通讯赛青年大跳绳比赛第一名、中年排球赛第三名、个人青年组第五名、团体总分第一名的优异成绩。组织开展“三八”健康杯活动是带动天津港女职工参加体育运动的龙头，天津港连续 10 年开展“三八”健康杯竞赛，1991 年天津港被评为天津市“10 年妇女体育工作先进单位”。

1993 年 9 月，天津港工会女职委发出以“发扬四自精神，以实际行动迎接市第九次妇女代表大会召开”为主题的《倡议书》。倡议主要内容：积极开展学先进、比贡献，为“八五”计划建功立业活动；大力宣传召开妇代会的重要意义、宣传天津港女职工的先进事迹和精神风貌；号召全港广大女职工积极参与企业改革、为企业排忧解难、献计出力。贯彻落实天津港第八届职代会的《纠正行业不正之风的决议》，1994 年在女职工中开展“争当纠正行业不正之风带头人”活动，发挥女职工在港口行风建设中的作用。以迎接世界“九五”妇女大会为动力，以“纠风”为己任，结合本岗位工作特点，查问题、定措施、及时整改，涌现出许多拒收现金、礼品，拒吃请等“纠风”典型事例。这次活动领导重视，宣传深入；重点突出，措施得力；广泛参与，效果显著。据统计，活动中，女职工拒收现金 4093 元、拒收礼品 76 次、拒吃请 10 次、拒邀旅游 4 次、拾金不昧 2050 元、收到表扬信 38 封、锦旗 9 面；慰问一线职工 60 余次、为一线职工洗衣 700 余件等，广大女职工为天津港赢得声誉。是年“三八”妇女节，天津港工会女职委发布《倡议书》，号召全港女职工为完成 3500 万吨生产任务深入开展“学比建”活动、巩固“三个一”活动、争当“三八”红旗手活动、争做纠正不正之风带头人活动，发挥半边天的作用。1995 年 2 月，天津港女职工响应全国海员工会号召“关于开展为西藏日喀则养路职工献爱心活动”，37 个单位 6488 名女职工共捐款 1.11 万元。是年，参加市总组织的“双迎‘九五’，百题知识竞赛”，荣获第二名；参加市总举办的“迪康杯”迎市妇会知识竞赛获优秀组织奖。

1996 年，天津港工会女职委与天津港电视台联合举办了“群芳争艳”专题节目，宣传了女职工先进典型。各单位女职委还开展了“献爱心、扶危救困”、“自强自立、爱岗敬业”等教育活动。是年，围绕中心工作，在女职工中开展了职业道德教育和优质服务竞赛活动，开展了争创文明职工、优质服务“三八”岗活动；创办了优服站、解困站、咨询服务台；涌现好人好事 285 人次，拒收现金 1580 元，上缴礼品上百种，收到表扬信百余封，锦旗 69 面，224 名女职工被评为天津港（局级）先进、9 名被授予标兵称号；14 个基层女职工委员会获优秀组织奖。3 月 13 日，根据市妇联、市总等单位发出的《关于举办“安乐杯”天津市第十五届妇女三八健康杯体育比赛的通知》，天津港工会在天津港文体活动中心举行“天津港第十五届三八健康杯体育通讯赛决赛”。

1997 年，开展“学先进，讲贡献、比贡献、再作新贡献”为主题的演讲活动，精选部分演讲稿和优秀作品，编撰出版了《港口女主人》一书。组织开展了“女职工双文明建功立业竞赛”活动。是年，天津港女职委组织开展以“争做优秀津港女主人”为主题的巾帼建功（双文明立功）“二赛”活动。其中一赛是“创建文明家庭”竞赛，全港 400 多户参加创建竞赛活动，评出天津港文明家庭 80 户，十佳文明家庭 10 户。另一赛，组织女职工开展以“学先进、讲贡献、比贡献、再作新贡献”主题演讲比赛，全港 24 个单位参赛。是年，还举办了“纪念三八表彰暨群芳争艳联欢会”。1998 年以来，贯彻“双文明建功立业竞赛”活动精神，天津港各级女职委围绕教育、竞赛、维权三个重点开展了系列教育活动。结合天津港的形势任务教育，开展了“改革形势大讨论”；通过举办报告会、座谈会、演讲会，弘扬女职工爱岗敬业、勇于奉献的精神。通过组织参观爱国主义教育基地等形式，对女职工进行爱国主义和革命传统的教育。2000 年，工会女职委组织女职工先后举办了以“新世纪女性修养”、“女职工应具备的素质能力”为主题的座谈会，通过充分讨论，深刻理解了“四自”精神在新时期的体现；以“忆革命传统，展巾帼风采，意气风发迎接新世纪”为主题，全港各级工会女职委组织女职工大唱革命歌曲活动。

2001 年，为加强女职工的素质教育，天津港工会女职委组织女职工开展“女职工素质达标”活动。通过开展“读书学习”活动，提高女职工的思想道德和科学文化素质；通过开展“岗位练兵，技术比武和才艺展示”活动，为女职工搭建充分展示的平台；通过开展

"学习孔祥瑞"活动,培养、树立天津港女职工先进典型;通过开展"四自"教育,提高女职工岗位建功、创新的能力;通过号召女职工"自定目标,自我实现",提高女职工的学历水平。组织女职工开展自学成才活动,激励女职工提高科学文化、技术业务素质。开展"姐妹献爱心"活动和"送温暖工程"活动,女职工积极捐款捐物,帮助特困职工渡过了生活难关。10月9日,市妇联印发《关于召开妇女"拒绝邪教保障人权"研讨会有关问题的通知》。天津港女职委报送两篇论文《新形势下如何加强和改进女职工的思想政治工作》《怎样加强和改进女职工的思想政治工作》。2002年,全港工会女职工工作取得新的进步。各基层工会女职委围绕中心,结合特点开展活动。相继组织开展了"女工素质达标"、"建优质岗,创品牌星"和"女职工双文明立功竞赛"等活动,使女职工思想政治、职业道德素质进一步提高。2003年,天津港工会女职委在实施"双文明建功立业"活动中,与行政环卫部门共同签订了《精神文明共建协议》,组织女职工开展了港口"环境治理志愿者"活动。2004年1月,组织女职工参加"母亲健康快车"捐款公益活动,全港3500多名女职工捐款1万多元,为西部地区贫困姐妹献上了天津港女职工的一片爱心。是年,以实施"女职工双文明建功立业"工程活动为切入点,以提高广大女职工综合素质、提高港口的竞争能力和建设能力为落脚点,各级女职委引导女职工树立终身学习的理念,引导女职工按照"缺什么补什么,需要什么学什么"的原则,自定"学历、效率、服务、任务"等学习提高目标,以"四自"精神,积极落实。是年,天津港女职委组织2843名女职工参加了多门类的培训,举办了理货知识竞赛、统计知识竞赛和全港女职工计算机知识普及应用大赛,进一步激发了广大女职工为建功立业,学习科学文化、钻研业务技术的积极性。是年统计,天津港女职工有108人晋升职称,42人晋级到上一个技术等级,28人提职到管理岗。3月5日,天津港工会女职委召开了纪念"三八"妇女节暨"女职工健身年"启动仪式,全港30多个单位参加了比赛。天津港女职委将港口货物吞吐量的各项指标和港口十大建设项目融入比赛中,活泼新颖、寓教于乐。是年,把建功立业活动与女工干部的评先评优结合起来;把女职工学习科学文化、掌握技术能力与晋职、晋级结合起来。是年制定了《天津港(集团)有限公司工会实施"女职工建功立业工程"考核标准》,对通过自学考试获得学历证书的给予奖励,对参加技术比武获得名次的给予奖励,参加"港口系统技术工人大赛"取得名次的,获得晋升一级工资的奖励,充分体现了"竞争靠实力,实力来自努力"。女职委选树了不同类型的先进个人和集体,如以优质高效、完成多项设计项目的工程师陈翠荣,自学法律、为企业多次赢得索赔的理赔员马桂兰,连续20年理货无差错的理货员贾爱红等,通过宣传她们的先进事迹,形成"比、学、赶、帮、超"为天津港的经济发展建功立业的良好氛围。通过实施女职工"建功立业"活动,激发女职工的生产积极性和创造性,为天津港成为我国北方第一个2亿吨港口作出贡献。是年统计,2001年以来天津港女职工参加学历教育3024人,取得学历证书的360人,取得计算机证书的630人,取得英语证书的有178人。晋升职务职称的有546人,提升到管理岗位、领导岗位的有160人。2005年,在女职工中开展"读一本书"活动,组织了"好书相伴我成长"征文活动,激发了女职工读书学习的自觉性。根据岗位的不同,开展了不同类型的岗位练兵和技术比武活动;围绕港口生产形势和目标,开展了"提高素质、提升技能、岗位创新"活动;结合纪念"三八"妇女节,开展了形势任务教育和文化体育活动,还组织了女劳模职工座谈会、举办了"普及女职工权益保障知识竞赛"。是年,组织女职工开展"强素质,练内功,争做知识型女职工"活动;工会女职委通过加大培训力度,为女职工提升素质创造条件;通过开展劳动竞赛,为女职工建功立业搭建平台;通过组织典型经验交流活动,推动建功立业活动不断深入发展。

2006年,为配合天津港优质服务年活动的开展,天津港工会女职委举办了以"服务是生命,满意是追求"为主题的女职工优质服务演讲会。经过基层演讲,推荐选拔,来自24个单位的36名选手参加了预赛,12名选手进入决赛。这次演讲会主题突出,组织严谨,演讲的内容真实新颖,寓意深刻,选手的演讲生动感人。各基层工会女职委开展了特色活动,如:集装箱公司举办了"怎样搞好优质服务"知识讲座、港埠二公司成立了"服务年港二巾帼小分队"、设施处女职工开展了"创新服务理念,提高服务水平,打造服务品牌"的主题倡议活动。是年,天津港各级女职委组织开展了"学习身边楷模,争做知识型女职工"活动。3月初,举办了以"理想价值与岗位奉献"为主题的女大学生与劳模论坛交流会,激发了青年女职工读书学习、钻研业务、奉献岗位的积极性,进一步掀起向全国劳模孔祥瑞等身边楷模学习的热潮。各级工会女职委以此项活动为契机,组织引导女职工以劳模先进为榜样,以他们爱岗敬业、无私奉献、勤奋学习、争创一流的时代精神为动力，找差距，定措施，不断提高思想政治和业务素质，形成了人人学赶先进，争做知识型女职工的良好氛围。是年，天津港女职委组织全港女职工广泛地开展了“我与企业共兴衰，我为企业作贡献”主题教育活动，主题教育、主题征文、演讲等活动，起到了广泛宣传和教育的作用，并在基层评选推荐的基础上，2月天津港工会女职委举办了女职工主题演讲比赛，45名女职工参加了激烈的角逐，评选出的3名优秀选手并在天津港“三八”妇女节纪念大会上进行展示。通过开展这些活动，教育了女职工深刻认识当前经济形势的严峻性和复杂性，坚定克服各种困难的信心和决心，进一步增强了危机感、责任感和使命感，坚定了她们与企业“同风雨，共作为”的勇气。

2007年，天津港基层工会女职委共组织技术比武和岗位练兵活动122次，参加活动女职工2161名，比武和练兵活动进一步激发了女职工学技术、学业务、提高自身技术技能和业务素质的积极性，增强了广大女职工的应变能力、竞争能力和创新能力。是年统计，天津港女职工具有高中文化程度的1242人、大专学历1466人，本科学历1153人，研究生学历36人。是年，天津港评选表彰了2006年至2007年女职工建功立业先进集体和个人。授予樊春华等12名女职工建功立业先进女职工称号，授予港埠二公司集装箱作业部航运中心营业大厅等7个单位女职工建功立业示范岗称号，授予港埠一公司等8个单位的女职工委员会女职工建功立业优秀组织单位称号。激发了全港女职工继续立足岗位，建功立业的热情。

2008年，天津港工会女职委组织全港女职工开展“姐妹携手共进，建设和谐港口”活动。在活动中动员和引导广大女职工与女劳务工以互助小组或结对子等形式，“在工作上互促，共创生产佳绩；在思想上互勉，共修道德修养；在生活上互爱，共营和谐团队”，齐心协力为发展港口贡献力量。是年，开展“姐妹携手共进，建设和谐港口”活动，全港全年共建立女职工互助小组31个，结成“一帮一”互助对子166对。天津港工会女职委被评为市级建功立业优秀组织单位并在市总召开的表彰大会上作了典型发言。是年，天津港工会女职委引导女职工树立终身学习的理念，以各类先进典型示范引路，掀起“比、学、赶、超”的热潮。是年，天津港工会组队参加天津市第27届妇女“三八”健康杯体育通讯赛，获得健身操第一名的好成绩。

2009年，天津港女职委组织全港女职工开展“我与企业共兴衰，我为企业作贡献”主题教育活动，各基层工会女职委结合单位实际开展了主题教育、主题征文、主题演讲等活动，并结合单位实际，组织女职工开展了纪念“三八”庆祝活动，如表彰会、座谈会、参观游览、读书观摩、爱心慰问等81项次活动，各具特色。是年，天津港工会女职委组织召开了“女职工携手共建活动”经验交流会。据统计天津港共结对子150余对，互助小组30余个，她们的共建文明活动拓宽了“姐妹携手共进，建设和谐港口”活动的范围。是年，天津港基层工会女职委组织全港女职工参与创建“工人先锋号”活动和女职工提升素质建功立业活动。通过岗位练兵、技术比武、业务培训、技能交流等形式，提高了女职工的学习能力、创新能力、竞争能力。各级女职委通过多形式、多渠道、多层次地组织女职工读书自学、接受培训，是年统计，天津港工会举办各类培训班共计156场次，培训女职工2552人。全港女职工参加学历教育的共计373人，获得学历证书的122人，其中大专以上53人，大本以上65人，研究生4人，晋升职务职称168人，晋升到管理岗位的女职工36人，其中科级以上22人，工人晋级127人。

第五节　家属工作和“红娘”小组活动

一、职工家属工作

职工家属工作是工会女职工工作的一部分，通过开展家属工作，提高他们的思想觉悟，动员他们为生产服务、为群众服务，建设和谐家庭，为职工全身心地投入到天津港经济建设提供家庭力量支持。

天津港恢复建设期，天津港工会的职工家属工作，一是组织职工家属集中居住的地区建立家属委员会，家属委员会要组织家属识字扫盲、学习时事，宣传党的方针政策；开展阶级教育、爱国主义教育；参与“镇反”、“民主改革”、“三反”、“五反”、抗美援朝等政治运动，不断提高家属的政治觉悟；二是通过家属委员会开展爱国卫生运动，为家属集中居住地建立较为卫生整洁的生活环境；三是工会组织培训班，培训家属委员会委员和家属工作骨干，培训他们当家做主、自强自立、勤俭持家、计划生育、和睦邻里以及文明习惯等，提高他们的水平能力，以便开展好家属工作；四是组织家属到码头现场参观、体验，了解生产情况，支持职工参加港口恢复建设,为职工提供生活服务;五是指导家属委开展互助互济活动,扶持家属副业生产,解决职工的生活困难;六是协同居委会和派出所共同开展“防火防盗防坏”等社会治安稳定活动。

1950年1月,全总女工部颁发《职工家属委员会组织条例》。共4个方面,9条内容。《条例》规定了家属委员会的任务,“教育家属执行家属代表委员会及工会委员会之决议”;规定了家属委员会“由家属大会或家属代表会议选出,组成之”,接受基层工会委员会的领导;家属委员会之任期由家属大会或家属代表会议决定;家属委员会委员分工为:教育、生产、卫生、互助等方面;规定了家属委员会的工作:宣传生产竞赛的意义,树立劳动观念,倡导“职工模范,家属光荣”。听取家属意见,及时反馈到工会,关心家属生活,组织互济互助,组织副业生产等。组织家属读书、看报、学习文化;宣传党的方针政策、举办妇幼讲座、组织文体活动;培养积极分子、表彰家属模范;配合政府开展防火、防盗、防特等社会工作,参加市政建设活动。定期召开家属大会或家属代表会议、向代表报告家属委员会工作。1952年5月24日,市总召开全市国公营企业女工和职工家属代表会议。大会号召女职工要积极参加民主改革和爱国增产节约运动。是年6月,为开展家属工作,增加家属工作力量,塘沽海员工会举办了家属短期培训班,经过培训的家属,大部分成为家属工作积极分子。1953年全总、市总明确了工会家属工作的“为生产服务、为群众服务”的方针。贯彻“二为”方针,是年天津港工会家属工作配合天津港开展的增产节约运动,引导家属做好后勤服务,使职工全身心地投入劳动竞赛中;同时开展了面粉计划供应的宣传工作;组织家属开展了爱国卫生运动;组建了文化学习班;动员家属公债认购,据统计,天津港中山门家属区认购了2126万元、西南楼太原道家属区认购了828万元、天津港河西作业区家属共认购了2954万元公债(当时流通币)。1954年4月,天津港工会向中国海员工会华北区委员会塘沽办事处报送《港务管理局建立家属委员会工作计划》,需要建家属委员会的有郭庄子、于家堡、工人新村、新港等四处家属居住地;需要健全家属委员会的有新河新村、工人新村家属居住地;需要建家属小组的有新河镇家属居住地。并以工人新村为试点,组织了自下而上地选举了家属委员会,然后推广,陆续实施。1956年6月,市总印发《关于职工家属委员会改选工作及有关问题的通知》。《通知》规定了:所有生产单位职工家属居住集中地都要建立家属委员会;家属居住100户至600户的要建立家属委员会;50户至100户的可在居委会中建家属委员会;10户至15户的建家属小组,每个家属小组设组长;2个至4个家属小组组成1个家属大组;家属大组产生家属委员会委员。每个家属委员会由7名至17名委员组成,委员按家属工作和居委会工作进行分工。7月,中国海员工会华北区委员会提出规范家属委员会的牌子,挂牌要明确家属居住地生产单位名称、地区名称和家属委员会名称。是年统计,天津港的职工家属委员会有新港作业区的三百吨、海滨道家属委;塘沽作业区的新河新村家属委;轮驳队的新港新村、西沽家属委;天津作业区的中山门、西南楼、太原道家属委;疏浚队的新港12段、中山门家属委;还有郭庄子、于家堡家属委等10余个。1964年统计,天津港家属居住集中地建立的家属委员会增至20余处。

1958年,各级工会在“要把妇女从厨房里解放出来”的口号下,动员职工家属走出家门,参加社会活动,促使一部分家属进入工厂、企业以及服务行业。20世纪60年代初期,在国家经济发生严重困难时期,天津港工会组织家属开展了“四节”即“节约粮食、节约煤炭、节约布匹、节省开支”活动。结合形势,工会为家属介绍政治时事、港口形势,推广“增粮法”,节粮度荒。是年,工会还在家属中组织开展了家属“五好”竞赛活动。主要内容是:听党的话,参加社会活动,执行政策遵守法令好;鼓励职工积极生产好;勤俭持家节约用粮,搞好卫生,不因家庭琐事拖累职工后腿,生活安排好;支援农业,参加社会主义建设好;教育子女、婆媳团结和睦邻里好。在“五好”家属竞赛活动开展过程中,各级工会不断深入家属居住地,帮助家属妥善安排、推广经验、定期评比,把竞赛活动推向深入。1964年,天津港各级工会着力在职工家属中开展“艰苦朴素、勤俭持家、自力更生、团结互助”的教育。是年,天津港工会家属工作有所加强,对家属委员进行了改选、调整、整顿,建立健全家属委员会32处。大力开展职工家属的思想政治工作,发挥家属委员会的作用,组织开展针对性的学习和思想教育。1965年,工会职工家属工作,一是开展“灭资兴无”宣传教育;二是组织职工家属开展“移风易俗好,保证职工吃好、喝好、休息好,子女教育好,团结邻里互助好,计划生育好,艰苦朴素、勤俭持家好”教育活动;三是整顿家属委员会、选好并培训家属积极分子,依靠他们开展好家属工作。

“文革”期间,工会家属工作停止活动。粉碎“四人帮”后,职工家属工作,随着工会工作的恢复,开始恢复起来。其间,随着社会的发展和职工家庭结构的变化,工会的家属工作,逐步并入到女职工工作。

改革开放以来,以创建"社会公德、职业道德、家庭美德、尊老爱幼、男女平等、夫妻和睦、勤俭持家、邻里团结"为主要内容的创建"文明家庭"活动,促进了职工家庭文明建设,创建了和谐的家庭环境,为家庭的稳定、社会的安定作出了贡献。在争创"五好"(好职工、好妻子、好妈妈、好媳妇、好女儿)活动中,充分发挥了女职委在精神文明建设中的特殊作用。1989 年 10 月,天津港第一港埠公司固机队队长金贵林的妻子电力公司电工班班长陈香萍、天津港第三港埠公司经理助理刘庆祥的妻子李桂英被交通部海员工会评为 1989 年度"全国优秀海员家属"。1992 年 6 月,天津港口医院妇产科医师韩蕤被天津市妇女联合会、天津市工会女职工委员会评为 1991 年天津市优秀家长。1993 年,天津港工会为丰富职工及家属业余文化生活,举办了大型消夏晚会,逾万名职工及家属参加了游园联欢活动。1995 年 7 月 10 日,天津港第四港埠公司门吊队队长常胜的妻子赵学芬(天碱工人)、天津港储运公司总经理杨世樵的妻子赵洪舫(天碱医院职工)被交通部中国海员工会评为 1995 年度"全国优秀海员家属"。1995 年,针对天津港部分职工婚姻家庭方面的问题,以电力公司为切入点,各级工会以女职工为主体,组织开展了"我爱我家"系列教育活动。1997 年 3 月 25 日,贯彻落实党的十四届六中全会精神和市文明家庭创建活动协调小组的部署,根据天津港工会 1997 年"个十百千万"工作目标,印发《关于在全港职工中开展创建"文明家庭"活动的通知》,决定在全港职工中开展"千个家庭"参加的创建文明家庭活动。是年,天津港女职委组织女职工以"争做优秀津港女主人"为主题开展"巾帼建功"活动,女职委抓住"教育、竞赛、维权"三个重点,在女职工中开展了系列教育和"三赛"活动,其中一赛是"创建文明家庭"竞赛。以创建文明家庭活动为载体,通过家庭环境的文明、和睦、稳定,促进港口安定和谐和社会的文明进步。开展活动以来,各级工会邀请专家开办家庭伦理道德讲座;结合电视剧《儿女情长》组织职工座谈;在职工家庭中征集治家格言;用演讲座谈等形式,开展"夸丈夫、夸公婆"活动;建立文明职工家庭档案等,有 4200 多户四代、三代同堂的家庭参加活动,评出公司级文明家庭 608 户,天津港文明家庭 80 户和十佳文明家庭 10 户,他们的共同点是"尊老爱幼、夫妻和睦、婆媳姑嫂感情融洽、子女学习上进、职工事业有成、邻里关系融洽"。文明家庭创建活动,有力地促进了家庭和睦和社会的稳定。1998 年 3 月,天津港电力公司刘志秀、天津港监理公司栗凤进,被市文明家庭创建活动协调小组评为 1997 年度"天津市文明家庭标兵户";其中,刘志秀家庭还被全总评为 1997 年度"全国文明家庭"。1999 年 9 月 28 日,燃供公司津油 3 号船长张广春的妻子安建平(天津港口医院护士)、轮驳公司津港轮 3 号船长张浩的妻子吕永金(塘沽区外国语学校教师)被评为 1999 年度"全国优秀海员家属"。2007 年 7 月 11 日,天津港轮驳公司津港轮 19 号船长王涛的妻子何桂云被评为 2006 年度"全国优秀海员家属"。2006 年 10 月 29 日,天津港煤码头公司职工孔祥瑞家庭被评为 2006 年度"天津市幸福和谐家庭标兵户",2008 年 1 月,又被评为第六届全国五好文明家庭标兵户。

二、"红娘"工作

"红娘"工作已成为工会组织为职工办好事、办实事的重要内容,开展"红娘"活动,有着职工需要、企业满意、社会认可、无偿服务的独特优势,"红娘"工作成为工会的传统工作。

1984 年以来,天津港工会及各级女职委在市总和市"红娘"协会的领导下,坚持全心全意为职工服务,把为职工择偶作为工会女职委的重要工作来抓,帮助大龄青年职工、中老年离丧偶职工择偶做了大量细致的工作。天津港工会女职委建立起"红娘"工作制度、建成三级"红娘"网络和有效"搭桥"工作机制。各级"红娘"组织掌握择偶职工实情,登记建卡,不辞辛苦,热心服务。是年 6 月,贯彻中央书记处要求各级党委、工会认真抓好大龄青年解决婚姻问题的通知精神,天津港各级工会女职委开展了"红娘"工作,成立"红娘"组织 21 个,组织"红娘"队伍 160 人。为全港 25 岁以上未婚青年 198 人牵线 259 次,成功 44 对。1985 年 1 月,为推动"红娘"工作,解决大龄青年职工的婚姻问题,天津港工会印发《关于评选"红娘"工作优秀积极分子的通知》;2 月,天津港工会组织召开了"红娘"座谈会,交流了经验,表彰了 45 名"红娘"工作积极分子。是年,"红娘"组织为职工牵线搭桥 190 名,登记结婚 27 对。1986 年 11 月,天津港工会第八次会议总结,"关心并解决大龄青年的婚姻问题,各单位都成立了'红娘'组织,为大龄青年牵线搭桥,近两年来,已帮助 380 多名青年职工联系,其中 40 对喜结良缘。"1988 年,工会女职委"红娘"工作成绩明显,为大龄青年职工牵线搭桥80对,成婚20对;调解家庭纠纷重归于好15户。1989年8月2日至7日,市总女工部在第二工人文化宫召开天津市职工第二届银河鹊桥大联欢活动,天津港工会组织大龄未婚青年职工参加了活动。1990年12月,市总建立市工会"红娘"协会,天津港工会加入了市工会"红娘"协会,积极参加"红娘"协会组织的各种牵线搭桥活动,增大了未婚职工的联谊机会和提高了相识结对的概率。1991年3月,全港"红娘"小组牵线搭桥,有26对青年喜结良缘。1992年8月13日,贯彻市总、市总"红娘"协会1992年工作要点精神,天津港工会印发《关于建立局工会"红娘"工作领导小组的决定》,成立"红娘"工作领导小组,健全完善了工作制度,定期组织大龄青年的联谊活动。1993年统计,天津港建立"红娘"组织20个,"红娘"工作队伍150余人,"红娘"积极分子200多人,并形成了三级"红娘"网络,是年组织活动16次,为354名大龄青年职工和离丧偶职工牵线搭桥,其中有29对走进婚姻殿堂。因"红娘"工作成绩突出,1993年,天津港工会女职委获市级"红娘"工作先进单位称号。1994年5月23日,天津港工会召开纪念"红娘"工作10周年表彰联谊会,"红娘"工作先进集体和先进个人100余人参加了会议。回顾10年,天津港各级工会组织大龄青年和中老年离丧偶职工择偶开展了深入细致的牵线搭桥工作,1994年统计,自1984年开展"红娘"活动以来,为天津港800多名职工牵线搭桥1515人次,270余对喜结良缘,组织集体婚礼3次,参加婚礼职工100多对。1994年,市总召开纪念"红娘"工作10周年大会,会上表彰了先进集体和个人,天津港"红娘"工作领导小组被评为先进集体;港埠二公司谢巧茹、港埠四公司杜晓惠、天津港工会刘淑云被评为先进个人。1996年,天津港工会女职委组织了四次大龄青年联谊活动,为大龄未婚青年、离丧偶职工共牵线搭桥522人次,已有90对成婚。

1984年以来,天津港评选出市级"红娘"先进个人和标兵12人,天津港优秀"红娘"积极分子120多人,1992年、1994年,天津港工会"红娘"工作领导小组两次被评为天津市工会"红娘"工作先进集体。

天津港工会女职工工作60年的实践使我们得到深刻的启示:一是坚持以马克思列宁主义、毛泽东思想、邓小平理论和"三个代表"重要思想为指导,深入贯彻落实科学发展观,在党和工会的领导下开展工作,是全面履行工会女职工工作组织各项职能,做好女工工作的根本保证;二是在深化改革、发展社会主义市场经济的新形势下,动员和组织女职工紧紧围绕港口生产建设目标,发挥聪明才智,多创效益,多作贡献,是赢得地位的重要保证;三是着力提高女职工素质水平,是从根本上维护女职工权益的有效举措;四是主动搞好与有关部门的协作,是争取对女职工工作支持的有效途径;五是建设统一的有代表性和权威性的女职工组织,培养一支高水平的、女职工信赖的女职工干部队伍是做好工会女职工工作的组织保证。

第九章　工会组织自身建设

从新中国成立初期到社会主义建设，从改革开放到社会主义市场经济体制建立，天津港工会成立60年来，工会组织适应天津港形势发展的需要，不断加强工会组织自身建设，围绕天津港党委和行政工作的重点、职工群众关心的热点、工会工作面临的难点，不断调整工作思路，拓展工作内容，工会组织在港口的改革发展和生产建设中的作用愈加明显。

第一节　自身建设

一、工会组织与制度建设

1949年1月17日，塘沽新港解放。3月，天津市打倒脚行头子，废除封建脚行制度，以搬运工人服务站代替脚行。6月，市职工总会筹委会海员工作委员会、码头运输工人工作委员会相继成立。11月18日，为加强搬运工会自身建设，天津搬运工会印发《天津市搬运工会联合会章程》。12月10日，又印发了《关于教育工人装运的通知》。12月28日，颁布了《天津市搬运工人劳动纪律（草案）》。12月30日，塘大搬运工会召开千人大会，正式成立塘大搬运工会劳动合作社。是年，搬运工会开展了工会组织的巩固工作，鉴于当时“贪污、勒索、腐化、强横、行会思想与割据思想以及200年来封建脚行制度对工人的影响”，一些投机分子摇身变为积极分子，甚至登上领导岗位；搬运工分散流动，个别阶级异己分子，乘机混入队伍等原因，开展巩固工作主要包括发动会员揭发检举问题和开展自我批评；应用选举权，罢免大多数职工不能接受的领导；审查工会委员，清除坏分子、阶级异己和贪污分子；公开工会会费的收支情况。1950年1月，塘大搬运工会筹委会成立，会员2107名，占搬运工人总数的98.6%；其中码头工人会员1559人，占搬运工人总数的73.9%。1950年3月24日，政务院第25次会议，通过了《关于废除各地搬运事业中封建把持制度暂行处理办法》，明确了由政府设立搬运公司。随后天津市、塘大地区逮捕、处理了一批封建把头。

1950年6月，《中华人民共和国工会法》颁布，它与《婚姻法》《土地改革法》共同构成了解决新中国成立之初社会问题的三大法典。《工会法》共5章26条，分为总则、工会的权利与责任、工会基层组织、工会经费、附则等。其中，对工会的性质、组织原则、建立工会的程序、集体合同、工会参与企业管理、政府和企业拨给工会办公活动设施、工会的视察、工会干部的编制、工会活动的保障、劳动争议的处理和工会经费的来源等，都作了明确的规定。这部法律确立了工会在新中国的法律地位，对于建立和发展工会组织，团结教育广大职工积极投身社会主义革命和建设，巩固人民民主专政政权，维护职工的合法权益，起到重要作用。

1950年9月16日，中央人民政府交通部天津区港务局成立。次日，中国海员工会华北区天津区港务局委员会成立并召开选举大会，大会选举产生了天津港工会委员会，工作宗旨是“组织、团结、教育海员，保船卫国，恢复与发展航运事业”。1951年10月，中国海员工会华北区委员会天津区港务局筹备委员会成立，10月20日，召开会议选举产生了委员17名，常委委员7名。据1951年10月统计，天津区港务局（河西作业区）共有职工602人，会员526人。天津港驳运科（塘沽）职工620人，会员616人。1952年，天津港工会加强基层工会组织建设。如轮驳队配备了两级工会委员；建立了民主管理委员会、职工代表大会、奖励委员会、增产节约委员会；安全卫生工作委员会；文教委员会；查定工作核心小组等，这些组织均由党团员、工会积极分子和生产技术骨干组成。1952年市政府决定，津塘两地码头装卸工人划归天津港，1月至8月，共接受5000余人。8月，搬运工会所属码头工会全部会员合并到天津区港务局工会筹委会。1953年,天津港为加强车间工会自身建设,明确工会委员工作范围、工会干事与工会组长的职责;建立各项会议制度。是年,整顿了工会小组。如轮驳队配备调整了工会小组长和工会安全员;修订完善了工会小组各项制度;检查了小组民主生活会活动情况。1954年3月12日,塘沽区搬运工会所属港口码头装卸工1689名中的1624名会员(33个队委会)组织关系移交天津港工会。1954年3月31日,中国海员工会华北区委员会批准了中国海员工会华北区委员会天津区港务局工作委员会的组织形式和工会干部编制。明确天津港工会为中国海员工会华北区委员会塘沽办事处派出机构。

工会小组会制度的沿革可追溯到恢复建设期,当时工会组织普遍建立了小组生活会制度,对团结职工,恢复生产起到了积极作用。1953年下半年开始,由于强调建立小组生产会,绝大多数工会小组生活会被公开取消或无形挤掉。1954年以来,部分小组利用生产会的尾部时间或工余时间来讨论和解决小组的一些团结、困补、纪律等问题。为此,1955年4月,市总提出《加强工会小组工作的指导意见》。《意见》指出,要从思想认识上明确工会小组会的具体作用,小组生活会是发扬民主、教育群众、关心职工生活的重要形式;必须明确小组生活会的内容范畴,主要包括传达工会决议;报告小组工作;讨论工会会务;解决职工生产、生活以及思想、作风上的具体问题。开好小组生活会,会前小组党团员、骨干、组长等要通气;会议要充分发扬民主,开展批评与自我批评;会后要检查落实会议决定的效果。加强对工会小组会的领导,从时间、制度上保证小组会要按月召开。把小组会列入议事日程、根据单位情况确定统一内容,深入重点小组,具体指导解决问题。

1954年12月20日,天津港工会开始调整基层车间工会委员会,新港作业区增加起重队、仓库车间委员会;撤销工程师室车间委员会,修建科建立车间委员会;河西作业区撤销三个装卸队、职能股、仓库车间委员会。据1954年年底统计,天津港共有河西作业区、新港作业区、塘沽作业区、轮驳队、局机关、港口医院等6个基层委员会,工会小组272个,职工5450人,会员5439人。1955年,天津港工会印发《关于整顿健全基层组织的初步措施意见与要求》。文件提出工会小组的划分、成员结构、组长条件;天津港工会要求基层工会建立4个部门委员会,即生产、宣传、劳保、保险委员会;重新调整了几个工会组织成员。《要求》提出,基层工会委员会工会专职干部定员:新港作业区委员会3名;轮驳队作业区委员会2名;机关委员会3名;塘沽作业区委员会2名;河西作业区委员会3名。按文件规定时限,1955年2月中旬,天津港完成基层工会改选工作。是年,天津港工会加强了自身建设。区局两级工会贯彻了集体领导分工负责的工作原则。初步健全了民主管理制度,定期召开职代会、恢复工会小组生活会、检查了工会财务工作五项制度落实情况、清点了工会资产。根据天津港劳动组织改革的需要,贯彻全总《关于工会组织总结与选举的规定》和华北区委员会《关于总结、改选工作指示》的精神,1956年3月21日,天津港工会印发《关于总结、改选工作指示》。指示基层工会改选工作即日起至4月5日结束。基层工会要建立健全生产、工资、劳动保护、劳动保险、宣传、合理化建议等部门委员会;设立财务、组织、女职工家属等委员;重新建立车间工会组织,增设主席、生产、工资、劳动保护、劳动保险、合理化建议、财务等委员。调整了工会小组:小组设有组长(兼职工资)、副组长(兼职组织和财务)、保险干事、劳动保护检查员、宣传干事。局工会要求基层工会要选举经费审查委员会,车间工会要选举经费审查委员1名。1956年,根据中央精简机构的部署,为减少组织层次,中国海员工会华北区委员会决定撤销中国海员工会华北区委员会天津区港务管理局企业委员会,改由中国海员工会华北区委员会直接领导,12月1日,正式撤销。1957年2月5日,市总印发关于《改变地方国营、公私合营企业工会组织的领导关系》的意见,为适应客观要求,充分发挥区办事处和产业工会的积极性,产业工会和区办事处对地方国营、公私合营工会组织,实行双重领导。1957年6月19日,市工会提出"在党的绝对领导下充分发挥工会组织作用"的指示精神。指示说:学习和贯彻全总党组第三次扩大会议的精神以来,工会组织发生了深刻变化,最突出的是比较彻底地解决了工会和党的关系问题。工会组织要绝对服从党的领导的观念,在各级工会干部中树立起来,进一步贯彻了政治挂帅,以生产为中心的方针。各级工会认真贯彻全总党组第三次扩大会议精神,落实会议要求,积极开展工会各项工作。1957年6月27日,根据天津港提出的恢复要求,中国海员工会全国委员会批复同意成立天津区港务管理局的局级工会组织,10月23日,在天津区港务管理局第一届一次职工代表大会上选举产生了天津港工会委员会。当时,全局有基层工会6个,工会小组433个。1957年10月,天津港第一届一次职代会通过了

《天津区港务管理局职工代表大会暂行办法》,其中第四章为工会委员会内容,第13条规定职工代表大会与工会会员代表大会合并举行,工会委员会由职代会中的全体会员代表选举产生。第14条是工会委员会除执行有关工会决议外,受职代会委托要做好:定期召开代表座谈会,听取代表意见,改进工作,密切联系群众;监督行政执行代表大会决议;筹备代表大会的召开;组织、动员职工保证执行职代会的各项决议,负责研究临时遇到的重大问题。1958年12月2日,天津港党委印发《关于加强党对企业领导的几个问题的规定》。《规定》提出,加强党的一元化领导,党组织在企业要领导一切工作。《规定》提出,“工会要每季度向党委做一次全面的总结性的书面工作报告,总结在贯彻党的方针政策、执行党委决议的工作情况,并根据党委部署,提出下一季度工作安排。”《规定》指出,“思想政治工作要在党委统一领导下,工会与行政、团组织要步调一致,协调配合,发挥工会组织的工作特点。教育群众、组织群众,保证党的各项任务和工作的完成,把工会建设成开展共产主义教育的大学校。”“工会要经常掌握职工思想情况,开展宣传教育,提高职工的政治觉悟、加强职工的组织性、纪律性。要引导和培养职工学会管理企业,工人参加管理不应仅局限在小组内,要将职代会的组织作用充分发挥起来,加强职工群众对企业的监督。”1959年3月,天津港工会印发《有关工会工作制度方面的几项规定》,《规定》明确,“工会组织的党员干部是党指派到工会工作的党的干部,不是党内的工会代表,其任务是忠实地向党反映情况和报告工作。”各级工会组织必须每季度向各级党组织和上级工会做一次工作报告。在贯彻执行党的决议和各项方针政策的过程中,遇到重大问题,及时向党组织反映,并提出自己的意见。工会干部必须加强政治理论、业务技能等方面的学习,提高政治工作、政策、业务水平。《规定》明确,工会组织必须贯彻执行集体领导分工负责相结合的工作原则;工会委员会、经审委员会要每季度召开一次会议;基层单位工会每月要向局工会组织汇报两次工作;工会要每月或每季度向职工群众汇报工作、公开财务收支情况,主动接受员工监督;工会干部要定期参加劳动,每年不少于两个月的劳动时间;工会要把生产、生活、教育三位一体相结合,以生产为主线,组织职工围绕单位的生产建设开展劳动竞赛、合理化建议和技改技革活动;《规定》要求,要不断加强工会工作的前沿阵地工会小组的工作。9月19日,天津港党委批转工会报送的《进一步加强工会组织建设,充分发挥工会组织作用的意见》。《意见》总结了1958年工会整风运动的成绩,一是纠正了“工会完成历史使命”的错误认识,稳定了部分工会干部不安心工会工作的情绪,工作作风和工作方式方法有所转变;二是加强了工会工作的计划性,工作有部署、规划有安排,增强了工会工作的横向协调性,密切了工会与其他部室的关系;三是整顿、健全了工会组织,培训了工会积极分子。《意见》提出,“要加强工会积极分子队伍建设,调整积极分子队伍、组织针对性的培训。要加强工会专职干部的理论学习和业务学习,提高工会业务工作素质能力。要定期改选工会组织,按期召开会员代表大会。要进一步健全工会组织,按《工会法》规定配齐各级工会干部和车间工会工作人员。”

1960年3月30日,天津港工会印发《天津港务管理局职工代表大会暂行办法》,其中第四章为工会委员会内容,第14条是职代会与会员代表大会合并举行,工会委员会由职代会中的全体会员代表选举产生。第15条是工会委员会除执行有关工会决议外,受职代会委托要做好:定期召开代表座谈会,听取代表意见,改进工作,密切联系群众;监督行政执行代表大会决议;筹备代表大会的召开;组织、动员职工保证执行职代会的各项决议,负责研究临时遇到的重大问题。据1961年8月统计,全局车间工会发展到67个,工会小组发展到569个,会员队伍壮大到6660名。是年,天津港“工会作为职工代表大会的常设机构,根据党和行政的组织机构情况基本建成三级工会组织,各级工会主席都是该级党组织的委员”。“根据工作需要,工会建立了专业部门委员会,如群众生活委员会、家属工作委员会、劳动保护委员会、劳动保险委员会、女工工作委员会、宣传工作委员会、群众生产委员会、职工文化教育委员会、财务工作委员会、经费审查委员会、互助储金委员会、丧葬互助委员会等”。1962年1月,市总在《关于国营工业企业实行职工代表大会制度的情况和意见》提出,“工会会员代表大会与职工代表大会的性质不同,不能互相代替,但是,由于会议要讨论和解决的问题很多是一致的,为了避免会议重复,使会员代表大会作用发挥得更好,在召开会员代表大会时,可以和职工代表大会合并召开,但也可以不合并召开。代表可以互相兼任,一次选出。在合并召开时,应保证一年有一次职工代表大会专门讨论工会工作和经费收支情况,改选工会领导机构。”还提出“500人以上单位,可以召开职代会;500人以下单位可以召开职工大会。1000人至2000人以上的大车间也可以召开职代会。

无论召开什么会议每年应召开四次,根据需要可以多开”。为了推动基层组织工作委员会工作,9月29日,市总印发了《工会组织工作委员会条例(试行稿)》。《条例》共两部分内容,要求500人以上工厂、企业,在工会基层委员会下都要建立组织工作委员会。同时明确了组织工作委员会的职责范围。截止到1963年年底,全局有职工8613人,会员8193人,有基层工会18个,车间工会70个,工会小组671个,专职工会干部26人。

1962年7月,天津市总工会印发《关于精简会议、文件、报表和加强计划工作的规定》。是年天津港工会贯彻《规定》要求,进一步改进作风,精简了一批会议、文件和报表,加强了工作的计划性。

1965年10月11日,中共天津市委批转了市总党组《关于在“四清”运动中整顿基层工会的意见》,提出了整顿基层工会的主要内容是,“整顿和健全职工代表大会组织,整顿会员队伍,以保持工会组织的纯洁性。改选工会组织,调整和充实领导骨干。在‘四清’运动中,充分发挥工会组织作用”。根据中央关于在“四清”运动中认真进行工会整顿的意见和市总的指示,10月29日,天津港工会作出了《关于在“四清”运动中整顿工会工作的安排意见》,明确了整顿工会的目的、要求和整顿的内容、做法。通过这次整顿进一步加强了工会组织,是年统计,全局有职工6927人,会员6684人,有基层工会15个。

“文化大革命”开始后,“从1967年1月起,全总停止了一切活动,各级工会组织也先后受到严重的冲击和破坏,普遍陷于瘫痪状态。”随同全国工会组织的形势,天津港的工会也遭到严重破坏,工会工作受到严重影响。

1973年,党中央决定整顿健全工会组织。贯彻中央17号文件精神和市委“关于整建工会组织和召开市工会第十次代表大会筹备会议”的部署,是年5月7日开始,天津港各基层单位先后开展了整建工会工作,截止到6月初,17个局属基层工会、91个车间工会、712个工会小组先后建立并恢复工作、开展活动;全港恢复和发展了会员10522名,约占全局职工总数的95%,清理出工会队伍39人。6月13日,天津港工会开始恢复工作。据6月统计,天津港工会共恢复建立基层工会17个,车间工会91个,工会小组长712个。有些基层工会还建立了宣传、女工等部门委员会,形成了一支强大的工会工作干部队伍。是年8月,天津港工会组织召开了全局工会工作经验交流会。11月,全局各级工会组织交流了“工会办业校”的先进经验。是年,各级工会普遍培训了工会组长以上的工会工作专兼职人员。1974年7月30日,市总印发《关于区县局和公司(局)工会编制的意见》。《编制意见》具体规定了工会干部编制:职工在5000人以下的单位工会干部编制5人左右;5000人至20000人的单位,编制为5人至10人;20000人至30000人的编制为10人至14人等。截止到1977年,天津港工会共有职工16256人,会员15081人,有基层工会17个,车间工会145个,工会小组1047个,有专职工会干部34人。

1978年10月,中国工会第九次全国代表大会召开,大会通过新的工会章程,确立了工会组织在新的历史时期的地位、工作方针和任务。为满足广大职工入会要求和各级工会组织整建,进一步加强工会工作规范性、统一性,是年12月,全总先后印发了《关于重新印刷工会会员入会申请书、会员登记表、会员证的通知》和《关于各级工会组织印章的规定》。

1979年1月,天津港第五届职代会通过《交通部天津港务管理局职工代表大会章程》,其中第7章工作机构的第19条规定:职工代表大会闭会后,局工会是职代会的工作机构,执行职代会工作机构职能,做好经常性的工作。是年6月22日,天津港党委转发市委《关于加强党对工会工作领导的通知》。《通知》明确,“工会是党的有力助手,是联系群众的桥梁和纽带”;工会应在党的直接领导下进行工作,不要委托党的政治部门去代管。党委要定期听取工会汇报,检查和指导工会工作,对上级工会部署的工作,党委要帮助工会结合实际统筹安排;党委在研究与工会有关的问题和企业生产、技术、企业管理、劳动竞赛、职工教育、工资奖励、职工生活和劳保福利等重大问题时,吸收工会主要负责人参加;整顿好各级工会领导班子,各基层工会主要负责人,要配备相当党政副职的干部担任,应是同级党委成员;有关部门调动和配备工会正副主席时,要事先同上级工会协商;发挥工会的共产主义大学校的作用,办好职工业余教育;发动和组织职工开展劳动竞赛和技术革新技术革命;党委领导下的职工代表大会制度是企业的一项基本制度,工会是职工代表大会的工作机构;要在发展生产的前提下,不断改善职工的物质文化生活,办好职工福利事业。

1980年8月30日,全总印发《关于协助党委管理工会干部的通知》。《通知》要求,“县以上的工会组织必须根据中组部《通知》精神,尽快建立起协助党委管理干部的制度”。10月31日,天津港工会转发全总颁发《基层工会生活工作委员会暂行条例》。《条例》规定了生活工作委员会的工作任务、组织机构和工作制度，要求基层工会要加强对职工生活的组织领导，要落实党的职工生活的政策规定，协助行政在发展生产的基础上，不断改善职工的生活和福利待遇。1981 年 7 月 14 日，全总印发的《关于进一步加强工会基层工作的意见》。提出加强工会基层工作的三条经验："要从全局出发，围绕中心开展工作，组织活动，在实现党的中心任务中发挥工会的作用；要紧紧抓住密切联系群众这个根本，使工会成为职工群众自己的组织；工会要主动取得党委的领导，工会要发挥党联系群众的纽带和助手作用。"12 月 4 日，天津港工会下发《关于基层工会召开会员代表大会工作几个问题的意见》，指导基层工会进行换届工作，在 7 个较大的单位车间配备了与党政副职同级的工会主席，在组建班组核心过程中，配齐了工会组长。1982 年 9 月 6 日，全总印发《关于在企业整顿中加强工会工作的通知》。《通知》指出，"工会领导班子的整顿和建设，要同企业党政领导班子的整顿和建设同步进行。在企业整顿中，要同时加强工会自身建设，还包括工会小组建设、培训工会干部和工会积极分子工作、工会民主制度的建设等方面。是年，在港务局企业整顿中，加强了工会领导班子建设，全局较大的生产车间，配齐了与党政副职同级的车间工会主席。"是年，天津港基层工会自身建设主要抓了三方面工作，一是扩大工会积极分子队伍。这支队伍植根于班组，活跃于基层，是工会工作的群众基础；二是完善工会工作制度和恢复工作秩序，如建立工会委员会议制度、车间主席例会制度、工会小组长联席会议制度等；三是通过为职工办好事、办实事，解决实际困难，凝聚职工，增强工会组织的亲和力、凝聚力和号召力。1982 年，天津港 7 个较大单位车间工会，大多数配备了同级党政副职的工会主席，调整配齐了工会小组长。

1983 年年初，天津港党委批转了工会提出的《关于基层工会主席、副主席配备的意见》。至年底，结合企业整顿，千人以上单位的工会主席（7 名）全部配齐，千人以下的单位全部配备了工会副主席。是年，结合企业整顿，天津港工会和各基层工会初步建立健全了规章制度，从局工会到基层工会、车间工会、工会小组都明确了职责范围，建立了岗位责任制、健全了会议制度；部分单位还建立了工会工作标准；天津港工会制定了《进一步改进思想作风和工作方法的暂行规定》，这次工会系统的全面制度建设，为工会组织建立以来的首次，为工会工作走向制度化、标准化奠定了基础。1984 年 3 月 24 日，天津港党委印发《关于国营企业"三个条例"实施细则的通知》。"三个条例"即《职工代表大会章程》《国营工厂厂长工作暂行条例》《中国共产党工业企业基层党组织工作暂行条例》。条例规定：局党委（直属总支、支部）是企业的领导核心，对生产行政组织、职工代表大会，以及工会、共青团、民兵等组织实行统一领导。车间、队党支部对车间工会、共青团、民兵等组织和职工的思想政治工作实行直接领导，对车间队的生产行政工作实行保证监督。

1984 年 6 月 1 日起，天津港实行"双重领导，地方为主"的管理体制。随着天津港体制改革的逐步深入，增强基层工会的活力成为加快和深化工会自身改革的方向和重点。1985 年，根据经济体制改革的深入发展和厂长负责制的全面推行，天津港工会就进一步加强基层工会特别是企业单位的工会工作提出了意见，形成了《天津港工会进一步加强基层工会工作的意见》，《意见》共五个方面，一是进一步明确工会的性质、地位和作用；二是以改革的精神，开展创建"职工之家"活动；三是健全和加强以职工代表大会为基本形式的各项民主管理制度；四是正确处理工会与行政的关系；五是尽快配齐工会干部，并不断提高干部素质。天津港党委批转了这个《意见》，并要求各基层党组织加强对工会工作的领导，进一步明确工会的性质、地位和作用，扭转了把工会视为职能科室的现象，帮助工会解决工作中的实际问题。是年 5 月，中国海员工会《海员工会通讯》向全国港航单位系统转载了这个《意见》。至 1985 年年末统计，天津港工会共有职工 25990 人，会员 24692 人，有基层工会 32 个，车间工会 268 个，工会小组 1990 个，有专职工会干部 99 人。

1986 年，天津港工会召开第八次代表大会。大会指出"近几年贯彻中央关于推行厂长负责制，做好党政工'三加强'的指示以来，工会的性质和职责更加明确，理顺了工会和党政的关系，各级党政领导更加重视和支持工会工作，工会在企业的地位和作用日益提高"。"全局有 12 个单位配备了同级党政副职的专职工会主席，有 16 个单位专职工会主席或副主席参加同级党委。全局工会干部已由 72 名增加到近百名。工会干部队伍的年龄、文化程度也发生变化，50 岁以下的工会中青年干部占 80%，大专以上学历占 34%。"1987 年，天津港工会着力于贯彻"三个条例"理顺横纵向工作关系。工会组织以经理负责制为中心，围绕生产经营指挥系统，本着"参政不议政、监督不监视、献策不决策"的精神，开展工会工作，建立工作秩序，逐步实现党中央赋予工会组织、职工代表在审议企业重大决策、监督行政领导、维护职工合法权益等方面发挥作用。天津港工会在贯彻“三个条例”中采取了两个步骤。第一步:在建立职代会制度单位制定职代会实施细则,至1987年年底13个单位制定了职代会实施细则,占全部基层单位的62%;实行经理负责制的有11个单位执行了“三个条例”,占全部基层单位的85%,标志是工会会员与职工代表身份合一;工会承担了职代会工作机构的任务,闭会期间,企业重大决策,由工会组织代表团组长会议或扩大会议研究处理;工会部门委员会与职代会工作委员会的相近工作合并,属于工会组织特有的如文体工作、财务工作、互助互济工作等由工会单独建立组织开展工作;车间班组的民主管理均由车间工会、工会组长独立组织开展工作。第二步:抓好三种类型单位(一体型、结合型、小单位)的试点,天津港工会侧重抓了一体型的天津港一公司和五公司,通过试点总结经验,推动面上的工作。抓好“三个环节”:提高认识,统一思想;开展调研,解决问题;沟通交流,推广经验。培训职工代表:下半年分期分批地培训职工代表1469名,系统地培训、学习了“三个条例”和民主管理知识,局工会还组织了全局性的民主管理知识竞赛活动。是年,全港9个工会召开职代会,改选了工会委员会,3个基层单位配备了工会主席,6个基层单位配备了工会副主席。

随着经济、政治体制改革的推进,工会自身改革也提到了议事日程。1988年1月,市总十一届三次全委扩大会议提出,“工会改革的重点应该放在基层,特别是放在企业工会。基层工会改革的主要方向是认真贯彻中央的有关条例,逐步理顺工会同党政之间的关系,努力实现工会组织的群众化、民主化”。是年,全总提出了《工会改革的基本设想》并通过中央批准。根据市总工会改革的要求,为增强工会工作的活力,加快和深化工会组织改革的步伐,在深入调查反复研究的基础上,3月15日,天津港工会印发《关于基层工会体制改革的初步意见》,《意见》提出,要理顺工会和党政的关系,突出维护和监督职能,独立自主开展工作;要转变工会组织行政化的倾向;要改变“任务指令化、作风机关化、方法形式化”的状况,树立为基层、为职工服务的观念,坚持自下而上的工作原则,实现工会组织的群众化、民主化。要改革领导方法和活动方式,克服官气和行政化倾向。要适应形势,理顺和改革工会职权范围内的工作。要改革工会组织制度,精简机构,坚持群众办工会。工会改革方案主要涉及:一是组织体制的改革,基层工会的基本做法是探索实行“代表制”;二是转变工会工作方式,改革“行政化”模式,将工作的重心移向基层;三是完善工会干部的管理制度,改革“委派制”,落实“党委主管、工会协管”的工会干部管理制度;四是增强基层工会的活力。从职工的愿望和要求出发组织活动,完善基层工会的民主制度,依靠工会积极分子和广大会员开展工作。具体为:(1)民主管理工作。进一步健全民主程序,落实各项职权,理顺工会和职代会的关系,民主管理要赋予承包经营责任制新的内容。(2)群众生产工作。把生产指挥和劳动竞赛相结合,工会着力于宣传先进典型和合理化建议,劳动竞赛和评比工作转给行政主抓;逐步推行工会代表职工与行政签订共保合同。(3)劳动保护工作。落实全总颁布的劳动保护监督“三个条例”,独立开展监督检查活动,工会不再参与行政管理。(4)群众生活工作。属于行政方面的职工生活福利具体工作,工会不再参与。(5)女职工工作。女职工工作不再作为一个独立系统全面安排和开展工作,女职工工作重点是维护合法权益和特殊利益。(6)文体工作。坚持业余、自愿、小型、分散、形式多样,不再通过工会系统逐级下达任务。(7)宣传教育工作。主要采取寓教于乐的方式、家访谈心互帮互助的自我教育的形式、鼓励职工自学成才的方式。(8)组织工作。基层工会召开代表大会改选工会委员会由报批改为报备;委员会候选人采取自下而上提名推荐的方式,除工会主席、副主席须与上级工会协商外,其他不在搞内定。工会机构进一步精简、效能统一,工会干部减少1/3;工会内外横向联系更加广泛、活跃。是年,天津港各基层工会对自身改革进行了实践探索,全港设有专职主席、副主席的22个基层工会中,已有16个单位实施了改革方案。1988年,全港开始车间工会民主选举工作,有7个单位的48个车间工会进行了民主选举试点工作,按照民主、公开的原则进行了车间工会的改选并推行了会员直接选举工会主席制度,天津港工会还分别制定了《基层民主选举制度的若干规定》和《关于生产单位车间工会兼职工会待遇的暂行规定》。截止到1989年年底,全港已经有175个车间推行了会员直接选举工会主席制度,占全局车间总数的67.8%。

1988年12月,市总印发《关于在建设企业利益共同体中更好地发挥工会作用的意见》,《意见》提出,当前要抓好思想工作:一是积极参与推行和完善多种形式的承包经济责任制;二是认真参与企业生产经营管理;三是代表和维护职工利益,协调好企业内部利益关系;四是大力推行集体合同,把经营者和生产者的责权利关系具体化、契约化。同月,市总下发《增强基层工会活力若干问题的意见》。《意见》强调指出:基层工会的职责是相对党政职责划分的,对代表和维护职工利益,组织职工参政议政,搞好以职代会为基本形式的民主管理和民主监督等,工会主管和以工会为主的工作,要作为基层工会的重点予以加强;协同党委和行政搞好职工思想政治工作和企业经营,并体现工会组织特色。对于不属于工会的工作,不该管且管不好的工作,工会应创造条件,逐步交出过渡到有关部门。《意见》指出:工会有对职工合法权益的保护权,对行政执行国家政策、劳动就业、劳动保险、劳动保护、收入分配、生活福利、女工保健等有监督权。在职工与企业发生矛盾时,工会有权代表职工合理要求同行政进行交涉,当正常渠道不能解决时,有公开揭露、举报及进行其他合法斗争的权利。1989 年 4 月,市总印发了《关于增强基层工会活力几个具体意见和办法的通知》,具体意见和办法分别是《天津市总工会关于完善基层工会民主选举制度的若干意见》《天津市总工会关于完善基层工会民主制度和民主生活的若干规定》《天津市总工会关于加强工会积极分子队伍管理的办法》《天津市总工会关于明确基层工会主要职责的意见(讨论稿)》。4 月 21 日,市总召开基层工会改革工作会议。大会指出,各级工会要统一思想,把握重点,增强基层工会活力,推进工会自身改革,工会要在"治理整顿,调整改革"中发挥作用。为适应基层改革的形势,工会工作机构进行调整,制定"代表下级、为基层服务"的制度和方法。1989 年年底统计,港务局计有 175 个车间推行了"会员直接选举工会主席"制度,占全局车间总数的 68%。

1989 年 4 月,市总印发《关于明确基层工会主要职责的意见(讨论稿)》。《意见》提出:各级工会要组织职工参与管理,维护职工参与管理的民主权利;调动经营者和劳动者两方面的积极性;发动职工为发展生产、提高经济效益献计出力;开展以精神文明为内容的群众自我教育活动;保护职工的生产安全和身体健康;关心职工生活;搞好工会自身建设。《意见》提出工会与行政交叉工作的处理意见,原工会承担,但属于行政的工作要交出;被取代的群众运动传统方式的工作,交给行政;属于社会工作范畴的工作如计划生育、爱国卫生、献血防汛等需要提供人、财、物、时间,行政主管较为方便,工会要协助配合。9 月 2 日,天津港工会印发《关于基层工会民主选举制度若干问题的暂行规定》,明确了民主选举的基本原则、会员代表大会代表的范畴、民主选举基层工会委员会、直接选举基层工会主席副主席、选举基层工会经费审查委员会以及民主选举工作中应注意的问题等六方面内容。

1989 年 12 月 21 日,中共中央印发了《关于加强和改善党对工会、共青团、妇联工作领导的通知》,《通知》主要包括:各级党委必须牢固树立全心全意依靠工人阶级和广大人民群众的思想,高度重视工青妇工作。党组织要对工青妇实行统一领导。支持工青妇依照法律和各自的章程独立自主地开展工作。支持工青妇在维护全国人民总体利益的同时,更好地维护各自所代表的群众的具体利益。充分发挥工青妇在思想政治教育中的作用。发挥工青妇在国家和社会事务管理中的民主参与、民主监督作用。增强基层工会、共青团、妇联组织的活力。加强工青妇干部队伍建设等八个方面。这个《通知》是新中国成立 40 年来党中央就加强和改善对群众组织的领导,具有现实和深远意义的纲领性文件。《通知》既总结了新中国成立 40 年来,特别是改革开放 10 年来群众工作历史经验和现实的经验,也指出了 20 世纪 90 年代群众工作的方向,提出了在稳定政治、稳定经济、稳定社会的关键时期,发挥工青妇组织的作用,开创群众工作新局面的指导方针。特别是《通知》中关于加强和改善党对工会工作领导的精神,体现了党和国家对职工的关心和爱护,表明了以江泽民同志为核心的党中央对工会组织和工会工作的高度重视。《通知》指出,坚持党的领导,是做好工青妇工作的根本保证。党组织要对同级工青妇组织实行统一领导,主要通过这些组织内党组织的活动和党员的模范作用,使党的主张经过工青妇的民主程序,变成各自组织的决议得到贯彻落实。《通知》指出,党委和政府要为工青妇组织独立自主地开展工作创造必要的条件,支持它们依照法律和各自的章程,执行它们上级组织的决议。党委对工青妇工作作出重要决定时,要充分考虑它们上级组织的意见。党委的意见与工青妇上级组织的意见不一致时,党委可以根据实际情况作出决定,工青妇应按照同级党委的决定执行,同时可向上级组织反映。党委不应干涉工青妇的日常工作,不要随意抽调工青妇的干部,不得把工青妇的机构撤销、合并或归属于其他工作部门。《通知》指出,广大职工、青年、妇女需要通过各自的组织表达和维护自己的具体利益,党和政府也需要工会、共青团、妇联经常反映群众的意见和要求,帮助党和政府改进工作。《通知》指出,各级党组织要帮助工会、共青团、妇联制订切实可行的思想政治教育计划，充分运用它们现有的各种宣传教育阵地和群众思想政治工作队伍，开展多种形式的宣传教育活动。各级党组织要指导工会、共青团、妇联大力发扬社会主义、共产主义的道德风尚，积极开展移风易俗活动，同各种腐朽思想和丑陋行为进行坚决斗争。《通知》指出，工青妇应当成为广大群众有组织、有纪律、有领导地参政议政的民主渠道。各级政府应当逐步建立和完善工青妇对政府工作进行民主参与的制度。《通知》指出，党委要定期讨论工青妇工作中的重大问题，协调它们与行政的关系。工青妇组织要主动地向党组织汇报工作。行政组织要支持工青妇独立自主地开展工作。工青妇组织要支持行政依法行使职权。《通知》指出，党委推荐人选时应当同上一级工青妇充分协商。党委推荐、群众推荐和自荐的人选都要经过法定的民主程序。党组织应当尊重民主选举结果。1990 年 5 月，天津港工会向党委提出《建议工会重要问题提请党委讨论的意见》，10 月，党委及时将《意见》批转到天津港各单位党委，为加强党对工会工作的领导创造了良好的内部条件。

1990 年 6 月 9 日，天津港工会印发贯彻市总《〈关于加强车间民主管理工作的意见〉的通知》。《通知》要求抓好组织落实、职权明确、制度完善、加强指导、争取党政支持等五个环节。要建立车间民主管理工作系列制度、考核标准、信息制度与检查制度等。是年 11 月，天津港工会印发《关于调整充实工会系统及机构编制的报告》和《关于工会重要问题请示党委讨论的意见》。《报告》提出“1988 年，全港脱产工会干部配备到 106 名，由于缺乏经验，工会自身改革，精简了近三分之一。后来又增加调整，1989 年年底，工会实有脱产干部 83 人。在工会组织改革中，车间工会主席 60% 专职改兼职。天津港工会原编制 16 人，定编后减至 13 人，工作力量削弱。”本着精简与效能统一的原则和基层要加强、机关要精干的原则，天津港工会提出编制调整方案。总原则，工会脱产干部控制在职工总数的 0.45% 之内。局工会编制增至 15 人，拟设“三部一室”。12 月 26 日，天津港工会印发《关于机构和人员调整的通知》，将原“一部一室”职工权益维护部、办公室，扩编为“三部一室”民主管理部、宣传教育部、职工权益维护部、办公室。重新调配了工会干部，为主动争取党的领导，天津港工会向局党委提出《关于工会重要问题请示党委讨论的意见》，重要问题范畴为：“局工会工作年度计划；局职代会召开、议题、改选换届；会员代表大会的安排、报告、领导班子人选；工会系统重要改革方案；局工会机构设置和干部编制；出席全国和市工会代表大会、妇女代表大会代表人选；向全国和部、市推荐的先进企业和劳动模范、先进集体；全局性涉及职工面较大的大型文体活动等”。1990 年统计，天津港共有职工 21515 人，会员 20340 人，有基层工会 29 个，车间 258 个，工会小组 1598 个，有专职工会干部 103 人。

1991 年 3 月，根据中央 1989 年 12 号文件精神和全总要求，市总印发《关于加强基层工会领导班子建设的意见》。《意见》提出，要认真选配好工会领导班子；要加强领导班子思想建设；要实行集体领导和分工负责相结合；要坚持民主集中制的领导原则和从群众中来到群众中去的工作方法；工会委员要在搞活企业的全局中发挥作用；要改变工作作风，扎根于职工群众；要建立自我约束机制，实行会员监督；要建立健全必要的切实可行的制度。是年 4 月，天津港工会对基层工会进行了一次调研，主要存在着，“部分基层工会长时间没有配备工会主席(副主席主持工作)，工会组织不健全；一些单位调动工会主要负责人不履行程序，使工会工作受到了影响”。5 月，工会向党委提出了三点建议，一是按照上级工会和天津港党委的规定，配备党政副职级别工会主席。二是根据天津港党委组织部《关于进一步配好基层工会主席的通知》要求，今后调动工会负责干部，首先需要经过被调动人所在工会委员会讨论通过，并征得上级工会同意，然后由党组织任命代理职务，待召开会员代表大会经民主选举后，报上级工会审批。三是各级工会主要负责人的调动不宜频繁，应保持相对稳定。

1991 年 10 月 17 日，为贯彻中央办公厅转发的中共全总党组《关于进一步发挥工人阶级主力军作用需要解决的几个问题的报告》精神，市委批转了市总党组《关于进一步发挥工人阶级主力军作用的意见》，指出，“要加强和改善党对工会的领导，更好地发挥工会的桥梁纽带作用。各级党委坚持每年两次听取工会工作汇报，研究工会工作，支持工会组织依照法律和工会章程独立自主、创造性地开展工作。通过党委推荐和民主选举，配备好工会领导班子。”《意见》指出，认真贯彻落实《通知》精神，对于加强工会的思想建设和组织建设，增强工会组织的战斗力和凝聚力，更好地发挥工会组织作为党的桥梁和纽带的作用，带领广大职工巩固和发展安定团结的政治局面，巩固和发展天津建设和改革的成果，具有极其重要的意义。在贯彻落实《通知》过程中，天津港工会组织各级工会干部认真学习、深刻领会文件的精神实质。把贯彻《通知》作为落实全心全意依靠工人阶级、密切干群关系的重要措施。1992年11月21日，根据市总和中国海员工会的贯彻意见，天津港工会转发了全总《关于在改革中要依法保证工会组织健全的通知》。

1992年4月3日，修改后的《中华人民共和国工会法》正式颁布实施。新的《工会法》体现了中国特色的社会主义工人运动和工会工作的基本特征。具体体现：在工会性质方面，在自愿结合的基础上，坚持阶级性和群众性的统一；在活动准则方面，坚持党对工会的绝对领导与工会依照法律和章程独立自主、创造性地开展工作；在主要任务方面，坚持维护、建设、参与、教育等任务的完整性和有机结合；在工作的指导思想方面，坚持工会在维护全国人民总体利益的同时，依法维护职工的具体利益；在组织原则方面，坚持民主集中制，保证工人阶级队伍与工会组织的团结和统一；在工会与行政关系方面，坚持双方在根本利益一致基础上的互相尊重和相互支持。《工会法》的颁布实施，为工会自身的改革和建设提供了法律支持。1993年12月8日，市十二届人大常委会第四次会议通过《天津市实施〈中华人民共和国工会法〉办法》。《实施办法》的颁布解决了工会组织的法律地位问题；对落实《工会法》的各项规定提供了具体的可操作的法律依据，对提高工会工作整体水平提供了保障。1994年2月14日，天津港工会与行政联合转发《天津市实施〈中华人民共和国工会法〉办法》。11月29日，天津港工会转发市总《关于在深化改革转换机制中，加强工会基层组织建设的意见》，《意见》指出，要以改革的精神，加强基层工会组织建设，增强基层工会组织活力。在企业深化改革过程中，探索适应新形势、新机制的组织机构、组织制度、活动内容、工作方式；在转机建制过程中，必须依法保证工会基层组织健全；保证工会干部队伍的相对稳定。工会基层组织要按期换届，按规定程序选举、任免工会领导成员。

1994年7月，《中华人民共和国劳动法》经第八届全国人民代表大会常务委员会第八次会议通过。这是新中国成立以来第一部保护劳动者合法权益，规范劳动关系的基本法律。12月12日，在全总十二届二次执委会上提出“以贯彻实施《劳动法》为契机和突破口，带动工会各项工作，推动自身改革和建设，努力把工会工作提高到一个新水平”的总思路，明确了在建立市场经济体制中工会组织的主要职能、改革方向和目标任务。1995年2月，根据《工会法》和天津市《实施〈工会法〉办法》、天津市《中外合资经营企业工会若干规定》的精神，结合全局的实际，天津港工会印发了《关于加强天津港外商投资企业组建工会工作的通知》，《通知》规定：凡聘请了中方工人的外商投资企业在6月底前必须组建或理顺工会组织。至1995年年底，天津港97%的企业组建或理顺工会组织。天津港外商投资企业已经发展到8家，工会组建率达到75%。11月10日，根据全总《关于工会劳动法律监督试行办法》和市总工会相关文件精神，天津港工会印发《关于建立工会劳动法律监督组织的意见》。《意见》提出，拟将职代会劳动规章制度委员会与劳动法律监督委员会合并为劳动法律监督委员会（没建立的可以直接建立）。在职代会劳动规章制度委员会的职责、活动制度和工作制度的基础上，建立《劳动法律监督试行办法》。劳动法律监督委员会接受上级劳动法律监督委员会业务指导，对同级职代会负责，在职代会闭会期间，受同级工会委员会领导。

1997年6月5日，全总检查组到天津港检查贯彻落实工会工作总思路情况。天津港第三港埠公司工会汇报贯彻落实“工会工作总思路”情况；党委书记、总经理、职工代表3人分别评价了三公司工会落实“工会工作总思路”情况，检查组认为三公司工会突出了工会维护的职能，落实了“依靠”方针，高度评价了主动争取党委的领导与行政密切配合的做法。1997年11月23日，市委批转市总拟订的《关于动员和依靠全市广大职工为加快企业改革和发展作贡献的意见》并提出，各级党委要进一步重视工会工作，切实加强领导，“政治原则上把关，发挥作用上重视，具体工作上放手，制度措施上保证”，支持和帮助工会组织依照法律和章程独立自主、创造性地开展工作。天津港党委和工会相继转发了市委批转市总的《意见》。

1997年8月25日，贯彻市总印发的《贯彻落实党政机关厉行节约制止奢侈浪费若干规定实施细则》的通知精神，天津港工会印发《关于厉行节约制止奢侈浪费若干规定》的通知。1998年4月20日，天津港工会印发《关于天津港务局工会有关会议制度的通知》。文件附有四个制度：《天津港务局工会全委（扩大）会议制度》《天津港务局工会常委会议制度》《天津港务局工会主席办公会议制度》《天津港务局工会主席例会制度》。6月4日，依据《公司法》《企业法》《工会法》和《劳动法》等有关法律、法规，天津港党委印发《中共天津港务局委员会关于全心全意依靠职工群众办企业的若干意见》。《意见》指出，“要加强和改善各级党组织对工会工作领导,支持工会独立自主地开展工作、履行维护职责。支持工会全面履行参与、建设、协调、教育等其他各项职能。要为工会配备政治素质好,能力强,职工信赖的干部。工会要搞好自身改革和建设,各级工会组织和工会干部要不断提高自身素质水平。要保证工会组织的独立设置和完整。各级党组织和行政领导要为工会开展工作提供必要的物质条件。”

2000 年 3 月 11 日,市总印发《关于进一步加强新建企业工会组织建设的意见》,指出:要进一步提高对新建企业建立工会组织重要性、迫切性的认识。要切实加强对新建企业工会组建工作的领导。要积极探索新建企业多种建会形式。要建立和健全工会领导体制,加强对新建企业工会的管理。

2000 年,天津港工会着力于制度建设。先后制定了《天津港务局工会关于基层召开基层会员(代表)大会请示及有关程序内容的规定》《天津港务局委派财务会计主管人员工会会籍管理(试行)办法》等,修订了天津港《建家标准、考评细则和奖励办法》。根据市总印发的《关于进一步加强督查工作意见的通知》精神,2002 年 3 月 5 日,天津港工会印发《关于进一步加强督查工作的实施意见的通知》。督查工作是新形势对工会组织的客观要求,天津港工会要求各级工会组织要提高对督查工作重要性的认识,明确工会督查工作总的要求和任务;要建立健全工会督查工作机制;切实加强对督查工作的领导。督查工作由工会办公室牵头负责;各级工会组织建立了便捷、畅通、有效的督查工作网络;转变作风、深入基层、细致工作,督查工作取得一定效果。2003 年,天津港工会修改完善了《工会办公室工作制度》《工会信息呈报制度》《工会财务工作竞赛考核办法》《工会女职工工作制度》和《工会女职工工作标准》等。

2003 年 4 月 16 日,根据《天津市实施〈中华人民共和国工会法〉办法》第二章第五条,就上级工会组织代行职能问题,市总印发《关于上级工会组织代行基层工会组织职能的试行意见》,《意见》对代行职能的原则与范围进行了规定:职工在企业开业或者成立之日起 6 个月内,依法建立工会。各单位、组织在尚未建立工会期间,由区域性工会联合会或者行业工会、产业工会代行工会职能。各局、集团总公司工会及其所属各级工会分别代行下一级单位组织的工会职能。独资企业,按属地原则由其经营所在地工会代行工会职能。中外合资合作企业,6 个月以后仍未建立工会的,由投资方工会和地方工会协商确定一方代行职能。自代行之日起超过 6 个月仍不能正式建立工会组织,按照属地管理原则,由该企业经营所在地地方工会代行职能。对注册地和经营地不在一处的异地经营企业,也按照此原则办理。遇有特殊情况,可越级代行职能。《意见》规定了代行内容:组织实施建会筹备的各项工作;督促企事业等单位严格执行国家有关劳动用工等方面的法律、法规;代收代管工会经费。2004 年 12 月,为认真贯彻党的十六届四中全会精神、全总第十四届执委会第二次全体会议精神,全总印发《关于进一步加强基层工会工作的决定》。《决定》指出,基层工会工作仍然比较薄弱。工会组建与企业职工队伍迅速壮大的状况还不相适应;依法履行职能与党的要求、职工群众的愿望还不相适应;工作机制、活动方式与企业深化改革的形势还不相适应;工会领导机关服务基层的思想、能力、作风,还不适应加强基层工会工作的需要。《决定》要求,在新形势下,要依法推进工会组织的覆盖面。要调动职工投身经济建设的积极性和创造性;要健全维权机制,建立和谐稳定的新型劳动关系;要坚持服务职工群众,积极办好事办实事;要坚持四有职工队伍建设,提高职工队伍整体素质;要实现工会工作群众化、民主化、法制化,不断推进自身改革和建设。同时提出加强基层工会工作要按照“组织起来、切实维权”的工作方针,以建立健全工会基层组织为基础,以服务大局、服务职工为根本,以建立健全协调劳动关系机制为重点,以提高依法履行基本职责的能力为关键,在创新中激发基层工会活力,使工会工作更好地把握规律性、富于创造性、体现时代性。加强基层工会工作要按照“统筹兼顾、突出重点、分类指导、整体推进”的原则,科学创建基层工会工作的新格局。“既要推进基层工会组织的建立,又要推进基层工会提高水平;既要推进公有制企业、事业单位和机关工会工作的巩固和发展,又要推进非公有制经济组织工会工作的规范和提高;既要推进工会组织领导体制向社区延伸,又要推进基层工会自身的改革和建设”,全面加强基层工会建设,最广泛地把职工群众组织到工会中来,最充分地把基层工会的活力激发出来,把基层工会建设成为“组织健全、维权到位、工作活跃、作用明显、职工信赖”的职工之家,在改革发展稳定大局中充分发挥工会组织的作用。2005 年 3 月 9 日,市总转发全总关于转发国务院办公厅《关于深入贯彻〈工会法〉支持工会工作的通知》的通知。国务院办公厅就深入贯彻《工会法》、支持工会工作专门发出《通知》,充分体现了党和政府对工人阶级、工会工作的高度关心和重视，为工会组织依法履行各项社会职能，为工会工作的创新发展创造了良好的外部环境和有利的条件。对充分发挥工会组织在维护职工合法权益，协调劳动关系，促进经济发展和社会全面进步将起到积极的作用。同时，也对工会工作提出了新的更高的要求。2006 年 9 月 21 日，全总印发《关于认真学习贯彻〈企业工会工作条例（试行）〉的通知》。《条例》明确了企业工会的地位、企业工会工作的指导思想、基本任务、工作目标，明确规定了企业工会组织建设，工会主席职权，干部队伍建设，企业工会的工作机制、制度、载体和活动方式，以及企业工会的经费与财产，工会干部保护等方面的问题，为企业工会开展工作提供了政策依据和制度保障。《条例》的颁发，标志着加强新时期工会工作、建立和谐稳定的劳动关系、完善职工维权机制建设又迈出了重要一步；对于深入贯彻党的全心全意依靠工人阶级的根本指导方针、加强企业民主政治建设、更好地履行工会依法维权的基本职能、全面推进企业工会组织建设、促进经济建设和社会和谐稳定，具有十分重要的现实意义。

随着天津港的发展，职工队伍和工会组织不断发展壮大，截至 2009 年年底，有基层工会 47 个，车间工会 357 个，工会小组 1465 个，有专职工会干部 177 人，会员发展到 32770 人，比改革开放初期会员数增加 1.7 倍。（见图 4）天津港各级工会组织和广大工会干部坚持树立为科学发展服务、为职工群众服务、为基层单位服务的工会工作理念。不断增强工会组织活力，提高工会干部服务能力，创新工会工作组织体制、运行机制和活动方式，努力建设学习型、服务型、创新型工会。不断改进工作作风、提高工作水平、强化工作效能。各级工会组织大力弘扬求真务实精神，进一步密切与职工群众的联系，真诚倾听职工群众呼声，真实反映职工群众愿望，真情关心职工群众疾苦，以对党和人民高度负责的态度，扎扎实实为职工群众做好事、办实事、解难事。

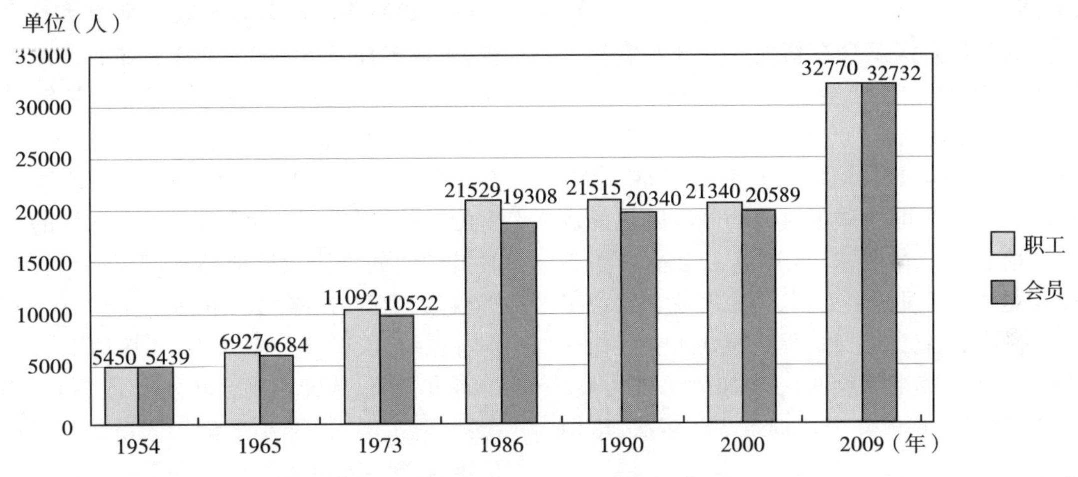

图 4　天津港职工和会员队伍变化情况

二、工会干部培训

开展工会干部培训，提高工会干部队伍素质，是强化工会地位，塑造工会形象的需要，是不断开创工会工作新局面的组织保证。通过干部培训，提高工会干部的自身思想政治和政策水平以及开展工作的素质能力，更好地履行工会的各项职能。

天津港恢复建设期，根据港口发展的形势要求和政治斗争的需要，天津港工会以短期训练班的形式，对工会干部进行了职工当家做主有关的阶级斗争理论、宣传方式等培训，斗争封建把头政策把握和清除封建帮会思想遗毒的理论灌输，以及国内外的政治时事；在生产方面主要开展安全知识、生产组织等方式、方法的培训。

1952 年，根据华北区海员工会的要求，天津港两次抽调船舶工会积极分子和工会干部到南京海员训练班参加脱产学习，主要学习《社会发展史》和初级政治课，并进行阶级教育。通过培训，这些职工成为民主改革运动的积极分子。1954 年，天津港工会重组，随着工会组织的扩大，对工会干部的素质提出了新的要求，这期间，天津港工会大力加强工会小组长和工会积极分子的培训，为做好港口生产和工会工作奠定了基础。1956 年 11 月，华北区海员工会第二届会员代表大会提出，“要注意培养工会干部，要有计划地组织工会干部脱产学习,以期求得提高理论政策和业务水平。"1959年3月,天津港工会印发《工会有关制度方面的几项规定》,提出,"工会的全体干部,必须加强政治、理论、业务学习,努力提高自己的政治、政策和业务水平,从而能够正确地贯彻执行党的各项方针政策"。还提出,"政治理论学习一律按党委统一安排进行,业务学习每周不得少于四小时,采取做什么就学什么,联系思想,检查工作,提高认识。"1962年,天津港工会提出工会干部培训分工责任:车间工会主席以上的工会干部由天津港工会负责培训,车间部门委员、干事和工会小组长由基层负责。是年,天津港工会组织工会干部轮训了一遍。1964年,天津港工会继续进行组织整顿和思想建设,改进工作转变作风,克服满足现状、故步自封思想,解决行动迟缓、事务主义、学习空气不浓等问题。整顿过程中,广大工会干部加大学习"毛著"的力度,不断加强业务知识的学习,努力克服了一般化的工作作风。"文革"期间,工会组织遭到破坏,工会干部培训工作完全停止。

1973年,天津港各级工会重新建立并开始恢复工作。为了适应形势的需要,工会干部随之恢复。是年,全港12个基层工会采取脱产与业余相结合的方法,共举办91期工会干部学习班,培训工会干部1528人次,通过学习,广大工会干部加深了对党的基本路线的认识。1974年,落实市总的要求,天津港工会举办了工会干部短期学习班,通过学习列宁、毛主席关于工会工作的论述,检查总结自己的工作,提高做好工会工作的自觉性。1977年,天津港工会进一步加大培训力度,举办工会干部和工会积极分子培训班300多次,培训6100多人次。

党的十一届三中全会以来,工会干部培训工作逐步走向正轨。1980年,天津港工会明确了工会干部培训分级负责制,天津港工会重点负责车间工会主席和工会专职干部的培训,基层工会负责车间和工会小组长的培训。是年,天津港工会组织工会干部轮训了一遍。1983年8月2日,全总印发《关于组织工会干部和广大职工学习〈邓小平文选〉的通知》。《通知》要求,"所有工会干部都要学习中宣部安排的28篇重点篇章和题为《工人阶级要为四个现代化作出优异贡献》的重要文章。各级工会干部、劳动模范、先进生产者、工会积极分子要带头学习,作出榜样。"1987年,天津港工会在各级工会干部中开展了反对资产阶级自由化,坚持四项基本原则教育,为提高理论水平,选送了两级工会干部38名参加了岗位培训。1988年12月,为贯彻全总十一大精神,天津港工会分期分批组织全港工会主席、副主席、车间工会主席和工会干部109人,进行脱产培训。1989年,天津港工会先后选送11名工会干部参加市总干部管理学院专业证书和短期培训班学习。据统计,1990~1991年,全港培训工会干部350多人。

随着经济体制改革和市场经济的建立,工会干部的思想观念、法制观念、经济管理知识还不能跟上形势发展。针对这一现状,天津港工会逐步加大了工会干部的培训力度,通过学习社会主义初级阶段理论、邓小平理论、市场经济管理、法律法规知识,增强了工会干部适应新形势、运用新方法、解决新矛盾的能力,使工会干部较快地进入了工会工作的新角色。

1992年,贯彻市总"工会干部培训规划"精神,天津港工会制定并印发《关于车间工会主席岗位培训的安排》。主要培训内容是《工会法》、邓小平理论、车间"建家"活动、车间职代会和如何当好车间工会主席等内容。1993年,天津港各级工会贯彻全总十二大精神,采取多种学习形式,加深了对十二大精神的理解,明确了今后工会工作的方针任务。是年,为提高工会干部的思想认识和素质能力,天津港工会组织各级工会干部结合天津港进行的财务制度改革、劳动工资制度的改革,开展适应性和深化改革方面的培训,与此同时贯彻党的十四大精神,提高工会干部在发展市场经济、解放生产力、深化改革、促进经济发展等方面的认识。据统计,1992~1993年,共培训工会干部620人。1994年7月,天津港工会转发全总关于认真组织工会干部、职工学习《邓小平论工人阶级与工会》的通知。是年,各级工会组织工会干部学习了《邓小平论工人阶级与工会》一书,研究探讨了实际工作中存在的具体问题。1995年,为了提高工会干部素质,适应实现"两个转变"的要求,贯彻市总《关于进一步加强工会干部教育工作的意见》,天津港工会印发《关于举办工会干部上岗资格培训班的安排》,以贯彻《劳动法》《工会法》为重点,举办了工会专业干部培训、适应性工会岗位培训,137名工会干部取得上岗证书。通过学习讨论,加深了理解、明确了任务、增强了信心,为全面贯彻好《劳动法》《工会法》奠定了基础。1996年6月,根据市总《关于进一步加强工会干部教育工作的意见》的要求,天津港工会用一个月的时间,举办了工会干部上岗资格培训班。首批参加培训的工会干部140名。以全总组织部编写的《基层工会干部简明读本》为主要教材,请市总有关负责人和市总干院教师讲授了现代企业制度中，工会与劳动就业、工资改革和劳动保险制度改革的关系及集体合同的签订、劳动争议、劳动竞赛、劳动保护等工作，并结合工会工作的难点、热点问题开设专题讲座。通过系统的学习，工会干部对市场经济形势下的工会工作有了明确认识，政治理论、工会工作基础理论有了更多的掌握，业务法律知识有所增强，分析问题和解决问题的能力有所提高。1998 年，天津港各级工会不断加强自身建设，坚持以思想建设带动组织建设和作风建设，认真学习贯彻党的十五大和工会十三大精神，两级工会领导班子结合全国开展的"讲学习、讲政治、讲正气"活动，不断提高工会干部的思想、理论水平。各级工会通过举办学习班、专题讲座等形式，组织工会干部学理论、学经济、学管理、学法律、学业务。

随着天津港加快发展，企业内部劳动关系和经济关系调整变化，改革调整中职工队伍的内部结构、分配方式和思想观念发生了深刻变化，经济成分多样化、用工方式的多样化、分配方式的多样化，特别是新建企业增多，重组的企业增多，加之劳务员工队伍不断壮大，工会面临的维护职工各项合法权益、发展和谐劳动关系的任务更加艰巨，对工会干部的素质能力提出更高的要求。

1998 年 12 月，市总十三届五次全委扩大会议对思想作风建设提出了四点要求，一是要形成认真学习、理性思考的风气；二要保持坚韧不拔、奋发有为的精神状态；三要掀起抓基层、打基础、练基本功的热潮；四是要养成善于总结、超前思维的习惯。1999 年，为提高工会干部素质水平和业务能力，改进工作作风，适应新时期工会工作的要求，天津港工会举办了多次工会干部培训班，分别请天津港党委书记主讲创新理论，有关部门负责人和专业人员讲授劳动用工制度和工会业务知识；举办了工会干部贯彻落实党的十五届四中全会精神的辅导讲座，使广大工会干部了解推进国有企业改革和发展的一系列重大举措。2000 年，天津港举办了工会干部上岗资格培训班，组织两级工会干部 160 多人进行了两次培训；举办了 3 期车间工会主席和 4 期工会小组长培训班，有 420 名基层车间工会主席和工会小组长参加了培训。2001 年，天津港工会对工会干部进行革命传统教育，举行了纪念中国海员工会成立 80 周年报告会。2004 年，天津港工会加大培训力度，以上级工会学院和天津港党校为主要培训基地，分期分批地搞好工会干部岗位轮训，并采取上下结合、专兼结合、分层分类的方法进行培训，是年，培训工会干部 420 多人次。2005 ~ 2006 年，按照全总提出的工会干部要成为"政治家、社会活动家、协调劳动关系专家"的要求，以实现"工会工作专业化、工会干部专家化"为目标，按照市总的统一部署，天津港工会开展了工会干部大培训活动，利用天津港党校，采取培训班与研讨班相结合的培训形式，对全港工会干部普遍轮训一遍。2007 年，天津港工会以贯彻《企业工会工作条例》为重点，采取上下结合、分层分类实施的办法，依托市工会干院、天津港党校，对基层新任和新建单位工会主席进行了资格培训，并开展了多种形式的工会干部岗位培训和适应性培训。2008 年，为提高工会干部队伍的素质能力，天津港工会举办了宣传、生产、女工、民管、生活、财务等系统专业培训，培训工会干部 500 余人次。参加市总举办的培训 5 次，培训 150 余人次。同时还专门组织部分基层主席参加全总举办的培训班。通过培训，开阔了视野，提高了工会工作水平。2009 年，落实市总"大学习、大培训、大提高"活动的部署，发挥工会大学校的作用。以解决"三个问题"，提高"四个能力"为重点，天津港工会采取"走出去，请进来"的方法，组织天津港和基层两级工会干部 160 多人进行了两次培训，还先后派出 15 名基层工会主席分别参加市总组织的培训班。举办了 7 期基层车间工会主席、工会小组长培训班，有 600 余名基层车间工会主席、工会小组长参加了培训。通过培训提高了工会干部服务生产服务大局的能力，组织、引导、服务职工和维护职工权益的能力，构建和谐劳动关系的能力，创新体制、机制的能力。

天津港工会成立 60 年来，天津港工会为加强工会干部党的路线、方针、政策教育和专业知识教育，一方面向全总、市总等工会干校输送干部进行培训；另一方面通过天津港党校、培训中心组织工会干部学习。这种多渠道、多层次、多形式的培训途径，对工会干部的思想、业务提高和自学成才起到了很好的作用。

三、会员教育与积极分子队伍建设

会员教育是工会组织的一项经常性的教育工作。会员教育贯穿于会员入会到会员离退休整个过程。教育的形式和内容随着形势的发展有所不同，天津港的会员教育主要经历四个时期。

第一个时期，天津港恢复建设时期，会员教育的主要内容一是反封反把，斗争封建把头，认识封建把头在政治上的压迫和经济上的剥削的真实面目，以及不甘心灭亡、反对新生红色政权的反动嘴脸，通过揭发批判，与他们进行坚决的斗争，同时自我批判旧社会遗留下来的行会思想和散漫无纪律作风。二是树立主人翁责任感,把翻身做主人的感怀和对党的感恩,落实在恢复港口生产建设,完成各项生产任务上。三是学习贯彻《工会法》,认识新中国的工会组织性质,揭发检举,清理混进工会组织的异己分子。第二个时期,天津港全面建设时期,天津市搬运工会、塘沽搬运工会大批装卸工人转为天津港正式职工,天津港实施劳动改革,面对新形势,在整建工会组织的过程中,开展会员教育,宣传工会的章程。第三个时期,“文革”结束,粉碎“四人帮”之后,特别是1968年以后大批青年学生陆续加入天津港职工队伍,工会组织开展动员入会教育活动,使广大青年职工认识工会,组织、动员和号召他们积极参加工会组织开展的经济技术和文化体育等各项活动。第四个时期,1992年新的《工会法》颁发实施后,为使《工会法》深入人心,各级工会采取知识竞赛、板报展评、座谈讨论等方式,宣传贯彻,形成高潮。

会员管理是各级工会组织的基本任务和日常工作之一,主要有会员证的发放、会员的登记造册、会员的会籍档案管理和会员关系的传递工作。20世纪50年代末,部分工会会员劳动纪律松弛,为清理工会队伍,加强会员的组织纪律性,进行会员登记。1965年10月11日,市委批转市总党组《关于在“四清”运动中整顿基层工会的意见》。整顿基层工会的过程中,工会会员普遍进行审查登记。面对各级工会组织要求整建,工会工作要加强规范性、统一性的工作。“文革”后期,工会恢复工作,1973年5月至6月,天津港完成工会整建工作,会员队伍重新建立。1978年12月6日,全总印发《关于重新印刷工会会员入会申请书、会员登记表、会员证的通知》。按照《工会章程》和有关规定,对会员进行登记、立档、发证、管理、统计等。2002年10月14日,天津港工会印发《关于落实全总加强工会会员会籍管理有关问题暂行规定的实施意见》。《实施意见》规定了入会申请、登记接纳、会籍保留、会费缴纳及工会组织关系的流动管理原则。2004年9月15日,为适应当前市场经济条件下劳动关系的变化,规范会员会籍管理,依据全总《关于加强工会会员会籍管理有关问题的暂行规定》,市总印发《关于加强工会会员会籍管理有关问题的暂行规定的试行办法》。凡以工资收入为主要生活来源的,不分民族、种族、性别、职业、宗教信仰、教育程度,都可以加入工会。会员如待岗、内退,会籍仍由本单位负责管理。会员到新单位工作,凭会员证办理会员关系;用人单位未建立工会组织,由所在地工会代行职能,会员离退休后,保留会籍,若重新就业,可办理会员新的组织关系。

工会积极分子队伍建设是工会开展有效工作的重要保证,建设一支优秀的工会积极分子队伍,是工会组织的一项重要工作内容。1951年5月,华北区海员工会第一届会员代表大会指出,“今后必须结合生产,面向基层,巩固基层,通过发现并解决可能解决的问题,总结基层工作经验,培养基层干部团结积极分子,加强工会与群众的联系,以整顿改造和巩固组织。”天津港工会成立后,紧紧围绕党的中心工作,发现培养了大批积极分子,这些积极分子在生产自救,劳动竞赛,建立民主秩序,恢复港口生产以及各项政治运动中发挥了重要作用。

1955年,全总颁发了《关于加强积极分子工作的决定》。工会积极分子队伍建设主要内容为四方面:选拔、培训、发挥作用和表彰。按照工会积极分子选拔条件,经过层层推选后,热心工会工作的积极分子队伍建立起来,并不断地整顿调整充实。

工会自成立以来一直重视对积极分子队伍的培训,根据形势要求、工会工作需要和职工培训计划,培训工会积极分子已成为工会组织的一项经常性的工作。发挥工会积极分子的作用,是落实工会工作的一项重要措施,工会积极分子工作在基层车间班组,与职工一起进行劳动生产技改技革,他们在职工中有相当的号召力和影响力,工会的许多工作就是通过他们的带头来贯彻落实的。所以发挥积极分子的作用,除了加强培训外,就是充分发挥他们的能力专长,让他们充当教育“小先生”、文体活动骨干、理论学习组长、技术革新能手、安全生产检查员、生产带头人等不同角色。1955年,“新港、塘沽、天津三个装卸作业区,为落实工会与行政签订的《集体合同》,通过集中脱产培训、组织业余学习和日常工作指导,有计划地培训生产骨干和工会积极分子1600多人次,提高了班组长、生产骨干、工会积极分子的工作能力和素质水平,促进了工作效率稳步提高。”据1955年统计分析,工会有积极分子1725人,工作积极的占58.35%;工作一般的占25.21%;工作较差的占16.44%。为加强工会积极分子队伍建设,天津港工会加强积极分子的培训,加强业务指导,帮助他们解决实际问题,结合肃反运动,纯洁积极分子队伍。是年统计,工会积极分子业余培训和专业、专题培训1601人次,基层工会如河西作业区工会就培训了工会积极分子584人次。1956年11月,海员工会华北区委员会提出,“贯彻群众路线,必须大力训练培养工会积极分子,通过发挥工会积极分子的作用把工会工作开展起来”,“工会积极分子的工作十分重要,必须加强领导,要重视对他们的培养与教育,要有计划地进行系统的、专业的训练,经常地具体地交给他们任务,交给他们工作方法。”1956年12月,60名天津港工会积极分子被上级工会评为工会工作优秀分子。1957年8月,天津港工会积极分子于鸿珊光荣地出席了全国工会积极分子代表会议。截止到1958年5月,天津港的工会积极分子发展到2662人,占职工的43%。这期间,天津港各级工会结合生产组织积极分子制定规划,召开积极分子“群英大会”,通过挑应战,比高低,开展比先进、学先进、赶先进友谊竞赛。总结推广了新港作业区装卸第14、19小组和塘沽作业装卸第1小组的工作经验。1959年8月,天津港党委转发天津港工会《进一步加强工会组织建设,充分发挥工会组织作用的意见》,《意见》对新选举出来的工会积极分子的培训,提出分工责任:小组一级的积极分子由车间工会负责;车间一级的积极分子由基层工会负责;基层不脱产的委员和专职干部由天津港工会分期分批地输送到省市工会干校学习。对小组和车间工会积极分子的培训,提出交工作时要教方法;要结合中心工作开展培训;要保持积极分子队伍的相对稳定。

1962年3月,天津港工会在印发的《贯彻国营工业企业条例,加强工会工作,深入开展社会主义建设先进班组、先进生产者运动的几点意见》中,对工会积极分子队伍建设和管理提出:要正确选拔工会积极分子,要求政治可靠、生产积极、热心办事,要经过党组织审查和民主选举。要根据积极分子特长分配适当的工会工作,坚持“一人一事或一事多人”的原则。明确职责,有职有权,交任务时还要交方法、交政策。加强对工会积极分子的培训,采取一事一训或短期培训的方式,提高积极分子的工作能力和素质水平。加强工会积极分子的管理和队伍建设,要始终坚持这四条原则。1965年2月,天津港工会第五届会员代表大会指出,“要培养、选拔、培训、关心工会积极分子,充分调动他们的积极性。”加强工会积极分子培训,如1977年,举办工会积极分子培训班300多次,培训6300多人次;1979年,天津港工会举办工会组长培训班196次,培训班组长5000余人次。1980年,天津港工会对860多名工会积极分子进行了工运理论和工会业务方面的培训。1981~1985年,天津港工会组织培训积极分子近3600多人次,各基层工会培训积极分子6500人次。1989年4月,市总印发《关于加强工会积极分子队伍管理的办法》。《办法》规定了工会积极分子的范畴、应具备的条件;对工会积极分子的管理提出五条具体要求;对工会积极分子的评选和奖励做了规范。

随着天津港的发展,工会积极分子队伍不断扩大,遍布天津港各条战线,深深扎根于广大职工中,不辞劳苦,任劳任怨,积极为群众说话办事,赢得了职工群众的信赖,成为工会工作重要依靠力量。据统计,1990~2009年天津港工会涌现出局(集团公司)级工会积极分子1900余人次,基层工会工作积极分子30000余人次。天津港各级工会培训积极分子4165人次。

在加强工会积极分子建设过程中,各级工会十分重视工会积极分子的培养管理教育工作。首先根据党的工作中心和工会的具体任务向他们讲形势、交任务、提要求;其次是举办各种培训班,加强对工会积极分子的培训,从政治理论、业务知识方面提高他们的素质;其三是加强对积极分子队伍的管理,做好积极分子的管理和表彰奖励;其四是关心他们的学习、生活中遇到的各种困难问题,使他们能够在实践中逐步锻炼成长。

四、工会法人资格登记

开展工会法人资格登记是依法确立工会组织的法律地位,保护工会财产,加强工会组织建设,在构建和谐社会中充分发挥工会作用的重要途径。

1997年10月9日,为了规范基层工会取得工会法人资格,保障其在民事活动中的法律地位,根据《中华人民共和国工会法》《中国工会章程》和最高人民法院《关于产业工会、基层工会是否具有社团法人资格和工会经费集中户可否冻结划拨问题的批复》的有关规定,全总印发《基层工会法人资格登记办法》。《办法》第三条规定“基层工会依照本办法的规定核准登记、领取证书后,即取得工会法人资格,依法独立享有民事权利和承担民事义务。工会主席或者主持工作的副主席为法定代表人”。是年,市总先后印发了《天津市总工会实施〈中华全国总工会基层工会法人资格登记办法〉细则》和《关于对天津市总工会实施〈中华全国总工会基层工会法人资格登记办法〉细则的补充规定》。1998年4月1日,根据全总颁发的《基层工会法人资格登记办法》,市总颁发了《实施中华全国总工会基层工会法人资格登记办法细则》,4月29日,天津港工会转发了市总颁发的《实施细则》,开始了基层工会法人资格登记工作,基层工会法人资格登记由市总工会授权天津港工会办理:审查、核准、登记、发证、报市总备案。5月7日,天津港工会召开基层工会法人登记工作会议,部署了法人登记工作。5月15日,天津港38个基层工会取得工会法人资格,占全局工会的92.7%。开展基层工会法人资格登记工作,确认基层工会法人地位和基层工会主席法定代表人资格,为保护工会财产、加强工会组织建设、开展平等协商、签订集体合同、更好地依法履行工会职责提供了法律支持。

2000年7月31日,根据全总和国家质量技术监督局联合颁发的《关于工会法人组织申领中华人民共和国组织机构代码证的通知》精神,市总工会与市技术监督局联合印发《天津市工会法人组织申领中华人民共和国组织机构代码证的通知》。《通知》要求,对市辖区内取得工会法人资格的工会组织颁发《中华人民共和国组织机构代码证》。2001年6月22日,天津港工会转发市总、技术监督局颁发的《天津市法人组织申领中华人民共和国组织机构代码证的通知》。

2004年10月20日,根据《工会法》和《民法通则》的规定,经审核确认天津港(集团)有限公司工会具备法人条件,依法取得法人资格。市总正式向集团公司工会和集团公司工会主席颁发了工会法人资格证书和工会法定代表人证书。为适应形势的变化,依据修订后的《工会法》,是年10月,市总对《天津市总工会实施〈中华全国总工会基层工会法人资格登记办法〉细则》进行了修订,进一步规范了工会组织取得工会法人资格的条件、程序,基层工会认真履行职责,积极创造条件,主动争取党政的重视和支持,切实做好工会法人资格申请登记工作。对加强依法治会、依法维权、推动工会法制建设,具有十分重要的意义。为贯彻市总修改的《实施细则》,10月25日,市总法律工作部印发《关于进一步规范工会法人资格登记工作的通知》,并附有法人登记须知、变更法人须知、登记流程、变更流程、授权单位名单、登记档案交接、登记委托书等七个法人登记具体操作指导文件。2005年4月29日,市总印发《关于开展工会法人资格登记检查的通知》。2008年12月26日,市总印发《关于修改〈天津市总工会实施基层工会法人资格登记办法细则〉的决定》。根据市总的通知要求,结合天津港新建企业、改制重组企业建会和工会法人变更等实际情况,天津港工会积极做好工会法人资格登记工作,及时为基层工会办理工会法人登记、变更工作。至2009年年底统计,天津港两级工会共48家获得了基层《工会法人资格证书》,48名工会主席获得了《法定代表人资格证书》,具有工会法人资格的基层工会和工会主席达到100%。

13年来的实践证明,工会法人资格登记不仅保障了基层工会在民事活动中的主体地位,而且直接关系到工会独立账户的设立和工会资产的保全,对维护职工和基层工会的合法权益发挥了重要作用。

五、工会技协和第三产业

工会系统的技术协作,是在社会主义条件下,工会组织的能工巧匠、管理人员、工会技术人员以自己的智力和技术专长,开展技术攻关、技术咨询、技术培训的技术服务活动。

1983年,中华全国职工技术协作委员会成立。1984年3月,中华全国职工技术协作委员会一届二次会议通过了《中国职工技术协作组织章程》。《章程》规定了职工技协组织的宗旨是坚持党的路线方针政策,发扬主人翁精神和共产主义风格,团结组织会员,吸引广大职工开展群众性的技术协作活动,促进技术进步,推动两个文明建设。明确了职工技协组织的任务是开展群众性的技术攻关活动,解决生产关键问题;开展技术协作、技术培训、技术交流活动;参加合理化建议、技术革新、技术管理和发展企业技术民主活动;推广新技术、新材料和新工艺;参与国际间的技术交流和先进技术的借鉴和引用。此后,随同全国大势,天津港各级工会相继开始成立职工技协组织。天津港工会职工技协组织从成立起就坚持以业余为主、坚持为生产为职工服务、坚持以本企业活动为基础、坚持与专业技术队伍相结合;在技术转让中,坚持“求偿不唯偿”,“作价从低、服务从优”的宗旨。1985年,天津港各基层工会职工技术协作组织举办技术表演15次,参加表演和观摩1355人次;技术讲座106次,听讲职工1120人次。1988年,天津港工会系统的三产、技协、消费合作社工作得到了巩固和加强,工会系统三产企业8家,全年完成营业额1009.7万元,实现利润15.86万元,上缴税金5.52万元。消费合作社20家,全年营业额56.5万元,实现利润3.91万元,受益职工25875人。1989年,天津港工会企事业的发展,立足基层单位实际,重点是根据职工需要办好职工消费合作社等具有工会特色的社团经济,增强基层工会为职工办实事的经济实力。是年4月6日,中国技术协作组织第二次全国代表会议,通过了《中国职工技术协会章程》。《章程》包括总则、会员、组织制度、全国组织、地方组织、基层组织、产业与专业组织、经费及附则共9章26条。《章程》规定了职工技协的主要任务:开展群众性的技术攻关、技术协作、合理化建议和新技术推广活动；举办岗位练兵、技术比赛、技术培训活动；开展有偿技术服务、开拓技术市场、推动技术成果转换；开展群众性的科研活动；协助企业引进、消化、吸收和技术创新。1991 年 10 月 21 日，为保障工会领导下的职工技协“四技”（技术开发、技术转让、技术咨询、技术服务）活动的开展和大力兴办科技实体，市总、科技委、财政局、税务局、工商行政管理局联合印发《天津市职工技协开展“四技”活动和兴办科技实体的暂行办法》的通知。10 月 23 日，市政府批转市科技委、工商行政管理局拟订的《天津市技术商品经营服务机构登记管理暂行办法》。11 月 19 日，根据全总《关于加强工会基层职工技协工作的通知》精神，在广泛征求意见的基础上，市总印发《关于下发天津市工会基层职工技协工作条例（试行稿）》的通知。《条例》的发行对于指导基层工会技协工作的开展，增强基层工会的活力，促进技术进步和提高职工技术素质，具有重要的现实意义。《条例》主要包括总则；技协组织的思想、组织、业务建设；技协活动原则；技协的任务和活动内容；技协的财务管理；加强对职工技协的领导和附则等 7 章 31 条。1992 年，全港已有 19 个单位成立了职工技协组织，职工技协会员发展到 400 余人；其中 16 个单位成立了“四技”服务部，开展了有偿服务活动，创收近 30 万元。10 月 8 日，天津港召开职工技术协会成立大会。大会提出今后的工作任务是，要大力开展合理化建议、技术革新、技术攻关和“四技”活动；为提高天津港职工队伍技术素质作贡献；不断加强技协组织的自身建设。贯彻中央〔1992〕5 号文件精神，根据市委的要求和全总的部署，1992 年下半年，全市各级工会解放思想、勇于开拓，大力兴办工会企事业。各级工会认识到这是一件有利国家、有利职工、有利工会的重要事业，必须落实抓好。因为思想明，所以步子快。是年，全港工会三产有各级工会开始兴办经济实体，如天津港第一港埠公司工会兴办了金玉来酒家、天津港建设开发公司兴办的“建发”经营部、还有港利修理厂、福全居餐厅、临海餐厅、港三经营部等在筹建中。1993 年工会兴办经济实体工作迈出稳妥步伐，电力公司、轮驳公司、外理公司、港埠四公司、职校、客运站与天津港工会投资 302 万元，兴办了 9 个经济实体。据统计，全港工会系统共有经济实体 20 个，营业收入达 998.7 万元，实现利润 118.6 万元，上缴利税 53.3 万元。是年，职工技协“四技”服务部发展到 17 家，营业收入达 315.7 万元，实现利润 49.3 万元，上缴利税 6.5 万元。1995 年，职工技协继续开展合建和技术攻关活动，加强技协组织建设和队伍管理，积极稳妥地办好“四技”服务部工作。是年，工会开展技协组织整顿，完成了建卡、建册和建立人才库，在此基础上完成了技协委员会的调整换届工作。是年统计，工会“三产”企业发展到 18 家，实现产值 774 万元，实现利税 177 万元；职工技协“四技”服务部发展到 24 家，营业收入达 811 万元，上解团体会费 27 万元，上缴税金 18 万元；职工消费合作社发展到 6 家，惠及职工 2300 多人。据 1996 年统计，职工技协建立创新小组 175 个，657 人参加创新活动，取得成果 89 件，技术攻关 108 项，取得经济效益 100 多万元。工会三产企业 13 家，营业额达 700 万元，获利 33.85 万元，纳税 10 万元；1996 年，落实了职工技协“四技”服务工作的重点工作，培训了科贸证书经纪人。

全港 53 名从事有偿技术服务的专职人员经过培训，取得市颁发的“管理经纪人”证书。是年统计，工会系统共有“三产”企业 13 家，全年营业额达到 700 万元，实现利润 33.85 万元，纳税 10 多万元。全港有 15 个单位建立了职工消费合作社，营业额近 100 万元，为职工让利 10 余万元，惠及职工 10700 多人。1998 年，工会系统共有“三产”企业 8 家，全年完成营业额 1009.7 万元，实现利润 15.86 万元，上缴税金 5.52 万元。1998 年职工技协创新小组发展到 20 个，取得成果 573 件，技术攻关 40 项，创效收入 1200 万元。开展工会职工技协活动，促进了港口技术交流、推动了港口技术进步、增强了职工配合协作的团队精神、提高了职工的技术素质能力，同时也增强了工会组织的活力。

第二节　建设“职工之家”活动

把工会办成“职工之家”的口号，在 20 世纪 50 年代和 60 年代已经被有些基层工会提出来了。进入 80 年代以后，上级工会作为一项全局性的活动，将其更加系统化和理论化。

1984 年 5 月，全总根据当时企业普遍整顿的情况，针对基层工会组织不够健全、工作不够活跃、联系群众不够密切等问题，作出《整顿工会基层组织，开展建设“职工之家”活动的决定》，计划用三年时间，基层工会通过整顿达到市统一规定的标准，成为“职工之家”，基层工会通过整顿实现群众化、民主化。是年，天津港各级工会开始开展建设“职工之家”活动。1985 年年初,市总十届六次全委扩大会议明确,把“建家”活动作为搞活基层工会的重要内容,并提出年底要实现“建家”任务完成过半的目标。是年9月,市总十届七次常委扩大会再次明确,民主管理和“建家”活动是重点,在保证质量的前提下,加快“建家”步伐。是年9月,市总举办工会工作开拓创新经验展评会,主题是关心全局大事,主动参政议政,立志自强奋进,加快“建家”步伐,展出200多项经验,涉及工会工作各个方面,为抓好“建家”活动提供了大量教材,这次展评会被誉为“建家活动的学习班”。天津港有3个基层工会的先进经验在展评会上获奖。1985年,天津港党委批转了工会制定的《关于建设“职工之家”的规划和验收标准》,是年12月,天津港32个基层工会有14个工会达到了“职工之家”验收标准。

1986年,天津港工会召开第八次代表大会。大会通报,经过检查验收,全港有16个基层工会达到“职工之家”合格标准,各港埠公司、轮驳公司等较大单位的工会,已全部建成“职工之家”。港埠一、五公司工会还获得市级“职工之家”称号,受到表彰。1987年,天津港工会的“建家”活动,“分为两个层次、实行一个标准”:企业型工会和非企业型工会两个层次,全港只制定一个标准;并提出“职工之家”不搞终身制。是年6月,落实市总组织部的工作部署,为巩固“建家”成果,天津港工会对已建成的19个基层工会合格“职工之家”组织开展了自查、复查和抽查活动。基层工会对照“职工之家”标准自查,找出差距。天津港工会进行复查、抽查。复查过程中征求了车间工会意见、党政领导意见和一般职工意见,体现“党委、行政、群众三承认”。是年,天津港工会还组织开展了争创先进“职工之家”活动和“争创合格五好工会小组”活动。1988年,“建家”活动开始以突出增强活力为重点。1989年,市总把增强工会活力作为全年三项工作重点之一,在活动形式上,提出继续开展争创先进、模范“职工之家”活动,在指导思想上坚持“三全、五制、一统一”,即坚持围绕企业全局、依靠全会会员、全面履行工会职能;坚持民主选举制、民主决策制、代表常任制、分级负责制、会员监督制;坚持党对工会的领导和工会独立负责地开展工作相统一。

1990年5月,全总书记处会议通过了中华全国总工会《关于继续深入开展建设“职工之家”活动的决定》,全总根据党中央提出全心全意依靠工人阶级的指导思想和深化改革的方针,提出继续开展“建家”活动。《决定》指出,建设“职工之家”是基层工会建设的一项长期任务,要常抓不懈,常建常新。《决定》强调,建设“职工之家”的重点是增强基层工会的活力,密切工会同职工群众的联系,目标是把工会建设成职工信赖的组织。贯彻全总会议精神,市总研究提出了天津市“建家”活动的基本目标:支持和组织职工当家做主;密切工会和职工的血肉联系。基本要求:三年时间解决职工对企业主人和职工之家感受不深问题,推进充分发挥职工的主力军作用和工会的桥梁纽带作用。“建家”任务提出“12个字、6句话”即“支持、组织、团结、引导、解难、自身12字;支持职工参加决策和管理,组织职工实现深化改革和发展目标,增进职工队伍团结,引导职工自我教育,尽心竭力地为职工排忧解难,稳妥地推进工会组织自身建设”等6句话。还提出工会小组建小家活动的“知、参、学、做、帮、建”6字内容,即“小组工作要做到任务、分配、考勤、劳保、困补五公开;人人参与决策、管理、分配;发挥小组课堂作用;完成小组各项任务;开展互助互济活动;搞好小组的组织与制度建设。”

1990年7月,市总召开基层工会工作会议指出,自1984年开始,以“抓基层、打基础、促改革”为方针,开展整顿“建家”活动,市总狠抓了基层工会领导班子建设;在搞活企业的同时,搞活基层工会,“工作下沉、重点下移”,“服务下级、指导下级”。开展“建家”活动为加强与职工群众的血肉联系打下基础:增强了“在全局中‘建家’、‘建家’服务全局”的思想,“在维护总体利益的同时,维护职工切身利益,在发展生产的基础上,改善职工生活。”基层工会朝着群众化、民主化的方向发展。支持职工当家做主、密切工会和职工的血肉联系是今后工会“建家”活动基本目标和中心内容。要增强职工对“企业主人”和“职工之家”的切身感受,提高职工“当家做主”的觉悟和能力;尊重职工的主人翁精神、创新精神;激发职工参加经济技术活动的积极性;落实职代会职权;要代表职工参政议政、代表职工与行政签署集体合同;引导职工自我教育、自我管理。要尽心竭力为职工办好事、办实事,增强亲和力和凝聚力。按照群众化和民主化的要求,稳妥地推进工会自身的建设与改革。会议指出,建设“职工之家”,首先工会的领导班子要建设成为“工会事业的热心人、执行党的路线的带头人、为职工群众排忧解难的贴心人、代表职工参政议政的代言人。”建设“职工之家”不仅是工会的任务,也是各级党政的共同任务。是年10月16日,为推动“建家”活动,天津港工会印发《开展争创先进“职工之家”活动的安排意见》。“职工之家”的创建活动涵盖了工会工作的全部。“职工之家”一年一评，不搞终身制。《意见》提出“职工之家”的条件，一是组织职工完成企业各项任务，工会作用明显。二是职代会组织、各专业委员会组织健全；建立了车间职代会制度或职工大会制度。三是维护职工根本利益，关心职工生活，维护女职工合法权益和特殊利益。四是加强精神文明建设，培育“四有”职工队伍，发挥工会共产主义大学校作用。五是加强工会自身建设，重大问题请示党委，一般工作独立开展；加强车间工会和工会小组建设，生产班组开展了民主管理活动；建立了工会积极分子队伍。

截至1990年年底，天津港有18个基层工会达到合格“职工之家”标准，有两个被评为市级“职工之家”。

1991年4月，市总基层工作会议提出了开展“建家”活动的“五原则”，即“全局作用原则；合力‘建家’原则；整体功能原则；动态过程原则；群众认可原则。”会议还提出今后五年“建家”活动的总体目标，即基层工会建立起自下而上的运行机制，增强工会的整体功能。在指导思想上，坚持“三全、五制、一统一”，努力挖掘活力资源；在组织上，要建立强有力的工会干部和工会积极分子队伍；在制度建设上，要引导工会步入规范化、制度化的轨道；在理论上，支持职工当家做主和密切工会和职工的血肉联系，在解决两个“感受不深”上取得显著效果。会议讨论了《关于在工会开展建设“职工小家”活动的实施意见》，指出，“知、参、学、做、帮、建”六字是“建小家”的基本内容，是对工会小组工作的基本要求。开展“建家”活动必须紧紧围绕经济建设，落实“建家”提出的各项任务和要求；会议强调，企业三级“建家”，以班组“建家”为基础、为重点。会议要求将三级“建家”活动要抓紧、抓实、抓好。4月，市总颁布《模范“职工之家”评选条件》。模范“职工之家”评选条件，一是以经济建设为中心，组织职工开展生产经济技术活动；二是加强了以职代会为基本形式的民主管理制度建设；三是为职工排忧解难办实事；四是协助党政组织职工学政治、业务、文化，开展文体活动，建设“四有”职工队伍；五是自觉地接受党的领导，与行政关系协调；六是工会班子结构合理，廉洁奉公，团结协作，作风民主。同时要求，建立一支“群众拥护、素质优良、活动积极、热心为职工办事”的积极分子队伍。建设“职工小家”活动是工会“建家”活动的组成部分，是推动工会自身建设和工会小组自身建设的有效形式和方法。8月，天津港工会转发了市总《关于在工会小组开展建设“职工小家”活动的实施意见》的通知。要求各级工会处理好建设“职工之家”和“职工小家”的关系，体现“以大促小、以小保大”，工作上要分级负责，争取各级党政的支持。把建设“职工小家”活动作为“班组达标升级”活动的重要内容。坚持群众建家、管家、评家。工会组长要和行政组长搞好小家建设和班组建设的共建。1993年10月，天津港第一港埠公司通过全国“模范职工之家”的复验；天津港轮驳公司轮七号工会小组被评为模范职工小家，并在全总十二大上受到表彰。1994年5月30日，天津港工会组织基层工会主席开展“职工小家串门”活动，通过互相“串门”，交流沟通，取经送宝，提高“职工小家”建设水平。8月27日，天津港工会转发市总《关于开展“展千家风采，树百面红旗”活动的通知》。《通知》要求“展风采、树红旗”活动要以班组开展“职工小家”活动为载体，发挥“职工小家”的教育、娱乐、服务、参与、协调的功能，以“做学习模范、当生产能手”为主题，在“知、参、学、做、帮、建”的基础上，展示小家风采、选树小家红旗。按照市总《通知》部署，天津港各级工会紧紧围绕本单位的中心任务，积极解决生产经营建设发展中的问题；采取技术比武、献绝招、练绝技、人人争做技术明星的方法吸引职工学知识、学技术、学业务；通过解难题、攻难关、合理化建议、技改发明等劳动竞赛内容、方式，激励职工为企业发展作贡献；通过宣传载体，大造车间班组“建家”的舆论声势、大力宣传先进的“建家”经验。

1996年3月21日，天津港工会印发《关于继续深入开展建设“职工之家”活动的意见》，《意见》提出深入“建家”的量化考核要求共10项。5月8日，天津港工会在港埠六公司召开“建家”活动推动会，天津港第六港埠公司介绍了“党委领导、行政支持、工会落实”的“建家”经验。与会人员还参观了“建家”现场、观看了“建家”录像。会议指出，“建家”活动有利于工会落实基本职责、增强企业的凝聚力、促进班组车间建设、两个文明建设，有利于“依靠职工办企业”方针的落实。是年6月，市总基层工作会议提出深化“建家”活动的“十条基本要求”，即(1)建立平等协商制度，签好集体合同；(2)工会主席代表职工进董事会、副主席进监事会；(3)建立劳动争议委员会；(4)建立职工认可的工会领导班子；(5)女职委、经审委、各专业委员会健全；(6)开好职代会，民主管理经常化、制度化、网络化；(7)建立企业文化和职业道德规范；(8)坚持三级“建家”；(9)实施送温暖工程、办好三产、建立新“三小”(小互助保险合作社、小消费合作社、小解困基金);(10)坚持“两书两个一”制度;收足、管好、用好会费。市总按“建家”活动“十条基本要求”制定了《关于贯彻工会总体思路,继续深入开展建设“职工之家”活动的意见》。《意见》提出了不同所有制、行业、改革进程不同企业的市级“建家”模范条件。为推动“建家”活动的开展,市总制定了五项措施,即改革评选方法;选树“双百”典型;提高领导服务水平;加强理论研究;加强组织领导。9月10日,天津港工会印发《关于局级先进职工之家、星级小家的考核验收办法》。《办法》规定了《先进职工之家验收考核细则》10项内容,《星级小家验收考核细则》共两项10条内容。10月,天津港第六港埠公司工会被评为全国模范职工之家并在全总十三大上受到表彰。是年,为推动“建家”活动,全局评出10个星级小家,树立小家建设样板。局工会被市总评为为基层服务先进单位。1997年,天津港工会贯彻总体思路,为把总体思路落实到基层,各级工会通过建家、验家、评家、推广建家经验,树立了建家典型,树立一个全国模范职工之家、4个市级模范职工之家、10个局级星级“职工小家”样板。天津港建家经验得到市总肯定并在天津港召开“建家”活动现场会,重点听取了港埠三公司的汇报。1998年,天津港工会对39个星级“职工小家”进行了验收,天津港第六港埠公司工会被全总授予全国模范职工之家称号。1999年3月16日,天津港党政联合印发《星级班组(科处室)创建活动规范》的通知。该规范是在1997印发的《星级班组标准及评审管理办法》及《星级处室(科室或部室)标准及评审管理办法》的基础上制定的。《通知》提出,星级班组创建活动,实行党委领导,党政工团齐抓共管的模式,工会、共青团分别通过组织开展“建家”活动、QC小组活动及创建“青年文明号”等在星级班组创建中发挥作用。

2000年5月15日,天津港工会印发《关于建设“职工之家”活动考核办法的修改意见》。对1996年印发的《关于继续深入开展建设“职工之家”活动的意见》《关于局级先进职工之家、星级小家的考核验收办法》进行修订和补充。《意见》提出,对车间“建家”活动和班组“建家”活动分开考核。天津港工会只对本年度提出审验的“先进职工之家”、“星级职工之家”、“星级职工小家”进行验收,对历年的不再验收。考核标准中增加了开展厂务公开活动的考核内容。2002年7月22日,为增强新时期“职工小家”的活力,把创建小家活动提高到新水平,天津港工会印发《关于调整星级小家考核细则(班组)的通知》。重新规定了星级职工小家评定条件,把班组文化建设、职工素质工程纳入考核内容。2003年,天津港工会加强了“建家”工作力度,开展了争创“学习型”职工小家活动,突出了“思想建家、知识建家、文化建家、科技建家和基层建家”的建家重点。2005年,市总组织百余名工会干部组成14个推动组,深入区、县、企业近千个基层工会,开展以“建会、建制、增活力”为主要内容的“强基建制”调研服务活动。调研组先后到天津港集装箱公司、轮驳公司进行了检查推动,并听取了天津港“建家”活动情况汇报。“强基建制”活动重在基层,重在企业,重在实效。开展这项活动,进一步加强了工会的凝聚力和向心力,工会的地位提高了,影响扩大了,各级工会干部破除旧的思维定式,增强了创新意识,拓宽了创新视野,提高了创新能力,工会组织的活力被激发出来,新举措、新机制不断涌现。是年,天津港工会开展了以建会、建制、增活力为主要内容的“强基建制”工作,进一步增强了工会组织吸引力和凝聚力。突出了特色“建家”和制度“建家”,修订和完善了天津港工会《三级“建家”的考核细则》,强化了基础性的管理。10月,召开了“天津港建家工作经验交流会”,进一步推动了“建家”活动的开展。是年,组织新建企业、合资企业和联营企业开展“建家”活动,实现了由“让我建家”到“我要建家”的转变。2005年4月,天津港第四港埠公司工会被全总授予全国模范职工之家荣誉称号。

天津港工会召开“建家”工作经验交流会

2006年,天津港工会重新修订了《集团公司“建家”考核细则》。2007年,为深入贯彻《企业工会工作条例》,进一步规范工会工作,再次重新修订《基层工会“职工之家”考核细则》。2008年,天津港工会“建家”活动蓬勃开展，指导各基层工会修订和完善《基层单位（公司）“建家”考核细则》，强调基础管理，丰富“建家”内容，突出单位特色，推广3个先进基层工会“建家”经验，评选和表彰了一批先进“职工之家”和“职工小家”。天津港工会还荣获全国交通建设系统工会工作先进集体称号。2009年9月4日，天津港工会印发《关于开展会员评议“职工之家”活动的通知》。根据全总《关于开展会员评议“职工之家”活动的意见》精神，为进一步搞好三级“建家”活动，不断增强基层工会工作活力，天津港工会决定，在基层工会“建家”活动中，实行会员评议“职工之家”。会员评家内容主要包括：健全组织体系、促进港口发展、履行维权职责、实施素质工程、加强自身建设等五方面。同时，明确了公司级“建家”是在同级党组织领导和上级工会指导下，会员评家通过召开会员代表大会进行，集团公司级“建家”每年评议一次。10月28日，为全面落实天津港党委工作要求和工会2009年重点工作计划，进一步加大班组文化建设工作力度，推进天津港企业文化深入班组。工会组织开展了“班组文化建设”活动，并印发《关于推动“班组文化建设”活动的安排意见》。《意见》提出活动内容，宣传贯彻天津港企业文化内涵，进一步增强职工的认知度和认同感。推出“班组文化建设展板”，使班组文化更具直观感。为深化企业文化建设工作，培养骨干力量。组织开展丰富多彩的展示交流活动，展现“班组文化建设”成果。《意见》提出要求，要搞好结合注重效果，将“班组文化建设”与开展“大学习、大培训、大提高”活动相结合，将“班组文化建设”与班组管理工作相结合，将班组文化建设与职工小家建设相结合；以文化建设促进班组建设的各项工作；要进一步充实小家建设内容，突出文化“建家”、和谐“建家”和科学“建家”；要把班组文化建设的出发点和落脚点放在提高职工的整体素质、增强企业的凝聚力和战斗力上。四季度，天津港工会召开“建家”工作经验交流会，有14个单位进行了“建家”工作交流，推动了全港“建家”活动的发展。在总结“建家”工作经验时指出，各级工会探索了新建企业、合资企业、联营企业“建家”的形式和途径；帮助和指导农民劳务工“建家”，并在劳务工“建家”活动中选树一批典型。截至2009年年底，全港共有“全国模范职工之家”2个；“全国模范职工小家”1个；“天津市模范职工之家”14个；“天津市模范职工小家”26个；集团级先进职工之家18个；集团级星级职工之家41个；集团公司级星级职工小家68个。

工会“建家”活动的启示

“建家”活动成效要在职工经济技术活动的实践中检验；“建家”活动必须牢牢把握以经济建设为中心和深化改革的大方向，服从全局、为全局服务，围绕中心、为中心服务。

在“建家”育人上下工夫。对职工群众要坚持依靠和教育相统一的方针，工会要充分发挥熔炉、课堂和学校的作用。

在密切工会和职工群众联系上做文章。“建家”活动要以职工为主体，坚持为职工“建家”、依靠职工“建家”的基本思路，通过“建家”过程进一步密切工会组织和职工群众的关系。

在自身建设上增活力。“建家”活动促进了工会组织的自身改革和自身建设，自身改革和建设又增强了工会组织的各项工作活力。

在各方面共建上求发展。工会组织要主动争取党的领导和行政的支持，“建家”活动要形成党政工齐抓共管的格局。

“建家”活动要遵循适应性，思想上、工作上、方式上都要适应形势的发展和需要。“建家”活动要坚持原则性，坚持服从服务大局的原则、坚持职工是“建家”主体的原则；要注重实践性，要办实事、使实劲、想实招、创实效；要研究新形势下的新情况、新问题，创造新招法，总结新经验；要扎根基层、夯实“建家”基础。

第三节　财务与经审工作

工会财务工作是工会工作的重要组成部分，工会财务工作的基本任务是通过“管理、核算、服务、监督”，执行党和国家的方针政策和财政法规，最大限度地广开财源，增加收入，更好地为基层工会组织服务，为广大职工群众服务。

为了加强工会财务工作，严肃财务纪律，杜绝发生贪污问题和浪费现象，天津港工会自成立以来，工会财务工作始终坚持为生产、为政治、为群众服务的“三为”宗旨，坚持“统一领导、分级管理”的工会财务管理原则，20世纪50年代，天津港工会逐步建立起工会财务制度。1955年3月，天津港工会第一届工会经费审查委员会成立。不久新港、塘沽、天津三个作业区和轮驳队基层工会相继成立了工会经费审查委员会。1956年3月,华北区海员工会转发了全总《关于工会各级组织经费审查委员会组织通则》,《通则》明确了经审会的组织、职责等内容,共20条。1957年4月,中国海员工会印发了《经费管理办法》,进一步明确了各级工会组织管理经费工作的比例和各级工会的预算管理以及审批办法等内容。是年10月,天津港工会经费审查委员会第二届委员会成立,有委员5名。1958年,天津港工会开始向基层工会、车间、小组下放了大部分文体活动经费和困难补助、劳动保险金、互助储金会的使用。1959年3月,天津港工会印发《有关工会工作制度方面的几项规定》,《规定》明确,“工会委员会、经审委员会要每季度召开一次会议;基层单位工会每月要向局工会组织汇报两次工作;工会要每月或每季度向职工群众汇报工作、公开财务收支情况,主动接受员工监督。”1960年4月,天津港工会三届一次全委会在研究加强自身建设的制度时提出,“财务工作应于每季度结算一次交经费审查委员会审查。”是年,由于工会干部增加,开支费用加大,天津港工会决定将各基层上缴局工会的经费比例由10%提高到15%。1961年9月,天津港工会第四次代表大会审议通过了工会财务工作报告,这是天津港工会第一次向全体会员代表报告工会经费收支情况。1962年3月,天津港工会印发《进一步贯彻国营工业企业条例,加强工会工作,深入开展社会主义建设先进班组、先进生产者运动的几点意见》,指出“要加强财务管理,清点财产,健全财务管理。”一是各级工会组织要充分依靠和发挥组织力量,做好会员会费的收缴工作;二是各级工会应切实健全财务制度,健全手续,严肃纪律,严格执行预决算制度;三是做好财产的清点工作;四是加强基层各项经费的管理,充分合理使用各项经费。同时,天津港工会印发《财务工作暂行办法》。《办法》规定了工会各项经费收入、经费支出的划分;提出了工会财务工作制度;明确了工会经费审查委员会的监督审查职能和工会财务委员的工作职责。1962年10月,市总印发《天津市总工会对加强基层财务工作的意见》,《意见》提出,目前工会财务工作主要抓好两项工作:一是培训干部,贯彻制度;二是明确开支范围,切实用好经费。

10月3日,市总工会印发《关于健全工会各级组织财务机构,加强财务干部力量的决定》,《决定》指出,“五百人以上的基层工会组织,应建立财务工作委员会。由基层工会委员会的财务委员任主任委员,下设若干委员分工负责各项财务工作。五百人以下的工会基层组织除有一名基层委员任财务委员外,可聘请财务干事若干人协助工作。”“基层以下的车间(部门)委员会,应设财务委员一人;工会小组可酌情设财务干事,协助工作小组长工作。”“基层经费审查委员会,必须全面地健全起来。没有经费审查委员会的基层单位,应该补选;一部分组织不健全委员缺额的,应迅速充实健全起来。经费审查委员会应在基层工会委员会的领导下,充分发挥对财务工作的监督和审查作用。”《决定》明确了财务工作的主要任务:一是办理本级工会各级经费的收支和管理工作;二是研究、指导所属下级工会做好财务工作;三是对所属事业单位财务工作的监督、检查和指导。同时,市总工会还印发了《关于进一步贯彻“统一领导,分级管理”的原则,调整各级财权的决定》,对各级工会组织财权做了进一步调整。

是年,天津港工会进一步加强了财务管理工作,从培训财务干部着手,进一步贯彻财务制度,严肃了财务纪律。通过培训,使基层工会财务干部熟悉了业务,掌握了工作方法。截至1962年年底,有17个基层工会成立了工会经费审查委员会。是年5月,由于天津港工会由塘沽区工会管理改为由市总工会直接管理,根据市总工会的指示,7月,天津港工会印发《关于经费解缴比例规定》,对工会会费、经费、劳动保险金的解缴比例的使用作出了规定。会费:工会会员每月按所得工资的1%向工会组织缴纳会费,其中80%留基层工会使用,10%上缴局工会,10%上缴市总工会;经费:行政每月按职工工资总额2%拨缴,其中60%留基层工会使用,20%上缴局工会,20%上缴市总工会;劳动保险金:行政每月按职工工资总额3%拨缴,其中70%留基层工会使用,30%上缴市总工会。根据1962年12月全国总工会第八届执委会第四次会议通过的《关于加强工会财务工作的决定》的要求,1963年1月,市总工会印发了《关于当前经费开支的几项紧急指示》,就贯彻勤俭节约的精神,严格掌握开支,防止铺张浪费提出了要求。是年3月10日,市总工会印发《关于工会各级组织及事业单位开展检查及整顿财务工作的通知》。4月1日,市总工会又印发了《关于各级工会组织及事业单位开展财务工作检查和整顿的通知》。根据上级工会的要求,天津港工会制订了贯彻意见,专门下发了文件,通过整顿,切实加强了对工会财务工作的领导,健全了制度、严肃了财务经费,进一步改进了工作。是年11月,河北省总工会印发《关于在“五反”运动中彻底清查和整顿工会财务工作的指示》,《指示》明确了清查整顿的范围和要求、方法步骤。根据上级工会的要求，天津港工会根据在“五反”运动中揭发的问题，从思想上、制度上、组织上整顿了工会财务工作，建立了经常工作秩序，从而进一步发挥了工会财务工作的应有作用。1965年2月，天津港工会第五次代表大会听取并审议通过了《1962～1964年（三季度）工会财务工作报告》。10月29日，天津港工会印发《关于在“四清”运动中整顿工会工作的安排意见》，指出“工会财务要在运动中加以整顿，公布账目解决不合理开支”。根据中央指示精神，为了使工会能够集中主要精力做好群众工作，11月3日，天津港党委召开党委会专门讨论研究了工会财务交财务科的问题。天津港党委决定：工会财务工作移交财务科，工会会费，还按现行办法工会小组收会费执行，财务科不可在职工收入中直接扣会费。党委明确：工会仍行使会费的监督检查责任。1966年，“文化大革命”开始。1968年，天津港工会并入局革委会政工组，工会财务和经审工作处于瘫痪状态。由于工会组织停止活动，1969年2月，财政部下发《关于国营企业财务工作中几项制度的改革意见（草案）》明确规定，“国营企业一律停止提取工会经费和劳动保险金。”

1973年，天津港工会组织恢复。1974年1月3日和2月22日，市总分别印发《关于收缴工会会费的通知》和《补充通知》，自1974年2月起，恢复缴纳会费制度。2月28日，天津港工会和财务部门联合印发了《关于收缴工会会费的有关问题的通知》。1976年10月，粉碎“四人帮”之后，国家进入新的历史时期。1978年10月21日，中国工会九大通过的《中国工会章程》规定了工会经费的来源。是年12月22日，全总、财政部印发《关于恢复企业、事业、机关的行政方面拨缴工会经费的联合通知》，要求建立工会组织的单位，要向工会拨交工会经费。1979年1月2日，天津市财政局、人民银行天津分行、天津市总工会印发了关于恢复拨缴工会经费的联合通知，根据上级的规定，自1979年1月起，天津港各单位行政恢复了向工会拨划工会经费；工会自行管理经费的制度。工会认真贯彻落实全总关于“工会财务工作为工会建设服务、为群众服务、为生产服务”的方针和7项财务制度，以保证工会各项群众事业活动的开展。并按市总工会的规定，逐步办理经费的留用和上解工作。是年3月，天津港工会召开了基层工会负责人会议，传达了市总工会关于财务工作专业会议精神，明确对行政拨缴的经费必须加强管理，各基层工会要定期讨论和研究财务工作中的问题，日常工作应由一位副主席负责领导，要建立财务管理的工作部门委员会和经费审查委员会，建立健全工会经费账目、经费收支、财务保管等各项财务管理制度。1979年，天津港两级工会经费审查委员会开始恢复建立。

1980年2月25日，全总印发《关于修订颁发几项财务工作规定的通知》。此次颁布的财务工作规定包括《基层工会财务工作委员会暂行工作条例》《基层工会经费审查委员会暂行工作条例》《中华全国总工会关于工会财务纪律的规定》《中华全国总工会关于县市以上工会组织各项经费预决算编审工作暂行规定》。12月30日，全总、人民银行、财政部联合印发《关于严格按工会法规定拨缴工会经费的通知》。1981年4月2日，为加强对工会经费审查委员会的领导，并发挥其代表职工群众对工会财务工作的监督、审查作用，全总印发《关于加强工会经费审查工作的通知》。通知要求，未建经审委的工会要尽快选举建立；经审委要审查同级工会各项收支、预决算；经审委要依据《基层工会经费审查委员会暂行工作条例》的规定办事；经费审查要坚持勤俭办事的原则，双增双节办企业的原则，压缩行政开支的原则。是年5月，天津港工会召开第七次代表大会，大会审议通过《关于工会财务工作情况的报告》，并选举产生了由3名委员组成的第七届工会经费审查委员会，这是“文革”以后，天津港工会第一次向会员代表报告工会财务工作，并恢复工会经审查组织。是年9月，天津港工会经费审查委员会对1981年的财务工作进行了审查，结论认为，工会执行预算制度组织健全，对收入抓得紧、执行财务纪律、制度、标准比较严格，对审批控制商品和控制各项开支，特别是补助性开支比较严格。但是上半年支出预算完成了21%，开展活动迟缓是主要原因。至1981年年底统计，天津港工会建立基层工会经费审查组织14个。1982年5月，天津港工会对财务工作进行了账目清查工作，这是自1973年天津港工会恢复整建以来较全面的一次财务清查工作。1983年8月17日，针对一些企业、单位在实行经营承包责任制中，降低甚至取消职工的一些劳动保险福利待遇的情况，全总与劳动人事部、财政部联合印发《关于在经济改革中要注意保障企业职工的劳动保险、福利待遇的意见》。《意见》指出，劳动保险、福利制度改革，关系到现代化建设和企业职工的切身利益，要深入调研，研究解决改革过程中出现的新问题，有领导地、稳妥地、有秩序地推动劳动保险、福利制度改革。是年，全总颁发了《基层工会财会制度（试行）》，明确了基层会计的主要任务。天津港工会结合实际,逐步完善了财会工作制度,对基层工会经费的使用原则、开支范围、开支标准及工会财会人员进一步加强管理。1987年,天津港工会深入贯彻工会财务工作“三服务”方针,工会会费的收缴超额完成市总工会核准预算的33%,各项开支精打细算,勤俭节约,“先计划,后开支”,“一支笔批钱”。是年上半年,天津港工会根据条件对16个基层单位工会下放了预决算审批权。1987年9月1日,为充分发挥工会经费审查委员会“三服务”的作用,秉承“发扬财务民主、实行群众监督”的宗旨,市总制发《工会各级经费审查委员会组织通则实施细则》的通知。《实施细则》共6章24条。1989年5月15日,市总印发《关于〈在工会系统进行定期经费检查的试行规定〉的通知》。《通知》主要包括审查的任务和范围;审查的时间和内容;审查的重点;审查的程序;定期公布账目;1989年5月开始实行。是年6月21日,为了加强工会系统的经费审查监督,促进各级工会财务工作和工会企事业的经济发展,加强民主监督和宏观控制,建立内部审计制度,治理、整顿好工会系统的经济环境和秩序,保证工会内部经济正常运行,市总印发《关于〈在工会系统进行定期经费审查的试行规定〉的通知》。天津港工会转发市总的《通知》,要求各单位工会对本单位的工会经费定期检查,并及时向本级工会和上级工会报告,经费审查委员会要成为工会系统有力的经济监督机构。9月1日,市总颁发《关于加强区县局工会财务工作的意见》。《意见》提出:加强对财务工作的领导;建立健全财务工作机构;严肃财经纪律、严格财务制度;加强工会财务民主管理;严格财产管理制度;关于工会结余经费的使用,各区县局工会所属事业单位,要遵照市总转发全总《关于县级以上工会事业单位承包责任制的若干规定》的精神,积极实行经营承包责任制,独立核算、自负盈亏,努力提高两个效益,逐步实现以事业养事业,增强自我发展能力。尚未实行经营责任制的单位要积极创造条件尽快实行;加强工会对经济实体的财务管理。1989年,本着搞活车间工会的原则,天津港工会推行了会费按比例下放车间工会的办法,活跃了职工文化生活。1988~1990年,根据市总工会的要求,天津港工会对三年工会经费计拨的普查,没有发现少拨、迟拨、漏拨的情况。至1990年年底统计,天津港工会建立基层工会经费审查组织22个。

改革开放以来,天津港工会经审组织建设得到加强,工会委员会改选换届,经审委同时换届、同时考察、同时报批、同时选举;改组改制企业工会“两委”同时组建;新建企业组建工会时,同步建立工会经审组织。根据《实施细则》的规定,进一步加强了对工会内部经济和实行财务民主管理的审查监督,建立内部审计制度,逐步实现审计工作的经常化、制度化和规范化。

20世纪90年代以来,天津港工会坚持按照全国、天津市开展财务税收物价大检查活动的要求,每年在工会财务系统开展大检查,同时结合基层工会自查、互查和局工会抽查的形式对基层经费的收、管、用进行监督,确保了工会经费按规定收缴和使用。

1990年11月,根据工会建设和改革的需要,把经费审查工作重点转向基层,全总颁发了重新修订的《基层工会经费审查工作条例》。1991年2月,天津港工会转发了《基层工会经费审查工作条例》。是年3月,天津港工会召开第九次代表大会,大会审议通过了工会财务工作报告和经费审查工作报告,这是天津港工会经费审查委员会第一次向会员代表报告经审工作。为发挥好经审工作的民主监督作用,是年6月,天津港工会下发了《关于全局基层工会开展经审工作达标升级试行办法》,要求基层单位工会三年内“经审工作上等级”;施行“一票”否决制;经审核未达标的单位工会不能参评先进“职工之家”。1993年,天津港各级工会加强了经审工作,天津港工会组织各级工会财会工作人员参加了财务制度、财务改革培训班,同时,天津港工会还开展了工会、技协、三产实体等的财务税收大检查活动。至1993年年底统计,天津港建立基层工会经费审查组织29个。1995年,天津港工会财务工作被市总工会评为先进单位。1996年,天津港工会先后下发了《关于整顿会计工作秩序的安排意见》和《关于清理检查预算外资金安排》,进一步加强了对工会经费的监督和管理。1998年,天津港工会建立了《工会经费定期审查制度》,经审委每年抽查20%的基层工会经费。1998年5月,又印发了《基层工会经费使用原则、开支范围和标准的暂行规定》,从而进一步明确了工会经费使用原则、开支范围和标准等问题。根据全总的要求,11月10日,天津港工会印发《关于执行工会及工会事业单位会计制度的通知》。《制度》明确了财务衔接的原则;新旧会计科目的衔接要求;年终转账后的资金活动情况表和资金平衡表,按照新旧科目对应关系编制会计科目和余额衔接表等,自1999年开始执行新的工会财务制度。

2001年2月,天津港工会召开第十一次代表大会,大会审议通过了工会财务工作报告和工会经费审查工作报告,总结了六年来的工会财务工作和工会经审工作，确定工会财务工作今后的主要任务是，收足、收好经费，保持工会经费收缴稳定增长的好势头；强化财务管理，逐步实现会计工作规范化；提高工会财务干部的素质，以适应新形势的需要。

2002年1月16日，天津港工会印发《关于按工资标准收缴工会会费的通知》，要求各基层工会自2002年2月起，按新工资标准收缴会费。4月16日，天津港工会转发市总财务部转发全总资产局、财务部联合转发国家《财政部关于改革国有资产评估行政管理方式加强资产评估监督管理工作意见》。要求各级工会组织承担起有关评估的职能，做好单位资产评估的监督，严防工会资产流失。10月16日，为适应社会主义市场经济条件下工会工作发展的需要，进一步加强工会经审工作，健全工会经费审查监督制约机制，全总印发《关于加强工会经费审查监督工作的意见》，进一步明确了工会经审工作的基本职责是对工会经费收支和财产管理情况进行审查监督。通过建立健全以审计为基础的经费审查监督机制，维护国家财经法纪，促进收好、管好、用好工会经费，促进工会财产管理，促进工会经济活动规范运作，这是工会依法治会，贯彻工会经费独立原则的客观要求。工会经审工作是对工会经费收支和财产管理实行民主监督和审计监督的有效途径，是健全工会监督制约机制的重要措施。2006年6月，天津港工会印发的《工会会计核算办法》，为实现工会系统财务工作规范化，促进经费的收、管、用奠定了基础。为提高财务人员的法规意识、业务能力和政策水平，定期组织培训，开展学习交流。

近年来，天津港工会财务工作取得了丰硕的成果，特别是随着港口生产的发展，企业效益的提高，职工的收入不断增加，工会经费的收缴连年递增，为开展工会工作奠定良好的经济基础。据2007年年底统计，天津港建有基层工会经费审查委员会47个，建会率达到100%，有专兼职经审干部140多人。2004年至2007年，对天津港工会和40多个基层工会进行了审查，未发现违反财经纪律的现象。同时还对天津港工会固定资产进行了专项审计，对不实资产进行了清理，确保国有资产不流失，审计后工会资产更加清晰。其间，天津港工会经审委先后制定了《天津港集团公司工会年度经费预算执行情况审计监督暂行办法》《天津港集团公司工会经费审查委员会对基层工会经费审查审计监督暂行办法》《天津港集团公司工会经费审查委员会会议制度》《天津港集团公司工会经费审查委员会预算审查监督暂行办法》《天津港集团公司工会经费审查委员会对基层工会离任经济责任审计暂行办法》《天津港集团公司工会经审工作规则》等12项工作制度。其间，组织全港开展经审工作目标考核、评比。据2009年统计，参加考核的单位35个，占基层工会的75%，考核评比活动，提高了工会经审工作整体水平。2009年1月15日，贯彻全总关于工会资产监督管理的有关规定，进一步加强和规范天津市工会资产的监督管理工作，市总印发《关于工会资产监督管理的暂行规定》和天津市总工会《固定资产监督管理实施细则》。2月4日，为进一步规范工会经审组织的审计行为，保证审计人员廉洁从审，根据中央关于加强党风廉政建设的有关规定，参照《审计署关于加强审计纪律的八项规定》，结合工会经审工作实际，全总印发《全总经审会关于进一步加强审计纪律的规定》。经审纪律共计七条"不准"，主要内容为廉洁审计，不准以审谋私。5月19日，为进一步加强工会经费审查监督工作，进一步健全审查监督制约机制，根据《中华全国总工会关于加强工会经费审查监督工作的意见》和市总对经审工作的总体要求，结合市总经审工作的实际，市总印发《关于加强各级工会经审工作的指导意见》。《指导意见》提出，要加强对经审工作的领导，发挥监督职能；要加强经审组织自身建设、配备专管干部；要进一步规范审查监督，提高审计质量；要完善经审工作考评机制，创建互动平台。11月12日，市总转发全总关于印发《基层工会经费收支管理办法》的通知。为规范基层工会经费收支管理，进一步提高基层工会财务管理水平，根据《中华人民共和国工会法》《中国工会章程》《工会会计制度》《工会预算管理办法》和其他有关规定，全总对1998年颁布的《基层工会经费使用管理办法》进行了修订，制定了新的《基层工会经费使用管理办法》，并于2010年1月1日起执行。《管理办法》提出了管理工会经费的遵纪守法原则、经费独立原则、预算管理原则、依法收缴原则、服务职工原则、勤俭节约原则、民主管理原则和工会经费收入、支出范围等具体管理细则。

天津港工会财务工作、经审工作取得了长足的发展，2000年、2008年，两次荣获全国市级工会财务先进单位称号；1名同志荣获全国工会财务先进工作者称号；连续10余年荣获天津市工会财务竞赛工作先进单位称号。2000年、2007年，两次荣获全国工会经审工作先进单位称号；2名同志荣获全国工会经审先进工作者称号；连续两次荣获天津市工会经审工作先进集体称号；连续10余年获得天津市工会经审工作先进单位称号。

第四节　信息、调研与理论研究

一、信息工作

工会信息工作是党的信息工作的重要组成部分,是工会履行各项社会职能的一项基础性工作,是各级工会领导干部科学决策、指导工作的重要依据,也是工会参政议政、交流情况、反映职工群众意愿和要求的重要渠道。天津港工会在加强领导、建立队伍、网络建设、信息处理、信息交流、信息报送、指导工作、促进问题解决等方面做了大量的工作,形成了开展工会信息工作的扎实基础和优良传统。工会信息工作为维护职工的合法权益,提高工会工作的整体水平,促进天津港的改革与发展发挥了积极作用。

1985 年 3 月 18 日,天津港工会印发《关于建立工会系统信息网络的通知》。《通知》规定了报送信息的内容、时限和方式。1987 年 3 月 31 日,天津港工会印发《关于我局工会信息工作情况及今后的工作意见》。《意见》提出:要进一步明确工会信息工作的指导思想、信息工作的服务宗旨、信息采集的着眼点、应把握的重点和需求要点;要加强信息的收集、整理和传递工作,明确《工会工作简报》《信息汇辑》《情况反映》的性质与传递范畴;要建立上下左右畅通的信息网络。到 20 世纪 80 年代末,天津港已经建立起了由 30 多名工会干部组成的工会信息工作队伍。1990 年 11 月 29 日,贯彻落实全国工会信息工作会议精神,市总召开全市工会信息工作会议。会议提出四点意见:充分认识信息工作的重要性,把信息工作放到工会工作的全局的战略位置上来;健全工会信息网络,使职工群众的呼声、要求和工会工作动态及时准确地反映上来;重视和加强调研,不断提高信息工作的质量和水平;加强工会信息工作队伍建设,为开展信息工作创造必要的条件。会议提出,工会的信息工作必须坚持“四服务”的方向,即“信息要为职工群众服务、为指导基层工作服务、为工会参政议政服务、为党政机关科学决策服务”。

1992 年,天津港工会印发《天津港务局工会信息工作考评办法》,为进一步加强信息工作奠定了基础。1993 年 12 月 1 日,天津港工会修订并印发《天津港务局工会信息工作考评办法》,决定自 1994 年 1 月 1 日起,施行新的《工会信息工作考评办法》。《考评办法》规定了不同规模单位的信息数量和信息质量要求,明确了参评条件和被采用信息的稿酬。1994 年 4 月 16 日,天津港工会印发重新修订的《天津港务局工会信息工作考评办法》。《考评办法》规定了信息稿件的数量、质量要求;提出了“信息工作先进单位”、“优秀信息工作组织者”、“优秀信息工作者”和“好信息”的评选条件,还规定了评选方法、奖励标准和信息稿酬标准等。在信息工作中,天津港注重抓好“三个环节”,即一是抓对信息工作的重视,领导重视,人力、物力、财力支持是关键;二是抓信息工作制度建设,明确职责,奖惩激励是做好信息工作的保证;三是抓信息队伍建设,提高队伍思想、业务素质是做好信息工作的基础 。1995 年 11 月,中国海员工会信息工作先进单位和优秀个人评选揭晓,天津港工会被评为全国海员工会系统信息工作先进单位。1996 年 9 月,中国海员工会印发的第 84 期《海员工会通讯》全文转载了《天津港务局工会信息考评办法》。1997 年 6 月,中国海员工会印发的第 90 期《海员工会通讯》刊登了天津港工会撰写的文章《紧紧抓好三个环节,大力推动信息工作》。1999 年 10 月,中国海员工会、公路运输工会召开信息工作会议。会议表彰了 31 个信息工作先进单位和 56 名优秀信息员,天津港工会作了题为《突出工作特色、提高信息质量》的信息工作经验介绍,天津港工会还被评为信息工作先进单位。

天津港工会在抓好信息工作方面突出了“收集信息增加广度;加工信息增加深度;报送信息注重角度;传递信息加快速度。” 在信息采集上关注“决策需求的要点、工会工作的重点、职工思想的难点、社会关注的热点”。在信息处理上“瞄准热点、主攻难点、突破难点。”在信息服务上“处理好数量与质量的关系;为上为下服务的关系;报成绩与报问题的关系。”在信息工作基础建设方面“着力于抓信息网络的畅通;抓信息员的素质培训;抓信息制度的规范化建设”,实现了“信息内容,由分散向综合转变;信息采集,由被动传送向主动采集转变;信息质量,由一般反馈、定性信息向统计、调研信息转变;信息实效,由事后收集向事先预测转变;处理信息,由传统的编报向现代化的传输转变;信息角度,由反映局部向综合反映转变。”在信息质量上讲求“综合性、服务性和典型性。” 1999 年 10 月,中国海员工会印发的第 115 期《海员工会通讯》刊登了天津港工会撰写的文章《突出工会特色,提高信息质量,发挥好渠道作用》。

为进一步提高基层信息工作者水平,2000 年 3 月 31

日，天津港工会办、党委办联合举办“信息工作讲座”，邀请工人日报社《工会信息》主编为天津港党政工系统信息员100多人讲解信息工作的意义、范畴、要求等知识。2003年，天津港工会建立了工会网页，由于信息联动，提高了上报和反馈信息的速度，增加了信息的通过量和覆盖面。11月25日，天津港工会印发《天津港工会网页开通运行的通知》。2003年，在开展职工素质工程活动中，天津港第二港埠公司将此项工作引向深入，在天津市率先推行了“首席员工”制度，天津港工会撰写的《港埠二公司推行“首席员工制”》的信息被工人日报社《工会信息》杂志采用，由于具有典型性，引起了全总宣教部领导的重视，专程到天津港开展调研了解情况。随之《工人日报》《天津工人报》《今晚报》和中央电视台等媒体分别转载了这篇信息，该信息还荣获了第十四届全国工会好信息三等奖、天津市“五一”新闻奖一等奖和天津市新闻奖二等奖。《港埠二公司推行“首席员工”制度，激发了职工争当企业“明星”的积极性》《天津港农民工喜迁新居》《多种激励机制为天津港创造培养人才的良好环境》等信息、报道得到各级工会领导的重视，发挥了信息的效用，受到领导的好评。2005年，天津港工会在完善工会网页的基础上，进一步健全了工会信息化服务体系，制定了《工会信息化建设工作指导意见》，强化了工会OA系统信息传送，完善了管理制度。2006年6月9日，由工人日报社《工会信息》杂志主办的第十五届(2005年度)全国工会好信息评选在京揭晓，天津港工会撰写的《天津港农民工喜迁新居》荣获一等奖。是年7月，在全国工会第十五届工会好信息表彰大会上天津港工会作了题为《选准信息工作着力点和切入点》的典型经验介绍，并刊登在2006年第16期工人日报社主办的《工会信息》上。2007年12月，天津港工会网站被中国海员建设工会授予首届全国交通建设系统优秀信息网站称号。

近年来，天津港工会的信息工作一直坚持立足全局，充分发挥了信息工作服务决策、服务基层、服务工会工作的作用，从综合性、服务性、典型性入手，抓住重点、难点、热点信息，不断提高信息和信息工作的质量。力求综合局部、分散的信息为全面、系统的信息，全面反映情况和问题。在提高信息工作水平上，天津港工会坚持抓网络建设，保证信息渠道畅通；抓培训，提高信息员队伍的素质；抓制度建设，实现信息管理规范化、科学化；抓评比，促进信息工作上水平。随着天津港的快速发展形势的变化，围绕党政工的中心工作和深化改革过程中的重点、难点、热点问题，报送传输了大量有价值的信息，400余篇信息被省市以上刊物采用，先后多次被中国海员建设工会和市总工会评为工会信息工作先进单位。

天津港工会信息工作获奖情况

评比时间	授予称号	授予时间	颁发单位
1995年	全国海员工会信息工作先进单位	1995年11月	中国海员工会
1996年	天津市工会系统信息工作先进单位	1997年4月	天津市总工会
1997年		1998年4月	
1998年		1999年8月	
1999年	工会信息工作先进单位	1999年10月	中国海员工会、中国公路运输工会
1999年	天津市工会系统信息工作先进单位	2000年8月	天津市总工会
2000年		2001年5月	
2001年		2002年3月	
2002年		2003年4月	
2006年		2006年12月	
2007年	全国交通建设工会系统优秀信息网站	2007年12月	中国海员建设工会
2007年	天津市工会系统信息工作先进单位	2008年1月7日	天津市总工会
2008年		2008年12月	
2009年		2009年12月3日	

历届全国工会好信息评选天津港工会获奖情况

届次	评奖时间	获奖稿件主题	奖级	作者
第六届（1996年）	1997年6月	《工会干部也要持证上岗位》	三等奖	王剑
第八届（1998年）	1999年6月	《天津港务局工会开展工作调研和理论研讨活动》	三等奖	王剑
第九届（1999年）	2000年6月	《天津港务局试行企业内部代理制度》	三等奖	王剑
第十二届（2002年）	2003年6月	《天津港务局制定职工素质工程五年规划》	三等奖	王剑
第十四届（2004年）	2005年6月	《天津港第二港埠有限公司推行“首席员工”制》	三等奖	王剑
第十五届（2005年）	2006年6月	《天津港农民工喜迁新居》	一等奖	王剑
第十六届（2006年）	2007年6月	《多种激励机制为天津港创造培养人才的良好环境》	三等奖	王剑
第十八届（2008年）	2009年6月	《天津港和谐企业创建彰显成效》	三等奖	王剑

二、调研与理论研究

随着工会工作的开展，工会的调研和理论研究工作不断深入和发展，天津港工会成立初期，工会组织做了大量的工作，取得了一些成绩，但也遇到了一些新问题和新情况。天津港各级工会充分发挥自身优势，利用调研这一手段，通过分析，形成报告和建议，向上级和同级党政反映了大量情况。

20世纪50年代，天津港工会围绕生产、生活和职工教育等重点工作开展了大量的调研工作。1954年2月，天津港工会为配合全港首次生产改革，对固定码头装卸工人中60岁以上的老年工人进行了调查，形成了《关于天津区港务局在生产改革固定码头装卸工人当中动员老年工人退休工作的几点意见》，为做好60岁以上的老年工人的退休工作提供了依据。1955年3月，天津港工会第一届会员代表大会指出，“仍应继续建立工会工作的正常秩序，建立和健全各项民主制度，充分发扬民主，改进领导方法和工作方法，必须深入小组、车间、基层，加强调查研究工作，工会干部要加强业务学习，认真吸取先进工作经验，不断地提高业务水平，在党和上级工会的领导下，进一步发挥工会的组织作用，为保证国家计划的超额完成而奋斗。”1956年4月，为主动解决职工的生活困难问题，天津港工会与行政联合开展职工生活调研，通过对9个基层单位的生活情况调查，形成了《天津区港务管理局职工生活困难情况补充报告》，是年7月，形成了《对目前职工生活情况的调查报告及处理意见》，同时提出《天津港务管理局处理职工欠款问题的初步意见》，上报给华北区海员工会和天津港党委、行政。天津港工会针对调查结果，除对生活特困者给予及时补助外，并采取了对长期困难包下来的方法，是年1～10月，共补助33200余元，补助特困职工2696人次，对841名职工的欠款进行了减免。天津港工会还对全港职工的居住条件进行了全面调查。通过调查，使16户危房职工进行了搬迁，75户危房得到维修，补助修理费2130元，并协助行政制订了职工宿舍五年修建计划。

1957年，天津市工会第六次会员代表大会指出：“当前工会工作中存在许多问题的根本原因是工会组织和工会干部中日益滋长着官僚主义作风。目前许多工会领导干部坐在办公室里开会、处理文件、听汇报的时间较少，踏踏实实地深入群众对具体问题进行深入的调查研究较少，和群众之间有了一定的距离，这样在工作上不可避免地产生形式主义。”“所有工会领导干部认真克服漂浮在上、不深入、不接近群众的工作作风。加强调查研究，系统地解决工会工作的一些主要问题。今后提倡各级工会组织对当前工会工作中一些重大问题有计划地进行系统的调查研究。领导干部应当亲自参加。在当前，应当特别注意总结一切增产节约的经验，以指导当前运动的开展。”从1958年3月4日开始，历时一个月，天津港工会在“反浪费、反保守”运动中开展整风，以“彻底改变工作作风，提高工会工作质量，实现工会工作大跃进，顺应天津港生产建设大跃进的形势”，针对职工群众指出的，工会个别领导存在脱离群众的主观主义、官僚主义，个别干部存在“五气”即“官气、傲气、阔气、娇气、暮气”，工会组织在港口全面建设中发挥作用还不够突出等问题。要加强自身建设，改正不足。下半年，天津港各级工会组织开展“试验田”活动，深入基层车间班组等“试验田”，征求意见，转变作风，改进工作。工会干部带头“引火烧身”，“清除暮气、改正官气”，克服保守的思想，自省浪费现象，实现工会工作“大跃进”。

1960年4月，天津市工会第七届会员代表大会提出：“要在工作中认真地贯彻党的群众路线，经常深入群众，深入基层，抓主流、抓先进、抓典型。在蓬勃发展的群众运动中，要善于敏锐地发现新事物、支持新事物，要注意研究运动中的新问题，总结新经验，更好地跟上运动的发展，完成党交给的任务。”贯彻市工会七届会员代表大会精神，天津港工会在天津港二届一次职代会指出，“要摆脱事务，有计划地深入到小组。抓住重点进行调查研究工作，基层工会主席每月要用三分之一到二分之一的时间深入到小组群众中去，听取工人的意见，要求加以分析，及时向党委反映并提出意见。”4月20日，天津港工会三届一次全委会在研究加强自身建设的制度时提出，“工会主席和全体专职工会干部要妥善安排工作，在正常的情况下保证有50%以上的时间下现场协助基层开展工作，下现场的目的性要明确。”是年，天津港工会围绕重点工作开展了重点调查，先后写出了《各作业区散粮与土粮的分析情况报告》《关于我局职工家属宿舍中当前几个比较突出问题的报告》《对我局劳动模范、模范小组代表的情况调查及今后意见》等反映给有关部门，为进一步提高生产装卸质量，解决职工生活的后顾之忧，加强对先进模范的培养起到了重要作用。1961年9月，天津港工会第四届会员代表大会提出，“要认真做好调查研究工作，一切从实际出发，深入下去，解剖麻雀，运用典型指导一般。根据党的指示和工作需要，抓好生产、生活和思想工作，进行典型调查或专题调查并经常向党提出有情况、有分析、有措施的意见，坚决纠正一般化的作风。”1962年1月，为做好春节期间在港职工的思想和生活工作，天津港工会通过对新港作业区的重点调查，形成了《关于对新老工人春节回家思想动态调查情况》。3月，天津港工会印发《进一步贯彻国营工业企业条例，加强工会工作，深入开展社会主义建设先进班组、先进生产者运动的几点意见》，指出“工会干部应根据党委的要求和工作需要，经常的深入实际、深入群众进行专题的和全面的调查研究，反映情况，要善于抓典型，解剖麻雀，拿出样板指导全面。”根据这一要求，天津港工会组织职工代表开展了较具规模的调研活动，针对当时国家经济困难，改善职工生活的要求，就加强和改善食堂工作，组织职工代表在新港作业区第一、第二食堂和机关食堂开展调研并形成《部分食堂情况的调查报告》。《报告》肯定了食堂贯彻了市委颁发的办好食堂六项标准；加强了账物管理和成本核算；建立了食堂工作民主管理委员会；加强了炊事人员的思想道德教育，同时也指出了一些存在问题。是年6月，根据党委指示，天津港工会组织开展了增产节约运动的调研，通过深入到新港、塘沽、天津三个作业区和轮驳队开展了劳动竞赛情况的调研，形成《对当前增产节约运动开展情况的调查报告》。《报告》提出开展竞赛活动的四条经验，一是职工劳动竞赛活动，必须贯彻分期分批发动，分类指导的精神；二是劳动竞赛是发动群众实现增产节约的最可靠方法和手段；三是发动群众必须进行细致的组织工作和全面的活动安排；四是要重视开展活动的总结和先进经验的推广工作。7月，根据市总工会的指示，完成了《天津港退休养老职工情况》。12月，针对职工生活困难存在的问题，通过调研了解形成了《关于困难补助问题情况和今后意见的报告》，及时反映给上级和有关部门，使问题得到解决。1965年2月，天津港工会第五届会员代表大会指出，工会干部要树立“敢想、敢说、敢干，雷厉风行的工作作风。”“工会干部都要积极参加党委统一安排的集体劳动和蹲点任务；深入实际、下到基层，开展调研。”这一时期，从工会存在的脱离群众的现象入手,天津港工会不断加强思想和作风建设,各级工会干部深入基层车间、班组,关心解决职工生活问题,协助行政改善职工的生产、生活条件,实现了工会工作“做到班组里去、做到职工家属中去、做到集体宿舍中去、做到俱乐部中去”,直到“文革”开始。

1973年,天津港各级工会开始恢复工作,工会理论研究和调研工作开始逐步恢复。是年6月,天津港工会第六次代表大会提出,“各级工会干部要认真学习马列主义、毛泽东思想,努力改造世界观,不断增强党的观念,提高执行毛主席革命路线的自觉性。各级工会组织要坚决贯彻民主集中的原则。坚持群众路线,深入基层下到现场,参加生产、开展工作。”1975年4月,天津港工会作出安排,要求各级工会要加强学习,开展理论研究和调查研究工作,并提出了13个理论研究和调研专题,主要包括社会主义分配原则的正确理解;保持工人阶级本色“拒腐蚀永不沾”等,调研活动历时1个月。5月中旬,天津港工会组织了各基层工会调研结果汇报会,交流汇报了调研成果。

党的十一届三中全会以来,工会理论研究和调研工作坚持正确的方向,为探索工会工作规律,为领导科学决策和提升工会工作水平发挥了重要作用。天津港各级工会干部深入基层,深入群众,调查研究,扎扎实实地干实事,实事求是地解决工会工作和职工群众中迫切需要解决而又有可能解决的问题。

1980年4月,全总印发了全总九届常委会四次扩大会议通过的《关于改进工会工作作风和工作方法的几点意见》。《意见》指出,“工会干部要深入基层下到班组,开展调研改进工作;要做好职工群众的生活保障、家访信访、思想教育等工作;要依靠工会积极分子和职工群众办好工会;要贯彻集体领导分工负责相结合的民主集中制;学习党的基本理论和工会业务知识,尽快适应形势发展的需要。”1982年,天津港各级工会进一步转变工作作风,不断加强调研工作,开展了关于班组核心建设、主人翁教育、先进队伍培育、职工思想政治工作、职工生活等方面的大量调研工作,总结了许多典型,并运用典型引路,不断提高工会工作的整体水平。1983年,天津港工会制定了《进一步改进思想作风和工作方法的暂行规定》。年初,天津港工会在第一作业区组织开展了两个专题调研活动,一是员工队伍分析,另一个是基层工会工作经验。调研活动对进一步指导天津港工会工作和职工队伍建设,提供了宝贵的经验。天津港第一作业区的工会工作经验,在全总召开的全国先进基层工作座谈会华北组和中国海员工会召开的全国交通系统基层工会工作座谈会上作了典型经验介绍。是年,针对天津港开展系统共产主义教育的情况和存在的问题,工会开展了调研,提出了改善教育工作的意见和建议,完成了《天津港开展系统共产主义教育的情况》上报给上级工会和同级党委。为了进一步加强和改革职工思想政治工作,摸清职工在市场经济体制改革过程中的思想动态,有针对性地开展职工思想政治工作,1985年6月20日,天津港工会印发《关于在工会系统中进行“改革与主人”调查研究工作的安排意见》。各基层工会按照天津港工会的要求,紧紧围绕港口的体制改革和工资改革中,体现主人翁责任感为主要内容开展了深入的调查研究工作。在调研过程中,注意把握普遍性、倾向性的问题开展调研,反映了很多的情况,为做好职工思想工作奠定了基础。

1986年2月20日,根据全总、海总、市总工会关于进行职工队伍状况调查工作的指示精神,天津港工会印发《关于开展职工队伍状况调查工作的意见》。《意见》提出了调查的内容:对党第十三大精神的认识、对天津港经济体制改革的看法、对天津港实行承包经营的看法、对实行工资总额包干的看法、对长假取酬的标准的看法、对政治体制改革的看法、对职工搞第二职业的看法等8方面。主要了解职工对党的路线、方针、政策,对改革开放、搞活政策、政治经济形势的认识和态度,了解职工生活方式、生活观念的变化;了解职工主人翁地位、切身利益、思想道德、文化技术以及工会组织开展思想政治工作状况等。从3月7日开始,历时近3个月。问卷调查了5251人,其他方式近1000人。6月4日,天津港工会印发《职工状况调查询问卷汇总表》和《职工状况调查摘析》。12月,天津港各级工会还开展了职工文化事业及活动调查。1988年12月,市总十一届四次全委扩大会议通过了《增强基层工会活力若干问题的意见》,并作为当年的三项重点工作之一。

为进一步转变活动方式,改进工作作风,更好地为基层工会服务,1989年4月,市总工会决定在全市各区县局工会之间开展“为基层服务竞赛”活动。竞赛主要内容是“三给、一创、两促进”:即“给基层工会工作思路;给基层工会拿办法;给基层工会拿样板”;“代表基层代表职工搞好参政议政,为基层工会创造更好的外部条件,帮助基层工会解决自身难以解决的问题";"在促进基层企业增强活力的同时,促进基层工会增强自身活力。"在促进工会组织搞活的同时,促进工会企事业搞活,增强基层工会"急基层之所急、想基层之所想、解基层之所难"的服务意识,立足于基层提高工会组织的活力。贯彻市总提出的"三给一创两促进"精神,天津港各级工会着力于为基层服务的措施和制度落实工作。基本理顺工会同党政的关系,坚持"一个中心、两个维护"的基本原则。工会自身的民主制度不断加强和完善,基本形成自下而上的群众化、民主化的运行机制和自我约束机制:坚持车间工会民主选举、完善了民主决策和工会工作分级负责制;建立内部民主管理、民主理财制度;工会组织的活动方式实现了向民主化、群众化转变。1992 年 4 月,天津港工会被评为天津市工会为基层服务夺标赛优胜单位。1996 年 3 月,天津港工会被评为天津市工会为基层服务先进单位。

1989 年 4 月,市总印发《关于区县局工会为基层服务竞赛的方案》时,提出增强基层工会活力理论研讨题目:在基层工会工作中如何更好地坚持"一个中心、两个维护"的基本原则;增强基层工会活力与全面履行工会社会职能的内在联系;建设企业利益共同体对增强基层工会活力的要求;发挥工会参与、维护职能与增强基层工会活力、建设利益共同体的关系;工会民主化群众化建设是工会自身改革的核心等。5 月 6 日,贯彻市委、市政府推广的群体经营工作法的安排,天津港工会印发《关于举办建设企业利益共同体学习研究班的通知》,从 5 月 16 日开始,由 27 个单位工会主席参加的"企业利益共同体"研讨班历时一周,探索建设企业利益共同体的过程中如何发挥工会的作用。有些单位对推行共保合同进行尝试,如天津港第一港埠公司为实现第六个百日安全无事故,工会与经理签订了"安全生产共保合同";天津港机修厂为实现 1989 年方针目标,工会与厂长签订了"厂长任期目标共保合同"。是年,天津港工会上报的关于增强基层工会活力的论文《代表职工参政议政是工会维护职能的重要体现》,被市总评为优秀论文。

1992 年以来,我国的改革开放和社会主义现代化建设进入新的发展时期。天津港工会围绕新时期工会的性质、地位、作用、任务;工会的自身改革和建设;建设"职工之家";履行好维护、建设、参与和教育四方面的社会职能,搞好"两个维护"等理论进行了研究和探讨,以适应建立社会主义市场经济体制的新形势。以积极探索有中国特色社会主义工会工作为重要内容,围绕建立和谐劳动关系、企业文化建设、增强基层工会活力等问题,坚持理论与实践相结合,取得一批有深度、有影响的调研成果,并以调研成果促进工会工作创新,推动了工会自身建设,指导了工会工作系统性、前瞻性和创造性的开展。

1995 年 1 月,市总第十二届五次全委会提出,要强化服务,搞活基层。要坚持"工会服务职工,上级服务下级,全会服务基层"的原则,上级工会对基层主要是交思路、拿办法、传经验、办实事。根据基层实际,分类指导,不搞"大一统"活动,不搞多头、重复布置,不给基层增加负担。根据市总要求,刚刚成立的天津港工会第十届常委会作出了《关于加强自身建设的决议》。决议提出,学习邓小平理论,坚持解放思想,实事求是的思想路线。树立为基层服务的思想,深入基层帮助基层解决实际问题;工会干部要加强自身修养,改进工作方法;要调动工会干部的积极性和创造性;各级工会组织要开好生活会,沟通思想,交换意见,互相补台。10 月 23 日,天津港工会印发《关于开展理论研究和工作调研活动的通知》。《通知》指出了理论研讨和工作调研的方向。理论研究重点内容是全心全意依靠工人阶级的内容与形式、学习贯彻《劳动法》、指导工会开展工作、建立现代企业制度、职工代表大会制度、工会的维护职能的正确体现等。工作调研重点内容是实施《劳动法》、工会各项职能的作用、用工制度改革后劳动竞赛的组织、民主管理推动企业管理等。是年 12 月,天津港工会召开理论研讨会,这次研讨共征集论文 37 篇,研讨活动的特点是,基层工会领导带头搞调研;深入基层,掌握第一手资料,调研的同时发现问题解决问题;本次参加研讨的论文涉及的面广、数量多、质量高,撰写人既有专职工会干部,也有一般的工会工作积极分子。1996 年 2 月 17 日,市总颁发《关于表彰 1995 年度"三优"调研成果和调研工作先进单位的决定》,天津港工会被评为天津市工会系统调研工作先进单位。3 月 22 日,天津港工会印发《关于开展 1996 年调研工作的通知》。《通知》提出了 8 个调研课题。如在"两个转变"中,如何发挥工会的作用;新形势下,如何转变工会的运行机制和工作方式;如何搞好"职工之家"、"职工小家"的建设;企业如何搞好"六个必须",工会应做好哪些工作等。为推动调研工作的全面开展,天津港工会部署了每个单位工会所承担的课题研究任务。是年 6 月,天津港第五港埠公司工会撰写的论文《工会在履行维护职能中面临的问题及对策》在全国部分港口工会工作年会上发表,并荣获一等奖。8月9日,天津港举办"全心全意依靠工人阶级"专题座谈会,这次座谈会是一次正本清源的理论研究交流会和实践经验交流会。会上天津港党、政、工领导,基层部分党政工领导和有关部门负责人作了交流发言。座谈会指出,天津港经济建设发展的奇迹,全心全意依靠职工是其中一条主要经验。座谈会批判了"股东是企业主人,职工是雇佣者";"企业不必搞民主,企业家说了算";"职代会干扰企业管理"等"独裁管理"论调,用事实证明了广大职工是港口发展真正依靠的力量。座谈会还研讨了对职工群众依靠与教育的辩证关系,开展职工教育,提高职工的政治素质、心理素质、业务技能正是为了依靠他们搞好天津港的生产经营和建设发展。1998年2月13日,天津市工人运动理论研究会召开成立大会,会议审议通过《天津市工人运动理论研究会章程》,选举产生了天津市工人运动理论研究会第一届理事会和领导机构。天津港两名同志当选为理事。2月18日,为贯彻市工运理论研究会成立大会暨市总调研工作会议精神,探索新形势下工会工作,加强工会理论政策研究工作,提高工会干部的素质能力,天津港工会印发《关于征集工会工作调研和理论研究成果的通知》,在全港工会干部中开展调研理论研究活动。《通知》要求,工会领导要带头参加,工会干部要人人参与。是年,在全港工会干部中征集调研、理论成果论文40多篇。7月23日,天津港工会工运理论研究会成立并通过了章程和研究会领导机构,研究会有会长1名,副会长两名,常务理事7名,理事29名。9月9日,根据市总印发《关于各区县(总公司)工会尽快建立天津市工人运动理论研究会分会组织的通知》精神,天津市工人运动理论研究会批准成立"天津港务局工会工作理论研究分会",隶属于天津市工人运动理论研究会领导。理论研究会的成立,加强了天津港工会的理论研究工作。从理论和实践的探索中,发现港口的工人运动和工会工作发展的客观规律,为领导决策服务,为参政议政服务,为指导和推动工会工作服务。1999年5月18日,为贯彻中国工会十三大精神,积极探索工会工作规律,加强工会理论政策研究工作,倡导对工会工作实践的理性思考,提高工会干部的理论研究素质能力,天津港工会印发《关于征集工会工作调查研究成果的通知》。调研课题参考题目包括,在企业调整、改革、改组、改制过程中,依靠职工办企业的思考;贯彻落实依靠方针,完善职工大会和职工代表大会的职能;源头参与,依法维权;送温暖、再就业工程的实施;集体协商与集体合同的签订;企业文化建设与"建家"活动;拓宽职工群众性生产活动;工会自身建设等,围绕着不同时期的工作重点,天津港各级工会干部开展了调查研究并形成了一批有价值的调研成果。5月28日,市总召开工会系统调研工作会议。会议表彰了调研工作先进单位和优秀调研成果,天津港工会被评为调研工作先进单位;天津港工会有两篇成果获得二等奖,3篇调研成果被评为三等奖。

随着工会工作的开展,天津港工会理论研究和调研工作坚持破重点课题、出精品成果,深入开展调查研究和理性思考,不断推进工会工作创新与发展,形成了一批新的调查研究和理性思考的精品成果。2001年2月26日,市总召开工会调研工作会议暨工运理论研究会年会,天津港工会工运理论研究分会被评为先进分会,有3篇成果获得三等奖。2002年,天津港工会承担了全总职工队伍状况调查任务,根据市总工会安排,选择天津港第六港埠公司职工队伍作为典型调查样本,其间召开专题调查会12个,个别访谈5人,随机抽样调查填写问卷50人,通过对该企业的职工队伍分析,提出了问题和建议,完成了专题报告上报给全总。2003年3月20日,市总召开市工人理论研究会第二次会员代表大会暨工会调研工作会议。天津港3名同志当选为市工人理论研究会第二届理事会理事。会议还表彰了先进分会和优秀调研成果,天津港工运理论研究分会被评为先进分会;天津港工会撰写的《关于对天津港第六港埠公司职工队伍的典型调查》获得一级成果,同时1篇获得二级成果奖,两篇获得三级成果奖。8月26日,市总工交工委印发《关于征集"推动素质工程深化技术创新活动"论文的通知》,天津港工会征集上报了一批论文上报市总。10月30日,印发论文评选结果,天津港工会上报的论文《浅析影响工人积极性的因素及对策》《浅谈处理好职工技能培训与搞好职工技术创新活动的关系》获得二等奖。2005年4月6日,市总召开调研工作会议暨工运理论研究会年会,会议对39个先进分会和227篇优秀调研成果进行了表彰,天津港工会工运理论研究分会获2003~2004年度市级先进分会称号,天津港工会有两篇获二级成果奖,两篇获三级成果奖。2007年6月5日,市总、市工运理论研究会联合印发《关于表彰天津市工会系统2005~2006年度优秀调研成果、工运理论研究会先进分会和工会工作创新实践优秀专题片的决定》。天津港工运理论研究分会被评为先进分会,天津港工会撰写的《关于深化职工素质工程活动的实践与思考》获优秀调研成果一等奖，另有1篇优秀调研成果获二等奖，6篇获三等奖。天津港第三港埠公司工会报送的专题片《我们都是一家人》获天津市工会工作创新实践优秀专题片二等奖，天津港第二港埠公司工会报送的专题片《站在战略高度实施素质工程》获三等奖。

2008～2009年，天津港各级工会和工运理论研究会开展了多层次、多角度、全方位的调查研究和理论研究工作，取得了丰硕的理论研究成果，为推动新形势下的工会工作实践奠定了坚实的理论基础。调查研究工作扎实深入，创造了许多新思路、新招法、新模式，为领导决策和工会工作开展发挥了重要参谋作用。理论研究工作机制逐步健全，工运理论研究干部队伍素质不断提高。2008年，天津港两级工会进一步改进领导方式和工作方法，大兴求真务实之风，整体工作水平不断提高，形成了一批有价值和具有指导性的理论研究和调查研究成果，天津港工会撰写的《关于集团公司中外合资企业开展劳动关系和谐企业创建活动的调研报告》受到市总工会和天津港党委的表彰。2009年，天津港工会加强对涉及工会组织和职工的重大理论和现实问题的研究，针对港口的发展情况，提出了调研课题，同时在增强调查研究的针对性、应用性和实效性上下工夫，上半年，天津港工会主席带队对18个基层工会的重点工作开展情况进行了调研，并完成了调研报告，提出了可操作的指导意见。是年，天津港工会征集基层工会理论研究和调研成果27篇。10月30日至31日，天津港工会召开工会工作研讨会。会议交流了2009年工运理论研究成果，并就2010年工会工作思路进行了探讨。会议还讨论通过了《天津市工人运动理论研究会天津港（集团）有限公司分会章程和理事会名单》，《章程》共8章27条，明确了天津港工会开展工人理论研究是以马克思列宁主义、毛泽东思想、邓小平理论和“三个代表”重要思想为指导，贯彻落实科学发展观，贯彻党的新时期工运路线、方针、政策，紧紧围绕港口工作大局，研究应用中国特色工会建设理论、工会工作的客观规律，推动天津港各级工会组织更好地履行基本职责，促进工会事业的发展，充分发挥工人阶级和工会组织在服务天津港科学发展、促进企业和谐建设中的重要作用。2010年4月16日，市总工会召开调研工作会议暨市工运理论研究会年会，会议表彰了天津市工会系统2008～2009年度优秀调研成果和工运理论研究会先进分会。天津港工会工运理论研究分会获市级先进分会称号，天津港工会撰写的《叫响做实“农民劳务工有困难找工会”从根本上维护农民劳务工合法权益》获优秀调研成果一等奖，另有两篇优秀调研成果获二等奖。天津港工会工运理论研究分会还作了《坚持工运理论研究工作创新发展，提升调研成果转化的能力水平》的书面发言。

天津市工会系统“三优”成果评比天津港工会获奖情况

年度	奖级	成果名称	作者	单位
1997～1998年	二等奖	《充分发挥工会在精神文明建设中的作用》	宋愿兵	天津港务局工会
		《实现工会维护职能的思考》	张　刚	天津港设施处工会
	三等奖	《做好改革中的职工思想政治工作》	李厚军	天津港务局工会
		《浅谈在新形势下如何搞好劳动竞赛活动》	闫长林 符重喜	天津港第四港埠公司工会
1999～2000年	三等奖	《关于对〈女职工劳动保护规定〉执行情况和修改意见的调查报告》	李洪霞 刘淑云	天津港务局工会
		《浅谈推行企务公开必须注意的几个关键环节》	刘宝良	天津港第一港埠公司工会
		《以创新的精神全面理解和落实工会的维护职能》	刘俊明 刘玉起	天津外轮理货公司工会

续表

<table>
<tr><th>年度</th><th>奖级</th><th>成果名称</th><th>作者</th><th>单位</th></tr>
<tr><td rowspan="4">2001～2002年</td><td>一等奖</td><td>《关于对天津港第六港埠公司职工队伍的典型调查》</td><td>王　剑</td><td>天津港务局工会</td></tr>
<tr><td>二等奖</td><td>《关于实施职工代表述职制的调查》</td><td>马　利
凌文良
吕学芬</td><td>天津港第六港埠公司工会</td></tr>
<tr><td rowspan="2">三等奖</td><td>《新形势下做好特困职工生活工作的新对策》</td><td>袁子刚
岳长河
孙学金</td><td>天津港第二港埠公司工会</td></tr>
<tr><td>《天津港第一港埠公司企务公开工作调查》</td><td>李志伟</td><td>天津港第一港埠公司工会</td></tr>
<tr><td rowspan="4">2003～2004年</td><td rowspan="2">二等奖</td><td>《新时期工会劳动保护工作的思考与建议》</td><td>张艳军</td><td>天津港(集团)有限公司工会</td></tr>
<tr><td>《关于实施“首席员工”制度的调研报告》</td><td>陈景林</td><td>天津港第二港埠有限公司工会</td></tr>
<tr><td rowspan="2">三等奖</td><td>《当前职工民主管理意识的调查》</td><td>余祝建</td><td>天津港轮驳公司工会</td></tr>
<tr><td>《增强职工素质教育的针对性和实效性的探讨》</td><td>刘玉梅
彭国栋</td><td>中国船舶燃料供应天津公司工会</td></tr>
<tr><td rowspan="8">2005～2006年</td><td>一等奖</td><td>《关于深化职工素质工程活动的实践与思考》</td><td>王　剑</td><td>天津港(集团)有限公司工会</td></tr>
<tr><td>二等奖</td><td>《推行“金牌岗位”机制，打造高素质员工队伍》</td><td>范　江
曹玉明</td><td>天津港第五港埠公司工会</td></tr>
<tr><td rowspan="6">三等奖</td><td>《关于工会建家工作路数和方法的思考》</td><td>王金忠</td><td>天津港第四港埠公司工会</td></tr>
<tr><td>《浅谈工会组织在企业文化建设中发挥的作用》</td><td>王文发</td><td>天津港第二港埠有限公司工会</td></tr>
<tr><td>《关于班组学习和职工教育调查报告》</td><td>陶志龙</td><td>天津港轮驳公司工会</td></tr>
<tr><td>《当前劳务工人民主管理权利的拥有状况和实现途径》</td><td>韩建华</td><td>天津港第四港埠公司工会</td></tr>
<tr><td>《开展“争创”活动，为生产一线服务》</td><td>王建刚</td><td>天津港第三港埠公司工会</td></tr>
<tr><td>《实施素质工程目标管理，培养合格港口建设者——深化职工素质工程的实践与研究》</td><td>冯金浩</td><td>天津港第一港埠公司工会</td></tr>
<tr><td rowspan="3">2008～2009年</td><td>一等奖</td><td>《叫响做实“农民劳务工有困难找工会”从根本上维护农民劳务工合法权益》</td><td>王庆林</td><td rowspan="2">天津港(集团)有限公司工会</td></tr>
<tr><td rowspan="2">二等奖</td><td>《关于开展“大学习、大培训、大提高”活动的实践与思考》</td><td>王庆林
王　剑</td></tr>
<tr><td>《关于加强班组文化建设的实践与思考》</td><td>王金忠</td><td>天津港第四港埠公司工会</td></tr>
</table>

天津港工会组织60年工作实践的启示

1. 天津港工会60年的工作实践告诉我们，做好工会工作，必须始终坚持党对工会工作的领导，把工会工作放到全局工作中去认识和把握。只有在党的领导下，立足于职工、着眼于全局，牢牢把握大局，善于从整体利益出发，思考分析问题和处理解决问题，自觉地服从和服务于大局，工会组织才能发挥作用、有所作为，工会组织才能体现凝聚力和战斗力。必须坚持用马列主义、毛泽东思想、邓小平理论、“三个代表”重要思想、科学发展观武装头脑和指导工作，坚持恪守党的基本理论、基本路线和基本纲领统揽全局、大局，才能保持工会工作大方向的正确。这既是我们过去取得成绩的最基本的经验，也是我们今后做好工作的总的纲领。

2. 天津港工会60年的工作实践告诉我们，做好工会工作，必须坚持贯彻落实党的全心全意依靠工人阶级指导方针。全心全意依靠工人阶级，是由我们党和国家的性质以及工人阶级的历史地位和作用决定的，其实质是坚持工人阶级当家做主。必须从坚持四项基本原则的政治高度，从保证国家繁荣富强、长治久安的发展高度，充分认识全心全意依靠工人阶级的重要性，面对新时期出现的新情况、新问题，探索新的实现形式和途径，工会工作服从服务于港口工作大局，就必须始终坚持全心全意依靠工人阶级这一工作方针和工作主线。

3. 天津港工会60年的工作实践告诉我们，做好工会工作，必须始终坚持突出工会的维护职能。工会是劳动关系矛盾的产物，维护是工会的基本职责，是由工会的性质决定的；维护的职责是由法律赋予工会的地位和作用所决定的，《劳动法》明确规定“工会是劳动者合法权益的代表者和维护者”。履行维护的职责是调整新形势下劳动关系的需要；是党和政府需要工会更好地发挥密切联系群众的桥梁纽带作用和国家政权的重要社会支柱作用的需要；是职工群众要求工会要代表和维护他们的合法权益的需要。总之，维护职工群众的利益，是眼前与长远利益的统一、职工总体与维护职工具体利益的统一，既要维护职工经济利益又要维护职工的民主权利。工会通过履行维护职责，更好地保护、调动和发挥广大职工的积极性、主动性和创造性，落实在推进单位改革、促进港口发展、维护社会稳定上，更好地完成党和政府提出的各项任务上。

4. 天津港工会60年的工作实践告诉我们，做好工会工作，必须坚持解放思想、实事求是，处理好继承和创新的关系，在继承中创新，在改革中发展，创新工作方法，拓宽工作领域，丰富活动内容，创新活动方式。随着港口的生产建设发展，天津港工会组织建设，要满足港口的科学发展、调整劳动关系和实施科教兴港战略的需要，要把传统的工会工作经验与新时期的创新要求结合起来，不断拓宽视野、创新发展、与时俱进，才能在创建世界一流大港的奋斗过程中，获得应有之位。

第三篇

荣誉录

天津港历届全国劳动模范先进事迹

钱春同志先进事迹

钱春,男,天津市人,1927年1月出生,初中文化,1953年加入中国共产党。曾先后被评为1953年、1954年、1955年、1956年、1957年、1958年天津市劳动模范;1959年、1960年、1961年、1962年天津市特等劳动模范;1956年全国交通航运系统一等先进生产者;1959年天津市工业、交通运输、基本建设、财贸方面社会主义建设先进生产者;1959年河北省工业、交通、基本建设先进生产者;1959年河北省工业、交通运输、基本建设、科学技术方面先进生产者;1962年交通部直属企、事业"六好"劳动竞赛、"六好"船舶、"六好"先进生产(工作)者;1956年、1959年全国先进生产者;曾光荣地出席了1956年全国交通先进工作者代表大会、全国先进生产者代表大会和1959年全国工业、交通运输、基本建设、财贸方面社会主义建设先进生产者代表大会(全国群英会)。1973年7月病逝。

钱春从12岁就开始在塘沽码头上打短工,1949年到新港工程局港务科工作。1952年天津新港重新开港,钱春同志被安排到港务局新港作业区工作,担任苫缆组组长。在担任苫缆组组长时,他曾冒严寒跳入水中,奋战半个小时,解开了水下拴船的钢丝绳,解决了移船的关键问题;在大雨到来时,他曾十余次深夜冒雨跑到港区,检查货垛及货船的缆绳;他曾改进带缆方法,采用向船头抛缆绳的方式,不仅安全又减少帮船时间,还节省了人力物力上的开支。在抛缆技巧上,钱春同志也下了一番工夫,候工时间苦练基本功,经过努力他能抛出50多米远。在天津港首届运动会上,由钱春同志创造的抛缆纪录至今未被打破。

1953年8月,根据工作需要,钱春被调往工具股担任修理组组长。那时正是开港后工作非常繁忙时期,工具没有完整和规范的管理制度,现场管理非常混乱,经常出现"工具满天飞"的现象。主要原因在于工人们使用的工具非常笨重,不凑手,工具数量又少,且无论装卸什么货物就用一种工具去做,工人负担着沉重的体力劳动,同时影响了效率的提高。钱春同志看到了这种情况便提出要建立必要的管理制度,并提出"人随工具下现场"制度,他要求修理组全体职工发现问题就地解决。

在作业现场,钱春同志经常主动征求群众对工具的意见。有些人抱怨工具不好使唤,他就主动去询问:哪点不好?该怎么改进?抱怨的人有时提出改进的办法,他都加以改进。有时提不出具体改进方法只能提个头,他就回去想办法,想好了就请人画出来让大家看,要不就干脆改好了送来,并亲自去现场操作,直到让使用人满意。因为解决问题及时,得到了工人们的认可,工人们反映:钱春一到问题就解决了。

钱春同志的口袋里总是放着纸和铅笔,那是为了将现场看到的各种现象和自己的各种想法随时记录下来。但他画的图人家看不懂,人家画的图他也看不懂,这就成了他搞革新的一个难关。1957年有个绘图员叫侯燕下放到他们工具库。钱春赶紧抽时间向他学绘图。绘图员三个月后被调走了,他就利用《机械制图》、《绘图基础》等几本书自己研究摸索。在自己的不断努力下,钱春同志自身的业务素质也得到进一步的提升,他不仅能看图、能绘简单的机械图,而且小计算、小设计自己也能来了。钱春同志所改进和创造的工具极大地提高了生产效率,降低了工人的劳动强度。

1954年,港口进口主要是汽车、五金钢材等货类,钱春同志针对当时情况,根据生产货类变化的需要,创制了"K 式汽车扣"将卸汽车效率提高了一倍。他改进的"六钩钢板卡子"又安全,又省劲,提高了 50% 以上的效率。

1955 年,港口突然出现长大五金货类,针对这个问题钱春同志创造出了"长大五金双垮架"解决了现实中长大五金装卸问题,提高了一倍效率;将千斤重的"散盐兜子"减轻为二百斤,减轻了工人的劳动强度;创制的"吊火碱桶卡子"使工作效率提高了两倍多。

1959 年,煤炭出口任务增加,钱春同志与老工人、技术员一起研究,先后制成了扒煤链和平舱机,解决了皮带供料和船舶平舱问题;改进了平行皮带运输机,并采取横竖皮带联合作业的办法,解决了卸车归垛问题,从而使装煤作业由卸车起到中间皮带喂料再到最后平舱止,基本上实现了机械连续化,并消除了人抬的现象;"自动盐簸箕"的试验成功,是钱春同志经过长达 5 年的时间研究的成果,它解决了港区内劳动强度最高的散盐出舱问题,有力地缓和了当时港口劳动力紧张的局面。

在制造"自动盐簸箕"过程中,钱春同志也曾遇到过失败,从失败中他明白,失败不是因为别的原因,而是因为自己的知识有限。于是他积极参加职工业校文化知识学习,从解放前文盲状态达到了初中文化水平。

钱春同志还是节约上的尖兵。他制造和改进工具的特点是花钱少、效果大。改制的盐兜子,一个就节约进口棕麻绳 100 斤;在制作工具过程中,他能因陋就简,充分利用旧料、废料,给铁工制的眼床子的中轴就是用铁管套代替的;机械八字轮缺齿报废了,他就用电焊补上搓出牙来再用。别人制作工具是看图下料,他制作工具是看料作图,哪怕点滴材料也要节约。同时,他的行为也带动了工具股全体同志养成了节约材料的好习惯。据初步估算,钱春同志每年为国家节约资金万元以上,缓解了当时原材料紧张不足的情况。

据有关资料统计,从新港开港到钱春病故短短的 21 年时间里,钱春同志创造和改进工具及专项设备达到了 138 项,为减轻工人劳动强度、提高装卸效率,使天津港由人力化向机械化、自动化港口转型作出了贡献。

赵德如同志先进事迹

赵德如,男,天津市人,1921 年 2 月出生,1953 年 1 月加入中国共产党。曾先后被评为 1954 年、1955 年、1956 年、1957 年、1958 年、1959 年、1960 年、1980 年天津市劳动模范;1956 年全国交通航运系统二等先进生产者;1956 年全国先进生产者;1959 年天津市工业、交通运输、基本建设、财贸方面社会主义建设先进生产者;1959 年河北省工业、交通、基本建设先进生产者;1959 年河北省工业、交通运输、基本建设、科学技术方面先进生产者;曾光荣地出席了 1956 年全国交通先进工作者代表大会、全国先进生产者代表大会。

赵德如同志解放前在船上做水手、舵工,1952 年来港工作,1952 至 1976 年先后在天津港轮驳公司和中国船舶燃料供应公司天津分公司任船长,1976 年至 1983 年任中国船舶燃料供应公司天津分公司安技科副科长。1983 年 8 月退休,1995 年 8 月病逝。

1953 年大清河开航后,由于种种原因没有完成当年的生产任务,原因之一是大清河不能夜航。1954 年年初,赵德如同志自告奋勇,驾着舢舨冒着寒风到大清河测航道安浮标,根据气象测水,从而掌握了河口活沙移动情况,同时在航道的险要地方设置红色灯标,在河湾上插上木桩(夜晚挂灯),经过多次试验创造了夜航大清河的新纪录,破除了"三不出船"的戒律(即风大不出,天黑不出,潮水小不出)。这年正月十五,赵德如顶着寒风和冰凌率领津港轮十一号首航大清河,挑起了大清河运盐任务。在大清河运输过程中,赵德如同志发明、创新了"双轮接力法"、"甩驳待轮法"、"赶落航行法"、"半载换挡装驳法",提高了驳船航行、装卸效率。

"双轮接力法"就是把装好的重驳赶潮拖带出河,在气象较好时继续向前送驳直到中途遇到塘沽来船再进行换套,然后拖带空驳回港装载,改变了过去等塘沽来船到达河口门以后再把重驳送出河口换套的办法,采取这种办法平均每次要节省来船航行时间一个半小时，在1955年仅第二季度就实行了17次，节省了等待时间超过25小时。

根据前往大清河的拖驳到达时间的早晚采取了“甩驳待轮法”，以缩短非生产停泊时间。具体做法是，把重驳趁潮拖至河口下锚等待塘沽来船，塘沽来船以后就把空驳抛下锚，把重驳拖回塘沽，涨潮水时河里的拖轮就把空驳拖到河里码头装载，这就可以减少塘沽来船在河口外等待重驳的现象，同时也减少了拖轮在河口外等驳时遭遇风浪袭击的现象。

为了加快轮驳周转效率，又实行了“赶落航行法”。“赶落航行法”是将原来等潮水涨时才拖满载驳船出河的办法，改变为在落潮时就把重驳拖至河口浅滩待潮，候潮水一到6.5米时就把重驳拖至河口外边，以提高轮驳周转。因为采取了赶落航行不走顶流的方法还可以缩短航行时间，降低船员劳动强度和燃物料的消耗。另外为了更好地提高运力，又实行了大清河一拖三驳，使每两个航次就等于过去三个航次的运输量（每多拖一驳就多运440吨）。

因大清河仅有一个小码头，两个驳船进河只能帮一个驳船进行装卸，另一驳船只能等待。又因为装卸一驳需要12小时，再装第二驳时因潮水已降无法移重驳，只能等下一个潮水，直接影响了船舶周转与任务的完成。实行“半载换挡装驳法”，就是科学地运用潮水，在第一驳装到半载左右，潮水尚未全落船还能动时，将半载驳船移出，第二驳船移入靠好码头后再将半载驳船靠在第二驳船外挡。潮水落下后，半载驳船离码头远，吃水够不致搁浅；空驳在里挡也不会搁浅，还能继续装卸，这样就能够连续装卸，使装卸效率比过去提高一倍。

在运输生产中，通过应用赵德如同志发明、创新的“双轮接力法”、“甩驳待轮法”、“赶落航行法”、“半载换挡装驳法”等办法，提高了驳船航行、装卸效率，使生产量有了突飞猛进的增长。1954年、1955年均超额完成生产任务。例如1955年原计划输运8.5万吨，实际完成10.213万吨，完成计划的120.15%。

赵德如同志在工作中不但敢干，而且还善于巧干。在大清河运输中，他驾驶的“轮十一”趟趟提前完成航次计划。由于他正常掌握航速、风向、水流，并充分调动全体船员的积极性，因而使每个航次均能提前出河，他所在的拖轮是港务局所有拖轮完美完成计划最显著的一艘。赵德如同志不但严格要求他人，而且更加严于律己，处处以身作则。一次大清河口的两个灯鼓被风刮到了坨矶和老店，因此失去了进出河的方向。赵德如同志马上率船去拖，因灯鼓落在浅滩上，他便第一个跳入了水没过膝的沙滩上，当时正值初春，冰凌还没有融化。然而，在赵德如同志的带动下，其他船员也纷纷跳入水中，经过大家的努力，终于将灯鼓拖回，恢复了大清河的正常运输。以后，根据工作需要赵德如同志又担任了“津港轮一号”船长，担负沿海“烟、威、龙”驳运任务。为了避免船舶往返时空载，他主动招揽货物；为了提高生产运输量，他先后创造了沿海一拖三驳和港内一拖四驳的运输纪录，为了保证船舶过闸安全，他发明了“顶推法”等，为港口驳运事业作出了积极的贡献。

1972年，赵德如同志调入了刚刚组建的中国船舶燃料供应公司天津分公司。他发扬了以往的那种工作精神和作风，先后组织力量从上海接回了4艘千吨油轮，为新单位的正常工作作出了贡献。1976年，赵德如同志担任了公司安技科副科长，主持日常工作。在这期间，他工作一丝不苟，认真负责，他深入基层，把安全工作做到每个角落，用他的话说安全工作不是在办公室就能做好的，而是要深入实际，掌握更多的资料。所以，他每次都能及时发现隐患。在工作中，他原则性强，不讲情面，对安全问题从不放过，保证了公司创建初期的生产安全。

耿立生同志先进事迹

耿立生，男，天津市人，1926年10月出生，1954年11月加入中国共产党。先后被评为1954年、1955年天津市劳动模范；1956年全国交通航运系统二等先进生产者；1956年全国劳动模范。曾光荣地出席了1956年全国交通先进工作者代表大会和全国先进生产者代表大会。

耿立生同志解放前在码头做散工、搬运工人，1952年来港工作，1952年至1982年，在天津港塘沽作业区（第三作业区、天津港第三港埠公司）先后担任装卸队长、调度指导员、机电科科长、行政管理科科长及工会主席等职务。1982年1月病逝。

耿立生同志善于克服困难，依靠群众，发挥高度的劳动热情,以顽强的态度细心踏实地钻研业务,创造了一系列模范事迹。他针对生产中的薄弱环节积极创新改进,解决了生产中的很多关键问题,为提高作业区生产效率、保证生产任务的顺利完成作出了巨大贡献。

在担任装卸队队长期间,他解决了玻璃卸大车装船的关键问题。由于作业区出口玻璃效率低,长期完不成指标,且容易出货损、货差事故,这一情况已成为作业区生产方面的最主要问题。耿立生同志认真吸取群众意见,细心研究解决方法,提出了卸火车码垛要给装船打基础,采用大块玻璃垫木楞、铲车装船盘子等办法,效率由从前的16.00吨/小时提高到21.11吨/小时。在此基础上,他悉心研究并改进了玻璃工具,提出使用双鼻铁丝扣,以钢丝绳代替棕绳的方法,使改进后的效率由21.11吨/小时提高到24.64吨/小时,不仅保证了作业指标的完成,而且每季度为作业区节约棕绳价值达300余元。此外,经他研究出的一套具体完整的玻璃操作规程,执行后总平均效率达到100%,彻底消减了以往玻璃操作过程中的货损事故。由于在卸面粉以及大米船舶时无法完成计划指标,耿立生同志集合大家的智慧,总结出了循环互助码垛法。经过试验推广,这一码垛方法不仅提高了大家的工作干劲,而且使作业效率提高了20%,保证了生产指标的顺利完成。

耿立生同志踏实学习、努力钻研,提出利用铲车抬垛底的方法,不但将作业效率提高到104.10吨/小时,而且减轻了工人的劳动强度,得到了大家的一致认可。他制订了陆地装卸配工记录,使调度员及时掌握作业现场情况,改进了现场管理方法。他在日常工作中发现了机械运用不平衡、忙闲不均等不利现象。他及时提出利用铲车卸包子货和运油桶的办法,经过试验扩大了机械使用率,提高了效率。

他改进辅助作业时间。以往工人在具体操作过程中换货时间较长,整理吊杆无标准、一层柜、二层柜经常被混放一起,针对这一问题,耿立生同志召集有关人员,积极思考改进办法,提出了换货不停工,工人协助整理吊杆时采用一层柜、二层柜分开放等办法,减少了生产过程的中断现象,尽可能缩短了船舶在港非生产停泊时间,大大提高了作业效率,得到了广大同志的一致好评。

他改进装车法,制造标准装车,消灭货差提高效率。由于火车装完后铁路方面时常提出意见不符合要求,有时码车不合规格偏重一头,有时车负荷量不同,造成倒车重码情况等问题,耿立生同志和工人共同研究、搜集材料,多次到车站了解各种车种车型,发现因为掌握不住车的性能,很难达到标准码车要求,所以造成常常甩零不能圆垛,形成了高低不平、不好盖苫布等问题,从而时常发生货差。他研究了这些情况,想到如果可以制定出分类型的装车法,既可免去工作前的计划时间,又可以节省人力、避免货差、提高效率。因此他根据经验和经过调查的一手资料,拟定了包干货码装法。为了使码装火车标准化,结合车站每车时间限度和区装车定额的操作难易程度,他摸索出了一套根据不同车型分类的定额时间,并制作了标准装车图,附加明显易懂的说明。通过对工人的培训讲解,使此标准装车图在操作工人中得到普及,让大家从思想上有了底。通过实际操作证实,实施此装车法不仅可以码垛整齐,使工人一下可以看出数目,而且保证了苫布的平坦,避免了苫布积水的疑难问题。三类定额时间做到了使每个工人心中有数,垛型码放从此有了标准,省去了以往反复整理的时间,因此大大提高了工班效率,装车效率由1954年的28.04吨/小时增长到1956年的35.60吨/小时,较原计划提高了27%,有效避免了货损事故。

李连城同志先进事迹

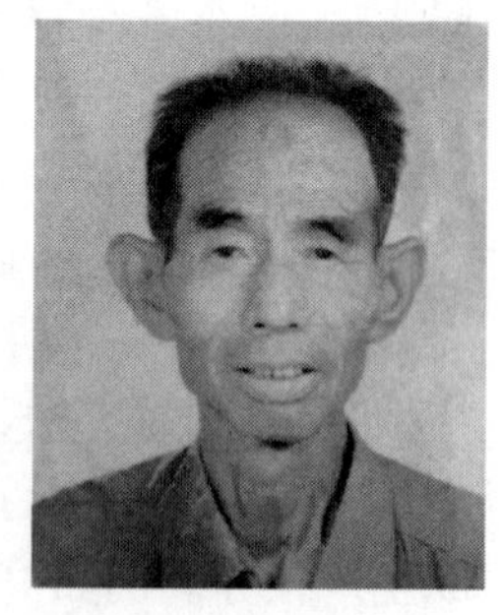

李连城,男,河北青县人,1924年8月出生,1953年加入中国共产党,曾多次被评为局级、作业区级先进生产者,1953年他领导的装卸三组荣获了市模范小组的称号。1956年在开展爱国主义劳动竞赛中,该组获得了优胜班组并连续荣获天津市劳动模范小组的称号。1956年当选全国先进生产者和全国交通、航运系统二等先进生产者,并光荣地出席了1956年全国交通先进工作者代表大会和全国先进生产者代表大会。

李连城同志解放前在塘沽做散工和码头搬运工人,1952年来港工作,在新港作业区和第二作业区装卸五队三组任工会组长,1979年10月退休,1990年12月病逝。

李连城同志到港工作以来,他三十年如一日,在平凡的装卸岗位上，不怕吃苦受累，只要是工作需要，从不讲报酬，别人不能干的不愿干的，他带头抢着干，从无怨言。在开展爱国主义劳动竞赛活动中，他积极组织班组工人，密切配合队长订出了小组各项会议制度和竞赛保证条件，每季度都超额完成生产指标。1955年该组完成全队年平均效率的113.35%。

李连城为港口的生产发展作出了突出的成绩。他所领导的班组，制定了季度完成生产任务保证条件。1955年第一季度完成计划115.32%，第二季度完成106.20%，第三季度完成111.92%，第四季度完成119.88%，全年平均效率完成113.35%。被作业区作为样板，在各个队中进行推广，成为学习的榜样。他还建立了安全生产分工负责制，明确规定负责范围及操作规程，全组工人严格遵守责任制，因而连续13个月未出任何工伤货损事故。他组织小组成员坚持政治学习活动，小组读报活动从未中断，定期召开生活会，开展批评和自我批评，因此该组成员劳动纪律遵守得很好，出勤率达到98.2%。

他提出了洋灰装车、装船"包干负责法"，使全区装卸洋灰，由原来损失5%，降低到0.49%，洋灰装卸办法得到交通部的表扬（此先进经验报交通部在全国各港推广）。他创造了装卸船舶"循环捆钩，循环码垛"的新方法，从而总结出"七六三和"的快速装船法，为货场码垛提供了制定"货垛标准图"的第一手资料。他提倡交接班"留货"的方法，该组在装卸中一贯在交班前多捆三扣，为下一个接班的班组提前做好准备工作，交班前先交货，给接班队创造了便利条件，节省了交接班的开工时间。

在南粮北运的任务中，他总结出一套"粮食装卸措施"，并通过业务会与各队交流了经验。由于推广了他的"粮食装卸措施"，全区的粮食装卸未出货损，粮食任务大增，平均效率达到112.83%。他虚心学习其他队组的好经验，认真学习了18队"专人挂钩"的先进经验，并运用在作散盐的关键岗位，使该组的散盐装船工班效率大大提高，完成了散盐装卸计划的113.09%。

他积极组织班组成员开展合理化建议活动，该组1955年提出的9件合理化建议，作业区采纳了8件。如改进"水泥操作"等合理化建议，都对作业区的安全生产、快速装卸起到了很大的作用。

他的苦干实干精神赢得了领导和同志们的赞誉。他常说："今天的社会主义制度，为我们创造了良好的工作环境，也给了我们幸福的生活。作为码头的主人，不努力多装快卸就对不起社会主义，对不起党。"朴素的阶级感情是李连城和老一辈同志们在20世纪50年代艰苦创业的根基。在多年的工作中，他常以自己的实干精神感化后进的同志，从不夸夸其谈，深受大家的尊重，他无愧于共产党员的光荣称号。

钱日昌同志先进事迹

钱日昌，男，天津市人，1935年8月出生，1956年8月加入中国共产党。1956年当选全国先进生产者和全国交通、航运系统二等先进生产者，并光荣地出席了1956年全国交通先进工作者代表大会和全国先进生产者代表大会。

钱日昌同志1951年参加工作，曾先后在天津新港船厂担任电工车间维修电工、工段长、计划科副科长、船具车间和海电车间副主任。1980年因工作调动来港工作，1980年至1986年在天津港集装箱公司机电科担任科长职务，1986年至1992年在天津港集装箱公司节能科担任副科长职务。1995年12月退休。

1953年至1956年钱日昌同志在天津新港船厂从事维修电工工作。工作中他努力学习，刻苦钻研技术知识，为了使新港船厂的技术能力尽快适应新中国经济发展的需要，他全身心地投入到新港船厂的老旧电气设备技术革新改造和技术创新工作中，为新中国成立初期天津新港船厂的技术进步和发展壮大起到了积极的促进作用。

新港船厂的前身是解放前已有的修理船舶的小厂，厂内的技术设备陈旧落后。新中国成立初期国家开展了大规模的经济建设，新港船厂的造船事业也得到了快速发展，为了提高修造船钢板的焊接效率和质量，船厂购进了两台瑞典的UPU自动电焊机。当时因为供电质量问题以及自动电焊机的控制电路不适应中国的国情，经过多次焊接实验，因钢板的焊接质量达不到标准而停用。而当时的生产又急需这两台瑞典自动电焊机，车间领导将这两台瑞典自动电焊机的改进任务交给了钱日昌同志。他接到任务后加班加点，甚至顾不上吃饭，全力投入到分析、实验、改进的过程之中，经过多次实验，对控制线路进行了改进,增加了少量辅助装置,最终获得了成功,达到了焊接的质量标准和各项技术要求,解决了生产关键性问题,焊接效率和质量大幅度提高,使新港船厂保质保量地完成了交通部下达的给长江航运局及天津港务局等单位的造船任务。

"增产节约运动"是新中国成立初期国家经济建设的一项重要举措,钱日昌同志结合生产实际积极投入到这项工作之中。在修造船过程中电焊工作量相当大,电焊机是全厂的主要耗电设备,当时空载耗电浪费情况非常严重,钱日昌同志针对这一情况主动提出研制电焊机空载断电装置的设想并与车间其他同志共同研究和实验,由于当时的技术条件有限,经过几次改进,没有取得理想的效果,他没有灰心和气馁,虚心向工程师刘涌祥同志请教,通过反复改进、实验终于取得了成功。在研究出直流电焊机空载断电装置的基础上他经过多次改进,又研制出交流电焊机空载断电装置,使新港船厂电焊机空载耗电浪费现象得到了彻底的解决,给国家节省了大量的电能。

金属淬火是造船厂的一项重要工作,用原有的煤炉加热淬火,人力消耗多、占地面积大、污染环境而且不能满足生产的需要,车间领导将改进这一落后的工艺,研制"电加热盐液炉"电器设备的任务交给了钱日昌同志。钱日昌同志不畏困难,接受了这一艰巨的任务,他查资料,找材料,画图纸,选场地,发动群众进行研制和实验,经过反复实验、改进、论证终于成功地研制出"电加热盐液炉",满足了生产的需要,不仅提高了生产效率,而且改善了工作环境,减少了煤尘污染。

在船舶修造过程中,船舱内的临时照明也是间接生产的关键性问题,它既要保证足够的亮度又要保证人员工作安全,还要做到灯、线稳定牢靠,不影响人员操作。当时为了考虑人员安全,使用的是24伏电压的小灯泡串灯,照明亮度欠佳,灯、线悬挂稳定性也不是太牢靠,灯泡易破碎。这种照明方式不但影响工作效率而且易造成摔伤事故,管理难度大,已不适应生产规模不断扩大、技术能力不断提高的生产形势的需要。为解决这一关键性的问题,他经过多次的技术分析、市场调研和使用试验,提出了改进方案。经船厂技术主管部门认定,采用了钱日昌同志提出和设计的既保证足够的照明又能避免人员触电而且做到灯、线稳定牢靠的大型灯具照明方案,照明装置的改进和创新不但提高了船舱内的照明亮度,而且安全可靠,促进了工作质量和工作效率的提高。

钱日昌同志以饱满的工作热情,忘我的革命干劲,刻苦钻研专业知识,不断革新改进造船技术,在新中国成立初期国家开展大规模的经济建设工作中,为新港船厂的技术进步和发展壮大,为新中国造船事业的发展作出了较大的贡献,他的事迹得到了新港船厂领导的高度重视,并成为船厂青年和职工学习的榜样。

李长发同志先进事迹

李长发,男,河北文安人,1927年11月出生,1952年9月加入中国共产党。曾先后被评为1956年全国先进生产者;1957年、1958年天津市劳动模范;1956年全国交通航运系统二等先进生产者;1959年河北省工业、交通、基本建设先进生产者并光荣地出席了1956年全国交通先进工作者代表大会和全国先进生产者代表大会。李长发同志曾是天津区港务管理局河西作业区装卸第18队的工人,天津区港务管理局天津作业区装卸队队长。他所在的队曾从1953年到1955年连续保持了三年市级模范的光荣称号。

李长发同志解放前在码头做散工、搬运工人,1949年加入天津码头工会。1950年5月参加天津搬运工会,先后在天津作业区做装卸工人、业务副主任、革委会副主任,第四作业区党委副书记,革委会副主任、代理书记,第五作业区党委书记、副主任,第四作业区主任、调研员。1988年11月退休,2009年7月病逝。

李长发同志是天津港第一代码头工人,是第一批装卸一线的指挥员。在工作中他自己永远是抱着"哪里有困难就到哪里去克服困难"的工作态度。在生产中他不但善于发现问题,而且善于依靠发动全队工人的智慧,改进操作方法,并且积极传播自己的先进经验。1955年他针对河西作业区完不成计货和盘条定额的问题,带动大家进行研究,发现主要原因是舱内操作混乱,人力配备不当,他当时就抓住这个关键问题,组织舱内操作同志研究解决办法,创造了计货和盘条的新的操作方法,在全面推广以后,计货工班装卸效率超过了定额46%，盘条超过30%。另外，他也经常注意学习兄弟单位的先进经验，在发现21队操作重点货效率提高的情况以后，就组织几名同志到21队学习经验，并在自己队里进行推广，使重点货效率提高了48%。1956年他针对生产上存在的问题，改进了计货操作法“二四循环码垛法”，使装卸效率比从前提高了55%，同时整顿了操作秩序混乱的问题。他对装卸盘条的工具进行改造，使装卸盘条效率从450盘提高到650盘。他创造的经验在天津港务局河西作业区进行推广，从而保证了本区生产任务的完成。

为了互相提高技术，他采用了包教包学的办法，使每个同志在各个工序中都能熟练地操作，在安全的基础上提高装卸效率。同时为了保证生产任务的完成，除了每月召开两次小组生产会议之外，还规定每月由工会召开一次生活会，展开批评与自我批评，达到同志间政治上的团结，及时解决生产和生活方面的问题。

1957年，他担任装卸队队长。他积极带领广大职工搞好生产，在生产实践中他还积极带领广大职工搞好技术改革，由他亲自制造的“一钩双吊工具架”在生产中发挥了重要的作用，使装卸效率提高了一倍。在安全方面，他对每一件事故必须检查与分析发生的原因，订出防范措施。他经常访问各兄弟小队，收集他们的安全操作经验或发生事故的教训，回来组织大家进行学习，用真人真事教育大家。为了使安全工作经常化，他建立了严密的安全分工负责制，根据操作各种货类订出固定的分工，每一个工序有一个安全检查员，按照小组安全干事的布置对安全口号进行宣传，引起大家的注意，每月两次“安全活动日”对安全工作执行情况进行总结检查，通过这一系列的措施，他们三年来没有发生重大事故。

闫长林同志先进事迹

闫长林，男，天津市人，1950年6月出生，1972年3月加入中国共产党。先后荣获1973年、1975年、1976年、1977年天津市工业学大庆先进生产（工作）者；1978年全国交通战线工业学大庆先进生产者；1977年荣获全国工业学大庆先进生产者等荣誉。1976年还被局党委命名为“心红志坚的青年装卸工”光荣称号，并受天津港广大职工和党员的重托，光荣地出席了全国工业学大庆会议和党的第十一次全国代表大会，两次受到了中央领导同志的接见。

闫长林同志1968年9月参加工作，在天津港第一作业区当装卸工，历任装卸队班长、副队长、队长。1977年因工作需要，调任第五作业区（天津港第四港埠公司）副主任、工会主席，津洋公司总经理，赛挪码头公司中方总经理，天津港第四港埠公司调研员。2010年6月退休。

闫长林同志有一股拼命精神，一上班就像到了战场一样。一次在码头上卸挖掘机时，由于外轮船员在加固用的木头时没捆好，从空中掉下一根正砸在他耳朵上，顿时鲜血直流昏了过去，同志们把他送到医院，伤口缝了七针。医生嘱咐他要好好休息，可他一到码头不顾同志们的劝阻又和大家一起干了起来。在装化肥火车作业中，因为火车不对货位，需把火车推到货位才能装车，人少车重，他一声号子车被推动了，在向前迈步时踏在一块木板的钉子上疼痛钻心，他马上意识到只要一松劲，火车就会停止前进影响干活，他咬咬牙带着钉子和木板与同志们一鼓作气地把火车推到垛前，拔出钉子挤出黑血又继续干起活来。还有一次他得了胃病，疼得厉害吃不下饭，他索性就不吃饭仍然坚持工作，结果多次险些晕倒在作业现场，同志们心疼地劝他去医院，他每次都是笑笑说：“没什么，我爱出汗，人活着就是要大干社会主义，如果为了保命而忘了革命，那还算什么共产党员。”

闫长林同志有一股忘我精神，干起活来争分夺秒。他坚持八小时内拼命干，八小时外作贡献。一次，他上夜班，白天党支部研究工作，转天到作业区开会。同志们关心他不让他上夜班，可他还是上了夜班，作业区的会散后，又通知他第二天去市里开会，这天晚上他又上了夜班，从市里回来后又接着上了夜班，三天没合眼，开了三天会，上了三个夜班，一点活儿也没耽误。他家住在郊区离火车站远，有时赶不上火车就耽误干活，倒班时就不回家，十年如一日没有迟到早退过，也没有歇过病假、伤假和事假，做到了出满勤干满点。在地震期间，为了抢任务他和同志们一起冒着小雨几天几夜不回家，直到完成任务，他常说：“干社会主义就得争分夺秒,把自己有限的生命全部用在革命事业上。”

闫长林同志有一股老黄牛精神,永葆普通劳动者的本色。当队长时,他每天首先把工作安排好,然后就到最困难的地方去干活,时间长了领导和同志们都知道要找小闫,哪里活累活艰苦,就到哪里去找他。在工作中遇到人少活多时,两个人的活他就一个人干,在抢卸一条起水化肥船时,40公斤重的化肥袋同志们两人一搭,他一人抱,而且还和同志们一对一钩地比起赛来,出色地完成了任务。担任作业区副主任后,他给自己定了三条规矩,其中一条就是:地位变了,普通工人本色不能变。除了必要的会议外,工作服一穿就到现场,边了解情况边解决问题,边和工人们一块干活,一些青年工人见到他都亲切地叫他闫师傅。初冬,党委叫他带队去修水库,一到工地他就和同志们甩开膀子大干起来,一天下来他的痔疮犯了,鲜血直流疼得连走路都困难,同志们说什么也不让他干了。他想:“喊破嗓子不如干出样子”,帮坡不行就上锹,经过共同努力提前10天完成了任务。他体会道:“要当好带头人,就必须身不离劳动,心不离群众,永远保持一个普通劳动者的本色。”

闫长林同志有一股革命精神,坚持建设港口不动摇。曾几何时埋头苦干被说成是“业务脑袋”,“只会低头拉车,不会抬头看路”,搞好生产被说成是“唯生产力论”等。为了明辨是非,他一有空就学习马列和毛主席著作,坚持“抓革命、促生产”的方针,大力宣传社会主义的重要性,把生产抓得紧紧的,坚决落实合理的规章制度,带领全体职工坚持大干装卸生产不动摇。一次,一个班组卸化肥直接装火车,在快吃饭时抖了一钩,他知道后立即召集班长开现场会,并亲自带头和同志们一块返工,杜绝了违章操作,确保了安全质量,使全年超额完成了生产任务,以实际行动为港口建设作出了贡献。

刘庆祥同志先进事迹

刘庆祥,男,天津市人,1940年9月出生,1978年7月加入中国共产党。曾先后荣获1980年、1982年、1986年、1988年天津市劳动模范;1987年、1988年全国交通系统两个文明建设劳动模范;天津市总工会颁发的1986年度、1987年度“七五”立功奖章;1993年度“八五”立功奖章;1998年中国海员工会颁发的首届“金锚奖”;1989年9月被评为全国劳动模范并光荣地出席了全国劳动模范和先进工作者表彰大会。

刘庆祥同志1959年来港在轮驳公司工作,1960年至1980年在天津港第三港埠公司工作,曾在装卸二队、调度室、工具库工作,1983年在港埠五公司调度室工作,1984年调回港埠三公司,先后任调度室主任、经理助理。2000年9月退休,2004年6月病逝。

刘庆祥同志以身作则,对工作认真负责。他坚持现场检查制度,每天深入作业现场,关键货类不离现场,凡是现场作业中出现的问题他都及时亲自处理。凡遇到坏天气,他都在现场指挥,并且和同志们一起盖货垛、抢运货物。他的模范带头行动,使得全体同志困难场合干在前,关键时刻冲在前,为公司1988年提前50天完成全年生产任务作出了一定贡献。

刘庆祥同志为了提高调度室的服务质量,先后制定了“优质服务公约”、“职业道德规范”、“文明服务十不准”,他提出了挂牌服务制度,这些办法对加强调度室的工作起到了一定作用。他在抓生产的同时,注重关心职工生活。他多次进行家访,解决职工家庭纠纷,解决职工生活困难。从而激发了同志们的工作热情。多年来,刘庆祥同志坚持不吃请,不收礼,受到同志们的信任和拥护。不仅同志们称赞他,有关单位也送来锦旗,为公司赢得了荣誉,为调度室的工作作出了贡献。

刘庆祥同志一心扑在工作上,经常早来晚走,有时连公休和节假日都不歇,近几年来仅公休和节假日一项累计就达190多个。在工作中他身先士卒,事事抢在先,有时赶上闹天气,总是抢先带头帮仓库苫货垛。

他平时注重抓好室内管理工作,结合工作实际,制订了“各类人员岗位责任制”、“经济责任制”、“优质服务标准”等十几种制度,在1988年公司实行承包以后,他率先改革了调度室的奖金分配办法和体制,把各项指标分解到每一个人,基本消除了干好干坏一个样的吃大锅饭现象。

在抓好工作的同时,他还非常关心全室同志的疾苦,两年来,共组织家访103次,解决家庭纠纷5起,领导的关心激发出全体同志极大的工作热情,1988年调度室提前50天完成全年生产任务,千吨停时均达到国家一级标准。

在日常工作中，他还热情地为客户服务，自觉抵制行业不正之风，千方百计地为客户排忧解难。为此，他在1987年荣获"天津市最佳服务标兵"、"全国海员工会金锚奖"等称号。两年来，刘庆祥同志还先后20次拒绝吃请，11次拒收礼品、钱款，受到客户的好评。

于江同志先进事迹

于江，男，天津市人，1955年1月出生，高中学历，1985年10月加入中国共产党。现任天津港第一港埠公司陆运队副队长。该同志1979年参加工作，先后任装卸工、装卸班长、装卸队副队长、队长职务。他多次荣获集团级、公司级先进生产者光荣称号，曾先后被评为1990年度天津市劳动模范；1992年度、1994年度天津市特等劳动模范，天津市总工会颁发1989年度、1990年度的"七五"立功奖章；1991年度、1993年度、1994年度、1995年度"八五"立功奖章；1992年全国总工会颁发的全国五一劳动奖章；1995年被评为全国劳动模范并光荣地出席了全国劳动模范和先进工作者表彰大会。

于江同志是1979年从农村选调到天津港参加工作的。自入港以来一直从事着装卸工作。装卸工人露天作业，船型极其复杂，货类千变万化，无规律可循，工作非常劳累，看似平凡的工作，他却付出了常人难以付出的辛苦。自担任队长以来，于江事事处处吃苦在前，享受在后，从不计较个人得失，时时处处起表率作用。尽管常年在码头上工作而身患严重的胃溃疡和腰肌劳损，但是他依然在现场工作几个小时以上，带领三队连续几年完成生产任务并且敢打硬仗、敢啃硬骨头、敢创一流，赢得了上级领导和货主的赞扬。

1992年9月，一艘名为"通江"号的货轮，满载着一船货物在海上遇到了"海事"，舱里的橡胶由于舱里温度过高全粘在了一起，卸船成了一个难题。尽管工人昼夜奋战，但一个工班只卸20吨左右。调度和货主十分着急，最后于江带领三队接过这批活，在舱里强忍着一股股令人窒息的气息，克服种种困难，大家齐心协力，当班拿下60吨，顺利地完成了任务。

艰苦曲折的人生经历磨炼了他吃苦耐劳的好品质，也练就了一条北方男子汉的骨架和气魄。工作中他勤劳刻苦、不怕困难、毫无怨言，默默奉献出了常人难以想象的心血和汗水。于江同志患有多种疾病，老母亲瘫痪在床，但他从未因此歇过一天班、请过一天假。可是当职工有了困难时，他却带领十几名职工下了夜班赶往四十里外的职工家中去干农活，家属十分感动。他带头给有困难的合同工募捐，到有病的合同工家中看望，连续十几年和工人在一起过年，工人们十分激动地说：有这样的队长，我们心里踏实。在生产中，装卸三队连续七年超额完成生产任务，年年名列各队之首，被公司誉为"信得过装卸队"，于江被职工们公认为"铁队长"。

2000年因工作需要，于江被调到一公司集装箱作业部工作，由于杂货与集装箱是两个截然不同的货类，从前也没有接触过这项货类，因此在工作中有许多的困难，可是他在困难面前没有退却，而是迎难而上带领工人主动配合船方、调度和机械司机，不久就摸索出一套属于一公司的工作方案。在集装箱作业部成立的七年里，无论是酷暑难挨的夏季还是冰天雪地的寒冬，为了抢船期保动态，他下班不回家和工人一起加班加点，一干就是几个小时，吃饭不停工，人手不够的情况下，他就上去补人，有时两箱之间的锁扣打不开，他会爬上两个箱子去解锁扣，忘记了自己有高血压，工作起来什么都忘记了。

"烟台恒山"是一条重箱船，在日本海域遇"海事"，与船相撞，驶入天津港后船体故障要求立即卸船检修。当日正是他值班，开完调度会后，立即赶往码头组织工人卸船。本应一个班次才能完成的工作，在他的带领和大家的共同努力下仅用了半个班次就完成了任务，为船方赢得了时间，受到了公司和船方的高度赞扬。另有一条空箱船在大沽口遇上"海事"两船相撞，来港后箱子倾斜，探出船体达到1米多，干起来非常困难，而且危险性大，弄不好会连箱带人一起掉入海里。因为工作急容不得思考，当时于江凭着平时的工作经验，不慌不乱，胆大心细地指挥着工人克服了困难，最后终于万无一失地完成了这次抢船任务。

30年来，于江同志时刻用党员的标准严格要求自己，特别是没在荣誉面前吃老本，任劳任怨，脚踏实地地干好自己的本职工作，为港口的发展默默地作出了自己的贡献。

祁虎同志先进事迹

祁虎,男,天津市人,1962年7月出生,中专学历,1995年12月加入中国共产党。他曾多次荣获1994年至2007年集团公司先进生产者、1997年至1998年集团公司“十佳”标兵、1997年集团公司优秀共产党员;天津市总工会颁发的1996年度、1997年度、1998年度“九五”立功奖章;1998年度中国海员工会颁发的第六届“金锚奖”;1998年天津市劳动模范;2000年被评为全国劳动模范并光荣地出席了全国劳动模范和先进工作者表彰大会。

祁虎同志1983年12月参加工作,在天津港第五港埠有限公司装卸二队从事装卸工作,历任装卸二队副队长、队长,天贵公司生产部经理、副总经理等职务。

祁虎同志参加港口生产建设26年,当普通工人时他不怕脏,不怕累,重活累活抢着干;当队领导时,他以对党、对国家、对企业高度负责的事业心和强烈的主人翁责任感,带领员工顽强拼搏在港口装卸生产第一线,从未发生任何人身、货损责任事故,为企业生产建设不断迈上新台阶,为天津港建设世界一流大港作出了积极贡献。

多年来,他带领天贵公司装卸员工克服一个又一个困难,在装卸生产中连创佳绩。他发扬“港五人”真抓实干、争创一流的企业精神和作风,勇挑重担,敢啃硬骨头。他抢潮水,抢船期,保船舶动态,创单项货类工班量最高纪录9次,班组工班作业量计划兑现率达到98.8%,火车货物装卸站点实现100%。工作中他率先垂范,脏、险、累、困难作业他抢在先、干在前。在生产中,他精心组织,科学合理地调配人力、机械,努力提高装卸生产效率。

在安全生产、货物质量和管理上,他敢抓敢管,在安全方面,他坚持教育为先,强化现场检查,对违章违规者坚决按制度处理。在执行“两书”、“两个一”工作中他注重发动职工查隐患,纠违章。五年来查出事故隐患35起,避免事故12起,无工伤,无货损、船损、机损事故发生。在装卸质量方面,他坚持高标准严要求,多次受到公司、客户的好评。近年来,他完善和制定了各项管理制度,在提高和促进队务管理水平上发挥了重要作用。

他在对客户服务上追求“优”字,他把最好的服务质量奉献给客户,多次赢得客户的好评。他廉洁从政,曾几十次拒绝客户好意,请吃饭不去,给钱不要,在他的影响下,天贵公司员工无一人吃请,更无一人接受客户钱物。有事同职工商量是他一贯的工作作风,主动利用政治学习、队务会、民主会解决生产、安全、工作中的各类问题。近五年来,他与职工谈心200余次,家访40多次,为员工排忧解难16次。

自被授予全国劳动模范荣誉称号以后,祁虎同志没有放松对自己的高标准要求。特别是在担任天贵装卸劳务公司副总经理,负责生产工作后,坚持深入装卸生产第一线,身先士卒,抓安全、抓生产、抓管理,及时解决装卸生产中出现的问题,保证生产作业正常进行,确保公司完成任务指标,较好地发挥了一个共产党员、领导干部的模范带头作用,充分发挥了一个劳模的榜样作用。

在生产管理方面,他结合生产实际建立完善管理制度,重点抓任务指标的兑现考核,实施班组工班效率奖励制度,组织开展劳动竞赛,充分调动了广大员工的生产积极性。对于重点货类、重点船,要求管理人员值班,确保船舶动态和特殊货物的装卸效率及安全质量工作。在一次接卸进口铝矿砂作业过程中,祁虎同志坚持带病整工班在作业现场,随时解决这一新货类在装卸过程中出现的问题,保证了该船舶装卸作业优质高效。他坚持严格管理,每天提前半小时到公司,了解掌握生产作业和安全质量情况;他坚持“安全第一、预防为主”,注重抓教育、抓预防,抓典型、带全面,对违章、违纪现象,坚持“四不放过”,提高全员的安全生产、遵章守纪意识,提高自我保护和保护他人能力,实现连续安全生产无事故;落实“服务是生命、满意是追求”服务理念,以“准确、快捷、优质、满意”为宗旨热情服务客户,用自己的行动“让您满意在天贵公司”。

日常工作中,他坚持在每日生产交接班会上认真布置装卸生产和安全质量工作,有重点地提示大家生产作业中应注意的问题,通过现代化的电化教育手段,使作业人员清楚了解装卸作业现场情况。作业前,严格执行“前三钩演练”和“一看二查三操作”工作法,使参与作业的人员熟悉掌握“四标六清”;作业中,注重新老搭配、以老带新、相互关照、确保安全;特殊货类和难点作业亲自把关和监控,积极配合生产指挥部门全力以赴兑现作业计划。他能够及时发现生产中的问题并提出应对措施，确保安全生产、提高作业效率，他的多项工作(作业)方法，已在天贵公司内部推广。

他还充分利用天贵公司民生信息网络这个平台，认真贯彻落实上级指示精神，坚持科学发展观，坚持以人为本，组织各队工会组长和员工代表召开民生信息会，听取大家提出的建议和要求，为员工解决实际问题。经常深入到劳务员工中去，详细了解他们的生活和工作情况，把人文关怀和爱心传递到广大劳务员工之中，使广大劳务员工心中充满家庭感、责任感和归属感。

孔祥瑞同志先进事迹

孔祥瑞，男，天津市人，1955年1月出生，大专学历，1984年12月加入中国共产党。曾先后荣获天津市总工会颁发的1993年度、1994年度、1995年度“八五”立功奖章，1996年度、1997年度、1998年度、1999年度“九五”立功奖章，2003年度“十五”立功奖章，2005年度、2006年度、2007年度天津市五一劳动奖章；1998年度天津市劳动模范；2000年度天津市特等劳动模范；2006年天津市最具影响力劳动模范；2001年被全国总工会授予全国五一劳动奖章；2007年分别荣获全国知识型职工标兵和第十届全国职工职业道德十佳标兵并被两次授予全国五一劳动奖章；荣获第八届中华技能大奖；2005年第二届天津市职工职业道德建设十佳标兵；2006年感动中国人物、天津市第二届“工人发明家”、100位新中国成立以来感动中国人物等荣誉称号。2005年、2010年被评为全国劳动模范并光荣地出席了2005年和2010年全国劳动模范和先进工作者表彰大会。

孔祥瑞同志1972年12月参加工作，在天津港埠一公司固机队做门机司机，1993年12月任天津港埠六公司固机队队长，2003年12月至今任天津港中煤华能煤码头有限公司孔祥瑞操作队党支部书记、队长。

孔祥瑞同志将个人的成长与港口的发展紧密相连。作为一名港口的技术工人，他努力学习、刻苦钻研，成为港口机械设备的行家里手。在30多年的岗位实践中，他开展技改技革150多项，创效达8000多万元，用自己的聪明才智，解决了一个个关乎港口发展的技术难题，谱写了一曲岗位成长、创新奉献之歌。

2001年天津港冲击亿吨目标之时，孔祥瑞瞄准提高门机生产效率这一课题，开展技改技革，将门机主令控制器手柄移动轨迹由“十”字形改成“星”形，在抓斗打开和提升的两个轨迹之间增加一个新轨迹，让上述两个动作沿新轨迹，用一个指令同时完成，将门机的生产效率提高了15.8%，平均每天多干480吨，当年就为公司创效1600万元。新的操作法使港埠六公司提前67天完成了全年的生产任务，为确保天津港顺利实现亿吨大港的目标作出了贡献。孔祥瑞创造的“门机主令器星形操作法”被天津市总工会以孔祥瑞的名字命名，成为天津市2001年度职工十大优秀操作法之一。

2002年至2003年之间他们又开展了“门机中心滑环技术革新”技术改造项目。解决了连制造厂商和技术专家都棘手的门机中心滑环短路烧毁这一难题。他们的革新方法被生产厂家采纳，被专家论证为“从全新的角度解决了门机中心受电器的故障隐患”，并于2003年被授予国家级实用新型专利证书。

2003年，他主持开展的“连接卡环通过滑轮，提高门机起升高度”的技术创新项目，解决了天津港南疆9#、10#泊位潮汐高位时门机抓斗进出舱口受阻，生产效率受到严重制约的问题。该成果获得了天津港2003年度“金点子方案”一等奖。“高压电缆保护装置”改造，解决了门机“高压电缆苫盖保护”的一大难题，在全国也属首例。

2004年至2007年期间，他主持开展了“煤炭作业系统联动传输设备关键技术改造”项目，这项技术改造包括“大型散货专用机械电缆防溢出保护装置研制”、“转接塔内挡板耐磨板技术改造”、“大型散货取料机走行防碰保护装置研制”三项创新成果，其技术具有独创性、先进性、安全性和实用性，取得了巨大的经济效益和良好的社会效益。该项目获得第二届全国职工优秀技术创新成果二等奖。

在技术创新上，孔祥瑞同志永不满足，他不断攀登一个个新的高峰。2008年和2009年期间，他又围绕节能降耗开展了“装船机移舱改造”，通过对设备自身功能的拓展，达到缩短移舱时间、提高装船效率、节约电能损耗的效果，为公司创效30.24万元。他还主持开展了“大型散货专用机械走行出轨报警保护装置”和“皮带机滚筒防窜轴报警装置”项目，并获得2009年国家实用新型专利证书。他最新研制的“系统设备导料板装置”、“平衡滑车纠偏装置”和“码头大型装卸堆料机定位系统改进装置”也已申请了国家专利并被受理。

在开展技术创新的同时,孔祥瑞同志还善于总结提炼。2008年,他主持编辑出版了《系统设备故障维修指南》一书,2009年又修订再版。他还十分注重技术人才的培养,为提高职工的技术技能水平,培养机电一体的复合型人才,他开展了“自助餐”式培训、“流动课堂”、“专题讲座”等多种形式的培训,到2009年,他已连续开设培训32期,培训职工达438人次,为企业培养了大批的技术人才。

李伟同志先进事迹

李伟,男,天津市人,1969年4月生,博士研究生学历,正高级工程师,1997年1月加入中国共产党。曾获得2006年度全国海洋科技先进工作者称号;2007年度天津市五一劳动奖章;2008年度天津市劳动模范称号;2009年开始享受国务院特殊津贴,2010年被评为全国劳动模范并光荣地出席了全国劳动模范和先进工作者表彰大会。

李伟同志1990年9月参加工作,曾任天津市海岸带公司工程部助理工程师;1992年9月至1994年9月在天津大学水资源与港湾工程系港口与航道工程专业学习,取得硕士学位;1994年9月至1997年12月在天津大学建筑工程学院学习海岸工程专业,取得博士学位;1997年12月任天津市海岸带工程公司技术部主任;2000年1月任天津港务局规划建设处副处长;2006年1月至今任天津港(集团)有限公司规划建设部部长。

担任集团公司规建部部长的李伟,具有强烈的事业心和责任感,恪尽职守、积极进取、不懈怠、不畏难、不自满,认真落实集团公司规划建设方针目标,加强重点工程的协调、管理和服务,确保重点工程按计划实施,累计完成基本建设投资数百亿元,港口建设取得巨大成就,港口等级不断提升,天津港先后建成了10万吨级、15万吨级和25万吨级航道,港口通航能力从5万吨级提高到25万吨级,使凡能进入渤海湾的船舶都能进入天津港,天津港成为世界上等级最高的人工深水港之一,创造了人工建港史上的奇迹。

为了保证天津港可持续发展,提高天津港的吞吐能力,李伟超前开展各项前期工作,在专业化、大型化、深水化泊位建设上,取得了卓越的成就。2000年以来,天津港新建和改造泊位33个,新增码头岸线近万米,新增通过能力过亿吨。与此同时,在李伟的努力工作下,天津港的功能得到显著提升,两个物流中心建设日新月异,东疆港区建设井然有序。世人瞩目的中国最大、政策最优惠、功能最齐全的东疆保税港区一期工程如期封关运作,东海岸一期人工沙滩、绿地广场工程等各项工程按计划全部完成,创造了拓荒东疆的奇迹。

2001年,天津港决定对现有的防波堤工程进行升级完善。为了克服在使用长久性和造价上的弊端,李伟总会利用节假日来到天津大学,请教权威专家教授;为了获取更多的资料,李伟常常把自己关在图书馆里,一关就是一天。为了了解港口环境,李伟搭乘施工船,孤身一人到海上勘察。没有住的地方,李伟就同施工人员一同吃住在船上。

李伟在借鉴海上勘探钻井工程设计的基础上,又研究了解不同形式的防波堤结构,根据天津港水域泥深坡缓的特点,提出了修建“插入式箱筒型防波堤结构”的设想。从2004年5月建造试验工程开始至2008年,在天津港以及临港产业区、临港工业区等地区大规模推广“插入式箱筒型防波堤结构”总计6755延米,节省投资2.36亿元。工程实践证明,“插入式箱筒型防波堤结构”较以前的“半圆体混合堤结构”平均节省工程投资25%以上。

一位中国工程院院士曾经这样评价:在中国第二轮港口建设中,能算得上创新的项目只有两个,“插入式箱筒型防波堤结构”就是其中之一。“插入式箱筒型防波堤结构”其结构原理、设计理论和施工技术都属国内首创,并经专家鉴定达到国际先进水平。2007年获得中国港口科技进步一等奖,2008年获得天津市科技进步一等奖,并获取了国家专利。

在天津港李伟不仅是拥有多项发明专利的能人,更是港口新一代规划建设专家。从2000年步入天津港,李伟始终没有离开规划建设工作。曾先后组织完成了《天津港总体规划修编》《天津港东疆港区总体规划》《天津港集装箱物流中心发展战略及总体布局规划》等30多项规划工作。在《天津港东疆港区总体规划》的编制过程中，首次引进国际规划咨询公司参与方案竞赛，提出了将城市功能引入港区并与港口功能协调发展建设的理念。在《天津港对地区社会、经济贡献分析研究》工作中，根据我国港口经济活动的特点，提出了以GDP和就业为核心指标，以税收、创汇和吸引外资为辅助指标的港口经济贡献体系及其计算方法，在收集大量数据的基础上，对港口直接、间接和诱发经济贡献进行了定量计算与分析。该项研究成果已被政府及有关部门认可并采用。

李伟同志在分管的土地海洋工作中，积极与主管部门沟通，超前启动海洋使用手续，科学组织土地整理和土地出让，为功能区的滚动开发提供资金保障，为后续项目的招商和工程建设做好配套。李伟分管土地工作至今，已累计为集团公司实现土地出让金返还近百亿元，为港口地产业成为集团公司的四大产业之一奠定了基础，积累了宝贵经验。

一、天津港历届全国劳动模范、模范集体称号的先进集体和个人名单

1956年全国先进生产者名单

1956年4月30日至5月10日表彰

钱　春　天津区港务管理局新港作业区工具股组长

李连城　天津区港务管理局新港作业区装卸五队工人

耿立生　天津区港务管理局塘沽作业区指导员

李长发　天津区港务管理局河西作业区装卸十八队组长

赵德如　天津区港务管理局轮驳队一号轮驳船长

钱日昌　天津新港船厂电工场电工，后调入天津港工作

1959年全国工业、交通运输、基本建设、财贸方面社会主义建设先进集体和先进生产者名单

1959年10月26日至11月8日表彰

1. 先进生产者(1名)

钱　春　天津港务管理局新港作业区工具股组长

2. 先进集体(1名)

天津港务管理局新港作业区装卸第五小队

1977年全国工业学大庆先进生产(工作)者、先进单位(集体)名单

1. 先进生产(工作)者(1名)

闫长林　交通部天津港务管理局第一作业区装卸工

2. 先进企业(单位)(1个)

天津港务管理局第三作业区

国务院关于表彰全国劳动模范和先进工作者的决定

在党的十一届三中全会确定的路线、方针、政策指引下，我国各族人民以经济建设为中心，坚持四项基本原则，坚持改革开放，艰苦奋斗，辛勤劳动，为加速社会主义建设贡献自己的智慧和力量，使我们国家的面貌发生了巨大的变化，取得了举世瞩目的伟大成就，各行各业、各条战线涌现出一大批先进模范人物。

为了进一步动员全国人民振奋精神，同心同德，更好地贯彻执行治理经济环境、整顿经济秩序和全面深化改革的方针，努力实现党的十三届四中全会提出的奋斗目标，充分发挥先进模范人物在四化建设中的骨干作用、带头作用和桥梁作用，表彰他们在改革和建设中作出的突出贡献，国务院决定授予屠学信等1987名同志全国劳动模范光荣称号、授予彭时雄等803名同志全国先进工作者光荣称号。

国务院希望获得全国劳动模范和先进工作者光荣称号的同志，谦虚谨慎，戒骄戒躁，保持和发扬自力更生、艰苦奋斗、无私奉献和拼搏进取精神，再接再厉，奋

勇前进,在我国社会主义现代化建设事业中作出新的更大的贡献。

国务院号召全国各行各业、各条战线的广大工人、农民、知识分子和各级干部向全国劳动模范和先进工作者学习,紧密地团结在党中央周围,坚持党的十三大所确定的“一个中心、两个基本点”的基本路线,为建设社会主义物质文明、弘扬社会主义精神文明,为振兴中华、实现四个现代化而努力奋斗。

国务院
1989 年 9 月 28 日

附件:全国劳动模范和先进工作者名册
刘庆祥　天津港务管理局第三港埠公司调度室主任

国务院关于表彰全国劳动模范和先进工作者的决定

国发〔1995〕9 号

自 1989 年召开全国劳动模范和先进工作者表彰大会以来,我国各族人民在邓小平同志建设有中国特色社会主义理论和党的路线、方针、政策指引下,坚持以经济建设为中心,坚持四项基本原则和改革开放,克服前进中的各种困难,团结奋斗,开拓进取,使我国改革开放和社会主义现代化建设事业不断取得重大成就,各行各业、各条战线不断涌现出大批先进模范人物。

为了进一步调动全国人民改革开放和建设社会主义的积极性,更好地完成党的十四大提出的各项任务,充分发挥先进模范人物在各项工作中的骨干、带头作用,表彰他们为国家和人民作出的突出贡献,国务院决定授予郭玉明等 2157 名同志全国劳动模范荣誉称号,授予罗玲等 716 名同志全国先进工作者荣誉称号。

国务院希望获得全国劳动模范和先进工作者荣誉称号的同志谦虚谨慎,戒骄戒躁,保持和发扬艰苦奋斗、无私奉献、拼搏进取的精神,再接再厉,作出新的更大的贡献。

国务院号召全国各行各业、各条战线的广大工人、农民、知识分子和各级干部向全国劳动模范和先进工作者学习,在以江泽民同志为核心的党中央领导下,坚定不移地贯彻执行党的基本路线和“抓住机遇,深化改革,扩大开放,促进发展,保持稳定”的方针,为夺取改革开放和社会主义现代化建设事业的更大胜利而努力奋斗。

国务院
1995 年 4 月 27 日

附件:全国劳动模范和先进工作者名册
于　江　天津港务局第一港埠公司装卸三队队长

国务院关于表彰全国劳动模范和先进工作者的决定

国发〔2000〕7 号

1995 年召开全国劳动模范和先进工作者表彰大会以来,各行各业、各条战线又涌现出一大批先进模范人物,为表彰他们对国家和人民作出的突出贡献,弘扬他们的先进思想和模范事迹,进一步调动全国人民建设有中国特色社会主义的积极性,全面完成党的十五大提出的各项任务,国务院决定授予 1931 人全国劳动模范荣誉称号、授予 1015 人全国先进工作者荣誉称号。

国务院号召全国广大工人、农民、知识分子和各级机关工作人员,以全国劳动模范和先进工作者为榜样,学习他们对祖国和人民无限忠诚的崇高思想,学习他们爱岗敬业、勇于创新的工作精神,学习他们艰苦奋斗、无私奉献的高尚品质,高举邓小平理论伟大旗帜,紧密团结在以江泽民同志为核心的党中央周围,坚定不移地贯彻执行党的基本路线,同心同德,奋发进取,为把我国建设成为富强、民主、文明的社会主义现代化国家而努力奋斗。

国务院
2000 年 4 月 29 日

附件:全国劳动模范和先进工作者名册
祁　虎　天津港务局第五港埠公司装卸二队队长

国务院关于表彰全国劳动模范和先进工作者的决定

国发〔2005〕12 号

2000 年召开全国劳动模范和先进工作者表彰大会以来，全国各族人民在党中央、国务院的领导下，积极投身改革开放和社会主义现代化建设的伟大实践，各行各业、各条战线又涌现出一大批品德高尚、业绩卓著、贡献突出的先进模范人物，他们是亿万劳动群众的杰出代表和建设社会主义物质文明、政治文明、精神文明的时代先锋。为深入贯彻党的十六大和十六届三中、四中全会精神，全面落实科学发展观，大力实施人才强国战略，彰显先进模范人物的先进思想和模范事迹，弘扬劳动光荣、知识崇高、人才宝贵、创造伟大的社会风尚，开创中国特色社会主义事业新局面，国务院决定授予 2124 人全国劳动模范荣誉称号，授予 845 人全国先进工作者荣誉称号。

国务院希望全国劳动模范和先进工作者，珍惜荣誉，再接再厉，继续在改革开放和社会主义现代化建设中发挥模范表率作用，作出新的更大贡献。国务院号召全国各族人民，认真贯彻尊重劳动、尊重知识、尊重人才、尊重创造的方针，以全国劳动模范和先进工作者为榜样，学习他们胸怀全局、报效祖国的高尚品格，学习他们立足本职、甘于奉献的精神风貌，学习他们积极进取、争创一流的不懈追求，学习他们与时俱进、求真务实的科学态度，在以胡锦涛同志为总书记的党中央坚强领导下，高举邓小平理论和“三个代表”重要思想伟大旗帜，同心同德，奋发图强，艰苦奋斗，开拓创新，为全面建设小康社会和构建社会主义和谐社会而努力奋斗。

国务院

2005 年 4 月 26 日

附件：全国劳动模范和先进工作者名册

孔祥瑞　天津港煤码头公司操作一队队长

国务院关于表彰全国劳动模范和先进工作者的决定

国发〔2010〕11 号

2005 年全国劳动模范和先进工作者表彰大会以来，各行各业涌现出一大批在全面建设小康社会、加快推进社会主义现代化伟大实践中取得显著业绩的先进模范人物，他们是继续解放思想、锐意改革创新的时代先锋，推动科学发展、促进社会和谐的行动楷模。为表彰他们的突出贡献，弘扬他们的先进思想，进一步激励全国各族人民积极投身建设中国特色社会主义伟大事业，推动经济社会又好又快发展，国务院决定授予 2115 人全国劳动模范荣誉称号，授予 870 人全国先进工作者荣誉称号。

国务院希望获得全国劳动模范和先进工作者荣誉称号的同志，谦虚谨慎，再接再厉，继续发挥模范表率作用，不断作出新的更大贡献。国务院号召全国各族人民，以全国劳动模范和先进工作者为榜样，学习他们信念坚定、胸怀大局的崇高思想，艰苦奋斗、勇于奉献的高尚品质，求真务实、纪律严明的优良作风，开拓创新、自强不息的进取精神，在以胡锦涛同志为总书记的党中央坚强领导下，高举中国特色社会主义伟大旗帜，以邓小平理论和“三个代表”重要思想为指导，深入贯彻落实科学发展观，同心同德、奋发图强，为夺取全面建设小康社会新胜利、谱写人民幸福美好生活的新篇章而不懈奋斗！

国务院

2010 年 4 月 24 日

附件：全国劳动模范和先进工作者名册

孔祥瑞　天津港中煤华能有限公司孔祥瑞操作队队长

李　伟　天津港(集团)有限公司规划建设部部长

二、天津港历届荣获全国交通系统劳动模范集体、劳动模范称号的集体和个人

交通部关于颁发全国交通先进生产者或单位奖章、奖状、奖旗和奖品的命令

交厅秘〔56〕字第158号

全国航运、公路职工,在伟大的社会主义建设事业中,涌现了大批的先进生产者,由于他们发挥了高度的积极性、创造性和建设社会主义的热情,对全面提前完成和超额完成第一个五年计划的航运、公路运输与建设任务起了重要的作用。兹经1956年全国交通先进生产者代表会议评为先进生产者或单位,特分别发给奖章、奖状、奖旗和奖品,以资鼓励。希望在实际工作中更加努力,积极带头,努力学习,加强团结,戒骄戒躁,进一步提高技术和理论水平,为“更多、更快、更好、更省”地完成国家所给予的任务而奋斗。

此　令

中华人民共和国交通部
部长　章伯钧
1956年4月28日

附件:1956年全国交通先进生产者代表大会代表、先进生产者名单

1. 航运系统一等先进生产者

钱　春　天津市港务管理局新港作业区工具修制组组长

2. 航运系统二等先进生产者

赵德如　天津市港务管理局轮驳队拖轮船长

李长发　天津市港务管理局河西作业区装卸组长

耿立生　天津市港务管理局塘沽作业区装卸指导员

李连城　天津市港务管理局新港作业区装卸工人

钱日昌　天津新港船舶修造厂电工,后调入我局

3. 航运系统三等先进生产者

施学良　天津市港务管理局引水员

于芳伦　天津市港务管理局装卸队长

朱洪河　天津市港务管理局司机

杜永荣　天津市港务管理局绞车手

1962年度交通部关于直属企、事业“六好”劳动竞赛部级评选结果及发奖中的补充规定的通知

交政〔63〕字第91号

1962年度部直属企、事业单位“六好”劳动竞赛的部级评选工作,已经结束。这次评选是根据本部1962年10月16日颁发的评选、奖励办法的各项规定,将各企业、事业单位报送的参加部级评选的先进事迹材料,先由部有关主管业务局进行核实、审查,经局务会议讨论通过,然后提交部评选委员会评定,并经部长批准。现将评定结果及发奖中的几项补充规定通知如下:

一、评选结果:

1. 船舶(6条)

2. 班组(35个)

天津港新港作业区钳工小组

天津航道局塘沽5号挖泥船

3. 个人(57名)

天津港务局新港作业区钱春

天津港务局机械修理厂邱光普

天津港务局天津作业区杨景元

二、发奖中的几项补充规定:(略)

中华人民共和国交通部
1963年3月30日

1978年全国交通战线工业学大庆会议大庆式企业、先进单位、先进生产(工作)者名单

1978年5月11日表彰

1. 先进单位

天津港务管理局第一作业区

天津港务管理局第一作业区装卸二队

天津港务管理局第二作业区机械三队
天津港务管理局第三作业区装卸六队一组
天津港务管理局轮驳公司轮 19 号

2. 先进生产(工作)者

孔繁荣　天津港务管理局第一作业区装卸二队一组组长
康宝祥　天津港务管理局第一作业区“七二一”大学工人教师
白锡瑞　天津港务管理局第三作业区装卸六队党支部书记
于德龙　天津港务管理局第四作业区行政科锅炉组组长
闫长林　天津港务管理局第五作业区副主任
李云芳　女,天津港务管理局第五作业区门吊队党支部副书记
张宝林　天津港务管理局机械修理厂车间副主任

交通部关于表彰全国交通战线先进企业(单位)和劳动模范的决定

在党的十一届三中全会决议的指引下,在以实现四个现代化为目标的新长征中,全国交通战线广大职工,认真贯彻党的路线、方针和政策,艰苦奋斗,辛勤劳动,努力工作,为发展国民经济当好先行,贡献了自己的智慧和力量,做出了显著成绩。在斗争中,涌现出一大批先进集体和先进个人,他们作出了优异成绩,创造了先进经验,成为交通战线的先进标兵和学习榜样,推动了交通运输事业的发展。

为了充分发挥先进集体和先进个人的带头、骨干和桥梁作用,进一步调动全国交通战线广大职工建设四个现代化的积极性,切实贯彻执行“调整、改革、整顿、提高”的方针,继续深入学大庆、开展增产节约运动,夺取交通运输的更大胜利,兹决定:在 80 年代的第一春,表彰一批全国交通战线成绩卓著的先进企业(单位)和劳动模范,给先进企业(单位)颁发嘉奖令,给劳动模范颁发奖章和证书(新中国成立三十周年时已由国务院表彰过的交通战线的全国先进企业和全国劳动模范,不再重复表彰)。

希望全国交通战线先进企业(单位)和劳动模范,要谦虚谨慎,戒骄戒躁,再接再厉,努力作出新的贡献。

交通部号召交通战线的各单位和广大职工,认真学习和贯彻党的十一届五中全会精神。虚心向先进企业(单位)和劳动模范学习,学习他们解放思想,实事求是,开动脑筋,勇于创新,不断前进的革命精神;学习他们刻苦钻研,埋头苦干,“三老四严”,不怕牺牲,拼命干“四化”的革命干劲;学习他们不畏艰险,力争上游,争当先进的革命英雄主义精神。在学大庆和开展增产节约运动中,掀起一个“比学赶帮超”的社会主义劳动竞赛新高潮,作出新成绩,迎接全国职工劳动模范代表大会的召开,为完成和超额完成交通运输任务,为实现交通运输现代化而努力奋斗。

受表彰的全国交通战线先进企业(单位)共 122 个(名单附后)。

受表彰的全国交通战线劳动模范共 232 个(名单附后)。

中华人民共和国交通部
1980 年 4 月

附件:全国交通战线先进企业(单位)和劳动模范者名单

1. 先进企业(单位)

天津港务局第一作业区
天津港务局第三作业区

2. 劳动模范

邢培智　天津港务管理局第一作业区仓库理货员
孔繁荣　天津港务管理局第一作业区装卸二队党支部书记
王景春　天津港务管理局第二作业区副主任、工程师

交通部关于表彰 1986 年度全国交通系统两个文明建设先进单位、先进集体和先进个人的通报

〔87〕交政字 475 号

1986 年,全国交通系统各单位,在党的十一届三中全会以来的路线指引下,坚持两个文明一起抓的方针,在社会主义物质文明和精神文明建设中取得了可喜的成绩,涌现出一大批先进单位、先进集体和先进个人。为了表彰先进、宣传先进,更加深入广泛地开展“创建文明单位、争当文明职工”的活动,促进交通运输生产建设和体制改革,提高交通职工队伍的素质,部决定对在 1986 年两个文明建

设中作出突出成绩的44个先进单位、69个先进集体、190名先进个人予以通报表彰(表彰名单附后)。

部号召全国交通系统广大干部、党员、职工,认真学习他们的模范事迹和先进经验,学习他们旗帜鲜明地坚持四项基本原则的坚定信念,勇于改革、不断进取的开拓精神,艰苦奋斗、勤俭建国的优良作风,全心全意为货主、旅客服务的职业道德风尚,以及自觉端正行业风气、抵制不正之风的无畏气概。同时,希望荣获全国交通系统两个文明建设先进称号的单位、集体和个人珍惜荣誉,发扬成绩,再接再厉,作出新的贡献,为加强交通职工队伍建设,全面完成交通运输建设“七五”计划而奋斗!

附:1986年度全国交通系统两个文明建设先进单位、先进集体和先进个人名单

中华人民共和国交通部
1987年7月10日

附件:1986年全国交通系统两个文明先进个人名单

金贵林　天津港第一港埠公司固机队队长

王庭福　天津港第二港埠公司粮队四组副组长

交通部关于表彰1987、1988年度全国交通系统两个文明建设先进单位、先进集体和劳动模范的通报

〔89〕交体字440号

1987、1988年里,交通系统广大职工在党的十一届三中全会的路线指引下,坚持两个文明建设一起抓的方针,在治理经济环境,整顿经济秩序,全面深化改革,完成运输、生产、基本建设等各项任务中,付出了辛勤劳动,取得了可喜成绩,涌现出一大批先进单位、集体和个人。为了表彰他们的先进事迹,促进两个文明建设活动的深入开展,激励交通系统广大职工完成党的十三届四中全会确定的各项任务,部决定:对1987、1988年度作出贡献的52个先进单位、71个先进集体、225名劳动模范予以通报表彰(名单附后)。

部号召交通系统广大干部、党员、职工,要认真学习他们的模范事迹和先进经验,并把这一学习活动同学习邓小平同志在接见首都戒严部队军以上干部时的讲话,贯彻十三届四中全会精神结合起来,旗帜鲜明地坚持四项基本原则,反对资产阶级自由化,维护社会的安定团结。在完成改革和建设的各项任务中,发扬工人阶级主人翁精神,加倍努力,积极工作,夺回动乱、暴乱所造成的损失,以全心全意为货主、旅客服务和“双增双节”的优异成绩向国庆四十周年献礼。同时,希望被表彰的先进单位、集体和劳动模范要珍惜荣誉,发扬成绩,再接再厉,为全面完成党的十三届四中全会提出的各项任务,为夺取改革和建设的新胜利作出更大的贡献。

附件:1987、1988年度全国交通系统两个文明建设先进单位、先进集体和劳动模范名单

中华人民共和国交通部
1989年8月5日

附件:1987、1988年全国交通系统两个文明建设先进单位和劳动模范者名单

1. 先进单位

天津港第四港埠公司

中国外轮理货总公司天津分公司

2. 劳动模范

刘庆祥　天津港第三港埠公司调度室主任

交通部关于表彰1989、1990年度全国交通系统两个文明建设先进单位、集体和劳动模范的通报

〔91〕交体字465号

在1989、1990年里,全国交通系统广大职工认真贯彻党的十三届四中、五中、六中全会精神,坚持“一个中心、两个基本点”,狠抓两个文明建设,以高度的主人翁责任感,出色地完成了交通运输生产、基本建设等各项任务,为促进国民经济持续、稳定、协调发展作出了贡献。特别是在全国发生动乱和北京发生反革命暴乱期间,广大职工立场坚定,旗帜鲜明,坚守岗位,坚持生产,经受住了这场政治风波的考验。

两年来,全国交通系统广大职工在开展“双增双节”、加强安全管理、“学雷锋、学严力宾,树行业新风”,加强廉政建设、纠正行业不正之风等活动中,取得了突出成绩,涌现出一大批先进单位、集体和个人。为了表彰他们的先进事迹,进一步调动广大职工干部的

积极性，努力完成十年规划和“八五”计划中确定的各项任务，经评选，交通部、中国海员工会全国委员会和中国公路运输工会全国委员会决定表彰1989、1990年度先进单位、集体134个，劳动模范275名（名单见附表）。

交通部和中国海员工会全国委员会、中国公路运输工会全国委员会号召全国交通系统各单位和广大职工，认真向先进单位、集体和劳动模范学习，掀起学先进、赶先进的社会主义劳动竞赛热潮，树立争当先进光荣，人人为交通运输事业建功立业的新风尚，让劳动模范和先进单位、先进集体的好思想、好经验、好作风在全国交通系统发扬光大，开花结果。全国交通职工要进一步动员起来，深入贯彻党的十三届七中全会和七届人大四次会议精神，以主人翁姿态积极投入“安全、质量、服务、效益年”活动，为实现党的社会主义现代化建设第二步战略目标而努力奋斗。同时，希望获得光荣称号的单位、集体和个人，谦虚谨慎，戒骄戒躁，保持和发扬自力更生、艰苦奋斗，无私奉献和拼搏进取精神，再接再厉，为发展我国交通运输事业作出新的、更大的贡献。

今年9月份将在北京召开全国交通系统双文明建设先进单位、先进集体和劳动模范表彰大会（具体时间、地点、参加人数另行通知），请各单位做好参加会议的准备。

附件：1989、1990年度全国交通系统两个文明建设先进单位、先进集体和劳动模范名单

中华人民共和国交通部
中国海员工会全国委员会
中国公路运输工会全国委员会
1991年7月

附件：1989、1990年全国交通系统劳动模范名单

祝庆缘　天津港务局局长兼党委副书记
张富贵　天津港务局集装箱公司机械三队队长

交通部、人事部关于表彰全国交通系统先进单位、先进集体、劳动模范和先进工作者的决定

交体法发〔1994〕1095号

近几年来，全国交通系统各单位认真贯彻党的路线、方针、政策，以邓小平同志建设有中国特色的社会主义理论为指导，以经济建设为中心，坚持四项基本原则，坚持改革开放，从本地区、本单位的实际出发，解放思想，实事求是，真抓实干。在建立社会主义市场经济体制的新形势下，不断加强党的建设，加强思想政治工作和精神文明建设，克服消极腐败现象，纠正行业不正之风，促进了交通职工队伍建设，使公路、水路运输生产全面增长，交通基础设施建设速度加快，交通企业转换经营机制和各级政府交通部门转变职能工作取得新的进展。交通系统的物质文明和精神文明建设取得了显著的成绩。

为了鼓励先进，振奋精神，推动交通运输事业的发展，交通部、人事部决定：授予奎建忠等271名同志全国交通系统劳动模范称号；授予王泽等123名同志全国交通系统先进工作者称号；授予上海钢铁汽车运输股份有限公司等83个单位全国交通系统先进单位称号；授予北京市汽车修理公司六厂等73个单位全国交通系统先进集体称号。

希望受到表彰的单位和个人谦虚谨慎，戒骄戒躁，保持荣誉，再接再厉，为交通运输事业的发展作出更大的贡献。交通系统各单位和广大职工要向先进单位、先进集体和先进模范人物学习，大力宣传他们的先进事迹，弘扬他们的革命精神，推广他们的先进经验，发扬自力更生、艰苦奋斗、锐意改革、拼搏进取、无私奉献的精神，为发展交通，造福人民，建设有中国特色的社会主义而努力奋斗。

附件：一、全国交通系统劳动模范名单
二、全国交通系统先进工作者名单
三、全国交通系统先进单位名单
四、全国交通系统先进集体名单

中华人民共和国交通部
中华人民共和国人事部
1994年10月19日

附件:

1. 全国交通系统劳动模范名单

冯宝清　天津第五港埠公司装卸二队队长

钱冬香　女,天津港口医院总护士长

3. 全国交通系统先进单位名单

天津港务局

人事部、交通部关于表彰全国交通系统先进集体、劳动模范和先进工作者的决定

人发〔1998〕81 号

近几年来,全国交通系统各单位以邓小平理论为指导,认真贯彻落实党的路线、方针、政策,坚持"两手抓,两手都要硬"的方针,深入开展"三学一创"活动,大力加强职工队伍建设,使交通系统两个文明建设协调发展,取得了显著的成绩。广大交通职工解放思想,锐意改革,发扬艰苦奋斗、无私奉献的精神,为我国交通事业的发展作出了积极的贡献。

为了表彰先进,振奋精神,推动交通运输事业的发展,人事部、交通部决定:授予付淑琴等 213 名同志"全国交通系统劳动模范"荣誉称号;授予张书芳等 137 名同志"全国交通系统先进工作者"荣誉称号;授予首都高速公路发展公司等 180 个单位"全国交通系统先进集体"荣誉称号。被授予"全国交通系统劳动模范"和"全国交通系统先进工作者"称号的人员享受省部级劳动模范、先进工作者待遇。

希望受表彰的单位和个人要谦虚谨慎,戒骄戒躁,保持荣誉,再接再厉,为交通运输事业的发展作出更大贡献。人事部、交通部号召全国交通系统各单位和广大干部职工要以先进集体和先进模范人物为榜样,高举邓小平理论伟大旗帜,紧密团结在以江泽民同志为核心的党中央周围,认真贯彻落实党的十五大精神,坚持党的基本路线,解放思想、实事求是、艰苦奋斗;发扬开拓进取、爱岗敬业、无私奉献精神,为发展交通、造福人民、建设有中国特色的社会主义而努力奋斗。

附件:一、全国交通系统劳动模范名单

二、全国交通系统先进工作者名单

三、全国交通系统先进集体名单

中华人民共和国人事部

中华人民共和国交通部

1998 年 9 月 21 日

附件:

1. 全国交通系统劳动模范名单

赵明奎　天津港第五港埠公司副总经理

苗珍云　女,天津港储运公司货运三队装载机司机

3. 全国交通系统先进集体名单

天津港务局

人事部、交通部关于表彰全国交通系统先进集体、劳动模范和先进工作者的决定

人发〔2001〕106 号

近年来,全国交通系统坚持以邓小平理论和江总书记"三个代表"重要思想为指导,认真贯彻执行党的路线、方针、政策,坚持"两手抓、两手都要硬"的方针,大力加强思想政治工作和精神文明建设,深入开展创建文明行业活动,使交通系统两个文明建设协调发展,取得了显著成绩。广大交通职工坚持全心全意为人民服务的宗旨,发扬江总书记倡导的为实现社会主义现代化而不懈奋斗的精神,解放思想,锐意改革,艰苦奋斗,无私奉献,为我国交通事业的发展作出了积极的贡献。

为表彰先进,振奋精神,推动交通系统两个文明建设协调发展,人事部、交通部决定:授予北京市汽车修理公司等 180 个单位"全国交通系统先进集体"荣誉称号;授予宋少波等 198 名同志"全国交通系统劳动模范"荣誉称号;授予王树行等 151 名同志"全国交通系统先进工作者"荣誉称号。希望受表彰的单位和个人认真学习实践江总书记"三个代表"重要思想,谦虚谨慎,戒骄戒躁,保持荣誉,再接再厉,为交通运输事业的发展作出更大的贡献。被授予"全国交通系统劳动模范"和"全国交通系统先进工作者"荣誉称号的人员享受省部级劳动模范、先进工作者待遇。

人事部、交通部号召全国交通系统各单位和广大干部职工向先进集体和先进模范人物学习,坚定建设有中国特色社会主义的理想信念,树立正确的世界观、人生观和价值观;发扬艰苦奋斗、团结拼搏、开拓进取、爱国奉献的行业精神;培养爱岗敬业、诚实守信、办事公道、服务人民、奉献社会的职业道德;增强市场观念、竞争观念、效率观念和法制观念。以先进集体和先进人物为榜样,紧密团结在以江泽民同志为核心的党中央周围,高举邓小平理论伟大旗帜,认真实践"三个代

表”重要思想，坚持党的基本路线不动摇，始终把发展交通运输生产力作为根本任务，始终站在促进行业精神文明建设的前列，始终把人民群众“人便于行、货畅其流”的需求放在首位，发奋图强，努力工作，为实现交通现代化、服务人民、奉献社会作出更大的贡献。

附件：一、全国交通系统先进集体名单

二、全国交通系统劳动模范名单

三、全国交通系统先进工作者名单

中华人民共和国人事部

中华人民共和国交通部

2001 年 10 月 8 日

附件：

1. 全国交通系统先进集体名单

天津港务局

2. 全国交通系统劳动模范名单

丁尔勤　天津港口医院骨科主任

张云亭　天津港第一港埠公司叉车队副队长

人事部、交通部关于表彰全国交通系统先进集体、劳动模范和先进工作者的决定

国人部发〔2005〕21 号

近几年来，全国交通系统广大干部职工认真贯彻党的十六大、十六届三中、四中全会精神，努力实践“三个代表”重要思想，坚持全心全意为人民服务的宗旨，与时俱进，开拓进取，扎实工作，涌现出一大批品德高尚、成绩突出的先进集体和个人，为推动交通事业改革发展发挥了重要作用。

为表彰先进，振奋精神，进一步激发和调动全国交通系统广大干部职工为推动交通系统“三个文明”建设协调发展的积极性和创造性，人事部、交通部决定：授予北京市运输管理局丰台管理处等 190 个单位“全国交通系统先进集体”荣誉称号；授予李振国等 201 名同志“全国交通系统劳动模范”荣誉称号；授予倪新明等 237 名同志“全国交通系统先进工作者”荣誉称号。被授予“全国交通系统劳动模范”和“全国交通系统先进工作者”荣誉称号的人员享受省部级劳动模范和先进工作者待遇。希望受到表彰的先进集体和个人，珍惜荣誉，谦虚谨慎，戒骄戒躁，再接再厉，充分发挥模范带头作用，争取更大的成绩。

全国交通系统各单位和广大干部职工要以受到表彰的先进集体、劳动模范和先进工作者为榜样，紧密团结在以胡锦涛同志为总书记的党中央周围，高举邓小平理论和“三个代表”重要思想伟大旗帜，深入贯彻落实科学发展观，努力加强行政能力建设，始终把发展交通运输生产力作为根本任务。把满足人民群众对交通运输的需求放在首位，树立正确的人生观、世界观和价值观，发扬艰苦奋斗、团结拼搏、开拓进取、与时俱进的精神，培养爱岗敬业、诚实守信、办事公道、甘于奉献的道德观念，立足本职岗位，努力工作，为实现交通事业全面协调可持续发展和全面建设小康社会作出新的更大贡献。

附件：1. 全国交通系统先进集体名单

2. 全国交通系统劳动模范名单

3. 全国交通系统先进工作者名单

中华人民共和国人事部

中华人民共和国交通部

2005 年 3 月 9 日

附件：

1. 全国交通系统先进集体名单

天津港(集团)有限公司

2. 全国交通系统劳动模范名单

金学智　天津港煤码头有限责任公司操作三队队长

刘军民　天津港股份有限公司焦炭码头分公司技术管理部经理

齐铁磐　天津港第四港埠公司值机队队长

人力资源和社会保障部关于表彰全国交通运输系统先进集体、劳动模范和先进工作者的决定

人社部发〔2009〕170 号

近年来，在党中央、国务院的正确领导下，全国交通运输系统广大干部职工高举中国特色社会主义伟大旗帜，坚持以邓小平理论和“三个代表”重要思想为指导，深入贯彻落实科学发展观，广泛开展“学先进、树新风、创一流”等精神文明创建活动，为服务经济社会发展全局、服务社会主义新农村建设、服务人民群众安全便捷

出行作出了积极贡献,涌现出一大批先进集体和个人。

为表彰先进,弘扬正气,进一步激励全国交通运输系统广大干部职工奋发向上、开拓进取,更好地履行交通运输部门的政治责任、社会责任,推进交通运输事业又好又快发展,人力资源和社会保障部、交通运输部决定,授予北京市公共交通控股(集团)有限公司电车客运分公司等200个单位“全国交通运输系统先进集体”荣誉称号;授予宫美贤等176名同志“全国交通运输系统劳动模范”荣誉称号;授予刘春喜等324名同志“全国交通运输系统先进工作者”荣誉称号。被授予“全国交通运输系统劳动模范”和“全国交通运输系统先进工作者”荣誉称号的人员,享受省部级劳动模范和先进工作者待遇。希望受表彰的先进集体和个人珍惜荣誉,谦虚谨慎,戒骄戒躁,开拓创新,再创佳绩。

全国交通运输系统广大干部职工要以受表彰的先进集体和个人为榜样,更加紧密地团结在以胡锦涛同志为总书记的党中央周围,高举中国特色社会主义伟大旗帜,勇于创新,开拓进取,为发展现代交通运输业,构建综合交通运输体系,全面建设小康社会作出新的更大的贡献。

附件:1. 全国交通运输系统先进集体名单

2. 全国交通运输系统劳动模范名单

3. 全国交通运输系统先进工作者名单

中华人民共和国人力资源和社会保障部

中华人民共和国交通运输部

2009年12月9日

附件:

1. 全国交通运输系统先进集体名单

天津港集装箱码头有限公司机械一队甲班

2. 全国交通运输系统劳动模范名单

陈国栋　天津港第二港埠有限公司散粮站站长

三、天津港荣获河北省劳动模范、模范集体的先进集体和个人

1959年河北省工业、交通、基本建设先进生产者名单

1959年4月20日至28日表彰

李长发　天津港务管理局

钱　春　天津港务管理局

赵德如　天津港务管理局

(据1959年4月29日《河北日报》第5、6版)

1959年河北省工业、交通运输、基本建设、科学技术方面先进集体和先进生产者名单

1959年12月18日至28日表彰

1. 先进生产者(6名)

钱　春　天津港务管理局工具制修组长

仇玉栋　天津港务管理局工人

赵德如　天津港务管理局船长

张文申　天津港务管理局技术员

张　有　天津港务管理局仓库理货组长

王瑞春　天津港务管理局装卸队长

2. 先进集体(3名)

天津市港务管理局新港作业区装卸五队

天津市港务管理局新港作业区装卸六队

天津市港务管理局轮驳队驳5号小组

(据1959年12月26日《河北日报》第5、6、7版)

四、天津港历届荣获天津市特等劳动模范、劳动模范、模范集体的集体和个人

1951 年天津市劳动模范名单

1951 年 9 月 28 日表彰

一等个人模范(全市 386 名,天津港 6 名)

穆瑞堂　天津区港务管理局第二修船厂,后所属单位划出天津港

张克智　天津区港务管理塘沽驳运科

郑凤有　天津区港务管理局塘沽办事处

刘金友　天津区港务管理局第一修船厂,后所属单位划出天津港

张克荣　天津区港务管理局

施学良　天津区港务管理局

孙孝庭　塘大搬运工人,后调入天津港工作

(据 1951 年 9 月 28 日《天津日报》第 5、6 版)

1953 年天津市劳动模范、模范小组名单

1954 年 2 月 1 日表彰

1. 劳动模范(全市 226 名,天津港 3 名)

施学良　天津区港务管理局引水员

陈守义　天津区港务管理局河东码头装卸区装卸第一分队第八小队队长,后调出天津港

钱　春　天津区港务管理局新港作业区工具股修理组组长

2. 模范小组(全市 78 个,天津港 3 个)

天津区港务管理局某危险品仓库管理小组

天津区港务管理局河西码头作业区轮驳装卸第 18 队

天津区港务管理局塘沽新港装卸 5 队

(据 1954 年 2 月 28 日《天津日报》第 2、5、6 版)

1954 年天津市劳动模范、模范小组名单

1955 年 1 月 22 日表彰

1. 劳动模范(全市 244 名,天津港 4 名)

钱　春　天津区港务管理局新港作业区工具股修理组组长

施学良　天津区港务管理局引水员

赵德如　天津区港务管理局轮驳队拖轮 11 号船长

耿立生　天津区港务管理局塘沽作业区装卸指导员

2. 模范小组(全市 100 个,天津港 7 个)

天津区港务管理局塘沽作业区装卸第 47 队

天津区港务管理局新港作业区装卸第 22 队

天津区港务管理局河西作业区装卸第 18 队

天津区港务管理局河西作业区某危险品仓库管理小组

天津区港务管理局轮驳队国安轮小组

天津区港务管理局塘沽作业区理货组

天津区港务管理局河西作业区仓库五组

(据 1955 年 1 月 22 日《天津日报》第 3 版)

1955 年天津市劳动模范、模范小组名单

1956 年 2 月 7 日表彰

1. 劳动模范(全市 239 名,天津港 5 名)

钱　春　天津区港务管理局新港作业区工具股修理组组长

赵德如　天津区港务管理局轮驳队轮一号船长

杜永荣　天津区港务管理局天津作业区绞车工人

耿立生　天津区港务管理局塘沽作业区装卸指导员

朱洪河　天津区港务管理局新港作业区机械司机

2. 模范小组(全市 104 个,天津港 5 个)

天津区港务管理局河西作业区装卸第 18 队

天津区港务管理局新港作业区装卸第 22 队

天津区港务管理局塘沽作业区装卸第 7 队

天津区港务管理局新港作业区装卸第 5 队

天津区港务管理局塘沽作业区八号码头仓库小组

(据 1956 年 2 月 7 日《天津日报》第 2、3 版)

1956年天津市先进生产者、模范小组名单

1. 天津市先进生产者(8名)
钱　春　新港作业区工具股
韦志鹏　港务监督船舶检验科
赵德如　轮驳队
杜永荣　天津作业区
仇玉栋　新港作业区调度股
肖庆林　新港作业区调度股
朱洪河　新港作业区机械队
王守章　新港作业区装卸6组
2. 模范小组(1个)
天津区港务管理局塘沽作业区装卸第一小组
(据《天津市历届全国、市劳动模范名单汇编(1949~1977)》)

1957年天津市劳动模范、模范小组名单

1958年2月13日表彰

1. 劳动模范(全市266名,天津港4名)
李长发　天津区港务管理局天津作业区装卸十一队队长
钱　春　天津区港务管理局新港作业区工具股修理组组长
赵德如　天津区港务管理局轮驳队轮一船长
杜永荣　天津区港务管理局天津作业区绞车工人
2. 模范小组(全市136个,天津港1个)
天津区港务管理局塘沽作业区装卸第一小组
(据1958年2月13日《天津日报》第2版)

1958年天津市劳动模范、模范小组名单

1959年1月31日表彰

1. 劳动模范(全市1018名,天津港8名)
钱　春　天津港务管理局修理工组长
朱洪河　天津港务管理局司机
仇玉栋　天津港务管理局装卸工队长
李大德　天津港务管理局船长
李长发　天津港务管理局装卸工队长
赵德如　天津港务管理局船长
杜永荣　天津港务管理局装卸工队长
王贵德　天津港务管理局保全工
2. 模范小组(全市202个,天津港1个)
天津区港务管理局塘沽作业区装卸第一小组
(据1959年1月31日《天津日报》第2、3版)

1959年天津市工业、交通运输、基本建设、财贸方面社会主义建设先进集体和先进生产者名单

1959年10月16日至18日表彰

1. 先进生产者(7名)
钱　春　港务局新港作业区组长
仇玉栋　港务局塘沽作业区队长
赵德如　港务局轮驳队船长
张文申　港务局技术员,后调出天津港
刘国顺　港务局新港作业区工人
张　有　港务局新港作业区理货员
王瑞春　港务局天津作业区队长
2. 先进集体(3个)
港务局新港作业区装卸五组
港务局塘沽作业区装卸六组
港务局津港轮五号
(据1959年10月16日《天津日报》第2、3版)

1959年天津市特等劳动模范、劳动模范和模范小组、车间名单

1960年1月26日表彰

1. 特等劳动模范(全市67名,天津港1名)
钱　春　天津港务管理局新港作业区工具修制组组长
2. 劳动模范(全市845名,天津港3名)
仇玉栋　天津市港务管理局塘沽作业区工人
赵德如　天津市港务管理局轮驳队轮4号船长
张文申　天津市港务管理局技术员,后调出天津港
3. 模范单位(全市263个,天津港1个)
天津市港务管理局轮驳队
4. 模范小组、车间(全市394个,天津港3个)
天津市港务管理局轮驳队轮5号小组
天津市港务管理局新港作业区装卸第5小队

天津市港务管理局塘沽作业区装卸六队
（据1960年1月26日《天津日报》第5、6、7版）

1960年度天津市教育和文化、卫生、体育等方面社会主义建设先进工作者名单

1960年4月8日至13日表彰

先进工作者（全市1413名，天津港2名）
1. 教育系统先进工作者
伉宝琦 天津港务管理局机关业校教师
2. 卫生系统先进工作者
孙英元 天津港务管理局港口医院医师
（据1960年4月13日《天津日报》第4、5、6版）

1960年度天津市特等劳动模范、劳动模范、模范单位和车间名单

1961年2月27日表彰

1. 特等劳动模范（全市88名，天津港1名）
钱　春 天津港务管理局工具组组长
2. 劳动模范（全市905名，天津港4名）
赵德如 天津港务管理局轮驳队船长
赵守绪 天津港务管理局电工
张文林 天津港务管理局机械修造厂助理技术员
仇玉栋 天津港务管理局塘沽作业区工具股股长
3. 模范单位和车间（全市172个，天津港3个）
天津港务管理局轮驳队
天津港务管理局新港作业区五队一组
天津港务管理局塘沽作业区一车间二组
（据1961年2月27日《天津日报》第2、3版）

1961年度天津市特等劳动模范、劳动模范和模范小组、车间名单

1962年2月28日表彰

1. 特等劳动模范（全市56名，天津港1名）
钱　春 天津港务管理局新港作业区工具修制组组长
2. 劳动模范（全市654名，天津港3名）
黄志奇 天津港务管理局轮驳队津救轮三管轮，后调出天津港
杨景元 天津港务管理局天津作业区装卸第二大队副队长
邱光普 天津港务管理局机械修造厂电焊工
3. 模范小组（全市347个，天津港4个）
天津港务管理局新港作业区钳工组
天津港务管理局轮驳队轮四号小组
天津港务管理局新港作业区装卸一队乙班二组
天津港务管理局塘沽作业区装卸一队二组
（据1962年2月28日《天津日报》第2、3版）

1962年度天津市特等劳动模范、劳动模范和模范小组名单

1963年2月6日表彰

1. 特等劳动模范（全市66名，天津港1名）
钱　春 天津港务管理局新港作业区保全组组长
2. 劳动模范（全市568名，天津港4名）
杨景元 天津港务管理局天津作业区装卸队值班长
周　玉 天津港务管理局轮驳队驳六号驾驶长
邱光普 天津港务管理局修造厂技工
郭曙堂 天津航道局建设六号轮机长，后所属单位划出天津港
3. 模范小组（全市290个，天津港5个）
天津港务管理局新港作业区钳工组
天津港务管理局新港作业区装卸五队乙班三组
天津航道局塘沽五号小组（后所属单位划出天津港）
天津港务管理局塘沽作业区装卸二组
天津港务管理局轮驳队轮四号
（据1963年2月6日《天津日报》第2、3版）

1963年度天津市“五好”集体、“五好”职工名单

1964年5月11日至15日表彰

1.“五好”职工（全市5497名，天津港8名）
杨兰怀 天津港务管理局新港作业区炊事员
纪大典 天津港务管理局新港作业区司机
刘学珍 女，天津港务管理局塘沽作业区电焊工
张德元 天津港务管理局天津作业区装卸组组长

刘金才　天津港务管理局轮驳队驳船驾长
邱光普　天津港务管理局修理厂工人
杨洪珠　天津港务管理局党委办公室副主任
郭曙堂　天津航道局轮机长,后所属单位划出天津港

2. 先进企业(全市 81 个,天津港 1 个)

天津港务管理局天津作业区

3. “五好”班组(全市 1155 个,天津港 3 个)

天津港务管理局新港作业区装卸五队乙班三组

天津港务管理局轮驳队津港轮四号

天津航道局塘沽四号挖泥船(后所属单位划出天津港)

(据 1964 年 5 月 11 日《天津日报》第 2、3 版)

1973 年度天津市工业学大庆先进单位、先进集体和先进个人名单

1974 年 5 月 19 日至 28 日表彰

1. 工业学大庆先进生产(工作)者(全市 566 名,天津港 5 名)

张宝林　天津港务管理局修理厂工人
钱冬香　女,天津港务管理局职工医院住院部护士长
赵宝润　天津港务管理局第四作业区修建队木工
白锡瑞　天津港务管理局第三作业区装卸六队一组组长
闫长林　天津港务管理局第一作业区装卸三队一组组长

2. 先进单位(全市 121 个,天津港 1 个)

天津港务管理局第三作业区

3. 先进集体(全市 480 个,天津港 4 个)

天津港务管理局第一作业区装卸七队

天津港务管理局第二作业区装卸四队

天津港务管理局第三作业区装卸六队一组

天津港务管理局轮驳公司驳 18 号

(据 1974 年 5 月 30 日《天津日报》第 2、3、4 版)

1974 年度天津市工业学大庆先进单位、先进集体和先进个人名单

1975 年 2 月 20 日至 3 月 1 日表彰

1. 工业学大庆先进生产(工作)者(全市 602 名,天津港 7 名)

白锡瑞　天津港务管理局第三作业区装卸六队党支部书记
钱冬香　女,天津港务管理局职工医院护士长
李明河　天津港务管理局第二作业区装卸二队工人
张　忠　天津港务管理局第一作业区装卸一队工人
赵宝润　天津港务管理局第四作业区修建队木工班班长
刘淑云　女,天津港务管理局第二作业区机械一队党支部书记
张宝林　天津港务管理局机械修理厂修理工

2. 先进单位(全市 171 个,天津港 1 个)

天津港务管理局第三作业区

3. 先进集体(全市 821 个,天津港 8 个)

天津港务管理局第三作业区装卸六队一组

天津港务管理局轮驳公司津港驳 18 号

天津港务管理局第一作业区装卸二队

天津港务管理局第三作业区装卸五队

天津港务管理局第二作业区装卸五队

天津港务管理局第一作业区工具库

天津港务管理局第四作业区仓库

中国船舶燃料供应公司天津分公司津油一号轮

(据 1975 年 3 月 3 日《天津日报》第 5、6、7、8 版)

1975 年度天津市工业学大庆先进单位、先进集体和先进个人名单

1976 年 4 月 26 日至 30 日表彰

1. 工业学大庆先进生产(工作)者(全市 623 名,天津港 7 名)

闫长林　天津港务管理局第一作业区装卸三队队长
王云通　天津港务管理局第二作业区装卸三队工人
李云芳　女,天津港务管理局第二作业区门吊队司机
白锡瑞　天津港务管理局第三作业区装卸六队党

支部书记

于德龙　天津港务管理局第四作业区后勤锅炉班班长

张宝林　天津港务管理局机械修理厂一车间调度员

钱冬香　女，天津港务管理局职工医院护士长

2. 先进单位（全市192个，天津港1个）

天津港务管理局第三作业区

3. 先进集体（全市838个，天津港8个）

天津港务管理局第一作业区工具库

天津港务管理局第一作业区仓库“三八”库

天津港务管理局第二作业区装卸五队

天津港务管理局第三作业区装卸五队

天津港务管理局第三作业区装卸六队一组

天津港务管理局轮驳公司驳18号

船舶检验处（后所属单位划出天津港）

天津港务管理局物资处材料场汽车班

（据1976年5月3日《天津日报》第5、6、7、8版）

1976年度天津市工业学大庆先进单位、先进集体和先进个人名单

1977年6月8日至15日表彰

1. 工业学大庆先进生产（工作）者（全市645名，天津港7名）

闫长林　天津港务管理局第一作业区装卸三队队长

王云通　天津港务管理局第二作业区装卸三队工人

李云芳　女，天津港务管理局第二作业区机械队门吊司机

白锡瑞　天津港务管理局第三作业区装卸六队党支部书记

于德龙　天津港务管理局第四作业区锅炉班班长

张宝林　天津港务管理局机械修理厂一车间调度员

钱冬香　女，天津港务管理局职工医院护士长

2. 先进单位（全市266个，天津港3个）

天津港务管理局第三作业区

天津港务管理局机械修理厂

天津港务管理局职工医院

3. 先进集体（全市848个，天津港9个）

天津港务管理局第一作业区仓库“三八”库

天津港务管理局第一作业区工具库

天津港务管理局第二作业区动力站

天津港务管理局第三作业区装卸五队

天津港务管理局第三作业区装卸六队一组

天津港务管理局轮驳公司津港驳18号

天津港务管理局机械修理厂四车间

天津港务管理局修建队自来水厂

天津港务管理局材料场汽车班

（据1977年6月16日《天津日报》第3、5、6、7、8版）

关于天津市工业学大庆1977年度模范集体和劳动模范命名的通知

津党发〔1978〕85号

根据国务院通知和市革委〔1977〕88号文件的精神，为了进一步推动我市工业学大庆、普及大庆式企业群众运动的深入开展，在各基层单位及各区、县、局总结评比、表彰先进的基础上，推荐出一批模范集体和劳动模范，经市总工会和市革委有关部委审查，市委、市革委批准1977年度模范集体198个，劳动模范270名（名单另见光荣册）。现将授予带称号的模范集体标杆和劳动模范标兵通知如下。

天津市革命委员会
1978年6月24日

附件：1977年度工业学大庆先进企业、先进单位、先进集体和先进个人名单

1. 劳动模范（全市270名，天津港4名）

康宝祥　天津港务管理局第一作业区“七二一”工人大学教师

孔繁荣　天津港务管理局第一作业区装卸二队一组组长

闫长林　天津港务管理局第五作业区副主任

张宝林　天津港务管理局机械修理厂一车间副主任

2. 先进生产（工作者）者（全市672名，天津港5名）

李明河　天津港务管理局第二作业区装卸二队六组组长

白锡瑞　天津港务管理局第三作业区装卸六队党支部书记

于德龙　天津港务管理局第四作业区司炉工

李云芳　女,天津港务管理局第五作业区门吊队党支部副书记
刘凤森　天津港务管理局修建公司第一施工队党支部书记

3. 模范集体(全市198个,天津港2个)

天津港务管理局第一作业区装卸二队
天津港务管理局第三作业区装卸六队一组

4. 先进企业(全市273个,天津港1个)

天津港务管理局第一作业区

5. 先进集体(全市649个,天津港12个)

天津港务管理局第一作业区工具库
天津港务管理局第二作业区机械三队
天津港务管理局第二作业区动力站
天津港务管理局第五作业区装卸三队
天津港务管理局轮驳公司轮十九号
天津港务管理局轮驳公司驳十八号
天津港务管理局机械修理厂一车间
中国船舶燃料供应公司天津分公司津油七号轮
中国外轮理货公司天津分公司理货丙班
天津港务管理局物资回炼组

交通部天津水运工程科学研究所防污染研究室(后所属单位划出天津港)

交通部天津物资管理处原材料科(后所属单位划出天津港)

(据天津市1978年工业学大庆会议《光荣册》)

天津市1978年度劳动模范、模范集体、大庆式企业、学大庆先进企业评比结果

根据国务院〔1978〕24号文件和市委批示的〔1978〕《津工报29号》文件精神,我市工业、交通、基建、财贸、农林、文教、卫生、科技等各条战线,发动广大职工群众,评选了劳动模范和模范集体、大庆式企业和学大庆先进企业,评选结果如下:

特等劳动模范:36名
特等模范集体:22个
劳动模范:606名
模范集体:276个
大庆式企业:161个
学大庆先进企业:408个

在644名劳动模范中(包括特模),其中;工人:419名;技术人员:102名;管理人员:84名;青年:55名;妇女:109名。

在298个模范集体中(包括特等模范集体),生产(工作)班组:229个;车间、工段:29个;科室:19个;生活后勤部门:21个。

附件:1. 特等劳动模范名单
　　2. 特等模范集体名单
　　3. 劳动模范名单
　　4. 劳动模范集体名单
　　5. 大庆式企业名单
　　6. 联合企业的二级厂矿大庆式企业名单
　　7. 学大庆先进企业名单

天津市评模办公室
1979年3月28日

附件:1978年度劳动模范、劳动模范集体、学大庆式企业、单位名单

3. 劳动模范(全市606名,天津港6名)

邢培智　天津港务管理局第一作业区仓库理货员
康宝祥　天津港务管理局第一作业区"七二一"大学技术员
王景春　天津港务管理局第二作业区机电科工程师
韦自起　天津港务管理局第三作业区装卸四队队长
杨春泉　天津港务管理局第五作业区装卸三队队长
张宝林　天津港务管理局机械修理厂一车间副主任

4. 劳动模范集体(全市276个,天津港3个)

天津港务管理局第一作业区装卸二队
天津港务管理局第二作业区货运一货区
天津港务管理局第三作业区装卸六队一组

5. 大庆式企业(全市161个,天津港1个)

天津港务管理局

6. 联合企业的二级厂矿大庆式企业(全市18个,天津港8个)

天津港务管理局第一作业区
天津港务管理局第二作业区
天津港务管理局第三作业区
天津港务管理局第四作业区
天津港务管理局第五作业区
天津港务管理局机修厂
天津港务管理局修建工程公司
交通部天津物资管理处(后所属单位划出天津港)

7. 学大庆式企业(全市408个,天津港2个)

中国外轮理货公司天津分公司

天津港务管理局通信站

（据天津市1978年度劳动模范表彰大会《光荣册》）

天津市1979年度劳动模范、模范集体、大庆式企业、学大庆先进企业(单位)评比结果

根据中共天津市委和市革命委员会通知,我市工业、交通、基建、财贸、农林、文教、卫生、科技等各条战线,发动广大职工群众,评选了1979年度劳动模范和模范集体、大庆式企业和学大庆先进企业(单位)。评选结果如下:

特等劳动模范:42名

特级模范集体:27个

劳动模范:904名

模范集体:498个

大庆式企业(包括财贸系统红旗单位):292个

学大庆先进企业(单位):613个

在946名劳动模范中(包括特等劳动模范),有工人458名,工程技术人员135名,管理人员152名,后勤人员42名,教育、文艺、医务工作者38名,党政领导干部121名;共产党员660名,共青团员49名,青年119名,妇女194人。

在525个模范集体中(包括特等模范集体),车间(分场)66个;科室49个;工段10个;班组325个,后勤部门42个,其他(学会、体工队、门市部、幼儿园等)33个。

附件:1. 特等劳动模范

2. 特等模范集体

3. 劳动模范

4. 模范集体

5. 大庆式企业

6. 联合企业的二级厂矿大庆式企业

7. 学大庆先进企业

天津市评模办公室

1980年4月6日

附件:1979年度劳动模范、劳动模范集体、学大庆式企业、单位名单

1. 劳动模范(全市904名,天津港7名)

邢培智　天津港务管理局第一作业区仓库理货员

王景春　天津港务管理局第二作业区工程师

白锡瑞　天津港务管理局第三作业区装卸六队党支部书记

杨春泉　天津港务管理局第五作业区装卸一队队长

张宝林　天津港务管理局机械修理厂一车间副主任

赵德如　中国船舶燃料供应公司天津分公司副科长

汪惠远　天津港务管理局通信站发信台台长

4. 劳动模范集体(全市498个,天津港6个)

天津港务管理局第一作业区装卸二队

天津港务管理局第一作业区工具库

天津港务管理局第二作业区货运一货区

天津港务管理局第二作业区装卸四队十三组

天津港务管理局第三作业区装卸二队二组

天津港务管理局轮驳公司驳十六号

6. 联合企业的二级厂矿大庆式企业(全市292个,天津港1个)

中国外轮理货公司天津分公司

7. 学大庆式企业(单位)(全市613个,天津港3个)

天津港务管理局轮驳公司

天津港务管理局通信站

中国船舶燃料供应公司天津分公司

（据天津市1979年度劳动模范表彰大会《光荣册》）

天津市1980年度劳动模范和模范集体评选结果

根据中共天津市委津党发〔1981〕7号文件《关于评选天津市1980年度劳动模范的意见》,我市工业、交通、基建、财贸、农林、文教、卫生、科研等系统,以及各区、县和中央在津企业、事业单位,评选了1980年度天津市劳动模范和模范集体,评选结果如下:

特等劳动模范50名

特等模范集体25个

劳动模范909名

模范集体509个

在959名劳动模范中(包括特等):

工人550名

科学技术人员139名

管理人员111名

后勤服务人员36名

党政领导干部75名

教育、医务、文艺工作者48名

在959名劳模中:

共产党员656名,共青团员45名,青年136名,妇女211名。

在534个模范集体中(包括特等):

车间84个

工段、班组353个

科室49个

后勤部门48个

附件:1. 特等劳动模范名单

2. 特等模范集体名单

3. 劳动模范名单

4. 模范集体名单

天津市评模办公室

1981年5月8日表彰

附件:

3. 劳动模范(全市909名,天津港7名)

王景春 天津港务管理局第二作业区副主任

程连仲 天津港务管理局第二作业区门吊队党支部书记

刘庆祥 天津港务管理局第三作业区工具队队长

张宝林 天津港务管理局机械修理厂车间副主任

赵德如 中国船舶燃料供应公司天津分公司副科长

郑寿华 天津港务管理局汽车运输队货运一队司机

高筱舟 国家建工总局一局六公司一队班长,后所属单位划出天津港

4. 劳动模范集体(全市509个,天津港5个)

天津港务管理局第一作业区装卸二队

天津港务管理局第一作业区装卸六队

天津港务管理局第二作业区装卸四队十四组

天津港务管理局第五作业区装卸三队四组

天津港务管理局轮驳公司驳十六号

(据天津市1980年度劳动模范表彰大会《光荣册》)

天津市1982年度劳动模范和模范集体评选结果

全市广大职工在市委和各级党委的领导下,认真学习贯彻党的十二大文件精神;广泛深入开展以“两个文明”建设为目标,以提高经济效益为中心的学先进赶先进活动,促进了企业的改革和整顿,在完成1982年我市国民经济计划方面,取得了令人鼓舞的成就,为我国社会主义现代化建设增添了新光彩。

为表彰在“两个文明”建设中作出突出贡献的个人和集体,动员全市广大干部职工在1983年为全面开创社会主义现代化建设新局面作出更大贡献,根据市委、市政府《关于评选1982年度劳动模范的通知》精神,全市工交、基建、财贸、农林、文教、卫生、科研等系统各局,以及各区、县、引滦工程指挥部和中央在津的企、事业单位,在层层评选表彰的基础上,区县局党委核实验收,审查推荐,经过市评选领导小组审定,市委、市政府批准,共评选出1982年度市级劳动模范1231名,比上届增加28.5%;模范集体592个,比上届增加10.7%。其中特等劳动模范62名,特等模范集体19个。在1231名劳动模范中老劳模又作出新贡献的有596名,占劳模总数的48.4%;新涌现出的模范人物635名,占51.6%。在1982年度劳动模范中有工人785名,占47.6%;科学技术人员219名,占17.7%;管理人员155名,占12.6%;后勤服务人员45名,占3.6%;党政领导干部75名,占6%;教育、医务、文艺、体育工作者132名,占10.7%。为了体现多种经济成分并存的方针,在这次评选中,新办集体经济和个体经营户,有17人被评为市级劳动模范,占1.4%;为表彰在引滦入津工程中为我市人民建立功勋的解放军部队,这次有15名指战员也当选为劳动模范,占1.2%。在评选出的劳动模范中,青年324名,占26.3%,比上届增加1.4倍;妇女259名,占21%;少数民族28名,占2.3%;归侨8名,台胞2名。

在592个模范集体中(包括特等模范集体),班组416个,占70.2%;车间85个,占14.3%;科室67个,占11.3%;工段24个,占4%;新办集体经济的班组11个,占1.9%。

附件:1. 特等劳动模范名单

2. 特等模范集体名单

3. 劳动模范名单

4. 模范集体名单

天津市评模办公室

1983年4月7日表彰

附件:

3. 劳动模范(全市1169名,天津港9名)

张光辉 天津港务管理局第一作业区铲车队司机

刘玉河　天津港务管理局第一作业区机电科干部

程连仲　天津港务管理局第二作业区门吊队党支部书记

郝德发　天津港务管理局第二作业区装卸六队二组班长

任存玉　天津港务管理局第三作业区装卸七队三组副组长

刘庆祥　天津港务管理局第三作业区调度室副主任

王丰年　天津港务管理局第五作业区装卸三队二组组长

刘炳曙　天津港务管理局第五作业区工具库副库长

邱锁亮　天津港务管理局修建公司一工区预制班班长

4. 劳动模范集体(全市573个,天津港5个)

天津港务局第一作业区装卸六队

天津港务局第一作业区装卸六队九组

天津港务局第一作业区拖头队十七车组

天津港务局第二作业区装卸六队二组

天津港务局第二作业区工具库维修组

(据天津市1982年度劳动模范表彰大会《光荣册》)

天津市1984年度劳动模范、模范集体评选结果

近两年来,在党的十二大路线指引下,在市委、市政府的领导下,我市的社会主义物质文明和精神文明建设取得了重大进展,工农业生产持续增长,城乡建设迅速发展,经济体制改革扎实前进,对外开放迈出新的步伐,交通、财贸、文教、卫生、科技等各条战线不断取得新的成绩。

为了表彰各条战线职工在改革、开放和各项建设事业上作出突出贡献的集体和个人,动员全市广大职工在1985年作出更大的贡献,根据市委、市政府《关于评选市级劳动模范和模范集体的通知》精神,按照评选市级劳动模范、模范集体的条件,通过自下而上评选、评模领导小组审查,经市委、市政府批准,共评选出具有锐意改革、开拓进取的劳动模范436名,模范集体117个。

这次评选市级劳动模范、模范集体,突出了改革精神,贯彻了严格掌握条件,凭事迹,讲贡献,全面考核,好中选优的原则。评选出的劳动模范、模范集体的素质有很大提高。在436名劳动模范中,工人196名,占45%;企事业单位的领导干部和管理人员92名,占21.2%;工程技术人员86名,占19.8%;教育、医务、文艺、体育工作者62名,占14%。其中,35岁以下青年83名,占19.1%;妇女93名,占21.2%,老劳模124名,占28.5%。

在117个模范集体中,生产班组71个,占60.7%;科室13个,占11.1%;科研集体26个,占22.2%;后勤班组7个,占6%。其中,老模范集体34个,占29%。

为了表彰这次被评选为市级劳动模范和模范集体的功绩,市委、市政府决定分别授予奖章、证书和锦旗,并批准命名15位劳动模范为"模范标兵",号召全市职工以"模范标兵"和劳动模范、模范集体为榜样,认真学习他们的先进思想、先进事迹。深入开展学赶先进的群众活动,奋发努力,同心同德,保证完成和超额完成今年的各项任务;希望劳动模范和模范集体,更加严格要求自己,充分发挥骨干、带头和桥梁作用,为搞好我市的改革、开放和技术改造,推进社会主义物质文明和精神文明建设,作出新的更大的贡献!

附件:1. 模范标兵名单

2. 劳动模范名单

3. 模范集体名单

天津市评模办公室

1985年3月13日

附件:

2. 劳动模范(全市436名,天津港3名)

赵珍义　天津港务局机械修造厂厂长、工程师

王陆平　外运公司汽车队司机,后所属单位划出天津港

金贵林　天津港务局第一作业区副队长

3. 劳动模范集体(全市117个,天津港1个)

天津港务局第一作业区装卸六队五组

(据天津市1984年度劳动模范表彰大会《光荣册》)

中共天津市委、天津市人民政府关于表彰1986年度市级劳动模范和模范集体的决定

津党发〔1987〕9号

在党的十一届三中全会以来路线的指引下,全市广大工人、农民、知识分子和干部团结奋斗,开拓前进,我市社会主义现代化建设取得了显著成就。1986年

度,各条战线又涌现出一大批劳动模范和模范集体,他们在社会主义物质文明和精神文明建设中作出了突出的贡献,为全市人民树立了榜样。市委、市人民政府决定:对23名市级特等劳动模范、668名市级劳动模范和16个市级特等模范集体、235个市级模范集体授予称号,予以表彰。

市委、市人民政府号召全市人民学习和发扬劳动模范艰苦创业、忠诚实干、开拓创新、勇攀高峰的主人翁精神,扎扎实实地做好本职工作。同时,希望受表彰的劳动模范和模范集体,谦虚谨慎,再接再厉,发扬革命传统,争取更大光荣!

在党中央、国务院的领导下,全党全国人民正在集中力量办两件大事:在经济领域,坚持正确的建设方针,广泛开展增产节约、增收节支运动,深入体制改革和扩大对外开放,努力保证整个国民经济的持续稳定发展;在政治思想领域,深入进行坚持四项基本原则的宣传教育,坚决反对资产阶级自由化,加强社会主义精神文明建设,进一步巩固和发展安定团结的政治局面。当前,我市政治和经济形势很好。刚刚闭幕的市第十届人民代表大会第六次会议对如何抓好这两件大事,作出了明确部署。全市各条战线的广大工人、农民、知识分子和干部,都要认真学习和贯彻执行李瑞环同志的《政府工作报告》,围绕两件大事,把各方面的工作继续推向前进。要坚定不移地、全面正确地执行党的十一届三中全会以来的路线,坚持以经济建设为中心,深化以搞活企业为重点的改革,广泛深入地开展"双增双节"运动,巩固和发展我市安定团结的政治局面,为建设有中国特色的社会主义努力奋斗!

中共天津市委
天津市人民政府
1987年4月30日

附件:1986年度劳动模范、劳动模范集体名单

1. 劳动模范(全市668名,天津港6名)

金贵林　满族,天津港第一港埠公司固机队队长
王庭福　天津港第二港埠公司粮队四组副组长
刘庆祥　天津港第三港埠公司调度室主任
刘鼎臣　天津港务局储运公司经理
景国清　天津港第五港埠公司平台队副队长
张吉先　天津港机械修造厂技术科科长

2. 劳动模范集体(全市235个,天津港2个)

天津港第五港埠公司装卸二队七组
天津港轮驳公司津港轮16号

(据天津市1986年度劳动模范表彰大会《光荣册》)

中共天津市委、天津市人民政府关于表彰1988年度市级劳动模范和模范集体的决定

津党发〔1989〕12号

在过去的一年里,全市广大职工发扬主人翁精神,团结奋斗,开拓进取,为我市的社会主义现代化建设作出了重要贡献。各条战线涌现出一大批劳动模范和模范集体,为全市人民树立了榜样。为了弘扬正气,表彰先进,进一步动员广大职工在治理整顿、建设改革中充分发挥主力军作用,市委、市政府决定:对1988年度作出突出贡献的劳动模范和模范集体予以表彰,授予张世伦等32名同志市级特等劳动模范称号,授予刘家俊等698名同志市级劳动模范称号;授予为民日夜副食品商店等19个班组市级特等模范集体称号,授予天津大学化工系统工程研究室国家重点项目攻关组等187个班组市级模范集体称号。

市委、市政府号召全市人民向劳动模范和模范集体学习,学习他们忘我劳动,顾全大局,为国分忧的主人翁精神;学习他们投身改革,勇于实践,知难而进的开拓创新精神;学习他们兢兢业业,埋头苦干,克勤克俭的艰苦奋斗精神;学习他们团结协作,先人后己,服务社会的无私奉献精神;学习他们顶歪风,拒腐蚀,一尘不染的廉洁奉公精神。希望受到表彰的劳动模范和模范集体,谦虚谨慎,再接再厉,在推进改革,发展经济和各项事业中再立新功,争取更大的光荣。

当前,全市正在深入贯彻七届全国人大二次会议和市十一届人大二次会议精神。各条战线的广大职工要进一步统一思想,认清形势,旗帜鲜明地反对动乱,坚决维护得来不易的安定团结的政治局面;要扎扎实实地做好本职工作,努力完成治理整顿和深化改革的任务,同心同德,团结奋进,以实际行动迎接新中国成立四十周年。

中共天津市委
天津市人民政府
1989年4月29日

附件:1988年度劳动模范、劳动模范集体名单

1. 劳动模范(全市698名,天津港6名)

金贵林　满族，天津港第一港埠公司固机队队长
董建民　天津港第二港埠公司装卸二队队长
刘庆祥　天津港第三港埠公司调度室主任、党支部书记、助理经济师
景国清　天津港第五港埠公司流机队副队长
杨世樵　天津港务局储运公司经理
林均衡　天津港建设开发公司地材供应站调度组组长

2. 劳动模范集体（全市187个，天津港1个）
天津港第三港埠公司调度室
（据天津市1988年度劳动模范表彰大会《光荣册》）

中共天津市委、天津市人民政府关于表彰1990年度市级劳动模范和模范集体的决定

津党发〔1991〕12号

我市各条战线的广大职工在1990年认真贯彻市委提出的“一切着眼于稳定”、“变困难为机遇”的指导思想，积极克服困难，勇于开拓进取，为国家分忧，为天津增光，在改革开放和社会主义现代化建设中作出了重要贡献。各条战线都涌现出一大批劳动模范和模范集体，他们在振兴天津、建设天津的实践中，工作卓越，成绩显著。为了弘扬正气，表彰先进，进一步调动广大职工群众的积极性，充分发挥在四化建设中的主力军作用，市委、市政府决定：对1990年度作出突出贡献的劳动模范和模范集体予以表彰，授予李津来等38名同志市级特等劳动模范称号；授予周焕章等744名同志市级劳动模范称号；授予第六建筑工程公司二工区马宝芝瓦工组等25个班组市级特等模范集体称号；授予市畜禽制药厂青年包装组等206个班组市级模范集体称号。

市委、市政府号召全市人民向劳动模范和模范集体学习。学习他们顾全大局，为国分忧，勤恳工作的主人翁精神；学习他们投身改革开放，勇于进取，迎难而上的开拓创新精神；学习他们兢兢业业，任劳任怨，勇挑重担的艰苦奋斗精神；学习他们团结协作，助人为乐，服务社会的无私奉献精神；学习他们树立远大理想，遵守职业道德，抵制不正之风的廉洁奉公精神。希望全体劳动模范和模范集体戒骄戒躁，再接再厉，保持荣誉，再立新功！

1991年是“八五”计划的第一年。“八五”和整个90年代对于建设有中国特色的社会主义，对于实现天津的振兴是非常关键的时期。全市各条战线的广大职工要继续坚定不移地贯彻执行党的“一个中心、两个基本点”的基本路线和方针政策，振奋精神，扎实工作，为实现七届全国人大四次会议和天津市十一届人大五次会议提出的各项任务而奋斗。

中共天津市委
天津市人民政府
1991年4月30日

附件：1990年度劳动模范、劳动模范集体名单

1. 劳动模范（全市744名，天津港6名）
于　江　天津港第一港埠公司装卸三队队长
吴国强　天津港第二港埠公司苫缆队队长
景国清　天津港第五港埠公司流机队副队长
杨世樵　天津港务局储运公司经理
赵春贤　女，天津港建设公司施工车间党支部书记、工程师
胡振杰　天津港通信导航公司线务所副主任、助理工程师

2. 劳动模范集体（全市206个，天津港1个）
天津港第四港埠公司装卸四队五组
（据天津市1990年度劳动模范表彰大会《光荣册》）

中共天津市委、天津市人民政府关于表彰1992年度市级劳动模范和模范集体的决定

津党发〔1993〕9号

1992年，我市各条战线的广大职工在市委、市政府的领导下，认真贯彻邓小平同志南巡重要谈话和党的十四大精神，坚持党的基本路线，积极投身改革开放和现代化建设，为加快我市经济和各项事业的发展作出了重要贡献，涌现出一大批劳动模范和模范集体。为了弘扬正气，表彰先进，进一步调动广大职工群众的积极性和创造性，市委、市政府决定：对1992年度作出突出贡献的劳动模范和模范集体予以表彰，授予丁剑华等52名同志市级特等劳动模范称号，授予张高津等837名同志市级劳动模范称号，授予三建二公司李文宽抹灰组等26个班组（科室）市级特等模范集体称号，授予市蔬菜研究所青椒菜花研究室等226个班组（科室）市级模范集体称号。

市委、市政府希望受表彰的劳动模范和模范集体

戒骄戒躁,再接再厉,保持荣誉,再立新功。全市人民要向劳动模范和模范集体学习,要以建设有中国特色社会主义的理论为指导,坚持党的基本路线,深入贯彻落实党的十四大精神,解放思想,抓住机遇,奋力开拓,扎实工作,为实现市委、市政府提出的实施加快发展战略的各项目标,夺取我市社会主义现代化建设的新胜利,作出更大的贡献。

中共天津市委
天津市人民政府
1993年4月28日

附件:1992年度特等劳动模范、劳动模范、劳动模范集体名单

1. 特等劳动模范(全市52名,天津港1名)

于　江　天津港第一港埠公司装卸队队长

2. 劳动模范(全市837名,天津港5名)

吴国强　天津港第二港埠公司苫缆队队长

王文艳　女,天津港第四港埠公司北方包装有限公司技术部工程师

靳福忠　天津港第五港埠公司食堂管理员兼党支部书记

邱锁亮　天津港务局港务设施处退休办公室干部

韩文才　天津港轮驳公司轮2号船长

3. 劳动模范集体(全市226个,天津港1个)

天津港储运股份有限公司接运场十六万理货班

(据天津市1992年度劳动模范表彰大会《光荣册》)

中共天津市委、天津市人民政府关于表彰1994年度市级劳动模范和模范集体的决定

津党发〔1995〕13号

在邓小平同志建设有中国特色社会主义理论指导下,我市各条战线的广大职工认真贯彻执行党的基本路线和党的十四届三中全会、四中全会精神,积极投身改革开放和社会主义现代化建设,为加快我市经济和各项事业的发展作出了重要贡献,涌现出一大批先进模范人物和模范集体。为了弘扬先进,发扬成绩,市委、市政府决定:对1994年度评选出的劳动模范和模范集体予以表彰,授予王振华等122名同志市级特等劳动模范称号,授予杜存婷等787名同志市级劳动模范称号,授予公交三公司8路车队等27个班组(科室)市级特等模范集体称号,授予长途电信局营业大厅等150个班组(科室)市级模范集体称号。

市委、市政府希望受表彰的劳动模范和模范集体戒骄戒躁,再接再厉,保持荣誉,再立新功。全市人民要向劳动模范和模范集体学习,继续围绕深化改革、扩大开放、促进发展、保持稳定的工作大局,发扬奉献精神、创业精神和拼搏精神,扎实工作,积极进取,为实现市委、市政府提出的加快天津发展的战略目标,作出更大的贡献。

中共天津市委
天津市人民政府
1995年4月26日

附件:1994年度特等劳动模范、劳动模范、劳动模范集体名单

1. 特等劳动模范(全市122名,天津港1名)

于　江　天津港第一港埠公司装卸三队队长

2. 劳动模范(全市787名,天津港7名)

刘宝恩　天津港第三港埠公司总经理

常　胜　天津港第四港埠公司门吊队值班队长

苏玉忠　天津港集装箱公司固修站党支部书记

韩文才　天津港轮驳公司轮2号船长

胡振杰　天津港通信导航公司线务所主任

王　伟　天津港电力公司技术科科长

邱锁亮　天津港务局港务设施处退休办管理干部

3. 劳动模范集体(全市150个,天津港1个)

天津港第二港埠公司装卸三队二组

(据天津市1994年度劳动模范表彰大会《光荣册》)

中共天津市委、天津市人民政府关于表彰1996年度市级劳动模范和模范集体的决定

津党发〔1997〕9号

在过去的两年里,我市各条战线的广大职工在党的十四届五中、六中全会精神鼓舞下,坚持党的基本理论、基本路线和基本方针,以饱满的政治热情和高度的主人翁责任感,积极投身改革开放和社会主义现代化建设,勇挑重担,兢兢业业,无私奉献,用他们的智慧和力量圆满完成了各项任务,为我市的改革、发展、稳定作出了突出贡献,涌现出大批先进模范人物和模范集体。为了表彰先进,弘扬

正气,进一步调动广大职工群众的积极性和创造性,市委、市政府决定,对1996年度评选出的劳动模范和模范集体予以表彰。授予牛星壮等53名同志市级特等劳动模范称号;授予陈顺来等872名同志市级劳动模范称号;授予天津远洋运输公司沱海轮等20个班组(科室)市级特等模范集体称号;授予八一面粉厂电工组等170个班组(科室)市级模范集体称号。

市委、市政府希望,受表彰的劳动模范和模范集体要戒骄戒躁,再接再厉,保持荣誉,再立新功。全市人民要向劳动模范和模范集体学习,学习他们的主人翁责任感和艰苦创业精神;学习他们忘我的劳动热情和无私奉献精神;学习他们良好的职业道德和爱岗敬业精神。让我们更加紧密地团结在以江泽民同志为核心的党中央周围,高举邓小平建设有中国特色社会主义理论的伟大旗帜,坚持党的基本路线和基本方针,把握大局,再接再厉,同心同德,开拓前进,努力完成市委、市政府提出的各项目标任务,以两个文明建设的优异成绩迎接党的十五大的胜利召开。

中共天津市委
天津市人民政府
1997年4月28日

附件:1996年度特等劳动模范、劳动模范、劳动模范集体名单

1. 特等劳动模范(全市53名,天津港1名)

钱冬香　女,天津港口医院护理部总护士长

2. 劳动模范(全市872名,天津港7名)

陈顺义　天津港第二港埠公司装卸三队队长
张孝武　天津港第三港埠公司苫缆队副队长
常　胜　天津港第四港埠公司门吊队值班队长
张友明　天津港第五港埠公司机电科副科长
李宝元　天津港集装箱公司总经理
韩文才　天津港轮驳公司轮2号船长
魏培林　中国外轮理货总公司天津分公司理货员

3. 劳动模范集体(全市170个,天津港1个)

天津港第二港埠公司装卸三队二组

(据天津市1996年度劳动模范表彰大会《光荣册》)

中共天津市委、天津市人民政府关于表彰1998年度市级劳动模范和模范集体的决定

津党发〔1999〕13号

在过去的两年里,全市各条战线的广大职工高举邓小平理论伟大旗帜,认真贯彻党的十五大和市第七次党代会精神,以饱满的政治热情和高度的主人翁责任感,积极投身改革开放和社会主义现代化建设,勇挑重担,开拓进取,顽强拼搏,无私奉献,圆满地完成了各项任务,为我市改革、发展、稳定作出了重大贡献,涌现出一大批先进模范人物和模范集体。为了进一步动员全市广大职工群众学习先进,弘扬新时期的艰苦创业精神,市委、市政府决定,对1998年度评选出的劳动模范和模范集体予以表彰,授予范玉恕等53名同志市级特等劳动模范称号;授予刘先丽等898名同志市级劳动模范称号;授予鸿起顺餐饮有限责任公司鸿起顺饭馆等20个班组(科室)市级特等模范集体称号;授予天津泵业机械集团有限公司试泵组等165个班组(科室)市级模范集体称号。

当前,按照市委关于开展创新的总体部署,一个群众性的鼓励创新、大胆创新的热潮正在全市迅速兴起,成为推动各项工作开创新局面的强大动力。市委、市政府希望受表彰的劳动模范和模范集体要再接再厉,进一步增强创新意识,在创新中发挥模范作用;要保持奋发有为的创新热情,开拓进取,再立新功。全市人民要向劳动模范和模范集体学习,学习他们努力拼搏,艰苦创业,创新求实,扎实工作,爱岗敬业,争作贡献的精神,为实现天津跨世纪发展的奋斗目标建功立业。让我们高举邓小平理论伟大旗帜,更加紧密地团结在以江泽民同志为核心的党中央周围,以创新精神把各项工作推上新水平,不断夺取我市改革开放和现代化建设的新胜利,以两个文明建设的优异成绩向新中国成立五十周年献礼。

中共天津市委
天津市人民政府
1999年4月28日

附件:1998年度劳动模范、劳动模范集体名单

1. 劳动模范(全市898名,天津港10名)

何　锋　天津港第一港埠公司货运员

杨国冬　天津港第二港埠公司装卸一队队长
刘贵河　天津港第三港埠公司维修站站长
宋宝贵　天津港第四港埠公司机械二队队长
祁　虎　天津港第五港埠公司装卸二队队长
孔祥瑞　天津港第六港埠公司固机队队长兼党支部书记
李宝元　天津港集装箱码头有限公司总经理
张　浩　天津港轮驳公司津港轮3号船长
王凤琴　女,天津港电力公司设备科副科长
付晓霞　女,天津港集装箱码头公司机械四队拖车司机

2. 劳动模范集体(全市165个,天津港3个)

天津港第五港埠公司工具队抓斗班

天津港集装箱码头公司机械一队三班

中国外轮理货总公司天津分公司第一理货办事处一班

(据天津市1998年度劳动模范表彰大会《光荣册》)

中共天津市委、天津市人民政府关于表彰2000年度市级劳动模范和模范集体的决定

津党发〔2001〕7号

在过去的两年里,全市各条战线广大职工高举邓小平理论伟大旗帜,认真实践“三个代表”重要思想,深入贯彻落实党中央、国务院和市委、市政府的决策部署,以饱满的政治热情和高度的主人翁责任感,积极投身改革开放和社会主义现代化建设事业,为我市的经济发展和社会进步作出了突出贡献,涌现了一大批先进模范个人和模范集体。为大力弘扬先进,进一步动员全市职工全面落实市委七届七次全会提出的各项任务,市委、市政府决定,对2000年度评选出的市级劳动模范和模范集体予以表彰。授予54名同志市级特等劳动模范称号,授予917名同志市级劳动模范称号;授予20个班组(科室)市级特等模范集体称号,授予169个班组(科室)市级模范集体称号。

当前,全市人民正向着更高的目标迈进,在新的起点上实现历史性的跨越。市委、市政府希望受表彰的劳动模范和模范集体,要再接再厉,开拓进取,继续发挥模范作用,在各自的工作岗位上,奋发努力,再立新功,为实现“十五”宏伟蓝图作出更大的贡献。全市人民要向劳动模范和模范集体学习,学习他们强烈的主人翁责任感和胸怀全局、爱岗敬业、艰苦奋斗、勇于创新、无私奉献的精神,为实现天津跨越式发展建功立业。让我们紧密地团结在以江泽民同志为核心的党中央周围,高举邓小平理论伟大旗帜,努力实践“三个代表”重要思想,抢抓机遇,跨越式发展,夺取我市改革开放和现代化建设的新胜利,以两个文明建设的优异成绩向建党80周年献礼。

中共天津市委
天津市人民政府
2001年4月29日

附件:2000年度特等劳动模范、劳动模范、劳动模范集体名单

1. 特等劳动模范(全市54名,天津港1名)

孔祥瑞　天津港第六港埠公司固机队队长

2. 劳动模范(全市917名,天津港10名)

张连生　天津港第二港埠有限公司装卸队队长
宋桂兰　女,天津港第二港埠有限公司仓库理货员
周月山　天津港第三港埠公司装卸大队副队长
侯彦凯　天津港第四港埠公司门吊队党支部书记
赵春生　天津港第五港埠公司流机队队长
马全胜　回族,天津港集装箱码头有限公司调度室主任
方　琴　女,天津港集装箱码头有限公司基建科工程师
张省利　天津港引航站一级引航员
吴　超　女,满族,天津外轮代理公司科员
王恩德　天津港务局局长

3. 劳动模范集体(全市169个,天津港3个)

天津港第一港埠公司维修站机加工班

天津港第四港埠公司机械二队特车组

天津港第六港埠公司固机队维修班

(据天津市2000年度劳动模范表彰大会《光荣册》)

中共天津市委、天津市人民政府关于表彰2002年度市级劳动模范和模范集体的决定

津党发〔2003〕6号

在过去的两年中,全市各条战线广大职工坚持以邓小平理论和“三个代表”重要思想为指导,全面落实市委、市政府的各项部署,积极投身加快天津现代

化建设的伟大事业,为提前实现“三五八十”四大奋斗目标,为推进全市的经济发展和社会进步作出了突出贡献,涌现出一大批先进模范人物和模范集体。为大力弘扬先进,进一步动员全市广大职工深入贯彻党的十六大精神,落实市委八届三次全会提出的战略任务,加快实施“三步走”战略,市委、市人民政府决定,对评选出的2002年度劳动模范和模范集体予以表彰。授予55名同志市级特等劳动模范称号,授予918名同志市级劳动模范称号;授予21个集体市级特等模范集体称号,授予173个集体市级模范集体称号。

市委、市政府希望,受表彰的劳动模范和模范集体要保持荣誉,再接再厉,继续发挥骨干带头作用,与时俱进,开拓进取,立足本职,拼搏奉献,为加快天津发展再立新功。市委、市政府号召,全市人民要向劳动模范和模范集体学习,学习他们胸怀全局、爱岗敬业,埋头苦干、开拓创新,奋发有为、无私奉献的崇高思想和优秀品质,大力弘扬劳模精神,为加快天津发展、实现“三步走”战略目标贡献力量。我们要紧密团结在以胡锦涛同志为总书记的党中央周围,高举邓小平理论伟大旗帜,努力实践“三个代表”重要思想,深入贯彻党的十六大精神,坚定信心,扎实工作,为全面建设小康社会,共同开创天津更加美好的未来而努力奋斗!

中共天津市委
天津市人民政府
2003年4月30日

附件:2002年度特等劳动模范、劳动模范、劳动模范集体名单

1. 特等劳动模范(全市55名,天津港1名)

张云亭　回族,天津港第一港埠公司叉车队队长

2. 特等劳动模范集体(全市21个,天津港1个)

天津港第四港埠公司流机队特车二组

3. 劳动模范(全市918名,天津港8名)

马桂兰　女,天津港第二港埠有限公司货运科理赔员
满德刚　天津港第三港埠公司机械队班长
马维墩　天津港第四港埠公司动力站站长
高文禄　天津港第五港埠公司总经理
马全胜　回族,天津港集装箱码头有限公司操作部经理
苏连川　天津港轮驳公司轮7号船长
蒋洪有　天津港电力公司生产基地主任
吴　超　女,满族,天津外轮代理公司业务部工人

4. 劳动模范集体(全市173个,天津港2个)

天津港第一港埠公司技术部
天津港焦炭码头公司操作管理部四队

(据天津市2002年度劳动模范表彰大会《光荣册》)

中共天津市委、天津市人民政府关于表彰2004年度市级劳动模范和模范集体的决定

津党发〔2005〕6号

在过去的两年中,全市各条战线广大干部职工坚持以邓小平理论和“三个代表”重要思想为指导,认真贯彻党的十六大和十六届三中、四中全会精神,树立和落实科学发展观,按照市委、市政府的各项部署,加快实施“三步走”战略,为全面推进我市的经济发展和社会进步作出了突出贡献,涌现出一大批先进模范人物和模范集体。他们在平凡的工作岗位上创造了非凡的业绩,以自己的实际行动,展示了当代中国工人阶级的时代风貌和崇高品格。为了大力弘扬先进,鼓舞斗志,进一步团结动员全市广大干部职工深入贯彻市委八届七次全会精神,适应新形势,抓住新机遇,再上新水平,市委、市人民政府决定,对评选出的2004年度劳动模范和模范集体予以表彰,授予975名同志市级劳动模范称号;授予189个集体市级模范集体称号。市委、市政府希望,受表彰的劳动模范和模范集体要珍惜荣誉,再接再厉,充分发挥先锋模范作用,立足本职,胸怀全局,忘我劳动,积极进取,为加快天津发展再立新功。

当前,全市人民正满怀信心地为加快实施“三步走”战略,全面建设小康社会而努力奋斗。市委、市政府号召,面对新形势新任务,全市广大干部职工要向劳动模范和模范集体学习,学习他们爱岗敬业、无私奉献的主人翁精神,艰苦奋斗、勇于开拓的拼搏精神,与时俱进、争创一流的创新精神,团结协作、相互关爱的团队精神,以他们为榜样,为改革开放和现代化建设贡献更多的智慧和力量。让我们紧密团结在以胡锦涛同志为总书记的党中央周围,高举邓小平理论和“三个代表”重要思想伟大旗帜,振奋精神,坚定信心,拼搏进取,扎实工作,为加快实施“三步走”战略,扎扎实实推进社会主义经济建设、政治建设、文化建设与和谐社会

建设,不断开创中国特色社会主义事业新局面而努力奋斗!

中共天津市委
天津市人民政府
2005 年 4 月 27 日

附件:2004 年度劳动模范、劳动模范集体名单

1. 劳动模范(全市 975 名,天津港 10 名)

纪鸿恩　天津港第一港埠有限公司工艺部经理
马桂兰　女,天津港第二港埠有限公司货运市场部理赔员
翟学成　天津港第三港埠公司军粮城公司经理
马维墩　天津港第四港埠公司动力站站长
杨祥海　天津港第四港埠公司总经理
沈　健　天津港集装箱码头有限公司技术部经理
苏连川　天津港轮驳公司船队船长
蒋洪有　天津港电力公司维修基地主任
陈翠荣　女,天津港建设公司设计室副主任
王玉国　天津港生活服务中心餐饮分公司经理

2. 劳动模范集体(全市 189 个,天津港 3 个)

天津港第五港埠公司工具队抓斗班
天津港集装箱码头公司固修站零修班
天津港轮驳公司津港轮 7 号

(据天津市 2004 年度劳动模范表彰大会《光荣册》)

中共天津市委、天津市人民政府关于表彰 2006 年度市级劳动模范和模范集体的决定

津党发〔2007〕5 号

在过去的两年中,全市各条战线广大干部职工坚持以邓小平理论和“三个代表”重要思想为指导,全面落实科学发展观、构建社会主义和谐社会等重大战略思想,认真贯彻党的十六大和十六届五中、六中全会精神,按照市委、市政府的部署,积极投身天津改革开放和现代化建设的伟大事业,为加快实施“三步走”战略和五大战略举措,全面推进滨海新区开发开放,努力建设和谐天津作出了突出贡献,涌现了一大批先进模范人物和模范集体。为大力弘扬先进,进一步团结动员全市广大干部职工认清形势,明确任务,增强机遇意识、创新意识、实干意识,以高度的政治责任感和历史使命感,在新的起点上推动新发展、实现新跨越,市委、市政府决定,对评选出的 2006 年度劳动模范和模范集体予以表彰,授予 987 名同志市级劳动模范称号;授予 191 个集体市级模范集体称号。同时,授予孔祥瑞等 13 名同志最具影响力劳动模范称号,顾月海等 13 名同志最具影响力劳动模范提名奖。市委、市政府希望受到表彰的劳动模范和模范集体要珍惜荣誉,再接再厉,充分发挥模范带头作用,在新的征程中再立新功。

当前,天津的发展正处在一个十分关键的时期,即将召开的市第九次党代表大会对天津今后的发展将作出全面部署。使命光荣,责任重大,任务繁重而艰巨。市委、市政府号召,全市广大干部职工要向劳动模范和模范集体学习,学习他们爱岗敬业、无私奉献的主人翁精神,艰苦奋斗、忘我劳动的拼搏精神,与时俱进、勇于开拓的创新精神,团结协作、相互支持的团队精神,以他们为榜样,振奋精神,坚定信心,拼搏进取,扎实工作,为天津经济社会又好又快发展贡献更多的智慧和力量。

让我们紧密团结在以胡锦涛同志为总书记的党中央周围,高举邓小平理论和“三个代表”重要思想伟大旗帜,全面贯彻落实科学发展观,解放思想,开拓创新,真抓实干,努力开创各项工作的新局面,为实现科学发展、和谐发展、率先发展,把天津建设成为国际港口城市、北方经济中心和生态城市而努力奋斗!

中共天津市委
天津市人民政府
2007 年 4 月 27 日

附件:2006 年度最具影响力劳动模范、劳动模范、劳动模范集体名单

1. 最具影响力劳动模范(全市 13 名,天津港 1 名)

孔祥瑞　天津港煤码头公司孔祥瑞操作队队长

2. 劳动模范(全市 987 名,天津港 10 名)

李港有　天津港二公司机械一队队长
刘桂河　天津港三公司维修站站长
王义发　天津港五公司固机队队长
金学智　天津港煤码头分公司门吊队队长
王桂荣　女,天津港口医院外科系统科护士长、十病区护士长
张民茹　女,天津港工程监理有限公司业务部经理
王玉国　天津港生活服务中心北疆餐饮分公司经

理,党支部书记

刘　峰　天津港公安局刑侦支队副支队长

苏现凯　天津益港劳务有限责任公司五洲装卸队队长

于汝民　天津港(集团)有限公司副董事长、总裁

3. 劳动模范集体(全市191个,天津港3个)

天津港集装箱公司固修站零修工段

天津港煤码头分公司孔祥瑞操作队维修班

中燃天津公司船管部"津油1号"轮

(据天津市2006年度劳动模范表彰大会《光荣册》)

中共天津市委、天津市人民政府关于表彰2008年度市级劳动模范和模范集体的决定

津党发〔2009〕14号

在过去的两年中,全市各条战线广大干部职工全面贯彻党的十七大和十七届三中全会精神,高举中国特色社会主义伟大旗帜,以邓小平理论和"三个代表"重要思想为指导,深入贯彻落实科学发展观,按照胡锦涛总书记"两个走在全国前列","一个排头兵"的重要要求,全面落实市第九次党代会以来的各项部署,加快实施市委"一二三四五六"的奋斗目标和工作思路,积极投身天津改革开放和社会主义现代化建设,为实现经济社会又好又快发展作出了突出贡献,涌现出一大批模范人物和模范集体。为鼓励先进,大力弘扬劳动光荣、知识崇高、人才宝贵、创造伟大的社会风尚,进一步团结动员全市广大干部职工在打造新滨海、建设新天津、实现新跨越的实践中建功立业,市委、市政府决定,对评选出的2008年度劳动模范和模范集体予以表彰,授予995名同志市级劳动模范称号,授予194个集体市级模范集体称号。市委、市政府希望,受到表彰的劳动模范和模范集体要珍惜荣誉,再接再厉,充分发挥模范带头作用,在新的征程上不断进取、再立新功。

当前,天津发展正处在一个关键时期,机遇前所未有,挑战前所未有。市委、市政府号召,全市广大干部职工要向劳动模范和模范集体学习,学习他们爱岗敬业、无私奉献的主人翁精神,艰苦奋斗、争创一流的拼搏精神,与时俱进、勇于开拓的创新精神,团结协作、相互支持的团队精神,解放思想,开拓进取,真抓实干,为实现"保增长、渡难关、上水平"的目标任务作出新的更大贡献。

让我们更加紧密地团结在以胡锦涛同志为总书记的党中央周围,全面贯彻党的十七大和十七届三中全会精神,高举中国特色社会主义伟大旗帜,以邓小平理论和"三个代表"重要思想为指导,深入贯彻落实科学发展观,全面落实市委九届五次全会的各项部署,坚定信心,攻坚克难,扎实苦干,努力开创天津科学发展、和谐发展、率先发展的新局面,以优异成绩迎接新中国成立60周年!

中共天津市委

天津市人民政府

2009年4月29日

附件:2008年度市级劳动模范和模范集体名单

1. 天津市劳动模范名单(全市995名,天津港10名)

贾爱红　女,天津港第一港埠有限公司仓库工人

许树有　天津港第三港埠有限公司津港军粮城港埠有限公司经理

段江山　天津港第四港埠有限公司流机队队长

闫　武　天津港集装箱码头有限公司操作部经理

张瑞元　天津港中煤华能煤码头有限公司操作三队队长

张民茹　女,天津港工程监理咨询有限公司业务部经理

李　伟　天津港(集团)有限公司规建部部长

许景宏　天津港石油化工码头有限公司总经理

张丽丽　女,天津港(集团)有限公司总工程师

苏现凯　天津益港劳务有限责任公司五洲装卸队队长

2. 天津市劳动模范集体名单(全市194个,天津港2个)

天津港第二港埠有限公司散粮站技术组

天津港第五港埠有限公司调度室

五、天津港荣获其他系统劳动模范和模范集体的先进集体和个人名单

人事部、公安部关于表彰全国特级优秀人民警察的决定

人发〔1997〕39号

近几年来,全国公安机关广大民警在党中央、国务院和各级党委、政府的领导下,以邓小平建设有中国特色社会主义理论为指针,坚持党的路线、方针和政策,在政治上、思想上、行动上与以江泽民同志为核心的党中央保持高度一致,牢固树立正确的世界观、人生观、价值观,忠于党、忠于祖国、忠于人民、忠于法律,发扬不怕流血牺牲、不畏艰难困苦的革命精神,忠实地履行了保卫人民、打击敌人、惩治犯罪、服务经济建设的神圣职责。在维护社会治安、打击刑事犯罪、处置突发事件和抢险救灾等各项公安保卫工作中,英勇奋战,顽强拼搏,为维护国家政治稳定和社会安定,保卫改革开放和经济建设的顺利进行作出了重要的贡献,涌现出了一大批先进模范人物。

这些同志始终牢记全心全意为人民服务的宗旨,以维护国家政治稳定和社会安定为己任,爱岗敬业,无私奉献,业绩显著。他们当中有的在领导岗位上以身作则,清正廉洁,大胆改革,锐意进取,开创了公安工作和公安队伍建设的新局面;有的在平凡的岗位上恪尽职守,任劳任怨,带病工作,以顽强的毅力坚持战斗在第一线;有的长期扎根贫困、艰苦地区,以苦为乐,忘我工作;有的克己奉公,严格执法,廉洁自律,一尘不染;有的面对凶残的犯罪分子临危不惧,英勇善战,用自己的鲜血保卫了国家利益和人民生命财产安全;有的一心扑在科研工作上,克服种种困难,呕心沥血,废寝忘食,为公安科技事业作出了突出贡献;有的心里时刻惦记着群众的冷暖疾苦,热情为群众排忧解难,以实际行动赢得了社会各界和广大人民群众的高度赞扬和大力支持。

为表彰他们的突出业绩,弘扬他们的奉献精神,进一步激励广大民警献身公安事业,推动新形势下的公安工作和公安队伍建设,人事部、公安部决定:授予谢冬生等99名同志“全国特级优秀人民警察”荣誉称号,享受省部级劳动模范和先进工作者待遇。

人事部、公安部希望受到表彰的全国特级优秀人民警察谦虚谨慎,再接再厉,不断进取,作出新的贡献。全国公安系统广大民警要以他们为榜样,学先进、赶先进、创先进,在以江泽民同志为核心的党中央领导下,为实现“九五”计划和跨世纪宏伟目标而奋斗,以实际行动迎接党的十五大的胜利召开。

附件:全国特级优秀人民警察名单

中华人民共和国人事部
中华人民共和国公安部
1997年4月17日

附件:全国特级优秀人民警察名单

杨云发　天津港公安局交通一中队民警

人事部、中国物流与采购联合会关于表彰全国物流行业先进集体劳动模范和先进工作者的决定

国人部发〔2007〕135号

近年来,在党中央、国务院以及地方各级党委、政府的正确领导下,全国物流行业广大干部职工,以邓小平理论和“三个代表”重要思想为指导,深入贯彻落实科学发展观,与时俱进,开拓创新,为推动我国物流业的发展作出了积极贡献,涌现出一大批先进集体和先进个人。

为表彰先进,弘扬正气,人事部、中国物流与采购联合会决定:授予北京空港物流基地开发中心等53个单位“全国物流行业先进集体”荣誉称号,授予陈平等241名同志“全国物流行业劳动模范”荣誉称号,授予林有来等45名同志“全国物流行业先进工作者”荣誉称号。被授予全国物流行业劳动模范和先进工作者荣誉称号的人员享受省部级劳动模范和先进工作者待遇。希望受到表彰的先进集体和先进个人把荣誉作为新起点,谦虚谨慎,再接再厉,在今后的工作中取得更大的成绩!

全国物流行业广大干部职工要以受表彰的先进集体和先进个人为榜样,高举中国特色社会主义伟大旗帜,更加紧密地团结在以胡锦涛同志为总书记的党中央周围,认真学习贯彻党的十七大精神,万众一心,开拓奋

进，为夺取全面建设小康社会新胜利、谱写人民美好生活新篇章而努力奋斗。

中华人民共和国人事部
中国物流与采购联合会
2007年11月7日

附件1：全国物流行业先进集体名单
天津港国际物流发展有限公司
附件2：全国物流行业劳动模范名单
周　伟　天津港石油化工码头有限公司市场部经理
薛翎森　天津港集装箱码头有限公司总经理

中共中央纪委、人事部、监察部关于表彰全国纪检监察系统先进集体和先进工作者的决定

党的十六大以来，各级纪检监察机关在党中央、国务院和各级党委、政府的领导下，深入贯彻党的十六大和十六届三中、四中、五中、六中全会精神，认真学习邓小平理论和"三个代表"重要思想，全面贯彻落实科学发展观，抓紧建立健全教育、制度、监督并重的惩治和预防腐败体系，不断推进党风廉政建设，深入开展反腐败斗争，为加强党的执政能力建设和先进性建设，促进经济社会全面协调发展作出了重要贡献，涌现出一批成绩卓著、事迹突出的先进集体和先进个人。

为了表彰先进、弘扬正气、振奋精神、鼓舞斗志，进一步做好新形势下的反腐倡廉工作，中共中央纪委、人事部、监察部决定：授予北京市海淀区纪委、监察局等100个单位"全国纪检监察系统先进集体"荣誉称号；授予沈长瑞、曹文华、王健、高月志、杨正超、佘太和、王瑛、古桑多吉、甄久春9位同志"全国纪检监察系统先进工作者标兵"荣誉称号；追授林建智同志"全国纪检监察系统先进工作者标兵"荣誉称号；授予董小兵等168名同志"全国纪检监察系统先进工作者"荣誉称号；追授冷长春、邱华林同志"全国纪检监察系统先进工作者"荣誉称号。被授予全国纪检监察系统先进工作者标兵和全国纪检监察系统先进工作者荣誉称号的人员，享受省部级劳动模范和先进工作者待遇。希望受到表彰的先进集体和先进个人，珍惜荣誉，谦虚谨慎，戒骄戒躁，再接再厉，为党风廉政建设和反腐败斗争再立新功。

各级纪检监察机关和广大纪检监察干部要以受表彰的先进集体和先进个人为榜样，紧密团结在以胡锦涛同志为总书记的党中央周围，高举邓小平理论和"三个代表"重要思想伟大旗帜，全面贯彻落实科学发展观，努力构建社会主义和谐社会，抓住机遇，继往开来，开拓进取，努力把党风廉政建设和反腐败工作提高到一个新水平，为推动经济社会全面发展作出更大的贡献，以实际行动迎接党的十七大胜利召开。

中共中央纪委
中华人民共和国人事部
中华人民共和国监察部
2007年1月7日

附件：全国纪检监察系统先进集体名单
天津港（集团）有限公司纪委、监察室

六、天津港历次荣获全国五一劳动奖状和五一劳动奖章的集体和个人名单

中华全国总工会关于颁发1992年五一劳动奖章、五一劳动奖状的决定

工总办字〔1992〕3号

1991年，是我国执行"八五"计划和十年规划的第一年。我国工人阶级在中国共产党的领导下，以经济建设为中心，坚持四项基本原则，坚持改革开放，同全国各族人民一起，为胜利完成"八五"计划和十年规划第一年的任务，为深化改革、扩大开放作出了重大贡献，涌现出一大批锐意进取，勇攀高峰，在两个文明建设中建立了功绩的先进集体和先进个人。他们是各条战线的标兵，是广大职工学习的榜样。

为表彰他们的功绩，中华全国总工会决定，向杨贵旺等1059名先进个人颁发五一劳动奖章；向北京同仁堂制药厂等144个先进企事业单位和首钢总公司北钢第二炼钢厂乙班炼钢小组等207个先进班组颁发五一劳动奖状。

全国总工会号召,全国广大职工要以先进集体和先进个人为榜样,继续发扬工人阶级的主力军作用,为推进改革开放,促进科技进步,提高经济效益作出新的贡献,以改革和建设的优异成绩迎接党的十四大的召开。

中华全国总工会
1992年4月29日

附件:全国五一劳动奖章获得者名单
于　江　天津港第一港埠公司装卸三队队长

中华全国总工会关于颁发1997年五一劳动奖状、五一劳动奖章的决定

总工发〔1997〕8号

1996年是我国实行《国民经济和社会发展“九五”计划和2010年远景目标纲要》的第一年。在这一年里,我国各族职工为确保各项改革和建设任务的完成,推进社会全面进步作出了重大贡献,各条战线涌现出一大批先进集体和先进人物。他们用满腔热忱、辛勤劳动和聪明才智,创造了突出成绩。他们是全国各条战线上的标兵,是两个文明建设的骨干,是广大职工学习的榜样。

为了进一步贯彻落实党的全心全意依靠工人阶级的根本指导方针,调动全国各族职工投身改革开放和社会主义建设的积极性,促进两个根本性转变,推进两个文明建设,全国总工会决定,表彰首钢总公司第二炼钢厂连铸二车间4号机乙班等200个先进班组和北京开关厂等100个先进企事业单位,向他们颁发五一劳动奖状;表彰韦国文等1000名先进个人,向他们颁发五一劳动奖章。

全国总工会希望,五一劳动奖状和五一劳动奖章获得者要谦虚谨慎,戒骄戒躁,再接再厉,在建设有中国特色社会主义的伟大事业中,作出新的更大贡献!

全国总工会号召,全国各族职工要学习他们的艰苦奋斗、团结协作、求实创新、无私奉献的精神,在以江泽民同志为核心的党中央领导下,高举邓小平建设有中国特色社会主义理论伟大旗帜,充分发挥工人阶级的主力军作用,同心同德,奋发进取,以实际行动迎接香港回归祖国和党的十五大的胜利召开,为实现“九五”计划和跨世纪宏伟目标努力奋斗!

附:全国五一劳动奖状获得单位和全国五一劳动奖章获得者名单

中华全国总工会
1997年4月18日

附件:全国五一劳动奖章获得者
钱冬香　女,天津港口医院总护士长

中华全国总工会关于颁发全国五一劳动奖状、五一劳动奖章的决定

总工发〔2001〕7号

2000年是实施“九五”计划的最后一年,也是实现国有企业改革和脱困目标的关键一年。在这一年里,我国各族职工在党中央的领导下,团结奋斗,开拓进取,圆满地完成了各项任务,为推进改革开放和社会主义现代化建设作出了巨大贡献,各行各业涌现出一大批成绩突出的先进集体和先进个人,为弘扬工人阶级的先进思想和崇高精神,进一步调动广大职工的积极性和创造性,在实现“十五”计划中充分发挥工人阶级的主力军作用,中华全国总工会决定,表彰296个先进集体,向他们颁发五一劳动奖状;表彰994名先进个人,向他们颁发全国五一劳动奖章。希望受到表彰的先进集体和先进个人发扬成绩,再接再厉,不断取得新的成绩。

中华全国总工会号召全国广大职工,以受到表彰的先进集体和先进个人为榜样,大力弘扬解放思想、实事求是的精神,紧跟时代、勇于创新的精神,知难而进、一往无前的精神,艰苦奋斗、务求实效的精神,淡泊名利、无私奉献的精神,不断提高自己的思想道德和科学文化素质,在推动社会主义物质文明和精神文明建设中,充分发挥工人阶级的主力军作用。

让我们在以江泽民同志为核心的党中央领导下,高举马列主义、毛泽东思想、邓小平理论伟大旗帜,认真贯彻党的十五大和十五届五中全会精神,振奋精神,扎实工作,为实现“十五”计划和把我国建设成为富强、民主、文明的国家而努力奋斗!

中华全国总工会
2001年4月28日

附:全国五一劳动奖状获得单位和全国五一劳动奖章获得者名单

1. 全国五一劳动奖状

天津港务局

2. 全国五一劳动奖章

孔祥瑞 天津港第六港埠公司固机队队长

中华全国总工会

2007年4月28日

附件:全国知识型职工标兵并授予全国五一劳动奖章获得者名单

孔祥瑞 天津港煤码头公司高级技师

中华全国总工会关于向全国学习型标兵班组、全国知识型职工标兵颁发全国五一劳动奖状、全国五一劳动奖章的决定

总工发〔2007〕17号

由全国总工会、中央文明办、国家发改委、教育部、科技部、国防科工委、人事部、劳动和社会保障部、国资委、全国工商联10部委联合开展的全国“创建学习型组织,争做知识型职工”活动,以邓小平理论和“三个代表”重要思想为指导,全面贯彻落实科学发展观,深入实施以提高职工素质为核心内容的职工素质建设工程,以培育一批学习能力强、创新能力强、竞争能力强的学习型班组和知识型职工为目标,深入推进“创争”活动,涌现出一大批刻苦学习,勤奋工作,锐意进取,勇于创新的优秀职工和先进集体。为表彰先进,宣传典型,团结动员广大职工为实现“十一五”规划、构建社会主义和谐社会建功立业,中华全国总工会决定:授予中石油抚顺石化分公司石油三厂王海班等10个全国学习型标兵班组全国五一劳动奖状;授予孔祥瑞等10名全国知识型职工标兵全国五一劳动奖章。

希望受到表彰的全国学习型标兵班组和全国知识型职工标兵个人,珍惜荣誉,发扬成绩,再接再厉,不断创造新经验,作出新贡献。全国广大职工群众要以全国学习型标兵班组和全国知识型职工标兵为榜样,学习他们勤于学习、勇攀高峰的时代精神,爱岗敬业、无私奉献的主人翁精神;学习他们艰苦奋斗、努力开拓的拼搏精神,与时俱进、争创一流的创新精神;学习他们团结协作、互相关爱的团队精神,进一步激发工人阶级的创造活力和劳动热情,在各自的工作岗位上努力提高学习力、增强创新力、提升竞争力,形成技术创新、管理创新、工作创新的工作氛围,充分发挥工人阶级在构建社会主义和谐社会和全面建设小康社会中的主力军作用,为建设创新型国家,为实现“十一五”规划的宏伟目标作出新的更大贡献。

中华全国总工会关于向第十届全国职工职业道德建设“双十佳”颁发全国五一劳动奖状、奖章的决定

总工发〔2007〕36号

为大力弘扬爱国主义、集体主义、社会主义思想,以增强诚信意识为重点,加强社会公德、职业道德、家庭美德、个人品德建设,发挥道德模范榜样作用,在广大职工中大力倡导爱国、敬业、诚信、友善的道德规范,全国总工会、中宣部、中央文明办、国家发改委、商务部、国务院纠风办联合开展了第十届全国职工职业道德建设“双十佳”评选活动。中华全国总工会决定:授予北京同仁堂(集团)有限责任公司等10个全国职工职业道德建设十佳单位全国五一劳动奖状;授予孔祥瑞等11名全国职工职业道德建设十佳标兵全国五一劳动奖章。

全国职工职业道德建设评选表彰活动开展10余年来,涌现出一大批爱岗敬业,诚实守信,服务社会,业绩显著,贡献突出的先进单位和先进个人,为发展社会主义先进文化,加强社会主义精神文明建设,提高职工队伍整体素质起到了积极的推动作用。

中华全国总工会希望受到表彰的先进单位和先进个人,发扬成绩,再接再厉,在推动社会主义先进文化发展,弘扬社会主义核心价值体系,落实《公民道德实施纲要》,践行社会主义荣辱观和规范职业操守等方面发挥模范带头作用。全国广大职工要以全国职工职业道德十佳单位和十佳标兵为榜样,深入学习贯彻落实党的“十七大”精神,按照社会主义核心价值体系的要求,牢固树立正确的世界观、人生观、价值观,爱国守法、明礼诚信、团结友善、勤俭自强、敬业奉献,为实现全面建设小康社会的新的要求发挥工人阶级的主力军作用。

中华全国总工会

2007年12月19日

附件:全国职工职业道德建设十佳标兵并授予全国五一劳动奖章获得者名单

孔祥瑞　天津港煤码头公司

中华全国总工会关于颁发2008年全国五一劳动奖状、全国五一劳动奖章的决定

总工发〔2008〕19号

2007年,全国广大职工团结奋斗,开拓创新,以自己的辛勤劳动和聪明才智,为改革开放和社会主义现代化建设作出了积极贡献,涌现出一批功绩卓著、贡献突出的先进集体和先进个人。为表彰先进、激励广大职工积极投身改革开放和社会主义现代化建设的伟大实践,中华全国总工会决定,向华北电网有限公司北京十三陵蓄能电厂等407个先进集体颁发全国五一劳动奖状,向窦振印等1027名先进个人颁发全国五一劳动奖章。

希望受到表彰的先进集体和先进个人珍惜荣誉,再接再厉,不断创造新业绩,作出新贡献。希望全国广大职工继承和发扬工人阶级的优良传统,立足本职,扎实工作,学赶先进,争创一流,努力推动国民经济又好又快发展,自觉维护社会稳定,在以胡锦涛同志为总书记的党中央领导下,高举中国特色社会主义伟大旗帜,以邓小平理论和"三个代表"重要思想为指导,深入贯彻落实科学发展观,推动科学发展,促进社会和谐,在全面建设小康社会的伟大实践中再创佳绩、再立新功!

中华全国总工会

2008年4月29日

附件:全国五一劳动奖状获得单位名单

天津港(集团)有限公司

七、天津港荣获全国总工会、全国交通建设系统和天津市"工人先锋号"集体名单

中华全国总工会关于命名全国"工人先锋号"的决定

总工发〔2008〕18号

去年以来,各级工会响应中华全国总工会的号召,积极开展创建"工人先锋号"活动,进一步丰富拓展了劳动竞赛内涵,激发调动了广大职工的工作热情和创造活力,涌现出一大批技术创新、管理创新、服务创新的先进集体,展示了工人阶级的时代风采,在推动科学发展、促进社会和谐中作出了积极贡献。为表彰先进,树立榜样,推进创建"工人先锋号"活动深入开展,中华全国总工会决定,命名北京燕山石化公司聚丙烯事业部第一生产部聚合造粒四班等1055个集体为全国"工人先锋号"。

希望荣获全国"工人先锋号"称号的集体,谦虚谨慎,戒骄戒躁,发扬成绩,再接再厉,以更强的责任意识、更大的工作热情、更好的服务态度、更高的服务质量,创造更加辉煌的业绩。希望全国广大职工继续发扬优良传统,认真贯彻党的十七大精神,牢固树立科学发展观,积极投身改革开放和社会主义现代化建设的伟大实践,立足本职、勤奋学习、苦练技能、甘于奉献,以一流工作、一流服务、一流业绩推动更多的集体成为"工人先锋号",进一步发展工人阶级先进性,充分发挥工人阶级主力军作用,为夺取全面建设小康社会新胜利而努力奋斗。

附:全国"工人先锋号"名单

中华全国总工会

2008年4月29日

附件:全国"工人先锋号"名单

天津港煤码头公司孔祥瑞操作队

中华全国总工会关于表彰全国五一劳动奖状、全国五一劳动奖章和全国“工人先锋号”的决定

2008年是我国改革开放30周年,也是党和国家事业发展进程中极不平凡的一年。在党中央、国务院的坚强领导下,全国广大职工团结一心、迎难而上,在夺取抗击南方部分地区严重低温雨雪冰冻灾害和四川汶川特大地震抗震救灾重大胜利中,在成功举办北京奥运会、残奥会工作中,在圆满完成神舟七号载人航天飞行任务中,在应对国际金融危机严峻挑战中,立足本职、争创一流,同舟共济、共克时艰,充分展示了工人阶级胸怀全局的主人翁意识、奋发有为的进取精神、甘于奉献的高尚品质、求真务实的优良作风,唱响了劳动光荣、工人伟大的时代主旋律,涌现出一批先进集体和先进个人。为激励全国广大职工以更大的热情积极投身保持经济平稳较快发展的主战场,形成万众一心保增长的强大合力,中华全国总工会决定,授予北京燕山石油化工有限公司等506个先进集体全国五一劳动奖状,授予刘宏等1491名先进个人全国五一劳动奖章,授予北京第一机床厂精密部件制造部主轴班等1453个先进集体全国“工人先锋号”荣誉称号。

希望受到表彰的先进集体和先进个人珍惜荣誉,再接再厉,不断创造新业绩,继续作出新贡献。全国广大职工要以先进集体和先进个人为榜样,大力弘扬劳模精神,增强责任感和使命感,肩负起时代赋予的重任,紧密团结在以胡锦涛同志为总书记的党中央周围,高举中国特色社会主义伟大旗帜,以邓小平理论和“三个代表”重要思想为指导,深入贯彻落实科学发展观,开拓进取、扎实工作,为夺取全面建设小康社会新胜利作出新的更大的贡献,以优异成绩迎接中华人民共和国成立60周年!

附件:2009年全国五一劳动奖状、全国五一劳动奖章和全国“工人先锋号”名单

中华全国总工会
2009年4月28日

附件:全国“工人先锋号”名单

天津港集装箱码头有限公司固修站零修工段

中国海员建设工会全国委员会关于表彰全国交通建设系统“工人先锋号”的决定

海建工总字〔2007〕58号

在全国亿万职工掀起深入开展“当好主力军、建功‘十一五’、和谐奔小康”的建功立业热潮中,全国交通、建设系统各级工会积极响应全总的号召,按照全委的统一部署,在基层班组中大力开展创建“工人先锋号”竞赛活动。各级交通、建设系统及中央直属企事业工会坚持以邓小平理论和“三个代表”重要思想为指导,用科学发展观统领工会工作,以不断发展工人阶级先进性为动力,在创造一流工作、一流服务、一流业绩,做实基层班组工作,做强自主创新技能,做亮劳动竞赛品牌,促进交通、建设产业和企业工作又好又快发展等方面作出了卓越贡献,涌现了一大批深得党政赞誉、深为工会关注、深受群众拥护的先进典型。为表彰先进,中国海员建设工会全国委员会决定:授予北京公交集团公司电车客运分公司103路车队等114个单位首届“全国交通建设系统工人先锋号”称号。

中国海员建设工会全国委员会希望荣获“全国交通建设系统工人先锋号”称号的单位,认真总结经验,完善激励机制,激发创造活力,再创辉煌业绩。希望全国交通、建设各级工会向先进单位学习,把贯彻落实党的十七大精神与完成好本系统、本单位的中心工作结合起来,把树立和落实中国特色社会主义工会维权观与发展和谐劳动关系、切实履行好工会组织的基本职责结合起来,团结动员广大产业职工坚定不移地走中国特色社会主义道路,在发展先进生产力、先进文化,推动构建社会主义和谐与实现全面建设小康社会的宏伟目标中铸就产业工人的丰功伟绩。

附件1:全国交通建设系统“工人先锋号”获得单位名单

附件2:全国交通建设系统“工人先锋号”牌匾悬挂要求

中国海员建设工会全国委员会
2007年12月3日

附件1:全国交通建设系统“工人先锋号”获得单位名单

天津港煤码头公司孔祥瑞操作队

天津市总工会关于首批授予47个先进集体“工人先锋号”的决定

津工发〔2007〕8号

为贯彻落实市委、市政府的部署,坚持以科学发展观为统领,进一步推进滨海新区开发开放,实现科学发展、和谐发展、率先发展,努力把天津建设成为国际港口城市、北方经济中心和生态城市,市总工会在全市各行各业中开展了以创一流工作、一流服务、一流管理、一流效益、和谐团队为主要内容的“工人先锋号”创建活动,进一步激发了广大职工的劳动热情和创造活力,涌现出一批先进典型,在发展先进生产力、促进社会进步、服务人民群众等方面作出了突出贡献。市总工会决定授予天津港(集团)有限公司煤码头分公司孔祥瑞操作队等47个集体“工人先锋号”称号。市总工会希望,受到表彰的先进集体发扬成绩、再接再厉,再立新功。同时希望全市广大职工要向先进学习,大力弘扬新时期劳模精神,进一步增强机遇意识、创新意识、实干意识,要学习新知识、钻研新技术,掌握新技能,增强能干、会干、干好的本领,提高创新、创造、创业的能力,科学巧干,埋头苦干,立足岗位,拼搏奉献,积极投身建功“十一五”、“五比一创”劳动竞赛和“满意在天津”实践行等为载体的建功立业活动,充分发挥工人阶级主力军作用,为实现天津科学发展、和谐发展、率先发展作出新的更大的贡献。

附:天津市总工会首批授予“工人先锋号”先进集体名单

天津市总工会

2007年4月28日

附件:天津市总工会首批授予“工人先锋号”先进集体名单

天津港煤码头公司孔祥瑞操作队

天津市总工会关于授予第二批95个先进集体“工人先锋号”的决定

津工发〔2007〕19号

为贯彻落实党的十七大和市第九次党代会精神,全面落实科学发展观,进一步推进滨海新区开发开放,努力实现天津科学发展、和谐发展、率先发展,充分发挥工人阶级主力军作用,全面提高职工自主创新能力,促进职工队伍整体素质提高,市总工会在全市各行各业中开展了以创一流工作、一流服务、一流管理、一流效益、和谐团队为主要内容的“工人先锋号”创建活动。经基层推荐,区县局、总公司(集团)工会审核申报,市总创建活动领导小组考核审议,有关媒体公示,市总工会常委会批准,决定授予中石化股份有限公司天津分公司芳烃部PTA车间运行甲班等95个先进集体“工人先锋号”称号。市总工会希望荣获“工人先锋号”先进集体要发扬成绩,再接再厉,进一步发挥示范、带头作用,为实现天津又好又快发展再立新功。希望全市广大职工要向荣获“工人先锋号”的先进集体学习,学习他们爱岗敬业、刻苦钻研的主人翁精神,与时俱进、勇攀高峰的开拓意识,艰苦奋斗、无私奉献的高尚品质,团结协作、奋发有为的团队作风,不断增强创新意识,提高创新能力,坚持更高标准,追求更高水平,扎实推进创建“工人先锋号”活动,立足岗位,学赶先进,勇于自主创新,争创一流业绩,广泛开展建功“十一五”、“五比一创”劳动竞赛和争创“工人发明家”等多种形式的建功立业活动,最大限度地焕发职工群众的劳动热情和创造活力,为进一步加快推进滨海新区开发开放,实现我市又好又快发展作出新的更大的贡献。

附:第二批“工人先锋号”名单

天津市总工会

2007年11月21日

附:第二批“工人先锋号”名单(共95个)

天津港集装箱码头有限公司固修站零修工段

天津市总工会关于授予天津市职工服务奥运先进集体“工人先锋号”的决定

津工发〔2008〕24 号

今年以来，全市广大职工坚持以科学发展观为指导，以“迎奥运、讲文明、树新风”为重点，广泛开展了“优质服务迎奥运创建‘工人先锋号’”活动，在活动中，全市各行各业广大职工立足岗位，争创一流，特别是窗口服务行业职工，紧紧围绕着参与奥运，服务奥运，奉献奥运，广泛开展了多种形式的创建活动，在协办奥运、创造优美环境、提供一流服务和设施、保障各项赛事顺利进行等各项工作中作出了突出的贡献，涌现出一大批先进集体。

为表彰先进，激励全市广大职工用奥运精神，进一步加快推进滨海新区开发开放，实现天津又好又快发展作出新的贡献，市总工会决定，授予天津空港贵宾服务有限公司贵宾部等 100 个集体“工人先锋号”荣誉称号。

希望受表彰的先进集体珍惜荣誉，再接再厉，再创佳绩。市总工会号召，全市广大职工要以先进为榜样，学习他们与时俱进、争创一流的创新意识；学习他们爱岗敬业、脚踏实地的扎实作风；学习他们艰苦奋斗、无私奉献的高尚品质。以先进为榜样，进一步弘扬奥运精神，深入开展建功“十一五”、“五比一创”劳动竞赛和创建“工人先锋号”活动，充分展示广大职工的时代风采，为实现天津科学发展、和谐发展、率先发展作出新的更大的贡献。

附件：受表彰的 100 个“工人先锋号”集体名单

天津市总工会
2008 年 9 月 23 日

附件：受表彰的 100 个“工人先锋号”集体名单
天津港第五港埠有限公司固机队
天津港工程监理咨询有限公司监理部

天津市总工会关于表彰 2009 年天津市“工人先锋号”先进集体的决定

津工发〔2009〕38 号

为全面贯彻党的十七届四中全会精神，贯彻落实市委提出的“保增长、渡难关、上水平”的总体要求，面对国际金融危机严峻挑战，全市广大职工团结一心、迎难而上，在加快推进滨海新区开发开放，实现我市经济又好又快发展，在建设重大项目、重点工程、民心工程以及市容环境综合整治，在围绕转变经济发展方式，推进技术进步，加快自主创新，促进节能减排等方面作出了突出的贡献，创造了先进的业绩和水平，涌现出一大批“工人先锋号”先进集体。

为表彰先进，激励全市广大职工站在高起点、抢占制高点，达到高水平，努力实现科学发展、和谐发展、率先发展多作贡献。市总工会决定，授予天津市天锻压力机有限公司研究所设计二室等 120 个先进集体天津市“工人先锋号”荣誉称号。

市总工会希望受到表彰的先进集体要珍惜荣誉、再接再厉，进一步发挥示范、引领、带头作用，为实现天津又好又快发展再立新功。同时希望全市广大职工要向受表彰的先进集体学习，不断增强责任感和使命感，肩负起时代赋予的重任，广泛开展建功“十一五”、“五比一创”劳动竞赛和争当“工人发明家”等多种形式的建功立业活动，最大限度地焕发职工群众的劳动热情和创造活力，为打造新滨海、建设新天津、实现新跨越作出新的更大的贡献。

附件：2009 年天津市“工人先锋号”先进集体名单

天津市总工会
2009 年 11 月 25 日

附件：天津市“工人先锋号”集体名单（120 个）
天津港第四港埠有限公司固机队二组

八、天津港历届荣获“金锚奖”的先进个人名单

中国海员工会全国委员会关于颁发首届“金锚奖”、“金锚荣誉奖”和“海燕奖”的决定

海工总字〔1988〕2 号

在改革、开放的新形势下，全国水运战线职工为交通运输事业的发展作出了重大贡献。为提高海员和水运职工的政治地位、社会地位，表彰水运系统全国最佳

人物,带动全行业职工为交通运输现代化多作贡献;为表彰为中国海员工人运动作出特殊贡献的老同志以及为繁荣海洋文学作出贡献的作者,中国海员工会全国委员会设立了"金锚奖"、"海燕奖",现决定:

对鲍浩贤、杨怀远等42名全国水运系统最佳人物颁发首届"金锚奖"。

对原全国海员工会主席丘金同志颁发首届金锚荣誉奖。丘金同志从事海员工人运动近半个世纪,为中国航运事业的发展作出了杰出的贡献,赢得了全国165万水运职工和社会各界的赞誉。

对繁荣我国海洋文学,讴歌水运职工在现代化建设中的光辉业绩的13篇海洋文学作品的作者颁发首届"海燕奖"和"海洋文学优秀奖"。

附:"金锚奖"、"海燕奖"获得者名单。

中国海员工会全国委员会
1988年2月6日

附件:"金锚奖"获奖者名单

金贵林　天津港务局第一公司,被授予"最佳机械司机"称号

刘庆祥　天津港务局第三公司,被授予"最佳港口调度员"称号

中国海员工会全国委员会关于颁发第二届"金锚奖"、"海燕奖"的决定

海工生字〔1991〕5号

在实现四化宏伟目标的进程中,全国水运职工认真贯彻党的方针政策,坚持"一个中心、两个基本点",以高度的主人翁责任感出色地完成了交通运输生产、基本建设等各项任务,为促进国民经济持续、稳定、协调发展,发挥了主力军作用。在开展"双增双节"、"学雷锋、学严力宾、树行业新风"活动中取得了突出成绩,涌现出一大批先进人物。为表彰水运系统全国最佳人物,带动全行业职工为完成"八五"计划建功立业,为进一步繁荣我国海洋文学创作,中国海员工会决定颁发第二届"金锚奖"、"海燕奖"。对吴炳源等93名同志授予"金锚奖",对丁炜等8名同志授予"海燕奖",对夏爵一等2名同志授予金锚荣誉奖,并在庆祝中国海员工会成立七十周年大会上进行颁奖。

中国海员工会希望获奖者戒骄戒躁,再接再厉,继续发挥模范带头作用。各级工会组织要在水运职工中广泛宣传他们的先进事迹和先进思想,号召广大水运职工学习他们的先进思想、先进技术、先进经验,以主人翁姿态积极投入"安全、质量、服务、效益年"活动,促进交通运输事业的蓬勃发展。

附:"金锚奖"获得者名单

中国海员工会全国委员会
1991年3月23日

附件:"金锚奖"获奖者名单

杨连合　天津港五公司流机队队长,被授予"最佳机械队长"称号

中国海员工会全国委员会关于颁发第三届"金锚奖"、"海燕奖"的决定

海工总字〔1992〕36号

全国水运系统广大干部职工积极响应交通部开展"安全、优质、服务、效益"活动的号召,以改革开放的时代精神风貌和高度的主人翁责任感,在本职岗位上尽心尽职,努力奉献,为企业深化改革,提高经济效益作出了突出贡献,为水运事业的发展创造了光辉业绩。各行各业涌现出一批又一批的先进模范人物,他们的先进思想、精湛的技术、优异的成绩是我们水运事业的宝贵财富,是对职工进行"四有"教育的生动教材。为了表彰全国水运系统的最佳先进人物,激励广大水运职工为进行建设有中国特色社会主义作出更大贡献,中国海员工会全国委员会决定颁发第三届"金锚奖"、"海燕奖"。授予朱毅夫等122名同志"金锚奖",授予余自豪等4名同志"海燕奖"。

中国海员工会全国委员会要求各级工会组织积极宣传、推广这些先进人物的先进事迹、先进经验,与"学雷锋、学严力宾、树行业新风"的活动结合起来,教育广大职工树立主人翁责任感,解放思想,大胆实践,以实际行动去实现党的十四大确定的各项奋斗目标,开创现代化建设和改革开放的新局面。

附:"金锚奖"获得者名单

中国海员工会全国委员会
1992年12月18日

附件:“金锚奖”获得者名单

薄志强　天津港二公司装卸三队组长,被授予“最佳装卸班长”称号

郝德春　天津港轮驳公司津港轮7号船长,被授予“最佳港作船长”称号

中国海员工会全国委员会关于颁发第四届“金锚奖”的决定

海工生字〔1994〕18号

全国交通水运系统广大干部职工以邓小平同志建设有中国特色社会主义理论为指导,认真贯彻党的十四大精神,以高度的主人翁责任感,进一步解放思想、大胆实践、勤奋工作,为交通运输生产和建设事业作出了卓越的贡献,创造了光辉的业绩,涌现出许多先进模范人物。为了更好地弘扬他们的奉献精神,学习他们的先进思想,宣传他们的先进事迹,激励广大水运职工为加速交通运输事业发展作出更大贡献,中国海员工会全国委员会决定授予包起帆等124名同志“金锚奖”。

中国海员工会全国委员会要求各级工会在职工中广泛开展宣传、学习先进模范人物的活动,把学习包起帆与学习身边先进人物结合起来,引导职工树立远大理想,养成良好的职业道德,脚踏实地、刻苦钻研、提高技能为企业的振兴和发展作出应有的贡献。

中国海员工会全国委员会
1994年4月30日

附件:第四届“金锚奖”获奖者名单

冯宝清　天津港五公司装卸二队队长,被授予“最佳队长”称号

韩文才　天津港轮驳公司津港轮2号船长,被授予“最佳船长”称号

中国海员工会全国委员会关于颁发第五届“金锚奖”的决定

海工生字〔1996〕36号

交通水运职工在深入改革和社会主义现代化建设中,扎扎实实地开展“个人学包起帆,集体学‘华铜海’轮,企事业学青岛港”活动,以高度的主人翁责任感和艰苦奋斗、无私奉献精神,为交通建设事业和改革发展作出了重大贡献。涌现出一批对企事业安全生产、技术进步、经济效益和社会效益作出重要贡献的优秀职工;涌现出一批在全心全意依靠广大职工办好企事业,支持工会独立自主地开展工作方面有突出业绩的党政领导干部;涌现出一批在工会工作中取得优异成绩,切实维护职工的合法权益,并得到广大职工的拥护和信赖的工会干部。为表彰和宣传他们的业绩,以鼓励广大交通职工,中国海员工会全国委员会决定授予张锡禄等141名同志“金锚奖”。

中国海员工会全国委员会要求受到表彰的同志再接再厉,继续发扬成绩,并带领广大交通职工在实施“九五”计划中,弘扬先进模范人物的崇高思想,为创造交通运输事业新的辉煌,奋发努力、建功立业。

附件:第五届“金锚奖”获得者名单

中国海员工会全国委员会
1996年8月29日

附件:第五届“金锚奖”获奖者名单

王永奎　天津港集装箱公司机械一队队长,被授予“优秀队长”称号

魏培林　天津港外轮理货公司理货员,被授予“优秀理货员”称号

中国海员工会全国委员会关于颁发第六届“金锚奖”的决定

海工生字〔1998〕22号

在新形势下,全国交通水运职工认真学习邓小平理论,贯彻落实党的十五大精神,为交通事业的发展及创建文明行业作出了重大贡献,涌现出一大批爱岗敬业,无私奉献的优秀职工。为大力弘扬他们的先进思想、先进事迹,中国海员工会全国委员会决定对陈文杰等144名优秀职工授予“金锚奖”,奖励纯金锚一只,并予以通报表彰。

中国海员工会全国委员会要求历届受到表彰的“金锚奖”获得者,继续发扬不怕困难、顽强拼搏、爱岗敬业、无私奉献精神,团结带领广大交通职工以高度的主人翁责任感,为全面实现党的十五大提出的跨世纪宏伟目标作出新的更大的贡献。

附件:第六届"金锚奖"获得者名单

中国海员工会全国委员会
1998年9月24日

附件:第六届"金锚奖"获奖者名单

祁　虎　天津港五公司装卸二队队长,被授予"优秀队长"称号

傅金标　天津港六公司总经理、党委书记,被授予"优秀管理者"称号

中国海员工会全国委员会、中国公路运输工会全国委员会关于颁发第七届"金锚奖"和第四届"金桥奖"的决定

海工总字〔2001〕10号

近年来,全国交通系统广大干部职工坚持以党的基本路线和邓小平理论为指导,认真学习江泽民"三个代表"的重要思想,艰苦创业,开拓创新,无私奉献,为我国交通运输事业的发展,为交通"九五"计划的圆满实现作出了重要贡献,同时涌现出了一大批先进模范人物。为表彰先进,激励全体职工,在认真评选的基础上,中国海员工会、中国公路运输工会决定授予陈永康等132名优秀水运职工第七届"金锚奖",授予杨建秋等78名优秀公路运输职工第四届"金桥奖"。

中国海员工会、中国公路运输工会号召广大交通职工要以"金锚奖"、"金桥奖"获得者为榜样,发扬传统,胸怀大局,团结协作,爱岗敬业,拼搏奉献,为落实党的十五届五中全会确定的各项任务,为实现我国交通"十五"计划和2010年远景目标作出应有的贡献。

附件:第七届"金锚奖"获得者名单

中国海员工会全国委员会
中国公路运输工会全国委员会
2001年3月12日

附件:第七届"金锚奖"获奖者名单

宋愿兵　天津港务局工会主席

李志伟　天津港第一港埠公司工会主席

杨国冬　天津港第二港埠公司装卸队长

中国海员工会全国委员会、中国公路运输工会全国委员会关于颁发第八届"金锚奖"和第五届"金桥奖"的决定

海工总字〔2002〕6号

近年来,全国交通系统广大干部职工坚持以党的基本路线和邓小平理论为指导,认真学习江泽民"三个代表"的重要思想,艰苦创业,开拓进取,为全国交通运输事业的发展作出了重要贡献,同时涌现出了一大批先进模范人物。为表彰先进,激励全体,在认真评选的基础上,中国海员工会、中国公路运输工会决定授予刘世宝等169名优秀水运职工"金锚奖",授予张燕生等95名优秀公路运输职工"金桥奖"。

中国海员工会、中国公路运输工会号召广大交通职工要以"金锚奖"、"金桥奖"获得者为榜样,发扬传统,胸怀大局,团结协作,爱岗敬业,拼搏奉献,为迎接党的十六大召开,为实现我国交通"十五"计划和2010年远景目标作出更大的贡献。

附件:1. 第八届"金锚奖"获得者名单
　　2. 第五届"金桥奖"获得者名单

中国海员工会全国委员会
中国公路运输工会全国委员会
2002年8月8日

附件:第八届"金锚奖"获奖者名单

杨祥海　天津港四公司总经理

程文斌　天津港二公司门吊队工会主席

郭长起　天津港三公司工会主席

中国海员建设工会全国委员会关于评选第九届"金锚奖"、第六届"金桥奖"的表彰决定

海建工总字〔2003〕18号

近年来,全国交通系统广大干部职工坚持以党的基本路线和邓小平理论为指导,认真学习党的十六大精神和"三个代表"的重要思想,艰苦创业,开拓进取,为全国交通运输事业的发展作出了重要贡献,同时涌现出了一大批先进模范人物。为表彰先进,激励全体职工,在认真评选的基础上,中国海员建设工会决定授

予刘卫民等169名水运系统优秀职工“金锚奖”，授予黄建玲等92名公路运输系统优秀职工“金桥奖”。中国海员建设工会号召广大交通职工要以“金锚奖”、“金桥奖”获得者为榜样，发扬传统，胸怀大局，团结协作，爱岗敬业，拼搏奉献，为实现我国交通“十五”计划和2010年远景目标作出更大的贡献。

附件：1. 第九届“金锚奖”获得者名单

2. 第六届“金桥奖”获得者名单

中国海员建设工会全国委员会
2003年11月3日

附件：第九届“金锚奖”获奖者名单

高如章　天津港驻津办事处工会主席

金学智　天津港六公司固机队副队长

刘军民　天津港焦炭码头公司技术部经理

中国海员建设工会全国委员会关于第十届“金锚奖”的表彰决定

海建工海字〔2005〕15号

党的十六大以来，水运系统广大职工认真贯彻落实十六大精神，践行邓小平理论和“三个代表”重要思想，立足本职，开拓进取，无私奉献，为交通系统三个文明建设作出了重要贡献，涌现出一大批先进模范人物。为表彰他们的先进事迹，进一步弘扬爱岗敬业、求实创新和无私奉献的崇高精神，激励广大职工在新时期创造新业绩，作出新贡献，中国海员建设工会全国委员会决定授予秦章庆等143名同志全国水运系统先进职工“金锚奖”。

中国海员建设工会希望各级海员工会在纪念郑和下西洋600周年和首届“航海日”庆祝活动期间，以弘扬热爱祖国，睦邻友好，科学航海的精神为主题，结合本地本单位选树先进模范人物的实际，大力营造学赶先进，争当劳模的氛围，积极开展各种学赶先进，争创一流的职工素质建设活动，进一步加强对职工的爱国主义和敬业精神的培养，努力建设一支热爱航海、争先创优、拼搏奋进的高素质职工队伍。中国海员建设工会号召水运系统广大职工以先进模范人物为榜样，发扬优良传统，再创光荣业绩，真抓实干，开拓奋进，为实现“十一五”水路交通发展的总目标和航运现代化建设作出新的贡献！

附件：第十届“金锚奖”获奖人员名单

中国海员建设工会全国委员会
2005年7月11日

附件：第十届“金锚奖”获奖人员名单

许景宏　天津港石油化工码头公司总经理

余祝建　天津港轮驳公司工会主席

沈庆霞　天津港第二港埠有限公司女职委主任

中国海员建设工会全国委员会第十一届“金锚奖”表彰决定

海建工海字〔2007〕30号

在构建社会主义和谐社会的伟大实践中，全国水运系统广大职工认真贯彻落实党的十六大以来各项方针政策，立足本职，开拓进取，无私奉献，为交通系统三个文明建设作出了重要贡献，涌现出一大批先进模范人物。

为表彰先进，树立榜样，进一步激励全国水运系统广大职工为实现“十一五”规划建功立业，中国海员建设工会全国委员会决定授予毕春雨等144名同志“金锚奖”。

希望受表彰的先进个人珍惜荣誉，再接再厉，以崭新的风貌、创新的思维和奋发有为的精神，在交通事业的发展中再创新业、再立新功。

希望全国水运系统广大职工以先进典型为榜样，学习他们爱岗敬业、无私奉献的崇高精神，学习他们开拓创新、与时俱进的时代风貌，学习他们自强自立、奋发努力的坚强意志，在共建共享和谐社会和促进交通“三个服务”中充分发挥主力军作用，为实现交通事业又好又快发展作出新的贡献。

附件：第十一届“金锚奖”获奖人员名单

中国海员建设工会全国委员会
2007年6月4日

附件：第十一届“金锚奖”获奖人员名单

王学俊　天津港(集团)有限公司工会副主席

刘贵松　天津港第五港埠公司天贵装卸劳务有限公司工人

段江山　天津港第四港埠公司流机队队长

九、天津港历次荣获天津市总工会立功集体和立功个人的名单

天津市总工会关于颁发“七五立功奖章”和“七五立功奖状”的决定

津工发〔1986〕75号

在全国人大六届四次会议精神的鼓舞下,我市各条战线的职工,积极响应市委、市政府和全国总工会的号召,自觉投入“我为‘七五’献计出力,振兴天津建功立业”活动。为了进一步动员广大职工同心同德,团结一致,发扬艰苦创业的愚公移山精神,在推进改革和经济建设,促进党风和社会风气的根本好转,实现“七五”计划确定的各项任务中,充分发挥工人阶级的主力军作用,现根据市总工会十届八次全委扩大会议决议的精神,决定在“七五”期间每年颁发一次“七五立功奖章”和“七五立功奖状”。

一、各行各业在为实现“七五”计划献计出力、建功立业活动中工作成绩突出、两个效益显著的职工和班组,经市总工会审定,分别授予“七五立功奖章”、“七五立功奖状”和证书。并对组织开展献计出力、建功立业活动成绩最佳的单位颁发锦旗。

连续三年获得“七五立功奖章”、“七五立功奖状”或获得一两次而事迹非常突出者报请市委、市政府批准分别授予劳动模范、模范集体的光荣称号。

二、今年表彰一万名职工、一千个班组、一百个单位。基本条件是在创“五个一”(人献一条计,工作创一流,做一件好事,贡献一百元,正风立一功)上,取得最佳成绩者。

获得“七五立功奖章”的条件:(1)关心企业兴衰,积极参加管理,献计策,提建议,效果显著;(2)在产品质量、服务质量、工程质量、运输质量、操作技术、经营管理、科研教学等方面,居本市同工种同行业一流水平;(3)有高尚的职业道德,主动搞好团结协作,积极为社会为群众办实事办好事,事迹突出;(4)千方百计挖潜节约、革新技术、研制新产品、改善经营管理,创效益多贡献大;(5)自觉遵守政策纪律,带头抵制不正之风,在实现党风和社会风气好转中发挥模范作用。

获“七五立功奖状”的条件:组织开展献计出力、建功立业活动好,班组建设和职工素质有明显提高,创“五个一”的职工多,有健全的经济责任制,实现的各项经济技术指标或完成的工作任务居本市或全国同行业先进水平,无重大事故。

创“五个一”成绩最佳单位的条件:思想工作深入,发动群众的面广,改革搞得好,生产有较大发展,各项工作有显著提高,全面超额完成各项任务,经济效益、社会效益、工作水平居本市或全国同行业先进水平,无重大事故。

各行各业、各个单位,要结合实际,为职工明确具体的奋斗目标,把创“五个一”的要求落到实处。

三、评选“七五立功奖章”、“七五立功奖状”获得者和组织开展献计出力、建功立业活动取得最佳成绩的单位,必须坚持群众路线和实事求是的原则,逐级推选申报,市总工会批准。各单位申报的获奖者的事迹,一定要真实准确,群众公认。授奖后,如发现获奖者的主要事迹失实,或受到行政开除、留用察看和刑事处分的,收回奖章奖状和证书。

天津市总工会
1986年4月29日

附件:1986年度“七五”立功先进职工、班组名单

1. 先进职工(95名)

金贵林　天津港一公司固机队队长
孙德奎　天津港一公司装卸六队班长
马西康　天津港一公司装卸七队一组工人
孙洪奎　天津港一公司食堂炊事员
张明祥　天津港一公司仓库丙班二组工会组长
叶树林　天津港一公司仓库理货员
许乃惠　天津港一公司调度室副主任
陈希元　天津港一公司小车班班长
何敏龙　天津港一公司装卸五队搞车班班长
崔家恩　天津港一公司机电车间补胎组组长
张德洪　天津港一公司盐机队班长
袁英扬　天津港一公司后勤车间班长
韩梦云　天津港一公司维修站工人
张和荣　女,天津港一公司工具库工人
王庭福　天津港一公司粮队四组班长
张瑞生　天津港二公司装卸二队七组组长
胡建明　天津港二公司装卸一队工会主席

李明河　天津港二公司装卸七队五组班长
孙志江　天津港二公司装卸六队党支部书记
朱宝成　天津港二公司食堂管理员
杨书刚　天津港二公司固机队维修班班长
王培华　天津港二公司成组装卸队班长
李文亮　天津港二公司机械三队队长
王金栋　天津港二公司机械一队零修组组长
王香秋　天津港二公司门吊队副队长
沈　强　天津港二公司电算室干部
周学智　天津港二公司装卸四队工人
韩春生　天津港二公司货运一库班长
信桐杰　天津港二公司装卸八队二组班长
史树营　天津港三公司机械队队长
张秀海　天津港三公司工具队班长
周月山　天津港三公司装卸一队队长
刘庆祥　天津港三公司调度室主任
王成河　天津港三公司仓库工人
胡秋光　天津港三公司固机队外电班班长
李忠义　天津港四公司后勤浴室小组组长
许庆龙　天津港四公司装卸一队队长
李国祥　天津港四公司工具库业务员
沈连国　天津港四公司装卸二队组长
路金友　天津港四公司维修站钳工班班长
白玉春　女，天津港四公司仓库理货员
刘鼎臣　天津港四公司设备物资科党支部书记
景国清　天津港五公司平台队副队长
吴宝礼　天津港五公司调度室主任
杨士林　天津港五公司装卸一队队长
候文禄　天津港五公司汽车队客车班班长
张喜昌　天津港五公司装卸二队七班班长
刘玉明　天津港五公司装卸三队四组班长
田洪明　天津港集装箱公司集装一队值班队长
王景春　天津港集装箱公司总工程师
刘凤鸣　天津港集装箱公司中心控制室丙班业务员
陈连科　天津港集装箱公司采暖队队长
胡志洪　天津港集装箱公司机械二队副队长
李金树　天津港集装箱公司货运站副站长
阎文克　天津港轮驳公司修船科食堂班长
包廷福　天津港轮驳公司津港轮三号轮机长
李秀玲　女，天津港轮驳公司财务计划科出纳员
张义春　天津港轮驳公司津港轮十六号轮机长
钱永和　天津港轮驳公司修船科一工段工段长
杨清民　天津港轮驳公司津港起重三号大副
杨志平　天津港轮驳公司津港轮十六号船长
张吉先　天津港机械修造厂技术科科长
孙洪喜　天津港机械修造厂食堂管理员
张春华　天津港机械修造厂四车间一班班长
刘景才　天津港机械修造厂一车间生产班长
潘永春　天津港修建公司工会副主席
魏振忠　天津港修建公司修建机械站钳工班班长
丁乃庆　天津港修建公司施工三队队长
杜洪波　天津港修建公司软基组组长
刘亮生　天津港修建公司施工四队围埝班班长
赵航林　中国船舶燃料供应公司天津分公司罐区维修队工人
贾新平　中国船舶燃料供应公司天津分公司津油2号轮船长
刘印铁　天津港电力公司生产调度科干部
王荣增　天津港电力公司一工区党支部书记
曹继强　中国天津外轮代理公司财务科干部
杨欣荣　女，天津港劳动服务公司新风商店会计
候居林　天津港劳动服务公司新港服装厂电工
傅连海　天津港劳动服务公司港服站班长
段考荣　天津港务局驻津办事处老干部科干部
邵锁柱　天津港务局驻津办事处后勤车间煤气站班长
周秀桐　天津港务局驻津办事处修建队瓦工班工人
林家声　天津港口医院放射科医士
钱冬香　女，天津港口医院八病区护士长
王传武　天津港储运公司三队班长
刘学东　天津港储运公司运务科科长
卞治平　外轮理货公司天津分公司理货二科第四包船组理货员
谈建华　外轮理货公司天津分公司理货四科理货员
黄宝玉　中国船舶检验局天津分局修造科干部
金　鑫　天津港务局船闸管理所电工班工人
霍　连　天津港务局行政处汽车班司机
张继明　天津港务局物资处供应站司机
魏建华　天津港公安局消防队班长
苏玉忠　天津港务局职工学校实习教研室教师
于洪波　天津港通信导航公司收信台机务工程师
项宝环　女，天津港通信导航公司自动台话务班班长

2. 先进班组（22 个）

天津港一公司装卸七队
天津港二公司装卸二队

天津港三公司调度室

天津港四公司门吊队

天津港五公司装卸一队

天津港机修厂四车间

天津港一公司装卸七队六组

天津港一公司机电车间外线班

天津港二公司装卸二队七组

天津港二公司门吊队五组

天津港三公司装卸七队二班

天津港四公司后勤队浴室组

天津港五公司装卸二队七组

天津港五公司装卸三队四组

天津港集装箱公司机械二队一组

天津港集装箱公司安技科

天津港轮驳公司轮 16 号

天津港修建公司软基加固组

中国船舶燃料供应公司天津分公司津油 2 号机舱小组

天津港储运公司运务科

中国外轮理货公司天津分公司理货二科第四包船组

天津港通信公司自动台话务班

天津市总工会关于 1987 年度为实现“七五”计划献计出力活动评选结果的通知

津工发〔1988〕16 号

在年终层层评选先进的基础上,各区县局工会对 1987 年献计出力、争创“五个一”取得显著成绩的职工、班组和单位,以及工业系统利税大户的工会参加的“增活力,创最佳经济效益竞赛”取得显著成绩的先进单位进行了评选,经市总常委会批准,现将评选结果及有关事项通知如下:

先进职工 4231 名,先进班组 483 个;

50 个先进单位是:

轧钢二厂、牙膏厂、轮胎翻修厂、铁合金厂、宇华制衣厂、红桥运输厂、电焊机厂、第五塑料厂、沧州工务段、津华无线电厂、医药公司、光电通讯公司、第一丝绒厂、建工局二建公司、天津航空电器公司、第一石油化工厂、建工局六建公司、3522 厂、渤海地球物理勘探公司、市政三公司、汽车发动机厂、渤海采油公司、排管处、汽车齿轮厂、塘沽盐场、自来水公司、亚中化工厂、大沽化工厂、公交公司、力车胎厂、汽车水泵厂、中建六局二公司、第四染整厂、房管局住宅机施公司、感光胶片厂、房管局第一房屋修建公司、化四建综合企业公司、东郊宏光食品厂、市果品食杂公司、劳改局铰链厂、肉类联合加工厂、外贸机械进出口分公司、外贸五金矿产进出口分公司、一商储运公司唐家口仓库、物资局机电设备公司仓库、川鲁饭店、工商银行技改信贷部、蓟县物资局、宝坻建筑公司构件厂、西郊卫南水利站。

“增活力,创最佳经济效益竞赛”的 15 个先进单位是:

天津自行车厂、轧钢三厂、汽车制造厂、天津手表厂、天津制鞋厂、针织运动衣厂、电冰箱压缩机厂、河北制药厂、棉纺一厂、东亚毛纺厂、卫津化工厂、电机厂、冶金实验厂、达仁堂制药厂、天津通信广播公司。

市总工会决定,对以上先进职工颁发“七五”立功奖章,对先进班组颁发“七五”立功奖杯,对先进单位颁发奖牌。

天津市总工会

1988 年 2 月 21 日

附件:1987 年度“七五”立功先进职工、班组名单

1. 先进职工(40 名)

张桐鹏　港埠一公司装卸二大队六队班长

李正亮　港埠一公司客运站服务组

李洪义　港埠一公司陆运队二组班长

赵忠杰　港埠一公司流机大队司机

纪学宽　港埠一公司仓库理货保管员

金贵林　港埠一公司固机队队长

赵远文　港埠二公司修建队机械组工人

李文亮　港埠二公司机械三队队长

董建民　港埠二公司装卸二队队长

沈　强　港埠二公司电算室科员

贾瑞宗　港埠二公司散粮站副站长

李德发　港埠二公司机电科工人

刘庆祥　港埠三公司调度室主任

陈君生　港埠三公司机械队 7 班班长

李焕忠　港埠三公司维修站技术员

孙胜利　港埠四公司机械一队副队长

毕文阁　港埠四公司陆运队队长

孙秀明　港埠四公司业务部副部长

刘玉明　港埠五公司装卸三队四组班长

袁洪义　港埠五公司调度室副主任
景国清　港埠五公司流机队副队长
夏玉生　集装箱公司机械三队队长
王景春　集装箱公司总工程师
宋亚才　集装箱公司货运站铁交库库长
杨志平　轮驳公司津港轮16号轮船长
杨清民　轮驳公司驳吊起重3号大副
阎文克　轮驳公司后勤炊事班班长
高思来　机修厂7车间5班班长
张吉先　机修厂开发科科长
王荣增　电力公司一工区工区长
贾新华　燃供公司津油2号轮船长
张景玉　修建公司维修班班长
刘亮生　修建公司生产组班长
林均衡　建设开发公司地材管理站组长
曹继强　外轮代理公司财务科科员
张家成　储运公司接运场场长
谈建华　外轮理货公司理货四队理货员
董学文　局行政卫生处技工组组长
钱冬香　女，港口医院急诊室护士长
于洪波　通信公司收信台机务工程师

2. 先进班组(6个)

港埠五公司装卸三队四组
集装箱公司机械二队一组
港埠一公司装卸二大队六队六组
港埠四公司装卸四队五组
港埠三公司一队一组
港埠二公司装卸二队九组

天津市总工会关于表彰1988年度为实现“七五”计划献计出力的先进职工、班组和单位的决定

1988年，我市各条战线广大职工在党的十三届三中全会精神的鼓舞下，以主人翁精神，深入开展了“我为‘七五’献计出力，振兴天津建功立业”的活动，在深化企业改革，完善经济承包责任制，克服生产上遇到的原材料、能源、资金、外汇短缺的困难，努力增产日用消费品和紧缺商品，提高企业经济效益和社会效益，加快城市建设，提高服务质量，发展文化、教育等事业，为完成1988年财政上缴和各项任务方面作出了显著贡献，涌现出一批先进典型。

为进一步调动广大职工的积极性、创造性和主动性，促进企业深化改革和增产节约、增收节支的深入开展，市总工会决定：对1988年为实现“七五”计划献计出力作出显著成绩的50个单位、370个班组、2259名职工予以表彰，并分别颁发“七五”立功奖牌、证书和奖章。

市总工会希望，受表彰的先进单位、先进班组和先进个人，要发扬成绩，再接再厉，继续努力，建立新功。广大职工要学习他们的先进思想和先进经验，坚持四项基本原则，积极响应市委、市政府号召，深化企业改革，清理经济环境，整顿经济秩序，为迎接新中国成立四十周年和全国劳模大会作出新贡献。

天津市总工会
1989年3月10日

附件：1988年度“七五”立功先进职工、班组名单

1. 先进职工(21名)

张桐鹏　天津港一公司装卸二大队六中队班长
梁凤鸣　天津港一公司检查科检查员
赵忠杰　天津港一公司流机大队工人
李德发　天津港二公司机电科顾问
林玉祥　天津港二公司成组机械队队长
杨国冬　天津港二公司装卸二队六组组长
陈学信　天津港三公司装卸大队大队长
李培琦　天津港四公司工具库锻工组组长
许庆龙　天津港四公司装卸一队队长
靳福忠　天津港五公司食堂管理员
杨家龙　天津港五公司门吊队组长
许乃利　天津港集装箱公司机械队队长
高长江　天津港集装箱公司装卸队队长
杨志平　天津港轮驳公司津港轮5号船长
吴宝兴　天津港轮驳公司生产经营科科长
孙亚宁　天津港电力公司技术科副科长
刘家元　天津港设施处铁管所班长
高春洪　中国外轮理货公司天津分公司理货二科三班科员
钱冬香　女，天津港口医院门诊部护士长
杨国华　天津外轮代理公司财务科干部
杨悦文　中国船舶燃料供应公司天津分公司机修科干部

2. 先进班组(3个)

天津港一公司装卸六队六组
天津港二公司装卸二队六组
天津港四公司装卸四队五组

天津市总工会关于表彰1989年在为“七五”立功活动中作出突出贡献的先进职工、班组和单位的决定

1989年,我市各条战线广大职工在党的十三届四中、五中全会精神的鼓舞下,在治理整顿、深化改革中,紧紧围绕“双增双节”,继续深入开展了为“七五”献计出力活动,在企业面临市场疲软、困难较多的情况下,发扬了高度的主人翁精神,在各自的工作岗位上,勇挑重担,迎难而上,尤其春夏之交,在北京发生的动乱和反革命暴乱中,表现了高度的政治觉悟和坚定的政治立场,为稳定我市政治、经济形势,提高企业经济效益和社会效益,加快城市建设,提高服务质量,发展文化、教育等事业,完成1989年各项任务方面作出了显著贡献,涌现出一大批先进典型。

为进一步调动广大职工的积极性和创造性,深入开展为国家分忧、为市政府作劲、为企业解难的“三为”立功活动,促进企业经济效益的提高和“双增双节”的深入开展,市总工会决定:对1989年度为实现“七五”计划献计出力做出显著成绩的轧钢三厂等101个单位、第一机床厂蜗轮付小组等398个班组、杜存婷等2234名职工予以表彰,并分别颁发“七五”立功奖牌、证书和奖章。

市总工会希望,受表彰的先进单位、先进班组和先进个人要发扬成绩,再接再厉,继续努力,在第七个五年计划的最后一年里作出更大的贡献,建立新的功绩。广大职工要认真学习他们的先进思想和先进经验,积极响应市委、市政府号召,在反浪费、找差距、挖潜力、增效益的双增双节运动中,团结一心、奋发图强、埋头苦干,以优异的成绩为社会主义出力、为天津增光彩。

天津市总工会

1990年3月10日

附件:1989年度“七五”立功先进职工、班组名单

1. 先进职工(21名)

傅金华　天津港一公司航运大队三队七组组长

于　江　天津港一公司航运大队队长

余贺元　天津港二公司经理

李德发　天津港二公司机电科顾问

刘庆祥　天津港三公司调度室主任

孙振群　天津港三公司装卸队组长

宋国英　天津港四公司动力站站长

李志品　天津港四公司装卸四队五组组长

景国清　天津港五公司流机队副队长

靳福忠　天津港五公司食堂管理员兼党支部书记

高长江　天津港集装箱公司装卸二队队长

夏玉生　天津港集装箱公司机械三队队长

杨志平　天津港轮驳公司津港轮5号船长

李玉洪　天津港储运公司维修站工人

崔国林　中国外轮理货总公司天津分公司理货三队理货员

吴隆开　中国船舶燃料供应公司天津公司津油7号轮二副

邱锁亮　天津港务局设施处退休办公室干部

王树林　天津港电力公司变电所班长

林均衡　天津港建设开发公司地材管理站组长

钱冬香　女,港口医院副总护士长

田仲明　天津港机械修造厂四车间主任

2. 先进班组(4个)

天津港一公司装卸三队七组

天津港二公司装卸二队六组

天津港四公司装卸四队五组

天津港五公司装卸三队二组

天津市总工会关于表彰1990年在“三为”立功活动中作出突出贡献的先进职工、班组和单位的决定

津工发〔1991〕19号

1990年,我市各条战线广大职工坚持党的“一个中心、两个基本点”的基本路线,贯彻市委提出的“一切着眼于稳定”、“变困难为机遇”的指导思想,紧紧围绕以经济建设为中心,广泛深入地开展了为国分忧、为市政府作劲、为企业解难的“三为”立功活动。在经济工作遇到暂时困难情况下,广大职工发扬了高度的主人翁精神,在各自的工作岗位上,勇挑重担,迎难而上,勤奋工作,为我市四化建设作出了突出的贡献,为促进我市经济稳定、政治稳定、社会稳定,加强社会主义精神文明建设,胜利实现“七五”计划的各项奋斗目标作出了显著的贡献,涌现出一大批先进典型。

为进一步调动广大职工的积极性和创造性,动员

广大职工继续深入开展为实现“八五”计划建功立业活动,在“质量、品种、效益年”中以实际行动促进经济效益的提高,市总工会决定:对在1990年“三为”立功活动中作出显著成绩的李津来、杜存婷等4413名职工、六建二公司马宝芝小组等657个班组、天津油墨公司等111个单位予以表彰,并分别颁发“七五”立功奖章、证书和奖杯。

市总工会希望,受表彰的先进单位、先进班组和先进个人,要发扬成绩,再接再厉,继续努力,在第八个五年计划的第一年里,作出更大的贡献,建立新的功绩。广大职工要认真学习他们的先进思想和先进经验,在为实现“八五”计划献计出力活动中再立新功。

天津市总工会
1991年3月4日

附件:1990年度“七五”立功先进职工、班组名单

1. 先进职工(41名)

于　江　天津港一公司装卸三队队长
邱玉友　天津港一公司装卸四队队长
韩梦云　天津港一公司维修站技师
王玉利　天津港一公司盐机队队长
吴国强　天津港二公司苫缆队队长
李德发　天津港二公司机电科顾问
李德良　天津港二公司机三队团支部书记
林玉祥　天津港二公司成组队队长
左福山　天津港二公司装卸四队队长
陈学信　天津港三公司装卸大队队长
贺云龙　天津港三公司电修班班长
李庆乙　天津港四公司经理
宋国英　天津港四公司动力站站长
李志品　天津港四公司装卸四队副队长
冯宝清　天津港五公司装卸二队队长
景国清　天津港五公司流机队副队长
靳福忠　天津港五公司食堂管理员
徐树正　天津港集装箱公司副经理
高长江　天津港集装箱公司装卸二队队长
张富贵　天津港集装箱公司机械三队副队长
杨志平　天津港轮驳公司津港轮5号船长
吴宝兴　天津港轮驳公司生产经营科科长
张义春　天津港轮驳公司津港轮7号轮机长
杨世樵　天津港储运公司经理
李玉洪　天津港储运公司维修站工人
何　军　天津港储运公司维修站工人
崔国林　中国外轮理货总公司天津分公司理货三队理货员
张瑞福　中国船舶燃料供应公司天津公司经理
吴隆开　中国船舶燃料供应公司天津公司津油7号轮二副
刘克忠　天津港港口服务公司经理
孙建澎　天津港务局设施处施工二区生产股股长
郝运辉　天津港务局设施处码头管理所干部
穆德贤　天津港电力公司电工
林均衡　天津港建设开发公司地材管理站组长
钱冬香　女,港口医院主管护士
葛国社　天津港机械修造厂工人
尹德发　天津港物资处供应站站长
曹延路　天津外轮代理分公司经理
胡振杰　天津港通信公司线务所副主任
周秀桐　天津港驻津办事处维修队队长
段考荣　天津港驻津办事处老干部科干部

2. 先进班组(6个)

天津港一公司客运站服务组
天津港二公司装卸二队六组
天津港三公司装卸三队二组
天津港四公司装卸四队五组
天津港储运公司接运场十六万货场理货班
天津港轮驳公司津港轮7号

天津市总工会关于表彰1991年在“八五”立功活动中作出突出贡献的先进职工、先进集体和先进企业的决定

津工发〔1992〕75号

1991年是“八五”计划的第一年。我市各条战线的广大职工坚持党的“一个中心、两个基本点”的基本路线。认真贯彻中央工作会议和党的十一届七、八中全会精神,广泛深入地开展“我为‘八五’献计出力、振兴天津建功立业”活动,以质量、品种、效益为重点,积极开展“争创最佳岗位”等多种行之有效的劳动竞赛和合理化建议技术改进活动。以实际行动为国分忧,为市政府作劲,为企业解难。

为表彰“八五”立功活动涌现出的先进集体和个人,市总工会决定:向华联商厦中原公司售货员张高津等3975名职工颁发“八五立功奖章”,向第一建筑公司李志

远瓦工组等1052个集体颁发“八五立功奖状”,向天津市达仁堂制药厂等122个企业颁发“八五立功奖杯”。

市总工会希望,受表彰的先进企业、先进集体、先进个人要发扬成绩,继续努力,在完成“八五”计划第二年的任务中作出更大的贡献。希望全市广大工人、干部、科技人员、医务工作者、教育工作者等要认真学习他们的先进思想和先进经验,继续广泛深入地开展“八五”立功活动,充分发挥积极性和创造性,在推进天津的改革开放和经济发展中作出更大的贡献。

天津市总工会

1992年4月28日

附件:1991年度“八五”立功先进个人、集体和企业名单

1. 先进职工(44名)

于　江　天津港一公司航运大队三中队队长
焦洪勋　天津港一公司调度室副主任
陈庆立　天津港一公司固机队副队长
韩梦云　天津港一公司维修站技师
高加全　天津港一公司多经部金玉来酒家经理
薄志强　天津港二公司装卸三队二组班长
许景宏　天津港二公司散粮站站长
胡士林　天津港二公司食堂队队长
吴国强　天津港二公司苫缆队队长
张树强　天津港二公司装卸五队队长
孙宝金　天津港二公司工具库抓斗组组长
刘庆祥　天津港三公司经理助理
王玉树　天津港三公司装卸二队二组班长
李庆乙　天津港四公司经理
边立贞　天津港四公司装卸三队七组班长
宋国英　天津港四公司门吊队队长
胡春生　天津港四公司机械一队班长
李顺祥　天津港四公司仓库库长
冯宝清　天津港五公司装卸二队队长
张建福　天津港五公司流机队特机班班长
靳福忠　天津港五公司食堂管理员
张富贵　天津港集装箱公司固机队队长
贾贵德　天津港集装箱公司堆场站班长
张云鹏　天津港集装箱公司计划调度室副主任
吴宝兴　天津港轮驳公司生产经营科科长
郝德春　天津港轮驳公司津港轮7号船长
郭金巨　天津港轮驳公司驳12号船长
杨守禄　天津港机械厂一车间技师
孙建澎　天津港务局设施处施工工区副主任
邱锁亮　天津港务局设施处退休办干部
崔国林　中国外轮理货总公司天津分公司理货二队理货员
杨世樵　天津港储运公司经理
何　军　天津港储运公司货运二队班长
李小洪　天津港储运公司维修站班长
张瑞福　中国船舶燃料供应天津公司经理
胡振杰　天津港通信导航公司线务所副主任
钱冬香　女,天津港口医院护士长
王　伟　天津港电力公司副科长
于长海　天津港港口服务公司储运场经理
段旭辉　中国外轮代理公司天津分公司业务员
陈志明　天津港公安局治安队副队长
赵春贤　女,天津港建设公司工程师
赵英琪　天津港物资处物资供应站组长
李俊峰　天津港房产公司工程科干部

2. 先进集体(8个)

天津港一公司维修站机加工段
天津港二公司装卸三队二组
天津港三公司装卸三队二组
天津港四公司机械二队特车组
天津港五公司装卸一队八组
天津港集装箱公司堆场管理站甲班
天津港储运公司接运场十六万货场理货组
天津港轮驳公司津港轮9号

3. “立功奖杯”企业(1个)

天津港务局

天津市总工会关于表彰1992年在“八五”立功活动中作出突出贡献的先进职工、先进集体和先进企业的决定

津工发〔1993〕67号

1992年是“八五”计划的第二年。我市各条战线的广大职工坚持党的“一个中心、两个基本点”的基本路线。认真贯彻党的十四大精神,广泛深入地开展“我为‘八五’献计出力、振兴天津经济发展建功立业”活动,以质量、品种、效益为重点,积极开展“争创最佳岗位”等多种行之有效的劳动竞赛和合理化建议技术改进活动。以实际行动为实现市委、市政府《关于加快改

革开放、促进经济发展的若干意见》的落实作出重要的贡献。

为表彰"八五"立功活动涌现出的先进集体和个人,市总工会决定:向石化公司炼油厂运输科司机项大成等3961名职工颁发"八五立功奖章",向微型汽车厂总装车间十一组等951个集体颁发"八五立功奖状",向天津铁厂等143个企业颁发"八五立功奖杯"。

市总工会希望,受表彰的先进企业、先进集体、先进个人要发扬成绩,戒骄戒躁,在完成"八五"计划第三年的任务中作出更大的贡献。希望全市广大工人、干部、科技人员、医务工作者、教育工作者等要认真学习他们的先进思想和先进经验,继续广泛深入地开展"八五"立功活动,充分发挥积极性和创造性,在推进天津的改革开放和经济发展中作出更大的贡献。

天津市总工会

1993年4月13日

附件:1992年度"八五"立功先进职工、集体和企业名单

1. 先进职工(31名)

陈庆立　天津港一公司固机队副队长
韩梦云　天津港一公司维修站修理工
张文义　天津港一公司叉车队八组组长
王连柱　天津港二公司经理
胡士林　天津港二公司食堂队队长
林玉祥　天津港二公司成机队队长
薄志强　天津港二公司装卸三队二组组长
马洪晨　天津港二公司机电科副科长
和卫东　天津港三公司机械队队长
刘庆祥　天津港三公司业务部经理
王玉树　天津港三公司装卸大队四十小队队长
付建平　天津港四公司机械二队副队长
边立贞　天津港四公司装卸三队七班班长
路金友　天津港四公司值机队副队长
冯宝清　天津港五公司装卸二队队长
吴宝礼　天津港五公司副经理
张建福　天津港五公司流机队特机班班长
吴宝兴　天津港轮驳公司生产经营科科长
郝德春　天津港轮驳公司津港轮7号船长
张云鹏　天津港集装箱公司计划调度室副主任
张富贵　天津港集装箱公司固机队队长
贾贵德　天津港集装箱公司堆场站甲班班长
何　军　天津港储运股份有限公司二队班长
张瑞福　中国船舶燃料供应天津公司经理
杨守禄　天津港机械厂一车间工人
韩恒茂　天津港电力公司二工区工区长
邱锁亮　天津港务局设施处退休办干部
余厚新　天津港务局设施处副所长
崔国林　中国外轮理货总公司天津分公司理货员
胡振杰　天津港通信导航公司线务所主任
王雨生　天津港建设公司中心材料场仓库班长

2. 先进集体(1个)

中国外轮理货总公司天津分公司一队二班

3. 先进企业(1个)

天津外轮代理公司

天津市总工会关于授予孟昭勤等59名同志"八五"立功奖章的决定

1993年是我市工会经济实业大发展的一年。在这一年中,工会企业由过去的500多家发展到1500多家,营业收入达到8亿多元,是1992年的4倍,安置了3万多名富余职工重新就业,工会经济实业的发展,在为企业和职工排忧解难,保持社会稳定,促进经济发展等方面发挥了重要作用。

为表彰在发展工会经济实业中作出突出贡献的先进人物,推动工会经济实业更快地发展,市总工会第102次常委会决定:授予孟昭勤等59名同志1993年度"八五"立功先进个人称号,并颁发"八五"立功奖章和证书,以资鼓励。

市总工会希望全市各级工会组织、广大工会干部及工会企业的全体职工,以他们为榜样,学习他们敢于冲破传统观念,开辟工会工作新领域的创新精神;学习他们的艰苦奋斗,苦干实干的拼搏精神;学习他们孜孜不倦钻研业务的刻苦精神;学习他们尊重市场法则,按经济规律办事的科学态度,为发展工会经济实业、尽快建成天津市工会社团产业系统,使工会组织在国家政治经济生活中发挥更重要的作用而努力奋斗。

天津市总工会

1994年2月18日

附件:天津市工会实业立功奖章获得者(2名)

李克瑞　天津港工会华正贸易公司
刘印铁　天津港电力公司天昌电力技术开发公司

天津市总工会关于表彰1993年在“八五”立功活动中作出突出贡献的先进职工、先进集体和先进企业的决定

在过去的一年里,我市各条战线的广大职工积极贯彻落实党的十四届三中全会和市委六届二次全委(扩大)会议精神,以高度的主人翁责任感和历史使命感,在改革开放和经济建设中发挥了主力军的作用,为振兴我市经济发展作出了重要贡献。

为了表彰广大职工、集体和企业在“八五”立功活动中创造的业绩,经过自下而上的层层推荐、评选经市总工会常委会审议决定:向天津钢厂第二炼钢厂王振华等4474名职工颁发“八五”立功奖章,向百货大楼车缝商场摩托车经营部等1112个集体(班组)颁发“八五”立功奖状,向中法葡萄酿酒有限公司等162个企业(单位)颁发“八五”立功奖牌。

市总工会希望,受表彰的先进企业(单位)、先进集体(班组)、先进个人要发扬成绩,戒骄戒躁,在完成“八五”计划第四年的任务中作出更大的贡献。希望全市各条战线广大职工认真学习他们的先进思想和先进经验,继续发挥工人阶级的艰苦创业精神,为重振天津雄风再立新功!

天津市总工会

1994年3月15日

附件:1993年度“八五”立功先进职工、集体和企业名单

1. 先进职工(50名)

于　江　天津港一公司装卸三队队长
孔祥瑞　天津港一公司固机队副队长
韩梦云　天津港一公司维修站修理工
李振声　天津港一公司仓库副库长
夏春生　天津港一公司调度室副主任
吴国强　天津港二公司苫缆队队长
孙宝金　天津港二公司服务站修造组组长
杨国栋　天津港二公司装卸一队队长
张成俭　天津港二公司门吊队队长
左富山　天津港二公司装卸四队队长
沈庆霞　女,天津港二公司工会女工主任
孙洪昌　天津港三公司装卸工人
刘庆祥　天津港三公司业务部经理
郝恩成　天津港三公司动力站安质员
边立贞　天津港四公司装卸三队七班班长
李顺祥　天津港四公司仓库库长
路金友　天津港四公司值机队副队长
孙文栋　天津港四公司机械一队副队长
王文艳　女,天津港四公司北方包装公司技术部经理
冯宝清　天津港五公司装卸二队队长
马贵宾　天津港五公司装卸一队七班班长
邓桂欣　天津港五公司调度室丙班值班主任
徐守春　天津港五公司仓库理货组组长
张宝贵　天津港五公司流机队陆运班班长
吴子彪　天津港轮驳公司生产经营科科长
韩文才　天津港轮驳公司津港轮2号船长
贾贵德　天津港集装箱公司堆场站甲班班长
苏玉忠　天津港集装箱公司固修站党支部书记
刘晓明　天津港集装箱公司机电科干部
杨世樵　天津港储运股份有限公司总经理
陈振栋　天津港储运股份有限公司接运场第一货场班长
王长友　中国船舶燃料供应天津公司津油3号轮大管轮
刘占英　中国船舶燃料供应天津公司机务科干部
韩云洲　天津港机械厂车间主任
王俊忠　天津港电力公司副工区长
王　伟　天津港电力公司工程技术科副科长
邱锁亮　天津港务局设施处退休办干部
余厚新　天津港务局设施处水工市政所副所长
李俊峰　天津港房产公司工程科科长
崔国林　中国外轮理货总公司天津分公司理货员
张景舫　天津港务局党校教师
刘春秋　天津港务局驻津办事处干部
王治义　天津港口医院药剂科代主任
胡振杰　天津港通信导航公司线务所主任
栗凤进　天津港建设公司施工部干部
候居林　天津港港口服务公司维修部部长
张爱莅　女,天津港口管理学校教师
于连江　天津港货运公司货运部理货班班长
兰绍斌　中国天津外轮代理公司干部
金树成　天津港公安局刑警队一组组长

2. 先进集体(10个)

天津港一公司叉车队四组
天津港二公司装卸三队二组

天津港三公司装卸四队三组
天津港四公司工具库抓斗组
天津港五公司装卸一队七班
天津港集装箱公司机械一队三班
天津港轮驳公司津港轮 7 号
天津港储运股份有限公司接运场第一理货组
天津港电力公司五工区实验班
天津港港口服务公司华港饭店餐饮部

3. 先进企业(1 个)

天津港五公司

天津市总工会关于表彰“八五”立功活动的先进个人、集体和企业的决定

津工发〔1995〕54 号

去年以来,我市各条战线广大职工在市委的正确领导下,以邓小平同志建设有中国特色社会主义理论和党的十四届三中、四中全会精神为指导,紧紧围绕“抓住机遇、深化改革、扩大开放、促进发展、保持稳定”这一全党工作的大局,积极落实市委、市政府提出的各项奋斗目标,广泛深入地开展了以夺百杯为主题的“八五”立功活动,广大职工顾全大局,勇挑重担,立足本岗,乐于奉献,为推进我市改革开放和经济发展作出了重要贡献。为表彰在“八五”立功活动中涌现出的先进个人、集体和企业,市总工会决定授予孙丽华等 4565 名同志“八五”立功奖章,授予劝业场文化用品商场金笔组等 1232 个集体“八五”立功奖状,授予津京玻壳股份有限公司等 132 个企业“八五”立功奖杯。

市总工会希望受表彰的先进个人、集体和企业要戒骄戒躁,在今年开展的“比贡献、创最佳经济效益;比素质、创最佳岗位;比服务、创最佳窗口”为主要内容的“八五”立功活动中再创佳绩。全市职工要向“八五”立功先进人物和先进单位学习,继承和发扬工人阶级优良传统,积极投入改革开放和社会主义现代化建设的伟大实践,为加快天津经济发展,再创辉煌作出应有贡献。

天津市总工会
1995 年 4 月

附件:1994 年度“八五”立功先进个人、集体和企业名单

1. 先进个人(51 名)

周建明　天津港一公司装卸一队副队长
徐慧生　女,天津港一公司铲车队班长
于　江　天津港一公司装卸三队队长
夏春生　天津港一公司调度室副主任
张成俭　天津港二公司门吊队队长
杨国栋　天津港二公司装卸一队队长
刘宝发　天津港二公司调度室主任
段善发　天津港二公司安质科科长
朱景勇　天津港二公司经营开发科副科长
胡士林　天津港二公司食堂队长
刘宝恩　天津港三公司党委书记、总经理
宋文洲　天津港三公司仓库工人
朱振山　天津港三公司流机队班长
常　胜　天津港四公司门吊队值班队长
边立贞　天津港四公司装卸三队七班班长
李顺祥　天津港四公司仓库库长
李生产　天津港四公司机械二队党支部书记
冯宝清　天津港五公司装卸二队队长
马贵宾　天津港五公司装卸一队七班班长
邓桂欣　天津港五公司调度室丙班值班主任
张友明　天津港六公司机电科副科长
孔祥瑞　天津港六公司固机队副队长
王永奎　天津港集装箱公司机械一队队长兼党支部书记
苏玉忠　天津港集装箱公司固修站党支部书记
刘晓明　天津港集装箱公司机电科干部
李世俊　天津港轮驳公司驳长
孔德义　天津港轮驳公司津港轮 16 号船长
韩文才　天津港轮驳公司津港轮 2 号船长
杨世樵　天津港储运股份有限公司总经理兼党委书记
魏同凯　天津港储运股份有限公司维修站站长兼党支部书记
张瑞福　中国船舶燃料供应天津公司总经理
刘占英　中国船舶燃料供应天津公司机务科科长
王　伟　天津港电力公司技术科科长
魏培林　中国外轮理货总公司天津分公司第一办事处理货员
崔国林　中国外轮理货总公司天津分公司理货员
陈学义　天津港机械厂工人
李俊峰　天津港房产公司工程科科长
李国建　天津港贸易公司部门经理

赵胜明　天津港口管理学校实习教师
乜贵生　天津港货运公司计划员
蒲凤鸣　天津港公安局一科科长
钱冬香　天津港口医院总护士长
王治义　天津港口医院药剂科主任
邱锁亮　天津港务局设施处退休办干部
田　明　天津港引航站站长助理
汪惠远　天津港建设公司干部
胡振杰　天津港通信导航公司线务所主任
陈国强　中国天津外轮代理公司干部
李德安　天津港务局党校教学部主任
林玉祥　天津港东方集装箱公司机械队队长
张云鹏　天津港东方集装箱公司作业部副经理

2. 先进集体(1个)

天津港三公司货运综合营业大厅

3. 先进企业(1个)

天津港务局

天津市总工会关于百名优秀经营(管理)者表彰决定

根据市总工会《关于在全市开展群众性“八五”立功夺杯赛活动的通知》精神,为进一步贯彻落实市委、市政府提出的各项战略任务,更好地调动厂长(经理)在“抓住机遇、深化改革、扩大开放、促进发展、保持稳定”的全党工作大局中充分发挥作用,打好扭亏增盈攻坚战,提高企业经济效益,在实现我市经济大发展中建功立业,市总工会在全市企事业单位中开展了评选百名优秀经营(管理)者活动。

经过企事业单位广大职工的民主推荐、区县局党委审查和各委员审核,市总工会常委会研究决定,授予中法合营葡萄酿酒有限公司总经理徐文恒等101名同志天津市优秀经营(管理)者荣誉称号(名单附后),并向他们颁发奖章和证书,以资鼓励。

希望受表彰的优秀经营(管理)者不辜负广大职工群众的信任和各级领导的殷切希望,开拓进取再立新功;希望你们保持荣誉,从全党的工作大局出发,紧紧依靠职工群众搞好生产经营、提高企业效益。热切希望全市各行各业、各条战线经营(管理)人员学习优秀经营(管理)者的经验、精神、意识和作风,使更多的优秀经营(管理)者涌现出来,为振兴经济作出应有的贡献。

附:天津市百名优秀经营(管理)者名单

天津市总工会
1995年4月10日

附件:天津市百名优秀经营(管理)者名单

刘宝恩　天津港二公司总经理

关于授予万志勇等99名同志“天津市职工技术明星”等荣誉称号的决定

为了贯彻落实党的十四届五中全会精神和市委、市政府“科技兴市”的战略方针,市总工会、市经委、交委、建委、商委、计委、科委、教委(原教卫委、第二教育局)、农委、市劳动局、市人事局、团市委自1994年10月起,在全市职工中广泛深入地开展了第二届“学绝技、创绝招、争做技术明星”活动。

在历时一年的学习培训和比武中,万志勇等99名同志,面临市场竞争的挑战,立足本职工作,努力提高自身素质,以高度的主人翁精神,在各自的工作岗位上,学科学、钻技术,掌握、创造出先进技艺和各种绝招、绝技,为提高企业的经济效益、促进两个文明建设作出了突出贡献。

经过自下而上的逐级选拔,并由有关技术部门认定,市第二届“学、创、争”活动领导小组审核,报市政府批准,决定授予万志勇等99名同志“天津市职工技术明星”称号,并以市政府名义颁发证书。劳动局经研究决定对其中技术岗位的工人,经区县局技师考核组织考评,可破格评定为技师和高级技师职称。市总工会授予上述技术明星“八五”立功先进个人、团市委授予其中35岁以下的54位技术明星“新长征突击手”荣誉称号。同时对天津市化工局等36个单位授予“学、创、争”活动优秀组织单位称号。

希望受表彰的百名技术明星和优秀组织单位,发扬成绩,再接再厉,争取更大光荣。希望全市广大职工学习技术明星刻苦钻研、拼搏进取、尊重科学、改革创新、立足岗位、敬业尽职、顾全大局、团结协作、谦虚谨慎、脚踏实地、艰苦创业、无私奉献的精神,为加快我市现代化建设作出新的贡献。

天津市“学、创、争”活动领导小组
1995年10月

附件:天津市第二届“学绝技、创绝招、争做技术明星”先进集体和个人名单

1. 天津市职工技术明星

王　莉　女,天津港二公司装卸司机

刘晓明　天津港集装箱公司电修工

天津市总工会关于1995年度“八五”立功先进个人、集体和企业的表彰决定

1995年是我市开展“八五”立功活动的最后一年,也是在天津经济快速发展中为实施“九五”计划准备工作的关键一年,各条战线广大职工、干部和科技人员积极贯彻落实党的十四届四中全会精神及市委、市政府提出的两上两突破各项战略任务。开展了以“比贡献、创最佳经济效益,比素质、创最佳岗位,比服务、创最佳窗口”为主要内容的“八五”立功竞赛活动。他(她)们在深化改革,扩大开放、促进发展、保持稳定中献计出力建功立业作出了积极贡献,涌现出一批先进模范人物。

为表彰他(她)们在活动中作出的突出贡献,市总工会决定:授予天津市汽车发动机制造厂工人牛世光等5193名职工“八五”立功先进个人荣誉称号;授予南开区道路管理所路工二队等1332个集体“八五”立功先进集体荣誉称号;天津力生制药有限公司等159个企业“八五”立功先进企业荣誉称号。并分别向他们颁发奖章、奖状和奖杯,以资鼓励。

市总工会希望受表彰的先进个人、先进集体和先进企业要继续发扬成绩,按照市委和市政府的要求在完成我市“九五”计划和2010年远景目标的任务中作出更大的贡献。希望全市各条战线广大工人和干部要认真学习他(她)们的先进思想和先进经验、继续广泛深入地开展“九五”立功活动,发扬我市工人阶级的聪明才智和特别能战斗的光荣传统,在推进我市的改革开放、经济发展和社会全面进步中作出更大的贡献。

天津市总工会

1995年4月22日

附件:1995年度“八五”立功先进个人、集体和企业名单

1. 先进个人(50名)

韩梦云　天津港一公司工人技师

夏春生　天津港一公司主任

于　江　天津港一公司队长

周建明　天津港一公司队长

张顺利　天津港二公司副队长

吴国强　天津港二公司队长

朱景勇　天津港二公司副科长

马四海　天津港二公司队长

刘宝恩　天津港二公司总经理

张成俭　天津港二公司队长

刘秋田　天津港三公司主任

朱振山　天津港三公司班长

张孝武　天津港三公司副队长

常　胜　天津港四公司队长

龚学健　天津港四公司副库长

李培琦　天津港四公司副库长

宋宝贵　天津港四公司队长

赵春生　天津港五公司队长

冯宝清　天津港五公司队长

马贵宾　天津港五公司班长

张友明　天津港六公司副科长

孔祥瑞　天津港六公司副队长

王永奎　天津港集装箱公司队长

苏玉忠　天津港集装箱公司党支部书记

刘晓明　天津港集装箱公司干部

林玉祥　天津港东方集装箱公司队长

徐建国　天津港务局设施处班长

王治义　天津港口医院主任

钱冬香　女,天津港口医院总护士长

魏培林　中国外轮理货总公司天津分公司理货员

刘占英　中国船舶燃料供应天津公司副科长

孔志良　中国船舶燃料供应天津公司船长

杨世樵　天津港储运股份有限公司总经理

魏同凯　天津港储运股份有限公司站长

阎锁令　天津港驻津办事处队长

吴学强　天津港南疆开发公司科长

王照峰　天津港机械厂经理

张省利　天津港引航站引航员

李润江　天津港贸易公司副经理

乔延海　天津港通信导航公司班长

王俊忠　天津港电力公司副科长

夏克泉　天津港轮驳公司大副

范为平　女,天津港轮驳公司科长

韩文才　天津港轮驳公司船长

董义枫　中国天津外轮代理公司业务员
姜文利　天津港公安局探长
乜贵生　天津港货运公司计划员
韩宝初　天津港实业公司经理
于汝民　天津港务局副局长
薛翎森　天津港集装箱公司副总经理

2. 先进集体(8个)

天津港一公司货运综合服务台
天津港一公司叉车队八组
天津港二公司焦炭联合QC小组
天津港四公司机械二队特车组
天津港六公司固机队维修班
中国外轮理货公司天津分公司第三理货办事处二班
天津港电力公司六工区主控运行组QC小组
天津港港口服务公司华港饭店

3. 先进企业(1个)

天津港务局

天津市总工会关于表彰1996年度“九五”立功先进个人、集体和企业的决定

津工发〔1997〕69号

1996年是我市改革不断深化,经济健康发展,实现“九五”计划的开局之年,也是深入开展“九五”立功群众活动的第一年。一年来,我市各条战线广大职工,以邓小平建设有中国特色社会主义理论和党的基本路线为指导,认真贯彻落实党的十四届五中、六中全会精神,紧紧围绕市委、市政府提出的“工作创一流,‘九五’高起步,实现翻两番”的目标要求,广泛开展了“以经济增实力,企业增效益,职工增收入”为主要内容的“九五”立功竞赛活动。广大职工发扬主人翁精神,艰苦奋斗,勇于进取,立足岗位,无私奉献,积极支持改革、参与改革,大力提高经济效益,努力推进精神文明建设,自觉维护社会安定,为加快我市发展,搞好两个文明建设,实现“九五”开好头、起好步作出了重大贡献,涌现出一批先进人物、先进集体、先进企业。

为了表彰在“九五”立功活动中做出突出成绩的个人和集体,市总工会决定,授予天津市色织四厂织布挡车工张继香等3775名职工为“九五”立功先进个人荣誉称号;授予一建建筑工程有限公司加工厂钢筋小圆组等813个集体为“九五”立功先进集体荣誉称号;授予天津市工业泵总厂等125个企事业单位为“九五”立功先进企业荣誉称号,并分别颁发奖章和奖牌,以资鼓励。

希望受表彰的先进个人、集体和企业,要发扬成绩,继续努力,认真落实市委、市政府的要求,在实现“九五”计划和2010年远景目标的实际工作中作出更大的贡献。希望全市各条战线的广大职工,要高举邓小平建设有中国特色社会主义理论伟大旗帜,以先进为榜样,学习他们的先进思想和模范事迹,发扬工人阶级的光荣传统,深入开展“九五”立功活动,为深化改革、加快发展,推进我市两个文明建设再立新功,充分发挥工人阶级的主力军作用。

天津市总工会
1997年4月27日

附件:1996年度“九五”立功先进个人、集体和企业名单

1. 先进个人(48名)

何　锋　天津港一公司货运科干部
夏春生　天津港一公司调度室主任
周建明　天津港一公司装卸一队队长
徐慧生　女,天津港一公司叉车队班长
陈顺义　天津港二公司装卸三队队长
宋镜华　天津港二公司仓库班长
胡士林　天津港二公司食堂队队长
孙永元　天津港二公司成组机械队党支部书记
张成俭　天津港二公司门吊队队长
王　莉　女,天津港二公司机械三队司机
张孝武　天津港三公司苫缆队副队长
高元锁　天津港三公司货运科副科长
冯德刚　天津港三公司装卸一队队长
常　胜　天津港四公司门吊队值班队长
富建平　天津港四公司机械二队技术员
李培琦　天津港四公司工具库副库长
寇德群　天津港四公司装卸二队党支部书记兼队长
赵明奎　天津港五公司副总经理
赵春生　天津港五公司流机队队长
冯宝清　天津港五公司装卸工艺科副科长
祁　虎　天津港五公司装卸二队队长
孔祥瑞　天津港六公司固机队副队长
张友明　天津港六公司机电科副科长
李宝元　天津港集装箱公司总经理
张洪歧　天津港集装箱公司装卸一队队长
付　强　天津港集装箱公司计划调度室主任
苏玉忠　天津港集装箱公司固修站车间工会主席

忻俊良　天津港轮驳公司津港轮1号轮机长
范为萍　女，天津港轮驳公司人事科科长
韩文才　天津港轮驳公司津港轮2号船长
魏培林　中国外轮理货总公司天津分公司第一办事处一班理货员
乜贵生　天津港货运公司计划员
贾晓雷　天津港通信导航公司无线科副科长
史建民　天津港务局供水管理所工人
王茜东　天津港务局业务处副处长
安国利　天津港东方集装箱公司机械队队长
孔志良　中国船舶燃料供应天津公司船长
程爱国　中国船舶燃料供应天津公司罐区党支部书记
王俊忠　天津港电力公司科长
钱冬香　女，天津港口医院总护士长
王治义　天津港口医院药剂科主任
苗珍云　女，天津港储运股份有限公司货运三队司机
陈金权　天津港储运股份有限公司司机
姜　波　天津港实业公司机务部技术员
吴学强　天津港南疆开发公司码头部经理
张省利　天津港引航站引航员
段旭辉　天津外轮代理公司计划调度室调度员
陈庆立　天津港职工培训中心教师

2. 先进集体(4个)

天津港一公司仓库
天津港四公司机械二队特车组
天津港六公司固机队
天津港集装箱公司机械一队三班

天津市总工会关于表彰“依靠职工搞好企业的优秀经营者”的决定

为了深入贯彻党的十五大精神，落实党的全心全意依靠工人阶级的指导方针，宣传树立全心全意依靠职工搞好企业的先进典型，进一步加强企业领导班子建设，促进企业的改革发展，市总工会决定，每两年组织一次评选“依靠职工搞好企业的优秀经营者”活动。此项活动自九七年开始第一次实施。在市委、市政府和各级党政领导的大力支持下，在企业职代会投票评选的基础上，经各区县局(总公司)工会组织推荐，区县局(总公司)党委和市委有关工委审查把关，由市总常委会组织考察决定对事迹突出的21名董事长、经理、厂长授予“依靠职工搞好企业的优秀经营者”称号，予以表彰并同时授予“九五”立功奖章。名单如下：

推荐药业有限公司　董事长：师春生
天津市华特包装机械有限责任公司第一分公司经理：张国维
天津泵业机械集团有限公司董事长、总经理：徐庆友
大港油田集团有限责任公司董事长、总经理：姚和清
天津汽车夏利股份有限公司内燃机制造分公司总经理：赵志杰
天津天一纺织集团有限公司　董事长：李宝明
天津市宇华制衣实业公司　总经理：龚文林
天津灯塔涂料股份有限公司　董事长：刘冠林
天津市天磁有限公司　董事长、总经理：林永宁
交通部第一航务工程局工程船舶机械修造厂厂长：张　智
天津港集装箱公司　总经理：李宝元
天津市电话局　局长：王学礼
天津二建建筑工程有限公司董事长、经理：李朋元
天津市房地产开发总公司　总经理：赵世铨
天津劝业场(集团)股份有限公司董事长、总经理：韩文彬
中国进出口天津公司纸箱厂　厂长：张福仙
天津市鸿起顺餐饮有限责任公司董事长、总经理：孙汝泉
天津市登瀛楼饭庄有限公司董事长、总经理：赵嘉祥
天津市豹鸣集团有限公司董事长、总经理：纪创新
天津市高达集团　董事长、总经理：高桐胜
天津市万达轮胎集团有限公司董事长、总经理：耿玉顺

希望这些被评为“依靠职工搞好企业的优秀经营者”，再接再厉，更加努力，保持荣誉，希望广大企业经营者以他们为榜样，向他们学习。希望广大职工继续支持他们的工作，更好地团结，共同为加快企业改革步伐，为天津的经济发展作出新的贡献。

天津市总工会
1998年3月

天津市总工会关于表彰1997年度“九五”立功先进个人、集体和企业的决定

津工发〔1998〕17号

1997年是极不平凡的一年,我国恢复对香港的行使主权和党的十五大胜利召开,极大地鼓舞和激励了全市各行各业职工以实际行动高举邓小平理论伟大旗帜,把建设有中国特色社会主义事业全面推向21世纪。一年来,各级工会组织职工全面落实市委、市政府提出的各项任务,推动我市改革开放和经济发展,促进社会全面进步,作出了重要贡献,涌现出一大批先进人物、先进集体和先进企业。

为了表彰在“九五”立功活动中做出突出成绩的个人和集体,市总工会决定,授予天津百货大楼股份有限公司电讯商场邱汝舜等3840名职工为“九五”立功奖章获得者荣誉称号;授予天津铁厂炼铁分厂高炉车间常日班等813个集体为“九五”立功先进集体荣誉称号;授予天津市工业泵总厂等125个企事业单位为“九五”立功先进企业荣誉称号,并分别颁发奖章和奖牌,以资鼓励。

希望受表彰的先进个人、集体和企业,要发扬成绩,带领广大职工拼搏进取,作出更大的贡献。希望全市各条战线的广大职工,要以邓小平理论为指导,认真贯彻落实党的十五大和市七次党代会精神,以先进为榜样,发扬工人阶级优良传统,深入开展“九五”立功活动,为推进我市两个文明建设建功立业,再立新功。

天津市总工会

1998年4月28日

附件:1997年度“九五”立功先进个人、集体和企业名单

1. 先进个人(34名)

何　锋　天津港一公司货运科干部
夏春生　天津港一公司调度室主任
曹　阳　天津港一公司班长
张成俭　天津港二公司门吊队党支部书记兼队长
吴国强　天津港二公司仓库库长
朱景勇　天津港二公司开发科副科长
张连生　天津港二公司装卸一队副队长
陈顺义　天津港二公司装卸三队队长
沈连岭　天津港二公司成组机械队副队长、工会主席
刘贵河　天津港三公司维修站站长
刘秋田　天津港三公司调度室主任
常　胜　天津港四公司动力站党支部副书记
富建平　天津港四公司机械二队副队长
李培琦　天津港四公司工具库副库长
赵春生　天津港五公司流机队队长
刘丙奇　天津港五公司固机队电工班班长
祁　虎　天津港五公司装卸二队队长
孔祥瑞　天津港六公司固机队副队长
张友明　天津港六公司机电科科长
常玉春　天津港集装箱公司机械三队队长
付　强　天津港集装箱公司计划调度室主任
郑洪顺　天津港轮驳公司津港轮7号船长
韩文才　天津港轮驳公司津港轮2号船长
徐树正　天津港东方集装箱公司总经理
安国利　天津港东方集装箱公司机械队队长
王俊忠　天津港电力公司科长
宋振营　天津港南疆开发公司石化码头部生产副经理
高庆国　中国船舶燃料供应天津公司机务科科长
魏培林　中国外轮理货总公司天津分公司第一办事处一班理货员
段旭辉　天津外轮代理公司计划调度室干部
钱冬香　女,天津港口医院总护士长
王治义　天津港口医院药剂科主任
乜贵生　天津港货运公司计划员
苗珍云　女,天津港储运股份有限公司货运三队司机

天津市总工会关于1998年度“九五”立功先进个人、集体和企业的表彰决定

津工发〔1999〕14号

1998年,全市各条战线广大职工高举邓小平理论伟大旗帜,认真贯彻党的十五大和市七次党代会精神,发挥工人阶级主力军作用,积极投身到以确保实现9%经济增长目标为主要内容的“九五”立功活动,为圆满完成市委、市政府确定的各项任务,推动我市改革开放和经济发展,促进社会全面进步作出了突出贡献。

为了表彰在“九五”立功活动中做出突出成绩的

个人、集体和单位，市总工会决定：授予天津百货大楼股份有限公司电讯商场营业员邱汝舜等3512名职工为98年度市级“九五”立功奖章获得者荣誉称号；授予公共交通三公司八路车队八路等717个班组为98年度市级“九五”立功先进集体荣誉称号；授予天津汽车夏利股份有限公司内燃机制造分公司等115个单位为98年度市级“九五”立功先进企业荣誉称号，并分别颁发奖章和奖牌，以资鼓励。

希望受表彰的先进个人、集体和企业，要发扬成绩，带领广大职工开拓进取，不断创新，取得更大成绩。希望广大职工要以“九五”立功先进个人和集体为榜样，发扬工人阶级优良传统，深入开展以“学先进，创一流，树立跨世纪主人翁形象”为主要内容的“九五”立功活动，立足本岗，扎实苦干，开拓创新，无私奉献，为实现天津跨世纪发展目标再立新功。

天津市总工会
1999年4月23日

附件：1998年度“九五”立功先进个人、集体和企业名单

1. 先进个人（45名）

何　锋　天津港一公司货运科干部
许国强　天津港一公司固机队钳工班班长
韩梦云　天津港一公司维修站工人
张云亭　回族，天津港一公司叉车队副队长
吴国强　天津港二公司仓库库长
杨国冬　天津港二公司装卸一队队长
朱景勇　天津港二公司开发科副科长
李佩芝　天津港二公司机械一队队长
李学旺　天津港二公司干部
贾秀龙　天津港二公司工艺科副科长
刘贵河　天津港三公司维修站站长
高元锁　天津港三公司货运科副科长
满德刚　天津港三公司流机队四班副班长
刘洪义　天津港四公司仓库副库长
孟卫根　天津港四公司调度室值班主任
寇德群　天津港四公司装卸二队队长
宋宝贵　天津港四公司机械二队队长
赵春生　天津港五公司流机队队长
张元龄　天津港五公司装卸工艺科干部
祁　虎　天津港五公司装卸二队队长
任学礼　天津港五公司技术员
孔祥瑞　天津港六公司固机队队长
裴根发　天津港六公司调度室副主任
张爱国　天津港集装箱码头公司机械一队工人
朱绍明　天津港集装箱码头公司计划调度室值班主任
沈　健　天津港集装箱码头公司机电科副科长
张　浩　天津港轮驳公司津港轮3号船长
刘跃山　天津港轮驳公司津港驳14号驳长
张瑞元　天津港电力公司电工
李金宝　天津港南疆开发公司石化码头部操作队副队长
张广春　中国船舶燃料供应天津公司津油3号轮船长
班善雨　中国船舶燃料供应天津公司津油9号轮船长
魏培林　中国外轮理货总公司天津分公司第一办事处一班理货班长
段旭辉　天津外轮代理公司船务部调度计划员
孔　军　大津外轮代理公司工会副主席
迟乃旗　天津港引航站调度科副科长
金树成　天津港公安局副大队长
王治义　天津港口医院药剂科主任
张世明　天津港货运公司业务员
李长青　天津港贸易公司旺贸储存场经理
邹　立　天津港建设公司干部
赵建国　天津港通信公司线务科调度员
钱平生　天津港务局设施处码头所副所长
徐芳禄　天津港集团股份有限公司储运分公司维修站工人
王　强　天津港集团股份有限公司储运分公司三队班长

2. 先进集体（4个）

天津港第二港埠有限公司装卸二队二组
天津港四公司机械二队特车组
中共天津港务局党校勤务组
天津港务局设施处供水管理所机电维修班

3. 先进企业（1个）

天津港集装箱码头有限公司

天津市总工会关于表彰1999年度“九五”立功先进个人、集体和单位的决定

津工发〔2000〕9号

1999年,在市委的领导下,全市职工深入开展了以“学先进、创一流、树立跨世纪主人翁新形象”为主题的“九五”立功活动。广大职工发扬主人翁精神,积极为推进改革、加快发展尽责处理,为促进我市经济发展和社会进步作出了贡献。为了大力弘扬先进,进一步调动广大职工的积极性和创造力,市总工会决定,对在1999年“九五”立功活动中做出突出成绩的个人、集体和单位予以表彰。授予天津拖拉机制造有限公司个人张太川等3388名职工“市级‘九五’立功奖章获得者”荣誉称号;授予和平区登瀛楼饭庄面点组等680个班组“市级‘九五’立功先进集体”荣誉称号;授予天津三建建筑工程有限公司等147个单位“市级‘九五’立功先进单位”荣誉称号,并分别颁发奖章、证书和奖牌。

希望受表彰的先进个人、集体和单位,要继续发扬成绩,开拓进取,不断创新,争取更大进步。希望全市广大职工要以他们为榜样,发扬工人阶级的优良传统,立足本岗,学赶先进,扎实苦干,无私奉献,为促进天津各项工作全面上水平,实现跨世纪发展目标再立新功。

天津市总工会

2000年4月30日

附件:1999年度“九五”立功先进个人、集体和单位名单

1. 先进个人(40名)

何　锋　天津港一公司货运科货运员
张云亭　回族,天津港一公司叉车队副队长
于永树　天津港一公司调度室综合计划员
翟树林　天津港二公司成机队队长
杨国冬　天津港二公司装卸一队队长
贾秀龙　天津港二公司工艺科副科长
王鹤青　天津港二公司货运科副科长
刘贵河　天津港三公司维修站站长
冯国权　天津港三公司货运科科长
满德刚　天津港三公司流机队司机
孟卫根　天津港四公司调度室值班主任
寇德群　天津港四公司装卸二队队长
宋宝贵　天津港四公司机械二队队长
赵春生　天津港五公司流机队队长
刘而琦　天津港五公司固机队班长
祁　虎　天津港五公司装卸二队队长
傅金标　天津港六公司总经理
孔祥瑞　天津港六公司固机队队长
裴根发　天津港六公司调度室副主任
李宝元　天津港集装箱码头公司总经理
沈　健　天津港集装箱码头公司机电科副科长
马全胜　回族,天津港集装箱码头公司调度室主任
张洪岐　天津港集装箱码头公司装卸一队队长
王　强　天津港集团股份有限公司储运分公司三队班长
蒋洪有　天津港电力公司维修基地主任、科长
阎荣光　中国船舶燃料供应天津公司津供水1号轮大副
王治义　天津港口医院药剂科主任
王景有　回族,天津港口医院口腔科主任
田　明　天津港引航站站长
张省利　天津港引航站引航员
张　浩　天津港轮驳公司津港轮3号船长
苏连川　天津港轮驳公司津港轮7号船长
史建民　天津港务局设施处供水所维修工
段旭辉　天津外轮代理公司船务部计划调度室主任
宋振营　天津港南疆开发公司石化码头部操作部经理
崔国林　中国外轮理货总公司天津分公司第四办事处二班理货员
乜贵生　天津港货运公司货代中心组长
田　静　女,天津港务局党校教师
张海平　天津港客运总公司副总经理
金树成　天津港公安局刑侦支队综合办公室主任

2. 先进集体(3个)

天津港第二港埠有限公司装卸一队
天津港六公司固机队
天津港南疆开发公司石化码头部操作部

天津市总工会关于表彰“优秀经营管理者标兵”的决定

津工发〔2000〕10号

为了深入贯彻党的十五大和党的十五届三中、四中全会精神,进一步把党的全心全意为人民服务的

宗旨、全心全意依靠工人阶级的根本指导方针落到实处，充分调动广大经营管理者和职工群众的积极性，促进企业的改革和发展，在市委、市政府的领导下，最近，市总工会在全市开展了评选“优秀经营管理者标兵”活动。在各区县局、总公司（集团）工会组织推荐、各级党委审查、企业职代会投票评选的基础上，市总工会决定，对张国维等54名经营管理者授予“优秀经营管理者标兵”的称号，并颁发奖牌和“九五”立功奖章。

市总工会要求全市各级工会，要大张旗鼓地宣传他们依靠职工群众办好企事业的先进事迹。号召广大经营管理者要向他们学习，切实尊重职工的主人翁地位，大力营造经营管理者与职工群众相互尊重、相互支持、相互合作，共同办好企事业的良好氛围。希望受表彰的同志再接再厉，团结带领广大职工群众，为加快天津的改革和发展，促进各项工作全面上水平作出新的更大的贡献。

天津市总工会
2000年4月30日

附件：优秀经营管理者标兵名单

李宝元　天津港集装箱码头公司总经理
高文禄　天津港五公司总经理
傅金标　天津港六公司总经理

天津市总工会关于表彰2000年度“九五”立功先进个人、集体和单位的决定

津工发〔2001〕5号

在过去的一年里，全市广大职工认真贯彻落实党的十五届四中、五中全会精神，按照市委“乘势而上、开拓创新、全面上水平”的工作基调，围绕结构调整、技术创新、对外开放三件大事，广泛开展了以“百万职工技术创新活动”为主要内容的“九五”立功活动。这一活动的开展，进一步调动了广大职工创新的积极性，为增强企业技术创新能力，提高职工队伍的科技素质，推动企业扭亏增盈，促进我市经济发展和社会进步发挥了重要作用，涌现出一大批先进个人、先进集体和先进单位。为了表彰在“九五”立功活动中做出突出成绩的个人、集体和单位，市总工会决定，授予2000名同志市级“九五”立功奖章获得者荣誉称号；授予489个班组（科室）市级“九五”立功先进集体荣誉称号；授予99个单位市级“九五”立功先进单位荣誉称号，并分别颁发奖章、奖牌和证书。

市总工会希望受表彰的先进个人、集体和单位，要继续发扬成绩，开拓进取，为加快天津发展做出新的成绩。希望全市广大职工，要以先进为榜样，学习他们的先进思想、先进事迹，立足本岗，创先争优，继续深入开展为实现“十五”计划建功立业活动，在天津跨越式发展中充分发挥主力军作用。

天津市总工会
2001年4月24日

附件：2000年度“九五”立功先进个人、集体和单位名单

1. 先进个人（24名）

马　达　天津港一公司机电科技术员
纪鸿恩　天津港一公司装卸工艺科科长
李大鹏　回族，天津港二公司机电科副科长
杨文超　天津港二公司装卸工艺科干部
于劲松　天津港三公司固机队副队长
曹俊学　天津港三公司维修站副站长
李金泉　天津港四公司计算机室副主任
翟建军　天津港四公司机电科干部
安志家　天津港五公司机电科干部
刘洪志　天津港五公司天美车队队长
马会军　天津港六公司机电科副科长
金学智　天津港六公司固机队副队长
李太林　天津港集装箱公司技术部副科长
胡建军　天津港集装箱公司固修站副站长
陈宝金　天津港轮驳公司机务科干部
华　苓　天津港轮驳公司机务科干部
李捷平　天津港集团公司储运分公司技术部经理
武洪波　中国船舶燃料供应天津公司机务科干部
晏小乔　女，天津港通信公司技术科副科长
刘玉明　天津港信息中心干部
刘军民　天津港集团公司焦炭码头分公司副科长
李金宝　天津港南疆开发公司操作队副队长
宋国起　天津港电力公司二工区技术员
李心阳　中国天津外轮代理公司硬件管理员

2. 先进集体（3个）

天津港二公司工艺科小组
天津港四公司动力站“三八”电工班

天津港六公司固机队维修班

3. 先进单位(1 个)

天津港务局

天津市总工会关于表彰2001年度“十五”立功先进个人、集体和单位的决定

津工发〔2002〕7号

2001年,全市广大职工高举邓小平理论伟大旗帜,认真实践“三个代表”重要思想,紧紧围绕实现我市“十五”计划和跨越式发展的奋斗目标,立足岗位,开拓创新,以高度的主人翁精神和责任感,积极投身以百万职工技术创新活动为主要内容的“十五”立功活动,为增强企事业科技开放能力、市场竞争能力、抗御风险能力发挥了重要作用,为实现我市经济和社会发展作出了积极贡献,涌现出一大批先进个人、先进集体和先进单位。

为了表彰在“十五”立功活动中做出突出成绩的个人、集体和单位,市总工会决定,授予邱汝舜等1969名同志天津市“十五”立功先进个人荣誉称号;授予锻压机床总厂技术部等492个班组(科室)天津市“十五”立功先进集体荣誉称号;授予中远散货运输有限公司等133个单位天津市“十五”立功先进单位荣誉称号。命名《范玉恕项目管理8.5.15工作法》等10项职工优秀操作(工作)法,表彰天钢集团第二炼钢厂的转炉炉帽改造等100项职工技术创新优秀成果。

希望受表彰的先进个人、集体和单位,要以邓小平理论和“三个代表”重要思想为指导,认真贯彻市八次党代会精神,继续发扬成绩,与时俱进,力争上游,开拓创新,为加快天津发展和实现新世纪之初的奋斗目标作出新的贡献。希望全市广大职工,要以先进为榜样,学习他们的先进思想、先进事迹,立足本岗,创先争优,继续深入开展为实现“十五”计划建功立业活动,充分发挥工人阶级在推进天津跨越发展中的主力军作用,以优异的成绩迎接中国共产党十六大的胜利召开。

天津市总工会

2002年4月

附件:2001年度“十五”立功先进个人、集体和单位名单

1. 先进个人(22名)

柴越利　天津港一公司固机队副队长

张云亭　回族,天津港一公司叉车队副队长

李文学　天津港二公司工会主席

靳宝祥　天津港二公司散粮站工会主席

张德龄　天津港二公司机械一队队长

刘贵河　天津港三公司维修站站长

吴泉州　天津港三公司固机队副队长

汪　宝　天津港四公司机电科干部

闫长林　天津港四公司工会主席

高　旭　天津港五公司工会干部

赵春生　天津港五公司干部

马　利　天津港六公司工会办公室主任

凌文良　天津港六公司工会副主席

金学智　天津港六公司固机队副队长

马会军　天津港六公司机电科副科长

李太林　天津港集装箱公司机电副科长

李　坚　天津港集装箱公司固修站工段长

阎德顺　天津港轮驳公司机务科副科长

吴　军　天津港信息中心干部

刘军民　天津港集团公司焦炭码头分公司技术管理部经理

陈　健　天津港南疆开发公司干部

蒋洪有　天津港电力公司维修基地主任

2. 先进集体(3个)

天津港一公司专业工段

天津港四公司值机队维修班

天津港六公司固机队维修班

3. 先进单位(1个)

天津港务局

天津市总工会关于授予李绍育等“十佳”纪检监察干部“十五”立功先进个人称号的决定

2002年,我市各级纪检监察干部高举邓小平理论伟大旗帜,全面贯彻“三个代表”的重要思想,认真落实中央纪委和市委关于加强党风廉政建设,深入开展反腐败斗争的各项要求,围绕全市工作大局,以高度的政治责任感、强烈的进取意识和饱满的工作热情创造性地开展工作,圆满完成了2002年反腐倡廉的各项任务,有力地促进了我市改革、发展、稳定和各项事业的

蓬勃发展,涌现出一批优秀纪检监察干部。为弘扬正气、表彰先进、鼓舞斗志,激励广大纪检监察干部不断开拓奋进,再创新业绩,市总工会决定授予李绍育等“十佳”纪检监察干部市级“十五”立功先进个人称号并颁发“十五”立功奖章和证书。

市总工会希望全市广大纪检监察干部向受表彰的“十佳”纪检监察干部学习,认真贯彻党的十六大和市委八届三次全会精神,不断推进我市廉政建设和反腐败斗争深入开展,为实现天津“三步走”战略目标作出新的更大贡献。

天津市总工会
2003 年 1 月 16 日

附件:天津市 2002 年度“十佳”纪检监察干部名单

黑锦国　天津港务局纪委书记

天津市总工会关于表彰 2002 年度“十五”立功先进个人、集体和单位的决定

津工发〔2003〕9 号

在过去的一年里,全市各级工会组织和广大职工群众,在市委、市政府领导下,高举邓小平理论伟大旗帜,以“三个代表”重要思想为指导,认真贯彻党的十六大和市委八届三次全会精神,广泛开展了以“百万职工技术创新活动”为主要内容的“十五”立功活动,充分发挥广大职工的积极性、智慧和创造力,为增强企事业科技开放能力、市场竞争能力、抗御风险能力,提高职工队伍的科技素质,推动企业创效增盈,促进我市经济发展和提前实现“三五八十”奋斗目标作出了突出贡献,涌现出一大批先进个人、先进集体和先进单位。为了表彰在“十五”立功活动中作出突出成绩的个人、集体和单位,市总工会决定,授予 1995 名同志市级“十五”立功先进个人称号,其中,包括 94 名技术创新明星,94 名为职工服务贴心人,86 名职工艺术家,11 名“五一”新闻奖(一等奖)获得者;授予 492 个集体市级“十五”立功先进集体称号;授予 135 个单位市级“十五”立功先进单位称号;表彰 100 项技术创新优秀成果;对 8 名职工以个人姓名命名优秀操作(工作)法。对受表彰的先进个人、集体和单位分别颁发奖章、奖牌和证书。

市总工会号召受表彰的先进个人、集体、单位和全市广大职工,一定要用“三个代表”重要思想武装头脑,认真贯彻落实党的十六大和市委精神,发扬艰苦奋斗的优良传统,认清责任,振奋精神,与时俱进,扎实苦干,聚精会神搞建设,一心一意谋发展;一定要积极投身我市实现“三步走”战略目标的伟大实践中,最大限度地发挥工人阶级的积极性、智慧和创造力,立足岗位,勇于创新,团结一致,拼搏奋进,深入开展“十五”立功活动,为加快天津发展作出新的贡献;一定要不断提高职工队伍素质,积极投身职工素质工程,牢固树立正确的世界观、人生观、价值观,讲求职业道德,遵守职业纪律,不断增强学习能力、竞争能力和创新能力,掌握新知识,增强新本领,努力树立工人阶级的时代新形象。各级工会要认真履行基本职责,深刻认识新时期对职工队伍提出的新要求,准确把握新形势下职工队伍出现的新变化,精心组织,周密安排,不断深化职工素质工程和职工技术创新活动紧密结合,相互促进,在加强职工队伍建设上下工夫,在解决企业发展的重点、难点和关键点上用力气,不断提高职工技术创新活动的科技含量,为我市“三五二一”奋斗目标的实现,发挥工会不可替代的重要作用。

让我们高举邓小平理论伟大旗帜,以“三个代表”重要思想为指导,紧密团结在以胡锦涛为总书记的党中央周围,在市委的领导下,牢牢把握发展这个全党执政兴国的第一要务,务必保持谦虚谨慎、不骄不躁的作风,务必保持艰苦奋斗的作风,凝聚力量,开拓进取,为全面落实市委八届三次全会确定的任务而努力奋斗!

天津市总工会
2003 年 4 月

附件:2002 年度“十五”立功先进个人、集体和单位名单

1. 先进个人(20 名)

于永树　天津港一公司调度室副主任
贾爱红　女,天津港一公司仓库理货员
韩星国　天津港二公司工会干部
王玉富　天津港二公司装卸一队党支部书记
周月山　天津港三公司天乐劳务公司副经理、车间主任
齐铁磬　天津港四公司值机队队长
王义发　天津港五公司固机队队长
邵仕清　天津港五公司机电科干部
臧斗纯　天津港六公司工会主席
金学智　天津港六公司固机队副队长

李　坚　天津港集装箱公司零修工段固修站工段长
陈宝金　天津港轮驳公司技术部干部
许　晶　天津港轮驳公司工会干部
鞠景英　女,中国船舶燃料供应天津公司班长
李顺起　天津港电力公司工会主席
刘云祥　回族,天津港货运公司工会副主席
林志虹　女,天津港口医院功能检查科主任
刘军民　天津港集团公司焦炭码头分公司部门经理
贾志君　女,中国外轮理货总公司天津分公司部门经理
胡振杰　天津港通信公司线务科科长

2. 先进集体(5个)

天津港一公司工艺部技改技革攻关组
天津港二公司技术部
天津港三公司维修站修理二班
天津港集装箱码头公司操作部
天津港通信公司有线科话务班

3. 先进单位(1个)

天津港务局

天津市总工会关于天津市“职工艺术家”评选结果通报

为了进一步落实市委八届三次全会精神,繁荣我市职工文化事业,总结职工文化艺术优秀成果,激励广大职工骨干攀登艺术高峰,推进素质工程的深入开展,市总工会首次在全市开展了评选百名职工艺术家活动,目前评选工作已经结束。这项工作得到了广大职工的积极响应和有关专家、评委的大力支持,在各区县局、总公司认真做好组织发动工作的基础上,全市共推荐申报者131人,来自40个区县局系统,经过个人申报、基层推荐、专家评审、评委会审定、市总常委会批准,共评出音乐、舞蹈、戏剧、曲艺、美术、书法、摄影、文学等8个艺术项类的86名职工艺术家。根据市总工会《关于评选表彰天津市2002年度“十五”立功活动先进个人、集体和单位的通知》精神,对获得职工艺术家称号的同志,同时授予“十五”立功活动先进个人。(职工艺术家名单附后)

天津市总工会宣教部
2003年5月13日

附件:天津市“职工艺术家”名单

天津港第四港埠公司	贾万庆	职工美术家
天津港第五港埠公司	张宏义	职工美术家
天津港务局机关	王广荣	职工摄影家

天津市总工会关于表彰抗击“非典”先进集体和先进个人的决定

津工发〔2003〕19号

在市委、市政府的正确领导下,经过全市人民的共同努力,我市“非典”防治工作取得了阶段性的重大胜利。在这场抗击“非典”的斗争中,我市卫生系统干部职工以“三个代表”重要思想为指导,把保护人民身体健康和生命安全放在第一位,团结一致,忠于职守,不怕困难,勇往直前。面对生与死的考验,置个人安危于不顾,表现出敢于斗争、敢于胜利的大无畏英雄气概和优秀品质,为取得抗击“非典”胜利作出了突出贡献,涌现出一批可歌可泣的先进典型。各级工会组织和广大职工积极投身支前行动,整合资源,协同作战,做好各项保障工作,保证进驻“红区”医护工作者能全身心地投入抗击“非典”第一线,为天津战胜“非典”疫情作出了积极的贡献。为表彰在夺取抗“非典”和经济建设双胜利中作出了突出贡献的先进集体和先进个人,市总工会决定,授予天津市卫生防病中心SARS信息指挥中心等101个集体“十五”立功先进集体荣誉称号,授予天津市传染病医院孙晓荣等301名个人“十五”立功先进个人的荣誉称号,并分别颁发奖章、奖牌和证书。

希望受表彰的先进集体和先进个人,要再接再厉,拼搏进取,为夺取抗击“非典”的最后胜利再立新功。希望全市广大职工要以受表彰的先进集体和个人为榜样,顾全大局,无私奉献,立足岗位,勇于进取,以实际行动投身百万职工技术创新活动,为确保完成我市经济发展和社会进步各项任务,为实现天津“三步走”战略目标作出新的贡献。

天津市总工会
2003年8月13日

附件:

1. 抗击“非典”并授予“十五”立功先进个人(3名)

刘宝贵 天津港环境卫生处处长

赵月发 天津港港口服务公司代总经理

王艳波 女，天津港口医院传染科（发热门诊）护士长

2. 抗击“非典”并授予“十五”立功先进集体（1个）

天津港口医院传染科（发热门诊）

天津市总工会关于表彰2003年度“十五”立功活动先进个人、集体和单位的决定

津工发〔2004〕5号

2003年，是我市在提前实现“三五八十”四大奋斗目标之后，开始实施“三步走”发展战略的第一年，也是全市广大职工在市委领导下，艰苦创业、拼搏奋进，为顺利实现第一步战略目标取得突出成绩的一年。一年来，全市广大职工深入学习和贯彻“三个代表”重要思想，以市委八届三次、四次全会精神为动力，紧紧围绕实现我市“十五”计划和“三步走”战略目标，深入开展以百万职工技术创新为主要内容的“十五”立功活动，立足岗位，开拓创新，团结拼搏，勇于奉献，面对突如其来的“非典”疫情，坚持“两手抓”，勇夺双胜利，为加快天津发展，促进社会进步作出了积极的贡献，并涌现出一大批先进个人、先进集体和先进单位。

为了弘扬先进，进一步动员全市广大职工深入贯彻党的十六大精神，落实市委八届四次、五次全会提出的战略任务，加快实施“三步走”战略，天津市总工会决定，对评选出的2003年度“十五”立功先进个人、集体和单位予以表彰。授予1939位个人“十五”立功先进个人称号；授予497个班组（科室）“十五”立功先进集体称号；授予141个单位“十五”立功先进单位称号。这些先进个人、集体和单位，是我市改革开放和社会主义现代化建设中涌现出来的优秀典型，他们的先进事迹，集中体现了求真务实的精神，集中体现了爱岗敬业、脚踏实地的扎实作风，集中展现了包括进城务工人员在内的全市广大职工的时代风貌。市总工会希望，受到表彰的先进个人、集体和单位要保持荣誉，再接再厉，与时俱进，开拓进取，为加快天津发展再立新功。同时号召，全市各行各业的干部职工，要紧密团结在以胡锦涛同志为总书记的党中央周围，高举邓小平理论伟大旗帜，努力实践“三个代表”重要思想，树立和落实科学发展观，坚定信心，扎实工作。要广泛开展向“十五”立功先进个人、集体和单位的学习活动，学习他们胸怀全局、爱岗敬业、埋头苦干的优秀品质，学习他们开拓创新、奋发有为、无私奉献的崇高思想，为加快天津发展，实现“三步走”战略第二步目标，全面建设小康社会，共同开创更加美好的未来而努力奋斗！

天津市总工会

2004年4月23日

附件：2003年度“十五”立功先进个人、集体和企业名单

1. 先进个人（21名）

纪鸿恩 一公司工艺部部长

贾爱红 女，一公司理货员

沈连岭 二公司成机队队长

满德刚 三公司流机队班长

齐铁磬 四公司值机队队长

王杰民 四公司工会干部

王义发 五公司固机队队长

高　俊 五公司党委书记

沈　健 集装箱码头公司技术部副科长

苏连川 轮驳公司津港轮7号船长

孔祥瑞 煤码头操作一队队长

金学智 煤码头操作一队副队长

贾志君 女，外理公司业务部副经理

刘军民 焦炭码头公司技术部经理

鞠景英 女，燃供公司化验班班长

蒋洪有 电力公司维修基地主任

靳邦利 港口医院麻醉科主治医师

马会军 东突堤筹备组科长

张　刚 设施处工会主席

胡淑梅 女，港服公司工会主席

张建春 天津港务局安全监察处副处长

2. 先进集体（5个）

天津港一公司技术部流机运行组

天津港第二港埠公司技术部

天津港集装箱码头有限公司操作部

天津港焦炭码头公司操作部四队

天津港四公司“三八”电工班

3. 先进单位（1个）

天津港务局

天津市总工会关于授予李刚等87名同志天津市“十五”立功先进个人称号的决定

津工发〔2005〕4号

2004年,在市委、市政府的领导下,全市广大职工深入学习贯彻党的十六届三中、四中和市委八届五次、六次全会精神,树立和落实科学发展观,按照市委提出的“整体推进,协调发展,追求高水平,实现新跨越”的总体要求,为加快实施“三步走”战略第二步目标和“五大战略”举措,开拓创新,拼搏奉献,在天津市劳动和社会保障局、天津市总工会、共青团天津市委员会、天津市妇女联合会共同组织的2004天津市职业技能系列大赛中,广大职工“学技能、练苦功、提素质、强本领”的热情,涌现出一大批技术精干、勤学苦练、高人一筹、敢于拼搏的技术技能型人才。

为了表彰先进,进一步落实市委“人才强市”战略,深化职工素质工程和技术创新活动的开展,打造一批高素质、高层次、高技能人才队伍,努力使我市成为人才辈出人才聚集之地。根据《关于举办2004天津市职业技能系列大赛的通知》精神,天津市总工会决定,对荣获第七届中华技能大奖的天津钢管有限公司管加工厂高级技师李刚、第七届全国技术能手天津港煤码头有限公司操作三队队长技师金学智等24名同志和2004年天津市技术能手天津市机电工艺学院高级工崔昭国等63名同志授予天津市“十五”立功先进个人称号,并颁发奖章及证书。

天津市总工会希望受到表彰的先进个人、发扬成绩,再接再厉,与时俱进,不断提高创新能力,努力成为适应现代化建设要求的新型劳动者。同时号召,全市各行各业广大职工要向这些受到表彰的最佳个人典型,学习他们立足本职、扎实工作的优秀品质;学习他们开拓进取、奋发有为的崇高思想;学习他们争创一流、勇攀技术高峰的创新精神,认真贯彻落实党的十六届四中全会和市委八届七次全会提出的目标任务和总要求,努力适应新形势,抓住新机遇,再上新水平,为加快实施“三步走”战略,全面实现建设小康社会的宏伟目标作出新的贡献。

天津市总工会

2005年1月4日

附件:

1. 第七届全国技术能手称号

金学智　天津港煤码头有限责任公司操作一队副队长

2. 2004年天津市技术能手名单

段永春　天津港港埠一公司

史玉鹏　天津港港埠四公司

成卫东　天津港港埠一公司

张　林　天津港港埠二公司

贾云峰　天津港集装箱公司

梁凯利　天津港集装箱公司

王　磊　天津港港埠一公司

钱世军　天津港集装箱公司

天津市总工会关于表彰2004年度“建功立业先进女职工”、“女职工建功立业示范岗”、“女职工建功立业优秀组织单位”的决定

津工发〔2005〕6号

2004年是认真贯彻党的十六大精神,为全面建设小康社会,实现天津市“三步走”战略第二步目标努力奋斗的一年。在这一年里,各级工会女职工组织带领广大女职工高举邓小平理论和“三个代表”重要思想的伟大旗帜,坚持科学的发展观,认真学习贯彻党的十六届四中全会、市委八届六次、七次全会精神,紧紧围绕经济建设中心和工会工作大局,广泛开展“女职工建功立业工程”活动,积极投身改革开放和社会主义现代化建设,涌现出了一大批女职工建功立业先进个人和集体。为了充分调动和发挥广大女职工在加快天津发展和全面建设小康社会中的积极性、主动性和创造性,天津市总工会决定,授予赵春霞等92名同志“建功立业先进女职工”荣誉称号;授予天津市硅酸盐研究所BN项目组等49个集体“女职工建功立业示范岗”荣誉称号;授予天津港(集团)有限公司等10个女职工组织“女职工建功立业优秀组织单位”荣誉称号。

希望受到表彰的个人和集体,以此为动力,再接再厉,在全面建设小康社会的伟大实践中,再创新绩。各级工会女职工组织和广大女职工要以她们为榜样,学赶先进,争创一流,“适应新形势,抓住新机遇,再上新水平”。让我们紧紧团结在以胡锦涛同志为总书记的党中央周围,在市委、市政府的领导下,团结奋斗,开拓

进取,努力开创新时期工会女职工工作新局面,为全面建设小康社会,为促进天津发展,作出更大的贡献。

附:表彰名单

天津市总工会
2005年3月4日

附件:

1. 天津市"女职工建功立业先进女职工"并授予"十五"立功先进个人

马桂兰 天津港二公司货运市场部理赔员

陈翠荣 天津港建设公司设计室副主任

2. 天津市"女职工建功立业先进示范岗"并授予"十五"立功先进集体

天津港设施管理中心船闸管理所信号收费班

3. 天津市"女职工建功立业先进优秀组织单位"并授予"十五"立功先进集体

天津港(集团)有限公司女职工委员会

中共天津市委员会、天津市人民政府关于表彰天津市实施职工素质工程先进单位、知识型职工和优秀组织者的决定

为推进人才强市战略,实现市第八次党代会提出的宏伟目标和任务,我市从2002年开始,以一线职工为主要对象,在各系统企事业单位中全面实施了职工素质工程。两年多来,全市各有关单位坚持以邓小平理论和"三个代表"重要思想为指导,树立和落实科学发展观,认真贯彻落实市委、市政府批转的《天津市职工素质工程五年规划》,紧紧围绕加快天津发展这个中心,全面推进职工队伍素质建设,取得了很大成绩。全市广大职工以饱满的热情,积极投身到活动中,努力提高自身的思想觉悟,刻苦学习文化知识,钻研业务技能,在思想道德水准、科学文化水平、专业知识技能和现代心理素质等方面都有了明显提高,在推进我市经济社会发展中充分发挥了新时期工人阶级的主力军作用。

为了弘扬先进,进一步动员全市广大职工落实市委八届七次全会提出的各项任务,积极投身建设和谐天津的伟大实践,市委、市政府决定对在实施职工素质工程中作出突出成绩的先进单位和个人予以表彰,授予天津中鸥表业集团有限公司等107家单位天津市实施职工素质工程先进单位称号;授予李刚等15名职工天津市知识型职工标兵称号;授予张双清等133名职工天津市知识型职工称号;授予李希宏等10名同志天津市实施职工素质工程优秀组织者标兵称号;授予董如声等92名同志天津市实施职工素质工程优秀组织者称号。

市委、市政府希望受表彰的先进单位和个人发扬成绩,再接再厉,争取更大荣誉。全市各系统、各单位要以他们为榜样,深入扎实推进职工素质工程;全市广大职工要以他们为榜样,努力争做知识型、技能型的高素质职工。让我们紧密团结在以胡锦涛同志为总书记的党中央周围,高举邓小平理论和"三个代表"重要思想伟大旗帜,深入贯彻党的十六大和十六届三中、四中全会精神,求真务实,开拓进取,为加快实施"三步走"战略,构建和谐天津作出新的更大的贡献。

中共天津市委员会
天津市人民政府
2005年3月29日

附件:

1. 天津市知识型职工标兵(1名)

纪鸿恩 天津港一公司工艺部经理

2. 天津市知识型职工(2名)

曹岩春 天津港二公司门机队队长

王荣春 女,天津港口医院主任医师

天津市总工会关于表彰2004年度"十五"立功先进个人、集体、单位的决定

津工发〔2005〕10号

2004年,是我市经济建设和各项事业取得辉煌成就的一年。在市委领导下,全市广大职工高举邓小平理论和"三个代表"重要思想的伟大旗帜,认真贯彻党的十六届三中、四中全会和市委八届六次、七次全会精神,树立和落实科学发展观,积极投身加快实施"三步走"战略的伟大实践,立足岗位,拼搏奉献,深入开展了以百万职工技术创新为主要内容的"十五"立功活动,为我市在高台阶上加快发展、在高水平上实现新跨越作出了重大贡献,涌现出一大批"十五"立功先进个人、先进集体和先进单位。

为表彰先进,鼓舞斗志,进一步团结动员全市广大职工贯彻落实市委八届七次全会精神,适应新形势,抓住新机遇,再上新水平,为加快天津发展作出新的贡

献,市总工会决定,授予2000名职工天津市“十五”立功先进个人荣誉称号;授予499个班组(科室)天津市“十五”立功先进集体荣誉称号;授予143个单位天津市“十五”立功先进单位荣誉称号。

市总工会希望,受表彰的先进个人、先进集体和单位,要发扬成绩,再接再厉,进一步发挥骨干、带头作用,艰苦奋斗,勇于进取,为实现天津更快发展再立新功。市总工会号召,全市广大职工要向受表彰的先进个人、先进集体和先进单位学习,学习他们爱岗敬业、埋头苦干的主人翁精神,与时俱进、争创一流的创新开拓意识,艰苦奋斗、无私奉献的高尚品质,团结协作、奋发有为的团队作风,以先进为榜样,保持和发扬工人阶级的先进性,强化“高水平是财富、低水平是包袱”的发展理念,追求经济发展高水平,文化发展高品位,人的发展高素质的目标,积极参加职工素质工程和职工技术创新活动,最大限度地发挥积极性、主动性和创造性,为我市推动经济社会全面、协调、快速、可持续发展,建立社会主义新型劳动关系,充分发挥工人阶级的主力军作用。让我们更加紧密地团结在以胡锦涛同志为总书记的党中央周围,高举邓小平理论和“三个代表”重要思想的伟大旗帜,牢固树立和落实科学发展观,在市委领导下,胸怀全局,坚定信心,同心同德,拼搏奉献,为加快实现“三步走”战略第二步目标、全面构建和谐天津而努力奋斗。

天津市总工会

2005年4月27日

附件:2004年度“十五”立功先进个人、集体和单位名单

1. 先进个人(7名)

贾爱红　女,天津港一公司仓库理货员

王　莉　女,天津港二公司机械二队司机

刘贵河　天津港三公司维修站站长

桑东茂　天津港四公司工艺部经理

邵士清　天津港五公司技术部副经理

薛翎森　天津港集装箱码头公司总经理

陈宝金　天津港轮驳公司技术部干部

2. 先进集体(4个)

天津港焦炭码头公司技术管理部

天津港煤码头公司操作二队维修班

天津港电力公司维修基地二队实验班

天津港石化码头公司市场营销部

天津市总工会关于授予2005年度“十五”立功先进个人、集体、单位天津市五一劳动奖章、奖状的决定

津工发〔2006〕8号

2005年,是我市经济建设和各项事业取得辉煌成就的一年。在市委的领导下,全市广大职工以邓小平理论和“三个代表”重要思想为指导,认真贯彻落实党的十六届三中、四中、五中全会和市委八届七次、八次全会精神,树立和落实科学发展观,围绕加快实施“三步走”战略目标,充分发挥职工群众的积极性、主动性和创造性,广泛深入地开展了以百万职工技术创新为主要内容的建功立业活动,为加快天津发展,推动各项社会事业全面进步作出了突出贡献,涌现出一大批“十五”立功先进个人、先进集体和先进单位。

为了表彰先进,进一步团结动员全市职工,推进滨海新区开发开放,实现天津更快更好发展作出新的贡献,市总工会决定,授予1923名“十五”立功先进个人天津市五一劳动奖章;授予493个“十五”立功先进集体、142个“十五”立功先进单位天津市五一劳动奖状。

市总工会希望,受到表彰的先进个人、先进集体和先进单位,发扬成绩,再接再厉,积极进取,再创佳绩。市总工会号召,全市广大职工要向先进学习,认真落实市委八届九次全会精神,与时俱进,开拓创新,艰苦奋斗,扎实苦干,牢固树立“高水平是财富、低水平是包袱”的发展理念,坚持更高标准,追求更高水平,学赶先进,争创一流,站在新起点,再创新优势,实现新跨越,以更加出色的成绩,充分展现新时期工人阶级的时代作为,为全面实现“三步走”战略的宏伟目标作出新的更大的贡献。

天津市总工会

2006年4月27日

附件:2005年度“十五”立功先进个人、集体和单位名单

(注:本年度改称五一劳动奖状和劳动奖章)

1. 天津市五一劳动奖章先进个人(17名)

于永树　天津港一公司调度室副主任

李港有　天津港二公司机械一队队长

刘贵河　天津港三公司维修站站长

薛崇胜　天津港四公司调度室副主任
王义发　天津港五公司固机队队长
吴金妹　女,天津港五公司理货员
阎　武　天津港集装箱公司操作部经理
张国农　天津港轮驳公司轮17号轮机长
蒋洪有　天津港电力公司维修基地主任
张民茹　女,天津港监理公司技术质量部副经理
周　伟　天津港石化码头公司市场部经理
孔祥瑞　天津港煤码头公司操作一队队长
王玉国　天津港生服中心餐饮中心经理
王桂荣　女,天津港港口医院十病区护士长
高玉龙　天津港焦炭公司市场部经理
王　伟　天津港五洲国际公司总经理
王庆林　天津港(集团)有限公司党委组织部部长

2. 天津市五一劳动奖状先进集体(6个)

天津港二公司机械二队四组
天津港三公司维修站修理二班
天津港电力公司试验班
天津港货运公司船代部
天津港建设公司项目管理一部
天津港煤码头公司操作二队维修班

3. 天津市五一劳动奖状先进单位(1个)

天津港(集团)有限公司

天津市总工会关于授予2006年度天津市五一劳动奖章、五一劳动奖状的决定

津工发〔2007〕7号

2006年,是我市经济和社会发展取得显著成就的一年。在市委的领导下,全市广大职工坚持以邓小平理论和“三个代表”重要思想为指导,全面落实科学发展观和构建社会主义和谐社会的重大战略思想,深入贯彻党的十六届五中、六中全会和市委八届十次、十一次全会精神,紧紧围绕我市改革开放和现代化建设,推进滨海新区开发开放、实施“三步走”战略和五大战略举措,积极投身以百万职工技术创新、职工素质工程和“满意在天津”实践行为主要内容的建功立业活动,充分调动了广大职工的积极性、主动性和创造性,为促进我市经济发展和社会进步作出了突出贡献,涌现出一大批先进个人、先进集体和先进单位。

为了表彰先进,进一步团结动员全市广大职工,为加快推进滨海新区开发开放,实现天津又好又快发展作出新的贡献,市总工会决定,授予1471名个人2006年度天津市五一劳动奖章荣誉称号;授予427个集体、142个单位2006年度天津市五一劳动奖状荣誉称号。

市总工会希望,受到表彰的先进个人、先进集体和先进单位,发扬成绩,再接再厉,开拓进取,再创佳绩。市总工会号召,全市广大职工要向先进学习,进一步增强机遇意识、创新意识、实干意识,抓住加快滨海新区开发开放的难得历史性机遇,用创新的精神培植天津新的优势,科学巧干,埋头苦干,立足本岗,拼搏奉献,踊跃投入建设“十一五”、“五比一创”劳动竞赛和创建“工人先锋号”为载体的建功立业活动,充分发挥工人阶级的主力军作用,为实现天津科学发展、和谐发展、率先发展作出新的更大的贡献,以优异的成绩迎接市第九次党代会和党的十七大的胜利召开。

天津市总工会
2007年4月27日

附件:2006年度五一劳动奖状和劳动奖章名单

1. 先进个人(14名)

贾爱红　女,天津港一公司仓库理货员
李港有　天津港二公司机械一队队长
刘贵河　天津港三公司维修站站长
段江山　天津港四公司流机队队长
王义发　天津港五公司固机队队长
孔祥瑞　天津港煤码头公司孔祥瑞操作队队长
金学智　天津港煤码头公司操作二队队长
刘　峰　天津港公安局刑警支队副支队长
王玉国　天津港生服中心北疆餐饮公司经理
周　伟　天津港石化码头公司市场部经理
王桂荣　女,天津港港口医院护士长
张民茹　女,天津港监理公司业务部经理
李　伟　天津港(集团)有限公司规建部部长
苏现凯　天津港益港公司五洲集装箱装卸队队长

2. 先进集体(5个)

天津港煤码头公司孔祥瑞操作队维修班
天津港一公司固机队电工班
天津港集装箱公司固修站零修工段
中燃天津公司津油1号轮
天津港电力公司维修中心试验班

3. 先进单位(1个)

天津港(集团)有限公司

天津市总工会关于授予天津港北港池集装箱码头三期工程建设先进集体和个人天津市“工人先锋号”、五一劳动奖状、奖章的决定

津工发〔2007〕16 号

天津港北港池集装箱码头三期工程,作为天津市重点工程,是东疆保税港区的第一个特大型集装箱码头,是天津港开港以来投资规模最大的单项工程,是滨海新区“十一五”规划的核心工程,对推动滨海新区开发开放、建设中国北方航运中心和国际物流中心具有标志性意义,直接关系到区域经济协调发展的全局,关系到党中央战略决策的实现。该工程在全市率先启动了职工建功“十一五”重点工程“五比一创”劳动竞赛。自竞赛开展以来,广大员工以拼搏奉献,争创一流的精神,掀起了比、学、赶、超的竞赛热潮,通过比技术创新、比科学管理、比又好又快、比安全生产、比团队和谐、创精品工程,使工程提前两个半月完工,创造了又好又快的“滨海效率”。高标准、高水平地实现了安全、质量、效益、文明施工的各项目标。为表彰在这一工程中作出突出贡献的个人和集体,进一步推动全市重点工程“五比一创”劳动竞赛深入开展,市总工会决定,授予中交一航局一公司第十项目部天津市“工人先锋号”,授予中交一航局一公司第十项目部测量班、天津港监理公司北港池集装箱码头三期工程项目监理组天津市五一劳动奖状,授予孙立港、侯建飞、孟凡利、吴玉平、李德刚、贾树昌等 6 名同志天津市五一劳动奖章。

希望受到表彰的先进集体和个人,发扬成绩、珍惜荣誉、再创佳绩。希望全市各重点工程项目所有参建单位和员工,向受到表彰的先进个人和集体学习,进一步广泛深入地开展建功“十一五”、“五比一创”劳动竞赛活动,把重点项目建设成为国内领先、世界一流的精品工程,为实现天津科学发展、和谐发展、率先发展作出新的贡献,以实际行动迎接党的十七大的胜利召开。

附件:天津市“工人先锋号”获得集体、五一劳动奖状获得集体、五一劳动奖章获得者名单

天津市总工会

2007 年 9 月 29 日

附件:天津市“工人先锋号”获得集体、五一劳动奖状获得集体、五一劳动奖章获得者名单

1. 天津市“工人先锋号”获得集体

中交一航局一公司第十项目部

2. 天津市五一劳动奖状获得集体

中交一航局一公司第十项目部测量工段班

天津港北港池集装箱码头三期工程项目监理组

3. 天津市五一劳动奖章获得者

孙立港　天津港北港池集装箱码头三期工程总监理工程师

侯建飞　天津港建设公司项目三部经理

孟凡利　中交一航局一公司第十项目部常务副总经理兼总工程师

吴玉平　中交一航局一公司第十项目部测量工段工段长

李德刚　天津港航工程公司副总经理兼疏浚项目部经理

贾树昌　天津港北港池集装箱码头三期工程打桩 12 号船长

天津市总工会关于授予在天津港 25 万吨级航道工程中作出突出贡献先进集体个人和“工人先锋号”、五一劳动奖状、奖章的决定

津工通〔2007〕61 号

天津港 25 万吨级航道工程项目是推进滨海新区开发开放,加快天津港跻身世界一流大港的重点工程项目,对于增强天津港的核心竞争力,提升港口服务辐射功能,促进滨海新区和我市的快速发展有着深远的战略意义。

该项目建设施工监理单位,天津港集团有限公司和中交天津航道局有限公司工会积极响应市总工会号召,组织广大参建员工深入开展了建功“十一五”重点工程“五比一创”劳动竞赛,广大员工以拼搏奉献,争创一流的精神,掀起了比、学、赶、帮、超的竞赛热潮,通过比技术创新、比科学管理、比又好又快、比安全生产、比团队和谐、创精品工程,使工程提前 130 天又好又快地完成,创出了全国同行业超特大型工程完成工期最短;工程职工群众性技术创新项目最多;自航耙吸式挖泥船吹填造陆管线吹距最长等三项之最,高标准高水平地实现了项目安全、质量、效益、文明施工的各项目标,以实际行动为推进滨海新区开发开放作出了贡献。

为表彰在这一工程中作出突出贡献的集体和个人,进一步推动我市重点工程“五比一创”劳动竞赛深

入开展,市总工会决定,授予中交天津航道局有限公司天津港25万吨级航道工程项目天津市"工人先锋号";授予中交天津航道局有限公司津航浚109轮,中交天航局设研院天津港25万吨级航道疏浚工程测量项目组,天津港监理公司天津港25万吨级航道工程项目经理部等3个先进班组天津市五一劳动奖状;授予天津港25万吨级航道工程项目经理马长宏,天津港25万吨级航道工程管线工孔宝忠,津航浚109轮船长刘益明,天津港25万吨级航道工程总监理工程师李福凯等4名先进个人天津市五一劳动奖章。

希望受到表彰的先进集体和先进个人,要发扬成绩再接再厉,进一步发挥骨干带头作用,艰苦奋斗,勇于进取,为实现天津又好又快发展再立新功。市总工会号召,全市广大职工要向受到表彰的先进个人和集体学习,学习他们爱岗敬业、埋头苦干的主人翁精神,与时俱进、争创一流的创新开拓意识,艰苦奋斗、无私奉献的高尚品质,团结协作、奋发有为的团队作风,进一步广泛深入地开展建功"十一五"、"五比一创"劳动竞赛活动,把重点项目建设成为国内领先、世界一流的精品工程,为实现天津科学发展、和谐发展、率先发展作出新的更大的贡献。

天津市总工会

2007年12月19日

天津市总工会关于授予2007年度天津市五一劳动奖章、五一劳动奖状的决定

津工发〔2008〕12号

2007年,是我市加快滨海新区开发开放、着力推进经济社会又好又快发展的重要一年。一年来,全市广大职工在市委的领导下,坚持以邓小平理论和"三个代表"重要思想为指导,深入贯彻落实科学发展观,认真学习贯彻党的十七大精神,按照市第九次党代会部署,为加快推进滨海新区开发开放,实现我市经济社会又好又快发展,积极投身以百万职工技术创新、"五比一创"劳动竞赛和争创"工人先锋号"、争当"工人发明家"为主要内容的"建功'十一五'"活动,充分发挥了广大职工的积极性、主动性和创造性,为实现我市科学发展、和谐发展、率先发展作出了突出贡献,涌现出一大批先进个人、先进集体和先进单位。

为了表彰先进,激励全市广大职工为加快推进滨海新区开发开放、全面开创我市改革开放和现代化建设的新局面多作贡献,市总工会决定,授予1493名个人2007年度天津市五一劳动奖章荣誉称号;授予434个集体、145个单位2007年度天津市五一劳动奖状荣誉称号。

市总工会希望,受到表彰的先进个人、先进集体和先进单位,要保持荣誉,再接再厉,与时俱进,开拓进取,为天津发展再立新功。市总工会号召,全市广大职工,要向先进学习,学习他们与时俱进、争创一流的创新意识,学习他们爱岗敬业、脚踏实地的扎实作风,学习他们艰苦奋斗、无私奉献的高尚品质。以先进为榜样,全面贯彻党的十七大和十七届二中全会精神,深入贯彻落实科学发展观,认真学习贯彻胡锦涛总书记考察天津工作时的重要讲话精神,落实市委"一二三四五六"的奋斗目标和工作思路,深入开展"解放思想、干事创业、科学发展"大讨论活动,进一步认清形势,统一思想,凝聚力量,踊跃投入优质服务"迎奥运"、"五比一创"劳动竞赛和创建"工人先锋号"等为载体的建功立业活动,充分发挥工人阶级主力军作用,为实现天津科学发展、和谐发展、率先发展作出新的更大的贡献。

天津市总工会

2008年4月28日

附件:2007年度天津市五一劳动奖章先进个人和先进集体名单

1. 先进个人(15名)

马海舰　天津港一公司固机队队长
贾爱红　女,天津港一公司仓库理货员
董庆发　天津港二公司集装箱机械队队长
许树友　天津港三公司军粮城码头经理
段江山　天津港四公司流机队队长
张凤强　天津港五公司总经理助理
沈　健　天津港集装箱公司技术部科长
孔祥瑞　天津港中煤华能煤码头有限公司孔祥瑞操作队队长
张　利　天津港焦炭公司作业部经理
王玉国　天津港生服中心北疆餐饮分公司经理
蒋洪有　天津港电力公司施工部主任
张民茹　女,天津港监理公司业务部经理
张丽丽　女,天津港(集团)有限公司副总工
李尊一　天津港四公司津北劳务公司副经理
苏现凯　天津益港公司五洲集装箱装卸队副队长

2. 先进集体(6 个)

天津港第五港埠公司调度室

天津港监理公司业务部

天津港轮驳公司津港轮 19 号

天津益港劳务有限责任公司滚装操作部司机三班

天津港建设公司工程项目管理三部

天津港第四港埠公司维修总站“三八”电工班

天津市总工会关于向“安康杯”竞赛优胜企业颁发天津市五一劳动奖状的决定

津工发〔2008〕13 号

2007 年,在我市各级党委、政府的高度重视和有关部门的积极配合下,“安康杯”竞赛得到了各参赛企业的积极响应,竞赛活动步步推向深入。参赛企业达到 1420 家,参赛职工 65 万人。我市先后有 65 个单位 111 次荣获全国“安康杯”竞赛优胜企业。有 360 个企业荣获天津市级“安康杯”竞赛优胜企业。为表彰先进,激励全市企事业单位和职工不断创造安全生产佳绩,天津市总工会决定,授予连续五年荣获市“安康杯”竞赛优胜企业的天津第二市政公路工程有限公司、天津第五市政公路工程有限公司、中国石油化工股份有限公司天津分公司、天津天铁冶金集团有限公司、天津港(集团)有限公司、天津中新药业集团股份有限公司第六中药厂、天津市公路处天津市五一劳动奖状。

市总工会希望受表彰单位继续发扬成绩,再接再厉,不断取得新的成绩。同时也希望全市各参赛单位以他们为榜样,全面落实科学发展观,认真贯彻安全生产方针,坚持以人为本,为做好奥运会期间全市安全生产各项工作,确保全市的安全稳定,为天津科学发展、和谐发展、率先发展作出新的更大的贡献。

天津市总工会

2008 年 4 月 15 日

关于表彰天津市深化职工素质工程、推进“创争”活动先进集体和先进个人的决定

津职素字〔2008〕2 号

为全面贯彻党的十七大和胡锦涛总书记在同全国总工会新一届领导班子成员和中国工会十五大部分代表座谈时的讲话精神,进一步落实市委“一二三四五六”奋斗目标和工作思路,深入学习实践科学发展观,加快推进滨海新区开发开放,实现天津科学发展、和谐发展、率先发展,在市委、市政府的领导下,全市各系统各单位紧紧围绕推进天津又好又快发展这个中心,不断深化职工素质工程和“创建学习型组织,争做知识型职工”活动,全面推进职工队伍素质建设,取得了很大成绩。全市广大职工以饱满的热情,积极投身到活动中,不断提升思想道德素质、科学文化素质、专业知识技能和现代文明素质,学习力、创造力和创新力不断增强,在推进我市经济社会全面发展中充分发挥了新时期工人阶级的主力军作用。

为了弘扬先进,进一步动员全市广大职工认真落实市九次党代会提出的各项任务,积极投身推进天津发展的伟大实践,天津市职工素质工程领导小组决定,对在深化职工素质工程和“创争”活动中做出突出成绩的先进集体和先进个人予以表彰。授予邓卫华等 10 名职工天津市知识型职工标兵称号,授予邢伟等 90 名职工天津市知识型职工先进个人称号;授予天津钢铁有限公司炼钢厂高炉作业区等 10 个班组天津市学习型标兵班组称号,授予中国石化天津分公司芳烃部大芳烃车间运行乙班等 88 个班组天津市学习型先进班组称号;授予天津市电力公司滨海供电分公司等 10 家单位天津市学习型组织标兵单位称号,授予天津天铁冶金集团有限公司热力厂等 90 家单位天津市学习型组织先进单位称号;授予李玉田等 10 名同志天津市职工素质工程和“创争”活动优秀组织者称号,授予天津电装电机有限公司等 10 个单位天津市职工素质工程和“创争”活动优秀组织单位称号。天津市总工会决定,授予 10 家天津市学习型组织标兵单位和 10 个天津市学习型标兵班组天津市五一劳动奖状,授予 10 名天津市知识型职工标兵天津市五一劳动奖章。

希望受表彰的先进集体和个人发扬成绩,再接再厉,争取更大荣誉。全市各系统、各单位要以先进为榜样,扎实推进职工素质工程和“创争”活动,着力培养造就一大批知识型、技术型、创新型的高素质职工,不断推动我市职工队伍知识化进程。全市广大职工要向先进学习,坚持岗位学习、岗位创新、岗位成才、岗位奉献,赶超先进,争创一流,求真务实,开拓进取,做继续解放思想、锐意改革、创新时代先锋,当推动科学发展、促进社会和谐楷模,为加快推进滨海新区开发开放,实现天津科学发展和谐发展作出

新的更大的贡献。

天津市职工素质工程领导小组
2008年11月

附件:天津市学习型标兵班组
天津港第二港埠有限公司散粮站技术组

天津市总工会关于授予在抗震救灾工作中作出突出贡献的先进集体和个人天津市五一劳动奖状、奖章的决定

津工发〔2008〕16号

5·12四川汶川大地震发生以来,在党中央、国务院的坚强领导下,全市广大职工认真贯彻市委、市政府的决策部署,积极奔赴抗震救灾一线,为抢救人民生命财产、安置受灾群众、维护社会稳定以及生产、运输灾区急需物资等作出了突出贡献,涌现出一批"抗震救灾重建家园全国'工人先锋号'"和市级先进集体、先进个人。为了表彰先进,动员全市广大职工大力弘扬抗震救灾精神,进一步做好灾后恢复重建对口支援工作,全力投身经济社会发展,为夺取抗震救灾的全面胜利作出更大贡献。市总工会决定授予天津市电力公司抗震救灾医疗队等52个先进集体天津市五一劳动奖状荣誉称号;授予李立勇等109名先进个人天津市五一劳动奖章荣誉称号。

市总工会希望,受到表彰的先进集体和先进个人,发扬成绩,再接再厉,开拓进取,再创佳绩。市总工会号召全市广大职工,以受到表彰的先进集体和先进个人为榜样,发扬工人阶级不畏艰险的英雄气概和特别能吃苦、特别能战斗、特别能奉献的光荣传统,立足本职,扎实工作,团结奋斗,为夺取抗震救灾的全面胜利,实现天津科学发展、和谐发展、率先发展作出新的更大的贡献。

附件:1. 抗震救灾重建家园全国"工人先锋号"名单
2. 天津市抗震救灾五一劳动奖状先进集体名单
3. 天津市抗震救灾五一劳动奖章先进个人名单

天津市总工会
2008年7月4日

附件:
2. 天津市抗震救灾五一劳动奖状先进集体
天津港口医院抗震救灾医疗队
3. 天津市抗震救灾五一劳动奖章先进个人
丁尔勤　天津港口医院副院长

天津市总工会关于授予2008年度天津市职业技能竞赛优胜选手天津市五一劳动奖章的决定

津工发〔2009〕2号

为了贯彻落实市委、市政府"人才强市"战略,加快培养我市经济发展急需的技术技能型及知识技能型人才,造就一支高素质的技能人才队伍,在全市营造技能成才的良好社会氛围,促进经济社会又好又快发展,市劳动和社会保障局、市总工会、团市委、市妇联联合开展了"2008年天津市职业技能竞赛"活动,这一活动得到了各级党政领导的高度重视,广大职工踊跃参与,经过自下而上,层层选拔比赛,涌现出一大批优胜选手。经市总工会常委会研究决定,对荣获一类大赛前三名,二类大赛第一名的52名优胜选手授予天津市五一劳动奖章荣誉称号。

希望受表彰的优胜选手保持荣誉,再接再厉,与时俱进,开拓进取,以职业技能竞赛为契机,掀起学习技能、崇尚劳动、尊重创造的新高潮,为实现天津科学发展、和谐发展、率先发展作出新的更大的贡献。

附件:2008年天津市职工职业技能大赛优胜选手名单

天津市总工会
2009年1月5日

附件:2008年天津市职工职业技能大赛优胜选手名单(9名)

谷　波　门座起重机司机第一名,天津港第二港埠有限公司
樊　华　电动装卸机械修理工第一名,天津港第二港埠有限公司
王希全　内燃装卸机械修理工第一名,天津港物资供应有限责任公司
段永春　叉式装卸车司机第一名,天津港第一港埠有限公司
陈学勤　轮胎起重机司机第一名,天津港第一港

埠有限公司

成卫东　牵引车司机第一名,天津港第一港埠有限公司

朱宝升　岸边集装箱起重机司机第一名,天津东方海陆集装箱码头有限公司

崔　锴　轮胎式集装箱起重机司机第一名,天津集装箱码头有限公司

王永生　装卸机械电器修理工第一名,天津港第一港埠有限公司

天津市总工会关于授予2008年度天津市五一劳动奖章、五一劳动奖状的决定

津工发〔2009〕19号

2008年是极不平凡的一年,是应对非同寻常的重大考验,完成非同寻常的重大任务,在危机中抢抓机遇、在逆境中奋勇前进的一年。一年来,全市广大职工以邓小平理论和“三个代表”重要思想为指导,深入贯彻落实科学发展观,按照市第九次党代会的工作部署和市委“一二三四五六”的奋斗目标、工作思路,立足本岗,开拓创新,勇挑重担,争创一流,积极投身“五比一创”劳动竞赛、争创“工人先锋号”为主要内容的“建功‘十一五’”活动,为实现我市科学发展、和谐发展、率先发展作出了突出贡献,涌现出一大批先进个人、先进集体和先进单位。

为了表彰先进,激励全市广大职工为加快推进滨海新区开发开放、全面开创我市改革开放和现代化建设的新局面多作贡献,市总工会决定,授予1490名个人2008年度天津市五一劳动奖章荣誉称号;授予435个集体、149个单位2008年度天津市五一劳动奖状荣誉称号。

希望受到表彰的先进个人、先进集体和先进单位,发扬成绩,再接再厉,不断创造新业绩,作出新贡献。希望全市广大职工,要深入贯彻落实科学发展观,立足岗位,真抓实干,学赶先进,广泛深入开展“五比一创”劳动竞赛、创建“工人先锋号”等为载体的建功立业竞赛活动,充分发挥工人阶级主力军作用,为实现“保增长、渡难关、上水平”,打造新滨海、建设新天津、实现新跨越的目标,作出新的更大的贡献,以优异的成绩迎接新中国成立60周年。

天津市总工会

2009年4月20日

附件:

1. 天津市五一劳动奖章获得者名单(17名)

成卫东　天津港第一港埠有限公司拖头队三组班长

陈国栋　天津港第二港埠有限公司散粮站站长

宋　杰　天津港第三港埠公司固机队队长

樊春华　女,天津港第四港埠公司动力站“三八”电工班班长

张文渤　天津港第五港埠公司安全监察部经理

冯爱民　天津东方海陆集装箱码头有限公司经理

刘　东　天津港焦炭码头有限公司操作管理部经理

王学军　天津港生活服务中心北港池服务项目管理部经理

孟庆丰　天津港电力公司工程部经理

李云华　天津港轮驳有限公司津消拖20号船长

张　俊　天津港工程监理咨询有限公司监理部副经理

胡　宁　天津港港务设施管理中心码头管理所副所长

王荣春　女,天津港口医院科妇产科主任

王　忠　天津五洲国际集装箱码头有限公司操作部调度经理

尚　军　天津港环保卫生管理中心绿化科科长

贾志君　女,天津外轮理货有限公司信息部经理

高学辉　天津益港劳务有限责任公司海陆综合队工人

2. 天津市五一劳动奖状先进集体名单(6个)

天津港第一港埠公司固机队电工班

天津港第二港埠公司散粮站技术组

天津港第四港埠公司固机队二组

天津港第五港埠公司调度室

集装箱码头公司机械一队甲班

电力公司施工部实验班

3. 天津市五一劳动奖状先进单位名单(2个)

天津港(集团)有限公司

天津港第五港埠有限公司

天津市总工会关于授予第二届天津市“工人发明家”、“职工先进操作(工作)法”先进个人和集体天津市五一劳动奖章、奖状的决定

津工发〔2009〕40号

为进一步贯彻落实市委提出的加快构筑“三个高地”、全力打好“五个攻坚战”的要求，全市广大职工充分发挥技术创新、发明创造的积极性、主动性，在推动全市经济技术创新活动的深入广泛开展，提高职工技术素质和推动企业技术进步等方面作出了突出的贡献，创造了一流的业绩和效益，涌现出一大批立足岗位，自主创新的“工人发明家”、“职工先进操作(工作)法”的先进个人和集体。

为了表彰先进，激励广大职工为建设创新型企业和创新型城市多作贡献，经市总工会常委会研究决定，授予天津天纺投资控股有限公司刘生友等18名“工人发明家”、天津港焦炭码头有限公司高卫东等22名“职工先进操作(工作)法”主要完成人天津市五一劳动奖章荣誉称号；授予天津一商友谊股份有限公司友谊商厦IT部天津市五一劳动奖状荣誉称号。

希望受表彰的先进个人和集体，要保持荣誉，再接再厉，与时俱进，开拓进取，为天津又好又快发展再立新功。市总工会号召，全市广大职工，要向先进学习，学习他们攻坚克难、争创一流的创新意识，学习他们爱岗敬业、脚踏实地的扎实作风，学习他们艰苦奋斗、无私奉献的高尚品质，不断提升我市职工队伍的整体素质，增强创新意识和创新能力，坚持更高标准，追求更高水平，为推进滨海新区成为科学发展的排头兵和示范区、全面开创我市改革开放和现代化建设的新局面多作贡献。

附件：1. 授予“工人发明家”、“职工先进操作(工作)法”天津市五一劳动奖章名单

2. 授予“职工先进操作(工作)法”天津市五一劳动奖状名单

天津市总工会

2009年12月2日

附件：

1. 授予“工人发明家”、“职工先进操作(工作)法”天津市五一劳动奖章名单(2人)

崔政林　天津港第一港埠有限公司

高卫东　天津港焦炭码头有限公司

天津市总工会关于授予2009年度天津市五一劳动奖章、五一劳动奖状的决定

津工发〔2010〕14号

2009年，是天津发展进程中非同寻常的一年，是积极应对国际金融危机严峻挑战，攻坚克难，奋力拼搏，取得显著成绩的一年。一年来，全市广大职工在市委、市政府的领导下，全面贯彻党的十七大和十七届四中全会精神，坚持以邓小平理论和“三个代表”重要思想为指导，深入贯彻落实科学发展观，按照市委九届六次、七次全会的工作部署，为实现“保增长、渡难关、上水平”的任务目标，积极投身以职工技术创新、发明创造、节能减排、“五比一创”劳动竞赛和争创“工人先锋号”、争当“工人发明家”为主要内容的“建功‘十一五’”献计出力活动，充分调动和发挥了广大职工的积极性、主动性和创造性，为天津经济社会又好又快发展作出了突出贡献，涌现出一大批先进个人、先进集体和先进单位。

为鼓励先进，大力弘扬中国工人阶级的伟大品格，进一步团结动员全市广大职工在加快经济发展方式转变，实现天津又好又快发展中建功立业，市总工会决定，授予1491名个人2009年度天津市五一劳动奖章荣誉称号；授予441个集体、148个单位2009年度天津市五一劳动奖状荣誉称号。

市总工会希望，受到表彰的先进个人、先进集体和先进单位，要保持荣誉，再接再厉，与时俱进，开拓进取，再立新功。市总工会号召，全市广大职工，要以先进为榜样，深入贯彻市委九届七次全会精神，以构筑“三个高地”，打好“五个攻坚战”为着力点，充分发挥工人阶级主力军作用，进一步增强危机意识、创新意识、责任意识，立足岗位，争先创优，为实现“调结构、促转变、增实力、上水平”的目标任务作出新的更大的贡献。

天津市总工会

2010年4月20日

附件:2009 年度天津市五一劳动奖章、奖状获得者名单

1. 天津市五一劳动奖章获得者名单(17 名)

成卫东　天津港第一港埠有限公司拖头队班班长

郭秀莉　女,天津港第二港埠有限公司组织部部长

宋　杰　天津港第三港埠公司固机队队长

刘雨庭　天津港第四港埠有限公司总经理助理

李　晓　天津港第五港埠有限公司调度室主任

荆国春　天津港集装箱码头有限公司固修站工段长

李云华　天津港轮驳有限公司津港消拖 20 船长

胡　宁　天津港设施管理中心码头管理所所长

孟庆丰　天津港电力公司工程部经理

任莉莉　女,天津港石化码头有限公司人企部经理

朱连义　天津港中煤华能煤码头有限公司技术部经理

周培匀　天津港焦炭码头有限公司作业部值班调度主任

张　俊　天津港工程监理咨询有限公司监理部副经理

张东菊　女,天津港口医院神经内科主任

高文军　天津五洲国际集装箱码头有限公司运行队主管

陆有宝　天津港国际物流发展有限公司总经理助理

高学辉　天津港劳务发展有限公司益港公司海陆公司装卸桥司机

2. 天津市五一劳动奖状先进集体名单(6 个):

天津港生活服务中心集团大楼服务部

天津港职工培训中心培训部

天津港劳务发展有限公司五洲装卸队四班

天津港建设公司项目三部

天津港联盟国际集装箱码头有限公司技术部

中国天津外轮代理有限公司报关行

3. 天津市五一劳动奖状先进单位名单(2 个):

天津港(集团)有限公司

天津港第五港埠有限公司

十、天津港历次受全国总工会表彰的工会工作先进集体和个人名单

1957 年全国工会积极分子名单

于鸿珊　塘沽作业区财务股出纳员

中华全国总工会关于表彰先进基层工会、先进工会小组、优秀工会工作者和优秀工会积极分子的决定

从中国工会第九次全国代表大会以来,在恢复和发展工会工作的过程中,全国涌现出一大批先进工会集体和优秀工会工作者。他们遵循党的十一届三中全会以来的路线,努力贯彻执行党的工人运动方针,维护职工的合法权益,提高职工的政治、文化、技术素质,团结和组织广大职工积极参加社会主义物质文明和精神文明建设,作出了优异的贡献;他们急职工之所急,想职工之所想,任劳任怨,热情为群众服务,成了可信的“职工之友”,工会被誉为温暖的“职工之家”。他们是工运战线上的排头兵、好榜样。为了表彰先进集体和先进工作者的卓越成绩,发挥先进榜样的作用,推动我国工会沿着党中央指引的方向取得更大的成就,中华全国总工会决定在召开中国工会第十次全国代表大会之际,对 115 个先进基层工会、990 个先进工会小组颁发奖旗,对 1114 名优秀工会工作者、8840 名优秀工会积极分子颁发奖章和证书。

党的十二大已经向全国人民指明了建设有中国特色的社会主义道路,提出了全面开创社会主义现代化建设新局面的战斗纲领,工会十大进一步明确了新时期工人运动和工会工作的方针、任务。中华全国总工会号召全国先进工会集体和优秀工会工作者、优秀工会积极分子谦虚谨慎、戒骄戒躁,再接再厉,为开创工人运动的新局面作出新的贡献;号召全国工会组织和工会工作者向先进工会集体、优秀工会工作者学习,振奋精神,开拓前进,团结和带领广大职工为实现党的十

二大提出的宏伟目标,把我国建设成为现代化的,高度文明、高度民主的社会主义国家而努力奋斗。

中华全国总工会
1983 年 10 月

附件:全国工会第十次代表大会表彰名单

1. 全国先进基层工会

第一作业区工会

2. 全国先进工会小组

机械修理厂第二车间电磁吊工会小组

3. 全国优秀工会工作者

李贵庭　修建公司工会主席

4. 全国优秀工会积极分子

史福春　第五作业区维修站车间工会主席

何绍文　第一作业区车间工会主席

王顺利　第二作业区体协委员

中华全国总工会关于表彰全国模范职工之家、模范职工小家、优秀工会工作者、优秀工会积极分子和荣誉工会积极分子的决定

中国工会"十大"以来,各级工会组织和广大工会干部、工会积极分子,坚持以经济建设为中心,把立足点放到加强基层工会工作上来,广泛深入地开展了"整顿工会基层组织,建设职工之家"活动。

历时四年的"整顿建家活动",起到了抓基层,打基础,促改革的重要作用。对提高工会干部队伍的素质,加强工会基层组织建设和基层民主管理,为职工办实事、办好事,丰富基层群众活动,都有明显成效。在这项广泛持久的活动中,涌现了一大批深为职工信赖的先进工会基层组织,涌现了一大批深受职工爱戴的优秀工会工作者和优秀工会积极分子。为了总结经验,表彰先进,进一步推进工会改革,使工会在改革和四化建设中发挥更大的作用,全国总工会决定,授予北京内燃机总厂工会委员会等 237 个基层工会模范职工之家称号;授予曹鸿典等 621 名同志优秀工会工作者称号,授予邬祥惠等 971 名同志优秀工会积极分了称号。

全国总工会希望,受到表彰的先进基层工会和先进个人,谦虚谨慎,再接再厉,进一步增强基层的活力,争取作出更大的贡献。

全国总工会号召,各级工会组织、工会干部和广大工会积极分子,向受表彰的先进基层工会和先进个人学习,坚持把工会工作重点放在基层,组织和带领广大职工紧紧地团结在党的周围,同心同德,破浪前进,为建设社会主义商品经济新秩序,为建设具有中国特色的社会主义,为"实现四化,振兴中华"而努力奋斗。

中华全国总工会
1988 年 10 月

附件:全国工会第十一次代表大会表彰名单

全国优秀工会积极分子

黄淑兰　女,港埠三公司后勤车间工会主席

中华全国总工会关于表彰全国模范职工之家、模范职工小家、优秀工会工作者、优秀工会积极分子和荣誉工会积极分子的决定

工会十一大以来,全国基层工会组织在邓小平同志建设有中国特色社会主义理论指导下,在各级党委的正确领导和各级行政的大力支持下,认真贯彻执行党的基本路线和工会十一大确定的新时期工会工作方针,广泛开展了建设"职工之家"活动,推动了工会工作的扎实开展,促进了工会维护、建设、参与、教育等各项社会职能的全面履行,从而推进了改革开放、经济发展和社会稳定。在开展创建"职工之家"活动和开展工会各项工作中,基层工会组织和广大工会干部、工会积极分子,坚持以经济建设为中心,与党政一起,群策群力,开拓进取,为本单位搞好生产建设和改革发挥了重要作用。同时,注意正确处理国家、企业、职工个人三者利益关系,维护职工群众的合法权益,较好地发挥了工会组织的作用,涌现了一大批深受广大职工群众信赖和拥护的先进集体和先进个人。几年来,各级党政组织和领导,认真贯彻落实中共中央《关于加强和改善党对工会、共青团、妇联工作领导的通知》精神,重视群众工作,加强民主管理,涌现出了一批热情关心和支持工会工作的党政领导干部。

为表彰在工会工作中作出优异成绩的先进集体和先进个人,中华全国总工会决定:授予北京燕山石化公司工会等 513 个单位全国模范职工之家称号;授予北京第一机床厂加工二分厂主轴班工会小组等 971 个单

位全国模范职工小家称号;授予北京牡丹电子集团公司工会主席金兆贵等556名同志全国优秀工会工作者称号;授予北京矿务局杨坨煤矿四段工会主席赵福利等658名同志全国优秀工会积极分子称号;授予北京化学工业集团公司党委书记曹印修等242名同志全国荣誉工会积极分子称号。

全国总工会希望全国模范职工之家、模范职工小家、优秀工会工作者、优秀工会积极分子和荣誉工会积极分子继续发扬成绩,再接再厉,进一步团结广大职工群众,坚定不移地贯彻落实党的十四大和工会十二大精神,把工会工作提高到一个新水平,为大家树立新的学习榜样。

全国总工会号召全国各级工会组织和广大工会干部、积极分子,向先进集体和先进个人学习,全面贯彻执行党的基本路线,大力提高工会工作整体水平,在改革开放和社会主义现代化建设中,充分发挥工人阶级主力军的作用,更好地把党的全心全意依靠工人阶级的根本指导方针落到实处;深入开展建设"职工之家"活动,努力增强基层工会活力,不断增强工会的凝聚力、吸引力,团结和带领广大职工群众为实现党的十四大提出的宏伟目标和工会十二大提出的各项任务而努力奋斗。

中华全国总工会
1993年10月

附件:全国工会第十二次代表大会表彰全国模范职工小家名单

轮驳公司轮7号工会小组

中华全国总工会关于表彰全国优秀工会干部和优秀工会积极分子的决定

改革开放以来,各级工会组织和广大工会工作者,在邓小平同志建设有中国特色社会主义理论和党的基本路线指引下,紧紧围绕经济建设这个中心,认真贯彻执行新时期党的工作方针,团结和动员广大职工积极投身改革,推进改革,在社会主义物质文明和精神文明建设中,作出了重大贡献,涌现出一大批优秀工会干部和优秀工会积极分子。

为了表彰他们的先进事迹,宣传他们的先进经验,激励广大工会工作者继承和发扬工会组织的优良传统,更好地完成新时期工会的各项任务,全国总工会决定,在纪念中华全国总工会成立七十周年之际,授予董守祯等535名同志全国优秀工会干部称号,授予崔治安等995名同志全国优秀工会积极分子称号。希望受到表彰的优秀工会干部和优秀工会积极分子,谦虚谨慎,再接再厉,奋发进取,在各自的岗位上努力工作,做出新的业绩。

全国总工会号召,各级工会组织和广大工会工作者要认真学习他们的先进事迹和经验,胸怀全局,立足本职,埋头苦干,扎实工作,以贯彻实施《劳动法》为契机和突破口,带动工会的各项工作,推动工会的自身改革和建设,努力把工会工作提高到一个新水平,在改革、发展、稳定中更好地发挥作用。在以江泽民同志为核心的党中央的领导下,团结和动员全国职工在改革开放和社会主义现代化建设中作出更大贡献!

中华全国总工会
1995年4月30日

附件:全国优秀工会积极分子名单

胡仲瑜　港埠二公司工会经费审查委员会主任

中华全国总工会关于表彰全国模范职工之家、模范职工小家、优秀工会工作者、优秀工会积极分子、荣誉工会积极分子和全国模范县(市区)工会、先进县(市区)工会的决定

中国工会十二大以来,全国各级工会在党的领导下,以邓小平理论为指导,努力贯彻党的全心全意依靠工人阶级的指导方针,落实工会工作总体思路,突出工会的维护职能,全面履行各项社会职能,动员和组织广大职工群众,为深化改革、促进发展、维护稳定,作出了积极贡献。

在开展建设"职工之家"的活动中,全国广大基层工会以贯彻实施《劳动法》为契机和突破口,不断赋予建设"职工之家"活动以新的内容,在坚持全心全意依靠职工办好企事业,坚持职工代表大会制度,推行平等协商和签订集体合同制度方面取得突破性进展,为推动企事业的改革和发展发挥了积极作用,涌现了一大批深受广大职工群众信赖和拥护的先进集体和先进个人。

随着新经济组织的迅猛发展和国有小企业改革不

断深化，县（市、区）工会工作日益繁重。全国广大县（市、区）工会在党委的领导和政府的支持下，振奋精神，开拓进取，积极开展工作，为职工群众做了大量的好事实事，促进了地方经济发展和社会进步。其中涌现出一批取得显著成绩的县（市、区）工会。

工会工作离不开党的领导和政府（行政）的支持。五年来，工会工作得到各级党政领导的重视和支持，涌现出一批高度重视、热情关心和积极支持工会工作的党政领导干部。

为表彰在工会工作中作出优异成绩的先进集体和先进个人，激励广大干部为推动工会工作，促进两个文明建设多作贡献，全国总工会决定，授予北京开关厂工会等650个单位全国模范职工之家称号；授予首都钢铁公司炼铁厂三高炉车间分工会等992个单位全国模范职工小家称号；授予北京汽车工业集团总公司工会副主席刘晓茂等792名同志全国优秀工会工作者称号；授予北京第一机床厂加工二分厂工会主席王振江等549名同志全国优秀工会积极分子称号；授予北京红星酿酒集团公司经理张庆水等260名同志全国荣誉工会积极分子称号；授予北京市大兴县总工会等31个县（市、区）工会全国模范县（市、区）工会称号；授予北京市顺义县总工会等88个县（市、区）工会全国先进县（市、区）工会称号。

全国总工会希望荣获全国模范职工之家、模范职工小家、优秀工会工作者、优秀工会积极分子、荣誉工会积极分子和全国模范县（市区）工会、全国先进县（市区）工会称号的单位和个人，再接再厉，奋发进取，争取更大成绩。

全国总工会号召全国各级工会组织和广大工会干部、积极分子，向先进集体和先进个人学习，在发展社会主义市场经济过程中，坚定不移地贯彻落实全心全意依靠工人阶级的指导方针，胸怀全局，扎实工作，不断提高工会工作整体水平，增强工会的凝聚力、吸引力，努力探索中国特色社会主义工会工作新路子；在以江泽民同志为核心的党中央领导下，高举邓小平理论伟大旗帜，深入贯彻落实党的十五大精神，团结动员广大职工群众，为实现我国跨世纪宏伟目标而努力奋斗！

中华全国总工会

1998年10月24日

附件：全国模范职工之家名单

天津港六公司工会

中华全国总工会关于表彰全国模范职工之家、全国模范职工小家的决定

总工发〔2005〕20号

近几年来，特别是中国工会十四大以来，全国基层工会坚持以邓小平理论和“三个代表”重要思想为指导，深入贯彻党的十六大和十六届三中、四中全会精神，努力推动党的全心全意依靠工人阶级指导方针的贯彻落实，以开展建设职工之家活动为载体，坚持和完善以职工代表大会为基本形式的企事业单位民主管理制度，推动建立平等协商和集体合同制度，大力开展送温暖活动，深入实施群众性经济技术创新工程，切实表达和维护职工群众的合法权益，为职工群众办了大量的好事、实事，为深化改革、促进发展、维护稳定作出了积极的贡献，涌现出一大批深受广大职工群众拥护和信赖的先进集体。

为树立典型，表彰先进，把建设职工之家活动不断引向深入，推动工会工作的创新发展，中华全国总工会决定，授予北京雪莲羊绒股份有限公司工会委员会等1015个单位全国模范职工之家称号，授予北京燕山石油化学股份有限公司聚丙烯事业部第二聚丙烯车间聚合工会小组等1013个单位全国模范职工小家称号。

中华全国总工会希望荣获全国模范职工之家、全国模范职工小家荣誉称号的单位，珍惜荣誉，戒骄戒躁，取得新的成绩。全国各级工会组织和工会工作者要向先进单位学习，紧密团结在以胡锦涛同志为总书记的党中央周围，认真实践“三个代表”重要思想，全面贯彻“组织起来、切实维权”工会工作方针，推动《中华全国总工会关于进一步加强基层工会工作的决定》的贯彻落实，继续广泛深入地开展建设职工之家活动，全面履行工会各项社会职能，突出维护职工合法权益职能，不断增强工会组织的吸引力和凝聚力，团结和动员全国广大职工，为推进社会主义经济建设、政治建设、文化建设与和谐社会建设作出新的更大的贡献！

中华全国总工会

2005年4月25日

附件：全国模范职工之家名单

天津港四公司工会

十一、天津港历次受天津市总工会表彰的集体和个人名单

1981年度天津市
工会工作先进集体和先进个人名单

1. 天津市工会工作先进集体(5个)
第一作业区装卸六队车间工会
轮驳公司驳船车间工会
局机关物资处材料场车间工会
第二作业区工会宣传工作委员会
第三作业区工会体育协会
2. 天津市优秀工会工作者(1名)
李贵庭　修建工程公司工会主席
3. 天津市优秀工会积极分子(8名)
孙士明　轮驳公司驳16号水手、车间工会委员
朱祥鸿　第一作业区装卸九队车间工会副主席
何绍文　第一作业区动力站车间工会副主席
邵恩华　第五作业区仓库车间工会主席
訾幼平　第五作业区装卸七队车间工会主席
高纪春　第二作业区装卸四队车间工会主席
王久茹　第二作业区动力站车间工会主席
马荣停　修建工程公司施工三队车间工会主席

1983年度天津市
工会工作先进集体和先进个人名单

1. 天津市工会工作先进集体(4个)
第一作业区工会
第一作业区固机队工会
第六作业区平台队车间工会
机械修理厂二车间电磁吊修造组工会小组
2. 天津市优秀工会工作者(1名)
李贵庭　修建工程公司工会主席
3. 天津市优秀工会积极分子(4名)
孙士明　轮驳公司驳16号水手、车间工会委员
何绍文　第一作业区车间工会主席
史福春　第五作业区维修站车间工会主席
王顺利　第二作业区体协委员

天津市总工会关于表彰先进职工之家、先进职工之友、优秀工会积极分子和名誉工会积极分子的决定

1984年5月，全总作出《关于整顿基层工会组织，开展建设“职工之家”活动的决定》以来，我市各级工会组织，广大工会干部和工会积极分子，在党组织的领导和行政的支持下，认真贯彻“抓基层、打基础、促改革”的方针，广泛开展了争创“职工之家”、争做“职工之友”的活动，在基层工会的整顿和建设方面做了大量卓有成效的工作，为增强工会基层组织的战斗力，密切工会与职工群众的联系，促进企事业素质的提高，推进改革和两个文明建设，作出了积极的贡献。在这个活动中，全市涌现出一批群众信得过的先进“职工之家”、先进“职工之友”和优秀工会积极分子。特别是许多党政领导干部努力为职工办实事办好事，从多方面支持工会的整顿建家活动，被群众赞为名誉工会积极分子。为表彰先进，树立典型，发挥榜样的作用，推动我市工会工作在“七五”期间取得更大的成就，市总工会决定在召开天津市工会第十一次代表大会之际，对200个先进“职工之家”、300名先进“职工之友”、500名优秀工会积极分子和50名名誉工会积极分子进行表彰，并分别授予锦旗、奖状和荣誉证书。

市总工会希望，受到表彰的基层工会、工会干部和工会积极分子谦虚谨慎，再接再厉，创出新成绩，争取更大光荣。各级工会组织、广大工会干部和工会积极分子，要学习他们的先进思想、先进事迹和先进经验，以夺第一、站排头的革命精神，奋力争先，开拓前进，团结和带领广大职工发扬主人翁精神，站在改革前列，为实现“七五”计划的宏伟目标，把我市建成繁荣、昌盛、文明、美丽的社会主义新天津而努力奋斗。

天津市总工会
1986年9月

附件：1985年度先进“职工之家”先进“职工之友”优秀工会积极分子和名誉工会积极分子名单

1. 天津市先进职工之家(2个)

港埠一公司工会

港埠五公司工会

2. 天津市先进职工之友(4名)

吕志娴 女,港埠一公司工会主席

索双椽 港埠二公司工会主席

郭长起 港埠三公司工会主席

胡国忠 机械厂工会干部

3. 天津市优秀工会积极分子(4名)

常炳生 交通部物管处副主任、工会主席

孙士明 轮驳公司驳16号水手

尹德利 港埠四公司机械二队工人

穆金朝 集装箱公司维修站党支部书记兼工会主席

天津市总工会关于表彰模范职工之家、优秀“职工之友”和优秀工会积极分子的决定

1984年5月1日全总作出《关于整顿基层工会组织,开展建设“职工之家”活动的决定》以来,我市各级工会组织,在各级党组织的领导和行政的支持下,坚持贯彻“抓基层、打基础、促改革”的指导方针,广泛深入地开展了整顿建家活动。经过坚持不懈的努力,到1986年年底,全市已基本完成基层工会的整建任务。为巩固和发展建家成果,推进建家上等级,市总工会在去年和今年相继开展了争创先进“职工之家”和模范“职工之家”活动,使“职工之家”常建常新,并向更高层次发展,工会组织的面貌发生了显著的变化。通过富有成效的工作,基层工会明显地加强了组织建设,提高了整体工作水平,夯实了工作基础,加快了自身改革步伐,得到了职工群众对工会组织的拥护和信赖。随着建家活动的不断深化,全市涌现出一大批努力搞好工会工作,为推进企事业改革,提高经济效益和社会效益,加强两个文明建设作出优异成绩的先进集体和先进个人,形成了争上游奔一流的新局面。

为总结经验,树立典型,推动工会工作和工会自身改革取得更大的成绩,市总工会决定在总结我市三年整顿建家成果的基础上,对37个模范“职工之家”、197名优秀“职工之友”和966名优秀工会积极分子进行表彰,授予荣誉称号。

希望受到表彰的基层工会、工会干部和工会积极分子谦虚谨慎,发扬成绩,再立新功,争取更大光荣,全市各级工会组织和广大工会干部、工会积极分子,要以先进为榜样,锐意进取,开拓创新,团结和带领广大职工更好地发挥工人阶级主力军作用,站在改革前列,把着眼点放在基层,为进一步开创工会工作新局面,实现党的十三大对工会提出的各项任务要求,推进工会组织的群众化、民主化,作出更大的贡献。

天津市总工会

1987年12月

附件:1986~1987年度模范职工之家优秀“职工之友”和优秀工会积极分子名单

1. 天津市优秀职工之友(2名)

索双椽 港埠二公司工会主席

胡国忠 机械厂工会干部

2. 天津市优秀工会积极分子(8名)

张坦如 港埠一公司固机队工会副主席

黄淑兰 女,港埠三公司后勤车间工会主席

李志行 港埠四公司陆运队工会主席

钱学敏 港埠五公司流机队工会委员

孙士明 轮驳公司工会委员

左红梅 女,储运公司工会财务委员

裴家媛 女,外代公司车间工会委员

陈东风 集装箱公司机械二队工会主席

天津市总工会关于表彰市级模范职工之家、工会工作先进集体、优秀工会工作者、优秀工会积极分子、优秀工会之友的决定

两年来,全市各级工会组织,在党的基本路线的指引下,在各级党委的领导下,认真贯彻执行工会“十一大”精神和市委“一切为了群众,一切依靠群众”的基本工作思路,紧紧围绕稳定政治局面、推进治理整顿、深化改革的全局,全面履行工会的社会职能,充分发挥工人阶级的主力军作用,特别是在去年制止动乱、克服困难中,各级工会团结带动广大职工,立场坚定、旗帜鲜明地坚持四项基本原则,反对资产阶级自由化;发扬艰苦奋斗、无私奉献的主人翁精神,为保证我市政治、经济和各项建设事业的稳定发展,作出了积极的贡献。同时,各级工会以增强基层工会活力为中心环节,大力加强自身建设,积极稳

妥地推进工会改革,进一步密切了工会同职工群众的联系。经过两年的努力,我市工会组织中又涌现出一大批模范职工之家、工会工作先进集体、优秀工会工作者和工会积极分子。

党政领导的支持,是做好工会工作的重要条件。许多企业事业单位的党政领导同志,相信群众,依靠群众,尊重职工的主人翁地位和权利,认真搞好民主管理,切实关心职工生活,热情支持工会活动,为工会工作的开展创造了良好的环境,被评为优秀工会之友。

为了总结经验,表彰先进,推动工会工作发展,更好地为全局服务,为职工服务,市总工会决定,授予电缆总厂工会等78个基层工会模范职工之家称号;授予第二纺织机械制造厂二车间工会等215个集体工会工作先进集体称号;授予国传训等232名同志优秀工会工作者称号;授予刘玉萍等750名同志优秀工会积极分子称号;授予赵之泉等102名党政领导同志优秀工会之友称号。

市总工会号召,全市各级工会组织、工会干部和广大工会积极分子,向模范职工之家、工会工作先进集体和优秀个人学习,更加自觉地贯彻执行党的五中全会、六中全会精神和党中央对工会工作的重要指示,坚持市委确定的"一切着眼于稳定"和"变困难为机遇"的指导思想,做好深入细致的思想政治工作,积极维护职工的合法权益,尽心竭力地为职工办事,把广大职工紧密团结在党的周围,为确保社会稳定,巩固和发展我市安定团结的政治局面;为深化扎实地开展双增双节运动,搞好治理整顿、深化改革,保证我市经济持续、稳定、协调地发展;为提高职工队伍素质,推进社会主义精神文明建设,作出更大的贡献。

天津市总工会
1990年4月30日

附件:1988～1989年度模范职工之家、工会工作先进集体、优秀工会工作者、优秀工会积极分子、优秀工会之友名单

1. 天津市模范职工之家(2个)

港埠二公司工会

港埠五公司工会

2. 天津市工会工作先进集体(2个)

港埠五公司流机队委员会

港埠二公司女职工委员会

3. 天津市优秀工会工作者(2名)

索双橡　港埠二公司工会主席

沈庆霞　女,港埠二公司工会女工主任

4. 天津市优秀工会积极分子(6名)

张坦如　港埠一公司车间工会主席

黄淑兰　女,港埠三公司后勤车间工会主席

侯颜凯　港埠四公司门吊队工会主席

孙士明　轮驳公司驳16号水手

王永起　储运公司维修站工会主席

刘万德　集装箱公司货运站工人

5. 天津市优秀工会之友(1名)

余贺元　港埠二公司经理、党委书记

天津市总工会关于表彰"三十面红旗"和市级模范职工之家、模范职工小家、工会工作先进集体、优秀工会积极分子、优秀工会工作者、优秀工会之友的决定

1990年以来,我市各级工会组织,坚持党的"一个中心、两个基本点"的基本路线和全心全意依靠工人阶级的根本指导方针,在市委和各级党委的正确领导及各级行政的大力支持下,认真贯彻落实全总"关于继续深入开展建设职工之家活动的决定"精神,紧密结合我市基层工会工作的实际,在全市基层工会组织中,广泛开展了深入建家活动,促进了工会各项社会职能的落实,进一步密切了工会同职工群众的血肉联系,增强了工会组织的吸引力和凝聚力,较好地激发和调动了广大职工投身改革和建设的积极性,有力地促进了企事业活力的增强,在实现企事业的改革和发展目标中作出了积极贡献。

建家活动中,涌现了一大批深受党政欢迎和职工群众信赖的模范职工之家、模范职工小家、工会工作先进集体、优秀工会积极分子和优秀工会工作者。还涌现了许多尊重职工的主人翁地位和民主权力,热情支持、精心指导工会工作的企事业党政领导干部,他们为工会工作创造了良好的外部环境,被誉为优秀工会之友。

"三十面红旗"是按照自下而上、条块结合、平等竞争、好中选优的原则,从以上集体和个人中择优推选出来的。他们是我市各级工会组织和广大工会干部、工会积极分子学习的典范。

为了弘扬先进,巩固和展示我市近两年的建家成果,继续深入推动建家活动的开展,进一步实现工会组

织的群众化、民主化。市总工会决定,授予天津铁厂工会等十个基层工会“模范职工之家红旗”称号;授予乐器公司金工下料二组等十个工会小组“模范职工小家红旗”称号;授予付顺等10名同志“优秀个人红旗”称号;授予天津锻压机床总厂工会等100个基层工会“模范职工之家”称号;授予红旗油厂总务科食堂组等200个工会小组“模范职工小家”称号;授予河东区环卫局工会大桥道队分会等130个集体“工会工作先进集体”称号;授予李仲年等622名同志“优秀工会积极分子”称号;授予张英玺等279名同志“优秀工会工作者”称号;授予赵之泉等94名党政领导“优秀工会之友”称号。

市总工会号召,全市各级工会组织、工会干部和广大工会积极分子,向被授予以上称号的先进集体和优秀个人学习,组织和引导广大职工更加紧密地团结在党的周围,坚定不移地贯彻党的以经济建设为中心,坚持四项基本原则,坚持改革开放的基本路线。在深化改革中,要更新观念、大胆探索、勇于实践,把理解、支持、投身改革同组织和支持职工群众当家做主、维护职工的合法权益统一起来。要尽心竭力地为职工办实事、办好事,努力提高职工队伍素质,充分发挥工会联结党和职工群众的桥梁纽带作用和工人阶级的主力军作用,让我们以改革和建设的优异成绩迎接党的十四大召开!

天津市总工会

1992年4月

附件:1990~1991年度“三十面红旗”和市级模范职工之家、模范职工小家、工会工作先进集体、优秀工会积极分子、优秀工会工作者、优秀工会之友名单

1. 天津市工会为基层服务夺标赛优胜单位(1个)

天津港务局工会

2. 天津市模范职工之家(1个)

港埠四公司工会

3. 天津市模范职工小家(2个)

港埠二公司装卸四队一组工会小组

轮驳公司津港轮7号工会小组

4. 天津市工会工作先进集体(1个)

港埠三公司职代会生产经营工作委员会

5. 天津市优秀工会工作者(2名)

刘俊明　外理公司工会副主席

牛东强　女,港埠一公司工会女职工委员会副主任

6. 天津市优秀工会积极分子(5名)

徐长胜　港埠五公司工具队工会主席

胡中瑜　港埠二公司工会经审委员

张振国　集装箱公司货运站工会主席

李维正　燃供公司车间工会主席

王利斌　储运公司接运场工会主席

7. 天津市优秀工会之友(1名)

李庆乙　港埠四公司总经理

天津市总工会关于表彰市级模范职工之家、模范职工小家、工会工作先进集体、优秀工会积极分子、优秀工会工作者和优秀工会之友的决定

1992年以来,我市各级工会组织在邓小平同志建设有中国特色的社会主义理论和党的基本路线指引下,在各级党委的正确领导和各级行政的大力支持下,认真贯彻执行党的十四大精神,紧密结合我市工会工作的实际,广泛地开展了建设“职工之家”活动,进一步密切了工会与职工群众的联系,促进了工会各项社会职能的全面履行,增强了基层工会的活力,为我市的改革开放,经济发展和社会稳定作出了积极的贡献。

在建家活动中,我市基层工会组织以促进改革、创造效益、培育新人、建富足家为重要内容,坚持建家就是建企业,建小家就是建班组,以经济建设为中心,与党政一起群策群力,开拓进取,在企事业的改革和发展中发挥了重要作用,涌现了一大批深受职工群众拥护和信赖的优秀集体和个人。两年来,各级党政组织和领导,认真贯彻落实中共中央《关于加强和改善党对工会、共青团、妇联工作领导的通知》精神,重视群众工作,加强民主管理,涌现了一大批热情关心和积极支持工会工作的党政领导干部。

为表彰在工会工作中作出优异成绩的优秀集体和个人,市总工会决定授予达仁堂制药厂工会等100个单位为市模范职工之家称号;授予中华乐器厂缠弦工会小组等200个单位为市模范职工小家称号;授予灯塔涂料股份有限公司工会机修车间分会等118个单位为市工会工作先进集体称号;授予国营纺织机械厂孟宪和等586名同志为市优秀工会积极分子称号;授予天津大沽化工厂工会主席姜俊海等270名同志为市优秀工会工作者称号;授予机械局党委书记、局长金纪元

等122名同志为市优秀工会之友称号。

市总工会希望市模范职工之家、模范职工小家、先进集体、优秀工会积极分子、优秀工会工作者和优秀工会之友继续发扬成绩,再接再厉,团结广大职工群众,坚定不移地贯彻落实党的十四大和市委六届二次全会(扩大)会议精神,努力提高工会工作水平,为大家树立新的榜样。

市总号召各级工会组织、工会干部和积极分子,要向优秀集体和先进个人学习,在我市改革开放和社会主义现代化建设中,围绕"抓住机遇,深化改革、扩大开放、促进发展、保持稳定"这个全党工作的大局,全面履行工会的各项社会职能,充分发挥工人阶级的主力军作用,把党的全心全意依靠工人阶级的根本指导方针落到实处。各基层工会要继续深入开展建家活动,不断增强活力,增强对职工的吸引力和凝聚力,为实现我市大发展、大开放的战略目标再创天津辉煌而努力奋斗。

天津市总工会

1994年3月

附件:1992~1993年度模范职工之家、模范职工小家、工会工作先进集体、优秀工会积极分子、优秀工会工作者和优秀工会之友名单

1. 天津市模范职工之家(1个)

港埠一公司工会

2. 天津市模范职工小家(3个)

港埠二公司装卸四队一组工会小组

港埠四公司仓库甲班二组工会小组

轮驳公司津港轮7号工会小组

3. 天津市女工工作先进集体(1个)

天津港务局工会女职工委员会

4. 天津市女工优秀积极分子(1名)

李　健　港埠五公司

5. 天津市优秀工会工作者(3名)

王庆林　港埠二公司工会主席

梁树清　港埠五公司工会主席

王庭秀　天津港保税区工会主席

6. 天津市优秀工会积极分子(3名)

王顺义　外理公司工会干部

胡仲瑜　港埠二公司工会经审委主任

赵建亚　机械厂工会干部

7. 天津市优秀工会之友(1名)

王恩德　天津港务局局长

天津市总工会关于表彰市级模范职工之家、模范职工小家、工会工作先进集体、优秀工会工作者、优秀工会积极分子、优秀工会之友和为基层服务优胜单位的决定

津发〔1996〕70号

1993年以来,我市各级工会组织、广大工会工作者和工会积极分子,在邓小平同志建设有中国特色社会主义理论和党的基本路线的指引下,围绕改革、发展、稳定的大局,以经济建设为中心,开展建设"职工之家"活动。在活动中,各级工会组织认真贯彻落实全总十二届二次执委会确定的工会工作总体思路,以贯彻实施《劳动法》为契机和突破口,突出维护职能,不断调整和充实"建家"活动的内容,团结和动员广大职工投身改革、推进改革,在我市的社会主义物质文明和精神文明建设中作出了突出的贡献,涌现了一大批深受职工拥护和信赖,各级党政认可的先进集体和个人。我市各区县局、总公司(集团)工会,近年来,坚持开展"三给、一创、两促进"为基层服务活动,深入基层、服务基层,在指导基层深化建家、增强基层活力方面作出了突出成绩。

为了表彰他们的先进事迹,宣传他们的先进经验,推动建设"职工之家"活动的不断深入,激励各级工会组织、广大工会干部和工会积极分子开拓进取,更好地完成新时期工会工作的各项任务,市总工会决定,授予天津美纶股份有限公司工会等95个基层单位模范职工之家称号;授予天津石化公司炼油厂催化车间操作五班等196个工会小组模范职工小家称号;授予自动化仪表三厂工会机加工车间分会等117个单位工会工作先进集体称号;授予天津南开区环卫局工会主席张秀玲等306名专职工会干部优秀工会工作者称号;授予天津乳胶厂赵玉宽等499名工会积极分子优秀工会积极分子称号;授予天津轧钢三厂党委书记、董事长邢承德等151名各级党政领导优秀工会之友称号;授予天津市冶金工业总公司工会等5个单位为基层服务优胜单位称号;授予南开区工会等10个单位为基层服务先进单位称号。

希望受到表彰的先进集体和个人要谦虚谨慎,再接再厉,奋发进取,在建立社会主义市场经济体制,实现我国跨世纪的宏伟目标的过程中,认真履行工会的基本职能和各项社会职能,根据工会工作总体思路的

要求，不断深化“建家”活动，提高工会工作的整体水平，在新时期工会工作中起到带头和示范作用。

市总号召，各级工会组织、广大工会干部和职工群众，认真学习他们的先进事迹和经验，以贯彻实施《劳动法》为契机和突破口，带动工会的各项工作，推动工会的自身改革和建设，在改革、发展、稳定中更好地发挥工会组织的作用。在以江泽民同志为核心的党中央领导下，坚持邓小平同志建设有中国特色的社会主义理论和党政基本路线，解放思想、奋发进取，创一流、高起步、翻两番，全面完成1996年的各项任务，为实现兴市富民、再创天津辉煌的宏伟目标而努力奋斗！

天津市总工会

1996年3月30日

附件：1994～1995年度模范职工之家、模范职工小家、工会工作先进集体、优秀工会工作者、优秀工会积极分子、优秀工会之友和为基层服务优胜单位

1. 天津市工会为基层服务先进单位(1个)

天津港务局工会

2. 天津市模范职工之家(1个)

港埠三公司工会

3. 天津市模范职工小家(3个)

港埠一公司叉车队工会小组

集装箱公司机加工二班工会小组

轮驳公司航修站钳工班工会小组

4. 天津市工会工作先进集体(1个)

港埠二公司门吊队车间工会

5. 天津市女工工作先进集体(1个)

天津港务局工会女职工委员会

6. 天津市女工优秀积极分子(1名)

马桂兰　港埠二公司货运车间工会主席

7. 天津市优秀工会工作者(3名)

郭长起　港埠三公司工会主席

张瑞娥　女，港口医院工会副主席

侯正和　港埠六公司工会副主席

8. 天津市优秀工会积极分子(3名)

李洪栓　天津港务局工会经审委主任、局审计处处长

刘洪义　港埠四公司仓库车间工会主席

龚伟平　机械厂工人

9. 天津市优秀工会之友(1名)

王恩德　天津港务局局长

天津市总工会关于表彰市级模范职工之家、模范职工小家、工会工作先进集体、优秀工会工作者、优秀工会积极分子、优秀工会之友和集体合同工作优胜单位的决定

1995年以来，我市各级工会组织、广大工会工作者和工会积极分子，在邓小平理论和党的基本路线指引下，以迎接党的十五大召开和学习贯彻十五大精神为动力，围绕改革、发展、稳定的大局，深入地开展了建设“职工之家”活动，增强了基层工会组织的活力，推动了党的全心全意依靠工人阶级的方针的落实，促进了我市两个文明建设，涌现了一大批深受职工拥护和信赖，各级党政组织认可的先进集体和个人。各区县局(总公司)工会以推动企业建立集体协商、集体合同制度为重点工作，加大服务、协调、指导力度，全面完成了市总工会下达的进度和质量目标。

为表彰他们的先进事迹，宣传他们的先进经验，激励各级工会组织、广大工会干部和工会积极分子开拓进取，更好地完成工会工作的各项任务，推动建设“职工之家”活动不断深入，市总工会决定：授予天津长途电信局工会等118个基层工会模范职工之家称号；授予河北区市政园林局排水所李向阳通挖班等198个工会小组模范职工小家称号；授予天津内燃机厂工会文体工作委员会等118个单位工会先进集体称号；授予天津铁厂工会主席张维升等331名专职工会干部优秀工会工作者称号；授予天津东风油厂分会主席林升也等450名工会积极分子为优秀工会积极分子称号；授予天津渤海化工集团公司董事长、总经理、党委副书记戴成文等146名党政领导优秀工会之友称号；授予一轻工业总公司工会等43个单位推动集体合同工作优胜单位称号。

希望受到表彰的先进集体和个人要再接再厉，谦虚谨慎，在落实工会工作总思路，认真履行工会的基本职责和各项社会职能，实现跨世纪的宏伟目标中，努力提高工会工作的整体水平，更好地发挥模范带头作用。

市总工会号召，各级工会组织、广大工会干部和职工群众，要以先进典型为榜样，高举邓小平理论伟大旗帜，深入贯彻党的十五大精神，团结一心，真抓实干，团结和动员全市广大职工努力奋斗，为全面推进天津的改革开放和各项建设事业作出新

的更大的贡献!

天津市总工会
1998 年 4 月

附件:1996 ~ 1997 年度模范职工之家、模范职工小家、工会工作先进集体、优秀工会工作者、优秀工会积极分子、优秀工会之友和集体合同工作优胜单位名单

1. 天津市模范职工之家(2 个)

港埠六公司工会

中国外轮理货公司天津分工会

2. 天津市模范职工小家(4 个)

港埠三公司机械队拖板组工会小组

港埠四公司机械二队特车组工会小组

港埠五公司流机队航运二班工会小组

港埠六公司维修站充电班工会小组

3. 天津市工会工作先进集体(1 个)

港埠四公司仓库车间工会

4. 天津市女工工作先进集体(1 个)

天津港务局工会女职工委员会

5. 天津市集体合同优胜单位(1 个)

天津港务局工会

6. 天津市女工优秀积极分子(1 名)

王淑珍　天津外轮代理公司工会委员、业务员

7. 天津市优秀工会工作者(5 名)

李志伟　港埠一公司工会主席

张英新　港埠二公司工会主席

凌文良　港埠六公司工会副主席

宋金普　天津港务局工会生产保护部副部长

王　东　天津港储运有限公司工会主席

8. 天津市优秀工会积极分子(3 名)

张作武　港埠二公司党委宣传部部长

吴培增　设施处计财科科长、局工会经审委副主任

苏玉忠　集装箱公司工会委员、固修站车间工会主席

9. 天津市优秀工会之友(1 名)

王恩德　天津港务局局长

天津市总工会关于表彰市级模范职工之家、模范职工小家、工会工作先进集体、优秀工会工作者、优秀工会积极分子、优秀工会之友的决定

津工发〔2000〕11 号

1997 年以来,在市委的正确领导下,全市各级工会深入贯彻党的十五大、十五届四中全会和市七次党代会精神,紧紧围绕全市工作大局,以加强工会自身建设为保证,以创新讨论和创新实践为先导,以增强基层工会活力为中心环节,以深化建设职工之家活动为载体,抓基层、打基础、练基本功,不断增强了工会组织的吸引力和凝聚力,推动了党的全心全意依靠工人阶级指导方针在基层的贯彻落实,在加快天津经济和社会发展中发挥了不可替代的作用,涌现了一大批深受职工信赖、各级党政认可的先进集体和先进个人。

为表彰他们的先进事迹,宣传他们的先进经验,推动建设“职工之家”活动的不断深入,激励各级工会组织、广大工会干部和工会积极分子开拓创新、积极进取,更好地完成工会工作的各项任务,在全市工作大局中发挥更大的作用,市总工会决定,授予天津市中环电子计算机公司工会等 98 个基层工会模范职工之家称号;授予北方国际集团天津丝绸进出口股份有限公司业务三部等 200 个工会小组模范职工小家称号;授予天津电话设备厂工会女职工委员会等 119 个单位工会先进集体称号;授予天津市电磁线厂工会主席肖克勤等 344 名工会干部优秀工会工作者称号;授予客车装配厂车间工会主席刘海贤等 471 名工会积极分子优秀工会积极分子称号;授予天津理工学院党委书记马福业等 157 名党政领导优秀工会之友称号。

希望受到表彰的先进集体和个人,要再接再厉,乘势而上,认真贯彻落实市委和全总的要求、部署,开拓创新,扎实苦干,认真履行工会的基本职责和各项社会职责,在完成工会工作的各项任务中继续发挥模范带头作用。

市总工会号召,各级工会组织和广大工会干部,要以先进典型为榜样,高举邓小平理论伟大旗帜,深入贯彻党的十五届四中全会和市委七届五次全会精神,团结拼搏、勇于进取,团结和动员全市广大职工,为实现天津全面上水平和经济跨越式发展作出新的更大贡献。

天津市总工会
2000 年 4 月 30 日

附件:1998～1999年度模范职工之家、模范职工小家、工会工作先进集体、优秀工会工作者、优秀工会积极分子、优秀工会之友名单

1. 天津市模范职工之家(2个)

集装箱公司工会

设施处工会

2. 复验合格天津市模范职工之家(7个)

港埠一公司工会

港埠二公司工会

港埠三公司工会

港埠四公司工会

港埠五公司工会

港埠六公司工会

中国外轮理货公司天津分工会

3. 天津市模范职工小家(4个)

港埠二公司成组机械队备货组工会小组

港埠三公司流机队拖板维修组工会小组

港埠四公司机械二队特车组工会小组

港埠六公司维修站充电维修班工会小组

4. 天津市工会工作先进集体(2个)

天津港务局工会女职工委员会

港埠一公司仓库车间工会

5. 天津市优秀工会工作者(5名)

陈孝传　港埠二公司工会副主席

刘乃林　港埠三公司工会副主席

凌文良　港埠六公司工会副主席

穆金朝　集装箱码头有限公司工会副主席

宋金普　天津港务局工会生产保护部副部长

6. 天津市优秀女工工作者(1名)

闫慧敏　设施处工会女职工委员会主任

7. 天津市优秀工会积极分子(6名)

卢乃和　港埠一公司仓库车间党支部书记兼工会主席

张文渤　港埠五公司流机队车间工会主席

牛蔚武　轮驳公司职代会提案审查委员会主任

付建国　外理公司第一办事处车间工会主席

李光麟　驻津办事处工会副主席

张秀敏　港埠四公司工会女职工委员会副主任

8. 天津市优秀工会之友(1名)

王恩德　天津港务局局长

天津市总工会关于表彰市级模范职工之家、模范职工小家、工会工作先进集体、优秀工会工作者、优秀工会积极分子、优秀工会之友的决定

津工发〔2002〕8号

2000年以来,全市各级工会组织、广大工会工作者和工会积极分子,紧紧围绕全市工作大局,以“三个代表”重要思想为指导,以增强基层工会活力为中心环节,以深化建设“职工之家”活动为载体,深入贯彻“五突破一加强”的工作思路,认真履行维护职责,团结动员全市广大职工为深化改革,实现天津跨越发展,发挥了重要作用,涌现出一大批深受职工信赖、各级党政认可的先进集体和先进个人。

为表彰先进,推动建设“职工之家”活动的不断深入,激励各级工会组织、广大工会干部和积极分子,开拓创新,积极进取,在全市工作大局中发挥更大的作用,市总工会决定,授予天津机车车辆机械厂工会等100个基层工会模范职工之家称号;授予和平区排水管理所一站工会小组等197个工会小组模范职工小家称号;授予钢管公司炼钢厂工会等117个单位工会先进集体称号;授予关淑妹等507名工会干部优秀工会工作者称号;授予王木欣等332名工会积极分子优秀工会积极分子称号;授予魏耕福等153名党政领导优秀工会之友称号。

希望受表彰的先进集体和个人,要再接再厉,乘势而上,深入贯彻落实市八次党代会和全总十三届四次执委会精神,与时俱进,扎实苦干,认真履行工会的维护职责,为实现工会全面上水平继续发挥模范带头作用。

市总工会号召,各级工会组织和广大工会干部,要以先进为榜样,认真实践“三个代表”重要思想,团结和动员全市广大职工,以崭新的姿态,投入到“十五”立功活动中去,为天津率先基本实现现代化作出新的更大的贡献。

天津市总工会

2002年5月

附件:2000～2001年度模范职工之家、模范职工小家、工会工作先进集体、优秀工会工作者、优秀工会

积极分子、优秀工会之友名单

1. 天津市模范职工之家(1个)

轮驳公司工会

2. 天津市模范职工小家(3个)

港埠三公司维修站机械修理一班工会小组

港埠五公司工具队抓斗班工会小组

港埠六公司固机队维修班工会小组

3. 天津市工会工作先进集体(2个)

天津港务局工会女职工委员会

外代公司天津车间工会

4. 天津市优秀工会工作者(7名)

刘宝良　港埠一公司工会副主席

段金城　港埠三公司工会干部

张文山　港埠五公司工会办公室主任

李金梁　轮驳公司工会副主席

张洪桐　生活服务中心工会副主席

刘云祥　货运公司工会副主席

胡淑梅　女,港口服务公司工会主席

5. 天津市优秀工会积极分子(4名)

包克刚　集装箱公司货管科车间工会主席

马桂兰　女,港埠二公司货运科车间工会主席

田　琦　港埠六公司流机队车间工会主席

王玉民　港埠四公司门吊队车间工会主席

6. 天津市优秀工会之友(2名)

于汝民　天津港务局局长

王庆林　港埠六公司总经理

天津市总工会关于表彰2003年度市级模范职工之家、模范职工小家、工会工作先进集体、优秀工会工作者、优秀工会积极分子、优秀工会之友的决定

津工发〔2004〕15号

2002年以来,全市各级工会组织、广大工会工作者和工会积极分子,紧密围绕全市工作大局,以邓小平理论和“三个代表”重要思想为指导,贯彻落实党的十六届三中全会、市委八届四次、五次全会和中国工会十四大精神,落实“组织起来、切实维权”的总体要求,以增强基层工会活力为重点,以深入开展建设“职工之家”活动为载体,认真履行基本职责,充分调动广大职工的积极性和创造力,为深化改革、扩大开放,实现天津“三步走”战略目标发挥了重要作用,涌现出一大批深受职工信赖、各级党政认可、各方面支持肯定的先进集体和先进个人。

为表彰先进,推动建设“职工之家”活动的不断深入,激励各级工会组织、广大工会干部和积极分子,与时俱进,开拓创新,发挥更大的作用,市总工会决定,授予100个基层工会模范职工之家称号;授予197个工会小组模范职工小家称号;授予120个单位工会先进集体称号;授予501名工会干部优秀工会工作者称号;授予348名工会积极分子优秀工会积极分子称号;授予163名党政领导优秀工会之友称号。

希望受到表彰的先进集体和个人,要勇于进取、再接再厉、扎实苦干、创新发展,为实现工会工作的新跨越发挥模范带头作用。市总工会号召全市各级工会组织和广大工会干部,要以先进为榜样,高举邓小平理论和“三个代表”重要思想的伟大旗帜,认真践行科学发展观,牢固树立国内领先、国际一流的工作目标,团结和动员全市广大职工,艰苦奋斗,勇于奉献,为实现“三步走”战略目标、加快天津发展作出新的更大的贡献。

天津市总工会

2004年9月15日

附件:2003年度模范职工之家、模范职工小家、工会工作先进集体、优秀工会工作者、优秀工会积极分子、优秀工会之友名单

1. 天津市模范职工之家(1个)

电力公司工会

2. 确认天津市模范职工之家(2个)

集装箱码头有限公司工会

设施处工会

3. 天津市模范职工小家(2个)

港埠四公司动力站“三八”电工班工会小组

港埠三公司固机队钳工修理班工会小组

4. 天津市工会工作先进集体(1个)

外轮代理公司工会

5. 天津市优秀工会工作者(5名)

王信东　焦炭码头公司工会副主席

张　涛　通信公司工会副主席

张治周　建设公司工会副主席

赵新立　设施处工会干部

刘展蔚　女,集装箱码头公司工会办公室主任

6. 天津市优秀工会积极分子(4名)

李翠兰　女,港埠一公司机电车间工会主席

薄志强　港埠二公司门信队副队长、车间工会主席

刘长斌　港埠三公司工具库车间工会主席

尹家峰　生活服务中心第八分公司工会主席

7. 天津市优秀工会之友(2名)

于汝民　天津港(集团)有限公司总裁

王茜东　集装箱货运公司总经理

天津市总工会关于表彰2005年度市级模范职工之家、模范职工小家、工会工作先进集体、优秀工会工作者、优秀工会积极分子、优秀工会之友的决定

津工发〔2006〕10号

2004年以来,全市各级工会组织、广大工会工作者和工会积极分子在市委领导下,以邓小平理论和"三个代表"重要思想为指导,全面落实科学发展观,按照十六大以来历次中央、市委全会和中国工会十四大精神,从不断增强党的阶级基础、扩大党的群众基础的高度,坚定不移地走中国特色社会主义工会发展道路,认真落实"组织起来、切实维权"的工作要求,开拓创新、勇于实践、艰苦奋斗、不断进取,结合天津实际开展了以"加强工会组织建设,提高工会覆盖面"为目的的工会组建和发展会员工作,以"百强国有、私营、外资企业"为龙头的强基建制工作,以"乡镇街道总工会建设"为核心的小三级工会网络建设工作,以"基层工会主席和工作人员培训"为重点的工会干部教育培训工作,以"服务职工、服务会员、凝聚职工、感受工会"为宗旨的津工会员卡发放工作等符合中央要求、具备时代特色、富有天津特点的工会工作。在各级工会组织和广大工会工作者和工会积极分子的共同努力下,我市工会各项工作取得了新的成绩和发展,工会组织和会员队伍进一步壮大,工会组织吸引力和凝聚力进一步增强,职工队伍和工会干部队伍的整体素质进一步提高,工会组织职能作用得到更有效的发挥,工会整体工作水平再上新台阶。与此同时,我市涌现出了一大批深受职工信赖、各级党政认可、各方面支持肯定、具有先进性的优秀单位和个人。

为总结经验、推广典型、表彰先进,鼓舞士气,激励各级工会组织、广大工会干部和积极分子继续努力,不断深化建设职工之家活动,共同推动天津市工会工作的持续、科学、和谐发展。市总工会决定,授予100个基层工会天津市模范职工之家称号;授予198个工会小组天津市模范职工小家称号;授予120个单位和部门天津市工会工作先进集体称号;授予499名工会工作者天津市优秀工会工作者称号;授予350名工会积极分子天津市优秀工会积极分子称号;授予173名党政领导同志天津市优秀工会之友称号。

希望受到表彰的先进集体和个人,戒骄戒躁,再接再厉,扎实苦干,创新发展,继续发挥好模范带头作用。市总工会号召全市各级工会组织和广大工会工作者,要以先进为榜样,高举邓小平理论和"三个代表"重要思想的伟大旗帜,全面落实科学发展观,树立社会主义荣辱观,团结动员全市广大职工在推进滨海新区建设、加快天津开发开放的进程中,在构建和谐企业、和谐劳动关系,进而构建和谐天津的进程中,作出新的更大的贡献。

天津市总工会
2006年5月23日

附件:2005年度模范职工之家、模范职工小家、工会工作先进集体、优秀工会工作者、优秀工会积极分子、优秀工会之友名单

1. 天津市模范职工之家(1个)

生活服务中心工会

2. 确认天津市模范职工之家(1个)

电力公司工会

3. 天津市模范职工小家(3个)

港埠一公司固机队电工班工会小组

港埠三公司天乐公司工会小组

焦炭公司操作管理一队工会小组

4. 天津市工会工作先进集体(1个)

天津港(集团)有限公司工会女职工委员会

5. 天津市优秀工会工作者(5名)

王　剑　集团公司工会办公室副主任

余祝建　轮驳公司工会主席

苏东海　外代公司党委副书记、工会主席

孔桂芝　女,港埠三公司工会副主席

黄宝平　益港公司工会干部

6. 天津市优秀工会积极分子(3名)

马桂兰　女,港埠二公司货运科车间工会主席

鲁士龙　港埠五公司固机队车间工会主席

崔炳强　集装箱公司机械三队副队长、车间工会主席

7. 天津市优秀工会之友(3名)

于汝民　天津港(集团)有限公司总裁

史文利　煤码头公司总经理

许景宏　石化码头公司总经理

天津市总工会关于表彰2007年度天津市模范职工之家、模范职工小家、工会工作先进集体、优秀工会工作者、优秀工会积极分子和优秀工会之友的决定

津工发〔2008〕14号

近两年来全市各级工会组织在市委领导下,以邓小平理论和“三个代表”重要思想为指导,深入贯彻落实科学发展观,按照党的十七大和市第九次党代会、市委九届二次、三次全会精神和全总“组织起来、切实维权”的工作要求,坚持中国特色社会主义工会发展道路,开拓创新、勇于实践、艰苦奋斗、不断进取,结合天津实际开展了以“巩固国有、推动非公、重点突破、全域覆盖”为目的的工会组建和发展会员工作;以“规范完善运作体制和机制,充分发挥应有作用”为落脚点的贯彻落实《企业工会工作条例》工作;以“健全完善小三级组织网络,达到六好工作标准”为核心的乡镇街道工会规范化建设工作;以“提高基层工会主席能力水平,切实增强基层活力”为重点的工会干部教育培训工作,全市工会组织建设得到不断加强。各级工会组织和广大工会工作者,自觉围绕中心、服务大局,切实履行工会职责,群众经济技术创新活动、民主管理厂务公开工作、深化职工素质工程、健全和完善协调劳动关系机制、困难职工帮扶救助等重点工作都取得了十分可喜的成绩,工会组织和会员队伍进一步壮大,工会组织吸引力和凝聚力进一步增强,职工队伍和工会干部队伍的整体素质进一步提高,工会组织职能作用得到更有效的发挥,工会工作整体水平不断提升,在全市各项事业又好又快发展的全局工作中发挥了重要作用,作出了积极贡献。在全市工会工作创新发展的进程中,涌现出了一大批工作业绩突出、深受职工信赖、各级党政认可、各方面支持肯定的优秀集体和个人。

为总结经验、表彰先进、鼓舞士气,激励各级工会组织和广大工会工作者继续努力,不断深化建设职工之家活动,共同推动天津市工会工作的创新与发展。市总工会决定,授予150个基层工会天津市模范职工之家称号;授予297个工会小组(分会)天津市模范职工小家称号;授予198个单位(部门)天津市工会工作先进集体称号;授予599名工会工作者天津市优秀工会工作者称号;授予493名工会积极分子天津市优秀工会积极分子称号;授予199名党政领导同志天津市优秀工会之友称号。

希望受到表彰的先进集体和个人,戒骄戒躁,再接再厉,扎实苦干,创新发展,继续发挥好模范带头作用。市总工会号召全市各级工会组织和广大工会工作者,要以先进为榜样,深入学习贯彻党的十七大精神,认真落实胡锦涛总书记视察天津时提出的“两个走在全国前列”、“当好一个排头兵”的重要指示和市委“一二三四五六”的奋斗目标和工作思路,结合各自实际解放思想、干事创业、科学发展,团结动员全市广大职工开拓创新、真抓实干、奋力拼搏,在实现天津科学发展、和谐发展、率先发展的进程中,作出新的更大的贡献!

天津市总工会

2008年5月4日

附件:2007年度模范职工之家、模范职工小家、工会工作先进集体、优秀工会工作者、优秀工会积极分子、优秀工会之友名单

1. 天津市模范职工之家(1个)

天津港第二港埠有限公司工会

2. 天津市模范职工小家(4个)

天津港第四港埠公司维修总站分会

中煤华能煤码头有限公司孔祥瑞操作队维修班工会小组

焦炭码头分公司操作管理部五队工会小组

第三港埠公司流机队保修班工会小组

3. 天津市工会工作先进集体(2个)

天津港第三港埠公司工会

天津港第四港埠公司工会

4. 天津市优秀工会工作者(7名)

张云凯　天津港生活服务中心工会主席

于润峰　天津港东方海陆公司工会主席

吴锡才　女,天津港散货物流公司工会主席

王延茹　女,天津港电力公司工会副主席

陶志龙　天津港轮驳公司工会办公室主任

王信东　天津港焦炭码头分公司工会副主席

张艳军　天津港集团公司工会生产部副部长

5. 天津市优秀工会积极分子(4名)

许树强　天津港一公司固机队工会主席

常继英　女，天津港物资公司企划部质量管理员
苑秉全　天津港五公司流机队工会主席
李利民　天津港集装箱固修站工会主席

6. 天津市优秀工会之友（3 名）

夏克泉　天津港轮驳公司总经理
姚　强　天津港四公司党委书记
孙志江　天津港石化公司党委书记

天津市总工会关于表彰 2008 ~ 2009 年度天津市模范职工之家、模范职工小家、工会工作先进集体、优秀工会工作者、优秀工会积极分子和优秀工会之友的决定

津工发〔2010〕15 号

2008 年以来，全市各级工会组织在市委领导下，以邓小平理论和“三个代表”重要思想为指导，深入贯彻落实科学发展观，按照中央、市委全会精神和全总关于“组织起来、切实维权”的工作要求，紧紧围绕推动科学发展、维护职工权益、维护职工队伍和社会稳定的工作重点，全面实施工会工作六大创新发展工程，拓宽新思路，研究新办法，采取新举措，积极应对国际金融危机带来的不利影响，为进一步加快滨海新区开发开放，实现天津科学发展、和谐发展、率先发展作出了应有的贡献。两年来，全市各级工会组织和工会干部以落实“双措并举、二次覆盖”为重点推动工会基层组织建设，创新组织体制，理顺组织关系，工会组织规模和会员总量取得新突破，进一步推动了工会组织的全域覆盖；广泛深入开展建家活动，不断健全完善规范基层工会的工作体制和机制，有力促进企业民主管理工作，开展了“五比一创”劳动竞赛、创建“工人先锋号”、“职工书屋”、“劳动关系和谐企业”等一系列有重大影响力的活动，打造出“职工之家”的品牌形象，充分发挥了工会组织的应有作用，得到了各级党政和职工群众的支持与肯定；不断构建和完善小三级组织网络，切实加强乡镇（街道）工会工作，按照“六好标准”逐步实现乡镇（街道）工会工作的规范化；以提高工作能力、服务科学发展为重点开展各级工会干部教育培训工作，培养造就适应天津新形势新要求的工会干部队伍。各级工会组织和广大工会工作者，自觉围绕中心、服务大局，切实履行工会职责，各项重点工作都取得了十分可喜的成绩，涌现出了一大批工作业绩突出、深受职工信赖、各级党政满意、职工群众认可的先进集体和优秀个人。

为表彰先进、激励士气，继续广泛深入开展建设“职工之家”活动，不断推动天津市工会工作取得更大发展。市总工会决定，授予 150 个基层工会天津市模范职工之家称号；授予 299 个工会小组（分会）天津市模范职工小家称号；授予 200 个单位（部门）天津市工会工作先进集体称号；授予 599 名工会工作者天津市优秀工会工作者称号；授予 494 名工会积极分子天津市优秀工会积极分子称号；授予 204 名党政领导同志天津市优秀工会之友称号。

希望受到表彰的先进集体和优秀个人，戒骄戒躁，再接再厉，引领示范、创新发展，取得新的进步。2010 年是我市实施“十一五”规划的最后一年，是巩固和发展天津大好形势至关重要的一年，也是天津工会工作的创新发展年。市总工会号召全市各级工会组织和广大工会工作者，要以先进为榜样，认真学习贯彻党的十七届四中全会和市委九届七次全会精神，贯彻落实全市“解难题、促转变、上水平”工作部署，按照市委作出的构筑“三个高地”、打好“五个攻坚战”的重大决策要求，大力弘扬中国工人阶级的伟大品格，团结动员全市广大职工进一步解放思想、坚定信心、勇挑重担、凝聚力量、扎实工作，为加快推进滨海新区开发开放、实现天津又好又快发展作出新的更大的贡献！

附件：2008 ~ 2009 年度天津市模范职工之家、模范职工小家、工会工作先进集体、优秀工会工作者、优秀工会积极分子和优秀工会之友名单

天津市总工会
2010 年 4 月 23 日

附件：2008 ~ 2009 年度天津市模范职工之家、模范职工小家、工会工作先进集体、优秀工会工作者、优秀工会积极分子和优秀工会之友名单

1. 天津市模范职工之家（1 个）

天津港滚装码头有限公司工会

2. 天津市模范职工小家（3 个）

天津港电力公司施工部工会小组
天津中燃船舶燃料有限公司罐区化验班工会小组
天津港轮驳有限公司津港消拖 20 轮工会小组

3. 天津市工会工作先进集体（2 个）

天津港第一港埠有限公司工会
天津港生活服务中心工会

4. 天津市优秀工会工作者(6名)

王金忠　天津港第四港埠有限公司工会主席

刘　杰　天津外轮理货有限公司工会主席

王文发　天津港第二港埠有限公司工会主席

刘展蔚　女,天津港集装箱码头有限公司工会副主席

段相安　天津港石化码头有限公司工会副主席

张小东　天津港(集团)有限公司工会民管组织部干部

5. 天津市优秀工会积极分子(3名)

赵树林　天津港第一港埠有限公司益港管理一部副队长

鲁士龙　天津港第五港埠有限公司固机队党支部书记、工会主席

常继英　女,天津港物资供应有限责任公司企业策划部干部

6. 天津市优秀工会之友(2名)

田长松　天津港(集团)有限公司党委副书记、总裁

王宝玉　天津港第一港埠有限公司党委书记

十二、天津港历次受中国海员工会表彰的工会工作先进集体和个人名单

中国海员工会全国委员会、中国公路运输工会全国委员会关于表彰全国交通系统先进基层工会、优秀工会干部和优秀工会积极分子的决定

海工组字〔1997〕23号

在国民经济的第八个五年计划期间,全国交通系统的各级工会组织以邓小平建设有中国特色社会主义理论为指导,认真贯彻党的路线、方针、政策,积极履行工会维护、建设、参与、教育等社会职能,为改革开放,经济发展和社会稳定;为促进工运事业的发展提高工会工作水平;为落实党的全心全意依靠工人阶级的指导方针等都作出了宝贵的贡献。一大批深受广大职工群众信赖和拥护的先进基层工会、优秀工会干部和热心为职工服务的优秀工会积极分子,在本单位的建设和改革中发挥了重要的作用,把工会建成了深受职工欢迎的职工之家。

为表彰在工会工作中作出突出成绩的基层工会、工会干部和工会积极分子,全国海员工会、全国公路运输工会决定,授予中国海员工会秦皇岛港务局委员会、中国公路运输工会福建龙岩汽车运输总公司委员会等91个单位全国交通系统先进基层工会称号;授予交通部第一航务勘察设计院薛宝忠、西藏交通厅洛桑曲珍等188名同志全国交通系统优秀工会干部称号;授予中国长江航运(集团)总公司钟洁、新疆石河子公路总段叶辉等156名同志全国交通系统优秀工会积极分子称号。

全国海员工会、全国公路运输工会希望受表彰的单位和个人继续发扬成绩,再接再厉,把工会工作提高到一个新水平,在改革开放和交通现代化建设中,发挥更大的作用。

全国海员工会、全国公路运输工会号召全国交通系统各级工会组织和广大工会干部、工会积极分子,向先进基层工会、优秀工会干部和优秀工会积极分子学习,认真贯彻党的各项方针、政策和工会工作的总体思路,为实现交通“九五”规划和跨世纪宏伟目标建功立业。

附件:全国交通系统先进基层工会、优秀工会干部、优秀工会积极分子名单

中国海员工会全国委员会
中国公路运输工会全国委员会
1997年3月28日

附件:中国海员工会表彰的先进集体和先进个人名单

1. 全国交通系统先进基层工会

天津港五公司工会

2. 全国交通系统优秀工会干部

郭长起　天津港三公司工会主席

侯正和　天津港六公司工会副主席

3. 全国交通系统优秀工会积极分子

吴培增　天津港务局设施处计财科科长、局工会经审委副主任

刘洪义　天津港四公司仓库车间工会主席

中国海员建设工会全国委员会关于表彰全国交通建设系统工会工作先进集体、优秀工会工作者和优秀工会之友的决定

海建工总字〔2008〕12号

中国海员建设工会成立五年来，全国交通建设系统各级工会组织在同级党委的领导下，始终坚持以邓小平理论和“三个代表”重要思想为指导，全面落实科学发展观，认真贯彻“组织起来、切实维权”的工会工作方针，认真落实全国总工会提出的各项工作任务，紧紧围绕本产业、本单位的中心工作，围绕全委的各项重点工作，围绕职工群众最关心、最直接、最现实的利益问题，创造性地开展工作，不断探索建立健全主动、依法、科学维权的长效机制，坚定不移地推动党的全心全意依靠工人阶级指导方针的贯彻落实，在维护职工合法权益、推动构建和谐稳定的劳动关系、团结引导广大职工促进我国交通建设事业又好又快发展等方面作出了重要贡献。为了表彰在工会工作中作出突出成绩的先进集体、优秀工会工作者和热情支持工会工作的党政领导，激励广大工会工作者以更高的工作热情和更大的创造活力，进一步推动新世纪新阶段工会工作的创新发展，中国海员建设工会全国委员会决定，授予北京燃气集团有限责任公司工会等218个单位“全国交通建设系统工会工作先进集体”称号；授予刘宝玲等290名同志“全国交通建设系统优秀工会工作者”称号；授予隋振江等153名同志“全国交通建设系统优秀工会之友”称号。

中国海员建设工会希望荣获全国交通建设系统工会工作先进集体的单位，要进一步加强工会组织建设，提高工会工作整体水平，在维护职工队伍稳定，促进产业经济全面、协调、可持续发展方面发挥更大的作用；希望荣获全国交通建设系统优秀工会工作者的同志，要珍惜荣誉，再接再厉，争取更大的进步；希望荣获全国交通建设系统优秀工会之友的同志，继续一如既往地加强对工会工作的领导和支持，为推进工会工作的全面发展作出更大的贡献。

中国海员建设工会号召全国交通建设系统各级工会组织和广大工会干部，在全系统广泛开展学习先进活动，以先进集体和先进个人为榜样，在党中央正确方针的指引下，高举中国特色社会主义伟大旗帜，全面落实科学发展观，坚定不移地走中国特色社会主义工会发展道路，解放思想，坚定信心，求真务实，争创一流，为实现交通建设事业的科学发展、夺取全面建设小康社会的新胜利而努力奋斗！

附：全国交通建设系统工会工作先进集体、优秀工会工作者、优秀工会之友名单

中国海员建设工会全国委员会
2008年3月24日

附件：中国海员工会表彰的先进集体和先进个人名单

1. 全国交通建设系统工会工作先进集体名单

天津港（集团）有限公司工会

2. 全国交通建设系统优秀工会工作者名单

孙伯强　天津港第三港埠公司工会主席

3. 全国交通建设系统优秀工会之友名单

孙世明　天津港（集团）有限公司党委副书记

十三、天津港历次荣获中华技能大奖、全国技术能手人员名单

劳动和社会保障部关于表彰第六届中华技能大奖获得者、全国技术能手及获国家技能人才培育突出贡献奖单位的决定

劳社部发〔2002〕24号

根据《中华技能大奖和全国技术能手评选表彰管理办法》（劳动和社会保障部令第7号）的有关规定，经过企业申报，省、自治区、直辖市劳动保障部门及行业部门推荐，全国技能人才专家评审委员会评审，劳动和社会保障部决定：

一、授予鲁宏勋等10人“中华技能大奖”获得者荣誉称号（名单见附件1），颁发“中华技能大奖”奖章、证书、奖杯和奖金。

二、授予陈孟祥等190人（其中，在2002年度国家级职业技能竞赛中获奖89名）“全国技术能手”荣誉称号（名单见附件2），颁发“全国技术能手”奖章、证书、奖牌和奖金。

三、授予中国空空导弹研究院等10家单位“国家

技能人才培育突出贡献奖”(名单见附件3),颁发奖牌和证书。

希望受表彰的个人以这次获得的荣誉为新的起点,再接再厉,积极进取,运用自己的技术技能,在工作岗位上为社会主义现代化作出新的贡献。希望受表彰的单位继续重视和关心技能人才的培养,建立好的机制,加快培养造就更多的技术技能人才。希望广大劳动者向“中华技能大奖”获得者和“全国技术能手”学习,刻苦钻研技术,努力提高技能,增强就业能力和工作能力。希望各地劳动保障部门和社会各有关方面,认真贯彻党的十六大精神,落实全国再就业工作会议和全国职业教育工作会议提出的各项工作任务,切实加强职业教育和职业培训,为普遍提高劳动者素质,造就亿万高素质的劳动大军,实现新时期的宏伟发展目标作出更大贡献。

附件:1. 第六届中华技能大奖获得者名单

2. 第六届全国技术能手名单

3. 获国家技能人才培育突出贡献奖单位名单

中华人民共和国劳动和社会保障部

2002年12月9日

附件2:第六届全国技术能手名单(共101名)

田见龙　天津港第二港埠有限公司装卸机械修理工(技师)

劳动和社会保障部关于表彰第七届中华技能大奖获得者全国技术能手及国家技能人才培育突出贡献奖获奖单位的决定

劳社部发〔2004〕31号

根据《中华技能大奖和全国技术能手评选表彰管理办法》(劳动保障部令第7号)有关规定,经国务院有关部门、行业组织、大型企业和各省、自治区、直辖市劳动保障部门推荐,国家专家评审委员会评审,并经社会公示,现决定:

一、授予许振超等20人中华技能大奖获得者荣誉称号(名单见附件1),颁发中华技能大奖奖章、证书、奖杯和奖金。

二、授予高和平等433人全国技术能手荣誉称号(名单见附件2,其中2004年度职业技能竞赛获奖225人),颁发全国技术能手奖章、证书、奖牌和奖金。

三、授予首钢总公司等55家单位国家技能人才培育突出贡献奖(名单见附件3),颁发奖牌和证书。

希望受表彰的个人以这次获得的荣誉为新的起点,再接再厉,开拓进取,充分运用自己的职业技能,在工作岗位上为社会主义现代化建设作出新的贡献,并带动更多的劳动者岗位成才。希望受表彰的单位一如既往地重视、关心和大力支持技能人才的成长,加快培养和造就更多的高技能人才。希望广大劳动者向中华技能大奖获得者和全国技术能手学习,刻苦钻研技术,努力提高技能,增强就业能力和工作能力。希望各级劳动保障部门、各行业部门和社会各方面,认真贯彻落实“人才强国”战略,切实加强职业培训,为提高劳动者整体素质,实现全面建设小康社会的宏伟目标作出更大贡献。

附件:1. 第七届中华技能大奖获得者名单

2. 第七届全国技术能手名单

3. 国家技能人才培育突出贡献奖获奖单位名单

中华人民共和国劳动和社会保障部

2004年12月10日

附件2:第七届全国技术能手名单

评选获奖(共208名)

金学智　天津港煤码头有限责任公司钳工(技师)

附件3:获国家技能人才培育突出贡献奖单位名单(共55家)

天津港(集团)有限公司

劳动和社会保障部关于表彰第八届中华技能大奖获得者全国技术能手和国家技能人才培育突出贡献奖获奖单位的决定

人社部发〔2006〕35号

根据《中华技能大奖和全国技术能手评选表彰管理办法》(劳动保障部令第7号)有关规定,经各省、自治区、直辖市劳动保障部门和国务院有关部门、行业组织、中央大型企业的推荐,由全国技能人才专家评审委员会评审,并经社会公示,劳动和社会保障部决定:

一、授予邓建军等20名同志“中华技能大奖”(名单见附件1)，颁发中华技能大奖奖章、证书、奖杯和奖金。

二、授予秦英瑞等300名同志“全国技术能手”荣誉称号(名单见附件2)，颁发全国技术能手奖章、证书、奖牌和奖金。

三、授予北京京仪集团有限责任公司等100家单位“国家技能人才培育突出贡献奖”(名单见附件3)，颁发奖牌和证书。

希望受表彰的个人，以这次获得的荣誉为新的起点，继续学习新知识和新技能，积极参与技术革新和攻关项目，更好地运用知识、技术和技能，创造新的业绩，并下工夫做好“传帮带”工作。希望受表彰的单位进一步强化高技能人才培养工作，充分发挥企业的主体作用和院校的基础作用，培养造就更多的具备良好职业道德、掌握精湛技艺技能的高技能人才。希望广大劳动者向中华技能大奖获得者和全国技术能手学习，刻苦钻研技能，立志岗位成才。希望各级劳动保障部门和社会各方面认真贯彻落实《中共中央办公厅、国务院办公厅关于进一步加强高技能人才工作的意见》精神，切实加强高技能人才各环节工作，进一步搞好技能人才评选表彰，为推动我国高技能人才队伍建设作出更大贡献。

附件：1. 第八届中华技能大奖获得者名单
2. 第八届全国技术能手名单
3. 国家技能人才培育突出贡献奖获奖单位名单

中华人民共和国劳动和社会保障部
2006年9月13日

附件1：第八届中华技能大奖获得者名单(共20名)

孔祥瑞　天津港(集团)有限公司电动装卸机械司机高级技师

人力资源和社会保障部关于表彰第九届中华技能大奖获得者全国技术能手和国家技能人才培育突出贡献奖获奖单位的决定

人社部发〔2008〕108号

根据《中华技能大奖和全国技术能手评选表彰管理办法》有关规定，经各省、自治区、直辖市劳动保障部门和国务院有关部门、行业协会、中央大型企业推荐，由第九届中华技能大奖和全国技术能手专家评审委员会评审，并经社会公示，人力资源和社会保障部决定：

一、授予王连友等20名同志“中华技能大奖”获得者荣誉称号，颁发中华技能大奖奖章、证书、奖杯和奖金。

二、授予徐伟等300名同志“全国技术能手”荣誉称号，颁发全国技术能手奖章、证书、奖牌和奖金。

三、授予北京一轻控股有限责任公司等80家单位“国家技能人才培育突出贡献奖”获奖单位荣誉称号，颁发证书和奖牌。

希望受表彰的个人以此为新起点，继续努力学习，再攀高峰，不断提高技能水平，积极参与组织创新，更好地运用知识、技术和技能，创造新的业绩，并积极做好“传帮带”工作。希望受表彰的单位进一步强化完善高技能人才培养工作，充分发挥企业的主体作用和院校的基础作用，培养造就更多的具备良好职业道德、掌握精湛技艺技能的高技能人才。希望广大劳动者向中华技能大奖获得者和全国技术能手学习，刻苦钻研技能，立志岗位成才。希望各级人事、劳动保障部门和社会各方面在认真贯彻落实中共中央办公厅、国务院办公厅《关于进一步加强高技能人才工作的意见》(中办发〔2006〕15号)精神基础上，切实加强高技能人才各环节的工作，为推动我国高技能人才队伍建设作出更大贡献。

附件：1. 第九届中华技能大奖获得者名单
2. 第九届全国技术能手名单
3. 第九届国家技能人才培育突出贡献奖获奖单位名单

中华人民共和国人力资源和社会保障部
2008年12月2日

附件2：第九届全国技术能手名单(共300名)

张　林　天津港第二港埠有限公司电动装卸机械司机技师

十四、天津港历次荣获天津市技术能手和全国交通技术能手名单

交通部关于授予侯振芳等33名同志全国交通技术能手称号的通知

交人劳发〔2004〕16号

为表彰在交通生产建设中作出突出贡献的技术工人,经全国交通技能人才评审委员会评审推荐,交通部批准,决定授予侯振芳等33名同志2003年度"全国交通技术能手"称号。

全国交通系统职工要学习他们刻苦钻研技术业务,努力提高自身素质,立志岗位成才的精神,为实现交通新的跨越式发展作贡献。

希望受表彰的同志要谦虚谨慎,戒骄戒躁,再接再厉,与时俱进,取得更大的成绩。

附件:2003年度"全国交通技术能手"名单

中华人民共和国交通部
2004年1月13日

附件:2003年度"全国交通技术能手"名单

金学智　天津港务局港机装配钳工

交通部关于授予黄振华等101名同志全国交通技术能手称号的通知

交人劳发〔2005〕666号

为表彰在交通生产建设中作出贡献的技术工人,经各省、自治区、直辖市交通厅(局、委)及有关单位交通技能人才专家评审委员会评审推荐,决定授予黄振华等101名同志2005年度"全国交通技术能手"称号。

全国交通系统职工要学习他们刻苦钻研技术业务,努力提高自身素质,立志岗位成才的精神,为实现交通新的跨越式发展作贡献。

希望受表彰的同志要谦虚谨慎,戒骄戒躁,再接再厉,与时俱进,取得更大的成绩。

附件:2005年度"全国交通技术能手"名单

中华人民共和国交通部
2005年12月30日

附件:2005年度"全国交通技术能手"名单

董凤军　天津港(集团)有限公司内燃装卸机械司机

赵孝鹏　天津港(集团)有限公司内燃装卸机械修理工

李　坚　天津港(集团)有限公司装卸机械电器修理工

交通运输部关于授予田洁等66名同志全国交通技术能手荣誉称号的决定

交人劳发〔2009〕767号

为贯彻落实中共中央、国务院《关于进一步加强高技能人才工作的意见》,根据《全国交通技术能手评选表彰管理办法》,部组织开展了2009年度全国交通技术能手的评选工作。经对最终评审结果审核认定,部决定授予田洁等66名同志(名单见附件)"全国交通技术能手"荣誉称号,颁发"全国交通技术能手"荣誉证书。

各有关单位对获得"全国交通技术能手"荣誉称号的人员要给予适当奖励。各级交通运输主管部门要加大对获奖选手的宣传力度,发挥他们的激励示范作用,积极营造有利于交通运输行业高技能人才健康成长的良好氛围,引导广大从业人员立足岗位、开拓创新,在平凡的岗位上作出不平凡的业绩。

希望获得荣誉称号的同志珍惜荣誉,再接再厉,继续学习新知识和新技能,充分发挥技能骨干带头作用,在提高本职业(工种)整体技能水平上作出新的贡献。

全国交通运输行业广大职工要以获得"全国交通技术能手"荣誉称号的同志为榜样,学习他们爱岗敬业、刻苦钻研、锐意进取的精神,立足岗位,争创一流,为实现交通运输事业又好又快发展作出更大的努力。

附件:授予"全国交通技术能手"荣誉称号人员名单

中华人民共和国交通运输部
2009年12月21日

附件:"全国交通技术能手"名单

张　昕　天津五洲国际集装箱码头有限公司　电

动装卸机械司机、高级技师

高卫东　天津港焦炭码头有限公司　电工装卸机械司机、高级技师

成卫东　天津港第一港埠有限公司　内燃装卸机械司机、高级技师

天津市人民政府办公厅关于命名2006年度天津市有突出贡献的技师和天津市技术能手荣誉称号表彰第八届中华技能大奖获得者和全国技术能手获得者的通知

津政办发〔2007〕105号

根据市委办公厅、市人民政府办公厅《关于印发〈天津市高技能人才评选奖励办法〉的通知》(津党厅〔2006〕12号)精神,为加快培养与我市经济社会发展相适应的高技能人才,经天津市高技能人才评审委员会组织评选、评审委员会评审和社会公示,并经市人才工作领导小组审批,市人民政府同意授予周伟等100名同志"2006年度天津市有突出贡献的技师"荣誉称号;授予王喆等100名同志"2006年度天津市技术能手"荣誉称号;并对第八届中华技能大奖获得者孔祥瑞和第八届全国技术能手获得者季勇斌等13名同志予以表彰。希望受表彰的同志以此为新起点,刻苦钻研新技能,掌握新本领,为我市经济建设和滨海新区开发开放作出新贡献。希望全市广大劳动者向"天津市有突出贡献的技师"、"天津市技术能手"和其他受表彰的同志学习,立足岗位,钻研技术,争当高技能人才。各有关部门和单位要认真贯彻落实党的十七大精神,以科学发展观为统领,按照中共中央办公厅、国务院办公厅《关于进一步加强高技能人才工作的意见》(中办发〔2006〕15号)要求,努力营造尊重劳动、尊重知识、尊重人才、尊重创造的社会氛围,加快高技能人才队伍建设,为实施人才强市战略作出新的贡献。

附件:1. 2006年度天津市有突出贡献的技师名单

2. 2006年度天津市技术能手名单

3. 天津市获得第八届中华技能大奖和全国技术能手称号人员名单

天津市人民政府

2007年12月6日

附件1:

2006年度天津市有突出贡献的技师名单(100名)

序号	姓名	从事职业(工种)	职业资格等级	工作单位
52	孔祥瑞	电动装卸机械(门机)司机	高级技师	天津港(集团)有限公司
53	金学智	工具钳工	高级技师	天津港(集团)有限公司
54	田　辰	装卸机械电器修理工	技师	天津港(集团)有限公司
55	李港有	内燃装卸机械司机	技师	天津港(集团)有限公司

附件2:

2006年度天津市技术能手名单(100名)

序号	姓名	从事职业(工种)	职业资格等级	工作单位
43	张　昕	电动装卸机械(装卸桥)司机	技师	天津港(集团)有限公司
44	杨俊杰	电动装卸机械(场桥)司机	技师	天津港(集团)有限公司
45	宋国峰	电动装卸机械(装卸桥)司机	高级工	天津港(集团)有限公司
46	段永春	内燃装卸机械(吊车)司机	高级技师	天津港(集团)有限公司
47	成卫东	内燃装卸机械(拖车)司机	高级技师	天津港(集团)有限公司
48	任春胜	电动装卸机械(门机)司机	技师	天津港(集团)有限公司
49	陈屹立	内燃装卸机械(吊车)司机	技师	天津港(集团)有限公司
50	李拥政	内燃装卸机械修理工	高级技师	天津港(集团)有限公司
51	皇甫瑞洪	装卸机械电器修理工	技师	天津港(集团)有限公司

附件3：

第八届中华技能大奖获得者(1名)

孔祥瑞　天津港(集团)有限公司电动装卸机械司机、高级技师

天津市人民政府办公厅关于命名第二届天津市技术能手荣誉称号表彰第九届中华技能大奖获得者和全国技术能手获得者的通知

津政办发〔2010〕6号

根据市委办公厅、市政府办公厅《关于印发〈天津市高技能人才评选奖励办法〉的通知》(津党厅〔2006〕12号)精神,为加快培养与我市经济社会发展相适应的高技能人才,经天津市高技能人才评审委员会组织专家评审和社会公示,市人才工作领导小组审核,市人民政府同意授予孙建等100名同志"第二届天津市技术能手"荣誉称号,并对第九届中华技能大奖获得者陈世运、刘生友和全国技术能手获得者戴景明等19名同志予以表彰。

希望受表彰的同志以此为新起点,刻苦钻研新技能,掌握新本领,为我市经济社会发展和滨海新区开发开放作出新贡献。希望全市广大劳动者向受表彰的同志学习,立足岗位,钻研技术,争当高技能人才。

各有关部门和单位要全面贯彻落实党的十七大和十七届三中、四中全会精神,深入贯彻落实科学发展观,按照中共中央办公厅、国务院办公厅《关于进一步加强高技能人才工作的意见》(中办发〔2006〕15号)要求和市委、市政府的具体部署,努力营造尊重劳动、尊重知识、尊重人才、尊重创造的社会氛围,加快高技能人才队伍建设,为实施人才强市战略作出新的贡献。

附件:1. 第二届天津市技术能手名单

2. 天津市获得第九届中华技能大奖和全国技术能手称号人员名单

天津市人民政府办公厅

2010年1月26日

附件1：

第二届天津市技术能手名单

姓名	从事职业(工种)	职业资格等级	工作单位
王永生	装卸机械电器修理工	高级技师	天津港第一港埠有限公司
朱宝升	岸边集装箱起重机司机	高级工	天津港东方海陆集装箱码头有限公司
崔　锴	轮胎式集装箱龙门起重机司机	技师	天津港集装箱码头有限公司
陈学勤	轮胎式起重机司机	高级技师	天津港第一港埠有限公司
谷　波	门座式起重机司机	高级技师	天津港第二港埠有限公司
荆国春	装卸机械电器修理工	高级技师	天津港集装箱码头有限公司
王希全	内燃装卸机械修理工	高级技师	天津港物资供应有限责任公司

附件2:天津市获得第九届中华技能大奖和全国技术能手称号人员名单(共计19名)

第九届全国技术能手

张　林　天津港第二港埠有限公司电动装卸机械司机技师

十五、天津港荣获历届天津市"学绝技、创绝招、争做技术明星"的先进集体和个人名单

关于授予王振华等百名同志"天津市职工技术明星"称号的决定

为了贯彻落实党的十四大精神和市委、市政府"科技兴市"的战略方针,市总工会、市经委、交委、建委、商委、市劳动局、二教局、团市委等单位在全市职工中广泛深入地开展了"学绝技、创绝招、争做技术明星"活动。

在活动中，王振华等百名同志，面临市场竞争的挑战，努力提高自身素质，以高度的主人翁精神在各自的工作岗位上，学科学、钻技术，掌握先进技艺和各种“绝招、绝技”，为提高企业的经济效益、促进两个文明建设作出了突出贡献。

经过自下而上的逐级选拔并由有关技术部门认定，市“学、创、争”活动领导小组审核报市政府批准，决定授予王振华等百名同志“天津市职工技术明星”称号，并以市政府名义颁发证书。同时对天津市汽车制造厂等25个单位授予“学、创、争”活动优秀组织单位称号。

希望受表彰的百名技术明星和优秀组织单位，要发扬成绩，再接再厉，争创更大的光荣。也希望全市广大职工学习技术明星解放思想、拼搏进取、尊重科学、改革创新、立足岗位、敬业尽职、顾全大局、团结协作、谦虚谨慎、真抓实干、艰苦创业、无私奉献的精神，抓住机遇，为加快我市现代化建设事业发展，作出新的贡献。

天津市“学、创、争”活动领导小组
1993年7月

附件：天津市第一届“学绝技、创绝招、争做技术明星”先进集体和个人名单

1. 天津市职工技术明星

韩梦云　天津港一公司维修站装卸机械电器修理工

李广仁　天津港一公司叉车队修理工

2. 优秀组织单位

天津港务局

关于授予万志勇等99名同志“天津市职工技术明星”等荣誉称号的决定

为了贯彻落实党的十四届五中全会精神和市委、市政府“科技兴市”的战略方针，市总工会、市经委、交委、建委、商委、计委、科委、教委（原教卫委、第二教育局）、农委、市劳动局、市人事局、团市委自1994年10月起，在全市职工中广泛深入地开展了第二届“学绝技、创绝招、争做技术明星”活动。

在历时一年的学习培训和比武中，万志勇等99名同志，面临市场竞争的挑战，立足本职工作，努力提高自身素质，以高度的主人翁精神，在各自的工作岗位上，学科学、钻技术，掌握、创造出先进技艺和各种“绝招、绝技”，为提高企业的经济效益、促进两个文明建设作出了突出贡献。

经过自下而上的逐级选拔，并由有关技术部门认定，市第二届“学、创、争”活动领导小组审核，报市政府批准，决定授予万志勇等99名同志“天津市职工技术明星”称号，并以市政府名义颁发证书。劳动局经研究决定对其中技术岗位的工人，经区县局技师考核组织考评、可破格评定为技师和高级技师职务。市总工会授予上述技术明星“八五”立功先进个人、团市委授予其中35岁以下的54位技术明星“新长征突击手”荣誉称号。同时对天津市化工局等36个单位授予“学、创、争”活动优秀组织单位称号。

希望受表彰的百名技术明星和优秀组织单位，发扬成绩，再接再厉，争取更大光荣。希望全市广大职工学习技术明星刻苦钻研、拼搏进取、尊重科学、改革创新、立足岗位、敬业尽职、顾全大局、团结协作、谦虚谨慎、脚踏实地、艰苦创业、无私奉献的精神，为加快我市现代化建设作出新的贡献。

天津市“学、创、争”活动领导小组
1995年10月

附件：天津市第二届“学绝技、创绝招、争做技术明星”先进集体和个人名单

1. 天津市职工技术明星

王　莉　女，天津港二公司装卸司机

刘晓明　天津港集装箱公司电修工

2. 优秀组织单位

天津港务局

关于授予王俊标等百名同志“天津市职工技术明星”、范玉恕项目经理部等百个班组“明星班组”称号的决定

为了贯彻落实党的十四届六中全会精神和市委、市政府“科技兴市”的战略方针，市总工会、市委宣传部、市经委、交委、建委、商委、计委、外经贸委、科委、教委、农委、市人事局、市劳动局、市财政局、市妇联、团市委于1996年4月份起，在全市职工中继续深入开展了第三届“学绝技、创绝招、争做技术明星”活动。

在历时一年的学习培训和比武活动中，王俊标等

百名同志和范玉恕项目经理部百个班组,紧密围绕经济工作中心,立足本岗,以高度的主人翁精神,学习科学知识,钻研技术业务,掌握、创造出先进技艺和各种“绝招、绝技”,带领广大职工投身于学习培训活动中,为提高职工队伍的思想道德素质和科学文化素质,提高企业经济效益,促进两个根本转变作出了突出贡献。

经过自下而上的逐级选拔并由有关技术部门认定,市第三届“学、创、争”活动领导小组审核报市政府批准,决定授予王俊标等百名同志“天津市职工技术明星”称号,并以市政府名义颁发证书,授予范玉恕项目经理部等百个班组“明星班组”称号。同时对石油化工公司等42个单位授予“学、创、争”活动优秀组织单位称号。

希望受到表彰的技术明星、明星班组和优秀组织单位,发扬成绩,再接再厉,带领和组织全市广大职工立足岗位、敬业尽职、努力学习、刻苦钻研,为把天津建设成为我国北方经济中心作出新的贡献。

天津市职工“学、创、争”活动领导小组
1997年8月

附件:天津市第三届“学绝技、创绝招、争做技术明星”先进集体和个人名单

1. 天津市职工技术明星

陈庆立　天津港职工培训中心

田建农　天津港二公司

2. 天津市技术明星班组

天津港电力公司11万变电站

3. 优秀组织单位

天津港务局

关于在天津市职工第四届“学绝技、创绝招、争做技术明星”活动中授予马守如等九名同志“技术明星标兵”、张志忠等九十四名同志“技术明星”、钢管公司轧管厂电仪作业区传动组等百个班组“明星班组”称号的决定

为了贯彻落实党的十五大精神和市委、市政府“科教兴市”的战略方针,市总工会、市委宣传部、市经委、交委、建委、商委、计委、外经贸委、科委、教委、农办、市人事局、市劳动和社会保障局、团市委、市妇联等14个委局于1998年6月份起,在全市职工中继续深入开展第四届“学绝技、创绝招、争做技术明星”活动。

在历时一年的学习培训和比武活动中,马守如等百名同志和钢管公司扎管厂电仪作业区传动组等百个班组,围绕推进国有企业改革和发展,以高度的主人翁精神,立足本岗,学知识、钻技术,总结出多种绝招绝技和先进工作法,创造出一批先进科技成果,以自己的实际行动影响和带动广大职工投身学习培训活动,为提高职工队伍的思想道德素质和科学文化素质,加快国有企业技术进步,促进两个根本性转变作出了突出贡献。

经过自下而上的逐级选拔并经有关技术部门认定,市第四届“学、创、争”活动领导小组审核,报市政府批准,决定授予马守如等九名同志“技术明星标兵”、张志忠等九十四名同志“技术明星”称号,并以市政府名义颁发证书,授予钢管公司扎管厂电仪作业区传动组等百个班组“明星班组”称号。同时对天津市纺织工业总公司等28个单位授予“学、创、争”活动优秀组织单位称号。

希望受表彰的技术明星标兵、技术明星、明星班组和优秀组织单位,发扬成绩,再接再厉,带领和组织全市广大职工立足岗位、创新进取、刻苦钻研,为进一步推进国有企业改革和发展,为把天津建设成为现代化港口城市和我国北方重要经济中心作出新的贡献。

天津市职工“学、创、争”活动领导小组
1999年11月

附件:天津市第四届“学绝技、创绝招、争做技术明星”先进集体和个人名单

1. 天津市职工技术明星标兵

金学智　天津港六公司

2. 天津市职工技术明星

石良玉　天津港二公司

3. 天津市技术明星班组

天津港五公司工具队抓斗班

十六、天津港历届荣获“职工技术创新活动优秀技术成果”、“工人发明家”、“职工先进操作法”名单

天津市总工会关于表彰“工人发明家”、“职工先进操作法”、“职工优秀技术创新成果”的决定

津工发〔2007〕18号

为贯彻落实市第九次党代会精神，全面落实科学发展观，在实现天津又好又快发展中，充分发挥工人阶级主力军作用，全面提高职工自主创新能力，促进职工队伍整体素质提高，市总工会、市知识产权局在全市开展了评选“工人发明家”、“职工先进操作法”、“职工优秀技术创新成果”活动。经基层推荐，有关区县局、总公司(集团)审核申报，专家评审，评选领导小组审定，市总工会、市知识产权局决定，授予孔祥瑞等8名同志“工人发明家”荣誉称号，授予张晓燕创造的《棉包长丝、氨纶丝细纱接头法》等6项操作法为天津市“职工先进操作法”，授予天津市高速公路投资建设发展公司《莲花岭隧道弃渣综合利用》等10个项目为天津市“职工优秀技术创新成果”。市总工会同时分别授予“工人发明家”、“职工先进操作法”、“职工优秀技术创新成果”先进个人和集体天津市五一劳动奖章和奖状。

当前，天津的发展正处在一个关键时期，希望受表彰的先进个人和集体，要发扬成绩，再接再厉，进一步发挥带头、示范作用，为实现天津又好又快发展再立新功。广大职工要向受表彰的先进个人、先进集体学习，学习他们爱岗敬业、刻苦钻研的主人翁精神，与时俱进、勇攀高峰的开拓意识，艰苦奋斗、无私奉献的高尚品质，团结协作、奋发有为的团队作风，不断增强创新意识，提高创新能力，坚持更高标准，追求更高水平，积极投身建功“十一五”、“五比一创”劳动竞赛和职工素质工程，大力开展技术创新、发明创造活动，开发具有自主知识产权的核心技术，大力推广先进操作法，进一步营造鼓励创新的良好环境，培养更多的创新型、技能型人才，为建设创新型国家作出新的贡献。

全市广大职工要认真学习贯彻党的十七大精神，落实市委九届二次全会的工作部署，以邓小平理论和“三个代表”重要思想为指导，深入贯彻落实科学发展观，为进一步加快推进滨海新区开发开放，实现我市科学发展和谐发展率先发展作出新的更大的贡献。

附：天津市“工人发明家”、“职工先进操作法”、“职工优秀技术创新成果”名单

天津市总工会
天津市知识产权局
2007年10月31日

附件：天津市“工人发明家”名单

孔祥瑞　天津港股份有限公司煤码头分公司孔祥瑞操作队队长、高级技师

天津市总工会关于表彰第二届天津市“工人发明家”、“职工先进操作(工作)法”、“职工优秀技术创新成果”的决定

津工发〔2009〕37号

在推进我市改革开放和现代化建设进程中，全市广大职工紧紧围绕贯彻落实市第九次党代会以来的各项部署，全面落实科学发展观，积极投身以技术创新、发明创造为重点的群众性技术创新活动，为实现天津经济又好又快发展作出了重要的贡献。为鼓励创新，表彰先进，激发广大职工立足岗位、自主创新的积极性、主动性，在全市广大职工中进一步营造尊重劳动、尊重知识、尊重人才、尊重创造的浓厚氛围，团结动员全市广大职工为建设创新型企业、创新型城市、创新型国家多作贡献。市总工会、市知识产权局、市科协决定，授予天津天纺投资控股有限公司刘生友等18名同志“工人发明家”荣誉称号，授予天津港焦炭码头有限公司高卫东完成的《焦炭门机高效操作法》等20项操作法为天津市“职工先进操作(工作)法”，授予天津市建工工程总承包有限公司《空客A320系列飞机总装线工程钢结构综合施工技术》等100项成果为天津市“职工优秀技术创新成果”。

希望受表彰的先进个人和集体，要发扬成绩，

再接再厉,再立新功。同时,希望全市广大职工要向受表彰的先进个人、先进集体学习,学习他们爱岗敬业、刻苦钻研的主人翁精神,与时俱进、勇攀高峰的开拓意识,精益求精、争创一流的高尚品质,团结协作、奋发有为的团队作风,大力开展技术创新、发明创造活动,不断增强创新意识,提高创新能力,坚持更高标准,追求更高水平,为加快滨海新区开发开放,实现天津科学发展和谐发展率先发展作出新的更大的贡献。

附件:1.“工人发明家”名单

2.“职工先进操作(工作)法”名单

天津市总工会

天津市知识产权局

天津市科学技术协会

2009年11月26日

附件:第二届天津市“工人发明家”、“职工先进操作(工作)法”先进集体与个人名单

1. 天津市“工人发明家”

崔政林　天津港第一港埠有限公司

2. 天津市“职工先进操作(工作)法”

《焦炭门机高效操作法》

完成人:高卫东　天津港焦炭码头有限公司

十七、天津港荣获全国“三八”红旗手标兵称号个人名单

评选时间	姓　名	所属单位	授予时间	颁发单位
2010年	张丽丽	天津港(集团)有限公司	2010年2月25日	中华全国妇女联合会

十八、天津港历届荣获全国“三八”红旗手称号个人名单

评选时间	姓　名	所属单位	授予时间	颁发单位
1979年	沈庆霞	第二作业区一货区副库长	1979年9月21日	中华全国妇女联合会
1983年	鞠晓岚	第二作业区一货区理货员	1983年9月12日	中华全国妇女联合会
2009年	张丽丽	天津港(集团)有限公司总工程师	2009年9月25日	中华全国妇女联合会

十九、天津港历届荣获天津市“三八”集体和红旗手称号的集体和个人名单

天津市历届“三八”红旗手名单

评选时间	姓　名	所属单位	授予时间	颁发单位
1978年	温瑞芬	局幼儿园	1979年3月7日	天津市妇女联合会
	孙景凤	修建公司		
	沈庆霞	第二作业区		
1980年	侯美娜	第一作业区	1981年3月4日	
1982年	李　惠	第一作业区	1983年3月5日	
	鞠晓岚	第二作业区		
	徐　彬	港口医院		
	米学进	轮驳公司		

续表

评选时间	姓　名	所属单位	授予时间	颁发单位
1983～1984年	张淑华	第一作业区司机	1985年3月6日	天津市妇女联合会
	刘淑云	第二作业区托儿所所长		
	周作英	第三作业区托儿所所长		
	梁玉静	第六作业区仓库工人		
	李文英	外运公司塘沽于家堡仓库保管员		
	付小霞	集装箱公司司机		
	马文敏	外代公司打字员		
1985～1986年	王淑英	港埠一公司	1987年3月6日	
	钟春芳	港埠二公司		
1987～1988年	王淑英	港埠一公司	1989年3月7日	
1989～1990年	赵春贤	建设公司施工车间党支部书记	1991年3月6日	
1991～1992年	王文艳	港埠四公司北方包装公司技术部干部	1993年3月6日	
1993～1994年	苗珍云	储运公司司机	1995年3月3日	
1995～1996年	钱冬香	港口医院总护士长	1997年3月6日	
1997～1998年	王凤琴	电力公司高级工程师	1999年3月7日	
1999～2000年	宋桂兰	港埠二公司仓库保管员	2001年3月8日	
2001～2002年	马桂兰	港埠二公司货运科工会主席	2003年3月	
2003～2004年	贾爱红	港埠一公司仓库理货员	2005年3月	
2005～2006年	张民茹	监理公司业务部经理	2007年3月	
2007～2008年	张丽丽	集团公司总裁助理	2009年3月	

天津港历届“三八”红旗集体名单

评选时间	授予单位	授予时间	颁发单位
1982年	第二作业区仓库202库	1983年3月	天津市妇女联合会
1993～1994年	天津港务局工会女职工委员会	1995年3月	
1995～1996年	天津港务局工会女职工委员会	1997年3月	
1997～1998年	天津港务局工会女职工委员会	1999年3月	
1999～2000年	天津港务局工会女职工委员会	2001年3月	
2001～2002年	天津港务局工会女职工委员会	2003年3月	
2003～2004年	天津港(集团)有限公司工会女职工委员会	2005年3月	
2005～2006年	天津港四公司工会动力站“三八”电工班	2007年3月	

二十、天津港历届荣获上级单位授予的先进个人称号名单

上级单位授予先进个人称号名单

1. 宣传教育类

评选时间	姓　名	所属单位及职务	授予称号	授予时间	颁发单位
1986年	周华兴	交通部水科所工程师	天津市首届职工自学成才三等奖	1986年4月7日	天津市总工会
	刘武年	天津港第三港埠公司工人	天津市首届职工自学成才受表彰职工		
1987年	宋恩富	天津港务局干部	天津市第二届职工自学成才自学积极分子	1987年9月1日	天津市总工会
1989年	赵长元	天津港文体中心副主任	全国工会优秀群众文化工作者	1989年9月30日	中华全国总工会宣传教育部
1990年	刘铁英	天津港第一港埠公司俱乐部美工	天津市第三届职工自学成才自学积极分子	1990年2月	天津市总工会
1995年	呼长凤	天津港务局工会生活女工部部长	全国工会优秀法律工作者	1996年4月	中华全国总工会
2000年	杨新民	天津港第二港埠公司	天津市第六届职工自学成才自学积极分子	2000年12月13日	天津市总工会 天津市劳动局 天津市第二教育局 天津市科学技术委员会 天津市人事局
	贾万庆	天津港第四港埠公司	天津市第六届职工自学成才受表彰职工		
2004年	金学智	天津港股份有限公司煤码头分公司操作三队队长	全国职工创新能手	2004年10月	中华全国总工会
2005年	纪鸿恩	天津港第一港埠公司工艺部经理	天津市知识型职工标兵	2005年3月29日	中共天津市委、天津市政府
	曹岩春	天津港第二港埠公司门机队队长	天津市知识型职工		
	王荣春	天津港口医院主任医师			

续表

评选时间	姓　名	所属单位及职务	授予称号	授予时间	颁发单位
2005年	李洪霞	天津港(集团)有限公司工会生活女工部部长	天津市实施职工素质工程优秀组织者	2005年5月12日	天津市职工素质工程领导小组
2005年	孔祥瑞	天津港股份有限公司煤码头分公司操作一队队长	第二届天津市职工职业道德建设十佳标兵	2006年8月	天津市文明办 天津市总工会
2006年	孔祥瑞	天津港股份有限公司煤码头分公司操作一队队长	天津市职工岗位创新标兵	2006年2月	天津市总工会
2006年	孔祥瑞	天津港股份有限公司煤码头分公司操作一队队长	天津市十佳文明市民	2006年11月10日	天津市文明办、天津日报、今晚报、天津电视台、天津人民广播电台、北方网
2006年	孔祥瑞	天津港股份有限公司煤码头分公司操作一队队长	全国知识型职工标兵	2007年1月	全国"创学习型组织,争做知识型职工"活动领导小组
2007年	孔祥瑞	天津港股份有限公司煤码头分公司操作一队队长	第十届全国职工职业道德建设十佳标兵	2007年4月	中华全国总工会
2007年	孔祥瑞	天津港股份有限公司煤码头分公司操作一队队长	首届全国道德模范提名奖	2007年9月20日	中央宣传部、中央文明办、全国总工会、共青团中央、全国妇联
2008年	王金忠	天津港第四港埠公司工会主席	天津市职工素质工程和"创争"活动优秀组织者	2008年12月	天津市职工素质工程领导小组
	李坚	天津港集装箱码头公司固修站副站长	天津市知识型职工先进个人		
2008年	张丽丽	天津港(集团)有限公司总工程师兼东疆港区建设指挥部总指挥	天津市道德模范	2009年2月18日	天津市文明办、市总工会、团市委、市妇女联合会、天津日报、今晚报、天津电视台、天津人民广播电台、天津北方网
2009年	张丽丽	天津港(集团)有限公司总工程师兼东疆港区建设指挥部总指挥	第二届全国道德模范	2009年9月20日	中央宣传部、中央文明办、解放军总政治部、全国总工会、共青团中央、全国妇联

2. 职工生活类

评选时间	姓　名	所属单位及职务	授予称号	授予时间	颁发单位
1981 年	温瑞芬	局幼儿园	天津市优秀保教工作者	1982 年 5 月	天津市人民政府
	康秀荣	局幼儿园			
	梁文华	天津港三公司托儿所			
	于宝荣	机械修理厂托儿所			
	丁　玲	驻津办事处托儿所			
1982 年	周连英	第五作业区托儿所保育员	天津市“五好个人”	1983 年 3 月 8 日	天津市妇女联合会
1983 年	温瑞芬	局幼儿园	天津市优秀保教工作者	1984 年 12 月	天津市人民政府
	康秀荣	局幼儿园			
	于宝荣	机械修理厂托儿所			
1986 年	谢巧茹	天津港二公司	天津市工会“红娘”工作先进个人	1986 年 12 月	天津市总工会
	马素琴	天津港四公司			
	刘淑云	天津港务局工会			
	岳长河	天津港二公司			
1989 年	曹维婷	局幼儿园	天津市优秀教师	1989 年 9 月	天津市人民政府
1989 年	陈香萍	天津港一公司固机队队长金贵林的妻子、天津港电力公司职工	全国优秀海员家属	1989 年 10 月 1 日	交通部、中国海员工会
	李桂英	天津港三公司调度室主任刘庆祥的妻子、天津服装十三厂职工			
1991 年	韩　蕤	天津港口医院妇产科医师	天津市优秀家长	1992 年 6 月	天津市妇女联合会、天津市工会女职工委员会
1992 年	杜晓惠	天津港四公司工会女职委委员	天津市工会“红娘标兵”	1993 年 2 月	天津市总工会
1994 年	杜晓惠	天津港四公司	天津市工会“红娘”工作先进个人	1994 年 5 月	天津市总工会
	刘淑云	天津港务局工会			
	谢巧茹	天津港二公司			
1995 年	赵学芬	天津港四公司门吊队队长常胜的妻子、天津碱厂工人	全国优秀海员家属	1995 年 7 月 10 日	交通部、中国海员工会
	赵洪舫	天津港储运股份有限公司总经理杨世樵的妻子、天津碱厂医院职工			
1997 年	刘志秀	天津港电力公司	全国文明家庭	1998 年 3 月 8 日	中华全国总工会
1997 年	刘志秀	天津港电力公司	天津市文明家庭标兵户	1998 年 3 月	天津市文明家庭创建活动协调领导小组
	栗凤进	天津港建设公司			

续表

评选时间	姓　名	所属单位及职务	授予称号	授予时间	颁发单位
1999年	安建平	中燃天津公司津油3号轮船长张广春的妻子、天津港口医院护师	全国优秀海员家属	1999年9月28日	交通部、中国海员工会、中国公路运输工会
	吕永金	天津港轮驳公司津港轮3号轮船长张浩的妻子、塘沽区外语学校教师			
2006年	何桂云	天津港轮驳公司津港轮19号船长王涛的妻子	全国优秀海员家属	2007年7月11日	中国海员建设工会全国委员会 交通部精神文明办公室
2006年	孔祥瑞家庭	天津港煤码头公司操作一队队长	天津市幸福和谐家庭标兵户	2006年10月29日	天津市妇联 今晚报
2007年	孔祥瑞家庭	天津港煤码头公司孔祥瑞操作队队长	第六届全国五好文明家庭标兵户	2008年1月18日	全国妇联、全国五好文明家庭创建活动协调小组

3. 安全生产类

评选时间	姓　名	所属单位及职务	授予称号	授予时间	颁发单位
1997年	宋金普	天津港务局工会生产保护部副部长	天津市优秀工会劳动保护监督检查员	1998年1月	天津市总工会
2001年	王学俊	天津港务局工会副主席	天津市优秀工会劳动保护监督检查员	2002年7月	天津市总工会
	张艳军	天津港务局工会生产保护部干部			
2002年	张艳军	天津港务局工会生产保护部干部	天津市安全生产暨“百日安全无事故”活动先进个人	2003年1月7日	天津市人民政府
2004年	王学俊	天津港(集团)有限公司工会副主席	全国优秀工会劳动保护监督检查员	2004年9月	中华全国总工会
2005年	王学俊	天津港务集团公司工会劳动保护监督检查员	天津市优秀工会劳动保护监督检查员	2005年10月12日	天津市总工会
	刘淑云				
	张艳军				
	张广云	天津港设施管理中心水手三班副班长、检查员	天津市优秀工会小组劳动保护检查员		
	刘志刚	天津港集装箱公司机械三队副队长			
	杨世起	天津港四公司门信队工会主席			

4. 财务、经审、统计类

评选时间	姓　名	所属单位及职务	授予称号	授予时间	颁发单位
1995年	刘炳新	天津港务局工会财务干部	全国工会财会先进工作者	1995年9月	中华全国总工会
1996年	李洪栓	天津港务局工会经审委主任	全国工会经审工作先进个人	1996年10月	中华全国总工会
1996年	王　剑	天津港务局工会办公室	天津市工会统计工作竞赛一等奖	1997年11月	天津市总工会
1997年	王　剑	天津港务局工会办公室	天津市工会统计工作竞赛一等奖	1998年11月	天津市总工会
1998年	王　剑	天津港务局工会办公室	天津市工会统计工作竞赛一等奖	1999年10月	天津市总工会
1999年	王　剑	天津港务局工会办公室副科长	天津市工会统计工作竞赛一等奖	2000年11月	天津市总工会
1998~1999年	冯宝福	天津港二公司工会财务干部	天津市工会财务先进工作者	2000年11月	天津市总工会
1998~1999年	陈均起	天津外轮代理公司党委书记、工会主席	天津市工会财务工作荣誉积极分子	2000年11月	天津市总工会
2007年	吴培增	天津港务(集团)公司工会经审委主任	全国工会经审工作先进工作者	2007年12月11日	中华全国总工会
2007年	吴培增	天津港务(集团)公司工会经审委主任	天津市工会经审工作先进工作者	2008年1月2日	天津市总工会

5. 女职工类

评选时间	姓　名	所属单位及职务	授予称号	授予时间	颁发单位
1989年	王恩芝	天津港务局工会职工权益维护部部长	天津市维护妇女、儿童、老人合法权益先进个人	1990年1月	天津市维护妇女、儿童、老人合法权益领导小组
1982~1991年	王恩芝	天津港务局工会民管部副部长	天津市妇女群众体育工作先进个人	1991年3月8日	天津市妇女联合会、天津市体委、天津市总工会、天津市农民体协、天津市妇女体协
	刘淑云	天津港务局工会干部			
1994年	钱冬香	天津港口医院总护士长	全国交通系统"巾帼建功"标兵	1995年3月8日	交通部精神文明建设办公室
1995年	苗珍云	天津港储运股份公司司机	全国先进女职工	1996年3月8日	中华全国总工会

续表

<table>
<tr><th>评选时间</th><th>姓　名</th><th>所属单位及职务</th><th>授予称号</th><th>授予时间</th><th>颁发单位</th></tr>
<tr><td>1995 年</td><td>马桂兰</td><td>天津港二公司货运科工会主席</td><td>全国优秀女职工志愿工作者</td><td>1996 年 3 月 8 日</td><td>中华全国总工会</td></tr>
<tr><td>1995 年</td><td>刘淑云</td><td>天津港务局工会女职工委员会副主任</td><td>全国先进女职工工作者</td><td>1996 年 3 月 8 日</td><td>中华全国总工会</td></tr>
<tr><td rowspan="2">1996 年</td><td>赵长元</td><td>天津港文体中心副主任</td><td rowspan="2">天津市妇女群众体育工作先进个人</td><td rowspan="2">1997 年 3 月 20 日</td><td rowspan="2">天津市妇女联合会、天津市体委、天津市总工会、天津市农民体协、天津市妇女体协</td></tr>
<tr><td>沈庆霞</td><td>天津港二公司工会女职工委员会主任</td></tr>
<tr><td>1998 ~ 1999 年</td><td>宋桂兰</td><td>天津港二公司仓库保管员</td><td>全国交通系统“巾帼建功”标兵</td><td>2000 年 3 月 22 日</td><td>交通部精神文明建设办公室</td></tr>
<tr><td>1998 年</td><td>呼长凤</td><td>天津港务局工会副主席、女职工委员会主任</td><td>全国先进女职工之友</td><td>1999 年 3 月 8 日</td><td>中华全国总工会</td></tr>
<tr><td>2000 年</td><td>宋桂兰</td><td>天津港二公司仓库保管员</td><td>全国先进女职工</td><td>2001 年 3 月 8 日</td><td>中华全国总工会</td></tr>
<tr><td rowspan="8">2000 年</td><td>刘淑云</td><td>天津港务局工会</td><td rowspan="8">天津市妇女群众体育工作先进个人</td><td rowspan="8">2001 年 3 月 24 日</td><td rowspan="8">天津市妇女联合会、天津市体育局、天津市总工会、天津市农民体协、天津市妇女体协</td></tr>
<tr><td>赵长元</td><td>天津港文体中心</td></tr>
<tr><td>沈庆霞</td><td>天津港二公司工会</td></tr>
<tr><td>魏昆韬</td><td>天津港二公司工会</td></tr>
<tr><td>张瑞娥</td><td>天津港口医院工会</td></tr>
<tr><td>左珍书</td><td>天津港储运股份有限公司工会</td></tr>
<tr><td>张海英</td><td>天津港电力公司</td></tr>
<tr><td>关红年</td><td>天津港培训中心</td></tr>
<tr><td>2000 ~ 2001 年</td><td>马桂兰</td><td>天津港二公司助理经济师</td><td>全国交通系统“巾帼建功”标兵</td><td>2002 年 3 月 27 日</td><td>交通部办公厅</td></tr>
<tr><td>2002 年</td><td>李洪霞</td><td>天津港务局工会生活女工部部长</td><td>全国先进女职工</td><td>2003 年 3 月 8 日</td><td>中华全国总工会</td></tr>
<tr><td rowspan="2">2004 年</td><td>马桂兰</td><td>天津港二公司</td><td rowspan="2">天津市建功立业先进女职工</td><td rowspan="2">2005 年 3 月 7 日</td><td rowspan="2">天津市总工会</td></tr>
<tr><td>陈翠荣</td><td>天津港建设公司</td></tr>
<tr><td>2006 年</td><td>李洪霞</td><td>天津港(集团)有限公司工会副主席</td><td>全国先进女职工工作者</td><td>2007 年 2 月</td><td>中华全国总工会</td></tr>
<tr><td>2006 年</td><td>马桂兰</td><td>天津港埠二公司货运市场部理赔员</td><td>全国交通行业“巾帼建功”标兵</td><td>2007 年 2 月</td><td>交通部</td></tr>
</table>

续表

评选时间	姓　名	所属单位及职务	授予称号	授予时间	颁发单位
2006～2007年	樊春华	天津港四公司仓库保管员	天津市建功立业先进女职工	2008年3月5日	天津市总工会
2008年	张丽丽	天津港(集团)有限公司总工程师兼东疆港区建设指挥部总指挥	首届天津市十大女杰	2009年2月18日	天津市妇女联合会、天津日报报业集团、今晚传媒集团、天津电视台、天津人民广播电台、天津北方网股份有限公司、中国移动天津分公司
2009年	张丽丽	天津港(集团)有限公司总裁助理、副总工程师	第七届中国十大女杰提名奖	2009年2月25日	中华全国妇女联合会
2008～2009年	刘振霞	天津港第五港埠有限公司	天津市建功立业先进女职工	2010年3月3日	天津市总工会

6. 工会信息、调研类

评选时间	姓　名	所属单位及职务	授予称号	授予时间	颁发单位
1995年	王　剑	天津港务局工会办公室干部	全国海员工会优秀信息员	1995年11月30日	中国海员工会
1996年	王　剑	天津港务局工会办公室	天津市工会系统优秀信息工作者	1997年4月	天津市总工会
1997年	王　剑	天津港务局工会办公室	天津市工会系统优秀信息工作者	1998年4月	天津市总工会
1998年	王　剑	天津港务局工会办公室	天津市工会系统优秀信息工作者	1999年8月4日	天津市总工会
1999年	王　剑	天津港务局工会办公室	优秀信息员	1999年10月15日	中国海员工会、中国公路运输工会
1999年	王　剑	天津港务局工会办公室	天津市工会系统优秀信息工作者	2000年8月7日	天津市总工会
2000年	王　剑	天津港务局工会办公室	天津市工会系统优秀信息工作者	2001年5月	天津市总工会
2001年	王　剑	天津港务局工会办公室	天津市工会系统优秀信息工作者	2002年3月	天津市总工会
2002年	王　剑	天津港务局工会办公室	天津市工会系统优秀信息工作者	2003年4月	天津市总工会
2005年	王　剑	天津港(集团)有限公司工会办公室	《中国工运》宣传通讯工作先进个人	2005年6月	全国总工会办公厅

续表

评选时间	姓　名	所属单位及职务	授予称号	授予时间	颁发单位
2006 年	王　剑	天津港(集团)有限公司工会办公室	《中国工运》宣传通讯工作先进个人	2006 年 7 月 14 日	全国总工会办公厅
2006 年	王　剑	天津港(集团)有限公司工会办公室	天津市工会系统优秀信息工作者	2006 年 12 月 31 日	天津市总工会
2007 年	王　剑	天津港(集团)有限公司工会办公室	全国交通建设系统优秀信息员	2007 年 12 月 5 日	中国海员建设工会
2007 年	王　剑	天津港(集团)有限公司工会办公室	《中国工运》宣传通讯工作先进个人	2007 年 8 月	全国总工会办公厅
2007 年	王　剑	天津港(集团)有限公司工会办公室	天津市工会系统优秀信息工作者	2008 年 1 月 7 日	天津市总工会
2008 年	王　剑	天津港(集团)有限公司工会办公室	《中国工运》宣传通讯工作先进个人	2008 年 8 月	全国总工会办公厅
2008 年	王　剑	天津港(集团)有限公司工会办公室	天津市工会系统优秀信息工作者	2008 年 12 月 19 日	天津市总工会
2009 年	王　剑	天津港(集团)有限公司工会办公室	《中国工运》宣传通讯工作先进个人	2009 年 8 月	全国总工会办公厅
2009 年	王　剑	天津港(集团)有限公司工会办公室	天津市工会系统优秀信息工作者	2009 年 12 月 3 日	天津市总工会

7. 民主管理类

评选时间	姓　名	所属单位及职务	授予称号	授予时间	颁发单位
1986 年	王恩芝	天津港务局工会生活部部长	天津市工会系统信访工作先进工作者	1987 年 1 月	天津市总工会
1995 年	史鸿章	天津港务局工会民管组织部副部长	全国优秀民主管理工作者	1995 年 10 月	中华全国总工会
2001 年	边凤华	天津港务局工会干部	天津市区县局总公司一级优秀民主管理工作者	2001 年 10 月 10 日	天津市总工会
	凌文良	天津港六公司工会副主席	天津市基层优秀民主管理工作者		
	高　俊	天津港五公司党委书记	天津市民主管理工作优秀党政领导		
2005～2006 年	路涛	天津港(集团)有限公司纪委办公室	天津市厂务公开民主管理优秀工作者	2007 年 4 月 28 日	天津市厂务公开民主管理工作领导小组
2008 年	李长江	天津港(集团)有限公司工会民管组织部副部长	天津市推动厂务公开民主管理优秀工作者	2009 年 6 月 5 日	天津市厂务公开民主管理工作领导小组

8. 其他类

评选时间	姓　名	所属单位及职务	授予称号	授予时间	颁发单位
1997 年	李宝元	天津港集装箱公司总经理	天津市依靠职工搞好企业的优秀经营者	1998 年 3 月	天津市总工会
2001 年	刘　军	天津港焦炭码头公司工会副主席	天津市新建企业工会先进个人	2002 年 3 月 20 日	天津市总工会
2004 年	刘淑云	天津港(集团)有限公司工会生产部副部长	天津市职工技术协会先进个人	2005 年 1 月 28 日	天津市职工技术协会
	王信东	天津港股份有限公司焦炭码头分公司工会副主席			
	韩建华	天津港第四港埠公司工会副主席			
	刘鹏勇	天津港第一港埠公司工会干部			
2005 年	王学俊	天津港(集团)有限公司工会副主席	天津市职工技术协会先进个人	2006 年 2 月 28 日	天津市职工技术协会
	刘淑云	天津港(集团)有限公司工会生产部副部长			
	李志伟	天津港第一港埠公司工会主席			
	刘军民	天津港股份有限公司焦炭码头分公司技术管理部经理			
2008 年	孙伯强	天津港第三港埠公司工会主席	全国工会维护农民工合法权益工作先进工作者	2008 年 8 月 29 日	中华全国总工会
2008 年	苏现凯	天津益港劳务有限责任公司	天津市用户满意服务明星	2008 年 11 月 10 日	天津市质量管理协会、天津市总工会、团市委、市妇联、天津市交通委员会、天津市商业委员会
	侯建飞	天津港建设公司			
	成卫东	天津港第一港埠有限公司			
	马桂兰	天津港第二港埠公司			
	王　鲲	天津港集装箱码头有限公司			
	张　利	天津港焦炭码头有限公司			

续表

评选时间	姓　名	所属单位及职务	授予称号	授予时间	颁发单位
2008年	田长松	天津港(集团)有限公司总裁	天津市用户满意服务杰出管理者	2008年8月29日	天津市质量管理协会、天津市总工会、团市委、市妇联、天津市交通委员会、天津市商业委员会
	张丽丽	天津港东疆港区建设指挥部总指挥			
	许景宏	天津港石油化工码头公司总经理			
	杨志新	天津五洲国际集装箱码头公司总经理			

二十一、天津港历届荣获上级单位授予的先进集体称号名单

1. 宣传教育类

评选时间	授予单位	授予称号	授予时间	颁发单位
1991年	天津港务局	全国职工教育先进单位	1991年	劳动部、国务院生产委员会、人事部、国家教育委员会、全国总工会、中国教育和职业培训协会、中国成人教育协会
1997年	天津港务局工会	全国职工体育工作先进单位	1998年8月	中华全国总工会
2001年	天津港务局集邮协会	全国集邮先进集体	2002年8月26日	中华全国集邮联合会
2003年	天津港务局	天津市职工职业道德建设先进单位	2003年12月	天津市精神文明建设委员会办公室、天津市总工会
2004年	天津港(集团)有限公司工会	天津市实施职工素质工程成果展评活动优秀组织奖	2004年10月	天津市职工素质工程领导小组办公室
2004年	天津港集装箱码头有限公司固修站零修工段	全国职工职业道德建设优秀班组	2004年12月1日	中华全国总工会
2005年	天津港第二港埠公司	天津市实施职工素质工程先进单位	2005年5月12日	天津市职工素质工程领导小组
	天津港第四港埠公司			

续表

评选时间	授予单位	授予称号	授予时间	颁发单位
2005年	天津港第五港埠公司人力资源部	天津市学习型班组	2005年5月12日	天津市职工素质工程领导小组
	天津港电力公司三工区主控室			
2005年	天津港第四港埠公司	全国学习型组织先进单位	2006年1月	全国“创学习型组织,争做知识型职工”活动领导小组
2005年	天津港股份有限公司煤码头分公司操作二队维修组	第二届天津市职工道德建设“百佳班组”	2006年8月	天津市文明办 天津市总工会
2006年	天津港第三港埠公司维修站修理二班	全国学习型组织先进班组	2007年1月	全国“创学习型组织,争做知识型职工”活动领导小组
2008年	天津港(集团)有限公司工会	2008年全国亿万职工迎奥运健身活动月先进单位	2008年10月23日	中华全国总工会宣传教育部
2008年	天津港第二港埠公司散粮站技术组	天津市学习型标兵班组	2008年12月	天津市职工素质工程领导小组
	天津港电力公司	天津市学习型组织先进单位		
2008年	天津港(集团)有限公司	全国职工体育示范单位	2008年12月30日	中华全国总工会、国家体育总局
2008年	天津港第二港埠有限公司散粮站技术组	全国学习型标兵班组	2009年1月9日	全国“创学习型组织,争做知识型职工”活动领导小组
2009年	天津港(集团)有限公司	天津市全民健身工作先进单位	2009年8月	天津市体育局
2009年	天津港(集团)有限公司	全国群众体育先进单位	2009年9月10日	国家体育总局

2. 职工生活类

评选时间	授予单位	授予称号	授予时间	颁发单位
1981年	局幼儿园	天津市保教工作先进集体	1982年5月	天津市人民政府
1982年	天津港务管理局	天津市发展托幼园所先进局	1983年5月28日	天津市人民政府
1982年	第一作业区	天津市发展托幼园所先进公司	1983年5月28日	天津市人民政府
	第二作业区			
	第四作业区			
	第五作业区			
	轮驳公司			
	修建工程公司			
	中国燃料供应公司天津分公司			

续表

评选时间	授予单位	授予称号	授予时间	颁发单位
1983 年	局幼儿园	天津市达标先进园所	1984 年 12 月	天津市人民政府
1992 年	天津港务局工会“红娘”工作领导小组	天津市工会“红娘”工作先进集体	1993 年 2 月	天津市总工会
1994 年	天津港务局工会“红娘”工作领导小组	天津市工会“红娘”工作先进集体	1994 年 5 月	天津市总工会

3. 财务、经审、统计类

评选时间	授予单位	授予称号	授予时间	颁发单位
1995 年	天津港务局工会	天津市工会财会工作竞赛优胜奖	1996 年 6 月 1 日	天津市总工会
1996 年	天津港务局工会	天津市工会统计工作竞赛一等奖	1997 年 11 月	天津市总工会
1997 年	天津港务局工会	天津市工会财会工作竞赛优胜奖	1998 年 6 月 30 日	天津市总工会
1997 年	天津港务局工会	天津市工会统计工作竞赛一等奖	1998 年 11 月	天津市总工会
1998 年	天津港务局工会	信息工作先进单位	1999 年 10 月 15 日	中国海员工会、中国公路运输工会
1998 年	天津港务局工会经费审查委员会	天津市工会经审工作优秀单位	1999 年 10 月	天津市总工会经费审查委员会
1998 年	天津港务局工会	天津市工会统计工作竞赛一等奖	1999 年 10 月	天津市总工会
1999 年	天津港务局工会	天津市工会财会工作竞赛优胜奖	1999 年 12 月 30 日	天津市总工会
1999 年	天津港务局工会经费审查委员会	天津市工会经审工作优秀单位	2000 年 12 月 8 日	天津市总工会经费审查委员会
1998～1999 年	天津港务局工会	天津市工会财会工作先进集体	2000 年 11 月	天津市总工会
1999 年	天津港务局工会	天津市工会统计工作竞赛一等奖	2000 年 11 月	天津市总工会
2000 年	天津港务局工会	天津市工会财务会计竞赛特等奖	2001 年 5 月 11 日	天津市总工会
2000 年	天津港务局工会	全国工会财务工作先进单位	2001 年 6 月	中华全国总工会
2000 年	天津港务局工会经费审查委员会	天津市工会经审工作优秀单位	2001 年 12 月	天津市总工会经费审查委员会

续表

评选时间	授予单位	授予称号	授予时间	颁发单位
2001年	天津港务局工会	天津市工会财务会计竞赛特等奖	2002年5月8日	天津市总工会
2002年	天津港务局工会	天津市工会财务会计竞赛特等奖	2003年4月23日	天津市总工会
2003年	天津港务局工会	全国工会经审工作先进集体	2003年8月	中华全国总工会
2007年	天津港务(集团)公司工会经费审查委员会	天津市工会经审工作先进集体	2008年1月2日	天津市总工会
2007年	天津港(集团)有限公司工会	市级工会财务先进单位	2008年6月27日	全国总工会办公厅
2008年	天津港(集团)有限公司工会	2008年度经审工作目标管理考核一等奖	2009年5月26日	天津市总工会经费审查委员会

4. 女职工类

评选时间	授予单位	授予称号	授予时间	颁发单位
1989年	天津港三公司工会女工委员会	天津市维护妇女、儿童、老人合法权益先进集体	1990年1月	天津市维护妇女、儿童、老人合法权益领导小组
1982～1991年	天津港务局	天津市妇女群众体育工作先进单位	1991年3月8日	天津市妇女联合会、天津市体委、天津市总工会、天津市农民体协、天津市妇女体协
1992年	天津港务局	天津市女职工劳动保护工作先进单位	1993年1月16日	天津市劳动局、天津市总工会、天津市卫生局
1993年	天津港务局工会女职工委员会	全国工会女职工先进集体	1994年3月8日	中华全国总工会
1993年	天津港务局工会“红娘”工作领导小组	天津市工会“红娘”工作先进集体	1994年5月	天津市总工会
1996年	天津港务局	天津市妇女群众体育工作先进单位	1997年3月20日	天津市妇女联合会、天津市体委、天津市总工会、天津市农民体协、天津市妇女体协
1999～2000年	天津港四公司动力站“三八”电工班	全国“巾帼文明示范岗”	2001年3月	全国城镇妇女巾帼建功活动领导小组

续表

评选时间	授予单位	授予称号	授予时间	颁发单位
2000 年	天津港务局 天津港二公司 天津港文体中心 天津港储运公司工会女职工委员会	天津市妇女群众体育工作先进单位	2001 年 3 月 24 日	天津市妇女联合会、天津市体育局、天津市总工会、天津市农民体协、天津市妇女体协
2001～2002 年	天津港口医院妇产科	全国巾帼文明示范岗	2003 年 2 月	全国城镇妇女巾帼建功活动领导小组
2003～2004 年	天津港建设公司设计室	全国巾帼文明示范岗	2005 年 3 月 1 日	全国城镇妇女巾帼建功活动领导小组
2004 年	天津港集团公司工会女职工委员会	天津市女职工建功立业优秀组织单位	2005 年 3 月 7 日	天津市总工会
2004 年	天津港务设施管理中心船闸管理所信号收费班	天津市女职工建功立业先进示范岗	2005 年 3 月 7 日	天津市总工会
2005 年	天津港务设施管理中心船闸管理所信号收费班	全国女职工建功立业先进示范岗	2006 年 2 月	中华全国总工会
2005 年	天津港(集团)有限公司工会女职工委员会	全国职工预防控制艾滋病及禁毒知识竞赛优秀组织奖	2006 年 12 月 5 日	全国总工会预防控制艾滋病领导小组
2006 年	天津港电力公司北港运行部	全国巾帼文明岗	2007 年 2 月 26 日	全国城镇妇女巾帼建功活动领导小组
2006 年	天津港务设施管理中心船闸管理所信号收费班	全国交通行业“巾帼文明岗”	2007 年 3 月 7 日	交通部
2006～2007 年	天津港股份有限公司煤码头分公司堆场司衡组	天津市女职工建功立业示范岗	2008 年 3 月 5 日	天津市总工会
2006～2007 年	天津港(集团)有限公司女职工委员会	天津市女职工建功立业优秀组织单位	2008 年 3 月 5 日	天津市总工会
2007 年	天津港第三港埠公司仓库磅房班	全国交通行业“巾帼文明岗”	2008 年 3 月 20 日	国家交通部、中华全国妇女联合会

续表

评选时间	授予单位	授予称号	授予时间	颁发单位
2008～2009年	天津港生活服务中心物业公司集团公司办公楼服务部	天津市女职工建功立业示范岗	2010年3月3日	天津市总工会
2008～2009年	天津港(集团)有限公司工会女职工委员会	天津市女职工建功立业优秀组织单位	2010年3月3日	天津市总工会

5. 安全生产类

评选时间	授予单位	授予称号	授予时间	颁发单位
2005年	天津港集团工会劳动保护监督检查委员会	优秀天津市工会基层劳动保护监督检查委员会	2005年10月12日	天津市总工会
	天津港五公司工会劳动保护监督检查委员会			
	天津港轮驳公司工会劳动保护监督检查委员会			
2008年	天津港(集团)有限公司	“迎奥运、保安全、百日安全生产竞赛活动”优胜单位	2008年12月4日	天津市总工会、天津市安全监管局
2009年	天津港(集团)有限公司	全国职工安全健康知识竞赛优秀组织单位	2009年12月	全国安康杯竞赛组委会办公室

6. 工会信息、调研类

评选时间	授予单位	授予称号	授予时间	颁发单位
1995年	天津港务局工会	全国海员工会信息先进单位	1995年11月30日	中国海员工会
1995年	天津港务局工会	天津市工会系统调研工作先进单位	1996年2月17日	天津市总工会
1996年	天津港务局工会	天津市工会系统信息工作先进单位	1997年4月	天津市总工会
1997年	天津港务局工会	天津市工会系统信息工作先进单位	1998年4月	天津市总工会
1997年	天津港务局工会	天津市工会系统信息工作先进单位	1998年4月	天津市总工会
1997～1998年	天津港务局工会	天津市工会系统调研工作先进单位	1999年4月	天津市总工会

续表

评选时间	授予单位	授予称号	授予时间	颁发单位
1998年	天津港务局工会	天津市工会系统信息工作先进单位	1999年8月4日	天津市总工会
1999年	天津港务局工会	天津市工会系统信息工作先进单位	2000年8月7日	天津市总工会
1999~2000年	天津港务局工运理论研究会	天津市工运理论研究政策研究工作先进分会	2001年1月	天津市总工会、天津市工运理论研究会
2000年	天津港务局工会	天津市工会系统信息工作先进单位	2001年5月	天津市总工会
2001年	天津港务局工会	天津市工会系统信息工作先进单位	2002年3月	天津市总工会
2001~2002年	天津港务局工运理论研究会	天津市工运理论研究政策研究工作先进分会	2003年3月	天津市总工会、天津市工运理论研究会
2002年	天津港务局工会	天津市工会系统信息工作先进单位	2003年4月	天津市总工会
2003~2004年	天津港(集团)公司工运理论研究会	天津市工运理论研究政策研究工作先进分会	2005年4月	天津市总工会、天津市工运理论研究会
2006年	天津港(集团)有限公司工会	天津市工会系统信息工作先进单位	2006年12月31日	天津市总工会
2005~2006年	天津港(集团)公司工运理论研究会	天津市工运理论研究政策研究工作先进分会	2007年6月5日	天津市总工会、天津市工运理论研究会
2007年	天津港(集团)有限公司工会网站	全国交通建设工会系统优秀信息网站	2007年12月5日	中国海员建设工会
2007年	天津港(集团)有限公司工会	天津市工会系统信息工作先进单位	2008年1月7日	天津市总工会
2008年	天津港(集团)有限公司工会	天津市工会系统信息工作先进单位	2008年12月19日	天津市总工会
2009年	天津港(集团)有限公司工会	天津市工会系统信息工作先进单位	2009年12月3日	天津市总工会
2008~2009年	天津港(集团)公司工运理论研究会	天津市工运理论研究政策研究工作先进分会	2010年4月12日	天津市总工会、天津市工运理论研究会

7. 民主管理类

评选时间	授予单位	授予称号	授予时间	颁发单位
1993年	天津港务局工会组织部	全国工会职工代表培训工作优秀组织者	1993年6月	中华全国总工会
1997年	天津港务局工会	天津市集体合同优胜单位	1998年4月	天津市总工会
1998年	天津港务局	天津市厂务公开民主管理先进单位	1999年1月	中共天津市纪律检查委员会、中共天津市委组织部、天津市总工会
1999年	天津港务局	天津市区县局总公司(集团公司)推动集体协商集体合同工作先进单位	2000年3月	天津市总工会、天津市劳动和社会保障局
	天津港(集团)股份有限公司储运分公司	天津市推动集体协商集体合同工作先进单位		
1999年	天津港务局	天津市厂务公开民主管理模范单位	2000年5月	天津市厂务公开民主管理工作领导小组
2000年	天津港务局工会	天津市推动民主管理工作先进单位	2001年10月10日	天津市总工会
2001~2002年	天津港务局	天津市厂务公开民主管理先进单位	2002年7月	天津市厂务公开民主管理工作领导小组
	天津港第二港埠有限公司			
2002年	天津港三公司	全国厂务公开工作先进单位	2003年2月	全国厂务公开协调小组
2003~2004年	天津港(集团)有限公司	2003~2004年度天津市厂务公开民主管理工作先进单位	2005年4月	天津市厂务公开民主管理工作领导小组
2005~2006年	天津港(集团)有限公司	2005~2006年度天津市厂务公开民主管理工作先进单位	2007年4月28日	天津市厂务公开民主管理工作领导小组
2007年	天津港(集团)有限公司	全国厂务公开工作先进单位	2007年5月17日	全国厂务公开协调小组
2007年	天津港(集团)有限公司	全国模范劳动关系和谐企业	2007年8月20日	国家三方会议
2007~2008年	天津港滚装码头有限公司	2007~2008年度天津市厂务公开民主管理工作先进单位	2009年6月5日	天津市厂务公开民主管理工作领导小组

8. 其他类

评选时间	授予单位	授予称号	授予时间	颁发单位
2004 年	天津港焦炭码头公司工会	天津市职工技协工作先进集体	2005 年 1 月 28 日	天津市职工技协
	天津港第四港埠公司工会			
2005 年	天津港（集团）有限公司工会职工技协	天津市工会技协工作先进集体	2006 年 2 月 28 日	天津市职工技术协会
	天津港股份有限公司焦炭码头分公司工会职工技协			
	天津港四公司工会职工技协			
2005 年	天津港（集团）有限公司工会	天津市组建工会和发展会员工作先进单位	2006 年 11 月 10 日	天津市新建企业工会组建工作领导小组
2005 年	天津港（集团）有限公司工会	全国开展农民工工资支付情况专项检查先进单位	2006 年 4 月 18 日	国家劳动和社会保障部办公厅、建设部办公厅、全国总工会办公厅
2007 年	天津益港劳务有限公司五洲装卸队装卸四班	天津市用户满意服务明星班组	2008 年 8 月 29 日	天津市质量管理协会、天津市总工会、团市委、市妇联、天津市交通委员会、天津市商业委员会
	天津港第五港埠有限公司工具队抓斗班			
	天津港第四港埠有限公司维修站三八电工班			
	天津港电力有限公司施工部实验班			
	天津港轮驳有限公司津港轮 19 号			
2008 年	天津港(集团)有限公司职工技术协会	全国职工技协工作先进集体	2008 年 12 月 5 日	中国职工技术协会
2009 年	天津港（集团）有限公司	天津市节能减排企业行动示范基地	2009 年 6 月 3 日	天津市总工会、市经济和信息化委员会、市发展和改革委员会、市统计局
2009 年	天津港（集团）有限公司	天津市职工技术创新发明创造活动服务基地	2009 年 6 月 3 日	天津市总工会、市知识产权局

二十二、天津港荣获全国“安康杯”竞赛先进集体和个人名单

年　度	授予称号单位、集体、个人	表彰时间	颁　发　单　位
1999 年	全国“安康杯”竞赛优胜企业(1 个) 天津港务局	2000 年 3 月	全国总工会、国家经贸委
2000 年	全国“安康杯”竞赛优胜企业(1 个) 天津港务局	2001 年 3 月	全国总工会、国家经贸委
2001 年	全国“安康杯”竞赛优秀组织奖(1 个) 天津港务局工会	2002 年 3 月	全国总工会、国家安全生产监督管理总局
2002 年	全国“安康杯”竞赛优胜企业(1 个) 天津港务局	2003 年 3 月	全国总工会、国家安全生产监督管理总局
2003 年	全国“安康杯”竞赛优胜企业(1 个) 天津港务局	2004 年 3 月	全国总工会、国家安全生产监督管理总局
2004 年	全国“安康杯”竞赛优胜企业(1 个) 天津港(集团)有限公司	2005 年 3 月	全国总工会、国家安全生产监督管理总局
2005 年	全国“安康杯”竞赛优胜企业(1 个) 天津港(集团)有限公司	2006 年 4 月	全国总工会、国家安全生产监督管理总局
	全国“安康杯”竞赛优秀组织个人(1 名) 王学俊(集团公司工会副主席)		
2006 年	全国“安康杯”竞赛优胜企业(1 个) 天津港(集团)有限公司	2007 年 5 月	全国总工会、国家安全生产监督管理总局
	全国“安康杯”竞赛优胜班组(1 个) 天津港第三港埠公司装卸 2 队 6 组		
2007 年	全国“安康杯”竞赛优胜企业(1 个) 天津港(集团)有限公司(天津市总工会推荐)	2008 年 3 月	全国总工会、国家安全生产监督管理总局
	全国“安康杯”竞赛优胜班组(2 个) 天津港五公司流机队航运二班(天津市总工会推荐) 中燃天津公司津油 1 轮(中国海员建设工会推荐)		
	全国“安康杯”竞赛优秀组织个人(1 名) 李国信(神华天津煤码头有限责任公司董事长)(神华集团推荐)		

续表

年　度	授予称号单位、集体、个人	表彰时间	颁　发　单　位
2008 年	全国"安康杯"竞赛优胜企业(1 个) 天津港(集团)有限公司	2010 年 1 月	全国总工会、国家安全生产监督管理总局
	全国"安康杯"竞赛优胜班组(1 个) 天津港焦炭码头有限公司操作管理部三队		
	全国"安康杯"竞赛活动优秀组织单位(1 个) 天津港(集团)有限公司工会		
	全国"安康杯"竞赛活动优秀组织者名单(2 名) 张艳军　天津港(集团)有限公司工会生产保护部 李雅文　神华天津煤码头有限责任公司工会		

二十三、天津港荣获天津市"安康杯"竞赛先进集体和个人名单

年　度	授予称号单位、集体、个人	表彰时间	颁　发　单　位
2000 年	天津市"安康杯"竞赛先进企业(4 个) 天津港二公司 天津港集装箱码头有限公司 天津港电力公司 天津港南疆开发公司	2001 年 3 月	天津市安全生产委员会
	天津市"安康杯"竞赛优秀组织单位(1 个) 天津港务局		
2001 年	天津市"安康杯"竞赛先进企业(3 个) 天津港一公司 天津港二公司	2002 年 5 月	天津市总工会、天津市安全生产监督管理局
	天津港集装箱公司		
2002 年	天津市"安康杯"竞赛先进企业(1 个) 天津港一公司	2003 年 5 月	天津市总工会、天津市安全生产监督管理局
	天津市"安康杯"竞赛优秀组织单位(2 个) 天津港二公司 天津港六公司		

续表

年　度	授予称号单位、集体、个人	表彰时间	颁　发　单　位
2003 年	天津市“安康杯”竞赛优胜企业(1 个) 天津港务局	2004 年 4 月 14 日	天津市总工会、天津市安全生产监督管理局
	天津市“安康杯”竞赛优秀组织单位(1 个) 天津港务局工会		
2004 年	天津市“安康杯”竞赛优胜企业(1 个) 天津港(集团)有限公司	2005 年 6 月 14 日	天津市总工会、天津市安全生产监督管理局
	天津市“安康杯”竞赛优秀班组(1 个) 天津港轮驳公司津港轮 7 号		
	天津市“安康杯”竞赛优秀组织者(1 名) 张艳军〔天津港(集团)有限公司工会干部〕		
2005 年	天津市“安康杯”竞赛优胜企业(1 个) 天津港(集团)有限公司	2006 年 4 月 3 日	天津市总工会、天津市安全生产监督管理局
	天津市“安康杯”竞赛优胜班组(1 个) 天津港四公司流机队特车二组		
2006 年	天津市“安康杯”竞赛优胜企业(2 个) 天津港五公司、天津港股份有限公司焦炭码头分公司	2007 年 4 月 20 日	天津市总工会、天津市安全生产监督管理局
	天津市“安康杯”竞赛优胜班组(1 个) 天津港二公司装卸一队劳动保护监督检查组　天津港三公司装卸二队六组		
	天津市“安康杯”竞赛优秀组织单位(1 个) 天津港电力公司		
	天津市“安康杯”竞赛优秀组织者(1 名) 张艳军〔天津港(集团)有限公司工会生产部副部长〕		
2007 年	向“安康杯”竞赛优胜企业颁发天津市五一劳动奖状单位(1 个) 天津港(集团)有限公司	2008 年 4 月 15 日	天津市总工会

续表

年度	授予称号单位、集体、个人	表彰时间	颁发单位
2008年	天津市“安康杯”竞赛优胜企业(1个) 天津港(集团)有限公司 天津市“安康杯”竞赛优秀组织单位(1个) 天津港(集团)有限公司工会 天津市“安康杯”竞赛优秀组织者(1名) 张艳军[天津港(集团)有限公司工会生产部副部长]	2008年3月5日	天津市总工会、天津市安全生产监督管理局
2009年	天津市“安康杯”竞赛优胜企业(1个) 天津港(集团)有限公司 天津市“安康杯”竞赛优秀组织单位(1个) 天津港(集团)有限公司工会 天津市“安康杯”竞赛优秀组织者(1名) 张艳军[天津港(集团)有限公司工会生产部副部长]	2009年3月21日	天津市总工会、天津市安全生产监督管理局

二十四、天津港荣获全国交通水运系统安全优秀船舶、优秀班组和优秀组织单位名单

年度	授予称号单位、集体、个人	表彰时间	颁发单位
1994年	全国水运系统安全优秀班组(2个) 天津港第二港埠公司装卸三队二组 天津港集装箱公司机械一队三班	1994年11月	中国海员工会全国委员会、交通部交通安全委员会
1998年	全国水运系统安全优秀船舶(2个) 中燃天津分公司津油3号轮 天津港轮驳公司津港轮7号 全国水运系统安全优秀班组(1个) 天津港集装箱码头有限公司机械一队三班	1998年11月	中国海员工会全国委员会、交通部交通安全委员会
2000年	全国水运系统安全优秀船舶(1个) 天津港轮驳公司津港轮7号 全国水运系统安全优秀班组(3个) 天津港集装箱码头有限公司机械一队三班 天津港南疆开发公司码头部操作队 天津港第六港埠公司固机队维修班	2000年1月	中国海员工会全国委员会、中国公路运输工会全国委员会、交通部交通安全委员会

续表

年　度	授予称号单位、集体、个人	表彰时间	颁　发　单　位
2003 年	全国水运系统安全优秀船舶(1 个) 天津港轮驳公司津港轮 7 号 全国水运系统安全优秀班组(3 个) 天津港石化码头公司码头部操作组 天津港第四港埠公司固机队三组 天津港第二港埠公司装卸队一队七组	2003 年 12 月	中国海员建设工会全国委员会、交通部交通安全委员会
2005 年	全国水运系统安全优秀船舶(1 个) 天津港轮驳公司津港轮 3 号 全国水运系统安全优秀班组(2 个) 天津港三公司流机队机三班 天津港五公司固机队司机二班 全国水运系统安全优秀组织单位(1 个) 天津港(集团)有限公司	2005 年 11 月 30 日	中国海员工会全国委员会、交通部交通安全委员会
2006 年	全国水运系统安全优秀船舶(1 个) 中燃天津分公司津油 1 号轮 全国水运系统安全优秀班组(2 个) 天津港第三港埠公司装卸二队机六组 天津港石化码头公司流体队操作二班	2006 年 12 月 19 日	中国海员工会全国委员会、交通部交通安全委员会
2007 年	全国水运系统安全优秀船舶(1 个) 天津轮驳公司津港消拖 20 轮 全国水运系统安全优秀班组(3 个) 天津港第五港埠公司流机队航运二班 天津港集装箱码头公司机械三队乙班 天津港石化码头公司流体装卸队一班 全国水运系统安全优秀组织单位(1 个) 天津港(集团)有限公司	2008 年 1 月 2 日	中国海员建设工会全国委员会、交通部交通安全委员会
2008 年	全国水运系统安全优秀船舶(1 个) 天津轮驳公司津港消拖 20 轮 全国水运系统安全优秀班组(4 个) 天津港第一港埠公司吊车队四组 天津港第三港埠公司固机队五组 天津港第四港埠公司固机队二组 全国水运系统安全优秀组织单位(1 个) 天津港(集团)有限公司	2008 年 12 月 15 日	中国海员建设工会全国委员会、交通运输部交通安全委员会

续表

年　度	授予称号单位、集体、个人	表彰时间	颁　发　单　位
2009 年	全国水运系统安全优秀船舶(1 个) 天津轮驳公司津港消拖 20 轮 全国水运系统安全优秀班组(4 个) 天津港第一港埠公司吊车队四组 天津港第五港埠公司流机队维修班 天津港集装箱码头有限公司机械三队丁班 天津港石化码头有限公司流体大队四班 全国水运系统安全优秀组织单位(1 个) 天津港(集团)有限公司	2009 年 12 月 28 日	中国海员建设工会全国委员会、交通部交通安全委员会

二十五、天津港荣获天津市安全优秀、标兵班组名单

年　度	授予称号单位、集体、个人	表彰时间	颁　发　单　位
1995 年	天津市安全标兵班组(1 个) 天津港集装箱公司机械一队三班 天津市创建安全先进班组优秀组织单位 天津港务局工会	1996 年 3 月	天津市总工会、天津市经济委员会、天津市交通委员会、天津市城乡建设委员会、天津市人民保险公司
1996 年	天津市安全标兵班组(1 个) 天津港六公司维修站修理班 天津市创建安全先进班组优秀组织单位 天津港务局工会	1997 年 3 月 12 日	天津市总工会、天津市经济委员会、天津市交通委员会、天津市城乡建设委员会、天津市人民保险公司
1998 年	天津市安全标兵班组(1 个) 天津港集装箱码头有限公司机械一队三班 天津市创建安全先进班组优秀组织单位(1 个) 天津港务局工会	1999 年 3 月 25 日	天津市总工会、天津市经济委员会、天津市交通委员会、天津市城乡建设管理委员会、天津市劳动和社会保障局、中国人民保险公司天津分公司
2000 年	天津市安全标兵班组(1 个) 天津港南疆开发公司码头部操作队	2001 年 5 月 16 日	天津市总工会、天津市经济委员会、天津市交通委员会、天津市城乡建设管理委员会、天津市安全生产监督管理局、中国人民保险公司天津分公司
2002 年	天津市安全标兵班组(1 个) 天津港石化公司码头部操作队	2003 年 5 月 15 日	天津市总工会、天津市经济委员会、天津市交通委员会、天津市建设管理委员会、天津市安全生产监督管理局
2003 ~ 2004 年	天津市安全标兵班组(1 个) 天津港石化公司流体装卸大队一班 天津市安全先进班组(2 个) 天津港埠五公司隆海公司航运三班 天津港埠三公司天乐公司装卸二队六组	2005 年 6 月 14 日	天津市总工会、天津市经济委员会、天津市交通委员会、天津市建设管理委员会、天津市安全生产监督管理局

二十六、天津港历届荣获局级先进集体、先进生产(工作)者名单

(一)历届荣获局级先进集体、先进生产(工作)者名单

交通部天津港务管理局1981年度局级先进集体、先进生产(工作)者名单

先进集体:

第一作业区 工具库防绳组
仓库理货甲班一组
吊车队23车组
拖头队17车组
平台队26车组
装卸二队一组
装卸三队七组
装卸六队四组
装卸七队八组
装卸八队二组

第二作业区 装卸二队三组
装卸二队五组
装卸四队二组
装卸五队二组
装卸六队二组
粮队七组
成组装卸二组
陆运队六组

第三作业区 装卸七队三组
汽车班

第五作业区 装卸七队二组
装卸七队五组
二突堤食堂乙班
门吊三组
门修组

轮驳公司 津港轮四号
一车间钳工二班
驳十六号

修建公司 施工一队木工班
水工土方队围埝组
施工三队瓦工一班
综合加工厂小构件组

储运公司 货运一队一组

外理公司 理货三队一班

天津物管处 原材料科

水科所 水工研究室

先进生产(工作)者:

第一作业区 赵会生 耿会森 梁凤鸣
李景颜 丁炎吾 周杰明
卢 信 董学田 刘长政
高光明 刘启良 秦森芝
刘砚禄 金贵林 张贵华
刘德海 刘凤亮 于 恒
陈立群 陈义生 杜文桐
周志明 杨学俭 李海亭
杨文利 康振祥 赵长明
张光辉 杨培来 王焕林
赵启云 郝 宏

第二作业区 程连仲 曹汝济 王玉琨
王金喜 左福山 张荣起
崔世忠 张同来 张小武
鞠晓岚 田金胜 尹爱生
王化山 赵学真 李学明
张学功 张富春 刘文彬
林茂成 程 广 何占顺
翟学成 姚凤来 王宝君
于树贵 马廷湛 杨长征
宁学贵

第三作业区 张建春 任存玉 李焕忠
白锡瑞 黄维祥 杨士林
张宝新 周月山 于致河
刘庆祥 靳福山 张克英
朱金良 李传和

第四作业区 赵述成 王树发 张传和
邓树玉 杜家林 钱文富
吴宝良

第五作业区　冯殿选　王美林　魏锡贵
刘同春　刘鼎臣　宋德山
李庆龙　赵汝生　王越新
彭洪林　尹俊祥　江炳锁
唐伯海　何　亮　田风林
赵国义　李汉文　徐贵祥
周选民

轮驳公司　史文义　张克俭　张义春
田玉连　孙志刚　张立香
路继昌　李桐富　蔡玉芝
钱永和　刘志正　高承贵
胡　卫　刘洪瑞　李俊朋
范为平　李传泽　阎文克

修理厂　张文林　王凤喜　吴锡文
张洪珍　张作文　袁振水
刘洪发　杨学芳　郭文成
高天俞　唐万友

修建公司　乔占全　宋立泉　柳世祥
张金水　孙文动　姜长富
邱锁亮　董向全　武传道
钱勤生　魏振忠

集装箱公司　张国臣　雷　声　杜国兴
井树来

储运公司　郑寿华　段金起　孔令其
张宜民　薛永义

外理公司　孙金胜　刘贵明　康双庭
李艳池

供油公司　赵德如　张永贵　孔志良
卢嘉航　杨宝良　王川

职工医院　芮斌　侯国兴　马汉臣

天津物管处　张桂馨

港口技校　苏玉忠

劳动服务公司　李树河

水科所　孙兆珍　曹祖德　孙精石
翟洪霞

通信站　汪惠远　蔡笃言　董庚义

局机关　陈洪信　庄树德　徐丽华　杨勇俊
程慰聪　李国泰　刘绍泉　单锡之
朱金栋　彭万彬　王增栋　于芳伦
张志福　张洪起　张连庆　康秀荣

交通部天津港务管理局1982年度局级先进集体、先进生产(工作)者名单

先进集体：

第一作业区　装卸六队
派出所

第二作业区　装卸四队
机械二队

第三作业区　装卸七队

第五作业区　装卸一队
装卸七队

轮驳公司　拖轮一船队
驳船起重船队

机修厂　六车间

修建公司　第一工区

储运公司　货运三队

先进班组：

第一作业区　装卸二队八组
装卸六队九组
装卸八队四组
吊车队四组
工具库锻工组
动力站外线组
维修站修理一组
仓库丙班理货一组
派出所现场组
平台队18车组
拖头队17车组
调度室包船组进口一组

第二作业区　装卸二队五组
装卸四队二组
装卸六队二组
仓库丙班理货一组
机械三队五组
后勤浴室小组
成组队机械一组
动力站门吊修理二组
工具库维修组

第三作业区　装卸七队三组
装卸七队四组

第四作业区 仓库装卸三班

第五作业区 装卸一队六组
装卸七队四组
动力站电工一班
理货丙班
后勤浴室小组

集装箱公司 装卸队五组

轮驳公司 轮16号小组
驳5号小组
航修站钳工一组

机修厂 二车间二组
四车间三组
托儿所

修建公司 第一工区予制组
第二工区围埝小组
第三施工队瓦工一组
后勤锅炉房小组

储运公司 天津客运队一组

外理公司 理货三队一班

燃供公司 津油三号轮机小组

通信站 自动台电话维修组

水科所 水工波浪组

职工医院 二区保健站

先进生产(工作)者:

第一作业区 付建平 刘启良 李洪伟
梁锡君 毕建胜 马德群
刘维綱 王 达 宋建昌
刘春云 王金庆 耿会森
王林生 赵金生 杜文桐
赵清荣 金贵林 张光辉
笁喜明 康宝祥 王树江
韩志强 刘凤亮 田玉伟
薛宝福 孙永革 单凤会
张泰华 刘玉河 朱春安
袁梦伟 陈喜元 刘继禄
李 惠

第二作业区 程连仲 肖宝林 陈宝泰
孙孝庭 林玉祥 林贵轩
邱光普 陈长录 杨根柱
任怀峰 李世凯 张荣起
鞠晓岚 王文起 张小武
马俊杰 葛国友 孙德发
薛茂荣 段书华 刘焕阳
张树义 李 洪 曹俊杰
韩庆发 刘佩生 刘春新
赵芝义 辛宝发 耿长达
彭连泉 许金禄 崔世忠
于伯伦 田 郵 郝德发

第三作业区 白义福 周月山 陈华明
宋铁锁 王胜朋 任存玉
侯玉忠 刘耕田 张建春
张树林 崔凤鸣 韦自起
臧远来 张宝新 靳福忠
刘庆祥 傅连兰

第四作业区 杜家林 王树发 吕文臣
吴宝良 杨井元 邓树玉

第五作业区 胡树成 王丰年 刘炳曙
郝相华 刘玉海 于俊起
郑铁山 王美林 秦珂学
张国强 任文祥 于洪发
张俊明 王凤来 崔怡祥
冯殿选 李忠义 刘文志
宋春江 邹金忠

集装箱公司 王春清 钱日昌 井树来
王永奎

轮驳公司 刘文彬 路继昌 李桐富
刘金才 李传泽 孙志刚
王宝安 寇恩和 徐金强
郝金华 王洪发 张义春
赵凤春 王洪兴 刘洪瑞
高承贵 张文华 李顶霞
阎文克 米学进

机修厂 马俊德 张永举 李士杰 杜德全
李学成 袁振水 申玉洪 朱炳如
高思来 虹学兰

修建公司 邱锁亮 李贵庭 孙文栋
曹金安 武传道 董向全
姜长富 祝增珍 李勇奇
李云岭 张金水 宋立泉

燃供公司 孔志良 卢起庆 魏玉兰
段起荣 王贵林 赵德如

外理公司 康双庭 刘贵明 李艳池
孙金胜

职工医院 芮 斌 林家声 徐 彬 马汉臣

通信站 苏彭如 苏闰容 陈树德 侯金平

局机关　王文尧　朱金栋　王连义　李宝珍
韩恒茂　张之勇　李国泰　杨明正
石学礼　马文田　张英新　林钧衡
张志福　杜长清　温瑞芬
局党校　刘志刚
技工学校　苏玉忠
储运公司　苑广春　杜连友　郑寿华
张家成
劳动服务公司　龚学惠　刘宪斌　侯广泉
廉克昌
水科所　孙兆珍　翟洪霞　孙精石　曹祖德
天津船检处　王卫东
天津物管处　孙世华

交通部天津港务管理局1983年度局级先进集体、先进生产(工作)者名单

先进集体:

第一作业区　装卸六队
动力站
派出所
第二作业区　机械二队
修建队
第五作业区　装卸四队
汽车队
第六作业区　装卸七队
集装箱公司　装卸队
轮驳公司　驳船浮吊船队
机修厂　四车间
修建公司　二工区
储运公司　天津客运队

先进班组:

第一作业区　装卸五队七组
装卸六队五组
装卸六队七组
拖头队五组
动力站外线班
仓库眼木组
工具库锻工班
拖头十七车组
第二作业区　装卸二队三组
装卸五队二组
陆运队二组
机械二队二组
工具库维修组
成组队吊车组
三货区苫垛丙班
后勤暖气组
第三作业区　装卸队甲班
第四作业区　汽车班
第五作业区　装卸一队五组
装卸四队五组
动力站门修组
后勤浴室小组
第六作业区　装卸七队四组
动力站电修组
调度室丙班
集装箱公司　技术部安技小组
轮十六小组
航修站钳工一班
托儿所小组
机修厂　材料科
一车间三班
二车间盐码头皮带机安装小组
修建公司　一工区瓦工一班
二工区围埝组
后勤锅炉房小组
机械队吊装组
储运公司　天津客运队二组
燃供公司　供水二号机舱小组
通信站　机务小组
外理公司　三队二班
公安局　消防队战斗一班
材料厂　装卸队三组
电力站　外线班
港口医院　内科护理班

先进生产(工作)者:

第一作业区　张光辉　张国强　戴燕华　宋亭义
顾立秋　魏广琴　马　健　田中奎
丁振海　杜树泉　韩卫东　胡志勇
刘春云　王金庆　于　江　杨天顺
赵清嵘　金贵林　康宝祥　王作仁

刘继禄　张泰华　刘文华　陈喜元
王子栋　单凤会　王金甫　李士铭
张玉和　刘玉田　黄旭辉　刘月山
金友林

第二作业区　胡士林　张瑞生　杨运华　王海桂
李明和　王玉富　刘震宇　蒲凤鸣
王士平　王德成　蔡少清　刘春新
孙孝亭　程连仲　高洪友　宋景华
张同来　辛宝发　刘宝山　刘佩生
陈顺义　郑恩佑　林贵轩　王庭福
王宝君　郝德发　魏德发　张　利
鞠晓岚　马振源　杨新民　张小武
王继洪　程　毅　赵宝元　肖继华
杨秀峰

第三作业区　臧远来　张秀海　马凤海　周月山

第四作业区　牛云生　吴宝良　马桐富　门前长
吕文臣

第五作业区　高春发　马福胜　陈富贵　于国成
史桂英　李金锋　刘同春　刘文志
郭正想　李志品　宋国英　金贵同
佟金铭　李忠义　刘炳曙　王贵海
徐建华　王德明

第六作业区　景国清　宋铁锁　郑新民　李荣江
崔凤鸣　于　洁　袁洪义　梁玉静
任存玉　张胜利　李　志　戴凤岐
张树林　张宝新

集装箱公司　刘凤鸣　钱　柱　于晓刚　张振明
徐树正

轮驳公司　郭庭贵　连文纪　胡国兴　祝军涛
张文华　朱炳顺　郝金华　王洪兴
张忠正　李项霞　蔡玉芝　杨志平
刘金才　杨庭杰　刘文彬　王凤林
杨为民

修建公司　刘亮生　孙文栋　丰万友　于汉亮
武传道　马秀和　宋立泉　邱锁亮
刘国忠　李贵庭　王学礼

机修厂　朱炳如　丁宝山　张吉先　杜德泉
王永祥　杨开兰　朱同起　刘子田
李学成

储运公司　孟宪和　郑寿华　孟祥林　苗珍云
张家成　陶文英

外理公司　孙金胜　高金生　吴继顺　陈铁良

燃供公司　滕宝云　李瑞通　李庆水　段起荣
王凤义

港口医院　徐彬　马汉臣　林家声　陈振科

水科所　李文民　孙精石　郑勇学

通信站　胡振杰　张洪祥　毕景龙　林卫民

教育中心　秦曼华　韩玉兰

天津船检处　张惠轩

天津物管处　刘寿钧

局党校　田长松

局机关　于忠和　张德钦　崔宝龙　温瑞芬
韩恒茂　王凤琴　郭宝喜　朱宝珊
齐长富　胡瑞祥　卞庆华　张乃国
刘洪文　孙志伟

劳动服务公司　王盛林　龚学萍　侯广泉
赵一让　李学凤　刘宪斌
侯居林　杨欣荣　郭　林

天津港务局1984年度
局级先进集体、先进生产(工作)者名单

先进集体:

港埠一公司　装卸六队
固机队

港埠二公司　装卸七队
工具库

港埠三公司　固机队

港埠五公司　装卸二队

先进班组:

港埠一公司　装卸六队五组
动力站外线班
仓库丙班理货一组

港埠二公司　装卸二队一组
机械二队三组
修建队木工组

港埠三公司　装卸一队四组

港埠四公司　装卸四队四组
后勤队浴室小组

港埠五公司　装卸四队三组

轮驳公司　津港轮8号

机修厂　一车间二班
五车间六班

修建公司　围埝队围埝班

外理公司　理货二队第一包船组
燃供公司　津油2号机舱组
外代公司　汽车班
驻津办事处　汽车班
电力站　三万五变电所
储运公司　安技科
外运公司　塘沽汽车队
塘沽汽车队锅炉房组

先进生产(工作)者:
港埠一公司　程云华　王树江　陈喜源　刘玉河
金贵林　刘凤亮　赵东文　宋振营
张光辉　孙德奎
港埠二公司　吴国强　张丽雅　张同来　程连仲
王德成　刘春新　李士环　吴英敏
李长海　李玉亭　张瑞华　信桐杰
郝德发
港埠三公司　邢如凯　于恒　刘玉兰(女)
张秀海　王金甫
港埠四公司　于洪发　刘鼎臣　任文祥　陈富贵
李忠义
港埠五公司　吴宝礼　杨栓柱　景国清　何仲华
杨培德　任存玉
外理公司　孙金胜　戴东刚　赵学友
储运公司　王建华　周丙福
燃供公司　杨喜春　王凤仪　贾新平
集装箱公司　史建海　雷声　管学富　齐华民
轮驳公司　寇恩和　刘洪瑞　蔡玉芝(女)
祝军涛　杨志平　王洪发
机修厂　张吉先　梁砚芹(女)孔维祥
王凤喜　赵珍义　高思来
修建公司　丰万友　邱锁亮　丁乃庆
张广义　凌海君
局机关　尹俊祥　郭长信　温瑞芬(女)
建设公司　郝桂英(女)
港口医院　李　忠
劳动服务公司　李学凤(女)
电力站　席荣琴　韩恒茂
通信站　张洪祥　胡振杰
天津船检局　阎梅珍(女)
党　校　田长松
天津物管处　杜志海
外代公司　张洪生　赵鉴超
教育中心　蒋洪山　赵秩　高世发
驻津办事处　牛云生　王树发
外运公司　王春佑　许贵凌　陆永香　张　雷
王陆平　李新凯　刘玉琦　王世和
王三星　杨金声

天津港务局1985年度
局级先进集体、先进生产(工作)者名单

先进集体:
港埠一公司　装卸七队
维修站
港埠二公司　装卸四队
港埠三公司　装卸七队
港埠四公司　门吊队
港埠五公司　装卸二队
集装箱公司　固修站
机修厂　机加工车间
建设公司　粮码头工程改造办公室

先进班组:
港埠一公司　装卸七队一组
机电车间外线班
仓库乙班理货一组
港埠二公司　装卸二队一组
装卸四队二组
维修站板钳组
港埠三公司　装卸七队二组
港埠四公司　装卸四队四组
后勤浴室小组
港埠五公司　装卸二队七组
调度室甲班
集装箱公司　安技室
装卸一队二组
轮驳公司　轮十六号
生产经营科
机修厂　吊车制造车间一班
修建公司　施工四队围埝组
储运公司　安技科
外理公司　二队第一包船组
通信公司　自动台话务组
燃供公司　津油二号机轮小组

港口医院 外科
驻津办事处 汽车班
外代公司 计财科
外运公司 于家堡仓库集装箱科海运组
塘沽车队锅炉房小组
局机关 幼儿园平行组

先进生产(工作)者:
港埠一公司 金贵林 马学亮 刘玉河 张井昆
胡华泉 安 勇 张文义 张汉锁
唐文吉 袁英扬
港埠二公司 张瑞华 贾秀龙 王庆明 李德良
张丽雅(女) 李文亮 王庭福
马四海 张建华 魏德发
港埠三公司 刘庆祥 周月山 李树森 张秀海
孙津生 刘思明
港埠四公司 许庆龙 刘鼎臣 李忠义 于洪发
郝建华 冯殿选 孙晶明
港埠五公司 苏景林 丁桂芝(女) 么士博
吴宝礼 任存玉 刘成钢
集装箱公司 包克刚 刁逢奎 王秀琪
窦云涛 钱 柱
机修厂 毛汉武 杜德泉 张吉先
李金荣(女) 于宝荣(女)
修建公司 张彬茹 张广义 丰万友
吴培增 潘永春
外理公司 何书联 谈建华 戴东刚
燃供公司 孟凡俭 段启荣 徐殿才
轮驳公司 杨志平 张义春 刘金才 阎文克
外运公司 辛春生 王陆平 李新凯 刘精刚
王世和 刘玉琦 丁玉祥 房国贤
杨守仁 王三星 杨金声
储运公司 刘学东 邢连义
通信公司 胡振杰 侯广泉
外代公司 宋静存 杨照民 王荣生
电力公司 于金树
水科所 刘建民
天津物管处 金 润
职工医院 李玉昆
劳动服务公司 崔少杰 许文光
公安局 孙庆发 吴崇所
建设公司 林钧衡
局机关 康秀荣(女) 赵承裕 崔宝龙

驻津办事处 牛云生 邵锁柱 门前长
教育中心 黄兆麟

天津港务局1986年度
局级先进集体、先进生产(工作)者名单

先进集体:
港埠一公司 装卸七队
港埠二公司 装卸二队
港埠三公司 调度室
港埠四公司 门吊队
港埠五公司 装卸一队
机修厂 四车间

先进班组:
港埠一公司 装卸七队六组
外线班
港埠二公司 装卸二队七组
门吊队五组
港埠三公司 装卸七队二组
港埠四公司 后勤浴室小组
港埠五公司 装卸二队七组
装卸三队四组
集装箱公司 安技科
机械二队一组
轮驳公司 轮十六号
修建公司 软基加固组
燃供公司 津油二号机舱小组
储运公司 运务科
外理公司 二队第四包船组
通信公司 自动台话务班

先进生产(工作)者:
港埠一公司 袁英扬 许乃惠 韩梦云 崔家恩
叶树林 张明祥 陈希元 金贵林
马西康 孙德奎 张德洪 何敏龙
孙洪奎 张和荣(女)
港埠二公司 杨书刚 朱宝成 王香秋 王培华
王廷福 韩春生 王金栋 孙志江
张瑞生 胡建明 李明河 沈 强
李文亮 信同杰 周学志
港埠三公司 史树营 张秀海 周月山 胡秋光

王成河　刘庆祥
港埠四公司　刘鼎臣　李国祥　路金友　许庆龙
沈连国　李忠义　白玉春(女)
港埠五公司　吴宝礼　杨士林　景国清　刘玉明
侯文禄　张喜昌
集装箱公司　陈连科　田洪明　胡志洪　刘凤鸣
李金树　王景春
轮驳公司　阎文克　杨志平　张义春　杨清民
包廷福　钱永和　李秀玲(女)
机修厂　张春华　张吉先　刘景才　孙洪喜
修建公司　魏振忠　潘永春　刘亮生　丁乃庆
杜洪波
燃供公司　贾新平　赵航林
储运公司　刘学东　王传武
外理公司　谈建华　卞治平
外代公司　曹继强
通信公司　于洪波　项宝环(女)
电力公司　刘印铁　王荣增
劳动服务公司　侯居林　傅连海　杨欣荣(女)
港口医院　林家声　钱冬香(女)
公安局　魏建华
中专技校　苏玉忠
驻津办事处　邵锁柱　段考荣　周秀桐
天津船检分局　黄宝玉
局机关　霍连　金鑫　张继明

天津港务局1987年度局级先进集体、先进生产(工作)者名单

先进集体:

港埠一公司　固机队
港埠二公司　装卸二队
港埠三公司　调度室
港埠四公司　陆运队
港埠五公司　装卸一队
机修厂　四车间
轮驳公司　拖一船队
集装箱公司　机械三队

先进班组:

港埠一公司　现场食堂快餐班
装卸二大队六中队六组
港埠二公司　后勤浴室
装卸二队九组
机械站吊车班
港埠三公司　装卸一队一组
港埠四公司　装卸四队五班
港埠五公司　装卸三队四组
燃供公司　津油六号机舱小组
机修厂　七车间五班
轮驳公司　轮十六号
储运公司　运输场五班
外理公司　理货一队二班
集装箱公司　机械二队一组
通信公司　机务维修班
港口医院　九病区护理部

先进生产(工作)者:

港埠一公司　康宝祥　金贵林　陈树杰　张光辉
张震南　李正亮　张德洪　许乃惠
王业德　李洪义　纪学宽　刘福清
赵忠杰　邱玉友　张桐鹏
港埠二公司　韩运兴　吴国强　王春秋　沈　强
李德发　董建民　贾瑞宗　李文亮
赵远文　王廷福　张立元　王云虎
赵　林　张钦跃　倪祥玺　窦和民
郭文华
港埠三公司　陈君生　刘乃林　刘庆祥　李桂胜
张秀海　李焕忠　胡秋光　施维强
港埠四公司　李金岗　高玉林　毕文阁　孙胜利
杨忠玖　李志品　刘志友　路金友
李培琦
港埠五公司　董祥庆　杨士林　袁占忠　李庆龙
李　健　袁洪义　刘玉明　景国清
集装箱公司　宋亚才　张洪洲　宁培武
王振彪　陈东风　王景春
徐　英　夏玉生
燃供公司　贾新平　赵航林　段起荣
机修厂　杨兆棋　吴锡文　高思来　张吉先
电力公司　王荣增　刘印铁
轮驳公司　杨志平　徐宝龙　阎文克　包廷福
徐振东　杨清民　赵成彬　王继宣
中专技校　苏玉忠
储运公司　张家成　周秉福　安文义　许云强
外理公司　谈建华　白世和　高春洪

局机关 董学文 王洪德 张荣信
驻津办事处 周秀桐 邵锁柱 段考荣
港口医院 钱冬香 王宝仁 林家声
通信公司 李玉英 侯广泉 于洪起
公安局 姚金胜
修建公司 曹金安 刘亮生 张景玉 张金水 潘永春
建设公司 陈公霞 孙宪华 林钧衡
劳服公司 向欣荣
外代公司 王淑珍 管继强
天津船检分局 郝延林

天津港务局1988年度 局级先进生产(工作)者名单

先进生产(工作)者:
港埠一公司 宋亭义 胡启良 金贵林 邱玉林 邢卫生 张同鹏 张文义 张志华 梁凤鸣 吕书义 赵忠杰 许乃惠
港埠二公司 董建民 杨国冬 张钦耀 赵奎山 杜宝和 林玉祥 张连和 徐仲发 吴国强 卢振海 胡士林 李德发 沈 强 陈宝国 孙宝金
港埠三公司 刘桂发 贺云龙 竺喜明 李文俊 陶明顺 刘庆祥 陈学信
港埠四公司 高玉林 王建民 张立强 于俊起 陈 俊 李培琦 刘文治 许庆龙
港埠五公司 任存玉 李 健(女) 冯宝清 刘恩生 王义发 景国清 靳福忠 杨家龙
集装箱公司 王景春 徐 英 郭福信 高建军 高长江 许乃利
轮驳公司 王积宜 苏建华 杨志平 鞠兆德 阎文尧 宋 谦 徐宝龙 吴宝兴
设施处 孙建澎 佘厚新 刘加元 凌海君
燃供公司 赵航林 杨悦文 吴隆开
储运公司 周秉福 张家成 李茂
建设公司 林钧衡
外理公司 高春洪 李凤华
外代公司 杨国华(女) 于茂祥
驻津办事处 马桐福 龚德泉
机修厂 葛国社 吴锡之 韩云洲 李殿军
港口医院 陈春友 钱冬香(女) 李德利
电力公司 孙亚宁 郗白明
公安局 黄玉舫
通信公司 林卫民
职工学校 吴振环
房产公司 李俊峰
劳动服务公司 郑复泰 赵春梅(女) 李建港 王洪利
港口宾馆 米学进(女)
局机关 周秀琴(女) 霍 连

天津港务局1989年度 局级先进集体、先进生产(工作)者名单

先进集体:
港埠一公司 装卸三队
港埠二公司 装卸四队
港埠三公司 装卸大队
港埠四公司 仓库
港埠五公司 装卸三队 流机队
集装箱公司 装卸二队
轮驳公司 储运站
储运公司 接运场

先进班组:
港埠一公司 陆运队一组 装卸三队七组
港埠二公司 装卸二队六组 工具库制造组
港埠三公司 调度室
港埠四公司 装卸四队五组 动力站门修组
港埠五公司 装卸三队二组
集装箱公司 机三队定检保养班
轮驳公司 轮四号

建设公司　物资部
燃供公司　津油3号机舱
外理公司　理货一队塘沽班
电力公司　四工区第二变电所
设施处　工区汽车一班
　　船闸大修组
驻津办事处　幼儿园
公安局　刑警队
港服公司　港服站业务组
　　环卫队汽车班
外代公司　计财科
港口医院　外科八病区医护组
机修厂　五车间一班
储运公司　货运一队二班

先进生产(工作)者:
港埠一公司　刘连顺　许乃惠　张文义　李向延
孙德奎　李振声　孔令全　李学庭
王淑英　孔祥瑞　张临吉　于　江
付金华　胡启良
港埠二公司　杨二伏　余贺元　李德发　李春晓
施振忠　张欣耀　吴国强　郑道明
朱振良　杨国冬　沈　强　何占顺
穆　兰　宋德发　左福山　段善发
林玉祥　宋镜华
港埠三公司　魏金庆　刘庆祥　贺云龙　孙振群
刘俊华　谭福贞　魏　杰　吴志林
港埠四公司　陈　俊　高玉林　李培琦　孙胜利
姚维军　李金岗　宋国英　路金友
唐绍刚　李志品　边立贞　李庆乙
港埠五公司　刘恩生　李凤玉　卜贵存　靳福忠
景国清　邓贵馨　王洪道　李　健
集装箱公司　夏玉生　陈贵明　高长江
顾金珍　王　炎　王荣贵
刘万德　张云鹏
轮驳公司　杨志平　王积宜　忻俊良
吴宝兴　田立成　陈华迎
鞠兆德
机修厂　田仲明　葛国社　韩云洲　吴锡文
储运公司　苗珍云　杨世樵　李玉洪
张家成　郭宝东
设施处　王俊友　于树清　孙建澎　邱锁亮
建设公司　汪惠远　林钧衡
外理公司　崔国林　刘宪章　张宝明
驳船码头公司　崔学义
港口医院　钱冬香　寇艳秋　毕景龙
电力公司　王树林　郗白明
驻津办事处　马桐福　周秀桐
房产公司　李俊峰
外代公司　杨国华　王淑珍
通信公司　胡振杰　吴殿友　张利民
燃供公司　杨悦文　吴隆开　于国武
局机关　赵英琪　陶家强　张锡成　李胜霞
公安局　吴庆弟
港服公司　王金岭　龚学惠　王金琴　苑广芬
港口中专　宋桂萍
职工学校　王明成
局党校　许金奎

天津港务局1990年度
局级先进集体、先进生产(工作)者名单

先进集体:
港埠一公司　装卸三队
港埠二公司　装卸四队
港埠三公司　装卸大队
港埠四公司　动力站
港埠五公司　装卸二队
集装箱公司　装卸二队
储运公司　货运三队
轮驳公司　储运站
建设公司　东突堤工程组

先进班组:
港埠一公司　维修站机加工锻六组
陆、航运大队一中队
客运站服务组
港埠二公司　装卸三队二组
装卸二队六组
机二队二组
工具库抓斗组
仓库理货乙班
港埠三公司　托儿所　装卸三队二组
港埠四公司　装卸四队五组
机械二队特车班

工具库抓斗组
港埠五公司 装卸二队四组
装卸三队四组
集装箱公司 机三队点检班
装卸二队八组
轮驳公司 轮七号
航修厂船台班
燃供公司 津油二号机舱
外理公司 理货四队二组
电力公司 第十变电所
储运公司 接运场十六万理货班
修理厂 一车间二班
港服公司 业务调度组
驻津办事处 幼儿园食堂
通信公司 电信室
港口医院 外科八病区医护组
外代公司 计财部
设施处 汽车一班

先进生产(工作)者:
港埠一公司 魏树万 刘庆霞 于　江
张汉宝 李向延 付忠臣
邱玉友 王淑英 王玉利
刘宝恩 陈华东 韩梦云
胡宝金 张文义 邱玉林
港埠二公司 张欣耀 黄瑞祥 曲森泰
倪祥喜 周传海 许建国
韩远星 李德良 刘再成
许景宏 吴国强 郝德发
董建民 李德发 林玉祥
左福山 刘焕阳 朱关春
港埠三公司 贺云龙 邱天树 韩伯友
姚建国 张连群 刘庆祥
陈学信 高志家 史宗义
港埠四公司 刘益敬 李志品 孟兆建
李生产 寇德群 李金岗
路金友 刘洪义 胡春生
边立贞 宋国英 李庆乙
港埠五公司 刘　山 冯国顺 马贵宾
孙友福 李泽云 马如海
卜贵存 乔连章 袁占忠
集装箱公司 高长江 王学军 刘晓明
刘凤祥 张淑琴 王　炎
张云鹏 张志成 张富贵
徐树正
外理公司 魏占东 崔国林 芦印飞
储运公司 刘德胜 郭宝东 李玉洪
何　军 杨世樵
燃供公司 魏玉兰 李春海 吴隆开 张瑞福
修理厂 陈廷华 葛国社 陈文起 王超峰
轮驳公司 刘增元 宋　谦 班善元
李学铭 忻俊良 吴宝兴
张义春 杨志平
电力公司 吴恩和 张合义 杜文海
设施处 匡国亮 邱锁亮 孙建澎
张淑玉 郝远辉
公安局 孙来友 王联合
建设公司 林钧衡 赵春贤
通信公司 胡振杰 张利民
港口医院 钱冬香 段文明 王景有
港服公司 王洪利 王金岑 李霜 张子健
邢盛祥 刘克忠
驻津办事处 段考荣 周秀桐
外代公司 郭志刚 朱平阳 曹延路
驳船码头公司 崔学义
房产公司 李俊峰
港口中专 韩力
职工学校 叶晓玲
局党校 戴玉明
港口宾馆 苑广辉
局机关 张荣信 曹维亭 张德来

天津港务局1991年度
局级先进集体、先进生产(工作)者名单

先进集体:
港埠一公司 航运大队三中队
港埠二公司 装卸三队
散粮站
港埠三公司 调度室
港埠四公司 仓库
港埠五公司 装卸二队
集装箱公司 堆场站

储运公司　汽运三队
港口医院　十病区
局机关　幼儿园

先进班组：

港埠一公司　航运一队十组
维修站机加工段
叉车队二组
港埠二公司　三队二组
四队四组
工具库抓斗组
一货区理货甲班
成机队特车班
港埠三公司　固机电修班
三队二组
港埠四公司　三队七组
机二队特车班
门吊队一保组
港埠五公司　二队四组
一队八组
集装箱公司　堆场站甲班
吊具维修班
外理公司　理货四队二组
燃供公司　油3轮机舱班
电力公司　五公司路灯区
轮驳公司　津港轮九号
船台班
设施处　后勤锅炉房班
机修厂　一车间二班
储运公司　十六万货场理货班

先进生产(工作)者：

港埠一公司　韩梦云　刘宝恩　刘景新　王玉环
焦洪勋　高嘉权　王宝中　胡庆荣
陈庆立　张树林　张双俊　杨玉石
张文义　于　江　丁振海
港埠二公司　孙宝金　穆　兰　张树强　刘焕杨
赵绍洪　薛文田　胡士林　魏加义
许景宏　岳长河　陈顺义　薄志强
赵　京　何广仁　林玉祥　吴国强
信桐林　王运钢
港埠三公司　刘庆祥　赵克华　王玉树　张光华
陈德利　宋之刚　姚建国　魏金庆
高志加
港埠四公司　边立贞　胡春生　王少先　李庆乙
齐金牛　王杰然　王　勇　张　健
毕文阁　路金友　李顺祥　宋国英
港埠五公司　赵春生　马贵宾　李玉明　张建福
冯宝清　靳福忠　徐守春　井连邦
孙友福　李丙清
集装箱公司　刘春龙　李树清　刘晓明　张淑琴
常玉春　张春喜　马金胜　贾贵德
张云鹏　张福贵
设施处　孙建彭　张景玉　刘树森　刘富强
李树森
机修厂　杨守禄　高思来　薛志博　陈文起
轮驳公司　郭金巨　吴宝兴　郝德春　杨志平
王宗领　班善元　杜　光　田成立
储运公司　杨世樵　何　军　陈振栋　郝庆利
李玉洪
港服公司　史振全　郭永凤　刘宝杰　王洪利
于长海
电力公司　杜文海　吴恩和　王　伟
外代公司　段旭辉　朱平阳　王淑珍
建设公司　宋兰增　赵春贤
外理公司　魏培林　孙金胜　崔国林
燃供公司　班善雨　魏玉兰　张瑞福　阎荣光
港口医院　钱冬香　陈乐明　王治义
局机关　顾兴华　赵英琪　宋长林
通信公司　胡振杰　刘志平
货运公司　柴炳奎
驻津办事处　阎景瑞　段考荣
港口中专　陈　浩
职工学校　张继平
港口宾馆　刘树祥
房产公司　李俊峰
驳船码头公司　张全予
局党校　朱培英
公安局　张正明　陈志明

天津港务局1992年度
局级先进集体、先进生产(工作)者名单

先进集体:

港埠一公司 叉车队叉车小组
装卸一队五组
装卸三队

港埠二公司 装卸三队二组
成机队特车组
装卸三队

港埠三公司 装卸三队一组
装卸大队

港埠四公司 灌包一队一组
工具库抓斗组
灌包队

港埠五公司 装卸二队四组
流机队特机组
装卸四队

集装箱公司 四港池理货甲班
固修站

轮驳公司 轮二号

机修厂 三车间一班

设施处 铁路二站

燃供公司 津油四号轮机班

储运公司 十六万理货班接运场

外理公司 一队二班

港口医院 十病区护理组

港服公司 环卫队汽车班

建设公司 储运场储运班

外代公司 进口科
计财部

局级红旗班组:

港埠一公司 叉车队四组

港埠二公司 装卸三队二组

港埠四公司 灌包队一组

港埠五公司 装卸二队四组

储运公司 十六万理货班

局级标兵:

港埠一公司 于　江

港埠二公司 吴国强

港埠四公司 王文艳(女)　边立贞

港埠五公司 冯宝清

集装箱公司 张福贵

轮驳公司 韩文才

通信公司 胡振杰

设施处 邱锁亮

储运公司 何　军

先进生产(工作)者:

港埠一公司 于　江　王文生　张文义
邱玉友　朱万选　陈庆立
韩梦云　李向延　付忠辰
胡庆荣　薛正鸿

港埠二公司 吴国强　马洪臣　王连柱
董建民　林玉祥　高纪春
王玉平　张连生　胡士林
黄瑞祥　董庆发　张庆富
穆　兰

港埠三公司 何卫东　张孝武　陈德利
王玉树　刘庆祥

港埠四公司 边立贞　刘洪义　王建环
王杰然　于俊起　郭庆荣
王顺来　付建平　路金友
崔德全

港埠五公司 冯宝清　吴宝起　徐守春
靳福忠　张建福　邓贵馨
李丙清

集装箱公司 张福贵　张云鹏　刘晓明
王永奎　贾贵德　刘万德

轮驳公司 韩文才　郑本生　郝德春
吴宝兴　刘跃山

燃供公司 班善雨　刘占英

机修厂 葛国社　杨守禄

外理公司 崔国林　魏培林

储运公司 何　军　杨世樵　陈振栋
吴振生

设施处 金宝林　邱锁亮　余厚新

港口医院 王治义　徐丽华

港服公司 刘克忠　郭永凤　李伯林

电力公司 韩恒茂　王俊忠

局机关 霍　连　冉宝华　杨洪萍

客运站 李正亮

货运公司　刘芝新
建设公司　王雨生
局党校　张景芳
文体中心　张秋田
保税仓库　崔连波
职工学校　张继萍
通信公司　胡振杰
港口中专　王　蕤
港口宾馆　米学进
驳船码头公司　息书元
房产公司　李俊峰
驻津办事处　段考荣
公安局　金树成
外代公司　曹忠岐
燃供公司　刘占英　王长友
储运公司　杨世樵　陈振栋
外理公司　崔国林
机械厂　韩云洲
通信公司　胡振杰
建设公司　栗凤进
电力公司　王　伟　王俊忠
港口医院　王治义
房产公司　李俊峰
港服公司　侯居林
公安局　金树成
设施处　余厚新　邱锁亮
港口中专　张爱莅
外代公司　兰绍斌
驻津办事处　刘春秋
局党校　张景舫
货运公司　于连江

天津港务局1993年度局级最佳职工标兵、最佳职工、红旗班组、先进车间名单

最佳职工标兵：
港埠一公司　于　江
港埠二公司　吴国强
港埠四公司　边立贞　王文艳(女)
港埠五公司　冯宝清
集装箱公司　苏玉忠
轮驳公司　韩文才
储运公司　杨世樵
通信公司　胡振杰
设施处　余厚新

最佳职工：
港埠一公司　于　江　韩梦云　孔祥瑞　李振声　夏春生
港埠二公司　吴国强　左福山　杨国冬　沈庆霞　张　成　孙宝金
港埠三公司　孙洪昌　刘庆祥　郝恩成
港埠四公司　边立贞　李顺祥　王文艳　路金友　孙文栋
港埠五公司　冯宝清　马贵宾　邓贵馨　徐守春　张宝贵
集装箱公司　苏玉忠　刘晓明　贾贵德
轮驳公司　韩文才　吴子彪

红旗班组：
港埠一公司　叉车四组
港埠二公司　装卸三队二组
港埠三公司　装卸四队三组
港埠四公司　工具队抓斗组
港埠五公司　装卸七队一组
轮驳公司　津港轮七号船
集装箱公司　机械一队三班
电力公司　五工区试验班
港服公司　华港饭店餐厅部
储运公司　十六万货场理货班

先进车间：
港埠二公司　装卸一队
港埠四公司　装卸二队
港埠五公司　装卸一队
轮驳公司　驳吊队
储运公司　接运场

天津港务局1994年度局级先进集体、先进生产(工作)者名单

先进集体：
港埠三公司　装卸大队

港埠四公司　机械二队
港埠五公司　装卸一队
港埠六公司　固机队
储运公司　维修站

先进班组:
港埠一公司　叉车队八组
港埠二公司　装卸三队二组
港埠三公司　装卸三队六组
港埠四公司　机二队特车组
港埠五公司　工具库抓斗班
港埠六公司　固机队维修组
轮驳公司　轮16号
电力公司　六工区外线班
港口医院　骨科
客运公司　服务组
货运公司　煤炭部
驻津办事处　小车班

先进生产(工作)者:
港埠一公司　于　江　夏春生　周建明
徐慧生(女)
港埠二公司　张成俭　杨国栋　刘宝发　段善发
朱景勇　胡士林
港埠三公司　宋文洲　刘宝恩　朱振山
港埠四公司　常　胜　边立贞　李顺祥　李生产
港埠五公司　冯宝清　马贵宾　邓贵馨
港埠六公司　张友明　孔祥瑞
集装箱公司　苏玉忠　刘晓明　王永奎
东方集装箱公司　张云鹏　林玉祥
轮驳公司　韩文才　孔德义　李世俊
燃供公司　张瑞福　刘占英
电力公司　王　伟
储运公司　杨世樵　魏同凯
港口医院　王治义　钱冬香(女)
设施处　邱锁亮
房产公司　李俊峰
贸易公司　李国建
外理公司　魏培林
通信公司　胡振杰
建设公司　汪惠远
机械厂　陈学义
贸易公司　乜贵生

外代公司　陈国强
引航站　田　明
港口管理学校　赵胜明
公安局　蒲凤鸣
局党校　李德安

天津港务局1995年度
局级先进集体、先进生产(工作)者名单

先进集体:
港埠一公司　叉车队
港埠二公司　门吊队
港埠三公司　仓库
港埠四公司　机械二队
港埠五公司　装卸二队
港埠六公司　固机队
集装箱公司　机械一队
储运公司　货运一队
燃供公司　供水一号轮
电力公司　第五工区

先进班组:
港埠一公司　叉车队八组
港埠二公司　装卸三队二组　成机队三组
港埠三公司　机械队拖板队维修组
港埠四公司　机二队特车组
港埠五公司　工具队抓斗组
港埠六公司　固机队维修班
集装箱公司　顺泰公司维修班
客运公司　服务组
外理公司　第一办事处一班
储运公司　16万堆场理货班
轮驳公司　津港轮七号
燃供公司　供水一号机舱班组
南疆公司　码头部班组
电力公司　三工区十二变班组
生活服务公司　汽车队二班
驻津办事处　汽车队小车班
局党校　勤务组
港口医院　急诊室
设施处　供水管理所维修班

局级标兵：

于　江　港埠一公司装卸队队长
刘宝恩　港埠二公司总经理
张孝武　港埠三公司苫缆队副队长
常　胜　港埠四公司门吊队值班队长
冯宝清　港埠五公司装卸二队队长
张友明　港埠六公司机电科副科长
钱冬香　女，港口医院总护士长
魏培林　外理公司第一办事处理货员
韩文才　轮驳公司轮2号船长
姜文利　天津港公安局刑警队探长

先进生产（工作）者：

港埠一公司　于　江　夏春生　周建名　韩梦云
港埠二公司　刘宝恩　张成俭　马四海　张顺和　朱景勇　吴国强
港埠三公司　张孝武　朱振山　刘秋田
港埠四公司　常　胜　李培琦　宋宝贵　龚学健
港埠五公司　冯宝清　马贵宾　赵春生
港埠六公司　张友明　孔祥瑞
集装箱公司　王永奎　苏玉忠　刘晓明
东方集装箱公司　林玉祥
轮驳公司　韩文才　夏克泉　范卫平（女）
储运公司　魏同凯　杨世樵
燃供公司　孔志良　刘占英
电力公司　王俊忠
外理公司　魏培林
南疆公司　吴学强
设施处　徐建国
外代公司　董义枫
通信公司　乔延海
贸易公司　李润江
货运公司　乜贵生
实业公司　韩宝初
港口医院　王治义　钱冬香（女）
机械厂　王照峰
公安局　姜文利
驻津办事处　阎锁令
引航站　张省利
港口中专　邢宝兰（女）
客运公司　任凤兰（女）

天津港务局1996年度
局级先进集体、先进生产（工作）者名单

先进集体：

港埠一公司　仓库
港埠二公司　装卸三队
港埠三公司　机械队
港埠四公司　机械二队　固机队
港埠六公司　固机队
集装箱公司　机械一队
储运公司　维修站
燃供公司　供水一号轮
电力公司　电力公司三工区

先进班组：

港埠一公司　叉车队八组
港埠二公司　成组机械队备货组
港埠三公司　机械二队特车组
港埠四公司　流机队拖板维修组
港埠五公司　工具队抓斗班
港埠六公司　维修站充电组
集装箱公司　机械一队三组
东方集装箱公司　堆场站理货丁班
储运公司　货运三队三班
轮驳公司　航修厂钳工班
电力公司　三工区技术组
外理公司　第一办事处一班
燃供公司　津供水一号轮甲部
南疆公司　人企部
设施处　供水所管道维修班
局党校　勤务组
驻津办事处　汽车队小车班
港口医院　骨科
生活服务公司　车队二班
货运公司　船代部

局级标兵：

夏春生　港埠一公司调度室主任
陈顺义　港埠二公司装卸三队队长
张孝武　港埠三公司苫缆队副队长

富建平　港埠四公司机械二队司机
苏玉忠　集装箱公司固修站技师
张友明　港埠六公司机电科副科长
苗珍云　女,储运股份有限公司机三队司机
韩文才　轮驳公司轮三号船长
钱冬香　女,港口医院总护士长
魏培林　外理公司理货员

先进生产(工作)者:

港埠一公司　夏春生　徐慧生(女)　周建明　何　锋
港埠二公司　陈顺义　孙永元　胡士林　张成俭　王　莉(女)　宋镜华
港埠三公司　张孝武　高元锁　冯德刚
港埠四公司　常　胜　李培琦　寇德群　富建平
港埠五公司　赵明奎　冯宝清　赵春生　祁　虎
港埠六公司　孔祥瑞　张友明
集装箱公司　李宝元　苏玉忠　付　强　张洪岐
东方集装箱公司　安国利
轮驳公司　韩文才　忻俊良　范为平(女)
燃供公司　孔志良　程爱国
设施处　史建民
外理公司　魏培林
通信公司　贾晓雷
培训中心　陈庆立
储运公司　苗珍云(女)　陈金权
港口医院　钱冬香(女)　王治义
电力公司　王俊忠
引航站　张省利
新闻中心　贾云泉
建设公司　陈飞
南疆公司　吴学强
货运公司　乜贵生
贸易公司　李长青
实业公司　姜波
外代公司　段旭辉
机械厂　李会义
局机关　王茜东
公安局　杨云发
驻津办事处　周秀桐

天津港务局1997年度
局级先进集体、先进生产(工作)者名单

先进集体:

港埠一公司　仓库车间
港埠二公司　装卸一队车间
港埠三公司　工具队车间
港埠四公司　机械二队车间
港埠五公司　固机队车间
港埠六公司　流机队车间
集装箱公司　机械三队车间
外理公司　集办车间
南疆公司　码头部车间
电力公司　一工区

局级标兵:

陈顺义　港埠二公司装卸三队队长
刘桂河　港埠三公司维修站站长
富建平　港埠四公司机械二队副队长
祁　虎　港埠五公司装卸二队队长
张友明　港埠六公司机电科副科长
常玉春　集装箱公司机械三队队长
韩文才　轮驳公司津港轮2号船长
钱冬香　女,港口医院总护士长
魏培林　外理公司第一办事处一班理货员
苗珍云　女,储运公司货运三队司机

先进生产(工作)者:

港埠一公司　夏春生　何　峰　曹　阳　徐慧生(女)
港埠二公司　沈连岭　刘宝恩　吴国强　朱景勇　陈顺义　张连生　张成俭
港埠三公司　刘桂河　刘秋田　周金良
港埠四公司　富建平　李培琦　寇德群　常　胜
港埠五公司　祁　虎　赵春生　刘而奇　高文禄
港埠六公司　张友明　孔祥瑞
集装箱公司　李宝元　常玉春　付　强　刘建军
东方集装箱公司　徐树正　安国利
储运公司　苗珍云(女)　李宝亭
设施处　史建民
轮驳公司　范为平(女)　郑洪顺　韩文才

电力公司　王俊忠
新闻中心　李秀军
港口医院　钱冬香(女)　王治义
外代公司　段旭辉
公安局　杨云发
货运公司　乜贵生
通信公司　赵建国
燃供公司　张广春　高庆国
贸易公司　李长青
南疆公司　宋振营
外理公司　魏培林
培训中心　宋玉华(女)
监理公司　郭　钧
驻津办事处　张万顺
生活服务公司　杨　军
引航站　虞利生

天津港务局1998年度局级先进集体、先进生产(工作)者名单

先进集体:

港埠一公司　固机队车间
港埠二公司　装卸一队车间
港埠三公司　维修站车间
港埠四公司　机械二队车间
港埠五公司　流机队车间
港埠六公司　固机队车间
集装箱公司　机械四队车间
电力公司　维修工区车间
外理公司　集装箱办事处车间
外代公司　货运中心车间

局级标兵:

何　锋　港埠一公司货运科干部
杨国冬　港埠二公司装卸一队队长
刘桂河　港埠三公司维修站站长
宋宝贵　港埠四公司机械二队队长
祁　虎　港埠五公司装卸二队队长
孔祥瑞　港埠六公司固机队队长
沈　健　集装箱公司机电科副科长
王　强　储运公司三队班长
张　浩　轮驳公司津港轮3号船长
李金宝　南疆公司石化码头部操作队副队长

先进生产(工作)者:

港埠一公司　何　锋　张云亭　许国强　韩梦云
港埠二公司　杨国冬　李学旺　贾秀龙　朱景勇　吴国强　李佩芝
港埠三公司　刘桂河　满德刚　高元锁
港埠四公司　宋宝贵　寇德群　孟卫根　刘洪义
港埠五公司　祁　虎　赵春生　张元龄
港埠六公司　孔祥瑞　裴根发
集装箱公司　沈　健　朱绍明　张爱国　李宝元
东方集装箱公司　王连勇
储运公司　王　强　徐芳禄
外代公司　段旭辉
轮驳公司　张　浩　刘跃山
外理公司　魏培林
贸易公司　李长青
设施处　钱平生
建设公司　邹　立
燃供公司　班善雨　张广春
港口医院　钱冬香(女)　王治义
南疆公司　李金宝
通信公司　赵建国
电力公司　王俊忠
货运公司　张世明
局党校　张德有
房产公司　贺永龄
客运公司　张海平
培训中心　于　岩(女)
公安局　金树成
驻津办事处　李光麟
引航站　迟乃旗
生服中心　王立博

天津港务局1999年度局级先进集体、先进生产(工作)者名单

先进集体:

港埠一公司　固机队
港埠二公司　装卸一队
港埠三公司　工具队

港埠四公司 机械二队
港埠五公司 流机队
港埠六公司 固机队
集装箱公司 机械三队
电力公司 维修基地二队
外理公司 集装箱办事处
南疆公司 码头部

先进班组:
港埠二公司 装卸二队二组
港埠三公司 流机队拖板组
港埠四公司 机械二队特车组
港埠五公司 工具队抓斗班
港埠六公司 维修站充电班
集装箱公司 机一队三组
外理公司 一办一班
设施处 供水所机电维修班
局党校 勤务组
轮驳公司 津港轮7号

局级十大标兵:
港埠一公司 何 锋
港埠二公司 杨国冬
港埠三公司 刘桂河
港埠四公司 宋宝贵
港埠五公司 祁 虎
港埠六公司 孔祥瑞
集装箱公司 张洪岐
南疆公司 宋振营
引航站 张省利
外理公司 崔国林

先进生产(工作)者:
港埠一公司 何 锋 于永树 张云亭
港埠二公司 杨国冬 贾秀龙 王鹤青 翟树林
港埠三公司 刘桂河 满德刚 冯国权
港埠四公司 宋宝贵 孟卫根 寇德群
港埠五公司 祁 虎 赵春生 刘而奇
港埠六公司 孔祥瑞 裴根发 傅金标
集装箱公司 张洪岐 沈 健 马全胜 李宝元
燃供公司 闫荣光 张广春
物资公司 普富强
客运公司 张海平
引航站 张省利 田 明
货运公司 乜贵生
培训中心 苏月华(女)
公安局 金树成
设施处 史建民
轮驳公司 张 浩 苏连川
南疆公司 宋振营
局党校 田 静(女)
建设公司 王永强
储运公司 王 强 徐芳禄
电力公司 蒋洪有
外理公司 崔国林
港口医院 王治义 王景有
驻津办事处 闫锁令
贸易公司 李长青
通信公司 赵建国
生服中心 张克勇
监理公司 张宝明
文体中心 刘丽丽(女)
外代公司 段旭辉
信息中心 马全华
箱货公司 任志坚

天津港务局2000年度
局级先进集体、先进生产(工作)者名单

先进集体:
港埠二公司 装卸一队
港埠三公司 维修站
港埠四公司 门吊队
港埠五公司 调度室
港埠六公司 固机队
集装箱公司调度室
电力公司 维修二队
南疆公司 码头部
外代公司 货运中心
外理公司 理货一办
储运公司 货运二队
焦炭码头公司 机械队
设施处 船闸管理所
轮驳公司 船队

先进生产(工作)者:

港埠一公司　何　锋　于永树　张云亭
柴越利　李振声　邵　林

港埠二公司　张连生　张德岭　宋桂兰(女)
贾秀龙　张成俭　王鹤青
吴国强　陈顺义　许景宏

港埠三公司　周月山　刘桂河　满德刚
许树友　吴凤明　徐惠英(女)

港埠四公司　侯彦凯　宋宝贵　孟卫根
龚学健　张凤鸣　樊春华(女)

港埠五公司　赵春生　祁　虎　刘而奇
张元龄　张卫兵　李振龙
张友明

港埠六公司　孔祥瑞　裴根发　马会军
王照鸿　王孝华　王化山

集装箱公司　马全胜　沈　健　李树清
张洪岐　李长军　王玉革
薛翎森

物资公司　田仲明　孔德芝

客运公司　张海平

引航站　张省利

货运公司　马　洁

培训中心　李文靖

设施处　朱玉林　冯德柱

轮驳公司　张　浩　苏连川　刘凤聚
范为平(女)

南疆公司　宋振营　张文亮

燃供公司　卢嘉航　张连江

局党校　朱培英

建设公司　侯建飞

储运公司　任苏平　杜　斌　周新和

电力公司　蒋洪有　陈立新　王　伟

外理公司　崔国林

港口医院　王治义　王景有　丁尔勤
王宝仁

驻津办事处　卢禧民

贸易公司　李润江

通信公司　赵建国　魏　涛

生服中心　李金元　张云凯　王立博

监理公司　张宝明

外代公司　曹仲琪　吴　超(女)

公安局　金树成

信息中心　回金强

箱货公司　任志坚　赵　龙

局机关　马文树　管学富　赵彦虎
方开华

焦炭码头公司　刘军民　钱永利

港服公司　张文荣(女)

房产公司　马　进

天津港务局2001年度 局级先进集体、先进生产(工作)者名单

先进集体:

港埠一公司　固机队

港埠二公司　机械一队

港埠三公司　维修站

港埠四公司　门吊队

港埠五公司　调度室

港埠六公司　固机队

集装箱公司　固修站

轮驳公司　船队

电力公司　运行四工区

南疆公司　码头部

储运公司　接运场

外理公司　第一理货办事处

公安局　交通队

焦炭码头公司　操作管理部

先进生产(工作)者:

港埠一公司　傅金标　张云亭　于永树　柴越利
李振声　冯爱民　杨洪兵

港埠二公司　张连生　张德龄　宋桂兰(女)
贾秀龙　张成俭　陈顺义　翟树林
马桂兰(女)　王新安　左富山
田洁强

港埠三公司　刘桂河　刘华强　满德刚　张树峰
周月山

港埠四公司　温长永　马维墩　侯彦凯　齐铁磬
寇德群　岳翠琴(女)

港埠五公司　张友明　宋学义　祁　虎　赵春生
张凤强　王继洋　张卫兵　李顺德
刘国安

港埠六公司　王庆林　孔祥瑞　马会军　裴根发
王国庆　王照鸿

集装箱公司 薛翎森 马全胜 沈 健 李 坚 张振军 方 琴(女) 张洪岐
焦炭公司 刘军民
东方发展公司 郭世津
储运公司 徐芳禄 刘德胜
机械厂 梁春柱
外代公司 吴 超(女) 姜德志
轮驳公司 范为平(女) 苏连川 张 浩 刘凤聚
设施处 潘志强 钱平生
电力公司 王俊忠 蒋洪有 陈立新
南疆公司 索双椽 宋振营 周 伟
燃供公司 李秀林 阎荣光
外理公司 崔国林
建设公司 侯延祥
通信公司 乔延海
房产公司 马 进
箱货公司 任志坚
贸易公司 李润江
货运公司 乜贵生
港口医院 靳邦利 王荣春(女) 刘慧兰(女)
物资公司 郝久存
监理公司 吴金光
局党校 张景舫
信息中心 吴 军
培训中心 李 峰
引航站 田 明 张省利
公安局 顾育农
港服公司 张家凤(女)
驻津办事处 卢禧民
生服中心 李金元 张占岭 杨洪柱
局机关 方开华 赵彦虎 李罕勇 宋金普
客运公司 杨春生

天津港务局2002年度 局级先进集体、先进生产(工作)者名单

先进集体:
港埠一公司 工具库
港埠二公司 调度室
港埠三公司 固机队
港埠四公司 动力站
港埠五公司 调度室
港埠六公司 固机队
集装箱公司 操作部
轮驳公司 船队
焦炭码头公司 操作管理部
电力公司 维修一队
通信公司 无线科
设施处 供水所
港口医院 外科
公安局 消防队
局机关 业务处

劳务承包单位先进集体:
港埠一公司 航运三队(乐陵劳务公司)
港埠二公司 装卸一队(乐陵劳务公司)
港埠三公司 装卸六队(天乐劳务公司)
港埠四公司 灌包二队(津北劳务公司)
港埠四公司 装卸一队(津北劳务公司)
港埠五公司 装卸七队(天贵劳务公司)
港埠五公司 装卸八队(天贵劳务公司)
港埠六公司 装卸二队(兴塘劳务公司)
集装箱公司 装卸一队(河北省青县劳务输出中心)
焦炭码头公司 装卸队(益港公司)

先进生产(工作)者:
港埠一公司 傅金标 张云亭 于永树 宋亭义 王凤海 冯 旭(女) 刘洪博
港埠二公司 王宝富 贾秀龙 朱方孝 唐金铨 张 粤 张顺和 安永贵 马桂兰(女) 沈连岭 马四海 田吉强
港埠三公司 满德刚 周月山 吴泉洲 王长有 张书峰
港埠四公司 温长永 马维墩 齐铁磬 龚学健 寇德群 李 斌
港埠五公司 高文禄 宋学义 祁 虎 王义发 张文渤 张建福
港埠六公司 孔祥瑞 王国庆 裴根发 田玉伟
集装箱公司 马全胜 沈 健 李 坚 张洪岐 李长军 王建国

煤码头公司　张瑞元　赵有泉
轮驳公司　苏连川　侯桂森　刘凤聚　刘焕玲（女）
机械厂　惠国前
设施处　丁乃庆　魏振忠　李　辉
储运公司　王　蕤　徐芳禄　张立明
外理公司　黑广元
外代公司　程鸿雁（女）　唐礼庆
物资公司　张玉梅（女）
箱货公司　任志坚　罗　津
电力公司　蒋洪有　陈立新
通信公司　魏　涛
港服公司　魏永岩
港口医院　靳邦利　李春芳（女）　阚凤田
房产公司　马　进
建设公司　王永强
监理公司　苑桂永
货运公司　王连玉　乜贵生
南疆公司　索双椽　宋振营　周　伟
客运公司　杨春生
焦炭码头公司　袁宝童　刘军民　高玉龙　石万祥
燃供公司　卢嘉航　鞠景英（女）
贸易公司　李润江
引航站　张省利
生服公司　王立博　王玉国　于庆祝　杨洪柱
公安局　顾育农
培训中心　赵志荣（女）
驻津办事处　吴有海
局党校　刘雅君（女）
信息中心　付月华（女）
局机关　吴宝礼　管学富　李学斌

劳务承包单位先进生产（工作）者：

田立敏　乐陵一分公司负责安全工作（一公司）
邢学贵　庐江一分公司装卸队长（一公司）
石洪起　兴塘苫垛队队长（一公司）
李德治　兴塘航运一队队长（一公司）
李少华　乐陵装卸一队副队长（二公司）
田玉同　东平装卸二队副队长（二公司）
杨德升　天乐副经理（三公司）
张凤辉　天乐装卸五队副队长（三公司）
李尊一　津北副经理（四公司）
王杰然　津北灌包队队长（四公司）
张绍荣　津北装卸一队队长（四公司）
杨守华　津北装卸二队队长（四公司）
孙兴宝　津北装卸三队副队长（四公司）
刘贵松　天贵装卸大队队长（五公司）
于国其　天贵装卸六队五组班长（五公司）
史新峰　天贵装卸四队副队长（五公司）
冯金利　兴塘装卸四队副队长（六公司）
王凤水　青县装卸一队队长（集装箱公司）
张国彬　乐陵装卸队队长（东方海陆公司）
周宝满　益港装卸队三班值班队长（焦炭公司）

天津港务局2003年度
局级先进集体、先进生产（工作）者名单

先进集体：

港埠一公司　吊车队
港埠二公司　调度室
港埠三公司　流机队
港埠四公司　固机队
港埠五公司　调度室
集装箱公司　操作部
轮驳公司　船员管理部
焦炭码头公司　操作管理部
电力公司　维修二队
设施处　船闸管理所
港口医院　外科
通信公司　线务科
储运公司　维修站
外代公司　班轮部
引航站　调度部
局机关　业务处

劳务承包单位先进集体：

港埠一公司　苫缆队（兴塘劳务公司）
港埠三公司　装卸二队（天乐劳务有限公司）
港埠四公司　装卸一队（津北劳务有限责任公司）
港埠五公司　装卸六队（天贵装卸劳务有限公司）
集装箱公司　装卸一队（青县劳务装卸中心）

先进生产（工作）者：

港埠一公司　傅金标　张云亭　于永树

贾爱红(女) 纪鸿恩 韩梦云
王永生
港埠二公司 赵明奎 李学旺 陈顺义 信桐洁
董建民 沈连岭 陈文军 杨晓龙
苏 超 魏昆韬 曹茂庆
港埠三公司 满德刚 霍光曦 周月山 李振忠
刘秋田
港埠四公司 高玉林 段江山 齐铁磐 龚学建
肖春生
港埠五公司 高文禄 祁 虎 张凤强 王义发
张文渤 李炳清
集装箱公司 刘群柱 李长军 沈 健 李 坚
张洪岐 闫 武 吴晓鹏
东突堤筹备组 马会军
煤码头公司 王化山 张瑞元 朱明 方 胜
孔祥瑞 金学智
轮驳公司 苏连川 曲凤前 翟福刚 孙 强
机械厂 梁春柱
设施处 曹 银 付合宝
储运公司 杨志刚 王延平
外理公司 黑广元
外代公司 王淑珍(女)
物资公司 周士良
箱货公司 王茜东 孙志武 刘 军
商金玲(女)
电力公司 蒋洪有
通信公司 张 戈
港服公司 李建港
港口医院 靳邦利 任成轩 商福芝(女)
房产公司 马 进
建设公司 阮学明 侯延祥 张 弛(女)
监理公司 付海峰
货运公司 王连玉 董德禄
石化码头公司 康 英 尹德利
客运公司 姜 利
焦炭码头公司 袁宝童 张 利 刘军民
张立强 孙学通
燃供公司 鞠景英(女) 张广春
贸易公司 孙德来
引航站 高守军
生服中心 李建国 李华亮 林海峰
公安局 商文凯
培训中心 雒 彤
驻津办事处 张 杰
局党校 张景舫
新闻中心 胡志强
局机关 洪 明 杨 亮 姬晓蕾(女)

劳务承包单位先进生产(工作)者:
宋建升 港埠一公司(兴塘公司)
邢学贵 港埠一公司(兴塘公司)
李泽军 港埠一公司(兴塘公司)
石洪起 港埠一公司(兴塘公司)
李召华 港埠二公司(乐陵公司)
朱玉海 港埠二公司(乐陵公司)
张海周 港埠二公司(乐陵公司)
杨德升 港埠三公司(乐陵公司)
苏东良 港埠三公司(乐陵公司)
李尊一 港埠四公司(津北公司)
王杰然 港埠四公司(津北公司)
张绍荣 港埠四公司(津北公司)
杨守华 港埠四公司(津北公司)
孙兴宝 港埠四公司(津北公司)
刘贵松 港埠五公司(港宇公司)
孟宪刚 港埠五公司(港宇公司)
史新祥 港埠五公司(港宇公司)
祝宝强 集装箱公司(青县公司)
周宝满 焦炭码头公司(益港公司)
张国彬 东方海陆公司(乐陵公司)

天津港(集团)有限公司2004年度集团公司级先进集体、先进生产(工作)者名单

先进集体:
港埠一公司 固机队
港埠二公司 调度室
港埠三公司 固机队
港埠四公司 固机队
港埠五公司 调度室
集装箱公司 固修站
轮驳公司 船员管理部
设施管理中心 船闸管理所
外理公司 第一理货办事处
电力公司 维修基地
港口医院 外科

公安局　交通大队
焦炭码头公司　生产作业部
煤码头公司　操作二队
集团公司机关　业务部

劳务承包单位先进集体：
港埠一公司　益港管理一部三大队
港埠三公司　天乐劳务有限公司二队
港埠四公司　津北公司装卸三队
港埠五公司　天贵装卸劳务有限公司
石化码头公司　乐陵公司流体装卸大队

先进生产(工作)者：
港埠一公司　宋宝忠　张云亭　纪鸿恩　于永树　冯爱民　周运起　王振江　卢会娄
港埠二公司　刘清山　王鹤青　李学旺　左福山　曹茂庆　王　莉(女)　杨晓龙　曹岩春　赵宝元　李金亮
港埠三公司　翟学成　刘洪来　王玉树　贾兆朋　晁晓琴(女)
港埠四公司　韩宝初　齐铁磬　薛崇胜　段江山　刘洪义　高玉林
港埠五公司　张友明　王义发　祁　虎　张凤强　王金泉　王继洋　李炳清
集装箱公司　薛翎森　沈　健　李延明　胡建军　王玉革　李长军　刘　闯
轮驳公司　苏连川　宋文奎　宋　谦　姜桂林
港机公司　张金明
设施管理中心　胡　宁　付和宝
储运公司　刘宝庆　宁培良
外理公司　张春阳
外代公司　杜　勇
电力公司　蒋洪有
通信公司　魏　涛
燃供公司　李兴顺　马春生
房产公司　马　进
建设公司　贾志英　商德仲
监理公司　张民茹(女)
货运公司　魏玉国
贸易公司　蔡喜桂
港口医院　靳邦利　王荣春(女)　王桂荣(女)
石化码头公司　周　伟
客运总公司　吕　涛
公安局　王正来　薛长华
港服公司　赵建廉
驻津办事处　丁　玲(女)
集团公司党校　刘　筠
引航站　田　明　孟庆福
物资公司　郝久存　贾仲民
生服中心　李华亮　张云凯　林海辉　张广明
箱货公司　朱德港　张爱国
培训中心　么秀仙(女)
信息中心　高纪刚
焦炭码头公司　张　利　刘军民　张立强
新闻中心　薛力强
煤码头公司　孔祥瑞　金学智　张瑞元
国际物流公司　吕　伟
五洲国际公司　余　雷
集团公司机关　李学斌　杨旭清　洪　明　朱炳如　张凤展

劳务承包单位先进生产(工作)者：
李泽军　港埠一公司益港公司管理一部二大队四中队
张友林　港埠一公司益港公司管理一部一大队苫缆队
宋建升　港埠一公司益港公司管理一部一大队二中队
邢学贵　港埠一公司益港公司管理一部三大队
李绍华　港埠二公司乐陵公司装卸一队
唐德珍　港埠二公司乐陵公司装卸三队
田玉同　港埠二公司乐陵公司装卸四队
杨德升　港埠三公司天乐劳务有限公司
苏东良　港埠三公司天乐劳务有限公司
李尊一　港埠四公司津北公司
王杰然　港埠四公司津北公司
张绍荣　港埠四公司津北公司
宋颜斌　港埠四公司津北公司
陈学亭　港埠五公司天贵公司装卸二队
刘金柱　港埠五公司天贵公司装卸六队
孟宪刚　港埠五公司天贵公司装卸三队
刘贵松　港埠五公司天贵公司
韩立庆　焦炭码头公司益港公司管理二部
崔志章　煤码头兴塘劳务服务有限公司
赵恩强　石化公司流体装卸大队

天津港(集团)有限公司2005年度集团公司级先进集体、先进生产(工作)者名单

先进集体:

港埠一公司 吊车队
港埠二公司 货运市场部
港埠三公司 维修站
港埠四公司 固机队
港埠五公司 调度室
集装箱公司 操作部
轮驳公司 船员管理部
新闻中心 电视台
储运公司 集装箱运输二队
电力公司 运行三工区
焦炭码头公司 技术管理部
公安局 交通队
煤码头公司 操作二队
港服公司 绿化中心
集团公司机关 业务部
建设公司 技术咨询部

劳务承包单位先进集体:

港埠二公司 装卸四队
港埠三公司 装卸一队
港埠四公司 装卸三队
港埠五公司 装卸二队
集装箱公司 装卸一队
石化码头公司 流体装卸大队
益港公司 五洲装卸队
监理管理部
远航管理部自卸车队
医护队

先进生产(工作)者:

港埠一公司 纪鸿恩 冯爱民 高 罡 周运起 王振江
港埠二公司 张建军 李港友 赵宝元 宋志起 曹茂庆 郭秀丽(女) 杨晓龙 赵 林 郑永珠
港埠三公司 翟学城 刘桂河 许树有 晁晓琴(女) 周志敏
港埠四公司 杨祥海 薛崇胜 郭怀永 段江山 王建民 王建强
港埠五公司 宋学义 王义发 刘志江 张凤强 王继洋 王金泉 吴金妹(女) 祁 虎
集装箱公司 马全胜 胡建军 沈 健 张洪岐 于茹芬(女) 崔 勇 李长军 李 鹏
轮驳公司 张国农 常庆成 马广志 韩金城
港机公司 王 毅
设施管理中心 邱锁亮 金宝林
储运公司 孙金利 张忠义
外理公司 白学光
电力公司 王立臣 蒋洪有
通信公司 赵建国
燃供公司 马春生 何建军
监理公司 张民茹(女)
货运公司 罗义勇 刘芝新
贸易公司 蔡喜桂
港口医院 李春芳(女) 王桂荣(女)
石化码头公司 石建华 周 伟
客运总公司 穆金锐
驻津办事处 闫凤举
公安局 刘 峰 周 伟
港服公司 殷桂华(女)
新闻中心 扈 明
物资公司 孙砚和 贾仲民
箱货公司 王志刚 杨再利
焦炭码头公司 王化山 高玉龙 李富兴 蔡志华
煤码头公司 孔祥瑞 张瑞元 朱连义 张勇涛
散货物流公司 马 珂(女)
外代公司 翟洪海
引航站 国建新
集团公司党校 张景舫
五洲国际公司 余 雷
集团公司机关 高 远 张 方
培训中心 魏春锁
生服中心 王玉国 张广明 李华亮 林海辉
建设公司 陈 飞 王 建(女)
国际物流公司 郑庆跃
集团公司 洪 明 张凤展

劳务承包单位先进生产(工作)者:

杜立松　益港公司远航管理部
苏现凯　益港五洲装卸队
黄宝平　益港公司工会
张　群　益港公司管理一部
冯晓静　益港公司监理部
姜　喆　益港公司海陆综合队
李　伟　天津益港劳务有限责任公司
石　颖　益港公司医护队
姚玉惠　益港公司管理一部机械队
钟俊峰　益港五洲装卸队机械队
高书岭　港埠二公司乐陵装卸一队
程国俊　港埠二公司乐陵装卸四队
张风辉　港埠三公司天乐
李尊一　港埠四公司津北
段会东　港埠四公司津北
陈学亭　港埠五公司天贵公司装卸二队
刘贵松　港埠五公司天贵公司装卸大队
祝相栋　集装箱公司盛港装卸一队
赵恩强　石化码头公司流体装卸大队
韩庆瑞　煤码头公司兴堂装卸公司

天津港(集团)有限公司2006年度集团公司级先进集体、先进生产(工作)者名单

先进集体:

港埠一公司　调度室
港埠二公司　集装箱作业部
港埠三公司　维修站
港埠四公司　固机队
港埠五公司　调度室
集装箱公司　固修站
物资公司　中心材料场
燃供公司　"津油1"轮
电力公司　南疆供电运行部
石化码头公司　调度室
建设公司　项目一部
公安局　交通支队
监理公司　京唐港工程项目监理部
焦炭码头公司　技术管理部
煤码头公司　孔祥瑞操作队
新闻中心　报社

劳务承包单位先进集体:

港埠二公司　装卸一队
港埠三公司　装卸二队
港埠四公司　装卸二队
港埠五公司　装卸二队
集装箱公司　航运装卸项目部
石化码头公司　流体装卸队
煤码头公司　装卸六队
益港公司　滚装码头有限公司操作队
一公司管理一部航运3队
五洲国际集装箱公司装卸队

先进生产(工作)者:

港埠一公司　于永树　纪鸿恩　段永春　冯爱民
周运起
港埠二公司　刘清山　李港有　张瑞华　李　羽
曹茂庆　赵　林　马桂兰(女)
王　如(女)　韩红海　孙宝金
港埠三公司　岳长河　刘桂河　刘　浩　翟学城
贾兆朋　芦学军
港埠四公司　段江山　桑东茂　任德丰　孙　岩
张树明　许文庆
港埠五公司　张友明　王义发　张凤强　袁洪亮
赵　彬　杨文玲(女)　刘玉明
集装箱公司　胡建军　闫　武　沈　健　王玉革
李　军
轮驳公司　夏克泉　张国农　苏连川　尹绍贵
王　涛
设施管理中心　胡　宁　金宝林
外理公司　黑广元
燃供公司　郝　军　李秀林　魏　涛
电力公司　蒋洪有
建设公司　庄　海
贸易公司　沈晨青
石化码头公司　康　英　周　伟
引航站　李文利
房产公司　欧阳文远
客运总公司　穆金锐
驻津办事处　门钱长
文体中心　刘丽丽(女)
煤码头公司　孔祥瑞　金学智　朱连义　张瑞元
焦炭码头公司　王化山　张　利　高卫东
杜立鹏

公安局 杨云发 刘 峰
生服中心 林海辉 张广明 刘玉华 王玉国
港口医院 陈乐明 王桂荣(女) 李春芳(女)
党校 张景舫
培训中心 付卫国
新闻中心 薛力强
信息中心 陈文红(女)
物资公司 贾仲民 刘洪全
监理公司 张民茹(女)
箱货公司 王志刚 丁宝山
港服公司 闫学荣(女)
外代公司 马 颖(女)
东方海陆公司 于启章
港机公司 沈小定
储运公司 张冠森 张勇喜
货运公司 韩国威 于洪举
散货物流公司 田玉伟
五洲国际公司 余 雷
集团公司机关 路 涛 洪 明 李 伟
益港公司 滑桂林

劳务承包单位先进生产(工作)者:

商国明 港埠二公司(乐陵)
陈士奎 港埠二公司(东平)
陈国强 港埠二公司(东平)
马荣江 港埠三公司(天乐)
李玉峰 港埠三公司(天乐)
李尊一 港埠四公司(津北)
段会东 港埠四公司(津北)
孙兴宝 港埠四公司(津北)
李金星 港埠五公司(天贵)
于国其 港埠五公司(天贵)
于文国 港埠五公司(天贵)
刘 阳 集装箱公司(盛港)
赵 森 集装箱公司(盛港)
李秀海 煤码头公司(兴堂)
王宝顺 煤码头公司(兴堂)
周明军 煤码头公司(兴堂)
赵恩强 石化公司(宏港)
苏现凯 益港公司五洲
杜丽松 益港公司滚装
于汉林 益港公司管理一部
高保胜 益港公司管理一部
王海龙 益港公司散货码头操作分公司
赵 琦 益港公司储运
冯金树 益港公司管理二部
李 森 益港公司散货码头操作分公司
高 振 益港公司管理一部
王 通 益港公司监理
安 阳 益港公司储运
王佳强 益港公司五洲
张志艳 益港公司散货码头操作分公司司磅队

天津港(集团)有限公司2007年度集团公司级先进集体、先进生产(工作)者名单

先进集体:

港埠一公司 固机队
港埠二公司 调度室
港埠三公司 维修站
港埠四公司 固机队
港埠五公司 调度室
集装箱公司 固修站
轮驳公司 船员管理部
集团公司机关 业务部
电力公司 北疆供电运行部
石化码头公司 调度室
物资公司 中心材料场
监理公司 技术质量部
焦炭码头公司 生产作业部
煤码头公司 调度室
外代公司 班轮部

劳务承包单位先进集体:

港埠二公司 装卸二队
港埠三公司 装卸二队
港埠四公司 装卸二队
港埠五公司 装卸二队
集装箱公司 航运装卸项目部
煤码头公司 装卸六队
石化码头公司 流体装卸大队
益港公司 滚装码头公司操作队
五洲国际公司装卸队
远航码头公司司磅队

先进生产(工作)者：

港埠一公司　王宝玉　马海舰　李俊生　贾爱红(女)　边双起　范景民

港埠二公司　王鹤青　周传海　曹茂庆　李学旺　王振宇　陈屹利　郭金元　刘玉海　董庆发

港埠三公司　孙伯强　许树有　刘桂河　刘　浩　刘　明　卢学军

港埠四公司　段江山　徐　海　郭高勇　孙　岩　王少阳　许文庆

港埠五公司　张友明　张凤强　王义发　刘玉明　刘振霞(女)　王　辉

集装箱公司　沈　健　闫　武　王玉革　张洪岐　付晓霞(女)

轮驳公司　张国农　苏连川　马广志　蔡义松

设施管理中心　胡　宁　徐建国

外理公司　朱玉林

燃供公司　康旭东　郝　军

通信公司　孟剑峰

电力公司　蒋洪有　孟庆丰

建设公司　朱福明

贸易公司　李紫丹

石化码头公司　孙志江　周　伟　闫培祥

客运公司　穆金锐

驻津办事处　牛桂秋

煤码头公司　李洪峰　孔祥瑞　金学智　朱连义　张瑞元

焦炭码头公司　王化山　张　利　高卫东　孙洪雁

公安局　杨云发　刘　峰

生服中心　王玉国　王学军　和卫东　张万臣

港口医院　王桂荣(女)　张东菊(女)

集团公司党校　李连义

培训中心　门　莹(女)

新闻中心　薛力强

信息中心　文　哲

物资公司　刘洪全　贾仲民

监理公司　张民茹(女)

箱货公司　孙智武

港服公司　刘宝杰

外代公司　蒋　涛

东方海陆公司　冯爱民

港机公司　吴德胜

储运公司　张冠森　张　健

货运公司　宋庆宇

散货物流公司　田玉伟

五洲国际公司　余　雷

环卫中心　尚　军

远航矿石公司　戴耀可

滚装码头公司　张振军

集团公司机关　王树栋　金志刚　李　伟　洪　明

东疆指挥部　张丽丽(女)

劳务发展公司　滑桂林

劳务承包单位先进生产(工作)者：

马吉国　港埠二公司装二队
刘连营　港埠二公司装三队
桑永全　港埠二公司装四队
杨德升　港埠三公司天乐公司
张风辉　港埠三公司天乐公司
李尊一　港埠四公司津北公司
张绍荣　港埠四公司津北公司
辛洪连　港埠四公司津北公司
于文国　港埠五公司天贵公司
李金星　港埠五公司天贵公司
刘贵松　港埠五公司天贵公司
李　洋　集装箱公司盛港机械队
祝相栋　集装箱公司盛港装卸队
王宝顺　煤码头公司兴堂公司
仝玉生　煤码头公司兴堂公司
李秀海　煤码头公司兴堂公司
鲁建英　女，天津益港劳务有限责任公司
贾晓刚　益港公司管理一部
辛洪新　益港公司管理一部
姚玉惠　益港公司管理一部
李春祥　益港散货码头操作分公司装载机队
闫寿亭　益港散货码头操作分公司装卸四队
王继刚　益港散货码头操作分公司
杨德权　益港散货码头操作分公司
苏现凯　益港公司五洲装卸队
芦子华　益港公司五洲管理部
王卫平　益港公司管理二部装卸队
赵　喆　益港公司外轮理货队
陈志勇　益港公司滚装操作部

天津港(集团)有限公司2008年度集团公司级先进集体、先进生产(工作)者名单

先进集体:

港埠一公司 固机队
港埠二公司 调度室
港埠三公司 军粮城公司
港埠四公司 固机队
港埠五公司 调度室
集装箱公司 固修站
集团公司机关 业务部
设施管理中心 市政管理所
电力公司 施工部
石化码头公司 调度室
轮驳公司 船员管理部
监理公司 业务部
焦炭码头公司 操作管理部
煤码头公司 调度室
公安局 交通队
太平洋国际公司 技术部
散货物流公司 监察大队
生服中心 五分公司
新闻中心 电视台
外理公司 五洲办事处

劳务承包单位先进集体:

港埠一公司 航运一队
港埠三公司 装卸三队
港埠四公司 装卸三队
港埠五公司 搞车队
集装箱公司 航运装卸项目部
石化码头公司 流体装卸队
煤码头公司 装卸六队
五洲国际公司 装卸队
滚装码头公司 司机班
散货物流公司 司磅队

先进生产(工作)者:

港埠一公司 成卫东 纪鸿恩 杨洪兵 马海舰 贾爱红(女)
港埠二公司 张建军 陈国栋 赵庆祥 赵宝元 田学森 邵斌 孟繁昆 高丽萍(女) 王柏林
港埠三公司 许树有 刘桂河 宋杰 晁晓琴(女) 芦学军
港埠四公司 段江山 桑东茂 薛崇胜 徐海 李明友 张玉祥
港埠五公司 张友明 李志东 王义发 张文渤 刘玉明 张文山 邵士清 刘振霞(女)
集装箱公司 闫武 王玉革 王民 贾云峰 付晓霞(女)
轮驳公司 李云华 马广志 张国农 苏连川
设施管理中心 胡宁 李永琪 刘金照
外理公司 朱玉林
燃供公司 孟凡俭 康旭东 郝军
通信公司 孟剑峰
电力公司 蒋洪有 孟庆丰
建设公司 杨文华
石化码头公司 周伟
客运公司 刘卫华
驻津办事处 乐和平
煤码头公司 李洪峰 孔祥瑞 金学智 张瑞元
焦炭码头公司 刘军民 周培匀 高卫东 刘东
公安局 董培军 刘峰 王越
生服中心 王玉国 林海辉 王国庆 王学军
港口医院 丁尔勤 韩兵 张东菊(女)
集团党校 李连义
培训中心 程连海
新闻中心 扈明
信息中心 赵磊
物资公司 田仲明 王希全
监理公司 张俊
箱货公司 张冠森 孙金利 赵国营
港服公司 孙广华
外代公司 唐礼庆
东方海陆公司 冯爱民
港机公司 袁杰
货运公司 宋庆宇
散货物流公司 仇立新
环卫中心 尚军
远航矿石公司 白靖
国际物流公司 张磊

滚装码头公司　张振军
文体中心　赵建华(女)
太平洋国际公司　闫宝鑫
五洲国际公司　王　忠
环卫中心　刘立民
集团公司机关　洪　明　李　伟　郭晓薇(女)

劳务承包单位先进生产(工作)者:
田玉同　港埠二公司管理部装卸一队(益港公司)
陈士奎　港埠二公司管理部装卸二队(益港公司)
刘延辉　港埠二公司管理部装卸三队(益港公司)
杜高峰　港埠二公司管理部装卸四队(益港公司)
张凤辉　天乐装卸三队(三公司)
李玉兴　天乐郑家台装卸班(三公司)
苏东良　天乐装卸公司装卸五队(三公司)
李尊一　津北公司(四公司)
张绍荣　津北公司装卸二队(四公司)
王延安　津北公司装卸二队(四公司)
杨洪理　津北公司装卸二队(四公司)
辛洪连　津北公司装卸二队(四公司)
李金星　天贵公司生产部(五公司)
刘贵松　天贵公司安质部(五公司)
于国其　天贵公司装卸二队(五公司)
于文国　天贵公司装卸一队(五公司)
张振光　天贵公司装卸二队八组(五公司)
祝相栋　盛港航运装卸项目部(集装箱公司)
任　亮　集装箱公司机械二队(集装箱公司)
邢荣华　盛港陆运装卸项目部(集装箱公司)
戴树行　兴堂公司五队(煤码头公司)
王宝顺　兴堂公司清扫队(煤码头公司)
周明军　兴堂公司二队(煤码头公司)
吴建伟　兴堂公司一队(煤码头公司)
朱后雷　港宇公司(物资公司中心材料厂)
张　媛　女,宏港公司(石化公司)
刘景森　宏港公司(石化公司)
苏现凯　五洲国际公司装卸队(益港公司)
李海涛　港埠一公司吊车队(益港公司)
刘双久　港埠一公司吊车队(益港公司)
陈玉新　港埠一公司吊车队(益港公司)
李　鹏　港埠二公司维修站(益港公司)
安　阳　箱货公司航运二队(益港公司)
刘祓祓　女,港口医院(益港公司)
韩学强　海陆公司装卸桥队(益港公司)
张连亮　港埠二公司吊车队(益港公司)
李　剑　散货公司维修站(益港公司)
胡鹏志　外理公司集办(益港公司)
朱宗凯　散货公司装卸队(益港公司)
梁　磊　(益港公司)
孟宪华　港埠二公司集装箱装卸队(益港公司)
孙　震　滚装码头公司司机班(益港公司)
王　烨　五洲国际公司(益港公司)
于汉林　港埠一公司装卸四队(益港公司)

天津港(集团)有限公司2009年度集团公司级先进集体、先进生产(工作)者名单

先进集体:
港埠一公司　调度室
港埠二公司　调度室
港埠三公司　固机队
港埠四公司　仓库
港埠五公司　调度室
集装箱公司　机械三队
集团公司机关　规建部
设施管理中心　船闸管理所
电力公司　工程部
石化码头公司　调度室
轮驳公司　船员管理部
监理公司　业务部
焦炭码头公司　技术部
煤码头公司　技术部
公安局　东疆分局
滚装码头公司　技术部
散货物流公司　业务部
生服中心　金港滨餐饮公司
物流发展公司　集散中心管理部
外理公司　五洲办事处
五洲国际公司　操作运行部
外代公司　班轮部
远航矿石公司　业务部
港口医院　神经内科
燃供公司　市场业务部

劳务先进集体:
港埠一公司　航运四队
港埠二公司　装卸三队

港埠三公司 装卸三队
港埠四公司 装卸二队
港埠五公司 搞车队
煤码头公司 兴堂装卸一队
滚装码头公司 操作部
石化码头公司 流体队
远航矿石公司 管理部装载机队
联盟国际公司 维修一部

先进生产(工作)者:
港埠一公司 成卫东 崔政林 贾爱红 马海舰 徐辰星
港埠二公司 肖志营 陈国栋 白 冰 张 晖 郑永珠 李培松 肖会亮 张雪梅 赵 林 信衍臣
港埠三公司 宋 杰 芦学军 霍光曦 张奎柱 刘 明
港埠四公司 段江山 刘雨庭 薛崇胜 徐 海 张玉祥 赵富春
港埠五公司 王义发 李 晓 刘玉明 王 辉 刘振霞 弓志平
集装箱公司 闫 武 王 民 荆国春 么学成 贾云峰
轮驳公司 李云华 李树军 张国农 孙志龙
设施管理中心 胡 宁 李永琪
外理公司 石 刚
燃供公司 邹建生 郝 军
信息发展公司 孟剑峰
电力公司 蒋洪有 孟庆丰 陈立新
建设公司 董 慧
石化码头公司 任莉莉 张 栩
客运公司 李金莉
驻津办事处 乐和平
煤码头公司 朱连义 张瑞元 金学智 孔祥瑞
焦炭码头公司 佟继东 高卫东 刘建昱
公安局 刘 峰 董 奎
生服中心 高志刚 王学军 和卫东 李洪杰
港口医院 张东菊 刘秀英 陈春有
集团公司党校 田 静
培训中心 王 澎
文化传播中心 杨 燚
物资公司 张永锋 郭文刚
监理公司 张 俊
物流发展公司 陆有宝 寇成阳 徐玉杰 米学福 刘芝新
港服公司 王艳春
外代公司 王吉祥
东方海陆公司 冯爱民
港机公司 袁 杰
远航矿石公司 白 靖
国际物流公司 张亮亮 崔胜祥
滚装码头公司 孔凡玲 汤锡静
太平洋国际公司 吴玉霞 陈东辉
临港产业公司 王 翀
五洲公司 高海涛 高文军
联盟国际公司 于国清
散货物流公司 张重阳
劳务发展公司 李 强
东疆开发公司 刘 欣
地产开发公司 付瑞清
集团公司机关 陈玉朋 张天华 刘庆顺 李 伟 李 勋

劳务承包单位先进生产(工作)者:
刘延辉 港埠二公司劳务装卸三队
王金业 港埠二公司劳务装卸四队
李少华 港埠二公司劳务装卸三队
宋玉树 港埠二公司劳务装卸一队
唐洪岭 港埠三公司天乐公司装卸五队
刘长强 港埠三公司天乐公司装卸七队
李尊一 港埠四公司津北公司
辛洪连 港埠四公司装卸二队
钟学安 港埠四公司装卸一队
贾学礼 港埠四公司灌包队
李金星 天贵公司生产部
亓金田 天贵公司
陈立庆 天贵公司
孟宪刚 天贵公司
郭宪栋 天贵公司
吴建伟 兴堂公司
周明军 兴堂公司
王宝顺 兴堂公司
宋景合 兴堂公司
齐宝富 物资公司地材供应站
郑 磊 劳务发展盛港集装箱公司

邢海华　劳务发展盛港太平洋公司
姚海滨　劳务发展盛港储运管理部
陈　欣　劳务发展盛港港鑫公司
李　朋　劳务发展盛港联盟国际
董长锁　劳务发展盛港联盟国际
张　伟　劳务发展益港管理一部
陈玉新　劳务发展益港管理一部
赵云峰　劳务发展益港管理一部
宋建升　劳务发展益港管理一部
梁朝军　劳务发展益港管理一部
祁建宇　劳务发展益港海陆综合队
王冬萍　劳务发展益港医护队
滕　鹏　劳务发展益港四队
孙　震　劳务发展益港滚装操作部
刘　滨　劳务发展益港滚装操作部
薄　承　劳务发展益港外理理货队
张国海　劳务发展五洲管理部
刘昞辉　劳务发展五洲管理部
陆炳双　劳务发展益港二公司管理部
殷成玉　劳务发展益港二公司管理部
苏现凯　劳务发展益港五洲管理部
信伟丽　劳务发展企发部
邢广德　劳务发展宏港焦炭码头管理部
井树钰　劳务发展宏港散货物流管理部
赵恩强　劳务发展宏港液体散货管理部实华项目组
李春祥　劳务发展宏港远航码头管理部
姚曾林　劳务发展宏港远航码头管理部
李　犇　劳务发展海服公司轮驳队
王　强　劳务发展盛港公司人企部

(二)历届荣获局(集团公司)级工会工作先进集体、先进个人名单

交通部天津港务管理局1981年度局级工会工作先进集体名单

工会工作先进集体：

第一作业区　装卸六队工会
派出所工会
第二作业区　工会宣传部门工会
装卸二队工会
机械二队工会
动力站工会
食堂工会
第三作业区　体育协会
第五作业区　装卸七队工会
仓库工会
轮驳公司　驳船车间工会
轮驳公司　航修厂一车间工会
机修厂　工会生活工作委员会
修建公司　第三施工队工会
局机关　物资处材料场车间工会

交通部天津港务管理局1982年度局级工会工作先进集体、先进基层工会名单

工会工作先进集体：

第一作业区　装卸六队车间工会
平台队车间工会
固机队车间工会
动力站车间工会
工具库车间工会
第二作业区　装卸四队车间工会
机械二队车间工会
工具库车间工会
基建队车间工会
工会交体部门委员会
第三作业区　装卸七队车间工会
第五作业区　装卸一队车间工会
动力站车间工会
工具库车间工会
仓库车间工会
机修厂　第六车间工会
轮驳公司　拖轮一车间工会
驳船、起重车间工会
修建公司　工会生活部门委员会
第三施工队车间工会
燃供公司　津油二号轮车间工会
集装箱公司　工会计财科互助储金组
外理公司　工会文化活动小组
交通部天津水运科学研究所
水工、航道室车间工会
通信站　工会文体活动小组

交通部烟台海难救助打捞局
天津救助站烟救九号轮车间工会

先进基层工会:
第一作业区工会
第四作业区工会
修建公司工会
交通部天津物资管理处工会

交通部天津港务管理局1983年度局级工会工作先进集体名单

工会工作先进集体:
第一作业区 装卸六队车间工会委员会
固机队车间工会委员会
动力站车间工会委员会
第二作业区 机械二队车间工会委员会
工会俱乐部文体组
门吊队第三工会小组
第三作业区 装卸队车间工会委员会
第四作业区 工会女工工作委员会
工会生活工作委员会
第二工区瓦工二班工会小组
第五作业区 机关第一车间工会委员会
后勤车间工会委员会
维修站钳工班工会小组
第六作业区 平台队车间工会委员会
工会生活工作委员会业余义务理发组
动力站电修班工会小组
修建公司 第二工区工会委员会
机修厂 工会女工工作委员会
工会文化体育工作委员会
第二车间电磁吊小组工会小组
轮驳公司 拖轮一船队车间工会委员会
驳船浮吊车间工会委员会
工会生活工作委员会
集装箱公司 工会综合服务组
储运公司 接运场车间工会委员会
燃供公司 津油二号轮工会委员会
通信站 发讯台调配组工会小组
天津救助站 烟救四号轮工会委员会

天津港务局1984~1985年度局级工会工作先进集体名单

工会工作先进集体:
港埠一公司 固机队车间工会
拖头队车间工会
工人俱乐部业余京剧组
港埠二公司 机械三队车间工会
成组机械队车间工会
公司工会生活工作委员会
公司集邮协会
港埠三公司 后勤车间工会
公司孤老户承包组
港埠四公司 门吊队车间工会
维修站车间工会
后勤队车间工会
港埠五公司 平台队车间工会
吊车队车间工会
公司工会家电业余维修组
轮驳公司 驳吊车间工会
公司工会文体工作委员会
机修厂 机加工车间工会
厂工会生活工作委员会
集装箱公司 固修站车间工会
维修站车间工会
储运公司 第一货运队工会
第二货运队工会
外运公司 新河仓库工会女工工作委员会
新河仓库工会文体工作委员会
于家堡仓库机务车间工会
外理公司 公司业余理发小组
天津物管处 处工会文体工作委员会
天津救助站 烟捞三号船工会

天津港务局1986年度局级工会工作先进集体名单

工会工作先进集体:
港埠一公司 陆运大队车间工会
工具库车间工会

固机队车间工会
维修站车间工会
港埠二公司　机械三队车间工会
成组机械队车间工会
公司工会文体宣传工作委员会
公司工会调解委员会
港埠三公司　后勤车间工会
机械队车间工会
港埠四公司　门吊队车间工会
维修站车间工会
装卸二队车间工会
港埠五公司　平台队车间工会
公司义务理发服务组
公司家用电器为民服务组
集装箱公司　机械二队车间工会
轮驳公司　驳吊车间工会
公司工会文体工作委员会
机修厂　四车间工会
修建公司　公司工会女工工作委员会
储运公司　危险品仓库车间工会
燃供公司　公司机关车间工会
外理公司　公司洗像小组
通信公司　自动台车间工会
电力公司　三工区车间工会
港口医院　院工会女工工作委员会

天津港务局1987年度 局级工会工作先进集体名单

工会工作先进集体：

港埠一公司　装卸陆运大队车间工会
仓库车间工会
固机队车间工会
港埠二公司　机械三队车间工会
公司工会文体宣传工作委员会
公司工会女工工作委员会
港埠三公司　机械队车间工会
后勤车间工会
港埠四公司　维修站车间工会
门吊队车间工会
港埠五公司　公司工会义务裁剪服务组
公司职代会评选监督干部工作委员会
集装箱公司　机械三队车间工会
公司职代会“双评”工作委员会
轮驳公司　公司工会生产工作委员会
驳吊车间工会
机修厂　厂工会生活工作委员会
修建公司　生产服务队车间工会
储运公司　材料工具车间工会
燃供公司　公司工会女工工作委员会
外理公司　公司工会洗像服务组
外代公司　天津车间工会
电力公司　四工区车间工会
港口医院　院工会文体工作委员会
劳动服务公司　综合修配厂车间工会
天津救助站　站工会文体工作委员会
建设开发公司　材料场车间工会
局机关　规划建设处车间工会

天津港务局1988年度 局级工会工作先进集体名单

工会工作先进集体：

港埠一公司　流机大队车间工会
仓库车间工会
固机队车间工会
港埠二公司　装卸四队车间工会
成组机械队车间工会
公司工会女工工作委员会
港埠三公司　装卸大队车间工会
公司工会生活工作委员会
港埠四公司　门吊队车间工会
维修站车间工会
港埠五公司　流机队车间工会
公司工会信鸽协会
集装箱公司　机械三队车间工会
经营一车间工会
轮驳公司　拖轮车间工会
驳吊车间工会
机修厂　五车间工会
设施处　处工会生活工作委员会
储运公司　机关车间工会
外理公司　公司工会洗像服务组

外代公司 天津地区车间工会
电力公司 五工区车间工会
港口医院 院工会女工工作委员会
劳动服务公司 港口服务站车间工会
天津救助站 站文体工作委员会
驻津办事处 处工会女工工作委员会
建设公司 地材站车间工会

天津港务局1989年度
局级工会工作先进集体、优秀工会工作者名单

工会工作先进集体：

港埠一公司 固机队车间工会
维修站车间工会
检查科车间工会
港埠二公司 女职工委员会
公司文体工作委员会
装卸四队车间工会
港埠三公司 装卸大队车间工会
机械车间工会
女工工作委员会
退休办公室
港埠四公司 维修站车间工会
动力站车间工会
港埠五公司 流机队车间工会
汽车队车间工会
集装箱公司 经营一车间工会
货运站车间工会
轮驳公司 拖轮车间工会
公司文体工作委员会
机修厂 生活工作委员会
设施处 生活工作委员会
储运公司 机关车间工会
燃供公司 机关车间工会
港口医院 文体工作委员会
港服公司 港服站车间工会
建设公司 中心材料场车间工会
外理公司 公司工会洗像服务组
外代公司 新港车间工会
电力公司 第五工区车间工会

优秀工会工作者：

港埠一公司 傅金标 张凤全 李士权
港埠二公司 索双橡 龚凤富 沈庆霞(女)
李文莉(女) 韩兴国
港埠三公司 王学俊 韩金奎
港埠四公司 王德富
港埠五公司 苏学昆
集装箱公司 李玉兰(女)
轮驳公司 李冬生
机修厂 胡国忠
设施处 齐兆林
储运公司 李世海
燃供公司 孙秀坤(女)
电力公司 王延茹(女)
通信公司 姜宝珠(女)
建设公司 陶普根
外理公司 刘俊明
港服公司 张淑兰(女)
港口中专 袁淑琴(女)
驻津办事处 张智义
局机关 王胜保
文体中心 宋金普 王恩芝(女)

天津港务局1990年度局级工会工作先进集体、
先进基层工会、优秀工会工作者名单

工会工作先进集体：

港埠一公司 航运大队四中队车间工会
工具库车间工会
维修站车间工会
港埠二公司 女职工委员会
装卸四队车间工会
公司工会文体工作委员会
港埠三公司 装卸大队车间工会
工具队车间工会
港埠四公司 仓库车间工会
维修站车间工会
港埠五公司 流机队车间工会
装卸三队车间工会
集装箱公司 机械一队车间工会
货运站车间工会
轮驳公司 航修厂车间工会

公司工会文体部门委员会
燃供公司　油罐区车间工会
机修厂　职代会生活福利委员会
外理公司　理发小组
储运公司　危险品库车间工会
设施处　处工会生活群工委员会
外代公司　新港车间工会
电力公司　第三工区车间工会
建设公司　中心材料场车间工会
港口医院　院工会女工工作小组
驻津办事处　幼儿园车间工会
港服公司　储运场车间工会
局机关　物资处供应站车间工会

先进基层工会：

港埠一公司工会
港埠二公司工会
港埠五公司工会
轮驳公司工会
建设公司工会

优秀工会工作者：

港埠一公司　刘炳华　张坦茹　侯正和
港埠二公司　李文莉(女)　边凤华
韩兴国　韩凤富
港埠三公司　张世玉　吕家庆
港埠四公司　王德福　符重喜
港埠五公司　丁振祥　王来友
集装箱公司　杜来运
轮驳公司　于德顺
燃供公司　孙秀坤(女)
机修厂　胡国忠
外理公司　陈泽华
储运公司　李世海
设施处　闫惠敏(女)
电力公司　王延茹(女)
建设公司　陶普根
通信公司　姜宝珠(女)
港口医院　李东成
驻津办事处　张智义
港服公司　张淑兰(女)
局机关　徐连荣(女)

天津港务局1991年度局级先进职工之家、先进职工小家、优秀工会之友、工会工作先进集体、工会女工工作先进集体、优秀工会工作者名单

先进职工之家：

港埠一公司工会
港埠二公司工会
港埠三公司工会
港埠四公司工会
外轮理货公司工会

先进职工小家：

港埠一公司　维修站机加工工段
港埠二公司　装卸四队一组
港埠四公司　机械二队特车组
港埠五公司　装卸一队八班
轮驳公司　航修站船台班
津港轮七号

优秀工会之友：

李文周　王连柱　田乃全　李庆乙　李宝元
牟承云　杨世樵　张林厚　冯汉英　周天慈

工会工作先进集体：

港埠一公司　航运大队三中队车间工会委员会
维修站车间工会委员会
港埠二公司　机械一队车间工会委员会
装卸四队车间工会委员会
港埠三公司　职代会生产经营工作委员会
仓库车间工会委员会
港埠四公司　仓库车间工会委员会
门吊队车间工会委员会
港埠五公司　职代会生产经营工作委员会
流机队车间工会委员会
集装箱公司　机械三队车间工会委员会
货运站车间工会委员会
轮驳公司　拖轮车间工会委员会
职代会生产经营工作委员会
燃供公司　机关车间工会综合服务小组
外理公司　创收节支小组

机械厂 职代会生活福利委员会
储运公司 技术车间工会委员会
设施处 生活群工委员会
港服公司 储运场车间工会委员会
港口医院 宣传文体组
电力公司 五工区车间工会委员会
建设公司 地材站车间工会委员会
驻津办事处 机关一车间工会委员会
公安局 消防大队车间工会委员会
外代公司 新港车间工会委员会
局机关 天津海事法院车间工会委员会

工会女工工作先进集体:
港埠一公司 女职工委员会
港埠二公司 女职工委员会
港埠三公司 女职工委员会
港埠四公司 女职工委员会
港口医院 女职工委员会
驻津办事处 女职工委员会

优秀工会工作者:
牛东强(女) 刘炳华 张凤全 袁子刚
赵奎山 张德龄 吕家庆 李春萌
张洪庆 王德福 殷志燕(女)
丁振祥 王来友 张振国 邵泽峰
冯云珍(女) 米建生 于德顺
孙秀坤(女) 马厂 刘俊明
李世海 徐宝霞(女) 赵新立
张淑兰(女) 吴超 王延茹(女)
刘军(女) 姜宝珠(女) 张智义
袁淑琴(女) 徐连荣(女)

天津港务局1992年度局级先进职工之家、先进职工小家、优秀工会之友、工会工作先进集体、工会女工工作先进集体、优秀工会工作者名单

先进职工之家:
港埠一公司工会
港埠三公司工会
港埠四公司工会
港埠五公司工会
燃供公司工会委员会

先进职工小家:
港埠一公司 维修站机加工班
港埠二公司 装卸四队一组
港埠三公司 动力站动力组
港埠四公司 仓库综合组
港埠五公司 流机队拖板组
集装箱公司 流修站机加工班
轮驳公司 津港轮七号
储运有限公司 接运场十六万理货组
燃供公司 津油三号机舱
外理公司 理货五队

优秀工会之友:
李文周 王连柱 田乃全 高俊 李宝元
牟承云 王建祥 杨世樵 王金德 张瑞福
唐万友 陈钧起 冯汉英 曹延路 周天慈
张林厚 刘克忠 李德华 石长华 刘志刚

工会工作先进集体:
港埠一公司 叉车队车间工会委员会
东突堤仓库车间工会委员会
港埠二公司 装卸四队车间工会委员会
机械一队车间工会委员会
港埠三公司 机械队车间工会委员会
动力站车间工会委员会
港埠四公司 仓库车间工会委员会
维修站车间工会委员会
港埠五公司 仓库车间工会委员会
集装箱公司 货运站车间工会委员会
机械三队车间工会委员会
轮驳公司 航修站车间工会委员会
职代会生产经营工作委员会
储运公司 货运三队车间工会委员会
设施处 工会生活群工委员会
燃供公司 罐区车间工会委员会
机械厂 职代会生活福利工作委员会
外理公司 职代会劳动保护监督检查委员会
建设公司 中心材料厂车间工会委员会
外代公司 新港车间工会委员会
港服公司 储运场车间工会委员会
港口医院 医技车间工会委员会

工会女工工作先进集体：

港埠一公司工会女职工委员会
港埠二公司工会女职工委员会
港埠三公司工会女职工委员会
港埠四公司工会女职工委员会
港埠五公司工会女职工委员会
港口医院工会女职工委员会

优秀工会工作者：

港埠一公司　张凤全　刘炳华　凌文良
港埠二公司　韩凤富　张德龄　赵奎山
港埠三公司　刘洪来　孙振群
港埠四公司　符重喜　殷志燕(女)　于光亚
港埠五公司　苏学昆　高　旭
集装箱公司　李秀荣(女)　赵　杰
轮驳公司　米建生　冯云珍(女)
储运公司　王利斌　左珍书(女)
设施处　闫惠敏(女)
燃供公司　胡　平
机械厂　马　厂
外理公司　王顺义
建设公司　郝连生
电力公司　王延茹(女)
通信公司　姜宝珠(女)
港服公司　张淑兰(女)
港口医院　张瑞娥(女)
驻津办事处　张智义
港口技校　袁淑琴(女)
局机关　宋金普

天津港务局1993年度局级先进职工之家、先进职工小家、工会工作先进集体、优秀工会工作者名单

先进职工之家：

港埠一公司工会
港埠二公司工会
港埠三公司工会
港埠五公司工会
集装箱公司工会
燃供公司工会
外理公司工会

先进职工小家：

港埠一公司　维修站机加工班
　　陆运队一组
港埠二公司　装卸四队一组
　　装卸三队二组
港埠三公司　装卸二队六组
港埠四公司　仓库甲班二组
　　灌包二队九组
港埠五公司　装卸一队搞车组
轮驳公司　津港轮七号
储运公司　接运场十六万理货班
设施处　铁路二站
外理公司　一队一组
燃供公司　津油四号甲板部
外代公司　进口科工会小组
建设公司　材料场仓库小组

工会工作先进集体：

港埠一公司　陆运大队车间工会
　　东突堤仓库车间工会
　　工会女职工委员会
港埠二公司　工会女职工委员会
　　机一队车间工会
　　装卸四队车间工会
港埠三公司　装卸大队车间工会
　　工会女职工委员会
　　职代会生活福利委员会
港埠四公司　工会女职工委员会
　　仓库车间工会
　　维修站车间工会
港埠五公司　工会女职工委员会
　　流机队车间工会
　　仓库车间工会
集装箱公司　货运站车间工会
　　堆场站车间工会
轮驳公司　航修厂车间工会
　　工会女职工委员会
储运公司　接运场车间工会
　　一队车间工会
机械厂　职代会生活福利委员会
电力公司　工会女职工委员会
设施处　工会女职工委员会
燃供公司　津油三号车间工会

津油四号车间工会

港口医院 工会女职工委员会

外理公司 劳动保护监督检查委员会

外代公司 新港车间委员会

工会女职工委员会

港服公司 储运场车间工会

建设公司 地材供应站车间工会

局机关 机电科技车间工会

优秀工会工作者:

港埠一公司 凌文良　胡学勇　刘炳华

港埠二公司 沈庆霞(女)　王玉富　朱志伟

港埠三公司 孙振群　肖　健

港埠四公司 符重喜　王杰民

港埠五公司 苏学昆　王来友

集装箱公司 夏凤吉　李玉兰(女)　李秀荣

轮驳公司 朱　明　冯云珍(女)

储运公司 徐宝霞(女)

机械厂 赵建亚

设施处 马俊生

燃供公司 孙秀坤(女)

外理公司 王顺义

通信公司 姜宝珠(女)

港服公司 张淑兰(女)

港口医院 路淑华(女)

电力公司 邵士良

建设公司 刘　军(女)

局机关 焦恩甫

天津港务局1994年度局级先进职工之家、先进职工小家、工会工作先进集体、优秀工会工作者名单

先进职工之家:

港埠二公司工会

港埠三公司工会

港埠四公司工会

港埠五公司工会

集装箱公司工会

轮驳公司工会

外理公司工会

电力公司工会

先进职工小家:

港埠一公司 陆运大队一组

港埠二公司 装卸三队二组

门吊队三组

港埠三公司 装卸一队一组

机械队拖板组

港埠四公司 仓库甲班二组

机械二队特车组

港埠五公司 流机队拖板组

后勤队单宿组

港埠六公司 维修站充电组

集装箱公司 流修站机加工班

轮驳公司 津港轮七号

航修站钳工班

储运公司 接运场十六万理货班

燃供公司 供水二号甲板部

外理公司 第三办事处二班

建设公司 中心材料场仓储队

港口医院 骨科工会小组

设施处 铁路管理所维修二站

港服公司 磅房小组

工会工作先进集体:

港埠一公司 女职工委员会

陆运队车间工会

吊车队车间工会

港埠二公司 装卸三队车间工会

门吊队车间工会

女职工委员会

吊车队车间工会

港埠三公司 劳动保护工作委员会

女职工委员会

装卸队车间工会

职代会生活福利委员会

港埠四公司 女职工委员会

仓库车间工会

机械二队车间工会

港埠五公司 女职工委员会

工具队车间工会

仓库车间工会

装卸一队车间工会

集装箱公司 女职工委员会

堆场站车间工会

轮驳公司　拖轮车间工会
　　女职工委员会
燃供公司　津油六号车间工会
外理公司　劳动保护监督检查委员会
建设公司　女职工委员会
港口医院　女职工委员会
外代公司　新港车间工会
机械厂　女职工委员会
　　职代会生活福利委员会
电力公司　女职工委员会
设施处　女职工委员会
港服公司　华港饭店车间工会
储运公司　一队车间工会
　　维修站车间工会

优秀工会工作者：

港埠一公司　田德林　王丽华（女）
　　刘朝芬（女）
港埠二公司　魏昆韬　王玉富　张德龄
港埠三公司　段金城　徐　刚
港埠四公司　符重喜　胡　勇
港埠五公司　高　旭　王来友
港埠六公司　侯正和
集装箱公司　夏凤吉　李玉兰（女）
　　李秀荣（女）
轮驳公司　孟秀珍（女）　李冬生
储运公司　徐宝霞（女）
机械厂　马　厂
设施处　闫惠敏（女）
燃供公司　胡　平
外理公司　王顺义
建设公司　刘　军
通信公司　姜宝珠（女）
港口医院　李东成
电力公司　李顺起
港服公司　张淑兰（女）

天津港务局1995年度局级先进职工之家、先进职工小家、工会工作先进集体、优秀工会工作者名单

先进职工之家：

港埠三公司工会
电力公司工会
集装箱公司工会
轮驳公司工会
外理公司工会
港务设施处工会

先进职工小家：

港埠一公司　叉车队二组
港埠二公司　门吊队三组
　　装卸三队七组
港埠三公司　机械队拖板组
港埠四公司　仓库甲班二组
港埠五公司　流机队拖板组
港埠六公司　固机队维修班
集装箱公司　机加工二班
轮驳公司　航修站钳工班
储运公司　十六万理货班
燃供公司　供水一号甲板组
设施处　船闸车收费二班
电力公司　五工区外线组
外理公司　理货一办一班
建设公司　中心材料厂机械队小组
港口医院　骨科小组

工会工作先进集体：

港埠一公司　陆运队车间工会
　　叉车队车间工会
　　吊车队车间工会
港埠二公司　门吊队车间工会
　　装卸三队车间工会
　　经营开发科车间工会
港埠三公司　劳动竞赛委员会
　　女职工委员会
　　仓库车间工会
港埠四公司　女职工委员会

机械二队车间工会
仓库车间工会
港埠五公司 女职工委员会
工具队车间工会
仓库车间工会
港埠六公司 固机队车间工会
仓库车间工会
集装箱公司 堆场站车间工会
机械四队车间工会
东方集装箱公司 女职工委员会
轮驳公司 女职工委员会
船队车间工会
储运公司 货运一队车间工会
维修站车间工会
燃供公司 供水一号车间工会
津油三号车间工会
设施处女职工委员会
机械厂女职工委员会
电力公司 女职工委员会
通信公司 女职工委员会
外理公司 劳动保护监督委员会
外代公司 新港车间工会
港服公司 华港饭店车间工会
建设公司 女职工委员会
驻津办事处 女职工委员会
港口中专 教工车间工会
港口医院 女职工委员会

优秀工会工作者:
港埠一公司 孟俊萍(女) 张艳军
刘朝芬(女)
港埠二公司 李洪志 程文斌 魏昆韬
港埠三公司 孔桂芝(女) 段金城 郭长起
港埠四公司 胡 勇 王洁民
港埠五公司 王来友 高 旭
港埠六公司 凌文良 侯正和
集装箱公司 张树林 李玉兰(女) 夏凤吉
轮驳公司 李冬生 冯云珍(女) 姚建发
燃供公司 孙秀坤(女)
设施处 马俊生
机械厂 张桂珍(女)
电力公司 李顺起
通信公司 姜宝珠(女)
外理公司 王顺义
建设公司 刘 军(女)
港口医院 路淑华(女) 张瑞娥(女)
客运公司 胡学勇
东方集装箱公司 冯玉娟(女)
储运公司 徐宝霞(女)
外代公司 王秀珍(女)
港服公司 张淑兰(女)
天津办事处 曹 琴(女)
公安局 高复全

天津港务局1996年度局级先进职工之家、先进职工小家、工会工作先进集体、优秀工会工作者名单

先进职工之家:
港埠六公司工会
轮驳公司工会
燃供公司工会
设施处工会
通信公司工会
电力公司工会

先进职工小家:
港埠一公司 仓库
港埠二公司 机械队备货组
港埠三公司 拖板维修组
港埠四公司 仓库甲班二组
港埠五公司 后勤队宿管组
港埠六公司 维修站充电班
外理公司 第三办事处
集装箱公司 流修站机加工班
通信公司 无线台
轮驳公司 航修厂钳工班
燃供公司 供水一号

工会工作先进集体:
港埠一公司 女职工委员会
拖头队车间工会
港埠二公司 女职工委员会
装卸三队车间工会
门吊队车间工会
港埠三公司 流机队车间工会

女职工委员会
劳动保护监督检查委员会
港埠四公司　机二队车间工会
仓库车间工会
女职工委员会
港埠五公司　女职工委员会
流机队车间工会
工具队车间工会
港埠六公司　女职工委员会
流机队车间工会
集装箱公司　机一队车间工会
机四队车间工会
东方集装箱公司　女职工委员会
轮驳公司　行管科车间工会
女职工委员会
船队车间工会
储运公司　维修站车间工会
设施处　女职工委员会
港口医院　女职工委员会
机械厂　女职工委员会
通信公司　女职工委员会
电力公司　女职工委员会
培训中心　第三车间工会
港服公司　储运场车间工会
外理公司　劳动保护监督检查委员会

优秀工会工作者：
港埠一公司　刘宝良　满级华（女）　刘朝芬（女）
港埠二公司　陈孝传　张式贵　韩兴国
港埠三公司　刘乃林　徐　刚
港埠四公司　胡　勇　王杰民
港埠五公司　王来友　高　旭
港埠六公司　侯正和　董美珍（女）
集装箱公司　鲁士琨　夏凤吉　张树林
东方集装箱公司　冯玉娟（女）
轮驳公司　冯云珍（女）　李冬生　陶志龙
储运公司　徐宝霞（女）
燃供公司　胡　平
设施处　马俊生
机械厂　张桂珍（女）
电力公司　肖家琪
港口医院　李东成
外理公司　王顺义
通信公司　姜宝珠（女）
建设公司　刘　军（女）
监理公司　董海亭
房产公司　杨德芳

天津港务局1997年度局级先进职工之家、星级职工小家、工会工作先进集体、优秀工会工作者名单

先进职工之家：
港埠六公司工会
外理公司工会
设施处工会
轮驳公司工会
南疆公司工会
通信公司工会
电力公司工会
燃供公司工会

星级职工小家：
确认1996年度局级星级职工小家
港埠一公司　仓库
港埠三公司　拖板维修组
港埠四公司　仓库甲班二组
港埠五公司　后勤队宿管班
港埠六公司　维修站充电班
外理公司　第三办事处
集装箱公司　流修站机加工班
通信公司　无线台
轮驳公司　航修厂钳工班
燃供公司　供水一号

1997年度局级星级职工小家
港埠一公司　固机队
港埠二公司　装卸三队二组
港埠三公司　机械队充电班
港埠四公司　机二队特车组
港埠五公司　流机队航运二班
港埠六公司　流机队保养组
通信公司　有线科
储运公司　十六万理货组
轮驳公司　轮七号

设施处 供水所

工会工作先进集体:

港埠一公司 女职工委员会
维修站车间工会
港埠二公司 女职工委员会
门吊队车间工会
劳动法律监督委员会
港埠三公司 女职工委员会
劳动保护监督检查委员会
港埠四公司 仓库车间工会
女职工委员会
港埠五公司 流机队车间工会
女职工委员会
港埠六公司 女职工委员会
维修站车间工会
集装箱公司 女职工委员会
机三队车间工会
东方集装箱公司 女职工委员会
轮驳公司 行管科车间工会
女职工委员会
储运公司 接运场车间工会
女职工委员会
外理公司 劳动保护监督检查委员会
设施处 女职工委员会
通信公司 女职工委员会
培训中心 第二车间工会
燃供公司 津油四号车间工会
港口医院 文体宣传组
电力公司 女职工委员会
港服公司 储运场车间工会
外代公司 天津车间工会

优秀工会工作者:

港埠一公司 刘鹏勇 孟俊萍(女) 任永生
港埠二公司 杨国利 沈庆霞(女) 魏昆韬
港埠三公司 王玉海 孙振群
港埠四公司 胡 勇 王杰民 郑新顺
港埠五公司 李荣海 高 旭 苑秉全
港埠六公司 侯正和 董美珍(女)
集装箱公司 刘展尉(女) 鲁士琨
李玉兰(女)
东方集装箱公司 郭凤珍(女)
轮驳公司 冯云珍(女) 许 晶 姚建发
设施处 赵新立 闫惠敏(女)
储运公司 左珍书(女)
通信公司 姜宝珠(女)
港口医院 王宝印
南疆公司 贾文宏
燃供公司 孙秀坤(女)
外理公司 刘玉起
建设公司 马晓东
电力公司 肖家琪
港服公司 张淑兰(女)
监理公司 董海亭

天津港务局1998年度局级先进职工之家、星级职工小家、工会工作先进集体、优秀工会工作者名单

先进职工之家:

确认市级模范职工之家

港埠一公司工会
港埠三公司工会
港埠四公司工会
港埠五公司工会
港埠六公司工会
外轮理货公司工会

局级先进职工之家

集装箱公司工会
设施处工会
轮驳公司工会
通信公司工会
电力公司工会
燃供公司工会
外代公司工会

星级职工小家:

确认1996、1997年度局级星级职工小家

港埠一公司 仓库
固机队
港埠二公司 装卸三队二组
成组机械队备货组
工具收发站
港埠三公司 机械队充电班

　　维修站修理一班
　　拖板维修组
港埠四公司　动力站维修一班
　　机二队特车组
　　仓库甲班二组
港埠五公司　汽车队
　　流机队航运二班
港埠六公司　固机队维修班
　　维修站充电班
　　流机队保养组
外理公司　第三办事处
通信公司　无线台
轮驳公司　航修厂钳工班
燃供公司　供水一号
通信公司　有线科
储运公司　十六万理货组
轮驳公司　轮七号
设施处　供水所

1998 年度局级星级职工小家
外理公司　第一理货办事处
燃供公司　津油四号
电力公司　运行三工区

工会工作先进集体：
港埠一公司　女职工委员会
　　拖头队车间工会
港埠二公司　女职工委员会
　　监督检查委员会
港埠三公司　女职工委员会
　　维修站车间工会
　　工具队车间工会
港埠四公司　机械二队车间工会
　　动力站车间工会
　　女职工委员会
港埠五公司　流机队车间工会
　　女职工委员会
港埠六公司　女职工委员会
　　流机队车间工会
集装箱公司　女职工委员会
　　机三队车间工会
东方集装箱公司　女职工委员会
轮驳公司　女职工委员会
　　船队车间工会
储运公司　接运场车间工会
外理公司　工会劳动保护监督检查委员会
电力公司　女职工委员会
　　运行一工区车间工会
设施处　女职工委员会
港口医院　女职工委员会
通信公司　女职工委员会
建设公司　职代会提案工作委员会
培训中心　第二车间工会
港服公司　华港饭店车间工会
燃供公司　津油三号车间工会
外代公司　新港车间工会

优秀工会工作者：
港埠一公司　刘宝良　刘朝芬(女)
港埠二公司　魏昆韬　周学智　宋秀峰
港埠三公司　徐　刚　段金城
港埠四公司　符重喜　张洪庆　殷志燕(女)
港埠五公司　李荣海　高　旭
港埠六公司　林茂成　凌文良
集装箱公司　李秀荣(女)　刘展尉(女)
东方集装箱公司　郭凤珍(女)
轮驳公司　冯云珍(女)　姚建发　陶志龙
设施处　闫惠敏(女)　马俊生
储运公司　李世海　左珍书(女)
燃供公司　胡　平
电力公司　王延茹(女)
港口医院　李冬成
港服公司　许国萍(女)
通信公司　韩　育(女)
外理公司　刘玉起
建设公司　马晓东
监理公司　董海亭
南疆公司　王建勇

天津港务局1999年度局级先进职工之家、星级职工小家、工会工作先进集体、优秀工会工作者名单

先进职工之家:

局级先进职工之家

集装箱公司工会

轮驳公司工会

设施处工会

通信公司工会

电力公司工会

燃供公司工会

外代公司工会

南疆公司工会

星级职工小家:

确认局级星级职工小家

港埠一公司 仓库
固机队

港埠二公司 装卸三队二组
成组机械队备货组
工具收发站

港埠三公司 拖板维修组
机械队充电班
维修站修理一班

港埠四公司 仓库甲班二组
机二队特车组
动力站维修一班

港埠五公司 流机队航运二班
汽车队

港埠六公司 维修站充电班
固机队维修班
流机队保养组

集装箱公司 维修站机加工班

储运公司 十六万理货组

轮驳公司 轮七号

燃供公司 供水一号
津油四号

外理公司 第三办事处
第一理货办事处

通信公司 无线台
有线科

设施处 供水所

电力公司 运行三工区

生服中心 五分公司公寓

经检查验收1999年度局级星级职工小家

港埠一公司 维修站机加工班

港埠二公司 工具库

港埠三公司 固机队道口闸箱班

港埠五公司 工具队
固机队

集装箱公司 固修站零修工段
材料科油库班

轮驳公司 理货班

通信公司 线务科

南疆公司 码头部操作队

工会工作先进集体:

港埠一公司 女职工委员会
拖头队车间工会

港埠二公司 女职工委员会
机一队车间工会

港埠三公司 固机队车间工会
职工福利委员会

港埠五公司 流机队车间工会
女职工委员会

港埠六公司 女职工委员会
流机队车间工会

集装箱公司 女职工委员会
机三队车间工会

轮驳公司 船队车间工会
女职工委员会

外理公司 工会劳动保护监督检查委员会

储运公司 女职工委员会

东方发展公司 女职工委员会

电力公司 女职工委员会

通信公司 女职工委员会

设施处 女职工委员会

港口医院 女职工委员会

燃供公司 津油三号车间工会

外代公司 天津车间工会

物资公司 第四供应站车间工会

培训中心 第二车间工会

局机关　第四车间工会
港服公司　印刷厂车间工会
南疆公司　职工俱乐部业余管理(服务)小组

优秀工会工作者:
满级华(女)　任永生　陈孝传　李顺利
韩兴国　袁子刚　刘和来　刘乃林　王杰民
殷志燕(女)　李荣海　高　旭　凌文良
周宏坤　李秀荣(女)　穆金朝
许　晶　陶志龙　闫惠敏(女)　赵新立
郭灵印　董金华　冯云珍(女)　张小东
李玉英(女)　王　鑫(女)　贾文宏
常德俊　李国强　王宝印　张淑兰(女)
李光麟　刘玉起　宋金普　芦占洁(女)
张丽萍(女)　温瑞芬(女)
杨淑芝(女)　孙秀坤(女)

天津港务局2000年度局级先进职工之家、星级职工之家、星级职工小家、优秀工会工作者名单

先进职工之家:
轮驳公司工会
电力公司工会
通信公司工会
燃供公司工会

星级职工之家:
港埠一公司　机电车间工会
港埠二公司　成组机械队工会
港埠三公司　维修站工会
港埠四公司　仓库车间工会
港埠六公司　固机队车间工会
设施处　南疆综合所工会委员会
生活服务公司　东突堤生活服务分公司

星级职工小家:
港埠一公司　固机队钳工班工会小组
港埠三公司　工具队修制班
港埠五公司　工具队抓斗班
燃供公司　津油五号
物资公司　第四供应站流机配件组

优秀工会工作者:
港埠一公司　刘宝良　刘朝芬(女)
港埠二公司　王永信　李洪志
港埠三公司　徐　刚　孙振群
港埠四公司　王杰民　殷志艳(女)
港埠五公司　李淑梅　赵明文
港埠六公司　董美珍　马　利
集装箱公司　黄凤强　刘展蔚(女)
东方海陆公司　贾文安
轮驳公司　李冬生　许　晶
储运公司　郭灵印　董金华
燃供公司　宋立臣
设施处　杨志博　马俊生
电力公司　李顺起
通信公司　韩　育(女)
外理公司　刘玉起
港口医院　王宝印
建设公司　马晓东
监理公司　芦占洁(女)
驻津办事处　李光麟
生活服务公司　张淑玲(女)
房产公司　苏秀兰(女)
港服公司　许国萍(女)
货运公司　刘云祥
物资公司　张丽萍(女)

天津港务局2001年度局级先进职工之家、星级职工之家、星级职工小家、工会工作先进集体、优秀工会工作者名单

先进职工之家:
轮驳公司职工之家
通信公司职工之家
外代公司职工之家
南疆公司职工之家
电力公司职工之家
港服公司职工之家

星级职工之家:
港埠一公司　拖头队车间职工之家
港埠二公司　散粮站职工之家
港埠三公司　工具队职工之家

港埠四公司 动力站职工之家
港埠五公司 仓库职工之家
港埠六公司 流机队职工之家

确认历年局级星级职工之家
港埠一公司 仓库
固机队
机电车间
港埠二公司 工具收发站
工具库
成组机械队
港埠三公司 维修站
港埠四公司 仓库车间
港埠五公司 汽车队
固机队
工具队
港埠六公司 固机队
外理公司 第一办事处
第三办事处
通信公司 无线科
有线科
线务科
设施处 供水管理所
南疆综合管理所
电力公司 运行三工区
生服中心 东突堤公司

星级职工小家:
港埠三公司 仓库磅房组
港埠六公司 仓库地衡组
集装箱公司 货运站
设施处 供水管理所管道维修班
船闸管理所信号收费班
生服中心 第三分公司后勤队
确认历年局级星级职工小家
港埠一公司 维修站机加工段
固机队钳工组
港埠二公司 成组机械队备货组
港埠三公司 拖板维修组
机械队充电组
维修站修理一班
固机队道口闸箱班
永太码头理货机械班
工具修制班
港埠四公司 仓库甲班二组
机械二队特车组
动力站维修一班
港埠五公司 流机队航运二班
工具队抓斗班
港埠六公司 维修站机电综合班
固机队维修班
流机队保养组
集装箱公司 固修站零修工段
南疆公司 码头部操作队
轮驳公司 津港轮七号
储运公司 接运场十六万理货班
燃供公司 津供水一号
津油四号
津油五号
物资公司 第四供应站流机备件组
集装箱供应站油库小组
生服中心 第五分公司后勤队单宿小组

工会工作先进集体:
港埠一公司 女职工委员会
工具库车间工会
港埠二公司 女职工委员会
门机队工会
港埠三公司 女职工委员会
劳动竞赛委员会
港埠四公司 女职工委员会
流机大队工会
港埠五公司 女职工委员会
流机队工会
港埠六公司 女职工委员会
劳动保护委员会
集装箱公司 女职工委员会
机械四队工会
轮驳公司 女职工委员会
船队工会
储运公司 接运场工会
外代公司 天津车间工会
外理公司 劳动保护委员会
电力公司 女职工委员会
通信公司 女职工委员会
港口医院 工会委员会

设施处　女职工委员会
培训中心　第二车间工会
港服公司　工会委员会
燃供公司　工会委员会
物资公司　工会委员会
生服中心　工会委员会

优秀工会工作者:
刘宝良　宋秀峰　韩兴国　段金城
陈继旺　王杰民　徐长胜　陈继东
马　利　周宏坤　蔡　立　贾文安
李金良　姚建发　董金华　胡　平
肖家琪　张　涛　刘玉起　段相安
马晓东　芦占洁　张洪桐　高如章
刘云祥　吴耀庭　孔　军　苏秀兰(女)
胡淑梅(女)　张丽萍(女)
刘朝芬(女)　孔桂芝(女)
李秀荣(女)　邓玉琴(女)
马秀英(女)

天津港务局2002年度局级先进职工之家、星级职工之家、星级职工小家、工会工作先进集体、优秀工会工作者名单

先进职工之家:
生服中心职工之家
电力公司职工之家
港服公司职工之家
货运公司职工之家
通信公司职工之家
港口医院职工之家

星级职工之家:
港埠三公司　仓库职工之家
港埠五公司　苫缆队职工之家

星级职工小家:
港埠一公司　维修站修理二班
港埠三公司　维修站修理二班
港埠四公司　动力站三八电工班
港埠五公司　流机队航运四班
焦炭码头公司　操作管理部丁班
设施处　供水管理所机电修理班
生服中心　二分公司十吨锅炉房
　　幼儿园
轮驳公司　津港轮十四号

工会工作先进集体:
港埠一公司　女职工委员会
港埠二公司　女职工委员会
港埠三公司　劳动竞赛委员会
港埠五公司　女职工委员会
港埠六公司　工会委员会
集装箱公司　女职工委员会
轮驳公司　船队车间工会
电力公司　女职工委员会
培训中心　第二车间工会
港服公司　工会委员会

优秀工会工作者:
港埠三公司　徐刚
港埠四公司　殷志燕(女)
新闻中心　孟庆珍(女)
设施处　赵新立
电力公司　王延茹(女)
外理公司　刘玉起
生服中心　张洪桐
石化码头公司　段相安
焦炭码头公司　王信东
港服公司　许国萍(女)

天津港务局2003年度局级先进职工之家、星级职工之家、星级职工小家、工会工作先进集体、优秀工会工作者名单

先进职工之家:
生服中心职工之家
货运公司职工之家
通信公司职工之家
电力公司职工之家
港服公司职工之家
石化码头公司职工之家

星级职工之家:
港埠三公司 流机队职工之家
港埠四公司 固机队职工之家
燃供公司 船员管理部职工之家

星级职工小家:
港埠三公司 固机队钳工修理班
港埠四公司 动力站维修三班
集装箱公司 维修站机加工工段
轮驳公司 航修厂起重班
设施处 船闸所水手四班
焦炭码头公司 操作部二队
公安局 南疆派出所
生服中心 四分公司前方服务组
三分公司服务队勤杂班

工会工作先进集体:
港埠一公司 女职工委员会
港埠三公司 劳动竞赛委员会
港埠四公司 女职工委员会
港埠五公司 女职工委员会
燃供公司 工会委员会
公安局 工会委员会
外理公司 劳动保护委员会
外代公司 工会委员会
培训中心 第二车间工会
轮驳公司 船员管理部车间工会

优秀工会工作者:
焦炭码头公司 王信东
货运公司 刘云祥
生服中心 张洪桐
设施处 赵新立
轮驳公司 陶志龙
建设公司 张治周
港服公司 胡淑梅(女)
通信公司 张 涛
石化码头公司 王建勇
港埠二公司 袁子刚

天津港(集团)有限公司2004年度集团公司级先进职工之家、星级职工之家、星级职工小家、工会工作先进集体、优秀工会工作者名单

先进职工之家:
生服中心工会
货运公司工会
通信公司工会
石化公司工会

星级职工之家:
港埠四公司 值机队
轮驳公司 航修厂车间
外代公司 天津车间
石化码头公司 第三车间
焦炭码头公司 技术管理部

星级职工小家:
港埠一公司 固机队电工班
拖头队二组
港埠二公司 散粮技术组
港埠三公司 仓库乙班
港埠四公司 门信队一号道口组
港埠五公司 工具队革新班
设施处 铁路所维修二站
电力公司 维修工区路灯班
港服公司 绿化中心
公安局 治安队
石化码头公司 操作队二组
生服中心 一分公司锅炉维修组
生服中心 八分公司综合服务组
焦炭码头公司 操作管理部一队
操作管理部三队

工会工作先进集体:
港埠一公司 劳动竞赛委员会
港埠二公司 工会女职工委员会
港埠三公司 劳动竞赛委员会
港埠四公司 工会女职工委员会

港埠五公司　工会女职工委员会
集装箱　工会女职工委员会
轮驳公司　船员管理部车间
外代公司　工会委员会
电力公司　工会女职工委员会
港服公司　工会委员会

优秀工会工作者：
港埠四公司　韩建华
港埠五公司　赵明文
集装箱公司　刘展蔚(女)
轮驳公司　余祝建
外代公司　苏东海
建设公司　孙吉标
生服公司　林兆云
焦炭码头公司　胡义强
石化码头公司　段相安
驻津办事处　王树发

天津港(集团)有限公司2005年度集团公司级先进职工之家、星级职工之家、星级职工小家、工会工作先进集体、优秀工会工作者名单

先进职工之家：
通信公司工会
石化公司工会
货运公司工会
物资公司工会
培训中心工会
引航站工会
生活服务中心工会
箱货公司工会

星级职工之家：
港埠三公司　天乐车间工会
港埠四公司　流机队车间工会
港埠五公司　航运装卸队工会
电力公司　二工区车间工会
外代公司　新港车间工会
生服中心　八分公司工会
焦炭码头公司　操作管理部工会
益港公司　五洲车间工会

星级职工小家：
港埠一公司　机电车间外线班
港埠二公司　集装箱机械队二组
港埠二公司　机二队四组
港埠四公司　固机队一保组
集装箱公司　固修站机电维修一班
设施管理中心　污水处理运行五班
电力公司　三工区外线班
外代公司　班轮部综合科
公安局　南港派出所
港口医院　麻醉科
生服中心　北疆分公司供热班
煤码头公司　操作二队电工班
焦炭码头公司　操作管理部五队司衡班

工会工作先进集体：
港埠二公司　女职工委员会
港埠三公司　劳动竞赛委员会
港埠五公司　女职工委员会
设施管理中心　女职工委员会
电力公司　工会委员会
外代公司　工会委员会
港服公司　工会委员会
公安局　工会委员会
建设公司　五车间工会委员会
散货物流公司　工会委员会

优秀工会工作者：
港埠一公司　刘朝芬(女)
港埠二公司　魏昆韬
港埠三公司　孔桂芝(女)
港埠四公司　韩建华
港埠五公司　曹玉明
设施管理中心　邓玉琴(女)
轮驳公司　余祝建
外代公司　苏东海
货运公司　张洪林
焦炭码头公司　王信东

天津港(集团)有限公司2006年度集团公司级星级职工之家、星级职工小家、工会工作先进集体、优秀工会工作者名单

星级职工之家:

港埠一公司 维修站
港埠三公司 维修站
港埠四公司 维修车间
电力公司 南疆运行部
生服中心 北疆餐饮分公司

星级职工小家:

港埠一公司 固机队门机二组
港埠二公司 仓库理货签证班
港埠三公司 流机队保修班
港埠五公司 流机队航运一班
焦炭码头公司 货管班
外代公司 计财部
益港公司 管理一部六队一组

工会工作先进集体:

港埠一公司女职委
港埠二公司工会委员会
港埠三公司工会委员会
港埠四公司女职委
轮驳公司船员管理部车间工会委员会
设施管理中心工会委员会
通信公司工会委员会
电力公司工会委员会
生服中心工会委员会
东方海陆公司工会委员会
焦炭码头公司工会委员会

优秀工会工作者:

港埠一公司 冯金浩
港埠三公司 王建刚
集装箱公司 蔡　立
集装箱货运公司 宋迎新
轮驳公司 陶志龙
东方海陆公司 贾文安
引航站 冯玉来
电力公司 王延茹(女)
生服中心 张云凯
培训中心 崔志刚

天津港(集团)有限公司2007年度集团公司级创建劳动关系和谐企业先进单位、先进职工之家、星级职工小家、工会工作先进集体、优秀工会工作者名单

创建劳动关系和谐企业先进单位:

东方海陆公司
散货物流公司
轮驳公司公司
集装箱公司
港埠四公司
外理公司
设施处
燃供公司
远航矿石公司
滚装码头公司

先进职工之家:

煤码头公司
石化码头公司
通信公司
建设公司
益港公司

星级职工小家:

煤码头公司 孔祥瑞操作队维修班
港埠二公司 门吊队四组

工会工作先进集体:

港埠一公司工会
港埠二公司工会
港埠三公司工会
港埠五公司工会
生服中心工会
电力公司工会
焦炭码头公司工会

公安局工会
监理公司工会
新闻中心工会

优秀工会工作者：
港埠一公司　曹建军
港埠二公司　王文发
集装箱公司　刘展蔚(女)
外代公司　苏东海
公安局　李宪庆
石化码头公司　段相安
益港公司　孙　葳
建设公司　杨淑芝(女)
煤码头公司　吕　涛
监理公司　何宝臣

天津港(集团)有限公司2008年度集团公司级创建劳动关系和谐企业先进单位、先进职工之家、星级职工之家、星级职工小家、工会工作先进集体、优秀工会工作者名单

创建劳动关系和谐企业先进单位：
港埠一公司
港埠三公司
港埠四公司
集装箱公司
外理公司
滚装码头公司
益港公司
货运公司
建设公司
监理公司

先进职工之家：
煤码头公司工会
通信公司工会
物资公司工会
设施处工会
散货物流公司工会

星级职工之家：
石化码头公司　流体装卸大队
电力公司　北港运行部
生服中心　集团公司机关物业管理分公司

星级职工小家：
轮驳公司　津港轮19号
燃供"津油一"轮
港埠一公司　维修站修理二段
设施中心供水管理所机电班
港埠二公司　机一队维修组
港埠四公司　固机队电工班
益港公司　滚装司机班

工会工作先进集体：
港埠二公司工会
港埠五公司工会
轮驳公司工会
生服中心工会
石化码头公司工会
燃供公司工会
焦炭码头公司工会
外代公司工会
公安局工会
电力公司工会

优秀工会工作者：
港埠四公司　王竹璟
轮驳公司　余祝建
外代公司　苏东海
货运公司　韩国威
散货物流公司　吴锡才(女)
生服中心　张洪桐
焦炭码头公司　王信东
储运公司　李世海
电力公司　王延茹(女)
滚装码头公司　张　新

天津港(集团)有限公司2009年度集团公司级创建劳动关系和谐企业先进单位、先进职工之家、星级职工之家、星级职工小家、工会工作先进集体、优秀工会工作者名单

创建劳动关系和谐企业先进单位:

三公司
轮驳公司
设施管理中心
滚装码头公司
散货物流公司
焦炭码头公司
燃供公司
外代公司
监理公司
东方海陆公司

先进职工之家:

煤码头公司工会
物资公司工会
培训中心工会
港服公司工会
五洲国际公司工会
公安局工会

星级职工之家:

港埠一公司 固机队
港埠二公司 集装箱机械队
港埠四公司 维修总站总成班
港埠五公司 益港员工职工之家
煤码头公司 孔祥瑞操作队
集装箱码头有限公司 固修站
外理公司 办车间
电力公司 施工部

星级职工小家:

燃供公司 油罐区化验班
物资公司 第二供应站第二信息点
石化码头公司 流体装卸大队操作四班
轮驳公司 津港消拖

工会工作先进集体:

港埠一公司工会
港埠二公司工会
港埠四公司工会
港埠五公司工会
石化码头公司工会
集装箱公司工会
外理公司工会
电力公司工会
生服中心工会
物流发展公司工会

优秀工会工作者:

港埠一公司 薛正鸿
港埠二公司 王文发
港埠三公司 杨　玲(女)
港埠四公司 王金忠
港埠五公司 张凤强
轮驳公司 余祝建
集装箱公司 刘展蔚(女)
生服中心 张云凯
外理公司 刘　杰
外代公司 苏东海
物流发展公司 张　艳(女)
滚装码头公司 张　新(女)
电力公司 王延茹(女)
东方海陆公司 于润峰
设施管理中心 张　刚
信息发展公司 韩　育(女)
五洲国际公司 董美珍(女)
石化码头公司 段相安

(三)历届荣获局(集团公司)级“三八”红旗集体、“三八”红旗手名单

天津港务局1984年度局级“三八”红旗集体、“三八”红旗手名单

“三八”红旗集体:

港埠三公司工会女工委员会
通信站自动台医院电话室

局幼儿园
驻津办事处幼儿园
机修厂托儿所

“三八”红旗手：

港埠一公司　姜桂芳　刘秀兰　李翠珍　张淑华
港埠二公司　张丽亚　夏　明　刘淑英　刘俊凤　刘淑云
港埠三公司　李慧茹　周作英
港埠四公司　尹桂艳　周振英
港埠五公司　姜桂云　梁玉静
驻津办事处　胡淑范
集装箱公司　付晓霞
轮驳公司　冯国云　李顶兰
机修厂　张绍敏　薛秀英　于保荣
修建公司　贾宝兰　刘玉荣
燃供公司　程秀玲
外理公司　常金霞
储运公司　陈宝红
通信站　唐晓燕
港口医院　魏　彬　刘　愈　张瑞娥
教育中心　李淑贤
局党校　王志庄
天津船检处　阎梅珍
天津水科所　姚惠玲
外代公司　马文敏
劳动服务公司　李学凤
电力站　王　英　王桂珍
外运公司　王敏春　吴兰香　杜惠萍　孙万荣　吴　卫　赵波玲　李连茹　赵宝平　徐金凤　李文英
局机关　温瑞芬　郝桂英　王秀清　孙佩琴

天津港务局1989～1990年度 局级“三八”红旗集体、“三八”红旗手名单

“三八”红旗集体：

港埠一公司客运站服务组
港埠五公司单宿管理组
港口医院妇产科
局幼儿园

“三八”红旗手：

港埠一公司　王淑英　王美荣　刘兰香　王玉兰　耿玉芬
港埠二公司　穆　兰　周美荣　张花珍　张桂兰　张　凤
港埠三公司　刘俊华　张世英　孔桂芝
港埠四公司　张桂金　祖大明　王文艳
港埠五公司　李秀琴　李　健　刘兆华
集装箱公司　李　勇　张淑琴　张文珍
燃供公司　黄　洁
机械厂　王　敏　杨茉莉
通信公司　王敬霞
建设公司　赵春贤
电力公司　李和平　李宝珍
港口医院　徐丽华　林志虹　刘惠兰
港服公司　杨宝珠　纪富云　王学香　郭永凤　李秀芬　苑广芬
设施处　张云华　卢秀荣
储运公司　苗珍云
轮驳公司　李月芳
外代公司　穆祥英
外理公司　乔占兰
房产公司　温惠敏
港口学校　袁淑琴
职工中专　鲍亦津
驻津办事处　王炳兰
局机关　温瑞芬　董秀兰

天津港务局1991～1992年度 局级“三八”红旗集体、“三八”红旗手名单

“三八”红旗集体：

港埠三公司　托儿所
客运站　服务组
设施处　供水一班
港埠五公司　后勤宿管组
集装箱公司　401库
港服公司　华港饭店客房部乙班

“三八”红旗手：

港埠一公司　郭　莉　王美荣
港埠二公司　张建华　贾春梅

港埠三公司　张世英
港埠四公司　王文艳
港埠五公司　刘兆华
集装箱公司　张淑琴　王　杰
燃供公司　魏玉兰
轮驳公司　李顶霞
机械厂　杨秋玲
设施处　卢秀荣
港口医院　钱冬香　张秀玲
港服公司　王云英　史玉霞　赵玉霞
赵春梅
局机关　曹献茹
建设公司　刘映辉
储运公司　苗珍云
外代公司　穆祥英
电力公司　王凤琴

天津港务局1993～1994年度局级“三八”红旗集体、“三八”红旗手名单

“三八”红旗集体：
港埠一公司　仓库白班理货组
港埠二公司　工具库缝纫组
港埠四公司　动力站电工一班
港埠五公司　动力站修旧班
集装箱公司　单证室
设施处　船闸管理所
电力公司　第九变电所
客运公司　服务组
港口医院　急诊室
港服公司　新港服装厂
生服公司　一幼大中班平行班

“三八”红旗手：
刘兰香　孟俊萍　徐惠生　王述萍　王开美
王　莉　李宝喜　徐惠英　岳翠琴　周振英
李　建　刘兆华　刘春英　李玉兰　王月凤
刘永霞　李宝珍　王凤琴　赵万春　杨淑珍
苗珍云　赵春贤　张东菊　钱冬香　张秀玲
杨淑凤　于俊荣　王淑珍　蔡丽芝　王艳春
赵玉霞　周俊茹　马玉梅

天津港务局1995～1996年度局级“三八”红旗集体、“三八”红旗手名单

“三八”红旗集体：
港埠一公司　货运科计费组
港埠二公司　工具库缝纫组
港埠三公司　仓库货运站
港埠四公司　“三八”电工班
港埠五公司　宿管组
集装箱公司　四港池检查桥组
电力公司　三工区主控运行室
通信公司　有线台话务班
港口医院　急诊室
港服公司　储运场磅房组
培训中心　培训科实验小组
燃供公司　油水分离班

“三八”红旗手：
林素娟　贾爱红　李广文　王开美　张露萍
王　莉　徐会英　周作英　岳翠琴　王文艳
李　立　刘兆华　李　建　甄桂玲　杨　颖
程惠英　韩　曙　杨振华　杨茉莉　任景燕
苗珍云　韩宝芹　王凤琴　赵　弘　王敬霞
钱冬香　张　艳　徐丽华　许爱茹　王顺萍
杨金玲　赵佩茹　冯　莉　关万年　赵万春
王　澎

天津港务局1997～1998年度局级“三八”红旗集体、“三八”红旗手名单

“三八”红旗集体：
港埠一公司　货运科计财部
港埠二公司　计财部
港埠三公司　货运站
港埠五公司　动力站电机修旧班
集装箱货运站　仓库出口装箱班
东方集装箱公司　人事部
电力公司　运行三工区主控室
港口医院　急诊室
港口服务公司　服装厂缝纫甲班

通信公司　无线科甚高频话务班
物资公司　材料场仓储队
培训中心　教研室港机组
外代公司　计财部航次计算组

“三八”红旗手：
港埠一公司　郭玉华　贾爱红
港埠二公司　宋桂兰　张　茜　王　芳　陈乐芳
港埠三公司　张世英　徐惠英
港埠四公司　岳翠琴　樊春华
港埠五公司　郭春华　夏丽梅
港埠六公司　刘永琴
集装箱公司　方　琴　刘春英　付晓霞
东方集装箱公司　吕学芬
轮驳公司　范为平
电力公司　王凤琴　赵　弘
设施处　张爱玲
储运公司　苗珍云
燃供公司　孙秀坤
港口医院　宋长英　王桂英　张冬菊
生活服务公司　陈秀菊　许金霞　杜　樱
机械厂　杨茉莉
建设公司　刘映辉
港服公司　周佩荣　李淑华　曹　琴
刘富英　龚学会
培训中心　关红年
外代公司　王丽珠
通信公司　张静珊
保税库　李玉琴

天津港务局 1999～2000 年度
局级“三八”红旗集体、“三八”红旗手名单

“三八”红旗集体：
港埠一公司　门证组
港埠二公司　货运科计费组
港埠三公司　仓库磅房组
港埠四公司　动力站“三八”电工班
港埠五公司　动力站车工班
港埠六公司　计财科
集装箱货运站　仓库出口集装箱班
燃供公司　罐区油化验班
通信公司　无线通信科甚高频话务班
港口医院　妇产科

“三八”红旗手：
港埠一公司　贾爱红
港埠二公司　马桂兰　宋桂兰
港埠三公司　张世英
港埠四公司　岳翠琴
港埠五公司　夏丽梅
港埠六公司　宋　平
集装箱公司　方　琴　付晓霞
轮驳公司　范为平
燃供公司　赵万春
外代公司　刘海波
电力公司　张艳红　田少玲
物资公司　任月凤
港口医院　林志虹　商福芝
通信公司　刘运玲
港服公司　刘秋霞　王艳春
生服公司　崔永红　李宝喜
储运公司　沈　津
局机关　朱晓兰
培训中心　耿荣孚
设施处　任景燕
建设公司　徐岩
新闻中心　孟庆珍

天津港务局 2001～2002 年度
局级“三八”红旗集体、“三八”红旗手名单

“三八”红旗集体：
港埠一公司　仓库门证组
港埠二公司　计财科女工小组
港埠三公司　泵房
港埠四公司　“三八”电工班
港埠五公司　动力站车工班
电力公司　主控室
通信公司　有线科话务班
培训中心　教务科
港口医院　妇产科
设施处　船闸管理所信号班

"三八"红旗手:

港埠一公司　贾爱红
港埠二公司　马桂兰
港埠三公司　董亚文
港埠四公司　樊春华
港埠五公司　夏丽梅
港埠六公司　郑维红
贸易公司　赵美兰
机械厂　陈玉霞
培训中心　张爱莅
公安局　刘　颖
港口医院　林志虹
外理公司　贾志君
集装箱公司　胡　炜
燃供公司　赵万春
建设公司　李格平
港服公司　赵玉敏
通信公司　晏小乔
设施处　任景燕
电力公司　樊颖杰
焦炭码头公司　陈　丽
轮驳公司　范为平
物资公司　张玉梅
生服中心　苏国凤
外代公司　程鸿燕

天津港(集团)有限公司2003~2004年度集团公司级"三八"红旗集体、"三八"红旗手名单

"三八"红旗集体:

港埠一公司　集装箱部计费综合部组
港埠二公司　计财部
港埠三公司　仓库泵房班
港埠四公司　动力站"三八"电工班
集装箱公司　操作部港站收据班
港口医院　妇产科
设施管理中心　船闸管理所信号收费班
生服中心　八分公司幼儿园
电力公司　运行三工区东三变电所
港服公司　工属具修造厂编织班
建设公司　设计室
集团公司机关　办公室档案科

"三八"红旗手:

贾爱红　王　莉　晁晓云　樊春华　吴金妹
于茹芬　张金燕　岳翠杰　任景燕　贡艳洁
陈翠荣　肖淑玲　苏国凤　王首津　刘竹玲
王秀春　程秀玲　关红年　王恩梅　王桂荣
宋宝香　张民茹　赵　春　马　珂　张春华
李　防　陈玉霞　龚晓兰

天津港(集团)有限公司2005~2006年度集团公司级"三八"红旗集体、"三八"红旗手名单

"三八"红旗集体:

港埠三公司　仓库泵房班
港埠四公司　动力站"三八"电工班
港埠五公司　门信队女子保安班
集装箱公司　客户服务中心场站收据班
设施管理中心　船闸所信号收费班
电力公司　北港运行部东突堤三号变电所
生服中心　北疆餐饮分公司中央厨房
煤码头分公司　堆场站司衡组
货运公司　财务部
建设公司　造价咨询管理部

"三八"红旗手:

贾爱红　王　茹　张世英　樊春华　杨文玲
魏梦月　孙秋萍　赵淑娥　贡艳洁　陈翠荣
蔡钰馨　陈　捷　徐　兰　刘　静　刘竹玲
刘建华　殷　虹　宋江欣　林志虹　赵金玉
张民茹　郭世津　马　珂　田凤英　韩秀梅
张凤霞　郑建芳　任莉莉　王　妍　贾志君

天津港(集团)有限公司2007~2008年度集团公司级"三八"红旗集体、"三八"红旗手名单

"三八"红旗集体:

港埠一公司　计财部
港埠二公司　货运市场部计费小组
港埠三公司　仓库泵房班
港埠四公司　三八电工班
集装箱公司　四闸口综合服务窗口
东方海陆公司　航运中心营业厅

通信公司　客户服务呼叫中心
监理公司　业务部
港口医院　妇产科
生服中心　集团办公楼物业分公司
煤码头公司　堆场站司衡组
集团公司机关　档案科
设施中心　船闸管理所信号收费班

“三八”红旗手：
港埠一公司　刘兰香
港埠二公司　汤振琴
港埠三公司　李艳梅
港埠四公司　樊春华
港埠五公司　刘振霞
集装箱公司　赵志华
东方海陆公司　刘宝芹
轮驳公司　孙秋萍
港机公司　田莉萍
设施管理中心　刘　玮
外理公司　贯志君
电力公司　李翠英
通信公司　韩　育
燃供公司　宋天颖
监理公司　张民茹
建设公司　陈翠荣
货运公司　章蓓蓓
港口医院　李春芳
石化码头公司　王　燕
客运公司　赵春凤
公安局　宋江欣
培训中心　宋玉华
驻津办事处　刘桂琴
物资公司　贡艳洁
生服中心　张淑玲
箱货公司　赵　玮
集团公司机关　鞠晓岚
焦炭码头公司　陈　莹
煤码头公司　李　防
滚装码头公司　孙广秀

第四篇

附　录

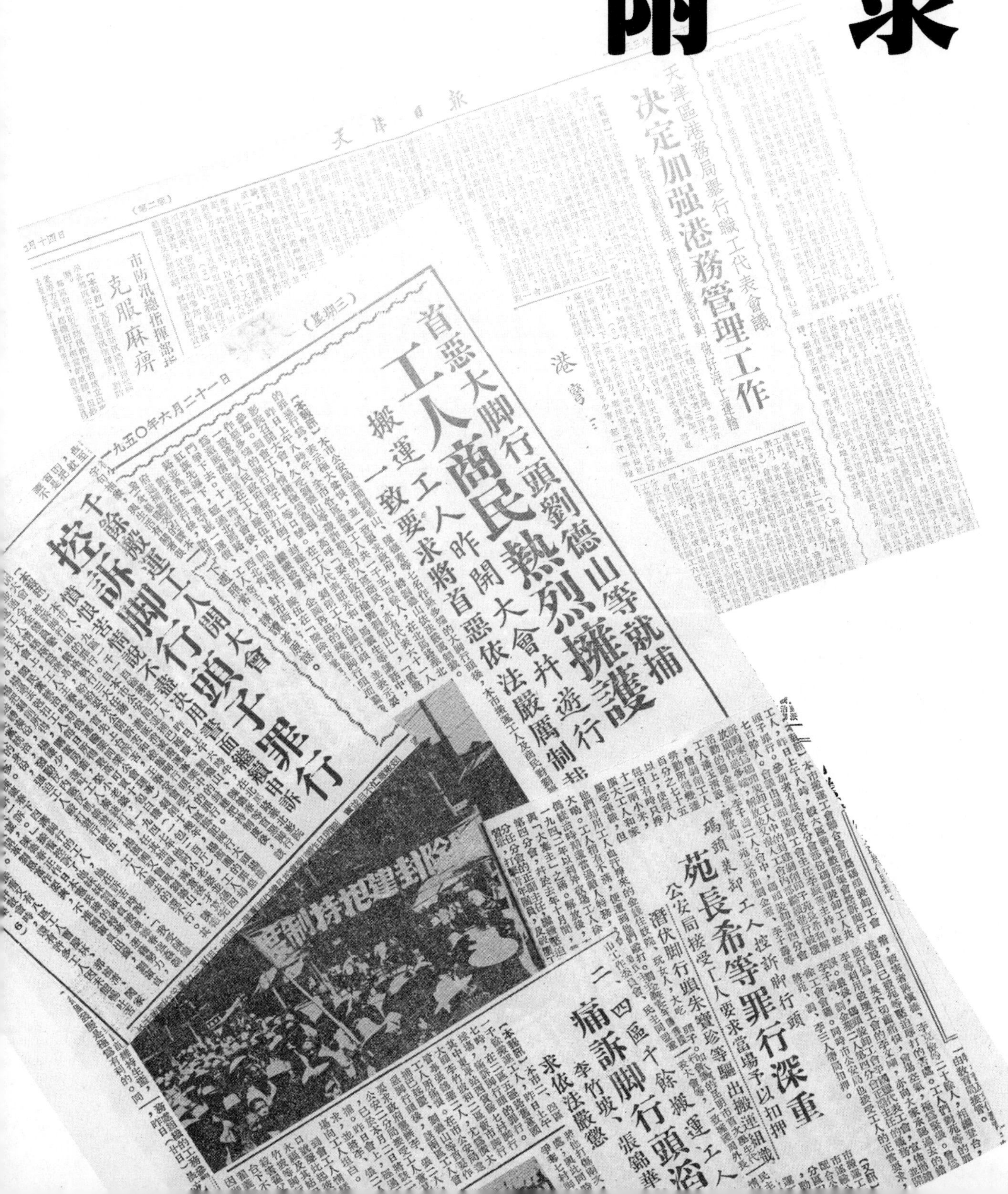

一、附表

历次出席全国工会代表大会天津港代表情况

届　次	时　间	地　点	姓　名	职　务
第九次代表大会	1978 年 10 月 11 日至 21 日	北京	卢景卿(女)	交通部天津港务管理局工会副主任
第十次代表大会	1983 年 10 月 19 日至 29 日	北京	吕志娴(女)	交通部天津港务管理局第一作业区工会主席
第十一次代表大会	1988 年 10 月 22 日至 28 日	北京	李贵庭	天津港务局工会副主席
第十二次代表大会	1993 年 10 月 24 日至 30 日	北京	孙世明	天津港务局党委副书记、工会主席
第十五次代表大会	2009 年 10 月 17 日至 21 日	北京	孔祥瑞 **特邀代表:** 于汝民	天津港中煤华能煤码头有限公司孔祥瑞操作队党支部书记、队长 天津港(集团)有限公司党委书记、董事长

历次出席天津市工会代表大会天津港代表情况

届　次	时　间	代表姓名	职　务	当选委员(执委)姓名
第二次代表大会	1951 年 1 月 21 日至 25 日	出席代表名单不详		张维贤(海通支部主席)当选为市总工会第二届委员会候补委员
第三次代表大会	1952 年 1 月 19 日至 20 日	张维贤 其他出席代表名单不详	天津区港务局装卸科科员	刘德茂当选为市总工会第三届委员会候补委员
第四次代表大会	1953 年 1 月 10 日至 13 日	高国栋	天津区港务管理局工会筹委会副主任	高国栋当选为市总工会第四届执委会委员
第五次代表大会	1955 年 1 月 31 日至 2 月 3 日	施学良 钱　春 李长发	天津区港务管理局引水员 天津区港务管理局新港作业区工具修理组组长 天津区港务管理局河西作业区装卸队组长	
第六次代表大会	1957 年 4 月 2 日至 6 日	施学良 钱　春 李长发 赵德如	天津区港务管理局引水员 天津区港务管理局新港作业区工具修理组组长 天津区港务管理局天津作业区装卸队组长 天津区港务管理局轮驳队船长	

续表

届　次	时　间	代表姓名	职　务	当选委员(执委)姓名
第七次代表大会	1960 年 4 月 15 日至 19 日	辛国颂 钱　春 段树起 鲁玉池 伊文松	天津市港务管理局工会主席 天津市港务管理局新港作业区工具修理组组长 天津市港务管理局天津作业区装卸队队长 天津市港务管理局轮驳队驾长、工会副主席 天津市港务管理局档案员、局工会委员	钱春当选为市总工会第七届委员会委员
第八次代表大会	1964 年 9 月 7 日至 12 日	辛国颂 钱　春 刘恒宝 王宝忠 殷树明 贾增琴(女) 郭曙堂 陈连起 刘金才 邱光普 梁锡田 张清山 李瑞萱 刘乃卿	交通部天津港务管理局政治部副主任 交通部天津港务管理局新港作业区行政组长 交通部天津港务管理局塘沽作业区工人、车间工会主席 交通部天津港务管理局新港作业区一队工人 交通部天津港务管理局新港作业区三队工人、班主席 交通部天津港务管理局新港作业区话务员、车间委员 交通部天津航道局建设轮机长 交通部天津航道局船舶检修厂工人 交通部天津港务管理局轮驳队驾长、车间主席 交通部天津港务管理局机修厂工人 交通部天津港务管理局港口医院医师、工会主席 交通部天津港务管理局天津作业区工人、车间副主席 交通部天津航道局工会主席 天津外轮公司科员、工会主席	钱春当选为市总工会第八届执行委员会委员

续表

届　次	时　间	代表姓名	职　务	当选委员(执委)姓名
第九次代表大会	1973 年 5 月 26 日至 31 日	林寿清	交通部天津港务管理局工会领导小组组长	杨清民当选为市总工会第九届委员会委员
		牛蔚武	交通部天津港务管理局轮驳公司水手	
		呼长凤(女)	交通部天津港务管理局修理厂钳工	
		余秀芳(女)	交通部天津港务管理局第一作业区工人	
		杨清民	交通部天津港务管理局第一作业区装卸一队班长	
		汪有金	交通部天津港务管理局第二作业区革职会副组长	
		刘淑云(女)	交通部天津港务管理局第二作业区司机	
		焦恩浦	交通部天津港务管理局政治部干事	
		穆德贤	交通部天津港务管理局第三作业区工人	
		张家喜	交通部天津港务管理局第四作业区政指	
第十次代表大会	1981 年 6 月 25 日至 30 日	杨洪珠	天津港务管理局工会主席	王秀海当选为市总工会第十届委员会委员
		吕志娴(女)	天津港务管理局第一作业区工会副主席	
		王秀海	天津港务管理局第一作业区装卸六队队长兼党支部书记	
		寇介田	天津港务管理局第二作业区工会主席	
		张树林	天津港务管理局第三作业区工会主席	
		李贵庭	天津港务管理局修建公司工会副主席	
		穆怀建	天津港务管理局第五作业区装卸三队四组组长	
		张宝林	天津港务管理局机械修理厂一车间副主任	
		张立香	天津港务管理局轮驳公司驳 18 号船长	
		列席代表(2 人)		
		韩云亭	天津港务管理局第四作业区退休工会干部	
		邢兰平(女)	天津港务管理局居委会妇女主任	

续表

届　次	时　间	代表姓名	职　务	当选委员(执委)姓名
第十一次代表大会	1986 年 9 月 1 日至 5 日	杨洪珠 王秀海 索双椽 黄淑兰(女) 郝建华 郭长起 赵珍义 王景春 孙士明	天津港务局工会主席 天津港第一港埠公司陆运队队长、市工会十届委员 天津港第二港埠公司工会主席 天津港第三港埠公司后勤车间工会主席 天津港第四港埠公司工人 天津港第五港埠公司工会主席 天津港机械修造厂厂长 天津港务局集装箱公司总工程师 天津港轮驳公司驳吊车间驳 16 号水手	王秀海当选为市总工会第十一届委员会委员
第十二次代表大会	1991 年 9 月 12 日至 15 日	孙世明 于　江 王庆林 闫长林 刘兆华(女) 吴圣德 张世英(女) 张富贵 **特邀代表:** 杨洪珠	天津港务局工会主席 天津港第一港埠公司装卸三队队长 天津港第二港埠公司工会主席 天津港第四港埠公司工会主席 天津港第五港埠公司后勤班长 天津港轮驳公司工会主席 天津港第三港埠公司车间工会委员 天津港集装箱公司机械三队队长 天津港务局工会原主席	孙世明当选为市总工会第十二届委员会委员 1995 年 1 月在市总工会第十二届五次全委会上黑锦国替补为第十二届委员会委员
第十三次代表大会	1996 年 10 月 23 日至 26 日	黑锦国 呼长凤(女) 于　江 王　莉(女) 朱振山 刘洪义 梁树清 刘晓明 魏培林	天津港务局工会主席 天津港务局工会生活女工部部长、女职工委员会主任 天津港第一港埠公司工人 天津港第二港埠公司工人 天津港第三港埠公司工人 天津港第四港埠公司工人 天津港第五港埠公司工会主席 天津港集装箱公司干部 中国外轮理货公司天津分公司干部	黑锦国当选为市总工会第十三届委员会委员 1997 年 12 月在市总工会第十三届三次全委会上宋愿兵替补为第十三届委员会委员

续表

届次	时间	代表姓名	职务	当选委员(执委)姓名
第十四次代表大会	2001年10月29日至11月1日	宋愿兵 张宝树 付晓霞(女) 李洪霞(女) 辛建平 张浩 **特邀代表：** 黑锦国	天津港务局工会主席 天津港第六港埠公司维修站充电组组长 天津港集装箱码头有限公司机械四队司机 天津港务局工会生活女工部部长 天津港第一港埠公司拖头队副队长 天津港轮驳公司津港轮6号船长 天津港务局纪委书记	宋愿兵当选为市总工会第十四届委员会委员 在市总工会2005年1月6日至7日召开的十四届六次全委会议上张瑞福替补为市总工会第十四届委员会委员
第十五次代表大会	2006年11月30日至12月4日	张瑞福 李洪霞(女) 孙伯强 王金忠 姚建发 张民茹(女) 鲁世龙 崔炳强 黄宝平 梁国涛(回) 孔祥瑞 **特邀代表：** 宋愿兵	天津港(集团)有限公司工会主席 天津港(集团)有限公司工会生活女工部部长 天津港第三港埠公司工会主席 天津港第四港埠公司工会主席 天津港轮驳公司船员管理副经理、工会主席 天津港监理工程有限公司业务部副经理 天津港第五港埠公司固机队党支部书记、工会主席 天津港集装箱码头有限公司机械三队副队长、工会主席 天津益港劳务有限公司劳务员工 天津港信息中心软件开发部干部 天津港煤码头有限公司操作一队党支部书记、队长 原天津港务局工会主席	张瑞福、孔祥瑞当选为市总工会第十五届委员会委员 在市总工会2010年2月5日召开的十五届八次全委会议上王庆林替补为市总工会第十五届委员会委员

历次出席中国海员工会全国代表大会、全委会会议天津港代表情况

届次	时间	地点	代表姓名	职务	当选委员姓名
第一届全国代表大会	1955年4月4日至15日	北京	辛国颂 钱春 韩云亭 施学良 于芳伦 赵德如	华北区海员工会塘沽办事处副主任、天津区港务管理局企业委员会主席 天津区港务管理局新港作业区组长 天津区港务管理局河西作业区工会主席 天津区港务管理局引水员 天津区港务管理局塘沽作业区装卸队队长 天津区港务管理局轮驳队船长	钱春当选为第一届全国委员会候补执行委员

续表

届　次	时　间	地点	代表姓名	职　务	当选委员姓名
第三届全国委员会第一次会议	1992年2月26日至29日	北京	孙世明	天津港务局工会主席	孙世明当选为第三届全国委员会委员
第三届全国委员会第二次会议	1993年2月16日至19日	成都	孙世明	天津港务局党委副书记、工会主席	
第三届全国委员会第三次会议	1993年12月18日至21日	昆明	因故未参加		
第三届全国委员会第四次会议	1994年12月18日至21日	苏州	黑锦国	天津港务局工会主席	黑锦国替补为第三届全国委员会委员
第三届全国委员会第五次会议	1995年12月23日至25日	青岛	黑锦国	天津港务局工会主席	
第四届全国委员会第一次会议	1997年3月26日至28日	北京	黑锦国	天津港务局工会主席	黑锦国当选为第四届全国委员会委员
第四届全国委员会第二次会议	1997年12月23日至26日	上海	宋愿兵	天津港务局工会主席	
第四届全国委员会第三次会议	1998年12月16日至18日	南京	宋愿兵	天津港务局工会主席	宋愿兵替补为第四届全国委员会委员
第四届全国委员会第四次会议	2000年3月31至4月4日	武汉	宋愿兵	天津港务局工会主席	
第四届全国委员会第五次会议	2001年4月6日至7日	北京	宋愿兵	天津港务局工会主席	

注:1992年2月,经中国海员工会第三届全国委员会全体会议讨论通过,并报全国总工会书记处批准,同意确定1926年1月召开的海员工会全国代表大会为第一届全国代表大会,1955年4月召开的为第二届全国代表大会。

历次出席中国海员建设工会全委会议天津港代表情况

届　次	时　间	地　点	代表姓名	职　务	当选委员姓名
第一届全国委员会第一次会议	2003年3月27日至28日	北京	宋愿兵	天津港务局工会主席	宋愿兵当选为第一届全国委员会委员
第一届全国委员会第二次会议	2003年12月28日至31日	昆明	宋愿兵	天津港务局工会主席	
第一届全国委员会第三次会议	2005年1月11日至13日	大连	张瑞福	天津港(集团)有限公司工会主席	张瑞福替补为第一届全国委员会委员
第一届全国委员会第四次会议	2006年1月7日至8日	上海	张瑞福	天津港(集团)有限公司工会主席	
第一届全国委员会第五次会议	2006年12月19日至20日	宁波	张瑞福	天津港(集团)有限公司工会主席	
第二届全国委员会第一次会议	2008年3月26日至28日	北京	孔祥瑞	天津港煤码头公司孔祥瑞操作队党支部书记、队长	张瑞福、孔祥瑞当选为第二届全国委员会委员
第二届全国委员会第二次会议	2009年2月22日至25日	福州	王庆林	天津港(集团)有限公司工会主席	王庆林替补为第二届全国委员会委员

历次出席全国妇女代表大会天津港代表情况

届　次	时　间	地点	代表姓名	职　务
第九次代表大会	2003年8月22日至26日	北京	任文芳	天津港建设公司设计一室副主任

历次出席天津市妇女代表大会天津港代表情况

届　次	时　间	代表姓名	职　务
第六次代表大会	1973年6月27日至7月1日	王恩芝 余秀芳	天津港务管理局工会干部 天津港务管理局第一作业区工具库工人
第七次代表大会	1983年8月15日至18日	王恩芝 侯美娜	天津港务管理局工会干部 天津港务管理局第一作业区仓库工人
第八次代表大会	1988年10月19日至22日	王恩芝 王淑英	天津港务管理局工会干部 天津港第一港埠公司工人
第九次代表大会	1993年10月18日至22日	呼长凤	天津港务局工会女职工委员会主任、生活女工部部长
第十次代表大会	1998年10月26日至28日	王文艳	天津港第四港埠公司北方灌包公司技术部经理
第十一次代表大会	2003年10月16日至18日	任文芳	天津港建设公司设计一室副主任
第十二次代表大会	2008年11月10日至12日	李洪霞	天津港(集团)有限公司工会副主席

历次出席中国海员工会华北区代表大会天津港代表情况

届　次	时　间	地点	代表姓名	职　务	当选委员情况
第一次代表大会	1951年5月5日至10日	天津	刘兴贤	天津区港务局秘书处处长、工会主席	张希明(女)当选为第一届工会委员会候补委员 裴振兰、张维贤当选为第一届经费审查委员会委员
			裴振兰	天津区港务局引水科科长、工会副主席	
			张维贤	天津区港务局装卸科科员	
			胡兆瑛	天津区港务局正工程师、工会文教委员	
			高景泉	天津区港务局第二办事处助理员	
			李玉峰	天津区港务局文书科科长、工会劳保委员	
			周振武	天津区港务局文书科科员、工会劳保委员	
			冯秉谦	天津区港务局栈埠处业务科科长	
			周省民	天津区港务局栈埠处业务科副科长、工会组织委员	
			赵　通	天津区港务局三码头助理员	
			张希明(女)	天津区港务局人事科科员、工会劳保委员	
			王起泰	天津区港务局第一修船厂工人	
			翟宝钤	天津区港务局塘沽办事处水手	
第二次代表大会	1956年11月27日至12月1日	天津	王大勇	天津区港务管理局副局长	
			冈　森	天津区港务管理局政治部主任	
			辛国颂	华北区海员工会副主席、天津区港务管理局企业委员会主席	
			刘淑文(女)	天津区港务管理局企业委员会副主席	
			元以鑫	天津区港务管理局计划科副科长	
			赵延蔚(女,白)	天津区港务管理局机要科机要员	
			张继忠	天津区港务管理局商务科办事员	
			贾秀贞(女)	天津区港务管理局幼儿园保育员	
			张克荣	天津区港务监督引水员	
			张惠轩	天津区港务监督工人	
			孙家骏	天津区港务管理局修建科科长	
			徐凤祥	天津区港务管理局修建科工人	
			王继昌	天津区港务管理局修建科工人、车间工会主席	
			邵继廉	天津区港务管理局修建科助理工程师	
			蒋洪儒	天津区港务管理局轮驳队工人	
			韩宝玉	天津区港务管理局轮驳队工会主席	
			张玉成	天津区港务管理局轮驳队技术员	
			鲁玉池	天津区港务管理局轮驳队驾长	
			赵德如	天津区港务管理局轮驳队船长	
			王金有	天津区港务管理局轮驳队技术员、工会副主席	
			朱庆云	天津区港务管理局新港作业区工人	
			赵世泽	天津区港务管理局新港作业区工人	
			李连城	天津区港务管理局新港作业区工人	
			王守章	天津区港务管理局新港作业区装卸队长	

续表

届　次	时　间	地点	代表姓名	职　务	当选委员情况
			刘海芝	天津区港务管理局新港作业区仓库副库长	
			董文发	天津区港务管理局新港作业区人事股办事员	
			张宝鉴	天津区港务管理局新港作业区机械队工人	
			钱　春	天津区港务管理局新港作业区工具库修制组组长、工会副主席	
			胥玉树	天津区港务管理局新港作业区调度股指导班长	
			马云阁	天津区港务管理局新港作业区工会主席	
			侯起庭	天津区港务管理局新港作业区装卸工人	王大勇、辛国颂、冈森、马云阁、刘淑文(女)、张克荣、赵德如、孙家骏、杨景周、钱春当选为第二届工会委员会执行委员 石铁山、刘宝琏、侯起庭当选为第二届工会委员会候补执行委员 辛国颂、王大勇、冈森、杨景周当选为常务委员 辛国颂当选为副主席 元以鑫当选为第二届工会经费审查委员会委员 耿立生当选为第二届工会经费审查委员会候补委员
			苑长有	天津区港务管理局新港作业区管理员	
			胡瑞祥	天津区港务管理局新港作业区工会副主席	
			石铁山	港口医院主治医师、工会副主席	
			曹金凤(女)	港口医院化验员	
			刘宝琏	天津区港务管理局天津作业区装卸队长	
			冯树和	天津区港务管理局天津作业区装卸队长、车间工会主席	
			王宝生	天津区港务管理局天津作业区主任指导员	
			张玉贵	天津区港务管理局天津作业区装卸队长、车间工会主席	
			韩云亭	天津区港务管理局天津作业区工会主席	
			杨景周	天津区港务管理局塘沽作业区工会主席	
			魏金来	天津区港务管理局塘沽作业区装卸工人、车间工会主席	
			耿立生	天津区港务管理局塘沽作业区装卸指导员、工会副主席	
			王树清	天津区港务管理局塘沽作业区司机、车间工会副主席	
			许恩来	天津区港务管理局塘沽作业区劳动工资员	
			列席代表		
			王恩华	天津区港务管理局新港作业区主任	
			李洪栋	天津区港务管理局新港作业区副主任	
			李克俭	天津区港务管理局天津作业区团总支书记	
			张德顺	天津区港务管理局天津作业区党总支副书记、政治协理员	
			郭洪涛	天津区港务管理局机关工会副主席	
			冯德华	港口医院院长	
			蓝树鹏	天津区港务监督办事员	
			刘国忠	天津区港务管理局修建科工人	
			王长安	天津区港务管理局航道科工人、车间工会主席	
			李长发	天津区港务管理局轮驳队副队长	
			李大德	天津区港务管理局轮驳队副科长	
			潘玉清	天津区港务管理局新港作业区主任	
			陈秀兰(女)	天津区港务管理局家属委员会主任	

二、天津搬运、海员工会历史沿革

1. 天津海员工会的历史沿革

天津海员工会的前身是中国海员工会华北区委员会,后改称中国海员工会天津区委员会,从建立到撤销合并共存在了近10年的时间。

1949年4月在天津市职工总会筹委会领导下建立了天津海员工作组。6月,天津市职工总会筹委会海员工作委员会成立。9月初,天津市海员工会筹备委员会成立,曾寿隆任筹委会主任。

天津海员工会成立后,即在港口、新港工程局、船厂、船舶等水陆基层工会开展以生产建设为中心,生产、生活、教育三位一体的工会工作,同时不断加强国际海员的联络和教育工作,重点维护职工的合法权益和物质利益。

1949年12月18日至25日,中国海员工会筹备委员会召开全国海员代表会议,会议决定按照产业和管理产业的行政系统,在全国成立东北、华北、山东、华东、华南、华中、西南7个地区委员会。华北区委员会以天津为中心,包括河北省沿海各港口岸和华北各省内河航线的海员工会工作。

1950年4月9日至10日,华北区海员工会召开临时代表会议,会议根据中国海员工会筹备委员会召开的全国海员代表会议的决定,将天津市海员工会筹委会改为中国海员工会华北区筹备委员会,其任务是在中国海员工会筹备委员会的直接领导下,负责统一领导天津市以及河北、山西、平原、察哈尔、绥远5省市的内河水上运输事业的海员工会工作。大会选举产生中国海员工会华北区筹备委员会,选举委员33人,常务委员14人,曾寿隆、宋科分别当选为中国海员工会华北区筹备委员会正、副主任。当时在天津、秦皇岛两地共有会员14641人,占职工总数的92%。(见图1)

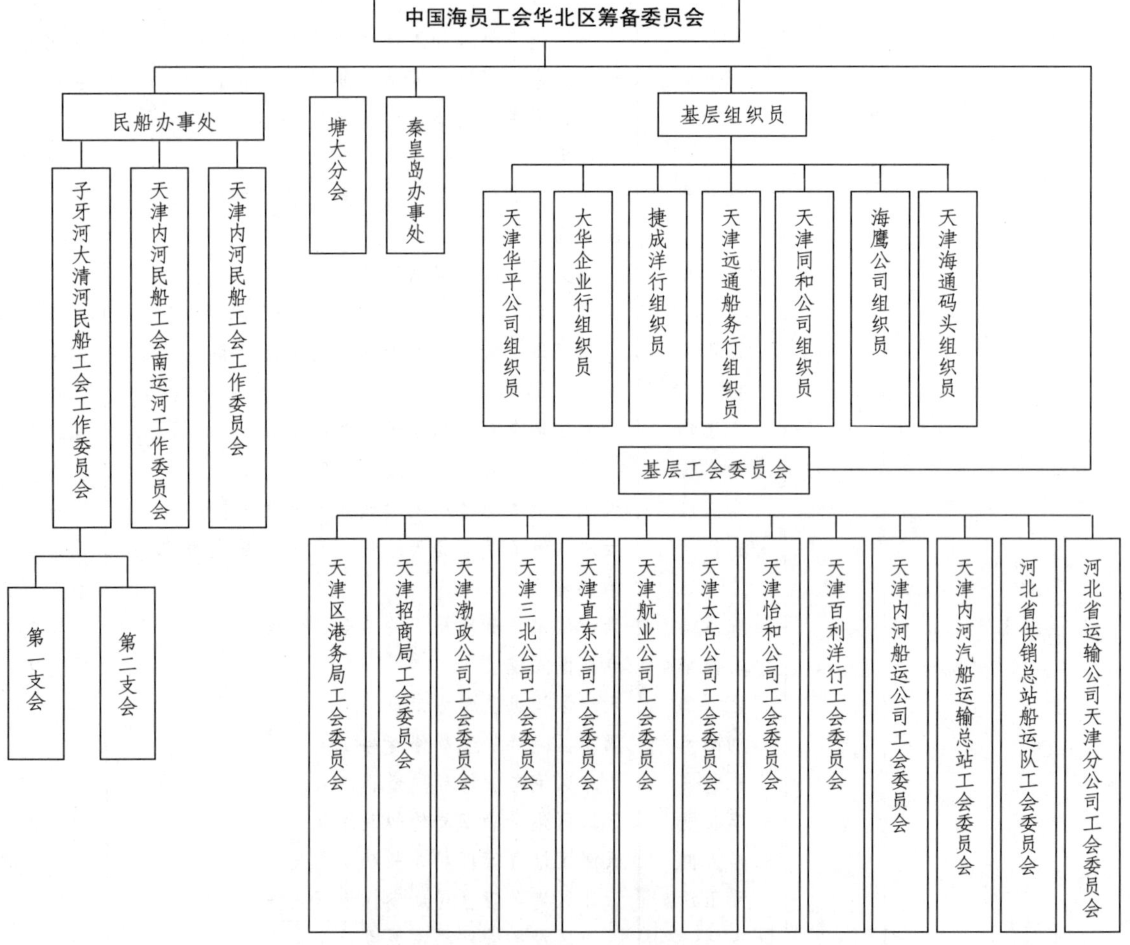

图1 1950年12月中国海员工会华北区筹委会组织系统

1950 年 6 月，天津市总工会决定并经中国海员工会筹备委员会同意，天津市总工会办公室主任肖鲁调任中国海员工会华北区筹备委员会副主任。

1950 年 6 月，中国海员工会华北区筹备委员会召开扩大干部会议，会议根据当前华北区的航运任务和所属各委员会的具体情况确定了 1950 年 6、7、8 三个月的工作方针：决定健全工会组织，贯彻劳资两利的政策，签订集体合同。为巩固“南船北归”工作并加强对海员的组织教育工作，根据全国总工会、中国海员工会筹备委员会的指示，1950 年 10 月 1 日，中国海员工会华北区委员会秦皇岛办事处正式成立。

1951 年 5 月 5 日至 10 日，华北区海员工会召开首届会员代表大会，中国海员工会筹委会副主任丘金出席大会开幕式并讲话。天津市市长黄敬、天津市总工会主席黄火青出席闭幕式并讲话。大会选举产生执行委员 28 名、候补委员 8 名、常委 15 名组成首届工会委员会，曾寿隆当选为主席，肖鲁、宋科、左中侠当选为副主席。选举产生有 13 名委员组成的首届工会经费审查委员会，井恩弟当选为主任委员，周曰禄、郭振升当选为副主任委员。从此结束了筹备工作，正式成立了中国海员工会华北区委员会。当时组织机构设置为办公室、生产工资部、组织部、劳保部、宣传部、国际部、财务处，有工会干部 62 人。截至 1951 年 4 月，中国海员工会华北区委员会建立基层委员会 54 个，组织员 25 个，代表会 6 个，地方委员会 2 个，地方办事处 1 个，民船办事处 4 个，有职工 2.8 万人，会员 1.44 万人。为便于开展工会国际工作，还建立了面向国际海员的新港国际海员俱乐部，面向天津、塘沽两地海员工人的天津、塘沽两个海员俱乐部，在天津还建立了海员疗养院，并利用这些设施积极为国内外海员职工服务。

1952 年 5 月，中国海员工会华北区委员会决定撤销华北区塘大委员会改为中国海员工会华北区委员会塘沽办事处。

1951 年 11 月 23 日至 12 月 4 日，中国海员工会筹备委员会召开第二次扩大会议，会议做出了关于组织问题的决定草案，决定将原全国 7 个地区委员会按照航区成立北洋、华东、华南、长江 4 个航区委员会。北洋区包括原东北区、华北区、山东区的沿海各港口（连云港除外），办公地点设在大连。

1952 年 10 月，中国海员工会筹备委员会决定调中国海员工会华北区委员会副主席左中侠到中国海员工会筹备委员会工作。1953 年 6 月，副主席肖鲁调中国海员工会筹备委员会工作。

1952 年，华北区海员工会接收了天津搬运工会以及市政工会转来的会员 4120 多人，新发展及接收会员 2520 多人，内河航运工会 8000 余人全部移交天津市总工会领导。截至 1952 年 12 月，中国海员工会华北区委员会共有秦皇岛办事处、塘沽办事处、天津区港务局委员会、天津工作委员会、中波公司等五个直属单位，有 37 个基层工会、10 个分会、15 个车间工会、2 个组织员联合委员会、2 个直属组织员、925 个工会小组，有会员 10700 人。

1953 年 1 月，天津区港务管理局秦皇岛办事处与北洋区海运局天津分局秦皇岛办事处、开滦煤矿秦皇岛经理处合并，成立天津区港务管理局秦皇岛分局。是年 5 月，开滦煤矿工会合并到华北区海员工会秦皇岛办事处，秦皇岛办事处即更名为华北区海员工会秦皇岛港口委员会。

1953 年 7 月 1 日，中国海员工会筹备委员会决定撤销中国海员工会北洋区委员会，成立中国海员工会大连区委员会，其所属的华北区委员会、山东区委员会、哈尔滨委员会直属中国海员工会筹备委员会领导。

1951 年 8 月中央人民政府决定修建塘沽新港，并成立了塘沽建港委员会。为贯彻落实国家建设塘沽新港的决定，中国海员工会华北区委员会积极配合建港工程局，深入发动 3100 余名建港职工投入爱国建港、增产节约竞赛，调动和激发广大建港职工为祖国建设港口的积极性与创造性，掀起了献计谋、提建议、搞革新的热潮，据统计在建港期间职工提合理化建议 3026 件，为国家节约建港资金 40 余亿元。负责建造码头的工人创造了“快速穿拉杆”和“循环砌坡法”，提高工作效率一倍多，负责疏浚航道的挖泥船工人创造了“快速挖泥法”，连续 5 次刷新挖泥纪录，提高工作效率 60%。爱国建港劳动竞赛搞得既轰轰烈烈，又扎扎实实，其特点是目标明确、内容丰富、生动活泼、效果显著。既有组织发动，又有检查评比，在建港期间评选出先进集体 95 个次、先进班组 280 组次、先进个人 9529 人次。塘沽新港第一期建港任务只用了一年两个月时间就胜利完成了，并于 1952 年 10 月 17 日提前两个半月开港。将一个解放前被淤泥堵塞，破烂不堪，只能停泊拖轮驳船的港口，建成为能停泊万吨巨轮的人工大港，为发展新中国的国际贸易发挥了应有作用。而且在建港期间培养和锻炼了职工队伍，从工人中培养提拔技术和管理干部 709 人，为湛江和裕溪口等港口建设提供了一批技术骨干力量。

解放初期，津塘两地从事海运的轮船公司有 41

家,其中国营企业只有招商局、渤政公司两家;私营企业有三北、直东、北方轮船公司等26家;外资企业有英商怡和、太古、聚和轮船公司等13家;这些企业所属船只,特别是远洋从事海运船只绝大部分在国民党溃逃时被掠去台湾或香港,其中有50余艘海轮停泊在香港没有运输任务。而我国解放后由于外贸事业的发展,又十分迫切需要远洋海轮,在这种情况下,中国海员工会华北区委员会积极贯彻全国航运会议确定的“搞好水上运输,保证国家经济建设、国防建设和人民生活需要”的方针,积极开展了争取“南船北归”工作,抽调了副主席肖鲁和左中侠等20余名工会干部深入到所属企业轮船上与基层工会共同对船员进行爱国主义教育,提高广大船员政治思想觉悟,发动船员将轮船从香港开回祖国,即“南船北归”。到1952年年底,北归私营轮船达21艘,约17万吨位,回归船员522名。为巩固北归船只,稳定船员思想,1953年年初又领导进行了民主改革,采取了发动船员,组织骨干;清除坏人,纯洁队伍;改选工会,整顿组织三个阶段的工作,从而进一步提高了广大船员的阶级观念和政治觉悟,激发了他们的爱国主义热情和主人翁责任感,并清理出反动党团骨干、特务分子、反动会道门成员等有政治历史问题的人员216名。通过民主改革巩固了北归船只,为新中国航运事业的恢复和发展作出了重要贡献。1953年贯彻国家实现社会主义工业化,实现对农业、手工业和资本主义工商业的社会主义改造的“一化三改”过渡时期总路线,配合政府对全部私营企业进行了社会主义改造,实现了公私合营,走上了社会主义道路。

为促进新中国对外贸易的发展,加速社会主义建设事业,中国海员工会华北区委员会积极开展对国际和国内远洋海员团结与增进友谊的工作。根据工作需要投入大量工会经费,在政府的支持下新建和改建了海员的活动阵地与服务设施。1950年工会投入40万元在天津建立海员俱乐部。1955年工会又投资10万余元,在塘沽新港建立了海员服务站。1957年7月以政府投资为主,工会投资为辅,新建了面积为1931平方米的国际海员俱乐部,为开展对国际海员的团结、教育和联络工作创造了良好的工作条件。华北区海员工会开展国际海员工作坚持贯彻交通部确定的“顺利进港、安全靠岸、迅速装卸、愉快开航”的方针。通过登船访问,个别交谈,召开联欢会,赠送报刊,组织船员游览,为船员生活服务,代购食品等各种方法为海员服务。据1951年至1956年统计,抵达塘沽新港的国际远洋货轮有18个国家的1644艘次,船员有12268人次。1952年10月开港后国际远洋货轮逐年增加,1953年增加一倍,1954年增加168%,1957年又比1954年增加43%。国际海员工作为增进团结和友谊,对促进新中国的国际贸易发展,推进社会主义建设具有重要意义。

1954年7月6日,中央政府将天津区港务局秦皇岛分局收归交通部领导,并改建为秦皇岛港务局,中国海员工会华北区委员会秦皇岛办事处划归中国海员工会全国委员会领导。而天津内河航运局也划归河北省领导。由于行政体制的改变,工会组织亦随之改变领导关系,华北区海员工会分别将所属内河民船工作委员会和秦皇岛港口委员会交由中国海员工会华东区委员会和中国海员工会筹备委员会领导。截至1954年12月,中国海员工会华北区委员会共有20个基层工会、45个车间工会、579个工会小组,有职工1.14万人,会员1.11万人。

1955年6月15日,中国海员工会华北区委员会遵照党中央“关于精简机构,减少组织层次,提高工作效率”的指示,为便于深入基层,面向海港,联系群众,转变作风,经过研究决定将华北区海员工会机关由天津迁往塘沽新港办公,同时撤销了华北区海员工会塘沽办事处。

1955年10月,中国海员工会华北区委员会主席曾寿隆因病去世,1956年4月,中国海员工会决定由副主席宋科代理主席职务。1956年9月,中国海员工会决定调办公室副主任黄鸣凤任华北区委员会主席。

由于华北区海员工会组织情况有了较大的变化,北归海轮和秦皇岛港口委员会已经划出,港口已实行统一管理,天津码头工会的职工划归华北区海员工会领导,同时天津航区各企业行政机构已经确定。华北区海员工会组织范围只限天津、塘沽两地,1956年10月,华北区委员会分别向中国海员工会全国委员会和天津市工会联合会请示将名称改为中国海员工会天津区委员会。是年11月,中国海员工会全国委员会、天津市工会联合会分别批准华北区海员工会变更名称,并要求经华北区海员工会第二届会员代表大会讨论通过。

1956年11月27日至12月1日,华北区海员工会在天津召开第二届会员代表大会,代主席宋科代表第一届委员会作工作报告,财务部副部长李俊德作财务工作报告。大会选举产生执行委员27名、候补委员5名、常委13名,组成第二届工会委员会。选举产生由5名委员、2名候补委员,组成的第二届工会经费审查委员会。大会还正式通过了改变组织名称的决定。12月29日，经天津市工会联合会批准，进行了分工，黄鸣凤为第一主席，宋科为第二主席，王东轩、辛国颂为副主席。杨士裕为工会经费审查委员会主任。当时工作机构分别在津、塘两地设置两个办公室，因工作重点在塘沽故塘沽为第一办公室，天津为第二办公室，还设有生产工资部、组织部、劳保部、宣传部、国际联络部。所属基层工会包括天津区港务管理局、新港船厂、新河船厂、疏浚公司、新港工程局、中波轮船公司等18个基层工会，有职工1.13万人，会员0.99万人。（见图2）

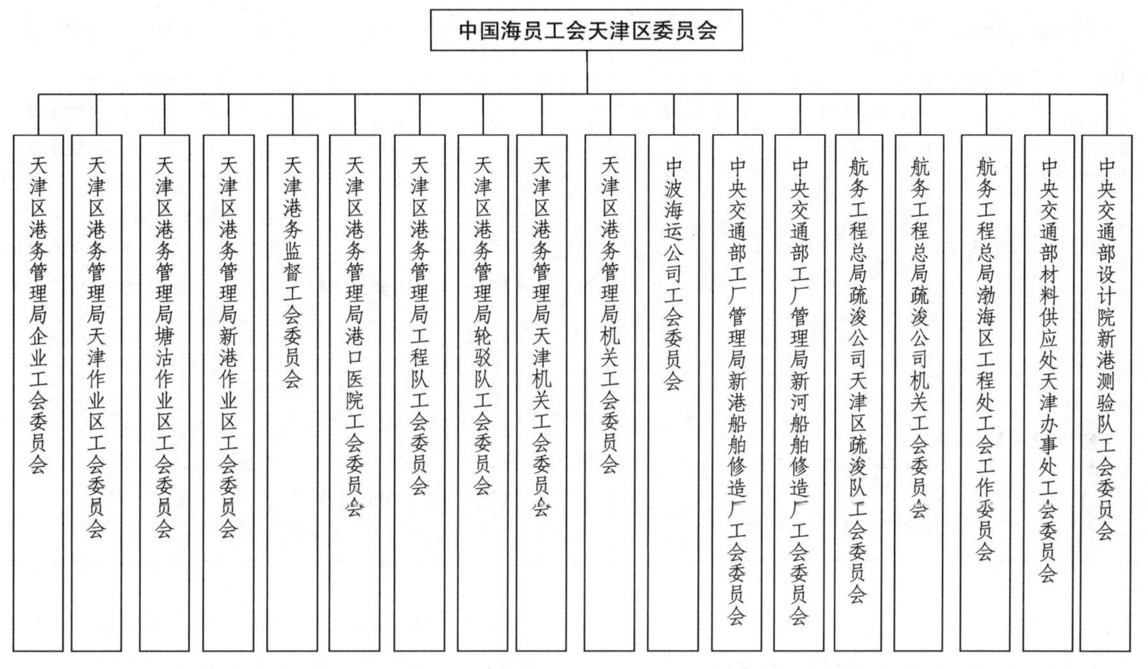

图2　1956年11月中国海员工会天津区委员会组织系统

1958年9月，根据中华全国总工会八届二次会议“关于工会组织必须完全在各级党组织的统一领导下进行工作，精简机构，节约开支”的指示，天津市总工会决定将天津区海员工会与天津市总工会塘沽区办事处合并。9月25日，中国海员工会天津区委员会召开了全委会议，学习贯彻天津市总工会的决定，经全委会议研究决定，从10月1日起将天津海员工会所属津塘两地的人员、财产、工作分别移交天津总工会和塘沽区办事处。天津海员工会机关、海员俱乐部、海员疗养院由天津市总工会接收，在天津的所属基层工会分别划归市政、建筑和公路运输工会领导。在塘沽的海员工会机关、新港国际海员俱乐部及所属基层工会均由天津市总工会塘沽区办事处接收，当时天津区海员工会共有21个基层工会，有职工1.85万人，会员1.29万人。中国海员工会天津区委员会撤销合并后，航区第一主席黄鸣凤调天津海洋化工学院（后改为天津海洋化工学校）任副院长；第二主席宋科调天津内河航运局任党委副书记；副主席王东轩调天津航道局任工会主席；副主席辛国颂调天津港务管理局任工会主席。

天津海员工会从1949年4月建立到1958年10月撤销合并，共工作了9年多的时间。天津地区的海员工会组织在各级党委的正确领导下，广泛深入地发动水路运输系统港、航、厂的广大职工以主人翁精神，在巩固人民政权、支援抗美援朝、推行民主改革、联络国际海员、团结教育职工、开展劳动竞赛、关心职工生活、发展壮大工会组织等各方面都做了大量工作，发挥了产业工会的重要作用。（见图3）

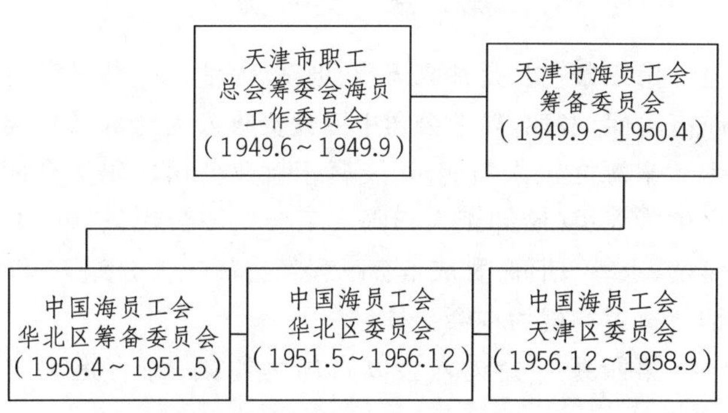

图3　中国海员工会天津区委员会历史沿革表

中国海员工会天津区委员会历任主席、副主席任职表

(1949.6~1958.9)

届次	时　间	委员会名称	主席(主任)	副主席(副主任)
	1949.6~1949.9	天津市职工总会筹委会海员工作委员会	曾寿隆(1949.6~1949.9)	——
	1949.9~1950.4	天津市海员工会筹备委员会	曾寿隆(1949.9~1950.4)	宋　科(1949.9~1950.4)
	1950.4~1951.5	中国海员工会华北区委员会筹备委员会	曾寿隆(1950.4~1951.5)	肖　鲁(1950.6~1951.5) 宋　科(1950.4~1951.5)
1	1951.5~1956.11	中国海员工会华北区委员会	曾寿隆(1951.5~1955.10) 代主席: 宋　科(1956.4~1956.11)	肖　鲁(1951.5~1953.6) 宋　科(1951.5~1956.11) 左中侠(1951.5~1952.10)
2	1956.12~1958.9	1956年12月更名为中国海员工会天津区委员会	第一主席: 黄鸣凤(1956.12~1958.9) 第二主席: 宋　科(1956.12~1958.9)	王东轩(1956.12~1958.9) 辛国颂(1956.11~1958.9)

天津海员工会组成章程(草案)

1949年8月20日

第一章　总　则

第一条　本会定名为“天津海员工会”。

第二条　本会为工人阶级的群众团体,宗旨为团结教育全体海员,协助人民政府,恢复与发展航运交通,保护海员利益,并联合各民主阶级,以争取中国人民解放军为建设新中国而奋斗。

第二章　会　员

第三条　凡是往来天津、塘沽、大沽之国营私营的航海轮船、驳船、航业公司中以薪资收入为全部或主要生活来源之工人与职员,及属于航业公司之码头仓库之理货人员(装卸工人归码头工会),不分民族、性别、年龄、宗教、信仰,赞成本会章程经会员一人介绍,并缴纳会费者均得为本会会员。

第四条　会员入会以自愿为原则,并有退会之自由。

第五条　凡在国营私营轮船驳船及航业公司中服务之工人与职员,其出身为农民或独立劳动者不论服务时间长短均得按章加入本会为会员,其出身为非劳务者(如乞丐、旧警察、宗教职业者、靠赌为生者等等)服务满一年以上并经工人群众同意,得按章加入本会为会员。

第六条　工人与职员凡是国民党三青团专区分委以上及特务分子或其他反动政治集团之负责人,须经坦白悔过后,在行动上改正,经政府恢复公民权并经工人群众同意者方可按章加入本会为会员。

第七条　凡剥削阶级出身之工人或职员连续服务两年以上者,经工人群众同意后,亦可按章加入本会为会员。

第八条　凡是资方之代表如私营行业公司之经理、轮船船长、办房买办均不得参加本会为会员。靠克扣工人工资为生活资料主要来源之工头,在放弃其克扣行为之后,经工人大多数同意可加入本会为会员。

第九条　公私营轮船及其公司的警衛人员,暂规定不加入本会为会员。

第十条　本船工人亦可按章加入本会,其详细办法另行规定。

第十一条　会员之权利:

（一）有选举与被选举之权利。

（二）对本会一切工作与各种设施，有进行讨论提议与批评之权利。

（三）对工会负责人，有监督和控告之权。

（四）有享受本会所举办之各种文化、教育及福利事业之权。

第十二条　会员之义务：

（一）有遵守人民政府法律、本会章程及执行决议之义务。

（二）有向本会经常报告其为本会工作情况之义务。

（三）有向本会按期缴纳会费及介绍会员之义务。

第十三条　会员之奖罚：

（一）会员对本会工作有特殊贡献，为所属支会会员大多数证明者，本会酌情给以精神或物质上的奖励。

（二）会员在执行职务对恢复与发展航运事业上有特殊贡献，在技术上有新创造，本会酌情商请航业公司或呈请政府给以适当奖励。

（三）会员如有违反会章，破坏本会工作或触犯人民政府法律等行为，本会根据情形给以批判、警告、记过或开除会籍的处罚。

第三章　组　织

第十四条　本会的组织原则为民主集中制。

（一）本会及各级领导机关由民主选举产生。

（二）本会所属各分支工会有定期向其选举者和上级工会作定期工作报告之义务。

（三）少数服从多数，下级服从上级，本会所属分支工会服从本会一切决议。本会服从天津市总工会领导，当全国海员总工会成立后服从全国海员总工会领导，遵守其会章，执行其一切决议。

第十五条　本会会员代表大会为本会最高权力机关，其职权与召集方法如下：

（一）全体会员代表大会之职权为决定和修改本会章程，决定本会方针与任务，听取讨论审查本会驻会委员会之报告，并选举本会驻会委员会。

（二）全体会员代表大会暂定一年举行一次，由驻会委员会召集之出席代表必须在半数以上方为有效，遇必要时驻会委员会得临时召集之。

（三）本会驻会委员会之委员，在任期内，如有不称职者，经原来单位换之，如因同类情况被撤驻委连续至第三人时，须召开代表大会方能决定。

（四）驻会委员会任期为一年。

（五）出席代表大会之代表额数及选举办法，由驻会委员会制定，经上级工会批准之。

第十六条　由全体会员代表大会选举驻会委员会若干人组成驻会委员会，在代表大会闭幕期间，为本会最高权力机关，驻会委员会全体会议，每月至少举行一次，由主任委员会召集之，但须有半数以上委员出席方为有效。

第十七条　由驻会委员会选举主任一人，副主任一人至二人，领导会务。

第十八条　本会得设下列各科，进行日常工作：

（一）组织科　负责审查登记会员，增收会费，调整提拔培养干部，调查统计及一切有关工会组织事项。

（二）宣传科　管理宣传教育，举办海员俱乐部，并指导各分支会的宣教工作。

（三）劳动保护科　管理与指导劳动保险，商定劳动契约及海员之福利工作并督促各行业公司检查与改进各种轮船安全设备，协助政府办理有关海员失业登记等问题。

（四）秘书室　在秘书领导下（秘书由驻会委员会选任）协助正副主任经常研究计划，检查总结工作，下设文书收发等股，负责管理文书收发及一切对内对外有关事宜，并掌管本会一切经费预决算之审核以及掌握本机关一切之总府事宜。

第十九条　各科设科长一人，秘书室设主任一人，由驻会委员会互相推举兼任，各科根据工作需要得设副科长一人及干事若干人，由常务委员会委任之。

第二十条　本会为工作需要，在塘沽设塘大分会，领导来往津沽之小船与外船停泊塘沽大沽时之海员工作。塘大分会设主任一人，副主任一人至二人，委员若干人，正副主任由委员会推举。

第二十一条　凡本会所属轮船及航业公司，其职工满二十人以上者均可设支会，为经常办事机关，组织形式按部门分小组，各组之上设委员会，委员由会员大会选举之，不足二十人者设直属小组。

第二十二条　凡本会所属支会及小组与各地（如上海、广州、汉口、大连、青岛等）海员工会之关系如下：

（一）在人民政府管辖之国内各地之海员工会与本会是兄弟关系，互相建立横的关系，以便相互协助。

（二）本会会员在各航线上发生事故可呈报人民政府管辖之各地海员工会协助处理之。

（三）本会会员与各航线会员经双方同意可建立同一支部，其会费向支部所直属工会缴纳之。

（四）本会否认国民党反动派领导之海员团体之

合法地位,凡参加国民党反动派领导之海员团体之海员职工,本会以一般海员看待,唯对其有反动行为之负责人,本会则以非法分子看待之。

(五)人民政府管辖下各海员工会所属各轮船之会员,如改变航线来津沽,其持有原海员工会之介绍文件者即转为本会会员,按期缴纳会费,并服从本会领导,享有本会会员之各种权利。

第四章 经 费

第二十三条 本会所属会员须按月缴纳所得薪资1%为会费。

第二十四条 本会所属各支会暂定将其所收会费全部交本会,支会需要之日常费用由支会拟定预算经本会批准拨付,本会将所收会费30%交市总工会,其70%留作本会及所属分会费用(全国海员总工会成立后,本会经费如何缴纳,当根据情形再行决定)。

第二十五条 会员如无特殊原因超过6个月不缴会费者即停止会籍。

第二十六条 会员失业时免缴会费。

第二十七条 会员退会停止会籍或被开除会籍其已缴纳过之会费,不得要求退还。

第五章 总 则

第二十八条 本章程经全体会员代表大会通过及经天津市总工会批准后实行。

第二十九条 本章程如有不适用之处得交下属会员代表大会讨论修正并经天津市总工会批准之。

第三十条 本章程之解释权属于本会。

天津市总工会黄火青主席在华北区海员工会第一届会员代表会议上的讲话

1951年5月10日

我们华北区海员工会第一届会员代表会议,正值抗美援朝运动在全国蓬勃开展的时候,召开是很有重要意义的,会议对于在海员中深入抗美援朝运动将有很大的贡献。我们海员工人是工人阶级中重要的一部分,曾有过光荣的斗争传统,在中国工人运动史有着非常重要的地位,如香港海员大罢工,那就是我们工人阶级在政治舞台上第一次给帝国主义以严重的打击,而且大大地推动了当时的工人运动,最近的“永灏”油轮事件,就是我海员工人继承了过去的革命传统,对帝国主义斗争的大无畏精神的表现。由于我们海员工人有过光荣的革命传统,因此在我们海员工人中产生过许多优秀的工人领袖,如邓发、苏兆征、陈郁同志等都是海员工人中的杰出人物。

我们要继承并发挥海员工人光荣的斗争传统,贯彻这次代表会议的精神,为搞好新中国的航运事业,巩固我们的胜利而努力。刚才黄市长谈到我们的国家解放不久,在各方面就有这样辉煌的伟大的成就,在朝鲜前线,我们打败了世界上最强大最凶恶的美帝国主义,在历史上我们从没有像伍修权将军那样慷慨激昂,理直气壮地在国际政治舞台上控诉美帝国主义的暴行,美帝国主义虽然阻止了我们参加联合国,然而没有我们联合国就不能决定任何重大的事情,你瞧吧:没有我们,联合国能搞出什么呢?英帝国主义在香港扣留我们的飞机,这次又征用我们的“永灏”油轮,但如果不把飞机保护好,不乖乖地把船运回来,那也就对它不客气,它打我们一拳,我们就还它一腿,没有便宜给它的,我们的国家已经真正在全世界人民面前站起来了,我们是值得骄傲的。国内各民族从来没有这样团结过,国内经济统一了,物价稳定了,过去国民党十八年稳定不了,我们一声命令说定就定,这的确是个奇迹,以前帝国主义嘲笑我们,伸起手来向我们翻白眼,以为没有他们的棉花,工厂开不了工;没有他们的大米活不了,而只消几天,这些问题我们都解决了。工厂照常开工,而且生产大大提高。一个命令,四川、湖南、云南的大米大量涌到上海,挤得上海堆不下,天津在去年就实行了劳保条例,另外政府还拿出十万斤粮食帮助那些没有实行劳保条例的工人,举办各种福利。我们向工人区装自来水,修电车,建筑宿舍,以前北戴河是政客、官僚、大肚子享乐的地方,我们工人真是连梦也不敢做,现在我们在那儿建了疗养院、休养所,专门给工人去休养,过去搬运工人过的是什么日子,受苦受累做牛做马,也赚不到一顿饱饭,现在咱们有了自己的医院、疗养院,仅仅说说,两年时间我们就得到这么大的成就,这就可以晓得是我们前途的美丽了,但是我们不忘记这些都是共产党、毛主席给咱们带来的,都是前线的人民解放军给咱们保护住的。帝国主义看了就眼红,它千方百计地想把咱们这个新饭碗砸掉,它们轰炸、封锁、派特务破坏,我们海员兄弟要团结起来提高警惕,粉碎帝国主义这些阴谋诡计,保护我们这个伟大的可爱的有着无限美好前途的祖国。如果大家都努力,那么我们国家的经济就会一日千里向前发展,幸福是靠自己的努力得来的,我们工人最理解这句话的意义。

我们虽然有许多物质基础、便利的条件，但是还需大家共同努力。

帝国主义是不甘心在中国失败的，它要派特务到新中国捣乱、破坏，这些特务主要的来路是海路，我们海员工人要继承过去革命传统，继续与帝国主义在政治上、经济上作坚韧不拔的斗争，保护我们伟大祖国的安全，巩固与扩大我们已取得的胜利。

海员工会工作与其他工会工作稍有不同，因为流动性大，与陆上联系较困难，因此船上工会工作的同志就需要有独立的工作能力，巩固和健全船上的工会组织，就是我们推动船上工会工作的重要环节，这次海员工会以训练班、会议的形式调训船上工会工作干部，是一种很好的办法，以后可以持续使用。

总的说来，我们海员在过去有过光荣的革命传统，而目前任务那么繁重，因此，我们广大的海员兄弟就要紧紧地团结起来，发挥海员的光荣传统，为完成自己伟大的任务而努力。因为我们海员对外接触频繁，为了宣扬新中国的建设伟大成就，每一个海员都要成为新中国的宣传员。在新中国的经济建设事业上，海员占有非常重要的单位，尤其是华北区的海员，由于形势发展的影响，具有比其他地区更重要的地位，我希望大家把这次会议的精神，圆满地带到船上去，最后我祝贺大会的胜利。

中国海员工会华北区第一届会员代表大会工作报告

中国海员工会华北区筹委会主任　曾寿隆

1951 年 5 月 5 日

去年四月召开全区代表大会，产生了中国海员工会华北区筹委会，迄今为止，已经一年。

在此次全区代表会前，全区海员在中国海员工会、天津市总工会及人民政府的正确领导下，也已完成了艰巨的运输任务。

华北区筹委会认识到：团结教育海员，巩固北归船只及大力争取南船北归，以完成当前艰巨的运输任务，及加强对国际海员与留外中国海员的宣传联络工作，以期影响并推进世界职工对新中国的情谊，进而影响和推进世界职工运动的二重任务既艰且重，并会注意到领导全区海员来完成这一任务。

在此过程中，我会进行了组织工作，自上而下发展会员，建立工会，迄至现在，全区（津、塘、秦、民）已发展会员 14389 人，占职工总数的 75%，建立基层委员会 54 个，组织员 25 个，代表会 6 个，地方委员会 2 个（塘、民），地方办事处一个（秦），民船办事处 4 个。目前外交关系、对外贸易事业的日新发展，新的航线的开辟及扩大，运输任务的加重及运输力量的不足，粉碎美帝国主义的封锁及侵略阴谋的严重斗争又摆在面前，因此结束交代筹备工作，正式产生华北区海员工会，领导全区海员进行今后恢复和发展航运的工作已具基础。

这个报告中，不去详细叙述一年来的工作过程，仅就工作中几个主要问题加以阐述。

一、巩固北船，争取“南船北归”的现状

一年来巩固北船，争取“南船北归”的工作是有成绩的，这些成绩主要表现在北归船只的继续增多及劳资关系的初步稳定。

去年年初留外私营大船方始北归，中因航经台湾海峡，遭受敌人飞机、兵舰侵扰及抢劫的严重威胁，并发生过“大中山”、“南美”、“海后轮”被劫的事实，使劳资双方在北归中均有顾忌，资方怕北归中因船只被劫遭受意外损失，想改航南洋，保持最低利润，求得“以船养船”的现状，视局势发展再作近图，工人则要求危险费、津贴费的增加，加上当时留港资方不了解政策，存在着货源利润的顾虑及财政困难的实际问题，这些促成了当时南船北归的全部障碍。

去年三月，北洋航务会议后，明确了公私兼顾政策，贷款给某些意欲北归而财政困难的资方，并通过统一调配使用的方法解决其货源，及保证其 30% 的利润及革命胜利局势的影响，这样就使某些长期不决的资方及其船只陆续北归。

七月，朝鲜战争爆发以来，北归船只中会发生要保险、保证金等问题，并由此，使已经北归的××、××、××三轮南逃，据此我们进一步明确了为巩固北船，争取南船北归而斗争的方针，注意了增加和改进工人实际生活，广泛地采用了临时协议的方法，解决了北归私营大船中有关工资待遇的劳资争议，帮助实现了资方在港所允诺的北归条件的大部实现，维持工资待遇不低于留港的实际水平，稳定了船员中由经济要求而引起的不愿北归的思想情绪，相对地稳定了既已北归船只的生产关系。

一年来，基本上正确地贯彻了公私兼顾，劳资两利政策，初步调整了公私关系，及时注意解决了北归私营大船的劳资争议，以及船员对局势认识的迷糊观念，不仅使已经南逃的××、××、××三轮重新北返，且使南留船只继续北来，迄今为止，北归私营大船已达×××

只,超过去年七月北归船只两倍,加上中国流动船只,及租用外商船只,目前为国公营、公私租用及统一调配使用的已近××艘,载重××万余吨,这些北归船只,去年及今年参加了滦煤、生铁运往××、××及××、××航线的运输工作,运出各种物资××××吨,换回了工农业建设所必需的各种物资××××吨,完成了国家的运输任务,沟通了内外交流,促进了国家经济建设的发展。

北归前原来经营不振的公司已逐步转为昌盛了,从无钱到有钱,从欠债亏本到盈余,根据北归轮船业负责人魏文汉谈,仅去年一年,各北归公司约赚取利润五十余亿,随生产发展,工人生活也得到了提高,目前北归船员的实际生活较北归前一般的提高了一倍。

巩固北船,争取南船北归的工作,仍须进一步明确提出目前应着重于北归船只的巩固工作,应以生产为中心的贯彻劳资两利政策,教育工人,从搞好生产中寻求改善生活的途径,不应单纯从追求工资数字的增加中改善生活。同时,向资方说明,必须依照生产长一寸,福利长一分的原则,及时注意改善工人生活,以促进劳资关系进一步正常,以影响和争取南船继续北归。

二、劳资纠纷问题

一年来,本区劳资纠纷事件的发生与处理,异为频繁,此为本区工作中的一个特点,并始终成为重要工作之一。

综合一年来本区(不包括民船)各地发生劳资纠纷共百余件,据现有材料看来,这些纠纷的内容大致可综合为二:

(一)属于经济待遇的:包括增加工资、危险费、寒衣费、换旗费、加班费、解雇费、预支工资、年终双薪及各种不同名称的津贴如:航行、国内、国外、码头、舱面、特别奖金等。

(二)属于管理和人事制度的:包括无理解雇、反对解雇伤亡抚恤、临时工改长工、开除、歇业、反对不合理的工作制度等。

纠纷事件中,以属于经济待遇范围的工资津贴为主。

为什么恰恰在北归后发生这些纠纷呢?主要原因有四:

(一)北归前,留港以及外埠的船只,多数沿袭着帝国主义的不合理的工资待遇政策及管理制度,造成船员特殊的生活待遇(包括:走私、商业投机),由此养成船员不从发展生产中来改善和提高自己的生活思想,以及由这种制度所造成的不正常的劳资关系,这样就种下了北归后必然发生劳资纠纷的历史根源。

(二)北归后航线分散,组织教育工作又未跟上去,因而劳资纠纷事件,在北归船只上就自发地发展起来,并逐渐扩及私营野鸡船只及租用外商船只。

(三)工人思想中,存在着过左的经济主义思想,单纯追求工资数字的增加,不从发展生产中来改善和提高生活。

(四)干部在解决纠纷中,未及时深入具体地贯彻政策思想教育,并不适当地支持了某些船只的过高要求,实际上更加助长了工人过左的经济主义的情绪。

我们在解决北归及私营船只的纠纷中,一般的正确坚持了劳资两利政策,从说服教育工人着手,适当地将工人要求在不同程度予以实现,但因领导上未及时研究与明确政策,在处理个别问题上也会发生了两种偏向:

(一)不坚持政策,盲目追随工人自发性的要求。例如:我们曾不分船只类型(北归、野鸡、外商)及纠纷的性质(自发或被操纵提出的),不适当地支持了租用外商的威云轮工人增资100%,菜金50元,及海河尼轮增资100%,寒衣费30万元的过高要求,其结果有三:

(1)“威云轮”到香港,全体海员被解雇,海河尼轮生火及水手二十余人全部下地,直接造成工人失业痛苦。

(2)在香港南洋等地产生了不良影响,香港海员普遍认为到华北区可以双份工资(即100%),某些留外资本家也因怕闹劳资纠纷不敢北归(南美轮船公司经理语),“海河尼”船主也因此到日本私自下地不干。

(3)直接影响了运输任务完成(海河尼轮停泊期影响少运两万余吨煤),此外船租金提高(威云轮由每吨2.8元美金,提高到5.6元美金)及可能争取为我们运输服务的船只改变航线(海河尼轮)减少了我们的实际运输力量。

所有这些,都是不从发展航运的劳资两利政策着眼,对工人进行说服教育以片面地、近视地照顾工人目前利益,缺少完成运输的政治任务及工人阶级长远利益的全面观点的表现与结果。这种情况,继续下去,会使航运事业及工人阶级的利益遭受损失,应该迅速纠正。

(二)片面强调政策,反复启发教育群众不够。例如北归初期,某些船只(“海王星”轮)发生了劳资纠纷,工会干部对工人生硬地背离发展生产劳资两利的政策原则,并告诉工人不准提高工资,甚而要减工资,工人认为我们是代替资方说话,因此对我们很疏远,还有个别干部在解决纠纷时采取包办代替及变相强迫命令的方式,来说服群众,其结果造成群众对工会的不满,发展下去会使工会脱离群众。

我们的原则及任务,就是在解决纠纷中,既要坚持政策又要联系群众。这就需要我们紧紧掌握群众工作的基本方法——说服教育的方法。

如何才能说服教育群众呢?基本关键在于深入了解情况,精确分析工人要求的合理与不合理部分,可能办到的与不可能办到的部分,站在海员之中,把问题及利害关系向海员讲明白,并同他们共同研究,根据讨论中群众思想的具体变化,给予及时的、灵活的、具体的政策思想的启发教育,才能真正说服群众,减低其过高部分的要求。同时,工会还应当根据群众情绪,及时提出群众可能接受的意见,以领导群众前进。

例如:最近大伟健轮的劳资纠纷,就是根据上述原则解决的,并且已经得到了效果。大伟健轮原提出增资100%,劳动奖金50元,后来把工人代表请到工会,共同研究如何解决。在弄清了情况后,领导思想上首先肯定增资100%,及50元奖金的要求是过高的,但乂须从进行政策教育着手,以逐渐减低其过高要求,开始时不是以直接正面的"赞成或反对"、"允许或不允许"的口气出现,是以关心工人痛苦,并紧紧站在海员之中,提出了几个问题和他们共同研究。

(1)增资后,工人职业到香港是否有保证?增加的工资是否能长久保持?

(2)上船合同系在香港订立,如在此地另订工资是否算是打乱了原来合同?及其直接后果如何?

(3)增资后,该船是否会改变航线,是否符合劳资两利政策?

问题提出后,反复启发海员进行讨论,并把海河尼、威云的教训结合劳资两利政策进行了政策思想的启发工作,这样,海员中便出现了相反的意见,希望不过高增资,为了补助生活困难,可以增加一点菜金,这个意见提出后,得到绝大部分工人代表的同意,个别分子的过高要求,即逐渐孤立,最后根据群众情绪,工会提出可和资方协商增加一些菜金津贴,经工人代表考虑同意后,即和该公司驻津代表交涉并强调指出增加津贴会刺激船员生产情绪,增加生产,经过驻津代表向公司交涉,最后增加菜金50元,事情遂得圆满解决。

工会的工作方法,只有说服并应该紧紧掌握站在群众之中,不是站在群众之上或群众之外领导群众前进的基本环节。工会领导还应该及时掌握群众情绪,提出为大多数群众所能接受的意见,最后说服群众,并领导群众不断地前进。

对帝国主义船只的劳资纠纷,不应和一般北归及私营野鸡船只的劳资纠纷相提并论,帝国主义会长期地从经济上、政治上,嫁祸于中国海员,解放后,船员受革命胜利的影响,敢于提出反对美帝国主义不合理的制度,提出在经济上、政治上的要求,应视为觉悟的表现,并应和一般北归及野鸡船只中某些船员的经济主义严格地加以区别,问题在于我们处理这类问题时,不应操之过急,应采取慎重的极有策略的态度来解决此类船只的问题。

对解决今后劳资纠纷问题,应从以下三点着手:

(1)通过训练班、会议及各种日常工作,积极开展劳资两利的政策思想教育,在海员中树立发展生产、劳资两利的政策思想。

(2)加强干部的政策及思想教育,提高干部政策思想水平,克服个别干部违反劳资两利政策的思想偏向,以端正政策思想。

(3)目前,即着手开始研究与订立生产节约性的集体合同,但在集体合同未正式订立前应继续采用协商,订立临时协议的方式及时注意解决北归船只的劳资纠纷以稳定劳资关系。

三、工会面向生产

工会面向生产的口号,虽一般提出,但因缺少具体组织和发动群众深入贯彻,使工会面向生产的口号变成实际行动,以及领导机关不健全,因而生产工作从总的方面讲尚未普遍开展。

目前部分北归轮船中的工会组织,已经开始注意生产问题,例如:×××及×××二轮,自动提出增加载重量、缩短航时等,×××轮的实际载重已超过该公司所定奖励办法中的实际定额(定额4600吨)达到4650吨,船员也将根据生产长一寸福利长一分的原则,得到奖励。×××轮三月份秦、沪一次煤运缩短航行11小时,也得到资方奖励。

其他,如××、×××、××、×××等,也都有类似上述情况。

但这些生产竞赛,尚处开端,今后必须精密注意研究这些船只生产情况的发展,及时注意培植并具体帮助解决生产运动中所遇到的问题,及时总结经验,组织推广,并防止不顾船只安全,盲目增加载重的偏向。

其次,是根据了天津市"五一"至"八一"开展生产竞赛的口号,在招商局(天津、塘大)、渤政、新港、小码头修理厂等单位布置并开展了生产竞赛运动,经过生产竞赛后,在节约燃料、增加载重量、缩短航时、建立制度、提高技术、改进工具、发明创造、改善政工关系、促进工人团结上均获得一些成绩,航运成本也较之前降低,由此涌现了大批劳模及积极分子,其中当选出席天津市劳模代表大会者7名。

以招商局小火轮为例较前节省燃料17%,航时增加43%,驳运量增加46%,驳运成本较竞赛前降低了46%,创造了该公司驳轮有史以来载重量的空前提高。同时,通过竞赛,建立了新的管理制度,如车间纪律,及规定科学的航时等,局内也产生各单位互相联系和预决算制度,职工及工人间的过去某些不团结的现象也因此解决了。新港修船一厂一等模范陈振异创造了自动抛石船,给国家节省300余万斤小米,吴振先小组改进了螺丝帽的夹子,提高了产品质量,渤政一号,甲等劳模高士俊,发明了安装驳船车并使重量平衡,加速了装载速度,船员张德惠制造了接油机盘,节省机油30%,其他如增加航行速度,超额完成运输任务者还很多,这里不一一举例说明。

今后必须确保证生产任务完成,这是工会工作最基本最重要的任务,对目前已经出现的生产竞赛,必须认真研究,具体帮助,总结经验组织推广,工会的一切部门工作(组织、文教、劳保)都应以生产为中心的进行工作,脱离生产的中心任务,部门工作已将无从深入开展,这是我们过去一条最重要的教训,必须记取。

今后要把生产竞赛在全区普遍开展起来,并使它长期地坚持下去,这是我们抗美援朝的具体行动,同时又是正常劳资关系,贯彻巩固北船、争取南船北归的中心环节。

生产搞好了,行政和资方有钱可赚,工人生活也能慢慢提高,社会主义来到的日子就早点,工人的幸福也更大,生产搞不好,公司赔钱,工人整天闹增加工资,结果公司垮了台,大家都失业,工人生活更加痛苦,社会主义到来的日子会更晚。

因此,搞好生产,不仅是为了资本家的利益,同时是为了工人的利益,这就需要我们紧紧掌握毛主席规定的发展生产、劳资两利的政策:

开展航运及生产竞赛是我们今后第一条任务,必须摆脱可能摆脱的机关行政事务工作,组织可能组织的力量,转向生产,这是我们今后工会工作的方向,必须集中力量,予以贯彻实现。

四、一年来组织、文教、劳保工作概况

(一)组织工作:一年来执行了全区第一次海员代表会议所决定的发展会员,建立工会的组织工作方针,并在这方面取得一些成绩。

迄至现在,全区(津、塘、秦、民)取得联系的海员18328人,发展会员14489人,占全体职工的75%强,建立了基层委员会54个,组织员25个,代表会6个,地方委员会2个,地方办事处1个,民船办事处4个,并重点的在陆地上展开了反封建把头的斗争,取消了海通及天津航业的封建把头制,从而巩固了工会组织。

组织工作中还存在不少问题,最主要的是一年来发展组织的工作未和中心任务相结合,进行及时的巩固工作,因而造成基层工会的十分薄弱,基层委员会的组织领导很不健全,工会内部民主生活及小组活动很少开展,对广大会员缺少思想与组织教育,会员阶级觉悟还不十分高,对基层干部很少给予培养,目前绝大部分基层干部,还是高级职员、买办管事及行政干部充任,这些干部不是经过群众运动锻炼和产生出来的,对已发现个别组织中混入不纯分子,应引为警惕。

密切结合各个时期的中心任务(今后主要是生产),进行巩固与发展组织的工作,这是一年来应记取的主要教训。

(二)文教工作:过去一年中,主要是在各地方港口及船只上进行了不少抗美援朝时事宣传及职工文娱活动的工作。

(1)在北归船只及航行港津线船只中:一年来根据国际国内局势的变化,针对船员思想中存在的主要问题,给予经常的、较为系统的思想教育。

开始,解放战争,在中国大陆刚刚结束,沿海一带尚不十分巩固,国民党又在台湾大叫反攻大陆,加上敌人的造谣欺骗,形成了海员中的"变天思想",据此我们曾进行了战争性质及敌我力量对比,以及人民必胜的教育,从而根本上扭转了这一认识,稳定了船员的思想情绪。

6月美帝发动侵朝战争以来,船员中害怕第三次大战马上爆发,及原子论、唯生产量论、唯武器论等恐美、崇美的民族自卑情绪所支配,错误地认为美国必胜。并因此在船员思想情绪上呈现了混乱现象,对工会已较之前疏远,个别船只的工会委员也要辞职。

在战争性质上(朝鲜人民的正义战争、美帝的侵略战争),已认识不清,因而有的反映这是美苏之争。

对战争初期朝鲜人民军由英勇反击而获取的伟大胜利信心不足,因而影响与反应不大,直至美帝从仁川登陆,侵占了朝鲜大部分土地,人民军处于暂时退却的困难处境时,船员中恐美、崇美的思想大为活跃,并有不少船员认为朝鲜人民已停止战争,仅剩下几个游击队跑到山里去了。

中国人民志愿军横跨鸭绿江，出师朝鲜，接连给美帝国主义以沉重的打击，并使其由朝鲜北部退至汉江南岸，决定性地扭转了朝鲜战局后，加上我们长期的及时的时事教育，迄至现在船员中恐美、崇美的思想较之前已发生了很大变化，这种思想已逐渐动摇削弱，并大大降低了不少船员中的民族必败的情绪，在部分低级船员中已开始树立起国家和民族的自尊心，因而，在今后继续扭转船员思想走向进步道路的工作上，已居主动地位。

取得这些成绩的原因，主要有三：

①胜利的客观形势发展，是主要的一面。

②公安局、海关及其他部门的宣传教育已为重要原因。

③海员工会在此工作中的重要性，尤为突出。

必须明确继续深入抗美援朝的宣传教育，依靠并唤醒广大海员的觉悟，在各方面开展对美蒋匪特的斗争，仍为今后一个长期的、艰巨的、细致的重要工作。

目前，在这方面，我们已有组织教育工作，还远远赶不上工作以及敌我斗争情况发展的需要，必须在工作中主动地想出更多的办法，创造出更多的经验，以便切实地把对美蒋匪特斗争的工作提高一步。

（2）在陆地各港口职工中，曾进行了一些经常的政治、政策教育工作，抗美援朝运动开展以来，在广大职工中组织了对此运动的学习，并且组织了街头游行宣传，发起了捐献捐募运动，由此使广大职工认识了美帝的侵略面貌，消除了职工中恐美、崇美的民族自卑心理，提高了广大职工的国家及民族的自尊心。

基层职工的康乐活动因过去缺少领导，故未普遍展开。仅有基层少数职工所组成的文工团、国剧团，配合各个时期的中心任务（抗美援朝、捐献、募捐）进行了对外演出，但在此项工作的领导中还十分缺少政治、政策教育及组织领导，以致不能提高起来，巩固下去。

《华北海员》全年出版10期，在配合各种政策及形势的宣传上，在海员中起了一些影响，今后应在面向海员，依靠海员，结合生产并指导生产的方针下，充实刊物内容，提高刊物质量。

结合生产抓紧海员思想中各个时期存在的主要问题进行系统而深入的教育工作，此为一年来文教工作的主要缺点。

（三）劳保工作曾根据《天津市国公营企业劳动保险暂行条例》在本区执行贯彻，在津、塘两地实际执行的共7个单位，享受职工共计3000余人，连同家属计算共约万余人，今年根据中华人民共和国政务院批准实行的劳动保险条例，进行了准备工作，截至目前，申请批准的共14个单位。

职工福利工作的基础十分薄弱，子弟学校两所，业余学校两所，此外办理了失业海员的登记及职业介绍工作，登记的1045人中职业问题已大致解决，同时发动了救济上海及天津失业工人的两次募捐工作，共计募捐5000余万元。

一年来的主要缺点，是和工会中心工作的结合上不够紧密，因而缺少相互的有机配合，工作被动。

（四）对国际海员的宣传联络，加强中国和世界工人阶级的友谊，以影响和推进世界职工运动的工作，为海员工作重要任务及特点之一。

过去在此工作上，主要的是对各兄弟国家（苏联、波兰）的船员及个别资本主义国家的海员进行了一些招待联欢及时事宣传，由此沟通了中外人民的情谊，扩大了我国革命胜利的影响，因而也鼓舞了兄弟国家中人民建设的信心。

因为缺少经验，工作中会发生形式主义与范围不够广泛的偏向，只照顾到民主国家的船员，忽视了团结教育资本主义及殖民地国家的海员。

今后，这一工作，将更加重要，这就需要我们从工作中摸索、创造，并及时总结经验，充实内容，改进方法，以适应新的工作要求。

（五）此外，在筹备期间，还贯彻了海总财务工作统一管理的决定，召开了财务会议，整顿了财政收支，至今基本上停止了财务工作的混乱现象。

在海员工作生活的特殊需要及政府的支持下修建俱乐部一个，共花费四亿八千二百二十六万元，经费来源，除政府批准三亿八千八百五十万元外，还承各界捐助二亿九千八百七十四万元。

目前俱乐部的活动中，问题不少，今后还需依靠广大海员克服工作缺点，充实与展开俱乐部的活动。

综观上情，一年来面向海洋、面向生产的方针虽已提出，但未变为实际行动。工会以生产为中心的思想，在海员中未具体深入贯彻，基层虽有部分生产，但领导上未及时总结经验、组织推广，加上领导机构不健全，部门工作也无从大力开展，工作也无法深入，使整个工作陷于被动。

五、民船工作

（一）民船工作是华北区海员工会的重要组成部分之一，一年来做了很多工作，并取得了不少成绩，主要表现在：

（1）组织教育船工完成了华北内河运输工作，全年共计完成了23884385吨的物资运输任务，沟通了内地物资交流，促进了城乡互助。

(2)协同航政机关及劳动局与资方订立了泊津民船集体合同及大清河、子牙河泊津民船集体合同，从而改变了原来某些劳资关系不正常的现象，并在此基础上组织了大量工人，迄今为止共发展会员8353人，占全体船工的67%强，执行了去年航运工作会议把船工基本上组织起来的方针。在已建立组织的地区，培养不少积极分子及基层小组，这些已成为推动基层工作的核心力量。

(3)在公营公司中，执行了劳动保险条例，征收了劳保金，解决了工人中不少医治、伤亡、抚恤等问题，并在去年航运不景气的情况下保证了工人的最低生活，维持并渡过了难关，此外还成立了几个船工招待站，以解决船员生活中的具体困难。

(4)在文化教育及时事政治教育上，因受船只分散流动的影响，加上领导机构不健全，因而未大力开展，只是组织了一些工人识字班及干部训练班，并在基层工会中购置了一些文娱用具，以组织船员进行娱乐。

在这里应该检讨和承认华北区筹委会对民船工作的领导和照顾十分不够，今后应加强对民船工作的研究和领导，帮助解决其可能解决的问题，以利工作开展。

(二)今后结合抗美援朝，研究与推行“四保”制度(保时、保质、保量、保安)，推广集体合同与民主管理，正常劳资关系、公私关系，巩固发展组织审查会员，及时注意随生产发展改善船工生活。

六、领导机关的检讨

领导机关的缺点很多，主要者有三：

(一)在组织领导上贯彻集体领导充分掌握与运用民主集中制的原则不够、制度不健全、分工不清，因而未能充分依靠组织推动工作。

(二)工作有方针、少具体计划，有布置、缺检查，一般号召多、具体指导少。

(三)对在工作中所遇到的重要方法、步骤，没有提高到原则的高度来认识，因此在干部思想中也不能及时明确起来，使其成为政策，贯彻下去、坚持下去。

产生这些缺点的原因，主要的在于领导机关未能深入下去，切实了解工人及基层工作的具体情况，在领导机关内存在着事务主义及教条主义，忙于那些可以摆脱而又非十分重要的工作，被动地应付那些已经发生又亟待解决的个别问题，因此就出现下面两类情况。

(1)因为不深入了解情况，也就不能给客观情况以精确的估计，因此往往从大致不差的情况，根据一般原则来规定任务布置工作，结果是：主观要求和客观情况不符，以致不能得到预期效果。

(2)因为不能深入研究实际问题，也就不能走在工作前面来领导工作，丧失了领导机关的预见性、主动性，常常被动地应付那些业已发生，又亟待解决的问题，再加上不敢作草率决定，在这种情况下，就表现指导不及时和解决问题拖拉的现象。因此地方与基层委员会也形成了事先不请示事后不报告的无组织无纪律现象。

这一缺点的性质是：以事务主义与教条主义形式出现的官僚主义，由此可见，不深入了解实际情况，不深入研究实际问题，不能及时检查工作，发现与解决问题，给下级以具体指示，是领导机关的主要弱点。

解决办法有二：

(1)加强领导机关解决当前最主要问题的工作，集中可能集中的力量到基层去，切实调查研究，了解情况，帮助工作，领导干部亲自动手，深入实际，解决问题从而研究情况，吸收经验以指导全局，这是主要一方面。

(2)建立一套正规的上下级联系制度，加强请示报告制度，明确职责，使事有所司、职有专责，避免有问题找不到专门解决的地方，有专责的部门问题又送不到那里去的紊乱现象。

另一方面：要指出个别单位有时不根据华北区的布置及指示来布置工作，处理问题，事前不请示事后不报告，这就使全区工运情况的发展不能平衡统一，其次，过去深入贯彻执行《工会法》的工作做得不够，因而使不少工人及某些行政单位的负责人重视和执行不足，致发生政工关系不够正常的现象，今后这种情况必须纠正。

七、今后中心任务

今后中心任务，有待大会讨论决定，此处仅提出几点意见：

根据目前情况，继续深入抗美援朝的时事宣传鼓动工作，使其成为广泛的群众运动，并结合进一步明确与切实贯彻巩固北船、争取南船北归的工作方针，仍为当前中心任务。

为保证上述中心任务的完成须作好下列工作：

(一)继续深入普及抗美援朝的时事教育，根据各个时期不同的内容——目前为反对美帝武装、日本及单独对日媾和，维护世界和平理事会的宣言、决议及举行投票，签字订立爱国公约等——通过多样的、灵活的方式进行鼓动宣传，使其成为一个广泛的群众运动，必须明确——做好抗美援朝工作是做好一切工作的先决条件。

（二）组织和开展爱国主义的航运及生产竞赛，由此贯彻劳资两利政策，正常劳资关系为巩固北船、争取南船北归的中心环节。

必须明确这是抗美援朝爱国主义的具体表现，工人阶级的压倒一切的重要任务。

只有从搞好生产，提高运转率，多跑航次，减少停泊，降低成本，才能实现生产长一寸福利长一分的原则，逐渐改善和提高自己的生活。

工会及工人阶级在此项工作中，应充分发挥主动性。

（三）为了保证在开展竞赛中正确执行劳资两利政策，以持久与巩固船员生产情绪，又必须拟订奖励办法及集体合同。

（四）做好劳保工作，贯彻与执行劳动保险条例，举办可能举办的福利事项，如医疗所，解决船员的日用必需品的供应，建立子弟学校，建议行政或资方，建立联合医院，以最大限度关心船员切身问题。

（五）整顿与巩固组织，密切工会和群众的联系，此为保证生产工作顺利开展的重要条件，今后必须结合生产，面向基层，巩固基层，通过发现并解决可能解决的问题，总结基层工作经验，培养基层干部，团结积极分子，加强工会与群众的联系，以整顿改造和巩固工会组织。

（六）有计划地培养与提拔海员出身的干部，此为充实与健全领导机构，开展工作的基本环节。

（七）组织教育船员，提高警惕，严防特务分子对航运事业及潜入大陆的破坏活动，以有效地保证运输任务的完成及国防的安全。

（八）加强对国际海员的宣传联络工作，增进国际工人阶级的团结，以影响和推进世界职工运动。

中国海员工会华北区委员会向第二届代表大会的工作报告

中国海员工会华北区委员会代理主席　宋科

1956 年 11 月 27 日

一、五年来工作的基本情况

自 1951 年第一届代表大会以来，已经五年多了。

五年来，我们的国家经历了许多深刻的有历史意义的变化。社会主义工业化和社会主义改造已获得了重大的和决定性的胜利，社会面貌已焕然一新。在这富有历史意义的五年里，华北区委员会在党和上级工会、行政和有关机关的领导支持下，动员组织全体职工，继续贯彻“巩固北船，争取南船北归”方针，协助政府逐步实现对私营航运业的社会主义改造，深入开展劳动竞赛和改善职工的物质文化生活等方面做了许多工作，获得不少成绩。

五年来的工作发展大体可分为下列几个阶段：1951 年第一届代表大会召开期间至 1952 年上半年为“继续巩固北船，争取南船北归”阶段，1952 年下半年至 1953 年年底为民主改革阶段，1954 年上半年和这以后为生产改革和全面开展社会主义劳动竞赛阶段。这里指的是当时的中心工作，当然这些工作也是彼此交错，互相联系的。

为了快速恢复被国民党破坏殆尽的航运事业，完成经济恢复时期繁重的运输任务，粉碎帝国主义的经济封锁，并加强对国际海员和留外中国海员的宣传联络工作，第一届代表大会通过继续贯彻筹委会期间提出的“巩固北船，争取南船北归”方针。华北区委员会贯彻这一方针，组织大批干部深入北归船只，进行了组织宣传和调查研究工作。根据当时北洋航务会议的精神，广泛通过临时协议和集体合同等措施，解决了许多复杂的劳资纠纷，改进劳资关系；稳定了船员由于经济要求而引起的思想波动，提高了资本家的经营信心。由于我们进行了许多政治上和经济上的工作，到代表大会前后北归私营大船已达 21 艘，加上为国营公司代理和统一调度的船只将近有四十来艘，计载重吨位 16 万余吨。对完成当时的北洋运输任务起了决定性的作用。

为了纯洁工人阶级队伍，加强工人阶级内部团结，我们集中力量从 1952 年下半年起，在一年间，先后组织北归私营轮船 522 名船员和天津港 3691 名码头工人进行了民主改革。由于准备充分，运动进行较彻底，基本上达到了提高觉悟、消除敌人、整顿队伍、纯洁组织的目的。接着，又组织干部上船，进行民主建设，为海船的航运生产提供了有力的政治保证。在码头工人中加强了民主团结，为生产改革和开展劳动竞赛做好准备。

在此期间，天津码头上私营轮船公司尚有 32 家，这些公司都是在抗日胜利前后航运极不正常的情况下成立的，投机性十分严重，通过了伟大的“五反”后，有些公司因业不抵债即自行停业。工会一方面积极组织职工监督资本家接受改造，一方面协助政府妥善地安排了860余名职工的职业。目前除两家外商企业外，其余30家私营轮船公司在1952年相继完成了社会主义改造任务。

1953年国家有计划的经济建设开始了，国家对海运和港湾提出了繁重的任务，我们的中心工作便由民主改革阶段转入生产改革阶段，这时的重要任务是：协助政府对北归私营轮船企业实行社会主义改造；在码头上进行生产改革，为开展经常的全面的劳动竞赛，迎接巨大的运输任务准备条件。

工会贯彻了政府对私营轮船业的利用、限制、改造政策，对资本家的团结斗争采取了十分慎重的态度。既考虑到这些企业的特点，又考虑到国家当时的需要与可能，北归以后，工会就积极协助政府，对资本家争夺货源、不服从调度、盲目纵容工人多跑超载、不顾安全的非法行为进行了严肃斗争，贯彻了当时政府所采取的统一货源、统一运价、统一调度的“三统”政策。实行国家对私营海运企业的领导。接着，在1953年实现新大陆、华胜、民新、安达、志新等五公司的联营联管，限制改造其消极落后的一面，利用和发挥其积极因素，使各公司“取长补短”、“同业互助”，然后经由“联营联管”阶段，逐步过渡到公私合营。工会在组织工人群众团结和监督资本家接受改造，协助供方代表进行清产核资、安排人事、改造劳动条件、改善工人生活、实行工资改革等方面都做了许多繁重的工作。到1954年年底这一任务才基本完成。

为了实行港湾的统一管理，民主改革以后，1954年上半年起，天津港务局各装卸区实行了生产改革。首先固定了装卸工人，改变了工人与企业的不合理的生产关系，实行劳保条例，改革了旧的小队平均拆账工资制度，改进了劳动组织，挖掘了生产潜力，大大提高了劳动生产率。

自第一届代表大会至1953年年底1954年年初的基本工作情况就是这样。

总结这一时期的工作收获是很大的，“巩固北船，争取南船北归”的方针基本是正确的，它结束了我们工作的盲目被动状态，开始了新的转变。这一方针的顺利贯彻，和天津市委的具体领导以及各有关单位的大力支持是分不开的。在工作的各阶段，市委、天津区港务局、市工会联合会等的负责同志都亲自参与具体领导，或直接派干部协助工作。工作的主要缺点是对具体工作缺乏安排，对主客观条件估计不足，特别是在劳资关系问题上，对工人强调物质上的照顾，忽视政治教育，助长了船员某些不切合实际的要求。但在后一阶段的民主改革和生产改革中，着重加强了对船员的政治思想工作，克服了以前缺点。进行了政治改革之后，提高了工人的阶级觉悟，摧毁了船上和码头上的反动势力，实行了工人阶级的内部团结，改革旧的管理制度，实现港湾航运部门的统一管理。为全面开展社会主义劳动竞赛奠定了基础。

广泛深入地开展社会主义劳动竞赛是工会的基本任务之一。但是，在1953年以前，委员会对劳动竞赛的领导还只限于一般号召，对基层的具体帮助很少。只是在完成了民主改革和生产改革以后，才从对职工的一般生产教育转移到对竞赛的具体领导。但是，尽管这样，在这以前我们各基层工会在动员和组织职工开展竞赛，完成国家计划方面还是做了许多工作，有过不少成绩。特别值得指出的是新港建港期间，塘沽新港各基层工会积极领导职工开展“爱国建港劳动节约竞赛运动”，在党的坚强领导下，工会与行政密切协作，深入地发动群众，重视和培养技术力量，充分地发挥群众智慧。在建港过程中，发动群众找窍门提合理化建议3026件，为国家节约建港资金旧币40亿余元，在行政的具体领导和大力支持下，有计划地培养和提拔技术管理干部709名，积累了许多实际经验，使建港工作提前两个半月在1952年10月17日完成，将淤泥堵塞破烂不堪的港口改建成现代化的人工大港。并为以后湛江、裕溪口的建港提供了技术条件。

1953年5月秦皇岛开滦工会合并于本会，建立了秦皇岛港口委员会。在党中央号召开展“增产节约”竞赛后，秦皇岛和天津港码头上的竞赛运动也较广泛地开展起来；并注意加强竞赛中的政治思想工作，使竞赛与改进管理相结合。特别是秦皇岛港，在竞赛中把工会活动的重心放在小组工作上，对于小组工作，推广经验和科室工作都总结了一些较好的工作经验。天津港务局也加强了竞赛组织工作，并使之与推行作业计划相结合，竞赛秩序已逐步正常。

目前，我们的劳动竞赛已经由过去单纯增加劳动强度、拼体力的初级阶段提高到发挥职工群众的智慧、提高技术、改进管理的新阶段。

目前以生产为中心，加强对竞赛的领导，从华北区委员会到各基层组织在思想上是明确的。并在实际工作中抓住了领导竞赛这个中心任务，并围绕竞赛逐步正常了工会工作秩序，建立了从发动工人订保证条件到总结评比等一套较为切实的领导竞赛的制度，使领导竞赛的工作由突击逐步转向正常。

1956年在反右倾反保守斗争的基础上开展了先

进生产者运动，使劳动竞赛具有更广泛的群众性。从码头装卸到港湾疏浚，船舶修造到海港建筑，科室管理干部到工程技术人员，都普遍发动起来了。争取做先进生产者已成为职工群众的普遍要求。据今年1～8月份统计，全区先进生产者已有715名，先进小组120个，先进车间4个。由于广大职工积极性的不断发挥，自1954年至1956年上半年共提合理化建议6575件，在今年先进生产者运动中，便总结推广了主要先进经验317件。劳动生产率以1951年为100%，则1955年新河船舶修理厂为213%，新港船舶修造厂为178%；天津区港务局港口吞吐任务逐年增加，1953年比1952年增加一倍，1956年比1955年又增加一倍，随其吞吐任务的急剧增长、工人的装卸效率也快速地提高，1953年比1952年提高一倍，1956年比1952年提高五倍多；疏浚队的1955年挖泥效率比1952年提高53%，中波海运公司，1955年运输量比1952年增加163.7%，渤海工程处等单位的劳动生产率都有不同提高。

5年来职工的物质文化生活，在生产发展的基础上逐步得到改善。不久前实行的工资改革，使职工的工资水平都有不同程度的提高。最近对长期困难的职工采取包下来的办法，对职工因病和生活困难的欠款给以减免，减轻了职工的生活负担。自1951年至1956年第二季度对生活困难职工的补助，共支出102346元。几年来工会和行政为职工举办了不少集体福利事业，其大者如：国家为职工建筑的宿舍有78257平方公尺，1956年享受劳保待遇的职工有10946名，从1953年至1956年第三季度工会共支出劳动保险金786449元，工会和行政分别举办的医院、医疗所、休养所、托儿所、食堂、浴室等共有32处。工会举办的天津海员疗养院已在今年开幕。工会还创办了许多文化娱乐设备，其中俱乐部4个，图书室16个，球场12个，新港六米海员俱乐部将开幕，另一个规模更大的新港海员俱乐部正在勘察设计，不久亦将动工兴建。

历经各种社会改革运动，经常的政治宣传教育和工会业务训练活动，职工群众的觉悟程度和组织程度有不同程度提高。工会组织的民主生活有所加强，工会积极分子的队伍日益扩大，为了加强工会与群众的联系，克服工会工作的官僚主义和事务主义，1954年以来由于逐步正常了工会工作秩序，整顿了组织，自去年起已开始减少工会脱产干部和加强积极分子的培养组织工作。不久前华北区委员会和各基层工会都召开了工会积极分子代表大会，奖励了热心工会工作的优秀积极分子。目前全区共有工会积极分子5022人，占会员人数的45%左右，这是一支联系群众、做好工作的庞大的可靠力量，我们应该时刻关心这支队伍的成长和巩固。

几年来，我们通过“一事一训”、“专业训练”、“经验交流会”、“专业会议”等方式，训练了大批工会积极分子。据1951年至1956年的统计共训练了6814人次，因而广大干部和积极分子的业务水平有显著提高。在最近的伟大肃反运动中，广大职工和干部普遍受到深刻的教育，提高了阶级觉悟和工作积极性。

已组织起来的职工家属达3368户，计12569人，通过“五好”教育，一般家属均能安排好家务，使职工安心生产，已建立的19个家属委员会，在配合政府完成各项社会改革运动中也起了一定的作用。

对国际海员的服务和联系，是我们一项重要的工作。天津港是我国对外贸易的重要港口，由于对外贸易的发展，来港船只逐年增加。如以1951年为100%，则1955年为168%，1956年1至9月来港外轮比去年同期增加143.69%，1955年的到港国际海员达15539人次。对于这些船员，我们都根据他们的要求，主动热情地为他们服务。如汇款、寄邮、购买物品、接洽疾病治疗、组织参观等，使他们愉快地度过在港停泊时间。大多数船员对新中国的友好态度都表示感激，增进了他们对新中国的正确了解。如英、法、日、意等资本主义国家的海员回国后常撰文报道中国海员对他们的友谊，或来电表示感谢。这些，对提高祖国的信誉，促进对外贸易的发展，增进中外海员的友谊具有很重大的意义。

1953年以前的国际海员工作，偏重于苏联和其他兄弟国家的船只，但忽略了资本主义国家船只的工作。在方法上也偏重于简单的政治宣传，如招待吃饭、赠送书报、访问等，某些外国海员认为是对他们进行共产主义宣传，影响反而不好。自海总召开国际海员工作会议以后，纠正了以上缺点，明确从对国际海员的热忱服务中贯彻“顺利进港、安全靠岸、迅速装卸、愉快开航”的方针，事实证明这样做是正确的。

5年来，我们做了不少工作，积累了不少经验。这些工作上的成就，以及进行各项主要工作中所以没有发生大的偏差，首先是由于党的坚强领导。例如对海船的民主改革和生产改革工作，都是在天津市委具体领导以至派干部具体帮助之下完成的。我们深刻地体验到：工会组织要切实起到党联系群众的纽带作用，就必须紧密依靠党的领导，依靠和取得广大职工群众的积极支持。但是几年来由于我们领导思想还有不少毛

病,应该指出,我们在工作上存在的问题和缺点还是很多的,主要的如:

(一)竞赛的发展不平衡、有形式主义和一般化的毛病,缺乏具体领导和认真检查,竞赛条件不够具体,对先进经验的总结推广不能经常有计划地进行,对群众合理化建议,有些单位尚不能及时处理,对先进人物也缺乏培养和教育,多数先进生产者的成绩不易巩固。在竞赛中,对质量和成本注意不足,工伤事故还不少。对这些问题,工会组织未能积极协同行政加以解决。我们工会领导也未能深入生产,帮助基层求得具体的解决办法。

在竞赛中,提高技术、改进技术、学习与掌握新技术的方针贯彻得也不够。技术教育还远远落后于生产发展和技术改进的需要,工人的技术水平还低。群众学习技术的迫切要求得不到满足,技术管理人员的积极作用未能充分发挥,各项专题性的技术研究缺乏组织领导。因而码头装卸的机械使用率不高,忽略了先进工具的使用,有时只求改进局部的操作,单纯地增强工人的劳动强度。修船的质量不高,组织技术措施不及时。此外,科室竞赛仍然是先进生产者运动中的薄弱环节,工会对科室业务和思想情况缺乏调查研究,组织工作薄弱,技术管理和计划管理仍然落后于生产发展的要求。

(二)对群众的生活疾苦关心不够。几年来,多数单位劳动生产率提高2倍至6倍,在改革了不合理的工资制度之后,工人的工资水平,并没有随着生产的发展相应地提高;对于工资基金、福利基金和企业奖励基金的使用,缺乏群众性的监督。对群众的生活困难也缺乏深入的调查研究。部分基层进行困难补助工作不及时、层次多、手续繁,或者错误地强调“救急不救贫”,使长期困难的会员得不到及时的适当的物质补助。对改善职工的劳动条件注意不够,协助与监督行政制订与贯彻安全技术组织措施不够。对女工的劳动条件和托儿所等特殊问题,未能督促行政及时解决。

海员俱乐部和疗养院也缺乏健全的领导,群众性的文化艺术体育活动,缺乏经常的组织和推动。

此外,有些基层工会的财务制度一度紊乱,发生过贪污、丢款等问题。工会财产物品也保管不善,发生过损坏丢失现象。

(三)工会领导上的群众观点薄弱,对工会的性质任务和作用还缺乏深刻的认识,工作不深入,对基层工会的具体领导不够。常常是布置任务多,经常的督促检查少,未能充分地发挥基层工会的组织作用。反映在基层委员会的集体领导上也不够健全。有些基层干部不善于虚心听取和采纳群众的意见和要求,不善于发挥集体的智慧和群众的力量去进行工作。多数单位的职工大会或职工代表会议不能按期召开,或者开得不好,要群众立保证的多,检查工作、批评领导的少,群众的监督作用未能充分发挥。

由于工会组织未能密切地联系群众,未能充分地反映和集中群众意见,有时对一些重大问题不是认真地去和群众商量,只是按照行政的意图采用简单的方法去工作,当事情行不通时,又单纯埋怨行政,而提不出积极有效的措施。其结果既招群众不满,也不能切实地对企业行政进行积极的监督。

由于对积极分子的工作重视不足,工作缺乏计划和安排,工会干部整天忙乱,而广大积极分子却得不到实际工作的锻炼,得不到经常的教育培养与提高。对于工作主动热情的积极分子,常常是只交代任务,不教给方法,不帮助他们解决实际困难,其结果,便挫折了积极分子的积极性,影响了工会工作的开展。

又由于在工会工作中贯彻说服教育的原则不够,助长了某些干部过分地惩办工人的情绪。1954年、1955年民主改革以后,继续清除和处分了一些违法乱纪的工人是必要的,但其中也有由于处分工人时观点片面、方法简单而将可以通过说服教育转变过来的工人开除了的。在贯彻安全生产的方针中,也一度过分地处分了发生事故的工人,而不能严格地从企业管理上去检查和改进。我们在纠正这些工作的缺点中,有时对于具体问题因缺乏具体分析而产生了主观片面性。例如对于“西河挖泥船沉没事件”,责任主要应由船长和领航员负的,但我们只强调反对单纯惩办工人的一面,却忽视了遵守国家法纪的一面;强调反对不重视劳动保证工作的一面,却忽视了贯彻劳动纪律教育的一面。因而错误地主张对负有直接责任的工人不应给以法律处分,严重地损害了国家法律的严肃性,在工作和群众中造成不良影响。

(四)民主生活、民主制度不健全,突出的表现在航区一级的民主制度松懈。会员代表大会已有五年未能召开,航区的常委会、执委会由于委员调动频繁,也未能执行其职权。几年来,以部长会议代替委员会研究决定问题,而部门也残缺不全,会议有时开不成,开不好。有时缺乏认真讨论,只是由少数人研究决定;有时又形成极端民主,开会时不能集中大家意见;有时有些部门对委员会的中心工作和重大问题缺乏高度责任感,开会时不积极发表意见;有些会议由于准备不足、质量不高，也浪费了时间。存在这些问题，都妨碍了集体领导和民主集中制的贯彻。

几年来，对干部教育做得不够。在各个时期干部思想上，存在着不同程度的自由主义、分散主义、骄傲自满情绪和资产阶级个人主义思想，缺乏及时的批评教育，因而闹地位、闹不团结、不求进步、不深入基层、不积极工作。对于干部的错误和缺点，也缺乏从发展的观点进行辩证的具体的分析。对犯一般错误的同志，未能及时地进行教育。对于思想问题较严重的负责干部，也往往不能开展必要的批评斗争。对一些勤恳工作的同志则又缺乏应有的鼓励与表扬。由于政治思想工作薄弱，干部潜力不能充分发挥，使工作受到不少损失。在提拔培养干部方面，几年来，提拔得很少很慢，而又存在着提拔干部不当的严重缺点。对已提拔的干部，也未能注意培养与提高。特别是对基层干部，更缺乏培养教育。

上述种种不良现象，直到最近一两年，才有所改变。造成以上种种缺点和错误的原因，主要是由于我们未能严格地坚持贯彻群众路线、贯彻民主原则。有些干部存在着骄傲自满情绪，而又不能充分地使用批评与自我批评的武器，害怕揭露缺点，从而也就不能克服缺点，修正错误。

我们深切地希望这次代表大会，对我会几年来领导上、工作上的缺点和错误，深入地开展批评。以求在今后工作中切实改正。

二、今后的任务

根据党和上级工会的指示，中国海员工会第一届全国代表大会的决议以及当前的实际情况，我们的中心任务是：继续动员与组织全体职工深入持久地开展社会主义竞赛，在保证提前超额完成第一个五年计划的基础上，全面均衡地完成国家的各项生产指标，努力超额完成年度计划和争取提前完成第二个五年计划。因而必须贯彻群众路线，加强集体领导，继续揭发工作中的缺点和错误，克服官僚主义和主观主义，切实深入群众，及时发现和解决工作中存在的问题。进一步发挥广大群众的积极性和创造性，推动先进生产者运动的深入开展，保证安全生产，改进劳动保护工作，关心职工的物质、文化生活，改进福利工作，贯彻社会主义的工资奖励原则，巩固与鼓励职工的生产积极性。为此，必须进行下列各项主要工作：

（一）贯彻又多、又快、又好、又省的方针，全面深入地开展以提高质量、提高效率、增加生产、厉行节约、降低成本、确保安全为中心的社会主义竞赛，推动先进生产者运动的深入开展。

第一，必须加强对竞赛的具体组织领导，克服竞赛的形式主义，防止在完成各项指标方面的片面思想。首先工会组织必须深入群众，进行具体细致的组织工作，树立依靠群众，发动群众搞好生产的思想。及时发动全体职工来讨论行政提出的各项生产指标和技术组织措施，认真地听取群众的意见，定期召开职工大会或职工代表会议，发扬民主，热情地支持群众对改进管理，改进保证工作和生活方面的正确意见。协助行政订出改进措施，从而在发动群众的基础上，起草和签订集体合同，并保证贯彻执行。为了及时解决生产问题，关键改进生产技术管理，还须定期开好车间大会，发挥各种生产会议的作用，集中群众智慧，提出有效的措施，改进管理。并注意定期开好先进生产者代表会议，听取意见，交流经验。

为了深入细致地进行思想组织工作，基层组织必须把工会活动的重点，放在小组工作上。具体帮助小组开好生产会议、研究课题，学习、总结和推广先进经验。充分发挥小组长和各个干事的积极作用，帮助他们解决困难。并注意开好小组生活会议，了解群众的意见和要求，开展批评与自我批评，实现群众对工会的监督。

我区委员会，今后必须认真学习与执行党和上级工会的指示，掌握基层的实际情况，及时制订出指导竞赛的行动计划，具体领导基层的工会工作。继续深入重点，培养典型，总结经验，指导一般。对于工作基础薄弱的单位，也应有目的有步骤地深入下去，研究他们存在的困难问题，采取积极有效的措施来帮助这些薄弱单位逐步提高到先进水平。

第二，为了协同行政进行必要的技术改造，使竞赛与管理相结合并持久地深入地开展下去，必须贯彻提高技术、改进技术、学习与掌握新技术的方针。

估计到今后港湾的吞吐任务日益加重，新港码头、机械库房要进行改建与扩建，拖驳设备增加，港湾要保持良好状态，要提高挖泥设备利用率，要发挥现有新港、新河船厂的修造船舶的基地作用，都必须进行必要的技术改造。随着这些潜力的发挥和生产规模的扩大，更需要我们提高生产管理水平和提高全体职工的技术水平。因而，使竞赛与管理相结合，在竞赛中贯彻提高技术、改进技术、学习与掌握新技术的方针，就更有现实意义。组织广大职工，不断地学习总结与推广先进经验，使提高技术改进生产，成为社会主义竞赛的主要内容，成为先进生产者运动开展得广泛深入与否的主要标志。

为此,要保证先进生产者运动的深入开展,必须在充分发动群众的基础上,抓紧学习总结和推广先进经验这个重要环节,使广大职工形成努力学习积极钻研的浓厚风气。总结与推广经验,必须结合本单位生产需要和工人的实际情况,督促行政定期制订推广经验计划,充分发挥技术与管理人员和老技术工人的作用,防止生搬硬套和单纯增加工人的劳动强度。推广经验一般可采用以下的方法:如组织先进工人与一般工人签订同志互助合同,举办先进经验学校,组织同工种的现场技术表演,组织访问,观摩学习,组织专业会议,组织技术管理人员将各点滴的经验综合提高成为系统的经验,并定期进行技术鉴定,将带有全面性的先进经验纳入操作规程和管理制度。

同时,必须大力支持群众的创举和合理化建议,进一步加强对合理化建议工作的领导,简化处理手续,实行分级处理,及时奖励,建立与健全工会的"群众发明创造合理化建议工作委员会"对行政关于合理化建议的处理、审查、试制、采纳、奖励等方面的工作,加强群众性的监督,并协助和督促行政针对生产关键及时提出课题,发动技术人员与生产工人密切合作,纠正和防止无人负责、互相推诿的形式主义做法。

除了推广经验,组织合理化建议,使先进者对落后者实行同志般的帮助以外,还必须系统地提高职工的技术水平。在目前工人技术低,新工人增多,工资改革后群众普遍要求学习技术的情况下,加强技术教育,丰富职工的基本技术知识,提高技术水平是非常必要的。应该协助与督促行政有计划地办好技术学校,技术短期训练班,技术讲座和组织群众性的技术活动。本着做什么学什么的精神,有计划地在两三年内使生产工人的等级达到与生产发展相适应的水平,使绝大部分工人能够熟练地掌握有关技术,适应技术改造的需要。

第三,在竞赛运动中,还必须加强工程技术人员的工作,正确执行党关于知识分子的政策。加强对竞赛的领导,充分发挥工程技术人员、管理人员在竞赛运动中的积极作用。因此,必须加强对技术管理人员的政治思想工作,特别要做好高级技术人员的工作,关心他们,提高他们,充分发挥他们的专长来改进计划管理和技术管理。改善他们的工作条件和生活条件,支持和奖励他们的创造和合理化建议,奖励他们在帮助工人推广经验、实现合理化建议方面所作的贡献。为了加强科室竞赛,应经常检查科室工作情况,引导技术管理人员深入现场,深入群众,找出关键,作为科室竞赛的内容。有计划地安排科室工作,科长应按期下达指标,使科内每名成员密切协作,有次序地推进工作,并采用生产会议的形式解决科内存在的问题,开展批评与自我批评。各有关科室积极地主动地互相签订联系合同,互提保证,加强科室之间的协作,推动整个企业管理的改进。

第四,在竞赛运动中,还必须建立安全生产责任制,树立安全生产统一的思想,贯彻安全生产的方针,一方面要协助督促行政深入调查,听取群众对安全方面的意见,改进和添置安全设施,修订与贯彻有关安全管理制度和操作规程。在制订生产计划的同时,必须认真制订安全技术劳动保护措施计划,并把它纳入劳动保护协议书,作为集体合同附件,签订后必须严肃执行。另一方面还需抓紧安全生产教育,组织职工学习安全操作规程,充分发挥劳动保护检查员的作用,加强群众性的安全生产的监督,定期开展安全卫生活动日,研究安全措施,听取事故教训,预防事故发生,开展批评与自我批评,并注意教育工长一级的中层领导干部,切实负责重视安全生产。重视并贯彻这方面的工作,就能达到消灭重大伤亡事故,避免和减少一般事故的发生。

(二)在开展竞赛搞好生产的同时,必须经常地、主动地、热情地关心职工的物质文化生活。把发展生产、完成国家计划和职工的切身利益结合起来,这对于提高职工群众的积极性具有重大的意义。为了改善职工生活,应该积极解决以下问题:

第一,应该正确贯彻党和政府的工资政策,加强经常性的群众工资工作。经常地收集和反映群众对工资的意见。协助行政修订定额,改进奖励办法,贯彻按劳付酬原则,扩大计件工资范围,逐步改革不合理现象。正确使用工资基金,保证职工收入在发展生产的基础上逐步增加。

第二,应当切实解决职工中的长期困难和特殊困难,合理、统一地使用会员困难补助费和企业困难救济金,保证各个职工最低的生活条件,并定期深入调查职工日常生活情况,确实困难者就必须负责地给予解决。整顿与健全互助储金会以随时解决职工的困难。

第三,应当切实加强劳动保护工作,改善劳动条件,制止滥于加班加点单纯增加工人劳动强度的现象发生,贯彻预防疾病措施,发动医务人员解决几种主要职业病,找出有效的预防方法并贯彻下去。改善现有的集体保险事业,改进疗养院、海员招待所的管理,逐步增加职业福利设施,督促行政充实或增设现场的工人休息室和浴室等，改进食堂的管理，降低成本提高饭菜质量。

第四，应积极地协助行政设法解决职工急需的住宅问题，协助和监督行政执行 1957 年修建房屋的计划。

第五，应当改进女工工作，监督行政贯彻保护女工政策，改善怀孕女工的劳动条件，充实女工卫生室的设备，加强现有托儿所、托儿间、保育院的管理，有计划地采取措施，增强妇幼保健工作。

第六，协助行政办好职工业余学校，提高教学质量，继续扫除文盲，开展群众性的科学普及工作，督促行政创造便利条件，制定有效措施，保证职工的业余文化技术学习时间，并合理地安排群众性业余活动时间，使职工特别是船员有时间料理家庭生活，得到应有休息。

第七，根据为生产服务、为群众服务的方针，开展群众性的文体活动，积极整顿海员俱乐部，筹建新港海员俱乐部，以及积极发挥各个基层俱乐部、图书馆、文化机构的作用。根据群众需要和节约原则，逐步增添文体活动设备，提高其使用率，以满足职工娱乐和体育运动的正常要求，增进职工身心健康。

（三）加强对职工群众的政治思想教育，加强生产宣传鼓动工作。提高职工家属的社会主义觉悟。

第一，以党的全国第八次代表大会的决议精神，结合生产实际和群众思想情况，结合每个时期的时事政策教育，向职工群众进行深入的社会主义、爱国主义和国际主义教育，提高职工的政治责任感，以高度的积极性和创造性保证提前完成第一个五年计划，积极准备第二个五年计划。树立共产主义劳动态度，发挥工人阶级艰苦奋斗精神，培养新的道德品质，逐步克服非工人阶级的思想作风和生活作风，在政治思想工作中，要反复宣传个人利益与国家利益的一致性，既要教育职工正确对待国家利益，又要保护职工的切身利益，既要反对离开发展生产多谈改善生活的经济主义，又要反对只顾生产不顾职工生活的官僚主义。对待职工的缺点和错误必须坚持说服教育的原则，而不能用命令主义、狡辩主义的方法来对待群众，对个别品质很坏、屡教不改和严重违反劳动纪律的工人，从教育出发，给予适当行政处分和法律处分是必要的。既要反对脱离群众的狡辩主义，又要反对追随落后的尾巴主义。

第二，围绕每个时期的生产任务，及时明确宣传内容，运用各种宣传工具，通过多种宣传形式，特别是通过小组活动，采用群众自我教育的方式，鼓舞职工积极投入先进生产者运动，学习先进人物、先进思想、先进经验，树立又多、又快、又好、又省的全面的统一思想，反对忽视质量忽视安全的片面思想。宣传互相学习、互相帮助、取长补短、共同提高的社会主义竞赛原则。宣传突破定额提高生产的先进事迹，宣传职工收入、物质福利的增长情况。支持群众的正当的合理的意见和要求，反对不关心群众生活，不听取群众意见的官僚主义和资本主义经营思想。

第三，加强家属工作，继续推行“五好”工作，提高家属的社会主义觉悟，通过俱乐部，活跃儿童生活，提倡家属团结互助，搞好互助储金会，安排好家务，做好清洁卫生，使职工安心生产。协助街道推行家属扫盲工作。加强各基层工会对家属工作的直接领导，健全家属组织。

第四，在外商企业中，加强对职工的社会主义和爱国主义教育，提高阶级觉悟，引导职工协助政府贯彻对外商的政策，根据具体情况，采取适当方式，监督外商资本家遵守政府法令。

（四）加强对港口职工的国际主义教育，加强对国际海员国际船舶的服务工作。

第一，围绕保证国际贸易运输的中心任务，应积极协助行政，改进港湾管理，加强装卸工人的国际主义教育，使所有外籍船舶做到，顺利进港，安全靠岸，迅速装卸，愉快开行。

第二，搞好新港国际海员俱乐部对国际海员的服务工作，根据国际海员的习惯爱好和要求，充实俱乐部的活动，吸引他们参加活动，热情地为他们服务，从各方面给予良好的印象，增进友谊团结。同时做好远洋的中国船员家属会面团聚的服务工作。

（五）为了进行上述任务必须根据党的第八次全国代表大会决议精神，切实改进工会领导，贯彻群众路线，树立民主作风，坚决克服脱离群众脱离实际的官僚主义和思想方法上的主观主义，加强工会的思想建设和组织建设。

第一，为了有效地反对官僚主义和主观主义，首先工会干部特别是领导干部应该认真地学习“八大”文件，提高理论政策水平，并经常地钻研党和上级的指示，使实际经验和现实情况相结合，从而制订工作计划，具体指导基层工作。其次，必须大力加强对实际情况的调查研究，改进领导方法和工作方法。特别是委员会部长以上的干部，必须深入基层，倾听下情，克服事务主义和官僚主义作风。今后，应该有计划有目的地组织干部下厂，加强专题调查研究，老老实实学习

“从群众中来,到群众中去”的工作方法,了解群众的生产经验和意见,支持群众中的新生力量,重视群众中的经验,帮助总结提高并组织推广。同时必须推动基层工会工作,给薄弱基层单位具体地安排工作。反对一般化的领导,也反对包办代替。“单打一”只顾重点,忽视一般是不对的,“分兵把口”迷失重点也是不对的。

第二,为了有效地反对官僚主义,还必须加强集体领导、发扬民主,健全各级委员会的民主制度,一切重大问题都必须通过委员会充分讨论。同时领导者必须树立民主作风,善于耐心地听取和考虑各个反对意见,从而集思广益取长补短,做出正确决定,分别执行。为了提高会议质量,必须事先明确议题做好准备,防止会议过多,问题琐碎,浪费时间。委员会的集体领导必须与个人负责相结合,从而发挥每个同志的主动性和创造性,及时去处理问题。今后我区的会员代表大会,每两年应召开一次,认真地向会员报告工作,听取批评意见,使委员会真正地放在会员的监督之下。

第三,为了充分发挥工会组织作用,应适当地调整组织机构,根据我航区当前的工作性质和范围,拟将华北区委员会改为天津区委员会。根据密切联系基层、减少组织层次、精简脱产干部编制的原则,拟撤销港务局企业委员会的一级组织,由我会直接领导港务局各基层工会。同时要充实委员会的各部门,进一步发挥部门工作的助手作用,加强日常工作管理,加强集体领导,使部门工作与中心工作紧密结合起来,各基层和车间一级的组织也应该健全充实起来,结合改选,做好推选干部工作,加强工作针对性,克服忙乱现象。

第四,为了贯彻群众路线,必须大力训练培养工会积极分子,充分发挥积极分子的作用,把工会工作全面开展起来,通过他们去联系群众,贯彻当前任务,贯彻党的指示和决定,采用说服教育诱导方法带动群众前进,通过他们广泛深入地反映群众的思想情绪和要求,了解群众对企业方面的意见,从而向上反映,以求切实改进,把广大群众更好地团结在党的周围。积极分子的工作既如此重要,就必须加强领导,重视对他们的培养与教育,有计划进行系统的和专业的训练,经常地具体地交给他们任务,交给工作方法,从思想上、工作上、生活上帮助他们解决困难。培养他们的独立工作能力。积极分子代表会议,每年应召开一次,总结交流积极分子经验。此外,还应注意培养与提拔工会干部、培养后备力量,有计划地组织工会干部脱产学习,以求系统地提高理论政策和业务水平。

第五,为了贯彻群众路线,还必须发挥工会组织经常的积极的监督作用。工会对于企业的正确措施,必须组织群众、积极支持、保证实现。对于企业中的缺点和错误,必须支持群众,进行批评和建议,对于企业中某些违法乱纪现象,必须教育群众不懈斗争。各基层应定期召开职工大会或职工代表会议。使代表成为常任制。每季度召开一次车间大会,使群众得到充分的便利和保证,及时地无所顾忌地批评领导上和企业管理上的缺点和错误,及时发现和纠正各种官僚主义现象,表达和保证职工的正当利益和民主权利,从而集中群众的意见和建议,有效改进管理,进一步动员群众力量,开展社会主义竞赛和先进生产者运动。此外,为了贯彻群众路线还必须进一步实行财务的民主管理,执行新的五项财务制度,是基层工会能按计划自行把握财务收支,发挥经费审查委员会的作用,切实做到“收好、管好、用好”,更好地实现群众对财务的监督。

为完成上述工作任务,我们必须紧密地依靠党的领导,密切联系群众,我们要求各企业单位的党组织和政治部对工会加强领导,各企业行政给工会以经费的帮助和支持。我们相信,通过这次的代表大会,听取代表们的批评和建议,总结五年来的工作经验,揭发工作中的缺点和错误,今年,在党的正确领导下,只要我们坚持贯彻执行群众路线,我们就一定能够完成党交给我们的伟大任务。以上报告请代表们审查、批评指正。

关于组织机构问题的决定

1956年12月1日中国海员工会
华北区第二届代表大会通过

五年来,我航区的组织情况有了较大的变化,北归海轮和秦皇岛港口委员会已经划出,港湾已实行统一管理,天津码头工会的职工划为我会领导,目前天津区各企业行政机构大体上已经确定。根据我区当前的组织范围,决定将中国海员工会华北区委员会改为中国海员工会天津区委员会。

根据密切联系基层,联系群众,减少组织层次,紧缩编制,精简脱产干部的原则,决定撤销天津区港务管理局企业委员会一级组织,由天津区委员会直接领导天津区港务管理局各基层工会工作。

关于中国海员工会华北区委员会的工作报告的决议

1956年12月1日中国海员工会
华北区第二届代表大会通过

中国海员工会华北区委员会第二届代表大会，完全同意宋科同志代表华北区委员会所作的《关于五年来工会工作基本情况和今后任务》的报告。并坚决为实现报告中所提出的具体任务而努力。

大会根据党的第八次全国代表大会决议精神，动员全体职工响应党中央开展增产节约运动的号召，认为必须进一步开展社会主义竞赛，把先进生产者运动推向持久深入。竞赛运动是依靠群众，高度地发挥群众的积极性和创造性来提高劳动生产率的主要方法。因而，领导者在竞赛运动中，就必须坚持贯彻群众路线，善于依靠群众，倾听群众的批评和建议来改进领导，改进工作。而群众在生产中的积极性是决定于群众的觉悟程度和组织程度的，所以工会组织在竞赛中，就必须深入细致地进行组织工作和思想工作，经常地加强对职工的共产主义教育和通过群众自我教育的方法，启发诱导和带动群众前进，从而发动全体职工的一切力量，保证提前、超额、全面地完成航运任务和生产财务计划。

竞赛运动必须以提高质量、提高工作效率、增加生产、厉行节约、降低成本、确保安全为主要内容，要达到全面地完成各项指标，特别要解决质量和安全问题，必须贯彻提高技术、改进技术、学习与掌握新技术的方针。因而在竞赛运动过程中，就必须针对生产实际情况，有领导有计划地推广各项先进经验，支持群众的合理化建议，组织科室竞赛，改进企业管理，组织工程技术人员向科学进军。注意职工文化、技术教育，开展群众性的科学技术普及工作。对签订集体合同，劳动保护协议书，加强小组工作，群众生产会议等这些竞赛组织工作，都应该逐步加强起来使之形成经常的制度，并严格地检查其执行情况和实际效果，防止和克服形式主义的偏向。

在增产节约运动中，既要教育职工群众，艰苦奋斗、克俭克勤厉行节约，在发展生产和提高劳动生产率的基础上增加国家资金的积累，又要切实关心职工生活，积极改善劳动条件，反对那种借口节约，不关心群众生活疾苦的官僚主义作风。因为要不断地发挥群众的积极性，提高劳动生产率，就必须使职工群众从个人利益上来关心自己的劳动成果和劳动生产率的提高，这是社会主义经济法则。社会主义生产正是体现着个人利益与国家利益的一致性。生产的目的正是为了不断地改善生活。工会组织必须把关心职工生活当做重要任务之一，正确贯彻社会主义的工资奖励原则，经常地、热情地、主动地关心职工疾苦，对职工生活问题进行深入细致的调查研究，对当前职工生活中迫切必需而又可能解决的问题提出切实有效的解决办法。一切急需而又可能办到的福利设施，就应当有计划有步骤地办起来，一些暂时办不到或不可能办到的事情，应该向群众交代清楚。

为了实现党中央的号召，反对一切形式的脱离群众的作风，反对主观主义、官僚主义、宗派主义。工会组织必须健全民主生活和民主制度，依靠广大积极分子和会员群众去进行工作，发挥工会组织的作用和群众性的监督作用，特别要注意按期开好会员代表大会或职工代表会议，使所有这些会议真正的而不是形式的发扬民主，并把代表大会的代表作为常任制，以求进一步发展民主生活，接受群众对工会的监督，并吸引群众参加企业管理。大会号召全航区职工发挥高度的责任感和工作积极性，发扬艰苦朴素的作风，紧密地团结在党的周围，克勤克俭，以百倍努力，贯彻这次代表大会决议，具体地实现党的第八次全国代表大会所提出的任务，来保证超额完成第一个五年计划，积极准备第二个五年计划，为加速社会主义建设，支持埃及人民反殖民主义的斗争，保卫世界和平，作出更多的贡献。

关于恢复天津区港务管理局委员会一级组织的决定

1957年9月7日中国海员工会
天津区第二届第二次代表会议通过

在第二届代表大会上曾决定撤销港务局企业委员会的一级组织，由天津区委员会直接领导港务局各基层工会工作，从而减少组织层次，紧缩编制。使航区委员会更密切地联系基层、联系群众，当时这样决定是正确的。但在目前为了扩大与健全企业民主管理制度，感到要充分发挥工会在民主管理制度中的作用，有必要恢复局一级的工会组织，经这次代表会议讨论决定建立港务局委员会，以适应当前工作和扩大民主生活需要。

中国海员工会华北区筹备委员会名单

(1950 年 4 月 10 日中国海员工会
华北区临时代表会议选举产生)

常务委员(14 人)

曾寿隆 宋 科 王树森 董 克 李硕夫
丘 金 蒋隆枢 普 亚 刘恩照 裴振兰
左中侠 马锡纯 刘玉亭 谭振山

委 员(33 人)

曾寿隆 宋 科 董 克 王树森 李硕夫
丘 金 蒋隆枢 普 亚 赵福双 郭存德
裴振兰 吴光训 刘恩照 左中侠 马锡纯
马千里 高 杰 刘玉亭 谭振山 李文玉
王德全 丁长清 蔡士林 寇长德 唐善忠
刘德才 郝金华 于俊敏 蔡星樵 庄振泰
顾舜才 方枕流 于兴才

中国海员工会华北区第一届委员会名单

(1951 年 5 月 10 日中国海员工会
华北区第一届代表大会选举产生)

常务委员(15 人)

曾寿隆 肖 鲁 宋 科 左中侠 杜 远
卢廷连 郝 敏 王立芳 范月波 王大勇
刘玉亭 李硕夫 马锡纯 莫金洪 张维华

执行委员(28 人)

曾寿隆 肖 鲁 宋 科 左中侠 杜 远
卢廷连 郝 敏 王立芳 范月波 郭春生
郭 敦 韩维正 王大勇 刘玉亭 杨景周
高玉宝 李硕夫 谭振山 马锡纯 马千里
沈江荣 莫金洪 陈志林 张维华 李剑尘
于振海 魏友仁 姚志堂

候补委员(8 人)

刘淑文(女) 王树森 张希明(女)
李依林 陈景云 蔡星樵
杨振亭 夏锦堂

中国海员工会华北区第一届经费审查委员会名单

(1951 年 5 月 10 日中国海员工会
华北区第一届代表大会选举产生)

委员(13 人)

冯凭一 徐 克 刘汉珍(女) 张维贤
裴振兰 周日禄 郭存德 井恩弟
胡宝善 高 杰 秦一民 贾永胜
郭振升

中国海员工会华北区第二届委员会名单

(1956 年 12 月 1 日中国海员工会
华北区第二届代表大会选举产生)

常务委员(13 人)

黄鸣凤 宋 科 王东轩 辛国颂 秦一民
王大勇 冈 森 唐士凯 王翊宸 李俊德
李玉忱 杨景周 谭振山

执行委员(27 人)

王大勇 王复中 王东轩 王翊宸 宋 科
辛国颂 朱金城 冈 森 马云阁 伏维正
李玉忱 李俊德 刘子荣 刘淑文(女)
张家莲 张宝田 张克荣 秦一民 赵 刚
赵德如 唐士凯 孙景波 孙家骏
黄鸣凤 杨景周 钱 春 谭振山

候补委员(5 人)

石铁山 吴世双 刘宝琏 李仲明 侯起庭

中国海员工会华北区第二届经费审查委员会名单

(1956 年 12 月 1 日中国海员工会
华北区第二届代表大会选举产生)

委 员(5 人)

元以鑫 李宝福 乔洪富 冯凭一 杨士裕

候补委员(2 人)

耿立生 孙万荣

中国海员工会华北(天津)区委员会历任领导人简历

曾寿隆同志简历

曾寿隆,男,汉族,1900年生,原名曾秀龙,广东惠阳人,1930年加入中国共产党。1949年6月至1955年10月任中国海员工会华北区委员会主席。

第二次国内革命战争时期曾任香港海员党委会常委兼组织部部长。抗日战争时期任东江华侨回乡服务团(简称“东团”)副主任并在香港发起成立了“余闲乐社”总社,后历任陕甘宁边区税务局稽查长、太行区总工会主任兼区党委工委副书记。天津解放后,历任天津市职工总会筹委会海员工作委员会主任、天津市海员工会筹备委员会主任、中国海员工会华北区委员会主席。中国工会第七次全国代表大会代表,第二届、三届、四届天津市各界人民代表会议代表,第一届天津市人民代表大会代表。1955年10月病逝。

黄鸣凤同志简历

黄鸣凤,男,汉族,1921年10月生,原名黄明凤,江苏泗洪人,1940年5月加入中国共产党,1940年2月参加革命工作。1956年9月至1958年9月任中国海员工会天津区委员会第一主席。

抗日战争时期历任新四军四总队、九旅27团宣传队队员,江苏泗南县鲍集区区委宣传部部长、区委书记,双沟区区委书记,泗城市区区委组织部部长,青阳市区区委副书记,陈圩区区委副书记,蚌埠市委组织科科长,蚌埠市水上区委副书记。新中国成立后历任淮河党委副书记兼蚌埠分区海员工会主席,中国海员工会华东区委员会副主席,华东交通运输工会副主任,中国海员工会全国委员会办公室副主任,中国海员工会华北区委员会第一主席,天津海洋化工学院副院长,天津化工学校校长,天津曙光化肥厂党委书记兼革委会主任,天津染料化学工业公司党委书记兼革委会主任、党委书记。中国工会第八次全国代表大会代表,第三届、四届天津市人民代表大会代表。1982年8月离休。1998年7月病逝。

宋科同志简历

宋科,男,汉族,1914年生,原名宋福喜,河北深泽人,中国共产党党员。1956年4月至1958年9月任中国海员工会华北区委员会代理主席、中国海员工会天津区委员会第二主席。

抗日战争时期先后在河北深泽、高阳、安国等县任县委民运部部长及抗日联合会主任,1947年至1948年在华北党校学习,天津解放后历任天津中纺一厂工作组组长、天津五金工会筹委会副主任。天津五金工会副主任,中国海员工会华北区筹备委员会副主任,中国海员工会华北区委员会副主席、代理主席、第二主席,后调河北省内河局工作并任党委副书记。第二届天津市各界人民代表会议代表。1976年5月病逝。

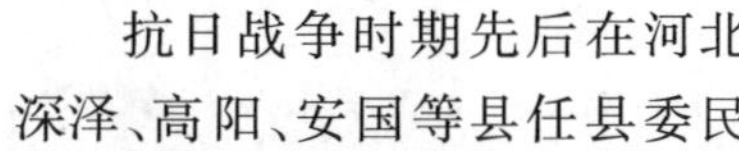

肖鲁同志简历

肖鲁,男,汉族,1921年7月生,曾用名肖学鲁、夏可、刘学儒、肖东山,天津市人,1938年1月加入中国共产党,1937年9月参加革命工作。1950年7月至1953年5月任中国海员工会华北区委员会副主席。

抗日战争时期曾先后在新乡豫北师管区学生队及晋城华北抗日军政干部训练班学习和工作,历任中共沁水县工作委员会成员、八路军晋豫边军区司令部参谋、中共晋城中心县委青委书记、中共晋豫边特委青委书记、中共太岳特委青委书记、晋东南“青救总会”筹备委员会委员、晋东南“青救总会”副主席兼宣传部部长,晋冀豫区党委青年委员,太行军

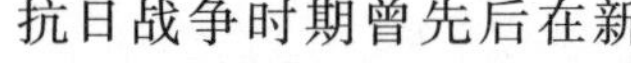

区武委会常委、青武部部长兼“青抗先”总队长。解放战争时期先后在北方局、晋冀鲁豫、中央局、华北局城工部门工作,曾任中共天津市委秘书。新中国成立后历任天津市总工会秘书处处长、办公室副主任,中国海员工会华北区委员会副主席、中国海员工会常委兼国际联络部部长、中华全国总工会生产劳动办公室干部,武清县百货公司业务员,天津农学院党委副书记、副院长,天津外国语学院党委代理书记,1984年2月离休。

左中侠同志简历

左中侠,男,汉族,1920年生,原名顾致祥,河北肃宁人,1938年10月加入中国共产党,1938年7月参加革命工作。1950年4月至1953年2月任中国海员工会华北区委员会副主席。

抗日战争时期曾先后在河北肃宁县二区工会、肃宁县工会任工会主席,冀中区九分区工会组织部部长、主任、抗联会主任。解放战争时期先后任冀中区九地委天津市工委常委兼工人部部长,中共天津市委(城工)一区区委组织部部长,冀中总工会组织部部长,冀中行署运输队副经理,冀中河务党委及水上工会副书记兼主任。新中国成立后,历任河北省航运总工会主任,中国海员工会华北区委员会副主席兼华北民船工会副主任,中国海员工会华北区委员会副主席兼塘沽海员工会主任,中国海员工会全国委员会常委兼政策研究室主任、生产部部长,全国总工会北戴河重工业疗养院书记兼院长,中国海员工会全国委员会、中国公路运输工会全国委员会分党组成员兼秘书长。第三届、四届天津市各界人民代表会议代表,第一届天津市人民代表大会代表。1982年12月离休。

王东轩同志简历

王东轩,男,汉族,1909年4月生,原名王义山,河北献县人,1939年8月加入中国共产党,1943年参加革命工作。1956年12月至1958年9月任中国海员工会天津区委员会副主席。

解放战争时期先后在河北献县十区区公所任民政助理员、城工委员,天津解放委员会第二区组织部部长,冀中第八军分区敌工部工作员、分委委员、所长、支委、中队长。新中国成立后历任华北军区联络处天津站干事,中国海员工会华北区委员会组织部干事、海员服务部干事、部长,组织部副部长,中国海员工会天津区委员会副主席,天津航道局工会主席、办公室主任。1965年4月病逝。

辛国颂同志简历

辛国颂,男,汉族,1926年8月生,原名辛颂,河北安新人,1944年10月加入中国共产党并参加革命工作。1956年12月至1959年9月任中国海员工会天津区委员会副主席。

1948年在泊镇城工部学习,1949年2月来塘大区搬运工会,曾历任塘大搬运工会组织委员、代主席、主席,中国海员工会华北区委员会塘沽办事处副主任兼中国海员工会天津区港务管理局企业委员会主任,中国海员工会天津区委员会副主席兼天津区港务管理局工会主席、天津港务管理局工会主席,天津港务管理局政治部副主任兼工会主席,广州船舶检验处副主任,广州港机厂党委书记,广东省省港办事组组长,广州海运管理局港务处负责人,交通部广州物资管理处党委书记、主任。1985年12月离休。2005年11月病逝。

2. 塘沽海员工会历史沿革

1949年3月,天津市职工总会筹委会派池中鳌、辛国颂、谭振山等6人来塘大区组建海员和搬运工会,他们到塘后即与塘大区职工工作组负责人张阁接上关系,在塘大区军管会的领导和职工工作组的帮助下,开展工作,当时主要任务是在船员和码头工人当中宣传共产党的政策,讲解工人阶级是国家主人和翻身解放的道理，启发他们的阶级觉悟。经过一段时间的工作后，发现船员有固定行政单位、有固定工资收入、有固定工作时间。而码头搬运工人则不同，他们是“三不固定”，有活就干，无活就歇，收入分光吃净。鉴于海员和搬运工人的工作性质不同，为便于开展工作，分别成立了海员和搬运两个工作组。

1949 年 4 月，成立了以谭振山为组长的塘大海员工作组。工作组成立后即开展了筹建海员工会工作，积极在塘大海员工人中开展宣传教育工作，启迪他们的政治觉悟，发动海员工人与资本家进行斗争，维护工人的合法权益，替工人说话办事，在工人中树立党和工会组织的威信，同时积极建立基层工会组织和发展会员工作。同年 9 月 1 日，塘大区在塘大鸿兴戏院召开海员工人代表会议，正式选举产生了天津海员工会塘大分会，谭振山当选为主任，刘玉亭当选为副主任，有 9 名委员，分别接受天津市总工会塘大区办事处和天津市海员工会筹委会双重领导。同年 9 月，天津海员工会筹备委员会决定左中侠兼任主任，刘玉亭仍为副主任，塘大海员分会机构设置为“四科一室”，即秘书室、生产科、宣传科、劳保科和国际联络科，有专职工会干部 14 人。办公地点设在原英商开滦煤矿塘沽码头办公楼，即“开滦大楼”（原天津港第三港埠公司内）。截至 1950 年年底，时所属基层工会有招商局、驳运科、天津区港务局塘大办事处、新港工程局、大沽造船所、小码头船厂、太古公司、聚合公司、渤政公司、怡和轮船公司等，有职工 2400 余人，会员 1452 人。

1951 年 5 月，中国海员工会华北区筹委会召开了首届会员代表大会，正式成立了中国海员工会华北区委员会，天津海员工会塘大分会更名为华北区海员工会塘大办事处。根据华北第一次城工会议关于工会组织以产业工会垂直领导为主的精神，由中国海员工会华北区委员会直接领导，与天津市总工会塘大区办事处成业务指导关系。

为实现基层工会组织与生产业务更加紧密，1952 年 5 月，中国海员工会华北区委员会决定撤销华北区塘大委员会改为中国海员工会华北区委员会塘沽办事处。10 月，左中侠奉调中国海员工会筹备委员会工作，同年 11 月 12 日，华北区海员工会调秦皇岛办事处主任秦一民任塘沽办事处主任，刘玉亭仍为副主任。当时所属基层工会有天津区港务管理局塘沽办事处、航务工程局第一工程处、新港船舶修造厂、新河船舶修造厂、大沽修船厂、海河工程处等，有职工 6483 人，会员 5969 人。

1955 年 6 月 15 日，中国海员工会华北区委员会遵照党中央“关于精简机构，减少组织层次，提高工作效率”的指示精神，为便于深入基层，面向海港，联系群众，转变作风，经过研究决定将华北区海员工会机关由天津迁往塘沽新港办公，同时撤销了华北区海员工会塘大办事处。

3. 天津搬运工会历史沿革

解放初，天津市军事管制委员会派陈中和、耿益盈为军代表，接管了国民党天津市政府公用局运输事务所，改名为“天津市人民政府公用局运输事务所”。接管后，即在各区发动工人推翻脚行封建把持制度，逐步建立起了 18 个搬运工人服务站，取代了“脚行”，承担市内运输和装卸任务。随着复工复业工作的开展，前来服务站登记的搬运工人日增，并要求成立工会。当时，是由各区职工会负责群众工作，工人们便纷纷到各区公所、办事处联系，报名加入职工会。其间，区职工会包括各行各业的工人在内，会员很多。

1949 年 4 月，刘少奇同志来津视察时指出，“要分产业、职业组织工会，取消分区领导”。根据少奇同志指示，天津市军事管制委员会立即抽调二区（河北区）区委书记安力夫、十一区（城厢区）区委书记张羽时专门负责筹建搬运工人工作委员会工作。

6 月初，天津市码头运输工人工作委员会正式成立（后改称天津市搬运工人工作委员会），办公地点设在二区二马路 2 号，后迁至烟台道 15 号。时工委会有委员 11 人，由安力夫、张羽时分任正、副主任。下设挑担工人工作分会、码头工人分会、车站装卸工人分会、三轮工人分会、运输工人分会、塘大工作组 6 个分会。当时，全市共有搬运工人 64325 余人，其中：码头工人（包括轮船、民船）2670 人；运输工人 25000 人（如包括散车在内，约计 30000 余人）；三轮、人力车工人 26993 人（三轮工人 22000 人、人力车工人 4993 人）；铁路装卸工人 1764 人（东站 988 人，北站 582 人，西站 194 人）；挑粪担水工人 6019 余人；塘大工人（包括码头、运输、三轮、铁路装卸等）1870 人。其基本特点是：人数众多，成分复杂，分散流动，工具简单，无固定工时，无固定收入，生产热情高，阶级斗争性强，集体纪律性差，存在着自由民主化思想。

1949 年 6 月 25 日到 28 日，召开了码头、运输、三轮、铁路装卸、挑担 5 个行业的工人代表大会。出席会议的代表372人,天津市总工会主席黄火青、市公安局局长许建国到会致词。大会选举5个行业的工会筹备委员会委员78人,分别成立了5个行业的工会筹备委员会和1个地区工作组。(见图4)

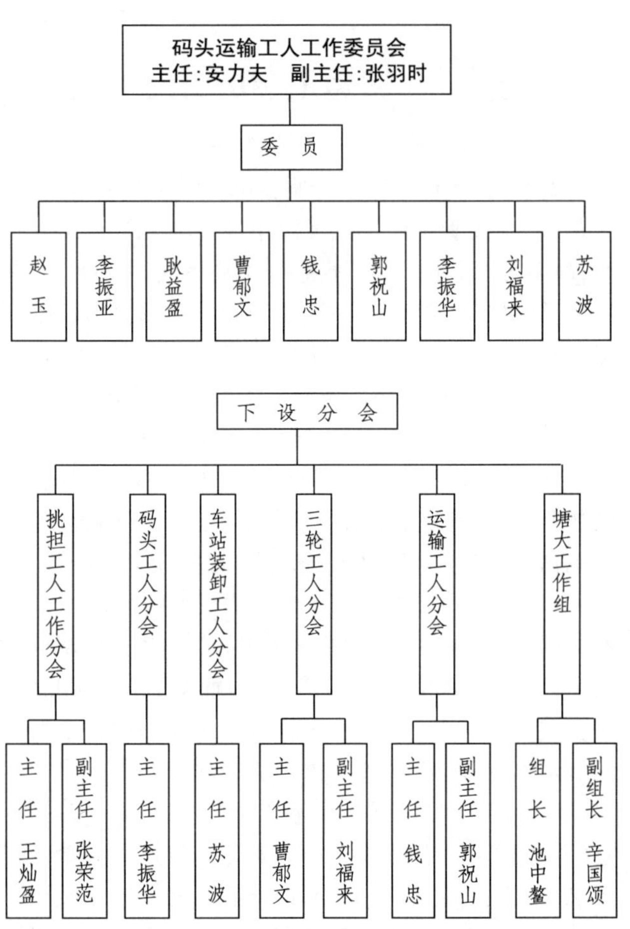

图4 1949年6月 天津码头运输工人工作委员会组织系统

7月初,天津市人民政府公用局运输事务所改组为天津市运输公司。下设各区运输公司办事处(第一至第六办事处),统管全市的运输工人编队、统一运输价格及市内一切货物搬运业务。随着行政体制的变化,8月3日,搬运工人工作委员会召开各行业工会筹委会和工作组长联席会,决定积极组建工会组织,加强对工人的教育。8月23日,车站装卸工会正式成立;9至10月间,运输、码头工会相继成立;1950年1月7日,三轮运输工会成立。(见图5)

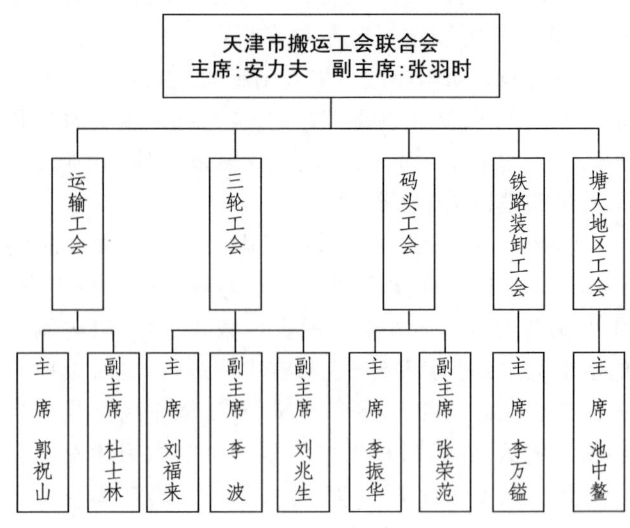

图5 1950年1月天津市搬运工会联合会组织系统

根据天津市总工会指示,天津市搬运工人工作委员会定名为天津市搬运工人工会联合会(简称天津市搬运工会联合会),由安力夫、张羽时继续任正、副主任。根据职业、地区下设三轮工会、运输工会、码头工会、铁路装卸工会、塘大地区工会五个分会。

在组建搬运工会联合会的过程中,工人们表现出极大的热情,入会者十分踊跃,截止到1949年10月28日已发展会员34491人,占全体职工总数的75.5%。在各职业、地区工会以下建立分会40个,支会101个,工会小组2439个,工会组织不断壮大,机构日趋完善。

1949年12月,天津市搬运工会联合会主任安力夫奉调北京筹建中国搬运工会全国委员会,遂由张羽时、耿益盈分任天津市搬运工会联合会正、副主任。

1951年4月中旬天津市搬运工会联合会成立首届会员代表大会筹备委员会。5月25日至27日,召开了天津市搬运工人首届会员代表大会,出席会议的代表254人。会上搬运工会联合会委员李振亚致开幕词,中国搬运工会全国委员会主席安力夫、天津市总工会副主席王老五到会并讲话,天津市搬运工会联合会副主任耿益盈作了工作报告。会议选举搬运工会首届执行委员25人、候补委员6人,经费审查委员7人、候补委员6人。至此,中国搬运工会天津市委员会正式成立。在一届一次全委会上,耿益盈、李波、刘兆升、林清渭、李振华、张静宇、黄玉春、杜士林、晏恒有、王文元、池中鳌、张荣范、张子安等13人当选为常委。耿益盈当选为主席,李振华当选为副主席。

1953年5月30日,天津市搬运工会召开第二届会员代表大会,选出第二届搬运工会执行委员27人,经费审查委员9人。6月4日,召开二届一次全委会,选举常委13人,耿益盈当选为主席,李振华当选为副主席。下设三轮工会、运输工会、码头工会和塘大地区工会。

1953年7月21日，中国搬运工会全国委员会向中华全国总工会提出“关于改变工会名称的请示和意见”，同年10月30日，中华全国总工会批示：“将原中国搬运工会全国委员会改称为中国公路运输工会全国委员会”。

1954年2月，天津市人民政府决定建立天津市交通运输管理局，统一管理全市的公路运输事业。中国搬运工会天津市委员会为了配合行政机关加强公路运输工作，于同年5月，经中国公路运输工会全国委员会和天津市工会联合会批准，更名为“中国公路运输工会天津市委员会”(简称天津市公路运输工会)，由耿益盈继任主席，赵锡恩任副主席。

随着天津市交通运输管理局的成立和工会名称的变更，所属基层组织机构也相应地进行了调整(包括长、短途汽车和马车、人力车等运输和公路工人在内)。1954年3月，根据上级指示，决定将码头工人划归天津区港务管理局领导，随之对工会组织进行了调整重组，并进一步增强了工会组织的系统性。

1956年后，随着管理体制的变革和工会组织的不断变化，天津市搬运工会又先后更名天津市公路运输工会、天津市政公路工会委员会、天津市交通运输工会、天津市交通局工会、天津市交通集团工会等名称。

天津市搬运工会联合会章程(草案)

1949年11月18日

第一章　总　则

第一条　本会定名为天津市搬运工会联合会，为天津市总工会之职业组织，为中华全国搬运工会联合会之地方组织。

第二条　本会为工人阶级的群众团体。宗旨为：

(一)团结和组织全市搬运工人，保证工人利益，提高工人劳动效率，改进搬运事业。

(二)消灭封建剥削压迫制度，打破封建割据，消灭行会主义，提高工人政治地位；努力学习，提高工人政治文化水平。

(三)协助人民政府，恢复与发展生产，维持革命秩序，并联合各民主阶级，为建设新中国，以争取全国人民解放，争取工人阶级彻底解放而奋斗。

第二章　会　员

第三条　凡本市运输、装卸、拉车等，依靠搬运劳动收入为全部或主要生活来源之工人，不分民族、性别、年龄、宗教、信仰，凡赞成本会章程者，均得按章加入本会为会员。

第四条　会员入会以自愿为原则，并有退会之自由。

第五条　会员入会的手续，须经会员一人介绍，填写入会志愿书，由介绍人提交该入会人所在之会员小组通过，由小组将通过之意见交分会委员会之认可，取得会员证后，即为本会之会员。

会员退会或被开除时，须将所发之会员证缴回。

第六条　凡劳动出身者(如中农、贫农、手工业者、小贩等)及已毕业或尚未毕业之学生(不问其家庭地位如何)，凡是靠从事搬运工作为生活者，从参加搬运工作之日起，即可按章入会。

第七条　凡不以从事搬运工作为生活主要来源的非劳动出身者，如职业游民(以偷盗、抢劫、欺骗、敲诈、贩卖违禁品、开大烟馆、开赌场、开妓院等不正当方法为生活主要来源，连续三年以上者)，以宗教迷信为职业之首领分子，国民党军队之连营级军官以及宪兵、刑事警察等等，须参加搬运工作一年以上，方可按章入会。

第八条　凡剥削出身者，如地主、旧富农、脚行头(以封建性的剥削为其生活主要来源，并连续满一年以上者)、国民党时期高级官吏(荐任级以上)高级军官(团级以上)等等，须参加搬运工作满两年以上，方可按章入会。

第九条　凡国民党、三青团、青年党、民社党等的领导分子，及特务、宪警以压迫人民破坏工人利益的反动工作作为其职业主要部分者，须参加搬运工作满二年以上，确已坦白改悔并经人民政府恢复公民权者，方可按章入会。

第十条　凡参加过国民党、三青团、青年党、民社党等组织之工人，如非此类反动组织之领导分子，且无反革命行为者，均可按章入会。

第十一条　下列几种人，不得加入工会：

(一)从事剥削他人劳动之车主及其代理人。

(二)被剥夺公民权或被判徒刑未满期者。

(三)剥削他人劳动之收入超过其本人劳动收入者。

第十二条　会员之权利：

(一)对本会一切工作与各种设施，有进行讨论提议与批评之权利。

(二)有选举与被选举之权利。

(三)对工会的地方机关与上级机关及其工作人员,有提出问题,声明及控诉权利。

(四)工会机关通过对于本人活动或行为的决定时,得要求本人亲自参加。

(五)有享受本会所举办之各种文化,教育及福利事业之优先权。

第十三条 会员之义务:

(一)严格遵守国家法令及劳动纪律。

(二)有遵守本会章程及执行决议之义务。

(三)有向本会经常报告个人工作之义务。

(四)有向本会按期缴纳会费及介绍会员之义务。

第十四条 会员之奖惩:

(一)会员对本会工作或搬运事业上有特殊贡献,遵守劳动纪律,为所属支会会员大多数证明者,本会酌情给以精神或物质上的奖励。

(二)会员如有违反本会章程决议,破坏本会工作,贪污公款会费,不守劳动纪律,或触犯人民政府法令等行为者,本会依其情节轻重,给以教育、批评或警告,屡劝不改者给以开除会籍的处分。开除会籍须经该会员所属支会会员大会(或代表大会)讨论和决定,并须经上级工会批准,方为有效。

第十五条 凡会员调动工作或转移工作,须带工会组织介绍信及会员证,编入转达地点工会,否则,须重新入会。

第三章 组 织

第十六条 本会的组织原则为民主集中制:

(一)本会及所属各级工会委员,由民主选举产生。

(二)本会及所属各级工会,都有义务对其选举者,和上级工会作定期的工作报告。

(三)少数服从多数,下级服从上级,本会所属各级工会服从本会一切决议,本会服从天津市总工会及中华全国搬运工会联合会领导,遵守其会章,执行其一切决议。

第十七条 本会会员代表大会为本会最高权力机关,其职权与召集方法如下:

(一)全体会员代表大会之职权,为决定和修改本会章程,决定本会工作方针与任务。听取、讨论、审查本会执行委员会之报告,并选举本会执行委员会。

(二)全体会员代表大会暂定一年举行一次,由执行委员会召集之。出席代表必须在半数以上,方为有效。遇必要时,执行委员会得临时召集之。

(三)本会执行委员会之委员,在任期内,如有不称职者,经代表一千会员之工会(会员半数以上同意)或会员千人以上的提议,并经三分之二以上执行委员同意,得决定撤换之。如因同类情况被撤之执委连续至第三人时,须召开代表大会方能解决。

(四)执行委员之任期为一年。

(五)出席会员代表大会之代表额数及选举办法,由执行委员会制定,经上级工会批准之。

第十八条 由全体会员代表大会选举执行委员若干人,组成执行委员会,在会员代表大会闭会期间,为本会最高权力机关。执行委员全体会议,每两月至少举行一次,由常务委员召集之。但须有半数以上之执行委员出席,方为有效。如有特殊情况,得由常务委员会决定临时召集之。

第十九条 由执行委员会选举主任一人、副主任一人至二人,领导会务。

第二十条 由执行委员会选举常务委员若干人,组成常务委员会,正、副主任为常务委员会主任、副主任委员,驻会办理一切会务。

第二十一条 本会得设下列各科,进行日常工作:

(一)组织科:负责登记、审查会员,征收会费,调整、提拔、培养干部,调查统计及一切有关工会组织事项。

(二)宣教科:管理宣传、教育、文化娱乐及其他有关宣传事宜,并指导所属各级工会之宣传教育工作。

(三)劳动保护科:管理或指导劳动保险事宜,会员福利事业,督促有关行政部门,改进各种搬运上安全设备,登记失业搬运工人,介绍职业,并指导所属各级工会之福利工作。

(四)业务科:负责研究集体合同,改善劳资关系公私关系,了解工人生活状况,研究工人收入情形等。

(五)秘书室:协助正、副主任经常研究、计划、汇报、总结工作,下设文书、收发,负责管理文书、收发、印信、档案及一切对内对外有关事宜。设总务股掌管本会预决算之编制审核及掌握本机关一切有关供给与总务事宜。

第二十二条 各科设科长一人,秘书室设秘书一人,由常务委员兼任或委人充任之。各科、室根据工作需要,得设副科长一人及干事若干人,由常务委员委任之。

第二十三条 本会按运输、三轮、码头、铁路装卸等职业性质,建立各种职业工会,塘大建立地区搬运工会联合会。

第二十四条　本会所属各职业工会、地区工会，设主任一人，副主任一人至二人，委员若干人，正、副主任由委员推举，委员由该职业、地区会员代表大会选举产生，经本会执行委员批准。正、副主任以下得按工作需要，分设组织、宣教、劳保、青工、秘书等委员进行工作。

第二十五条　本会所属运输工会、三轮工会下每会员2000人左右，码头工会、铁路装卸工会、塘大工会下每会员3000人左右，可成立分会。由会员代表大会产生分会委员，组成分会委员会推举正、副主任，经上级工会委员会批准。正、副主任以下得按工作需要，分设组织、宣教、劳保、青工等委员进行工作。

运输工会、三轮工会各分会下每会员3000人左右，可成立支会，由会员代表大会选举支会委员，推选正、副主任，经上级工会批准。正、副主任下得按工作需要设组织、宣教、劳保、青工等委员进行工作。

运输、三轮工会各支会，码头、铁路装卸、塘大工会各分会下，每会员九人至十五人，组成小组。选举正、副组长；其他会员分会负责组织、宣教、劳保等事务。

第二十六条　本会所属各级工会，得根据工会或会员提议，或工作需要，召开会员代表大会或会员大会，商讨通过该级工会当前之工作。

第四章　经　费

第二十七条　本会所属各工会之会员，须按月缴纳收入百分之一为会费。入会时，缴纳证书费。

第二十八条　本会将所收会费30%按月缴上级组织，其余70%留作本会的经常费用。

第二十九条　会员如无特殊原因，超过三个月不缴会费者，即停止会籍。

第三十条　会员失业时，免缴会费。

第三十一条　会员退会停止会籍或被开除会籍，其已缴纳过之会费，不得要求退还。

第三十二条　本会及所属各工会之经费开支，应定期向会员公布，并报告上级。

第五章　附　则

第三十三条　本章程经全体会员代表大会通过，经天津市总工会批准后实行。

第三十四条　本章程如发现有不适用之处，得交下届会员代表大会讨论修正，并经天津市总工会批准。

第三十五条　本章程之解释权，属于本会。

为召开会员代表大会告全体会员书

天津市全体搬运工人会员同志们：

天津解放两年多了。我们全市五万搬运工人，在自己政党——中国共产党和人民政府领导帮助下，已有四万六千余人参加了自己的组织——工会。这是我们由被压迫阶级变为领导阶级的根本变化，是推翻过去受压迫、受剥削、挨打、受气、失业等牛马不如的悲惨生活境地的根本变化。因此自解放以来，我们全体搬运工人始终以主人翁姿态，在支援解放战争和各项伟大建设事业中积极地工作着，完成了废除封建把持制度，促进城乡互助与物资交流，协助政府检举匪特，维持社会治安；以及正在开展着的抗美援朝等一连串的光荣任务，并出现了不少模范事迹。

同志们，虽然我们已有了团结基础，在工作中作出了很大成绩，但不应满足于现状；我们的工作还是存在着好多缺点和毛病，有些地方还不能满足广大会员同志的愿望，以及赶不上目前形势的要求。为集中全体会员的意志，把工会工作向前提高一步，中国搬运工会天津市工作委员会特决定于五月底召开会员代表大会，总结过去工作，确定今后工作方针，并选举产生中国搬运工会天津市委员会。

同志们，大会的任务是如此重大，所以要求全体会员同志们，首先重视代表的选举，希望事先多加酝酿，按照工作委员会的选举办法热烈讨论，把忠实于工人阶级利益的、积极努力生产的、为工人所拥护的人选为代表出席这次代表大会，以便把我们这一次有历史意义的大会开好，最后希望全体会员及工人同志们用实际工作和行动来迎接这次大会的召开！

中国搬运工会天津市工作委员会

1951年5月11日

（本文系天津市搬运工人首届会员代表大会召开之前中国搬运工会天津市工作委员会颁发的告全体会员书。本文献选自《天津市搬运工人首届会员代表大会专刊》）

向毛主席致敬电

敬爱的毛主席：

我们天津市五万搬运工人在上级工会领导下，召开了首届会员代表大会，我们谨以无比的欢欣向您致以崇高的敬礼！

天津市的搬运工人数百年来受尽了封建主义、帝国主义、官僚资本主义及国民党反动派的残酷剥削与压迫，痛苦万状。由于您的英明领导，消灭与赶跑了反动派才使我们获得解放，更由于以您为首的中央人民政府对我们高度的关心，并颁布了《废除封建把持制度的决定》及保护工人利益的各项指示和办法，不仅使我们在政治上翻了身做了主人，而生活也得到改善，有了保障。

今天我们向您保证：一定紧密团结、拥护和贯彻中央人民政府各项政策与法令，支援朝鲜打击美帝，为完成新中国的各项建设而奋斗！

此致

敬礼

天津市搬运工人首届会员代表大会

1951年5月30日

（本文系天津市搬运工人首届会员代表大会发给毛泽东主席的致敬电。本文献选自《天津市搬运工人首届会员代表大会专刊》）

4. 塘沽搬运工会历史沿革

1949年3月，天津市职工总会筹委会派池中鳌、辛国颂等到塘大区成立塘大搬运工作组，负责筹建搬运工会。在塘大区军管会的领导和塘大职工工作组的帮助下，在码头、车站、货场等有搬运工人工作、生活的地方，大力宣传共产党的城市政策，反复讲解工人阶级翻身解放由奴隶变成国家主人的道理，在搬运工人普遍提高政治觉悟和阶级觉悟的基础上积极发展工会会员。1949年8月19日，塘大码头运输工会成立，池中鳌、傅玉峰分任正、副主任，时有会员1500余人，占职工总数92%。经过一年的辛苦努力，在2818名搬运工人中发展会员2464名，占工人总数的87.4%，并通过民主选举组建了八个装卸队工会分会，1950年年初成立了塘大区搬运工会筹委会，池中鳌为主任，傅玉峰为副主任。1950年1月建立塘大搬运劳动合作社，制定了劳动合作社章程。劳动合作社接受搬运工会的领导，经过民主选举的搬运工会的正、副主席分别担任搬运劳动合作社的正、副主任，下设业务、调度、财务、福利4个股，并从装卸工人中选拔管理人员。在装卸业务管理上实行了“统一任务、统一调度、统一收费”的办法，解决了装卸队之间任务不均衡，收入较悬殊，生活差异大的问题，增强了工人的整体观念和内部团结。1950年8月，天津市运输公司塘大分公司成立，王克愚任经理，下设塘沽、新河两个工作组，业务范围以塘沽、大沽、新河、新港等19个码头为主。截至1950年年底，塘大搬运工会共有职工2705人，有会员2115人，有基层分会9个，工会小组181个。（见图6）

鉴于搬运工人处于无固定单位、无固定工作、无固定收入的状况，装卸任务控制在110个大大小小的脚行“把头”的手中，搬运工人政治上获得解放，但经济上仍受剥削，而且由于历史形成的装卸码头、车站处于封建割据，造成装卸任务忙闲不均，经济收入悬殊，严重影响装卸工人的内部团结。在搬运工人强烈要求改变此种状况的情况下，工会筹委会报请上级批准，组建装卸队，由搬运工人选举队长，明确装卸地点和范围，控制脚行“把头”的剥削。在搬运工人中广泛进行有活大家干，有饭大家吃，工人是兄弟，团结力量大的思想教育，从而提高了他们的思想觉悟，增强了搬运工人的团结。

1951年根据政务院关于《废除各地搬运事业中封建把头制度的暂行规定》指示，塘大搬运工会充分发动群众开展了以打击封建“把头”为主的反霸斗争，广泛宣传政务院的规定，揭露封建“把头”的罪恶，发动装卸工人揭发检举，批斗控诉封建“把头”的罪恶事实，对全区40个脚行250余名大小封建“把头”进行登记清查，公安机关对10名罪行严重的予以逮捕，对刘德良等6名罪大恶极的人员执行枪决，大涨了装卸工人的志气。同时搬运工会组织还开展了民主改革和清理阶级队伍工作，经过在党组织直接领导下的工人审查委员会逐人进行审查和深入进行思想教育和政策宣传的攻势下，使占工人总数43%的1215人交代了参加国民党、三青团、反动会道门、伪警宪特等组织的问题，查明了在128名担任装卸队长和分会主席的干部中有53人有政治历史问题。这次整顿组织清理队伍实际是对装卸工人进行了一场阶级斗争教育、政治思想教育和

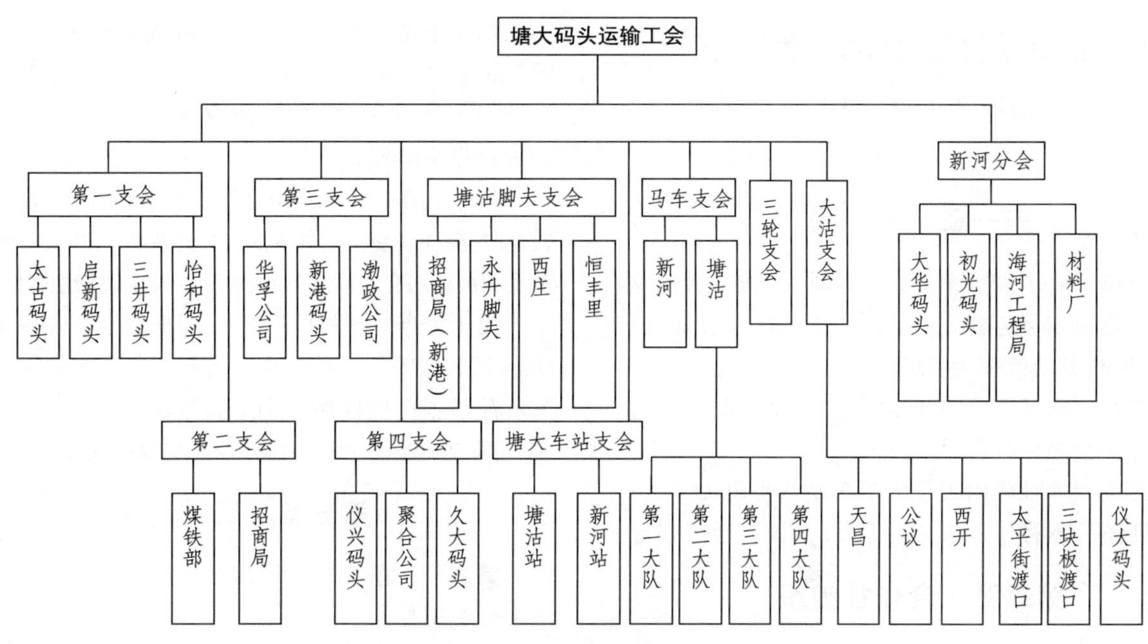

图6　1949 年 12 月塘大码头运输工会组织系统

组织纪律教育，从而达到了清理队伍，纯洁组织，严肃纪律的目的。

废除封建“把头”制度，振奋了装卸工人热爱党、热爱祖国的政治热情，积极投身社会主义建设，并掀起了爱国主义劳动竞赛和支援抗美援朝捐献的热潮，装卸效率平均提高 30% 左右，呈现出爱护装卸工具，减少货损货差，大大缩短了在港船期。装卸工人还捐献了两亿九千余万元（旧币），相当于一架战斗机的价值。

塘大搬运工会还积极为装卸工及其家属生活解决福利问题。从装卸收入中提取 2% 的费用，作为福利金，除了帮助搬运工人解决了生活困难、工伤待遇和医务费用外，还兴办了集体福利事业，兴建电磨坊、理发馆、医疗所、制鞋厂和俱乐部，并购置大客车做班车。装卸工人洗澡补助 50%，当时装卸工人工资待遇之高，福利设施之好，为其他产业工人所羡慕。

1951 年，召开了塘大区搬运工人首届会员代表大会，102 名代表出席会议，大会选举产生了首届工会委员会，正式成立了中国搬运工会天津市塘大区委员会，下设组织、宣传、生产、劳保、秘书等委员共 7 名专职干部。按装卸队建立 12 个车间工会，下设工会小组，形成了工会三级建制。截至 1952 年年底，共有职工 2764 人，会员 2535 人，其中码头装卸工人有 2072 人，运输工人有 447 名，三轮工人有 75 名。

1950 年 10 月，池中鳌奉调天津市码头工会并任主席，任命李声儒为塘大区搬运工会主席。1953 年李声儒被调走，任命辛国颂为主席。

1954 年 3 月，天津市人民政府决定建立天津市公路运输管理局，统一管理全市公路运输事业，并决定将码头装卸工人固定为天津区港务管理局的正式职工，以适应国内经济建设和国际贸易的发展需要。搬运工会进行了合并，由辛国颂带领 33 个装卸队委员会 1620 余名装卸工人到天津区港务管理局。经中国海员工会华北区委员会批准辛国颂任中国海员工会华北区委员会塘沽办事处副主任兼中国海员工会天津区港务局工作委员会主任，隶属华北区海员工会领导。组织委员李士乾带领一部分装卸工人到塘沽运输公司，建立公路运输工作委员会，隶属塘沽区工会领导。另有百余名装卸工人划归塘沽火车站。

塘沽搬运工会从 1949 年年初建立至 1954 年 2 月撤销，共工作 5 年时间。5 年来，塘沽搬运工会在党的领导下，广泛深入发动搬运装卸工人以主人翁精神积极投入社会主义劳动竞赛，团结教育工人，在巩固人民政权，支援抗美援朝，反对封建“把头”，热情关怀装卸工人的物质和文化生活等方面做了大量的工作，发挥了产业工会的作用。

塘大搬运工会劳动合作社章程(草案)

1949 年 12 月 30 日

第一章　总　则

第一条　为了彻底消灭封建割据、帮派行会主义，发挥工人阶级友爱互助，合作劳动，团结一致，加强劳动纪律，提高劳动效率为目的。

第二条　本社定名为塘大搬运工会劳动合作社，接受搬运工会之领导。

第三条　本社临时设于塘沽车站八号码头。

第四条　本社以工人劳力合作，共谋生活为宗旨。

第二章　合作社组织

第五条　各码头根据人数多少、航运情形，选举委员若干人，由各码头所选委员组成劳动合作社委员会。

第六条　劳动合作社设正、副社长各一人，负责领导合作社日常工作。

第七条　合作社设业务股、会计股、工具保管股，分工负责各股事物。

第八条　正、副社长由委员会民主产生，各股长由委员会民主产生或委员会聘请任用之。

第九条　委员会每月召开全体会议一次，检讨一月工作，计划研究下月工作。

第十条　委员任期半年，可连选连任。

第十一条　委员有违反工人利益，不能代表全体工人利益，有半数委员或半数工人提出得改选之。

第三章　劳动组织

第十二条　参加劳动合作社的工人，按码头为单位，组成 60 人以上、90 人以下的劳动合作大队，并选出正、副队长各一名领导本队工作。

第十三条　组织劳动大队，原则上不打乱原码头单位，但根据情况调剂填补，合作互助之。

第四章　业　务

第十四条　有关轮船民船装卸工作，本社有权承包，再依据货物多少，由本社调配工人前往工作。

第十五条　工人和行方不发生经济关系，一切装卸费用由本社负责之。

第十六条　装卸工力费，当日工作完毕，领款后，即分发各队。

第十七条　本社由工人总收入抽出 15%，15% 中的 2% 为本社办公费，1% 为教育费，2% 为福利费，5% 为填补工具费，1% 为本社建设费，2% 为职员薪水，2% 为货物损失赔偿费。

第十八条　办公费由合作社办公使用，教育费交工会教育股，福利费交工会福利股，工具费交工具保管股，建设费及职员薪水交本社总务股，货物损失赔偿费由各队保存。

第十九条　本社职员薪水，根据技术评成等级，分为四等，股长级等于工人所得，不能超过工人之收入，如薪水剩余者，交总务股保存，由社长批准作机动开支。

第二十条　劳动合作社每月结账一次，向社员公布。

第五章　劳动纪律

第二十一条　社员须遵守本社章程、纪律，服从调动及分配工作。

第二十二条　社员须消除封建割据、行会思想，遵守政府法令，劳动纪律，不贪污、不腐化，树立新的劳动态度、新的作风。

第二十三条　社员要互助互爱，虚心学习，努力提高政治文化水平。

第二十四条　社员对货主物资要爱护，不损坏，否则须负赔偿之责。

第二十五条　不论到任何码头及单位工作，必须服从该码头及该单位负责人指导，把工作做好。

第二十六条　凡集体或个人工作积极，遵守本社章程、劳动纪律，服从调动指导，团结友爱，本社给以精神或物质的奖励。

第二十七条　违反本社章程、纪律，不服从调动、分配工作得批评教育，警告及取消社员资格。

第六章　社员权利

第二十八条　本社社员都有享受本社的一切政治的及福利的权利。

第二十九条　本社社员，都有自由的、认真的讨论和建议本社内一切工作及一切问题之权利。

第三十条　本社社员有选举权与被选举权。

第七章　附　则

第三十一条　本章程经社员大会或社员代表会通过施行。

第三十二条　本章程解释权属于社委会。

第三十三条　本章程修改权属于社员代表大会。

塘沽搬运工会历任主席简历

池中鳌同志简历

池中鳌，男，汉族，山西襄垣人，1924年9月生，1943年3月参加革命工作加入中国共产党。1949年4月至1950年10月任天津市塘沽大搬运工会主任。

解放前曾先后任山西省桑树沟煤矿工会主席、河南省安阳辛庄煤矿工会主席、河南安阳第一煤矿经理、河南安阳县工会组织部长。天津解放后历任天津市总工会干部、天津塘大码头工作组组长、天津塘大搬运工会主任、天津市码头工会主席、天津市运输工会副主席、天津市搬运工会业务部部长、组织部部长，大中华橡胶厂党委副书记、天津市河北区委工业部副部长、天津市一轻局政治部副主任、宁夏石炭井一矿矿长，宁夏石炭井矿务局副局长、党委副书记、书记，天津市邮电管理局党委副书记。1987年12月离休。

李声儒同志简历

李声儒，男，1950年10月至1951年3月任天津市塘大搬运工会主席。已故。

辛国颂同志简历

辛国颂，男，汉族，1926年8月生，曾用名辛颂，河北安新人，1944年10月加入中国共产党，并参加革命工作。1951年3月至1952年6月任天津市塘大搬运工会代主席。1952年1月至1954年3月任天津市塘沽搬运工会主席。

1948年在泊镇城工部学习，1949年2月来塘大区搬运工会，曾历任塘大搬运工会组织委员、代主席、主席，中国海员工会华北区委员会塘沽办事处副主任兼中国海员工会天津区港务管理局企业委员会主任，中国海员工会天津区委员会副主席兼天津区港务管理局工会主席、天津港务管理局工会主席，天津港务管理局政治部副主任兼工会主席，广州船舶检验处副主任，广州港机厂党委书记，广东省省港办事组组长，广州海运管理局港务处负责人，交通部广州物资管理处党委书记、主任。1985年12月离休。2005年11月病逝。

三、历史文献

新港全体职工向毛主席报告建港情况的信

敬爱的毛主席：

在全国人民热烈地筹备着迎接中国工人阶级自己的政党的生日——中国共产党成立三十一周年纪念日的时候，我们新港全体职工怀着无限兴奋的心情，向您报告十个月来我们在建港工程上的成绩。

自从去年八月底我们接受了祖国和人民交给我们的建港任务后，我们以工人阶级无比的劳动热情，积极地努力工作。经过去年第四季度三个月的爱国建港劳动竞赛运动，挖泥工程完成了原计划的175.5%，超计划完成了去年的建港任务。

伟大的“三反”运动，为我们顺利进行建港工程、逐步实行经济核算制扫清了道路。今年第一季度，我们结合“三反”运动，进一步开展爱国建港劳动节约竞赛运动。普遍建立了责任制和技术作业规程，并且超计划完成了冬季整修工程和三月份解冻后的挖泥工程。

第二季度开始，爱国建港劳动节约竞赛运动进入新的高潮，我们结合推行初步定额管理制度的中心工作，开展多提合理化建议和创造新世纪大竞赛，加强技术教学，普遍订立了师徒合同与技术教学合同。在胜利结束“红五月”大竞赛后，我们又立即热烈地投入了爱国增产节约竞赛运动。截至目前，全局创造的新纪录已达345项。我们的劳动热情空前高涨，尤其是担负建港工程中主要任务的挖泥船船员们，更是忘我地日夜工作着。吸扬式挖泥船船员开动脑筋，不断地找窍门、挖潜力,克服了很多技术上的困难,改进操作技术,增加排泥浓度,各船效率普遍地提高一倍多,更降低了故障率,使平均每日工作小时数由过去的16小时逐渐提高到20小时以上,作业率已经接近了苏联的先进水平;并且创造了移锚、清缆不停车的工作方法,很多船只创造了连续挖泥达数昼夜的空前纪录,大大地增加了挖泥数量。最大的自航式挖泥船采用了溢流挖泥的方法,创造每日挖泥56581方的惊人纪录。此外,在防坡堤工程及修船工程等方面也都创造了很多新的工作方法,如"循环砌坡法"、"循环远运装船法"、"绞关穿拉杆法"及木工改进"裁口"、"破棱"等办法,都获得了很大的成绩。

由于国际贸易的需要,上级指示我们在六月份内要突击完成更巨大的挖泥工程任务,使万吨轮船提前进港。我们向您保证:一定要完成祖国交给我们的光荣任务,作为迎接伟大的中国共产党诞生31周年纪念日的献礼。

帝国主义国家轻视我们,以为中国人民没有能力建设自己的海港。现在我们正以我们的成功来回答它们,使它们清楚地看到我们不但能建设自己的海港,而且建筑得更快、更好。我们知道,只有在您和伟大的中国共产党的英明领导下,才能取得这些成绩。光荣应该归于您和党及全国劳动人民。我们绝不骄傲自满,一定在您的光辉旗帜下,学习苏联先进经验,加强建港工程的管理工作,提高技术,更好地完成祖国和人民交给我们的伟大的建港任务。今年第三季度我们要在实行初步定额管理的基础上,完成加强计划工作,健全统计制度与加强成本、资金管理工作;进一步加强爱国防疫卫生工作,做好安全保护工作,从各方面保证建港工程顺利进行。我们保证较原订年计划提前两个半月完成第一期建港任务,使万吨轮船早日进港,并且超额完成本年度增产节约计划,迎接即将到来的大规模经济建设高潮。

祝您健康

新港全体职工敬上

1952年6月25日

新港全体职工向毛主席报告完成建港任务的信

敬爱的毛主席:

今天,我们新港全体职工,正以无比兴奋的心情,在这里庄严而隆重地举行开港典礼,庆祝我们第一期建港工程的胜利完成,并向您报捷。

在今年党的生日的前夕和国庆节的前夕,我们曾两次写信给您,报告建港工程的进行情况,同时向您提出保证,要争取提前两个半月完成第一期建港任务。现在,为全国人民关怀的塘沽新港第一期建港工程,已经胜利地完成了。我们完成了向您和全国人民提出的保证,在今天开港了。

由于上级的正确领导,苏联专家的帮助,各有关部门和广大人民的热烈支援,我们在建港工程中虽然遇到过不少困难,但终于在工人和技术人员的紧密团结下,使困难一个个地在我们的面前倒下去。我们曾提出了1949件合理化建议,创造了1103件新纪录。在管理方面,我们建立了各种责任制312项,技术作业规程103项,定额516项。在第三季度中,我们又推行了小组经济核算,加强了计划管理和成本管理,打下了实行初步经济核算制的基础。所以我们不但能够提前两个半月完成了这一艰巨的任务,而且为国家节省了142亿元的资金。

从今天起,万吨轮船就可以乘潮入港,停靠码头装卸货物,再不必在大沽口外等待驳运了。这是中国人民在经济建设战线上的又一次的伟大胜利。

帝国主义国家曾经轻视我们,以为我们没有能力自己建筑海港。今天,我们以我们的胜利回答了它们。我们向全世界宣布:解放了的中国人民,在中国共产党和您以及中央人民政府的领导下,不但能够在这里建筑起自己的海港,并且还要在祖国其他的海岸上建筑起更多的海港。

曾经身受日寇及国民党反动统治迫害的新港职工,深深地懂得和平的可贵。我们衷心地拥护亚洲及太平洋区域和平会议的各项决议。我们需要和平,我们知道和平应该怎样来争取。各国间的经济交流和文化交流需要港口,现在,我们的港口初步建成了。为了和平,我们用自己的双手建筑起来的新港,决不许任何战争贩子来破坏它。

毛主席,我们向您保证:我们虽然在建港工程中取得了伟大的胜利,但是我们决不骄傲自满,我们一定在您的光辉旗帜下,努力学习苏联先进经验,加强建港工程的管理工作,提高技术和业务水平,时刻准备着更好地完成祖国和人民交给我们另一次的建港任务,迎接即将到来的大规模经济建设。

祝您健康

新港全体职工敬上

1952年10月17日

认真贯彻整顿改进港湾管理工作，进一步深入展开爱国主义劳动竞赛，为完成和超额完成五三年生产任务而努力！

——在天津区港务管理局第一次职工代表会议上的工作报告

天津区港务管理局局长　吴英民

1953年8月17日

主席团、各位来宾、全体代表同志们：

为了进一步学习苏联的先进经验和总结我们自己的经验，通过广大职工群众掌握计划，管理企业，完成生产任务，在上级党、上级工会和部海总的直接领导下，港务局召开的第一次职工代表会议开幕了！在这个会议上，我把本局上半年生产任务的完成情况向大家作一个汇报，请同志们审查并指正。同时对下半年的中心工作也提出个初步意见，供同志们讨论（本报告生产数字不包括秦皇岛分局）：

第一，上半年的生产情况

1. 吞吐量——上半年吞吐量完成计划的132.80%，完成全年计划的53.44%。现在再把国内外进出口完成计划的情况报告如下：

航线	国外			国内			合计
	出口	进口	小计	出口	进口	小计	
完成计划（%）	92	195	121	195	139	160	132.8

就以上的数字我们再把完成计划情况分析一下：

（1）国外出口实际仅完成上半年的92%，原计划出口的煤、盐均未实现，而杂货出口却超过了原计划的一倍多，这说明我们的计划不够准确，如果把煤和盐去掉，那就大大超过计划了。

（2）国外进口实际完成上半年计划的195%，几乎超过一倍，这又表现了我们计划的不准，因为年初我们编订计划时，只是参考1952年预计完成数估计的，没有看出随着祖国大规模经济建设的开展，国外进口巨大增长的可能性，假使今后国际情势好转，新港各方面设备得到进一步改善，国外进口还有增加的可能。

（3）国内出进口实际完成计划的160%，超过计划的原因是由于五大港统一降低了费率，大力组织货源和简化手续的结果，再加上上半年铁路运输繁忙，车皮困难，因而使一部分货物转到海运来，出口方面增加了一部分煤和杂货，进口方面增加了部分杂货之外，并有很多中转的豆饼，这样就使实际完成的任务，大大超过了计划。

从上面的分析可以看出，我们年度计划是不准的，若按季度和月度计划来看，就因为季度、月度的时间比年度的较短，计划比较准确了，例如：在第二季度开始，我们修订了季度计划，因而实际完成了计划的98%，再如五月份实际完成了计划的101%，六月份实际完成了计划的105%，因此可以这样说：月度计划比季度计划准，季度计划又比年度计划准。而每天的计划更容易掌握，所以今后为了避免工作被动，加强计划管理，必须抓紧每日24小时的作业计划，这是半年来我们从工作中摸索出来的一点经验，也是我们全体职工下半年努力的方向，要使港湾管理工作变被动为主动，克服忙乱现象，加强计划管理，下半年必须从作业计划着手。

2. 装卸量——上半年全港装卸量，随着吞吐量的增加，而大大地超额完成了任务，实际完成超过计划33.5%，完成全年计划的51.6%。

塘大区过驳操作，完成计划的194%。

3. 装卸效率完成的情况——根据统计资料，按天津轮驳装卸和塘大过驳装卸完成定额的情况，说明如下：

天津轮驳装卸超过了年度计划的平均指标，四月份计划平均效率为4.44吨，实际完成5.92吨，完成计划的118%，五月份计划为4.35吨，实际完成5.15吨，完成计划的120%，而且各种杂货的装卸效率，全都达到或超过年度计划指标，并以包子货与杂货超过最多。包子货年度计划工班效率为7吨，四月份实际完成12.8吨，超过5.8吨，五月份实际完成13吨，超过6吨，而杂货包年度计划工班效率为4吨，四月份实际完成8.09吨，超过4.09吨，五月份实际完成6吨，超过2吨。

本年度三月份修订计划的各种货物装卸指标，都提高很多，因此四、五两月的总平均效率都没有完成，经过分析，没有完成修订计划指标的原因，主要是受五金货物的影响，假使单纯五金效率按年度计划，而其他按修订的指标计算，则四月份平均完成修订计划的93.62%，五月份完成95.10%，这样就和计划指标接近了，五金效率未完成修订计划的原因，是由于讨论修订计划时，按每队22人计算的，而实际却一直是44人去做，因此有窝工现象，影响了工班效率的降低。

塘大过驳装卸效率,既没有完成年度计划指标,也没有完成修订计划指标,至于码头装卸效率,四月份没有完成,而五月份超过了计划,这主要由于塘沽区在修订计划时,只通过一部分队长和装卸指导员根据经验修订,没有发动工人讨论,所以定额脱离实际,缺乏群众基础,因此就不能起推动生产的作用。

我们航运装卸目前在天津港来说,还是大部分用人力,因此随着客观条件的不同,而直接间接都影响着装卸效率,如货物的形体包装、潮水的大小、距离的远近、路面的好坏、工具的有无、唛头的多少等,是非常复杂的。因此我们需要随时深入现场,开动脑筋,找窍门,挖潜力,设法克服一切困难来提高装卸效率。半年来,我们虽然也做了一些工作,但是还不够深入,我们所制定的定额,由于没有发动工人广泛地进行反复讨论,只是片面考虑制定,所以,拿这样的定额来与实际工作相比较,就自然发生高低相差太远的现象:不是定额低了,不用费劲就可以超过,便是定额高了,经过努力也完不成,在七月份通过检查计划,天津河西区把有问题的装卸定额修订了。塘沽也把年初修订的定额,重新拿出来和更广泛的工人同志见了面,通过讨论而获得了修正,这些都是必要的。而今后更要通过作业计划把生产中,特别是装卸工作上随时发现的问题,加以分析和总结,作为一定时期修订指标的参考,只有这样,我们的装卸效率才能逐步提高。

4. 驳运量——上半年驳运量实际完成175吨浬,完成计划的215%。

驳运量之所以超过计划的主要原因,是由于国外进出口吞吐量的增加,另外计划中的国外出口煤、盐两项未照计划实现,却增加了大项杂货,这样就减少了新港的作业量,而加大了驳运任务。再加上大批国外进口限于新港航道及仓库、货场的条件(航道吃水未公布,货场修缮工程正在进行),又不得不利用驳运,因此就发生了驳运不符调配,大船等待驳船的情况相当严重,以致轮驳人员昼夜工作不得休息,甚至由于劳动过度而害了病。这些现象,除去由于任务突然增加,而造成了一时的工作困难之外;同时也说明我们没有抓紧现场作业计划,没有做好必要的准备,因此各方面的工作,未能很好地配合,也是造成工作混乱的原因。

5. 仓库货场生产量完成情况——由于上半年吞吐量的增加,本港各区仓库货场入库吨数及存仓吨天数大都完成,或超额完成计划数字。现在详细的情况报告如下:

天津实际完成吨数的218%,塘沽123%,新港89%,合计完成141%。

天津实际完成吨天108%,塘沽159%,新港116%,合计完成119%。

关于新港仓库堆存,上半年第一季度因为估计水况不能使用,所以没有列计划。第二季度计划中的出口煤因为没有实现,所以仅余杂货一部分。但实际情况第一季度有大船进出港口,因此形成新港仓库货场,航运堆存总的没有完成计划。但若把煤去掉,单看杂货堆存,却又大大超过了计划。从吨数看,仅完成计划89%,从吨天看,完成计划116%,说明提货尚有问题。但在海关和有关方面协助下,也在逐步提高改进着。如:1953年1至6月份货物平均在仓天数:1月份33.71,2月份48.29,3月份29.65,4月份30.80,5月份28.80,6月份19.55。实际仍未达到中财委限10日提取的要求。主要是货主货物尚不能及时调拨及火车车皮不能及时配合。

第二,半年来生产上的主要成绩

从上面完成任务的情况来看,我们上半年的工作是相当紧张的。同志们都在充满着热情,积极地克服了不少困难,完成了任务。特别是通过劳动竞赛,各部门的工作情绪更为高涨,大家积极地想办法,提出了很多合理化建议,涌现出不少突出的先进小组、先进人物,现在就重点地向同志们报告一下:

1. 港航间配合的好坏,是决定船舶周转效率和减少船在港停泊时间的关键所在。上半年中由于共同努力,密切配合,很多船都能做到安全地快装快卸提前出港。

7月3日上午10时20分抵新港的"苏兹因"轮,由于事前调度室根据外轮代理公司送到的舱单与船图,首先核对了数目,并作出草图,然后由调度员、业务员深入停泊现场,与仓库研究好存货地点,决定把货卸在一、二两库。因此指定该轮停泊四码头,靠近一、二两库的位置,立即通知新港码头调度所,将码头准备好,然后调度业务计划人员根据以往经验,判明该轮有五个舱口。由于三舱吊杆短,舱口小,所以决定以二、三、四舱作为重点舱,帮驳时先靠二、三舱,四、五舱根据情况再及时给驳,接着调度室计划以七个队进行工作,按该轮载货6100吨计划需60小时可全部卸完。此项计划是经调度会议(由装卸指导员仓库人员参加的)加以补充通过的,装卸队即根据调度计划召集船前会议,向各队长作了传达,在装卸工作中,现场业务员与代理公司配合研究决定多开二、四两舱,利用一、五两舱吊杆协助卸货,并在工人吃饭时间移驳,同时不断以扩音器表扬工人优点，鼓励工人情绪，接班的工人及调度员到现场先了解情况后接班，因大家心中有数，工作既顺利又迅速，结果比计划时间提前，并每24小时装卸效率达到4030吨。连船方也不得不承认是罕见的奇迹。分析主要原因，是由于他们有周密的作业计划和细致的调度组织工作。

6月27日来津的“大中山”轮，轮驳装卸队接受这一任务之前，即为了迎接“七一”，准备以新纪录作为给党的献礼。因此在该轮到港前，就计划着怎样卸得快。等船到后，就运用了画号分垛法，掀起各小队的竞赛；船里保证出一色货，不停纹车，唛头朝上，小车保证唛头不朝上不走，筹货不符不走，并帮助库员分字，库员也保证画号分垛快，不压小车，码垛保证不离垛，收筹保证快收快发，数字准确，结果创造了每工班5.268吨的纪录。在工作中工人进行了安全检查，修纹车，铺路面，因而保证了安全生产和装卸质量。

上述两个例子，就是由于注意了作业计划，加强了调度组织工作，密切了各部门的联系，做好了准备，注意了安全操作，因此装卸效率人人提高，就能安全地进行生产。

2. 在仓库管理上创造了先进的工作方法

画号分垛法——河西码头区庞兆凤同志创造了画号分垛法，解决了难于分字的复杂货物问题，提高了工作效率。5月3日“大中山”轮进口糖一万多包，140个唛头，由于使用这个方法，平均每小时卸900包，工作效率比以前提高一倍。这个办法的内容主要是事前根据唛头进行分类，并编好垛号，立即召集库长、装卸指导员、装卸小队长共同研究货物的存放地点，然后把研究的结果什么唛头的货物放在什么地方，简单明显地画在大牌子上，放在明显地方便于工人同志看牌入库。货物入库后，库员根据分字单的编号在货色上用粉笔写上垛号，工人即照库里面插好的垛号牌，把货物运到那里码好。在工作进行中，舱里工人尽量出一色货，龙口装卸工人必须注意把唛头向上便于画号不积压小车。这个办法不仅解决了难字的问题，提高了装卸效率，还使工人和库员更加团结了。但仅系开始试行，在今后具体工作中，希望大家再做进一步的研究与改进。从画号分垛法的先进工作方法中，我们可以看到码头装卸工作的复杂，不仅有连续性而且有连锁性，各阶段各部位有紧密的联系，一致的动作，才能很好完成一件工作。船底、龙口、库门、库内；小车、纹车；库长和装卸队等，都必须拧成一个，集体合作。同时也必须有高度的组织性、计划性。

隔离苫垛法——河西区郑宝元同志发明的隔离苫垛法，在货垛苫席中间用木板隔离开，这样不但能保护货物安全，并且能节约席子36%。根据实验结果，如用旧的办法苫135件的垛，就需要席子193张，按照隔离苫垛法苫135件的垛，用席122张。这个工作法，虽然在去年提出，但因未经雨季没有很好的试验，今年才经试验成功，确有一定价值，今后应该普遍推广。

无筹码垛计数法——新港由于理货员少，而且进口货以五金大件最多，货物种类也多，存在着收货与船单数字不符及收货与发货数字不符的现象。经过同志们的研究，发明了整条鱼鳞码垛法，减少了人力，解决了错数的问题，也提高了装卸效率。

危险品仓库安全操作经验——陈塘庄危险品仓库认真执行安全操作，钻研业务，因此三年来未出事故。根据分析的结果，他们的经验主要是事前与有关方面取得联系，明确入库危险品的性质，以便准备好工具，并做好一切安全必要检查。工作开始，随时注意通风、换班、轻拿轻放。工作之后，随时总结经验。平素严格注意保管，经发觉货物发生变化便及时通知货主整理，或提取。此外，认真地钻研业务更是他们的特点，凡是存过的危险品，他们都能彻底了解其性质与危险程度，应该怎么保管。取得这些经验，就对今后的工作创造了便利的条件。

3. 驳运方面的突出表现

驳船四号的《人身安全责任制》——过去轮驳船员工作都是轮流换班，不问在班时候忙闲，都一律按时接替。这样由于工作不正常就发生劳逸不均的现象。而驳船四号把全体船员按航行、理货两种不同的工作分成前后两班，如航行时理货前班走船，后班休息。而装卸货时则航行前班理货，后班休息。这样就使全船工人不论在航行或装卸货时候都能轮班休息，不致过分疲劳。此外注意饮食卫生，尽量让大家吃好睡好，因此虽然在上半年极其紧张的工作中，其他船上由于劳累过度不得休息，病号越来越多，像拖轮五号请病假的人竟超过了该船员的60%。而唯有驳船四号从2月到7月未发生一件工伤和病号。后来轮驳大队把他们的经验推广以后，全队船员的病号也大大减少。

拖轮二号的保健清炉法——拖轮二号鉴于过去的清炉法费事、费煤，并且每次清炉以后，有任务需要航行时，仍须费时把新煤加进去，慢慢等火力强起来才能动转，经过他们开动脑筋后，只需把炉底乏煤清理之后，再把炉后已经燃烧成焦的扒出来放在炉口，而将炉口的新煤换到后面去，这样就够了。如要航行立时便可以把火长起来,不用再加新煤。根据统计,从2月到5月总计在120个航次里,共节省了燃煤6600公斤。这个方法曾经轮驳大队召集各轮司炉员参观讨论,大家一致认为的确比过去的清炉法既便利又节煤,所以就普遍推广了。

拖轮五号的方驳斜拖法——拖轮五号由于拖带方油驳感到驳船受潮水的阻力速度很慢,经过他们研究以后,改变了拖带的方法,使用系缆两条一长一短,因此方驳就呈倾斜的姿势。这样由于方驳的方角在前,斜面向后,因此减低了河水的阻力,而加快了速度,从塘沽至大沽口每次拖带可以节省一小时。这个办法也仅系初步试行,在科学技术上还需进一步研究。

从上面几点突出表现看来,轮驳队的工作由于发挥了组织力量,加强了劳动纪律,有比较健全的工作制度,因此他们的工作是有成绩的,特别表现在上半年,驳运任务突然增加,全体船员几乎昼夜不停地工作着,甚至带病坚持工作,这种忘我的劳动态度是值得我们全体职工学习的。

4. 装卸方面的典型小队

天津河西区方面比较突出的有轮驳十队和车库23队。轮驳十队的特点是工作前的准备工作做得好,每次都是先与指导员和仓库方面联系,掌握了工作现场的情况以后,适当配备人力,确定操作方法,再开始工作。在工作进行中,由于他们分工负责注意安全,特别是在交接班时,队长总要一再提醒大家注意安全装卸,所以半年来,不但工作效率高,而且没有出事故。车库23队的特点是队长、组长、记数员形成核心组,3人在组织能力、工作经验、文化程度上各有所长,因此领导力量很强,工作中又很细心,注意安全操作,也是半年来安全生产的模范单位。此外,这两个小队还有一个共同点,就是政治思想领导强,因此组内非常团结,同志们在工作中都是彼此照顾,互相学习,并有健全的会议制度,如业务研究会和生活检讨会等。我们认为有这个共同点,就是这两个小队之所以工作效率高和安全生产不出事故的主要关键。

天津河东区李长明小组,他们小组的特点,是有明确的分工责任制,队长、安全员、搭肩、扛肩各有专责,工作中能密切配合。注意安全操作,队长遇事带头,组员服从指挥,因此全组是非常团结的。此外第五分队以前工作秩序混乱,但自从学习了东北先进经验以后,改进了劳动组织,建立了分工责任制,所以工作上大有转变,目前在缩短装卸火车时间上比较突出,半年来共得奖金两千多万元。

塘沽新港原四队组织性较强,团结搞得好,工作以前通过会议做好准备,根据不同的技术,分配不同的工作,并经常注意安全,互相帮助。因此,3年来一直没有发生工伤事故。

总之,以上这些典型小队和组,都是各有突出表现,这些不同的特点,就是我全体职工互相学习的榜样,各队必须虚心地吸取别队的优点,来改进自己的工作。

第三,半年来生产工作中存在的主要问题和今后意见

1. 调度工作缺乏计划,有关单位联系不够,以致延误船期

上面已经谈到港湾是一架极其复杂的机器,要想缩短船舶在港停泊时间,加速周转,必须依靠港内有关部门的紧密联系与有机配合。如果任何一个零件发生故障,都会影响整个生产。我们在上半年中一方面由于调度工作缺乏计划,同时有关单位又联系不够,以致发生脱节现象,延误了船期,降低了船舶的周转,造成了工作上的损失。现在举个例子:

“大中山”轮5月2日到天津,舱单已在4月30日寄交业务科,但由于没有及时转交河西区,因此船到码头以后发生了待时1小时25分钟的损失。又“大中山”轮7月29日下午3时到大沽口,28日下午3时业务科收到了电报,但没有及时向调度室联系,也没有把电报移送调度室,以致船抵大沽口后才发现,结果延误了一潮水才进港。这个问题说明我们在以调度为核心的指挥上,对轮船业务代理的统一上,电报的旅行规律上都存有问题。

“和平五号”轮4月5日抵大沽口,由于调度室对业务不熟悉,不了解码头的长度和水深,因此错误地决定指挥该轮停泊塘沽油脂公司码头,塘沽调度人员不负责任地机械地执行命令,发现水深不够也没有采取必要的措施来设法补救或反映,结果改用驳运卸货,造成了4900余万的驳费损失。后来该轮出港时,又因业务员错报了吃水,必须通过船闸又造成400余万元的损失。

“诺瓦胡大”轮4月19日抵塘装出口货,当靠好八号码头后,因为没有船图,当时驳船已经帮好,只得盲目装船。又因驳船对不准大船舱口,造成一钩货要吊两次、扛一次才能入舱,因此效率大为降低。该船装货总计797吨,调配工人158名,装了25小时40分钟,比一般效率低了一倍。同时又造成了驳船待时8小时25分钟。

除去上述的几个例子之外，像驳船发生海事不能航行，影响了驳船周转。引水员联系不够，结果延误船只进港时间。又如遇仓库方面配合不够，船只停泊地点距仓库太远因而降低了装卸效率等，都说明我们调度系统由于缺乏计划以及与有关单位联系不够，未能起到调度工作是港湾管理中的司令台和核心的作用，造成生产工作脱节，影响了船舶周转，使工作受到不应有的损失。这是半年来我们工作中存在的最主要的问题，也是我们下半年应该大力解决的关键问题。

2. 先进经验没有很好推广

通过7月检查计划，我们在河西区曾经召集部分工人队长和熟练工人，讨论了一次先进的工作方法，根据区里已经总结的资料一件一件地提出来让大家讨论，以便确定哪些是窍门。工人同志们听了以后，认为这些窍门在各队已经大部分实行。当说明只要能够节省人力提高工作效率的工作方法就是窍门以后，工人同志们便一连串地提出了七八件。这次会议并没有充分准备，所到的工人又是极少数，但是在短短的数十分钟就有了不少的收获，说明我们过去对于生产上作的先进方法深入了解不够，没有真正从工人群众中间有重点地搜集研究与推广。不了解真正诸葛亮是在群众之中，要想当群众的先生必须首先当学生，要想解决业务中的关键问题，必须浸透在生产的下层，真正精通业务。因此我们上半年虽然采纳各单位所提的先进经验165件中属于装卸方面的占60%。但是真正能够解决生产上关键问题的并不多，这都说明过去领导思想上对先进经验的总结推广认识不足，未能很好地组织领导这一工作，对群众提出的合理化建议的组织，汇集现有先进经验，贯彻到群众中去。另外多开经验交流会，多和生产能手、劳动模范座谈，把好的工作方法随时推广。在推广先进当中更须注意培养典型，树立旗帜。

3. 技术配合生产不够

上半年本局工程方面没有随着生产上的要求跟上去，有些地方脱了节，以致生产上受了不少影响。

例如：码头仓库的修缮工程，有些没有抓紧施工。如河西区八号、十六号两个库内的地坪，二号、十号、十二号三个院，以及十九号库前的洋灰路面，都是年初检查计划时拟定组织技术措施计划内所提出的。这些均经上级批准而一直没有动工，因此由于道路不平，地质松软，对装卸效率影响很大。

又如：网、绳扣、铁链子等经常使用的装卸工具缺乏技术检定，一向只凭经验确定负尚量，特别是上半年上述工具进口很少，搜购的一些旧存货质量较差，因而在使用过程中明明未超过经验的标准，却发生了工伤货损事故，造成工人对现有工具缺乏信心，工作时提心吊胆。所以大家为了保障安全，就降低了使用这些工具的标准。如绳扣过去限额为一二吨，现在只能装半吨多，因此就降低了生产效率。此外，轮驳修船问题，也严重地影响了生产，这是由于我们和船厂方面的关系还没有打通。我们虽然有修船计划，但是往往在与船厂签订合同之后而被打乱，事实上签订合同的日期迟于我们的计划日期，实际交船的日期又远远地超过合同的日期，并且在修船的技术上也较差，返工延期已成惯例，修理的船只不能及时出坞，航行的船只也不能及时送修，于是我们使用船只的计划就很难掌握，造成很大损失。这些问题应提到有关方面商量，帮助解决。

4. 装卸额指标，缺乏群众基础

本年年初编制全年生产计划时，津塘两地曾分别召集各地区装卸指导员及一部分队长参加讨论，初步制定了一套各类货物装卸定额，后来在三月份修订计划时又讨论一次，并经部分修改，天津河西区把修订以后的定额发到工人小队讨论修正，又通过“红旗竞赛”争取完成和超额完成计划指标，这样工人对定额的印象较深。但在塘沽方面，自修订计划后，装卸工人即进行民主补课和编队工作，定额就一直没有和工人见面，使工人对定额印象非常模糊。因此定额缺乏群众基础，只有少数人片面考虑出来的东西，拿到现场和实际完成的效率比较就有很大距离。如五金过驳装卸计划定额为10吨，实际完成4.667吨。五金码头装卸定额为6吨，实际完成1.92吨。油性种子过驳装卸定额为13.5吨，实际完成7.534吨。说明这种定额是有问题的。为此我们要想使工人同志在工作中树立完成定额的思想，就必须在修订定额的时候，发动广泛的工人反复讨论，然后再把群众的意见加以综合分析，依照平均先进的原则，予以确定。最后更要把修订定额的数字、原因，以及怎样争取超过定额的方向，对群众解释清楚，并提出切合实际的具体办法，这样工人同志们才有明确的奋斗目标。

5. 没有操作规程或贯彻不彻底

天津河西区1952年10月制定了轮驳装卸安全操作手册，塘沽区今年年初也制定了安全操作规程，但是全没有向下贯彻，更没有组织全体工人展开讨论和学习，因此这些“手册”和“规程”都成了形式，而没有成为工人具体操作的规范。

另外河西区车库队和河东区就根本没制定操作规程，因此上半年津塘两地由于操作不当与麻痹大意等的原因,就造成了工伤、货损以及轮驳海事故共达282件。就工伤事故137件中,因操作不当的计110件,货损事故91件中,因操作不当的,就有82件,另外还有海事及机器事故54件,足见问题的严重性。工伤货损事故中,80%以上是由于没有操作规程,或不按操作规程工作造成的。

从最近这次检查计划当中,我们也曾把半年来安全生产的小队经验总结了一次。他们在生产中不出事故的主要原因,是在干活以前,小队长和安全检查小组,首先领导全队工人开个小会,明确要干什么活,怎么干可以不出事故,然后再把全队工人分配谁做什么,怎么分配,谁去负责检查工具,因此大家提高了警惕,就避免了事故的发生。事实上他们这些准备工作就是贯彻了安全技术操作规程,适当地进行了分工,检查了工具,因此这种经验是非常宝贵的。我们全体装卸工人应该学习,领导部门应该注意总结和推广。

今后我们为了达到安全生产,消灭事故,必须首先贯彻技术操作规程,一定要使各种装卸工作都具备健全的操作规程。目前没有或不完备的必须建立和充实起来,已经有的就应贯彻下去。建立对工具使用前与一定时期的检查制度,防止由于工具设备的损坏而造成事故。此外,更须加强对工人及船员安全生产与严格遵守劳动纪律的教育,防止麻痹大意与违反操作规程的行为,这样事故减少了,我们的生产效率也会大大地提高一步。

上半年我们的工作是有成绩的,但存在的问题也是严重的。

由于技术与生产没有很好配合,工程技术为生产服务的观点不明确,由于没有明确的建筑在群众基础上的装卸指标,由于没有操作规程或没有按操作规程办事,特别由于我们未重视先进经验和群众自己经验的总结和推广,这就不仅影响了生产任务的完成,而且造成严重的工伤、货损和不应有的事故。因此在我们的工作中仍然存在严重的无人负责的混乱现象,这就说明我们在管理水平上仍是很低的。海运专业会议的决议,明确指出整顿与改进港湾管理工作,为全年整个海运系统的工作重心,同时并指出推行计划管理,抓紧作业计划,加强调度工作又是我们整顿改进港湾工作的具体措施。我们认为以上中央这些方针上的指示,是完全适合天津港的具体情况,因之也是完全正确的。

我们检查和分析了上半年的工作中存在的问题,其中最本质的原因,就是由于工作中缺乏计划性,没有预见,长期地处在忙乱被动状态,只有推行计划管理,才能扭转这种混乱状态。同时必须加强调度工作来保证作业计划的完成,通过健全调度制度来树立责任制。

我们知道计划管理的中心环节就是搞好作业计划,因为作业计划就是企业中全体职工的具体行动计划,就是港湾管理中的具体工作计划,在工作开始前,把已在港内或即将到港的船舶要装卸什么货、装到哪个仓、卸进哪个库、怎样进行装卸、要用多少时间、需要多少人、使用什么工具、一班要装卸多少吨、各部分怎样配合等等都事前计划好,这就是作业计划的主要内容。为了推动这一工作,现在我把作业计划的过程简单地谈一下:

大船没到以前,调度室应与船方取得联系,以便掌握大船抵口的准备时间,进口的船及时取到船图,出口的船也要及时画好船图。

作业区按时召开调度会议,必须有调度、装卸指导员、仓库长、工具股等共同参加,根据大船抵港时间、船图以及装卸定额,详细计划好货卸什么地方、怎样卸、卸几天、要派多少人、每天卸多少、每班卸多少。

装卸指导员根据调度会及决议,在接班前召集下一班队长开船前会议传达任务,把每队卸什么货,卸到什么地方,要注意哪些操作规程,以及根据计划指标应该卸多少,都一件一件地向队长交代清楚。

队长接受任务后,必须向船上、仓库以及上一班工人了解情况,再向队里传达计划,以便合适地配备劳动力,使用什么工具怎么样干可以安全省力,发动工人找窍门挖潜力,争取安全完成和超额完成上级所交给的任务。

仓库长应根据调度会议向库员传达任务,根据来船舱单计划好什么货卸什么地方,如何配合工人装卸,怎样放可以节省仓容,节省席楞。

检查每班每天装卸吨数,检查完成与未完成计划之原因,并随时做到密切配合,使全面工作不断改进,争取完成和超额完成计划。

以上就是作业计划的简单过程。

第四,继续深入地开展爱国主义劳动竞赛,抓紧作业计划,为完成和超额完成今年的生产任务而斗争

从上半年生产任务完成情况的检查中,我们可以看到半年来由于全体职工的努力,工作上是有成绩的。特别由于进行了一系列的改革工作(劳动组织的调整、民主改革运动、劳动竞赛和修订检查生产计划……),

使我们天津港出现了一种朝气蓬勃的新气象。这就给我们今后工作的开展,打下了一个良好的基础。

但是,目前我们工作中的混乱状态仍未过去,管理水平仍然很低,这就影响着今后生产任务的完成。如何抓住混乱的根源,加以彻底解决,提高改进我们的工作,就成为我局全体职工的艰巨任务,也是我们这次会议要解决的主要问题。

上面谈过了,能否完成或超额完成今年的生产任务,关键在于加强计划管理,搞好作业计划。因为作业计划是我们全体职工在生产活动中的具体纲领和奋斗指针,我们必须抓紧这一关键问题加以彻底解决,工作才可能有希望改进,这一思想和决心,我全体职工必须首先明确和肯定。

我们知道,保证作业计划的完成,不仅要有思想基础,更重要的要有组织准备。劳动竞赛就是保证完成作业计划的有效具体组织措施之一,同时也是作业计划的政治保证。另外劳动竞赛通过作业计划,才显得更有丰富的内容,也才能防止突击一阵雨、过天晴的毛病。

过去在开展劳动竞赛中,我们是有成绩的。半年来各单位提出大小窍门和先进经验共计165件,从这里边可以充分看到全体职工的主人翁思想,和对人民事业的高度的政治热情。在竞赛过程中,涌现出许多模范人物和先进单位,这就进一步健康了我们的生产队伍。又如:河西区提出了“四不走”,“四保证”,“四明确”,“三准”,“三快”(注一)。塘沽区装卸队提出了“三要”,“三不要”(注二)。库员提出“三清”,“五要”(注三),百日安全。河东区提出了循环推车法、流水倒垛法、安全表、考勤表、爱护客货表、合理化建议表、生产指示图表。这样在劳动纪律上、操作方法上、装卸效率上,都有了很大的改进。

但是我们在竞赛中,仍然存在缺点的,特别对竞赛的认识上仍然有毛病。我们应当知道,我们爱国主义的劳动竞赛是与资产阶级的竞争有本质上的不同。竞争是看谁压倒谁,谁挤垮谁,所谓“同行如侵行”。我们是革命的竞争,反对锦标主义,要求通过竞争帮助落后的赶上先进的,先进的更提高一步;要求通过竞赛达到团结友爱,互相学习,共同进步;最后的目的要求提高全体职工的阶级觉悟,忠诚的为党的、国家的、人民的事业斗争到底。

过去竞赛的发展是不平衡的,管理部门领导机关不如基层生产单位开展得好,表现“下边想办法,上边没动静”的畸形状态,结果管理落在生产的后边。生产发展了,管理跟不上,群众进步了,领导跟不上。各科室的工作不能更好地、有机地配合作业区竞赛的开展。中共中央东北局在关于加强计划管理工作的指示中指出“计划管理的能否贯彻,和贯彻好坏的最后保证,是在于能否有领导地全面地发动群众,特别是充分发动科室工作的职员和技术人员”。我认为这些指示,同样也适用于我们劳动竞赛的开展和作业计划的贯彻。

过去竞赛中存在把竞赛和作业机械地割开,认为搞竞赛会妨碍日常生产业务,把竞赛认为是负担的错误观点。过去竞赛中,对及时总结、推广先进经验,有计划地培养典型,再通过典型领导全盘工作,这一科学的领导方法体会不够。从这次展览会短时间地、全面地搜集到材料,就足够说明群众中的诸葛亮是很多的,真正的聪明人都在群众和我们认为平凡的人物之中,我们领导干部往往倒显得落后和无能。

以上都值得我们在今后开展竞赛中注意,并要求纠正过来的。

同志们:我们下半年的任务是艰巨而光荣的,我们要好好学习,不断提高文化、政治水平;学习先进队,遵守劳动纪律,服从指挥,加强团结的优良作风,我们要不断钻研业务,学习先进经验,提高自己的业务、技术水平。只有这样才能不断改进工作,把我们的港口在简陋的基础上,管理得既清洁又有秩序,争取完成和超额完成我们五三年的生产任务。

最后希望同志们要聚精会神地拿出批评与自我批评的精神来,检查上半年的工作,审查我这一个报告,要保证我们这个首次会议的胜利结束,使这次会议成为我们天津港今后港湾业务前进中的里程碑,进攻中的冲锋号!祝同志们身体健康!

注一:“四不走”:(1)理货员不收笔不走;(2)笔货不符不走;(3)不开好研究会不走;(4)工具不收拾完不走。

“四保证”:(1)保证现场动员布置好;(2)保证在工作前把工具检查好;(3)保证不挑肥拣瘦;(4)保证装卸危险品戴好防毒面具。

“四明确”:(1)依靠工人的思想要明确;(2)保守思想给我们的危害要明确;(3)计划管理的思想要明确;(4)责任要明确。

“三准”:(1)收发笔数字要准;(2)唛头分得准;(3)数字点得准。

“三快”:(1)发现问题快;(2)处理及解决问题快;

(3)工作完成得快。

注二:“三要”:(1)要服从业务指导员的指挥;(2)要加强联系工作;(3)要照顾全面工作。

“三不要”:(1)不要在工作中投机取巧;(2)不要麻痹大意,忽视安全;(3)不要有保守思想作风。

注三:“三清”:(1)数字清;(2)分字清;(3)衡量清。

“五要”:(1)要完成和超额完成任务;(2)要遵守劳动纪律,服从领导;(3)要爱护国家财产;(4)要建立健全制度;(5)要安全卫生。

加强政治思想领导,克服保守主义,贯彻会议精神,为推行作业计划而奋斗!

——在天津区港务管理局第一次职工代表会议上的总结报告

天津区港务管理局副局长　刘兴贤

1953年8月19日

主席团、各位代表、来宾同志们:

天津港的第一次职工代表会议,由于全体代表同志们的共同努力,已圆满地完成了我港全体职工给予我们的光荣使命。到今天就将要胜利地结束了,大会主席团让我来作会议的总结报告。

在会议上我们首先听取和讨论了吴局长《认真贯彻整顿改进港湾管理工作,进一步深入展开爱国主义劳动竞赛,为完成和超额完成五三年生产任务而努力!》的报告。这一报告总结了上半年的工作情况一般是超额完成了任务,并涌现出不少的模范和模范单位。创造了不少的先进工作方法,提高了工作效率,这是我们全体职工的光荣,是需要加以巩固推广的。同时也着重地指出我们在工作中的主要缺点,有待于我们在今后工作中迅速克服。最后提出应进一步加强政治思想领导。在全体职工高度阶级觉悟的基础上,继续发挥积极性和创造性。开展爱国主义劳动竞赛,做好和保证作业计划的实施,推行计划管理。为完成和超额完成今年的生产任务而奋斗。我们还听取了顾炎同志关于提案审查的报告。

这两个报告,都经过了各个代表团和小组,认真热烈地讨论。

现在根据各小组讨论后所申报的情况提出以下几个问题:

一、有的同志提出,总结不够全面,仅是提到装卸作业部分,其他部门工作没有总结进去。这点必须说明。天津港以往是为帝国主义榨取中国人民血汗而服务的港口。我们接管之后,要把它变为人民的港口,为人民服务。问题和困难是很多的,三年来在上级英明的正确领导与全体职工同志共同努力下,已克服了不少的困难,取得了很大的成绩。我们的港口已由分散的转为统一的并且已初步试行计划管理了,当然我们的缺点仍然很多,必须继续创造条件,加以克服。根据海总专业会议的精神,今后应进一步巩固成绩,克服缺点,把港口工作规律化,以改变港口的落后状态,因此领导上就必须抓住中心,因为不可能在短暂时间内,把一切工作中的问题全部解决。我们港口的中心工作,苏联专家指出应为“快装、快卸、加速船舶运转”。吴局长的报告中,也着重讲了这方面,但并不等于说我们的工程、港务、外轮代理等其他工作就没有问题或不重要,不值得一提,相反的,我们今天的成绩,正是由于其他部门有成绩和配合得好,才能获得的,同时这样重点地提出,是有好处的:

(一)首先解决装卸运输生产上的问题,可使我们集中力量解决关键问题,关键问题解决了,就有可能同时解决一些问题,或是为解决其他问题创造了便利的条件,必须采用这样的工作方法,才能使我们复杂的工作获得改进和成功。

(二)可使我们思想上明确港口工作是以装卸业务为中心。树立为生产服务的观点,使各个不同的部门工作,都考虑到为生产服务,给生产工作创造便利条件。这点在过去是不够明确的,必须明确了这点——为生命服务,否则我们的工作便是没有目的的。讨论中提出很多的具体问题,如:责任不明确,相互不配合,致使工作遭受损失等,其主要原因,都在于此。今后我们不仅要在思想上明确,同时还需在组织上加以保证。基层作业单位(作业区、轮驳队)首先在工具设备和人员配备上健全起来,使之能成为一个独立的健全的生产整体。而在一定的定额上,完成生产任务。

港口各个部门组织,总体来看,是一个整体,都是很重要的。

二、塘大装卸效率定额没有完成计划的问题:各代表在讨论时,对这个问题提出了意见,为了回去之后,更好地向工人群众传达,我们有必要把它搞清楚。

首先我们应该把没有完成计划指标的事实和原因,分别看待,没有完成是事实,而究竟为了什么则又是一回事。

没有完成计划指标的主要原因,首先就是它没有群众基础,这一点吴局长在总结时也已很强调地指出。原来塘大区的一套装卸效率指标,绝大部分装卸工人都不知道,甚至连大队长都不知道。当然对大队长来说,不知道是完全不应该的。不过严重的是我们根本就没有广泛组织工人讨论。虽然上半年我们一直忙于民主补课、编队等工作,而实际上我们仍旧可以挤出一些时间来组织讨论定额,贯彻定额,使定额为工人群众所掌握,成为自己工作中的奋斗目标。这说明塘沽区各级领导都没有重视这一问题。其次就是各部门配合不好,也造成了装卸效率的降低。在工具方面,如工具设备不全,保管不当,同时也缺乏改进,在与理货员、业务员等的关系方面,缺乏明确的联系责任制和分工责任制,常常发生一些矛盾,造成了工作中的障碍;在统计工作方面也没有跟上去,原始记录中常有不正确的情况出现,因而也影响了实际装卸效率的真实性,另外修订计划后的指标,原是包括了民主补课和编队后的提高效率因素在内,因此在六月份以前,也就是我们还没有完成民主补课和编队工作以前的装卸效率,与修订计划后的指标作比较,实际上是有出入的。但年度计划指标是比较符合我们情况也没有完成,总之,从以上种种原因来看,塘大区装卸定额没有完成计划,领导上应负主要责任。另外还有一点需要说明,我们原来制定定额是根据具体不同情况,分地区制定,河西有河西定额,塘大有塘大定额,塘大又分过驳、码头、陆地不同操作都有不同定额,并不是笼统地进行比较,因此天津河西完成了计划定额指标,而塘沽没有完成,也并不是说塘沽装卸工人同志的工作能力不如天津河西同志,主要还是塘沽方面定额本身有问题。最近塘沽在检查计划当中,又发动了一次工人讨论和修改定额,与过去对照来看,这一次参加的工人同志是较为广泛的,但这仅仅是初步地经过队长及各队代表们的讨论,还没有贯彻到每一中队每一队员中去。希望装卸队各位代表同志回去,抓紧时间,发动大家,更广泛更深入地研究和反复讨论,提出意见,一定要让每一位工人同志都了解定额是怎样制定出来的。只有工人同志心中有数,才能在工作中树立完成定额的思想,争取完成和超额完成我们的计划任务。

三、提案的处理问题。

这一次代表们希望全部提案,或者一部分提案能在代表会议上得到解决,得到明确的答复。这种心情是完全可以理解的。因为我们把群众的意见带到代表会来了,就要把处理结果带回去,向大家交代。这是对群众负责,对企业负责,对国家负责的高度责任心的表现,同时也说明我们过去处理问题拖拉,官僚主义比较严重,还遗留给大家一些不良的印象。我们全体职工提出许多提案,目的只有一个,就是要求解决生产中的问题,扫除生产中的大小障碍。因我们的负责精神,应该表现在对这些提案及时而且慎重的处理上,表现在问题的解决上,应该在实际工作中表现我们的负责精神。为了问题得到真正的解决,那么682件提案,就不是从提案搜集上来到今天短短一个星期中所能办到的。我们已经决定,为了做到案案有着落,件件有交代。每一个提案主管部门要抓紧研究。关于处理办法,在一个月以内用书面发到有关的各基层单位,再发给每一个代表,然后向群众交代清楚。其中哪些是马上能办到的、谁来办、什么时候办,哪些是需要缓办的,哪些是情况有出入的,需要解释和说明道理。代表同志们回去把这样的处理办法告诉全体职工,我相信大家是会同意的。同时处理这些问题领导是有决心的。再加上全体代表以及全体中共党员的监督,我们是能够把全体职工宝贵意见贯彻到工作中去,逐步克服我们工作的官僚主义的。

四、劳动纪律松弛问题。

吴局长在总结报告中关于今后任务提到要遵守劳动纪律,服从指挥,我们大部分地区经过民主补课以后,职工同志们的政治觉悟和生产积极性进一步提高,在遵守劳动纪律方面较前也有显著进步。但认真来说,还是不够的。有的在整顿劳动纪律以后没有很好巩固下来;有的未经整顿,仍表现非常松弛。我们全体职工是国家的主人,不但表现在我们参加企业的管理上,同时还要表现在我们以主人翁的态度来参加劳动、严格遵守劳动纪律,在今天来说,我们有些职工在劳动纪律的遵守上还是不够好的。表现在有的同志随便旷工,工作不服从指挥,挑肥拣瘦,想干就干,不想干就走,不遵守操作规程。例如有人今年上半年缺勤竟达61天。有的人自1月1日到6月19日近半年来只工作20天。更严重的是在工作中故意砸人,造成工伤事故。由于劳动纪律不好,就直接影响到生产效率的提高,就会使事故增多。因此在下半年进一步深入开展劳动竞赛,推行作业计划中,必须要巩固劳动纪律。向一些劳动纪律好的小组学习,同时对个别的、突出的一贯不遵守劳动纪律的人,一定要加以适当的行政处理。

这是第一个问题。

第二,如何贯彻下半年的工作任务

从吴局长的报告和几天来代表的讨论中,明确和肯定了我们下半年的中心任务是如何深入开展劳动竞赛,推行作业计划,加强调度工作,为完成并超额完成我们的全年任务而奋斗。为了达到这一目的,除去应在业务上积极努力,密切配合,学习并推广先进经验外;加强政治思想领导是非常必要的,因为目前在我们职工同志间,尚存在以下几种思想障碍:

(1)个人主义和本位思想——有些干部在工作中强调从兴趣出发,闹地位、闹待遇,计较个人得失不从整体出发。行动上表现消极,情绪低落。遇事敷衍搪塞。因此影响工作的进行和开展。另外就是一切工作从本位出发,不照顾全面,影响部门的团结互助,协商配合。这样的工作方法,会使整个工作受到损失。

(2)狭隘的保守主义——有些职工同志,处理和分析问题是比较狭隘和保守的,对新鲜事物缺乏敏感性。不承认或不愿承认别人的优点。同时也往往会忽略了自己的先进的一面。表现在工作中,譬如我们有些小队,对出现的窍门、先进经验抱着不正确的认识,觉得这没什么了不起。对本单位一些新事物也熟视无睹。这样就既打击了别人的情绪,又阻碍了个人的前进,同时工作还得不到开展。

另外狭隘保守主义表现在另一面,就是对事物分析的片面性。譬如把爱国主义劳动竞赛看成是竞争,不是如何吸取别人的先进经验,提高自己的工作,而是争取荣誉,夺取锦标。嫉妒别人的先进成绩,满足自己的点滴收获。缺乏互助团结、密切配合,围绕一个中心为共同完成任务而努力的精神。

(3)等待和依赖思想——在我们个别同志和单位间,目前存在着等待情绪,这分为两方面。首先是工作上等待上级布置推动和处理,另外等待条件成熟后再进行工作。譬如我们搞作业计划,有人说条件还不成熟,必须等待条件成熟后,才能进行。我们认为这样的想法,是缺乏进取心和单纯依赖思想。这对我们工作进行起着阻碍作用。此外还有少数人在等待机构合并,因此工作采取应付,情绪不稳。使工作造成不必要的损失,我们必须克服这种机械的念头。

由于以上思想的存在,对贯彻我们的计划管理,和推行作业计划是极端不利的。因此我们下半年必须加强政治思想领导,在党政工团的密切配合下,全体职工努力下,尤其是我们这些职工代表们回到岗位上,要好好地传达这次会议的精神和决议,工作中起骨干带头作用,才能使我们的方针任务和决议不至于落空。

同志们,我们应该认识到会议的结束,就是我们执行工作的开始,希望今后我们全体职工百倍的努力,共同围绕中心任务,深入开展劳动竞赛,推行作业计划,加强调度工作,为争取完成和超额完成我们的全年任务而奋斗。

(4)因为会议有我们职工的家属代表参加,所以这里要特别提出,今后天津港口的光荣和艰巨的任务,当然是要依靠我们全体职工高度阶级觉悟和积极努力来完成。但是这也是和我们家属工作密切分不开的,如果我们职工为了人民港口的事业辛苦劳累一天,回家后,吃不好、孩子哭闹、休息不好,这不仅影响职工工作情绪,并且也影响职工的身体健康。所以为了搞好生产,同时也必须做好家属工作。使职工能因家庭生活的愉快,而得到适当的休息。这不仅是家庭的幸福,同时也是为了人民港口的事业。因此会后也希望我们的家属代表向职工家属组织传达,研究如何保证职工精神愉快,身体健康,来共同为我们的光荣任务而努力。

我们这次会议所以能够获得成功,是和市委、交通党委、中央交通部、海总、华北区海员工会以及各位来宾的亲切关怀,积极支持分不开的。中央海总给我们贺电,鼓励我们,华北区海员工会,无论在人力物力上都给予了很大的帮助。我们一定坚决贯彻执行这次会议的精神。把天津港口的落后状态从根本上消灭掉,赶上其他先进企业。有力地配合整个国家经济建设。以答谢各方面对我们的关怀。

我们这次会议是为了我们全体职工在更完备的形式下,来对我们的企业进行管理。今后的任务就是要把会议的精神贯彻到全体职工的实际行动中去,要我们全体职工都以创造性的劳动来完成国家所交给我们港口的光荣任务。我们以往的工作是有成绩的。通过这次会议以后相信我们的成绩会更大。

最后祝我们全体代表、来宾身体健康!

一年来工会工作报告及今后方针任务

——中国海员工会天津区港务管理局工作委员会在第一届会员代表大会上的报告

辛国颂

1955年3月17日

在党和上级工会的领导下,由于行政的大力支持及团的紧密配合,一年来天津港的工会工作有了很大进步,基本上做到以生产为中心工作,摆脱了过去长久存在的,工会工作陷于事务、福利而不同生产的现象,与配合行政进行生产改革的同时相应地整顿了工会组织，初步建立了工会工作正常秩序，又成立了局级工作委员会，因而在组织和发动全体职工开展劳动竞赛保证全面超额完成国家计划，在提高职工群众的觉悟程度以及改善职工群众的物质和文化生活等方面，都进行了很多工作，已初步地发挥了工会的组织作用。

一、天津港开展竞赛的基础，是由于1954年第一季度进行了第一次生产改革，确定了装卸工人，改变了工人与企业的不合理的生产关系，实行了接近按劳取酬与计件相结合的工资制度，改进了劳动组织，实行了三班机动配工制度，并在生产改革的过程中具体地进行了总路线的宣传教育，使工人的生产积极性有了进一步的发挥。在这个基础上，行政、工会共同召开了第二次职工代表会议，由行政下达了国家计划，工会便从发动群众讨论国家计划，制订小组竞赛保证条件入手开展了劳动竞赛，并逐步成为广泛性的群众运动，保证完成和超额完成了国家计划。

随着生产的发展与管理工作的不断改进，劳动竞赛也有了很大的发展，目前的情况是：

（一）竞赛已带有广泛的群众性，有了一定的群众基础，从1954年第四季度末参加竞赛订有保证条件的小组和人数上看新港作业区共计55个小组，人数为1385人，全部订有保证条件，装卸小队为31个，其中航运队23个队，在竞赛中大部均超额完成主要货类的指标，完成指标最好的队，如装卸五队，末煤指标为13吨，该队四季度平均完成19.77吨，完成计划的152.08%；盐的指标为64吨，该队实际完成81.98吨，为计划的128.10%；大同块煤指标为28吨，该队完成35.56吨，为计划的128.43%。完成指标较差的仅十五队一个队，盐完成64.4吨，超额0.4吨，大同煤27.29吨，末煤12.06吨，均接近指标。

塘沽作业区共计26个小组，人数为696人，全部订有保证条件，其中装卸队为18个队，第四季度均超额完成主要货类指标，如盐包舱时量指标为63吨，最高者装卸四十四队完成103.36吨，为计划的164.06%；最低者四十八队完成71.42吨，为计划的113.27%。烧煤指标为20吨，最高者为四十七队，完成41.9吨，为计划的209.70%；最低者为四十八队，完成20.66吨，为计划的103.30%。

河西作业区共计79个小组，人数为1765人，全部订有保证条件，其中装卸队为49个，在主要货类面粉和杂货方面大部分也均能完成指标，该区因货类复杂，码头仓库形式不一，故而装卸条件也各不相同，在统计效率方面尚不能得到一个较为合理的换算办法，故在考核指标上有着一定的影响。

轮驳队方面共计45个小组，共计600人，除入坞修理船只之外，全部投入竞赛，机关共计62个小组，913人，均订有保证条件投入竞赛。

医院共计5个小组，为91人，全部订有保证条件投入竞赛。

从以上情况看，竞赛的面已扩大到各方面、各部门，由装卸队、轮驳至科室、炊事员等均投入竞赛，从竞赛的发展看，是由下而上自小组竞赛发展起来的，因而在竞赛形式上便由小组之间的竞赛发展为作业区之间，个人之间，科室之间以及同工种、同业务的系统竞赛，第四季度又参加了全国性的港际竞赛，这说明竞赛是逐步广泛深入，具有了群众基础。

（二）由于竞赛是围绕计划管理，实现作业计划和各项指针进行组织的，以按季、按月、按旬、按日、按船完成和超额完成各项生产指标和安全指标为目的，在方法上又是从讨论国家计划和装卸定额着手，组织群众层层订保证，切实地变行政计划为群众计划，使行政计划的完成与超额完成得到可靠的保证，因而克服了竞赛的盲目性，有效地使竞赛与管理相结合，通过竞赛，工班效率不断地提高，塘、新地区共有装卸队46个，能超额完成大宗货类指标的为32个，占全部装卸队的72%，因而保证全局平均工班效率由第一季度的9.19吨，逐步上升至第四季度的12.95吨。加之，在组织竞赛方面初步取得经验，在组织竞赛的方法上已克服了过去突击式轰一阵的一般化领导方法，在党的领导下，根据全国总工会关于在国营厂矿企业中进一步开展劳动竞赛的指示，结合市委第二次工业会议决议的精神，进行了一系列的竞赛组织工作，如讨论国家计划，制订小组及个人保证条件，提出课题，组织合理化建议，总结与推广先进经验，在科室中进行分日作业计划，装卸工人与仓库、塘沽作业区与轮驳队、装卸工人与大船等签订联系合同，按季进行竞赛评比奖励，基本上抓住了开展竞赛的三个步骤，就是“讨论国家计划，制订竞赛条件，帮助群众实现条件，然后总结评比”的三个过程，因而改变了过去竞赛中的突击性的不正常现象，并使竞赛走向经常化，逐步地成为群众性劳动方式，改变职工的劳动态度。

（三）竞赛已由过去单纯拼体力，增强劳动强度，逐渐发展到以技术革新为方法的阶段：

通过第二季度总结评比工作，第三季度便进一步丰富了竞赛的内容，改进了组织竞赛的方法，明确技术革新在港湾方面应以“提高技术,改进工具和操作方法,改进企业管理”为内容,并针对生产中的关键明确课题,教育职工发挥集体智能,大力组织合理化建议,推广关键性的先进经验,突破生产中的薄弱环节,因而所取效果是显著的,不但群众的创造性有了初步的发挥,而且也解决了许多生产中的关键问题,1954 年全体职工共提出合理化建议 1038 件,采纳的共 526 件,其中较重大能解决关键问题者为 40 件,由于这些建议的采纳,使我们的装卸效率显著提高。如新港作业区第二季度以前的主要大宗货类是国外进口的五金大件,当时效率不能迅速提高,事故不断发生,工具损耗大,装卸成本高等主要的原因就是生产工具落后,不问什么货物均用铁链和地车操作。围绕这个关键发动群众学习全国海港装卸作业展览会的经验,改进了十四种主要装卸工具,在提高装卸效率,贯彻安全生产,节约开支等方面都发生了重大作用,钱春同志成为革新中的一面旗帜,他的特点是从现实条件出发,抓住大宗货类,深入现场,经其改进的工具一般均安全、效率并重。第三季度新港作业区国外进口货物减少,国内出口货物增加,煤、盐成为该区的大宗货类,但工人对这方面操作不熟练,于是又针对这一情况,及时提出抓“黑”、“白”作业的关键,并围绕这一课题充分发动群众提合理化建议和推广先进经验,新港装卸第十八队创造了“散盐操作法”,二十二队创造了“混煤操作法”,五队创造了“装煤机挠舱不停机工作法”,工会及时地总结了这些经验,并大力加以推广,据第三季度统计散盐操作法提高效率 6%,混煤操作法提高效率 16%,挠舱不停机工作法解决了过去长期存在的挠舱停机问题,平均每条大船可增加作业时间三小时至四小时,保证了该区主要货类平均效率的逐季上升。

塘沽作业区在第一次发生改革以后,由于装卸队人数由 42 人减至 28 人,在劳动力分配上仍存有不合理现象,故往往窝工,完不成舱时量指标,从盐包(该区主要大宗货类)上看,职代会公布指标为 60 吨,但在第二季度初有三分之二以上的装卸队完不成指标,原因是地车循环慢,舱内货物吊上来得等待地车,造成窝工现象,因此,结合制订小组竞赛保证条件的同时,装卸四十四队便创造了“循环拉车”操作法,解决了钩等车的问题,但是又发现舱内挂钩尚不及时,于是装卸四十七队又创造了“循环挂钩”操作法,四十八队创造了“循环码垛”及“车上垫木格”操作法,这样便克服了在工作中忙闲不均,人力不足或窝工现象,这些经验的综合,便成为一套系统的包子货快速操作方法,平均提高效率 50%。

轮驳队方面也是根据“运量大,运力小,成本高,事故多”的情况,提出每个时期不同的关键,学习与推广了苏联的先进顶推拖带经验,并结合天津港的具体情况,在内河及沿海运输中实行了一拖三驳,轮十一号创造了大清河夜航,仅五月份即可多运盐 2640 吨,增加驳费收入 1 亿余元,轮二号创造了“安全过闸法”,轮五号创造了“一挎、二顶、三推拖带法”,保证了拖驳航行的安全。

为了节约国家开支,降低成本,在轮驳队及塘沽和新港作业区采用了钢丝绳和国产苎麻代替进口棕绳,全年可为国家节约 6 亿余元。

河西作业区装卸十四队创造了面粉操作法,提高效率 10% ~30%,装卸十八队创造了杂货操作法,提高效率 30% ~40%。

在开展技术革新当中,我们还注意了对技术人员和管理人员的发动。有目的地引导他们解决生产中关键问题,有效地配合了快装快卸。装煤机钳工组为了充分发挥装煤机的潜在能力,利用过去闲置多年的皮带小车,经试验可将工班效率提高至 24 吨至 25 吨,并基本上消灭了装煤机自动磅秤的差错。机械工具科又针对关键创造了煤溜子,解决了装煤挠舱问题,并创造了活动装煤箱,由于以上的改进,不但使效率大大提高,而且也大大减轻了工人的体力劳动,并为今后装煤机全部机械化打下基础,在仓库方面通过同业务竞赛,树立了配合快装快卸的整体思想,抓住结数不及时,延长了作业票的填写时间,影响了装卸统计及作业计划的推行,工人心中无数,且大量的浪费理货人员,增加了管理上开支这一关键,开展革新,使仓库管理有了很大改进,涌现出很多先进工作方法,塘沽作业区八号码头理货小组创造了“分时结吨卡数”的先进工作方法,每两小时公布一次装卸效率,不仅使工人心中有数,领导上便于掌握装卸进度情况,并且对于改进统计工作,保证作业计划的推行上均有很大作用。新港作业区理货三组创造了车单位分队包垛法,解决了数字不准和成本高及装卸不安全等问题。河西作业区理货一组用楞木头代替枕木用,苫缆组研究用油毡代替苎麻,均大大降低港湾成本;理货二组简化了工作手续,利用出口日报代替出口账,还创造了仓库面积指示图和出口货物分类表,理货五组创造了接舱单的安全袋,可减少装卸准备时间十余分钟;庞兆凤同志又进而创造了工人理货的方法,在仓库管理上开辟了新的道路。

(四)大力组织科室竞赛,突破科室成为竞赛中

"死角"的现象,贯彻了竞赛与改进管理相结合的方针,并通过科室,组织了同工种、同业务竞赛,丰富了竞赛的内容,使竞赛在原有基础上提高一步。

在第二季度中,科室人员还是站在竞赛外面的,所以评比时红旗发不出去,形成竞赛中的死角。第三季度我们抓住了商务科为重点,改选了小组长,充实了小组的领导力量,从而发挥了工会小组的作用,取得了该科领导的大力支持,他们深入地进行了思想教育,以同志之间的批评与自我批评,解决了小组内不团结的现象,又根据管理上的要求,作为竞赛条件,从而全小组在竞赛中发挥了高度的社会主义劳动热情,实现了小组竞赛保证条件,使天津港提前56天完成全年国内吞吐任务。在中转方面,和平二号进口糙米3479吨,原定转出指标为7天,由于该小组全体同志在竞赛中发挥了积极性,3天内即全部转出,给今后开展"南货北运"创造了有利条件,该小组并以"只许做好,不许做坏"的精神推行了分日作业计划,使小组竞赛深入一步。在商务科的带动下,科室竞赛便开展起来,根据商务科的经验,具体协助较为薄弱的财务和材料两科,制定了小组竞赛保证条件,推行了分日作业计划,目前在工作中均呈现出新的气象,又通过联系合同及科长座谈会等形式,解决了财务科对外联系上所存在的问题,该科每月已能做到按海总要求提前5日结算出月度账目。货运科通过竞赛加强了对作业区仓库业务方面的领导,除了及时发现与总结了各区仓库间所创造出的先进工作方法加以交流和推广外,并着手在这些先进经验的基础上,拟订理货工作规程和统一各项表报,以简化手续提高工作效率。文印室小组也积极投入竞赛,保证打字差错为0.2‰,并克服积压现象,由于科室投入竞赛,保证了全局生产任务的均衡完成。

二、一年来向职工群众深入宣传了党在过渡时期的总路线,宣传了实现国家计划的重要性和工人阶级在国家建设事业中的重大责任,批判了在工人中较普遍存在的经济主义思想,经过总路线和宪法学习,时事政策教育以及支持解放台湾的宣传,职工群众政治觉悟显著提高,出现了很多先进人物和先进思想,涌现出不少先进事迹,如科室中有些干部说:"过去也知道社会主义是我们美好的远景,但是多久才到呢?学习总路线以后知道只不过十几年即可进入社会主义社会,于是心眼里便亮堂了,工作也就带劲啦。"有的同志还批判了过去认为在交通部门服务不如在重工业部门工作吃得开等不正确思想;又如装卸三十三队张德山同志把自己每月积累的钱放给私商得高利,通过学习认识到工人阶级不能走资本主义道路,于是便把钱收回,全部存入国家银行,为国家积累建设资金;十八队王成仁同志过去总想存钱回家置地,在总路线学习中,他说:"不买地啦,告诉家里去参加互助组吧,我有钱还多买点公债呢!"新港作业区全体工人通过学习后,更加强了对祖国的热爱,因而在装运抗美援朝物资时,全体自发的义务劳动,使56辆车皮的货物按期完成任务,表现了高度的国际主义精神,另外在认购公债中,职工们也均表现出对社会主义事业的热爱,装卸二十一队工人王国清把自己准备买皮猴和自行车的存款550万元(当时流通币)全部拿出,认购了公债;在支持解放台湾宣传中,轮驳队全部船员提出保证要船有船,要人有人,时刻准备着响应祖国的召唤,并在生产中积极改进工作,加速船舶周转,提高运输力,来支持祖国的经济建设;塘沽四十三队在学习讨论后,通过了决议书,随时准备参加支前运输任务,由于进行了以上各项教育,又通过"国营企业内部劳动规则纲要"的贯彻,使得职工群众的觉悟程度不断提高,因而对鼓舞职工的生产积极性及遵守劳动纪律方面都有了显著成绩。

同时我们还宣传了先进人物、先进思想和先进事迹,有效地配合了竞赛的深入开展,采用座谈、表演、观摩、小型训练班等方式进行推广与交流了先进经验及通过各种宣传工具,宣传先进经验的优越性,并对保守思想和自满情绪进行了批判,轮驳队通过漫画和大字报批判了轮九号船长不虚心学习轮二号安全过闸法而造成事故后,很多职工都反映说:"不学习人家先进经验,就出事故嘛。"塘沽作业区装卸五十七队队长通过事实教育后说:"不学习人家的循环互助法就完不成任务,先进经验的确解决问题。"

在加强工人的文化技术学习方面也进行了很多工作,目前共有业余学校5所,教师共计56人,有职工2584人参加业校学习,其中初小者2072人,高小者496人,初中者16人,在技术学习方面除了配合行政举办了短期训练班外,还在起重机司机中开展师徒合同和采用互教互学等方法来提高技术,塘沽作业区理货组采取互助组学习业务收效也很大,该组刘如建同志经过两个月的互助,由不懂业务而能掌握业务。

一年来在群众的文体活动方面也是显出活跃的现象,全局共有篮球队5个,经常与驻军及其他单位进行友谊比赛,在职能干部中每日均进行工间操的活动,全局共有业余剧团4个,除结合时事政策向职工进行宣传外,还配合对农业的社会主义改造,经常为郊区农民兄弟演出,收到一定效果,各单位还经常组织看电影或文娱晚会,全年共演出201场,每单位平均两周可看一次电影。

三、随着生产的发展,工会组织也注意了职工生活条件及劳动条件的改善。

由于1954年年初连续发生重大伤亡事故,于是在党的领导下,配合行政共同组成安全检查组织,由上而下展开普遍性的检查工作,共发现问题323件,即时解决了171件,同时还建立了工具负荷量及工具鉴定制度,进行了安全生产教育,制定了不同的安全操作规程达21种之多,经过发动群众普遍讨论,使群众开始掌握了这些操作规程,并充分利用安全活动日,检查小组安全生产保证措施执行情况,保证了安全工作的经常化,新港作业区还在工人当中进行了安全生产测验,因而从上到下贯彻了安全生产统一思想,克服了工人当中认为"常在江边站没有不湿鞋"、"生产是战场,没有不受伤"等不正确看法,基本上消灭了重伤死亡事故,轻伤也逐步降低,第一季度发生54件(其中死亡3件,重伤2件),第二季度发生91件(其中死亡1件,重伤1件),第三季度轻伤48件,第四季度51件。

在发展生产的基础上,根据情况的需要,将原有疾病业余休养所扩大为肺病疗养所,收容患有重中型肺病职工18人入所疗养,经过休养与大夫的负责治疗,在两个月的过程中已有2人恢复健康愉快地投入生产,其他都普遍增加体重,日渐恢复健康。

生产改革以后,装卸工人开始享受了劳动保险条例,由4月初到12月底全局共有1066人(1668人次)享受了劳动保险待遇(系指工会根据实际发生劳保事项支付部分,行政支付之医疗费等全部均享受到),占全体职工人数的19%,支付金额为430765342元,其中生育补助者906人,在职养老10人,退职养老51人,使职工在生、老、病方面均得到可靠保障。

在困难补助方面我们采取了为生产为群众服务的方针,全年计有340人受到补助(河西作业区未统计在内),开支4797万元,解决了职工生活中的某些困难问题,从而得到一定教育,鼓舞了生产,如新港作业区装卸七队杨吉庭同志得到补助后在除夕夜里吃饺子的时候手抚小孩,眼含热泪感动地说:"孩子,你知道咱吃的饺子是从哪里来的吗? 你要记住只有在毛主席和共产党的领导下才能对咱们这么照顾。"此外,还有很多得到补助的人纷纷写信向工会表示态度,感谢党和工会,并提出保证,轮驳队轮五号水手徐凤山写道:"只有在今天工人生活才能有保障,过去受冻挨饿谁管呀,我只有在工作中表示我的心意,坚决支援解放台湾。"

通过食堂竞赛,启发了炊事人员和食堂管理人员的积极性,使食堂工作也有了进一步的改进,机关食堂获得了塘沽区交通港务系统食堂竞赛的先进小组,轮驳队食堂由过去的老三样改进为粗粮细做,菜样丰富。

四、以上情况说明一年来工会工作是有很大成绩的,这些成绩之所以取得,应归功于党和上级工会的正确领导及全体职工同志的积极努力,但是在我们的工作中也还存在很多缺点,其中主要问题是:

(一)在竞赛方面主要是由于领导方法还停滞在一般化,缺乏具体深入的组织工作,因而表现出:

1. 技术革新运动开展得不够深入,对组织合理化建议和推广先进经验的工作抓得不够紧,不能贯彻到竞赛的每一个环节中去,一些先进经验也就不能得以及时地推广,因而竞赛"中间空"的现象尚未根本扭转。

2. 不善于培养典型,带动一般,表现在缺乏有计划、有目的经常的培养教育工作,故而旗帜作用不能充分发挥,新港五队和塘沽四十四队即是典型。

3. 缺乏工会的调查研究工作,因而领导竞赛的方法不能与竞赛的发展相适应,基层也就感到办法少,工作委员会对其帮助不大。

(二)政治思想领导和宣传教育还是工会工作中的薄弱环节,因而:

1. 虽然经过总路线和宪法的教育,广大职工社会主义觉悟显著提高,但在部分职工当中仍存有旷工、迟到等劳动纪律松弛及不遵守操作规程,不服从调动,不爱护国家财产,故意破坏机械设备,浪费原材料等现象。

2. 由于资产阶级腐朽思想的不断侵蚀,在少数分子当中还存有贪污、盗窃,甚至严重地破坏社会道德等恶劣行为存在。

原因是:工会缺乏向工人进行经常的、系统的社会主义教育,不能及时深入地掌握职工的思想情况,在宣传工作中也有单纯追求形式上的热闹,无视实际效果的偏向,加之宣传组织及各项制度均不健全,积极分子的作用未能发挥,宣传干部本身业务、理论水平低,故而形成工作中的薄弱环节。

(三)工会工作单纯搞福利的偏向虽已扭转,但如何正确地对待和处理职工的生活福利问题,在思想上尚未引起足够的认识,如新村漏雨问题长期未督促行政管理科解决,工人工时过长问题也未积极协同行政改进,轮驳队的互助会取得一定成绩,但也没有认真推广,以上情况充分说明工会工作尚未能正确地关心职工生活。

（四）一年来，在工会财务工作上虽有了一些改进，实现了工会的经费自给自足，但仍存在着收不齐，管不好，用不当的缺点，在我们5个基层组织中就有3个单位发生过丢失和挪用公款等违反财务纪律的行为，有的单位半年之久不登记账目，不向群众公布账目，严重的是尚有贪污的行为，另外在经费使用上也有严重的浪费现象，使用经费时只凭脑子一热，不考虑需要与可能，以上情况充分说明对工会财务工作重视不够。

以上问题的产生，而又未能得到及时解决，是和我们工作不深入，领导一般化，民主作风不够，民主制度不健全，缺少经常性的自下而上的批评与自我批评所分不开的，今后必须集中力量加以解决，以更好地发挥工会的组织作用。

五、今后工会工作的任务：

根据党及上级工会的指示，今后工会工作的任务是深入发动群众，厉行节约，反对浪费，降低成本，保证安全，通过签订集体合同，贯彻一长制，进一步大力开展增产节约劳动竞赛，围绕竞赛继续建立工会工作正常秩序，以支援解放台湾，保证全面，均衡超额完成国家计划。

为此，必须做好以下工作：

（一）进一步深入开展增产节约劳动竞赛。

今后的竞赛应围绕加强计划与技术管理，厉行节约，克服浪费，保证安全为内容，继续贯彻竞赛与改进技术，改进管理相结合的方针，识技术革新为方法，仍以小组竞赛为基础，作业区竞赛为中心环节，大力组织科室竞赛，深入开展系统竞赛为努力方向，并通过签订集体合同建立竞赛的正常秩序，故而，在竞赛中应抓以下几个主要环节：

1. 继续开展技术革新运动，抓住组织合理化建议和推广先进经验两项工作，特别是苏联快速装卸法和操作技术标准图的推广，使之贯彻至竞赛的每个环节中去，发挥群众的积极性和创造性，引导职工解决生产中的关键问题，以保证全面，超额完成国家计划。

如何推行苏联快速装卸法和操作技术标准图，目前各区在认识上尚不一致，所以在推行当中便受到一定影响，快速装卸法的特点是：充分发挥装卸机械的潜力，改进装卸工具，合理地组织劳动力，做到钩不等人，人不等钩，达到有节奏地生产。根据以上特点，我们认为塘沽作业区在包子货方面，把从舱内至码垛一系列的先进经验综合为一套完整的操作过程即是快速装卸法，在这个基础上，为了便于检查和改进工作，便可用一种形象化的蓝图及简明的文字和数字来说明一种装卸操作方法的图标，就是装卸技术操作过程标准图，关于具体推行的办法，我们的意见是：要稳步前进，从现有实际条件出发，首先应从主要大宗货类实行，抓住一种货类，以调度为主包括一定数量的指导员，老工人及工会干部组成工作小组，到现场进行观察，以快速装卸原则为依据，提出现有的先进经验及操作上还存在的问题，对先进经验加以确定，对存在问题加以分析研究，提出具体课题，由工会发动工人作为小组生产会议的内容展开讨论；再根据工人所提出的建议，补充成为一套较完整的操作方法，交由典型队学习并做试验操作表演，组织工人观摩，发动工人再一次讨论补充，这样便可成为某一种货类的快速操作方法；然后由调度、劳资等有关单位加以形象化，纳入操作技术标准图中，使其成为提高工班效率的有效措施，并为编制与检查画夜轮班作业计划和单船作业计划的指南，进一步提高作业计划的质量。

我们还应该注意到如何使机械达到良好的维修保养及合理的有重点的使用问题，除了贯彻执行通过检查以后所制定的各项制度外，尚应加强对起重机司机的技术学习的领导，可通过技术座谈会和师徒合同等方法，提高他们的技术水平，使他们能充分地掌握机械，不断地改进操作技术，达到"跑得快"、"载得多"以发挥机械使用效能。

在仓库方面要进一步密切配合快装快卸，巩固在同业务竞赛中所取得的成绩，并大力推行与改进工人理货，无筹码垛，分时结吨、车、单位等先进经验，以达到节省理货人员，降低成本，消减差错的目的。

轮驳队应该围绕安全航行，加强对船舶的维修养护工作，节约燃物料，以解决事故多，成本高，周转慢，效率低的主要关键。

在科室工作方面，除了大力发动技术人员，深入现场，解决装煤机的全部机械化问题外，在推行分日作业计划的同时，必须发动群众协助行政推行各项管理制度，一方面保证各项制度的贯彻执行，一方面揭发管理中的缺点，从而加强计划管理，并使竞赛与改进管理进一步结合起来。

在基建工程方面，应围绕加强设计工作，提高工程质量，开展工地竞赛，加强政治思想领导，以保证施工作业计划的实现，克服设计不周密，工程粗糙、质量低及违反基建程序等缺点，此外，尚应充分估计到由装卸队转到基建队工作工人的技术不熟练问题，因此，必须加强技术学习,应采取师徒合同等有效办法组织起来,使他们能够在实际工作中,迅速提高技术水平,保证工程质量。

医务人员应贯彻预防为主的方针,加强责任心,树立良好的服务态度,要建立经常的政治、技术学习制度,吸取苏联先进医疗经验,达到提高医疗质量,消灭医疗事故。

伙食人员要继续围绕“粗粮细做,价格低廉,营养丰富,食具卫生”的方向,积极投入食堂竞赛。

保育工作者应认识到保育工作不仅担负着培育工人阶级后代的重大责任,而且是鼓舞女工积极参加竞赛,提高劳动生产率的重要因素,因此必须提高业务水平,加强责任心,改进工作方法,普遍建立健康检查、预防接种、疾病护理与隔离、营养调配等制度,使儿童健康水平日益提高。

2. 充分发挥各级生产会议的作用。

生产会议是组织发动职工制订检查保证完成计划,吸取群众参加管理,开展自下而上的批评与自我批评的最好形式,也是发挥群众智慧,解决生产中关键问题的重要手段,因此,我们必须开好各级生产会议,目前在小组生产会议中所存在的问题,主要是质量不高,缺乏会前的准备工作,会后又缺乏检查制度,故而提高小组生产会议质量,仍应采取对小组长进行专业训练的方法,此外还应有目的地对培养典型小组开好生产会议的经验进行交流,在区、局级生产会议方面应加强计划性和准备工作,根据各个不同时期生产中的主要问题,举行专业会议,进行解决,并将决议提供行政纳入措施计划中去。

3. 继续深入开展小组竞赛,加强对区际竞赛的领导,发挥区际对竞赛的领导作用,逐步开展系统竞赛,以保证港际竞赛条件的全部实现,并改进评比奖励工作,各区进行月度评比,季度由局进行奖励,以提高评比工作质量与发挥其作用。

4. 认真签订和贯彻集体合同,以进一步明确企业的关键,加强对竞赛的领导,同时在发展生产的基础上,进行合理的奖励,正确地对待和解决职工的生活福利问题,并可通过集体合同的签订,建立竞赛的正常秩序,因此,集体合同的签订与贯彻,将成为工会工作的主要内容,也是工会工作的基础,工作委员会在第二季度将与局行政协商签订,要求各区在这个基础上签订协议书,达到层层保证。

5. 在竞赛中仍应大力贯彻安全生产方针,巩固既得成绩,在装卸队组织变化的情况下,应协助行政重新修订操作规程,健全各项制度,做好检修与预防工作,并加强对职工进行安全技术教育,进一步防止事故的发生。

(二)加强政治思想教育,进一步宣传和贯彻国家在过渡时期的总任务和四中全会决议的精神,不断地提高群众的社会主义觉悟,在群众中树立热爱劳动、艰苦奋斗和一切为了社会主义的思想,以保证增产节约劳动竞赛逐步深入开展,超额完成国家计划。

1. 首先应加强各基层部门委员会的工作,整顿健全各项制度,并训练宣传骨干,以发挥积极分子的作用。

2. 在党的领导下,组织政治教员对职工进行系统的经常的政治教育,围绕国家在过渡时期总任务的精神要求做好:

(1)加强计划性的教育:配合全面检查计划及职代会的召开,我们应大力贯彻国家计划就是法律的思想,批判保守和不重视计划的思想。

(2)节约教育:在为国家积累社会主义资金的前提下,进行反对浪费、厉行节约、提倡爱护国家财产的教育,使职工养成节约工时,节约材料,爱护机器,爱护工具等良好习惯,并鼓励职工进一步使用代用品,如钢丝绳代替进口棕绳,一号煤末代替特种煤末等。

(3)进一步贯彻“国营企业内部劳动规则纲要”加强劳动纪律教育,树立集体主义思想,大力贯彻操作规程和各项责任制度,保证安全生产,反对旷工、误工、窝工及不服从调动自由散漫的无纪律现象。

(4)相应地加强对文化、技术学习的领导,在文化学习方面应保证工人学习的出勤率,统一对各区业校的领导,技术学习方面除配合行政举办技术学习班外,还应注意发挥老工人的作用,与其密切配合,通过师徒合同等形式,也是进行技术学习的好办法。

3. 开展群众的文体活动,以丰富职工的文化生活,各区应进行一次整顿俱乐部的工作。

(三)加强劳保工作,在发展生产的基础上,逐步改进生产设备,提高职工物质文化生活水平。

1. 由于过去没有进行保险与保护工作方面的分工,部门委员会也不健全,因而劳保干部每日陷于事务工作,组织作用不能发挥,为此,各区分别建立保护与保险委员会。

2. 在保护工作方面应以贯彻安全操作规程为中心环节,相应地与行政协商逐步改善生产设备,因为从1954年全年工伤事故分析来看,绝大部分是由于违反操作规程所致,为此,必须继续全面、细致地贯彻操作规程，使操作规程充分为职工所掌握，成为习惯，并加强安全活动日的工作，开展批评与自我批评，以杜绝工伤事故的发生，此外，应深入现场，及时发现存在的设备不当的问题，向行政协商解决，今年降温的重点除轮驳队外，尚应解决大沽口的日光下操作问题，以防止晕倒现象。

3. 在保险方面应巩固与整顿现有的各项集体福利事业，针对目前疗养所的混乱情况，协助疗养所管理员建立切实可行的制度，并加强对食堂的领导，开展全局的食堂竞赛和医务室竞赛，此外，要督促行政管理科在雨季以前将新村漏雨房屋修缮完毕，保障工人的充分休息。

（四）建立健全民主管理制度，严肃财务纪律，杜绝贪污浪费现象的发生。继续贯彻财务工作为生产服务，为工会建设服务，为群众服务的方针，巩固与彻底实现工会系统经费自给自足的光荣任务。

（五）继续加强家属工作，做好支援解放台湾的宣传及“五好”工作。

（六）由于当前形势的发展，为了进一步深入发动群众，加强工会工作，又鉴于目前工作委员会的任务也已基本完成，故有必要在此次代表会上产生港务局委员会，由委员 23 人组成，并同时产生财务经费审查委员会。

除以上工作外，仍应继续建立工会工作的正常秩序，建立和健全各项民主制度，充分发扬民主，改进领导方法和工作方法，必须深入小组、车间、基层，加强调查研究工作，工会干部要加强业务学习，认真吸取先进工作经验，不断地提高业务水平，在党和上级工会的领导下，进一步发挥工会的组织作用，为保证国家计划的超额完成而奋斗。

以上各点，是否妥当，请代表审查。

中国海员工会天津区港务管理局工作委员会第一届会员代表大会决议

本届大会一致同意辛国颂同志代表中国海员工会天津区港务管理局工作委员会所作的关于一年来工会工作的报告，并对工作委员会一年来在党与上级工会的正确领导下所取得的成绩与经验表示满意。会议同时认为：工会工作也还存在着很多缺点，今后必须集中全力加以克服和改进。

根据党及上级工会的指示，今后工会工作的任务是：深入发动群众，厉行节约、反对浪费、降低成本、保证安全，通过签订集体合同和贯彻一长制，进一步大力开展增产节约劳动竞赛，并围绕竞赛继续建立工会工作的正常秩序，以支援工业建设，支援国防建设，支援解放台湾，保证全面超额完成国家计划。

为此，必须围绕加强计划与技术管理，深入开展以提高生产效率、厉行节约、反对浪费、降低成本、保证安全为内容的增产节约劳动竞赛，继续贯彻改进技术、提高技术、学习与掌握新技术及改进企业管理来提高生产率的方针。仍以小组竞赛为基础，作业区竞赛为中心环节。大力组织科室竞赛，提高分日作业计划质量，深入开展系统竞赛，并通过签订集体合同建立竞赛的正常秩序，以保证国家计划的全面完成。还应加强对职工进行政治思想教育，批判资产阶级思想在职工群众中的影响，加强责任心，树立整体思想。加强机械维护养修，提倡爱护国家机器设备和财产，提倡节约、反对浪费，提倡积极学习技术，反对不学无术的懒汉思想，加强劳动纪律教育，树立一切为了社会主义的思想。同时还要继续贯彻各项操作规程，加强劳动保护工作，保证消灭重大伤亡事故，减少轻伤事故。必须经常地关心职工生活问题，在发展生产的基础上，根据需要和可能，通过集体合同的签订，以逐步改善职工的劳动条件和物质文化生活。此外尚应密切工会与群众的联系，加强集体领导和调查研究工作，大力克服一般化和官僚主义的领导作风，以进一步建立工会工作的正常秩序。

1955 年是国家实行第一个五年计划的第三年，是对保证胜利完成第一个五年计划具有决定意义的一年，因此，本届大会上所产生的港务局第一届委员会必须保证在既得成绩的基础上，克服缺点，继续前进，在党和上级工会的领导下，进一步发挥工会的组织作用，为保证国家计划的超额完成而奋斗！

中国海员工会天津区港务管理局工作委员会第一届会员代表大会

1955 年 3 月 19 日

中国海员工会华北区委员会 1955 年度天津市劳动模范联名倡议书

在中国共产党和毛主席的英明领导下，我们的祖国目前正处在伟大的社会主义革命高潮中，我们工人阶级必须赶到高潮的前面,加速工业化的发展,我们航运事业必须争取提前一年完成第一个五年计划,以适应国家的需要。为此,我们在1956年的社会主义竞赛中提出如下保证,除向本航区全体职工提出倡议外,并向全国各港口倡议。

一、保证提前一年完成第一个五年计划,1956年要超过国家规定的1957年的各项指标,在确保安全的基础上做到运量足、周转快、效率高、质量好、成本低。

二、提高质量,保证运输生产安全,消灭海损、货损、货差、机械及人身等责任事故,消灭重大伤亡事故,消灭或减少轻微事故,做到不沉船、不死人。

三、广泛实行班组经济核算或小组节约账,大力开展增产节约运动,贯彻"四用"(利用归料、回用废料、寻找代用、合理少用),不浪费一点一滴材料,节约各种开支,保证超额完成降低成本计划,更多为国家积累资金。

四、贯彻学习技术,改进技术、掌握新技术的方针,保证小组或个人在现有的技术水准上提高一级。

五、充分发挥模范带头作用,采用互助,包教包学等形式,每一模范小组和模范个人保证在1956年内具体有效地帮助五个到十个小组和个人提高到先进水平。

积极学习推广先进经验,切实掌握先进操作技术,扩大机械使用,保证将先进经验、先进操作技术教会有关的小组和个人,共同提高、共同前进。

六、针对生产关键,每个模范小组和个人保证在1956年内提出有重大意义的合理化建议或技术改进三件以上。

七、加强政治学习,不骄傲、不自满,搞好团结互助,不断地提高社会主义觉悟,模范地遵守劳动纪律。

八、加强文化学习,保证在一年半内扫除本组(车间)内的文盲,积极地参加群众性的文化艺术体育活动。

天津区港务管理局新港作业区工具股修理组组长　钱　春

天津区港务管理局轮驳队轮一号船长　赵德如

天津区港务管理局河西作业区纹车工人　杜永荣

天津区港务管理局塘沽作业区装卸指导员　耿立生

天津区港务管理局新港作业区机械司机　朱洪河

天津区港务管理局河西作业区装卸第十八队

天津区港务管理局新港作业区装卸第二十队

天津区港务管理局塘沽作业区装卸第七队

天津区港务管理局新港作业区装卸第五队

天津区港务管理局塘沽作业区八号码头仓库小组

1956年2月8日

天津区港务管理局
1956年度集体合同(草案)

1956年2月

前　言

遵循党和上级指示,针对当前我局生产管理上的关键问题,深入开展社会主义竞赛,加强计划管理和技术工作,推行内部经济核算制,以提高生产效率,降低成本,保证全面完成和超额完成国家计划,并在提高生产的基础上逐步改善职工物质文化生活。为此工会代表全体职工与行政签订1956年集体合同,并以实现合同的各项保证作为提前三个季度、力争一年完成第一个五年计划的实际行动。

第一章　任　务

第一条　在1956年度保证完成下列任务:

一、吞吐量:合同期间必须保证完成吞吐量2677000吨。

二、装卸指标:合同期间必须保证如下各项指标完成(略)。

三、仓库货物堆存吨天及平均在仓天数:合同期间必须保证完成如下指标(略)。

四、驳运吨与驳运吨浬:合同期间必须完成以下指标(略)。

五、船舶提前率:全年平均达到以下指标:新港区——25%;塘沽区——25%;河西区——28%;全局年底达到28%。

六、生产质量:合同期间,必须保证做到全局不死人,不沉船,消灭重大工伤、货损、海损、机具事故,减少轻微事故。

七、出勤率:合同期间必须保证达到如下指标:全局全年平均达到98%。

八、成本及财务指标:合同期间必须保证完成全部财务收入9470000元,并要求全局节约247000元,除弥补原计划亏损114000元外,还要上缴160000元。

九、基建任务:合同期内必须保证完成基建投资

1005000 元。

十、修建任务:合同期间必须保证完成原计划工作量、工作进度及费用预算。其中,船闸大修工程必须在本年 5 月 15 日以前完工。

第二章　为完成上项任务的具体措施

第二条　大力组织货源。

行政保证做到:

(一)责成商务、外轮组织三个货源小组,分成津京两市、河北省、内蒙古自治区三个地区实行包干负责制,分区深入腹地参加物资部门调拨及订货会议,外贸航运会议,以及各地区运输计划会议,并按期到天津铁路局搜集货运资料,全面掌握分析研究货源流向。

(二)吸取大连港经验,建立货主卡片及新货源登记表,有关货运线索制定专人负责策划,及时争取,密切与货主联系,建立货主意见处理表,改进业务,提高我港信誉,并保证在合同期间开辟 40 个新货主,其中:天津 20 个,河北、内蒙古 15 个,山东一带 5 个。

(三)充分发挥驳船运力,增加吞吐任务,联系大连及山东航运部门组织机帆船承运塘沽至威海以及其他小港物资,解放部分驳船运力,并开辟津连烟三角航线,保证组织近海驳运程货 30000 吨。组织机帆船经由天津进出口地物资 30000 吨。商务部门配合轮驳队深入大清河现场协助解决盐坨装驳能力及新旧产盐衔接问题,保证完成 25 万吨的驳运任务。汉沽盐驳运进口任务即保证 30000 吨,并争取 50000 吨。

(四)加强对货源策划工作,编制各主要货类水陆运输费率比较表,将每季各货主经海运部门运输而节约的数字进行分析、总结,抄送各货主及其领导机关。在腹地大力宣传海运的优越性,分别先后在德州、保定、呼和浩特等地车站附近建立大幅广告牌,并组织货主来港参观,编印商务业务宣传手册、帮助货主了解港湾业务和海运的优点,以扩大海运的货源。

工会保证做到:

(一)组织各货源小组按时召开生产和小组会议,每月检查一次行政计划执行情况,发现问题及时反映领导予以解决,并及时总结经验加以推广,保证完成和超额完成货源计划。

(二)在全体职工群众当中经常进行生产目的性的教育,不断征求货主意见,加强货源小组与港湾职工之间的协作,并在第二、四季度各组织一次货主与职工座谈会,听取货主对我们的意见,改进工作。

第三条　加强现场管理,坚决推行标准图,提高作业计划质量。

行政保证做到:

(一)提高装卸指导员的文化业务水平,总结和推广王宝生、耿立生的经验,各作业区、队设副主任实行昼夜值班,新港建立指导员专人专船轮流值班制度。

(二)各区建立技术研究组,经常地研究完不成定额的原因和提出措施,研究有关装卸作业的合理化建议,通过这些措施做到消灭责任性非生产性停泊时间,生产性辅助作业时间要较 1955 年减少 50%。

(三)坚决推行标准图,局由调度室、劳资科负责,并抽调专人做具体工作。各区由调度股负责。在 4 月份以前,各区将已编制的大宗货类标准图加以修订,并从 4 月份开始试行。

(四)建立杂作业申请制度,从 4 月份起实行。在 3 月份内修订路港合同,4 月份严格执行,逐步提高陆地装卸作业计划质量。

(五)4 月份前,劳资部门拟定工人机械混合定额和修改机械司机工资制度。

工会保证做到:

(一)协同行政总结同意河西作业区指导员王宝生、塘沽作业区指导员耿立生现场指导方法,5 月份组织推广。

(二)教育职工组织学习苏联先进经验,装卸技术标准图,协同行政在五六年内做到大宗货类 100% 制出标准图,并教育职工认真执行。

(三)大力宣传修改定额的重要意义,组织工人讨论,搜集群众对定额的意见,作为行政修订定额的依据,并帮助工人达到和超过新定额。

第四条　加强技术管理扩大机械使用。

行政保证做到:

(一)加强新港作业区的技术管理,3 月份将局机械工具科迁移新港,着重解决机车修理工作和机械使用率低的问题。

(二)轮驳队深入推行分段烧火法,4 月份召开司炉专业会议,普遍推行,以降低燃料消耗定额,并保证职代会提出的各拖轮、气压与转数。

(三)开展热工工作,加强炉水处理,洗炉时根据锅炉水垢情况采用碱洗锅炉方法,洗炉间隔时间由 800 小时提高到 1200 小时。

(四)港务监督与轮驳队负责在下半年重新鉴定驳船吊杆负荷量,5 月份鉴定驳船由于减少淡水及其他船用物品而增加的载重量。在确保安全前提下再研究提高吊杆负荷能力及扩大驳船载重量问题,以提高装卸效率加强船舶周转。

(五)船闸大修工程制订详细计划和工程进度方案,严格掌握工程进度,并及时总结考核和考查。

(六)自第二季度开始,由机具、调动及作业区着手研究增添或改进机械附属工具,采取有效措施试行机械联合作业,以扩大机械使用率。

工会保证做到:

(一)教育职工切实贯彻执行分段烧火法和炉水处理方法,以及各项机械操作规程,发动职工反复讨论,在推行过程中,一面发挥小先生的帮助推行作用,一面重点培养典型,在4月份总结经验全面推广。

(二)教育职工对机械做好保养检查工作,总结推广新港机械三组朱洪河的经验,消除因保养不到而损坏机件或坏车现象,以提高机械使用率。

第五条 开展节约运动,推行内部经济核算制,降低成本。

行政保证做到:

(一)积极推行内部经济核算制,新港、河西自4月份试行独立核算,塘沽区、轮驳队集中局内核算,材料供应科自第四季度实行内部核算。此外在4月份由财务科负责总结推广轮驳队船只核算的经验。

(二)工程港务部门建立科目负责制,由财务科具体帮助,第二季度正式实行。

(三)修订机械、工具的技术经济定额,4月份以机具科为主,组织计划、材料以及新港为试点进行检查修订。轮驳队修订修理及燃料定额。要求各基层单位加强原始记录工作,以达到定额真正为编制和考核计划的依据。

(四)为加强计划管理,提高作业计划质量,4月份开始编制全面月度生产财务计划,其中包括月度吞吐量计划、装卸计划、煤料供应计划、劳动工资计划、成本计划,并提交每月月初生产会议审查批准。

(五)加速资金周转,制定材料储备定额,在五六年内处理呆滞及超储备材料55000元。

(六)改进材料管理办法,第一季度内全面推行材料余额核算办法。

(七)严格掌握各单位在职代会提出的节约数字,定期检查与总结,保证完成。(计划科负责)

(八)提高决算审查会议质量,做好会前准备工作。在开会前先召集调度、计划、劳资等有关部门开好准备会议,成立决算审查委员会共同分析生产活动中存在问题及成本中的节约与浪费现象,找出解决问题的办法,从而加强审查会议对生产的指导作用。

工会保证做到:

(一)协同行政于4月份总结轮驳队船只核算的经验,并全面推广。

(二)经常教育职工进一步挖掘潜在能力,广泛利用代用品,加强成本观念,树立爱护国家财产的责任感,各基层应经常注意总结节约有成绩的典型经验加以推广。

第三章　为保证合同期间任务与措施的实现,必须深入开展社会主义竞赛

第六条 组织以小组竞赛为基础,大力开展同工种同业务竞赛,并进行班际竞赛,加强装卸作业各环节的配合(竞赛条件与评比办法另定),通过多种形式的竞赛,树立整体思想,改进企业管理,充分发挥企业潜力,提高效率,保证全面超额完成改进计划。

行政保证做到:

(一)3月份试行固定三班的配工制度,各班小队除因工作需要做临时调动外,如长期调动须通知工会。

(二)关于竞赛评比工作的分工,行政负责按月按季提出指标完成情况的资料(工会负责总结、排除评比工作),然后将评比结果提交评比委员会审查批准,由行政负责颁发奖金。

(三)保证每月4日前,把本月的计划提供给工会,以便发动职工定好保证措施。

(四)协助工会进行小组保证条件的审查工作。

(五)加强合理化建议的审查处理奖励工作,在4月份局成立合理化建议办公室,配备专职干部2名,围绕生产关键按月或按季提出课题。

(六)对一般合理化建议保证在10日内处理完毕,及时发出奖金,凡经确定有试验价值的建议,保证给予研究者必要的材料、工具和技术帮助,对确实行之有效的建议经过技术鉴定后,结合季度评比发奖,大会按规定发给奖金,并作为先进经验推广。

(七)总结推广先进经验工作,属于技术操作的经验,由行政负责总结(属于群众性的经验由工会负责总结),凡经鉴定批准的经验交由工会推广行政支持。

(八)结合全国交通系统先进经验展览会之召开,要推广下列各项经验:

1. 新港作业区之先进经验:

水泥装卸包干负责制(五队)

粮食装卸操作法

763合循环快

统一标准指挥手势

万能平台双垮架（钱春）

七查三试（搞车队）

分期理货（仓库）

2. 塘沽作业区之先进经验：

包子货装火车标准图（耿立生）

花篮扣（仇玉栋）

铅丝别针封垛法（仓库）

3. 河西作业区之先进经验：

现场管理和指导方法（王宝生）

杂货操作法（十八队）

盘条操作法（十八队）

工人理货法（河西区）

4. 轮驳队之先进经验：

加强技术管理，严格执行预防检查制度。

培养沿海驾驶人员。

改进修船工作，全面开展自修。

炉水处理，延长洗炉间隔时间。

工会保证做到：

（一）发动职工群众积极推广和学习先进经验，扩大先进队伍。现有掌握先进经验的小组，保证在上半年内教育本班各个小组都能掌握先进操作方法，先进个人保证在一年内将自己所创造的先进经验教会本班的每个职工。在推广和学习中教育职工向先进学习，克服保守思想和骄傲自满情绪，树立向先进看齐的荣誉感。

（二）采取点滴与系统，重点与一般相结合的方法，运用各种形式推广先进经验，除了经常地组织观摩、座谈外，于第二季度协助行政全面收集、整理和汇编各单位所涌现的各种先进经验。第三季度举行一次小型先进事迹展览会，全年内组织二次至三次劳模和先进工作者巡回介绍他们的先进经验。

（三）各基层于4月份成立合理化建议工作委员会，保证将课题贯彻到群众中去，帮助职工根据课题提出合理化建议，发动技术人员深入现场，对建议者实行个别帮助，每季组织技术人员举行一次座谈会，发挥他们对工人的技术辅导作用。

（四）督促行政迅速处理合理化建议，并及时发出奖金，发动群众每季检查一次合理化建议处理情况。

（五）广泛宣传合理化建议者成就和先进思想，协助行政于二季举办合理化建议展览室、组织优秀的发明者和合理化建议者座谈，交流他们的经验。

（六）开好行政生产会议，充分发挥小组生产会议的作用，提高会议质量，方法如：组织经验交流、组长训练、重点培养等，保证第二季度50%，第三季度70%，第四季度80%，达到新港作业区装卸第五小组生产会议程度。

（七）职能部门除机要、保卫、人事、监察四科外，普遍推行分日作业计划，重点组织业务部门如调度室、商务科、财务科、材料科、行政管理科签订联系合同，并加强合同的定期检查、公布、总结等工作，提高合同质量。

（八）发动职工定好小组保证条件，根据行政下达的年度或月度计划，组织职工讨论，针对本组生产上的关键按时定出保证，在定保证的过程中，工会得及时拿好样板，训练组长，切实地审查保证条件，并通过月度评比检查一次保证条件执行情况，保证全面和超额完成国家计划。

第四章　加强政治、文化、技术和业务学习，培养训练技术工人与管理干部，保证国家建设的需要

第七条　加强文化学习，保证在一年半以内，基本上扫除全局之文盲及半文盲。

行政保证做到：

（一）加强对夜校的领导，使夜校正规化，设专职干部2名至3名，做具体工作。

（二）在党的领导下，协同工会动员并组织全体文盲或半文盲参加文化学习，保证在1956年年底有1199人由文盲达到初级二年程度，423人初级班毕业，脱离文盲，1247人在初级班按期升班。

（三）对职工的文化学习给予充分时间，并保证不侵占职工文化学习时间。

工会保证做到：

（一）组织启发职工中的全体文盲或半文盲参加文化学习，教育职工遵守学习制度，保持出勤率经常达到98%。

（二）协同行政在第二季度内做好评选教师模范和学习模范工作，对优秀的教师或学员，建议行政予以物质奖励，以鼓舞教学热情。

（三）保证工会一切活动不侵占职工文化学习时间。

第八条　加强职工的技术、业务与政治学习。

行政保证做到：

（一）负责对技术学习教员的聘请，在机械队中每星期内抽出半天时间进行讲课，并给予充分的备课时

间,非特殊情况不得中断学习。

(二)采取师傅带徒弟,包教包学,个别辅导等方法,逐步提高职工技术水准,保证五六年内在新港作业区有15名司机能自检自修,12名司机助手学会驾驶万能装卸机,5名工人学会驾驶吊车。在轮驳队机舱部分147名船员不仅能操作而且能够掌握船用蒸汽机的性能。甲板部分288名船员懂得船员职务规则及操作规程,47名驾驶人员学会看海图和熟悉避碰规程。在港务监督有4名实习引水员达到引水员的水平。在航道工程部门有31名职工分别达到工程师、技术员、测量员、测工等水平。

(三)组织各职能部门进行专业学习,由各科、室制定学习内容、方法、进度,人事科掌握检查,以提高职工业务水平。

(四)建立考试制度,通过考试及格者及时给予工资晋级,提升助手或技工。

(五)供给各技术学习的一切教材和用具等。

工会保证做到:

(一)在机械队、工程、轮驳队等凡是有条件的小组或个人,普遍签订师徒合同,组织包教包学,每月检查一次合同履行情况,发现问题及时纠正和解决,提倡尊师、爱徒,保证在合同期限内教好学会。

(二)组织技术人员每季至少举行一次技术讲座(各基层负责),约请科学普及学会每季举行一次至二次科学技术讲座(企业委员会负责),帮助职工系统地学习与掌握技术。另外,大量开展技术表演等活动,教育职工群众积极学习技术,提高技术水准,以满足国家建设的需要。

(三)协助行政办好各种技术训练班,教育职工保证出勤,自觉地遵守学习制度,对优秀学员建议行政及时给予物质奖励,协助行政建立奖励办法。

(四)加强职工政治时事学习,在工人船员中健全小组读报制度,确定专人负责并组织讨论(每月至少读报四次)。各作业区、轮驳队在第二季度内要培养一个至两个典型读报小组,总结经验进行交流,以提高读报工作质量。

(五)加强工人政治教育,各基层每月约请本单位党支部负责同志作一次政治报告(或工会主席报告),并组织讨论,以提高工人的政治水平。

第五章 贯彻国家法令与加强劳动纪律

第九条 加强对职工劳动纪律教育,服从指挥,服从调动,不得无故旷工、欠勤、迟到、早退并经常保持出勤率。(工会负责)

第十条 组织职工对旷工、欠勤、不服从调动的现象开展批评与自我批评,对严重违反劳动纪律并屡教不改者,建议行政给予适当处分,以教育一般。(工会负责,利用工会小组会进行)

第十一条 加强对全体职工道德品质与法制教育,采取讨论典型,吸取教训,树立旗帜,教育一般的方法。(工会负责,利用工会小组会进行)

第十二条 严格贯彻与执行劳动法令,限制加班加点,周密安排作业计划,消除滥行加班加点现象。(行政负责)

第六章 加强安全、卫生与集体福利工作,开展文体活动

第十三条 加强安全技术劳动保护工作,进行安全生产教育,保证安全生产。

行政保证做到:

(一)修订、贯彻装卸、修建安全操作规程(五月份修订,六月份贯彻执行),拟制贯彻安全生产职责暂行规定"实施细则"(五月底拟制完毕,六月份贯彻执行)。

(二)加强安全技术教育、协同工会于四月中旬整顿,健全安全生产教育室,区际间相互展出,交流经验,配合工会继续贯彻安全卫生活动日,提高活动质量。

(三)成立专业小组,对轮驳、机具有关设备进行检查。

(1)装卸工具小组将全局装卸工具全面进行检查,鉴定负荷能力,作出标志(机具、新港作业区、劳动保护科负责,四月至七月进行)。

(2)轮驳小组对拖轮、驳船四十五吨海吊的锅炉和起重设备进行检查和复查(轮驳队、港务监督、劳动保护科负责,由四月份开始)。

(3)危险品小组消除危险品储存的危险情况,在塘沽、河西建立和训练装卸危险品专队(港监、货运、劳动保护科负责,四月至七月进行)。

(四)开展雨季前电气检查(各区、队、电工、劳动保护科负责,四月至六月进行)。

(五)以各区、队装卸小队,安全生产措施和小组保证条件为基础,开展全局性季度安全无事故运动(劳动保护科负责,由四月开始)。

(六)总结推广下列安全生产先进经验,并及时总结推广先进工队和指导员安全操作的经验。

(1)塘沽各货类安全生产措施(劳动保护科负责)。

(2)塘沽安全口号和陆地装卸车前会议经验(劳动保护科负责)。

(3)安全快速搞车法。

(七)在工队中实行安全作业证和劳动保护意见书(三月份开始,贯彻全年)。

(八)协同工会开展经常性的安全生产质量大检查,贯彻全年(劳动保护科、商务科负责)。

(九)保证1956年安全措施按期实现,在签订1956年度集体合同的同时,行政与工会签订劳动保护协议书。

工会保证做到:

(一)协同行政广泛发动群众采取边检查、边解决的办法开展经常性的安全生产质量检查,并且在四、七月份进行两次全面的安全生产质量大检查。

(二)教育职工切实遵守安全操作,在工队中贯彻与执行安全作业证,通过按期检查,深入贯彻安全注意事项。克服重生产不重安全的偏向,树立安全生产统一思想,保证不因违反操作规程发生事故,采取以下办法:

(1)继续开展安全卫生活动日,每月至少活动两次。

(2)举办安全生产短期训练班,第二、四季度各办一次。

(3)协同行政整顿和建立安全生产教育室,组织职工参观、讨论,分析事故发生原因,从而提高警惕。

(三)拟制劳动保护检查员职责范围,第二季度贯彻执行,并在工队中建立劳动保护意见书,认真研究和分析群众意见,对其中有效的意见督促行政予以解决。

(四)每季结合检查集体合同执行情况,检查一次劳动保护协议书实现情况,发动群众听取和讨论行政关于劳动保护协议书执行情况报告,提出意见,以达到协议书逐项按规定实现。

第十四条　医疗卫生方面,继续贯彻预防为主的方针,加强清洁卫生宣传教育工作。

行政保证做到:

(一)为保证职工体质健康,卫生工作由港口医院负责,深入各基层进行以预防为主的清洁卫生宣传教育。

(二)将各医务所改保健站,并在天津设病床十张。

(三)切实贯彻与执行车间医师制,加强对职业病、多发病的分析研究工作,主动地了解和掌握发病的原因,以达到预防为主的目的。

(四)争取聘请中医师,在港口医院设立中医门诊部。

(五)贯彻基建工地卫生管理办法与食堂卫生规则,建立卫生分工责任制。

(六)做好夏季防暑降温准备工作,供应足够暑药及清凉饮料。

工会保证做到:

(一)大力贯彻车间医师制,采取各种不同形式宣传车间医师制的意义,协助大夫在各工队中通过选举方法建立小组卫生员。

(二)协助行政经常向职工进行季节性的清洁卫生宣传教育,养成爱清洁卫生的习惯,并发动组织职工进行春季防疫注射。

第十五条　集体福利事项:

(一)在塘沽作业区新建浴室一所,供塘沽作业区、轮驳队职工沐浴(八月份)。

(二)各基层建立营养食堂,增加慢性病职工的营养(四月份)。

(三)为塘沽新村职工宿舍屋顶挂瓦(四月至六月份)。

(四)为塘沽及天津新村职工宿舍新建厨房(塘八月至九月份,津八月至十月)。

(五)河西作业区工人休息室增设自行车棚一座,及扩大原浴室的更衣室(六月份)。

工会保证做到:

负责教育全体职工深刻认识到国家利益与个人利益的一致性,集体福利事业是大家劳动的成果,只有提高生产效率,完成国家计划,才能根据需要逐步改善文化物质生活,使每个职工树立爱护公共财产的观念,自觉遵守各项福利事业中的制度与纪律。

第十六条　加强职工文体活动,活跃职工文化生活,增强体质,更好地完成生产任务。

行政保证做到:

(一)在新港办公厅修建体育场,开展经常性的体育运动(四月上旬完成)。

(二)修整新港旧沉箱坞,改建为海水浴场(六月底保证完成)。并适当增加流动图书箱。

工会保证做到:

(一)健全文艺组织,经常排练和演出短小精悍的节目,并在第二、第四季度举行两次全局性的文艺会演。

(二)为满足职工群众的文化要求,对各基层的图书室或图书站经过整顿后,加以健全,并为港务监督、港口医院充实部分书籍。

(三)各基层积极建立体育协会,组织各项锻炼小组,普及广播操劳卫制,增加职工体质。

(四)在四月中旬举行全局第一届体育运动大会,并在以后经常组织单项比赛,对成绩优异者给予奖励。

第七章　为保证合同之贯彻执行,完成合同期间之各项任务,必须建立并严格执行下列制度

第十七条　在党的统一领导下,由党、政、工、团抽调干部组成检查组,每季进行一次检查合同执行情况,并将检查结果作出书面报告,提交党、政、工、团各一份。

第十八条　各作业区、轮驳队应根据合同规定,结合月度评比进行一次检查,将检查结果向群众公布,组织群众讨论,提出意见并结合讨论下月工作,修订小组竞赛保证条件。

第八章　附　则

第十九条　合同执行期间如必要修改时,须由一方提出后行政和工会协商同意,并经职工代表会通过报上级批准方得修改,修改内容作为合同附件。

第二十条　根据本合同规定,各作业区、轮驳队签订区、队合同,内容不得与本合同抵触。

第二十一条　本合同有效期限,由签订日起至1956年12月31日止。

第二十二条　本合同签订后,如发生与上级指示有抵触时,按上级指示办理。

天津区港务管理局局长:董华民

中国海员工会天津区港务管理局企业委员会主席:辛国颂

天津港开展劳动竞赛和先进生产者运动的方案(草案)

1957年3月

第一条　为进一步发挥职工群众的劳动热忱,巩固竞赛成果,把劳动竞赛引向深入和不断高涨。保证全面完成国家计划,制订本方案。

第二条　竞赛评比工作,全局评比,半年进行一次。各区每季度进行一次。

第三条　竞赛形式:1. 组际竞赛。2. 同工种、同业务竞赛。3. 科、室竞赛。4. 个人竞赛。

第四条　竞赛评比条件:

甲、组际竞赛评比条件:

装卸队:

积极参加先进作业竞赛,全面完成各项生产指标(工班效率、舱时量)。

不骄傲、不自满,虚心学习别人、别队的先进经验,提合理化建议,并主动配合帮助兄弟单位共同提高,有显著的成绩者。

贯彻安全操作过程,经常进行安全教育,搞好安全活动日,完成消灭工伤、货损事故。

遵守劳动纪律,出勤率达97%以上者(包括病假、事假在内)。

拖轮、驳船(按该队制订方案执行)。

乙、同工种、同业务竞赛评比条件:

(一)纹车手:

(1)积极参加先进作业竞赛,虚心学习苏联快速装卸法,提高纹车周转率,保证完成舱时量。

(2)遵守操作规程,及时检查纹车、船具,执行交接班制度,消灭属于纹车范围内的机械、人身及货损事故。

(3)遵守劳动纪律,出勤率达98%。

(4)不自满,不保守,虚心学习别人的先进经验,提合理化建议,并主动配合帮助兄弟单位共同提高,有显著的成绩者。

(二)起重司机(机械司机):

(1)全面完成车辆周转及台时效率指标,并密切与其他单位配合。

(2)认真执行操作规程,遵守劳动纪律,服从指挥员指挥,消灭属于司机范围的工伤、货损、人身事故。出勤率达98%以上。

(3)爱护国家资产,认真保养检修机器,消灭机械责任事故,不耽误生产。

(4)精打细算,节省燃料、物料消耗,完成职代会上提出的节约要求。

(5)积极学习技术,有定期的技术学习制度,显著提高技术水平者。各作业区可根据这个原则提出对司机竞赛的具体条件。

(三)装卸指导员:

(1)积极组织先进作业竞赛,贯彻执行作业计划,

及时发现解决现场生产中的问题，掌握各舱情况，有检查，有结吨，有表扬，有批评，保证完成工班效率及舱时量。

(2)认真贯彻安全生产，坚持操作规程，合理使用机械，消灭或减少属于指导员的工伤机械责任事故。

(3)开好船边会议，有安全措施，有效率要求，能团结工队，了解情况，帮助工人研究总结操作技术。

(4)不骄傲，不保守，密切和调度员联系，做好现场临时调配合理扩大机械使用，推广先进经验，提合理化建议，经常改进工作。

(四)仓库：

(1)认真学习和推广仓库系统的先进经验，改进仓库管理及理货方法，充分利用仓库容量。

(2)准确地卡数结吨，及时准确填写作业票，主动配合装卸工人快装快卸，及时向工人公布效率情况。

(3)保证保管货物安全，消灭差错事故。

(4)帮助货主做好收交货物工作，提高仓库周转率。

(5)能节约席子、楞木，保持仓库内外清洁卫生。

(6)认真帮助新同志掌握理货知识，或积极向老同志学习理货知识，对提高理货水平收效显著者。

(五)医务人员(包括大夫、护理、医药等人)：

(1)学习和推广苏联的先进医疗经验，钻研医疗技术，改进医疗工作，显著提高医疗效果者。

(2)诊断、用药、治疗时细心谨慎，不出差错，完全消灭医疗事故者。

(3)树立为患者服务的思想，对患者认真负责，诚恳和蔼，根据病情严格掌握给假。

(4)努力学习政治，不断提高觉悟，遵守劳动纪律，服从领导分配，开展批评与自我批评，搞好团结者。

(5)爱护国家财产，保护医疗器材，节约医疗用品有显著成绩者。

丙、职能科室(按1957年科室竞赛方案执行)。

丁、个人条件：

(1)工作一贯积极负责，按期或提前完成任务，且有较大的先进事迹或工作改进有显著成绩者。

(2)不骄傲，不自满，虚心学习别人经验，密切联系群众，并能团结、帮助和带动他人者。

(3)努力钻研技术业务，使自己有显著提高者。

(4)能一贯遵守制度，遵守劳动纪律，有较好的表现者。

第五条　评比的组织领导：

由局增产节约委员会，区评比委员会分头领导进行。

评比资料、统计数字由行政负责，小组情况由工会负责。

每半年进行一次的全局评比，由各区提出资料报局。有关科室，对分管指标提出补充资料，并参与审核。在评比会议上着重交流经验，提高评比质量。

每季进行一次的各区评比，由作业区自己组织进行。但应将评比情况、总结报局。

评比奖励：

1. 局内优胜小组发流动红旗一面、奖金××元。

2. 同工程同业务全局半年评选一次。发奖状一面、奖金××元。

3. 个人先进工作者，全局半年评选一次。发奖状一面、奖金××元。

以上事迹，均上局光荣榜。关于全局奖金数字和奖励面，经具体研究后再决定。

评为市级先进单位和个人，事迹上局光荣榜。

各区评比奖金，按人数多少，任务繁简及生产单位与非生产单位做如下分配。

全年奖金共　42000元

新港作业区　14500元

塘沽作业区　6700元

天津作业区　6700元

轮驳队　5000元

科　室　7000元(包括港监、医院、工程科室、保育院、客运站、修理厂)

工程队　2100元

先进小组、先进个人，每季所得奖金平均不得超过九元。但先进个人所得奖金应高于先进小组每人平均奖金额。关于奖金数字分配，一季少用，逐季增添。实行内部办法制定时，可与经济核算结合起来。

几个问题：

评比时一定按条件进行，防止生拉硬凑。

各项指标完成情况，以统计部门的资料为依据。

评比中如发现隐瞒事故，伪报成绩，除取消先进称号，退回奖金外，并建议有关部门进行严肃处理。

修建工人的竞赛条件，由本科制定，送局审查。

天津区港务管理局职工代表大会暂行办法

(经1957年10月25日第一届一次
职工代表大会通过)

第一章　总　则

第一条　为了贯彻党的群众路线,扩大与健全企业的民主管理制度,继续发扬企业中职工群众参加企业管理的优良传统,充分实现社会主义企业管理的民主集中制原则,组织广大职工参加企业管理,以体现主人翁的作用,发挥其积极性和创造性,完成和超额完成国家计划,特制定本办法。

第二章　组织机构

第二条　名称:本会定名为天津区港务管理局职工代表大会(以下简称代表大会)。

第三条　性质:代表大会是职工群众参加企业管理的组织形式。它是管理企业和监督行政的权力机构。

第四条　代表大会,不建立常设机构。代表大会,闭会期间,其常设机构的职权,由天津区港务管理局工会委员会(以下简称工会)代行。它向代表大会负责并报告工作。但工会委员会所作的有关决定只有建议性质。

第五条　职权:代表大会行使下列职权:

(1)听取和讨论局长报告,审查和讨论企业的生产计划、基建计划、财务计划、技术计划、劳动工资计划及实现这些计划的重要措施,定期地检查计划执行情况,并提出建议和批评。

(2)审查和讨论企业奖励基金、福利费、医疗费、劳动保护拨款、工会经费及其他有关生活福利的经费开支,在不违反上级机关的指示命令的条件下,可以就上述范围作出决定,交企业行政部门或其他有关方面执行。

(3)对副局长以下(但不包括副局长)包括作业区正、副主任。轮驳队正、副队长,外轮公司正、副经理及其他正、副科长,股长等各级行政领导干部有任免的建议权。局长应尊重其建议,但上级机关,仍有直接任免权;对于一直漠视职工群众意见,不执行大会决议的局长、副局长有权建议上级领导机关加以适当处理,直至建议撤销其职务。

检查和监督工会委员会或行政对代表大会决议的执行情况,有权撤销工会委员会中不积极的成员。

职工代表大会及工会委员会的决议,只要与上级机关的指示、规定不抵触时,局长应无保留执行;如局长在执行中确有困难,或不符合上级规定时,局长可请求复议或请示上级。

第六条　组成、会期及任期:

组成:代表大会由各装卸区、轮驳队、修建工程队等单位职工,按人数比例选出的代表组成。

会期:代表大会每半年召开一次。如遇有重大问题或者三分之一的代表要求时,可临时召开。

任期:代表大会,每届任期一年。每年改选一次。最迟不得超过任期届满后三个月。代表连选得连任。

第七条　代表大会期间,由大会推选的主席团主持。职工代表大会应本着民主集中制原则作出决议,以便贯彻执行。大会决议,必须有三分之二以上代表出席及出席会议半数以上通过,才能生效,因工作需要的其他非代表人员,经大会主席团同意后,可以列席参加代表大会。会议期间,代表工资照发。

第三章　职工代表大会的代表

第八条　代表条件:本企业正式职工,没有精神病,或依法被剥夺政治权利的人以外,都有选举权与被选举权。

第九条　代表名额:全局代表名额不得超过300名。

(一)装卸队,拖驳船以队、船为单位,各产生一名代表。

(二)其他工种及职能人员中以作业区、轮驳队、工程、港监、机关、医院为单位,每25~30个职工中产生一名代表。

第十条　代表应由职工选举产生。职工代表由各单位职工充分酝酿后,提出候选名单。

职工代表,向选举他们的职工负责,并接受其监督。如选举他们的职工,有半数以上通过,认为其不能代表时,报请工会委员会批准后,可撤换其代表,并另行补选。或因故造成本届代表缺额时,亦应及时进行补选。

第十一条　职工代表有下列各项权利:

(一)在代表会上有选举权与被选举权和对于大会的决议表决权。

(二)在代表大会上有权自由切实地讨论行政和工会的全面工作。

(三)在代表大会上,有权对企业各方面的工作和任何工作人员提出批评或建议。代表之间,有权互相批评。

(四)对代表大会的决议,如有不同意的地方,除应无条件地执行外可以保留和向上级机关提出自己的意见。

第十二条　职工代表有下列各项义务:

(一)模范地遵守局各项章则制度和劳动纪律,在平日的生产行政工作中,服从各级行政领导干部的指挥。

(二)密切联系群众,了解和听取他们的意见,并将他们的意见集中起来,代表他们向代表大会或工会委员会提出。

(三)会前,要根据会议内容,征求职工群众意见,会后要向职工群众宣传和解释大会的决议。

(四)以身作则,执行大会及工会委员会的决议。

第四章　工会委员会

第十三条　代表大会与工会会员代表大会合并举行。工会委员会由职工代表大会中的全体会员代表选举产生。

第十四条　工会委员会除执行有关工会工作决议外,受职工代表大会委托,做好以下工作:

(一)各级工会委员会,应经常联系代表,并组织发挥代表作用。定期召开代表座谈会,听取代表意见,改进工作,密切联系群众,逐步形成制度。

(二)监督行政执行职工代表大会的各项决议。

(三)负责筹备职工代表大会的召开。

(四)工会委员会应该组织动员全体职工,认真保证执行职工代表大会的各项决议。并负责研究解决临时遇到的重大问题。

第十五条　本办法经职工代表大会通过后执行。

第十六条　本办法修改权属职工代表大会。解释权属于工会委员会。

天津区港务管理局向秦皇岛港的挑战书

随着工农业生产的飞跃发展,港口吞吐任务更加繁重,为了保证钢、煤、粮、棉四大指标的完成,当好先行官,我们要坚决响应党中央和国务院的号召,认真贯彻交通部电话会议和我省召开的先进集体、先进生产者代表会议精神,鼓足更大的干劲,千方百计地保证全面完成或超额完成1959年的运输任务,立志在今年一年中,创造更大的成绩。并提出以下指标作为向秦皇岛港口的挑战条件。

一、装卸工人(包括机械司机)劳动生产率比1958年提高40%。

二、装卸工人(包括机械司机)出勤率平均达到95%。

三、港机作业占全部操作量的54%。

四、火车站点保证平均不超过3小时,比1958年缩短59%。

五、装卸单位成本比1958年降低8%。

六、消灭重大事故,一般事故减少到最低限度。

为了保证上述指标的完成,我们的措施:

一、依靠党的领导,大搞群众运动,深入开展以增产节约、技术革命为中心,以提高劳动生产率为目的的“六比”(比高产、比优质、比安全、比节约、比技术革命、比协作)竞赛运动。在1959年内要以迎接“五一”、“七一”、“十一”、元旦为动力掀起四次大的生产高潮。并及时提出新的奋斗方向和响亮口号,使群众性的竞赛运动一浪高一浪,不断向深入发展。加强竞赛中的组织工作,在各单位、车间、小队、小组普遍地培养先进,树立标兵,广泛开展比、学、赶运动。并建立正确的奖励制度,以鼓舞群众生产积极性、创造性。

二、为完成艰巨的运输任务,克服人力、机力、设备不足的困难,要进一步开展群众性的技术革命运动。在1959年内要通过“土洋并举,从土到洋”的道路,实现港口装卸工具化、机械化、半机械化,轮驳操作机械化、自动化、半自动化。从而提高港口通过能力,彻底消灭笨重体力劳动,达到费力小、效率高的目的。

三、坚持政治挂帅大搞共产主义协作。继续贯彻全国一盘棋的方针,一切工作要以局部利益服从整体利益为出发点,反对本位主义,发扬共产主义风格。要以主观上的努力,争取客观上的协作支援。并建立定期的路、港、航、货主几方面的协作会议制度的检查制度,以不断地加强协作关系,充分发挥港口潜力,更好地为四大指标服务。

四、主动联系,全面安排,做好车、船、货衔接工作。为此,要加强货源的组织与核实工作,采取专人负责,分货包干的办法,深入到货主单位熟悉产、运、销情况,掌握物资流向规律。并加强调度工作,提高作业计划质量,合理地组织现有人力、机力,充分发挥现有人力、物力的潜力。依靠群众搞好现场管理。

五、加强企业管理,继续贯彻“两参三综合”的制度。领导干部采取“将军当兵”方法参加劳动。工人参加管理由行政管理发展到参加生产计划管理,每个小时、每个机车个人都要定出年、季、月、日、工班的任务量,做到大家订计划,大家实现计划,大家检查计划,大家总结经验。

六、加强安全工作,关心职工生活,继续贯彻安全生产统一思想,建立健全安全制度,加强小队的安全活动,并贯彻劳逸结合方针。

更大、更好、更全面跃进的1959年已经过去三个月了,让我们在现有基础上继续鼓足干劲,力争上游,高举总路线的红旗,加快步伐,为全面完成1959年的计划任务而奋斗!

天津区港务管理局全体职工

1959年4月24日

天津港务管理局先进生产者代表会议全体代表倡议

1959年以来,我们天津港全体职工在党的社会主义建设总路线的光辉照耀下,在1958年大跃进的基础上,又取得了新的巨大的成就。特别是贯彻党的八届八中全会以后,广大职工更加干劲十足,斗志昂扬,立即掀起了一个群众性的增产节约新高潮。从而提前23天完成了1959年驳运任务;提前10天超额15万多吨完成了全港1959年的吞吐任务;提前一个月完成了全港1959年度财务计划。现在我们已胜利地跨进了1960年。随着工农业生产的飞跃发展,1960年港口吞吐任务比1959年提高了22%以上,其他方面的任务也都有巨大增长,为了保证完成和超额完成这一艰巨而光荣的任务,更好地满足工农业生产继续跃进对交通运输的要求,我们必须紧密地依靠党的领导,鼓足更大干劲;大搞群众运动,大闹技术革新和技术革命,大兴共产主义协作之风,提倡实干、苦干加巧干;既多快,又好省,做到快装快卸,分秒必争,斤两不留,把已经开展起来的比高产、比优质、比安全、比低耗、比协作、比技术的红旗竞赛运动更加全面深入持续地发展下去。保证完成和超额完成1960年的各项任务。为此我们倡议:

一、港口装卸。广泛开展单舱红旗竞赛以及在此基础上发展起来的"四合一"、"六合一"、"一条龙"竞赛和技术表演赛,在第一季度中使工班效率平均比1959年第四季度实际完成提高25%以上,保证突破18吨。使国轮在港停泊时间平均不超过两天半,火车在港时间平均3个小时,力争两个半小时。

二、轮驳方面。开展船与船、驳与驳以及岗与岗竞赛运动,积极协助港口完成装卸任务,在保证航行安全的前提下,努力提高航速,降低成本。切实做到"四好",即操作管理好、自修保养好、节约燃料好、安全航行好。在第一季度中船舶营运率拖轮保持78%,驳船保持95%,驳船载重量营运率要保持在85%以上,拖轮航行时间综合平均不超过4小时。

三、坚决贯彻群众路线,深入现场,深入实际,继续改进企业管理工作。使管理工作面向生产,为生产服务。1960年第一季度平均工时使用率比1959年第四季度提高10%;机械可用率平均比1959年第四季度提高15%;机械使用率平均比1959年第四季度提高20%;港机操作保持在50%以上;货物平均在库天数比1959年第四季度降低21%。

四、后勤人员要以面向生产,面向群众为中心,广泛开展"思想好、质量好、态度好、节约好"的红旗竞赛运动。保证职工身体健康,精力充沛。

五、不骄傲、不自满、努力学习,刻苦钻研,决心以百折不挠的意志,见困难就上,见荣誉就让,见先进就学,见后进就帮。并且不断提高阶级觉悟和文化技术水平,做到又红又专,高举总路线红旗,跃进再跃进!

六、人人动脑筋,个个献计策,大闹技术革新和技术革命运动,坚决保证实现1960年第一季度和全年的技术革命规划,实现港口装卸机械化、半机械化,轮驳操作自动化、半自动化,为在1960年内彻底消灭笨重体力劳动,积极奋斗。

七、巩固地树立安全为了生产,生产必须安全的思想,人人管生产,个个管安全。切实做到安全工作经常化、制度化、群众化。加强政治责任心,严格遵守操作规程,消灭重大工伤、死亡和重大海损、机损事故,大大减少或消灭一般工伤事故。确保装卸质量,消灭重大货损事故,做到保质保量,差误不出港。

全港职工同志们,1960年继续大跃进的战鼓已经擂响,让我们更加紧密地团结在党的周围,更高地举起总路线、大跃进的红旗,鼓足干劲,力争上游,为尽快地把我国建设成为一个拥有现代工业、现代农业和现代科学文化的伟大的社会主义国家而努力奋斗!

天津市港务管理局先进生产者代表会议全体代表

1960年1月4日

天津市港务管理局新港、塘沽、天津作业区、轮驳队竞赛合同(草案)

第一条　我们为了深入贯彻中央提出的“调整、巩固、充实、提高”的方针,在党委统一领导下团结一致,协力同心,充分发动群众,继续鼓足干劲,力争上游,进一步发扬艰苦奋斗、发愤图强、埋头苦干、自力更生的精神,并通过开展竞赛互相学习共同提高,从而促进以确保安全,提高质量为中心的三爱、三节、三高的增产节约红旗竞赛运动不断高涨,保证实现党委提出的“最大限度地压缩车船在港时间和相应提高劳动生产率”这一总的目标,全面完成和超额完成第二季度的生产计划,并为完成全局年度生产计划和各项工作任务打下良好基础。特制定此合同。

第二条　竞赛的内容(竞赛条件):

一、在合同期间我们保证在确保安全,确保质量的基础上完成并力争超额完成以下的主要指标:

(一)船舶在港停留时间:

新港作业区:总平均为 3.5 天,国轮为 2 天,其中煤船 16 小时、矿石船 60 小时、盐船 60 小时。外轮粮船(不包括油轮)72 小时,化肥船、糖船、枣船 72 小时。

塘沽作业区:总平均为 1.3 天,国轮为 1.5 天,其中粮船 48 小时,矿石船 36 小时、盐船 24 小时、杂货船 30 小时。

天津作业区:总平均 1.5 天,国轮为 1 天,其中粮船 48 小时,杂货船 24 小时。

(二)火车站点新港、塘沽作业区均为 2 小时。

(三)劳动生产率,(根据二季度吞吐任务 155 万吨计算)全员劳动生产率、装卸全员劳动生产率、装卸工人劳动生产率:

	全员劳动生产率	装卸工人劳动生产率
其中:新港作业区	413 吨	552 吨
塘沽作业区	261 吨	370 吨
天津作业区	255 吨	523 吨

(四)大大压缩拖驳航行时间,先进航次达到 75% 以上。

(五)工班效率:新港作业区 16 吨、塘沽作业区 12.5 吨、天津作业区 12.5 吨。

(六)出驶率:新港作业区 92%、塘沽作业区 92%、天津作业区 92%、轮驳队 92%。

(七)机械可用率:新港作业区 75%、塘沽作业区 70%、天津作业区 65%、轮驳队拖轮可用率为 80%,驳船可用率为 70%。

(八)机械使用率:新港作业区 45%、塘沽作业区 36%、天津作业区 32%。

(九)保证安全,提高质量。彻底消灭重大伤亡事故和货损货差事故,大大减少以至消灭一般事故。

(十)单位成本比第一季度降低:

新港作业区 20%、塘沽作业区 10%、天津作业区 10%、轮驳队 10%。

(十一)降低消耗:我们保证在第二季度把油的消耗指标比 1960 年降低 10%,生产用煤的消耗指标比 1960 年降低 15%。

二、在党的统一领导下,政工紧密配合,步调一致,坚持大搞群众运动,不断掀起学、赶、超、创先进指标运动高潮。做到学赶超,创目标明确,规划具体,落实到装卸队、小组和个人,并按期检查评比,大插红旗,大树标兵,及时总结推广先进经验,从而推动以“粮钢”为内容的增产节约运动既轰轰烈烈又踏踏实实地一浪高一浪地向前发展。

三、高举总路线、大跃进、人民公社三面红旗,高举毛泽东思想红旗,坚持政治挂帅,不断开展社会主义教育,并通过教育不断提高群众的思想觉悟和劳动积极性。

四、认真贯彻党提出的一手抓生产、一手抓生活,密切关心职工生活,保证职工吃好,促进职工身心健康水平等方面作出突出成绩。

五、认真贯彻两参、一改、三结合制度,健全生产管理制度和指挥系统。各级领导干部经常深入第一线,狠抓薄弱环节,并积极帮助装卸队、拖驳船只建立健全各项管理制度,扶持装卸队、拖驳轮逐步成为既是生产单位又是管理单位。

六、经常针对生产关键和生产发展方向给群众指方向,广泛开展“双革”、“四化”运动。在加速装卸机械化、半机械化作业,拖驳船只操作机械化方面取得显著成绩。

七、认真贯彻全国一盘棋精神,大搞一条龙大协作,并主动协助配合兄弟单位克服困难,主动为兄弟单位创造便利条件,从而大幅度地压缩车船在港停留时间,加速车船周转。

第三条　为使竞赛运动既保持轰轰烈烈又踏踏实实地持续地一浪高一浪地蓬勃发展,我们在党总支的领导下成立竞赛推动委员会,定期或不定期地开展互相检查和自我检查,互相促进,共同提高,推动整个增产节约红旗竞赛运动不断高涨。

第四条 竞赛的评比与奖励:

一、在合同期间内开展三次评比,即每月一小评,季末一大评,于次月五日前将评比材料即月度总结报管理局。

二、评比方法请管理局考虑。

三、季度总评时对各项指标的考核应排除4月份船闸修理的因素。

第五条 附则:

一、本合同经四个单位签字正式生效。

二、本合同有效期为1961年第二季度。

三、本合同为正本,四个单位的保证书为副本。

四、本合同的各项条文经参加合同赛的单位的签章后不准任意更改,必须更改时须经过签字单位的协议。

参加合同竞赛的单位签章

新港作业区:宫延熹

塘沽作业区:寇介田

天津作业区:王天臣

轮　驳　队:李长发

1961年4月3日

中共天津港务局委员会关于全心全意依靠职工群众办企业的若干意见

1998年6月4日

全心全意依靠工人阶级是我们党一贯坚持的根本指导方针,是党的十五大再次强调的一个重要思想。为使这一方针在天津港得到更好的落实,充分发挥全港职工在港口改革和两个文明建设中的主力军作用,依据《公司法》《企业法》《工会法》和《劳动法》等有关法律、法规,特对全心全意依靠职工群众办企业提出如下意见。

一、坚持全心全意依靠工人阶级的方针,牢固树立依靠职工办企业的思想

1. 全心全意依靠工人阶级是由我们党和国家性质决定的必须一贯坚持的根本指导方针,是深化企业改革,加快企业发展的基本立足点。坚持和落实这一方针,是密切党群、干群关系的基本内容,也是办好社会主义企业的根本工作路线和方针。在改革开放不断深化的形势下,自觉坚持这一方针,有着更为重要的意义。毫不动摇地坚持这一方针,是对领导干部讲政治的基本要求之一,是衡量领导干部党性强不强的重要标志。各级领导干部必须深刻认识到,做好港口各项工作离不开职工群众,巩固天津港的大好形势离不开职工群众,实现我港跨世纪发展宏伟目标,保持持续、快速健康发展更离不开职工群众。要牢固树立"依靠"意识,在企业改革发展的进程中,必须保证职工群众的主人翁地位,充分发挥职工群众的积极性和创造性。

2. 全心全意依靠工人阶级这一指导方针,有着十分丰富的内容。各级领导必须深刻理解,全面把握。

(1)要相信职工群众。这是能否自觉贯彻"全心全意依靠工人阶级"方针的思想前提。要真正虚下心来向群众学习。要看到群众中蕴藏的极大的积极性和创造性,具有巨大的潜能。要相信职工群众的智慧和力量。真心实意地调动职工群众的积极性,把职工群众的积极性有效地发挥出来。

(2)要依靠职工群众。要在政治上关心、制度上落实、素质上提高、权益上维护,真正使职工群众成为企业名副其实的主人。要依靠职工群众管理企业,依靠职工群众搞好群众性的思想政治教育,并在企业重大问题的决策中注意听取职工群众意见,切实使职工群众在企业中有家可当,有财可理,有主可做。尊重群众的创造精神,维护职工的合法权益。

(3)要教育引导职工群众。教育和引导是为了更好地依靠。要教育和引导职工群众正确处理眼前和长远、部分和全局、国家集体和个人三者利益关系。帮助和教育职工群众提高自身政治、技术业务素质,更好地担当主人的责任。

(4)要关心职工群众。切实把职工冷暖放在心上,关注职工群众中的热点和难点问题,尽心尽力为职工办实事。关心职工最根本的是发展生产,提高效益,做到为官一任,富民一方。

3. 考核、评价领导班子和领导干部政绩,要把全心全意依靠职工群众办企业作为一项重要内容。把组织考察和职工代表大会民主评议领导干部的结果作为调整、配备、使用干部的重要依据。要树立领导干部全心全意依靠职工群众办企业的先进典型,大力营造依靠职工群众办企业的良好氛围。

二、建立和完善依靠职工群众办企业的工作格局

4. 按照"充分发挥党组织的政治核心作用,坚

持和完善厂长（经理）负责制，全心全意依靠工人阶级”领导体制的要求，建立和完善职工参与机制、激励机制和监督机制，形成党委领导和支持职工当家做主，行政尊重和保证职工当家做主，工会维护和组织职工当家做主的工作格局，保障“依靠”方针的落实。

5. 要依法坚持和完善职工（代表）大会制度，严格落实职工（代表）大会职权。包括：

（1）听取和审议企业生产经营、资产经营方面的重大问题和重大决策。主要包括：企业经营方针、长远规划和年度计划、基本建设方案、重大技术改造方案、职工培训规划、留用资金分配和使用方案、承包和租赁经营责任制的报告。

（2）审查同意或否决涉及职工切身利益的重大问题。主要包括：企业工资调整方案、奖金分配方案、劳动用工制度及劳动合同文本、劳动保护措施、奖惩制度以及其他重要工作制度。

（3）审议决定公益金使用方案和有关职工生活福利的重大事项。

（4）评议、监督企业领导班子成员，提出奖惩和任免的建议。

（5）听取企业行政业务招待费使用情况的报告。

（6）法律法规规定的其他须经职工（代表）大会讨论和审议或决定的事项。

6. 车间（队、站）要建立以职工（代表）大会为基本形式的民主管理制度，依法行使职工（代表）大会职权。班组民主管理的基本形式是班组民主管理会。

三、保障职工享有《劳动法》规定的权利，建立维护职工合法权益的工作机制

7. 认真贯彻执行《劳动法》，保证法律赋予劳动者的权利得到落实。这些权利包括：平等就业和选择职业的权利；取得劳动报酬的权利；休息休假的权利；获得劳动安全卫生保护的权利；接受职业技能培训的权利；享受社会保险和福利的权利；依法参加和组织工会的权利；通过职工代表大会或其他形式参与民主管理的权利；就劳动者合法权益与企业进行平等协商的权利；提请劳动争议处理的权利等。

8. 建立和完善集体协商和集体合同制度。按有关要求认真做好集体协商和签订集体合同工作。集体合同草案必须提交职工（代表）大会讨论通过。要认真贯彻我局制定的《集体协商制度》和《天津港务局集体合同监督检查制度》，使其在协调劳动关系，调动、保护职工积极性方面有效发挥作用。

9. 局和基层单位要依法建立劳动争议调解委员会，建立健全劳动争议调解制度，充分发挥稳定、协调劳动关系的作用。

10. 贯彻执行国家有关劳动保护法律、法规，不断改善职工劳动条件，改善职工工作和生产环境，严格安全生产管理制度，最大限度地减少伤亡事故和各种职业危害。加强工会的群众性劳动法律监督工作，监督落实国家规定的劳动标准，改善劳动条件，保障职工的健康与安全。切实保护女职工的特殊利益。

11. 关心职工的物质生活。积极办好职工家财保险、养老补充保险等险种。要巩固和发展职工消费合作社。根据职工生活预测和职工要求，结合港口实际，每年坚持为职工办几件实事。对困难职工实施“送温暖工程”。

四、加强职工队伍建设，全面提高职工队伍素质

12. 大力加强职工政治思想教育

（1）用邓小平理论武装广大职工，加强爱国主义、集体主义和社会主义教育，艰苦奋斗教育，法制教育，职业道德教育，爱港敬业教育，使职工牢固树立建设有中国特色社会主义的信念，以主人翁的姿态投身港口的两个文明建设。

（2）以提高职工主人翁意识为主线，通过各种形式的教育，引导广大职工增强主人翁意识，自觉为港口生产建设事业建功立业。

（3）根据港口的中心工作和职工思想实际，分别确定不同时期的教育重点，每年确定一个主题，在职工中广泛开展主题教育活动。

（4）充分发挥各种宣传媒介和职工业余文化艺术团体的作用，弘扬天津港精神，塑造主人翁形象，增强企业凝聚力。

13. 大力开展经常性的健康文明、丰富多彩、形式多样的群众性文化体育活动。

14. 围绕港口生产建设，组织职工开展社会主义劳动竞赛和合理化建议、技改技革、技术协作活动；支持和鼓励广大职工进行科学技术研究、发明创造，尊重职工的创造性劳动成果。在职工中深入开展群众性的以“学绝招、创绝技、争当技术明星”为主要内容的技术学习、岗位练兵、技术比武等活动，努力提高职工队伍的技术素质。

15. 大力宣传职工群众中涌现出来的劳动模范、先进集体和个人的先进事迹和高尚品德，在职工中形成学赶先进的风尚。同时要认真落实劳动模范待遇，积极为劳动模范工作和成长创造良好条件。

16. 要充分发挥局和基层对职工进行培训教育的机构和阵地的作用,健全有关制度,对职工进行经常性的教育和定期培训。要建立激励机制,调动职工学文化技术的积极性,鼓励职工自学成才、岗位成才。要支持职工参加多工种、多技能的训练,适应企业发展和技术进步的需要。

五、加强和改善各级党组织对工会工作领导,支持工会独立自主地开展工作

17. 各级党组织要按照《工会法》《劳动法》《天津市实施〈中华人民共和国工会法〉办法》等法律法规,支持工会独立自主地开展工作。局和基层党委(直属党总支)每半年听取一次工会工作汇报,及时研究工会提请党委(党总支)讨论的问题,切实把工会工作纳入重要工作日程。

18. 要支持工会进一步履行维护职责。特别是在深化企业改革过程中,要吸收工会全过程、全方位参与,更好地代表和维护职工合法权益。同时,支持工会全面履行参与、建设、教育等其他各项职能。

19. 要支持工会依法参与企业劳动关系的协调和调解企业劳动争议,在维护企业整体利益的同时,更好地维护职工的合法权益。

20. 要支持工会搞好自身改革和建设。各级党委要关心工会干部的成长,要配备政治素质好,能力强,职工信赖的干部从事工会工作。经过民主程序产生工会委员和工会主席。工会主席是党员并符合条件的应按有关程序进入党委会(党总支委员会)。各级工会组织和工会干部要不断提高自身素质,树立良好形象。

21. 在企业改制的同时,要依法建立健全工会组织,并保证工会组织的独立设置和完整,任何组织和个人不准将工会撤销、合并归属其他部门。

22. 继续支持工会开展建设“职工之家”活动,在财力、人力、物力上尽可能给予支持。巩固和发展“市级模范职工之家”、“星级职工小家”的建家成果。

23. 各级党组织和行政领导要为工会开展工作提供必要的条件。依据《工会法》足额拨缴工会经费。工会经费、财产和工会使用不动产,任何单位和个人不得侵占、挪用和任意调拨。工会组织合并,其经费、财产归合并的工会所有;工会组织撤销,其经费和财产由上级工会处置。

24. 工会所属的为职工服务的企业、事业单位,其合法权益受法律保护,任何单位和个人不得随意改变其隶属关系。

中共天津港(集团)有限公司委员会、天津港(集团)有限公司关于新形势下加强农民劳务工队伍建设和管理的若干意见

2005 年 8 月 29 日

为了深入贯彻党的十六届四中全会精神,进一步加强新形势下农民劳务工队伍建设和管理,努力构建和谐港口,保持天津港各项事业持续稳定协调发展,促进创建世界一流大港战略目标顺利实现,特提出如下若干意见。

一、充分认识新形势下加强农民劳务工队伍建设和管理的重要性和必要性

1. 农民劳务工已成为天津港生产建设不可或缺的重要力量。天津港自 20 世纪 80 年代中期实施用工体制改革以来,历经农民合同工制和劳务承发包制两个阶段。随着用工体制改革的深化和港口生产建设的不断发展,在港从业的农民劳务工数量逐年递增,目前已达 8000 多人,在天津港的生产建设中起着举足轻重的作用。多年来,集团公司根据港口发展的需要和劳务承发包市场建设的要求,着力进行了劳务承发包管理体制及其运行机制的建设,推行了一系列行之有效的管理制度,形成了具有天津港特色的劳动用工体制,有力地促进了港口生产的发展。但同时也要看到,在改革和发展中,新的情况、新的问题会不断出现。在市场化劳务承发包的用工体制下,如何加强劳务公司的建设和管理,如何维护农民劳务工的合法权益,如何建设一支与天津港现代化建设和未来发展要求相适应的相对稳定、高素质的农民劳务工队伍,是我们亟待解决的问题。

2. 做好新形势下的农民劳务工队伍建设和管理事关天津港改革发展大局,事关创建世界一流大港战略目标的实现。各级领导干部和广大员工务必认识到,深化用工制度改革,建立市场承发包契约化组织生产的用工机制,是天津港建立现代企业制度的重大战略举措。农民劳务工队伍是天津港劳动力市场的一个特殊群体,是天津港生产建设的重要人力资源。虽然农民劳务工与集团公司所属发包单位没有直接劳动关系,但是天津港的发展离不开农民劳务工的辛勤劳动,离不开农民劳务工的无私奉献。农民劳务工队伍状况如何,其作用发挥如何,直接关系到天津港生产的稳

定，直接影响到天津港发展战略目标的实现。党、政、工、团各级组织要从发展战略的高度充分认识新形势下做好农民劳务工队伍建设的重要性，把劳务承发包工作，特别是农民劳务工队伍建设和管理作为重要的工作职责认真落实。

3. 做好新形势下的农民劳务工队伍建设和管理是落实科学发展观，构建和谐港口的必然要求。实现把天津港打造成为“中国北方国际航运中心和国际物流中心”新的使命，需要有稳定和谐的企业氛围，需要有相融相济的劳务关系。为此，要坚持以人为本，广泛调动一切积极因素，发挥所有在港从业人员、包括广大农民劳务工的重要作用；要坚持尊重人、关心人、理解人、爱护人，形成各尽其能、各得其所而又和谐相处的人际环境。只有这样，天津港的发展才能长期稳定，天津港的事业才能长盛不衰。

二、加强农民劳务工队伍建设和管理的指导思想和基本原则

4. 新形势下加强农民劳务工队伍建设和管理工作，要认真贯彻落实党的十六大和十六届三中、四中全会精神，牢固树立科学发展观，从港口发展战略的高度，充分重视农民劳务工的地位和作用，坚持“指导与监管并举；使用与维权并重”的方针，不断完善劳务用工市场化机制，切实维护好农民劳务工合法权益，全面提高农民劳务工整体素质，为保持天津港稳定、协调、持续发展提供人力资源保证。

5. 新形势下加强农民劳务工队伍建设和管理应遵循以下基本原则：

一是遵循建立社会主义市场经济体制的改革方向，坚持承发包主体分离的市场机制与严格有效的监管机制相结合；

二是从既要明确责任又要扶植支持的立场出发，坚持依靠各基地劳务公司管理与必要的帮助指导相结合；

三是本着“以人为本”的原则，坚持依法严格管理与依法维护权益相结合；

四是以全面加强管理为着力点，坚持组织建设、政治思想建设与解决物质待遇等措施相结合。

三、进一步强化农民劳务工队伍建设的基础工作

6. 适应新形势新任务的要求，大力加强农民劳务工队伍素质建设。严格执行港口从业劳务人员市场准入制度，严把市场入口关。坚持农民劳务工动态流动的管理机制，通过实行按龄轮换、考核轮换、择优准入等机制，确保农民劳务工的基本素质。集团公司主管部门、职工交流服务中心（以下简称职交中心）、各劳务发包单位要积极指导帮助各基地劳务公司建立健全内部管理制度，加强对农民劳务工的管理，全面加强农民劳务工队伍的素质建设。拓展农民劳务工的职业发展通道，探索建立鼓励农民劳务工优秀人才脱颖而出的激励机制。坚持农民劳务工的职前准入培训取证制度和岗位技能培训鉴定制度，不断提升劳务员工的技能素质。落实农民劳务工培训费用，对于实行生产全过程承发包的公司，由承包方按有关规定提取教育经费，专款专用于农民劳务工的岗位培训；对于未实行生产全过程承发包的公司，原则上由发包单位统一安排农民劳务工的岗位培训，并承担相应的费用。

7. 规范劳务市场管理，健全完善农民劳务工劳动代理制度。通过天津人力资源开发服务中心港口分中心（以下简称港口分中心）实行农民劳务工个人和劳务公司双重代理机制。为常年在港从业的农民劳务工建立个人劳动人事档案并规范管理。由港口分中心代理，集中办理选择在本市参加基本保险统筹的劳务公司员工的参险手续，确保农民劳务工的参险、缴费及相关待遇的享受。港口分中心依据授权，依法开展对被代理农民劳务工的维权服务。

四、切实维护好农民劳务工的合法权益

8. 坚持劳务价位管理制度，保护农民劳务工的合法收入。参照国内同行业和本地区同工种劳动力市场价位、本地区市场物价指数参数、本港生产经营效益状况等因素，以略高于市场平均价位为标准，确定本港劳务价位标准。建立劳务价位动态管理机制，坚持每年动态调整公布一次价位，并保持按实际运行需要随时调整个别工种价位。继续保持并不断提升劳务公司对农民劳务工工资管理的规范运作水平，各发包单位要严格参照价位标准确定农民劳务工劳动报酬标准，保证按时足额规范发放。

9. 积极探索建立劳务公司综合管理费（含基本保险统筹费用）动态调整机制。根据市场价位、港口经营状况、劳务公司保险统筹责任等因素动态调整综合管理费标准，由发包单位支付给劳务承包公司。各劳务公司实行专款专用，按法规规定保证农民劳务工工伤、养老等基本保险统筹项目的参保和缴费。

10. 严格执行劳动保护法规和港口劳保规章制度，确保农民劳务工的劳动保护用品的正常发放。承发包双方无论采取何种承发包生产的组织形式，对于农民劳务工的劳动保护用品，原则上由发包单位按集团公司的规定统一采购发放。发包单位要加强对劳动保护用品发放和使用情况的监督检查。

11. 严格执行劳动工时制度,切实保护农民劳务工劳动、休息的合法权益。各发包方必须严格执行国家《劳动法》关于劳动时间的规定,加班加时应依法按规定进行处理,确保劳务工权益不受侵犯。发包单位实行综合计算工时制和弹性工时制等非常规工时制的,必须事先报经政府行政部门批准,并严格执行关于延长工作时间及其相关报酬和待遇的规定。集团公司对劳动强度较大的作业,不提倡实行"三班三运转"的工时制度。

12. 加强协调配合,切实保证农民劳务工的生活福利待遇。各发包单位要按照有关规定对农民劳务工发放防暑降温用品,并承担自愿选择居住贻港公寓劳务员工的补贴费用,解决农民劳务工上下班交通问题。生活服务中心各食堂要保证为农民劳务工提供优质的餐饮服务。房产公司和职工交流服务中心(以下简称职交中心)要协同各劳务公司,加强对贻港公寓服务质量的督察,加强与公寓业主及物业服务单位的协调,确保农民劳务工居住、餐饮、生活、卫生、文体、治安等服务项目按合同契约履行到位。

13. 建立健全维护农民劳务工合法权益的监管机制。各发包单位、职交中心对农民劳务工的劳动报酬、社会保险统筹、劳保福利、劳动时间等待遇建立检查制度,发现问题及时纠正。各发包单位、职交中心和劳务公司要建立农民劳务工意见、申诉受理机制,设立农民劳务工意见(投诉)箱、公布联系电话或举报电话,明确受理机构和人员,及时处理有关信息,对署名人的意见和投诉要限期答复。各发包单位、劳务承包公司要建立与农民劳务工的沟通例会制度,定期与农民劳务工进行沟通,通报情况、了解思想和要求、听取意见建议、解释说明有关事项。

五、进一步强化劳务公司的建设和管理工作

14. 以市场为导向,建立促进劳务公司建设的长效机制。严格执行劳务公司市场准入制度和资质年检评审制度,实行《劳务公司市场准入标准和资质等级评审标准》《劳务从业人员准入标准》随港口生产经营管理发展而动态提升的制度,通过准入资格评审,管理、信誉及业绩资质评审,日常检查考核等措施,引导和促使各劳务公司及其劳务从业人员不断提高自身素质,以适应和满足不断提升的港口需求。

15. 发挥市场职能,对准入劳务公司实行分类管理。对基地劳务公司,坚持以基地政府为依托的管理思路,不断健全完善与基地政府的沟通机制,共同扶植、支持、指导和促进基地劳务公司的建设。对集团公司及所属单位参股成立的联营承包劳务公司,要充分发挥参控股优势,加强管理及监控,促进其按现代企业制度规范并不断加强公司基础管理,建立健全内部管理机构、管理流程、工作标准和规章制度,按《公司法》及国家劳动和社会保障法规规范经营运作。其董事长可由投资各方协商出任,总经理原则上由我方派人出任,队(站)级负责人,可从我方在册员工或农民劳务工中选聘,原则上实行竞聘任期制,其日常管理纳入我方投资公司的同级别人员管理体系,实行规范管理。

16. 加强职交中心的建设,强化其对劳务公司和农民劳务工的服务功能。要将职交中心建设成劳务基地开发吸引操作平台、承发包各方协调沟通平台、劳务员工招募市场操作及日常维权服务平台、劳务承发包运行服务平台。职交中心要不断健全完善劳务例会制度,使例会在劳务市场监管服务、劳务公司交流沟通、劳务承发包生产组织管理、安全文明生产、劳务公司内部基础管理、劳务公司和农民劳务工意见、建议信息受理和反馈等方面的作用切实落到实处。

17. 各劳务发包单位、联营承包公司、职交中心要分别制定突发事件处理应急预案,增强对各类、各级别突发事件的应对处理能力。要完善正确处理各种矛盾的工作机制,健全信访工作责任制,努力做好日常的管理工作。

六、大力加强农民劳务工宣传思想工作

18. 要努力营造尊重、关心农民劳务工的文化氛围。各级组织和广大员工都要切实从思想上把农民劳务工当成天津港的重要成员,经常了解他们的所思、所想、所期、所盼,掌握他们的思想动态,真心诚意地帮助他们解决各方面的实际问题,积极营造温馨和谐的"家庭"氛围,努力做到"四个一样",即政治上一样平等、工作上一样要求、管理上一样严格、生活上一样关心。

19. 建立健全有效的宣传思想工作机制,把对农民劳务工开展宣传思想工作纳入用人单位统一管理,制订工作计划,部署工作任务,检查工作效果。定期对农民劳务工进行思想分析,掌握思想动态,通过组织网络及时发现各种问题苗头,有针对性地做好农民劳务工思想工作。

20. 深入开展形势任务和企业文化宣传教育,让农民劳务工及时了解港口发展形势,了解和掌握天津港企业文化基本理念,将农民劳务工融入到天津港的文化氛围当中来,使他们在理解核心价值观的基础上,自觉践行企业文化理念,并以此来规范自己的言行,为天津港的发展积极作贡献。

21. 大力宣传农民劳务工中的先进典型，弘扬正气，倡导文明，让农民劳务工学有榜样、赶有目标，引导和教育农民劳务工树立正确的人生观，追求健康向上的生活方式。同时要创造条件，建好农民劳务工学习文化阵地，为他们提供必要的休闲娱乐场所，丰富农民劳务工业余文化生活。

22. 加强农民劳务工队伍建设和管理的宣传力度，充分利用《天津港湾》、天津港电视转播台、基地报刊和电视台等宣传媒体，经常宣传、交流农民劳务工队伍建设和管理的经验和体会，介绍农民劳务工在港的工作、生活情况，宣传他们为天津港生产建设作出的突出业绩，刊登（播放）农民劳务工创作的优秀作品，为他们展示才华提供平台。

七、着力搞好农民劳务工党、工、团组织建设

23. 按照"统一领导、健全组织、发挥优势、促进发展"的原则，将加强劳务公司党、团组织和工会组织建设作为一项长期的任务，列入集团公司各级党、工、团组织的重要议事日程，认真研究和解决日常工作中出现的新情况、新问题，建立健全有效的领导机制和工作机制，切实把农民劳务工党、工、团组织建设抓紧抓好。

24. 集团公司及所属企业投资兴办的联营劳务公司必须建立党、工、团组织，并由我方投资兴办主体的相应组织进行代管。基地独资劳务公司应设立自己的党、工、团组织，分别隶属于基地系统的对应组织，对于其中采取劳动力租赁方式输入到联营公司的组织成员，应以临时组织关系形式参加联营公司相应组织的活动，纳入其组织体系进行统一管理；对于直接承包集团公司所属企业劳务的，应以临时组织关系形式参加发包单位相应组织的活动，纳入其组织体系进行管理。各劳务公司在组织健全的基础上，要按有关规定保证党、工、团组织活动经费的落实。

25. 紧密结合实际，充分发挥党、工、团组织的作用。各劳务企业，要按照集团公司党委的统一部署，结合自身实际，积极开展特色鲜明的主题实践活动，使农民劳务工党员发挥先锋模范作用。重视和加强在农民劳务工中发展党员，注意吸收生产一线优秀农民劳务工入党；按照"组织起来、切实维权"的要求，在单独建制的或以农民劳务工为主的大队、小队、班组中，建立职代会和厂务公开制度。搞好"职工小家"建设，丰富农民劳务工文化生活。建立有利于稳定队伍、调动农民劳务工积极性的激励机制，在农民劳务工中开展评选先进活动，对于特别突出的人员依据条件推荐劳动模范；坚持在农民劳务工青年中开展创建"青年文明号、安全生产示范岗"等活动，不断增强团组织的凝聚力和战斗力。

26. 加强基层骨干队伍和班组建设。严格选派进入劳务企业管理层人员，选派和轮换进入劳务企业的我方经理人员，要挑选符合条件的党员干部。有条件的单位，在选派其他管理人员时，也应当尽量考虑推荐和安排党员人选，为在劳务企业中组建党、工、团组织提供保证；要积极抓好农民劳务工的班组建设，从思想、组织、制度、文化等基础环节入手，注重培养农民劳务工班组建设先进典型，不断提高劳务企业基础管理工作水平。

八、加强对农民劳务工队伍建设和管理的组织领导

27. 集团公司各级党组织、各单位、各部门要坚持以科学发展观为指导，以构建和谐港口和人际环境为目标，把加强农民劳务工管理工作摆在重要位置。要明确分工、落实责任，党组织要加强对农民劳务工队伍建设和管理的领导，把握方向，提出要求，协调关系，督促和推动各项工作的实施与落实；工会、共青团组织要发挥自身优势，采取多种有效形式，充分调动农民劳务工的积极性，为港口发展作出贡献；人力资源部门要加强宏观管理，认真做好管理体制、管理制度、管理标准的研究与制定，加强对劳务市场的监管，认真抓好农民劳务工技能培训，切实维护好农民劳务工的合法权益；职交中心要做好农民劳务工的招录、职前培训、劳动代理和相关的服务工作；各发包单位要加强对农民劳务工队伍建设和劳动组织管理工作，做好农民劳务工日常的思想宣传工作，保持农民劳务工队伍稳定；各劳务公司要采取扎实有效的措施，全面加强农民劳务工队伍的组织、思想和技能素质建设，并切实保证农民劳务工各项权益落到实处。

28. 加强对农民劳务工管理工作的指导和检查。集团公司有关部门要依照本意见的要求，经常深入基层单位、劳务公司和劳务基地指导和推动管理工作，定期检查各项规定落实情况，发现问题及时解决。要注意发现和总结农民劳务工管理工作中的好经验、好做法，不断创新管理工作机制。

本意见是集团公司党委在深入贯彻党的十六届四中全会精神、广泛开展调查研究的基础上形成的指导性文件，是开展保持共产党员先进性教育活动的重要成果。各单位、各部门要根据本意见精神，结合实际，研究制定具体措施，认真抓好贯彻落实，促进天津港农民劳务工队伍建设和管理工作达到新水平。

参考文献

[1]高爱娣编著．新中国工会史(1948~1998)．北京:中国经济出版社．
[2]陈骥主编．中国工会十五年(1978~1993)．北京:中国工人出版社．
[3]中国工运研究所编．中国工会读本．北京:中国工人出版社．
[4]中国海员工会编．中国海员工会八十年(1921~2001)．
[5]全国总工会政策研究室．中国工会五十年的发展．工运研究(16、17),1998年8月25日．
[6]中国工运研究所．中国共产党与中国工人运动八十年．工运研究(增刊),2001年6月10日．
[7]中国海员工会全国委员会．中国海员工会运动史料全书,2001.
[8]天津港史(现代部分)．北京:人民交通出版社,1992.
[9]天津通志·港口志．天津:天津社会科学院出版社,1999.
[10]天津航道局史．北京:人民交通出版社,2000.
[11]筑港天涯路——第一航务工程局发展史(1945~1990)．北京:人民交通出版社,1993.
[12]天津公路运输史(第二册现代公路运输)．北京:人民交通出版社,1994.
[13]塘沽区志．天津:天津社会科学院出版社,1996.
[14]中共天津市塘沽区党史研究室．中国共产党天津市塘沽区大事记(1949年1月~1999年12月),1999.
[15]天津港务管理局．新港工人,1970~1971年合订本．
[16]天津港务管理局．新港简讯,1975~1979年合订本．
[17]天津港务局．天津港湾报,1980~2001年上半年合订本．
[18]天津港务局．天津港湾报,2001年下半年至2003年合订本．
[19]全国总工会档案处．中国海员工会1949~2001年档案．
[20]天津档案馆．天津市总工会1949~1968年档案．
[21]天津档案馆．天津市妇女联合会1949~1968年档案．
[22]天津市总工会档案室.1973~2002年档案．
[23]塘沽区档案馆．中国海员工会天津区委员会1949~1958年档案．
[24]塘沽区档案馆．塘沽区搬运工会1949~1953年档案．
[25]塘沽区档案馆．塘沽区工会1949~1968年档案．
[26]天津港务局档案室.1949~2002年档案．
[27]秦皇岛港务局档案室.1949~1954年工会档案．
[28]天津航道局档案室.1952~1963年工会档案．
[29]天津日报.1949~2002年合订本．
[30]河北日报.1956~1959年合订本．
[31]人民日报.1956、1959、1962年合订本．
[32]天津工人日报.1952~1958年合订本．

[33]中国海员报(1952～1956). 北京中国海员筹委会机关报.
[34]北洋海员(1952～1953). 辽宁、大连北洋区海员工会.
[35]刘少奇在天津. 天津:天津人民出版社,1993.
[36]华北海员(1950～1951). 天津华北海员工会.
[37]中国工会百科全书(1～4卷). 北京:台海出版社.

编 后 记

天津港(集团)有限公司工会于2009年11月正式成立了《天津港工会六十年(1950—2010)》编写组,同时召开第一次工作会议即着手开始编写工作。编写组前期以《天津港务局工会组织史》为基础,在没有经验、人员少、时间紧、任务重的情况下,先后到有关单位学习求教。经过多角度设计篇目,查阅大量的档案和报刊资料,收集摘录原始档案、书籍、报刊中涉及天津港工会的资料,同时走访数十位当事人,于2010年4月写出了《天津港工会六十年(1950—2010)》一书初稿,后又深入调查,多方求证,反复修改,数易其稿,做了大量的工作。

在编写过程中,本书编委会主任、主编、天津港(集团)有限公司工会主席王庆林首先提出本书指导思想,撰写了编辑大纲以及基本构架,并完成了部分篇章编写,主持了全书编写及统稿工作;编委会副主任、副主编李洪霞多次主持召开会议,研究听取编写工作汇报,解决编写过程中的难题。执行副主编王剑负责具体编写及统稿实施工作。编委会成员负责各篇章节的审稿、定稿工作。

参与本书主要编写人员有:综述由王庆林、李洪霞、王剑撰写;第一篇大事记由王剑、陶志龙收集资料并撰写;第二篇第一章、第二章、第三章、第四章、第五章、第六章由王剑撰写;第二篇第七章、第八章、第九章由徐勃生撰写;第三篇由王剑、陶志龙收集资料并撰写;第四篇由王剑收集资料并撰写。杨瑞、杨继凯、韩星国、王竹璟、张新华、陶志龙、胡平、纪维维、赵明文、曹致彪等同志整理撰写了全国劳动模范的事迹。

天津市委党史研究室主任李文芳,天津市总工会研究室主任郭振影,天津港航发展研究中心研究员朱正清及天津港(集团)有限公司工会各部门负责人对本书进行了审定。

胡志强、王广荣、韩振芳、王剑、赵建亚、吕志娴等同志为本书提供了部分照片。

徐勃生、刘妍、杨光等同志进行了前期的文字录入工作。

张小东、赵建亚、杨莹、李莲玉、冯洁、杨瑞等同志参与了部分文字录入和部分章节的校对等编务工作。

刘展蔚、索锦玉、刘淑云、冯金浩、殷志燕、曹致彪、巩俊贤等同志参与了本书的校对工作。

从2003年编辑《天津港务局工会组织史》收集资料,到编辑《天津港工会六十年(1950—2010)》一书,天津港(集团)有限公司有关部门和社会有关方面、各界人士给予了热情关注,天津市委组织部、天津市总工会、中国海员建设工会、天津市民政局工会、国家图书馆、八宝山革命公墓、交通运输部档案馆、全国总工会档案处、天津市总工会档案室、天津市妇女联合会档案室、天津档案馆、天津图书馆、塘沽档案馆、塘沽图书馆、天津港(集团)有限公司档案科、天津航道局有限公司工会及档案室、中国交通建设集团股份有限公司党委组织部、中国联通天津公司人事处、天津新港船厂工会及档案室、天津市交通集团档案室、安徽省总工会办公室、洛阳市总工会生产部、塘沽区总工会、第一航务工程局有限公司工会、秦皇岛港务集团公司工会及档案科、广州港集团公司工会、天津市和平区教育局、中国交通物资华南公司、天津渤海化工集团公司党委组织部、天津港文化传播中心、天津港劳务发展有限公司等单位及集团公司老干部办公室、退休办、组织部、人力资源部、办公室、集团公司工会各部门等提供了大量的档案、资料及帮助，特别是肖鲁、左中侠、韩维正、辛国颂、刘淑文、宫延熹、马云阁、高国栋、于泳、陆广桐、刘继魁、寇介田、李贵庭、贾兆亭、高联芳、李维龙、吕志娴、曾含英、李桂云、李绍禹、李娜、王恩芝、刘淑云、赵长元（排名不分先后）等一些老同志积极提供了线索和有关资料。

中国海员建设工会魏薇、张浩丽同志，天津市总工会档案室钟秋同志，天津港（集团）有限公司办公室档案科鞠晓岚、贾慕云、王晖同志，天津港文化传播中心李秀军同志，天津港（集团）有限公司老干部办公室王洪威同志，天津航道局有限公司工会王晓晴同志给予了大力支持和帮助。

在此，对所有给予本书支持和帮助的各级领导、兄弟单位及各界人士致以最诚挚的感谢！

由于本书涉及时间跨度大，尽管编撰人员付出极大努力，但书稿中难免有一些不妥之处，敬请指正。

《天津港工会六十年(1950—2010)》编委会

2010 年 9 月

图书在版编目（CIP）数据

天津港工会六十年（1950—2010）／王庆林主编．—
北京：中国工人出版社，2010.9

ISBN 978-7-5008-4770-0

Ⅰ．①天… Ⅱ．①王… Ⅲ．①港口—运输企业—工会
工作—概况—天津市—1950—2010 Ⅳ．①D412.4

中国版本图书馆 CIP 数据核字（2010）第 162678 号

出版发行：中国工人出版社
地　　址：北京鼓楼外大街 45 号
邮　　编：100120
电　　话：（010）62350006（总编室）（010）82075935（编辑室）
发行热线：（010）62005450　62005042（传真）
网　　址：http：//www.wp-china.com
经　　销：新华书店
印　　刷：北京铭成印刷有限公司
版　　次：2010 年 9 月第 1 版　2010 年 9 月第 1 次印刷
开　　本：889 毫米×1194 毫米　1/16
印　　张：44.75
定　　价：268.00 元